संस्कृतसाहित्य का समग्र इतिहास

संस्कृत साहित्य का समग्र इतिहास

प्रथम खण्ड

उद्भवकाल तथा स्थापना काल

(प्रागैतिहासिक काल से पहली सहस्राब्दी ईसापूर्व तक)

राधावल्लभ त्रिपाठी

New BBC

न्यू भारतीय बुक कॉरपोरेशन

दिल्ली : : भारत

प्रकाशक :
न्यू भारतीय बुक कॉरपोरेशन
208, 2nd -फ्लोर
4735/22, प्रकाशदीप बिल्डिंग
अन्सारी रोड, दरियागंज,
नई दिल्ली-110002
फोन : 23280214, 23280209
E-mail : deepak.nbbc@yahoo.in

प्रथम संस्करण : 2021

ISBN : 978-81-8315-478-9 (Set)

टाईप सेटिंग : **एस० के० ग्राफिक्स**
दिल्ली–84

मुद्रक : जैन अमर प्रिंटिग प्रेस, दिल्ली

समर्पण

संस्कृत साहित्य के समग्र इतिहास के चारों खंड

(स्व०) आचार्य रामजी उपाध्याय

आचार्य रेवाप्रसाद द्विवेदी

(स्व०) आचार्य रामचंद्र द्विवेदी

तथा

आचार्य दयानंद भार्गव

को समर्पित

जिनकी प्रेरणाएँ इस ग्रंथ के प्रणयन में साथ रहीं।

राधावल्लभ

प्राक्कथन

इस पुस्तक के चार खंडों में वैदिक काल से आरंभ कर के वर्ष २०१७ तक संस्कृत साहित्य की सतत विकास यात्रा को उद्भवकाल, स्थापनाकाल, समृद्धिकाल, विस्तारकाल तथा आधुनिककाल– इन पाँच कालखंडों में प्रस्तुत करते हुए ऐतिहासिक, सामाजिक तथा सांस्कृतिक परिप्रेक्ष्य के साथ उसका आलोचनात्मक विवेचन किया गया है। संस्कृत साहित्य के विषय में प्रचलित अनेक भ्रांत धारणाओं तथा मिथ्या प्रवादों का निराकरण करने का भी प्रयास यहाँ किया गया है।

प्रथम खंड के साथ संयोजित इसकी विशद भूमिका में संस्कृत भाषा के इतिहास, अन्य भारतीय भाषाओं से उसके संबंध तथा संस्कृत साहित्य के इतर साहित्यों से संवाद पर विशद विमर्श के साथ संस्कृत-साहित्येतिहासलेखन की समस्याएँ, संस्कृत भाषा को पश्चिमी जगत् से परिचित कराने वाले विद्वान् और उनके महत्त्वपूर्ण कार्य, संस्कृत साहित्य में इतिहास की अवधारणा, संस्कृत और वतर्मान विश्व, राज्याश्रय और राज्यनिरपेक्षता आदि विषयों पर नवीन अनुसंधानों के आलोक में विवेचन है।

ऐसे बहुसंख्य ग्रंथों पर इस ग्रंथ में पहली बार विचार हुआ है, जो संस्कृत साहित्य के इतिहास में अत्यंत महत्त्वपूर्ण हैं, पर प्रायः उपेक्षित या अज्ञात रहे हैं। सुपर्णाध्याय एक महत्त्वपूर्ण वैदिक ग्रंथ है, जिसका नाटक व रंगमंच के इतिहास में असाधारण महत्त्व है। यह विश्वसाहित्य का पहला नाटक भी कहा जा सकता है। अद्यावधि प्राप्त संकृतसाहित्येतिहासविषयक ग्रंथों में इसकी चर्चा नहीं मिलती। इस पर यथेष्ट विवेचन इस ग्रंथ में है। संस्कृत की बहुसंख्य लुप्त कृतियों के संबंध में छानबीन करते हुए यहाँ जो जानकारियाँ दी गईं हैं, उनसे संस्कृत साहित्य के अनुशीलन को सर्वांगीण बनाया जा सकेगा। अनेक महत्त्वपूर्ण काव्यों पर इदम्प्रथमतया इस ग्रंथ के द्वारा विचार हुआ है। जैसे - उद्भटकृत कुमारसंभवमहाकाव्य, अभिनंदकृत रामचरित (नवम शती), अनंगहर्ष मायुराज का उदात्तराघव, लक्ष्मीधर का चक्रपाणिविजय (दशम शती), कीचकवध खंडकाव्य (नवम-दशम शती), शाकल्यमल्ल और मल्लिनाथ के रामकथाविषयक महाकाव्य, मानांक कवि का वृन्दावनकाव्य, चन्द्रगोमिन् का लोकानन्द नाटक (चौथी शती), अज्ञात नाट्यकार का वीणावासवदत्ता नाटक आदि। शताधिक ऐसे अज्ञातप्राय या उपेक्षित काव्यों व नाटकों पर इस ग्रंथ में विस्तार से चर्चा की गई है, जिनकी संस्कृत साहित्य के इतिहास के निर्माण में भूमिका को नकारा नहीं जा सकता। नाटककार सुबंधु का वासवदत्तानाट्यपार, मुद्राराक्षसकार विशाखदत्त के तीन अत्यंत महत्त्वपूर्ण नाटक, बाणभट्ट का

मुकुटताडितक या पुष्पदूषितक प्रकरण जैसी कृतियाँ यद्यपि काल के गर्त में समा गईं हैं, पर संस्कृत की आचार्य परंपरा ने इनकी स्मृतियों को अटूट रूप में सँजो कर रखा है और वहीं से इन कृतियों का अंशतः पुनरुद्धार कर के संस्कृत साहित्य के इतिहास में इन्हें यथोचित स्थान दिया जाना चाहिये। यह ग्रंथ इस दिशा में भी एक बड़े अभाव की पूर्ति करने का प्रयास है।

संस्कृत साहित्य को ले कर किये गये अध्ययनों में प्रायः इस तथ्य को अनदेखा किया जाता रहा है कि वैदिक काल से लगा कर वर्तमान काल तक के संस्कृत महाकवियों ने लोकसाहित्य तथा अन्यान्य भारतीय भाषाओं के साहित्य से भी शब्दावली और भावों का ग्रहण किया है। संस्कृत भाषा और उसके साहित्य की यह बड़ी शक्ति है कि उसने अन्य भाषाओं और उनके साहित्यों को जितना प्रेरित और अनुप्राणित किया है, उतना ही अन्य भाषाओं और उनके साहित्यों से लिया भी है। इस तथ्य को दृष्टि में रखते हुए संस्कृत कविता में लोकभाषाओं का प्रभाव, लोकोक्तियाँ और मुहावरे, संस्कृत में जनजीवन की कवितापरंपरा, संस्कृतकवियों की समीक्षापरंपरा तथा तत्तत् कवि का समकालिक बोध आदि अछूते विषय इस ग्रंथ में विवेचित हैं।

ग्यारहवीं शताब्दी से अठारहवीं शताब्दी तक के संस्कृत साहित्य की विकास यात्रा में अनेक नये प्रस्थान बने, जिनका यहाँ परिचय दिया गया है। संस्कृत साहित्य में अनेक नई विधाओं का इन शताब्दियों में अवतरण हुआ। इस काल के महाकवियों के द्वारा विहित अभिनव प्रयोगों के द्वारा संस्कृतकाव्यधारा में आई गतिशीलता को यहाँ रेखांकित किया गया है। इन शताब्दियों में रचे गये ऐसे शताधिक भाणों व प्रहसनों का भी यहाँ परिचय प्रस्तुत है, जो समाज की बदलती छवि को प्रखर व्यंग्य की दृष्टि से अंकित करते हैं। कवि कंकण, मुक्तककार मल्लिनाथ, कवींद्राचार्य सरस्वती, गोविंद भट्ट (अकबरीय कालिदास), श्रीकृष्ण कवि, रामानंद त्रिपाठी, कवींद्राचार्य सरस्वती, गुमानी कवि आदि अनेक अज्ञातप्राय कवियों के विवेचन के साथ फल्गुहस्तिनी, मोरिका, वैजयंती, प्रियंवदा, मधुरवाणी जैसी स्त्री कवियों के कृतित्त्व पर भी इस खंड में प्रकाश डाला गया है। साथ ही इस खंड में ऐसी बहुसंख्य कथाकृतियों का परिचय दिया गया है, जो लोककथाओं तथा लोकसाहित्य की सजीव झलक देती हैं।

चतुर्थ खंड में उन्नीसवीं तथा बीसवीं शताब्दियों के संस्कृत साहित्य का परिचय देते हुए इक्कीसवीं शताब्दी में संस्कृत के नवलेखन और नई प्रवृत्तियों की मीमांसा की गई है। स्वतंत्रतासंग्राम तथा नवजागरण में संस्कृत कवियों की अविस्मरणीय भूमिका को यहाँ सप्रमाण रेखांकित किया गया है। यथार्थवाद, व्यक्तिवाद का उदय, वैश्विक विचारधाराओं का प्रभाव तथा विषयों की नवीनता के संदर्भ में इस काल में संस्कृत साहित्य की रचनायात्रा में आये नये पड़ावों की भी यथावसर चर्चा की गई है। श्रीश्वर विद्यालंकार, राजराज वर्मा, केरल वर्मा, गंगाधर शास्त्री, अन्नदाचरण तर्कचूडामणि, हरिदास सिद्धांतवागीश, पंडिता क्षमा राव, गलगलि

रामाचार्य, हरिदत्त पालीवाल 'निर्भय', जीव न्यायतीर्थ, काशीनाथ द्विवेदी, श्रीधर भास्कर वर्णेकर, बच्चूलाल अवस्थी, नागार्जुन, जानकीवल्लभ शास्त्री, रामकरण शर्मा, रेवाप्रसाद द्विवेदी आदि शताधिक ऐसे महाकवि उन्नीसवीं और बींसवीं शती में हुए हैं, जो संस्कृत के शीर्षस्थ रचनाकारों में गणनार्ह हैं, तथा भारतीय साहित्य को भी इनका प्रदेय बहुमूल्य है।

इस खंड में नौ परिशिष्ट संयोजित किये गये हैं। संस्कृत साहित्य के इतिहास को ले कर लिखे गये ग्रंथों में अभिलेखीय साहित्य की चर्चा प्रायः नहीं की जाती, जब कि संस्कृत के अभिलेखों अथवा शिलालेखों का भारतीय इतिहास, पुरातत्त्व और संस्कृति के अध्ययन की दृष्टि से जितना महत्त्व है, उतना ही संस्कृत कविता के इतिहास के बोध की दृष्टि से भी उनका महत्त्व है। सातवें परिशिष्ट में भारत तथा विदेशों में प्राप्त संस्कृत के प्रमुख शिलालेखों के वैशिष्ट्य का विवेचन करते हुए संस्कृत साहित्य के अनुशीलन में उनकी उपादेयता को रेखांकित किया गया है। संस्कृत में अनूदित साहित्य तथा संस्कृत पत्रकारिता के विकास पर भी विचार किया गया है। संस्कृत की आचार्य परंपरा और विदेशों में विरचित संस्कृत साहित्य पर भी यहाँ जो चर्चा की गई है, वह संस्कृतसाहित्येतिहास को परिपूर्ण बनाने में सहायक होगी।

वर्तनी की दृष्टि से संस्कृत के समस्त उद्धरणों में अनुस्वार की परसवर्णता के नियम का पालन किया गया है, पर हिंदी में जहाँ परसवर्ण के स्थान पर अनुस्वार प्रचलन में आ गया है, वहाँ अनुस्वार रहने दिया गया है। पीडा, क्रीडा, व्रीडा, गरुड आदि शब्दों में यद्यपि हिंदी में डकार के स्थान पर 'ड़' का प्रयोग किया जाने लगा है, पर इन सभी शब्दों की वर्तनी को संस्कृत भाषा की व्युत्पत्ति के अनुसार अंकित किया गया है, जिससे संस्कृत के छात्रों को इनके तत्सम रूप के विषय में भ्रांति न हो, अन्यथा आश्चर्यचूडामणि नाटक के नाम को आश्चर्य चूड़ामणि लिखा जाने लगेगा।

इस पुस्तक के प्रूफसंशोधन में सहयोग के लिये मेरे सुयोग्य शिष्य प्रोफेसर रमाकांत पांडे साधुवाद के पात्र हैं।

विगत पाँच हजार वर्षों में लिखे गये संस्कृत साहित्य के इतिहास का समेकित और समग्र प्रस्तुतीकरण एक कठिन कार्य है। मेरी सीमाओं तथा अज्ञान के कारण इसमें जो त्रुटियाँ रह गईं हैं, उनके लिये मैं क्षमाप्रार्थी हूँ।

आशा है कि इस ग्रंथ के चारों खंडों में प्रस्तुत विवेचन विद्वज्जनों, अनुसंधाताओं तथा छात्रों के लिये समान रूप से उपादेय होगा।

राधावल्लभ त्रिपाठी

विषयानुक्रमणिका

भूमिका

संस्कृत साहित्य इस महादेश की आत्मा का प्रतीक है। पाँच सहस्र वर्षों से अधिक प्राचीन इस साहित्य में इस देश के मनीषियों और रचनाकारों की भावनाओं, कल्पनाओं, संकल्पों और आकांक्षाओं की प्रतिच्छवि हम सजीव रूप में अंकित देखते हैं।

संस्कृत साहित्य की परम्परा वैदिक काल से लगा कर इक्कीसवीं शती तक निरन्तर विकसित होती रही है। अपनी सम्पन्नता तथा विविधता में यह साहित्य विश्ववाङ्मय में अद्वितीय है। सुदीर्घ कालावधि में अनेकानेक विधाओं में अब तक हुए संस्कृत के रचनाविश्व का यथोचित आकलन एक कठिन और महनीय क़ार्य है।

संस्कृत-साहित्येतिहास -लेखन की समस्याएँ

संस्कृत साहित्य के विषय में एक सुपरिभाषित इतिहास -दृष्टि की स्थापना और ऐतिहासिक कालक्रम में इस विपुल साहित्य परम्परा का प्रस्तुतीकरण एक दुष्कर कार्य है। संस्कृत साहित्य की प्राचीनता, समृद्धि और विविधता भी इसका एक कारण है। दूसरी कठिनाइयाँ उन्नीसवीं और बीसवीं शताब्दी में पश्चिमी इतिहासकारों व प्राच्यविद्याविदों के द्वारा किये गये कार्य से उत्पन्न हुई हैं। इन इतिहासकारों या विद्वानों के विवेचन से संस्कृत साहित्य के विषय में अनेक भ्रांतियाँ और विसंगतियाँ भी निर्मित हुई हैं। प्रख्यात अमरीकी संस्कृत पंडित इंगाल्स ने उन्नीसवीं शताब्दी के संस्कृत साहित्य के पश्चिमी इतिहासकारों या प्राच्यविद्या के विद्वानों के द्वारा किये गये कार्य के विषय में कहा है- ''यदि ये लोग लैटिन या ग्रीक मानदंडों को चुनकर उनके आधार पर संस्कृत साहित्य की समीक्षा करते, तो भी उनके निष्कर्ष अनुचित ही होते, उन्होंने विक्टोरियन इग्लैंड के या उन्नीसवीं शताब्दी के अमेरिका से समीक्षा के मानदंड लिये, उनसे तो उनके निर्णय कई बार अन्यायपूर्ण ही लगते हैं।''

विश्व का प्राचीनतम ग्रंथ ऋग्वेद भारतवर्ष की धरती पर रचा गया। पश्चिमी विद्वानों में निकोलास कजानास जैसे एक दो पंडितों को छोड़ कर अधिकांश इसी धारणा पर टिके हुए हैं कि वेदों की रचना करने वाले आर्य भारत में बाहर से आये। वे इस दुराग्रहपूर्ण मान्यता को भी बराबर पोसते आये हैं कि वेदों के प्रणेता आर्य बर्बर घुमंतू आदिवासी थे। ए.के. वार्डर ने बड़ी निष्ठा और परिश्रम से ही संस्कृत साहित्य के इतिहास के अद्यतनीकरण का प्रयास किया है, पर वेद के रचनाकारों के विषय में वे पिटीपिटाई लकीर पर यही कहते हैं कि आर्य लोग बर्बर घुमंतू जाति के थे, जो मध्य एशिया से भारत में घुसे और फिर यहाँ आकर सभ्य

बन गये। भारत में आर्येतर सभ्यता के लोग सुसंस्कृत थे, उनकी सिंचाई व नगरनिर्माण की अपनी व्यवस्थाएँ थी। आरंभ में तो विदेशी आर्यों ने इनसे संघर्ष करते हुए इन की जयप्रदाय की प्रणालियों तथा नगरों को नष्ट किया, बाद में इनकी समुन्नत तकनीकों को अंगीकार भी कर लिया। ऋग्वेद के वर्णित वृत्र, शंबर आदि असुरों से इंद्र के संग्रामों के आख्यानों की व्याख्या ये विद्वान् इसी दृष्टि से करते हैं।

इतिहासकार जान की ने बताया है कि किस तरह माउंट स्टुअर्ट एल्फिंस्टन् ने पेशावर तक यात्रा कर के काबुल पहुँचने का असफल प्रयास किया और उन्होंने स्पष्ट अभिमत दिया कि वैदिक वाङ्मय में न तो कहीं बाहर से आने की स्मृति है, न हिमालय के आसपास के क्षेत्र के उत्तर से परिचित होने का कोई संकेत। ऐसे में आर्यों के बाहर से आगमन की बात मनगढंत लगती है। पहाड़ी रेगिस्तान से हरे भरे प्रदेशों में आकर अपनी इस यात्रा की कोई भी स्मृति आर्य अपने साहित्य में सँजो कर न रखें – ऐसा कैसे हो सकता था?

ईरान का संबंध भारत से सदियों पुराना है पर वैदिक साहित्य में ईरान की स्मृतियाँ नहीं है। ईरान ने राजा दारियस के पर्सोपोलिस ५१८ई०पू० के शिलालेख में हिन्दू (सिंधु) देश तक अपनी विजय की सूचना दी है।[१]

बाशम ने स्पष्टत: स्वीकार किया कि 'न तो कोई द्रविड़ जाति है, न ही आर्य।[२]

प्राग विश्वविद्यालय के विद्वान् ह्राज्नी ने एशिया माइनर (तुर्किस्तान) के बोग़ाज-क्युई में १८९५ में उत्खनन करवाया, जिसमें दो प्राचीन टीलों की खुदाई से प्राप्त अवशेषों तथा पुरालेखों के आधार पर उन्होंने सिद्ध किया है कि इस क्षेत्र में ३००० ई०पू० में हित्ति व मितानी ये दो जातियाँ विद्यमान थीं, जिनमें परस्पर युद्ध होते रहते थे, इनमें वैदिक देवताओं के नामोद्धरण के साथ एक संधि हुई। विंटरनित्स के उल्लेख के अनुसार[३] १९०७ में इस स्थान पर उत्खनन हुआ, जिसमें प्राप्त मृत्फलक में वरुण देवता का नाम है। यह फलक १४वीं शती ई०पू० का है तथा इसमें कीलाक्षरों में हित्ति और मितानी जाति के दो राजाओं के बीच हुई संधि का विवरण है। इस संधि के प्रमाणीकरण के लिये कतिपय देवों का नामोल्लेख किया गया है। मितानी जाति के देवों में चार वैदिक देवता उल्लिखित हैं वरुण, इंद्र, मित्र तथा नासत्या (अश्विनौ)।

संस्कृतसाहित्य के इतिहासलेखन की पश्चिमी परंपरा

मेक्समूलर की पुस्तक 'History of Sanskrit Literature' सन् १८६० में प्रकाशित हुई। यह आधुनिक काल में लिखी गई संस्कृतसाहित्य के इतिहास की पहली पुस्तक है। इसके बाद तो पश्चिमी विद्वानों के द्वारा संस्कृतसाहित्य के इतिहास पर अंग्रेजी, फ्रेंच और जर्मन भाषाओं में लिखे गये कई ग्रंथ उन्नीसवीं और बीसवीं शताब्दियों में सामने आये। इनमें से कतिपय ग्रंथ इस प्रकार हैं—

History of Indian Literature (1878) - वेबर

Indiens Litteratur und Cultur (1887) - एल०व्ही० श्रोडर (जर्मन भाषा में)

Literary History of India – फ्रेज़र

History of Sanskrit Literature (1890) मेक्डानल

De Litteratur des alten Indiens (1903) - ओल्डेनबर्ग (फ्रेंच भाषा में)

Les Litteratures de l'Inde (1904) - व्ही० हेनरी (फ्रेंच भाषा में)

Geshishte der Indischen Litteratur (तीन खंडों में) – विण्टरनित्ज़ (जर्मन भाषा में)

Geschichte der Sanskrit Philologie and Indischen Altertumskunde – खंड प्रथम १९१७; खंड द्वितीय १९२० – विण्डिश (जर्मन भाषा में)

Sanskrit Drama (1924) - ए०बी०कीथ

History of Sanskrit Literature (1928) - ए०बी०कीथ

इस शृंखला में सबसे अद्यतन कड़ी कनाडावासी ए०के० वार्डर की ग्रंथमाला 'इंडियन काव्य लिटरेचर' है, जिसके आठ खंड प्रकाशित हो चुके हैं। जर्मन भाषा में लिखे विंटरनित्स के इतिहास के तीन खंड अंग्रेजी अनुवाद में सुलभ हैं।

इन इतिहास ग्रंथों के द्वारा संस्कृत तथा उसके साहित्य पर अनुसंधान के नवीन आयाम उद्घाटित हुए। साथ ही इनके द्वारा इस साहित्य को ले कर पूर्वाग्रहों, भ्रांतियों व मिथ्या धारणाओं के अनेक विषाक्त बीज भी निक्षिप्त हुए, इन बीजों का अंकुरण व पल्लवन स्वंतत्रता प्राप्ति के अनंतर भारत में संस्कृत के अध्ययन, अध्यापन तथा अनुशीलन के क्षेत्र में होता रहा। संस्कृत साहित्य की सही समझ के लिये प्राच्यविद्या के अत्यंत महनीय ऋषिकल्प विदेशी पंडितों के द्वारा स्वीकृत ग़लत मानदंडों तथा उनके कारण प्रचारित मिथ्यावादों से परिचय प्राप्त करना आवश्यक है, जो संक्षेप में इस प्रकार हैं –

संस्कृत की इतिहासदृष्टि से अपरिचय

ऊपर मैक्समूलर से लगा कर ए०बी० कीथ तक वैदेशिक विद्वानों के जिन इतिहास ग्रंथों की सूची गई है उन ग्रंथों की रचना की पृष्ठभूमि में ग्रंथकार की यह धारणा रही है कि संस्कृत साहित्य बहुत प्राचीन और समृद्ध तो है, पर इसकी परंपरा में इतिहासदृष्टि और इतिहासलेखन नहीं है तथा संस्कृत के पंडितों ने संस्कृतसाहित्य के इतिहास के कोई ग्रंथ भी नहीं लिखे हैं, न इस साहित्य के इतिहास का विमर्श पहले कभी इन के यहाँ हुआ है।

यह सत्य है कि उन्नीसवीं शताब्दी के अंत तक स्वतंत्र रूप से संस्कृतसाहित्य के इतिहास का कोई ग्रंथ भारत में नहीं लिखा गया, पर यह मानना संगत नहीं है कि संस्कृत

साहित्य की परंपरा में इतिहासदृष्टि या इतिहास की समझ नहीं रही। यह कहना भी अनुचित ही होगा कि संस्कृत साहित्य का इतिहास लिखने का कोई उपक्रम भारत में हुआ ही नहीं। कालिदास से लगा कर पंडितराज जगन्नाथ तक संस्कृत कवियों की परंपरा में इतिहासचेतना तथा अपने साहित्य के इतिहास का सुस्पष्ट बोध अव्याहत रूप में है, जो उनकी रचनाओं में कहीं प्रत्यक्ष तो कहीं परोक्ष रूप से झलकता भी है। यदि संस्कृत साहित्य के विषय में इन कवियों के सारे कथन एकत्र कर के समेकित रूप में उनका अध्ययन करें, तो इन कवियों की संस्कृत साहित्य के इतिहास की समझ का सुस्पष्ट चित्र बनाया जा सकता है। कालिदास ने रघुवंश के आरंभ में कहा है – अथवा कृतवाग्द्वारे वंशेऽस्मिन् पूर्वसूरिभि: – स्पष्ट ही कवि को बोध है कि रघुवंश के राजाओं पर वाल्मीकि रामायण के अतिरिक्त अन्य ग्रंथ लिखे जा चुके हैं। कालिदास इनका अध्ययन कर चुके हैं। वाल्मीकि के काव्य को ले कर उनकी समझ बहुत स्पष्ट है। वे वाल्मीकि को कारुणिक कवि कहते हैं।[४] नाट्यशास्त्र तथा उसके सिद्धांतों से वे भलीभाँति परचित हैं। इस प्रकार कालिदास को अपने पूर्व की साहित्यिक परंपरा का बोध है। बाण, राजशेखर, धनपाल तथा अन्य रचनाकारों ने तो अपने ग्रंथों के आरंभ में इस परंपरा पर सीधे सीधे चर्चा की है। हर्षचरित के उपोद्घात पद्यों में बाण सर्वप्रथम व्यास की वंदना करते हैं, जिसमें वे महाभारत को भारतवर्ष से उपमित करते हैं।[५] तदनंतर बाण कुकविवृत्तांत प्रकाशित करते हैं, जिसमें अपने समय के कवियों पर उन्होने परोक्ष रूप से छीटाकशी की है। यह उनके साहित्य के समकालिकबोध का परिचायक है।[६] वे देश के सारे प्रांतों में प्रचलित साहित्य की शैलियों का भी परिचय देते हैं, कथा के महत्त्व पर प्रकाश डालते हैं तथा कथा और आख्यायिका की परंपरा से परिचय भी प्रकट करते हैं। फिर वे अपने से पहले के गद्यकारों – सुबंधु[७] तथा भट्टार हरिचंद्र[८] के कृतित्व की समाशंसा करते हैं। सातवाहन राजा हाल के प्राकृत काव्य संग्रह[९] और प्रवरसेन की कुमुदोज्ज्वल कीर्ति[१०] पर वे प्रकाश डालते हैं। भास, कालिदास, गुणाढ्य तथा आढ्यराज पर उनकी सराहना संस्कृत साहित्य के ग्रंथों में उद्धृत होती रही है। इस प्रकार बाण अपनी साहित्यिक परंपरा का ऐतिहासिक परिप्रेक्ष्य में अपने ग्रंथ के पूर्व चित्र अंकित कर देते हैं। तिलकमंजरी कथा के पूर्व धनपाल तथा उदयसुंदरी कथा के प्रारंभिक पद्यों में सोड्ढल ने और भी विस्तार से अपने पूर्ववर्ती कवियों के अवदान पर प्रकाश डाला है। सोड्ढल ने उदयसुंदरीकथा के उपोद्घात में हाल, श्रीहर्ष, अभिनंद, बाण आदि की चर्चा की है तथा उपसंहार में वाल्मीकि और व्यास के काव्यप्रकर्ष पर विशद चर्चा की है। गुणाढ्य, भर्तृमेण्ठ, कालिदास, बाण, भवभूति, अभिनंद और कुमारदास जैसे महाकवियों पर उनकी पद्यात्मक प्रशस्तियाँ गहरी समीक्षादृष्टि व संस्कृतसाहित्य की परंपरा के ऐतिहासिक बोध का परिचय देती हैं। अपने समय के भी खड्गाचार्य, इंद्र आदि कवियों का परिचय उन्होने दिया है।[११]

कालिदास ने बिना किसी का नाम लिये अपने पूर्वसूरियों के प्रति प्रणति निवेदित की है

और बाण, धनपाल, सोड्ढल आदि कवियों ने अपने अपने काव्यों के उपोद्घात के रूप में नामोल्लेख पूर्वक अपने पूर्वसूरियों की प्रशस्तियाँ की हैं, उनसे संस्कृत साहित्य का इतिहास नहीं बनता - यह सत्य है तथापि राजशेखर एक ऐसे कवि और आचार्य हैं जिन्होने एक क्रम में अपने से पहले के कवियों की प्रशस्तियाँ इस तरह लिखी हैं कि वे वाल्मीकि और व्यास से आरंभ कर के दसवीं शताब्दी तक के डेढ़-दो हजार वर्ष की संस्कृत साहित्य की परंपरा की एक ऐतिहासिक प्रतिच्छवि प्रस्तुत करती हैं। जल्हण (तेरहवीं शती ई०) ने अपनी सूक्तिमुक्तावली में उनकी कविप्रशस्ति के ३७ पद्य उद्धृत किये हैं। संभव है कि ये प्रशस्तियाँ राजशेखर के द्वारा संस्कृतसाहित्य के इतिहास की रचना के एक उपक्रम का ही हिस्सा हों। संभव है कि ये पद्य राजशेखर की काव्यमीमांसा के विलुप्त १७ अधिकरणों में से किसी में आये हों, या राजशेखर के एक अन्य लुप्त ग्रंथ भुवनकोश के अंतर्गत रहे हों। यह भी हो सकता है कि राजशेखर ने इन उपलब्ध ३७ पद्यों के अतिरिक्त और भी पद्य कविप्रशस्ति के लिखे हों, और जल्हण ने अपने सुभाषितों के संकलन के अंतर्गत कविकाव्यप्रशंसा नामक खंड में से केवल ३७ का ही संकलन उनमें से किया हो पर इन ३७ पद्यों को एक साथ एक क्रम में जिस तरह सूक्तिमुक्तावलीकार ने अपने संकलन में समायोजित किया है, उसमें अपने आप में एक लघुसंस्कृतसाहित्येतिहास बन गया है। राजशेखर द्वारा इन ३७ पद्यों में निम्नलिखित कवियों की प्रशस्तियाँ की गई हैं – पाणिनि, भास, रामिलक और सोमिल, गुणाढ्य, सातवाहन, भारवि, माघ, कालिदास, भर्चु (भर्वु?), बाण, मयूर, कुलाल, दिवाकर, श्रीहर्ष, त्रिलोचन, गणपति, प्रद्युम्न, दंडी, कुमारदास, रत्नाकर, आनंदवर्धन, भीमट, मायुराज, अकालजलद, कादम्बरीराम, गोनंद, कुलशेखरवर्मा, धनंजय, सुरानंद, तरल, शंकर, शीलाभट्टारिका, विकटनितंबा, विजया, प्रभुदेवी तथा सुभद्रा।

ये सभी ३७ कवि राजशेखर के पूर्व हो चुके थे। इनमें से अंतिम पाँच कवि महिलाएँ हैं। भर्चु (भर्वु?), बाण, मयूर, कुलाल, दिवाकर, श्रीहर्ष, त्रिलोचन, गणपति, प्रद्युत्र तथा दंडी ये सारे कवि लगभग समकालीन हैं, अथवा समय की दृष्टि से एक दूसरे से अधिक दूरस्थ नहीं हैं। जल्हण के द्वारा संकलित राजशेखरकृत श्लोकों का क्रम इनके ऐतिहासिक पौर्वापर्य की दृष्टि से रखा गया प्रतीत होता है। रत्नाकर, आनंदवर्धन, भीमट, मायुराज, अकालजलद, कादम्बरीराम, गोनंद, कुलशेखरवर्मा, धनंजय, सुरानंद, तरल तथा शंकर की भी यही स्थिति है। केवल कालिदास और कुमारदास के क्रम में व्यत्यय हुआ है। कालिदास, भारवि और माघ के पौर्वापर्य को ले कर राजेशखर को भ्रम हो ऐसा तो संभव नहीं लगता, संभवतः जल्हण ने कालिदास और कुमारदास विषयक उनके पद्यों का क्रम अपने संकलन में अन्यथा कर दिया है।

श्रीकण्ठचरित के प्रणेता महाकवि मंख ने अपने महाकाव्य के अंतिम सर्ग में एक कविगोष्ठी का विशद विवरण दिया है, जो महाकाव्य के समाप्त होने के उपलक्ष्य में मंख के

भाई अलंकार के द्वारा आयोजित की गयी थी। अलंकार राजा जयसिंह के अमात्य थे। मंख ने इस कविगोष्ठी के विवरण में सभा में उपस्थित उस समय के विद्वानों और कवियों तथा अन्य संभ्रांत जनों का परिचय दिया है। इस पूरे प्रसंग में मंख ने अपने समकालीन संस्कृत कवियों का एक इतिहास सामने रख दिया है, तथा इनमें से कुछ कवियों की प्राचीन कवियों से तुलना भी की है।

इस परिप्रेक्ष्य में संस्कृत की अपनी परंपरा में जो उसके साहित्य के इतिहास को ले कर दृष्टि व सृष्टि है, इसे ध्यान में रख कर संस्कृत साहित्य के नये इतिहासग्रंथों का प्रणयन किया जाना चाहिये था।

विजातीय दृष्टि का दुष्प्रभाव

संस्कृत भाषा और उसके साहित्य पर अध्ययन अनुसंधान करने वाले विदेशी विद्वान् अपनी संस्कृति तथा साहित्य की अपनी परंपराओं से प्रभावित हो कर उनका आरोप अपने अनुशीलन में करते हैं। संस्कृत साहित्य में प्रतिफलित विश्वदृष्टि तथा काल के बोध से परिचय न होने के कारण वे इस साहित्य की भावधारा में निमज्जन करने में असमर्थ रहे हैं। मैक्स मूलर ने एक स्थान पर लिखा कि संस्कृत साहित्य में सौंदर्य बोध का अभाव है तथा प्रकृति के सौंदर्य की समझ भी इसके प्रणेताओं में नहीं है। कीथ एक सहृदय समीक्षक हैं, वे संस्कृत कविता में वर्जिल के काव्य में मिलने वाले शांत वातावरण की किंचित् सराहना करते हैं, पर वे यह भी कहते हैं कि संस्कृत कवियों की 'इस शांतचित्तता के साथ विश्व की रचना से असंतोष और उसके निर्णयों के प्रति विद्रोह भावना का मेल नहीं बैठता। अतः हमें उनमें सामाजिक असंतोष की गूँज भी नहीं मिलती। कवि लोग राजदरबार में रहा करते थे, और उन्हें अपने चारों ओर के जीवन में कोई असंतोषजनक बात नहीं दिखाई पड़ती थी।... हम इन्हें देशभक्ति से विशेष अनुप्राणित नहीं देखते।' वस्तुतः कीथ की समीक्षा में विक्टोरियन इंग्लैंड की छायाएँ प्रतिबिंबित हैं। संस्कृत के कालिदासादि महाकवियों की तुलना में योरोप के दोयम दर्जे के कवियों को विशिष्ट मानते हुए वे कहते हैं – 'शैली के दोषों के अतिरिक्त हमें संस्कृत के कवियों द्वारा रचित काव्यों में उनके व्यक्तित्व का प्रकाश उपलब्ध नहीं होता। काल में हम से अत्यंत दूर होने पर भी Sappo, Catullus और Lucretius हम पर किसी संस्कृत कवि से कहीं अधिक प्रभाव उत्पन्न करते हैं।'[१२]

वस्तुतः योरोपकेंद्रित मानसिकता तथा उपनिवेशवादी दृष्टि इन ग्रंथों में हावी है। कीथ ने योरोप के किसी विद्वान् के द्वारा संस्कृत कविता की सराहना में होने वाली बाधाओं का भी विस्तार से वर्णन किया है - 'हम लोग अलंकारशास्त्र के लेखकों द्वारा जिन्होंने अधिकतर ध्वनि से उत्पन्न प्रभावों के आधार पर शैलियों का विभाजन किया है, सावधानी से बनाये गये उक्त नियमों को पांडित्यप्रदर्शनमात्र कह कर अस्वीकार करने के लिये उद्यत रहते हैं। किं च, श्लेष

के प्रति अनुराग, जो सुबंधु और बाण में आवश्यक रूप से प्राप्त होता है, जिसको अन्य बहुत से कवि भी बहुत पसंद करते हैं, बड़ी उलझन पैदा करता है, और हम लोगों से उस बौद्धिक श्रम की अपेक्षा करता है, जो निश्चय ही उस समय जब कि इन काव्यों की रचना की गई थी, उनकी प्रशंसा करने वाले चुने हुए विद्वानों को गोष्ठियों या समाजों को नहीं करना पड़ता होगा।'[१३]

कीथ ने कालिदास के विषय में यह भी लिखा कि उनके नाटकों में तो यथार्थ है ही नहीं। उनके अनुसार संस्कृत नाटक तो नाटक ही नहीं है, कविताएँ भर हैं।

इन विद्वानों के मन में यह धारणा भी रूढ़ है कि संस्कृतसाहित्य ब्राह्मण संस्कृति की देन है तथा ब्राह्मणवाद का पोषण करता है।

इसी प्रकार वे यह मानते हैं कि संस्कृत साहित्य में जनजीवन की छवियाँ नहीं हैं। वह शिष्टसमाज का चित्रण प्रस्तुत करता है, तथा सामंतीय संस्कृति में रचा-बसा हुआ है। संस्कृत के कवि राजसभाश्रित रहे हैं, अत: यह दरबारी साहित्य है। अनेक इतिहासकारों ने संस्कृत कविता के लिये अपने अध्यायों का यह शीर्षक ही 'कोर्ट पोएट्री' (दरबारी कविता) रख दिया है।

कलिदास, बाण आदि कवियों को ये समीक्षक दरबारी कवि कहते हैं, जब कि इन कवियों ने दरबारी कविता की सीमाएँ तोड़ कर संस्कृत काव्य धारा के मुक्त प्रवाह के पथ रचे। राजसत्ता तथा राजाओं के विरोध में भी अनेक संस्कृत कवियों ने लेखनी उठाई और साहस के साथ राजसत्ता के प्रति विद्रोह तथा आक्रोश और चुनौती के स्वर अपनी रचनाओं में मुखरित किये, जिसकी चर्चा ये इतिहासग्रंथलेखक नहीं करते।

भारतीय भाषाओं व उनके साहित्यों से संस्कृत की पारस्परिकता पर भ्रम

संस्कृत साहित्य को ले कर प्रचलित धारणा यह रही है कि संस्कृत का काम भारतीय संस्कृति, अन्य भारतीय भाषाओं तथा उनके साहित्य को पोषित करने का रहा है, संस्कृत के प्रदेय का गौरवगान और इसके प्रति अभिमान के कारण यह तथ्य प्राय: अकथित तथा अप्रतिपादित रह जाता है कि संस्कृत स्वयं भी अपने आप को इन भाषाओं से समृद्ध करती रही, तथा इनके साहित्य से वह भी उपकृत और अनुप्राणित होती रही है।

संस्कृतसाहित्य के अपकर्ष की मिथ्या धारणा

संस्कृत ने भारतीय भाषाओं तथा उनके साहित्य को जितना पोसा है, उतना ही वह उनसे व उनके साहित्य से लेती भी रही है। संस्कृत साहित्य के इतिहास की जो छवि पाश्चात्त्य विद्वानों तथा उनके अनुगामी भारतीय विद्वानों की कृतियों से बनती है उसमें संस्कृत साहित्य का एक स्वर्णकाल है, फिर उसके अध:पतन का काल है, जिसमें वह धीरे धीरे क्षरित होता जाता है और

अंततः संस्कृत भाषा और उसके साहित्य की परंपराएँ निष्प्राण होती हुई चुक जाती हैं। संस्कृत को एक अतीत की धरोहर मान कर ये विद्वान् उसके साहित्य का इतिहास लिखते हैं।

विंटरनित्ज़ के अनुसार संस्कृत साहित्य का कथित स्वर्णकाल चंद्रगुप्त प्रथम के राज्याभिषेक के साथ ३२९ ई० से आरंभ होता है, तथा भवभूति के साथ सातवीं शती में इसका अंत भी हो जाता है।[१४]

दासगुप्त तथा डे के ग्रंथ के प्रथम पाँच अध्यायों में अश्वघोष से आरंभ कर के दसवीं शताब्दी तक के काव्यों का विवेचन है। दसवीं शताब्दी के बाद के सारे साहित्य को शेष दो अध्यायों में समेट लिया गया है, जिनके शीर्षक हैं – परवर्ती ह्रासशील काव्य (The later Decadent Peotry and Prose) तथा परवर्ती ह्रासशील नाटक (The Later Decadent Drama).

जिस तरह पश्चिमी जेम्स मिल आदि इतिहासकारों ने भारतीय समाज, संस्कृति व हमारे सारे इतिहास की छवि एक निरंतर क्षरणशील ग्राफ के रूप में प्रस्तुत की, उसी मानक का दुर्विनियोजन संस्कृतसाहित्य का इतिहास लिखने वाले पाश्चात्त्य विद्वानों ने अपने इतिहासलेखन में किया। ये सारे इतिहासकार संस्कृतसाहित्य के दसवीं शताब्दी के बाद क्षरण के मिथ्यावाद को परम सत्य मान कर चलते हैं। यहाँ तक कि उनका अनुगमन कर के संस्कृतसाहित्येतिहास लिखने वाले भारतीय विद्वान् ही नहीं पारंपरिक पंडितों ने भी संस्कृतसाहित्य के क्षरण की कथा को प्रामाणिक माना। पंडित बलदेव उपाध्याय संस्कृत साहित्य के अपने इतिहास में दसवीं शताब्दी के बाद के साहित्य के लिये अपकर्षकाल यह शीर्षक ही देते हैं।[१५] ये विद्वान् व पंडितजन इस तथ्य पर विचार नहीं करते कि संस्कृत की पूरी आत्मचेतन चेतना में अपने साहित्य के क्षरित होने का तो कहीं बोध है ही नहीं, उल्टे उसके निरंतर विकसित होते रहने की बात अवश्य बार बार प्रकारांतर से कही जाती रही है। कालिदास निस्संदेह कविकुलगुरु हैं, पर संस्कृतकाव्यधारा उनके साथ क्षीण हो कर समाप्त होती गई - ऐसा पंडितों ने नहीं माना, किसी ने तो उल्टे यह कह दिया कि 'कवयः कालिदासाद्याः भवभूतिर्महाकविः।' यही स्थिति भारवि, माघ, मुरारि और श्रीहर्ष को ले कर परंपरा में बहुप्रचलित सूक्तियों की है। ये सूक्तियाँ एक पूरे सहृदय सुधी समाज के सुचिंतित निष्कर्ष के रूप में प्रचारित होती रही हैं, मिथ्या विज्ञापन की तरह प्रसारित नहीं हुईं। आचार्य परंपरा में आनंदवर्धन और अभिनवगुप्त के बाद हुए आलंकारिकों-राजशेखर, मम्मट, रुय्यक, विश्वनाथ, भानुदत्त से लगा कर अप्पय दीक्षित या पंडितराज जगन्नाथ तक के आचार्यों में किसी ने यह नहीं कहा कि राजशेखर के बाद संस्कृत कविता उदाहरणीय और लक्षणीय नहीं रह गई, बल्कि ये आचार्य अपने समय के कवियों को बराबर उद्धृत करते हैं।

हरविजयकर्ता रत्नाकर की पंडितों के एक समाज में माघ से अधिक प्रतिष्ठा रही है। राजशेखर ने अपने कविप्रशस्तिकदम्बक में संस्कृत के सर्वश्रेष्ठकवियों में उन्हें स्थान दिया है तथा रत्नाकर की काव्यकला की सराहना करते हुए कहा है—

मा स्म सन्तु हि चत्वारः प्रायो रत्नाकरा इमे।
इतीव सत्कृतो धात्रा कवी रत्नाकरोऽ परः।।

(संसार में चार ही रत्नाकर या समुद्र क्यों हों, यह सोच कर विधाता ने यह एक और पाँचवाँ रत्नाकर उत्पन्न कर दिया।)

इस संदर्भ में अलंकारविमर्श में रत्नाकर को माघ से उत्कृष्टतर बताते हुए कहा है -

माघः शिशुपालवधं विदधत् कविमदवधं विदधे।
रत्नाकरः स्वविजयं हरविजयं वर्णयन् व्यवृणोत्।।

दूसरी ओर डा. डे के लिये रत्नाकर का हरविजय ह्राससील संस्कृत महाकाव्य का एक हेय नमूना मात्र है। कीथ, सुशीलकुमार डे आदि सुधी विद्वानों ने संस्कृत के कवियों की अपनी प्रखर समीक्षादृष्टि से मीमांसा की पर संस्कृत साहित्य की अपनी परंपरा में अपने कवियों के आकलन के लिये एक स्वकीय समीक्षादृष्टि रही है। भारवि को अर्थगौरव का कवि माना जाता है। भारवि के अतिरिक्त अन्य किसी कवि को परंपरा ने अर्थगौरव का कवि नहीं कहा। कुंतक भारवि को अवहित या जागरूक कवि कहते हैं। डे कहते हैं कि माघ संस्कृत कविपंरपरा में अंतिम जानदार कवि हैं, और उनके बाद अश्वघोष और कालिदास की प्रसादगुण संपन्न प्रांजल शैली गुम ही हो गई, संस्कृत के कवि रूढ़ियों के दास हो कर रह गये ('Māgha is the last sturdy figure among the early group of Mahākāvya writers and after him there is no return to the earlier and more limpid manner of Aśvaghoṣa and Kālidāsa, whose classical examples never made it feel entitled to emancipate itself from the bondage of an inferior convention)'[16]

पाश्चात्त्य विद्वानों में संस्कृत के क्षरण का मिथ या मिथ्यावाद भारतीय समाज, संस्कृति, व साहित्य धाराओं के अपूर्ण परिचय के कारण या अज्ञानवशात् भी संभावित हो सकता है। भवभूति की भाषा इन विद्वानों को जटिल और क्लिष्ट लगती है, जब कि भवभूति बोलचाल की भाषा का प्रचुर प्रयोग करते हैं।

संस्कृतसाहित्य के इतिहास की एक क्षरणशील भाषा व साहित्य के रूप में इन विद्वानों ने जो प्रस्तुति की, वह अतिसरलीकरण व दुष्ट सामान्यीकरण से ग्रस्त है। यह मान लिया गया है कि दसवीं शती के बाद संस्कृत कविता में नये प्रयोग बंद हो गये, वह अधिकाधिक कृत्रिम और समाज से दूर होती गई। अनेक तथ्य इस मान्यता को सर्वथा पलट देने वाले उपलब्ध हैं। दसवीं शताब्दी के पश्चात् ही संस्कृत कविता में नये प्रयोग सर्वाधिक हुए। क्षेमेंद्र ने समयमातृका, कलाविलास, देशोपदेश नर्ममाला आदि में व्यंग्य की धारदार कविता की एक नई ही बानगी रख दी। जयदेव से संस्कृत काव्यपरंरा में रागकाव्य का नया प्रस्थान खड़ा कर दिया। कल्हण ने ऐतिहासिक महाकाव्य का नया मानदंड रचा। अभिनंद का रामचरित, दामोदर का कुट्टनीमत, हेमचंद्र के अनेक काव्यग्रंथ, गंगादेवी का मधुराविजय आदि काव्य न केवल

वाल्मीकि और व्यास की प्रासादिक शैली का नवावतार संस्कृत में करते हैं, ये नये विषय व नई शैली का भी विन्यास कविता में करते हैं। सत्रहवीं शती में पंडितराज जगन्नाथ तथा नीलकंठ दीक्षित संस्कृत के सर्वोत्तम कवियों की पहली पंक्ति के अधिकारी हैं। लोकनाट्यों से प्रेरित सैंकड़ों संस्कृत नाटक कामरूप (असम), गौडदेश (बंगाल), मिथिला व उत्कल में लिखे व खेले जाते रहे हैं, जिनमें नाटक की नई शैलियाँ सामने आ रही हैं। दूसरी ओर डा. दासगुप्त हैं जो यह कहते हैं कि दूसरी शती ई०पू० के बाद से ही संस्कृत रूढ़िविजड़ित हो चुकी थी ('..Sanskrit had become almost absolutely stereotyped by the middle of the 2nd century BC')[१७]

विभाजनवादी दृष्टि

पश्चिम की दृष्टि विभाजनवादी है। वहाँ के इतिहासकार तथा समाजशास्त्री भारतीय समाज को जन व अभिजन, शिष्टसमाज और आदिवासी समाज, आर्य व अनार्य आदि की कोटियों में बाँट कर अध्ययन करते हैं। इसी तरह वैदिक संस्कृत व लौकिक संस्कृत में विभाजन पश्चिमी विद्वानों का दिया हुआ है। यह विभाजन संस्कृतसाहित्य के सातत्य और सहज विकास को अनदेखा करता है। उपनिषदों की भाषा क्या लौकिक संस्कृत से अलग है? लौकिक कहने का क्या अर्थ है? पाणिनि ने भाषा या व्यवहार में प्रचलित संस्कृत का व्याकरण बनाया है, इसी व्याकरण में उन्होंने स्वरप्रक्रिया का भी विचार किया। स्पष्टत: वे यह मान कर एक व्याकरण लिख रहे थे कि वैदिक संस्कृत तथा लौकिक संस्कृत दोनों एक ही भाषा हैं। यदि वैदिक तथा लौकिक संस्कृत में ऐसा ही पार्थक्य होता, जैसा कि अनेक इतिहासकारों ने मान लिया है, तो अश्वघोष अपने महाकाव्यों में बार बार वेदों का स्मरण न करते, बुद्ध ज्ञानी के लिये ब्राह्मण और ज्ञान की परमकोटि के लिये ब्रह्म जैसी शब्दावली का धड़ल्ले से उपयोग न करते। कालिदास ने वैदिक साहित्य का गहन अध्ययन किया था, तभी शतपथ ब्राह्मण में वर्णित्त पुरूरवा तथा उर्वशी के आख्यान को विषय बना कर वे विक्रमोर्वशीयम् की रचना कर सके।

वैदिक तथा लौकिक संस्कृत में इसी पार्थक्य की अवधारणा को अग्रसारित करते हुए शेल्डान पोलक मानते हैं कि भारत में साहित्य का आरंभ तब हुआ जब देवों की भाषा या वैदिक संस्कृत मनुष्यों की भाषा या लौकिक संस्कृत के रूप में परिवर्तित हो गई।[१८] उनका यह भी कहना है कि इस मनुष्यों की भाषा में रचे जाने वाले काव्यों में वेद सर्वथा अनपेक्षित बन कर रह गये ('kāvya any way shows complete indifference' to Veda)[१९] तथा वेद को काव्य के रूप में कभी देखा ही नहीं गया।[२०]

वेदों में कवि तथा काव्य शब्दों का प्रयोग शतशः हुआ है। आचार्य परंपरा में राजशेखर ने वेद की काव्य के रूप में मीमांसा करने पर बल दिया है, तथा किस प्रकार अलंकारविधान

के आधार पर वेदमंत्रों की कविता का आशय अधिक अच्छी तरह खोला जा सकता है यह द्वा सुपर्णा आदि मंत्रों को उद्धृत करते हुए उन्होने विस्तरशः प्रतिपादित किया है।

अनेक विद्वानों ने रामायण व महाभारत के पश्चात् विरचित साहित्य को क्लासिकल साहित्य कहा, हिंदी में क्लासिकल का अनुवाद श्रेण्य कर दिया गया।[२१] डे तथा दासगुप्त ने अपने ग्रंथ का नाम 'History of Classical Sanskrit Literature' रखा।

वस्तुतः वैदिक तथा लौकिक संस्कृत के बीच पार्थक्य का विमर्श पाश्चात्त्य इतिहासकारों का हमारे इतिहास के खंडीकरण तथा अपने उपनिवेशवादी मंतव्यों के द्वारा एक विभाजनवादी दृष्टिकोण से उसका प्रस्तुतीकरण था।

संस्कृतसाहित्य का विकास

वस्तुतः संस्कृत साहित्य की समग्र विकास-यात्रा के निम्नलिखित चार चरण माने जा सकते हैं—

(१) **उद्भवकाल**-यह प्रागैतिहासिक काल से लगा कर पहली सहस्राब्दी ईसापूर्व के आरम्भ होने तक प्रसृत है। कई सहस्राब्दियों में विस्तीर्ण यह काल संस्कृत साहित्य के कल्पवृक्ष के बीजन्यास और अंकुरण का काल है। इसी काल में मंत्रद्रष्टा ऋषियों ने मंत्रों का साक्षात्कार किया, वैदिक संहिताओं तथा ब्राह्मणग्रंथों की रचना हुई, और उपनिषदों की चिंतन की परम्पराएँ विकसित हुईं। गाथाओं और आख्यानों के रूप में लोकसाहित्य की समृद्ध विरासत भी इस काल में संचित होती रही।

(२) **स्थापना-काल**- यह काल पहली सहस्राब्दी ईसा पूर्व के एक सहस्र वर्षों का है। इस पूरी एक सहस्राब्दी में संस्कृत भाषा का साहित्य विश्व के महान् साहित्य के रूप में स्थापित हुआ। वाल्मीकि की रामायण, व्यास का महाभारत-ये दो महान् काव्य इस काल में अपने स्वरूप में प्रतिष्ठित हुए, यद्यपि इनकी रचना का उपक्रम इसके पहले हो चुका था। इसी प्रकार उपनिषदों की रचना का उपक्रम भी इस सहस्राब्दी के पहले हो चुका था, पर इस सहस्राब्दी में मुख्य उपनिषद् अपने वर्तमान रूप में अस्तित्व में आये। षड्दर्शनों तथा उनके समानांतर जैन, बौद्ध और चार्वाक दर्शनों का चिंतन भी इसी सहस्राब्दी में परिपक्वता को प्राप्त हुआ, यद्यपि इन सारे दर्शनों की परम्पराएँ और भी प्राचीन हैं। यह सहस्राब्दी भास और कालिदास जैसे उन कालजयी विश्वसाहित्यकारों के उदय की सहस्राब्दी है, जिनसे संस्कृत का ललित वाङ्मय प्रतिष्ठित है।

(३) **समृद्धिकाल**- यह काल पहली सहस्राब्दी ई० का है। इस काल में चिंतन परम्पराओं का विस्तार हुआ, विज्ञान की विशेष उन्नति हुई। भारतीय कला और शिल्प ने इस काल में ऊँचाइयों के शिखरों का स्पर्श किया। ज्योतिष, गणित, खगोलविद्या, रसायन, आयुर्वेद तथा दर्शन प्रस्थानों में नये चिंतन और प्रयोग हुए। दिङ्नाग, धर्मकीर्ति, वसुबंधु,

जयंत भट्ट, मंडन मिश्र, वाचस्पति मिश्र, शंकराचार्य, उदयनाचार्य जैसे महान् दार्शनिक कवियों पर ज्ञान-विज्ञान की इस उन्नति का प्रभाव पड़ा। संस्कृत महाकाव्यों की कथित बृहत्त्रयी (किरातार्जुनीयम्, शिशुपालवधम् तथा नैषधीयचरितम्) इसी काल में लिखी गयी। कल्हण की राजतरंगिणी जैसा विपुलकाय और वाल्मीकि तथा व्यास की काव्य-शैली का प्रांजल रूप प्रस्तुत करने वाला काव्य इसी काल में सामने आया। ऐतिहासिक महाकाव्य, रागकाव्य, शास्त्रकाव्य आदि नवीन काव्यविधाओं का सूत्रपात इस काल में हुआ। कल्हण तथा गीतगोविंदकार जयदेव ने साहित्य में नये युग का प्रवर्तन किया। स्तोत्रकाव्य ने भक्ति, दर्शन और कविता की त्रिवेणी का जो अद्भुत समागम प्रस्तुत किया वह विश्व-साहित्य में अभी तक अद्वितीय है।

(४) **विस्तारकाल-** यह काल ग्यारहवीं शताब्दी से अठारहवीं शताब्दी तक का है। इस काल में नव्य भारतीय भाषाओं का उदय हुआ। संस्कृत साहित्य लोक साहित्य के सम्पर्क में आया। व्याख्याओं और टीका पद्धतियों में नयी प्रविधियों का विकास हुआ। व्याकरण और न्याय के क्षेत्र में नव्य व्याकरण तथा नव्यन्याय के उदय से नये वातायन खुले। काव्यशास्त्र और सौंदर्यशास्त्र के क्षेत्र में मम्मट, रुय्यक, मंख, विश्वनाथ, अप्पय दीक्षित, पंडितराज जगन्नाथ, पर्वतीय विश्वेश्वर पांडेय आदि विद्वान् हुए। बिल्हण, मूक कवि, नीलकंठ दीक्षित, रामपाणिवाद, आदि कवियों ने अछूते भावबोध, नये बिंबविधान और प्रयोगों के द्वारा संस्कृत साहित्य की धरती को पुनः उर्वर बनाया।

(५) **आधुनिककाल-** उन्नीसवीं और बींसवीं शताब्दियों में पुनर्जागरण, राष्ट्रीय स्वाधीनता आंदोलन, यूरोपीय संस्कृति के सम्पर्क आदि से संस्कृत साहित्य में रचना के नये क्षितिज सामने आये। - रेवाप्रसाद द्विवेदी, गोविंदचंद्र पाण्डेय आदि दिग्गज आचार्य और विचारक इस काल में हुए।

विलुप्त साहित्य

संस्कृत साहित्य के इतिहास की एक समस्या लुप्त काव्यों के सर्वथा विस्मरण की भी है। आर. एन. दांडेकर कहते हैं कि संस्कृतसाहित्य हिमशिला के समान है, जिसका अधिकांश भाग सतह के नीचे निगूढ़ है ('Sanskrit literature is like an iceberg; a larger part of it is under the surface than above')।[२२] पर संस्कृत साहित्य का इतिहास लिखने वाले ग्रंथकारों ने इस बात पर अधिक विचार नहीं किया कि लुप्त हुए काव्यों में से अनेक का आंशिक पुनरुद्धार किया गया है या किया जा सकता है। इन पुनरुद्धारों से संस्कृत साहित्य के विषय में प्रचलित मान्यताएँ और उसकी मिथ्यानिर्मित छवि टूट सकती है। उदाहरण के लिये भारवि, माघ और श्रीहर्ष के महाकाव्यों को संस्कृत महाकाव्यों की बृहत्त्रयी कहा जाता है। भामह, दंडी, वामन, आनंदवर्धन, मम्मट, अभिनवगुप्त या पंडितराज की परंपरा में हमारे काव्यशास्त्र के किसी आचार्य ने इन तीन को ही संस्कृत महाकाव्य की बृहत्त्रयी नहीं बताया।

इन आचार्य के सामने भर्तृमेण्ठ का हयग्रीववध महाकाव्य था। मम्मट, राजशेखर, हेमचंद्र, साहित्यदर्पणकार विश्वनाथ आदि आचार्य हयग्रीववध के पद्य उद्धृत करते हैं। ये सारे आचार्य भर्तृमेंठ को भारवि, माघ आदि से कम आँकते हों, ऐसा नहीं लगता। यही स्थिति कुमारदास के जानकीहरण, भट्टिकाव्य, रत्नाकर के हरविजय, शिवस्वामी के कप्फिणाभ्युदय या क्षेमेंद्र के दशावतारचरित की है। मम्मट जैसे आचार्यों ने इन महाकाव्यों को माघ आदि के समान ही सम्मान देते हुए उद्धृत किया है। यदि संस्कृत महाकाव्यों की बृहत्त्रयी का विचार संस्कृत के किन्हीं आधुनिक पंडितों या विद्वानों ने रखा है, तो उनके सामने बुद्धघोष का पद्यचूडामणि (तीसरी चौथी शताब्दी), अभिनंद का रामचरित (नवीं शताब्दी), लक्ष्मीधर का चक्रपाणिविजय (दसवीं शताब्दी) जैसे श्रेष्ठ महाकाव्य नहीं थे, जो बाद में प्रकाशित हो कर सामने आये। राजशेखर ने जानकीहरण महाकाव्य के कर्ता कुमारदास तथा हरविजयकार रत्नाकर को संस्कृत के सर्वश्रेष्ठ सैंतीस कवियों की अपनी सूची में स्थान दिया है। संस्कृत महाकाव्यों की बृहत्त्रयी पर विचार करते समय इन दशाधिक कवियों को क्यों और कैसे छोड़ दिया जाये?

यही स्थिति संस्कृत नाटकों के संदर्भ में है। विशाखदत्त ने मुद्राराक्षस के अतिरिक्त तीन और नाट्यकृतियों की रचना की थी – देवीचन्द्रगुप्तम्, अभिसारिकावञ्चितकम् तथा राघवानन्दम्। ये तीनों मुद्राराक्षस के समान संस्कृत के सर्वश्रेष्ठ नाटकों में गणनीय हैं। इनका आंशिक पुनरुद्धार भी किया गया है, अत: संस्कृत साहित्य के इतिहासों में इनकी विधिवत् चर्चा की जानी चाहिये। पाँचवीं शती में विरचित चंद्रगोमी का लोकानंद भी ऐसा ही नाटक है, जिसके परिचय से संस्कृतसाहित्य का इतिहास बदल जाता है। यह नाटक तिब्बती और चीनी परंपराओं में बहुमान्य रहा, तथा मिखाएल हान ने इसके भोट अनुवाद के आधार पर इसका जर्मन व अंग्रेजी में अनुवाद या है।[२३] उनके अनुवाद से स्पष्ट होता है कि श्रीहर्ष नागानंद में इस नाटक से बहुत प्रभावित हैं।

राजशेखर ने जिन सैंतीस कवियों की प्रशंसा की है, वे निश्चय ही संस्कृतकाव्य परंपरा के ऐसे शिखर हैं, जिनके कृतित्व से परिचित हुए बिना संस्कृतसाहित्य को नहीं समझा जा सकता। राजशेखर द्वारा प्रशंसित ३७ कवियों में से २३ की तो कोई चर्चा वर्तमान में उपलब्ध संस्कृसाहित्य के इतिहास के ग्रंथो में नहीं होती। इसमें इन ग्रंथों के रचयिताओं का दोष नहीं है। इन २३ कवियों की रचनाएँ ही अनुपलब्ध हैं। पर राजशेखर को उनके कृतित्व से सम्यक् परिचित थे, और संस्कृत साहित्य के इतिहास में उन्हें व्यवस्थित कर रहे थे। अत एव राजशेखर को संस्कृत साहित्य का जो इतिहास विदित है, उसका साठ प्रतिशत से अधिक अंश तो वर्तमानकाल में लिखे गये संस्कृतसाहित्य के इतिहासग्रंथों में अचर्चित है। इसीप्रकार बाणभट्ट ने हर्षचरित के आरंभ में जिन कवियों की प्रशंसा की है, उनमें भट्टार हरिचंद्र तथा आढ्यराज भी संस्कृत साहित्य के महत्त्वपूर्ण हस्ताक्षर रहे होंगे, पर उनकी कृतियाँ अनुपलब्ध हैं।

राजशेखर के आकलन में वाल्मीकि और व्यास के बाद पाणिनि को संस्कृतकाव्यपरंपरा का प्रथम कवि माना जाना चाहिये।

ग्रंथों का विभाजन

संस्कृत साहित्य की परंपरा में शास्त्रीय ग्रंथों तथा काव्यों के भीतर अध्यायों या खंडों का नामकरण करने के लिये विशिष्ट शब्दों का प्रयोग किया जाता रहा है, जिनसे तत्तत् ग्रंथ की अपनी विशेषता भी सूचित होती है। रामायण का विभाजन कांडों तथा सर्गों में है। महाभारत में पर्व तथा प्रत्येक पर्व में कई सर्ग हैं। महाकाव्यों का विभाजन सर्गों में होता रहा है, नाटकों का अंकों में। अनेक ग्रंथकारों ने अपने अपने ग्रंथ में अध्यायों या खंडों के लिये अलग अलग सामान्य संज्ञाएँ भी प्रयुक्त की हैं। ध्वन्यालोक का विभाजन उद्योतों में हुआ है, कुन्तक के वक्रोक्तिजीवित का उन्मेष में, मम्मट के काव्यप्रकाश का उल्लासों में। चंपूकाव्य तथा अन्य विधाओं के काव्यों में आश्वास, निःश्वास. उच्छ्वास आदि संज्ञाएँ अध्यायों के लिये प्रयुक्त हैं। इन का पारिभाषिक तथा साहित्यिक दृष्टि से महत्त्व है।

संस्कृत देश की सम्पर्क भाषा

संस्कृत के दो रूप हैं- वैदिक तथा लौकिक। प्राचीन काल में इन्हीं को छांदस तथा भाषा कहा जाता था। इस भाषा के लिए 'संस्कृत' इस संज्ञा का प्रयोग व प्रचलन परवर्ती काल में हुआ। पाणिनि ने इसके लौकिक रूप को 'भाषा' ही कहा है। भाषा से पाणिनि का आशय इसके लोक में प्रचलित रूप से था। संस्कृत के लिए यास्क (७०० ई०पू०), पाणिनि (५०० ई० पू०) तथा पंतजलि (दूसरी शती ई० पू०) आदि के द्वारा प्रयुक्त प्राचीन नाम भाषा है। यास्क ने विविध प्रांतों में इस भाषा विविध रूपों की चर्चा करते हुए बताया है कि कांबोज देश में शवति क्रिया जाने के अर्थ में व्यवहृत होती है, जब कि अन्यत्र शवति क्रिया से बना शव शब्द मुर्दे का अर्थ द्योतित करता है। इसी प्रकार पूर्व के प्रांतों में दानार्थक दाति क्रिया काटने के अर्थ में प्रयुक्त होती है, उत्तर के प्रदेशों में इससे बना दात्र शब्द प्रयुक्त होता है।[२४] भाषा का अर्थ है जो समाज में बोली जाय। ईसा के पूर्व की तीसरी और दूसरी सहस्राब्दी तक छांदस (वैदिक संस्कृत) का लोक-व्यवहार में प्रचलन रहा होगा। वैदिक संस्कृत के साथ-साथ इसका सुगम और सामान्य जनों के द्वारा व्यवहृत रूप (भाषा) भी प्रचलित था। रामायण में हनुमान् सीता को राम का संदेश देने के पहले विचार करते हैं कि मैं द्विजातियों के द्वारा बोली जाने वाली संस्कृत भाषा में सीता देवी को संदेश सुनाऊँ या सामान्य जनों के द्वारा बोली जाने वाली संस्कृत में? यदि द्विजातियों के द्वारा बोली जाने वाली संस्कृत में इनसे बातचीत करूँगा, तो कहीं ये मुझे छद्मवेषधारी रावण समझ कर डर न जायँ, अतः मैं सामान्य जनों के द्वारा बोली जाने वाली संस्कृत में ही इनसे बातचीत करूँगा—

अहं ह्यतितनुश्चैव वानरश्च विशेषतः।
वाचं चोदाहरिष्यामि मानुषीमिह संस्कृताम्।
यदि वाचं प्रदास्यामि द्विजातिरिव संस्कृताम्।

रावणं मन्यमाना मां सीता भीता भविष्यति।।
अवश्यमेव वक्तव्यं मानुषं वाक्यमर्थवत्।।

(रामायण, सुंदरकांड, २८.१७-१९)

हनुमान् दोनों प्रकार की संस्कृत सहज रूप में बोल सकते थे, क्योंकि उन्होंने व्याकरण का अच्छा अध्ययन किया था। राम के साथ पहली भेंट में उन्होंने जिस परिष्कृत भाषा में राम से बात की, उससे प्रभावित होकर राम ने उनके व्याकरण के अध्ययन की प्रशंसा करते हुए कहा कि इनका व्याकरण पर अच्छा अधिकार है और इतनी देर तक बोलते रहने पर भी इन्होंने एक भी असाधु शब्द का प्रयोग नहीं किया।

असुर, राक्षस, वानर आदि जनजातियों के लोग अपने देश की भाषा बोलते होंगे, पर आवश्यकता पड़ने पर वे भी संस्कृत भाषा में बात करते थे। रामायण में ही इल्वल नामक दैत्य ब्राह्मणों को धोखा देने के लिए उनसे संस्कृत में बात करता है—

धारयन् ब्राह्मणं रूपमिल्वलः संस्कृतं वदन्।
आमन्त्रयति विप्रान् स श्राद्धमुद्दिश्य निर्घृणः।।

ईसा के लगभग एक हजार साल पहले से वेदों में प्रयुक्त भाषा लोकव्यवहार में प्रचलित नहीं रह गयी थी। उसका स्थान उस भाषा ने ले लिया था, जिसे आज हम लौकिक संस्कृत कहते हैं। वैदिक संस्कृत से लौकिक संस्कृत का विरोध बताने के लिए तथा इसका लोकव्यवहार में प्रचलन बताने के लिए ही लौकिक संस्कृत को यास्क आदि ने भाषा कहा। यास्क ने इस भाषा के देश के विभिन्न अंचलों में बोले गये रूपों में कृदंत आदि की दृष्टि से विभिन्नता की चर्चा भी की है। पाणिनि ने भी प्राच्य और उदीच्य लोगों की भाषा में उच्चारण आदि की दृष्टि से अंतर की चर्चा में की है।

ह्वेनसांग या श्यूआन् चुआङ् ने पाणिनि का जीवनवृत्त लिखने के लिये शलातुर गाँव की यात्रा की थी। ह्वेनसांग बताते हैं कि शलातुर के लोग उस समय तक पाणिनि को याद करते थे। उन्होने पाणिनि की मूर्ति अपने गाँव में लगा रखी थी। पाणिनि के विषय में प्रचलित अनुश्रुतियों के अनुसार पाणिनि ने दूर दराज के क्षेत्रों में यात्रा कर भाषा के नमूने संचित किये थे। पाणिनि ने शिष्टभाषा तथा रोजमर्रा के जीवन में बोलचाल की भाषा के अनेक नमूने संग्रहीत किये तथा अनेक सूचियाँ बनाईं, जिनका उपयोग उन्होने गणपाठ व धातुपाठ में किया।

पतंजलि ने तो देश के विभिन्न प्रांतों में धातुओं और संज्ञाओं की विभिन्नता को रोचक उदाहरणों के द्वारा समझाया है। उन्होंने एक उदाहरण में सूत या सारथि और वैयाकरण के बीच होने वाले विवाद का भी दृष्टांत दिया है, जिसमें सारथि या सूत वैयाकरण को लोकव्यवहार से प्राप्त अपने भाषाज्ञान के आधार पर निरुत्तर कर देता है। यह संवाद इस प्रकार चलता है—

वैयाकरण – इस रथ का प्रवेतक कौन है?

सूत – आयुष्मन्, मैं इस रथ का प्राजिता (हाँकने वाला) हूँ।

वैया० – प्राजिता शब्द तो अपशब्द है।

सूत – हे देवों के प्रिय महोदयजी, आप केवल प्राप्तिज्ञ हैं, इष्टिज्ञ (व्यवहार में प्रचलित प्रयोग के जानकार) नहीं हैं।

वैया० – अहो, यह दुरुत (दुष्ट सूत) तो हमें कष्ट पहुँचाता रहा है।

सूत – दुरुत शब्द का आपका प्रयोग सही नहीं है। सूत शब्द सूञ् प्रसवे धातु से बना है, बीनने के अर्थ वाली वेञ् धातु से नहीं। अत: आप निंदा करने के लिये दुरुत के स्थान पर दु:सूत शब्द का प्रयोग करें।

ईसापूर्व के काल में ही वात्स्यायन के कामसूत्र की रचना हुई। कामसूत्र के नागरकवृत्त प्रकरण में काव्यगोष्ठियाँ आयोजित करने का निर्देश दिया गया है। इन गोष्ठियों में संस्कृत तथा देशभाषा दोनों में बातचीत होती थी। वात्स्यायन ने कहा है कि लोकप्रियता प्राप्त करने के लिए न तो बहुत अधिक संस्कृत का प्रयोग किया जाये, न बहुत अधिक देशभाषा का-

नात्यन्तं संस्कृतेनैव नात्यन्तं लोकभाषया।
कथां गोष्ठीषु कथयंल्लोके बहुमतो भवेत्।।

(कामसूत्र १/४/३७)

गोष्ठी में जो बातचीत करें वह न तो बहुत अधिक संस्कृत में हो, न बहुत अधिक देश भाषा में। इस तरह बातचीत कर के जनसमाज में मान बढ़ाता है।

शास्त्रकारों और कवियों ने अपनी रचनाओं में पदे-पदे ऐसे मुहावरों या वाक्यावलियों का समावेश किया है, जो बोलचाल में ही प्रचलित हो सकती हैं। पाणिनि ने ही अपने उदाहरणों में अनेक शब्दों को बोलचाल में प्रचलन से निष्पन्न बताया है; जैसे- दंडादंडि, केशाकेशि, भोजम्भोजं व्रजति, कन्यादर्शं वरयति, मूलकोपदंशं भुङ्क्ते आदि।

वैदिक काल से ही संस्कृत भाषा आसेतु हिमाचल सारे देश में एक सम्पर्क भाषा का कार्य निरन्तर करती रही है। उसकी क्षेत्रीय भाषाएँ भी देश में प्रचलित रही हैं। कभी किसी क्षेत्र में संस्कृत के स्थान पर उस क्षेत्र की भाषा को अधिक महत्त्व देते हुए राजकार्य की भाषा भी बना दिया गया-ऐसा होता रहा है पर संस्कृत का स्थान अक्षुण्ण बना रहा। बौद्धों और जैनों का वाङ्मय आरम्भ में पालि तथा मागधी और अर्धमागधी में लिखा गया, जो उन क्षेत्रों की बोलियाँ रही होंगी, जिनमें ये धर्म उदित हुए। पर सारे देश में संस्कृत के व्यापक प्रचार को देखते हुए बौद्धों और जैनों ने भी शास्त्रार्थ करने तथा साहित्य-रचना के लिए संस्कृत भाषा को ही माध्यम बनाया।

पहली शताब्दी ई०पू० में रची गयी चरककृत चरकसंहिता में बताया गया है कि आयुर्वेद के अध्ययन- अध्यापन तथा तत्संबंधी शास्त्रार्थों में संस्कृत भाषा का प्रयोग होता था।

वात्स्यायन ने कामसूत्र में रसिक नागरकों को सभ्य समाज में दो भाषाओं में संवाद करने का परामर्श दिया है-संस्कृत तथा देशभाषा। ह्वेनसांग ने अपनी भारत- यात्रा के संस्मरणों में बताया हैं कि उसने संस्कृत के माध्यम से शास्त्रार्थ होते देखे-सुने थे। जैन आचार्य सिद्धर्षि ने अपनी उपमितिभवप्रपंचकथा में संस्कृत भाषा के प्रयोग का कारण बताते हुए कहा है कि समाज में शिष्टजन इसी भाषा में रचा साहित्य पढ़ना पसंद करते हैं, यद्यपि इस भाषा को केवल ज्ञानी जन समझ पाते हैं—

संस्कृता प्राकृता चेति भाषे प्राधान्यमर्हतः।
तत्रापि संस्कृता तावद् दुर्विदग्धहृदि स्थिता।
बालानामपि सद्बोधकारिणी कर्णपेशला।
तथापि प्राकृता भाषा न तेषामपि भासते।।

अन्य प्रमाणों से सिद्धर्षि का यह कथन सत्य प्रतीत नहीं होता कि संस्कृत भाषा को अशिक्षित या निम्नवर्ग के लोग नहीं समझ पाते थे। जिस प्राकृत का प्रयोग सिद्धर्षि के काल में साहित्य में किया जा रहा है, वह तो संस्कृत की छाया-मात्र है। जिस प्रकार भोजपुरी, अवधी, बुंदेली आदि लोकभाषाओं को बोलने वाले अशिक्षित लोग भी केवल सुन-सुन कर खड़ी बोली या हिन्दी को समझने की योग्यता प्राप्त कर लेते हैं, उसी प्रकार ईसा के समय से लगा कर अठारहवीं-उन्नीसवीं शताब्दी तक लोकभाषाओं को बोलने वाले अशिक्षित जन संस्कृत भाषा के सुगम रूप को समझ सकते थे। बिल्हण ने अपने विक्रमांकदेवचरित में बताया है कि उनके प्रदेश कश्मीर में स्त्रियाँ संस्कृत, प्राकृत तथा देशज भाषा को अच्छी तरह समझ सकती थीं। विभिन्न प्रांतों में लोकभाषाएँ बोली जाती थीं, पर विभिन्न प्रांतों के लोग जब किसी एक स्थान पर मिलते थे, तो उनमें संवाद का माध्यम संस्कृत भाषा ही होती थी। शंकराचार्य केरल में उत्पन्न हुए, उन्होंने सारे देश में संस्कृत के माध्यम से अपने संदेश का प्रसार किया तथा शास्त्रार्थों में संस्कृत भाषा के द्वारा ही दिग्विजय की पताका फहरायी। श्रीहर्ष ने अपने नैषधीयचरित में कहा है- दमयंती के स्वयंवर में विभिन्न प्रदेशों से आये हुए राजाओं ने सोचा कि यदि अपने-अपने प्रदेश की भाषा में बोलेंगे तो दूसरे लोग नहीं समझ पायेंगे, इसलिए वे आपस में संस्कृत भाषा में ही परस्पर बातचीत कर रहे थे, इस कारण राजाओं के बीच वेष बदल कर आ मिले देवगण पहचाने न जा सके—

अन्योन्यभाषानवबोधभीतेः संस्कृत्रिमाभिर्व्यवहारवत्सु।
दिग्भ्यः समेतेषु नरेषु वाग्भिः सौवर्गवर्गो न जनैरचिह्नि।।

(नैषधीयचरित, १०/३४)

तेरहवीं शताब्दी में जयल्लभ के द्वारा तैयार किये गये प्राकृत गाथाओं के संकलन वज्जालग्ग की एक गाथा से भी स्पष्ट संकेत मिलता है कि जब वे गाथाएँ लिखी जा रही थीं, उस समय भी संस्कृत में बातचीत हुआ करती थी। एक गाथा में यहाँ कहा गया है—

छंदेण विना कव्वं लक्खणरहियम्मि सक्कयालावं।
रूवं विणा मरट्टो तिण्मि वि सोहं न पावंति।।

(छन्द के बिना काव्य, व्याकरण के बिना संस्कृत भाषण और रूप के बिना गर्व-ये तीनों ही शोभित नहीं होते।)

विभिन्न प्रांतों के शिक्षित जन अठारहवीं-उन्नीसवीं शताब्दी तक परस्पर संस्कृत में बातचीत करके ही संवाद कर सकते थे, शिक्षा का माध्यम भी उन्नीसवीं शताब्दी तक प्राय: संस्कृत भाषा बनी रही। बालकों के सुखबोध के लिए पंचतंत्र, हितोपदेश जैसे ग्रंथ इसमें रचे गए।

किसी भी प्रान्त में प्रचलित क्षेत्रीय बोली को राजभाषा बनाया जाय या संस्कृत को-इस सम्बन्ध में प्राय: राजाओं की रुचि से निर्णय लिया जाता था। राजशेखर ने अपनी काव्यमीमांसा में बताया है कि कुंतल देश के सातवाहन राजा ने अपने रनिवास में प्राकृत भाषा में ही बातचीत करने की पद्धति चलायी थी। जबकि उज्जयिनी में साहसांक ने अपने रनिवास में संस्कृत में ही बातचीत करने का नियम जारी किया था (काव्यमीमांसा, दशम अध्याय)। महाक्षत्रप रुद्रदामन् तथा उसका क्षत्रप सुविशाख विदेशी मूल के थे, पर इस देश में अपनी नियति को पहचान कर उन्होने अपने शासन में संस्कृत के प्रयोग को बढ़ावा दिया।

इस सम्बन्ध में डॉ० रामविलास शर्मा ने बारहवीं शताब्दी में दामोदर पंडित द्वारा रचित उक्तिव्यक्तिप्रकरण नामक भाषाज्ञान की पुस्तक का रोचक उदाहरण दिया है। इसे जिनविजय मुनि ने १९५३ ई० में प्रकाशित किया। इस पुस्तक में अवधी के शब्दों और रूपों का सम्बन्ध संस्कृत शब्दों और रूपों में दिखाया गया है। इसका मूल उद्देश्य अवधी सिखाना नहीं है, अवधी जानने वालों को संस्कृत सिखाना है। पुस्तक के आरम्भ में ही दूसरी कारिका में कहा गया है--

स्यादि-त्यादि वृत्वा श्रुत्वा लिङ्गानुशासनं किञ्चित्।
उक्तिव्यक्तिं बुद्ध्वा बालैरपि संस्कृतं क्रियते।।

अर्थात् थोड़ा सा व्याकरण-ज्ञान हो जाने पर, उक्तिव्यक्ति को जान लेने पर बालक भी अपनी बोली को संस्कृत कर सकते हैं।

उक्ति का अर्थ है बोली। दामोदर पंडित को मालूम है कि विभिन्न प्रदेशों में लोग अलग-अलग बोलियाँ बोलते हैं और आपस में सम्पर्क के लिए संस्कृत का सहारा लेते हैं। पर अपनी पुस्तक में उन्होंने इन सभी बोलियाँ बोलने वालों को संस्कृत रूपान्तरण सिखाने का प्रयत्न नहीं किया। उन्होंने यह प्रयत्न केवल अवधी बोलने वाले के लिए किया है।[२५]

संस्कृत-कवियों ने अपने समय में बोली जाने वाली भाषा का सुस्पष्ट साक्ष्य दिया है। कालिदास, बाण, भवभूति जैसे कवियों में ऐसे वाक्य पदे-पदे पर मिलते हैं, जो बोलचाल की

संस्कृत का स्वरूप सामने रखते हैं। प्रस्तुत पुस्तक में इन कवियों पर विचार करते समय ऐसे स्थलों का निर्देश यथावसर किया गया है। लोक-प्रचलित कथनों या लोकोक्तियों को प्राचीन कवियों ने लौकिकी श्रुति कहा है। वाल्मीकि रामायण में कौशल्या राम से कहती है—

श्रुतिस्तु खल्वियं सत्या लौकिकी प्रतिभाति मे।
यदन्नः पुरुषो भवति तदन्नास्तस्य देवताः।।

(वा०रा० २.१०४.१५)

(यह लोकप्रिय उक्ति मुझे सच्ची प्रतीत होती है कि मनुष्य जैसा अन्न खाता है वैसे ही उसके देवता होते हैं।)

इसी प्रकार सुन्दरकाण्ड में हनुमान् कहते हैं—

कल्याणी बत गाथेयं लौकिकी प्रतिभाति माम्।
एति जीवन्तमानन्दो नरं वर्षशतैरपि।।

यहाँ भी लोकप्रचलित गाथा या लोगों के द्वारा कहीं जाने वाली उक्ति को हनुमान् उद्धृत कर रहे हैं।

संस्कृत कवियों ने ऐसे अनेक आभाणकों, लोकोक्तियों या मुहावरों का भी प्रयोग किया है, जो सामान्यजनों की भाषा में ही संभव थे। उदाहरण के लिए हिन्दी में एक मुहावरा है-ठेंगा दिखाना। वाल्मीकि ने इसी के समतुल्य एक मुहावरा संस्कृत में प्रयुक्त किया है-'देवमार्गं दर्शितः।' सुन्दरकाण्ड के ६२वें तथा ६३वें सर्गों में तीन बार इस मुहावरे का प्रयोग है। यह प्रयोग अशोकवाटिका में सीता के दर्शन पा चुके हुनमान् के साथ लौटे वानरों के द्वारा किष्किंधा के मधुवन में मधु पी-पी कर वनरक्षकों को ठेंगा दिखाने के प्रसंग में है। वानरों की आदत होती है कि वे किसी को चिढ़ाने के लिए अपने नितंब दिखाते हैं। उसी से यहाँ आशय है। (गीताप्रेस, गोरखपुर के संस्करण में इसका अनुवाद 'पीठ के बल पटक कर आसमान दिखा देना' किया है, जो चिंत्य है।) शत्रु के माथे पर बायाँ पाँव रख देना-'चक्रे पादं सव्यं हि शत्रूणां स तु मूर्धनि' भी इसी प्रकार का मुहावरा है, जो बोलचाल की भाषा से वाल्मीकि आदि ने लिया है। इसी प्रकार महाभारत (१.६४.३२) में नलोपाख्यान में 'तां वेद यदि मन्यसे' (यदि आप पसंद करें) इस प्रकार के अनेक कथन हैं, जो लोकभाषा या बोली से संस्कृत के सहज सम्पर्क को व्यक्त करते हैं।

प्रस्तुत ग्रंथ में कालिदास, भवभूति, बाण, माघ आदि महाकवियों की रचनाओं से यथाप्रसंग ऐसे वाक्य, मुहावरे आदि उद्धृत किये गये हैं, जिनको इन महाकवियों ने जनसामान्य की बोली या लोकव्यवहार से सीधे ग्रहण किया होगा। शास्त्रीय संस्कृत के साथ साथ इन महाकवियों ने अपने समय में प्रचलित बोलचाल की संस्कृत का भी नमूना दिया है, जिससे यह प्रचलित अवधारणा निराधार सिद्ध होती है कि संस्कृत भाषा और उसका साहित्य लोकजीवन से असंपृक्त और असंबद्ध रहे हैं।

संस्कृत भाषा को उसके विकास के पाँच हजार साल से अधिक के इतिहास में सत्ता व राजनीति के प्रभाव से अनेक बार अपदस्थ व विस्थापित किया गया, अनेक विद्वानों ने संस्कृत की कथित मृत्यु का लेखा-जोखा भी प्रस्तुत किया, पर यह तथ्य है कि संस्कृत भारत राष्ट्र की नियति से जुड़ी रही और निरंतर अपनी सांस्कृतिक भूमिका का निर्वाह करती रही। बुद्ध और महावीर ने मागधी या अपने समय की लोकभाषा में अपने प्रवचन दिये, पर उनके अनुयायियों शताब्दियों तक ग्रंथरचना, उपदेश, शास्त्रार्थ के लिये केवल संस्कृत का ही उपयोग करते रहे। इतिहासकार जान की (John Keay) इसे एक पहेली मानते हैं।[२६]

संस्कृत भाषा का क्षेत्र व उत्पत्ति

मूलत: पाणिनि ने जिस भाषा का व्याकरण रचा, वह पश्चिमोत्तर प्रांत (वर्तमान अफगानिस्तान, पाकिस्तान व पंजाब के क्षेत्र) में बोली जाती थी। ईसा के पूर्व की सहस्राब्दियों तक छांदस (वैदिक संस्कृत) का लोक-व्यवहार में प्रचलन रहा होगा। वैदिक संस्कृत के साथ-साथ इसका सुगम और सामान्य जनों के द्वारा व्यवहृत रूप (भाषा) भी प्रचलित था। पाणिनि के द्वारा इसके व्याकरण को व्यवस्थित रूप देने के पश्चात् संस्कृत भाषा का यह रूप जिसे आजकल लौकिक संस्कृत कहा जाता है, सारे देश में संपर्क भाषा के रूप में व्यवहृत होने लगा। पर पाणिनि ने लोकव्यवहार में प्रचलित भाषा को ही व्यवस्थित रूप दिया था। उनकी अष्टाध्यायी के बहुसंख्य प्रयोग इस तथ्य को प्रमाणित करते हैं।

रामायण में हनुमान् सीता को राम का संदेश देने के पहले विचार करते हैं कि मैं द्विजातियों के द्वारा बोली जाने वाली संस्कृत भाषा में सीता देवी को संदेश सुनाऊँ या सामान्य जनों के द्वारा बोली जाने वाली संस्कृत में? हनुमान् दोनों प्रकार की संस्कृत सहज रूप में बोल सकते थे, क्योंकि उन्होंने व्याकरण का अच्छा अध्ययन किया था। असुर, राक्षस, वानर आदि जनजातियों के लोग अपने देश की भाषा बोलते होंगे, पर आवश्यकता पड़ने पर वे भी संस्कृत भाषा में बात करते थे। रामायण में ही इल्वल नामक दैत्य ब्राह्मणों को धोखा देने के लिए उनसे संस्कृत में बात करता है। पाणिनि व्याकरण के द्वारा इस भाषा में स्थिरता तो ला दी गई, पर पूरे देश में व्यवहृत होने के कारण इसमें तमिल आदि भाषाओं की या क्षेत्रीय भाषाओं शब्दावली भी मिलती रही, तथा हर प्रांत के अनुसार उच्चारण व वाक्यविन्यास में भेद बना रहा। पाणिनि ने प्राच्य और उदीच्य लोगों की भाषा में उच्चारण आदि की दृष्टि से अंतर की चर्चा में की है। पतंजलि ने तो देश के विभिन्न प्रांतों में धातुओं और संज्ञाओं की विभिन्नता को रोचक उदाहरणों के द्वारा समझाया है। भोजप्रबंध में राजा भोज से संबंधित ऐसे अनेक प्रसंग वर्णित हैं, जिनमें जुलाहे, कहार आदि संस्कृत में बातचीत करते हैं।

नाट्यशास्त्र तथा अलंकारशास्त्र में अनेक शब्द लोकव्यवहार में प्रचलित देशी भाषाओं से लिये गये हैं। छेक शब्द कश्मीरी भाषा का है, जिसमें निहित माधुर्य तथा लय के आशय

को ध्यान में रख कर इसे विदग्धजनों के अर्थ में साहित्यशास्त्र में स्वीकार किया गया तथा छेकानुप्रास की परिकल्पना की गई। प्रतिहारेंदुराज कहते हैं - छेकशब्देन कुलायाभिरतानां पक्षिणामभिधानम्। तदुक्तम्---'छेकान्गृहेष्वभिरतानुशन्ति मृगपक्षिण:' इति। तेषां च कुलायाभिरतत्वादन्येन केनचिदनायास्यमानानामनेनानुप्रासेन सदृशी मधुरा वागुच्चरति। अतोऽयमनुप्रासश्छेकैर्व्यपदिश्यते छेकानुप्रास इति। अथवा छेका विदग्धा:। तद्वल्लभत्वादस्य छेकानुप्रासता।

वस्तुत: पाणिनि के पश्चात् वर्तमान काल तक संस्कृत किसी क्षेत्रविशेष की भाषा न रह कर सारे देश में प्रचलित एक भाषा बनी रही। यह पढ़े-लिखे या शिष्ट जनों के बीच बातचीत के लिये भी प्रयुक्त होती रही, तथा उससे अधिक चिंतन, बौद्धिक बहस, शास्त्ररचना व साहित्य की भाषा बनी रही। बौद्धों और जैनों का वाङ्मय आरम्भ में पालि तथा मागधी और अर्धमागधी में लिखा गया, जो उन क्षेत्रों की बोलियाँ रही होगीं, जिनमें ये धर्म उदित हुए। पर सारे देश में संस्कृत के व्यापक प्रचार को देखते हुए बौद्धों और जैनों ने भी बाद में शास्त्रार्थ करने तथा साहित्य-रचना के लिए संस्कृत भाषा को ही माध्यम बनाया। नवम शताब्दी में शंकराचार्य और बींसवीं शताब्दी में दयानंद ने सारे देश में यात्रा करते हुए अपने शास्त्रार्थ संस्कृत के माध्यम से किये।

संस्कृत साहित्य तथा सांप्रदायिक और धार्मिक अंत:संवाद

संस्कृत में महावीर तथा बुद्ध के जीवन और दर्शन तथा जैन और बौद्ध धर्म के प्रचार-प्रसार को ले कर प्रचुर साहित्य की रचना हुई। अश्वघोष, नागार्जुन, धर्मकीर्ति आदि बौद्ध मतावलंबी कवियों की सरस उत्कृष्ट रचनाओं ने बुद्ध के शांति और अहिंसा के दर्शन को साहित्यिक अभिव्यक्ति दी। हिंदू परंपरा के कवियों में भास, कालिदास, शूद्रक, बाण, श्रीहर्ष, क्षेमेंद्र, शिवस्वामी, जयदेव जैसे महान् कवियों के साहित्य में बौद्ध धर्म व बुद्ध के चिंतन का प्रभाव देखा जा सकता है। इनमें से श्रीहर्ष, क्षेमेंद्र, शिवस्वामी जैसे कवियों ने तो साक्षात् बुद्ध के जीवन या दर्शन को अपने काव्य का विषय बनाया है। मृच्छकटिक में संवाहक बौद्ध भिक्षु बन कर वसंतसेना की जान बचाता है। बाण के हर्षचरित में बौद्ध आचार्य दिवाकर मित्र के तपोवन का वर्णन अत्यंत हृदयग्राही है। जयदेव ने बुद्ध को दशावतारों में एक मानते हुए भावविभोर हो कर उनकी वंदना में कहा—

निन्दसि यज्ञविधेरहह श्रुतिजातम्
सदयहृदयदर्शितपशुघातम्
केशव धृतबुद्धशरीर ...

भर्तृहरि ने धार्मिक सद्भावना के साथ विभिन्न मतों में भेदबुद्धि को निरस्त करते हुए कहा—

यं शैवाः समुपासते शिव इति ब्रह्मेति वेदान्तिनो
बौद्धा बुद्ध इति प्रमाणपटवः कर्तेति नैयायिकाः।
अर्हन्नित्यथ जैनशासनरताः कर्मेति मीमांसकाः
सोयं वो विदधातु वाञ्छितफलं त्रैलोक्यनाथो हरिः।।

वर्तमान में राष्ट्रनिर्माण तथा समाजोत्थान में संस्कृत की भूमिका

ऊन्नीसवीं शताब्दी के नवजागरण में संस्कृत के साहित्य तथा उससे जुड़ी चिंतनपरंपराओं की बड़ी सकारात्मक भूमिका रही है। १७८५ई० में प्रकाशित चार्ल्स विल्किंस के द्वारा किये श्रीमद्भगवद्गीता के अंग्रेजी अनुवाद तथा १८०१-१८०२ई० में एंटेकिल डुपरों के द्वारा दाराशिकोह के सिर्र-ए-अकबर में प्रस्तुत उपनिषदों के अनुवादों का लैटिन अनुवाद होने पर जैसे जैसे पश्चिमी जगत् भारतीय मनीषा से परिचित हुआ, भारत के बुद्धिजीवियों का भी अधिकाधिक ध्यान संस्कृत भाषा की तेजस्वी परंपराओं तथा राष्ट्र के नवनिर्माण में उनका पुनराविष्कार करने की ओर गया। इस दृष्टि से राजा राममोहन राय ने उपनिषदों का अनुवाद किया। तिलक, विवेकानंद, योगी अरविंद आदि महापुरुषों के व्यक्तित्व तथा कृतित्व में संस्कृत भाषा के ज्ञान की स्पष्ट छाप है। १८६५ई० में भारतीय राष्ट्रीय कांग्रेस की स्थापना बंबई के एक संस्कृत महाविद्यालय में हुई। संस्कृतचन्द्रिका, सूनृतवादिनी, ज्योतिष्मती जैसी संस्कृत पत्रिकाएँ, जो स्वातन्त्र्य संग्राम के यज्ञ में आहुति दे रही थीं, अंग्रेजों के द्वारा बन्द करायीं गयीं। संस्कृत पत्रिकाओं में समाजसुधार तथा क्रान्तिविषयक सामग्री छपती रही तथा समाजवाद और गान्धीवाद जैसी विचारधाराओं को संस्कृत में अभिव्यक्ति मिली। हिंदी व बंगला के कुछ अखबारों ने भी संस्कृत की नई रचनाओं का प्रकाशन किया, अथवा अपने लिये संस्कृत में प्रतीकपद्यों की रचना करवा कर उन्हें नियमित मुखपृष्ठ पर स्थान दिया।

अंधविश्वासों के उन्मूलन तथा समाजसुधार में संस्कृत का योगदान भी स्मरणीय है। दयानंद ने स्त्रीशिक्षा के प्रचार प्रसार के लिये वेदों का प्रामाण्य दिया, राजा राम मोहन राय ने सतीप्रथा के निवारण के लिये अपने अभियान में धर्मशास्त्र के वचनों के उद्धरण दिये, ईश्वरचंद्र विद्यासागर ने विधवाविवाह के समर्थन के लिये भी प्राचीन स्मृतिग्रंथों का सहारा लिया।

संस्कृत भाषा और उसके साहित्य का इतिहास यह प्रमाणित करता है कि संस्कृत और उसके साहित्य की परंपराओं की भारत की राष्ट्रीय संस्कृति तथा विश्वसंस्कृति के निर्माण में विशिष्ट तथा महती भूमिका रही है। यह भूमिका निम्नलिखित आधारों पर समझी जा सकती है – भारतीय भाषाओं तथा भारत के बाहर की, विशेष रूप से दक्षिणपूर्व एशिया की भाषाओं के विकास में संस्कृत का योगदान, वर्तमान वैज्ञानिक व सामाजिक, सांस्कृतिक विकास के अनुरूप इन भाषाओं में नई शब्दावली के निर्माण में संस्कृत का एक स्रोतभाषा के रूप में

उपयोग, भारतीय भाषाओं के साहित्य के विकास में उसका योगदान, उसके साहित्य में उपदिष्ट जीवनमूल्यों व सांस्कृतिक प्रगमनों के द्वारा भारत के ऐकात्म्य के लिये सांस्कृतिक सेतुओं की रचना।

संविधान के आर्टिकल ३५१ में भारतीय भाषाओं के लिये मुख्य रूप से शब्दकोश संस्कृत से ग्रहण करने की संस्तुति की गई है।

शेल्डान पोलोक की पुस्तक Language of Gods in the World of Men में संस्कृत के सांस्कृतिक दिग्विजय का विश्लेषण किया गया है। पोलोक इस दिग्विजय को संस्कृतीकरण (culturation) कहते हैं, वे उस संस्कृत के विश्वजनीनतावाद (cosmopolitanism of Sanskrit) के स्वरूप का खुलासा करते हैं, जिसने भारत के बाहर लगभग एक हजार वर्षों तक संस्कृत भाषा और उसके साहित्य को अपूर्व प्रतिष्ठा दी, और संस्कृत विद्वत्समाज में व्यवहार और राजकीय कार्य की भाषा के रूप में दक्षिण भारत में चोलों, पल्लवों और पांड्यों या केरल के अनेक राजाओं और राजपरिवारों और राजवंशपरंपराओं में ही नहीं, श्याम, ब्रह्मदेश (बर्मा), काम्बोज, मलय, चम्पा (वियतनाम) आदि देशों में स्वीकार की गई। इन देशों में बोलचाल की भाषा न होते हुए भी संस्कृत ने एक वैश्विक सांस्कृतिक मानचित्र की रचना की। पोलोक के अनुसार यह एक ऐसा अद्भुत और विलक्षण साम्राज्य है, जो किसी सैन्य शक्ति से ढहाया नहीं जा सकता था। वे बताते हैं विश्व के एक बड़े हिस्से पर – एशिया महाद्वीप में - संस्कृत का यह एक हजार वर्षों तक चलने वाला एक छत्र राज्य रोम साम्राज्य जैसी ऐतिहासिक सत्ताओं से कितना भिन्न है। हथियारों से लड़ी जाने वाली संहारक लड़ाई के स्थान पर विचारों और उदात्त संकल्पों की स्थापना के लिये किया जाने वाला संघर्ष रचनात्मकता, संवाद और अन्त:क्रिया में घटित होता है। संस्कृत ने साम्राज्यवादियों की भाँति देशज भाषाओं, देशज संस्कृतियों और लोकाचारों का उच्छेद नहीं किया, उन्हें पनपने दिया और उनको अपने वैभव से और भी संपन्न किया, और उनसे भी रस ग्रहण किया।

थाईलैंड (सियाम) आदि देशों में युवराजों या राजकुमारों को संस्कृत के श्लोकों का या छंदों का गायन सिखाया जाता था क्योंकि अच्छा शासक बनने के लिये अच्छी भाषा और लय तथा छंद की पकड़ आवश्यक मानी जाती थी।

पोलोक संस्कृत के वैश्विक साम्राज्य को अब चुक गया हुआ मानते हैं। आपाततः ऐसा लगता है। पर संस्कृत और इससे जुड़ी परंपराओं की शक्ति अभी समाप्त नहीं हुई है, उन्हें नये सिरे खोजना आवश्यक हो गया है। संस्कृत की प्रज्ञा और हमारे पंडितों की मनीषा प्रत्येक युग में अपने को नये सिरे प्रमाणित करती रही है।

विश्व में संस्कृत भाषा और उससे संवलित परंपराओं की भारत की राष्ट्रीय संस्कृति के निर्माण में जो अनोखी भूमिका रही है, उसके पीछे वैदिक मनीषियों की आर्ष दृष्टि है; उसके पीछे पाणिनि की प्रज्ञा है; वाल्मीकि, व्यास, कालिदास, अश्वघोष से लगा कर पंडितराज

जगन्नाथ तक प्रतिभाभास्वर कवियों की उज्ज्वल कतारें हैं; और यास्क, व्याडि, कात्यायन, पतंजलि और भर्तृहरि जैसे मनीषियों का भाषाचिंतन है; कपिल, कणाद, गौतम, बादरायण, जैमिनि, पतंजलि से लगा कर वात्स्यायन, प्रशस्तपाद, गौडपाद, शंकराचार्य, मंडन मिश्र, वाचस्पति मिश्र, उत्पलदेव, अभिनवगुप्त आदि शताधिक अत्यंत श्रेष्ठ दार्शनिकों व तार्किकों का अवदान है।

संस्कृत भाषा को पश्चिमी जगत् से परिचित कराने वाले विद्वान् और उनके महत्त्वपूर्ण कार्य

राष्ट्रीय तथा वैश्विक परिदृश्य पर संस्कृत और उसकी परंपराओं को प्रतिष्ठित करने में उन असंख्य अज्ञात साहित्यप्रेमियों, संस्कृतिकर्मियों और भारत से बहिर्गमन करने वाले साहसी प्रवासियों और विदेशों से भारत में आने वाले यात्रियों का भी बहुत बड़ा हाथ है, जिन्होंने अश्वघोष के काव्यों, बौद्ध दर्शन के ग्रंथों या पालिसाहित्य के चीनी, तिब्बती और जापानी भाषाओं में अनुवाद किये, जिनके महनीय अवदान के बूते पर भारत में नष्ट हो चुके बहुसंख्य संस्कृत ग्रंथों को हम फिर से हासिल कर सके, जिन के कारण हम धर्मकीर्ति, नागार्जुन और दिङ्नाग जैसे दिग्गज दार्शनिकों की विलुप्त रचनाओं का ही नहीं, उन विचारकों की मनीषा का भी अपने समय में नवाविष्कार कर सके। संस्कृत ने इत्सिंग और ह्वेनसांग की साहसिक यात्राओं के साथ विश्वयात्रा की है। उसके पीछे अलबिरूनी के गहन अध्ययन और ज्ञानसाधना, अब्दुल रहीम खानखाना की मेधा, तथा दाराशिकोह के द्वारा प्रस्तुत किये गये ५२ उपनिषदों के फारसी अनुवादों की बड़ी भूमिका रही है। वर्तमान काल में राहुल सांकृत्यायन, विलियम जोंस तथा मैक्समूलर आदि के अवदान से भारतीय मनीषा को वैश्विक परिप्रेक्ष्य प्राप्त हुआ।

दूसरी ओर संस्कृत में लैटिन आदि भाषाओं के दार्शनिक तथा वैज्ञानिक साहित्य का भी सिलसिला चला आ रहा था। गोविंद पिल्लै ने १८७७ में ड्यूसन के इलीमेंते देटर मेताफिज़ीक (Elemente der Metaphysik) नामक ग्रंथ का संस्कृत में अनुवाद किया, जो अतीतप्राकृतिक- शास्त्रम् नाम से त्रिवेंद्रम् से १९१२ में छपा।[२७]

लासेन ने सांख्यकारिका का लैटिन भाषा में १८३२ ई० में अनुवाद किया। अपने Indische Altertumskunde (१८४७-५८) में उन्होने ग्रीस तथा रोम के भारत व संस्कृतसाहित्य के साथ परिचय का विस्तृत सर्वेक्षण व अध्ययन प्रस्तुत किया।

लंदन में स्कूल आफ ओरिएंटल स्टडीज सन् १९१६ में स्थापित हुआ। १९३८ में इसका नाम स्कूल आफ ओरिएंटल एंड अफ्रीकन स्टडीज के रूप में परिवर्तित कर दिया गया।

धर्म प्रचार के लिये आने वाले ईसाई मिशनरियों ने संस्कृत भाषा और उसके साहित्य

का अध्ययन किया। १६५१ ई॰ में अब्राहम रोजर ने भर्तृहरि के सुभाषितों का पुर्तगाली भाषा में अनुवाद किया। ब्रिटिश शासन ने संस्कृत के पंडितों का सहयोग धर्मशास्त्र के ग्रन्थों का अंग्रेजी अनुवाद करवाने तथा उनके आधार पर एक प्रामाणिक संहिता तैयार करवाने में किया। इस दृष्टि से वारेन हास्टिंग्स के प्रयास विशेष उल्लेखनीय हैं। १७७३ में वारेन हास्टिंग्स ने बंगाल के गवर्नर के रूप में कार्य आरंभ किया। हिंदुओं को उनके विधिविधान के अनुसार न्याय मिले इसके लिये उसने धर्मशास्त्रविषयक ग्रंथों से सारसंग्रह अंग्रेजी अनुवाद के साथ तैयार कराने की योजना बनाई। इस संकलन का पहले फारसी में अनुवाद हुआ तदनंतर अंग्रेजी में, और १७७६ में विवादार्णवसेतु के नाम यह संकलन प्रकाशित किया गया। वारेन हास्टिंग्स ने चार्ल्स विल्किंस को संस्कृत के अध्ययन के लिये प्रोत्साहित किया। विल्किंस ने वाराणसी में रह कर संस्कृत का अध्ययन किया। १७८५ में चार्ल्स विल्किंस का श्रीमद्भवगद्गीता का अनुवाद इंग्लैण्ड से छपा। योरोप भारतीय चिन्तन से चमत्कृत हुआ। इसके दो वर्ष पश्चात् विल्किंस ने हितोपदेश का भी अनुवाद प्रकाशित कराया। १७९५ में उसका महाभारत का शकुंतलोपाख्यान का अनुवाद प्रकाशित हुआ। विल्किंस ने भारतीय अभिलेखों का अध्ययन कर के भारतीय इतिहास, पुरातत्त्व व संस्कृति के अनुशीलन का द्वार भी खोला।

फ्रैड्रिख् श्लेगल ने पेरिस में अलेक्ज़ेंडर हैमिल्टन से संस्कृत सीखी। फ्रैड्रिख् श्लेगल के भाई आगस्ट विल्हेम (१७६७-१८४५) बोन विश्वविद्यालय में १८१८ में नियुक्ति पा कर जर्मनी में संस्कृत के पहले प्रोफेसर बने। विल्हेम फान हुम्बोल्त (१७६७-१८३५), फ्रांज बोप (१७९१-१८६७), हर्मन ब्रोखास (१८०६-१८७७), फ्रेट्रिख् यूकर्ट (१७८८-१८६६) जैसे विद्वानों के कार्यों से भारत आर्यभूमि तथा एक समृद्ध प्राचीन संस्कृति वाले देश के रूप में विश्वमान्य हुआ। सर विलियम जोंस (१७४६-१७९४) सन् १७८३ में कलकत्ता के सुपीरियर जज के रूप में भारत आये। वे ग्रीक, लैटिन, फारसी आदि अनेक भाषाओं के अच्छे जानकार थे। कलकत्ता में रह कर उन्होने संस्कृत का अध्ययन किया। १७८४ई० में उन्होने एशियाटिक सोसायटी की स्थापना की, जो एक विश्वस्तरीय संस्था के रूप में भारतीय विद्या के अध्ययन में अपने ऐतिहासिक अवदान के लिये जानी जाती है। इस संस्था का संस्कृत साहित्य पर शोध और संस्कृत की प्राचीन पांडुलिपियों के संरक्षण में अविस्मरणीय योगदान रहा है तथा आज भी यह सक्रिय है। १७८५ ई॰ में सर विलियम जोंस ने कालिदास के अभिज्ञानशाकुन्तलम् नाटक का अंग्रेजी अनुवाद किया। सर विलियम जोंस के इसी अनुवाद का जर्मन भाषा में अनुवाद जार्ज फोस्टर ने १७९१ ई० में किया था, जिसे पढ़ कर महाकवि गोइथे मुग्ध हो उठे थे। मनुस्मृति और ऋतुसंहार का भी अंग्रेजी अनुवाद विलियम जोंस ने किया।

१७९२ में कालिदास के ऋतुसंहार का जोंसकृत अनुवाद प्रकाशित हुआ, और १७९४ में मनुस्मृति का। जोंस का कार्य इसलिये विशेष सराहनीय तथा प्रामाणिक है कि उन्होने इन सभी ग्रंथों को मूल संस्कृत पाठ के साथ पहली बार प्रकाशित किया।

विलियम जोंस के पश्चात् हेनरी टामस कोलब्रुक (१७६५-१८३७ ई०) का संस्कृत विद्या के अनुशीलन में प्रशस्य अवदान स्मरणीय है। कोलब्रुक ने A Digest of Hindu Law on Contracts and Successions के नाम से उत्तराधिकार व दायभाग से संबंधित मूलग्रंथों के स्वोपज्ञ अनुवादों का संग्रह प्रकाशित कराया।

पश्चिमी विद्वानों से पांडुलिपियों के संग्रह व उनके सूचीपत्र तयार करने की ओर ध्यान दिया। एस० सी० बर्नेल ने १८८० में तंजौर के राजपुस्तकालय की वर्गीकृत सूची लंदन से प्रकाशित कराई। पांडुलिपियों के अध्ययन में रामकृष्ण गोपाल भंडारकर का कार्य महनीय है। पांडुलिपियों की खोज पर इनके प्रतिवेदन १८८४ से १८९२ के बीच प्रकाशित हुए। इसी तरह स्टीन के द्वारा रघुनाथ मंदिर की पांडुलिपियों पर, हुल्ट्ज़ के द्वारा दक्षिण भारत की तथा कलकत्ता की पांडुलिपियों पर प्रतिवेदन १८९५-९६ में प्रकाशित कराये गये। इस दिशा में थियोडोर आफ्रेट ने प्रवर्तक तथा प्रेरक कार्य किया। संस्कृत के हस्तलिखित ग्रंथों की आफ्रेट के द्वारा निर्मित सूचियों के तीन खंड १८९१, १८९६ तथा १९०३ई० में कैटलागस कैटलगोरम नाम से जर्मनी से लीपज़िग से प्रकाशित हुए। कैटलागस कैटलगोरम वास्तव में संस्कृत की पांडुलिपियों के अध्ययन के लिये मील का पत्थर है। बीसवीं शताब्दी में आफ्रेट के इस कार्य के अद्यतनीकरण हेतु व्ही० राघवन् ने पहल की और न्यू केटलागस केटलगोरम की बृहत् शोधयोजना को प्रवर्तित किया।

जोंस ने पारसी और संस्कृत के अंत:संबंध को गहराई से समझ कर विस्तार से प्रतिपादित किया। उन्होने ग्रीस, इटली तथा भारतीय देवमंडल का तुलनात्मक अध्ययन किया, रोमन देवता जानुस का साम्य गणेश से स्थापित किया, दोनों बुद्धि के देवता हैं। ग्रीक भारतीय ज्योतिष मूलत: एक था – यह भी उन्होंने साबित किया।

मेक्समूलर ने सन् १८४९ में ऋग्वेद का पहला प्रामाणिक संस्करण तैयार कर के उसे प्रकाशित कराया। उनकी 'इंडिया – व्हाट इट केन टीच अस' शीर्षक पुस्तक सन् १८८२ में छपी। सेक्रेट बुक्स आफ दि ईस्ट सीरीज में मेक्समूलर ने दुर्लभ प्राचीन ग्रंथों को पहली बार अंग्रेजी अनुवाद के साथ संसार को उपलब्ध कराया। जेम्स मिल की दुराग्रहों से भरी किताब 'हिस्ट्री आफ ब्रिटिश इंडिया' का मेक्समूलर ने विरोध किया था। बेहराम जी मालभारी ने अपने समाज सुधार अभियान में मेक्समूलर को अपनी मार्गदर्शक माना। हुम्बोल्त, सर विलियम जोंस व मेक्समूलर आदि के अवदान से वैश्विक स्तर पर कुछ नई विद्याक्षेत्रों में अनुशीलन आरंभ हुआ। ये विद्याक्षेत्र हैं – तुलनात्मक भाषाशास्त्र, तुलनात्मक पुराकथाशास्त्र और तुलनात्मक धर्म।

जान म्यूर ईस्ट इंडिया कम्पनी के द्वारा संस्थापित हेलीबरी के महाविद्यालय में भारतीय इतिहास व प्रशासन का प्रशिक्षण प्राप्त कर के १८२८ई० में आइ०सी०एस० अधिकारी के रूप में भारत आये तथा १८५३ई० तक यहाँ रहे। एक वर्ष इन्होने विलियम कैरी से कलकत्ता

के फोर्ट विलियम कालेज में बंगाला भाषा सीखी। तदनंतर संस्कृत भाषा का अध्ययन किया। संस्कृत गद्य व पद्य रचना में ये दक्ष थे। इलाहाबाद में बोर्ड आफ रेवेन्यू के सचिव तथा आजमगढ़ में कलेक्टर के रूप में कार्य किया और १८४४-४५ में संस्कृत कालेज के अध्यक्ष रहे। ३ जून १८४४ को इस महाविद्यालय के लिये इन्होंने अपना यह आदेश संस्कृत में निकाला था।

योज्यमेव बुधैः सर्वैः सच्छात्राणां च शिक्षणम्।
ग्रन्थानां लापने शक्तिर्यथा जायेत सत्त्वरम्।।
व्यायामेन बिना यद्वद्वपुःशक्तिर्न जायते।
तद्वत् स्वबुद्ध्या व्याख्यानां विना नो बुद्धिशक्तयः।
स्वशक्त्योत्प्लुत्य तरणे निमज्ज्योन्मज्ज्य चाचिरात्।
प्लवशक्तिस्तथा बुद्धिः स्वशक्त्या ग्रन्थवर्णने।।

इन्होने अंग्रेज जाति के इतिहास पर संस्कृत में नूत्नोदन्तोत्सः (नूत्न-उदन्त-उत्सः) नामक ग्रंथ लिखा, जिसका अन्य नाम इङ्ग्लैण्डाख्यदेशरीतिवर्णनम् था। जान म्यूर बनारस संस्कृत कालेज के अधीक्षक रहे। उन्होंने पंडितों को झिंझोड़ते हुए ईसाई धर्मप्रचार की भावना से संस्कृत में मतपरीक्षा नामक खंडनग्रंथ का प्रणयन किया पर संस्कृत माध्यम से संस्कृतशास्त्रों के अध्यापन के म्यूर हिमायती थे। इन्होने ईश्वरवाद पर संस्कृत में ग्रंथ लिखने के लिये पचास रुपये के पुरस्कार की घोषणा की।[२८] सेवानिवृत्त हो कर ये स्काटलैंड के एडिनबरा शहर में रहे, जहाँ विश्वविद्यालय में संस्कृत चेयर की स्थापना की। यहीं रह कर बारह वर्षों तक परिश्रम कर के पाँच खंडों में विशाल ग्रंथ 'ओरिजनल संस्कृत टेक्स्ट्स आन दि हिस्ट्री आफ दि पीपुल आफ इंडिया' प्रकाशित किया, जिसमें संस्कृत ग्रथों के मूल पाठ अंग्रेजी अनुवाद सहित संकलित हैं।

लेंसलाट विल्किंसन भोपाल के निकट सीहोर नामक छोटे से शहर में न्यायाधीश रहे। उन्होंने यहाँ एक पाठशाला की नींव डाली। उन्होने सूर्यसिद्धांत पर भी काम किया,[२९] पंडित बापूदेव शास्त्री इनके सहायक रहे। विल्किंसन ने सीहोर में वर्णव्यवस्था को ले कर एक शास्त्रसभा का आयोजन कराया। इसमें अश्वघोष के वज्रसूची नामक ग्रथ के खंडन में एक पुस्तक का प्रणयन किया गया।

जे० आर० बेलेंटाइन (१८१३-१८६४) बनारस संस्कृत कालेज के १८४६-६१ की अवधि में अध्यक्ष रहे। संस्कृत व्याकरण की रचना की, सांख्यसूत्रों तथा वेदांतसार का अंग्रेजी अनुवाद किया।[३०] भारत से लौट कर इंडिया आफिस लाइब्रेरी के अध्यक्ष रहे। बेलेंटाइन ने बाइबिल के अनेक अंशों का संस्कृत अनुवाद कर के प्रकाशित कर के पंडितों को उकसाया कि वे अपने शास्त्रों के आधार पर क्रिश्चियन धर्मग्रंथों की प्रामाणिकता की मीमांसा करें।[३१] उनकी पुस्तक Christianity Contrasted with Hindu Philosophy ने भी पंडितों के बीच

खलबली मचा दी थी। बेलेंटाइन को कट्टर क्रिश्चियनों का भी कोपभाजन बनना पडा क्योंकि उन्होने क्रिश्चिन ईश्वर की वेदांत के निर्गुण ब्रह्म से तुलना करने का साहस किया था। विचलित हो कर बेलेंटाइन ने काशी के जाने माने पंडितों से इस विषय पर अभिमत या व्यवस्था देने का अनुरोध किया। उनके अनुरोध पर विट्ठल शास्त्री और बापूदेव शास्त्री जैसे पंडितों के साथ काशी के सोलह पंडितों ने हस्ताक्षर कर के जो व्यवस्था दी, उसे वेलेंटाइन ने Bible for Pundits नामक अपनी पुस्तक में प्रकाशित किया।[३२] बनारस संस्कृत कालेज में बेलंटाइन के ही प्रशासन के दौरान पंडितों के बीच अरस्तू के सत्ताविमर्श पर एक परिसंवाद का आयोजन हुआ।[३३] बेलेंटाइन ने बेकन के ग्रंथ Novam Organum का संस्कृत में अनुवाद किया, साथ ही उन्होने न्यायकौमुदी नाम से शास्त्रीय शैली में न्याय का एक नया ग्रंथ भी तैयार किया।

एफ०ई० हाल १८५१ में, जब बैलेंटाइन संस्कृत महाविद्यालय के अध्यक्ष थे, तब उस संस्था में सहायक प्राचार्य रहे। इन्होने नीलकंठ शास्त्री गोरे द्वारा लिखित भारतीय दर्शन के खंडनपरक ग्रंथ षड्दर्शनदर्पण का अंग्रेजी अनुवाद किया[३४] तथा दशरूपक[३५] का संपादन किया।

राल्फ टामस ग्रिफिथ (१८२६-) की शिक्षा दीक्षा वेस्टमिंस्टर स्कूल तथा क्वींस कालेज आक्सफोर्ड में हुई। ये १८५४ से १८६२ तक काशी के संस्कृत महाविद्यालय में अंग्रेजी के अध्यापक तथा १८६१ से १८७८ तक के प्राचार्य रहे तथा १८७८ से १८८५ तक पश्चिमोत्तर प्रांत के शिक्षानिदेशक रहे। ऋग्वेद, शुक्ल यजुर्वेद, अथर्ववेद, वाल्मीकि रामायण तथा कुमारसंभव आदि के अंग्रेजी अनुवाद कर के इन्होंने चिरस्मरणीय कार्य किया। इनके प्रयास से काशीविद्यासुधानिधि (दि पंडित) पत्रिका आरंभ हुई तथा आठ वर्षों तक इन्होंने उसका संपादन भी किया।

थीबो (१८४८-) मूलत: जर्मन थे, हाइडेलबर्ग तथा जर्मनी के विश्वविद्यालयों में अध्ययन कर के ये इंग्लैंड आये जहाँ मेक्समूलर के सहायक के रूप में कार्य किया। और १८७९ से १८८८ तक काशी के संस्कृत कालेज में प्राचार्य रहे। इन्होंने पंडित सुधाकर द्विवेदी के साथ पंचसिद्धांतिका[३६] सहित अनेक ज्योतिषविषयक ग्रंथों का संपादन किया, तथा ब्रह्मसूत्र के शांकरभाष्य[३७] व रामानुज भाष्य[३८] तथा मीमांसादर्शन के ग्रंथ अर्थसंग्रह[३९] का अंग्रेजी अनुवाद किया। १८८८ में काशी के कालेज से सेवानिवृत्त हो कर ये इलाहाबाद के म्यूर सेंट्रल कालेज के प्राचार्य हुए, जहाँ १८९५ तक इन्होंने कार्य किया। गंगानाथ झा से इनकी बड़ी घनिष्ठता रही। दोनों ने मिल कर दर्शनविषक अनेक संस्कृतग्रंथों के अनुवाद किये, जो इंडियन थाट नामक, पत्रिका में प्रकाशित हुए।

आर्थर वेनिस के पिता ई०जे० लाजरस काशी में चिकित्सिक थे। ये सच्चे अर्थों के काशी के वरदपुत्र कहे जा सकते हैं, जो काशी में ही जन्मे व आजन्म काशीवासी बने रहे,

केवल विद्यार्जन के लिये कुछ वर्ष आक्सफोर्ड में ये अवश्य रहे। १८८८ से १९१८ तक तीस वर्ष काशी के संस्कृत महाविद्यालय के प्राचार्य रहे। विनम्रता की प्रतिमूर्ति वेनिस म०म० कैलासचंद्र तथा म०म० गंगाधर शास्त्री को गुरुतुल्य मानते थे, उन्होंने इनसे अध्ययन भी किया। गोपीनाथ कविराज अपने को इनका मानसपुत्र मानते थे, इनके कारण कलकत्ता वि०वि० में साग्रह आमंत्रित किये जाने पर भी काशी छोड़ कर नहीं गये। इन्हें मीमांसापरिभाषा तथा वेदांतमुक्तावली के सव्याख्य अंग्रेजी अनुवाद[४०] किये।

संस्कृत पंडित का आधुनिक विश्व से संवाद

१८०० ई० में कलकत्ता में फोर्ट विलियम कालेज की स्थापना हुई। विलियम केरी (१७६७-१८३७) को इसमें संस्कृत, मराठी तथा बंगला भाषाओं का प्रोफेसर नियुक्त किया गया। इस संस्था के माध्यम से अनेक पंडितों का बाहर के विश्व के साथ नये संवाद का उपक्रम हुआ।

विलियम केरी ने बाइबिल का संस्कृत में अनुवाद धर्मपुस्तकम् के नाम से कराया। जान म्यूर जो १८४४ में क्वींस कालेज के प्रिंसिपल बने, ने मतपरीक्षा नाम से संस्कृत में पुस्तक लिखी थी, जिसमें हिंदू धर्म के बहुदेववाद आदि सिद्धांतों की अनुपयुक्तता बताते हुए ईसाई धर्म के को प्रतिष्ठित करने का प्रयास था। कलकत्ता में बिशप कालेज के प्राचार्य डब्ल्यू. एच्. मिल ने अनेक ईसाई धर्मग्रंथों के संस्कृत अनुवाद किये, ५००० श्लोकों में खृष्टसङ्गीतम् या ईसाई गीता का भी इन्होने प्रणयन किया तथा चर्च में संस्कृत में प्रार्थनाएँ कराने की पद्धति का भी आरंभ किया।[४१] म्यूर ने इतिहासतमोमणिः, निस्तारमार्गदीपिका, ईशुखृष्टमाहात्म्य, पापमोचनम्, यथार्थे पापदर्शनम्, परमात्मस्तवः, ईश्वरोक्तशास्त्रधारा आदि अनेक परिचयात्मक पुस्तकें संस्कृत में लिखीं। इससे खिन्न तथा उत्तेजित होकर संस्कृत के अनेक पंडितों ने विल्सन, केरी या म्यूर जैसे अंग्रेज विद्वानों के इस प्रकार के साहित्य के खंडन में लेखनी उठाई। खंडनात्मक लेखन करने वाले पंडित थे – नीलकंठ गोरे, हरचंद्र तर्कपंचानन, सोमनाथ पंडित आदि। इनमें नीलकंठ गोरे प्रारंभ में ईसाई विद्वानों के द्वारा किये जा रहे इस धर्मप्रचार के विरुद्ध थे, बाद में वे स्वयं ईसाई हो गये।

बंगाल के पारंपरिक पंडितों में मृत्युंजय विद्यालंकार का नाम यहाँ उल्लेखनीय है। उनका जन्म १७६२ में मिदनापुरमें हुआ था, वे अपने घर के टोल में छात्रों को पढ़ाते थे। राजा राममोहन राय ने भी उनसे शास्त्रों का अध्ययन किया था। बाद में वे फोर्ट विलियम कालेज में अध्यापक नियुक्त हुए; जहाँ उनकी मित्रता विलियम केरी से हुई। स्वयं केरी उनसे संस्कृत साहित्य का अध्ययन करते रहे। पंद्रह साल तक फोर्ट विलियम में पढाने के बाद मृत्युंजय विद्यालंकार ने समान वेतन न दिये जाने को अपने प्रति अन्याय घोषित करते हुए इस महाविद्यालय की सेवा से त्यागपत्र दे दिया। उन्होने संस्कृत कोश के निर्माण के अतिरिक्त

अनेक संस्कृतग्रंथों का बंगाली अनुवाद किया और राजा राममोहन राय के पहले सतीप्रथा के विरोध में विनिबंध लिखा, इस विनिबंध का अंग्रेजी में अनुवाद भी किया, जो १८१९ में The Journal of Friends of India में प्रकाशित किया गया था।

प्रेमचंद तर्कवागीश की नियुक्ति १८२६ई० में इक्कीस वर्ष की आयु में संस्कृत कालेज कलकत्ता में हुई। E.B.Cowel उनकी योग्यता से बहुत प्रभावित थे। उन्होने कृष्णमोहन मलिक से शेक्सपीयर के नाटकों का अध्ययन किया।

श्याम जी कृष्णवर्मा दयानंद के शिष्य थे, १८९७ में वे ब्रिटिश साम्राज्यवाद से लड़ने के अपने अभियान में लंदन जा पहुँचे। वे मोनियर विलियंस के सहायक रहे। उन्होने आइरिश होम के समर्थन में आंदोलन में भाग लिया, स्पेंसर के वे प्रशंसक थे, मुस्तफा कमाल पाशा को उन्होने समर्थन दिया। वे इंडियन सोशियोलाजिस्ट नामक पत्रिका का संपादन करते थे, इस पत्रिका में उन्होने ब्रिट्रिश साम्राज्यवाद की कड़ी आलोचना करते हुए स्पेंसर पर विशेष अंक निकाला।

शास्त्रज्ञान का उपयोग जीवन के महत्तर उद्देश्यों तथा मनुष्यता से निरपेक्ष हो कर किया जाने लगे, तो वह पांडित्य समाज में रूढ़ग्रंथि व्रण बन कर रह जाता है। लार्ड विलियम बेंटिंक ने सतीप्रथा पर पंडितों से अभिमत माँगा, तो राजा राधाकांतदेव बहादुर के नेतृत्व में विद्वन्मंडली ने यही अभिमत दिया कि सतीप्रथा हिंदू शास्त्रों के अनुसार मान्य है; केवल सद्य:प्रसूता, बालिका तथा गर्भवती को सती होने की अनुमति नहीं दी जा सकती। १८१७ में सरकार ने पुलिस तथा न्यायाधीशों के लिये निर्देश जारी कर दिये कि जो विधवाएँ सती होना चाहें, उन्हें सती होने से रोका न जाये। परिणाम यह हुआ कि सती के नाम पर स्त्री को बलात् जिंदा जलाने की हिंस्र प्रवृत्ति को बढ़ावा मिला, और तीन वर्षों के भीतर २३६५ विधवाएं सती होने के लिये विवश की गईं। इससे चिंतित हो कर सरकार ने सतीप्रथा के विरोध में अध्यादेश जारी कर दिया, जिसका रूढ़िवादी पंडितों ने खुल कर विरोध किया,तथा इसे वापस लेने के लिये उनकी ओर से दावा दाखिल कर किया गया।[४२] राम मोहन राय को अब सती प्रथा निवारण के लिये कमर कसना पड़ी। धर्मसभा के नियंताओं ने कलकत्ता के सुप्रीम कोर्ट में सती के पक्ष में लड़ाई लड़ी और इंग्लेंड तक अपील भेजी। तब राम मोहन राय स्वयं इंग्लैंड गये और प्रिवी काउंसिल में मजबूती से सतीप्रथा के विरोध में अपना पक्ष रखा।

मैक्समूलर से मिलने वाले भारतीय पंडितों या संस्कृतिकर्मियों ने उनके ऋषितुल्य व्यक्तित्व को ले कर अकुंठ श्रद्धा भी व्यक्त की। मैक्समूलर को संस्कृत पंडितों का कोपभाजन भी बनना पड़ा। उनके द्वारा संपादित ऋग्वेद के चार खंड १८४९ से १८७५ के बीच छपे। नीरद सी. चौधुरी ने मेक्समूलर की स्वोपज्ञ जीवनी में पूना में वेदपाठियों की एक सभा का उल्लेख किया है। वेदपाठियों के बीच यह ग़लत दुष्प्रचार किया गया था कि मेक्समूलर की पुस्तक की छपाई में जो स्याही लगी है, उसमें गाय का खून लगाया गया था। पर यह बात

वे विद्वान् वेदपाठी भी समझ रहे थे कि उनकी हस्तलिखित पोथियों में अशुद्धियाँ हैं, और उन्होने मेक्समूलर के संस्करण का अपनी पोथियों को शुद्ध करने के लिये उपयोग किया।

ऋग्वेद के चारों खंडों के प्रकाशन के बाद पारंपरिक पंडितों ने फिर से सभा कर के मेक्समूलर के लिये एक धन्यवाद का पत्र तैयार कर के भेजा। मेक्समूलर के अनेक प्रतिष्ठित भारतीयों से संबंध बनते चले गये।

राममोहन राय अपनी समस्त आधुनिकता के साथ हिंदू समाज की अग्रगामी सोच को ले कर सामने आ रहे थे, दूसरी ओर बंगाल और काशी के पंडित उनका विरोध कर रहे थे।[४३] मेक्समूलर के ऋग्वेद के प्रकाशन के साथ ही पूर्व और पश्चिम के बीच सांस्कृतिक संवाद का नया उपक्रम आरंभ हुआ।

दयानंद के अवतरण के साथ चिंतन व धर्मदर्शन के क्षेत्र में प्रजातंत्र की हवा बहने लगी तथा शास्त्रों के प्रवाह को बुद्धि के घटाटोप के भीतर सीमित रखने की रूढिवादी पंडितों की व्यूहरचना छिन्नभिन्न होने लगी थी। शास्त्रों की ज्ञाननिधि को जनसामान्य तक पहुँचाने का उद्यम गतिशील होने लगा था। विशिष्टाद्वैत के नवोत्थान के उन्नायक स्वामी नारायण (१७८१-) ने अपनी कल्याण यात्रा में १८७ तीर्थों पर अनेक धर्मगुरुओं से संवाद किया था। चित्तांबि स्वामीगल (१८५४-१९२४) भी पंडित और धर्मगुरु थे, जिन्होने असवर्णों के वेदाध्ययन पर नई सोच के साथ विचार किया। केरल में दलित परिवार में जन्मे नारायण गुरु (१८५७-१९२८) ने संस्कृत में नवीन स्मृति का प्रणयन किया।

वर्तमान समय में संस्कृत की उन्नति में लगे संस्थान

भारत सरकार द्वारा १९७० में राष्ट्रिय संस्कृत संस्थान देश में संस्कृत के प्रचार प्रसार, संस्कृत शिक्षा तथा संस्कृत में शोध को प्रोत्साहित करने के लिये स्थापित किया गया। यह संस्थान इस समय देश का सबसे बड़ा संस्कृत विश्वविद्यालय भी है। संस्कृत भारती तथा संस्कृत प्रमोशन फाउंडेशन द्वारा संस्कृत में नया साहित्य लगातार प्रकाशित किया जा रहा है। मध्यप्रदेश, राजस्थान, गुजरात, उत्तराखंड, हरियाणा, बिहार आदि प्रदेशों में प्रदेश सरकारों के द्वारा स्थापित संस्कृत अकादमियाँ सक्रिय हैं। ये अकादमियाँ संस्कृत में नये साहित्य व समीक्षा के लिये पुरस्कार देती हैं, संस्कृत में पत्रिकाओं तथा पुस्तकों का प्रकाशन करती हैं। उज्जैन में कालिदास अकादेमी द्वारा प्रतिवर्ष आयोजित होने वाला कालिदास महोत्सव संस्कृतविषयक अंतरराष्ट्रीय स्तर का आयोजन रहा है। संस्कृत में गंभीर अध्ययन अनुसंधान की दिशा में भंडारकर प्राच्यविद्या संस्थान (पुणे), एशियाटिक सोसायटी (कलकत्ता तथा बंबई), प्राच्य विद्या प्रतिष्ठान (चैन्नै, राजस्थान, बडोदरा तथा मैसूर), सिंधिया प्राच्यविद्या संस्थान (उज्जैन), कुप्पू स्वामी शास्त्री प्राच्य विद्या शोधसंस्थान (चैन्नै) सक्रिय हैं।

संस्कृतविद्या पर गहन अनुसंधान की दृष्टि से भारत इतिहास संशोधक मंडल पूना,

खुदाबख्श ओरिएंटल पब्लिक लाइब्रेरी, पटना; के० आर० कामा ओरिएंटल इंस्टीट्यूट मुंबई, एल०डी० इंस्टीट्यूट अहमदाबाद; आदि संस्थाएँ भी उल्लेखनीय हैं।

संस्कृतविद्या के विकास में अखिल भारतीय प्राच्यविद्यासम्मेलन तथा विश्वसंस्कृत सम्मेलन की महत्त्वपूर्ण भूमिका रही है। अखिल भारतीय प्राच्यविद्यासम्मेलन का प्रथम अधिवेशन पूना में ५-७ नवंबर, १९१९ ई० में हुआ। इस सम्मेलन के लाहौर अधिवेशन (१९२८) में हरप्रसाद शास्त्री, दरभंगा अधिवेशन (१९४८) में आर० सी० मजूमदार, मुंबई अधिवेशन (१९४९) में सुशील कुमार डे, अहमदाबाद अधिवेशन (१९५३) में सुनीतिकुमार चटर्जी, पूना अधिवेशन (१९७८) में जे० खोंडा, तथा शांतिनिकेतन अधिवेशन (१९८०) में नीहाररंजन रे जैसे विश्रुत अधीती विद्वज्जन अध्यक्ष रहे।

लॉर्ड कार्नवालिस के शासनकाल में १७२१ ई० में वाराणसी में संस्कृत अध्ययन के लिये संस्कृत पाठशाला की स्थापना की गई। उस समय वाराणसी के रेजिडेंट डंकन थे, जिन्होंने इस पाठशाला का प्रस्ताव तैयार किया था। यह पाठशाला बनारस पाठशाला, हिन्दू कॉलेज, बनारस कॉलेज तथा संस्कृत कॉलेज के नाम से भी प्रसिद्ध रही। १८५३ ई० में इसका नाम क्वींस कॉलेज कर दिया गया। क्वींस कॉलेज देश के महान् शास्त्रमर्मज्ञों, आधुनिक विद्वानों और विद्वानों का बड़ा केन्द्र रहा। १९५८ में यह संस्कृत विश्वविद्यालय के रूप में मान्य हुआ। आज यह सम्पूर्णानन्द संस्कृत विश्वविद्यालय के नाम से जाना जाता है। १८२४ ई० में कोलकाता में स्थापित संस्कृत कॉलेज भी प्राचीन पद्धति से संस्कृत शास्त्रों के अध्ययन का एक प्रशंसनीय केन्द्र बना, तथा आज भी इसमें संस्कृत का अध्ययन अध्यापन और अनुसंधान जारी है। उन्नीसवीं शताब्दी के उत्तरार्ध में लाहौर भी संस्कृत विद्या का अग्रणी केन्द्र था। १८६९ ई० में यहाँ स्थापित ओरिएण्टल कॉलेज देश में संस्कृत अध्ययन और परीक्षाओं के संचालन के लिये जाना जाता था।

स्वतन्त्रता प्राप्ति के पश्चात् भारत सरकार ने केन्द्रीय संस्कृत बोर्ड तथा राष्ट्रिय संस्कृत संस्थान जैसी संस्थाओं की स्थापना के द्वारा संस्कृत के अध्ययन को बढ़ावा देने का प्रयास किया है। राष्ट्रिय संस्कृत संस्थान एक मानित विश्वविद्यालय है, जिसके द्वारा जम्मू, जयपुर, बलाहार (हिमाचल प्रदेश), शृंगेरी, गुरुवायूर, लखनऊ, भोपाल आदि नगरों में परिसर संचालित किये जाते हैं। तिरुपति तथा दिल्ली के संस्कृत विद्यापीठ मानित विश्वविद्यालय के रूप में मान्य हैं।

समकालीन गतिविधियां तथा संस्कृत के अध्ययन की नई संभावनाएँ

इस समय प्रतिमास शताधिक ग्रन्थ मौलिक व नवीन संस्कृतरचनाओं के तथा अन्य भाषाओं में संस्कृतसाहित्यविषयक समीक्षा व शोध के प्रकाशित होते हैं। राष्ट्रिय संस्कृत संस्थान के द्वारा प्रकाशित आधुनिकसंस्कृतसाहित्यसन्दर्भसूची (२०१२) में तीन हजार से

अधिक मौलिक संस्कृत ग्रंथ उल्लिखित हैं, जो १८५० से २०११ तक की अवधि में लिखे गये तथा प्रकाशित हुए। ऐसे ग्रंथों की वास्तविक संख्या इससे कई गुना अधिक है। इस समय अनेक श्रेष्ठ साहित्यकार संस्कृत में सर्जन में लगे हुए हैं। संस्कृत में इस समय शताधिक पत्रपत्रिकाएँ नियमित प्रकाशित हो रही हैं। इनमें दैनिक अखबार भी हैं, साप्ताहिक और पाक्षिक भी हैं, तथा मासिक और त्रैमासिक पत्रिकाएँ भी हैं।

हमारे समय में भास, कालिदास, शूद्रक, विशाखदत्त, भवभूति आदि महाकवियों की नाट्यकृतियों के साथ संस्कृत के नये नाटककारों की कृतियाँ रंगमंच पर बड़ी मात्रा में प्रस्तुत हो रही हैं। संस्कृत रंगमंच की विश्वनाट्य में एक महत्त्वपूर्ण भूमिका इन प्रयोगों से रेखांकित की जा रही है।

देश के विभिन्न नगरों में संस्कृतकविसमवायों का आयोजन होता है। संस्कृत में लिखी जा रही नई कविता समझी और सराही जाती है।

केवल भारत में ही नहीं, विदेशों में भी विद्वज्जन संस्कृत में बातचीत करते हैं, संस्कृत में वे गद्य और पद्य में रचना करते हैं, संस्कृत में वहाँ व्याख्यान दिये जाते हैं, काव्य लिखे जाते हैं।

नवीन संचार माध्यमों तथा प्रौद्योगिकी में संस्कृत का नवावतार हो रहा है। संस्कृत में फिल्में बनती हैं, दूरदर्शन पर नियमित संस्कृत कार्यक्रम प्रसारित होते हैं, आकाशवाणी से और दूरदर्शन से संस्कृत में समाचार प्रतिदिन नियमित रूप से प्रसारित होते हैं।

कई हजार वर्षों से संस्कृत में वेदशाखाओं के द्वादशसहस्र से अधिक मंत्रों की पाठपरंपरा अभी तक अक्षुण्ण बनी हुई है। न केवल संहिता का पाठ, उसके पूरी संहिता के दस हजार से अधिक मंत्रों का पदपाठ और घन पाठ तक करने वाले वेदपाठी अभी भी हैं। समस्त विश्व में ऐसी अनोखी परंपरा अन्य किसी भाषा के पास नहीं है।

अठारहवीं और उन्नीसवीं शताब्दियों में संस्कृत के वैश्विक प्रसार और उसके प्रभाव से विश्व के विद्याक्षेत्र का संवर्धन हुआ तथा तुलनात्मक पुराकथाशास्त्र, तुलनात्मक धर्मशास्त्र और तुलनात्मक भाषाशास्त्र – ये तीन नई विद्याएँ विकसित हुईं। इसी तरह बींसवीं शताब्दी में संगणकीय संस्कृत और पांडुलिपि विज्ञान जैसे विषयों का विकास संस्कृत के क्षेत्र में हुआ। आने वाले समय में संस्कृत के ज्ञान का अक्षय कोश हमारे सोच और जीवनशैली में और भी बहुत कुछ सार्थक जोड़ सकता है।

आज शास्त्रीय विमर्श की भाषा के रूप में देश को संस्कृत की आवश्यकता है। अद्यतन प्रणालियों, व्यवस्थाओं और विचारकोटियों को परिभाषित करने के लिये यह विमर्श विस्तारित किया जा सकता है। इस देश की बहुभाषिकता के संदर्भ में संस्कृत की संभावनाएँ बनी हुईं हैं। इतर भाषाओं के साथ संस्कृत के सहकार व पारस्परिकता की आवश्यकता तथा संभावना भी पहले से अधिक है।

अन्य भाषाओं से संपर्क तथा शब्दावली का आदान

संस्कृत भाषा का अत्यंत प्राचीन काल से ही भारत की विभिन्न भाषाओं व बोलियों के साथ परस्पर आदान प्रदान का संबंध रहा है। यह सत्य है कि संस्कृत ने भारत की अधिकांश भाषाओं को अपनी शब्दावली व व्याकरण के द्वारा संपन्न बनाया है, पर यह भी सत्य है कि संस्कृत ने अन्यान्य भाषाओं व उनके साहित्य से लिया भी है। वेदों में अनेक शब्द मिलते हैं, जो मूलत: संस्कृत के नहीं हैं, तथा लोक भाषाओं से लिये गये हैं। अथर्ववेद तो ऐसी शब्दावली का भंडार ही है। प्राकृत भाषाओं से भी संस्कृत में शब्द लिये जाते रहे। देवर और दोहद शब्द भी संभव है कि द्विवर तथा दौर्हृद के रूप में संस्कृत में रहे हों, पर इनका प्राकृत रूप संस्कृत ने सहजता से अपना लिया। राजशेखर ने चंगिमा (भला-चंगा होने का भाव) शब्द का प्रयोग किया है। लडह शब्द प्रगल्भता के अर्थ में प्राकृत भाषा से संस्कृत में ले लिया गया। अभिनवगुप्त नाट्यशास्त्र २३.३२ पर अपनी टीका में कहते हैं - लडहत्वेन प्रागल्भ्येन।

भरतमुनि का नाट्यशास्त्र लोकरंगमंच की परपंराओं से रस लेता रहा है। लोकनाट्यों से अनेक अवधारणाएँ व पदावली भी भरतमुनि ने ग्रहण की है। विशेष रूप से नाट्यशास्त्र के बाईसवें अध्याय में अंगज व स्वभावज अलंकारों के कतिपय नाम अन्य भाषाओं से आये लगते हैं। अथर्ववेद तथा नाट्यशास्त्र जैसे ग्रंथों में ढेरों शब्द लोकभाषाओं से लिये गये हैं। उदाहरणार्थ–

भावो हावश्च हेला च परस्परसमुत्थिता:।
लीला विलासो विच्छित्तिर्विभ्रम: किलकिञ्चितम्।
मोट्टायितं कुट्टमितं बिब्बोको ललितं तथा।।

यहाँ हाव, हेला, किलकिंचित, मोट्टायित, कुट्टमित, बिब्बोक जैसे शब्द इसी प्रकार के हैं। वस्तुत: अनेक देशज शब्दसंस्कृत में सम्मिलित किये जाते रहे हैं। कतिपय विद्वानों का मत है कि म्लेच्छ शब्द मूलत: संस्कृत का नहीं है।

संस्कृत साहित्य का पालि, प्राकृत तथा अपभ्रंश भाषाओं की काव्यपरंपरा से संवाद

कई सहस्राब्दियों से इस देश में संस्कृत भाषा के साथ-साथ पालि, प्राकृत, अपभ्रंश आदि विभिन्न भाषाएँ प्रचलित रही हैं, तथा इन भाषाओं में काव्यरचना भी होती आयी है। संस्कृत साहित्य की परम्परा में इतर भाषाओं के साहित्य के साथ सम्पर्क और संवाद बराबर बना रहा। इस संवाद के द्वारा संस्कृत साहित्य में नयी चेतना और लोकजीवन की झाँकियाँ संक्रांत होती रहीं। वाल्मीकि और व्यास के पश्चात् जिस रचनाकार ने पूरी संस्कृत साहित्य की परम्परा को सर्वाधिक प्रभावित किया वह पैशाची प्राकृत में बड्ढकहा (बृहत्कथा) की रचना करने वाले गुणाढ्य हैं। इसी प्रकार मुक्तककाव्य की परम्परा पर प्राकृत मुक्तकों की परम्परा ने गहरा प्रभाव डाला। इन प्राकृत मुक्तकों की प्रथम संकलित रचना हाल की गाहासतसई है।

भारोपीय भाषा परिवार की प्राचीन भारतीय भाषाओं में वैदिक संस्कृत, लौकिक संस्कृत, पालि तथा प्राकृत – ये भाषाएँ तथा इनका साहित्य परस्पर घनिष्ठ रूप से संश्लिष्ट रहे हैं। पहली सहस्राब्दी ई० के बीतते बीतते अपभ्रंश और अवहट्ट तथा नव्यभारतीय भाषाओं के प्राचीन रूप की कड़ियाँ भी इस संश्लेष में जुड़ती गईं। विविध काव्यविधाओं, मिथकों, अभिप्रायों, मुहावरों, कथानकरूढियों, आख्यानों आदि के पारस्परिक आदानप्रदान के द्वारा ये भाषाएँ व इनकी साहित्यिक परंपराएँ एक दूसरे को पोसते रहे हैं। इनमें जितनी ही अधिक विविधता है, उतनी ही एकसूत्रता भी है।

गाहासतसई प्राकृत की गाथाओं का संकलन है, जो आज से करीब दो हजार साल पहले तैयार किया गया। गाहासतसई की गाथाएँ भारतीय भाषाओं के अनेक साहित्यों में प्रेरणासूत्र बन कर पिरोई गईं हैं। गाहासतसई की गाथाएँ तथा कालिदास, अमरुक, बिहारी और पद्माकर की कविताएँ इसी तरह एक सूत्र में गुँथी हैं, जो भारतीय साहित्य की माला का आधार है। संस्कृत, हिंदी आदि भाषाओं में सतसईकाव्य की परंपरा भी गाहासतसई से चली। यह कहना कठिन है कि जिस रूप में गाहासतसई की पोथी आज हमारे पास है, उसी रूप में वह कालिदास को उपलब्ध थी या नहीं, पर गाहासतसई में संकलित गाथाएँ जन समाज में इस पोथी के संकलित होने के पहले से ही पढी या गाई जाती रहीं हैं, तो उन्होने इन गाथाओं के भाव ले कर कहीं कहीं अपनी कविता में नई उद्भावना की है। मेघदूत में कालिदास यक्ष के मुख से कहलवाते हैं—

स्नेहानाहुः किमपि विरहे ध्वंसिनस्ते त्वभोगा-
दिष्टे वस्तुन्युपचितरसाः प्रेमराशीभवन्ति।

(लोग कहते हैं कि विरह में नेह छीजता चला जाता है, (पर मैं ऐसा नहीं मानता), वास्तव में तो विरह में नेह इष्ट या प्रिय में रस बढ़ते जाने से प्रेम की राशि बन जाता है।)

एस.वी. सोहोनी के मत से कालिदास की यह टिप्पणी ही नहीं, सारा का सारा मेघदूत ही गाहासतसई की निम्नलिखित गाथा की एक प्रतिक्रिया है—

अद्दंसनेण पुत्तअ सुट्ठ विण णेहाणुबंधघडिआइँ।
हत्तउचपाणिआइँ कालेण गलंति पेम्माइँ।।

गाहासत्तसई, ३.३६

कोई धाय या दूती किसी लापरवाह प्रेमी को समझाती हुई कहती है – बेटा, (प्रिया से) मिलते रहा करो, न मिलने से या अदर्शन से पहले के वे प्रेमसंबंध जिन्हें स्नेह के बंधनों से खूब अच्छी तरह जोड़ा गया था, समय बीतते बीतते चुल्लू में भरे पानी की तरह चू जाते हैं।

कालिदास कहते हैं कि विरह में प्रेम पक कर और बढ़ता जाता है, अत: प्रेम की परीक्षा विरह में ही होती है। गाहासतसई का कवि कहता है कि मिलना जुलना बंद हो जाने पर संबंध छीज जाते हैं। कालिदास और गाहासत्तसई के कवि में ऊपरी तौर पर असहमति होते हुए भी

एक अंतरंग सहमति है। कालिदास जिस विरह की बात कर रहे हैं, उसका यक्ष या यक्षिणी ने स्वयं वरण नहीं किया, वह तो नियति के विधान से उन पर आ पड़ा है। गाहासत्तसई में जिस अदर्शन या मिलना जुलना बंद रहने की बात है, वह तो प्रेमी की लापरवाही है।

मूल तत्त्व रस है, जिसकी बात कालिदास भी कर रहे हैं, और गाहासत्तसई भी उसे बनाये हुए है। भारतीय साहित्य के इतिहास में ऐसे अनेक रचनाकार मिलेगें, जो एक से अधिक भाषाओं को अपनी अभिव्यक्ति का माध्यम बनाते आये हैं। यह आवश्यक नहीं कि एक रचनाकार की दो या तीन भाषाओं में लिखी रचनाओं में समानताएँ और अन्त:संबंध ही हों, इसके विपरीत वे एक दूसरे विलक्षण हो सकती हैं। पर विविध भाषाओं में और विविध विधाओं में लिखने वाले रचनाकार की एक मूल दृष्टि का सूत्र इनको एक माला में पिरो देता है।

संस्कृत के कालिदास, राजशेखर आदि महाकवियों ने प्राकृत व अपभ्रंश में भी रचना की। भारत की बहुभाषिक परिस्थिति को देखते हुए प्राचीन काल से ही अनेक भाषाओं में सर्जनात्मकता को कवियों के लिये गुण माना गया। स्वयं आनन्दवर्धन देवीशतक जैसा यमककाव्य संस्कृत में लिखते हैं, तो विषमबाणलीला काव्य प्राकृत में। संस्कृत के प्रख्यात नाटककार व काव्यशास्त्र के सुविदित आचार्य राजशेखर कर्पूरमंजरी सट्टक प्राकृत में लिखते हैं। प्रवरसेन का सेतुबंध प्राकृत का अद्वितीय महाकाव्य है, प्रवरसेन संस्कृत में भी रचना करते थे – यह उनके लिखे स्फुट सुभाषितों से प्रमाणित होता है, जो प्राचीन सुभाषितसंग्रहों में उनके नाम से उद्धृत हैं।

ईसा पूर्व की शताब्दियों में विरचित नाट्यशास्त्र में संस्कृत के साथ-साथ प्राकृत भाषाओं का भी परिचय दिया गया है। संस्कृत नाटक में उत्तम कोटि के पात्र संस्कृत में संवाद बोलते हैं, निम्न श्रेणी के पात्र, स्त्रियाँ प्राकृत भाषा में संवाद बोलते हैं। प्राकृत की गाथाओं का भी प्रयोग इन संवादों में नाटककारों ने किया है। इस दृष्टि से संस्कृत भाषा में नाटक का प्रणयन करने वाला कवि प्राकृत का भी रचनाकार है, वह प्राकृत में काव्य-रचना करता है। अत्यन्त प्राचीन काल से ही संस्कृत कविता तथा प्राकृत कविता का अंत:संवाद आरम्भ हो जाता है।

कालिदास ने अपने विक्रमोर्वशीयम् में अपभ्रंश में दोहे और चौपाई छंदों में भी गाथाएँ जोड़ी। यह संस्कृत की एक महान् रचना में लोकभाषा का अवतरण था। इसके पहले संस्कृत नाटकों में कुछ पात्रों के मुँह से प्राकृत भाषा में संवाद बोलवाये जाते थे, पर कालिदास ने जिस छंद और लय को लेकर विक्रमोर्वशीयम् के चौथे अंक में गाथाओं या ध्रुवाओं का गायन कराया, वह हिन्दी की पदावली और जातीय प्रकृति के बहुत निकट है। उदाहरण के लिए—

चिंतादुम्मिअ माणसिआ।
सहअरि दंसणलालसिआ।
विकसिअ कमल मणोहरए।

विहरइ हंसिणि सरवरए।
मइ जाणिअ मिअलोअणि निसिअरु कोइ हरेइ।
जाव णु घनतडिसामलु धाराधरु बरसेई।।

इस तरह की कुल ३३ गाथाएँ विक्रमोर्वशीयम् नाटक में हैं, जिन्हें हम लोकभाषा और संस्कृत की पारस्परिकता के पहले उत्कृष्ट नमूने कह सकते हैं।

दंडी के समय संस्कृत, प्राकृत, अपभ्रंश और मिश्र इन भाषाओं में साहित्य की रचना होती आ रही थी। अपने काव्यादर्श में वे वाङ्मय का विभाजन बताते हुए कहते हैं—

तदेतद् वाङ्मयं भूयः संस्कृतं प्राकृतं तथा।
अपभ्रंशश्च मिश्रं चेत्याहुरार्याश्चतुर्विधम्।।

(काव्यादर्श, १/३२)

संस्कृत काव्य-परम्परा का पालि, प्राकृत व अपभ्रंश भाषाओं के साहित्य से गहरा अंत:सम्बन्ध रहा है। जहाँ संस्कृत कविता की सुदीर्घ परम्परा ने अन्य भारतीय भाषाओं के साहित्य को प्रभावित किया, वहीं संस्कृत कवियों ने भी पालि, प्राकृत या अपभ्रंश की कविता से रचना के नये आयाम विकसित किये। हाल की गाहासतसई ने संस्कृत मुक्तक की परम्परा पर अपनी अमिट छाप अंकित की।

संस्कृत के अनेक कवि तथा आचार्य ईसा की पहली तथा दूसरी सहस्राब्दी में संस्कृत के साथ-साथ प्राकृत भाषा में भी रचनाएँ करते आ रहे थे। काव्यशास्त्र के महान् आचार्य आनंदवर्धन ने तो संस्कृत में देवीशतकस्तोत्र तथा अर्जुनचरित महाकाव्य के साथ प्राकृत में स्वतंत्र रूप से खंडकाव्य या बड़ी रचना भी प्रस्तुत की। प्राकृत में रचनाएँ उनके कम से कम एक हजार साल पहले से होती आ रही थीं। पर ये गाथाएँ या मुक्तक कोटि की रचनाएँ थीं। आनंदवर्धन ने 'विषमबाणलीला' नाम से एक स्वतंत्र प्राकृत काव्य लिखा था, जो लुप्त हो गया। आनंदवर्धन ने इसकी एक गाथा अर्थांतरसंक्रमितवाच्यध्वनि के उदाहरणस्वरूप अपने ग्रंथ में उद्धृत की है। इसी प्रकार राजशेखर ने संस्कृत में अनेक नाट्यरचनाएँ कीं, तो प्राकृत में उन्होंने कर्पूरमंजरी सट्टक का प्रणयन भी किया। इस महादेश की बहुभाषिकता को ध्यान में रखते हुए राजशेखर ने अपनी काव्यमीमांसा में अनेक भाषाओं में लिखने वाले कवि को 'कविराज' की संज्ञा दी है। यह परम्परा परवर्ती काल में बराबर बनी रही। रामपाणिवाद अठारहवीं शताब्दी के श्रेष्ठ साहित्यकार हैं। उन्होंने संस्कृत में अनेक महाकाव्यों, नाटकों आदि के साथ प्राकृत में उषानिरुद्ध तथा रावणवहो नाटक लिखे। इसी प्रकार पर्वतीय विश्वेश्वर पाण्डेय ने भी संस्कृत में अनेक रचनाएँ प्रस्तुत करते हुए प्राकृत में शृंगारमंजरी सट्टक लिखा। इसके साथ ही आनंदवर्धन, मम्मट, राजशेखर, विश्वनाथ आदि अलंकारशास्त्रियों ने अपने काव्यसिद्धान्तों या लक्षणों के उदाहरण प्रचुर मात्रा में प्राकृत कविता से दिये। आनंदवर्धन के ग्रंथ में आद्यंत प्राकृत गाथाओं के उदाहरणों की भरमार है। ध्वन्यालोक में पाँचवीं कारिका में प्रतीयमान या

ध्वनित अर्थ के अनोखेपन की चर्चा की गयी हैं। इस अनोखेपन को साबित करने के लिए आनंदवर्धन ने पाँच पद्य उद्धृत किए हैं। ये पाँचों उदाहरण वाल्मीकि या कालिदास जैसे उनके प्रिय कवियों से न होकर प्राकृत की उन गाथाओं के हैं, जो उस समय लोकप्रिय रही होंगी, जिन्हें आम लोग भी गाते रहे होंगे।

प्रवरसेन तथा वाक्पतिराज प्राकृत कवि के रूप में प्रख्यात हैं, इनका संस्कृत काव्य से अत्यन्त अनिवार्य सम्बन्ध है। यह परम्परा परवर्ती काल में बनी रही। विद्यापति संस्कृत में पुरुषपरीक्षा जैसा कथाओं का श्रेष्ठ ग्रंथ लिखते हैं, तो वे मैथिली और अवहट्ट भाषाओं के भी सरस रचनाकार हैं। आधुनिक संस्कृत साहित्य ने तो समकालीन भारतीय भाषाओं से बहुत प्रभाव ग्रहण किया है।

तेरहवीं शताब्दी में जयवल्लभ ने गाहासतसइ के समान ही प्राकृत गाथाओं का संकलन वज्जालग्ग तैयार किया। यह संकलन जब बनाया गया, तब संस्कृत कविता अपने प्रकर्ष पर थी। संस्कृत काव्य ने इन गाथाओं को प्रभावित भी किया है। जयवल्लभ के द्वारा संकलित अनेक गाथाओं पर प्राचीन संस्कृत महाकवियों का असर देखा जा सकता है। गाहासतसई की गाथाओं ने संस्कृत कविता को बहुत प्रभावित किया है, तो परवर्ती प्राकृत और अपभ्रंश की कविता संस्कृत काव्यधारा से किस प्रकार अनुप्रेरित व अनुप्राणित हुई है, इसका साक्ष्य वज्जालग्ग देता है। प्राकृत साहित्य से इस प्रकार का संवाद परवर्ती काल में भी बना रहा। सत्रहवीं शती में मेघविजय ने प्राकृत भविस्सदत्तकहा का संक्षिप्त रूपान्तर किया।

भारोपीय भाषा परिवार की प्राचीन भारतीय भाषाओं में वैदिक संस्कृत, लौकिक संस्कृत, पालि तथा प्राकृत – ये भाषाएँ तथा इनका साहित्य परस्पर घनिष्ठ रूप से संश्लिष्ट रहे हैं। पहली सहस्राब्दी ई० के बीतते बीतते अपभ्रंश और अवहट्ट तथा नव्यभारतीय भाषाओं के प्राचीन रूप की कड़ियाँ भी इस संश्लेष में जुड़ती गईं। विविध काव्यविधाओं, मिथकों, अभिप्रायों, मुहावरों, कथानकरूढियों, आख्यानों आदि के पारस्परिक आदानप्रदान के द्वारा ये भाषाएँ व इनकी साहित्यिक परंपराएँ एक दूसरे को पोसते रहे हैं। इनमें जितनी ही अधिक विविधता है, उतनी ही एकसूत्रता भी है।

संस्कृत और हिंदी के साहित्यों में अन्तःसंवाद की रचनात्मक परम्परा

आभिजात्य और परिष्कार के साथ लोकभाषाओं तथा लोकजीवन से भी इस भाषा और साहित्य का संपर्क बना रहा तथा लोकभाषाओं को और उनके साहित्य को भी इस भाषा ने अनुप्राणित किया। इस परस्पर पूरकता ने भारतीय साहित्य को बहुत संपन्न बनाया है। पृथ्वीराजरासो के प्रणेता चंदबरदायी की भाषा शैली, मुहावरों के प्रयोग और अलंकार विधान पर संस्कृत का गहरा प्रभाव है।

चंदबरदायी के आसपास ही बारहवीं शताब्दी में महाकवि अब्दुल रहमान ने अपनी

कालजयी कृति संदेशरासक की रचना की। संदेशरासक में लुप्तविभक्तिक प्रयोग भी बहुलता से मिलते हैं, जो हिंदी की प्रकृति के निकट हैं। अब्दुल रहमान की चेतना में कालिदास का मेघदूत रमा हुआ है। मेघदूत में विरही नायक बिछुड़ी हुई प्रिया के पास संदेश भिजवाता है, संदेशरासक में नायिका अपने प्रियतम के पास संदेश पठाती है। मुहावरे, पदावलियाँ, उपमाएँ और अभिप्राय बड़े सहज रूप से संस्कृत काव्य की परंपरा से इस छोटे से मनोरम काव्य में संक्रांत हो गये हैं। नायिका की सुंदर केशराशि का वर्णन करते हुए अब्दुलरहमान कहते हैं-

अइकुडिलमाइ पिहुणा विविहतरंगिणइसु सलिलकल्लोला।
किसणत्तणंमि अलया अलिउलमालव्व रेहंति।। (३२)

(उस नायिका के केश अत्यंत कुटिल या घुँघराले और नदी का तरंगों की तरह लहराने वाले हैं। कालिमा में वे अलिकुल या भौंरो की कतार के समान दिखते हैं। इस तरह की अनेक उपमाएँ अब्दुलरहमान ने संस्कृत कविता से ली हैं।

संस्कृत और हिंदी दोनों भाषाएँ इस देश की साझी विरासत के अंग रही हैं, और उनमें लगातार दुतरफा आदान प्रदान सदियों तक जारी रहा है। इन दोनों भाषाओ में घनिष्ठ संपर्क के एक जीवंत उदारहण चौदहवीं शताब्दी के महाकवि विद्यापति हैं। विद्यापति ने अवहट्ट में भी लिखा, मैथिली में भी और संस्कृत में भी। उनकी मैथिली पदावली जयदेव के गीतगोविंद की रसमाधुरी और पदावली के संपर्क से सरस हो गयी है, तो उनकी अवहट्ट में लिखी कीर्तिलता या संस्कृत में लिखी पुरुषपरीक्षा भी भारतीय भाषाओं के गहन अंत:संबंधों की ही उपज हैं।

विद्यापति के नाम से एक श्लोक श्रीधर द्वारा संकलित सदुक्तिकर्णामृत में मिलता है[४४]—

अन्यासु तावदुपमर्दसहासु भृङ्ग लोलं विनोदय मनः सुमनोलतासु।
मुग्धामजातरजसं कलितामकाण्डे बालां कदर्थयसि किं नवमालिकायाः?।।

सदु० १७७७

(हे भृंग, फूलों से भरी उन अन्य लताओं में अपना मन बहलाओ, जो तुम्हारी उठापटक झेल सकती हैं। इस चमेली की बेल को क्यो झिंझोड़ रहे हो, जो बहुत मुग्धा (छोटी या भोली) है, और जिसमें अभी रजस् या पराग भी नहीं फूटा है?)

यदि रजस् के श्लेष को छोड़ दें, तो बिहारी ने अपने इस सुप्रसिद्ध दोहे में विद्यापति के संस्कृत छंद को उतारने का बड़ा सुंदर प्रयास किया है—

नहि पराग नहिं मधुर मधु नहिं विकास यह काल।
अली कली सौं ही बिंध्यो आगै कौन हवाल?।।

किंवदंती है कि सूरदास एक बार कुए में गिर पड़े। किसी व्यक्ति ने उन्हे बाहर निकाला। सूरदास तो कृष्ण के ध्यान में तल्लीन थे। उन्होने समझा कि कृष्ण ने ही बाहर निकाला है। जब वह व्यक्ति उनका हाथ छोड़ कर जाने लगा, तो सूरदास मे यह दोहा कहा—

बाँह छुड़ाये जात हौ, अबल जानि कि मोंहि।
हिरदै तें तब जाउगै मर्द बदोंगो तोहिं।।

सूरदास से कुछ पहले ही वल्लभदेव ने सुभाषितावली नाम से संस्कृत के स्फुट श्लोकों का एक विशाल संग्रह तैयार किया था। उसमें यह श्लोक आता है--

हस्तमाक्षिप्य यातोऽसि बलादिति किमद्भुतम्।
हृदयाद् यदि निर्यासि पौरुषं गणयामि ते।।

(तुम बलात् मेरा हाथ झटक कर चल दिये, इसमें कौन सी अद्भुत बात है? मेरे हृदय से निकल कर जाओ तो तुम्हारा पौरुष मानूँ।)

स्पष्ट ही सूर के दोहे पर सुभाषितावली के इस अनुष्टुप् की छाया है।

वल्लभदेव की सुभाषितावलि (१३) में यह पद्य उद्धृत है—

आदाय मांसमखिलं स्तनवर्जमङ्गान्मां मुञ्च वागुरिक याहि कुरु प्रसादम्।
अद्यापि घासकवलग्रसनानभिज्ञो मन्मार्गवीक्षणपरस्तनयो मदीयः।।

कोई हरिणी शिकारी से कहती है - हे वागुरिक (बहेलिये), स्तन छोड़ कर मेरे देह से सारा मांस निकाल लो फिर मुझे छोड़ दो। अभी भी मेरा छौना घास के कौर खाना नहीं जानता, वह टकटकी लगाये मेरी राह देख रहा है। लोकभाषा में प्रचलित इस दोहे में इसी पद्य के भाव को विरहिणी नायिका की उक्ति में अपनाया गया है -

कागा चुनि चुनि खाइयो सकल हाड़ ओ मांस।
द्वै नयना मत खाइयो पिया मिलन की आस।।

तुलसीदास संस्कृत साहित्य के मर्मज्ञ थे। उन्होने अपनी अमर रचना रामचरितमानस की रचना के पहले नानापुराणनिगमागम का गहरा अध्ययन अपने गुरुजनों से किया था। रामचरितमानस की सपूर्ण रचना में वाल्मीकि की रामायण, आनंदरामायण, अद्भुतरामायण, भुशुंडिरामायण आदि प्राचीन रामायणग्रंथों; कालिदास के रघुवंश आदि काव्यों; भवभूति, जयदेव और मुरारि के संस्कृत नाटकों; पुराणों तथा श्रीमद्भगवद्गीता आदि संस्कृत वाङ्मय के अन्य अनेक ग्रंथों से वाक्यावली, मुहावरे और कथाप्रसंग आत्मसात् कर के उन्हें एक समन्वित और रचनात्मक विन्यास दिया गया है। वास्तव में तुलसी के काव्यमर्म को समझने के लिये भी संस्कृत भाषा का अच्छा ज्ञान आवश्यक है। रामचरितमानस के आरंभ में तुलसी ने आदिकवि वाल्मीकि की वंदना करते हुए कहा है—

बंदउँ मुनिपदकंजु रामायन जेंहि निरमयउ।
सखर सुकोमल मंजु दोसरहित दूसनसहित।।

(मैं मुनि वाल्मीकि के चरणों की वंदना करता हूँ, जिन्होंने उस रामायण का निर्माण किया, जो सखर होते हुए भी सुकोमल है, और दोषरहित हो कर भी दूषणसहित है।)

इस दोहे में कवितुलसी ने विरोधाभास और श्लेष अलंकारों का प्रयोग कर के चमत्कार ला दिया है। यह चमत्कार संस्कृत भाषा के उनके ज्ञान के कारण ही आ सका है। सखर में खर का अर्थ कठोर भी होगा, और खर राक्षस का नाम भी है। उसी तरह दूषण दोष भी है और एक राक्षस का नाम भी। वस्तुतः इस दोहे में नलचम्पू के इस पद्य की छाया है—

निर्दूषणा गुणवती सखरापि सुकोमला।
नमस्तस्मै कृता येन रम्या रामायणी कथा।।

भक्तिकाल के एक और महान् कवि सूर के विषय में भी यही बात कही जा सकती है। यदि श्रीमद्भागवत जैसा भक्ति का अनुपम ग्रंथ न होता, और वल्लभके दार्शनिक ग्रंथों का उर्वर चिंतन सूरदास ने अपनी चेतना में न रमाया होता, तो उनके पदों को वह रूप न मिल पाता, जिस रूप में आज सूरपदावली हमारे साहित्य की अनमोल निधि बन गयी है।

संस्कृत की समृद्ध पदावली और कम से कम पाँच हजार साल की विकास परंपरा से परिचित हुए बिना हम हिंदी काव्य की भावधारा को पूरी तरह नहीं समझ सकते, क्योंकि वास्तव में दोनो की मूल प्रकृति एक है, जो भारतीय जातीयता और अस्मिता से जुड़ी हुई है। रहीम कवि को एक दोहा उदाहरण के लिये हम ले सकते है—

सर सूखे पंछी उड़े दूजे सरहिं समाहि।
दीन मीन बिनु पच्छ के कहु रहीम कहँ जाहिं।।

इस दोहे में जो स्थिति प्रस्तुत की गयी है, उसमें ग्रीष्म ऋतु का वर्णन है। तालाब सूख रहे हैं, प्यासे पंछी उड़ उड़ कर उन बड़े तालाबों की ओर जा रहे हैं, जिनमें पानी है। रहीम कहते हैं कि सूखते तालाब में रहने वाली बिचारी बिना पक्ष की मछलियाँ कहाँ जाये? उनके तो पच्छ या पंख होते नहीं, वे तो उड़ नहीं सकतीं!

यह अन्योक्ति है। अन्योक्ति में कवि अप्रस्तुत का चित्रण कर के प्रस्तुत की ओर पाठक का ध्यान आकृष्ट करता है, संस्कृत के पारंपरिक काव्यशास्त्र के आधार पर इस तथ्य को ध्यान में रख कर ही हम यह समझ सकते हैं कि रहीम वास्तव में यहाँ क्या कहना चाहते हैं। पर संस्कृत भाषा और उसकी विशिष्ट काव्यशैली का इस दोहे में प्रभाव समझना हो, तो श्लेष अलंकार को समझना होगा। पच्छ शब्द पक्ष का तद्भव है। पक्ष के दो अर्थ होते हैं पंख तथा तरफदारी। पहला अर्थ मछलियों के ऊपर लागू होता है – उनते तो पंख हैं नहीं कि वे उड़ कर अन्यत्र जा सकें, दूसरा अर्थ वंचित-शोषित दीन जनों के लिये हैं। कवि कहना चाहता है कि इन दीनजनों के पक्ष में कोई बोलने वाला नहीं है, तो वे कहाँ जायें।

कवींद्राचार्य सरस्वती का परिचय इस ग्रन्थ के द्वितीय खंड में मुक्तककाव्यविषयक अध्याय में दिया गया है। कवींद्राचार्य हिंदी में भी काव्यरचना करते थे। मिश्रबंधुविनोद में उनकी यह कविता उद्धृत है—

मंदिर ते ऊँचे मनिमंदिर ए सुंदर हैं
मेदिनी पुरंदर को पुर दरसत है।
हिय में हुलास होत नगर विलास लखि
रूप कयलास हू ते अति सरसत है।
दुंदुभि मृदंग नाच बिबिध सुबाद जहाँ
साहिजहाँबाद अति सुख बरसत है
छहों ऋतु छाई छाजै आछि छबि देखन को
मानष की कहा कहौ इंद्र तरसत है।।

(मि.बं.वि. द्वितीय भाग द्वि.सं. पृ. ४०४-४०५)

प्रस्तुत ग्रंथ में रामानंद त्रिपाठी, गुमानी कवि आदि अनेक परवर्ती कवियों की चर्चा है, जिन्होंने संस्कृत और लोकभाषाओं में साहित्यसर्जना की समान निपुणता दिखाई है।

संस्कृत भाषा की यह परंपरा चंदबरदायी, तुलसी, देव और बिहारी जैसे महाकवियों में ही नहीं, अमीर खुसरो से लगा कर भारतेंदु, मैथिलीशरण गुप्त और निराला जैसे उन कवियों में भी कई प्रकार से संक्रांत हुई है, जो हिंदी की जीवंत विरासत के अमिट हस्ताक्षर हैं।

ताराचरण तर्करत्न काशीनरेश ईश्वरीप्रसादनारायणसिंह की सभा के रत्न थे। ये न्यायदर्शन के उच्चकोटि के पंडित थे, काव्यरचना में भी उतने ही दक्ष थे। दयानंद के साथ आनंदबाग में हुए शास्त्रार्थ में इनकी मुख्य भूमिका थी। भारतेंदु के यहाँ इनका आना जाना लगा रहता था। भारतेंदु की दी हुई समस्यापूर्ति के संदर्भ में इस ग्रन्थ के द्वितीय खंड में मुक्तककाव्यविषयक अध्याय में इनकी चर्चा की गई है। कविवचनसुधा में इनकी हिंदी में रची समस्यापूर्तियाँ भी प्रकाशित हैं। इन्होंने अपने श्रृंगाररत्नाकर (१८६२ई०) में भारतेंदु हरिश्चंद्र के रसविषयक मत पर प्रकाश डाला है। भारतेंदु के रसविषयक मन्तव्यों पर हिंदी के समीक्षकों ने भी कदाचित् इसतरह विचार नहीं किया है। चतुर्विध नवीन रसों की स्थापना के लिये हरिश्चंद्र की ओर से तर्क भी ग्रंथकार ने यहाँ प्रस्तुत किये हैं।

सुधाकर द्विवेदी (१८६०-१९१०) ज्योतिष-गणित के आधुनिककाल के महान् पंडित हैं। भारतेंदु से इनका भी सहज संवाद था। राजघाट पर पुल बन रहा था, उसे देखने के लिय भारतेंदु. गये। लौटते समय उन्होने द्विवेदी जी से पुल के वर्णन में एक छंद रचने को कहा। द्विवेदी ने यह दोहा तत्काल सुना दिया—

राजघाट पर बनत पुल जँह कुलीन की डेरि।
आज गये कल देखि के आज हि लौटे फेरि।।[४५]

द्विवेदी जी काशी नागरी प्रचारिणीसभा के उन्नायकों में अग्रणी रहे।

संस्कृत में शिवराजविजय उपन्यास के यशस्वी लेखक अंबिकादत्त व्यास स्वयं ब्रजभाषा के छंदों में कविता लिखते रहे। इन्होने हिंदी के महाकवि देव के द्वारा संस्कृत में विरचित नायिकाभेदविषयक ग्रंथ शृंगारविलासिनी का संपादन किया, जो खड्गविलस प्रेस पटना से १८८७ में प्रकाशित हुआ। देव कवि ने संस्कृत में व्रजभाषा के छंदों की माधुरी को उतार दिया है। स्वीया नायिका का उनका उदाहरण है—

शोभितशीलगुणाचरणाचलसाधुतया न तया सममन्या
कोमलवागतिमन्दतरा गतिरालपितस्मितसाधुशरण्या
नाथ कथं कथयामि तपस्तव यस्य गृहेऽस्ति पतिव्रतगण्या
योषिदियं परमा परमावधिपुण्यलता धरणीतलधन्या।।

खण्डिता का उदाहरण है—

कृतजागर एव वने न्यवसः प्रजपन्निशि कामदमन्त्रमलम्
सततं समता मदनेन तथा समपादि मनोभवदेवबलम्।
जननाथ जनश्रवणे श्रवणेन पुनाति तवाद्य यशो विमलम्
कृतमद्य विभो भवताऽखिलसिद्धिसमृद्धिसुखैकगणं सुफलम्।।

कृष्णाभिसारिका वर्णन में कहा गया है—

सायमसौ रतिकुञ्जगृहे सखि गच्छति शम्भुरिपोरबलेव
नीलरुताम्बरकेण कृता कलधौतकलद्युतिरिन्दुकलेव
कीदृगशोभि तमालतलोपविशन्त्युपमा तु तदा सकलेव।

अन्य भाषाओं के साहित्यकारों के संस्कृत काव्य

प्रस्तुत पुस्तक के अंतिम खंड में आधुनिकसंस्कृतसाहित्य के विवेचन के अंतर्गत जानकीवल्लभ शास्त्री, नागार्जुन आदि हिंदी के अनेक सुप्रसिद्ध कवियों के द्वारा मूलतः संस्कृत में लिखे उत्तम काव्यों की चर्चा की गई है। आधुनिक काल में अरविंद, विवेकानंद, रवींद्रनाथ टैगोर, कुमारन् आसान्, सुनीतिकुमार चटर्जी, उमाशंकर जोशी जैसे सुकवि या मेधावी जन किसी आंतरिक प्रेरणा तथा सहज अभिनिवेश के कारण संस्कृत में काव्यरचना करते रहे हैं। विवेकानंद के संस्कृत में विरचित स्तोत्र, अपने शिष्यों को अत्यंत प्रांजल, सरस संस्कृत गद्य में लिखे गये पद्य अद्वैताश्रम कलकत्ता से प्रकाशित Complete Works of Swami Vivekanand में देखे जा सकते हैं। योगी अरविंद की चार रचनाएँ मूलतः संस्कृत में लिखीं मिलती हैं – भवानीभारती – ९९ श्लोकों का ओजस्वी खंडकाव्य है, अरविन्दोपनिषत् उपनिषदों की शैली में विरचित छोटी सी कृति है, सप्तचतुष्टय सूत्र शैली में लिखा लघुकाय प्रबंध है, तथा तान्त्रिकसिद्धिप्रकरणम् योग तथा तन्त्र पर विरचित अपूर्ण ग्रंथ है।[४६] भवानी भारती पर विस्तृत चर्चा इस ग्रंथ के अंतिम खंड में मुक्तककाव्य शीर्षक अध्याय में की गई है।

संस्कृत तथा फारसी का अंत:संबंध

संस्कृत तथा फारसी के पारस्परिक संबंध की इतिहास बहुत पुराना है। इस संबंध के बीज अवेस्ता तथा पहलवी भाषाओं में हैं। पंचतंत्र के पहलवी में अनुवाद से यह संबंध घनिष्ठ होता गया, संस्कृत ग्रंथों के पहलवी तथा फारसी में तथा फारसी के कथासाहित्य का संस्कृत में अनुवाद हुआ। प्रस्तुत ग्रंथ के परिशिष्ट में अनूदित साहित्य के अंतर्गत इसका संक्षिप्त विवरण दिया गया है।

संस्कृत, फारसी तथा अरबी की तुलना करते हुए अमीर खुसरो ने १३१८ई० में विरचित अपने ग्रंथ नूर सिपिह्र में दारी या फारसी भाषा से संस्कृत को अधिक उत्कृष्ट बताया, तथा अरबी की तुलना में इसे कमतर आँका, क्योंकि कुर्आन शरीफ की भाषा अरबी है।

मुहम्मद बिन तुग़लक (१३२५-१३५१ई०) ने अपने दरबार में जैन संस्कृत विद्वानों को सम्मान दिया। उसके उत्तराधिकारी फिरोजशाह तुगलक ने संस्कृत के अनेक ग्रंथों के फारसी अनुवादों की प्रतियाँ तैयार कीं – जिनमें वराहमिहिर की बृहत्संहिता का अनुवाद भी एक था।[४७] अहमद नगर के निजाम शाह (१५१०-१५५३) तथा शेरशाह सूरी (१५४०-४५) की प्रशस्तियाँ संस्कृत में लिखी गईं। गोलकुंडा के कुतुबशाही वंश के शासकों ने संस्कृत के प्रति और भी घनिष्ठ लगाव प्रकट किया।

काश्मीर में जैनुल् आब्दीन के संरक्षण में संस्कृत के अनेक ग्रंथों का पारसी में अनुवाद करने का उपक्रम हुआ। इनमें कल्हण की राजतरंगिणी तथा महाभारत उल्लेख्य हैं। जैनुल आब्दीन की प्रेरणा से जोनराज और श्रीवर ने अपने अपने राजतरंगिणी काव्यों की रचना की। इसी परंपरा को आगे ले जाते हुए श्रीवर ने कथाकौतुकम् में यूसुफ जुलेखा का रूपांतर किया। आइने अकबरी में जैनु आब्दीन का स्मरण ऐसे उदार शासक के रूप में किया गया है जिसने अरबी, फारसी, संस्कृत काश्मीरी भाषाओं में साहित्यरचना तथा इनमें पारस्परिक अनुवादों को बहुत प्रोत्साहन दिया। कुत्ब अल दीन अहमद पंद्रहवीं शताब्दी में गुजरात के शासक थे, इन्होने फारसी और संस्कृत द्वैभाषिक में शिलालेख लिखवाये। संस्कृत कवि उदयराज महमूद बेगड़ा (१४५८-१५११) के आश्रय में गुजरात में रहे। उदयराज ने राजविनोद नामक काव्य में अपने आश्रयदाता के चरित निबद्ध किया है।

अकबर (१५५६-१६०५) के समय संस्कृत के प्राचीन ग्रंथों – वैदिकसाहित्य, उपनिषद्, महाभारत आदि के फारसी में अनुवाद का महनीय उपक्रम हुआ। अकबर ने १५८२ में फारसी को राजकाज की भाषा घोषित किया। अथर्ववेद तथा महाभारत के अनुवाद का उल्लेख इस ग्रंथ में यथावसर किया गया है। उपनिषदों के दर्शन के साथ इस्लामी तत्त्वचिंतन की समकक्षता स्थापित करने के लिये अल्लोपनिषद् अकबर के शासनकाल में लिखा गया। रामायण तथा महाभारत के पारसी अनुवाद तैयार कराने के पीछे अकबर की सांस्कृतिक और राजनैतिक दृष्टि थी। वह अपने शासन के लिये प्रेरक सूत्र इन ग्रंथों से प्राप्त करना चाहता था,

तथा अपने शासन की जनता में वैधता भी स्थापित करना चाहता था। वस्तुत: १५६०ई० से १६६०ई०तक का सौ वर्षों का काल संस्कृत साहित्य के उन्नयन तथा फारसी और संस्कृत के पारस्परिक संबंधों के संवर्धन की दृष्टि से स्वर्णिम युग था।

अकबर एक आश्रयदाता तथा सम्राट् की हैसियत से संस्कृत के पंडितों को आमंत्रित और सत्कृत करते हों, ऐसा नहीं था, वे उनसे संवाद करने और सीखने के लिये उन्हें आग्रह के साथ बुलाते थे। बुद्धिजीवियों की सत्ता के संचालन में एक भूमिका हो सकती है, उसका एक उदाहरण अकबर का दरबार बनता गया था। संवाद में संप्रदायगत सीमाएँ और संकीर्णताएँ टूटती भी थीं,तो पंडितों का पारस्परिक मनोमालिन्य एक स्वस्थ भूमिका के निर्वाह में बाधक भी होता था। कुछ पंडितों ने स्वेच्छा से इस्लाम का अंगीकार किया था, जिनमें शेख भावन एक थे, मुसलमान बन जाने के बावजूद अकबर उनसे वैदिक धर्म के तत्त्व पर चर्चा करते थे। अकबर की उनके साथ संवाद की भित्ति इसलिये भी सुदृढ़ होती कि वे सांप्रदायिक आग्रहों से मुक्त होकर इस्लाम के अनुकूल व्याख्या कर देते।[४८] इस संवाद का परिणाम था कि अकबर अथर्ववेद का फारसी में अनुवाद कराने के लिये उत्सुक हुए।

दाराशिकोह ने ५२ उपनिषदों के पारसी अनुवाद सिर्रे अकबर में किये।

चंद्रभान ब्राह्मण फारसी के न केवल अच्छे ज्ञाता थे, फारसी में कविता भी करते थे।[४९] उड़ीसा के कृष्णदास महापात्र शाहजहाँ के समकालीन थे। अकबर नामा में इनके संस्कृत साहित्य के प्रति अनुराग की भूरि भूरिप्रशंसा की गई है। इन्होने गीतप्रकाश नामक ग्रंथ की रचना मुगल आश्रय में रह कर की, तथा बादशाह के प्रतिनिधि के रूप मे दिल्ली से उड़ीसा की यात्रा की। नर्तननिर्णय के प्रणेता पुंडरीक विट्ठल भी अकबर के प्रशंसित विद्वानों में थे। पद्मसुंदर ने रसशास्त्रनिरूपक अपने ग्रंथ अकबरशाहिशृंगारदर्पण में अकबर की प्रशस्ति में अनेक पद्य भी संकलित किये।

मुगलकाल में संस्कृत तथा फारसी के द्विभाषी कोश तैयार किये गये। पहला संस्कृतफारसी कोश गुजरात में चौदहवीं शताब्दी में एक मुस्लिम शासक के संरक्षण में निर्मित हुआ। इसके प्रणेता का नाम सलक्ष था। इसी समय गुजरात में ही फरहत-अल् मुल्क के लिये नैषधचरित पर चंडू पंडित की टीका की प्रति निर्मित की गई।[५०] पंद्रहवीं शताब्दी में भानुदत्त जैसे सुकवि तथा काव्यशास्त्र के एक मूर्धन्य आचार्य हैदराबाद के निजाम शासकों के आश्रय में रहे। कर्णपूर का पारसीकपदप्रकाश अकबर के शासनकाल में निर्मित हुआ। राजकोशनिघंटु तथा राजव्यवहारकोश में राजनीतिशास्त्र की शब्दावली का संग्रह किया गया। ये दोनों कोश शिवाजी के शासनकाल में तैयार किये गये। इनमें पारसी भाषा में प्रचलित प्रशासकीय शब्दावली के लिये संस्कृत के शब्द दिये गये हैं। राजव्यवहारकोश के प्रणेता रघुनाथ पंडित हैं। ये शिवाजी के दरबार में थे।[५१]

इन कोशों में फारसी के अनेक शब्दों का संस्कृतीकरण किया गया। सुल्तान के लिये सुरत्राण, फरमान के लिये स्फुरमान जैसे शब्द गढ़े गये।

संस्कृत तथा अरबी स्रोतों के आधार पर एक दूरवीक्षणयंत्र का निर्माण अरबी ज्योतिषी के एक ब्राह्मण शिष्य के द्वारा तैयार किया गया। १६३०ई० में आसफ खान ने नित्यानंद से अनुरोध किया कि वे ज़िफ-इ-शाह नामक फारसी के ज्योतिष ग्रंथ का संस्कृत अनुवाद करें, जो आउड्रे ट्रस्के के अनुसार फारसी से संस्कृत में अनुवाद का एक अनोखा व विरल उदाहरण है।[५२] १५८३ में सूर्यदास ने संस्कृत और फारसी का ज्योतिषशास्त्रविषयक एक द्विभाषी कोश तैयार किया, इसमें म्लेच्छमतनिरूपण नाम से एक अध्याय भी उन्होंने रखा। इसमें अरबी ज्योतिष की पदावली को संस्कृत के माध्यम से समझाया गया है। मलाजित् वेदांगराय ने पारसीकप्रकाश में और भी व्यापक विवेचन किया। इसमें उन्होने इस्लामिक तथा शक संवत्सर में परस्पर विनिमय की सारणी भी प्रस्तुत की।

बदायूँनी ने बहुत कटु स्वर में उन चापलूस ब्राह्मणों की आलोचना की है, जो प्राचीन ग्रंथों के उद्धरण दे दे कर अकबर के मस्तिष्क में यह बात बिठाने का प्रयास करते कि वे विष्णु के अवतार हैं, तथा रघुवंश से उनका संबंध है।[५३] पर यह भी सत्य है कि अकबर ने इस प्रक्रिया में संस्कृत से जुड़े संस्कार व आचार अपना लिये थे। भानुचंद्र को मुनि हीरविजय ने अकबर के लाहोर दरबार में १५८७ में भेजा था। अकबर की सूर्योपासना में रुचि देख कर भानुचंद्र ने उन्हें सूर्यसहस्रनाम नामक स्तोत्र का पाठ कैसे किया जाये, यह समझाया था। अकबर को सूर्योपासना के प्रति लगन के कारण कट्टर मुसलमानों का कोपभाजन भी बनना पड़ा। जब कि अकबर अपनी इस साधनापद्धति को सत्तारी और नक्तवी सूफियों में नूर की अवधारणा तथा पारसियों की उपासनापद्धति से भी जोड़ कर देख रहे थे। जहाँगीर भी अकबर की इस परंपरा को जारी रखते हुए प्रात: सूर्यस्तोत्र का पाठ करता रहा। मुगल बादशाहों ने संस्कृत के पंडितों की बौद्धिक शक्ति को सराहा। नंदिविजय नामक जैन साधु ने अकबर के समक्ष अवधान विद्या का प्रदर्शन किया। अकबर और फैज़ी दोनों ही अवधान के चमत्कार से बड़े प्रभावित थे। अकबर के शासनकाल के अंतिम वर्षों में गुसाईं यदुरूप की ख्याति मुगल दरबार में पहुँच चुकी थी। जहाँगीरनामा में जहाँगीर ने उल्लेख किया है कि उसके पिता गुसाईं जद्रूप (यदुरूप) से मिलने गये थे, तथा १६१७ से १६२० के बीच गुसाईं जद्रूप (यदुरूप) के साथ वेदांत के विषय में हुई छह अपनी चर्चागोष्ठियों का वर्णन भी उसने किया है। इकबालनामा नामक इस काल में रचे गये पारसी ग्रंथ में तो यह भी कहा गया है कि मिर्ज़ा अज़ीज कोका जैसे अकबर के दरबारी गुसाईं जद्रूप (यदुरूप) से यह फरियाद ले कर मिलने गये थे कि वे शाहज़ादा खुसरो को कैद से मुक्त कराने के लिये अकबर पर अपने प्रभाव का उपयोग करें।[५४] अकबर और जहाँगीर दोनों ही दरबार में बुलाने की बजाय यदुरूप के पास मिलने जाते रहे। इन मुलाकातों को चित्रित करने वाले अनेक चित्र इस काल में बनाये हुए मिलते हैं। शाहजहाँ के काल में बने एक चित्र में तो गुसाईं जद्रूप को संत कवियों के साथ बैठा चित्रित किया गया है।[५५]

कवींद्राचार्य की प्रशस्ति में संस्कृत और हिंदी में लिखे गये बहुसंख्य पद्यों से यह तथ्य भी सामने आता है कि वे शाहजहाँ और दाराशिकोह दोनों को संस्कृतकाव्य तथा योगवाशिष्ठ आदि ग्रंथ पढ़ाते थे।

संस्कृत तथा तमिल का साहित्यिक व सांस्कृतिक संबंध

तमिल भाषा तथा तमिल संस्कृति के साथ संस्कृत साहित्य की परंपराओं का संबंध प्राचीन काल से वर्तमान काल तक बना रहा है। ऋषि अगस्त्य विंध्य को लाँघ कर दक्षिण में पहुँचे, अगस्त्य का चरित्र जिस प्रकार रामायण, महाभारत, पुराणों तथा महाकाव्यों में निरूपित है, उसी प्रकार तमिल साहित्य में भी अगस्त्य एक महनीय विभूति के रूप में वर्णित हैं। तोलकाप्यम् तमिल का सर्वप्राचीन व्याकरण तथा साहित्यशास्त्र का ग्रंथ है। इसके प्रणेता तोलकाप्य अगस्त्य के बारह शिष्यों में से एक थे। अगस्त्य के द्वारा विरचित व्याकरण का ग्रंथ अगत्तियम् के नाम से उल्लिखित है, जो अप्राप्य है। तोलकाप्य ने भाषा तथा काव्य के इलक्कणम् (लक्षणों) का निरूपण किया है। काव्य के इन्होने दो पक्ष माने हैं – अहम् (वैयक्तिक) तथा पुरम् (बाह्य)। तोलकाप्यम् में काप्यम् का अर्थ काव्यम् है। यह ग्रंथ प्रथम शताब्दी ई०पू० से प्रथम शताब्दी ई० के मध्य रचा गया, ऐसा माना जाता है। इसमें वेदों व धर्मशास्त्र का उल्लेख है, अर्थशास्त्र में उल्लिखित ३२ तंत्रयुक्तियों से तोलकाप्यकार परिचित हैं। सूत्रशैली से वे परिचय प्रकट करते हैं। यास्क के निरुक्त से भी तोलकाप्यकार प्रभावित लगते हैं। तीसरे अतिकारम् (अधिकार) में उन्होंने नाट्यशास्त्रविषयक प्राचीन ग्रंथ से परिचय प्रकट करते हुए आठ रसों, उनके स्थायीभावों, ३२ व्यभिचारी भावों तथा विभाव, अनुभाव आदि का भी वर्णन किया है। है। विष्णु, सुब्रह्मण्य (स्कंद या मुरुकन्), इंद्र, वरुण आदि देवों का तोलकाप्यम् में उल्लेख है। जिन नाट्यप्रकारों का संकेत इस ग्रंथ में किया गया है, उनमें गीत और नृत्य की प्रचुरता प्रतीत होती है। इससे भरतमुनि के दाक्षिणात्या प्रवृत्ति के निरूपण का समर्थन होता है, जिसमें उन्होंने दाक्षिणात्या प्रवृत्ति को बहुनृत्तगीतयुक्त बताया है।

सीलप्पदिकारम् तथा मणिमैखलै इन दो महाकाव्यों का तमिलसाहित्य में वही स्थान है, जो संस्कृतसाहित्य में रामायण तथा महाभारत का। सीलप्पदिकारम् पर वैदिक साहित्य का गहरा प्रभाव स्पष्ट झलकता है। इसकी एक नायिका माधवी को इंद्र के पुत्र जयंत और उर्वशी की संतान बताया गया है। सीलप्पदिकारम् के छठे सर्ग में एक अन्य प्रसंग माधवी के जन्म का आता है, जिसमे अगस्त्य ऋषि के शाप से उर्वशी ही माधवी के रूप में जन्म लेती है, यह बताया गया है। श्रीकृष्णभक्ति का भी प्रसंग सीलप्पदिकारम् में है। भक्तिशब्द का प्रयोग भी इस प्रसंग में सीलप्पदिकारम् में किया गया है। मणिमैखलै में दिङ्नाग के सिद्धांतों का वर्णन है। मणिमेखला जो सीलप्पदिकारम् की नायिका कण्णगी की पुत्री है, कन्नगी के मंदिर में जाती है, वहाँ साक्षात् देवी उसे बौद्ध धर्म के सिद्धांत समझाती हैं। इस प्रसंगमें इस काव्य में वेद, वेदांग, शैवदर्शन, ब्रह्मवाद या वेदांत, वैशेषिक, लोकायत तथा आजीवकों के मतों का भी निरूपण है। तिरुमूलर (६००ई०पू०)

के मंदिर में लगे अभिलेखों में भक्ति व भक्त शब्द प्रयुक्त हुए हैं। वस्तुत: भक्तिकाव्य तथा वैष्णवभक्ति की परंपरा का उदय दक्षिण में माना गया। पद्मपुराण में भक्ति के मुख से ही कहवलाया गया है—

'उत्पन्ना दक्षिणे साऽहं वृद्धिं कर्णाटके गता।'

पल्लव तथा पांड्य राजाओं के शासनकाल में आळवार वैष्णव संतों की भक्तिरचनाएँ लिखी गईं, जो तमिल भाषा के कालजयी साहित्य का अंग हैं। वैष्णव संतों के नालायिर दिव्यप्रबंध भी बहुत लोकप्रिय हुए। शैवदर्शन का प्रसार भी तमिलनाडु में प्राचीन काल में हुआ। मालिनीविजयतंत्र के अनुसार योगिनियों का अंकन दक्षिण के मंदिरों की प्रतिमाओं में मिलता है। तमिलग्रंथ ज्ञानावरणदीपिका में शैवदर्शन के स्वच्छंदतंत्र आदि ग्रंथों से उद्धरण हैं।

भरतमुनि के नाट्यशास्त्र का तमिल की कलापरंपरा पर गहरा प्रभाव है। चिदंबरम्, तंजौर और कुंभकोणम् के मंदिरों में नाट्यशास्त्र में वर्णित करणों का मूर्त्यंकन किया गया है। महाबलिपुरम् की प्रतिमाओं में भरत तथा तंडु को नृत्यकला का उपदेश देते हुए शिव की प्रतिमा मिलती है। कवि वट्टकूटन् के द्वारा विरचित तमिल नाटक दक्षयागभरणी नाट्यशास्त्र व संस्कृतनाट्यपरंपरा से प्रभावित है। इसमें संस्कृत के छंदों का प्रयोग किया गया है। उज्जयिनी महाकाल मंदिर का भी इस नाटक में वर्णन है।

कविकुंजर की उपाधि से सम्मानित महाकवि षडक्षरदेव कर्णाटक में चिक्कदेवराय के आश्रय में रहे। कन्नड भाषा में बहुविध रचनाओं के साथ इन्होने संस्कृत में रसार्णव और कविकर्णरसायन नाम से प्रबंध काव्य लिखे हैं।

तमिल साहित्य में दशरूपक

तमिल महाकाव्य सीलप्पदिकारम् की एक प्राचीन टीका में दस प्रकार के रूपक परिगणित हैं, पर वे नाशा. की परंपरा से किंचित् भिन्न हैं। उनके नाम इस प्रकार हैं—

१. वसाइ कुट्टु (व्यंग्य प्रधान रूपक)
२. पुगल्ल (प्रशस्ति)
३. वेट्टियाल (राजचरितविषयक रूपक)
४. पोदुवियाल (लोकचरितविषयक रूपक या प्रकरण
५. वेरिक कुट्टु (संगीत प्रधान रूपक)
६. वेरिचन्दिक कुट्टु (देवस्तुति विषयक रूपक)
७. इयल्बक (प्राकृतिकवर्णनपरक रूपक)
८. देशिक (क्षेत्रीय परंपराश्रित रूपक)
९. विनोदकुट्टु (हास्य प्रधान रूपक)
१०. आर्यन् कुट्टु (आर्यचरितपरकरूपक)

नामों का भेद होने पर भी इनमें से कतिपय रूपकप्रकार नाट्यशास्त्रप्रतिपादित प्रहसन, भाण तथा नाटक जैसे रूपकों से साम्य रखते हैं।

एक प्राचीन तमिल कवि ने कहा है – संस्कृत तथा तमिल भगवान् शिव के दो नेत्र हैं।[५६] दक्षिण के प्रदेशों में पल्लव, चोल तथा पांड्य राजाओं ने तमिल साहित्य के साथ संस्कृत साहित्य को भी प्रश्रय दिया। इन राजाओं के शिलालेखों में संस्कृत और तमिल दोनों भाषाओं का एकत्र प्रयोग मिलता है। इस पारस्परिकता के कारण तमिल, मलयालम्, कन्नड़ तथा तेलगु भाषाओं में संस्कृत की शब्दावली बड़ी मात्रा में संक्रांत हुई तथा इनके संस्कृतनिष्ठ रूप भी साहित्य में प्रचलित रहे। विशेष रूप से जो बौद्ध तथा जैन मतावलंबी आचार्य उत्तर से चल कर तमिल प्रदेशों में पहुँचे, उन्होंने अपनी रचनाओं में इन भाषाओं के संस्कृतनिष्ठ रूपों का प्रचुर उपयोग किया। संस्कृत में भी तमिल आदि भाषाओं से शब्द लिये गये। साथ ही संस्कृत से इन भाषाओं में तथा इन भाषाओं से संस्कृत में साहित्य के अनुवाद भी होते रहे। सौम्यजामातृमुनि (१३७०-१४४४) के पुत्र अभिरामवर ने अपने पितामह के तमिलग्रंथ उपदेशरत्नमाला का इसी शीर्षक से संस्कृत में अनुवाद किया। गुणभद्र के उत्तरपुराण को आधार बना कर संस्कृत तथा तमिल में अनेक ग्रंथ रचे गये। इनमें यशस्तिलकचंपू, वादिराजकृत यशोधरचरित तथा हरिभद्रकृत यशोधरकाव्य संस्कृत में हैं, तथा यशोधरकाव्य नाम से ही एक काव्य तमिल में है। एक ही कथा को ले कर विरचित होने पर भी संस्कृत तथा तमिल ग्रंथों में भेद भी है। तमिल यशोधरचरित में पुष्पदंत के ग्रंथ का आधार लिया गया है, संस्कृत के ग्रंथों में उत्तरपुराण का।[५७] सर्वनंदी ने ४५८ई० में तमिल भाषा में १५३६ पद्यों में ज्योतिष व गणित पर एक ग्रंथ लिखा था। मूल ग्रंथ लुप्त हो गया, किंतु बारहवीं शताब्दी में सिंहसूरि के द्वारा किया गया इसका अनुवाद प्राप्त होता है। बुद्ध मित्र ने ग्यारहवीं शताब्दी तमिल में व्याकरण तथा अलंकार पर वीरचोलीयम् नामक ग्रंथ की रचना की। इस ग्रंथ पर संस्कृत के व्याकरण तथा साहित्यशास्त्र का प्रत्यक्ष प्रभाव है।

शंकराचार्य, रामानुज तथा माध्व जैसे वेदांत के आचार्यों के मतों का प्रतिपादन संस्कृत तथा तमिल आदि भाषाओं में समानांतर रूप से किया जाता रहा, जिसके कारण दोनों भाषाओं में दार्शनिक चिंतन परिपुष्ट हुआ। गोविंद दीक्षित राजा रघुनाथ नायक के मंत्री थे। वे अद्वैत दर्शन के उन्नायक रहे। उन्होने जैमिनि के सूत्रों तथा कुमारिल के श्लोकवार्तिक पर टीका लिखी; साथ ही संगीतसुधा नाम से संगीतशास्त्र पर भी एक ग्रंथ का प्रणयन किया। वे संस्कृत के साथ तमिल साहित्य के भी एक मान्य हस्ताक्षर हैं। उन्होने तिरुवैयारमाहात्म्य का तमिल में अनुवाद किया।[५८]

कांची में चौथी शताब्दी के आसपास घटिका नामक संप्रदाय की स्थापना हुई, जिसमें तमिल और संस्कृत दोनों भाषाओं में विमर्श तथा काव्यरचना को प्रोत्साहित किया जाता रहा।

वेंकटाध्वरि संस्कृत तथा तमिल की समन्वित संस्कृति के एक बड़े प्रतीक हैं। उन्होंने अपने विश्वगुणादर्शचंपू में रामानुज के मतानुयायों के द्वारा तमिल भाषा को प्रोत्साहित करने की

भूरि भूरि प्रशंसा की है। तमिल के प्रथम वैयाकरण महर्षि अगस्त्य को बताते हुए तमिल में रचना करने वाले शठकोप आदि संतों का श्रद्धाभाव से स्मरण करते हुए तमिल भाषा का माहात्म्य गायन वे इस प्रकार करते हैं—

स यासां व्याकर्ता चुलुकितसमुद्रो मुनिवरः
प्रबन्धारः प्रौढाः शठमथनमुख्याः श्रमधनाः।
प्रवक्तारः शुद्धाः प्रथितयशसः पूर्वगुरवो
गिराम्पारे तासां जयति गरिमा द्राविडगिराम्।

विश्वगुणादर्श, पृ. १८९, पद्य २४४

शठकोप यति को तमिल साहित्य में वैदिक ऋषि के समान पूज्य माना गया। उन्होने सहस्त्र शाखाओं वाले तमिल वेद का साक्षात्कार किया था – यह माना गया। शठकोप यति का निवास कुरुका नामक स्थान में था। उनकी गाथाओं को वकुलाभरणीय कहा जाता है। उनके विषय में वेकटाध्वरि कहते हैं -

परिदृष्टवते सहस्त्रशाखां परमां द्राविडसंहितां हितां नः।
गुरवे करवाम नित्यमस्मै शठकोपाय महर्षये प्रणामान्।।
अञ्चाम चिञ्चातरुमद्भुतं तं पञ्चामरद्रूनवधीरयन्तम्।
शठारिसंज्ञं किल यस्य मूले तपःफलं किञ्चिदुदीरितं नः।।

विश्वगुणादर्श, पृ. ३६४, पद्य ४८९-९०

वेंकटाध्वरी शठकोप को सहस्त्रशाखाओं वाले, अमृतफलों के प्रसवकर्ता महाद्रुम से उपमित करते हैं। संस्कृत के एक यशस्वी आचार्य तथा महाकवि की तमिल के संत की यह प्रशस्ति अनुपम ही है—

दिशञ् श्रितानाममृतात्मकं फलं विलक्षणो भाति स तिन्तिणीतरुः।
सहस्त्रशाखं द्रविडागमं सृजन् स यस्य मूलं समुपाश्रितो मुनिः।।
हरिमिव कृतावतरणं बकुलाभरणं वृणीमहे शरणम्।
ध्येयं विदुरार्या मुमुक्षुभिर्यत् प्रबन्धमध्येयम्।।
तस्मिन् मतिर्मेऽस्तु दृढा शठारौ गायन्त उच्चैरिह यस्य गाथाः।
प्रहाय देहं प्रथयन्ति दिव्ये पदेऽहमन्नाद इति प्रगीते।।
कृतदुरितनिरोधानां कलितश्रुतिमौलिभावबोधानाम्।
वशितरमानाथानां न सुधाऽपि समा शठारिगाथानाम्।।
कठिनशठनरेन्द्रस्तावकाञ् श्लोकपाशान् जठरपिठरपूर्त्यै जातु मा सङ्गिरध्वम्।
लुठत दृढतमस्के मा च संसारकूपे पठत शठजिदुक्तीरश्रमानीतमुक्तीः।।

ननु शठकोपाय त्वं प्रणतिं प्राप्ताय भावुकोपायत्वम्।
विमलमते कुरु कायान्निरसितुमंहो विराजते कुरुकायाम्।
बकुलाभरणीयानां गाथानां सन्मुखेन भरणीयानाम्।
हरिगृहमध्ये तारस्वरेण पुनीते प्रपञ्चमध्येतारः।।

विरक्तेरास्थानी मधुमथनभक्तेर्वटनभू-
र्विमुक्तेर्निःश्रेणी सुकृतपरिपक्तेः फलमसौ
प्रपत्तेरुद्बोधक्षितिरकृतकोक्तेः प्रियसखी
चिदङ्कूरक्षोणी बकुलधरवाणी विजयते।

विश्वगुणादर्श, पृ० ३६५-६८ पद्य ४९१-९८

तमिल साहित्य की मीरा – अंडाल पर विरचित संस्कृत साहित्य

अंडाल को संस्कृत के कवियों ने गोदा, चुडिकोद्दुत्, चुडर्कोटि या नप्पिन्नाइ आदि नामों से अभिहित किया है, तथा संस्कृत कवियों ने गोदा या अंडाल को लेकर अनेक नाटक, चंपू तथा गीतिकाव्य लिखे। इनमें उल्लेखनीय हैं[५९]—

(१) **गोदापरिणयनाटक** – इस में कांची के वरदराज से अंडाल के विवाह का प्रसंग निरूपित है।

(२) **गोदापरिणय** – इसी नाम से अन्य नाटक, इसके प्रणेता श्रीनिवासाचार्य या लोकार्य हैं, जो श्रीशैल श्रीनिवासाचार्य के पौत्र थे।

(३) **गोदापरिणयचंपू** – केशव वेदाधिनाथ भट्टाचार्य के द्वारा विरचित इस चंपू में पाँच स्तवक हैं, अंडाल तथा भगवान् रंगनाथ के विवाह का प्रसंग वर्णित है।

(४) **गोदाप्रपंत्ति** – गोदा या अंडाल की भक्ति भावना पर प्रबंध है।

(५) **गोदामंगलशासन**

(६) **गोदामज्जनवैभव (तापमज्जनवैभव)** इसके प्रणेता रंगराजदास हैं। इसमें विष्णु तथा गोदा के पूजन का माहात्म्य वर्णित है।

संस्कृत-साहित्य में जीवनमूल्य

संस्कृत साहित्य उदात्त जीवनमूल्यों का प्रत्यय देता है। धर्म, अर्थ, काम तथा मोक्ष इन चार पुरुषार्थों के अंतःसंबंध तथा उनकी साधना के द्वारा जीवन की परिपूर्णता का निदर्शन इस साहित्य का ध्येय है। धर्म, अर्थ, काम और मोक्ष-जीवन के ये चार पुरुषार्थ या लक्ष्य हमारी परम्परा में स्वीकार किये गये हैं। साहित्य या काव्य भी इन चारों पुरुषार्थों की प्रतिपूर्ति के लिए हैं। आचार्य भामह कहते हैं—

धर्मादिसाधनोपायः सुकुमारक्रमोदितः।
काव्यबन्धोऽभिजातानां हृदयाह्लादकारकः।।
धर्मार्थकाममोक्षेषु वैचक्षण्यं कलासु च।
करोति कीर्तिं प्रीतिं च साधु काव्यनिषेवणम्।।

जीवन का आध्यात्मिक स्तर समग्र ब्रह्माण्ड के स्वरूप का साक्षात्कार तथा आत्मबोध के लिए है। संस्कृत कवियों ने स्वयं आध्यात्मिक अनुभूति को प्रत्यक्षानुभव के द्वारा अपनी रचनाओं में प्रकट किया है।

वाल्मीकि रामायण में राम के विषय में कहा गया है—

धर्मार्थकामतत्त्वज्ञः स्मृतिमान् प्रतिभानवान्।। अयोध्या १.२२
अर्थकामौ च सङ्ग्रह्य सुखतन्त्रो न चालसः।। अयोध्या १.२७

भरत जब राम से चित्रकूट में मिलने जाते हैं तो राम उनसे कुशलप्रश्न करते हुए पूछते हैं—

कच्चिदर्थेन वा धर्ममर्थं धर्मेण वा पुनः।
उभौ वा प्रीतिलोभेन कामेन न विबाधसे।।
कच्चिदर्थं च कामं च धर्मं च जयतां वर।
विभज्य काले कालज्ञ सर्वान् वरद सेवसे।।

अयोध्या १००.६२-६३

मनुष्य के अपने पर्यावरण के साथ संबंध को रेखांकित करने वाली कतिपय विशिष्ट अवधारणाएँ इस साहित्य की पृष्ठभूमि में हैं, जैसे ऋणत्रय, संस्कार, आश्रम, यज्ञ आदि। ऋषियों की विश्वदृष्टि इन उद्धरणों में प्रतिफलित हुई है—

जनं बिभ्रती बहुधा विवाचसं नानाधर्माणं पृथिवी यथौकसम्।
कृण्वन्तो विश्वमार्यम्।
यत्र विश्वं भवत्येकनीडम्...
आ नो भद्राः क्रतवो यन्तु विश्वतः....
पुमान् पुमांसं परिपातु विश्वतः...
मा स्म तात बलस्थस्त्वं भुञ्जीथा दुर्बलं जनम्।
मा त्वां दुर्बलचक्षूंषि प्रदहेयुः सबान्धवम्।।
प्रजासुखे सुखं राज्ञः प्रजानां च हिते हितम्।
नात्मप्रियं हितं राज्ञः प्रजानां तु प्रियं हितम्।

महाभारत में कहा गया है—

धर्मार्थकामाः सममेव सेव्या योह्येकसक्तः स जनो जघन्यः।
द्वयोस्तु दक्षं प्रवदन्ति मध्यं स उत्तमो यो निरतस्त्रिवर्गे।।[६०]

धर्म, अर्थ और काम - इन तीनों का समान रूप से सेवन करना चाहिये, जो व्यक्ति इनमें से केवल एक में लगा रह जाता है, वह तो पापी है। जो इनमें से दो का ही सेवन करता है, वह मध्यम है और जो तीनों में समान रूप से निरत रहे, वह उत्तम है।

वात्स्यायन जीवन की पुरुषार्थत्रय की इसी समन्वित साधना को रेखांकित करते हैं—

एवमर्थं च कामं च धर्मं चोपाचरन्नरः।
इहामुत्र च निःशल्यमत्यन्तं सुखमश्नुते।।
किं स्यात् परत्रेत्याशङ्का कार्ये यस्मिन्न जायते।
न चार्थघ्नं सुखं चेति शिष्टास्तत्र व्यवस्थिताः।।
त्रिवर्गसाधकं यत् स्याद् द्वयोरेकस्य वा पुनः।
कार्यं तदपि कुर्वीत न त्वेकार्थं द्विबाधकम्।

का०सू०२.३९-४१

(इस प्रकार अर्थ और काम तथा धर्म का आचरण करता हुआ मनुष्य इस लोक में तथा परलोक में निर्विघ्न सुख पाता है। शिष्ट जन उसी कार्य को करणीय मानते हैं जिसमें परलोक में क्या होगा ऐसी आशंका न हो, जो अर्थ की क्षति न करे, तथा सुखकर भी हो। जो कार्य तीनों पुरुषार्थों का साधक हो, उसे तो करना ही चाहिये, पर जो दो या किसी एक पुरुषार्थ की भी सिद्धि कराये, उसे भी (आवश्यकता के अनुसार) करना चाहिये, जो कार्य एक पुरुषार्थ की सिद्धि करायेगा, उससे अन्य पुरुषार्थ की क्षति होगी - यह नहीं समझना चाहिये।)

जिस तरह तीनों पुरुषार्थ एक दूसरे से जुड़े हैं, और एक के बिना दूसरे की प्राप्ति सम्भव नहीं है, उसी तरह व्यक्ति और समाज भी परस्पर अनुषक्त हैं। समाजबाह्य और समाजविमुख कोई प्रेम या कोई कामसम्बन्ध उचित नहीं हो सकता। इसलिये वात्स्यायन नागरक को समाज के दायित्वों के परिप्रेक्ष्य में उसकी दिनचर्या का उपदेश देते हैं, यही बात वैशिक के अन्तर्गत गणिकाओं को दिये गये उनके उपदेश में भी है। वे गणधर्म या व्यक्ति की समूह के प्रति जिम्मेदारी की बात करते हैं। इसी सामाजिक परिप्रेक्ष्य में वात्स्यायन के सौन्दर्यशास्त्र पर विचार किया जाना चाहिये। इसमें उत्सव हैं। देवयात्रा या घटा में नागरक की सहभागिता है, यात्रा, उद्यानगमन, व विभिन्न आयोजन हैं। कलासमस्याएँ हैं, विदग्धगोष्ठियाँ हैं, कविता और कला पर विमर्श है।

काम जीवन को सुंदर और परिपूर्ण बनाता है। यह परिपूर्णता और सौंदर्य कला के द्वारा आता है। वात्स्यायन ने ६४ कलाओं का विवेचन किया है।

संस्कृत-साहित्य में भारतीयता की प्रतिच्छवि

राष्ट्र की आत्मा को संस्कृत साहित्य ने अभिव्यक्त किया है। पुराणों ने तो देश के जन-जन के मन में देशप्रेम को जाग्रत करने और सामान्यजनों को राष्ट्र के भूगोल, इतिहास और

सांस्कृतिक वैभव से परिचित कराने के दायित्व का शताब्दियों तक निर्वाह किया। पुराणों ने इस देश की एकता को बनाये रखने में अमूल्य योगदान दिया। कालिदास ने हिमालय के पूर्व से पश्चिम तक विस्तृत विशाल रूप का वर्णन कुमारसंभव महाकाव्य में किया, तो रघुवंश में रघु की दिग्विजय के चित्रण में उन्होंने सारे भारत के विभिन्न अंचलों की नैसर्गिक सुषमा का अभिराम चित्र खींचा। मेघदूत में उन्होंने इस देश के पावन तीर्थों, पर्वतों, नदियों और नगरों को साकार कर दिया है। कालिदास का समग्र साहित्य इस देश की धरती के प्रति अनुराग जगाता है। अभिज्ञानशाकुंतल में अन्तिम अंक में स्वर्ग से उतरता हुआ दुष्यंत मातलि के साथ रथ पर बैठा नीचे धरती को देखता हुआ कहता है-'अहो, उदाररमणीया पृथिवी' – कितनी उदार और रमणीय है यह धरती। यहाँ धरती भारतदेश की धरती ही है।

संस्कृत साहित्य समग्र भारतीयता का व्यापक और सजीव स्वरूप प्रस्तुत करता है। यह स्वरूप तीन दृष्टियों और त्रिविध स्तर पर हमारे महाकवियों ने उजागर किया है- आधिभौतिक, आधिदैविक तथा आध्यात्मिक। जीवन के इन तीन स्तरों का परिचय इस पुस्तक के प्रथम अध्याय में वैदिक साहित्य के परिचय के प्रसंग में दिया गया है। आधिभौतिक स्तर पर संस्कृत इस देश के भूगोल, इतिहास तथा भौतिक पर्यावरण की झाँकी देता है। आधिदैविक स्तर पर इस देश में मनीषियों और विचारकों ने जो चिंतन किया, उसकी अभिव्यक्ति हमारे कवियों ने की। इस दृष्टि से प्रस्तुत पुस्तक में प्रथम अध्याय में देवतत्त्व का विवेचन द्रष्टव्य है।

संस्कृत साहित्य – स्वाधीनता का अमर गान

संस्कृत साहित्य का सर्वोत्तम अंश स्वाधीन मनुष्यता का अमर गान है। इसके साथ ही यह मनुष्य की अपार सर्जनाशक्ति और जीवन की विविधता का आख्यान भी है। ए०के० वार्डर ने इस स्वाधीनता तथा वैविध्य को योरोप के चश्मे से देखते हुए कहा हैं–

The spirit of India, has been in the earliest literature which survives to tell us of it and ever since, is the spirit of freedom, of endless variety. It is a dangerous and tragic spirit, disunited and anarchic in the face of invaders who aimed to obliterate it. It survived not as much by uniting against tyranny (as at vijayanagar, which preserved for us the main part of the extant heritage) as by infinite division, so that the tyrants for all their insatiable appetite, failed to destroy it all (so when Vijayanagar was eventually sacked its heritage, diffused over Southern India, capable of generating others without end and replenishing the land'. (Indian Kāvya Literatre, vol. I, p 213)

संस्कृतसाहित्य में दिक्काल की अवधारणा

संस्कृत साहित्य काल की एकरेखीय सीमित अवधारणा के स्थान पर उसकी चक्राकार और पुनरावर्ती गति को चित्रित करता है। अथर्ववेद में काल पर दो सूक्त हैं। इन सूक्तो में काल

को सबका मूल और अनादि प्रवाह बताते हुए कालचक्र की कल्पना की गयी है। 'काल एक ऐसा अश्व है, जिसकी सात रश्मियाँ (लगामें, किरणें) हैं, और जो प्रबल वेग से भाग रहा है। सारा ब्रह्मांड इसी काल अश्व का एक चक्र है। वह सबके ऊपर सवार है पर कवि और विद्वान् उसके ऊपर सवार हो सकते हैं। काल इन सारे भुवनों का आधार है और वह इनमें पिरोया हुआ भी है। वह इनका पिता भी है और वह इनका पुत्र भी है। उसके भीतर अतीत, वर्तमान और भविष्यत् समाया हुआ है। वह सबका ईश्वर है और ब्रह्म उसी में समाहित है।अथर्ववेद में काल को सबका मूल और अनादि प्रवाह बताते हुए कालचक्र की कल्पना की गयी है।' (अथर्ववेद, १९/५३)। वैदिक परम्परा काल के दो रूप स्वीकार करती आयी है-अखंड काल और सखंड काल। सखंड काल भी उसी में समाया हुआ है। अविभाज्य का भी विभाजन हम व्यवहार के लिये करते हैं। इसी लिये वैदिक कवि कहता है कि इसी काल से ऋतुओं और सूर्य चंद्रमा के उदय, अस्त होने का अनुभव होता है।

भारतीय मानस जिस दिक्काल में रहता है, वह इकहरा नहीं है। जीवन की चरितार्थता जिस प्रकार तीन स्तरों पर होती है, उसी प्रकार काल के भी त्रिविध आयाम हैं – आधिभौतिक, आधिदैविक तथा आध्यात्मिक। इसी प्रकार ब्रह्माण्ड के भी आधिभौतिक, आधिदैविक तथा आध्यात्मिक ये तीनों रूप अपनी-अपनी जगह पर स्वीकार किये गये। श्रीमद्भागवत कहता है कि अनंत ब्रह्माण्ड हैं, और हर ब्रह्माण्ड पर सात-सात आवरण चढ़े हुए हैं। विस्तार में उत्तरोत्तर आवरण पूर्व की अपेक्षा दस गुना है। पृथ्वी इनमें से एक ब्रह्माण्ड का स्थूलरूप है, उसके ऊपर पार्थिव कणों या पार्थिव तन्मात्राओं का दस गुना बड़ा आवरण है। इसके ऊपर जलीय तन्मात्राओं का दस गुना बड़ा आवरण है, उसके ऊपर तैजस कणों का, उसके ऊपर आकाशीय कणों का, उसके ऊपर अहंकार के कणों के, फिर महत्तत्त्व या बुद्धि के कणों के उत्तरोत्तर दस-दस गुने बड़े आवरण हैं। और इनके ऊपर अव्याकृत प्रकृति का अनंत आवरण है। इन आवरणों के भीतर यह ब्रह्माण्ड अनंत के भीतर मौजूद एक परमाणु की तरह हैं, और इस तरह के करोड़ों ब्रह्माण्ड और भी हैं (भागवत, ३/११.१०)।

भागवत का यह सारा विवेचन वैदिक ब्रह्मांडविज्ञान की परंपरा में है। उपनिषत् के ऋषियों ने दिक्काल की सापेक्षता स्वीकार करते हुए कहा था- 'यद् भूतानि च भवच्च भविष्यच्चेत्याचक्षते, आकाशे तद् ओतं च प्रोतं च' (बृहदारण्यक उप. ३.११.८)- भूत, भविष्यत् और वर्तमान ये काल के तीनों रूप आकाश में ओतप्रोत हैं।

दिक्काल की यह अवधारणा संस्कृत साहित्य की विभिन्न परिकल्पनाओं, शैलियों व भाषिक उपादानों या कोटियों में भी प्रतिफलित हुई है। उदाहरण के लिये कालिदास ने रघुवंश के दशम सर्ग में, माघ ने शिशुपालवध के षष्ठ सर्ग में तथा रत्नाकर ने हरविजय महाकाव्य में वसंत ऋतु के वर्णन में यमक का उपयोग किया है। यमक में शब्द अपनी आवृत्ति के द्वारा

बार बार एक चक्र को रचते हैं। ऋतुवर्णन में कवियों के द्वारा चक्राकार गतियों को प्रकट करने वाली विशिष्ट पदावली का उपयोग भारतीय कालबोध की ही झलक देता है।

काल एक संकल्प और प्रत्यय भी है। संस्कृत की शास्त्रपरंपरा में काल की लोक में व्यवहारज्ञेयता तथा खण्डशः विभाजन को जितनी सूक्ष्मता से परखा, उतना कदाचित् ही अन्य संस्कृतियों में परखा गया हो। उसके साथ ही परम तत्त्व के रूप में भी सर्वव्यापी, विभु और अविनाशी तत्त्व के रूप में काल की मीमांसा की गई। हमारे विचारकों और तत्त्वदर्शियों के इस दिक्कालबोध का प्रभाव सारे संस्कृत साहित्य में परिव्याप्त है। इसीलिए संस्कृत के महाकवि काल की बहुआयामी अवधारणा को अपनी कविता में चरितार्थ करते हैं।

सृष्टि काल में होती है। सृष्टिरचना की दृष्टि से काल को मन्वंतरों में बाँटा गया है और मन्वंतर का भी विभाजन करते हुए काल की सूक्ष्मतम इकाई का वैदिक परंपरा में विचार किया गया। मनुस्मृति के अनुसार अठारह निमेष की एक काष्ठा, तीस काष्ठाओं की एक कला, तीस कलाओं का एक मुहूर्त (४८ मिनिट) और तीस मुहूर्तों का एक अहोरात्र (२४ घंटे) होता है। (मनुष्यों का एक वर्ष देवों के एक अहोरात्र के बराबर होता है। देवों के एक दिन में मनुष्यों का उत्तरायण और एक रात में दक्षिणायन होता है।) मनु ने ४८०० दिव्य वर्षों का सत्ययुग, ३६०० दिव्यवर्षों का त्रेतायुग, २४०० दिव्यवर्षों का द्वापर युग, १२०० दिव्यवर्षों का कलियुग बताया है इसप्रकार १२००० दिव्यवर्षों में चतुर्युगी समाप्त होती है। यह १२००० दिव्यवर्ष (४३,२०,००० मनुष्यवर्ष) देवों का एक युग है।

धरती करीब छियालीस खरब (४६००००००००००) वर्ष पुरानी है। जितना ब्रह्मांड इस समय जाना जा सकता है, वह दस से बीस खरब वर्ष का हो सकता है। आधुनिक ब्रह्मांड वैज्ञानिक कार्ल सेगन इस तथ्य से चमत्कृत हुए कि भारतीय मिथकों में ब्रह्मा का एक दिन और एक रात की अवधि लगभग इतनी ही है, जितनी वर्तमान ब्रह्मांड की आयु।

वराहमिहिर अपने सूर्यसिद्धांत में काल के तीन प्रकार प्रतिपादित करते हैं- भूतानामन्तकृत् (जो समस्त जगत् का अंत करता है), व्यावहारिक तथा व्यवहारानर्ह (जो व्यवहार के परे है)। वराहमिहिर ने व्यवहारानर्ह काल की गणना के लिये सबसे छोटी इकाई त्रुटि मानी, जो एक सेकंड के ३२लाख ४० हजारवें अंश के बराबर है। काल की इस व्यवहारानर्ह अर्थात् सूक्ष्मतम इकाई से आरंभ कर के काल की अपरिमेय या अनंत स्वरूप तक की मीमांसा वराहमिहिर करते हैं, तो वे ब्रह्मा के दिन और रात के रूप में सृष्टि की आयु को परिभाषित करते हैं।

अथर्ववेद में कहा गया कि कवि तथा विपश्चित् काल का आरोहण कर सकते हैं। योगवसिष्ठ ने इसे अपनी भाषा में कहते हुए बताया कि दिक्काल संकल्प से जन्म लेते हैं। कांट भी यही कहते थे कि समय इंट्यूशन का ही एक रूप है।

फिर जो समय हम जानते और मानते हैं, वह इस मनःसंकल्प से जन्मे काल का विवर्त

है। यह विवर्त जिसमें भासित होता है, वह आकाश है।

संकल्प के द्वारा अपरिच्छेद्य काल का परिच्छेद संभव है। अपरिभाषेय की परिभाषा की जा सकती है। कार्ल सैगन ने इस संकल्प के दो प्रकार निरूपित किये। पहले को उन्होंने कृत्रिम चयन कहा, दूसरे को नैसर्गिक चयन । कृत्रिम चयन मानवीय संकल्प है। मनुष्यसमाज की सामूहिक इच्छा का प्रभाव सृष्टि पर पड़ता है।

संस्कृत साहित्य में पर्यावरण

संस्कृत साहित्य मनुष्य और निसर्ग -- वन, वनस्पति, नदियों, पर्वतों – से मनुष्य की एकाकारिता और अभिन्नता के भावबोध का दिग्दर्शन कराता है। पेड़ों को तो अनेक कवियों ने पुत्र बताया है। पेड़ों, पशु-पक्षियों के प्रति अनन्य स्नेह यहाँ झलकता है। एक कवि कहता है—

बहुभिर्बत किं जातैः पुत्रैर्धर्मार्थवर्जितैः।
वरमेकः पथि तरुर्यत्र विश्रमते जनः।।

(शार्ङ्गधरपद्धति, ८२.४, पृ. ३०९)

(ऐसे बहुत सारे पुत्रों का क्या करना, जिनके पास न धर्म है, न अर्थ। इनसे तो अच्छा रास्ते का पेड़ है, जिसकी छाया में लोग विश्राम करते हैं।)

मनुष्य पेड़ों को भी अपने बेटे मान ले, तो वह ऐसे अनंत पुण्यों का अर्जन कर लेता है, जो घर में किसी सपूत के जन्म लेने या यज्ञ, दान आदि करने से भी उसे न मिलते। जो पेड़ लगाता है, वह नित्य तीर्थमय हो जाता है—

पुत्रैर्बिना शुभगतिर्न भवेन्नराणां दुष्पुत्रकैरिति तथोभयलोकनाशः।
एतद्विचार्य सुधिया परिपाल्य वृक्षान् पुत्राः पुराणविधिना परिपालनीयाः।।

(भविष्यपुराण, मध्यम पर्व)

सदा स तीर्थो भवति सदा दानं प्रयच्छति।
सदा यज्ञं स यजते यो रोपयति पादपम्।।

(स्कन्दपुराण)

पुराणों के इन वचनों के प्रभाव से वृक्षदेव की पूजा के लोकाचार प्रचलित हुए। पुराणकारों ने यह भी कहा कि मूर्ति न मिले, तो विष्णुरूपी अश्वत्थ की या वटरूपी शिव की पूजा करले।

मूर्त्यभावे पूजनीयोऽश्वत्थो वा वटोऽथवा।
अश्वत्थरूपी विष्णुः स्याद् वटरूपी शिवो यतः।।

(स्कन्दपुराण, वैष्णवखंड, ४.३.३८)

पद्मपुराण के अनुसार वट वृक्ष पर शिव का सदा निवास है (पद्मपुराण खंड – ४, पृ. १५०९)। अश्वत्थ को तो विष्णुस्वरूप ही कहा गया है –

अश्वत्थरूपी भगवान् विष्णुरेव न संशयः।
रुद्ररूपी वटस्तद्वत्पलाशो ब्रह्मरूपधृक्।
दर्शनं पूजनं सेवा तेषां पापहरा स्मृता।
दुःखापद्व्याधिदुष्टानां विनाशे करणं ध्रुवम्।।

पद्मपुराण ६.११५.२२-२३, खंड– ८, पृ. २७१४

जिन ऋषियों ने ब्रह्मांड पुरुष या विश्वपुरुष का विराट् रूप बताया, उन्होने पेड़ का वास्तविक रूप भी यही समझा और समझाया कि उसके हर हिस्से में देवता हैं, जड़ों में विष्णु का वास है, तने पर केशव का। उसकी शाखाओं में नारायण, पत्तों में हरि तथा फल में अच्युत बसते हैं। पूरा पेड़ मूर्तिमान् विष्णु है, वह महात्माओं के द्वारा पाये गये पुण्यों का मूल है। ऐसा पेड़ मनुष्य को बड़े बड़े पापों से बचा लेता है।

मूले विष्णुः स्थितो नित्यं स्कन्धे केशव एव च।
नारायणस्तु शाखासु पत्रेषु भगवान् हरिः।
फलेऽच्युतो न सन्देहः सर्वदेवैः समन्वितः।
स एव विष्णुर्द्रुम एव मूर्तो महात्मभिः सेवितपुण्यमूलम्।
यस्याश्रयः पापसहस्रहन्ता भवेन्नृणां कामदुधौ गुणाढ्यः।

स्कन्दपुराण नागरखंड, २४७.४१.४२,४४

ऋषियों ने माना कि जब आसुरी शक्तियाँ बढ़ती हैं, और देवताओं को रहने की ज़गह नहीं मिलती, तो वे पेड़ों में निवास बना लेते हैं। अश्वत्थ (पीपल) में विष्णु, शिरीष में इन्द्र, नीम में सूर्य का निवास बन जाता है। जो लोग इन वृक्षों पर कुल्हाड़ी चलातें हैं, वे इन देवताओं पर प्रहार करते हैं।[६१]

पेड़ लगाना अपने आप में स्वर्ग रचना है, क्योंकि पेड़ हमारे आसपास देवलोक बसा देते हैं। इसीलिये पुराणों के प्रवचनकार या ऋषिमुनि बार बार यह कहते आये हैं कि पेड़ लगाने वाले लोग स्वर्ग में जाते हैं, या उनको नरक में कभी जाना नहीं पड़ता।

अश्वत्थमेकं पिचुमन्दमेकं न्यग्रोधमेकं दशपुष्पजातिः।
द्वे द्वे तथा दाडिममातुलुङ्गे पञ्चाम्रवापी नरकं न याति।।

(एक अश्वत्थ या पीपल, एक न्यग्रोध, एक वट, दस पुष्पवाले वृक्ष, दो दो अनार तथा नारंगी के पेड़ लगाने वाला कभी नरक में नहीं पड़ता।)

पद्मपुराण में कहा गया – जो निस्संतान है, उसकी संतानें पेड़ हैं, पेड़ निस्संतान को संतानवाला बना देते हैं – 'अपुत्रस्य च पुत्रत्वं पादपा इह कुर्वते' – (पद्मपुराण, सृष्टिखंड, अ. ३६)। एक अश्वत्थ (पीपल) का पेड़ हजार पुत्रों के बराबर काम देता है—

यत्नेनापि हि राजेन्द्राश्वत्थारोपणं कुरु।
स ते पुत्रसहस्राणां कार्यमेकः करिष्यति।। (वही)

इसलिये ऋषियों ने यह माना कि सारी सृष्टि ही पेड़ों से जन्मी है। ऋग्वेद के ऋषि कहते हैं—

किं स्विद्वनं क उ स वृक्ष आस
यतो द्या पृथिवी निष्टतक्षुः।। ऋ. १०.८१.८

(वह कैसा वन रहा होगा और वह वे कौन से वृक्ष रहे होंगें, जिनसे काठ ले ले कर तराश कर परमेश्वर ने यह धरती और आकाश बना डाले?)

यहाँ पेड़ के एक एक हिस्से को ऋषि नमन करते हैं। अथर्ववेद (१.१.८, ८.८.१४) में पेड़ के तीन रूप बताये गये हैं – वनस्पति, औषध और वीरुत्। वनस्पति पूर्ण विकसित वृक्ष हैं, औषधियाँ जड़ी-बूटियाँ हैं और वीरुत् लताएँ। ऋग्वेद (१०.९७.१०) में फलने वाले, फूलने वाले, न फलने और न फूलने वाले सब तरह के वनस्पतियों को परम पावन और वंदनीय मान कर कहा गया –

औषधीः प्रतमोदध्वं पुष्पवतीः प्रसूवरीः।
अश्वा इथ सजित्वरीर्वीरुधः पारयिष्णवः।
या फलिनीर्या अफला अपुष्पा याश्च पुष्पिणीः।
बृहस्पतिप्रसूतास्ता नो मुञ्चत्वंहसः।।

ऋग्वेद में कहा गया कि पौधों को क्षति मत पहुँचाओ, वनस्पतियों का विनाश मत करो।

मा काकम्बीरमुद्वहो वनस्पतीमशस्तीर्वि हि नीनशः।

वेद के ऋषियों की दृष्टि में यह धरती विश्वरूपा और माता है। इसके पहाड़, जंगल, वनस्पतियाँ - ये सब उनके लिये सहोदर हैं, धरती माँ के साथ ये सब भी उनके परिवार के हिस्से हैं। वे इन सब को सजीव रूप में देखते हैं। पृथिवी सूक्त में ऋषि यही कहते हैं – यह धरती माँ है, हम इसके बेटे हैं – 'माता भूमिः पुत्रोऽहं पृथिव्याः।' धरती पर कुछ उगाने के लिये खोदना पड़ता है, ऋषि धरती माँ से कहते हैं कि ऐसे काम करते समय कहीं हम तुझे चोट न पहुँचा दें—

यत् ते भूमे विखनामि क्षिप्रं तदपि रोहतु।
मा ते मर्म विमृग्वरि मा ते हृदयमर्पिपम्।।

नदियों, पर्वतों, वनस्पतियों और अरण्यों – सब में ईश्वरतत्त्व की अन्तर्व्याप्ति देखते हुए ऋषि समस्त चराचर सृष्टि को सामरस्य से ओतप्रोत पाते हैं। पेड़ को उन्होने पादप कहा, जो पाँवों से पानी पीता है। वे पेड़ को मनुष्य की तरह एक जीव ही मानते हैं वह पानी पीता है, साँस लेता है, सुखी और दुखी भी होता है, पेड़ के सुख-दुख को हमारे पुरखों ने अपने सुख दुख से अलग नहीं समझा। पेड़ उनके संगी साथी बने रहे।

मनु ने पेड़ों में निहित चेतना को पहचाना और बताया कि पेड़ अँधेरे में घिरे हो सकते हैं, पर उनके भीतर बोध रहता है, और वे सुख दुख का अनुभव करते हैं।

तमसा बहुरूपेण वेष्टिता कर्महेतुना।
अन्तःसंज्ञा भवन्त्येते सुखदुःखसमन्विताः।। मनु. १.४९

(कर्म के कारण बहुरूपी अँधेरे से घिरे वृक्ष अंत:संज्ञ या अपने भीतर की चेतना से युक्त होते हैं तथा सुख-दु:ख का अनुभव करते हैं।)

चरक तो बहुत अच्छे वैज्ञानिक थे ही। व्यास और मनु ने पेड़ों के बारे में जो कहा, उसे उन्होने तर्क से प्रमाणित करते हुए कहा कि पेड़ों में चेतना होती है, क्योंकि कुछ पेड़ जो सूर्य के लिये भक्ति रखते हैं, वे सूर्य के घूमने के साथ घूमते चलते हैं – वृक्षादीनां चेतनत्वं बोद्धव्यं तथाहि सूर्यभक्त्या सूर्यदिक्सारिभ्रमणेन (चरकसंहिता)

यह ब्रह्मांड एक सजीव साँस लेता विराट् पुरुष है, तो पेड़ उसकी काया के ऐसे ही सजीव अंग हैं, जैसे मनुष्य। भागवत पुराण में विराट् पुरुष का स्वरूप बताया गया है, सागर उसकी कोख है, पहाड़ उसकी हड्डियों का ढाँचा, हवा उसकी साँस हैं, नदियाँ उसकी धमनियाँ हैं, पेड़ उसकी काया के रोएँ हैं। जीवन, कर्म तथा गुणों का प्रवाह इस विराट् पुरुष की गति है।

कुक्षिः समुद्रा गिरयोऽस्थिसङ्घा नद्योऽस्य नाड्योऽथ तनूरुहाणि।
महीरुहा विश्वतनोर्नरेन्द्र अनन्तवीर्यः श्वसितं मातरिश्वा गतिर्वयः कर्मगुणप्रवाहः।।

याज्ञवल्क्य ने मनुष्य और पेड़ की तुलना करते हुए कहा है कि मनुष्य पेड़ की तरह ही होता है। पेड़ की छाल होती है, आदमी के शरीर पर भी खाल है, इस खाल के भीतर धमनियों में रक्त बहता है। वृक्षों में छाल को खुरचो, तो उनका रक्त बहता दिख सकता है। पेड़ के भीतर का काष्ठ ही उसकी हड्डियाँ हैं, उनके भीतर मज्जा भी होती है।[६२]

मनुष्य संसार की सब चीजों का अनुभव शब्द, स्पर्श, रूप,रस और गंध के माध्यम से करता है। महाभारतकार कहते हैं कि पेड़ चाहे कितना भी घना हो, अपने भीतर आकाश छोड़ कर रखता है, ताकि वह सुन सके, क्योंकि शब्द आकाश का गुण है। आँधी की सनसनाहट, तूफान का गर्जन और बिजली की कड़कड़ाहट को पेड़ सुनते हैं, तभी तो उसके कारण उनके हाथ काँप उठते हैं, और उनसे पत्ते टूट कर गिर जाते हैं। गर्मी में पेड़ों के पत्ते झुलस जाते हैं, उनकी त्वचा या छाल सूख जाती है, उनके फल, फूल और पत्ते सूख कर गिरने लगते हैं, यही स्थिति अत्यधिक शीत में भी होती है, जिसे सिद्ध होता है कि पेड़ों में स्पर्श का अनुभव होता है। पेड़ सुगंध या दुर्गंध का अनुभव करते हैं, क्यों कि गंध और धूप आदि उनके आसपास जलाने पर वे नीरोग रहते हैं और अधिक फलते हैं। लता अपने सहारे के लिये पेड़ को ढूँढ लेती है, वह उस पर चढती जाती है। बिना दृष्टि के यह कैसे हो सकता है, इसलिये पेड़ों के पास अपनी आँखें होती हैं। पेड़ अपने पाँवों या जड़ों से जल पीते हैं, गंदा पानी पी लेने पर उनमें बीमारियाँ भी होती हैं, अतः पेड़ों में आस्वाद या रस लेने की भी क्षमता होती

है। जो जल पेड़ पीते हैं, उसे वे अग्नि और पवन की सहायता से पचाते हैं। इसी कारण वे बढ़ते हैं। पेड़ सुख और दु:ख का अनुभव करते हैं, उन्हें काट दो तो वे फिर से उगने लगते हैं, अत: पेड़ों में जीव होता है, कोई भी पेड़ चेतनारहित नहीं होता (महाभारत, १२.१७७.१०-१७)।

ऋषियों ने तथा धर्मशास्त्रकारों ने श्मशान के रास्ते में, मंदिरों में, बगीचे में बावड़ी के किनारे लगे पेड़ों को काटना वर्जित माना है। जो पेड़ घड़े से सींचे जाते हैं,उन्हें नहीं काटा जाना चाहिये, जिन पेड़ों से लताएँ लिपटी हों, उन्हें नहीं काटा जाना चाहिये। जिन पर मधुमक्खियों ने छत्ते बनाये हों, उन्हें भी नहीं काटा जाना चाहिये।[६३]

हरिवंशपुराण में बालक श्रीकृष्ण कहते हैं कि नगर के लोगों को लकड़ी पहुँचाने के लिये वनों के पेड़ बेतहाशा काटे जा रहे हैं पहले वन के जो पेड़ आकाश को छूते थे, उन्हें काट काट कर ग्वाले लकड़ियाँ और काष्ठ बेंचते हैं, वन कट रहा है, शहर बढ रहा है यहाँ तक कि ग्वालों की बस्ती ही नगर बनती जा रही है।

यह सब देख समझ कर ही कृष्ण ने इन्द्र की पूजा करने वाले ग्वालों से कहा – हम लोग तो ठहरे वनचर, गोधन ही हमारा धन है, तो हमारे लिये तो देवता गायें ही हुईं, या फिर हमारे देवता हुए ये वन और ये पहाड़। हमारा संसार ही कुल इतना है, जहाँ तक खेती है, वहाँ तक हमारे गाँव की सीमा है, फिर सिवान पर वन है, वन का जहाँ छोर हैं, वहाँ पहाड़ हैं। हमने तो सुना है कि वन के उस छोर पर जो पहाड़ हैं, वे देवता रूप धारी हैं, वे कितने कितने रूप धर कर अपने प्रिय वन में विहरते रहते हैं, कभी वे पहाड़ नखों वाले श्रेष्ठ प्राणी हो जाते हैं, तो कभी केसरी बन जाते हैं, कभी सिंह तो कभी बाघ। इन पशुओं का रूप धर कर वे अपने प्यारे पेड़ों और वन की उन लोगों से रक्षा करते हैं, जो यहाँ पेड़ों को काटने और वनों का विनाश करने के लिये घुसपैठ करते रहते हैं। ये वनों को काटने वाले लोग हमारे जैसे लोगों का अपकार करते हैं, क्यों कि हमारी तो जीविका का आधार ही ये वन हैं। ऐसे दुश्चरित लोगों को ये वन ही तो कभी सिंह, तो कभी बाघ बन कर अपने पौरुष से मार डालते हैं। ब्राह्मण मंत्र से यज्ञ करते हैं, किसान सीता (हल चलाने से धरती पर बनी रेखा) से यज्ञ करते हैं, हम ग्वाले तो पहाड़ से यज्ञ करते हैं, इसलिये हम गोवर्धन पर्वत की पूजा करेगें।

गोवर्धन की पूजा करने का उपदेश श्रीकृष्ण ने वृन्दावन के ग्वालों को दिया था, उसके कारण दीपावली के अगले दिन गोवर्धन बना कर उसकी पूजा करने की प्रथा चल पड़ी।

श्रीकृष्ण युधिष्ठिर को चतु:श्लोकी गीता के द्वारा जीवन का मर्म बताते हैं। यह चतु:श्लोकी गीता भी श्रीमद्भागवत में आई है। इसमें श्रीकृष्ण युधिष्ठिर को पेड़ों के बारे में बताते हुए कहते हैं – 'देखो तो ये पेड़ कैसे महाभाग हुआ करते हैं, ये पूरी तरह दूसरों के लिये ही जीते हैं, ये आँधी वर्षा और तुषार को सहते हुए हमें उनसे बचाये रखते हैं, पेड़ होना कितना अच्छा है, जो सभी प्राणियों को जिलाये रखता है। सज्जनों के सामने से याचक जिस

तरह निराश हो कर पलट कर नहीं जाते, उसी तरह इन पेड़ों के आगे से भी याचक निराश हो कर नहीं लौटते। ये पत्र, पुष्प, फल, छाया, वल्कल (छाल), जलाऊ और इमारती लकड़ी, इत्र-फुलेल, लाख, राख, गुठली, और तोक्म (अंकुर) के द्वारा मनुष्यों की कामनाएँ पूरी करते रहते हैं। देहधारियों के जीवन की इतने में ही तो सफलता है कि वे अपने प्राणों, धन, बुद्धि और वाणी से जगत् का कल्याण करें।'

पश्यैतान् महाभागान् परार्थैकान्तजीवितान्।
वातवर्षातपहिमान् सहन्तो वारयन्ति नः।
अहो एषां वरं जन्म सर्वप्राण्युपजीवनम्।
सुजनस्यैव येषां वै विमुखा यान्ति नार्थिनः।
पत्रपुष्पफलच्छायामूलवल्कलदारुभिः।
गन्धनिर्यासभस्मास्थितोक्मैः कामान् वितन्वते।
एतावज्जन्मसाफल्यं देहिनामिह देहिषु।
प्राणैरेभिर्धिया वाचा श्रेय एवाचरेत् सदा।।

श्रीकृष्ण को पेड़ों, नदियों और पहाड़ों को ले कर बचपन से अपने महाप्रयाण तक चिंता बनी रही। तभी तो पुराणों की परंपरा में वे इन सब को बचाये रखने की बार बार बात करते हैं। केवल भागवतपुराण में ही नहीं, भविष्य पुराण में भी श्रीकृष्ण युधिष्ठिर को जीवन का मर्म बताते हुए कहते हैं कि पेड़ निपूते को सपूत बना देते हैं, एक अश्वत्थ का पेड़ सैंकड़ों पुत्रों से बढ कर है, मनुष्य को चाहिये कि जितना हो सके, एक या दो या और अधिक अश्वत्थ के पेड़ अवश्य लगाये। बेटे पिता की मृत्यु के बाद एक साल समाप्त होने पर श्राद्ध करेगें या नहीं क्या पता, पर पादप या पेड़ तो श्रेयस्कर अर्थ को जन्म देते ही रहते हैं, जो पेड़ लगाता है वह स्वयं तीर्थ हो जाता है। वह सदा दान करने वाला बना रहता है, सदा यज्ञ करने वाला बना रहता है।[६४]

श्रीकृष्ण पांडवों के दूत बन कर शान्तिवार्ता के लिये गये। इस अवसर पर संजय को समझाते हुए उन्होंने एक रूपक का प्रयोग किया है। श्रीकृष्ण कहते हैं – 'हे संजय! अपने सारे बेटों के साथ धृतराष्ट्र एक वन है, और पांडव बाघ हैं। बाघ वन को बचाये रखता है, वन बाघ को बचाये रखते हैं। वन है, तो बाघ है, बाघ है, तो वन हैं। इसलिये कुछ ऐसा करना होगा कि वन भी न कटे और बाघ भी बचे रहें। बिना वन के बाघ मारा जाता है, बिना बाघ के वन काटे जाते हैं। तो ज़रूरी है कि व्याघ्र भी बना रहे और वन भी बना रहे।'

वनं राजा धृतराष्ट्रः सपुत्रो व्याघ्रा वै सञ्जय पाण्डुपुत्राः।
मा वनं छिन्दि सव्याघ्रं मा व्याघ्रान् नीनशो वनात्।
निर्वनो वध्यते व्याघ्रो निर्व्याघ्रं छिद्यते वनम्।
तस्माद् व्याघ्रो वनं रक्षेद् वनं व्याघ्रं च पालयेत्।।

महाभारत, उद्योगपर्व, २९.४७-४८

कृष्ण फिर कौरवों और पांडवों का संबंध लता और शालवृक्ष के दृष्टांत से समझाते हैं। वे कहते हैं – 'संजय! धृतराष्ट्र के पुत्र लता के समान हैं, पांडव शाल के वृक्ष के समान। लता महाद्रुम का आश्रय लिये बिना नहीं बढ सकती।'

लताधर्मा धार्तराष्ट्राः शालाः सञ्जय पाण्डवाः।
न लता वर्धते जातु अनाश्रित्य महाद्रुमम्।।

मभा० ५.२९.४९

श्रीकृष्ण का यह संदेश केवल महाभारत युद्ध के निवारण की दृष्टि से जितना सार्थक और आवश्यक था, उससे भी और सार्थक और आवश्यक वह आज पेड़ों को बचाने की दृष्टि से बन गया है। इस बात को श्रीकृष्ण ने समझा था कि वनों और वृक्षों के विनाश का परिणाम एक महायुद्ध से होने वाले दुष्परिणामों से कम भयावह नहीं होता।

पुराने समय में मनुष्य अपने पर्यावरण से अपने आप को एकाकार मानता आया है। इस समझ की परिणतियाँ हमारे साहित्य, सौंदर्यबोध, कला और संस्कृति में गहरे तक पिरोई हुईं हैं। भरतमुनि रस सिद्धांत को पेड़ के दृष्टांत से समझाते हैं।

यथा बीजाद् भवेद् वृक्षो वृक्षात् पुष्पं फलं तथा।
एवं मूलं रसाः सर्वे तेभ्यो भावा व्यवस्थिताः।।

नाट्यशास्त्र, ६.३८

अभिनवगुप्त कहते हैं कि हर अच्छा काव्य एक वृक्ष होता है। उसकी मंच पर प्रस्तुति उसका फूल है। नाटक देखने वाले रसिक जन उससे जो आस्वाद या आनंद पाते हैं, वह फल है। उस फल में फिर रस रहता है।[६५]

हमारे साहित्यबोध में एक अच्छी कविता को भी पेड़ के रूप में समझाया जाता है। महाभारत एक महावृक्ष है।

पर्जन्य भूतानामक्षयो भारतद्रुमः।।

मनु निर्भय राष्ट्र को सुसिंचित वृक्ष से उपमा देते हैं।

निर्भयं तु भवेद् यस्य राष्ट्रं बाहुबलान्वितम्।
तस्य तद्वर्धते नित्यं सिच्यमान इव द्रुमः।।

(मनुस्मृति, ९.२५५)

(जिस राजा का बाहुबल से रक्षित राष्ट्र निर्भय होता है, उसकी सदा बढोत्तरी होती रहती है, जैसे रोज सींचा जाने वाला पेड़ बढता रहता है)।

प्रसिद्ध नैयायिक उदयनाचार्य अपनी किरणावली में कहते हैं कि जैसे मनुष्य का एक शरीर होता है उसी तरह प्रत्येक वृक्ष का एक शरीर होता है। मनुष्य के शरीर में जिस तरह एक सुखःदुःख का अनुभव करने वाला भोक्ता रहता है, उसी तरह वृक्ष के शरीर में भी। अतः

मनुष्य की काया और चेतना में होने वाली सारी क्रियाएँ वृक्षों में भी होती हैं – जीवन, मरण, सोना, जागना, बीमार होना, औषध लेना, अनुकूल अनुभव से सुख और प्रतिकूल अनुभव से दुःख होना आदि।

इत्थं प्रतिनियतभोक्त्रधिष्ठिताः जीवनमरणस्वप्नजागरणरोगभेषजप्रयोग-सजातीयानुविद्यानुकूलोपगमप्रतिकूलागमादिभ्यः प्रसिद्धशरीरवत्।।[६६]

मनुष्य जीवन के साथ पेड़ों के जीवन का कैसा तादात्म्य पहले के लोगों के अनुभव में रहा है - इस का एक जीवंत उदाहरण दोहद शब्द है। दोहद का अर्थ है गर्भवती स्त्री की विशेष इच्छा। भारतीय परिवारों में यह पारंपरिक मान्यता रही है कि घर में कोई स्त्री पेट से हो, तो उसकी यदि कोई विशेष इच्छा हो, तो उसे अवश्य पूरा किया जाये। ऐसी स्त्री से आग्रह से पूछा जाता है कि तुम्हें क्या चाहिये। पर दोहद शब्द का प्रयोग माँ बनने वाली महिलाओं के लिये ही नहीं, वनस्पतियों के लिये भी संस्कृत साहित्य में खूब होता आया है, अर्थात् गर्भवती स्त्रियों के ही दोहद नहीं होते, वनस्पतियों के – पेड़ों और लताओं के भी दोहद होते हैं। यदि स्त्रियाँ प्रसव कर के संतान को जन्म देती हैं, तो पेड़ों और लताओं का फूलों और फलों को जन्म देना भी प्रसव है, और जैसे स्त्रियों के प्रसवपूर्व दोहद होते हैं, वैसे ही वनस्पतियाँ गर्भवती होती हैं, तो उनके भी तो दोहद होगें। वृक्षायुर्वेद में स्त्री के शरीर और वृक्षों के शरीर की तुलना करते हुए कहा गया—

विशिष्टदोहदादिमत्त्वं विशिष्टस्त्रीशरीरत्वं यथा स्त्रीशरीरस्य तथाविधदोहद-पूरणात् पुत्रादिप्रसवनं तथा वनस्पतिशरीरस्यापि तत्पूरणात् पुष्पफलादि-प्रसवनम्।[६७]

अर्थात् स्त्री के जैसी काया वृक्षों और लताओं की भी होती है, यदि प्रसव करने जा रही स्त्री की काया में दोहद होते हैं, और ऐसे दोहदों को पूरा करने से स्त्री को अच्छी संतान की प्राप्ति होती है, तो उसीतरह पेड़ों और लताओं में भी फूल और फल आने के समय दोहद होते हैं और उनके दोहदों को पूरा करने पर भी उनमें अच्छे फूल और फल आयेगें।

रघुवंश में राम पुष्पक विमान से शरभंग के तपोवन को देखते हैं, तो कहते हैं—

छायाविनीताध्वपरिश्रमेषु भूयिष्ठसम्भाव्यफलेष्वमीषु।
तस्यातिथीनामधुना सपर्या स्थिता सुपुत्रेष्विव पादपेषु।।

(रघुवंश, १३.४६)

(जैसे पिता के चले जाने के बाद बेटे उसकी जिम्मेदारियाँ निभाते हैं, ऐसे ही शरभंग ऋषि के स्वर्गवास के पश्चात् आश्रम में आने वाले अतिथियों की सपर्या या सेवा करने का काम अब सुपुत्रों की तरह आश्रम के इन पेड़ों ने अपने ऊपर ले लिया है— वे अपनी छाया से अतिथियों की थकान दूर करते हैं, अतिथियों को स्वयं प्रचुर फल दे देते हैं।)

कालिदास के अभिज्ञानशाकुंतल नाटक में शकुंतला की सखी उससे कहती है – त्वत्तोऽपि तातकाश्यपस्य आश्रमवृक्षका: प्रियतरा: – आश्रम के पेड़ पिताजी को तुझ से भी ज्यादा प्यारे हैं, जो उन्होंने तुझे इन्हें सींचने में लगा दिया है। शकुंतला भी तत्काल उत्तर देती है कि केवल पिता ने कहा है इसलिये मैं इन पेड़ों की सिंचाई कर रही हूँ ऐसा नहीं हैं; मैं तो स्वयं इन्हें अपने सहोदर भाइयों की तरह चाहती हूँ। रघुवंश में सिंह दिलीप को बताता है कि सामने लगे देवदारु को भगवान् शिव ने अपना बेटा मान रखा है, स्कंद की माता पार्वती ने इसे अपना दूध पिलाया है। एक बार एक जंगली हाथी ने अपनी खुजली मिटाने के लिये अपनी काया इस पर इतनी जोर से रगड़ी कि इसकी छाल उखड़ गई, तब तो देवी पार्वती को इससे वैसा ही दु:ख हुआ जैसा अपने बेटे कार्तिकेय को असुरों के प्रहारों से घायल देख कर होता, तब से भगवान् शिव ने मुझ (सिंह) को उपत्यका में नियुक्त कर दिया है कि मैं इस देवदारु की जंगली हाथियों से रक्षा करूँ और स्वयं कोई पशु चला आये, तो उससे अपनी भूख मिटाऊँ। रघुवंश का यह सारा प्रसंग नैसर्गिक संतुलन पर एक टिप्पणी है।

संस्कृत साहित्य तथा वृक्षायुर्वेद

वेद, रामायण-महाभारत, अठारह पुराण, उपपुराण, स्थलपुराण, वराहमिहिर की बृहत्संहिता, कृषिविषयक ग्रंथों में काश्यपीय कृषिसूक्त और कृषिपराशर; वृक्षायुर्वेदविषयक ग्रंथों में सुरपालकृत वृक्षायुर्वेद; कृत्यकल्पतरु, शार्ङ्गधरपद्धति, चक्रपाणिकृत विश्ववल्लभ; शुक्रनीति, शिवतत्त्वरत्नाकर – इत्यादि ग्रंथ पेड़ों के बारे में बहुमूल्य जानकारियों से भरे हुए हैं। पुराणों में पारंपरिक वृक्षविद्या का निरूपण मिलता है। अग्निपुराण के ७०वें अध्याय में पेड़ों के विषय में विशेष चर्चा है। वराहमिहिर की बृहत्संहिता विश्वकोशात्मक ग्रन्थ है। इसमें वृक्षायुर्वेद का विस्तार से विवेचन है। कृषिविषयक काश्यपीयकृषिसूक्त विशेष उल्लेखनीय है। कुछ विद्वान् इसे पहली शती के आसपास रचित मानते हैं, कुछ आठवीं शताब्दी में। कृषिपराशर की रचना आठवीं शताब्दी के बाद हुई। यह मूलत: कृषिविज्ञान का ग्रन्थ है, पर प्रासंगिक रूप में वृक्षविज्ञान के विषयों का भी इसमें विचार है। वृक्षों के संरक्षण, बीजों के रखरखाव आदि पर इसमें विस्तृत विवेचन है।

वृक्षायुर्वेद पर वैज्ञानिक दृष्टि से ग्रंथरचना करने वाले एक महत्त्वपूर्ण लेखक सुरपाल हैं, जिनका समय ग्यारहवीं शताब्दी के आसपास है। इनके ग्रंथ का नाम वृक्षायुर्वेद ही है। लक्ष्मीधर का विश्वकोशात्मक ग्रंथ कृत्यकल्पतरु बारहवीं शताब्दी में लिखा गया। जिन विविध विषयों पर इस ग्रंथ में चर्चा है, उनमें कृषि और वृक्षायुर्वेद भी शामिल हैं। शार्ङ्गधरपद्धति के प्रणेता शार्ङ्गधर राजा हम्मीरदेव की राजसभा में सम्मानित विद्वान् थे। शार्ङ्गधरपद्धति एक विश्वकोश है, इसमें एक अध्याय उपवनविनोद भी है, जिसमें उद्यानवानिकी का वैज्ञानिक निरूपण है। चक्रपाणि महाराणा प्रताप के आश्रित थे। इनके द्वारा प्रणीत ग्रंथ विश्ववल्लभ में वनस्पतिविज्ञान,

कृषिविज्ञान और वृक्षायुर्वेद का प्रामाणिक विवेचन है। शुक्राचार्य की शुक्रनीति तथा वासवभूपाल का शिवतत्त्वरत्नाकर ये दोनों भी विश्वकोशात्मक ग्रंथ हैं। शिवतत्त्वरत्नाकर में १०८ तरंग (अध्याय) हैं, जिनमें से दो तरंग उद्यानवानिकी तथा वृक्षायुर्वेद के संबंध में हैं। वाराही संहिता, अग्निपुराण, ब्रह्मवैवर्तपुराण, मत्स्यपुराण, वराहपुराण और पद्मपुराण में भी वृक्षायुर्वेद के प्रकरण हैं।

उपवनविज्ञान

प्राचीन काल से ही नगर और गाँव में उपवन या बगीचा राजा या ग्रामसभा की ओर से लगवाया जाता था। राजा तथा समृद्ध लोग अपने लिये अलग से बगीचे भी वनवाते थे। अपने ग्रंथ में उपवनविनोद खंड के अंतर्गत शार्ङ्गधर तो यहाँ तक कहते हैं कि वास्तव में राजा वही है, जिसके पास बड़े बगीचे हैं –

पुंसां सर्वसुखैकसाधनफलाः सौन्दर्यगर्वोद्धुर-
क्रीडालोलविलासिनीजनमनःस्फीतप्रमोदावहाः।
गुञ्जद्भृङ्गविनिद्रपङ्कजभरस्फारोल्लसद्दीर्घिका-
युक्ताः सन्ति गृहेषु यस्य विपुलारामाः स पृथ्वीपतिः।।

शार्ङ्गधरपद्धति, ८२.१, पृ. ३०९

(मनुष्यों को सब प्रकार के सुख के साधन देने वाले, सौंदर्य के गर्व में भरी क्रीडा के लिये मचल रही विलासिनियों के मन को बेहद आनंद देने वाले, गुंजन करते भ्रमरों तथा खिले कमलों से भरी बावड़ियों वाले उद्यानों से युक्त भवन जिसके पास हैं, वास्तव में राजा वही है।)

बड़े बगीचों में कृत्रिम पहाड़ भी बनाया जाता था, जिसे पर्वतिका या दारुपर्वत कहा गया है। इस दारुपर्वत में पेड़ों, पौधों और लताओं के निकुंज होते थे, शिखर तथा गुफाएँ बनाईं जाती थीं, विचित्र धातुओं का विन्यास जगह जगह किया जाता था। राजा या रईस लोग विहार के लिये इसका उपयोग करते थे।[६८]

दीर्घिका और मंडप भी बगीचों में बनवाये जाते थे। दीर्घिका आजकल से तरणताल (स्विमिंग पूल) की तरह होती थी। शांर्गधर कहते हैं कि दीर्घिका आकार में तो विशाल हो, पर तैरने और उतरने की इसमें अच्छी सुविधा होनी चाहिये। नीलोत्पल और कमलिनी इसमें लगाई जाये। दीर्घिका के अतिरिक्त आवश्यकता के अनुसार उद्यान में वापी (बावड़ी) तथा कूप भी बनवाया जा सकता है।[६९]

वृक्ष लगाने की विधियाँ- वपन (बीज बोना), रोपण (कलम से लगाना), प्रतिरोपण (पौधा दूसरी जगह पर लगाना) - ये तीन विधियाँ वराहमिहिर, काश्यप आदि शास्त्रकारों ने पेड़ लगाने के लिये बताईं हैं।

वराहमिहिर कहते हैं कि ऐसे पौधे या पेड़ को जड़ से अलग कर के घी, खसखस, शहद, बायबिडंग, दूध तथा गोबर इन सब को मिला कर बनाया गया लेप या गूदा तने व डालियों कर लगा कर उसे एक स्थान से दूसरे स्थान तक ले जाया जाये, फिर गड्ढे में उसका प्रतिरोपण किया जाये। रोपण या प्रतिरोपण पूजा की भावना के साथ करने की बात कही गई है, रोपण करने वाला स्वयं भी स्नान आदि कर के पवित्र हो जाये, मन में पेड़ के लिये पूजा का भाव रखे तथा रोपणीय या प्रतिरोपणीयवृक्ष की पूजा कर के उसे लगाये।[७०]

संस्कृत में पुष्पवाटिकाविधिः नाम से पुस्तक भी लिखी गई।[७१] इसमें निम्नलिखित विषयों पर चर्चा है - (१) फल या फूल की मात्रा बढ़ाना, (२) इनका आकार बड़ा करना, (३) शीघ्र फल या फूल लाने के उपाय, (४) फलों में सुगंध लाना, (५) ऋतु वाले वृक्षों के लिये सभी ऋतुओं में फूलने या फलने के उपाय, (६) फूलों का रंग बदलना तथा (७) एक फल के वृक्ष में अन्य फल लगाना।

बीज को अधिक उर्वर बनाने की भी विधियाँ वृक्षायुर्वेद के ग्रंथों में बताई गई हैं।

वृक्षों की रक्षा तथा वृक्षचिकित्सा के लिये विशेष विधान वृक्षायुर्वेद तथा उपवनविनोद के अंतर्गत बताये गये हैं। शार्ंगधर कहते हैं कि पेड़ों को तुषार, आँधी, धुआँ, आग, तथा जाली पड़ने से बचाना चाहिये। बगीचे में फलदार वृक्षों की कतारें बीच में हों, बिना फल वाले वृक्ष बाहर की ओर हों। फिर वृति या बाड़ चारों से लगाई जाये और यह वृति भी परिखा (खाई) से घिरी होना चाहिये।

संस्कृत साहित्य में इतिहास की अवधारणा

पश्चिमी विद्वानों की यह एक मिथ्या धारणा है कि संस्कृत साहित्य में इतिहास से सम्बन्धित सामग्री की कमी है। वास्तव में तो इतिहास की भारतीय परम्परा में एक अलग अवधारणा है, जो आधुनिक हिस्ट्री की अवधारणा से भिन्न है। इसमें स्थूल राजनैतिक स्तर पर घटी हुई घटनाओं का लेखाजोखा ही इतिहास नहीं माना जाता, वरन् जो घटनाएँ प्रसंग और तत्त्व राष्ट्र के भूत, भविष्य और वर्तमान का निर्धारण करते हैं, उनका निरूपण इतिहास है। आचार्य अभिनवगुप्त ने नाट्यशास्त्र की अभिनवभारती टीका में 'नाट्याख्यं पञ्चमं वेदं सेतिहासं करोम्यहम्' इस उक्ति की व्याख्या करते हुए कहा है—

> **इतिहासोपदेशकरूपं सप्रभेदम्। इतिरेवमर्थे प्रत्यक्षनिर्देशं द्योतयति। हः इहशब्द आगमः। एवम्प्रकाराः प्रत्यक्षपरिदृश्यमाना आगमिकार्थाः कर्मफलसम्बन्धस्वभावा यत्रासते तेनेतिहासेन सह इति।** (नाट्यशास्त्र१.१५ पर अभिनवभारती)

इस दृष्टि से इतिहास की प्राचीनतम परम्परा वैदिक वाङ्मय में उल्लिखित आख्यान, गाथा और नाराशंसी इन साहित्यविधाओं में पनपी। पहले गाथाकार भृग्वंगिरस हुए, जिन्हें हम

भारत के सर्वप्राचीन इतिहासकार के रूप में भी परिगणित कर सकते हैं। उपनिषदों में आख्यान और इतिहास के अध्ययन व अध्यापन के प्रचुर उल्लेख मिलते हैं। रामायण और महाभारत इन दो काव्यों को परम्परा ने इतिहास ही माना है। इतिहास-पुराण को पंचम वेद भी कहा गया। पुराणों में राजाओं की वंशावली के साथ भारत के सांस्कृतिक उपक्रमों और प्रगमनों का विवेचन भी होता है। आगे चल कर संस्कृत में ऐतिहासिक महाकाव्यों, चरितकाव्यों तथा गद्य में आख्यायिकाओं की परम्परा कई शताब्दियों तक सवंर्धित होती रही, जिसका परिचय इस पुस्तक के विभिन्न अध्यायों में दिया गया है। संस्कृत में अभिलेख या शिलालेखों के साहित्य का भी प्रचुर भण्डार है, जिसका उपयोग आधुनिक दृष्टि से भारतीय इतिहासलेखन में आधारभूत सामग्री के रूप में किया जाता रहा है।

राजशेखर ने काव्यमीमांसा में इतिहास और पुराण का संबंध बताते हुए कहा है—

तत्र वेदाख्यानोपनिबन्धनप्रायं पुराणमष्टादशधा।

यदाहुः-

सर्गः प्रतिसंहारः कल्पो मन्वन्तराणि वंशविधिः।
जगतो यत्र निबद्धं तद्विज्ञेयं पुराणमिति।।
पुराणप्रविभेद एवेतिहासः इत्येके।
स च द्विधा परक्रिया-पुराकल्पाभ्याम्।

यदाहुः-

परक्रिया पुराकल्प इतिहासगतिर्द्विधा।
स्यादेकनायका पूर्वा द्वितीया बहुनायका।।

तत्र रामायणं भारतं चोदाहरणे।

इतिहास के दो अर्थ वैदिक काल से प्रचलित रहे हैं। एक उसका बृहत्तर अर्थ है, जिसे कौटिल्य ने परिभाषित किया है। दूसरे और अपेक्षाकृत सीमित अर्थ में इतिहास संस्कृत साहित्य की परंपरा में रामायण और महाभारत-इन दो ग्रंथों के लिये व्यवहृत हुआ है। मनु ने जब धर्मशास्त्र, आख्यान तथा इतिहास को घर घर में सुनाने का विधान बनाया (मनुस्मृति ३/२३२), तो उनका आशय इतिहास के इस सीमित अर्थ से प्रतीत होता है। पर यह सीमित और विशिष्ट अर्थ इतिहास शब्द का मुख्यार्थ नहीं है।

संस्कृतसाहित्य में समकालीन बोध

संस्कृतकवियों ने अपने समय को भी अपने काव्यों में प्रस्तुत किया है। अपने देश-काल की कथा को उन्होंने कहीं प्रत्यक्ष तो कहीं परोक्ष रूप से प्रस्तुत किया है, तो कहीं आख्यानों, उपाख्यानों के माध्यम से निरूपित किया है। कालिदास के अभिज्ञानशाकुंतल में शार्ंगरव शकुंतला से कहता है—

''सतीमपि ज्ञातिकुलैकसंश्रयां जनोऽन्यथा भर्तृमतीं विशङ्कते'

(सती स्त्री भी लगातार अपने मायके में रहती रहे, तो लोगबाग उसके विषय में कुछ का कुछ सोचने लगते हैं)

रघुवंश में कवि कहते हैं—

'यस्मिन् महीं शासति वाणिनीनां निद्रां विहारार्धपथे गतानाम्।
वातोऽपि नासंस्त्रयदंशुकानि को लम्बयेदाहरणाय हस्तम्।।

(राजा रघु के शासनकाल में रात में वाणिनियाँ रास्ते के बीच में ही सो जाती थीं, पर हवा भी उनके अंशुक नहीं सरकाती, कोई उन्हें सरकाने के लिये हाथ बढ़ाये ऐसा तो हो ही नहीं सकता था।)

इत्यादि कथनों में अपने समय के परिचित दृश्य या संदर्भ महाकवि ने उन्मीलित किये हैं। वाणिनियाँ किसी घुमंतू बनजारा समाज की तरह आदिवासी समाज की स्त्रियाँ हैं, अपनी निर्भीकता के कारण वे रात में बीच मार्ग पर ही सो जाती हैं।

साहित्य की विधाएँ (पाठ्यसाहित्य)

साहित्य हमारे जीवन के विविध रूप प्रस्तुत करता है। जिस तरह जीवन में विविधता है, उसी तरह साहित्य में भी। इस विविधता के कारण साहित्य कई प्रकार का हो जाता है। साहित्य के विभिन्न प्रकारों को हम साहित्य की विधाएँ या साहित्य के भेद कहते हैं।

भामह भारतीय काव्यशास्त्र के आद्य आचार्यों में एक है। उनके द्वारा काव्य की विधाओं पर भी व्यवस्थित चर्चा का उपक्रम हुआ। विषय वस्तु की दृष्टि से उन्होंने काव्य के निम्नलिखित प्रकार बताये - वृत्तदेवादिचरितशंसी, उत्पाद्यवस्तु, कलाश्रय तथा शास्त्राश्रय। पहले प्रकार में सुविदित कथा होती है, दूसरे में कविकल्पित। विधाओं की दृष्टि से उन्होने काव्य के फिर पाँच प्रकार निरूपित किये - सर्गबन्ध (महाकाव्य), अभिनेयार्थ (रूपक तथा उपरूपक), आख्यायिका, कथा और अनिबद्ध (मुक्तक)।

अर्थ के चमत्कार की दृष्टि से अधिक चमत्कार वाली रचना उत्तम, कम चमत्कार वाली रचना मध्यम इस प्रकार के भेद किये जाते रहे हैं। ध्वनिसिद्धांत के अंतर्गत व्यंग्य अर्थ की प्रधानता वाले काव्य को उत्तम, व्यंग्य और वाच्य दोनों की समान प्रधानता या व्यंग्य अर्थ का चमत्कार वाच्य से कम होने पर मध्यम तथा केवल वाच्य अर्थ या शब्द का चमत्कार ही प्रधान होने पर अधम काव्य माना गया है।

कवि या साहित्यकार की दृष्टि रचना में जीवन के प्रतिफलन और रचनाविश्व की दृष्टि से उत्कृष्टता के आधार पर काव्य के उत्तमोत्तम, उत्तम, मध्यम तथा अवर - ये चार भेद हो सकते हैं। जीवन के सर्वांगीण रूप का निरूपण करने वाला महावाक्यात्मक काव्य उत्तमोत्तम है, उसके एकदेश का निर्देश करने वाला उत्तम, वस्तुविशेष या मन:स्थितिविशेष को प्रकट

करने वाला मध्यम तथा पदार्थमात्रपर्यवसित काव्य अवर है। नानादिक्कालावच्छिन्न वाक्यों का पुरुषार्थप्रवर्तक समूह महावाक्य है।

शैली की दृष्टि से रचना पद्य में हो सकती है या गद्य में। पद्य में रचित साहित्य में छंदों का प्रयोग होता है। गद्य छंद के बंधन से मुक्त होता है। कभी कभी पद्य और गद्य दोनों को मिला कर भी साहित्य रचा जाता है। ऐसे साहित्य को चंपू कहते हैं। इस आधार पर साहित्य के पद्य, गद्य तथा चंपू (मिश्रित) ये तीन भेद हो जाते हैं।

प्रबंधकाव्य- प्रबंधकाव्य ऐसी साहित्यिक रचना है, जिसमें सभी पद्य एक कथा, विचार या भाव के माध्यम से एक दूसरे से संबद्ध रहते हैं। उसमें आरंभ से अंत तक एक मूल भाव बना रहता है। प्रबंध के दो मुख्य भेद हैं- महाकाव्य तथा खंडकाव्य।

संस्कृत साहित्य में कवि का स्वरूप

संस्कृत साहित्य की परंपरा में कवि एक अत्यंत गरिमामय पद है। काव्यशास्त्र के एक सुविदित आचार्य भट्टतोत ने कहा है कि जो ऋषि नहीं है वह कवि नहीं हो सकता। वैदिक वाङ्मय में कवि शब्द ऋषि का समानार्थी है, और वेदों के कवि ऋषि ही हैं। रामायण और महाभारत की के कवि भी ऋषि हैं, कवित्व उनके ऋषित्व से जागरित होता है। आनंदवर्धन के अनुसार कवि काव्यविश्व का प्रजापति भी है। अभिनवगुप्त ने भी कवि के लिये कहा है – प्रजापतेरिव कामजनितजगत:। मम्मट ने कविभारती या काव्यसृष्टि को ब्रह्मा की सृष्टि से अधिक उत्कृष्ट बताया है।

जैसे जैसे काव्य की विविध विधाओं का विकास हुआ कवियों की अन्य अनेक श्रेणियाँ भी सामने आईं। बौद्ध ग्रंथ अंगुत्तर निकाय (२.२३०) में कवियों के निम्नलिखित प्रकार बताये गये हैं – (१) सूतकवि – पुराणों के प्रवक्ता सूत हैं। लोकप्रिय आख्यानों का पाठ या गायन कर के जमसामान्य के समक्ष उन्हें प्रस्तुत करने का कार्य भी सूत करते आये हैं। आगे चल कर सूतों को राज्याश्रय भी प्राप्त हुआ और राजाओं की प्रशस्ति में उन्होने रचनाएँ की। (२) प्रतिभान (पालि में पटिभान) कवि - अपनी प्रतिभा से तत्काल रचना करने वाला कवि प्रतिभान कवि है। वह किसी के आग्रह पर तत्काल ही रम्य रचना कर के श्रोतृमंडली को रंजित कर देता है। (३) अर्थकवि (अत्थकवि) – उपदेशपरक काव्य की रचना करने वाला कवि अर्थकवि है। (४) चिंताकवि – कल्पनाशील कवि है।

भोज और राजशेखर दोनों शास्त्रकाव्य और शास्त्र कवि की कोटियाँ स्वीकार करते हैं। शास्त्रकवि काव्यकवि और उभय कवि इन तीन कविकोटियों में भी वे इस धारणा को स्वीकार नहीं करते कि इन तीनों में बाद वाला पहले से श्रेष्ठ है। शास्त्र कवि भी राजशेखर के अनुसार तीन प्रकार के हैं - पहला- जो स्वयं शास्त्र रच रहा है, दूसरा, जो शास्त्र में काव्य का विनिवेश कर रहा है, और तीसरा जो काव्य में शास्त्र का विनिवेश कर रहा है। राजशेखर कहते हैं कि

'स्वस्वविषये सर्वो गरीयान् - अपने अपने क्षेत्र में सभी श्रेष्ठ हैं। कुल मिला कर विचारप्रधान कविता लिखने वाला रससिद्ध काव्य की सृष्टि करने वाले से कमतर हो ऐसा नहीं कहा जा सकता। यह रसवाद और ध्वनिप्रस्थान की सारी मान्यताओं के अस्वीकार का साहस है, जो राजशेखर यहाँ प्रकट करते हैं। इसके साथ ही वे शास्त्र और काव्य में उपकार्य-उपकारक भाव परस्पर सम्बन्ध भी स्वीकार करते हैं- उपकार्योपकारकभावं तु मिथः शास्त्रकाव्ययोर्मन्यामहे।) । यह भी उतनी ही साहसिक मान्यता है। राजशेखर ने बहुत चतुराई के साथ उपकार्योपकारकभाव के साथ पारस्परिकता का सूचक 'मिथः' यह अव्यय जोड़ा है। आशय यह कि शास्त्र काव्य का उपकार करे यही सच नहीं है; काव्य भी शास्त्र का उपकार करता है।

वर्तमान विश्व में संस्कृत

संस्कृत भारत की ही भाषा नहीं, यह एक विश्वभाषा भी है। प्राचीन काल से ही संस्कृत का प्रचार-प्रसार भारत के बाहर के अनेक देशों में होता आया है। यही नहीं, अनेक देशों में संस्कृत राजकार्य की भाषा रही, और राजाओं के द्वारा इस भाषा में राजादेश और शिलालेख लिखवाये गये। विशेष रूप से जावा, सुमात्रा, बाली, कम्बोडिया, सियाम तथा ब्रह्मदेश (बर्मा) में संस्कृत का व्यापक प्रचार प्रसार ईसा की शताब्दियों में लगभग सहस्र वर्षों तक रहा। संस्कृत साहित्य का अनुशीलन और साहित्य रचना भी इन देशों में हुई। संस्कृत साहित्य के अनुवाद तो विश्व की प्राचीन भाषाओं में पिछले दो हजार वर्षों में होते ही रहे हैं। पंचतन्त्र का सीरियाई भाषा में पाँचवीं शताब्दी में अनुवाद हुआ। श्रीमद्भगवद्गीता और उपनिषदों के भी विश्व की अनेक भाषाओं में अनुवाद हुए। सत्रहवीं शताब्दी से आधुनिक विश्व संस्कृत से विशेष रूप से परिचित होने लगा। मुगल सम्राट् शाहजहाँ के ज्येष्ठ पुत्र दाराशिकोह ने उपनिषद् और श्रीमद्भगवद्गीता के फारसी में अनुवाद कर के विश्व में इन महान् ग्रन्थों के प्रचार में चिरस्मरणीय योगदान दिया। इससे विश्व का बौद्धिक जगत् भारतीय चिन्तनपरम्परा से प्रेरित और प्रभावित हुआ। दार्शनिकों में शापेनहार, इमर्सन आदि ने उपनिषदों के दर्शन की अर्थवत्ता को पहचाना।

आजादी की लड़ाई में संस्कृत भाषा तथा उसके साहित्यकारों का योगदान अविस्मरणीय है। अनेक संस्कृत पत्रिकाओं को ब्रिटिश सरकार ने जप्त किया। अप्पा शास्त्री राशिवडेकर द्वारा सम्पादित संस्कृतचन्द्रिका तथा सूनृतवादिनी इन दो पत्रिकाओं ने विशेष रूप से संस्कृतज्ञ समाज में क्रान्ति का शंखनाद किया। पिछली तीन शताब्दियों में संस्कृत में हर विधा में विपुल साहित्य की सर्जना हुई है। संस्कृत में लगभग सौ से अधिक पत्रिकाएँ निकल रही हैं।

संस्कृत साहित्यः राज्याश्रय तथा राज्याश्रयनिरपेक्षता

निस्सन्देह संस्कृत साहित्य के संवर्धन और समुन्नयन में प्राचीन काल से राजवंशों की महती भूमिका रही है। सुबन्धु की वासवदत्ता नाट्यपारा या नाट्यधारा राजा बिम्बिसार की

राजसभा में प्रस्तुत हुई। कालिदास की तीनों नाट्यकृतियाँ महाराज विक्रमादित्य की राजसभा से सम्बद्ध रंगशाला में खेली गईं। भर्तृमेण्ठ, कुमारदास, भारवि, माघ, श्रीहर्ष-ये संस्कृत महाकाव्यों के शीर्षस्थ रचनाकार हैं। इन्होंने राज्याश्रय में रह कर ही काव्यरचनाएँ की। नन्दवंश, मौर्यवंश, सातवाहनवंश, गुप्त साम्राज्य, कान्यकुब्ज के राजवंश, प्रतीहारवंश, परमारवंश, चालुक्यवंश, पल्लववंश, चोलवंश, विजयनगर साम्राज्य आदि बड़े-बड़े राजवंशों या साम्राज्यों की छत्रछाया में संस्कृत साहित्य फूला फला। यह परम्परा पण्डितराज जगन्नाथ तक चली आई है। विक्रमादित्य, हर्षवर्धन, भोज आदि स्वयं श्रेष्ठ साहित्यकार थे, तथा कवियों और आचार्यों का समादर करना जानते थे। पर इससे यह नहीं समझना चाहिये कि संस्कृत के कवि केवल राज्याश्रय पर ही निर्भर रह कर रचनाएँ कर सके। अनेक महाकवि ऐसे भी हुए जिन्होंने राज्यसभा से विमुख रह कर ही साहित्यसाधना की। बाणभट्ट राजा हर्ष के निमन्त्रण पर उनकी राजसभा में गये थे, पर राजा हर्ष के द्वारा अपनी अकारण निन्दा किये जाने पर उन्होंने तमक कर राजा को उसके मुँह पर ही करारा उत्तर दिया। यद्यपि हर्ष को बाद में अपनी भूल का बोध हुआ, और उन्होंने बाण को सम्मानित भी किया, तथापि बाण अपने गाँव लौट आये और वहाँ रह कर उन्होंने कादम्बरी और हर्षचरित का प्रणयन किया। चक्रपाणिविजय महाकाव्य के प्रणेता तथा लोकजीवन पर अनेक अत्यन्त मार्मिक पद्यों के रचनाकार भट्ट लक्ष्मीधर तो भोज की राजसभा को आत्मसम्मान के अनुरूप न पा कर उसे छोड़ कर चले गये थे। अठारहवीं शताब्दी में महाकवि वांछानाथ तंजौर की राजसभा में मिले व्यवहार से क्षुब्ध हो कर अपने गाँव में जा कर रहते रहे, और वहाँ उन्होंने महिषशतकम् नामक अत्यन्त मार्मिक खण्डकाव्य का प्रणयन किया। भवभूति, राजशेखर, मुरारि आदि नाटककारों ने अपने नाटक राजसभा के रंगमंच के लिये नहीं, मन्दिर की रंगशाला के लिये लिखे और इनकी नाट्यकृतियाँ मन्दिरों के यात्रामहोत्सवों में बड़े जनसमुदाय के समक्ष खेली गई। जो श्रेष्ठ कवि राजा के आग्रह पर राजसभा में सम्मानपूर्वक रहे भी, उन्होंने राजा की चाटुकारिता नहीं की, न ही वे राजमुखापेक्षी बन कर रहे। बिल्हण एक राजसभा से अन्य राजसभा में जाते रहे और उन्होंने राजाओं को कवियों का अनादर न करने की सलाह देते हुए अत्यन्त ओजस्वी और कठोर चेतावनी से भरे पद्य लिखे हैं। भर्तृहरि ने भी राजाओं को तेजस्वी स्वर में चुनौती दी है।

प्रस्तुत पुस्तक की विशेषताएँ

संस्कृत साहित्य पर वर्तमान में उपलब्ध इतिहास-ग्रथों में पंडित-परम्परा, आचार्य-परम्परा या सहृदय- परम्परा में की गयी तत्-तत्-कवि की समीक्षा या चर्चा को यथोचित स्थान नहीं दिया गया है। प्रस्तुत पुस्तक में कवियों की पारम्परिक समीक्षा पर भी विचार किया गया है, जिससे उस कवि के विषय में परम्परा प्राप्त दृष्टि का परिचय छात्रों व अध्येताओं को मिल सके।

वैदिक साहित्य के परिचय में आख्यान साहित्य तथा सुपर्णाध्याय नामक अल्पज्ञात या अज्ञातप्राय आख्यान का परिचय जोड़ा गया है, जो संस्कृतसाहित्य के विषय में लिखे गये इतिहास ग्रंथों में नहीं मिलता। वेदों में काव्यचिंतन तथा सौंदर्यशास्त्र, विज्ञान आदि नवीन प्रकरण भी इस अध्याय में विशेष हैं।

प्रस्तुत पुस्तक में अनेक ऐसे श्रेष्ठ काव्यों का परिचय भी जोड़ा गया है, जो अब तक उपेक्षित या अल्पचर्चित रहे हैं। बुद्धघोष का पद्यचूडामणि महाकाव्य कालिदास और परवर्ती महाकाव्यों के बीच की एक महत्त्वपूर्ण कड़ी है, जिस पर अपेक्षित विवेचन यहाँ किया गया है। चक्रपाणिविजय महाकाव्य भोज के समय में लिखा गया एक अत्यन्त महत्त्वपूर्ण महाकाव्य है। इसके रचयिता भट्ट लक्ष्मीधर साहित्यिक प्रकर्ष में माघ, भारवि जैसे श्रेष्ठ महाकवियों से अन्यून हैं। पर इस महाकाव्य की चर्चा संस्कृत साहित्य के इतिहासों में प्राय: नहीं की जाती है। इसी प्रकार संस्कृत में लोकजीवन पर काव्य रचने वाले कवियों में योगेश्वर एक प्रतिभाशाली कवि हैं। नाटकों में कुन्दमाला, प्रबुद्धरौहिणेय आदि की भी पुष्कल चर्चा पहली बार इस पुस्तक के द्वारा सामने आ सकी है। अनेक अल्पपरिचित या अज्ञातप्राय कवियों का भी परिचय यहाँ दिया गया है, जो महत्त्वपूर्ण हैं। हलायुध, मल्लिनाथ आदि कवियों तथा भीमट और अनंगहर्ष जैसे श्रेष्ठ नाटककारों का कृतित्त्व अभी तक अनदेखा रहा है, उस पर यहाँ दृष्टिपात किया गया है। वीणावासवदत्तम् जैसी अज्ञात और अज्ञातकर्तृक कृति के विवेचन के द्वारा भारतीय नाट्यपरम्परा की टूटी कड़ियों को यहाँ जोड़ने का प्रयास किया गया है। मुद्राराक्षसकार विशाखदत्त ने तीन और रूपक लिखे थे, जिन पर चर्चा के बिना विशाखदत्त के कृतित्त्व के अनेक पक्ष अचर्चित रह जाते हैं। इसी प्रकार क्षेमीश्वर के चंडकौशिक की चर्चा ही अब तक होती आयी है, उनके दूसरे नाटक नैषधानंद पर नहीं।

संस्कृत साहित्य पर अब तक हुए अध्ययनों में प्राय: संस्कृत नाटककारों का विवेचन साहित्यिक दृष्टि से किया जाता है। भास, कालिदास, भवभूति आदि सभी श्रेष्ठ नाटककारों ने अपने रूपक वस्तुत: रंगमंच पर प्रस्तुत करने के लिए लिखे थे। और इनके रूपक रंगमंच की विकासयात्रा के महत्त्वपूर्ण पड़ाव हैं। इन रूपकों को रंगमंच के परिप्रेक्ष्य में भी समझा और परखा जाना चाहिये, तथी उनकी वास्तविक उपलब्धि को जाना जा सकेगा। इस पुस्तक में प्रयास किया गया है कि संस्कृत के महान् नाटककारों की रंगदृष्टि और रंगसृष्टि को भी अध्येताओं और विद्यार्थियों के लिए बोधगम्य बनाया जाये, जिससे उनका अध्ययन समग्रतर हो सके।

संस्कृत साहित्य की परम्परा निरन्तर विकसित होती हुई परम्परा है। दसवीं शती के पश्चात् संस्कृत काव्य के इतिहास को पश्चिमी विद्वानों ने ह्रास का युग मान कर उस पर मौन रखा। यही दृष्टि संस्कृत विद्वानों के द्वारा रचे गये संस्कृत साहित्य के इतिहासों में भी प्रचलित रही है। इसी प्रकार मध्यकालीन गद्य को अनदेखा किया जाता रहा है। कथासाहित्य की सम्पन्न

परम्परा परवर्ती शताब्दियों में विकसित होती रही है। यह पुस्तक संस्कृत साहित्य की अनेक उपेक्षित परम्पराओं का भी आकलन प्रस्तुत करती है।

संस्कृत साहित्य उदात्त जीवन मूल्यों या महनीय आदर्शों को प्रतिबिम्बित करता है। उपनिषदों के चिंतन का ढाई हजार वर्षों की संस्कृत काव्य परम्परा पर प्रभाव निरन्तर बना रहा। इस चिंतन परम्परा और मूल्यबोध के सन्दर्भ में भी संस्कृतकवियों के अवदान, उपलब्धि, सीमा और संस्खलन को यहाँ प्रस्तुत करने का प्रयास किया गया है।

संस्कृत कवियों के विषय में यह भी भ्रम प्रचलित है कि वे अपने समकालीन संसार या ऐहलौकिक स्थितियों के प्रति उदासीन हैं। प्रत्येक संस्कृत-कवि ने अपने समय को अपनी रचना में अनेक छवियों में व्यंजित किया है। संस्कृत-कवियों के समकालिक बोध पर पहली बार इस कृति में ध्यान आकृष्ट कराया गया है। एक अन्य भ्रम संस्कृत-काव्यों की परम्परा के विषय में यह भी है कि ये काव्य जिस भाषा में लिखे गये हैं, वह जन सामान्य की भाषा से दूर है। संस्कृत-कवियों की भाषा का गहरा अध्ययन इस धारणा को तोड़ता है। भवभूति, माघ, बाण जैसे महाकवियों की भाषा में आम जनता की भाषा और बोलियों से उठाये गये जीवंत मुहावरों का प्रचुर प्रयोग है। ये कवि बोलचाल की अपने समय की संस्कृत का सजीव रूप भी प्रस्तुत करते हैं। इस पुस्तक में इस तथ्य को भी रेखांकित किया गया है कि संस्कृत साहित्य की वैदिक काल से बींसवी शताब्दी तक की अविच्छिन्न विकास-यात्रा में प्रत्येक शताब्दी और प्रत्येक सहस्राब्दी में नये प्रयोग तथा नयी विधाएँ प्रस्तुत होती रही हैं। विशेषरूप से जिसे पश्चिमी विद्वानों या संस्कृत साहित्य के आधुनिक इतिहासकारों ने संस्कृत कविता के ह्रास की सहस्राब्दी कहा है, वह सहस्राब्दी तो नयी विधाओं के आविष्कार, नवोन्मेष या नये प्रयोगों की दृष्टि से संस्कृत साहित्य की निश्चित रूप से सबसे उर्वर और समृद्ध सहस्राब्दी है।

संस्कृत लोकजीवन या गाँवगिराव के किसानों, श्रमिकों व निम्न वर्ग के जनों पर प्रचुर साहित्य लिखा गया है, जिसकी चर्चा संस्कृत साहित्य के इतिहासों में प्राय: नहीं की जाती है। इस ग्रंथ में संस्कृत की उपेक्षित काव्यधारा को प्रतिष्ठित किया गया है।

आभार

प्रस्तुत इतिहास के प्रणयन में संस्कृत साहित्य के मूल ग्रंथों का परिशीलन मुख्य आधार रहा है, साथ ही अनेक शोधग्रंथों, संस्कृतसाहित्य विषयक अध्ययनों या इतिहासों से भी सहायता ली गयी है। इन सब ग्रंथकारों के प्रति नामनिर्देशपूर्वक कृतज्ञताज्ञापन कथमपि संभव नहीं है। आचार्य अभिनवगुप्त के शब्दों में उनके प्रति अपनी श्रद्धा प्रकट करता हूँ—

ऊर्ध्वोर्ध्वमारुह्य यदर्थतत्त्वं धीः पश्यति श्रान्तिमवेदयन्ती।
फलं तदाद्यैः परिकल्पितानां विवेकसोपानपरम्पराणाम्।।

(मनुष्य की बुद्धि बिना थके ऊपर आरोहण करती हुई जिन तत्त्वों को देखती है, वह पहले के लोगों के द्वारा रची गयी विवेक की सीढ़ियों का फल हुआ करता है।)

डॉ० हरीसिंह गौर विश्वविद्यालय के संस्कृत विभाग में पी०एच्०डी० उपाधि के लिये प्रस्तुत कतिपय शोधप्रबंधों से आधुनिक संस्कृतसाहित्य के इतिहास को समग्र व अद्यतन बनाने में बहुत सहायता प्राप्त हुई है। इसके लिये इन समस्त शोधकार्यों के प्रेरणास्तोत मेरे गुरु प्रो० रामजी उपाध्याय प्रणम्य हैं।

मुझे विश्वास है कि संस्कृतसाहित्य के अध्येताओं के लिए यह इतिहासग्रंथ समान रूप से उपादेय होगा।

राधावल्लभ त्रिपाठी

सन्दर्भ

१. John Keay, p. 57 India - A History from the Earliest Civilizations to the Boom of the Twentieth Century, Harper Press, London, 2010

२. बुलेटिन आफ दि इंस्टीट्यूट आफ हिस्टारिकल रिसर्च, मद्रास, भाग २, १९६३ प्रज्ञालोक, पृ० २२

३. Hitory of Indian Literature, vol. I, p. 305

४. रघुवंश, १४.७१

५. नमः सर्वविदे तस्मै व्यासाय कविवेधसे।
चक्रे पुण्यं सरस्वत्या यो वर्षमिव भारतम्॥

६. प्रायः कुकवयो लोके रागाधिष्ठितवृत्तयः।
कोकिला इव जायन्ते वाचालाः कामकारिणः॥
सन्ति श्वान इवासङ्ख्या जातिभाजो गृहे गृहे।
उत्पादका न बहवः कवयः शरभा इव॥
अन्यवर्णपरावृत्या बन्धचिह्ननिगूहनैः।
अनाख्यातः सतां मध्ये कविश्चोरो विभाव्यते॥

७. कवीनामगलद्दर्पो नूनं वासवदत्तया।
शक्त्येव पाण्डुपुत्राणां गतया कर्णगोचरम्॥

८. पदबन्धोज्ज्वलो हारो कृतवर्णक्रमस्थितिः।
भट्टारहरिचन्द्रस्य गद्यबन्धो नृपायते॥

९. अविनाशिनमग्राम्यमकरोत् सातवाहनः।
विशुद्धजातिभिः कोशं रत्नैरिव सुभाषितैः॥

१०. कीर्तिः प्रवरसेनस्य प्रयाता कुमुदोज्ज्वला।
सागरस्य परं पारं कपिसेनेव सेतुना॥

११. उदयसुंदरीकथा, गायकवाड़ ओरिएंटल सीरीज-११, १९२०, पृ० १५३-५५

१२. संस्कृत साहित्य का इतिहास – ए०बी०कीथ, अनु० मंगलदेव शास्त्री, पृ० ४०७

१३. वही, पृ ४०७

१४. History of Indian Literature, Vol. III p. 53

१५. संस्कृत साहित्य का इतिहास – बलदेव उपाध्याय, पृ०२०८

१६. De, S.K.:1947:p. 316

१७. De, S.K.:1947: p. cxx

१८. The Language of the Gods in the World of Men, p. 75

१९. ibid., p. 77

२०. ibid., p. 5

२१. अभिराज राजेंद्र मिश्र ने अपने आलेख 'श्रेण्य संस्कृत साहित्य में चित्रित समाज' (प्रज्ञालोक, दिल्ली, २०-१२, पृ० ६३-७२) में भास और कालिदास के साथ श्रेण्य युग का अवतरण माना है।

२२. Actes du XXI Congres International des Orientalists, Paris 23-31 juillet, 1948, Paris Imprimerie Nationale, 1949, p. 181

२३. Joy for the World – A Buddhist Play by Candragomin – Michael Hann, Dharma Publishing, Berkeley, 1987

२४. शवतिर्गतिकर्मा कम्बोजेष्वेव भाष्यते, विकारमस्यार्थेषु भाषन्ते शव इति। दातिर्लवनार्थे प्राच्येषु दात्र-मुदीच्येषु – निरुक्त, २.२

२५. रामविलास शर्मा - भारतीय साहित्य के इतिहास की समस्याएँ, पृ० ११७

२६. John Keay, p.132; India A History from the Earliest Civilizations to the Boom of the Twentieth Century, Harper Press, London, 2010

२७. India and Europe, p. 495

२८. वही, पृ० ९२

२९. वही, पृ० ८४

३०. बैलेंटाइन के सांख्यसूत्रों के अनुवाद का सांख्य एफोरिज्म्स आफ कपिल के नाम से प्रथम प्रकाशन १८५२ में हुआ। वेदांतसार का अंग्रेजी अनुवाद का प्रथम प्रकाशन १८४०ई० में हुआ।

३१. India and Europe, p. 113

३२. Ibid. p. 116

३३. Orientalism, Empire and National Culture, p. 106

३४. काशी की पाण्डित्य परंपरा पृ० ९५. पुस्तक के अंग्रेजी अनुवाद का शीर्षक है – ए रेशनल रेफ्युटेशन आफ हिंदू फिलासोफिकल सिस्टम्स।

३५. १८६५ में प्रकाशित। इसकी भूमिका मध्यभारत के भेलसा नगर में लिखी गई, जहाँ हाल स्कूलों के निरीक्षक के पद पर कार्यरत रहे। काशी की पाण्डित्य परंपरा पृ० ९७

३६. थीबो द्वारा संपादित इस ग्रंथ का पहला संस्करण १८८९ में प्रकाशित हुआ।

३७. सेक्रेड बुक्स आफ दि ईस्ट के दो खंडों (३४ तथा ३८) में प्र०

३८. सेक्रेड बुक्स आफ दि ईस्ट के खंड ४८ में प्र. १९०४ई०

३९. अर्थसंग्रह का थीबो के द्वारा किया गया अनुवाद १८८२ में प्र० हुआ।

४०. मीमांसापरिभाषा का अनुवाद पंडित के चतुर्थ खंड में प्रकाशित

४१. संस्कृत के गौरव शिखर, कलानाथ शास्त्री, दिल्ली, १९९८, पृ० १२

४२. Tagore Saumyendranath: Rammohan Roy – His Role in Indian Renaissance, p. 88

४३. विस्तृत विवरण के लिये देखें – संवादोपनिषद् – राधावल्लभ त्रिपाठी, भारत अध्ययन केंद्र, काशी हिंदू विश्वविद्यालय, वाराणसी, २०१७

४४. सदु० में विद्यापति के नाम से उद्धृत। विद्यापति डे० के० अनुसार बिल्हण हो सकते हैं।

४५. विस्तृत विवरण के लिये देखें – संवादोपनिषद् – राधावल्लभ त्रिपाठी, भारत अध्ययन केंद्र, काशी हिंदू विश्वविद्यालय, वाराणसी, २०१७

४६. Sri Aurobindo and Sanskrit – Sampadanand Mishra, Sri Aurobidno Institute of Research in Social Sciences, Pondichery, 2001, pp. 57-64
४७. Culture of Encouters: Audrey Truscke, p. 11
४८. वही, पृ० ३७
४९. वही, पृ० ८
५०. वही, पृ० ६५
५१. Contributuon of Tamilnadu to SANSKRIT, P. 198
५२. वही, पृ० ३८
५३. वही, पृ० ३९
५४. वही, पृ० ४९
५५. वही, पृ० ४९
५६. Contribution of Tamilnadu to Sanskrit, Institute of Asian Studies, C.S. Sundaram, Chennai, 1999. (Forword by Dr N. Mahalingam)
५७. Contribution of Tamilnadu to Sanskrit, p. 145-48
५८. Contribution of Tamilnadu to Sanskrit, Institute of Asian Studies, p. 7
५९. Conteibution of Tamilnadu to Sanskrit, p. 212
६०. महाभारत, भंडारकर प्राच्यविद्यासंस्थान सं० १२.१६१.३८
६१. पुरा कोलाहले युद्धे दानवैर्निर्जिताः सुराः ।
वृक्षेषु विविशुस्तत्र सूक्ष्मप्राणपरीप्सया ॥
तत्र विल्वे स्थितः शम्भुरश्वत्थे हरिरयय:
शिरीषेऽभूत्सहस्राक्षो निम्बे देवः प्रभाकरः ।
स तु तन्मयतां यातस्तस्मात्तं न विनाशयेत् ॥ पद्मपुराण उत्तरखण्ड, १५१.२
६२. बृहदारण्यकोपनिषद्, ३.९.२८
६३. प्रक्षीणतृणकाष्ठं च गोपैर्मथितपादपम्।
घनीभूतानि यान्यासन् काननानि वनानि च।
तान्याकाशनिकाशानि दृश्यन्तेऽथ यथासुखम्।
विक्रीयमाणैः काष्ठैश्च शाकैश्च वनसम्भवैः।
उच्छिन्नसञ्चरतृणैर्घोषोयं नगरायते॥
६४. अपुत्रस्य हि पुत्रत्वं पादपा इह कुर्वते।
यत्नेनापि हि विप्रेन्द्र अश्वत्थारोपणं कुरु।
शतैः पुत्रसहस्राणामेक एव विशिष्यते।
कामेन रोपयेद्विप्रा एकद्विःत्रिसंख्यया। भ०पु० मध्यमपर्व अ० १०
पुत्राः संवत्सरस्यान्ते श्राद्धं कुर्वन्ति वा न वा।
प्रत्यहं पादपाः पुष्टिं श्रेयोत्यर्थं जनयन्ति हि॥ वही, उत्तरपर्व. १२८.६
६५. ततो वृक्षस्थानीयं काव्यम्। तत्र पुष्पादिस्थानीयोऽभिनयादिनटव्यापारः। तत्र फलस्थानीयः सामाजिकरसास्वादः। तेन रसमयमेव विश्वम्। - (अभिनवभारती, भाग-१, बडोदरासं०,१९९२, पृ० २८८)
६६. आचार्य उदयन : किरणावली, पृ० ५७ ।
६७. पाज़िटिव साइंसेज – बी०एन०सील, हार्टिकल्चर इन एंश्येंट इंडिया में उद्धृत पृ० १६

६८. शार्ंगधरपद्धति, ८२.८५, पृ० ३२०
६९. शार्ंगधरपद्धति, ८२.८८-९, पृ० ३२१
७०. बृहत्संहिता, ५४.७-८
७१. संस्कृत साहित्य में उपवनविज्ञान – बीना मिश्रा का लेख, संस्कृत में विज्ञान एवं वैज्ञानिकतत्त्व, सं० हरिदत्त शर्मा, संस्कृतविभाग इलाहाबाद विश्वविद्यालय, २००६, पृ० १७१-७९

संक्षिप्त नाम

ऋ०	–	ऋग्वेद
रघु०	-	रघुवंश
शाप०	–	शार्ङ्गधरपद्धति
सदु०	–	सदुक्तिकर्णामृत
सुरको०	–	सुभाषितरत्नकोश
सुहा०	-	सुभाषितहारावली
सूमु०	-	सूक्तिमुक्तावली
ई०	–	ईस्वी सन्
वि०	–	विक्रम संवत्सर
शक०	–	शकसंवत्सर
टिप्पणी	–	ग्रंथकारों, कवियों व आचार्यों के नाम के आगे कोष्ठक में दी गई संख्याएँ जिनके बीच में योजकचिह्न (-) लगा है, संबद्ध ग्रंथकार, कवि या आचार्य के जन्म तथा मृत्यु के वर्ष हैं। यदि कोष्ठक में बिना योजक चिह्न के केवल एक ही संख्या दी गई है, तो इसे संबद्ध ग्रंथकार, कवि या आचार्य आदि के जन्म का वर्ष जानना चाहये। यदि ऐसी संख्याओं के आगे संवत्सर का नाम नहीं दिया गया है, तो इन्हें ई० सन् की संख्याएँ जाननी चाहिये। राजाओं के नाम के आगे कोष्ठक में दी गई संख्याएँ जिनके बीच में योजकचिह्न (-) लगा है, संबद्ध राजा के शासनकाल (राज्याभिषेक से लगा कर मृत्यु या सिंहासन से हटाये जाने तक) की सूचक हैं। यदि बिना योजक चिह्न के केवल एक ही संख्या दी गई है, तो इसे संबद्ध राजा के राज्यारोहण का वर्ष जानना चाहिये।

अध्याय- १

वैदिक साहित्य

वेद विश्वसाहित्य के सबसे प्राचीन ग्रंथ हैं। प्राचीन काल में ऋषियों ने अपनी प्रातिभ दृष्टि से जिस ज्ञानराशि का साक्षात्कार किया, उसे वेद कहा जाता है। वेद के विषय में मान्यता है कि जिन तत्त्वों का ज्ञान अन्य सांसारिक साधनों से संभव नहीं है, उनका ज्ञान वेद से हो सकता है।

प्रत्यक्षेणानुमित्या वा यस्तूपायो न विद्यते।
एनं विदन्ति वेदेन तस्माद् वेदस्य वेदता।।

इसमें कोई संदेह नहीं कि वेद भारत की संस्कृति के प्राचीनतम निदर्शन हैं। वेद को आधार बना कर ही धर्म, दर्शन, अध्यात्म, विज्ञान, कला और साहित्य के क्षेत्र में भारत ने असाधारण उपलब्धि की है।

वेद का अर्थ

व्याकरण की दृष्टि से वेद शब्द चार धातुओं में से किसी एक धातु से निष्पन्न माना जा सकता है- विद्- ज्ञाने, विद्-सत्तायाम्, विद्लृ लाभे तथा विद् विचारणे। इन चारों अर्थों का समन्वय करते हुए महर्षि दयानंद ने वेद का निर्वचन इस प्रकार किया है— विदन्ति जानन्ति, विद्यन्ते भवन्ति, अथवा विन्दन्ते लभन्ते, विन्दन्ति विचारयन्ति सर्वे मनुजा: सत्यविद्यां यैर्येषु वा तथा विद्वांसश्च भवन्ति ते वेदा:- अर्थात् जिनसे या जिनमें मनुष्य समाज ज्ञान प्राप्त करे, सत्य का साक्षात्कार करे, या उसका विचार करे- वे वेद हैं। मुख्य रूप से वेद का अर्थ 'ज्ञान' है। इस दृष्टि से वेद की निरुक्ति करते हुए बताया गया है- वेद्यते ज्ञायते अनेनेति वेदः— अर्थात् जिसके द्वारा ज्ञान प्राप्त किया जाय, वह वेद है।

ऐसा परंपराप्राप्त प्रामाणिक ज्ञान, जिसकी चरितार्थता युग युग तक बनी रहे, वेद कहा जाता रहा है। प्रत्येक जाति का अपना अपना वेद होता है, प्रत्येक युग अपना वेद रच सकता है। गोपथब्राह्मण (१.१०) में चार वेदों के अनंतर प्रत्येक युग व जाति के अपने अपने वेद रचे जाने की संभावना बताते हुए कहा गया है—

ताभ्यः पञ्चवेदान् निरमयत-सर्ववेदं, पिशाचवेदमसुरवेदमितिहासवेदं पुराणवेदमिति।

तथापि संस्कृत साहित्य के इतिहास के संदर्भ में वेद का अर्थ है- ऋग्वेद आदि चार संहिताएँ तथा इन संहिताओं के ब्राह्मण ग्रंथ। सायण ने वेद के स्वरूप पर विचार करते हुए पूर्वपक्ष के रूप में निम्नलिखित लक्षणों पर विचार किया है—(१) वेद शब्दप्रमाण या आगम है। (२) वेद अपौरुषेय है, (३) मंत्र और ब्राह्मण-ग्रंथ-ये दोनों वेद हैं। पहले लक्षण की अतिव्याप्ति मनुस्मृति आदि स्मृतियों में होने से उसे निर्दोष नहीं माना जा सकता। परब्रह्म की भी पुरुष संज्ञा होने तथा वेदों में ही वेदमंत्रों के अग्नि, वायु आदि देवों के द्वारा रचित होने का उल्लेख होने से दूसरा लक्षण भी दोषयुक्त हो जाता है। अत: सायण तीसरे लक्षण को ही उचित मानते हैं। परंपरा में भी वेद का यही लक्षण मान्य है— **'मन्त्रब्राह्मणयोर्वेदनामधेयम्'** - अर्थात् मंत्र और ब्राह्मण इन दोनों की संज्ञा वेद है। ऋषियों ने जिस दिव्य ज्ञान का साक्षात्कार किया, उसे मंत्र कहा जाता है। मंत्रों की गद्यात्मक व्याख्या ब्राह्मण है। ब्राह्मण के भी तीन भाग हैं- ब्राह्मण, आरण्यक और उपनिषद्। इस प्रकार वेद या वैदिक वाङ्मय के चार भाग हो जाते हैं- मंत्र या संहिता, ब्राह्मण, आरण्यक तथा उपनिषद्।

संहिता

वेदमंत्रों का संग्रह वेदसंहिता या संक्षेप में संहिता कहा जाता है। संहिता का अर्थ ही होता है— संकलन। वेदसंहिताएँ चार हैं— ऋग्वेद, यजुर्वेद, सामवेद तथा अथर्ववेद। यद्यपि वेद अखंड और एक माना गया है, तथापि मंत्रों के स्वरूप और विनियोग की दृष्टि से संहिताओं के रूप में उनके ये चार प्रकार हो जाते हैं। मीमांसासूत्र के प्रणेता जैमिनि ने इन चार प्रकारों को इसप्रकार स्पष्ट किया है- 'तेषामृग्यत्रार्थवशेन पादव्यवस्था-' (मीमांसासूत्र २।१।३५) अर्थात् जिन मंत्रों में अर्थ के आधार पर पादों या चरणों की व्यवस्था हो, वे 'ऋक्' कहलाते हैं। 'गीतिषु सामाख्या' (वही, २।१।३६) अर्थात् जो मंत्र गाये जायें, वे 'साम' हैं। 'शेषे यजु: शब्द:' (वही, २।१।३६) - इन दोनों के अतिरिक्त शेष बचे मंत्र 'यजुष्' कहे जाते हैं। इन तीन प्रकार के मंत्रों से तीन वेद संहिताएँ निर्मित हुई हैं- ऋग्वेद, सामवेद और यजुर्वेद। इन तीन संहिताओं को 'त्रयी' भी कहा जाता है। आगे चल कर इस त्रयी में एक चौथा वेद— अथर्ववेद- और जुड़ा। इस प्रकार वैदिक संहिताएँ चार हैं।

मंत्र सहस्त्रों वर्षों तक वाचिक परंपरा में सुरक्षित रहे, इनको संकलित कर के तीन या चार संहिताएँ बाद में बनाई गईं। यह संहिताकरण एक समय में एक साथ नहीं हुआ, अत: चारों संहिताओं में अनेक मंत्र समान हैं।

वेद तथा वाचिक परंपरा

वेदों को सहस्त्रों वर्षो तक वाचिक परंपरा में ही संग्रहीत और सुरक्षित किया जाता रहा। वाचिक परंपरा से यहाँ आशय है पीढ़ी-दर-पीढ़ी कहे हुए को सुन सुन कर स्मरण करते रहने की परंपरा। वेद मूलत: लिखे नहीं गये, सुने गये, इसलिये वेदों को श्रुति भी कहा जाता है।

बाद में लिपि का आविष्कार हो जाने पर इन्हें लिपिबद्ध किया गया। दस हजार से भी अधिक मंत्र कुछ हजार वर्षों तक केवल मौखिक रूप में स्मरण कर कर के यथावत् सुरक्षित रखे गये। अन्य किसी देश के इतिहास में प्राचीन वाङ्मय को इतनी निष्ठा से सहस्त्रों वर्षों तक सुरक्षित रखने का उदाहरण नहीं मिलता। वाचिक परंपरा में मंत्रों को यथावत् स्मरण और पीढ़ी-दर-पीढ़ी सुरक्षित रखने के लिये पाठ की विशिष्ट विधियाँ अपनायी गयीं। इन्हे अष्ट विकृतियाँ कहा जाता है। व्याडिमुनि के द्वारा विरचित विकृतिवल्ली में इनके नाम इसके प्रकार गिनाये गये है –

जटा, माला, शिला, लेखा, ध्वजो, दण्डो, रथो घनः।
अष्टौ विकृतयः प्रोक्ताः क्रमपूर्वा महर्षिभिः।।

इन आठ विकृतयों के पहले पदपाठ और क्रमपाठ होते हैं। पद पाठ में किसी भी मंत्र को पदच्छेद कर के दोहराया जाता है। क्रम पाठ में दो दो पद (शब्द) लेकर उनमें से हर दूसरे को दोहराते चलते हैं। जटा पाठ में प्रत्येक पदयुगल को तीन तीन बार दोहराया जाता है। माला, शिखा, लेखा आदि में इसी क्रम से दोहराव बढ़ाया जाता है।

मन्त्र

किसी अनुष्ठान में विनियुक्त होने वाले छंदोबद्ध वर्णों को मंत्र कहा जाता है। मंत्र एक अक्षर से लगा कर छब्बीस अक्षरों तक के हो सकते हैं। ओम्, ह्रीं, क्लीं आदि एकाक्षर मंत्र हैं।

मंत्र का त्रिविध आशय है- ज्ञानार्थक, विचारार्थक तथा सत्कारार्थक। जिससे ईश्वर के आदेश का ज्ञान हो वह मंत्र है (मन्यते ज्ञायते ईश्वरादेशो येन)। जिसके द्वारा ईश्वरादेश पर विचार किया जाये, वह भी मंत्र है (मन्यते विचार्यते ईश्वरादेशो येन)। जिसके द्वारा देवता का आवाहन और सत्कार किया जाये वह भी मंत्र कहा जाता है (मन्यते सत्क्रियते देवताविशेषो येन)। मंत्र का अर्थ रहस्य या गूढ़ तत्त्वज्ञान भी है। मंत्रणा और मंत्री आदि शब्द इसी मंत्र से संबद्ध हैं। वेद के मंत्र तीन प्रकार के हैं- ऋक्, यजुष् तथा साम। देवों की स्तुति में प्रयुक्त मंत्र ऋक् है (ऋच्यते स्तूयते अनया इति ऋक्)। जिससे इज्या (यज्ञ या पूजा) संपादित किया जाये, वह यजुष् है। (यजति यजते वा अनेन)। शांति, सुख व संतोष प्रदान करने वाला मंत्र साम है (समयति सन्तोषयति देवान्)।

महामहोपाध्याय रामावतार शर्मा ने अपने परमार्थदर्शनम् में मंत्र को आधुनिक वैज्ञानिक सूत्रों के समतुल्य माना है। वैदिक परंपरा में मंत्रों का मूल उद्देश्य याज्ञिक विनियोग माना गया। मंत्र निगम और आगम दोनों परंपराओं में प्रयुक्त होते आये हैं। आगम परंपरों में वैष्णव, पांचरात्र, शैव, शाक्त आदि संप्रदायों के अपने अपने मंत्र हैं। शैवशास्त्र में शिव को शब्दराशि तथा मातृका (वर्णमाला) को शक्तिस्वरूपिणी माना गया। अतः मंत्र की प्रत्येक ध्वनि में शिव व शक्ति समाहित हैं।

मंत्रों के द्रष्टा या प्रणेता

क्या मंत्र किसी व्यक्ति के द्वारा रचे गये हैं? वेद की परंपरा में यह मान्यता रूढ़ है कि ऋषि मंत्रों के द्रष्टा हैं, कर्ता नहीं। फिर भी व्यवहार में इन ऋषियों को वैदिक साहित्य में ही 'मन्त्रकृत्' या मंत्र रचने वाले कहा गया है। ऐतरेय ब्राह्मण (६।१) पर भाष्य में सायण का कथन है कि 'मन्त्रकृत्' में प्रयुक्त कृ (करना) धातु वास्तव में देखने के लिये ही है। यास्क ने ऋषि को परिभाषित किया है- ऋषिर्दर्शनात्, ऋषयो मन्त्रद्रष्टार:- अर्थात् जो दर्शन कर सकता है, वह ऋषि है, ऋषि मंत्र का दर्शन करता है। ऋषियो ने दिव्यज्ञान रूप मंत्रों का साक्षात्कार किया- इस दृष्टि से उन्हें लक्षणा से मंत्रों का निर्माता भी कह सकते हैं। वेदमंत्र सहस्त्रों वर्षों तक वाचिक या मौखिकपरंपरा में प्रचलित रहे। जिन महर्षियों ने उनका सबसे पहले साक्षात्कार किया, उन्हीं का नहीं, जिन ऋषियों ने उन्हें अपने वंशजों को सौंपा उनका तथा उनके वंशजों का और आगे चल कर जिन ऋषियों ने इन सब मंत्रों का संकलन तथा वर्गीकरण किया, उनका भी नाम मंत्रों के साथ जुड़ा हुआ है। इसलिये जब वैदिक साहित्य के ऐतिहासिक अध्ययन में 'अमुक वेद के अमुक कवि' इस प्रकार का कथन किया जाता है, तो इन चारों आशयों में से प्रसंगानुसार कोई भी आशय हो सकता है।

वेद तथा कर्मकांड

वैदिक काल से ही मंत्रों का उपयोग यज्ञ में किया जाता रहा है। यज्ञ या श्रौतयाग का अनुष्ठान कराने वाले पुरोहित को ऋत्विक् कहा जाता था। ऋत्विक चार प्रकार के होते थे- होता, उद्गाता, अध्वर्यु और ब्रह्मा। होता का कार्य यज्ञ में देवों का आवाहन करना था, उद्गाता का ऋचाओं का गायन कर के देवों को प्रसन्न करना था, अध्वर्यु यज्ञ के अनुष्ठान की विधि संपादित कराता था, तथा ब्रह्मा सारे याज्ञिक अनुष्ठान का निरीक्षण करता था।

वैदिक यज्ञों में ज्योतिष्टोम, सामयाग, अश्वमेध आदि के विधान ब्राह्मण ग्रंथों में वर्णित हैं। पुरुषमेध का प्रतीकात्मक स्वरूप शतपथ ब्राह्मण में निरूपित है। तदनुसार पुरुषमेध का प्रथम अनुष्ठान प्रजापति ने तथा अंतिम अनुष्ठान श्यापर्ण सायकायन ने किया। इस यज्ञ का प्रयोजन अतिष्ठा (सर्वोपरिता) की प्राप्ति है। पुरुषसूक्त के मंत्रों का पाठ इसके अनुष्ठान के समय किया जाता है।[१]

शाखा, चरण और परिषद्

वेद की किसी एक परंपरा में पढ़ी या पढ़ायी जाने वाली वेदसंहिता उस संहिता की शाखा कही जाती है। वेदमंत्रों के पाठ की परंपरा में अलग अलग ऋषियों के परिवारों में अलग अलग परंपराएँ बनती गयीं, जिनके कारण वेदों की शाखाएँ बनी। इन ऋषि- परिवारों में वंशानुक्रम से अपनी अपनी शाखा का पाठ और अध्ययन किया जाता रहा और इनके वंशज अपना

परिचय देते समय भी अपनी शाखा का नाम बताते आये हैं। संध्यावंदन के समय भी अपने नाम के साथ अपनी शाखा बतायी जाती है। ऋग्वेद, यजुर्वेद, सामवेद और अथर्ववेद इन चारों वेद- संहिताओं की कई कई शाखाएँ हैं। चारों संहिताओं की कुल मिला कर ११३० शाखाएँ प्राचीन काल में थीं- ऐसा महाभाष्य में पतंजलि के वचन से प्रमाणित होता है—

"एकशतमध्वर्युशाखाः, सहस्त्रवर्त्मा सामवेदः,
एकविंशतिधा बाह्वच्यम्, नवधाऽऽथर्वणो वेदः।"

एक वेदसंहिता की शाखाओं में परस्पर अधिक भेद नहीं है, मूल ग्रंथ तो पूरा का पूरा वही है। भेद मंत्रों के उच्चारण की दृष्टि से है, तथा कहीं कहीं कुछ मंत्र न्यूनाधिक हैं। प्रत्येक शाखा में अपने अपने ब्राह्मण, आरण्यक और उपनिषद् भी तैयार किये गये।

चरण का लक्षण टीकाकार जगद्धर ने यह दिया है- 'चरणशब्दः शाखाविशेषाध्ययनपरैकतापन्नजनसङ्घवाची' - अर्थात् किसी विशेष शाखा के अध्ययन में लगे हुए लोगों का संघ चरण है। चरणों से संबद्ध विप्रों की सभा परिषद् है। मनु ने परिषद् का स्वरूप बताते हुए कहा है –

त्रैविद्यो हेतुकस्तर्की नैरुक्तो धर्मपाठकः।
त्रयश्चाश्रमिणः पूर्वे परिषत्स्याद्दशावरा।। १२.१११॥
ऋग्वेदविद्यजुर्विच्च सामवेदविदेव च।
त्र्यवरा परिषज्ज्ञेया धर्मसंशयनिर्णये ।। १२.११२॥

मनु तथा याज्ञवल्क्य के अनुसार परिषद् में दर्शन, तर्क तथा धर्मशास्त्र में निपुण इक्कीस ब्राह्मण अपेक्षित हैं। यह आज के विश्वविद्यालय या अकादेमी के समान है। एक परिषद् से संबद्ध ग्रंथ या निबंध पार्षद कहे जाते हैं।

ऋग्वेद

ऋग्वेद विश्वसाहित्य का सबसे प्राचीन ग्रंथ है। वैदिक संहिताओं में भी इसे सर्वप्राचीन वेद के रूप मे माना जाता रहा है। ऋग्वेद के ही पुरुषसूक्त में कहा गया है कि ऋचाओं की रचना परम पुरुष के द्वारा सर्वप्रथम हुई, उसके पश्चात् साम तथा छंदस् की—

तस्माद्यज्ञात् सर्वहुत ऋचः सामानि जज्ञिरे।

संहिताओं मे सर्वाधिक महत्त्व भी ऋग्वेद को ही दिया गया है। यज्ञ के संपादन में भी साम और यजुष् के मंत्रों की अपेक्षा ऋग्वेद की ऋचाओं का प्रयोग प्रभावकारी माना गया। तैत्तिरीय संहिता में कहा गया है-

यद्वै यज्ञस्य साम्ना यजुषा क्रियते,
शिथिलं तत्, यद् ऋचा तद् दृढम्।(६।५।१०।३)

अर्थात् यज्ञ के संपादन में जो कर्म साम या यजुष् के मंत्रों के उच्चारण के साथ किया जाता है, वह शिथिल होता है, जो ऋचा या ऋग्वेद के मंत्रों के पाठ के साथ किया जाता है, वह दृढ़ होता है।

विभाजन- ऋग्वेद का विभाजन दो प्रकार से हुआ है—अष्टक क्रम और मंडल क्रम। अष्टकक्रम में संपूर्ण ऋग्वेद को ६४ अध्यायों में बाँटा गया है। इनमें से आठ आठ अध्यायों का एक एक अष्टक माना गया। इसप्रकार संपूर्ण ऋग्वेद में आठ अष्टक हो जाते हैं। अष्टकों का विभाजन वर्गों में किया गया है। प्रत्येक वर्ग में एक से लेकर नौ तक मंत्र हैं। यह विभाजन अध्ययन के सौकर्य के लिये अपनाया गया है। ऋग्वेद का मंडलों में विभाजन सर्वाधिक प्रचलित व प्रतिष्ठित है। इस विभाजन में संपूर्ण ऋग्वेद को दस मंडलों में बाँटा गया है। प्रत्येक मंडल में अनुवाक तथा अनुवाक में कई सूक्त हैं। कात्यायनसर्वानुक्रमणी के अनुसार ऋग्वेद में कुल ८५ अनुवाक हैं, इन अनुवाकों में १०२८ सूक्त हैं, तथा इन सूक्तों में कुल मिला कर १०५२८ मंत्र हैं। हाल ही में ऋग्वेद की एक विलुप्तप्राय की शांखायनसंहिता का संस्करण महर्षि सांदीपनि राष्ट्रिय वेदविद्या प्रतिष्ठान के द्वारा प्रकाशित किया गया है, जिसमें कुछ मंत्र अधिक हैं।

ऋग्वेद के दस मंडलों में दूसरे मंडल से सातवें मंडल तक का अंश सबसे प्राचीन माना जाता है। इन मंडलों में सूक्तों के संयोजन की विशेषता यह है कि जिन ऋषियों के सूक्त अधिक संख्या में हैं, उन्हें प्राय: उत्तरोत्तर बाद में रखा गया है। इस प्रकार इन मंडलों में क्रमश: ४३,६२,५८, ८७, ७५, १०४ सूक्त हैं।

इन मंडलों का भाषा और विषय वस्तु की दृष्टि से अध्ययन करने वाले विद्वानों का निष्कर्ष है कि प्रथम, अष्टम, नवम और दशम मंडल बाद में जोड़े गये। इन चारों परवर्ती मंडलों में भी दशम मंडल सबसे बाद का है। शेष मंडलों में प्रथम मंडल के १९१ सूक्तों में से ५१ से लेकर १९१ तक के सूक्त पहले संकलित हुए और प्रारंभिक सूक्त बाद में। १ से ५०वें तक के सभी सूक्त कण्व ऋषि के द्वारा विरचित हैं। इनके पश्चात् नवम मंडल के सूक्त जोड़े गये, ये सभी सूक्त सोमविषयक हैं। इनके कवियों के मंत्र दूसरे से सातवें मंडलों में भी संकलित हैं, पर दूसरे से सातवें मंडलों में सोम विषयक कोई सूक्त स्वतंत्र रूप से नहीं हैं।

सामान्यत: संदर्भ के लिये मंडल व सूक्तों की संख्या का उपयोग किया जाता है। प्रस्तुत पुस्तक में ऋग्वेद से सारे संदर्भ मंडलसंख्या, सूक्तसंख्या व सूक्त के अंतर्गत मंत्रसंख्या के अनुसार दिये गये हैं।

ऋग्वेद की शाखाएँ

ऋग्वेद की इक्कीस शाखाओं का प्राचीन साहित्य में उल्लेख मिलता है। पतंजलि ने महाभाष्य में कहा है– 'एकविंशतिधा बाह्वृच्यम्।' आज इन इक्कीस शाखाओं के उपलब्ध होने

की बात तो दूर रही, इन सभी के नाम भी विदित नहीं हैं। केवल पाँच शाखाओं के नाम ज्ञात होते हैं। ये इस प्रकार हैं– शाकल, वाष्कल, शांखायन, मण्डूकायन तथा आश्वलायन। इनमें से शाकल शाखा ही उपलब्ध है। शांखायन शाखा का अभी अभी पुनरुद्धार हुआ है। शेष शाखाओं में आश्वलायन शाखा के ब्राह्मण तथा उपनिषद् तो प्राप्त होते हैं, पर संहिताएँ अभी तक अप्राप्त हैं।

ऋग्वेद के कवि

ऋग्वेद के मंत्रद्रष्टाओं या ऋषियों में मुख्य हैं- वसिष्ठ, विश्वामित्र, अत्रि, भारद्वाज, कण्व, गृत्समद, वामदेव, अंगिरस आदि। सभी सूक्तों के साथ उनके ऋषियों के नाम मिलते हैं। दूसरे से सातवें मंडल तक के ऋषि हैं- गृत्समद, विश्वामित्र, वामदेव, अत्रि, भरद्वाज और वसिष्ठ। आठवें मंडल के ऋषि कण्व और अंगिरा हैं। पहले और दसवें मंडल में भिन्न भिन्न ऋषियों के सूक्त हैं। अनेक स्त्री-ऋषियों तथा आर्येतर वर्णों के ऋषियों के भी सूक्त ऋग्वेद में हैं।

ऋग्वेद तथा अन्य वैदिक ग्रंथों में कतिपय स्त्रियों का ऋषि के रूप में उल्लेख है। स्त्री के ऋषि होने का अर्थ है कि वह मंत्रों का साक्षात्कार कर लेती है। हरिपद चक्रवर्ती (१९८१: ५४) ने लोपामुद्रा, अपाला तथा घोषा को महिला ऋषि माना है। मांधात्री, अगस्त्य की अज्ञातनाम बहिन, वसुक्र की पत्नी, शाश्वती, गोधा विश्ववारा भी ऐसी ही महिला ऋषि हैं। मंत्रों की रचनाकार कवि के रूप में घोषा का उल्लेख ऋग्वेद (१.११७.७, १०.४०.५, १०.३९.३,६) में आता है। घोषा राजा कक्षीवत् की बेटी थी। इसके दो सूक्त ऋग्वेद में मिलते हैं, जिनमें चौदह चौदह ऋचाएँ हैं।

अपाला तथा विश्ववारा आत्रेय वंश की थीं। ऋग्वेद के पंचम मंडल में आत्रेय ऋषियों के मंत्र हैं। अपाला तथा विश्वारा के भी मंत्र इनमें हैं। इन महिला ऋषियों में से कुछ ने तो पूरे पूरे सूक्त (बहुसंख्य मंत्रों का एक अध्याय) भी रचे।

बृहद्देवता (२.८२-८४) में ब्रह्मवादिनियों को उल्लेख करते हुए कहा है–

घोषा गोधा विश्ववारा अपालोपनिषन्निषत्।
ब्रह्मजाया जुहूर्नाम अगस्त्यस्य स्वादितिः।
इन्द्राणी चेन्द्रमाता च सरमा रोमशोर्वशी।
लोपामुद्रा च नद्यश्च यमी नारी च शाश्वती।
श्री लाक्षा सार्पराज्ञी वाक् श्रद्धा मेधा च दक्षिणा।
राज्ञी सूर्या च सावित्री ब्रह्मवादिन्य ईरिताः।

ऋग्वेद की विषयवस्तु

ऋग्वेद की विषयवस्तु अत्यंत व्यापक है। धर्म, दर्शन, कर्मकांड, तथा विभिन्न लौकिक

विषयों का उसमें समावेश है। इसके सूक्तों को विषय वस्तु की दृष्टि से निम्नलिखित वर्गों में बाँटा जा सकता है- स्तुतिपरक सूक्त, दार्शनिक सूक्त, ऐहिक या लौकिक सूक्त, दानस्तुतियाँ तथा संवादसूक्त।

स्तुतिपरक सूक्त

इंद्र, अग्नि, सोम, विष्णु, वरुण, उषस्, रुद्र- ये ऋग्वेद में वर्णित या स्तुत प्रमुख देवता हैं। स्तुतिपरक सूक्तों में इन देवताओं की स्तुतियाँ या इनका वर्णन है। यह वर्णन तीन प्रकार से है- परोक्षकृत, प्रत्यक्षकृत और आध्यात्मिक। इन तीन प्रकारों में देवता के लिये क्रमशः प्रथम पुरुष, मध्यम पुरुष और उत्तम पुरुष का प्रयोग होता है। परोक्षकृत में कवि देवता का निदर्शन उसका नाम लेकर, उसके विशेषणों के द्वारा या अन्य पुरुष सर्वनाम के द्वारा करता है। ऋग्वेद का पहले सूक्त का पहला मंत्र (अग्निमीळे पुरोहितम्...इत्यादि-) इसका उदाहरण है। प्रत्यक्षकृत में कवि देवता को अपने समक्ष उपस्थित मान कर संबोधित करता है। उपर्युक्त अग्निसूक्त का अंतिम मंत्र- (अग्ने नय राये सुपथा...इत्यादि-) इसका उदाहरण है। आध्यात्मिक सूक्तों में देवता स्वयं अपने विषय में बताता है। वागाम्भृणी सूक्त (ऋग्वेद १०।१२५) इसका उदाहरण है।

दार्शनिक सूक्त

ऋग्वेद में अनेक सूक्तों में जीवन, जगत् या सृष्टि के उद्भव के विषय में गहन चिंतन प्रस्तुत करते हुए दार्शनिक अवधारणाएँ प्रस्तुत की गयी हैं। ऐसे सूक्तों में उल्लेखनीय हैं— अस्यवामीय (१.६४) नासदीय सूक्त (१०.१२९), हिरण्यगर्भ सूक्त (१०.१२१) तथा पुरुष सूक्त (१०.९०) आदि। कुछ सूक्तो में आध्यात्मिक रहस्यों को अत्यंत गूढ तथा पहेलियों की भाषा में प्रकट किया गया है। आठवें मंडल के उन्तीसवें सूक्त तथा अस्यवामीय सूक्त में गूढ़ रहस्यों को पहेलियों के द्वारा प्रकट किया गया है।

लौकिक सूक्त

इन सूक्तों में लोकव्यवहार के विषयों की विवृति के साथ उस समय की सांस्कृतिक व सामाजिक स्थितियों और लोकाचारों का परिचय मिलता है। अनेक सूक्तों में राजशास्त्र के विषयों के साथ ग्राम, नगर तथा राष्ट्र के प्रशासन का पद्धतियाँ वर्णित हैं। दसवें मंडल के १७३ तथा १७४वें सूक्तों में राज्याभिषेक के साथ राजा के दायित्व प्रकाशित किये गये हैं। सभा और समिति इन दो संस्थाओं के स्वरूप पर भी ऐसे सूक्तों से प्रकाश पड़ता है। ये संस्थाएँ राजा के मार्गदर्शन के लिये थीं। दसवें मंडल का ही ८४वाँ सूक्त विवाह की उस समय की पद्धति, स्त्रीपुरुष के संबंध व पारिवारिक आदर्शों पर प्रेरणाप्रद रूप में ज्ञान कराता है। यह सूक्त सूर्या सूक्त के नाम से प्रसिद्ध हैं। इसमें सूर्या का सोम से विवाह निरूपित है। दसवे मंडल के

ही पाँच सूक्त (१४ से १८) मृत्यु संस्कार से संबद्ध हैं। अक्षसूक्त, मंडूक सूक्त आदि में भी लौकिक विषयों का ग्रहण है।

संवादसूक्त

ऋग्वेद के अनेक सूक्तों में विभिन्न व्यक्तियों के बीच वार्तालाप या संवाद निबद्ध किये गये हैं। ऐसे सूक्तों में किसी आख्यान की पृष्ठभूमि निहित है। ये सूक्त नाटकीयता से ओतप्रोत हैं। इंद्र-मरुत्-अगस्त्य-संवाद (१.१६५ तथा १.१७०), , अगस्त्य और लोपामुद्रा संवाद (१.१७९), विश्वामित्र-नदी-संवाद (३.३३), इंद्र,अदिति और वामदेव का संवाद (४.१८), वसिष्ठ और इंद्र का संवाद (७.३३), इंद्र, वसुक्र तथा वसुक्रपत्नी का संवाद (१०.२७,२८), यम-यमी-संवाद (१०.१०) सरमा-पणि-संवाद (१०.१०८), अग्नि तथा देवों का संवाद (१०.५१,५२), इंद्र, इंद्राणी तथा वृषाकपि का संवाद (१०.८६) तथा पुरूरवा और उर्वशी का संवाद (१०।८६) आदि संवादसूक्त उल्लेखनीय हैं।

दानस्तुतियाँ

इन सूक्तों में राजाओं की उदारता व दानशीलता की प्रशंसा है। ये दान यज्ञ के अवसरों पर ऋत्विजों को दिये जाते थे। इन सूक्तों में दान देने वाले राजाओं की वंशपरंपरा का भी विवरण मिलता है। इसके कारण ऐतिहासिक दृष्टि से इनका बड़ा महत्त्व है। दानस्तुतियों में कवि अपनी दरिद्रता व भूख की चर्चा भी करते हैं। ऋ० १०.११७ में भूखे को भोजन देने वाले दाता का गुणगान किया गया है। इसी सूक्त में यह सूक्ति है – केवलाघो भवति केवलादी (जो अकेला खाता है, वह पापी है।)

अभिचारात्मक सूक्त

यद्यपि अभिचार (तंत्र, जादू तथा टोना) मुख्य रूप से अथर्ववेद में वर्णित हैं, परंतु ऋग्वेद के भी लगभग तीस सूक्तों में अभिचार के विषय गृहीत हैं। इनमें दुःस्वप्ननाश, अपशकुननिवारण, रोगोपचार, पुत्रप्राप्ति, शत्रुनाश, सपत्नीमर्दन, तथा राक्षसों के प्रभावों को दूर करने के लिये प्रयुक्त होने वाले अभिचारों का निरूपण है। उस समय के लोकविश्वासों तथा लोकाचारों का इनसे ज्ञान होता है। उदाहरण के लिये अपनी सपत्नी (सौत) के नाश के लिये कोई स्त्री एक बूटी का उपयोग करती थी, जिसके लिये यह मंत्र है-

इमां खनाम्यौषधिं वीरुधं बलवत्तमम्।
यथा सपत्नीं बाधते मया संविदन्ते।

(मैं इस शक्तिशाली औषधि को खोद कर निकालती हूँ। यह मेरी सपत्नी का नाश कर मुझे सुख प्रदान करेगी)

भास के स्वप्नवासवदत्तम् नाटक में विवाह के समय नववधू को पहनाई जाने वाली माला में सपत्नीमर्दन नामक बूटी के गूँथे जाने का उल्लेख है, जिससे स्पष्ट है कि वैदिक काल में आरंभ हुई यह प्रथा भारतीय समाज में कई शताब्दियों तक प्रचलित रही।

आख्यानात्मक सूक्त

ऋग्वेद के अनेक सूक्तों में प्राचीन आख्यानों का निरूपण अथवा उल्लेख है। इन आख्यानों की अनेक प्रकार से व्याख्याएँ की जाती रही हैं। इंद्रसंबंधी सूक्तों में उसके द्वारा वृत्र, शंबर आदि असुरों को मारने तथा पर्वतों के पंख काटने व नदियों को बहाने की कथाएँ हैं। यास्क ने अपने निरुक्त में इन आख्यानों का संकेत 'इत्यैतिहासिकाः' 'तत्रेतिहासमाचक्षते' 'इत्याख्यानम्' आदि कथनों के द्वारा किया है।

ऋग्वेद का काव्यसौंदर्य

ऋग्वेद की रचनाशैली में अत्यंत उत्कृष्ट कवित्व का अनुभव होता है। अनेक अलंकार सहज रूप में मंत्रद्रष्टा ऋषियों की अभिव्यक्ति में समाविष्ट होते गये हैं। इंद्रसंबंधी सूक्तों में वीर रस का अव्याहत प्रवाह है, तो उषस् देवी से संबद्ध सूक्तों में मनोरम कल्पनाएँ, सौंदर्य व शृंगार का लालित्य है। उषस् देवी के लिये स्नान कर के सरोवर से ऊपर आती रमणी की उपमा दे कर मनोहारी छवि अंकित की गई है—

एषा शुभ्रा न तन्वो विदानोर्ध्वेव स्नाती दृशये नो अस्थात्।
अप द्वेषो बाधमाना तमांस्युषा दिवो दुहिता ज्योतिषागात्।।

(५.८०.५)

(द्युलोक की कन्या उषा प्रकाश में जगमगाती हुई आ गयी है। वह अंधेरे को हटाती हुई अपने शुभ्र स्वरूप को प्रकट कर रही है, जिस प्रकार कोई सुंदर रमणी सरोवर से स्नान कर के बाहर निकलती है।)

कितवसूक्त में जुआरी की मनोव्यथा का चित्रण अत्यंत मार्मिक है। जुआरी के मन के अन्तर्द्वन्द्व को बहुत ही प्रभावशाली रूप में यहाँ प्रस्तुत किया गया है। पाँसे उसे किस प्रकार खींचते हैं तथा वे कितने घातक होते हैं इसका निरूपण करते हुए कवि कहता है—

नीचा वर्तन्ते उपरि स्फुरन्ति अहस्तासो हस्तवन्तं सहन्ते।
दिव्या अङ्गारा इरिणे न्युप्ताः शीताः सन्तो हृदि निर्दहन्ति।।

(१०.३४.९)

(ये पाँसे नीचे फैंके जाने पर भी ऊपर ऊपर चढते हैं। बिना हाथ के होते हुए भी हाथ वाले को पकड़ लेते हैं। ये पाँसे नहीं ऊसर में फैंके गये जलते अंगारे हैं, जो शीतल होकर भी हदय को जला देते हैं।)

पूरे मंत्र में विरोधाभास अलंकार का प्रयोग भावबोध की गहनता और तीव्रता प्रदान करने वाला है। व्यजंना और वक्रोक्ति दोनों का उत्तम प्रयोग वेद के कवि ने यहाँ किया है।

ऋग्वेद के कवियों की उपमाएँ और कल्पनाएँ अनूठी और मौलिक हैं। आधि (मानसिक चिंता, तनाव) किस प्रकार शरीर को समाप्त कर रहा है इसका चित्रण करते हुए उपमा दी गयी है—

तं मा व्यन्त्याध्यो वृको न तृष्णजं मृगम्।

ऋग्वेद १.१०५.७

(जैसे पिपासित मृग को भेड़िया खा जाता है, वैसे ही मुझे आधि खा रही है।)

इस मंत्र में मृग का विशेषण तृष्णजम् लगा कर कवि ने विशेषणवक्रता का अनोखा प्रयोग किया है। तृप्त और संतुष्ट मृग को भेड़िया खाये, उसकी अपेक्षा प्यासे मृग को खाये – यह कहना आधि की घातकता के बोध को बहुत मार्मिक बना देता है।

वेद के मंत्रों की भाषा का प्रवाह अबाध है। उसकी बलशालिता और गत्यात्मकता अनन्य ही कही जा सकती है। नदियों के बहाव को प्रत्यक्ष देखता हुआ कवि कहता है—

एता अर्षन्त्यलला भवन्तीर्ऋतावरीरिव सङ्क्रोशमानाः।
एता वि पृच्छ किमिदं भनन्ति कमापो अर्दिं परिधिं रुजन्ति।।

(४.१८.६)

(ये उन्मुक्त होकर बहती नदियाँ आनंद से उच्छलित होती प्रमदाओं की भाँति परस्पर अठखेलियाँ करती हुई आगे बढ रही हैं। ये क्या क्या कह रही हैं, किन किन पत्थरों को तोड़ कर आगे बढ रही हैं, यह उन्हीं से पूछो।)

जहाँ उषस् सूक्तों में अत्यंत मनोहारी कल्पनाओं के साथ रमणीय बिंब उकेरे गये हैं, वहीं इंद्र व मरुत् के सूक्तों में बलशाली, गत्यात्मक बिंब तथा ओजस्वी कल्पनाएँ हैं। कवि मरुत् को भागते हुए रंगबिरंगे मृगों के रूप में देखते हैं, या दहाड़ते हुए सिंहों से उन्हें उपमित करते हैं।

महिषासो मायिनश्चित्रभानवो गिरयो न स्वतवसो रघुष्यदः
मृगा इव हस्तिनः खादथा वना यदारुणीषु तविषीरयुग्ध्वम्
सिंहा इव नानदति प्रचेतसः पिशा इव सुपिशो विश्ववेदसः
क्षपो जिन्वन्तः पृषतीभिरष्टिभिः समित्सबाधः शवसाहिमन्यवः
रोदसी आ वदता गणश्रियो नृषाचः शूराः शवसाहिमन्यवः।

(ऋग्वेद, १.६४.७-९)

अश्विनौ के संबोधित सूक्तों में सौंदर्यबोध और रम्य कल्पनाओं के उत्कृष्ट निदर्शन हैं। एक स्थल पर अश्विनौ के युगल रूप की छवि मंत्रमुग्ध होकर निहारता कवि उपमाओं की अद्भुत झड़ी लगा देता है। मालोपमाओं का अद्भुत संसार कवि ने यहाँ रचा है—

ग्रावाणेव तदिदर्थं जरेथे गृध्रेव वृक्षं निधिमन्तमच्छ।
ब्रह्माणेव विदथ उक्थशासा दूतेव हव्या जन्या पुरुत्रा।।

प्रातर्यावाणा रथ्येव वीराजेव यमा वरमा सचेथे
मेने इव तन्वा३ शुम्भमाने दम्पतीव क्रतुविदा जनेषु
शृङ्गेव नः प्रथमा गन्तमर्वाक्छफाविव जर्भुराणातरोभिः
चक्रवाकेव प्रति वस्तोरुस्रार्वाञ्चा यातं रथ्येव शक्रा
नावेव नः पारयतं युगेव नभ्येव न उपधीव प्रधीव।
श्वानेव नो अरिषण्या तनूनां खृगलेव विस्रसः पातमस्मान्।।
वातेवाजुर्या नद्येव रीतिरक्षी इव चक्षुषा यातमर्वाक्।
हस्ताविव तन्वे शम्भविष्ठा पादेव नो नयतं वस्यो अच्छ।।
ओष्ठाविव मध्वास्ने वदन्ता स्तनाविव पिप्यतं जीवसे नः।
नासेव नस्तन्वो रक्षितारा कर्णाविव सुश्रुता भूतमस्मे।।
हस्तेव शक्तिमभि सन्ददी नः क्षामेव नः समजतं रजांसि।
इमा गिरो अश्विना युष्मयन्तीः श्रोत्रेणेव स्वधितिं सं शिशीतम्।।
एतानि वामश्विना वर्धनानि ब्रह्म स्तोमं गृत्समदासो अक्रन्।
तानि नरा जुजुषाणोप यातं बृहद्वदेम विदथे सुवीराः।।

(२.३९.१-८)

(जैसे सोम को पीसने वाले दोनों पाट एक दूसरे से मिल कर काम करते हैं ऐसे ही आप दोनों निकट आयें। जैसे दो गीध पक्षी वृक्ष पर बसेरा करने के लिये आते हैं ऐसे ही जरित या स्तुति करने वाले के पास आप आयें। जैसे प्रातः ही यज्ञ करने के लिये दो वीर चल पड़े हों, जैसे दो यमल (जुड़वा) छाग चल पड़े हों, इस तरह आप आप दोनों एक साथ आयें। जैसे पशु के दोनों सींग एक साथ रहते हैं, जैसे अश्व के दो खुर एक साथ रहते हैं, जैसे चक्रवाक जोड़े में रहते हैं, ऐसे ही आप साथ साथ रह हमारे पास आयें। जैसे दो नौकाएँ लोगों को सिंधु (नदी) पार करा रहीं हों, जैसे रथ के चक्र की दोनों नाभियाँ एक साथ घूम रहीं हों, जैसे उसकी प्रधियाँ (बाहरी वलय) एक साथ चल रहे हों, ऐसे ही दुर्गम पथ आप हमें पार करायें, जैसे दो श्वान मिल कर रक्षा करते हैं, ऐसे ही आप दोनों हमारी रक्षा करते रहें। आप दो हाथों की तरह दो पाँवों की तरह, मधुर वचन बोलने वाले दो ओठों की तरह, हमें जीवन देने वाले दो उरोजों की तरह, हमारे भीतर प्राणवायु भरने वाले दो नासाच्छिद्रों की तरह, दो कानों की तरह जिनसे हम शब्दश्रवण कर पाते हैं, द्यावापृथिवी की तरह जो अंतरिक्ष को धारण किये रहते हैं आप यहाँ पधारें। आप दोनों प्रसन्न होकर हम दोनों के पास आयें। आप दोनों सुवीरों या शोभनपुत्रों की यज्ञ में हम प्रचुर स्तुति करते हैं।)

इतनी उपमाओं से अश्विनौ की शंसा करने के पश्चात् गृत्समद ऋषि कहते हैं कि मेरे ये वचन आपकी वृद्धि करने वाले हैं।

ऋग्वेद की भाषा और शैली

शब्दसाधना तथा भाषा की सामर्थ्य के प्रति सजगता ऋग्वेद के कवियों में सर्वत्र मिलती है। भाषा के विषय में उन्होंने स्वयं भी संस्कार और परिष्कार का महत्त्व स्वीकार किया है। वे कहते हैं- 'सक्तुमिव तितुना पुनन्तो यत्र धीरा मनसा वाचमक्रत'- अर्थात् जैसे चलनी से सत्तू छान कर स्वच्छ किया जाता है, उसी प्रकार इस देश के विचारशील पुरुषों ने अपने मन की चलनी से वाणी को छान कर पावन बनाया है। अन्यत्र वाणी की गूढ क्षमता के विषय में ऋग्वेद का ऋषि कहता है- कोई व्यक्ति तो वाणी को देखता हुआ भी नहीं देख पाता, कोई उसे सुनता हुआ भी नहीं सुन पाता; और किसी विज्ञ के आगे वह अपने रहस्य को उसी प्रकार उन्मीलित कर देती है, जिस प्रकार प्रेम से भरी हुई पत्नी अपने आपको अपने पति के आगे—

उत त्वः पश्यन्न ददर्श वाचमुत त्वः शृण्वन्न शृणोत्येनाम्।
उत त्वस्मै तन्वं विसस्रे जायेव पत्य उशती सुवासाः।

(१०.७१.४)

ऋग्वेद में कहीं ओजस्वी और स्फुरित होती हुई पदावली तो कहीं अतिशय कोमल और मसृण शब्दविन्यास है। इस प्रकार कुंतक के द्वारा बताये गये सुकुमार और विचित्र दोनों काव्यमार्गों पर सहज गति से ऋग्वेद के कवि अग्रसर होते हैं। जीवन में माधुर्य की कामना करते हुए ऋषि अपनी वाणी में माधुर्य का अवतरण कर देते है—

मधु वाता ऋतायते मधु क्षरन्ति सिन्धवः माध्वीर्नः सन्त्वोषधीः।
मधुमान्नो वनस्पतिः मधुमानस्तु सूर्यः माध्वीर्गावो भवन्तु नः।।

छंद

ऋग्वेद में ग्यारह प्रकार के छंदों का प्रयोग हुआ है। इन में से सात छंद सर्वाधिक प्रयुक्त है- त्रिष्टुभ्, गायत्री, जगती, अनुष्टुप्, उष्णिक्, पंक्ति और बृहती। ऋग्वेद का २/५वाँ अंश त्रिष्टुप् में, १/४ अंश गायत्री में, १/८वाँ अंश जगती में और १/१०वाँ अंश अनुष्टुप् में है।

ऋग्वेद तथा अथर्ववेद में में 'छन्दस्' शब्द सूत्र या मन्त्र के अर्थ में प्रयुक्त है।[२] मैकडोनल के अनुसार इन सभी स्थलों में छन्दस् आनुष्ठानिक आह्वान के अर्थ में प्रयुक्त हुआ है, जिसका विनियोग देवताओं को प्रसन्न करने के लिये है।[३]

अन्य संहिताओं में इसी अर्थ में तीन या सात छन्दों का उल्लेख है तथा शतपथ ब्रा० में आठ छन्दों का। ऋग्वेद प्रातिशाख्य तथा परवर्ती वैदिक ग्रन्थों में अक्षरों की गणना के अनुसार नियमबद्ध पद्यात्मक रचना के रूप में छन्दस् का निरूपण है, तथा उसमें अक्षरगणना के नियमों का भी विवरण प्राप्त होता है।

छन्दस् या वेदों के छंदों का गायन होता था। उनके गायक के लिये 'छन्दोग' शब्द का प्रयोग शतपथ ब्रा० (१०/५/२/१०) तथा सूत्रग्रन्थों में मिलता है। छन्दोग मुख्यत: सामवेद के मन्त्रों का गायक होता था। छान्दोग्य उप. का भी सम्बन्ध छन्दोग से प्रतीत होता है।

वैदिक छंदों का विवरण आगे वेदांग शीर्षक के अंतर्गत दिया गया है।

ऋग्वेद के कवियों का स्थान

ऋग्वेद के कवि सप्तसिंधु प्रदेश में रहते थे- ऐसा उल्लेख मंत्रों में मिलता है। सप्तसिंधु वह प्रदेश है, जिसमें सात नदियाँ बहती थीं। ये नदियाँ थीं- सिंधु, विपाशा (व्यास), शुतुद्रि या शतद्रु (सतलज), वितस्ता (झेलम), असिक्नी (चिनाब), परुष्णी (रावी) और सरस्वती। पश्चिमी विद्वानों की धारणा है कि आर्य भारत में बाहर से आये। पर यह धारणा विवादास्पद है। डॉ. अविनाशचंद्र दाश ने अपने अध्ययन के निष्कर्षस्वरूप यह स्थापना दी है कि ऋग्वेद के निर्माणकाल की अवधि में ऋषिगण पंचनद, कश्मीर, बाह्लीक (बिलोचिस्तान) गांधार (अफगानिस्तान) और पश्चिमी हिमालय के प्रदेशों में निवास कर रहे थे। यह प्रदेश ही आर्यो का आदिदेश भी था। डॉ० रामविलास शर्मा ने इस संबंध में निम्नलिखित धारणाओं को प्रवाद या किंवदंती मात्र माना है – (१) आर्यों का बाहर से भारत में आगमन, (२) उनके द्वारा सिंधु सभ्यता के नगरों को आक्रमण कर के नष्ट करना, तथा (३) आर्यों व अनार्यों का कथित द्वंद्व। वे कहते हैं - 'आर्यों ने भारत में उत्तरपश्चिम से प्रवेश किया, यह कल्पना ऐतिहासिक भाषाविज्ञान की है। पुरातत्त्व (मार्शल से ह्वीलर तक) ने उसे वहाँ से ग्रहण किया। कल्पना निराधार है।'' इस कल्पना को मिथ्या सिद्ध करने के लिये डॉ० शर्मा ने अनेक भाषावैज्ञानिक व साहित्यिक प्रमाण जुटायें हैं, जो संक्षेप में इसप्रकार हैं – (१) ऋग्वेद में अरायुक्त रथ के वर्णन। यह रथ भारत से पश्चिम एशिया होता हुआ पहले मिस्त्र, तदनंतर यूनान और फिर यूरोप में पहुँचा। (२) वेदों में चित्रित सरस्वती नदी। सिंधु सभ्यता का ह्रास १७५०ई० के आसपास सरस्वती नदी के जलहीन होने पर हुआ, जबकि ऋग्वेद और अथर्ववेद के वर्णनों में वह जल से परिपूर्ण निरूपित है। सरस्वती के तट पर विकसित सभ्यता को, शर्मा ने सारस्वत सभ्यता का नाम दिया है। (३) जलप्रलय की कथाएँ। ऋग्वेद में ये कथाएँ नहीं है, जबकि अथर्ववेद से जलप्रलय की कथाएँ मिलने लगती हैं और इनका वैश्विक प्रसार होता है। (४) यह मानना भी ग़लत है कि आर्येतर जाति के लोग या सिंधु सभ्यता के लोगों ने तो आयस या तांबे आदि से नगरों तथा दुर्गों का निर्माण किया जब कि आर्य मात्र घुमंतू थे, वे नगरनियोजन व दुर्गनिर्माण नहीं जानते थे, क्योंकि ऋग्वेद (१.५८.८) में अग्नि से प्रार्थना की गई है कि वह आयस व ताम्र से रचित पुरों के द्वारा हम सब की रक्षा करें। विश्पला के लिये आयसी जंघा (लोहे से बनी टाँग) लगाये जाने का भी उल्लेख ऋग्वेद में है। (५) सिंधुलिपि व उसकी भाषा को ब्राह्मी लिपि तथा संस्कृत भाषा के द्वारा ही समझा जा सकता है। शर्मा के

अनुसार ऋग्वेद में उल्लिखित गणसमाजों ने ही सिंधुसभ्यता का निर्माण किया।[४] आर्यों के भारत के बाहर से आगमन के विषय में इतिहासविद् तथा वैदिक साहित्य के विद्वान् डॉ० भगवानसिंह का भी यही मत है।

'Sarasvatī Drowned : Rescuing Her from Scholarly Whirlpools' नामक ग्रंथ में अशोक अकलूजकर ने ऋग्वेद के उन ७५ स्थलों का विश्लेषणात्मक अध्ययन किया है, जिनमें सरस्वती नदी का वर्णन है,तथा ब्राह्मणग्रंथों व महाभारतादि में प्राप्त संदर्भों से अपने निष्कर्षों को सत्यापित किया है। ऋग्वेद के प्राचीनतम अंश सरस्वतीनदी का उसकी सात धाराओं के साथ वर्णन करते हैं। सरस्वती का उद्गम अकलूजकर शिवालिक पर्वतमाला में निर्धारित करते हैं। अपने अध्ययन के आधार पर वे इस निष्कर्ष पर पहुँचते हैं कि ऋग्वेद के प्राचीनतम अंश १९०० ई०पू० के बाद के नहीं हो सकते।

ऋग्वेद का रचनाकाल

ऋग्वेद कब रचा गया यह निर्णय करना असंभव ही है। तथापि इसके रचनाकाल के विषय में विभिन्न प्रकार की अटकलें लगायी जाती रही हैं। इस संबंध में प्रचलित मत निम्नलिखित हैं—

(१) भारतीय मत

भारतीय परंपरा वेद को अनादि (सृष्टि के आरंभ से ही विद्यमान) और अपौरुषेय (जो किसी मनुष्य के द्वारा रचा हुआ नहीं हो) मानती है। आज की वैज्ञानिक दृष्टि से यह मत अग्राह्य प्रतीत होता है। परंतु इसकी पीछे निहित दार्शनिक और तार्किक दृष्टि को समझने पर इसका औचित्य जाना जा सकता है। एक तो, हमारी परंपरा ज्ञान को सनातन मानती है। वेद का अर्थ ज्ञान है। इस लिये वेद सदैव रहा है और रहेगा। दूसरे जिन वेदों में ऋषियों के नाम मंत्रों के द्रष्टाओं के रूप में दिये गये हैं, उन्हें ये मंत्र परंपरा से प्राप्त हुए। ये मंत्र जब संकलित किये गये, तो उसके पहले सहस्रों वर्षों से वाचिक परंपरा में वे चले आ रहे थे।

(२) मैक्समूलर का मत

वैदिक साहित्य पर शोधकार्य करने वाले पश्चिमी विद्वानों में मैक्समूलर का नाम अग्रगण्य है। उन्होंने वैदिक वाङ्मय के छंद:काल, मंत्रकाल, ब्राह्मणकाल और सूत्रकाल- ये चार चरण मान कर अंतिम चरण से आरंभ कर के वेदों के रचनाकाल का अनुमान करने का प्रयास किया। सूत्रकाल उन्होंने ६०० ई०पू० से २०० ई०पू० के बीच माना, क्योंकि बुद्ध ६०० ई०पू० में हुए और उनके समय तक समग्र वैदिक साहित्य सामने आ चुका था। फिर ब्राह्मणग्रंथों को इससे २०० वर्ष पीछे ले जाते हुए उन्होंने ब्राह्मणकाल का समय ८००

ई०पू० से ६०० ई०पू० निर्धारित किया और इससे के भी पहले वैदिक संहिताओं के सोपान के लिये २०० वर्ष की अवधि मान कर संहिताओं या मंत्रों के संपादन का काल १००० ई०पू० से ८०० ई०पू० के बीच ठहराया। मंत्रकाल के पहले मैक्समूलर के अनुसार वैदिक मंत्र जनसमूहों के बीच प्रार्थना या आराधना के लिये गाये जाते रहे होगें, इसलिये इसके पहले छंद:काल को २००वर्ष और पीछे ले जा कर १२००ई०पू० से १०००ई०पू० वेद का समय उन्होंने निश्चित किया।

मैक्समूलर का यह प्रतिपादन सर्वथा अवैज्ञानिक और भ्रांतिपूर्ण था। जिन संहिताओं का वाचिक परंपरा में सहस्त्रों वर्षो तक प्रचार रहा हो, उनकी रचना के लिये दो सौ वर्ष का समय कैसे दिया जा सकता हैं? यह मानना भी उचित नहीं कि ब्राह्मण ग्रंथ पूरे रचे जा चुके, उसके पश्चात् आरण्यक और फिर उपनिषदों की रचना हुई, क्योंकि आरण्यक तथा उपनिषद् ब्राह्मण ग्रंथों के ही भाग हैं। बाद में मैक्समूलर ने स्वयं ही अपने मत की निस्सारता स्वीकार करते हुए कहा कि पृथ्वी पर ऐसी कोई शक्ति नहीं जो यह निर्धारित कर सके कि ऋग्वेद ईसा के पहले की दूसरी सहस्राब्दी में रचा गया, या तीसरी अथवा चौथी में।

(३) मैक्डॉनल का मत

वेदों पर कार्य करनेवाले दूसरे पश्चिमी विद्वान् मेक्डॉनल हैं। इन्होंने अवेस्ता का प्रमाण देते हुए ऋग्वेद का समय १३०० ई०पू० के लगभग बतलाया। अवेस्ता के प्रणेता पारसियों के धर्मगुरु जरथुस्त्र कहे गये हैं। इनका समय ८०० ई०पू० है। अवेस्ता की भाषा वेद मंत्रों के अत्यधिक निकट है। जिस तरह पालि या प्राकृत के गद्य या पद्य की संस्कृत छाया बन जाती है, उसी तरह अवेस्ता मंत्रों का मूल वाक्य और शब्द बदले बिना संस्कृतीकरण हो सकता है, और वे वैदिक मंत्र बन जाते हैं। मेक्डॉनल ने वेद की भाषा से अवेस्ता की भाषा के विकास के लिये ५०० वर्ष का समय मानते हुए वेद का रचनाकाल अवेस्ता के ५०० वर्ष पहले या १३०० ई०पू० में निर्धारित किया। यह मत भी मैक्समूलर के मत की भाँति ही मनगढंत और अवैज्ञानिक है। अवेस्ता में भी परंपरा से प्राप्त सहस्त्रों वर्ष पुराने मंत्र संकलित हैं; और वेद तथा अवेस्ता के बीच पाँच सौ वर्षों का ही अंतराल माना जाये, इसमें भी कोई प्रामाणिकता नहीं है। अवेस्ता में सम्राट् गुस्ताषअम के सम्मुख जरथुस्त्र ने हिंद के ब्राह्मण व्यास की प्रशंसा करते हुए कहा है - 'अकूनू बिरहमने व्यास नाम आज हिंद।'[५] इससे यह स्पष्ट है जरथुस्त्र उस समय हुए जब वेदों के विभाजनकर्ता के रूप में व्यास प्रसिद्ध हो चुके थे।

(४) ज्योतिषसंबंधी मत

वेदो में उल्लिखित ग्रह नक्षत्रों की स्थितियों का अध्ययन कर के कुछ विद्वानों ने ज्योतिषशास्त्र के प्रमाण से यह गणना की कि ये स्थितियाँ कितने हजार साल पहले की हैं और उनके अनुसार इन विद्वानों ने ऋग्वेद का काल निर्धारित करने का प्रयास किया। इन विद्वानों

में उल्लेखनीय हैं- बाल गंगाधर तिलक तथा जर्मनी के विद्वान् जाकोबी। श्रीमद्भगवद्गीता में (१०.३५) कृष्ण के 'मासानां मार्गशीर्षोऽहम्''- इस कथन के कारण १८८९ई० के आसपास तिलक का ध्यान वेद के काल निर्धारण की ओर आकृष्ट हुआ। उन्होंने अनेक वर्षो तक अत्यंत गंभीर अन्वेषण और अध्ययन के पश्चात् अपनी स्थापनाएँ 'दि ओरायन आर रिसर्चेज इंटु एंटिक्विटी आफ दि वेदज' तथा 'दि आर्कटिक होम इन द वेदज' इन दो ग्रंथों में प्रस्तुत कीं। तिलक ने प्रतिपादित किया कि वेदों में खगोलीय उल्लेख vernal equinox की स्थिति orion या मृगशिरा के ग्रहमंडल में स्पष्ट सूचित करते हैं, यह स्थिति ४५००ई०पू० की है। हर्मन जाकोबी तथा ह्विटने इन दो विद्वानों ने भी खगोलशास्त्रीय उल्लेखों के आधार पर वेदों के कालनिर्धारण का प्रयास किया और इनके निष्कर्ष तिलक के मन्तव्यों के काफी कुछ निकट हैं। ह्विटने ने तैत्तिरीय संहिता का कालनिर्धारण २३५०ई०पू० के आसपास किया। एस०बी०दीक्षित ने शतपथब्राह्मण में कृत्तिकाविषयक उल्लेख के आधार पर उस ब्राह्मण का काल २४००ई०पू० बताया। वी०बी० केतकर ने तैत्तिरीय संहिता में गुरु तथा तिष्य नक्षत्रों की स्थितियोंका आकलन कर के इस संहिता का रचनाकाल ४६५० ई०पू० निर्धारित किया। तिलक ने केतकर के उल्लेख का समर्थन किया।

तिलक ने विभिन्न नक्षत्रों में वसंतसंक्रांति के आधार पर वैदिक साहित्य को निम्नलिखित चार चरणों में विभाजित किया—

१. अदितिकाल

इसमें वसंतसंक्रांति पुनर्वसु नक्षत्र के समीप थी। यह भारतीय संस्कृति का उष:काल था। इसकी अवधि ६००० ई०पू० से ४००० ई०पू० है।

२. मृगशिराकाल

इस समय ऋग्वेद के अधिकांश सूक्त रचे गये। इसकी अवधि ४००० ई०पू० से २५०० ई०पू० है।

३. कृत्तिकाकाल

इस काल की अवधि २५०० ई०पू० से १४०० ई०पू० है। इस अवधि में चारों वेदसंहिताओं को संकलित व लिपिबद्ध किया गया। ब्राह्मण ग्रंथों की रचना का भी इस अवधि में उपक्रम हुआ।

४. अंतिमकाल

यह काल १४०० ई०पू० से ५०० ई०पू० के बीच है। इसमें सूत्रग्रंथों तथा षड्दर्शनों के ग्रंथों का निर्माण हुआ। इसी अवधि में बौद्धधर्म का उदय भी हुआ।

दूसरी ओर जर्मनी के वैदिक साहित्य के पंडित जैकोबी ने गृह्यसूत्रों में विवाह के प्रकरण में ध्रुव नक्षत्र की स्थिति के आधार पर वेद का काल ४००० ई०पू० से २५०० ई०पू० निर्धारित किया। तिलक और जाकोबी के मत गणितीय सिद्धांतों पर आधारित होने से विश्वसनीय हैं। शंकर बालकृष्ण दीक्षित ने शतपथ ब्राह्मण का ज्योतिषीय अध्ययन करते हुए इसे ३००० ई०पू० की रचना बताया है। जोगेशचंद्र राय इस का समर्थन करते हैं।

५. बोगाज़कोई (Boghazkoi) के अभिलेखों का प्रमाण

१९०७ ई० में ह्यूगो विंकलर नामक विद्वान् को एशिया माइनर (तुर्की में स्थित) में मिट्टी की मुद्राओं पर लिखे लेख मिले, जिनका समय १४०० ई०पू० से १८०० ई०पू० के मध्य बताया गया। इन लेखो में हिट्टाइट तथा मितनी - इन दो जातियों के बीच हुई संधि का वर्णन है। संधि के साक्ष्य के लिये दोनों राज्यों के पूज्य देवों का उल्लेख किया गया है। मिटनी जाति के देवताओं में इंद्र, वरुण, मित्र और नासत्यौ का नाम लिया गया है। इस लेख से स्पष्ट हो जाता है कि वेदों की परंपरा से मिटनी जाति का संबंध था। इस लेख के आधार पर यह कहना कठिन है कि इस लेख से कितने पहले वेद लिखे जा चुके थे। फिर भी कुछ विद्वानों ने इस के आधार पर वेद का रचनाकाल १५०० ई०पू०, तो कुछ ने ३००० ई०पू० प्रतिपादित किया।

६. ऐतिहासिक प्रमाण

सुप्रसिद्ध विद्वान् रामगोपाल भंडारकर ने ऐतिहासिक तथ्यों के आधार पर वेदों के कालनिर्णय के विषय में अपना मत रखा है। इनके अनुसार यजुर्वेद के चालीसवें अध्याय में, जिसे ईशावास्योपनिषद् के नाम से भी प्रसिद्धि प्राप्त है, 'असुर्या लोक' शब्द आया है। यह असुर्या वास्तव में असीरिया है। इसे आजकल मेसोपोटामिया कहा जाता है। असीरियन आज से २५०० वर्ष पूर्व भारत आये थे। अतः यजुर्वेद का रचनाकाल आज से २५०० वर्ष पूर्व माना जाये, तो ऋग्वेद का रचनाकाल उससे भी तीन-चार सहस्र वर्ष पूर्व मानना होगा। इस प्रकार ऋग्वेद का रचनाकाल भंडारकर वे ६००० वर्ष पूर्व स्वीकार किया है।

७. भूगर्भशास्त्रीय प्रमाण

कुछ विद्वानों ने ऋग्वेद में उल्लिखित पृथ्वी पर होने वाले परिवर्तनों, पर्वतों की स्थितियों और भूकंपों के आधार पर कालगणना का प्रयास किया। संपूर्णानंद का कथन है कि आर्य भारत में बाहर से नहीं आये, ये मूलतः यहाँ के सप्तसिंधु प्रदेश में रहते थे। सप्तसिंधु प्रदेश कश्मीर की घाटी से राजस्थान और उत्तरप्रदेश के कुछ भागों तक विस्तृत था। नारायण राव पारंगी का मत है कि ऋग्वेद (१०.१३६.५) में वर्णित स्थिति के अनुसार यह प्रदेश उस समय दोनों ओर से पूर्वी और पश्चिमी समुद्र से घिरा हुआ था। पश्चिमी समुद्र आज का अरब

सागर था। पूर्वी समुद्र उस समय आज के पंजाब के पूर्व में था। ऋग्वेद में अन्यत्र (९.३.३.६ तथा १०.४.७.२) भी सप्तसैंधव प्रदेश के समुद्र से घिरे होने की बात कही गयी है। भूगर्भीय परिवर्तनों से कालांतर में समुद्र सूख गया, और वह आज राजस्थान की खारी झीलों, कृष्ण सागर (कैस्पियन सागर) और बाल्कश झील के रूप में शेष है। वर्तमान राजपूताना दक्षिण समुद्र का स्थान था और सरस्वती नदी इसी में गिरती थी। पारंगी के अनुसार इस प्रकार के भौगोलिक और भूगर्भीय परिवर्तन आज से ९००० वर्ष पूर्व हुए। सरस्वती नदी लुप्त हो गयी। उस काल में भूकंपों के कारण नये पर्वत भी उठ रहे थे। नदियों के मार्गो में परिवर्तन हो जाता था, या नदियाँ विलीन हो जाती थीं। ऋग्वेद में वर्णित इसी प्रकार की भूगोलिक या भूगर्भीय स्थितियों का आकलन करते हुए वैज्ञानिक अनुसंधान के आधार पर यह कहा गया कि ये स्थितियाँ आज से २५००० वर्ष पूर्व से लेकर ५०,००० वर्ष पूर्व तक की हैं। इस प्रकार ऋग्वेद के प्राचीनतम अंशों का रचनाकाल इतना अधिक प्राचीन माना जा सकता है।

सुप्रसिद्ध वैदिक विद्वान् वेबर का मत है- 'वेदो का समय निर्धारित नहीं किया जा सकता। ये उस काल में निर्मित हुए, जिस तक पहुँचने के लिये हमारे पास उपयुक्त साधन नहीं है।'

ऋग्वेद का महत्त्व

मैक्समूलर के शब्दों में -'संसार के इतिहास में उस रिक्त स्थान की पूर्ति वेद ने की है, जिसकी पूर्ति किसी भी भाषा की कोई भी साहित्यिक कृति नहीं कर सकती थी। यह हमें उस युग में ले जाता है, जिसका कहीं भी कोई भी साक्ष्य नहीं मिलता, और यह हमें सीधा उन लोगो की पीढी तक पहुँचा देता है, जिसका वेद के बिना अनिश्चित सा चित्रण हम केवल कल्पना और अनुमान के बल पर कर सकते थे। जब तक मानव अपनी जाति के इतिहास में रुचि लेता रहेगा, और जब तक वह पुस्तकालयों तथा संग्रहालयों में पूर्व युगों के अवशेष एकत्र करता रहेगा तब तक मानव की आर्यशाखा से संबद्ध अभिलेखों से युक्त ग्रंथों की लंबी पंक्ति में सबसे प्रथम स्थान सदा ऋग्वेद का ही रहेगा।'

ऋग्वेद से परिचय होने पर आधुनिक विश्व में ज्ञान के नये क्षितिज खुले। यूरोप के बुद्धिजीवी तथा भाषावैज्ञानिक ग्रीक और लैटिन को सबसे प्राचीन भाषाएँ मानते आ रहे थे। ऋग्वेद और वैदिक साहित्य का पता चलने पर उन्हें स्वीकार करना पड़ा कि संस्कृत भाषा ग्रीक और लैटिन भाषाओं से भी प्राचीन है। इसके साथ ही संस्कृत की एशिया और यूरोप की भाषाओं से संबंध पर अन्वेषण कार्य आरंभ हुआ, जिससे भारोपीय भाषा परिवार की अवधारणा सामने आयी। इस प्रकार तुलनात्मक भाषाविज्ञान के क्षेत्र में ऋग्वेद के द्वारा सर्वथा नये वातायन खुल गये। इसी प्रकार विद्वानों का ध्यान इस तथ्य की ओर भी गया कि ऋग्वेद में वर्णित या पूजित देवों में से अनेक प्रकारांतर या नामांतर से एशिया के प्राचीन संस्कृति वाले देशों में पूजित हैं, तथा ग्रीस की परंपरा में मान्य देवों से भी वैदिक देवों का संबंध है। इससे

तुलनात्मक देवशास्त्र नामक एक नवीन अध्ययन का विषय आरंभ हुआ। इसी तरह वैदिक आख्यानों या पुराकथाओं का साम्य विश्व के कई प्राचीन संस्कृति वाले देशों में प्रचलित आख्यानों से होने के कारण तुलनात्मक पुराकथाशास्त्र (Comparative Mythology) इस नये विषय के अध्ययन का भी समारंभ हुआ।

ऋग्वेद के भाष्यकार

ऋग्वेद पर अनेक प्राचीन भाष्य मिलते हैं। इनमें माधवभट्ट, स्कंदस्वामी, नारायण, उद्गीथ, वेंकटमाधव, आत्मानंद, आनंदतीर्थ (मध्वाचार्य) तथा सायण – ये भाष्यकार प्रसिद्ध हैं। माधवभट्ट इनमें सबसे प्राचीन हैं। स्कंदस्वामी का समय सातवीं शताब्दी के लगभग है। ऋग्वेद पर प्रथम उपलब्ध भाष्य इन्हीं का है। ये शतपथ ब्राह्मण के व्याख्याकार हरिस्वामी के गुरु थे।[७] हरिस्वामी ने आत्मपरिचय में लिखा है—

श्रीमतोऽवन्तिनाथस्य विक्रमस्य क्षितीशतुः।
धर्माध्यक्षो हरिस्वामी व्याख्यां कुर्वे यथामति।।[८]

हरिस्वामी ने यह भी लिखा है कि कलियुग के ३७४० वर्ष व्यतीत होने पर उन्होंने अपना भाष्य लिखा। तदनुसार विद्वानों ने हरिस्वामी के भाष्य का रचनाकाल ६३८ई० माना है। तदनुसार स्कंदस्वामी का समय सातवीं शताब्दी का पूर्वार्ध कहा जा सकता है। स्कंद स्वामी की वेदव्याख्या यज्ञपरक है। वे मंत्र के प्रैष, करण आदि विविध प्रकार मानते हैं।

वेंकटमाधव ने उल्लेख किया है कि नारायण और उद्गीथ ये दो भाष्यकार उनके (स्कंदस्वामी के) समय में ही हुए। उद्गीथ ने ऋग्भाष्य की रचना में स्कंदस्वामी की सहायता की थी – यह भी उन्होंने सूचित किया है। उद्गीथ का ऋग्वेद का भाष्य अपूर्ण ही प्राप्त होता है।

ऋग्वेद के भाष्यकारों में माधव नाम से तीन भाष्यकार हुए हैं – माधवभट्ट, वेंकटमाधव तथा सायण-माधव। कतिपय विद्वान् माधवभट्ट और वेंकटमाधव को एक ही व्यक्ति मानते हैं, तो कुछ वेंकटमाधव और सायण-माधव को एक मानते हैं। सायण तो स्वयं माधव नाम से अपने से प्राचीन व्याख्याकार को उद्धृत करते हैं, जो पं० बलदेव उपाध्याय के अनुसार माधवभट्ट हैं। वेंकटमाधव ने भी माधव का उल्लेख एक प्राचीन भाष्यकार के रूप में किया है। वेंकटमाधव का समय तेरहवीं शताब्दी के आसपास है।

वेंकटमाधव तथा सायण के भाष्य समग्र ऋग्वेद पर उपलब्ध हैं, जब कि महाभारततात्पर्यनिर्णयकार आनंदतीर्थ (मध्वाचार्य) ने द्वैत मत के अनुसार कुछ ही मंत्रों पर भाष्य लिखा। उनकी व्याख्या छंदोबद्ध है। आत्मानंद और सायण दोनों चौदहवीं शताब्दी में हुए। सायण ने विजयनगर के सम्राट् बुक्क की आज्ञा से चारों वैदिक संहिताओं तथा तैत्तिरीय आदि ब्राह्मणों पर व्याख्याएँ लिखीं। बुक्क के पुत्र हरिहर के शासनकाल में भी ये विद्यमान थे

तथा हरिहर के प्रधान अमात्य थे। १३८६ ई० के एक शिलालेख में सम्राट् हरिहर के द्वारा विद्यारण्य स्वामी की उपस्थिति में निम्नलिखित वैदिक विद्वानों के सम्मानित किये जाने का उल्लेख मिलता है – नारायण वाजपेययाजी, नरहरि सोमहरि तथा पंडरि दीक्षित। इन ब्राह्मणों को शिलालेखकार ने चतुर्वेदभाष्यप्रवर्तक कहा है। आर. नरसिंहाचार्य का अनुमान है कि इन तीनों विद्वानों ने वेदों के भाष्य रचने में सायण की सहायता की थी। प्रो. शशि तिवारी ने इस अनुमान को हेत्वाभासदूषित माना है।[१]

सायण और माधव एक ही व्यक्ति हैं, या अलग अलग इसे लेकर भी नाना मत हैं। माधव संभवतः सायण के अग्रज थे, जिनकी प्रेरणा सायण के भाष्यलेखन में रही।

सायण की वेदव्याख्यापद्धति याज्ञिकदृष्टि से प्रेरित है।

यजुर्वेद

यजुर्वेद का मुख्य विषय याज्ञिक विधि या कर्मकांड हैं। इसमें वे सूक्त संकलित किये गये हैं, जिनके मंत्र अध्वर्यु के द्वारा यज्ञ में उपयुक्त होते थे। यजुर्वेद दो रूपों में मिलता है- शुक्ल यजुर्वेद तथा कृष्ण यजुर्वेद। शुक्ल यजुर्वेद में पद्यात्मक मंत्र हैं, और कृष्ण यजुर्वेद में मंत्रों के साथ गद्य में व्याख्या भी सम्मिलित है।

शाखाएँ

पतंजलि के समय में यजुर्वेद की १०१ शाखाएँ प्रचलन में थीं। कालांतर में ये शाखाएँ लुप्त होती गयी - ऐसा प्रतीत होता है। वर्तमान में यजुर्वेद की पाँच शाखाएँ मिलती हैं- काठक, कपिष्ठल, मैत्रायणी, तैत्तिरीय और वाजसनेयि। इनमें से प्रथम चार कृष्ण यजुर्वेद से संबद्ध हैं तथा पाँचवीं वाजसनेयि शाखा शुक्ल यजुर्वेद की है।

वाजसनेयि संहिता या शुक्ल यजुर्वेद में ४० अध्याय हैं। इनमें से अंतिम १५ अध्याय प्रक्षिप्त माने गये हैं। ये चालीस अध्याय ३०३ अनुवाकों में तथा १९७५ कंडिकाओं में विभाजित हैं, जिनमें कुल ३९८८ मंत्र हैं। प्रथम दो अध्यायों में दर्श और पूर्णमास इन दो यज्ञों से संबद्ध मंत्र हैं। इन यज्ञों को पूर्णिमा और शुक्लपक्ष की द्वितीया के दिन किया जाता था। तीसरे अध्याय में अग्निहोत्र तथा चातुर्मास्य से संबंधित मंत्र हैं। अग्निहोत्र प्रतिदिन और चातुर्मास्य चार महीनों में एक बार किया जाता था। चौथे से आठवें अध्याय तक अग्निष्टोम यज्ञ का प्रतिपादन और उसमें विनियुक्त होने वाले सामसंबंधी मंत्र हैं। अग्निष्टोम यज्ञ के द्वारा सोम को तैयार किया जाता था, और प्रातःसवन, माध्यंदिन सवन और अंतिम सवन ये तीन सवन किये जाते थे। नवम और दशम अध्यायों में वाजपेय तथा राजसूय यज्ञों से संबद्ध मंत्र हैं। ग्यारहवें से अठारहवें अध्याय तक अग्निचयन याग के मंत्र हैं। इन मंत्रों के पाठ के साथ अग्निवेदिका स्थापित की जाती थी। इस वेदिका का आकार उड़ते हुए पक्षी के समान होता था,

तथा इसमें १०,८०० इष्टिकाओं (ईंटो) का उपयोग होता था। यजुर्वेद का शतरुद्रिय अंश आज भी बहुत प्रचलित है। उसमें रुद्रविषयक आख्यान मिलता है। उन्नीसवें से इक्कीसवें अध्याय तक सौत्रामणि और बाईसवें से पच्चीसवें अध्याय तक अश्वमेध यज्ञ के मंत्र हैं। इन मंत्रों में सारे राष्ट्र को सुखमय, समृद्धिमय तथा शक्तिशाली बनाने की प्रार्थना है। छब्बीसवें से उन्तीसवें अध्याय तक विविध विषयों से संबद्ध खिल मंत्र हैं। तीसवे में पुरुषमेध के मंत्र हैं। पुरुषमेध में १८४ प्रकार के प्राणियों का आलंभन वर्णित है, इसके मंत्रों में समाज के विभिन्न वर्गो की विशद सूची दी गयी है। इकतीसवें अध्याय में ऋग्वेद का पुरुषसूक्त है जिसमें छह नवीन मंत्र जोड़े गये हैं। बत्तीसवें और तैतीसवें अध्यायों में सर्वमेध विषयक मंत्र हैं। चौतीसवें अध्याय में शिवसंकल्प सूक्त है। पैंतीसवे अध्याय में पितृमेध तथा छत्तीसवें से उनतालीसवें अध्याय तक प्रवर्ग्य यज्ञ प्रतिपादित है। यजुर्वेद का चालीसवाँ अध्याय ज्ञानकांड कहा जाता है। ईशावास्योपनिषद् इसी कांड में समाहित है, जो उदात्त विचारों और दार्शनिक चिंतन के कारण आज भी हमारे लिये प्रेरणाप्रद है।

तैत्तिरीय संहिता में सात कांड हैं। प्रत्येक कांड प्रपाठकों व अनुवाकों में विभाजित है। प्रत्येक अनुवाक एक स्वतंत्र इकाई है। तैत्तिरीय संहिता में कुल ६५१ अनुवाक हैं।

यजुर्वेद के मंत्रों के प्रकार

आचार्य उव्वट ने यजुर्वेदभाष्य की अपनी भूमिका मे यजुर्वेद के मंत्रों की निम्नलिखित कोटियाँ प्रतिपादित की हैं – विधि, अर्थवाद, याच्ञा, आशीः, स्थिति, प्रेष, प्रवह्लिका, प्रश्न, व्याकरण (व्याख्या), तर्क, पूर्ववृत्तानुकीर्तन, अवधारण तथा उपनिषद्।

यजुर्वेद के भाष्य

यजुर्वेद की माध्यंदिन संहिता पर उव्वट तथा महीधर के भाष्य प्रसिद्ध हैं। उव्वट को राजा भोज का समकालीन माना जाता है। ये काश्मीर के निवासी थे। अपने पिता का नाम इन्होने व्रजट (भिन्न पाठ में जैयट) बताया है। कतिपय पांडुलिपियों में उज्जयिनी में रहते हुए उव्वट ने भोज के शासनकाल (१०१८-१०६३) में इस भाष्य की रचना की – यह सूचना मिलती है। सुधासागरकार भीमसेन ने इन्हें मम्मट का भाई बताया है, जो संदिग्ध है। ये शुक्लयजुर्वेद की माध्यंदिन संहिता के प्रथम भाष्यकार हैं। औवट, ऊवट, उव्वट आदि विभिन्न वर्तनियों से इनका नाम लिखा मिलता है। आदि महीधर काशी में निवास करते थे। उनका तंत्रशास्त्र पर मंत्रमहौषधि ग्रंथ भी प्रसिद्ध है। ये भी शुक्लयजुर्वेद की माध्यंदिन संहिता के भाष्यकार हैं। सायणाचार्य, माध्ववैष्णव संप्रदाय के आचार्य अनंताचार्य तथा आनंदबोध ने यजुर्वेद की काण्वसंहिता पर भाष्य लिखे हैं। यजुर्वेद की तैत्तिरीय संहिता पर कुंडिन, भवस्वामी, गुहदेव, क्षुर, भट्टभास्कर आदि ने भाष्य लिखे थे।

सायण के पूर्ववर्ती वेदभाष्यकारों में हलायुध अग्रगण्य हैं। इन्होंने यजुर्वेद की काण्वसंहिता पर ब्राह्मणसर्वस्वम् नाम से भाष्य की रचना की। ब्राह्मणसर्वस्वम् के अतिरिक्त मीमांसासर्वस्वम्, वैष्णवसर्वस्वम्, शैवसर्वस्वम् तथा पण्डितसर्वस्वम् इनकी अन्य कृतियाँ हैं। ये बंगाल के राजा लक्ष्मणसेन (११७०-१२००) के राजपंडित तथा धर्माधिकारी थे। युवावस्था में ही इनको श्वेतच्छत्रधारण के अधिकार के साथ असाधारण सम्मान प्राप्त हुआ।

माध्ववैष्णव संप्रदाय के आचार्य अनंताचार्य काशी में निवास करते रहे। इनका समय सोलहवीं शताब्दी है। आनंदबोध का भाष्य काण्वसंहिता के ३१वें अध्याय से ४०वें अध्याय तक ही है।

सामवेद

सामवेद में ऋग्वेद के मंत्र गृहीत हैं। साम का अर्थ गीति है। इन मंत्रों का गायन होता था- और गायन की दृष्टि से स्वरचिह्न लगा कर जो मंत्र संकलित किये गये, वे सामवेद कहलाये। सामगायन की परंपरा ऋग्वेद के समान ही प्राचीन है। ऋग्वेद में साम का उल्लेख है—

यो जागार तमृचः कामयन्ते, यो जागार तमु सामानि यन्ति।

(५.४४.१४)

सात स्वरों का संकेत सामवेद के मंत्रों में एक से सात तक की संख्या इनके अक्षरों पर लिख कर किया जाता है। गायन के समय अंगुलियों के संचालन से भी स्वरों का बोध कराया जाता है। गान के लिये उपादेय होने के कारण यह वेद अत्यधिक लोकप्रिय हुआ और प्राचीन काल में इसकी अनेक शाखाएँ विकसित हुईं। पतंजलि ने तो यहाँ तक कहा है कि 'सहस्त्रवर्मा सामवेदः' अर्थात् सामवेद की हजारों शाखाएँ हैं। वर्तमान में इसकी तीन शाखाएँ उपलब्ध हैं- कौथुम, जैमिनीय तथा राणायनीय। कौथुम शाखा का गुजरात में, जैमिनीय का कर्नाटक में तथा राणायनीय का महाराष्ट्र में विशेष प्रचार रहा है।

विभाजन

सामवेद के दो भाग हैं- पूर्वार्चिक और उत्तरार्चिक। इन दोनों का विभाजन प्रपाठकों में हुआ है। पूर्वार्चिक में छह और उत्तरार्चिक में नौ प्रपाठक हैं। पूर्वार्चिक के प्रत्येक प्रपाठक में दस दस मंत्रों वाले दस सूक्त हैं, केवल अंतिम प्रपाठक में नौ सूक्त हैं। पूर्वार्चिक को 'छन्दस्', 'छन्दसी' या 'छन्दसिका' भी कहा गया है। स्तुत देवताओं की दृष्टि से इसमें प्राप्त मंत्र निम्नलिखित कोटियों में बाँटे जा सकते हैं- आग्नेय, ऐंद्र, पवमान, आरुण तथा शुक्रिय। उषःकाल के देवता अरुण तथा असुरगुरु शुक्र के द्वारा जिन मंत्रों का प्रवचन किया गया, उन्हें आरुण तथा शुक्रिय कहा गया है। इसप्रकार पहले प्रपाठक में अग्नि, दूसरे से चौथे प्रपाठक तक इंद्र और पाँचवे प्रपाठक में पवमान (सोम) से संबंधित मंत्र हैं। इन मंत्रों को ग्राम गान भी कहा जाता है। छठे प्रपाठक के मंत्रों को आरण्य गान कहा जाता है। इनका गायन अरण्य या वन में किया जाना चाहिये।

विषयवस्तु

सामवेद का मुख्य विषय उपासना है। इसमें इंद्र, अग्नि तथा सोम इन देवताओं से संबद्ध मंत्र सर्वाधिक संख्या में हैं। गीति की दृष्टि से मंत्र चार प्रकार के हैं – वेयगानविषयक, आरण्यगानविषयक, ऊहगानविषयक तथा ऊह्यगानविषयक। वेयगान किसी भी ग्राम या अरण्य में हो सकता है। आरण्यगान केवल वन में ही किया जा सकता है। यह माना जाता है कि आरण्यगान के लिये निर्धारित मंत्रों का गान ग्राम में करने पर अनर्थ हो सकता है। ऊह गान के मंत्र सोमयाग के अवसर पर ही गाये जाते हैं। ऊह्यगान को विकृतिगान भी कहा जाता है। यह रहस्यगान है। इन चतुर्विध गान के व्यवस्थित विधान हैं।

सामवेद और संगीत

गायन के क्षेत्र में सामवेद की परंपरा का विकास हुआ। छांदोग्य उपनिषद् में बताया गया है कि महर्षि अंगिरस ने देवकीपुत्र श्रीकृष्ण को जब वेदांत का उपदेश दिया, तो उन्होंने सामवेद के गायन की विधियाँ भी श्रीकृष्ण को समझाईं थीं। इन विधियों में से एक आगे चल कर 'छालिक्य' कह लायी। कृष्ण ने इस विधि का विस्तार मुरली के स्वरों में भी किया। दुंदुभि, वेणु और वीणा- इन तीन वाद्यों का उपयोग सामगायन के साथ किया जाता था। छांदोग्य उपनिषद् में सामगायन की प्रक्रिया के पाँच अंग बताये गये हैं- हिंकार, प्रस्ताव, उद्गीथ, प्रतिहार और निधान। सामगायन की लय के प्रकार निम्नलिखित हैं- क्रुष्ट, प्रथमा, द्वितीया, चतुर्थी, मंद्र तथा अतिस्वार्य। साम गायन में ऋग्वेद आदि संहिताओं के उदात्त, अनुदात्त तथा स्वरित ये तीन स्वर ही षड्ज, ऋषभ, गांधार, मध्यम, पञ्चम धैवत और निषाद (स, रे, ग, म, प, ध , नि) – इन सप्त स्वरों में विस्तारित हो जाते हैं। पाणिनीय शिक्षा में कहा गया है—

उदात्तौ निषादगान्धारानवुदात्त ऋषभधैवतौ।
स्वरितप्रभवा ह्येते षड्जमध्यमपञ्चमाः।

अर्थात् निषाद (नि) तथा गांधार (ग) उदात्त होते हैं, ऋषभ (रि) तथा दैवत (ध) अनुदात्त। षड्ज (स), मध्यम (म) और पंचम (प) स्वरित से उत्पन्न होते हैं।

सामवेद के भाष्यकार

सामवेद पर माधव, भरत स्वामी, गुणविष्णु आदि के भाष्य प्रसिद्ध हैं। उनमें भरत स्वामी का भाष्य अप्रकाशित है।

भाष्यकार माधव नारायण के पुत्र थे। इनका समय सातवीं शताब्दी के लगभग माना जाता है। इनका भाष्य पूर्वार्चिक तथा उत्तरार्चिक मिला कर संपूर्ण सामवेद पर है। भरतस्वामी श्रीरंगम् के होसलवंशीय राजा रामनाथ (१२७२-१३१०) के समकालीन थे, तथा दक्षिण प्रदेश में प्रशासक भी रहे।

अथर्ववेद

अथर्ववेद चौथा वेद है। आरंभ में तीन ही वेदसंहिताएँ मान्य रही हैं और इनके लिये 'त्रयी' शब्द का प्रयोग होता रहा है। आन्वीक्षिकी, त्रयी और वार्ता ये तीन विद्याएँ प्राचीन गुरुकुलों में पढ़ाई जाती रही हैं। ऐतरेय ब्राह्मण, शतपथ ब्राह्मण, बृहदारण्यक, छांदोग्य, गौतम धर्मसूत्र, बौधायन धर्मसूत्र, मनुस्मृति आदि में वेदों की त्रयी का बार बार उल्लेख है, जिससे प्रतीत होता है कि अथर्ववेद का पठन पाठन व यज्ञादि में उपयोग आरंभ में कम था। पर यह वेद अन्य वैदिक संहिताओं के ही समान प्राचीन है। ऐतरेय ब्राह्मण और गोपथ ब्राह्मणों में इसका उल्लेख है। ज्ञान तथा चिंतन की दृष्टि से अथर्ववेद को सर्वाधिक प्रामाणिक कहा जा सकता है। इसीलिये प्राचीन काल से ही इसकी एक संज्ञा ब्रह्मवेद भी रही है। गोपथ में कहा गया है- 'चत्वारो वा इमे वेदा ऋग्वेदो यजुर्वेदः सामवेदो ब्रह्मवेदः।' इसका मूल नाम 'अथर्वाङ्गिरस' था। ब्रह्मज्ञान की चर्चा होने से इसे ब्रह्मवेद, क्षत्रियों के कर्तव्यों का उपदेश होने से क्षत्रवेद, आयुर्वेद और चिकित्सा का ज्ञान प्रदान करने के कारण भैषज्यवेद, पृथ्वीसूक्त जैसा महनीय सूक्त इसमें है, इस आधार पर महीवेद तथा छंदोवेद आदि भी इसके नाम प्रचलित हैं।

शाखाएँ

पतंजलि ने अथर्ववेद की नौ शाखाओं का उल्लेख किया है। इनके नाम इसप्रकार हैं- पैप्पलाद, तौद, मौद, शौनकीय, जाजल, जलद, ब्रह्मवेद, देवदर्श तथा चारणवैद्य। वर्तमान में इनमें शौनकीय शाखा सर्वाधिक प्रचलित है।

विभाजन

अथर्ववेद की शौनकीय शाखा में २० कांड, ७३१ सूक्त और ५९८७ मंत्र हैं। सूक्तों में मंत्रों की संख्या सुनिश्चित पद्धति से विनियोजित की गयी है। जैसे- पहले पाँच कांडों में प्रत्येक सूक्त में क्रमशः ४,५,६,७,८ मंत्र हैं। अथर्ववेद का लगभग चतुर्थांश ऋग्वेद से उद्धृत है। पंद्रहवें तथा सोलहवें कांडों में गद्य का प्रयोग भी है।

विषयवस्तु

विषयों की विविधता की दृष्टि से अथर्ववेद चारों वेदसंहिताओं में अद्वितीय है। इसमें निम्नलिखित विषयों का समावेश हुआ है- (१) स्थालीपाक या अन्नसिद्धि, (२) मेधाजनन (बुद्धि बढाने के उपाय), (३) ब्रह्मचर्य - शिष्य के लिये आदर्श दिनचर्या, (४) राष्ट्रसंवर्धन - ग्रामों, नगरों या जनपदों तथा सारे देश की अभिवृद्धि और समृद्धि के लिये चिंतन, (५) परिवार का अभ्युदय- पुत्र-पुत्री, पशु, धन, धान्य, वाहन आदि की प्राप्ति (६) साम्मनस्य - समाज में सौहार्द की प्रतिष्ठा, (७) राजकर्म- प्रजा के अभ्युदय के लिये राजा के कर्तव्य, (८)

सामरिक- सैना और युद्ध संबंधी विवेचन, (९) पापक्षयकर्म- पापों के निवारण के उपाय, (१०) भैषज्य- रोगों का उपचार, (११) संस्कार- गर्भाधान, पुंसवन आदि संस्कार। (१२) अभिचार- मंत्रों के द्वारा दूसरों को वश में करना, शत्रु का नाश करना। (१३)- दर्शन- तत्त्वमीमांसाविषयक चिंतन, (१४) आयुष्य- स्वास्थ्य तथा आयु बढाने के उपाय, (१५) याज्ञिक विधि।

लौकिक विषयों तथा उस समय की जनजातियों के आचारों का समावेश अथर्ववेद की अपनी विशेषता कही जा सकती है। अभिचार और आयुर्वेद का जितना गहन ज्ञान अथर्ववेद में है, उतना वैदिक साहित्य के अन्य किसी ग्रंथ में नहीं। औषधियों के वर्गीकरण, उनके गुण तथा चिकित्सापद्धतियों के विवेचन की दृष्टि से अथर्ववेद आयुर्वेद के ग्रंथों व वैद्यों का पथप्रदर्शक है। इसके चौथे, छठे और दसवें कांडों में विशेष रूप में चिकित्साशास्त्र की चर्चा है। इसीप्रकार तांत्रिक परंपरा या आगमों का भी अथर्ववेद स्रोत है।

सौमनस्य तथा विश्वशांति की उदात्त कामना, चिंतन की परिपक्वता तथा समाज को धारण करने और दिशा-निर्देश देने वाले महान् और उदात्त विचारों के समायोजन की दृष्टि से अथर्ववेद संपूर्ण वैदिक वाङ्मय में अनन्य है। संसार की प्रत्येक वस्तु को अथर्ववेद का कवि लोकमंगल के लिये विनियोजित करना चाहता है। जल के लिये कहा गया है—

शं नो देवीरभिष्टय आपो भवन्तु पीतये।
शं योरभि स्रवन्तु नः। (१।६।१)

राष्ट्र की बलशालिता और शक्ति की कामना अत्यंत ओजस्वी वाणी में अथर्ववेद में बार बार व्यक्त की गयी है। राष्ट्राभिवर्धन सूक्त में कहा गया है—

राष्ट्राय मह्यं बध्यतां सपत्नेभ्यः पराभुवे
उदसौ सूर्यो अगादिदं मामकं वचः।
यथाहं शत्रुहोऽसान्यसपत्नः सपत्नहा
सपत्नक्षयणो वृषाभिराष्ट्रो विषासहिः।
यथाहमेषां वीराणां विराजानि जनस्य च।।

(१.२९.६)

(उदित होते सूर्य ने मुझ से यह वचन कहा है कि मैं राष्ट्र को एक सूत्र में बाँधू, शत्रुओं को पराजित करूँ। मैं शत्रुहंता, प्रतिद्वंद्वियों से रहित तथा प्रतिद्वंद्वियों का क्षय करने वाला व राष्ट्र की अभिवृद्धि करने वाला बनूँ। मैं इन सब वीरों व जन जन का नेतृत्व करूँ)

विश्वशांति, पारिवारिक सद्भाव और सौहार्द की अभिव्यक्ति की दृष्टि से अथर्ववेद का साम्मनस्यसूक्त (३।३०), सौमनस्यसूक्त (६।५५) तथा राष्ट्रसभासूक्त (७।१२) हृदयग्राही है।

निर्भय होकर कर्तव्यपालन करने की कामना के साथ मनस्विता, शक्ति और संकल्प के साथ मंगलभाव का समन्वय इस वेद के प्रणेताओं ने किया है। अभयसूक्त में कहा गया है-

अभयं न करत्यन्तरिक्षमभयं द्यावापृथिवी उभे इमे।
अभयं पश्चादभयं पुरस्तादुत्तरादधरादभयं नो अस्तु।
अभयं मित्रादभयममित्रादभयं ज्ञातादभयं पुरो यः
अभयं नक्तमभयं दिवा नः सर्वा आशा मम मित्रं भवन्तु।।

(१९.१५)

इस मंत्र में समस्त सृष्टि में अभय के भाव को कवि परिव्याप्त देखना चाहता है। अंतरिक्ष, द्युलोक, पृथिवी, समस्त दिशाओं तथा संपूर्ण समाज में सदा सर्वदा पारस्परिक अभय बना रहे यह कामना की गई है।

काल-तत्त्व के दार्शनिकस्वरूप का गहन विवेचन अथर्ववेद के दो सूक्तों (१९।५३,५४) में मिलता है। काल का परम सत्ता के रूप में उल्लेख करते हुए कवि को उसका आरोहण करने वाला बताया गया है।

कालो अश्वो वहति सप्तरश्मिः सहस्त्राक्षो अजरो भूरिरेताः।
तमारोहन्ति कवयो विपश्चितस्तस्य चक्रा भुवनानि विश्वा।।

(अथर्ववेद, १९.५३)

(काल रूपी बलवान् अश्व सात रश्मियों तथा सहस्त्र अक्षों वाले रथ को खींच रहा है। कवि तथा विपश्चित् या विद्वज्जन उसका आरोहण करते हैं। सारे भवन इस रथ के पहिये हैं।)

अथर्ववेद के पृथिवीसूक्त में विराट् तत्त्व की अनुभूति, कालचक्र के आवर्तन विवर्तन, मातृभूमि के प्रति अकुंठ भक्ति, कल्याणकामना, जीवनमूल्यों की मार्मिक अभिव्यक्ति की गयी है। 'वसुधैव कुटुम्बकम्' के आदर्श को ऋषियों की समर्थ वाणी ने यहाँ प्रकट किया है। यहाँ निवास करने वाले मानव, जो तरह तरह की भाषाएँ बोलते हैं, तथा विभिन्न धर्मों का पालन करते हैं, सब कवि की दृष्टि में एक ही धरती माँ के बेटे हैं—

जनं बिभ्रती बहुधा विवाचसं नाना धर्माणं पृथिवी यथौकसम्।

'माता भूमिः पुत्रोऽहं पृथिव्याः'- धरती मेरी माँ है, और मैं इसका बेटा हूँ- यह इस सूक्त का केंद्रीय भाव है। विश्व के साहित्य में इस दृष्टि से यह सूक्त अपूर्व कहा जा सकता है। धरती के प्रति अनुराग तथा समस्त समाज के लिये कल्याणभाव प्रकट करता हुआ कवि कहता है-

गिरयस्ते पर्वता हिमवन्तोऽरण्यं ते पृथिवि स्योनमस्तु।
बभ्रुं कृष्णां रोहिणीं विश्वरूपां ध्रुवां भूमिं पृथिवीमिन्द्रगुप्ताम्।।
अजीतोऽहतो अक्षतोऽध्यष्ठां पृथिवीमहम्।।

(१२.१.११)

(हे पृथिवि! तुम्हारे पहाड़, हिमाच्छादित पर्वत और तुम्हारे जंगल हम मानवों के लिये सुखकर हों। मैं भूरी, काली, लाल अनेक रूपों वाली विस्तीर्ण इस धरती पर अविजित और

अक्षत रह कर प्रतिष्ठित रहूँ।)। धरती के लिये अत्यंत सुकुमार संवेदनाएँ इन मंत्रों में व्यक्त हैं—

यत् ते भूमे विखनामि क्षिप्रं तदपि रोहतु।
मा ते मर्म विमृग्वरि मा ते हृदयमर्पिपम्।

(हे पृथिवि! जो कुछ मैं तुम पर खोदता हूँ, वह शीघ्र उगे। पर हे पवित्र स्थानों वाली, खोदते समय मैं तुम्हे पीडा न हो, तुम्हारे मर्म को क्लेश न पहुँचे।)

अथर्ववेद की भाषा

अथर्ववेद के मंत्रों में अनेकत्र अत्यंत सरल प्रसादगुण संपन्न भाषा का प्रयोग हुआ है, जो लौकिक संस्कृत के निकट है। दूसरी ओर इसके अनेक मंत्रों में सर्वथा दुरूह व अन्य अपरिचित भाषा के शब्द भी सहज रूप में प्रयुक्त हुए हैं। आलिगी-विलीगी, उरूगुला, ताबुवा, किमीदिन्, तैमात इत्यादि इसी प्रकार के शब्द हैं (शौनक शाखा ५.१३, पिप्पलाद शाखा ८.२)। ये शब्द जादू-टोने से संबंधित हैं। तिलक ने इन्हें अकाडिया, चाल्डिया, असीरिया आदि देशों की भाषाओं के शब्द बताया है।

अथर्ववेद के भाष्य

अथर्ववेद पर सायणाचार्य का अपूर्ण भाष्य मिलता है। यह विश्वेश्वरानंद वैदिक शोधसंस्थान होशियारपुर से प्रकाशित है।

अथर्ववेद के अनुवाद

अथर्ववेद का सर्वप्राचीन अनुवाद फारसी में सम्राट् अकबर के समय तैयार किया गया। दक्षिण भारत से बहावन या भावन नामक ब्राह्मण अकबर के दरबार में आया था। उसने इस्लाम धर्म स्वीकार कर लिया, तथा मुल्ला अब्दुल कादिर बदायूँनी का सहायता से अथर्ववेद का अनुवाद आरंभ किया। बाद में इसकी पूर्ति संस्कृत और फारसी के विद्वान् फ़ैज़ी तथा इब्राहीम सरहिंद ने की।[१०]

अवेस्ता और वेद

ऋग्वेद के कालनिर्धारण के संदर्भ में ऊपर पारसियों के धर्मग्रंथ अवेस्ता की चर्चा की गई है। अवेस्ता की भाषा वैदिकमंत्रों से बहुत कुछ मिलती जुलती है। इस समय प्राप्त अवेस्ता ग्रंथ में छह भाग हैं – यस्न या गाथा, वीस्परात्, यश्त, कोरदा अवेस्ता तथा वेन्दिदाद। इनमें यस्न सबसे प्राचीन माना जाता है। इसमें पारसियों के उपास्य अहुरमज़्दा के लिये प्रार्थनाएँ हैं। एक उदाहरण द्रष्टव्य है—

अषम् वाहू बहिश्तम् अस्ती
उश्ता अस्ती उश्ता अह्माइ।
ह्यत् अषाइ वहिश्ताइ अषम्। (यस्न ११.११)

इस गाथा में प्रयुक्त अषम् शब्द वैदिक ऋतम् के समकक्ष है। ऋतम् के ही समान उसका अर्थ सत्य है। वोहू वैदिक वसु है। वोहू का ही उत्कृष्टतम रूप बताते के लिये संस्कृत के ष्ठन् प्रत्यय की भाँति श्तम् जोड़ कर बहिश्तम् शब्द बनाया गया है। संस्कृत में इसका समतुल्य वसिष्ठ है। अस्ती संस्कृत के अस्ति के समकक्ष है। उश्ता भी वैदिक संस्कृत में प्रयुक्त उशती के समान है। इसका अर्थ है प्रकाश। अह्माइ संस्कृत के अस्मै के समतुल्य है। अषाय गाथा में प्रयुक्त प्रथम पद अषम् का सम्प्रदान कारक है, संस्कृत में इसका समतुल्य ऋताय होगा।

गाथा का भाव यह है – ऋत या सत्य ही सर्वोच्च है, वही आत्मा का प्रकाश है। ऋत के उपासक को ऋत की प्राप्ति होती है।

अवेस्ता का संपादन प्रो. एन.एल. वेस्टरगार्ड ने किया है। उनका संस्करण कोपेनहेगेन से १८५२-५४ में प्रकाशित है। अवेस्ता के मूल ग्रंथ का देवनागरी लिपि में संस्करण तीन खंडों में वैदिक संशोधन मंडल पूना से प्रकाशित (१९६२-७८) किया गया है। इसी संस्थान से इस विषय पर अवेस्ता रीडर तथा फोर सेक्रेड प्रेयर्स आफ अवेस्ता ये दो पुस्तकें प्रकाशित हैं। इस ग्रंथ पर डॉ० रूयिंटन पी. पीर, क्षेत्रेशचंद्र चट्टोपाध्याय आदि विद्वानों ने महत्त्वपूर्ण कार्य किया है।

वेदों में व्रात्य

व्रात्य समाज का इतिहास रहस्य से आच्छादित है। अपने अवांछित आचरण के कारण यज्ञ के अधिकार व कर्मकांड के अनुष्ठान से वंचित कर दिये गये ब्राह्मण को व्रात्य कहा गया है। निघंटु में व्रात्य का अर्थ दिया है – भ्रष्ट द्विज। एक मत के अनुसार व्रात्य घुमंतू क्षत्रिय थे।[११] स्मृतियों में व्रात्यों को सावित्रीपतित कहा गया है। किंतु ऋग्वेद और अथर्ववेद में उनका वर्णन देवयान के लिये साधना करने वाले धार्मिक समूह के रूप में किया गया है।[१२] अथर्ववेद का पंद्रहवाँ कांड तो व्रात्यों को ही समर्पित है। अथर्वा ऋषि व्रात्य की गतिशीलता व पराक्रम का गुणगान करते हैं। वे व्रात्य को प्रजापति का प्रेरक बताते हैं। वे कहते हैं कि व्रात्य अपने पराक्रम से बढ़ता गया और महान् बना। व्रात्य की ऐसी महिमा होती चली गई कि सारे देवता उससे पीछे रह गये और वह ईशान बन गया।

व्रात्य आसीदीयमान एव स प्रजापतिं समैरयत्।
स प्रजापतिः सुवर्णमात्मन्यपश्यत् तत् प्राजनयत्।।

तदेकमभवत् तल्लाममभवत् तन्महदभवत् तज्ज्येष्ठमभवत् तद् ब्रह्माभवत्। तत् तपोऽभवत् तत् सत्यमभवत् तेन प्रजायत।।

सोऽवर्धत सो महानभवत् स महादेवोऽभवत्।
स देवानामीशां पर्येत् स ईशानोऽभवत्।।
स एक व्रात्योऽभवत् सधनुरादत्त तदेवेन्द्रं धनुः।।
नीलमस्योदरं लोहितं पृष्ठं
नीलेनैवाप्रियं भ्रातृव्यं प्रोर्णोति लौहितेन
द्विषन्तं विध्यतीति ब्रह्मवादिनो वदन्ति

(अथर्ववेद १५.१.१-८)

इस सूक्त में कहा गया है कि व्रात्य ही एक अकेला देव था, वही ललाम था, वही महत् हुआ, वही तप, सत्य के रूप में प्रतिष्ठित हुआ। व्रात्य को नील उदर व लोहित पृष्ठ वाला कहा गया है।

अगले सूक्त में ही व्रात्य की वैश्विक यात्रा का वर्णन है, जिसमें बताया गया है कि सारे देवता उसके पीछे चले। अथर्ववेद के कवि व्रात्य का बड़ी ओजस्वी भाषा में वर्णन करते हुए कहते हैं कि व्रात्य उठ खड़ा हुआ और पूर्व, पश्चिम, उत्तर व दक्षिण दिशाओं में चलता गया, यज्ञ के कर्ता, यजमान व पशु उसके पीछे चलते गये, सभाएँ और समितियाँ, सेनाएँ और देवगण उसके पीछे पीछे चलते चले गये। व्रात्य सारी दिशाओं में फैलता गया, और इतिहास-पुराण, गाथा नाराशंसियों का विस्तार उसने किया। अथर्ववेद के ऋषि यह भी कहते हैं कि व्रात्य इस तरह घूमता घामता जिस किसी के घर के आगे जा पहुँचे, उस घर के लोग उसका अच्छी तरह अतिथिसत्कार करें। डॉ० रति सक्सेना ने व्रात्य को शिव का पूर्वरूप माना है।

सायण ने अथर्ववेद पर भाष्य लिखा है, पर व्रात्यसूक्त को उन्होंने छोड़ दिया है, क्योंकि व्रात्य यज्ञविरोधी रहे हैं, और सायण यज्ञ के परम पक्षधर हैं। पर व्रात्य की व्याख्या सायणने यह कहते हुए की है – 'कश्चिद् विद्वत्तमं महाधिकारं पुण्यशीलं विश्वसम्मान्यं कर्मपरैर्ब्राह्मणैर्विद्विष्टं व्रात्यमनुलक्ष्य वचनमिति मन्तव्यम्।' इससे स्पष्ट है कि सायण भले ही व्रात्य को प्रवृत्तिपरक धर्म का विरोधी होने से उनके माहात्म्य का प्रतिपादन करने वाले सूक्त की व्याख्या करने से बचते हों, पर व्रात्य को वे एक महाज्ञानी पुण्यात्मा और माननीय तो अवश्य ही मानते हैं।

कतिपय विद्वानों ने व्रात्य को श्रमण संस्कृति से जोड़ा है। ये विद्वान् आर्य व आर्येतर के बीच द्वन्द्व पर जोर देते हुए ऋग्वेद में वातरशनाः, शिश्नदेवाः आदि के उल्लेखों को भी व्रात्य और श्रमणपरंपराओं से संबंधित बताते हैं। अन्य विद्वानों ने तो इंद्र और वरुण के बीच भी संघर्ष मान कर इंद्र को आर्यों का और वरुण को व्रात्यों तथा श्रमणों का देवता बता दिया है। ऋग्वेद में उल्लिखित ऋषभदेव को ये श्रमणपरंपरा का प्रथम प्रतिनिधि मानते हैं। पर इससे आगे जाकर ये विद्वान् वृत्रासुर व पणियों का भी संबंध व्रात्य परंपरा से मानते हैं, तो कुछ खींचातानी प्रतीत होती है।

यह सत्य है कि ऋषभदेव के पिता नाभिराज या अजनाभ के नाम पर भारतवर्ष का प्राचीन

नाम अजनाभवर्ष पड़ा। भागवत (५.७.३) में कहा गया है – 'अजनाभं नामैतद् भारतमिति यद् आरभ्य व्यपदिशन्ति।'

ऋषभदेव के माहात्म्य का प्रख्यापन भागवत आदि पुराणों में प्रचुर रूप में किया गया है। उन्हें एक परमहंस के रूप में चित्रित किया गया है। वैष्णव पुराणों में भी उनका चित्रण विष्णु के भक्त के रूप में नहीं, एक अवधूत के रूप में ही है। ऐसी स्थिति में ऋषभदेव को श्रमणपरंपरा का प्रवर्तक कहा जाना उचित ही है।

व्रात्यों का संबंध कीकट या मगध देश से माना गया। मनु आदि स्मृतिकारों ने पूर्व या मगध जैसे देशों के निवासियों को इसीलिये अशुचि माना है।

प्राचीन वैदिक साहित्य में इस बात के भी साक्ष्य मिलते हैं कि व्रात्य तपस्वी, अपरिग्रही और संयमी होते थे। एक मत के अनुसार सुरापान करने वाले सुर तथा सुरापान न करने वाले असुर कहे गये। तैत्तिरीय ब्राह्मण में कहा गया है – यस्य पितापितामहादि सुरां न पिबेत् स व्रात्यः।'

यह भी सत्य है कि व्रात्य वैदिक समाज की मुख्यधारा के बाहर थे। उन्हें मुख्य धारा में सम्मिलित करने के लिये व्रात्यस्तोम यज्ञ का विधान किया गया। व्रात्यस्तोम के अनुष्ठान के द्वारा कोई व्रात्य आर्य बन जाता है- यह माना गया।

परवर्ती साहित्य में व्रात्य को संस्कारवर्जित पतित मान लिया गया। हेमचंद्र नाममाला (३.५१८) में कहते हैं – व्रात्यः संस्कारवर्जितः। संस्कारोऽत्र उपनयनं तेन वर्जितः।'

दूसरी ओर वर्तमान में चल रहे दलितविमर्श में वैदिक व्रात्य को दलितपरपरा से जोड़ कर भी देखा गया है। बंगाल के राय चरण दास पौंड्र जाति में पैदा हुए। उन्होंने १९१० में व्रात्य बांधव का प्रकाशन किया।

वेदसंहिताओं की सामान्य विशेषताएँ

लोकमंगल तथा सामरस्य का भाव

सभी वैदिक संहिताओं में सारे समाज के लिये कल्याण की कामना प्रकट की गयी है। इसके साथ ही सारी सृष्टि में समरसता का दर्शन करते हुए ऋषियों ने मनुष्य और मनुष्य में भेदबुद्धि को निरस्त करने का भी संदेश दिया है। ऋग्वेद के संज्ञानसूक्त (१०.१९१) में ऋषि समाज के सब मनुष्यों के लिये कहते हैं- 'सङ्गच्छध्वं संवदध्वं सं वो मनांसि जानताम्'- तुम सब एक साथ चलो, एक साथ बोलो, तथा तुम्हारे मन में एक से विचार हों। मनुष्य और मनुष्य की समानता के विचार को इस सूक्त में हृदयग्राही रूप में प्रकट किया गया है—

समानो मन्त्रः समितिः समानी समानं मनः सह चित्तमेषाम्।
समानं मन्त्रमभिमन्त्रये वः समानेन वो हविषा जुहोमि।

यजुर्वेद में प्रतिपादित याज्ञिक विधिविधान के पीछे प्रतीकात्मक रूप में विश्व के कल्याण

की भावना ही है। मनुष्य अपने मन के संकल्प से सब कुछ पा सकता है- इस तथ्य को हृदयंगम कराते हुए ये विधि विधान प्रतीकात्मक रूप में संकल्प शक्ति की प्रतिष्ठा करते हैं।

मनुष्य और निसर्ग या प्रकृति का इतना सहज और घनिष्ठ संबंध अन्य किसी काव्य में नहीं मिलता। गौ के विषय में कवि भरद्वाज कहते हैं—

यूयं गावो मेदयथा कृशं चिदश्रीरं चित् कृणुथा सुप्रतीकम्।
भद्रं गृहं कृणुथ भद्रवाचो बृहद्वो वय उच्यते सभासु।।

(ऋग्वेद ६.२८.६, अथर्ववेद ४.२१.६, तैत्तिरीयब्रा० २.८.८.१२)

(हे गायो, तुम कृश को मोटा बना देती हो, श्रीविहीन को सुंदर बना देती हो। हे सुभाषिणी गायो, हमारे घर को मंगलमय बनाओ। सभाओं में तुम्हारी प्रशंसा होती है।)

नदियों, पर्वतों, वनस्पतियों और अरण्यों सबमें ईश्वरतत्त्वकी अंतर्व्याप्ति देखते हुए ये कवि समस्त चराचर सृष्टि को सामरस्य से ओतप्रोत देखते हैं। नदियों का यह सुंदर रूप वैदिक कवियों की आँखों से ही देखा जा सकता है—

तमस्मेरा युवतयो युवानं मर्मृज्यमानाः परियन्त्यापः।
स शुक्रेभिः शिक्वभी रेवदस्मे दीदायानिध्मो घृतनिर्णिगप्सु।।

(ऋग्वेद, २.३५.५)

(उत्तम प्रकार का शृंगार करके ये लज्जाशील युवतियों जैसी नदियाँ उस अपांनपात् देव की सेवा में उपस्थित होती हैं। वह देवता अपने तेजस्वी व सामर्थ्यपूर्ण अंगों से जल का कंचुक धारण किये हुए बिना इंधन के इन नदियों के बीच हमारे लिये आभासित हो रहा है।)

(२) देवतत्त्व

वैदिक मनीषियों की दृष्टि में जीवन के तीन स्तर हैं- आधिभौतिक, आधिदैविक तथा आध्यात्मिक। ये तीनों स्तर परस्पर अनुस्यूत हैं। इनमें से कोई भी शेष दो के बिना सम्भव नहीं है। प्रत्येक वस्तु के आधिभौतिक, आधिदैविक तथा आध्यात्मिक ये तीनों रूप होते हैं। देवों के उक्त तीनों रूप संभाव्य हैं। वैदिक देवों में कुछ का भौतिक स्वरूप प्रत्यक्षगम्य है, आध्यात्मिक व प्रतीकात्मक रूप संवित् से वेद्य है। अग्नि, उषस्, सोम, पर्जन्य आदि देवों का भौतिक स्वरूप प्रत्यक्ष देखा जा सकता है। अदिति या वरुण जैसे देव अपेक्षाकृत सूक्ष्म स्वरूप में परिकल्पित हैं। पर जो भौतिक रूप में प्रत्यक्ष देव हैं, उनके भी आध्यात्मिक स्वरूप का बोध आर्ष चक्षु से हो सकता है। अग्नि का एक भौतिक रूप है, जो चाक्षुष प्रत्यक्ष का विषय बनता है। एक और अग्नि सब प्राणियों के भीतर है। वैदिक ऋषियों ने इसे वैश्वानर अग्नि कहा है। शतपथब्राह्मण में कहा गया है—

अयमग्निर्वैश्वानरः। योऽयमन्तःपुरुषे, येनेदमन्नं पच्यते।

(शतपथ ब्राह्मण, १४.८.१०.१)

यह अग्नि मनुष्य की जीवनीशक्ति या ऊर्जा है। अग्नि का एक तीसरा रूप है। यह ब्रह्माग्नि है। यह हमारे चिन्तन का उत्स है। इस दृष्टि से ऋग्वेद अग्नि को ऋत का स्रोत कहता है (६.४८.५)। वह शाश्वत जीवन का केंद्र भी है (३।२०।३)। उसका निवास मनुष्यों के हृदय में कहा गया है। वह सनातन होते हुए भी चिर नवीन है (१०.४.१)। वह सर्वज्ञ, सर्वदर्शी और सर्वशक्तिमान् भी कहा गया है (१०.१८७.४-५; १०.११.१; १०.९१.३ तथा ३.३.४)। वह विश्वविद् तथा विश्ववेदाः कहा गया है। यहाँ तक कि सारे देवताओं को उसी का रूप माना गया। मैत्रायणी संहिता कहती है- 'अग्नि ही ऋषि है।'

श्रीमद्भगवद्गीता में इसी ब्रह्माग्नि का वर्णन है—

ब्रह्मार्पणं ब्रह्महविः ब्रह्माग्नौ ब्रह्मणा हुतम्।
ब्रह्मैव तेन गन्तव्यं ब्रह्मकर्मसमाधिना।।

इस तरह ये आधिभौतिक, आधिदैविक तथा आध्यात्मिक तीनों अग्नियाँ वैदिक ऋषियों की दृष्टि में एक ही तत्त्व के तीन रूप हैं। कुल मिलाकर वैदिक देववाद में देवता मनुष्य की आंतरिक ऊर्जा के प्रतीक हैं। शतपथ ब्राह्मण में देव का अर्थ प्राण ही किया गया है।[१३] इसी का व्युत्क्रम कर के वेद के ऋषि प्राण के लिये कहते हैं – प्राणा वै देवाः।[१४] समस्त देवता ऊर्जा के ही रूप हैं, पर यह ऊर्जा विज्ञान की इनर्जी न होकर चेतनामय ऊर्जा है। दयानंद भार्गव इस ऊर्जा को साइकिक इनर्जी के रूप में परिभाषित करते हैं।[१५] इसलिये अग्नि के विषय में ऋषियों ने कहा कि अग्नि ही सब देवता है–अग्निः सर्वाः देवताः (ऐतरेयब्रा० २.३)। तब अग्नि, वरुण, इंद्र आदि भिन्न- भिन्न नाम इस चेतन्यमय ऊर्जा के नाना रूपों को दिये गये इसका कारण यह है कि यह ऊर्जा अलग- अलग रूपों में अलग अलग काम करती है। ये रूप घनता, विरलता तथा तरलता के कारण बनते हैं। घनता, विरलता तथा तरलता के कारण बनने वाले रूपों को यजुर्वेद में ध्रु, धरुण और धर्त्र कहा गया है।[१६] यास्क ने इन्ही को पृथिवीस्थानीय, अंतरिक्षस्थानीय और द्युस्थानीय देवता बताया है।

यास्क ने वैदिक कवियों की देवदृष्टि के विवेचन में उचित ही कहा है कि महैश्वर्य से संपन्न होने के कारण एक ही देव का आत्मा विविध रूपों में शंसित होता है। सारे देवता एक ही आत्मा के अंश हैं। प्रकृति के सार्वात्म्य के कारण ये सारे देवता एक दूसरे से जन्म लेते हैं, और एक दूसरे को उत्पन्न भी करते रहते हैं। आत्मा ही इनका रथ है, आत्मा ही इनका आयुध है और वही इनका सब कुछ है—

'महाभाग्यात् देवताया एक एव आत्मा बहुधा स्तूयते। एकस्यात्मनो अन्ये देवाः प्रत्यङ्गानि भवन्ति। प्रकृतिसार्वात्म्याच्च। इतरेतरजन्मानो भवन्ति इतरेतरकृतयः। आत्मा वैषां रथो भवति। आत्मायुधम्। आत्मा सर्वस्य देवस्य।' (निरुक्त, ७.२)

वेदों में ही देवों की तैंतीस संख्या की चर्चा अनेकत्र आयी है। यह प्रश्न विचारणीय है कि ये तैंतीस देव कौन कौन हैं? शतपथ के अनुसार आठ वसु, ग्यारह रुद्र, बारह आदित्य तथा इंद्र और प्रजापति मिल कर तैंतीस देवता होते हैं। अग्नि, पृथिवी, वायु, अंतरिक्ष, आदित्य,

चंद्रमा तथा नक्षत्र- ये वसु हैं। पुरुष के भीतर निहित दशविध प्राण और आत्मा मिल कर ग्यारह रुद्र होते हैं। बारह मास तथा संवत्सर आदित्य हैं।

यास्क के अनुसार देवताओं में कुछ पृथिवीस्थानीय हैं, कुछ अंतरिक्षस्थानीय तथा अन्य द्युस्थानीय हैं। अग्नि पृथिवीस्थानीय देव है, इंद्रादि अंतरिक्षस्थानीय तथा सूर्य आदि द्युस्थानीय देव हैं।

देवता और मनुष्य का संबंध अन्योन्याश्रित होता है। देवता के बिना मनुष्य नहीं और मनुष्य के बिना देवता नहीं। कदाचित् अन्य किसी संस्कृति में देवता की ऐसी मानवसापेक्ष परिकल्पना नहीं है। देवता और मनुष्य का यह परस्पर उपकार्योपकारक- भावसंबंध संपूर्ण सृष्टि के कल्याण के लिये परिकल्पित है। इस दृष्टि से यह कहना भी सही है कि मनुष्य स्वयं देवों का निवास स्थल है। ताण्ड्य ब्राह्मण (६.९.२) कहता है- 'नरो वै देवानां ग्रामः।' मैत्रायणी संहिता (३.२.२) भी यही कहती है कि मनुष्य में ही सारे देवता निवास करते हैं- 'विश्वे हींदं देवा स्मो यन्मनुष्यः।' इसलिये मानवसृष्टि जब हो चुकती है, तो उसके पश्चात् मनुष्य के द्वारा संपादित यज्ञ या सत्कर्म तथा शिवसंकल्प से उसमें देवताओं का प्रकटीकरण संभव होता है। नासदीय सूक्त इस दृष्टि से स्पष्ट कहता है- देवता इस सृष्टि से अर्वाचीन है- अर्वाक् देवा अस्य विसर्जनेनाथा को वेद यत आबभूव। (ऋ० १०।१२९।६)। मनुष्य देवों को आविष्कृत और संवर्धित करता है। वे उसके सूक्त से बढते हैं। अग्नि के विषय में ऋग्वेद का कवि कहता है- 'स वावृधे काव्येन।' इसी तरह इंद्र के विषय में भी ऋषि कहते हैं- उक्थैः वावृधानः (ऋ० २।११।२), ब्रह्माणि इंद्र तव यानि वर्धना (२।५२।९), यस्येदं ब्रह्म वर्धनम् (२।१२.१४), यः स्तोमेभिर्ववृधे पूर्व्येभिः (२।३२।१२) इंद्र ब्रह्माणि तविषीम् अवर्धन् (५।३१।१०)।

इस संस्कृति में देवों के आवाहन, आराधन और ध्यान के द्वारा मनुष्य अपने आप को और अपने पर्यावरण को दिव्य स्वरूप दे देता है। हम भौतिक प्रतीत होने वाले पदार्थों की वास्तविक दिव्यता को भी इसी कारण प्रत्यक्ष कर पाते हैं।

गयाचरण त्रिपाठी कहते हैं- 'संसार के अन्य किसी देश में देवों के स्वरूप के विकास का सहस्रों वर्ष लंबा इतिहास और देव-कथाओं के विकास की इतनी लंबी परंपरा प्राप्त नहीं होती, जितनी भारत में। सहस्रों वर्षों पूर्व वैदिक ऋषियों की सूक्ष्म अंतर्दृष्टि, निरीक्षण क्षमता एवं कल्पनाशक्ति ने जिन देवों की उद्भावना की थी, उनके स्वरूप का आने वाली पीढी के हाथों क्रमशः परिवर्धन एवं परिवर्तन होता चला गया और एक चित्रात्मक वैविध्यपूर्ण तथा सजीव देवशास्त्र का जन्म हुआ।'

वैदिक, पौराणिक व लोक में जन्म लेते नये नये देवों के मूल तत्त्व एक हैं। देवतत्त्व का आशय विविधता में एकता ही नहीं, एकता में विविधता भी है। सब कुछ एक मूल से निकला है। ऋग्वेद (१.१६४.४६) में कहा गया है—

इन्द्रं मित्रं वरुणमग्निमाहुरथो दिव्यः सुपर्णो गरुत्मान्।
एकं सद्विप्रा बहुधा वदन्त्यग्निं यमं मातरिश्वानमाहुः।।

(इंद्र, मित्र, वरुण, अग्नि, दिव्य सुपर्ण गरुत्मान्, अग्नि, यम तथा मातरिश्वा – इन सब के रूप में एक ही परम तत्त्व को विप्र या ज्ञानी जन नाना प्रकार से बताते हैं।)

ऋग्वेद के आठवें मंडल में कहा गया है—

एक एवाग्निर्बहुधा समिद्ध एकः सूर्यो विश्वमनुप्रभूतः।
एकैवोषाः सर्वमिदं विभाति एकं वा इदं विबभूव सर्वम्।।

अग्नि ही इंद्र, वृषभ, उरुगाय विष्णु ब्रह्मा और ब्रह्मणस्पति भी है- त्वमग्न इन्द्रो वृषभः सतामसि, त्वं विष्णुरुरुगायो नमस्यः। त्वं ब्रह्मा रयिविद् ब्रह्मणस्पते (वही, ८।५८।२)

अथर्ववेद में तो सारे देवों की मूल भूत एकता का विचार और भी सुस्पष्ट तथा सुदृढ रूप में अनेकत्र अभिव्यक्त किया गया है।

एक एव नमस्यो विक्ष्वीड्य एक एव नमस्यः सुशेवाः।

(२।२।१-२)

योऽयमर्यमा स वरुणः स रुद्रः महादेवः।
सोऽग्निः स उ सूर्यः स उ एव महायमः।।

(१३।४।४-५)

एको ह देवो मनसि प्रविष्टो प्रथमो जातः स उ गर्भे अन्तः।

(१०।८।२८)

यस्य त्रयस्त्रिंशद् देवा अङ्गे गात्रा विभेजिरे।
तान् वै त्रयस्त्रिंशद् देवान् एके ब्रह्मविदो विदुः।।

(१०।७।२७)

कठोपनिषत् (५।९) इसी परंपरा में अग्नि को समस्त ब्रह्मांड में अनुप्रविष्ट और प्रत्येक रूप के समतुल्य प्रतिरूप की सृष्टि करने वाला बताता है- अग्निर्यथैको भुवनं प्रविष्टो रूपं रूपं प्रतिरूपो बभूव।

कुल मिला कर सारी सृष्टि देवमय ही है। देवतत्त्व सर्वत्र अनुस्यूत तथा आवर्तमान है। अथर्ववेद इसका सृष्टि के विभिन्न पदार्थों में अनुभव कराते हुए कहता है—

ये देवा दिवि तिष्ठन्ति, ये पृथिव्यां ये अन्तरिक्ष ओषधीषु पशुषु अप्सु अन्तः।

(१।३०।३)

इस प्रकार एक में सारे देवता हैं, और सारे देवताओं में एक तत्त्व अधिष्ठित है। देवतत्त्व के विषय में विविधता में एकता भी सत्य है और एकता में विविधता भी उतना ही सत्य है। सृष्टि के विषय में भी इस परंपरा की यह अवधारणा है। उसमें एक तत्त्व समाया हुआ है और एक से ही वह विविध हुई है। यही वैदिक देवतत्त्व का मर्म है।

(३) यज्ञभावना

वैदिक संहिताओं में जिस यज्ञ का निरूपण है, वह केवल अनुष्ठान या कर्मकांड नहीं है। वह अपने आपको देवमय या ईश्वरमय बनाने की प्रक्रिया है। इस प्रक्रिया में मनुष्य अपने सीमित अहं की आहुति दे कर विराट् से एकाकार हो जाता है। यज्ञीय आहुति इसी सीमित अहं के विसर्जन और समष्टि से जुड़ने की प्रतीक है। यज्ञ के द्वारा यजमान विश्व को संचालित करने वाली सूक्ष्म शक्तियों से ऊर्जा भी प्राप्ति करता है। निम्नलिखित मंत्रों में शक्ति या तेजस्विता की कामना इसी प्रक्रिया को इंगित करती है-

ओ३म् तेजोऽसि तेजो मयि धेहि।
वीर्यमसि वीर्यं मयि देहि।
बलमसि बलं मयि देहि।
सहोऽसि सहो मयि धेहि।

अग्निचयन की प्रक्रिया में स्थापित की जाने वाली विशाल वेदी तो सृष्टि की प्रतीक ही है।

यजुर्वेद के तीसवें अध्याय के अनुसार अश्वमेध आदि वैदिक यज्ञों में सूत की उपस्थिति आनुष्ठानिक रूप से अनिवार्य थी। सूत, शैलूष आदि की उपस्थिति नृत्त, गीत आदि के अनुष्ठानों के संपादन के लिये भी आवश्यक थी। वैदिक वाङ्मय में सूत के लिये रथकार शब्द भी प्रयुक्त है। अहन्ति या अहन्त्य भी सूत के पर्याय कहे गये हैं। ऋग्वेद में कारु (बढइ) शब्द का प्रयोग तो मिलता है, रथकार शब्द का नहीं। अथर्ववेद से संकेत मिलता है कि रथकार और कर्मार को समाज में महत्त्वपूर्ण स्थान प्राप्त था। वैदिक यज्ञों में नृत्त, गीत वादन आदि भी आनुष्ठानिक रूप से अनिवार्य अंग रहे हैं।

(४) लौकिकता तथा श्रम की प्रतिष्ठा

ऋग्वेद में अनेक सूक्त लौकिकता या ऐहलौकिक आस्था की उज्ज्वल रूप में अभिव्यक्ति हैं। उदाहरण के लिये सूर्यासूक्त (१०।८५) में सूर्या के विवाह के वर्णन के द्वारा उस समय के वैवाहिक लोकाचार, वधू की विदाई के समय उसके परिजनों के द्वारा कहे जाने वाले वचनों तथा गृहस्थ जीवन की उदात्तता को सुंदर तथा मार्मिक रूप में प्रकट किया गया है। अरण्यानी सूक्त(१०।१४६) जंगल के सारे वातावरण, वहाँ लकड़हारों का लकड़ी काटना, चिड़ियों तथा अन्य पशुओं के द्वारा उत्पन्न की जाने वाली ध्वनियों के साथ अरण्यानी को दैवीय ही नहीं, लौकिक स्वरूप में चित्रोपम रूप में साकार कर देता है। वैदिक काव्य द्रष्टा मनीषियों का ही नहीं, श्रमजीवियों का भी काव्य है। वेद का ऋषि-कवि कवि कहता है - 'कारुरहं ततो भिषगुपलप्रक्षिणी नना'- (ऋग्वेद ९।११२)। अर्थात् मैं कवि हूँ और बढइ भी हूँ। मेरा पिता वैद्य है। मेरी माँ चक्की चलाती है। यह कवि आध्यात्मिक स्तर पर मंत्रद्रष्टा तथा ऋषि है, तो

आधिभौतिक स्तर पर कृषक या श्रमिक भी है। वह देवों का आवाहन भी करता है और खेतखलिहान में विचरण भी करता है। आधिभौतिक का आध्यात्मिक और आधिदैविक के साथ यह सहकार ही राष्ट्र के उन्नयन की आधारशिला है। कृष्टि शब्द ऋग्वेद में इसीलिये अर्थविस्तार प्राप्त करता हुआ समग्र समाज और संपूर्ण संस्कृति का वाचक भी हो जाता है। कृष्टि या कृषि पर ही सारे जीवन और जीवनमूल्यों की प्रतिष्ठा करने वाले समाज में ही ऐसा संभव था। ऐसी स्थिति में विंटरनित्स तथा रामजी उपाध्याय जैसे आलोचकों ने ऋग्वेद के कतिपय सूक्तों को श्रमिक के गीत ही कह दिया- तो यह अनुचित नहीं कहा जा सकता। इसी तरह सीता या हल की फाल को सम्बोधित एक पूरा सूक्त किसानों के द्वारा गाया जाने वाला गीत है (ऋ०, ४.५७)। ऋग्वेद का ही अरण्यानी सूक्त लकड़हारों के श्रम की समाशंसा करता है।

ऋग्वेद के एक सूक्त में सूर्यास्त का वर्णन करता हुआ कवि कहता है—

समाववर्ति विष्ठितो जिगीषुर्विश्वेषां कामश्चकताममाभूत्।
शश्वाँ अपो विकृतं हित्यागादन् व्रतं सवितुर्दैव्यस्य।।

(अपने अपने इच्छित विषय की प्राप्ति की अभिलाषा से प्रेरित होकर विभिन्न स्थानों पर दिन भर काम करने वाले लोग संध्या के समय लौट कर घर आ गये हैं। दिन भर इधर से उधर भटकने वाले प्राणियों की अपने अपने बसेरे की ओर लौटने की इच्छा हो गयी है। सविता के नियम का पालन करते हुए अधूरा काम छोड़ कर भी काम करने वाले लोग घर लौट आये हैं।)

इस मंत्र में कवि की दृष्टि श्रमिकों पर लगी हुई है।

वैदिक कवि अपनी काव्यरचनाप्रक्रिया बताते हुए वे उपमान भी श्रमिक लोगों के जीवन से ही उठाते हैं। वे कहते हैं कि जैसे जुलाहा कपड़े बुनता है, ऐसे ही हमने ये सूक्त या काव्य रचे हैं (वस्त्रेण भद्रा सुकृता वसूयू- ऋ०,१०.७१.८), या जैसे बढइ ठोक पींज कर, तराश कर रथ बनाता है, ऐसे ही हमने कविता रची है- (रथं न धीरा: स्वपा अतक्षम्-ऋ० ५.१९.१५)। जैसे चलनी से सत्तू छाना जाता है, ऐसे ही वैदिक मनीषियों ने वाणी को मन की चलनी से छान छान कर मंत्रों में व्यक्त किया है- सक्तुमिव तितउना पुनन्तो यत्र धीरा मनसा वाचमक्रत—(ऋ० १०.७१.२)।

वेद के कवियों की कामना है कि हमारी समृद्धि पाँच जनों में प्रकाशित हो (ऋ० २.२.१०)। जन के लिये यहाँ कहा गया है- पञ्चसु कृष्टिषु। कृष्टि शब्द ऋग्वेद में मूलत: उस भूमि के लिये आया है, जिस पर कर्षण या कृषि की जाती हो। भूमि के साथ उस पर बसने वाले जन भी कृष्टि कहे जाने लगे। कृष्टि या खेती के द्वारा पाई हुई समृद्धि को पाँच जनों में बाँटने की कामना वेद में बार बार की गई है। इन्द्र कृषि का देवता है। उसके विषय में कहा गया है कि उसकी शक्तियाँ पाँच जनों में व्यक्त हैं (ऋ० ३,३७.९)। सरस्वती पाँच जनों का संवर्धन करती है (ऋ० ६.६१.१२)।

कृष्टि शब्द वेद में केवल कृष्य भूमि तथा कृषिकर्मनिरत जनसमुदाय का ही बोधक नहीं है, वह समग्र संस्कृति का भी पर्याय है। ऋग्वेद के उल्लेखों के आधार पर मैक्डानल यह भी स्वीकार करते हैं कि कृषि इन आर्यो के लिये परम गौरवपूर्ण कार्य था। इन्द्र और अग्नि को ऋग्वेद में कृष्टि कहा गया है (ऋ० १.५९.५; ६.१८.२), जिसका आशय यह है कि ये देव अपने कृषि कर्म के कारण श्रेष्ठ हैं। ऋग्वेद यह भी कहता है-

उत नः सुभगो अरिर्वोचुर्यदस्म कृष्टयः।

(१.४.५)

अर्थात् हमारे शत्रु भी यह कहते हैं कि हम लोग कृष्टि या खेती-किसानी करने वाले लोग हैं। सायण ने यहाँ कृष्टि का अर्थ मनुष्य किया है। उन्होंने निरुक्त का प्रमाण भी दिया है जिसमें पच्चीस प्रकार के मनुष्य बताये गये हैं, इनमें से कृष्टि भी एक हैं। मूलतः कृष्टि कर्षण या खेती करने वाले लोग ही हैं।

उषा या भोर की देवी का गुणगान भी इसलिये किया गया है कि वह कर्म में प्रवृत्त करती है। उसके आकाश से अवतरित होने पर द्विपात् (दो पाँवों वाले लोग) काम के लिये घर से निकल पड़ते हैं, सागर में मल्लाह नावें तिरा देते हैं, और सारा जगत् जाग जाता है। (ऋ० १.१२४)

इन्द्र वैदिक वाङ्मय में श्रम का देव भी है। वह श्रम करने वालों का सखा है। वृत्रासुर फसल को खराब करने वाला तथा सूखे का राक्षस है। वह फसल नष्ट करने के लिये सूखा बनता है, इन्द्र पृथिवी को उससे मुक्त करता है। वह जलों के बहने के लिये खोद कर मार्ग बनाता है (ऋ० ७.४७.४)।

ऋग्वेद में क्षेत्रपति को सम्बोधित सूक्त खेत-खलिहान और गाँव-गिराँव से उठी एक आत्मीय पुकार है।

क्षेत्रस्य पतिना वयं हितेनेव जयामसि।
गामश्वं पोषयिन्त्वा स नो मृळातीदृशे।।
क्षेत्रस्य पते मधुमन्तमूर्मिं धेनुरिव पयो अस्मासु धुक्ष्व।
मधुश्च्युतं घृतमिव सुपूतमृतस्य नः पतयो मृळयन्तु।।

(ऋग्वेद, ४.५७.१-२)

क्षेत्रपति या खेत के रखवाले देवता के लिये यहाँ कृषक कवि ने गुहार लगाई है। वह खेत से मधुमय अन्न उपजाये तथा गायों को प्रचुर दूध दुहाने वाली बनाये। यह क्षेत्रपति ग्रामीण समाज में पूजा जाने वाला स्थानीय देव है। वैदिक काल से लगा कर आज तक यह कृषि या जमीन से जुड़े कारोबार करने वाले लोगों के समाजों में अलग अलग रूपों में पूजा जाता रहा है। क्षेत्रपति के साथ ही इन्द्र तथा सीता भी कृषिप्रधान समाज के ही देवता हैं। सीता हल की फाल है।

कृषि एक गौरवमय कर्म है। कितव सूक्त में जुआरी अपने जीवन के अध:पतन और दुरवस्था पर पछताता हुआ अन्त में इस निष्कर्ष पर पहुँचता है— अक्षैर्मा दीव्य: कृषिमित्कृषस्व- जुआ मत खेलो, कृषि करो।

ऊपर उद्धृत सूक्त में कवि ने सीता के निगृहण के लिये इन्द्र का आह्वान किया है। वह चाहता है कि लांगल धरती को अच्छी तरह जोते। इस तरह उसने अपने यहाँ की परम्पराओं से जन्मे क्षेत्रपति तथा सीता इन दोनों देवताओं को इन्द्र की महती परम्परा से भी जोड़ दिया है।

अथर्ववेद तो इन लघु परम्पराओं का बृहत् संग्रह है। इसके क्षेत्रियरोगनाशनसूक्त (२.८) खेत की मिट्टी से गहरा लगाव व्यक्त है। कवि-ऋषि बभ्रु, अर्जुनकाण्ड, पलाली, तिल , तिलपिञ्जी तथा सारी लताओं और वनस्पतियों के रोग दूर होने की प्रार्थना करता है। पशुसंवर्धन सूक्त में कामना है कि गोष्ठ में पशु बढते रहें—

इमं गोष्ठं पशवः संस स्रवन्तु बृहस्पतिरायनतु प्रजानन्।
सिनीवाली नयत्वाग्रमेषामाजग्मुषो अनुमते नि यच्छ।।

(अथर्व.,२.२६.२)

कवि अपने खेत में धान्य की स्फीति होने की कामना करता है (वही, २.२६.३)। पशुसूक्त (२.३४), पशुपोषणसूक्त (३.२७) तथा अनड्वान् सूक्त (४.११) में भी यही भाव है। गोष्ठ सूक्त (२.३४) में गायों के बाड़े का सहज सजीव रूप मूर्त है।

संजग्माना अबिभ्युषीरस्मिन् गोष्ठे करीषिणीः।
बिभ्रतीः सौम्य अध्वनमीवा उपेतन।
मया गावो गोपतिना सचध्वमयं वो गोष्ठ इह पोषयिष्णुः।
रायस्पोषेण बहुला भवन्तीर्जीवा जीवन्तीरुप वः सदेम।।

(वही, ३.१४.६)

गायों के लिये अथर्ववेद में ही ब्रह्मा का सूक्त (४.२१) ग्वालों के मनोभावों की सजीव अभिव्यक्ति है। यह गायों को लेकर रचा सहज राग का काव्य भी है। कवि गायों को सुखी और स्वस्थ देखना चाहता है।

उच्छ्रयस्व बहुर्भव स्वेन महसा यव।
मृणीहि विश्वा पात्राणि मा त्वा दिव्याशनिर्वधीत्।।
आश्रृण्वन्तं यवं देवं यत्र त्वाच्छावदामसि।
तदुच्छ्रयस्व द्यौरिव समुद्र इवेध्यक्षितः।।

(अथर्व० ६.१४२.१-२)

गायों के प्रति अनन्य अनुराग वैदिक ऋषियों ने प्रकट किया है। उन्हें अंगिरा ऋषि के तपस् से उत्पन्न मानते हुए ऋषि कहते हैं कि ये गायें सरूपा हों, विरूपा हों या एकरूपा हों,

अग्नि इष्टि के द्वारा उनके नाम जानता है। वे पर्जन्य से प्रार्थना करते हैं के वे इन गायों के सुखी रखें—

या सरूपा विरूपा एकरूपा यासामग्निरिष्ट्या नामानि वेद।
या अङ्गिरसस्तपसेह चक्रुताभ्यः पर्जन्य! महि शर्म यच्छ।।

(ऋ० १०.१६९.२)

गोपालन तथा गायों के विविध प्रकारों से जुड़ी बड़ी समृद्ध शब्दावली ऋग्वेद तथा अथर्ववेद में मिलती है। गायों के रहने के स्थान के लिये शाला या गोष्ठ, उन्हें हाँकने के पैने के लिये अष्ट्रा, गायों को विपत् से बचाने वाले देवता के लिये पूषा, कान पर आठ के अंक से चिह्नित गाय के लिये अष्टकर्णी, वंशी के चिह्न से अंकित गाय के लिय कर्करिणी, हँसिया से चिह्नित के लिये दात्रकर्णी शब्द मिलते हैं। इसी प्रकार स्थूणाकर्णी, छिद्रकर्णी, कर्की (सफेद गाय), गृष्टि (युवा गाय), धेना (दुधारू गाय), स्तरी (बाँझ गाय), सूतवशा (एक वत्स जन कर बाँझ होने वाली गाय), बेहत् (गर्भस्राव के अनंतर वन्ध्या होने वाली), निवान्या, निवान्यवत्सा, या अभिवान्यवत्सा अथवा वान्या (मृतवत्सा जिसे दूध देने के लिये अन्य गाय के बछड़े की आवश्यकता पड़े), धरुण (दुधमुँहा बछड़ा) त्र्यवि (डेढ़ साल का बछड़ा), दित्वाह (दो साल का बछड़ा), पञ्चावि (पाँच साल का बछड़ा) इत्यादि बहुसंख्य शब्द वेदों में मिलते हैं।

धरती के प्रति गौरव और आदर के भाव के कारण विविध वनस्पतियों, शस्यों और फलों को उपजाने वाली धरती को भी माता या देवी के रूप में ऋषियों ने देखा। ऋग्वेद तथा अथर्ववेद के भूमिसूक्त पृथ्वी के पार्थिव और दिव्य दोनों रूपों के विस्तार और द्युति का ऊर्जस्वी शब्दों में निरूपण करते हैं। ऋग्वेद के भूमिसूक्त (५.८४) का उदाहरण देखें—

बळ् इत्था पर्वतानां खिद्रं बिभर्षि पृथिवि
प्र या भूमिं प्रवत्वति मह्ना जिनोषि महिनि
स्तोमासस्त्वा विचारिणि प्रति ष्टोभन्त्यक्तुभिः
प्र या वाजं न हेषन्तं पेरुं अस्यस्यर्जुनि
दृळ्हा चिद्या वनस्पतीन्क्ष्मया दर्धर्ष्योजसा
यत्ते अभ्रस्य विद्युतो दिवो वर्षन्ति वृष्टयः

(हे पृथ्वी देवी! तुम पर्वतों के महान् भार को सँभाले हुए हो, तुम जो अपनी महिमा और शक्ति से जलों को बहने देती हो, और जन जन के भीतर आनंद भर देती हो! हे संचरण करती धरा देवि! हमारी स्तुतियाँ तुम्हारी गति के साथ हैं। हे द्युतिमयी! अश्वों की तरह हिनहिनाती तुम्हारी जल की धाराएँ तृष्णातुर जन जन को प्रेरित करती हैं। हे धरती, जब बिजली लपलप कर चमकती है तुम्हारे ऊपर मेघों से और झमाझम वर्षा होती है, तब तुम ही हो जो अपनी दृढता और ऊर्जा से वनस्पतियों को धारे रहती हो।)

अथर्ववेद के भूमिसूक्त (अ० १२) में इसी भाव का पल्लवन करते हुए कवि ने 'माता भूमिः पुत्रोऽहं पृथिव्याः' की अनुभूति की।

वेद के कवि प्रकृति या निसर्गसृष्टि से एकाकार हैं। पर्जन्यसूक्त में कवि कहता है—

अछा वद तवसं गीर्भिराभि स्तुहि पर्जन्यं नमसा विवास।
कनिक्रदद्वृषभो जीरदानू रेतो दधात्योषधीषु गर्भम्।।
वि वृक्षान्हन्त्युत हन्ति रक्षसो विश्वं बिभाय भुवनं महावधात्।
उतानागा ईषते वृष्ण्यावतो यत्पर्जन्य स्तनयन्हन्ति दुष्कृतः।।
रथीव कशयाश्वां अभिक्षिपन्नाविर्दूतान्कृणुते वर्ष्यृं अह।
दूरात्सिंहस्य स्तनथा उदीरते यत्पर्जन्यः कृणुते वर्ष्यं नभः।।
प्र वाता वान्ति पतयन्ति विद्युत उदोषधीर्जिहते पिन्वते स्वः।
इरा विश्वस्मै भुवनाय जायते यत्पर्जन्यः पृथिवीं रेतसावति।।
यस्य व्रते पृथिवी नन्नमीति यस्य व्रते शफवज्जर्भुरीति।
यस्य व्रत ओषधीर्विश्वरूपाः स नः पर्जन्य महि शर्म यच्छ।।
दिवो नो वृष्टिं मरुतो ररीध्वं प्र पिन्वत वृष्णो अश्वस्य धाराः।
अर्वाङेतेन स्तनयित्नुनेह्यपो निषिञ्चन्नसुरः पिता नः।।
अभि क्रन्द स्तनय गर्भं आ धा उदन्वता परि दीया रथेन।
दृतिं सु कर्ष विषितं न्यञ्चं समा भवन्तूद्वतो निपादाः।।
महान्तं कोशं उदचा नि षिञ्च स्यन्दन्तां कुल्या विषिताः पुरस्तात्।
घृतेन द्यावापृथिवी व्युन्धि सुप्रपाणं भवत्वघ्न्याभ्यः।।
यत्पर्जन्य कनिक्रदत्स्तनयन्हंसि दुष्कृतः।
प्रतीदं विश्वं मोदते यत्किं च पृथिव्यां अधि।।
अवर्षीर्वर्षं उदु षू गृभायाकर्धन्वान्यत्येतवा उ।
अजीजन ओषधीर्भोजनाय कं उत प्रजाभ्योऽविदो मनीषाम्।।

(ऋग्वेद, ०५.०८३.१०)

(हम वर्षा के देवता पर्जन्य का अपनी वाणी से स्तवन करते हैं। यह साँड की तरह गरज गरज कर वनस्पतियों में गर्भ स्थापित कर पौधों को सरसा देता है। यह वृक्षों पर वज्र गिरा कर उनको तहस नहस कर देता है। यह असुरों का बल हर लेता है। सारा संसार के इसके आगे थर्राता है। जब यह अपना अमोघ अस्त्र मेघों पर फेंकता है, तो वे चीख मार कर अपने भीतर रोक कर रखा जल छोड़ देते हैं। जैसे सारथी कोड़े मार मार कर घोड़ों को भगाता है, ऐसे ही यह बिजली के कोड़े मार कर बादलों को हाँक देता है। यह बादलों के पहाड़ों को चींथ कर रख देता है और फिर दहाड़ लगाता है। इसके संकेतों पर पवन बहते हैं, इसके संकेतों पर बिजली कौंध कौंध उठती है। जब यह आकाश का प्याला उठा कर उसे धरती पर औंधा देता

है, तो वह अवन्ध्या और फलपुष्पमयी बन जाती है। इसकी आज्ञा पर धरती झुक झुक जाती है। खुर वाले पशु इसके संकेतों पर डकराते हैं। इसके इंगित पर कितनी कितनी जड़ीबूटियाँ उग आती हैं। यही वह पर्जन्य हमारी रक्षा करे, हमें सुख दे। हे मरुत्! नभ से वर्षा का पात्र उतार कर हमें थमा दो। बादलों के झुंडों को घोड़ों की तरह हाँक दो। गरज गरज कर धरती पर जल सरसा दो। तुम पिता की तरह हमारी रक्षा कर जल की धार बहा दो। धरती की ओर मुख मोड़ कर पुकार लगाओ, वनस्पतियों में गर्भ स्थापित कर दो। पानी से भरे रथ पर सवार होकर जल की विशाल थैली हमारे लिये खोल दो। धरती पर जल ही जल हो, कोई प्यासा न रहे।)

जनसामान्य के जीवन तथा दरिद्र जनता की भावनाओं का मार्मिक निरूपण वेद के अनेक सूक्तों में मिलता है। अथर्ववेद के एक सूक्त (५.१८) में कवि को चिंता है कि राजन्य (क्षत्रिय) उसकी गाय को छीन कर ले जा सकता है। वह कहता है कि कोई बिगड़ैल क्षत्रिय, जो द्यूत का व्यसनी है, वही ऐसा निकृष्ट कार्य कर सकता है। पर ग़रीब ब्राह्मण की गाय का हरण कर के वह चैन से नहीं रह सकेगा। इसी के आगे के सूक्त (५.१८) में तो कवि ऐसे अनाचारी क्षत्रिय को चेतावनी भी देता है। अन्याय से या ग़रीबों को सता कर पाई हुई लक्ष्मी का वेद के कवि विरोध करते हैं। अथर्ववेद में कहा है—

प्र पतेतः पापि लक्ष्मि नश्येतः प्रामुतः पत।
अयस्मयेनाङ्केन द्विषते त्वा सजामसि।।

(अथर्ववेद, ७.११५.१)

अर्थात् अन्याय मार्ग से प्राप्त होने वाला धन हमसे दूर हो। इसका स्थान हमारे शत्रुओं में ही हो।

या मा लक्ष्मीः पतयालूरजुष्टाभिचस्कन्द वन्दनेव वृक्षम्।
अन्यत्रास्मत्सवितस्तामितो धा हिरण्यहस्तो वसु नो रराणः।।

(अथर्ववेद, ७.११५.२)

अर्थात् अन्याय मार्ग से अर्जित धन हमारे शोषण का कारण बनता है। प्रभु उससे हमसे दूर करते हुए, हमारे निवास के लिए आवश्यक पवित्र मार्ग से अर्जित धन को प्राप्त कराएँ।

वेदों में मंत्रद्रष्टा स्त्री ऋषि

ऋग्वेद तथा अन्य वैदिक ग्रंथों में कतिपय स्त्रियों का ऋषि के रूप में उल्लेख है। स्त्री के ऋषि होने का अर्थ है कि वह मंत्रों का साक्षात्कार कर लेती है। हरिपद चक्रवर्ती (१९८१: ५४) ने लोपामुद्रा, अपाला तथा घोषा को महिला ऋषि माना है। मांधात्री, अगस्त्य की अज्ञातनाम बहिन, वसुक्र की पत्नी, शाश्वती, गोधा विश्ववारा भी ऐसी ही महिला ऋषि हैं। मंत्रों की रचनाकार कवि के रूप में घोषा का उल्लेख ऋग्वेद (१.११७.७, १०.४०.५, १०.३९.३.६) में आता है। घोषा राजा कक्षीवत् की बेटी थी। अपाला तथा विश्ववारा आत्रेय वंश की थीं।

ऋग्वेद के पंचम मंडल में आत्रेय ऋषियों के मंत्र हैं। अपाला तथा विश्वारा के भी मंत्र इनमें हैं। इन महिला ऋषियों में से कुछ ने तो पूरे पूरे सूक्त (बहुसंख्य मंत्रों का एक अध्याय) भी रचे।

कौषीतकि ब्राह्मण में बताया गया है कि वेद में पारंगत स्त्रियों को पथ्यस्वस्ति वाक् की उपाधि से सम्मानित किया जाता था। वैदिककाल में स्त्रियों को यज्ञोपवीत होता था, मंत्रपाठ तथा यज्ञसंपादन भी वे कर सकती थीं। अनेक स्त्रियों ने मंत्रों का साक्षात्कार किया तथा वे ऋषि कहलाईं। वैदिक यज्ञों में जहाँ यजमान के साथ उसकी पत्नी की सहभागिता अनिवार्य थी, सीतायज्ञ तथा रुद्रयज्ञ ये दो यज्ञ ऐसे बताये गये हैं, जिनका अनुष्ठान केवल स्त्रियों के द्वारा ही किया जा सकता था। स्त्री अपनी पुरोहित स्वयं है, और अपना कर्मकांड वह स्वयं ही करती है – यह स्थिति वैदिक समाज के भीतर भी मातृसत्तात्मक समाज की महत्ता प्रमाणित करती है।

वस्तुतः मंत्रद्रष्टा स्त्री ऋषियों ने अपने कर्तृत्व व रचनाशीलता के द्वारा ऋषि के रूप में मान्यता पाई। ऋषि होने का अर्थ अपनी प्रज्ञा की सक्रियता से समाज में सार्थक हस्तक्षेप के लिये स्वाधीन होना भी है। वैदिक काल में महिलाएँ मंत्रद्रष्टा ऋषि तो हुई हीं, उनमें से कुछ बाद में ब्रह्मवादिनी हो गईं। ब्रह्मवादिनी बुद्धिजीवी महिला है, जो वाद या खुली बहस में सम्मिलित होती है, शास्त्र रच सकती है या धर्मोपदेश कर सकती है। पूर्ववैदिक काल में घोषा और इला इसी तरह की महिलाएँ थीं। उत्तरवैदिककाल में जब उपनिषद् रचे जा रहे थे, उस समय इनकी संख्या और बढ़ी होगी। काशकृत्स्ना मीमांसा दर्शन की आचार्य थी। उपनिषदों में गार्गी, मैत्रेयी, कात्यायनी और सुवर्चला – ये महिलाएँ अपनी जीवनशैली स्वयं चुनती हैं। गार्गी ब्रह्मवादिनी है, वह अकेली याज्ञवल्क्य के सामने उस समय के बुद्धिजीवियों के कदाचित् सबसे बड़े जमावड़े बहस में टिकी रहती है। मैत्रेयी घर बार और अटूट संपदा का त्याग कर याज्ञवल्क्य के साथ जाने का निर्णय लेती है, कात्यायनी अपने पति को छोड़ कर भी इसी घर-बार और ऐश्वर्य में रमने का।

वैदिक नारी

ऋग्वेद में ऐसी अनेक महिलाओं का उल्लेख है, जो पुरुषों के साथ सहज रूप में युद्ध में शरीक होती हैं। स्त्री का हथियार उठाना यहाँ उसका एक स्वैच्छिक कर्म है, इसमें न कोई अनहोनी बात है, न लड़ाई में शामिल होने के लिये उसे मजबूर ही किया गया है। ऋग्वेद में विश्पला का वर्णन आया है। विश्पला राजा खेल की रानी थी। वह अपने पति के साथ युद्ध में लड़ी, उसकी जंघा (घुटने के नीचे का अंग) कट गई। अश्विनी कुमारों ने, जो वैद्य होने के साथ शल्यचिकित्सा में भी निपुण कहे गये हैं, उसके आयसी जंघा (घुटने में लगाने के लिये लोहे का बना पाँव) लगा दी। मुद्गल की पत्नी मुद्गलानी (इन्द्रसेना) तीरंदाजी में माहिर थी। वह भी मुद्गल के साथ गायें चुरा कर ले जाते दस्युओं से भिड़ंत में धनुष बाण लेकर मैदान में उतरी। वेदों के अंतर्गत पंचविंश ब्राह्मण में (२५.१३.३) रुशमा की कथा आती है। रुशमा कुरुक्षेत्र की रहने वाली थी, उसने इंद्र से युद्ध किया।

ऋग्वेद में ऐसी अनेक महिलाओं का भी वर्णन है, जो अपनी अपने प्रेमभाव को सहज उन्मुक्त अभिव्यक्ति देती हैं। स्त्री के खुल कर दैहिक संसर्ग की कामना को पुरुष के आगे प्रकट करना उस समय बुरा भी नहीं माना गया। ऋग्वेद के पहले मंडल का १७९वाँ सूक्त अगस्त्य और लोपामुद्रा का संवाद है। लोपामुद्रा कहती है कि काया बुढ़ा जाये, फिर भी एक पति को कामना करती हुई पत्नीके पास आना चाहिये। इस सूक्त में लोपामुद्रा अपनी कामना को स्पष्ट रूप से पति के समक्ष व्यक्त करती है।

संस्कृत साहित्य में प्रयुक्त गृहिणी और दंपती जैसे शब्द घर पर स्त्री के स्वामित्व के बोधक रहे हैं। मातृसत्ताक समाजों में स्त्री अपने घर की मालकिन है, घर का प्रबंध वही करती है, कमाई भी वह अपने पास रखती है। अपना पुरुष या पति चुन कर उसे अपने घर ला कर रखने का अधिकार भी वह रखती है। वेदों और उपनिषदों के समय तक किसी लड़की के द्वारा अपना पति स्वयं चुनना एक सहज बात बनी हुई है। इसीलिये उपनिषदों की सुवर्चला जब अपने पिता से कहती है कि वह जाँच परख कर अपने लिये अपना पति स्वयं चुनेगी, तो पिता उसे इसके लिये बिना ननुनच के छूट देते हैं। सुवर्चला अपने चयन का मानक भी स्वयं बनाती है – जो युवक उसके सामने अपने आप को उसकी बराबरी का ब्रह्मज्ञानी या बुद्धिजीवी साबित कर देगा – वह उससे विवाह करेगी। श्वेतकेतु जैसा तेजस्वी युवा चिंतक उसकी कसौटी पर खरा साबित होता है, सुवर्चला उसे पसंद कर के उसे ब्याह लेती है।

ब्राह्मण

मंत्रों की रचना के साथ साथ उनकी व्याख्या की परंपरा भी प्राचीन काल मे प्रचलित हुई। इस व्याख्या की परंपरा का विकास ब्राह्मण ग्रंथों के रूप में हुआ। ब्रह्म का अर्थ ज्ञान है। वैदिक संहिताओं के ज्ञान की व्याख्या करने वाले ग्रंथ ब्राह्मण हैं। मीमांसासूत्र के शाबरभाष्य में ब्राह्मणों की व्याख्यापद्धति के दस अंग बताये गये हैं—

हेतुर्निर्वचनं निन्दा प्रशंसा संशयो विधिः।
परक्रिया पुराकल्पो व्यवधारणकल्पना।
उपमानं दशैते विधयो ब्राह्मणस्य तु।।

(मीमांसासूत्र, शाबरभाष्य २.१८)

अर्थात् ब्राह्मण ग्रंथों की व्याख्यापद्धति के दस अंग ये हैं — हेतु (किसी भी अनुष्ठान का कारण या प्रयोजन बताना), निर्वचन (व्युत्पत्ति बताना), निंदा, प्रशंसा, संशय, विधि, परक्रिया (अन्य के लिये किये जाने वाले कृत्य का निर्देश), पुराकल्प (प्राचीन आख्यान) , व्यवधारण-कल्पना (संख्यानिर्देशपूर्वक किसी कोटि का निर्धारण) तथा उपमान। इन पद्धतियों को अपना कर ब्राह्मण ग्रंथों में निम्नलिखित विषयों का विवेचन किया गया है- विधि, अर्थवाद तथा दोनों का मिश्रण। विधि के चार प्रकार कहे गये हैं- उत्पत्ति (देवता के स्वरूप का ज्ञान),

अधिकार (कर्म से प्राप्त होने वाले फल का विवेचन), विनियोग(मंत्रों का याज्ञिक प्रक्रिया में उपयोग) और प्रयोग (इन तीनों का सम्मिलित रूप में ग्रहण)।

अर्थवाद ब्राह्मण ग्रंथों में विशेष विषय है। इसके भी तीन प्रकार हैं- गुणवाद, अनुवाद और भूतार्थवाद। इनके लक्षण इस प्रकार हैं—

विरोधे गुणवादः स्यादनुवादोऽवधारिते।
भूतार्थवादस्तद्धानादर्थवादस्त्रिधा मतः।।

अर्थात् विरोध होने पर गुणवाद, अवधारण या बात को समझ लेने पर अनुवाद तथा दोनों के अभाव में भूतार्थवाद होता है।

उपर्युक्त दस प्रकार की पद्धतियों तथा विधि और अर्थवाद के द्वारा ब्राह्मण ग्रंथ वैदिक संहिताओं की आधिभौतिक, आधिदैविक तथा आध्यात्मिक मीमांसा प्रस्तुत करते हैं। सभी ब्राह्मण ग्रंथ गद्य में हैं।

प्रत्येक वेदसंहिता के अपने अपने ब्राह्मण ग्रंथ थे। ब्राह्मण ग्रंथों की विशाल परंपरा प्राचीन काल में विकसित हुई। आज बहुसंख्य ब्राह्मण ग्रंथ लुप्त हो चुके हैं। इनमें से अनेक के तो नाम भी ज्ञात नहीं है, जितने ब्राह्मणग्रंथों के नाम विदित हैं, वे सब भी प्राप्त नहीं होते हैं। विभिन्न संहिताओं से संबद्ध ब्राह्मणों के नाम इस प्रकार हैं—

ऋग्वेद के ब्राह्मण- ऐतरेय, शांखायन या कौषीतकी।

शुक्ल यजुर्वेद का ब्राह्मण- शतपथ।

कृष्ण यजुर्वेद का ब्राह्मण - तैत्तिरीय।

सामवेद के ब्राह्मण- पंचविंश या तांड्य, षड्विंश, सामविधान, आर्षेय, दैवत, उपनिषद्, संहितोपनिषद्, वंश, जैमिनीय (तलवतार)।

अथर्ववेद का ब्राह्मण- गोपथ।

इनमें से कुछ ब्राह्मण आरण्यक या उपनिषद् के रूप में ही मिलते हैं। प्रमुख ब्राह्मणग्रंथों का परिचय इस प्रकार है—

ऐतरेय ब्राह्मण - यह ऋग्वेद का ब्राह्मण है। इसके रचयिता इतरा दासी के पुत्र ऐतरेय महीदास कहे गये हैं। इसमें चालीस अध्याय तथा आठ पंचिकाएँ (पाँच पाँच अध्यायों का समूह) तथा २८५ कंडिकाएँ हैं। होता नामक ऋत्विक् के कर्तव्य की विशद व्याख्या इस ब्राह्मण में की गयी है। शुनःशेप, हरिश्चंद्र आदि के महत्त्वपूर्ण आख्यान भी इसमें हैं, तथा संस्कृति, शिल्पकला और अनेक दार्शनिक अवधारणाओं की भी व्याख्या है। इस ब्राह्मण से ईसा के पहले की दो या तीन सहस्र वर्ष पूर्व की सामाजिक स्थिति पर भी प्रकाश पड़ता है। इसमें भारत में रहने वाली उस समय की विभिन्न जनजातियों का उल्लेख है। इस ब्राह्मण पर सायण का भाष्य उपलब्ध है।

शांखायन ब्राह्मण- यह ऋग्वेद की बाष्कल शाखा का ब्राह्मण है। इसका दूसरा नाम कौषीतकि ब्राह्मण भी है। इसमे ३० अध्याय तथा २२६ खंड हैं। प्रथम छह अध्यायों में अग्न्याधान, अग्निहोत्र, दर्शपौर्णमास तथा ऋतुयज्ञों का वर्णन है। शेष अध्यायों में सोम याग के विभिन्न प्रकार वर्णित हैं। रुद्र को देवों में श्रेष्ठ बताते हुए शिवोपासना का स्वरूप इस ब्राह्मण में प्रतिपादित है, जो देवशास्त्र के क्षेत्र में परवर्ती विकास का सूचक है।

शतपथ ब्राह्मण- यह ब्राह्मण यजुर्वेद से संबद्ध है। ब्राह्मण ग्रंथों में आकार की दृष्टि से यह सर्वाधिक विपुलकाय है। इसमें सौ अध्याय हैं। याज्ञिक क्रियाओं का इसमें विस्तार से निरूपण है। शुक्ल यजुर्वेद की काण्व तथा माध्यंदिन दोनों शाखाओं के अलग अलग शतपथ ब्राह्मण उपलब्ध होते हैं। दोनों का विभाजन अलग अलग है। माध्यंदिन शतपथ में १४ कांड, सौ अध्याय और ७६२४ कंडिकाएँ हैं। काण्वशाखा के शतपथ में १७ कांड, १०४ अध्याय तथा ६८०६ कंडिकाएँ हैं। इस ब्राह्मण में दर्शपूर्णमास, पितृपिंड, आग्रायण, चातुर्मास्य, सोमयाग, राजसूय, अग्निचयन, सौत्रामणि, अश्वमेध आदि यज्ञों का विस्तार से वर्णन है। अनेक आख्यानों व चर्चाओं के द्वारा इसमें वैदिक काल की संस्कृति पर विशेष रूप से प्रकाश डाला गया है। इसमें मिलने वाले मुख्य आख्यान हैं- उर्वशी का आख्यान, राम की कथा, अश्विनीकुमारों की कथा, जलप्रलय की कथा, मन और वाणी का विवाद आदि। महाभारत के अनेक आख्यानों, उपाख्यानों तथा कालिदास के नाटक विक्रमोर्वशीयम् का मूलस्रोत शतपथ के आख्यानों में मिलता है। शतपथ की एक विशेषता यह है कि वैदिक मंत्रों के समान यह आद्यंत स्वरांकित या स्वरचिह्नों से युक्त है।

तांड्य ब्राह्मण - यह सामवेद का ब्राह्मण है। पंचविंश ब्राह्मण या महाब्राह्मण के नाम से भी यह प्रसिद्ध है। पंचविंश संज्ञा पच्चीस अध्यायों में विभक्त होने के कारण रूढ हुई है। प्रौढ़ ब्राह्मण भी इसका नाम मिलता है। यह संज्ञा इसकी विशालता के कारण प्रचलित हुई है। इसमें एक दिन से लगा कर सहस्र संवत्सर तक चलने वाले यज्ञों का वर्णन है। सोम याग का प्रतिपादन विस्तार से किया गया है। प्राचीन आख्यानों का यह एक समृद्ध संग्रह है।

षड्विंश ब्राह्मण- यह ताण्ड्य ब्राह्मण का परिशिष्ट है, तथा ताण्ड्य के पच्चीसवें अध्याय के अनंतर छब्बीसवाँ अध्याय जोड़ कर फिर इसमें नये अध्याय जोड़े गये हैं। इस ब्राह्मण में दैवी विपत्तियों की शांति का वर्णन है। अनेक लोकविश्वासों तथा अभिचारों का भी का वर्णन इसमें किया गया है, जिनके कारण इसकी एक संज्ञा अद्भुतब्राह्मण भी है।

सामविधान- इस ब्राह्मण में व्रतों, प्रायश्चित्तों व काम्य कर्मों का विशेष वर्णन है। अनेक ऐंद्रजालिक तथा आभिचारिक प्रयोग भी इसमें वर्णित हैं तथा गृहप्रवेश, ऐश्वर्यप्राप्ति और उपद्रवशांति का भी वर्णन है। सायण ने इस पर भी भाष्य लिखा था। देवतातत्त्व तथा छंदःशास्त्र का विवेचन होने के कारण इसका अपना महत्त्व है।

उपनिषद् ब्राह्मण- इस ब्राह्मण का ही एक भाग मंत्र ब्राह्मण या छांदोग्य ब्राह्मण है। इसका

विभाजन दस प्रपाठको में हुआ है, जिनमें से प्रथम दो मंत्र ब्राह्मण या छांदोग्य ब्राह्मण के हैं। इसमें गृह्य संस्कारों में प्रयुक्त किये जाने वाले मंत्र निर्दिष्ट हैं। सायण ने इस पर भी भाष्य लिखा था। छांदोग्य उपनिषद् इसी का एक भाग है।

आर्षेय ब्राह्मण- इस ब्राह्मण का विभाजन तीन प्रपाठकों तथा ८२ खंडों में हुआ है। इसमें सामवेद की अनुक्रमणी या ऋषियों की सूची प्राप्त होती है, जो ऐतिहासिक दृष्टि से महत्त्वपूर्ण है।

दैवत ब्राह्मण- यह सामवेद के ब्राह्मणों में सबसे लघु आकार का ब्राह्मण है। सायण ने इस पर भी भाष्य लिखा था।

संहितोपनिषद् ब्राह्मण- इस ब्राह्मण मे सामगायन के प्रकार व विधि का निरूपण है। यह पाँच खंडों में विभाजित है। सायण ने इसके प्रथम खंड पर भाष्य लिखा था।

वंश ब्राह्मण- यह ब्राह्मण तीन खंडों में विभाजित है। आर्षेय ब्राह्मण के समान इसमें भी सामवेद के ऋषियों का विवरणिका दी गयी है, तथा उनकी वंशपरंपरा पर भी प्रकाश डाला गया है।

जैमिनीय ब्राह्मण- यह सामवेद की जैमिनीय शाखा का ब्राह्मण है। आकार में यह शतपथ ब्राह्मण के समान विशाल है। इसके प्रथम तीन अध्यायों में याज्ञिक विधान वर्णित है। चतुर्थ तथा पंचम अध्यायों में क्रमशः उपनिषद् ब्राह्मण तथा आर्षेय ब्राह्मण समाविष्ट हैं।

तैत्तिरीय ब्राह्मण- यह कृष्ण यजुर्वेद का ब्राह्मण है। इस वेद का स्वतंत्र रूप से प्राप्त होने वाला यह एकमात्र ब्राह्मण है। शतपथ ब्राह्मण के समान यह भी स्वरांकित है। इसमें तीन कांड हैं। प्रथम और द्वितीय कांड आठ आठ अध्यायों में विभाजित होने से अष्टक भी कहे जाते हैं। तृतीय कांड में बारह अध्याय या अनुवाक हैं। अनेक यज्ञों का विस्तार से इसमें प्रतिपादन है, तथा इन यज्ञों में विनियोग के लिये ऋग्वेद के मंत्र बहुशः उद्धृत हैं।

मैत्रायणी ब्राह्मण- यह ब्राह्मण यजुर्वेद की मैत्रायणी संहिता का ही अंतिम भाग है। इसमें अनेक प्राचीन आख्यानों का समावेश किया गया है। पंखों से युक्त पर्वत, रात्रि की उत्पत्ति आदि आख्यान महत्त्वपूर्ण हैं।

गोपथब्राह्मण - यह अथर्ववेद का एकमात्र उपलब्ध ब्राह्मण है। इसके रचयिता गोपथ ऋषि कहे गये हैं। यह पूर्वगोपथ तथा उत्तर गोपथ- दो भागो में विभक्त है। पूर्व गोपथ में पाँच तथा उत्तर गोपथ में छः प्रपाठक हैं।

ब्राह्मण ग्रंथों के भाष्यकार – सायण जैसे संहिताओं के भाष्यकारों ने ब्राह्मणग्रंथों पर भी भाष्य लिखे हैं। शतपथब्रा० पर महाभारत के टीकाकार नीलकंठ तथा पूर्वचर्चित भाष्यकार हरिस्वामी के भाष्य हैं। ऐतरेयब्रा० पर गोविंदस्वामी तथा षड्गुरुशिष्य और भट्टभास्कर के भाष्य हैं। तांड्य पर जयस्वामी, मंत्रब्रा० पर गुणविष्णु, आर्षेयब्रा० पर भास्करमिश्र, सामविधानब्रा० पर भरतस्वामी तथा संहितोपनिषद्ब्रा० पर द्विजराजभट्ट के भाष्य हैं।

ब्राह्मणग्रंथों का महत्त्व

ब्राह्मण ग्रंथ वास्तव में वैदिक संस्कृति के विश्वकोश हैं। वे मनुष्य के सामाजिक दायित्वों तथा समाज की नियामक शक्तियों की व्याख्या करते हुए सार्वभौम सिद्धांतों की गवेषणा के प्रथम गंभीर प्रयास भी कहे जा सकते हैं। वैयाकरणिक, दार्शनिक, भाषाशास्त्रीय तथा नैतिक चिंतन की पीठिका ब्राह्मणग्रंथों के द्वारा सुदृढ रूप से निर्मित की गयी, आगे चल कर इसी पीठिका पर भारतीय चिंतनपरंपराओ के विभिन्न प्रासाद खड़े किये गये।

ब्राह्मणग्रंथों की बहुत बड़ी विशेषता समाज को सत्पथ पर अग्रसर करने के संदेश में निहित है। व्यक्ति और समाज के संबंधों तथा व्यक्ति के सामाजिक और वैश्विक दायित्वों की पूर्ति के लिये ब्राह्मण ग्रंथों के विचारकों ने तीन ऋणों की परिकल्पना प्रस्तुत की। संसार में जन्म लेने वाले प्रत्येक मनुष्य को ये तीन ऋण चुकाने चाहिये। ये तीन ऋण हैं- पितृऋण, देवऋण तथा ऋषिऋण। पितृऋण से अनृण होने के लिये हमें अपने पूर्वजों से जो उदात्त, महनीय और संवर्धनीय रिक्थ (विरासत) मिला है, उसकी वृद्धि करते गुए पूर्वजों के प्रति कृतज्ञता की भावना व्यक्त करना चाहिये। देवऋण से अनृण होने के लिये पृथ्वी, जल, अग्नि, वायु और आकाश इन पाँच महाभूतों से इस विश्व में जो पर्यावरण बना है, उसकी रक्षा करनी चाहिये। ऋषि-ऋण से अनृण होने का आशय है अपने से आयु और अनुभव में बड़े व्यक्तियों से जो ज्ञान हमें मिला है, उसका विस्तार करते हुए उसे सुयोग्य शिष्यों को प्रदान करना चाहिये।

संस्कृति को पहली बार ब्राह्मणग्रंथों के विचारकों ने परिभाषित किया। कला, शिल्प , सौंदर्य और काव्य के विषय में भी उन्होंने महत्त्वपूर्ण विचार प्रस्तुत किये। शिल्प और संस्कृति के विषय में ऐतरेय कहते हैं- 'आत्मसंस्कृतिर्वाव शिल्पानि, छन्दोमयं वा। एतैर्यजमान आत्मानं संस्कुरुते। (शिल्प कलाएँ मनुष्य के चित्त का संस्कार करती हैं। इनसे वह सुसंस्कृत बनता है।) स्त्री को इन विचारकों ने पुरुष की अर्धांगिनी माना है। शतपथ ब्राह्मण में कहा गया है- 'अर्धो ह वा आत्मनो यज्जाया। तस्माद् यावज्जायां न विन्दते, नैव तावत् प्रजायते, असर्वो हि तावद् भवति। अथ यदैव जायां विन्दते, अथ प्रजायते, तर्हि सर्वो भवति।' अर्थात् पत्नी मनुष्य की अर्धांगिनी है। जब तक वह उसे प्राप्त नहीं करता, तब तक वह अपूर्ण रहता है। उसे प्राप्त कर के वह पूर्ण बनता है, और उसका नया जन्म होता है। इसी प्रकार सत्य, श्रम और सत्कर्म की प्रतिष्ठा करते हुए इन ग्रंथो में ये सिद्धांत-वाक्य कहे गये हैं—

सत्यमेव देवाः। (शतपथ ब्रा० १।१।६) देवता सत्यस्वरूप हैं।

नानाश्रान्ताय श्रीरस्ति। (ऐतरेयब्रा० ६।२।१) जो श्रम नहीं करता, उसके लिये लक्ष्मी नहीं है।

इन्द्र इच्चरतः सखा। (वही, ७।१५) जो चल रहा है या श्रम कर रहा है, इंद्र उसी का मित्र है।

न श्वः श्वमुपासीत। को हि मनुष्यस्य श्वो वेद। (शतपथब्रा० २।१।३।९)— आज का काम कल पर छोड़ने का विचार न करे, कल किसने देखा है?

मधुजिह्वो वै स देवेभ्य आसीत् विद्युज्जिह्वोऽसुरेभ्यः।।

शतपथब्रा० १.४

(मीठा बोलने वाला देवों के लिये था और कटु बोलने वाला असुरों के लिये।)

सङ्ग्रामो वै क्रूरम्। (वही, २.५)

(युद्ध क्रूर होता है।)

श्रमेण ह स्म वै तद् देवा जयन्ति, यदेषां जय्यमास।

(वही, ६.२)

(श्रम से ही देवता उसे जीतते हैं, जो इनके लिये जेय होता है।)

वेद और भारतीय बौद्धिक परंपराएँ

वैदिक संहिताओं में शास्त्रार्थ से संबद्ध दो शब्द बार बार आते हैं - एक पृच्छा तथा दूसरा विचिकित्सा। जीवन और जगत् के मूलभूत प्रश्नों को लेकर ऋषि बार बार पृच्छा या विचिकित्सा करते हैं। ऋग्वेद के पहले मंडल के १६४वें सूक्त में ऋषि कवियों से पृच्छा करता है, वह पृथिवी के परम अंत के विषय में जिज्ञासा करता है, वाणी का परम व्योम कहाँ है? यह पूछता है। शास्त्रार्थ की शैली इस सूक्त में स्पष्ट परिलक्षित होती है। प्रश्न और समाधान दोनों साथ प्रस्तुत किये जाते हैं।

इस पृष्ठभूमि में अश्वमेध में होता प्रश्न करता था - वाणी का परम व्योम क्या है? ब्रह्मा उत्तर देता था- ब्रह्म ही अक्षरात्मक वाणी का परम व्योम है।

शतपथ ब्राह्मण में तो ब्रह्मोद्य का प्रशिक्षण दिये जाने का भी विधानवर्णित है। शौचेय नामक ऋषि उद्दालक आरुणि के पास जा कर कहता है- मैं ब्रह्मोद्य का स्वरूप समझना चाहता हूँ। वह ब्रह्मोद्य के विषय में बत्तीस प्रश्न उद्दालक से करता है। उद्दालक एक एक कर के उन प्रश्नों का उत्तर देते हैं। एक एक प्रश्न के उत्तर के बाद शौचेय कहता है - मैं समझ गया।

अश्वमेध यज्ञ के समय होने वाले ब्रह्मोद्य का वर्णन यजुर्वेद में आया है। अश्वमेध में वीणावादन, पारिप्लव आख्यानों की प्रस्तुतियाँ तथा ब्रह्मोद्य का आयोजन किया जाता था। ब्रह्मोद्य प्रहेलिकात्मक प्रश्नोत्तर के रूप में होता था। यजुर्वेद २३.४५-५२ में ब्रह्मोद्य में होने वाले प्रश्नोत्तरों का नमूना इसप्रकार दिया गया है—

प्रश्न - कौन है जो एकाकी विचरण करता है, कौन है जो पुनः पुन जन्म लेता है, हिम का औषध क्या है, महावपन (बुवाई का क्षेत्र) क्या है?

उत्तर - सूर्य एकाकी विचरण करता है, चन्द्रमा बार बार जन्म लेता है, हिम का उपचार अग्नि है, भूमि महत् आवपन है।

प्रश्न - सूर्य के समान ज्योति क्या है, समुद्र के समान सरोवर कौन सा है, पृथिवी के लिये बड़ा क्या है और किसकी मात्रा नहीं होती?

उत्तर - ब्रह्म सूर्य के समान ज्योति है, द्यौः (अंतरिक्ष) समुद्र के समान सरोवर है, इन्द्र पृथिवी से बड़ा है, गाय की मात्रा नहीं होती।

प्रश्न - किन के भीतर पुरुष प्रविष्ट है, क्या क्या पुरुष में अर्पित हैं?

उत्तर - पाँच के भीतर पुरुष प्रविष्ट है वे पाँच ही पुरुष में अर्पित हैं।

ब्रह्मोद्य के लिये ब्रह्मवद्य तथा ब्रह्मवाद्य ये दो शब्द भी कौषीतकिब्राह्मण (१७.४) तथा तैत्तिरीयसंहिता (२.५.८.३) में प्रयुक्त हुए हैं।

संस्कृत गद्य के विकास में ब्राह्मणग्रंथों का योगदान

एतरेय ब्रा० में शुनःशेप के आख्यान में कथाकथन की शैली का यह उदाहरण लिया जा सकता है—

> **तस्य ह त्रयः पुत्राः आसुः शुनःपुच्छः, शुनःशेपः शुनोलाङ्गूल इति, तं होवाच – ऋष अहं ते शतं ददाम्यहमेषामैकेकेनात्मानं निष्क्रीणानि इति। स ज्येष्ठं पुत्रं निगृह्णान उवाच – नन्वमिमिति नो एवेयमिति कनिष्ठं माता, तौ ह मध्यमे संवादयाञ्चक्रतुः शुनःशेपे तस्य ह शतं दत्वा स तमादाय सोऽरण्याद् ग्राममेयाय। चरैवेति मा ब्राह्मणोऽवोचदिति द्वितीयं ह संवत्सरमरण्ये चचार, सोऽरण्याद् ग्राममेयाय, तमिन्द्रः पुरुषरूपेण पर्येत्योवा च पुष्पिण्यौ चरतो जङ्घे भूष्णुरात्मा फलग्रहिः।शेरतेऽस्य सर्वे पाप्मानः श्रमेण प्रपथे हतश्चरैवेति ...**

शुनःशेप के आख्यान में ब्राह्मण अजीगर्त अपने मँझले बेटे शुनःशेप को सौ स्वर्ण मुद्राओं में बेच देते हैं। इसी आख्यान के आधार पर आगे चल कर धर्मशास्त्रकारों ने यह विधान दिया कि पुत्र पिता के शुक्र,शोणित से जन्म लेता है और माता और पिता को उसके प्रदान तथा विक्रय का अधिकार है।[१९]

इसी प्रकार शतपथब्राह्मण चतुर्थप्रपाठक प्रथम ब्रा० पंचम अध्याय सप्तम ब्रा० से यह अंश लिया जा सकता है—

> **अथातः स्वाध्यायप्रशंसा। प्रिये स्वाध्यायप्रवचने भवतः। युक्तमना भवत्यापराधीनोऽहरहरर्थान् साधयते। सुखं स्वपिति। परमचिकित्सक आत्मनो भवतीन्द्रियसंयमश्चैकारामता च। प्रज्ञावृद्धिर्यशोलोकपंक्तिम्। प्रज्ञा वर्धमाना चतुरो धर्मान् ब्राह्मणमभिनिष्पादयति। ब्राह्मण्यं प्रतिरूपचर्यां यशोलोकपंक्तिं लोकः पच्यमानश्चतुर्भिर्धर्मैर्ब्राह्मणं भुनक्त्यर्चया च दानेन चाज्येयतया चावध्यतया च।**

आरण्यक

आरण्यक ब्राह्मण ग्रंथों के ही भाग हैं। इनमें वानप्रस्थी मुनियों के द्वारा किये जाने वाले

यज्ञों, उनकी उपासनाविधियों तथा दिनचर्या का निरूपण है। इन ग्रंथो का पठन-पाठन अरण्यों में होने से इनकी संज्ञा आरण्यक हुई। ब्रह्मविद्याविषयक चिंतन का पल्लवन भी आरण्यकों के द्वारा हुआ। इस दृष्टि से आरण्यकों व उपनिषदों में अत्यधिक साम्य है। कई आरण्यक तो उपनिषद् के रूप में ही मान्य हैं- जैसे बृहदारण्यकोपनिषद्। महाभारत में आरण्यक का महत्त्व बताते हुए कहा गया है—

नवनीतं यथा दध्नो मलयाच्चन्दनं यथा।
आरण्यकं च वेदेभ्य ओषधिभ्योऽमृतं यथा।।[२०]

ब्राह्मण ग्रंथों की भाँति आरण्यक भी अपनी अपनी वेद संहिता से संबद्ध हैं। विभिन्न वैदिकसंहिताओं और ब्राह्मणग्रंथों से संबद्ध कुल ११३० आरण्यक प्राचीन काल में अस्तित्व में थे। पर अब इनमें से कुछ ही मिलते हैं। प्रमुख आरण्यकों का परिचय इस प्रकार है—

ऐतरेय आरण्यक

यह ऋग्वेद का आरण्यक तथा ऐतरेय ब्राह्मण का परिशिष्ट है। इसमें पाँच भाग हैं, जिन्हें आरण्यक ही कहा गया है। इसके द्वितीय आरण्यक में संहितोपनिषद् और ऐतरेय उपनिषद् समाविष्ट हैं। संहितोपनिषद् में शिक्षा तथा व्याकरण का विवेचन अत्यंत महत्त्वपूर्ण है। इसके चतुर्थ तथा पंचम आरण्यक महाव्रत याग की विधियों से संबंधित हैं। महाव्रत, कैवल्य, प्राणविद्या आदि विषयों का भी प्रतिपादन इस आरण्यक में किया गया है।

शांखायन आरण्यक

यह भी ऋग्वेद का आरण्यक तथा शांखायन ब्राह्मण का परिशिष्ट है। इसमें पंद्रह अध्याय हैं। कौषीतकि उपनिषद् इसी में समाविष्ट है।

बृहदारण्यक

यह यजुर्वेद से संबद्ध है। बृहदारण्यक उपनिषद् इसी में समाविष्ट है। आत्मतत्त्व के विवेचन की दृष्टि से यह बहुत महत्त्वपूर्ण माना जाता है।

तैत्तिरीय आरण्यक

यह आरण्यक यजुर्वेद की तैत्तिरीय संहिता से संबद्ध है। इसमें दस प्रपाठक हैं, इन्हीं प्रपाठकों में से कुछ उपनिषदों के नाम से भी जाने जाते हैं। इनमे से सातवें से नवें तक के प्रपाठक तैत्तिरीयोपनिषद् हैं, तथा दशम प्रपाठक महानारायणीयोपनिषद्।

तलवकार आरण्यक

यह आरण्यक सामवेद की जैमिनीय शाखा से संबद्ध है। 'तलव' का अर्थ है- संगीत। इसे

जैमिनोपनिषद् ब्राह्मण भी कहा जाता है। इसमें चार अध्याय हैं। चौथे अध्याय का दसवाँ अनुवाक तलवकार उपनिषद् है, जो केन उपनिषद् के नाम से प्रसिद्ध है।

छांदोग्य आरण्यक

यह आरण्यक भी सामवेद से संबद्ध है।

अथर्ववेद के आरण्यक अप्राप्त हैं।

उपनिषद्

विषयवस्तु की दृष्टि से वैदिक साहित्य के तीन मुख्य प्रतिपाद्य हैं- कर्म, उपासना तथा ज्ञान। कर्म का प्रतिपादन मुख्यतया ब्राह्मण ग्रंथों में और उपासना का मुख्यत: आरण्यकों में हुआ है। ज्ञान का प्रतिपादन उपनिषदों की प्रमुख विशेषता है। उपनिषद् शब्द उप तथा नि उपसर्ग लगा कर सद् धातु से बना है। इसका शाब्दिक अर्थ है- पास बैठना। गुरु के निकट बैठ कर प्राप्त किये गये ज्ञान को उपनिषद् कहा जाता है।

ब्राह्मणों और आरण्यकों के चिंतन का विकास उपनिषदों में मिलता है। उपनिषदों को दर्शन की परंपरा में प्रमाण के रूप में उद्धृत किया जाता रहा है। उपनिषद् कितने हैं- यह निर्णय करना कठिन है। शंकराचार्य ने दस उपनिषदों पर भाष्य लिखा है। मुक्तिकोपनिषद् में इनकी गणना इस प्रकार की गयी है—

ईश-केन-कठ-प्रश्न-मुण्ड-माण्डूक्य-तित्तिरिः।
ऐतरेयं च छान्दोग्यं बृहदारण्यकं दश।।

किंतु शंकराचार्य इन दस उपनिषदों के अतिरिक्त अन्य उपनिषदों से भी परिचित थे और उन्होंने ऐसे उपनिषदों का भी उल्लेख किया है, जिन पर उन्होंने भाष्य नहीं लिखा। कुछ विद्वान् उक्त दस उपनिषदों में श्वेताश्वर उपनिषद् और जोड़ कर मुख्य उपनिषद् ग्यारह मानते हैं। कौषीतकि उपनिषद् की प्राचीनता को देखते हुए उसे भी इनमें जोड़ लेने पर प्रमुख उपनिषद् बारह कहे जा सकते हैं। अन्य परंपरा में संहिता, मैत्रायणी, महानारायण, वाष्कल तथा शौनक- ये चार और जोड़ कर सोलह उपनिषदों की गणना की गयी है। अन्यत्र १०८ उपनिषद् परिगणित हैं। मुक्तिकोपनिषद् (१.३०-३९) के अनुसार १०८ उपनिषदों के अध्ययन से मुक्ति प्राप्त होती है। इन १०८ उपनिषदों में १० ऋग्वेद से, १९ शुक्ल यजुर्वेद से, ३२ कृष्ण यजुर्वेद से, १६ सामवेद से तथा ३१ अथर्वेवद से संबद्ध कही गईं हैं। विश्वबंधु शास्त्री ने वैदिकपदानुक्रमकोश में २०० उपनिषदों का उपयोग किया। उपनिषद् वाक्य महाकोश में २२३ उपनिषदों की नामावली प्राप्त होती है।

प्राचीन काल से ही उपनिषद् गहन चिंतन और तत्त्वान्वेषण के पर्याय बन गये थे। इसका परिणाम यह हुआ कि जीवन व सृष्टि की गूढ़ समस्याओं पर विचार करने वाले किसी भी ग्रंथ

को उपनिषद् कहा जाने लगा। श्रीमद्भगवद्गीता को भी उपनिषद् ही कहा गया है। कभी कभी यह भी हुआ कि परवर्ती ग्रंथकारों ने किसी विचारधाराविशेष या संप्रदायविशेष के प्रचार के लिये ग्रंथ लिखा और उसे लोकप्रय बनाने के लिये उपनिषद् का नाम दे दिया। अकबर के शासनकाल में इस्लाम-दर्शन पर अल्लोपनिषद् लिखा गया।

संहिता, ब्राह्मण और आरण्यकों से सीधे संबंध को देखते हुए ऊपर उल्लिखित बारह उपनिषद् प्राचीन और प्रामाणिक कहे जा सकते हैं। इनमें भी ऐतरेय, बृहदारण्यक, छांदोग्य, तैत्तिरीय, कौषीतकि और केन - ये उपनिषद् प्राचीनतम हैं। इनका वैदिक संहिताओं से संबंध इस प्रकार है—

ऋग्वेद- ऐतरेय और कौषीतकि।

शुक्ल यजुर्वेद- ईशावास्य और बृहदारण्यक।

कृष्ण यजुर्वेद - कठ, तैत्तिरीय, श्वेताश्वतर और महानारायण।

सामवेद- छांदोग्य और केन।

अथर्ववेद- मुण्डक, प्रश्न और माण्डूक्य।

इनमें से प्रमुख उपनिषदों का परिचय प्रस्तुत है--

ईशावास्योपनिषद्

इसे ईशोपनिषद् भी कहा जाता है। इसमें कुल १८ ही मंत्र हैं। सर्वव्यापक तत्त्व के प्रतिपादन और जीवन-दर्शन की सार्थक अभिव्यक्ति के कारण यह उपनिषद् बहुपठित रहा है। ईशोपनिषद् वास्तव में सारे उपनिषदों का निचोड़ है। श्रीमद्भगवद्गीता के कई श्लोकों में इस की छाया है। पहले ही मंत्र में कहा गया है कि सारा जगत् ईश्वर से वास्य है, इसमें रहने वाले मनुष्य को चाहिये कि वह त्याग पूर्वक भोग करे। दूसरे मंत्र में बताया गया है कि अनासक्त होकर सौ वर्ष की आयु तक मनुष्य को कर्म करते रहना चाहिये। ईशोपनिषद् में विद्या के दो स्तर बताये गये हैं – विद्या और अविद्या। अन्य उपनिषदों में इन्हीं को परा और अपरा विद्या कहा गया है। उपनिषद् के आचार्य कहते हैं कि विद्या या परा विद्या को जानना चाहिये और अपरा विद्या को भी।

केनोपनिषद्

यह उपनिषद् चार खंडों में विभाजित है, जिनमें पहला और दूसरा खंड पद्यात्मक तथा तीसरा और चौथा खंड गद्यात्मक है। उसका दूसरा नाम तवलकार उपनिषद् भी है। यह सामवेद से संबंधित है। इस उपनिषद् में आत्मतत्त्व का विशेष रूप में प्रतिपादन है। इसका आरंभ 'केन' (किसके द्वारा?) इस प्रश्न से होता है। आत्मा के अधिष्ठान में मनुष्य की ज्ञानेद्रियाँ तथा कर्मेद्रियाँ और मन किस प्रकार कार्य करते हैं- यह मीमांसा इसमें वैज्ञानिक दृष्टि से की गयी

है। परमतत्त्व का निर्वचन करते हुए बताया गया है कि वह इंद्रियों से गम्य नहीं है। ब्रह्म के स्वरूप को बताने के लिये एक रोचक कथा इस उपनिषद् में आयी है, जिसमें अग्नि, वायु और इंद्र ब्रह्म को जानने का प्रयास करते हैं। ब्रह्म उनके समक्ष एक यक्ष के रूप में प्रकट होता है और उनका अहंकार नष्ट करने के लिये उनसे एक तिनके को जलाने या उड़ाने के लिये कहता है। अग्नि उस तिनके को जला नहीं पाती, वायु उसे उड़ा नहीं पाता। अंत में उमा इन देवों के सम्मुख प्रकट होकर परम तत्त्व का उपदेश देती हैं।

कठोपनिषद्

यह उपनिषद् यजुर्वेद की कठशाखा से संबंधित होने के कारण कठोपनिषद् कहा जाता है। इसमें दो अध्याय हैं, तथा दोनों अध्यायों में तीन तीन वल्लियाँ या खंड हैं। इस उपनिषद् में नचिकेता की सुप्रसिद्ध कथा है। नचिकेता के पिता उसे क्रुद्ध होकर यम को दे देते हैं। नचिकेता यमलोक पहुँच कर यम से ब्रह्मविद्या के विषय में प्रश्न करता है। आत्मा के स्वरूप को बताते हुए यम ने कहा है—

आत्मानं रथिनं विद्धि शरीरं रथमेव तु।
बुद्धिं तु सारथिं विद्धि मनः प्रग्रहमेव च।।

मोक्षमार्ग की दुर्गमता तथा साधनापद्धति की विशिष्टता को प्रकट करने के लिये छुरे की धार का उपमान देते हुए कहा गया है-

उत्तिष्ठत, जाग्रत प्राप्य वरान्निबोधत।
क्षुरस्य धारा निशिता दुरत्यया
दुर्गं पथस्तत् कवयो वदन्ति।।

(उठे, जागो, जीवन में जो श्रेष्ठ है उस पा कर समझो। मुक्ति के मार्ग को ज्ञानियों ने छुरे की तीखी धार के समान दुर्गम कहा है।)

प्रश्नोपनिषद्

प्रश्नोपनिषद् का आरंभ ब्रह्म, आत्मा और जीव के विषय में छह प्रश्नों से होता है। पिप्पलाद नामक ऋषि अपने छह शिष्यों के प्रबोध के लिये उनकी शंकाओं का समाधान करते हैं। प्रश्न इस प्रकार हैं –

सृष्टि की उत्पत्ति कैसे होती है?

प्रजा को धारण करने वाले देवता कौन कौन से हैं और उनमें कौन श्रेष्ठ है?

प्राण कैसे उत्पन्न होता है, वह शरीर में कैसे आता है तथा शरीर को कैसे छोड़ता है?

स्वप्न जागरण आदि कैसे होते हैं? कौन सोता है और कौन जागता है?

ॐ या प्रणवाक्षर के ध्यान का क्या फल है?

षोडशकला वाला पुरुष कौन है और कहाँ रहता है?

इस उपनिषद् में प्राणतत्त्व का विशेष प्रतिपादन है।

मुंडकोपनिषद्

मुंडित या संन्यासियों के लिये निर्मित होने के कारण इस उपनिषद् को मुंडकोपनिषद् कहा जाता है। यह उपनिषद् तीन मुंडकों या अध्यायों में विभाजित है। पहले भाग में ब्रह्म और वेदों की व्याख्या है, दूसरे में ब्रह्म का स्वरूप निरूपित करते हुए जगत् से उसका संबंध स्पष्ट किया गया है। तृतीय भाग में ब्रह्मप्राप्ति के साधनों का प्रतिपादन है। ब्रह्मज्ञान-प्राप्ति के पश्चात् मुमुक्षु की स्थिति का वर्णन करते हुए कहा गया है-

भिद्यते हृदयग्रंथिश्छिद्यन्ते सर्वसंशयाः।
क्षीयन्ते चास्य कर्माणि तस्मिन् दृष्टे परावरे।।

यथा नद्यः स्यन्दमानाः समुद्रेऽस्तं गच्छन्ति नामरूपे विहाय।
तथा विद्वान् नामरूपाद्विभिन्नः परात्परं पुरुषमुपैति दिव्यम्।।

(ब्रह्म का साक्षात्कार होने पर हृदय की ग्रंथि खुल जाती है, सारे संशय दूर हो जाते हैं और कर्म क्षीण हो जाते हैं। जिस प्रकार बहती हुई नदियाँ अपने नाम और रूप को खो कर समुद्र में लीन हो जाती हैं, उसी प्रकार विद्वान् नाम और रूप से छुटकारा पा कर दिव्य परब्रह्म में लीन हो जाता है।)

मांडूक्योपनिषद्

मांडूक्य में भी ब्रह्म और आत्मा के स्वरूप का विवेचन है। ब्रह्म या आत्मा की जाग्रत, स्वप्न, सुषुप्ति तथा तुरीय - इन चार अवस्थाओं का प्रतिपादन किया गया है। ओंकार या प्रणवाक्षर में तीन वर्ण हैं- अकार, उकार और मकार। ये तीनों जाग्रत, स्वप्न और सुषुप्ति इन तीन अवस्थाओं के प्रतीक हैं, तथा पूरा ओंकार तुरीय अवस्था का सूचक है।

तैत्तिरीयोपनिषद्

तैत्तिरीयोपनिषद् में तीन खंड हैं- शिक्षावल्ली, ब्रह्मानंदवल्ली और भृगुवल्ली। शिक्षावल्ली में शिक्षा नामक वेदांग के विषयों का प्रतिपादन किया गया है। भाषा और उच्चारण के सिद्धांतों का विवेचन करने वाला यह सबसे प्राचीन ग्रंथ कहा जा सकता है। इसमें निम्नलिखित छह विषय विवेचित हैं – वर्ण (वर्णमाला), स्वर (उदात्त, अनुदात्त तथा स्वरित), मात्रा (ह्रस्व, दीर्घ तथा प्लुत), बल (आभ्यंतर तथा बाह्य प्रयत्न), साम (उच्चारण) और संतान (सन्धि)। वेद के अध्ययन और ओंकार के चिंतन का महत्त्व भी यहाँ बताया गया है। ब्रह्मानंदवल्ली में ब्रह्म

के व्यक्त स्वरूप का निरूपण किया गया है। सृष्टि-प्रक्रिया बताते हुए उपनिषत्कार कहते हैं कि उसी एक ब्रह्म से आकाश, आकाश से वायु, वायु से अग्नि, अग्नि से जल, जल से पृथ्वी, पृथ्वी से औषधियाँ, औषधियों से अन्न और अन्न से पुरुष उत्पन्न होता है। ब्रह्म ही अन्न, प्राणवायु, आत्मा, मन, विज्ञान और आनंद है। समस्त सृष्टि ब्रह्मरूप ही है। तृतीय भृगुवल्ली में साधना पक्ष का प्रतिपादन है। भार्गवी विद्या का उपदेश दिया गया है। ब्रह्मचारी के गुण तथा गुरुकुल में आचार्यों द्वारा समावर्तन (दीक्षांत) के समय दिये जाने वाले उपदेशों का इस उपनिषद् में संग्रह है, जो भारतीय परंपराओं के बोध की दृष्टि से बहुत महत्त्वपूर्ण है।

ऐतरेयोपनिषद्

ऐतरेय आरण्यक के द्वितीय अध्याय के चतुर्थ खंड से षष्ठ खंड तक के अंश को ही ऐतरेय उपनिषद् की संज्ञा दी गई है। इन खंडों को उपनिषद् में अध्याय कहा गया है। सृष्टिप्रक्रिया, पुनर्जन्म तथा मनस्तत्त्व के विवेचन की दृष्टि से यह उपनिषद् उल्लेखनीय है। तैत्तिरीयोपनिषद् के समान इस उपनिषद् में भी तीन अध्यायों में सृष्टिप्रक्रिया पर विचार करते हुए ब्रह्मज्ञान का उपदेश दिया गया है। प्रथम अध्याय में तीन खंड हैं, इनमें परम पुरुष के द्वारा सृष्टि तथा सृष्टि के विभिन्न उपादानों का निरूपण है। द्वितीय अध्याय में आत्मतत्त्व का विवेचन है। तृतीय अध्याय में सृष्टि में व्याप्त सूक्ष्मातिसूक्ष्म तत्त्व के रूप में प्रज्ञान का प्रतिपादन किया गया है।

श्वेताश्वतरोपनिषद्

इस उपनिषद् में सांख्यदर्शन के सिद्धांत का निरूपण है तथा वेदांत से उसका समन्वय स्थापित करते हुए कहा गया है—

एको देवः सर्वभूतेषु गूढः सर्वव्यापी सर्वभूतान्तरात्मा।
कर्माध्यक्षः सर्वभूताधिवासः साक्षीचेता केवलो निर्गुणश्च।।

शिव के स्वरूप का वर्णन इस पुराण का महत्त्वपूर्ण अंग है। काल को सृष्टि के मूल तत्त्वों में एक कहा गया है—

कालः स्वभावो नियतिर्यदृच्छा भूतानि योनिः पुरुष इति चिन्त्या।
संयोग एषां न त्वात्मभावादात्माप्यनीशः सुखदुःखहेतोः।।

(श्वेताश्वतरोपनिषद्, १.२)

बृहदारण्यकोपनिषद्

शुक्ल यजुर्वेद से संबद्ध शतपथ ब्राह्मण के १४वें कांड के अंतिम अंश को ही बृहदारण्यक उपनिषद् कहा गया है। वास्तव में यह अंश ब्राह्मण, आरण्यक तथा उपनिषद्

तीनों है। अपने नाम के अनुरूप यह उपनिषद् आकार में सबसे विशाल उपनिषदों में से एक है। याज्ञिक प्रक्रिया और ब्रह्मज्ञान के बीच अंत:संबंध स्थापित करने की दृष्टि से इसका महत्त्व निर्विवाद है। इसमें अश्वमेध की प्रतीकात्मक व्याख्या की गयी है। अश्व में विराट् तत्त्व का उन्मीलन करते हुए उषा को उसका मस्तक, सूर्य को उसका चक्षु, वायु को प्राण, अग्नि को मुख और संवत्सर को उसकी आत्मा माना गया है। इस क्रम में यह उपनिषद् समस्त सृष्टि में ब्रह्म की अंतर्व्याप्ति को प्रदर्शित करता है। यह उपनिषद् ईसा से लगभग एक सहस्त्र वर्ष पूर्व के भारत में चल रहे विचार मंथन और जीवन और जगत् को लेकर हो रही ऊहापोह की जीवंत झलक देता है। यह विचारमंथन तथा उहापोह उस समय के विचारों के परस्पर संवाद के द्वारा यहाँ प्रस्तुत की गयी है। गार्ग्य और अजातशत्रु का संवाद, गार्गी और याज्ञवल्क्य का संवाद, राजा जनक की सभा में विभिन्न पंडितों और ज्ञानियों का याज्ञवल्क्य से प्रश्नोत्तर रोचक शैली में भारतीय चिंतन परंपरा के विकास सोपानों का परिचय देते हैं। दूसरे अध्याय में गार्ग्य और काशीराज अजातशत्रु का संवाद है, जिसमें अजातशत्रु ब्रह्म के दो रूपों का उपदेश देते हैं। इसी अध्याय में याज्ञवल्क्य का अपनी दो पत्नियों कात्यायनी और मैत्रेयी से संवाद भी है, जिसमें मैत्रेयी कहती है यदि धन संपत्ति के द्वारा मैं अमृततत्त्व को नहीं पा सकती, तो मैं इन्हें क्यों स्वीकार करूँ और वह याज्ञवल्क्य के साथ वन में जाने को तैयार हो जाती है।

बृहदारण्यक उपनिषद् में पाँचवे अध्याय में प्रजापति का देवों, मनुष्यों और असुरों के लिये दकार के सूत्र के द्वारा संदेश है। प्रजापति केवल 'द' कहते हैं। देवता इसका अर्थ समझते हैं- 'दाम्यत'- अर्थात् अपनी इंद्रियों का दमन करो। मनुष्य इसका अर्थ समझते हैं- 'दत्त' अर्थात् दान करो। असुर इसका अर्थ समझते हैं— 'दयध्वम्'— अर्थात् दया करो। छठे अध्याय में प्राण, वाक्, चक्षु, श्रोत्र और मन के बीच वाद-विवाद की रोचक कथा है। ये सभी कौन श्रेष्ठ है- इसका निर्णय कराने के लिये प्रजापति के पास जाते हैं। वाक्, चक्षु, श्रोत्र आदि बारी बारी से शरीर छोड़ कर चले जाते हैं, और कुछ समय बाद लौट कर आते हैं, तो देखते हैं कि शरीर का काम पहले की तरह चल रहा है। पर जब प्राण शरीर छोड़ कर जाने लगते हैं, तो इंद्रियाँ कह उठती हैं कि मत जाओ। इससे निर्णय होता है कि प्राण ही सब में श्रेष्ठ है। श्वेतकेतु तथा राजा प्रवाहण का संवाद और श्वेतकेतु की अपने पिता उद्दालक से जीवन के गूढ प्रश्नों पर चर्चा भी इस उपनिषद् में महत्त्वपूर्ण प्रसंग है।

छांदोग्य उपनिषद्

यह उपनिषद् भी आकार में विशाल है। इसके प्रथम दो अध्यायों में साम और उद्गीथ विद्या का रहस्य प्रतिपादित है। तीसरे अध्याय में ब्रह्मतत्त्व का निरूपण करते हुए बताया गया है कि ब्रह्म इस समग्र सृष्टि का सूर्य है। चौथा अध्याय रैक्व का आख्यान प्रस्तुत करता है। सत्यकाम की कथा में सत्यकाम तपोवन में गुरु के आदेश से गायें चराता हुआ एक वृषभ, अग्नि, और वायु से ज्ञान प्राप्त करता है, पाँचवे अध्याय में बृहदारण्यक के छठे अध्याय की

दोनों कथाओं (वाक्, चक्षु आदि में प्राण की श्रेष्ठता की कथा तथा श्वेतकेतु का संवाद) की पुनरावृत्ति है। अंतिम भाग में उस काल के अनेक विचारकों - प्राचीनशाल, सत्यप्रज्ञ, इंद्रद्युम्न, जन तथा ब्रुडिल के ब्रह्मज्ञानविषयक विचार-विमर्श का विवरण है। ये सब फिर उद्दालक के पास जा कर उनसे अपनी शंकाओं का समाधान पूछते हैं। उद्दालक उन्हें राजा अश्वपति के पास जाने का परामर्श देते हैं। छठे अध्याय में श्वेतकेतु का अपने पिता से संवाद उपनिषदों की तत्त्वज्ञान को विभिन्न दृष्टांतों के द्वारा रोचक बना कर प्रस्तुत करने की शैली का अच्छा उदाहरण हैं। सातवें अध्याय में नारद और सनत्कुमार के बीच ज्ञानचर्चा है। सनत्कुमार के अनुसार लौकिक विद्याओं में वाक् श्रेष्ठ है। छांदोग्य में वाक् से मन, मन से संकल्प, संकल्प से चित्त, चित्त से ध्यान, ध्यान से विज्ञान, विज्ञान से बल, बल से अन्न, अन्न से जल, जल से तेज, तेज से आकाश, आकाश से स्मृति, स्मृति से आशा और आशा से प्राण श्रेष्ठ कहा गया है। सब कुछ प्राण में लीन होता है। अंत में निष्कर्ष स्वरूप सनत्कुमार कहते हैं-

यो वै भूमा तत् सुखम्। नाल्पे सुखमस्ति।
भूमेव सुखं, भूमा त्वेव विजिज्ञासितव्यः।

(भूमा या असीम में सुख है, सीमित में नहीं। इस लिये भूमा या असीम को जानना चाहिये।)

यही भूमा आत्मा के रूप में सबके भीतर विद्यमान है।

अंत में इस उपनिषद् में इंद्र और विरोचन की ज्ञान प्राप्ति के लिये प्रजापति के पास जाने की कथा है। दोनों ३२ वर्ष तक प्रजापति से ज्ञान का उपदेश ग्रहण करते हैं। विरोचन तो ब्रह्म को छाया मान कर वापस आ जाता है, इंद्र ब्रह्म के गूढ रहस्य को समझने के लिये तप करते रहते हैं।

कौषीतकिब्राह्मणोपनिषद्

यह उपनिषद् शांखायन आरण्यक का अंश है। इसमें आरंभ में चित्र नामक राजा के यज्ञ में उद्दालक के पुत्र श्वेतकेतु की परीक्षा का प्रसंग है। चित्र के द्वारा पूछे गये गुह्य प्रश्नों का उत्तर श्वेतकेतु नहीं दे पाता। तब पिता और पुत्र दोनों समिधा लेकर चित्र के पास ज्ञान प्राप्त करने के लिये आते हैं। चित्र उन्हें ब्रह्मलोक और मर्त्यलोक का स्वरूप बतलाते हैं।चौथे अध्याय में काशीराज अजातशत्रु और बालाक का संवाद है।

उपनिषदों की प्रतिपादन शैली- उपनिषद् बोलचाल की भाषा में जीवन के गूढ रहस्यों का निरूपण करते हैं। प्राचीन काल के ऋषि, विचारक और बुद्धिजीवी जिस शैली में प्रवचन या संवाद करते थे, उसका सजीव स्वरूप हमें इनमे मिलता है। वार्तालाप की शैली में तत्त्वनिरूपण करने के लिये उपनिषदों की परंपरा में कुछ विशिष्ट प्रविधियों का विकास किया गया। ये आठ प्रकार की हैं-(१) प्रश्न- किसी जिज्ञासु का ज्ञानी के पास जा कर प्रश्न करना, अथवा ज्ञानी व्यक्ति का ही शास्त्रार्थ के लिये प्रश्न उठाना। प्रश्नोपनिषद् और केनोपनिषद् का प्रारंभ ही प्रश्नों से होता है। (२) अनुप्रश्न- उठाये गये प्रश्नों से जुड़े या उनके उत्तर से पुनः

उठने वाले प्रश्नों का प्रतिपादन अनुप्रश्न है। उपनिषदों में अनुप्रश्न बार बार आते हैं। (३) अनतिप्रश्न- प्रश्न यदि इतने अधिक हो जायें कि उनसे विषय का विवेचन आगे बढ़ने के स्थान पर उलझ जाये, तो प्रश्नों की शृंखला का निवारण अनतिप्रश्न है। छांदोग्य उपनिषद् में याज्ञवल्क्य से शास्त्रार्थ करती हुई गार्गी जटिल से जटिल प्रश्न उठाती चली जाती है। याज्ञवल्क्य अनुभव करते हैं कि और आगे प्रश्नों की परंपरा चलती रही, तो विवेचन उलझ जायेगा, और वे गार्गी को प्रश्न करने से रोक देते हैं। (४) व्याख्या- किसी सिद्धांत को समझाना। (५)अनुव्याख्या- व्याख्या पर पुनः स्पष्टीकरण। (६) दृष्टांत- सिद्धांत को स्पष्ट करने के लिये प्रस्तुत उदाहरण। (७)आख्यायिका- सिद्धांत को स्पष्ट करने के लिये किसी प्राचीन कथा को उद्धृत करना। (८) ऊर्ध्वप्रवचन- ज्ञानी का जिज्ञासु से यह पूछना कि जिस विषय पर वह ज्ञान प्राप्त करना चाहता है उस पर पहले से उसे कितनी जानकारी है।

छांदोग्य उपनिषद् के छठे अध्याय की श्वेतकेतु कथा में इन वहुविध शैलियों के समन्वित प्रयोग का सुंदर उदाहरण है।

तं ह पितोवाच- यन्नु सोम्येदं महामना अनूचानमानी स्तब्धोऽस्युत तमादेशमप्राक्ष्यः येनाश्रुतं श्रुतं भवति, अमतं मतमविज्ञातं विज्ञातमिति। कथं नु भगवः स आदेशो भवतीति। यथा सोम्यैकेन मृत्पिण्डेन सर्वं मृण्मयं विज्ञातं स्यात् वाचारम्भणं विकारो नामधेयं मृत्तिकेत्येव सत्यम्।

(गुरुकुल में बारह वर्ष अध्ययन करके अपने आपको बहुत ज्ञानी और बड़ा मानता हुआ श्वेतकेतु जब पिता के पास लौट कर आया, तो पिता ने उससे पूछा- हे सौम्य, तुम जो अपने को महामना और बहुत ज्ञानी मान रहे हो, तो क्या तुमने उस तत्त्व के विषय में पूछा है, जिसको सुन लेने से सब कुछ सुन लिया जाता है, जिसको मान लेने से सब कुछ मान लिया जाता है और जिसको जान लेने से सब कुछ जान लिया जाता है? श्वेतकेतु ने कहा- 'हे भगवन्, वह तत्त्व कैसा होता है?' पिता ने कहा- 'हे सौम्य, जिसप्रकार एक मिट्टी के ढेले को जान लेने से मिट्टी से बनी सब वस्तुओं को मनुष्य समझ सकता है कि वे उसी मिट्टी के अलग अलग नाम हैं, ऐसा ही सब वस्तुओं के पीछे वह एक तत्त्व है।) इस प्रकार श्वेतकेतु से बार बार प्रश्न करते हुए अनेक रोचक उदाहरण देते हुए परमतत्त्व का प्रतिपादन यहाँ उद्दालक ऋषि ने किया है।

उपनिषदों की विषयप्रतिपादनशैली और अनुसंधान के लिये विकसित प्रविधियों का उपयोग आगे चल कर समस्त शास्त्र परंपराएँ करती रहीं। इनसे किसी भी सिद्धांत की स्थापना में उसके पूर्वपक्ष तथा उत्तरपक्ष- इन दोनो पक्षों पर विचार को शास्त्रों में आवश्यक माना गया।

उपनिषदों में प्रतिपादित विद्याएँ

उपनिषदों में कतिपय विशिष्य विद्याओं का निरूपण में विशेष रूप से किया गया है। इन

विद्याओं का भारतीय चिंतन परंपरा तथा उपासना पद्धतियों के विकास की दृष्टि से बड़ा महत्त्व है। इनमें से उल्लेखनीय विद्याएँ ये हैं – सद्विद्या, आनन्दमयविद्या, अंतादित्यविद्या, उद्गीथाकाशविद्या, प्रस्तावप्राणविद्या, गायत्रीज्योतिषविद्या, प्रतर्दनविद्या, शाण्डिल्यविद्या, नाचिकेतसविद्या, उपकोसलाविद्या, अन्तर्यामिविद्या, अक्षरविद्या, वैश्वानरविद्या, भूमाविद्या, गार्ग्यक्षरविद्या, प्रणवोपास्यपरमपुरुषविद्या, दहरविद्या, संवर्गविद्या, आजाशरीरकविद्या, वाल्मीकिविद्या, मैत्रेयीविद्या, रुद्रादिशरीरकविद्या, पञ्चाग्निविद्या, आदित्यस्थाहर्नामकविद्या, अक्षिस्थाहर्नामकविद्या, पुरुषविद्या, ईशावास्यविद्या, उषस्तिकहोलविद्या तथा व्याहृतिशारीरकविद्या। इन ३२ विद्याओं में ईश्वरोपासना की पद्धति वर्णित है। इन सबका समन्वित रूप ब्रह्मविद्या है।[२१]

उपनिषद् और भारतीय शास्त्रपरंपरा

उपनिषद् भारतीय बौद्धिक विमर्श के सबसे प्राचीन निदर्शन हैं। वाद या शास्त्रार्थ की परंपरा का विकास भी उपनिषदों से हुआ। वाद या शास्त्रार्थ के लिये वैदिक साहित्य में ब्रह्मोद्य शब्द का प्रयोग हुआ है। बृहदारण्यक उपनिषद् में वर्णित राजा जनक की सभा में हुए शास्त्रार्थ को ब्रह्मोद्य ही कहा गया है।

ब्रह्मोद्य का आयोजन अश्वमेध तथा दशरात्र यज्ञों के अवसर पर किया जाता था। यज्ञ मात्र एक कर्मकांड या अनुष्ठान ही नहीं, अनेक रचनात्मक गतिविधियों के आयोजन का सक्रिय मंच था। ब्रह्मोद्य में उत्तम प्रस्तुति करने वाले पंडितों को कवि तथा विप्र की उपाधि से सम्मानित किया जाता था।

बृहदारण्यक उपनिषद् में याज्ञवल्क्य के साथ जनक की सभा में उस समय के सबसे बड़े ज्ञानियों के साथ हुई बहस को गार्गी ने ब्रह्मोद्य कहा है। गार्गी स्पष्ट घोषणा करती है कि यदि मेरे प्रश्नों का समुचित उत्तर याज्ञवल्क्य दे देंगें, तो उन्हें इस ब्रह्मोद्य में कोई नहीं जीत सकता।

जब याज्ञवल्क्य गार्गी के प्रश्नों का यथोचित उत्तर दे देते हैं, तब वह वहाँ उपस्थित ज्ञानीजनों से कहती है - हे ब्रह्मज्ञानियो, आप लोगों के लिये अब यही बड़ी बात है कि आप याज्ञवल्क्य को नमस्कार बोलें और इनसे मुक्ति पायें, आप लोगों के बीच से इस ब्रह्मोद्य में इन्हें कोई नहीं जीत सकता।

ब्रह्मोद्य चिंतन व विमर्श का एक जीवंत मंच था। - इसमें संदेह कोई नहीं। बृहदारण्यक उपनिषद् में ब्रह्मोद्य का जो वर्णन है, उससे यह स्पष्ट होता है कि ब्रह्मोद्य या शास्त्रार्थ की एक सुपरिभाषित प्रदिधि ईसापूर्व की शताब्दियों में विकसित हो चुकी थी और उस प्रविधि या पद्धति के द्वारा ही शास्त्रार्थ संपन्न होते थे। इस प्रविधि में वादी और प्रतिवादी परस्पर प्रश्न कर सकते थे। याज्ञवल्क्य जनक की सभा में अपने प्रतिवादियों से कहते हैं - आप ब्रह्मज्ञानियों में से जो चाहे मुझ से प्रश्न करे। या फिर आप सब एक एक कर के मुझ से प्रश्न कीजिये। अथवा यदि आप में से कोई चाहता है कि मैं उससे प्रश्न करूँ, तो मैं ऐसा कर सकता हूँ। अथवा आप चाहें कि मैं आप सभी से एक एक कर के प्रश्न करूँ, तो यह भी हो सकता है।

याज्ञवल्क्य के आगे जब सभा के सारे ज्ञानियों की बोलती बंद हो गई, तो देख कर गार्गी वाचक्नवी याज्ञवल्क्य से प्रश्न करने को उठी। गार्गी ने याज्ञवल्क्य से दो प्रश्न अनुप्रश्न किये।

अंत में जनक के द्वारा भी याज्ञवल्क्य से प्रश्न और अनुप्रश्न किये गये। गार्गी ब्रह्मवादिनी थी। उपनिषदों में ही स्त्रियाँ ब्रह्मवादिनी हुआ करती थीं, उसके बाद इस शब्द का प्रयोग प्राय: मिलता नहीं है।

आख्यान साहित्य

वैदिक संहिताओं, ब्राह्मण ग्रंथों तथा उपनिषदों के साथ साथ वैदिक काल में लोकप्रिय साहित्य— आख्यान, गाथाएँ आदि की भी रचना होती रही। ये गाथाएँ यज्ञों, विवाह तथा विविध उत्सवों में गाई जाती थीं। इनके नमूने शतपथब्राह्मण तथा ऐतरेय ब्राह्मण में मिलते हैं।

ऐतरेय ब्राह्मण में जन्मेजय के विषय में गाथा है—

आसन्दीवति धान्यादं रुक्मिणं हरितस्रजम्।
अश्वं बबन्ध सारङ्गं देवेभ्यो जन्मेजयः।।

इसी प्रकार दौःषन्ति या दुःषन्त (दुष्यंत) के पुत्र भरत को लेकर गाई जाने वाली गाथाएँ ये हैं—

हिरण्येन परीवृतान् शुल्कान् कृष्णदतो मगान्
मष्णारे भरतोऽददाच्छतं बद्धानि सप्त च।
अष्टासप्ततिं भरतो दोष्यन्तिर्यमुनामनु।
गङ्गायां वृत्रघ्नेऽबध्नात् पञ्च पञ्चाशतं हयान्।
महाकर्म भारतस्य न पूर्वे न चापरे जनाः।
दिवं मर्त्य इव हस्ताभ्यां नोदापुः पञ्चमानवाः।।

ये गाथाएँ राजसूय यज्ञ के अवसर पर गान के लिये हैं। विवाह के अवसर पर गाई जाने वाली गाथाएँ भी वेदों में दी गईं हैं। मैत्रायणीसंहिता (३.७.३) में वैवाहिक गाथाओं के उदाहरण इसप्रकार दिये हैं –

सरस्वति प्रेदमव सुभगे वाजिनीवती।
य त्वा विश्वस्य भूतस्य प्रजायामस्याग्रतः।
यस्यां भूतं समभवद् यस्यां विश्वमिदं जगत्
तामद्य गाथां गास्यानि या स्त्रीणामुत्तमं यशः।।

सीमन्तोन्नयन के अवसर पर गाई जाने वाली गाथा का उदाहरण आश्वलायन गृह्यसूत्र में दिया गया है। यह गाथा सोम का प्रशंसा में है, जिसमें कहा गया है– **सोमो नु राजाऽवतु मानुषीः प्रजा निविष्टचक्राऽसौ।**

इस लोकसाहित्य की भाषा भी आरंभ में वैदिक संस्कृत ही थी। यह साहित्य अधिकांशत: वाचिक परंपरा में ही प्रचलित रहा, लिखित रूप में यदि इसे संकलित किया भी गया, तो अब यह प्राप्त नहीं होता। अपवादस्वरूप वैदिक काल में विरचित एक आख्यान सुपर्णाध्याय मिलता है।

सुपर्णाध्याय

सुपर्णाध्याय[२२] की रचना वैदिक काल के अंतिम चरण में हुई। यह ऋग्वेद का खिलभाग माना गया है। गयाचरण त्रिपाठी ने संभावना प्रकट की है कि यह भारत का ही नहीं विश्व का सबसे प्राचीन नाट्य है। इसमें गरुड के द्वारा स्वर्ग से अमृतकलश लेकर आने का प्रसंग निरूपित है।

कश्यप ऋषि की दो पत्नियाँ थी – कद्रू तथा विनता। कद्रू की संतानें सर्प थे। विनता की तीन संतानों में कनिष्ठ गरुड थे। गरुड ने देखा कि उनकी माता विमाता कद्रू की चाकरी करती है। इसका कारण पूछने पर विनता ने बताया कि वह अपनी सपत्नी से एक शर्त में पराजित हो गई थी। गरुड अपनी माता को इस कष्ट से मुक्त करने के लिये अपने सौतेले भाइयों के द्वारा मुक्ति शुल्क के रूप में निर्धारित अमृतकलश लेने स्वर्ग जाते हैं. स्वर्ग में पहुँच कर वे अमृतकलश के प्रहरियों को मार डालते हैं, इंद्र से उनका युद्ध होता है, अंत में इंद्र उन्हें अमृतकलश इस अनुबंध पर ले जाने देते हैं कि वे उसे सर्पों को दिखा कर चुपचाप वापस दे देगें।

ऋग्वेद, कृष्णयजुर्वेद, शतपथ तथा ऐतरेय ब्राह्मणों में स्वर्ग से अमृत लेकर आने की पुराकथा सांकेतिक व प्रतीकात्मक रूप में वर्णित है। सुपर्णापाख्यान उसका विस्तार है। मूल कथा में गायत्री छंद को अमृत लाने के लिये भेजा जाता है। छंद को ही वहाँ पक्षी के रूप में निरूपित किया गया है।

गया चरण त्रिपाठी का अनुमान है कि सुपर्णापाख्यान का अभिनय इंद्रमहोत्सव के अवसर किया जाता होगा। इंद्रमहोत्सव भाद्रपद के महीने में शुक्लपत्र की द्वादशी के दिन आयोजित किया जाता था। कौशिकगृह्यसूत्र तथा अथर्वपरिशिष्ट में यह उत्सव उल्लिखित है। सुपर्णाध्याय के ही समान एक अन्य उपाख्यान सामवेद की परंपरा में अमृताहरणम्[२३] नाम से रचागया था। पर यह नाट्यशैली में अलग अलग संवादों के स्थान पर कथाकथन की शैली में है। सामवेद की कौथुमी शाखा के मंत्रों का इसमें गद्यबंधों के साथ गायन विहित है। अमृताहरणम् का प्रणेता सुपर्णाध्याय से परिचित था।

ओल्डेनबर्ग ने इसे आख्यान श्रेणी की रचना माना, जिसका गायन व वर्णन के साथ जनसमाज के सम्मुख प्रस्तुत की जाती थी। सुपर्णाध्याय के प्राप्त पाठ में केवल पद्यात्मक मंत्रभाग ही मिलता है, गद्य बहुत कम है। ओल्डेनबर्ग के अनुसर प्रत्येक प्रस्तुति में गद्यभाग आख्यायक अपनी ओर से बोलता होगा। हर्तेल ने इसकी तुलना रहस्य नाटकों से की।

श्रोडर सुपर्णाध्याय को ब्राह्मणसाहित्य व उपनिषदों के समानांतर विरचित एक इतिहासकाव्य मानते हैं।

सुपर्णाध्याय में १६० मंत्र तथा ३१ वर्गों में विभाजित १५ सूक्त हैं। संवाद तो हैं, पर उनके वक्ता पृथक् पृथक् निर्दिष्ट नहीं है। इसके नाट्यरूप की कल्पना की जा सकती है। प्रथम दो सूक्त जो अनुष्टुप् छंद में हैं बाद में जोड़े गये प्रतीत होते हैं, जब कि शेष सूक्त त्रिष्टुप् छंद में हैं। मंत्र के बीच में गद्य भाग में पात्रों की चेष्टाओं का वर्णन संस्कृत नाटकों में मिलने वाले नाट्यनिर्देशों या सूत्रधार के कथनों के समान है। पात्रों का प्रवेश व सूत्रधार के कथन भी सूचित हैं। पात्र प्रवेश करते समय अपना परिचय देता है। गया चरण त्रिपाठी इस प्रबंध के १५ सूक्तों को किसी नाटक के अलग अलग अंकों से तुलना करते हैं। गरुड का इंद्र के पक्ष के पात्रों से साक्षात् युद्ध प्रदर्शित नहीं किया गया इसका वर्णन संवादों में किया गया है। त्रिपाठी का यह भी अनुमान है कि ग्रीक कोरस के समान संवादों के बीच बीच में समूह कथाकथन करता चलता होगा। अनेक संवादों में पात्रों के द्वारा की गई चेष्टाओं से उत्पन्न ध्वनियों का संकेत है। सूक्त ११ में इंद्र बृहस्पति से पूछते हैं – जिस स्थान पर अमृतकलश स्थापित है, वहाँ से यह कैसा स्वर आ रहा है?

संवादों में नाटकीयता तथा वाचिक अभिनय के संकेत हैं। उदाहरणार्थ—

प्रस्तोता

द्यापृथिव्यौ भवतो भगिन्यौ ते मूर्तिमत्यौ चरतस्तु लोकान्।
द्यौरासीत् तत्र विनता सुपर्णी भूमिस्तु नाम्यभवत् कद्रुनाम्नी।।

प्रस्तोता

गरुडस्य जातमात्रस्य त्रयो लोकाः प्रकम्पिताः।
प्रकम्पिता मही सर्वा सशैलवनकानना।।

कहीं कहीं गद्य में संवाद है। उदाहरणार्थ सूर्य के अश्व का रंग श्वेत या कृष्ण इस पर विवाद करती कद्रू तथा विनता के ये संवाद—

विनता – आ नु दीदिहीषे, उत मदेन माद्यसि?

कद्रूः – किम् आपश्यसि? यद्यश्वः श्वेतो यदि वापिकृष्णः?
किन्नु केन नु कथं नु पश्यसि?

विनता – अनृतं वै वदसि कद्रु, काणे प्रतिघृष्टदर्शने।
सर्वश्वेतमहं मन्ये नास्य कृष्णोऽस्ति कश्चन।।

सुपर्णाध्याय में विष्णु का उल्लेख नहीं है, जब कि महाभारत में प्रतिपादित अमृताहरण के आख्यान में विष्णु की महत्त्वपूर्ण भूमिका है। अतः सुपर्णाख्यान को महाभारत से पूर्ववर्ती माना जा सकता है।

वेदांग

वेदांग से अर्थ है ऐसी विद्या जो वेद के अध्ययन में उपकारक या सहायक हो। वेदांग छह हैं। इनकी गणना चारों वेदों के साथ मुंडकोपनिषद् में इसप्रकार की गयी है— 'ऋग्वेदो यजुर्वेदः सामवेदोऽथर्ववेदः शिक्षा, कल्पो व्याकरणं निरुक्तं छन्दो ज्योतिषमिति।' छह वेदांगों में व्याकरण और निरुक्त मंत्रों का अर्थज्ञान कराने के लिये उपादेय हैं, शिक्षा और छंदस् शुद्ध उच्चारण तथा पाठ का ज्ञान कराने के लिये तथा कल्प और ज्योतिष याज्ञिक विधियों के अनुष्ठान की दृष्टि से उपयोगी हैं। पाणिनीयशिक्षा में इन छह वेदांगों को वेदरूपी पुरुष के विभिन्न अंग बता कर उनकी उपयोगिता इसप्रकार सूचित की गयी है—

छन्दः पादौ तु वेदस्य हस्तौ कल्पोऽथ पठ्यते।
ज्योतिषामयनं चक्षुर्निरुक्तं श्रोत्रमुच्यते।।
शिक्षा घ्राणं तु वेदस्य मुखं व्याकरणं स्मृतम्।
तस्मात् साङ्गमधीत्यैव ब्रह्मलोके महीयते।।

मंत्रो के पादों (चरणों) या पदक्रम का ज्ञान कराने के कारण छंदस् को वेद का चरण कहा गया है, याज्ञिकविधि के अनुष्ठान में हाथों की सबसे अधिक उपयोगिता होती है, अतः याज्ञिक विधि का ज्ञान कराने वाले कल्प को वेद का का हाथ कहा गया है, ज्योतिष के द्वारा यज्ञानुष्ठान के समय का बोध होता है और समय का नियंत्रण सूर्य और चंद्रमा की गति से होता है। सूर्य और चंद्रमा को चक्षुरूप बताया गया है, अतः ज्योतिष को वेद का नेत्र कहा जाना भी उचित है। निरुक्त शब्दों की व्याख्या करता है, जो श्रोत्रेंद्रियगम्य है। अतः निरुक्त को वेद का श्रोत्र कहा गया। घ्राणेंद्रिय या नासिका से किसी वस्तु की दूर से ही पहचान होती है, शिक्षा इसी प्रकार वेद का परिचय कराती है, अतः उसे वेदपुरुष की नासिका कहा गया। वाणी का प्रयोग मुख से होता है, व्याकरण वाणी का प्रयोग बतलाता है, अतः व्याकरण को वेदपुरुष का मुख कहा गया। वैयाकरणों के अनुसार मुख्यता के कारण भी व्याकरण को मुख कहा गया है।

शिक्षा

सायण के अनुसार शिक्षा का लक्षण है- शिक्ष्यन्ते वेदनायोपदिश्यन्ते स्वरवर्णादयो यत्र' अथवा- 'वर्णाद्युच्चारणप्रकारो यत्रोपदिश्यते सा शिक्षा'- अर्थात् वर्णों,पदों आदि के उच्चारण का प्रकार जिसमें सिखाया जाये, वह शिक्षा है। शिक्षा में वेदमंत्रों की भाषा से संबंधित निम्नलिखित विषयों का ज्ञान कराया जाता है, जिनका निर्देश तैत्तिरीयोपनिषद् की शिक्षावल्ली में किया गया है— वर्ण, स्वर, मात्रा, बल, साम तथा संतान। स्वरों और व्यंजनों का समुदाय वर्ण है। मंत्रों के पाठ में कंठ का उतार चढ़ाव स्वर है। इसके मुख्यतः तीन प्रकार हैं- उदात्त, अनुदात्त और स्वरित। उच्चारण में लगने वाला काल मात्रा है। इसके ह्रस्व, दीर्घ तथा प्लुत - ये तीन भेद होते हैं। उच्चारण में लगने वाला प्रयत्न बल है। साम पाठ की विधि है। संधि के नियमों के ज्ञान के साथ उच्चारण करना संतान है।

शिक्षा पर अनेक ग्रंथ प्राचीन काल में लिखे गये। परंपरा में जैगीषव्य के पुत्र बाभ्रव्य को शिक्षाग्रंथ का प्राचीन प्रणेता कहा गया है। महाभारत के शांतिपर्व में गालव ऋषि के द्वारा बनायी हुई शिक्षा का उल्लेख है। पाणिनि ने भी गालव के शिक्षाग्रंथ का संकेत किया है। काशिका में शौनकीया शिक्षा का उल्लेख आता है।

मूल रूप से शिक्षाग्रंथ ब्राह्मण ग्रंथों के भाग थे। बाद में इनका प्रातिशाख्य ग्रंथों के नाम से स्वतंत्र रूप विकसित हुआ। इसप्रकार प्रातिशाख्य शिक्षा वेदांग के प्राचीनतम ग्रंथ हैं। वेदों की प्रत्येक शाखा का उच्चारण विधान व्यवस्थापित करने के कारण इन्हें प्रातिशाख्य कहा गया। इस समय निम्नलिखित प्रातिशाख्य प्राप्त होते हैं- ऋक्प्रातिशाख्य, तैत्तिरीयप्रातिशाख्य, वाजसनेयि प्रातिशाख्य, सामप्रातिशाख्य, तथा अथर्व प्रातिशाख्य।

प्रातिशाख्यों के पश्चात् गौतमशिक्षा, नारदीयशिक्षा, पांडुकीयशिक्षा, भारद्वाजशिक्षा आदि अनेक शिक्षा-ग्रंथ लिखे गये। इनमें पाणिनीयशिक्षा सबसे प्रसिद्ध है, यद्यपि रचनाकाल की दृष्टि से यह परवर्ती है।

कल्प

'कल्पो वेदविहितानां कर्मणामानुपूर्व्येण कल्पनाशास्त्रम्'- यह कल्प का लक्षण है। इस वेदांग के अंतर्गत लिखे गये ग्रंथ कल्पसूत्र हैं। होता, उद्गाता, अध्वर्यु तथा ब्रह्मा इन चारों प्रकार के पुरोहितों के लिये अलग अलग चार प्रकार के कल्पसूत्र मिलते हैं- श्रौतसूत्र, गृह्यसूत्र, धर्मसूत्र तथा शुल्बसूत्र। श्रौतसूत्र ब्राह्मणग्रंथों का अनुसरण करते हुए यज्ञविधि का प्रतिपादन करते हैं। इस समय निम्नलिखित श्रौतसूत्र उपलब्ध हैं- ऋग्वेद के आश्वलायन तथा शांखायन, शुक्लयजुर्वेद का कात्यायन, कृष्णयजुर्वेद के बोधायन, आपस्तंब, हिरण्यकेशी, वैखानस, भरद्वाज तथा मान- ये छह श्रौतसूत्र तथा अथर्ववेद का वैतानश्रौतसूत्र। एक वाधूल श्रौतसूत्र हाल ही में प्राप्त हुआ है। यह यजुर्वेद से संबद्ध है। शांखायन द्वारा प्रणीत कल्पसूत्र होता के लिये, बोधायन तथा आपस्तंब के कल्पसूत्र अध्वर्यु के लिये, लाट्यायन और ग्राह्यायण के कल्पसूत्र उद्गाता के लिये हैं।

गृह्यसूत्रों में गृहस्थाश्रम के कर्तव्य व अनुष्ठान प्रतिपादित हैं। इन्हें स्मार्त सूत्र भी कहा जाता है। ब्रह्मयज्ञ (अध्यापन), देवयज्ञ, पितृयज्ञ (तर्पण आदि), भूतयज्ञ (प्राणियों के लिये भोजन का अंश देना) तथा नृयज्ञ (अतिथि का सत्कार) - ये पाँच महायज्ञ इन सूत्रों में गृहस्थों के लिये बताये गये हैं। इसके अतिरिक्त अपशकुननिवारण, गृहशांति, कृषि, पशुपालन आदि विषयों का भी निरूपण गृह्यसूत्रों में किया गया है। इस समय निम्नलिखित गृह्यसूत्र प्राप्त होते हैं - ऋग्वेद के दो (आश्वलायन तथा शांखायन), यजुर्वेद का एक (पारस्कर) कृष्णयजुर्वेद के नौ (बोधायन, मानव, भरद्वाज, आपस्तंब, हिरण्यकेशी, वैखानस, वाधूल, काठक तथा वाराह), और अथर्ववेद का एक - कौशिक गृह्यसूत्र।

श्रौतसूत्रों में प्रतिपादित याज्ञिक विधियों का वर्तमान में लोप हो चुका है। किंतु गृह्य सूत्रों मे प्रतिपादित आचार पारंपरिक वैदिक परिवारों में नियमित रूप से किये जाते रहे हैं।

इनमें से आश्वलायन, बोधायन तथा आपस्तंभ गृह्यसूत्र तीसरी शताब्दी ई०पू० के आसपास लिखे गये। वैखानस गृह्यसूत्र सबसे बाद का माना जाता है, इसकी रचना दसवीं शताब्दी ई० के लगभग हुई।

गृह्यसूत्रों में प्रतिपादित संस्कार हिंदू समाज में आज तक किसी न किसी रूप में प्रचलित हैं। संस्कारो की संख्या अलग अलग ग्रंथों में अलग अलग बताई गई है। मुख्य रूप से सोलह संस्कार माने जाते हैं, परंतु कतिपय गृह्यसूत्रों में १८ संस्कारों का विवरण दिया गया है। वैखानस गृह्यसूत्र में तो संस्कारों की संख्या चालीस तक पहुँचा दी गई है।

सोलह संस्कारों के अतिरिक्त गृह्यसूत्रों में चार वेदव्रत, स्नान, पाँच महायज्ञ, सात पाकयज्ञ, सात हविर्यज्ञ तथा सात सोमयज्ञ भी बताये गये हैं। मरणोत्तर संस्कारों का विस्तार से प्रतिपादन इनमें है।

प्रमुख गृह्यसूत्रों का परिचय

आश्वलायन गृह्यसूत्र – इसमें चार अध्याय हैं। प्रत्येक अध्याय में अनेक कंडिकाएँ हैं। प्रथम अध्याय में पुंसवन, सीमंतोन्नयन से लगा कर उपनयन तक संस्कारों का प्रतिपादन है। द्वितीय अध्याय में श्रवणा, आग्रहायणी, अष्टक, अनवष्टक आदि प्रतिपादित हैं।

वास्तुशास्त्र के विधान भी इसी अध्याय में वर्णित हैं। तृतीय अध्याय में पंचमहायज्ञ तथा वैदिक स्वर व उच्चारण का निरूपण है। उपाकर्म तथा गृहस्थ की दिनचर्या का वर्णन भी इसी अध्याय में है, जो सामाजिक दायित्व के निर्वाह को रेखांकित करता है। चतुर्थ अध्याय में अपरक्रिया तथा श्राद्ध का विवेचन है।

बोधायन गृह्यसूत्र का विभाजन प्रश्नों तथा अध्यायों में हुआ है। इसमें पाँच प्रश्न हैं। पाकयज्ञ, मधुपर्क अग्निमुख आदि विधानों का विवेचन प्रथम प्रश्न में है।

इसके तृतीय प्रश्न में गोदान, वास्तुशांति तथा सर्पबलि के प्रकरण विशिष्ट हैं। आपस्तंभ गृह्यसूत्र का विभाजन पटलों तथा खंडों में हुआ है। इसमें आठ पटल और तेईस खंड हैं। विवाह के लिये वधू का चयन, मुहूर्तनिर्धारण आदि के प्रकरण इसमें विशेष हैं।

पारस्कर गृह्यसूत्र का विभाजन कांड तथा कंडिकाओं में हुआ है। वधू का चयन, पाणिग्रहण की विधि आदि के विधान इसमें महत्त्वपूर्ण हैं। गोभिल गृह्यसूत्र का विभाजन प्रपाठकों तथा कंडिकाओं में हुआ है। विवाह की विधियों में अश्मारोहण, लाजाहोम आदि का प्रतिपादन में इसकी विशेषता है।

धर्मसूत्र

धर्मसूत्रों में सामाजिक स्तर पर मनुष्य के दायित्वों या कर्तव्यों का विवेचन है। इनमें चारों वर्णों के लोगों के धर्म, राजा के कर्तव्य, दाय भाग (उत्तराधिकार) स्त्रियों के कर्तव्य और अधिकार, विधवाओं के लिये निर्देश और उनके उत्तराधिकार, संस्कार, प्रायश्चित्त, भक्ष्याभक्ष्य

आदि विभिन्न विषय प्रतिपादित हैं। इन्हीं को धर्मशास्त्र भी कहा गया है। आगे चल कर इनके आधार पर स्मृति-ग्रंथ लिखे गये। इस समय निम्नलिखित धर्मसूत्रग्रंथ उपलब्ध हैं- बौधायन, गौतम, आपस्तंब, हिरण्यकेशी तथा वासिष्ठ। इनमें गौतम धर्मसूत्र सबसे प्राचीन माना गया है। इसका समय ६००ई०पू० के आसपास अनुमानित है।

शुल्बसूत्र

शुल्बसूत्रों में यज्ञवेदिका के निर्माण की विधियाँ बतायी गयी हैं। शुल्ब का अर्थ नापने की डोरी है। शुल्बसूत्रों में किसी भी आकृति की रचना के लिये रेखागणित या ज्यामिति के सिद्धांतों का पालन किया गया है। इन सूत्रों से विदित होता है कि वैदिक काल में ज्यामिति के अनेक सिद्धांतों का वैदिक ऋषियों को ज्ञान था। पाइथागोरस से बहुत पहले उसके प्रमेय (पाइथागोरस थ्योरम) को शुल्बसूत्रों में प्रतिपादित किया जा चुका था। पाइथागोरस ने प्रतिपादित किया है किसी भी समकोण त्रिभुज में भुजा (base) के वर्ग और कोटि (perpendicular) के वर्ग का योग कर्ण (hypotenuse) के वर्ग के बराबर होता है।

बोधायन, आपस्तंभ तथा कात्यायन शुल्बसूत्रों में आयत का क्षेत्रफल निकालने की विधि इस प्रकार बताई गई है—

दीर्घचतुरस्त्रस्याक्ष्णया रज्जुस्तिर्यङ्मानी पार्श्वमानी
च यत् पृथग्भूते कुरुतः तदुभयं करोतीति क्षेत्रज्ञानम्।

यहाँ दीर्घचतुरस्त्र का अर्थ आयत है। तिर्यङ्मानी का अर्थ चौड़ाई नापना तथा पार्श्वमानी का अर्थ लंबाई नापना है।

इस आधार पर कात्यायन शुल्बसूत्र में लंबाई तथा चौड़ाई ज्ञात होने पर कर्ण (hypotenuse) कैसे निकाला जायेगा – यह बताया गया। नाप की इकाई पद कही गई है। चौड़ाई एक पद, लंबाई तीन पद हो तो करणी या कर्ण (hypotenuse) दस पद होगा। इसी तरह चौड़ाई दो पद, लंबाई छह पद हो तो करणी या कर्ण (hypotenuse) चालीस पद होगा।

कल्पसूत्रों से वैदिक धर्म और भारतीय सामाजिक जीवन मे ईसापूर्व की शताब्दियों में हुए नवीन अभ्युत्थान का परिचय भी मिलता है। इनके प्रचार प्रसार के कारण ही विशालकाय ब्राह्मण ग्रंथ लुप्तप्राय हो गये, क्योंकि इन सूत्र ग्रंथों में ब्राह्मण ग्रंथों के विषयों को सारग्राही रूप प्रस्तुत कर दिया गया।

व्याकरण

व्याकरण की अत्यंत समृद्ध विवेचनपरंपरा वैदिक काल में विकसित हुई। पर व्याकरण विषयक प्राचीन ग्रंथ लुप्त हो चुके हैं। व्याकरण का सबसे पहला सर्वांगपूर्ण ग्रंथ पाणिनि की अष्टाध्यायी है। इसमें ४००० सूत्र हैं, जिनमें से ७०० वैदिक भाषा व वैदिक व्याकरण का

प्रतिपादन करते हैं। पाणिनि ने अपने से पहले हो चुके वैयाकरणों का उल्लेख करते हुए उनके सिद्धांतों की चर्चा की है। ये वैयाकरण हैं- आपिशलि, काश्यप, गार्ग्य, गालव, चाक्रवर्मण, भारद्वाज, शाकटायन, शाकल्य, सेनक तथा स्फोटायन। पाणिनि का अष्टाध्यायी के पहले अनेक व्याकरण-ग्रंथ लिखे जा चुके थे।

निरुक्त

वैदिक मंत्रों में प्रयुक्त शब्दों का निर्वचन (उनके प्रकृति, प्रत्यय बता कर उनके निर्माण की प्रक्रिया) बताने वाला वेदांग निरुक्त है। निघंटु तथा निरुक्त ये दो प्राचीन ग्रंथ इस वेदांग के मिलते हैं। निघंटु के नाम से कई ग्रंथ प्राचीनकाल में संकलित किये गये थे, इनमें से एक ही मिलता है। यास्क ने निरुक्त के नाम से इसकी व्याख्या लिखी है। यास्क का समय ८००ई०पू० से ७००ई०पू० के बीच माना जाता है।

वर्तमान में निघंटु नाम से उपलब्ध ग्रंथ तीन कांडों तथा पाँच अध्यायों में विभाजित है। इसके प्रथम नैघंटुक कांड में तीन अध्यायों में पर्यायवाची शब्द संकलित हैं। द्वितीय नैगम कांड में वेदों के क्लिष्ट पदों का संग्रह तीन खंडों में किया गया है। दैवतकांड नामक अंतिम अध्याय में देवतावाचक शब्द छह खंडों में संकलित हैं। कुल मिला कर १३४१ वैदिक शब्दों का संग्रह निघंटु में किया गया है। इस पर देवराज यज्वा की टीका प्राप्त होती है।

आचार्य सायण ने निघंटु की त्रिकांडी की व्याख्या करते हुए कहा है –

आद्यं नैघण्टुकं काण्डं द्वितीयं नैगमं तथा।
तृतीयं देवतं चेति समाम्नायस्त्रिधा स्थितः।।

गौराद्यापारपर्यन्तमाद्यं नैघण्टुकं स्थितम्।
जहाद्युल्बमृबीसान्तं नैगमं सम्प्रचक्षते।
अघ्न्यादिदेवपर्यन्तं देवताकाण्डमुच्यते।।

यास्क का निरुक्त भाषाशास्त्र का प्राचीनतम तथा महत्त्वपूर्ण ग्रंथ है। निघंटु की ही समग्र व्याख्या इसमें की गयी है। निघंटु में परिगणित शब्दों में से २३० का यास्क ने निरुक्तिगत विवेचन किया है। इस ग्रंथ के प्रथम से तृतीय अध्याय तक निघंटु के प्रथम कांड की व्याख्या है। चौथे से छठे अध्याय तक नैगमकांड की व्याख्या है। सातवें से बारहवें अध्याय तक दैवतकांड की व्याख्या है।

यास्क के पूर्व अनेक निरुक्तकार हो चुके थे, जिनमें से अग्रायण, औपमन्यव, औदुम्बरायण आदि बारह का उल्लेख यास्क ने अपने ग्रंथ में किया है।

निरुक्त में निर्वचन के लिये पाँच विषय स्वीकृत हैं, जो इसप्रकार बताये गये हैं—

वर्णागमो वर्णविपर्ययश्च द्वौ चापरौ वर्णविकारनाशौ।
धातोस्तदर्थातिशयेन योगस्तदुच्यते पञ्चविधं निरुक्तम्।।

यास्क ने वेदव्याख्या पर विचार करने वाले आग्रायण, औदुंबरायण, कौत्स, क्रौष्टुकि आदि पूर्ववर्ती अनेक आचार्यों तथा उनके मतों का उल्लेख किया है।

यास्क ने वेदार्थ के निर्वचन तथा मंत्रों के व्याख्यान की अनेक पद्धतियों का उल्लेख किया है –जैसे – आधिदैविक, आध्यात्मिक, आख्यानपरक, नैदान, नैरुक्त, याज्ञिक तथा ऐतिहासिक आदि। पदों के उन्होंने चार प्रकार बताये हैं – नाम, आख्यात, उपसर्ग तथा निपात। यास्क इस विषय पर विस्तार से विचार किया है कि सारे पद आख्यातज हैं अर्थात् वे धातुओं से निर्मित होते हैं। यास्क उपसर्गों का अपने आप में अर्थ नहीं मानते। निपात के वे तीन प्रकार बताते हैं – उपमार्थक, कर्मोपसंग्रहार्थक तथा पादपूरणार्थक।

यास्क की पद्धति तर्क तथा ऊह (अन्वेषण) पर आधारित है। साथ में दृष्टांतविधि का भी उपयोग उन्होंने किया है, व दृष्टांत को बोधगम्य बनाने के लिये आख्यानशैली अपनाई है। तर्क समाज के लिये कितना अधिक उपादेय है, यह बताने के लिये उन्होंने निम्नलिखित आख्यान प्रस्तुत किया है—

अक्षरं न क्षरति न क्षीयते वाऽक्षयं भवति वाचो अक्ष इति वाक्षो यानस्याञ्जनात् तत्प्रकृतीतरद्वर्तनसामान्यादित्ययं मन्त्रार्थचिन्ताभ्यूढोऽपि श्रुतितोऽपि तर्कतो न तु पृथक्त्वेन मन्त्रा निर्वक्तव्या न ह्येषु प्रत्यक्षमस्त्यनृषेरतपसो वा पारोवर्यवित्सु तु खलु वेदितृषु भूयोविद्यः प्रशस्यो भवतीत्युक्तं पुरस्तान्मनुष्या वा ऋषीसूत्क्रामत्सु देवानब्रुवन् को न ऋषिर्भविष्यतीति तेभ्य एतं तर्कमृषिं प्रायच्छन् मन्त्रार्थचिन्ताभ्यूहमभ्यूढं तस्माद् यदेवं किञ्चानूचानोऽभ्यूहत्यार्षं तद् भवति। (निरुक्त, भाग-२, पृ० १००२)

यास्क ने मंत्रों के अभिप्राय में ऋषियों की विविध अभिप्राय वाली दृष्टि पर विचार किया है—एवमुच्चावचैरभिप्रायैर्ऋषीणां मन्त्रदृष्टयो भवन्ति। (निरुक्त, भाग-२, पृ० ६१८)

कौत्स ऋषि की मान्यता थी कि मंत्रों के अर्थ पर विचार नहीं किया जाना चाहिये, क्योंकि वे केवल विनियोग के लिये हैं, उनका अर्थ होता ही नहीं है।[२४] इस संबंध में कौत्स के तर्क इसप्रकार थे—

(१) मंत्र अनर्थक हैं, क्योंकि उनकी आनुपूर्वी नहीं बदली जा सकती। लौकिक भाषा में 'रामो रावणं हतवान्' इस वाक्य को 'हतवान् रामो रावणम्' या 'रावणं हतवान् रामः' ऐसा पदों का क्रम बदल कर कह सकते हैं क्योंकि वाक्य में अर्थ को बताना प्रयोजन है। मंत्रों में क्रम नहीं बदला जा सकता, पद ही नहीं पदों का एक एक अक्षर अपरिवर्त्य है। अतः मंत्र अर्थबोध के लिये नहीं है। (२) ब्राह्मणग्रंथों में मंत्रों का विनियोग बिना अर्थबोध के बताया गया है। (३) यदि मंत्रों का अर्थ लगायेगें, तो वह उपपन्न नहीं होता। जैसे 'औषधे त्रायस्व' यह वाजसनेयि संहिता में मंत्र है। औषधि तो जड़ है, वह स्वयं को ही नहीं बचा सकती, तो मंत्रपाठ करने वाले को कैसे बचायेगी, अतः मंत्र का अर्थ अनुपपन्न होने से उसे अर्थरहित मानना ही ठीक है। (४) मंत्र में परस्पर विरोधी कथन हैं। (५) मंत्रों में अनावश्यक निर्देश हैं, होता विधि

जानता है फिर भी उसे बताया जा रहा है। (६) मंत्रों में एक ही पदार्थ को कई रूपों में बताया गया है। जैसे 'अदितिर्द्यौरदितिरन्तरिक्षम्' इत्यादि मंत्र में अदिति द्यौः भी है, अंतरिक्ष भी, पृथिवी भी, माता भी पिता भी। एक ही अदिति यह सब कैसे हो सकती है, अतः मंत्र का कोई अर्थ नहीं है। (७) मंत्रों का अर्थ अस्पष्ट है और उनमें अनेक दुरूह अबोध्य पद हैं।

यास्क ने इन सभी तर्कों की युक्तियुक्त खंडन किया है। यास्क का प्रतिपादन इस प्रकार है– (१) मंत्रों में शब्द तो वे ही हैं, जो लौकिक भाषा में हैं, फिर लौकिक भाषा में वे शब्द सार्थक हों, और मंत्रों में निरर्थक हो जायें ऐसा कैसे हो सकता है? (२) ब्राह्मण ग्रंथों में मंत्रों के अर्थ कहे गये हैं और उनकी विस्तृत व्याख्या भी की गई है। (३) 'औषधे त्रायस्व' इत्यादि मंत्र में औषधि को संबोधित नहीं किया गया है, उसके अधिष्ठाता देव को संबोधित किया गया है। (४) परस्परविरोधी प्रतीत होने वाले कथन रूपक या लक्षणा के आधार पर अविरोधी सिद्ध होते हैं। (५) जो जानता है, उसे भी दृढ़ीकरण के लिये उपदेश दिया जाता है, अतः मंत्रों अध्वर्यु आदि को पूर्वविदित विधान बताना निरर्थक नहीं है। (६) एक वस्तु के अनेक रूप महिमाख्यापन आदि प्रयोजनों से लोक में भी किये जाते हैं, जैसे आप ही माता है, आप ही पिता है। अदिति की सर्वात्मकता बताने के लिये उसके लिये 'अदितिर्द्यौरदितिरन्तरिक्षम्' इत्यादि वर्णन किया गया है, उसमें परस्पर विरोध नहीं है (७) यदि किसी को मंत्र का अर्थ अस्पष्ट प्रतीत होता है, तो उसे चाहिये कि मंत्रार्थ जानने का प्रयास करे, न कि मंत्रों को अनर्थक कहने लग जाये।

स्वयं यास्क ने मंत्रों को सार्थक ही नहीं माना, मंत्रों या वेदों की व्याख्या के अनेक प्रस्थानों का भी निर्देश किया है। वेद पर विमर्श करने वाले विद्वानों को यास्क ने निम्नलिखित वर्गों में बाँटा है – (१) अधिदैवत, (२) अध्यात्म, (३) आख्यातसमय, (४) ऐतिहासिक (५) नैदान, (६) नैरुक्त, (७) परिव्राजक, (८) पूर्व याज्ञिक तथा (९) याज्ञिक।

निरुक्त में उद्धृत आचार्य - यास्क ने निरुक्त में निम्नलिखित आचार्यों के मत उद्धृत किये हैं – आग्रायण, औदुम्बरायण, औपमन्यव, और्णवाभ, कात्थक्य, कौत्स, क्रौष्टुकि, गार्ग्य, गालव, चर्मशिरा, तैटीकि, वार्ष्यायणि, शतलवाक्ष, मौद्गल्य, शाकटायन, शाकपूणि, शाकल्य, स्थौलाष्ठीवि। निरुक्त के टीकाकार दुर्गाचार्य के अनुसार यास्क के समय तक चौदह प्रकार के निरुक्तग्रंथ प्रचलन में थे।

निरुक्त के व्याख्याकार – यास्क के निरुक्त पर दुर्गाचार्य की व्याख्या सर्वप्रसिद्ध है। इसके अतिरिक्त निम्नलिखित अन्य व्याख्याकार हैं – स्कन्द स्वामी, महेश्वर, वररुचि।

छंदस्

पाणिनीय शिक्षा के अनुसार छन्दस् वेद का पाद या आधार है। कात्यायन ने इसका लक्षण किया है- 'यदक्षरपरिमाणं तच्छन्दः' अर्थात् अक्षरों का परिमाण छन्दस् है। छंदःशास्त्र का

सबसे प्राचीन उपलब्ध ग्रंथ पिंगल ऋषि का रचा पिंगलसूत्र है। इन ऋषि के नाम से छंद:शास्त्र की ही एक संज्ञा पिंगल चल पड़ी है। छंद:सूत्र में पहले से चौथे अध्याय तक वैदिक छंद बताये गये हैं, तथा शेष अध्यायों में लौकिक छंद।

वैदिक संहिताओं के अध्ययन के लिये वैदिक काल से ही छन्द:शास्त्र का ज्ञान आवश्यक माना गया था। वैदिक संहिताओं में सात छन्दों का उल्लेख मिलता है, जो निम्नलिखित हैं— गायत्री, उष्णिक्, अनुष्टुप्, बृहती, पङ्क्ति, त्रिष्टुप् तथा जगती।

अक्षरानुसार छन्दों के भेद: २६ अक्षरों के आधार पर छन्दों के २६ प्रकार किये गये हैं। एक अक्षर होने पर उक्त, दो अक्षरों से अत्युक्त, तीन अक्षर होने पर मध्य, चार अक्षर होने पर प्रतिष्ठा, पाँच अक्षर होने पर सुप्रतिष्ठा, छ: अक्षर होने पर गायत्री, सात अक्षर होने पर उष्णिक्, आठ अक्षर होने पर अनुष्टुप्, नौ अक्षर होने पर बृहती, दश अक्षर होने पर पङ्क्ति, ग्यारह अक्षर से त्रिष्टुप्, बारह से जगती, तेरह अक्षरों से अतिजगती, चौदह से शक्वरी, पन्द्रह से अतिशक्वरी, सोलह से अष्टि, सत्रह से अत्यष्टि, अठारह से धृति, उन्नीस अक्षरों से अतिधृति, बीस से कृति, इक्कीस से प्रकृति, बाईस से आकृति, तेईस से विकृति, चौबीस से सत्कृति, पच्चीस से अतिकृति तथा छब्बीस अक्षरों से उत्कृति छन्द होता है। २६ से अधिक अक्षर होने पर मालावृत्त कहा जाता है।

वास्तव में तो एक अक्षर से पाँच अक्षर के पाद वाले छंद प्रयोग में नहीं आते, प्रयोगार्ह छंद गायत्री से आरंभ होते हैं। इसीलिये विष्णुधर्मोत्तरपुराण में एक से पाँच अक्षरों वाले उक्त से सुप्रतिष्ठा तक के पाँच छन्द छोड़कर गायत्री से उत्कृति तक २१ छन्दों के नाम और उनमें अक्षरों की संख्या इसी प्रकार परिगणित है।[२५]

ज्योतिष

ज्योतिष वेदांग कालगणना के लिये उपादेय है। लगध का वेदांगज्योतिष इसका सर्वप्राचीन ग्रंथ है। इसका समय विद्वानों ने १४०० ई०पू० के आसपास माना है। यह ग्रंथ दो रूपों में मिलता है—आर्च ज्योतिष तथा याजुष ज्योतिष। पहला ऋग्वेद से संबद्ध है तथा दूसरा यजुर्वेद से।

वैदिक वाङ्मय के अन्य ग्रंथ

वेदांगों के अतिरिक्त वेदों के उपस्कार या अध्ययन में सहायता के लिये अन्य अनेक प्रकार के ग्रंथों का प्रणयन प्राचीनकाल में हुआ। इनमें अनुक्रमणी साहित्य के अंतर्गत वेदों के ऋषियों, छंदों, देवताओं, सूक्तों, अनुवाकों तथा पदों की सूचियाँ तैयार की गयीं।

इसी परंपरा में उपवेदों का निर्माण हुआ। प्रत्येक संहिता का अपना एक उपवेद माना गया। ऋग्वेद का उपवेद अर्थशास्त्र, यजुर्वेद का धनुर्वेद, सामवेद का संगीतशास्त्र या गांधर्ववेद और अथर्ववेद का उपवेद आयुर्वेद कहा गया है।

वेदों में सौंदर्यशास्त्र तथा काव्यचिंतन

संहिताओं तथा ब्राह्मणों में काव्य, छन्दस्, शिल्प, रूप और रस ये शब्द पारस्परिकता में प्रयुक्त हुए हैं। पेशस्, चारु, चित्र, श्रीः, शोभा आदि इनके विशेषण के रूप में बार बार आते हैं, जिससे शिल्प को केन्द्र में रख कर वैदिक सौन्दर्यशास्त्र की एक सर्वांगीण अवधारणा निर्मित होती है।

वैदिक विश्वबोध इस जगत् को परमात्मा की रची कविता के रूप में देखता है (देवस्य पश्य काव्यं न ममार न जीर्यति)। सम्पूर्ण जगत् को परमात्मा का काव्य कहना काव्य की एक व्यापक अवधारणा है। ऋषि कहते हैं कि देवता काव्य से बढ़ते हैं (स काव्येन ववृधे) तो वे काव्य में देवतत्त्व समाहित कर लेते हैं।

कविकर्म चेतना के गहरे स्तरों से उन्मिषित होता है। पर उसका स्थूल स्तर भी है, जिसमें शब्द उसी तरह विन्यस्त होते हैं, जिस तरह वस्त्र में तन्तुओं की बुनावट या रथ में उसके अवयवों के संश्लिष्ट होना। अपने मन्त्रों के लिये ऋषि कहते हैं कि वे नवीन हैं, पहले नहीं देखे गये, पर उसी तरह रचे गये हैं, जैसे जुलाहा वस्त्र बुनता है या बढई रथ तैयार करता है—

इन्द्र ब्रह्म क्रियमाणा जुषस्व या ते शविष्ठा नव्या अकर्मा।
वस्त्रेण भद्रा सुकृता वसूयू रथं न धीरा स्वपा अतक्षम्।

(ऋ० ५।२९।१५)

यदि यह जगत् परमात्मा के द्वारा रची कविता है, तो इस कविता को कवि या कलाकार अपनी कृति में नये सिरे से रचता, कहता और प्रस्तुत करता है। ऐतरेय महीदास इस दृष्टि से समस्त कलाओं या शिल्प को दो प्रकार का मानते हैं - देवशिल्प और मानुष शिल्प। देवशिल्प की ही अनुकृति मानुष शिल्प है। इस संसार के नाना पदार्थ देवताओं के शिल्प हैं। उनकी अनुकृति में मनुष्य अपना शिल्प, कला या कविता रचता है।

एतेषां देवशिल्पानामनुकृतीह शिल्पमधिगम्यते। हस्ती, कंसो वासो हिरण्यम्, अश्वतरी रथः।

(ऐतरेयब्रा० ३०.१, भाग-३, पृ० १३१)।

अनुकृति शब्द का प्रयोग ऐतरेय ने सोमयाग के वर्णन में सोमक्रय के प्रसंग मे भी किया है (तामनुकृतिं .... वत्सतरीमाजन्ति सोमक्रयणीम् – ऐतरेयब्रा० १.५) यद्यपि षड्गुरुशिष्य ने यहाँ अनुकृति का अर्थ 'कृतिम् अनु तदनुसारेण' लिया है।) देव अथवा परमात्मा के शिल्परूप इस जगत् में त्रिलोकी समाहित है। उसी तरह इस देवशिल्प की अनुकृति में मनुष्य जो शिल्प रचता है उसमें समस्त ललित, रूपंकर तथा प्रदर्शकारी कलाएँ समाहित हो जाती हैं। परमात्मा आत्मविस्तृति या अपनी लीला के विस्तार के लिये जगत् रूपी शिल्प को रचता है, तो मनुष्य

आत्मसंस्कृति के लिये मानुष शिल्प रचता है। ऐतरेय महीदास पहले भारतीय विचारक हैं, जिन्होंने कला या शिल्प की अवधारणा से जोड़ कर संस्कृति की अवधारणा प्रस्तुत की है।

आत्मसंस्कृतिर्वाव शिल्पानि। छन्दोमयं वा। एतैर्यजमान आत्मानं संस्कुरुते।

(ऐतरेयब्रा० ३०.१, भाग-३, पृ० १३२)।

यहाँ छन्दस् या काव्य को भी शिल्प कहा गया है। इस तरह कविता कवयिता तथा भावक दोनों का संस्कार करती है- यह मन्तव्य यहाँ स्पष्ट है। अन्यत्र भी ऐतरेय ने कहा है कि स्तोता स्तुति के द्वारा अपने को संस्कारित करता है—

स्तोत्रियं शंसति। आत्मा वै स्तोत्रियः।
तं मध्यमया वाचा शंसति। आत्मानमेव तत् संस्कुरुते।

(ऐतरेयब्रा०१३।१२, पृ० ५१२)

कौषीतकि ब्राह्मण में नृत्य, गीत तथा वादित्र को भी शिल्प के रूप में परिभाषित किया गया है- त्रिवृद् वै शिल्पम्— **नृत्यं गीतं वादितमिति।** (कौ०ब्रा० २९।५)

छन्द को भी ऐतरेय ने शिल्प कहा है। अत एव कविकर्म भी शिल्प है। जिस तरह प्रत्येक शिल्प आत्मसंस्कृति है, वह शिल्पकर्ता और शिल्प के भावक को संस्कारित करता है, उसी तरह कविकर्म भी कवि और भावक दोनों को पावन बनाता है। छन्द मुक्ति देते हैं, पाप से मनुष्य को उबार लेते हैं। वे पाप से बचाये रखने के लिये हमारे आच्छादक या रक्षाकवच बन जाते हैं। सायण ने ऋग्वेद के १.१. की प्रस्तावना में कहा है—

पुरुषस्य पापसम्बन्धं वारयितुमाच्छादकत्वात् छन्द इत्युच्यते। तच्चारण्यकाण्डे समाम्नायते- छादयन्ति हि वा एवं छन्दांसि पापात् कर्मण: (ऐ०आ० २।५)। अथवा चीयमानाग्निसन्ताप-स्याच्छादकत्वाच्छन्द:। तच्च तैत्तिरीया आममन्ति - 'प्रजापतिरग्निमचिनुत, स क्षुरपविर्भूत्वाऽतिष्ठत्तं देवा बिभ्यतो नोपायन्त, छन्दोभिरात्मानं छादयित्वोपायन्त तच्छन्दसां छन्दस्त्वम्। (तैत्ति०सं० ५.६.६) यद् वा अपमृत्युं वारयितुमाच्छादयतीति छन्द:। तदपि छान्दोग्योपनिषद्याम्नातं - 'देवा वै मृत्योर्बिभ्यतस्त्रयीं विद्यां प्राविशंस्ते छन्दोभिरात्मानमाच्छादयन् यदेभिरच्छादयंस्तच्छन्दसां छन्दस्त्वम्।' (छा०उ० १४.२)। (ऋग्वेद, सायणभाष्य, वैदिक संशोधन मण्डल, पूना, १९३३, प्रथम खण्ड, पृ० ३२)

वस्तुत: छन्द में देवता रमते हैं। यही छन्द का अलंकार है। ऋषि इन्द्र से पूछते हैं—

इन्द्र का ते अस्ति अरङ्कृति: सूक्तै: कदा नूनं ते मघवन् दाशेम? (ऋ० ७.२९.३)

अथर्ववेद (१४।१।७) में सूर्या के विवाह के प्रसंग में कहा गया है कि गाथाएँ उसे अलंकृत करती हैं। यह शिल्प और काव्य का जीवन से अन्त:सम्बन्ध मात्र नहीं, यह शिल्प का जीवनमय या प्राणमय होना है।

सूक्त या छन्द इन्द्र का अलंकार बन जाते हैं। अलंकार और अलंकार्य में भी यहाँ विभाजन

सम्भव नहीं, अतः छन्द ही दिव्य रूप धारण करता है, उसी में देवता का वास है - यह भी कहा जा सकता है। उपर्यक्त प्रसंग में सायण ने देव शब्द की जो व्याख्या की है, वह इसी दृष्टि से अवगन्तव्य है। 'दीव्यते इति देवः मन्त्रेण द्योतते'- जो मन्त्रसे आभासित या आलोकित होता है वह देवता है।

(ऋग्वेद, सायणभाष्य, वैदिक संशोधन मण्डल, पूना, १९३३, प्रथम खण्ड, पृ० ३२)

छन्द की उत्पत्ति परम पुरुष से हुई - **'छन्दांसि जज्ञिरे तस्माद्यजुस्तस्मादजायत।'**

अथर्ववेद में कहा गया है - **पाङ्क्तं छन्दः पुरुषो बभूव, विश्वैर्विश्वाङ्गैः सह सम्भवेम।'** (अथर्ववेद १२।३।१०)।

देवशिल्प और मानुषशिल्प के रूप में द्विविध शिल्प की ऐतरेय महीदास की अवधारणा समस्त कलाओं पर लागू होती है। अत एव गीत का प्रतिपादन करते हुए गीत के भी ये दोनों प्रकार वे बतलाते हैं - दैव गीत और मानुष गीत। दैव गीत ऋक् है, मानुष गीत गाथा है (ऐत.ब्रा० ७।८)। कविता और कला अथवा व्यापक अर्थ में शिल्प के दैव और मानुष के रूप में ये दो प्रकार काव्यरचना या कलासर्जना की प्रक्रिया को भी इंगित करते हैं। दैव गीत या ऋक् ईश्वर की कृति है, जिसे ऋषि साक्षात्कार में देखता है, मानुष गीत सायास रची हुई कृति है।

जिस तरह वैदिक ऋषि समस्त सृष्टि को परमात्मा के काव्य के रूप में अनुभव करता है, उसी तरह ऐतरेय समस्त सृष्टि को शिल्प के रूप में देखते हैं। काल की गति में शिल्प है, नृत्य में लय व गति है इसलिये नृत्य भी शिल्प है, दिन और रात्रि आवर्तन और परावर्तन में गति करते हैं, इसलिये ऐतरेय दिन और रात के आने और जाने में नृत्य देखते हैं—

अहश्च रात्रिश्च कृष्णाहरर्जुनं चेत्याविनमारुतस्य प्रतिपदहश्चाहश्चेति पुनरावृत्तं पुनर्निनृत्तम्।

(ऐतरेयब्रा० ५।१५)

शिल्प की यह व्यापक अवधारणा तथा जगत् का परमात्मा के शिल्प के रूप में दर्शन इस परम्परा में आगे की सहस्राब्दियों में अव्याहत बना हुआ है। महाभारत में कहा गया है—

योगो ज्ञानं तथा सांख्यं विद्याः शिल्पानि कर्म च।
वेदाः शास्त्राणि विज्ञानमेतत् सर्वं जनार्दनात्।।

इसी क्रम में ऐतरेय ब्राह्मण में शिल्पसम्बन्धी सूक्तों का भी विवरण दिया गया है, जिनका षडह के दिन पाठ किया जाता था (शिल्पानि शंसन्ति – ऐ०ब्रा० ६।२७)।

कथासरित्सागर में तो दिव्यशिल्प और मानुषशिल्प की ऐतरेय की अवधारणा को नायिका से सौन्दर्यवर्णन में यथावत् दोहरा सा दिया है—

ते तन्निरूप्य जगदुर्नेदृशो देव शक्यते
अपरः कर्तुमेतद्धि दिव्यं शिल्पं न मानुषम्।।

(कथासरित्सागर, २५।१।७५)

शिल्प की जो विवृति ऐतरेय ने की, उसका अवबोध परम्परा में निरन्तर और अव्याहत बना रहा। इसीलिये अभिनवगुप्त तन्त्रालोक में कहते हैं कि इस सारे दर्शन व अनुष्ठान का मूल ऐतरेय ब्राह्मण में है। इसके साथ ही वायुपुराण में यह भी कहा गया कि शैवागमों का मूल ईश व श्वेताश्वतर उपनिषद् हैं।

शिल्प सृष्टि का यज्ञ है। जीवन में ओतप्रोत है। वह प्राण है, तृतीय सवन है। कौषी. ब्राह्मण और शांखा.ब्रा० में ये विचार बार बार दोहराये गये हैं। प्राण के बिना आत्मा नहीं उसी प्रकार शिल्प के बिना मनुष्य का आत्मा नहीं। इसलिये प्रत्येक यज्ञ में शिल्प का शंसन अनिवार्य है। पृष्ठ्य या सामगायन की विधि में शिल्प है।

प्राणास्तानि शिल्पानि, पुरुषो वै यज्ञस्तस्य य ऊर्ध्वाः प्राणास्तत् प्रातः सवनमात्मा माध्यन्दिनो ये वाञ्चस्ते तृतीयं तानि शिल्पानि तस्मात् तृतीये सवने शिल्पानि क्रियन्त एतद्ध्येषाममायतनमथ।

(कौषी० ब्राह्मण २५।१२, शांखा०ब्रा० २५।१२)

आत्मा वै पृष्ठ्यानि प्राणाः, शिल्पानि न वाऽन्तरेणऽऽत्मानो एतन्नाना तस्मादग्निष्टोम एवापि विश्विजिति माध्यन्दिने शिल्पानि शस्यन्ते नेतत्प्राणेभ्य आत्मानमपाधानीत्ययो प्रजापतिर्वै विश्वजित् सर्वं वै प्रजापतिर्विश्वजितस्तस्मात् सर्वाणि पृष्ठ्यानि क्रियन्ते सर्वाणि शिल्पानि।

(कौषी० ब्राह्मण २५।१२, शांखा०ब्रा० २५।१२)

मन्त्र यज्ञ में अन्न हैं, तो शिल्प प्राण हैं –

न्यङ्खोऽन्नं प्राणाः शिल्पानि प्राणेष्वेव तत्प्राणं दधात्।

(कौषी० ब्रा० २५।१३, शांखा०ब्रा० २५।१३)

कौषी० ब्रा० दिक्काल को शिल्प में प्रतिष्ठित करता है। अन्तरिक्ष किस पर टिका हुआ है? यदि शिल्प न हो तो अन्तरिक्ष टिका नहीं रह सकता—

अथो अन्तरिक्षे वा एष मध्यमस्त्र्यहः, अनारम्भणं वा इदमन्तरिक्षं प्रतिष्ठानम्।
शिल्पेष्वेव तदहरहः प्रतितिष्ठन्तो यन्ति।

(कौषी०ब्रा० २९।५)

नृत्त गीत और वादित्र को कौषीतकि शिल्प कहता ही है, अन्यत्र ऋचाओं का साम के रूप में गायन भी शिल्प है। यही शिल्प यज्ञ है।

ऋक्सामयोः शिल्पे स्थिते वामारमे ते मा पातमास्य यज्ञस्य वृचः।
शर्मांसि शर्म मे यच्छ नमस्ते अस्तु मा हिंसीः।

(तै.सं. १.२.२.१, ऐतरेय ६.१.३, मैत्रा.सं. १।२।२, काठकसं. २।५)

वैदिक साहित्य में सौंदर्यशास्त्रीय शब्दावली

निरुक्त (६।११) ने पेश का अर्थ रूप किया है (पेश इति रूपनाम)। स्वयं ऋषियों ने भी पेश का सम्बन्ध रूप से माना है। पेश की क्रिया रूप को जन्म देती है - त्वष्टा के लिये कहा गया है (य इमे द्यावा पृथिवी जनित्री रूपैरपिंशद् भुवनानि विश्वा - ऋ० १०.३.९)

शिल्प से अनुषक्त अवधारणा रूप की है। रूप का आकृति के अर्थ में उल्लेख सर्वप्रथम ऋग्वेद में मिलता है (रूपं रूपं प्रतिरूपो बभूव - ऋ० ६।४७।१८, तथा इन्द्रो मायाभिः पुरुरूप ईयते - वही, ६।४७।१८)। एक रूप से अनेक रूप बन सकते हैं- यद्वै प्रतिरूपं तच्छिल्पम् (शतपथ १।५।८)।

ऐतरेय महीदास ने कवि को अनूचान के अर्थ में लिया है— (ये वा अनूचानास्ते कवयः – ऐतरेयब्रा०- २।६५, पृ० २१६)। काव्यरचना या कलासर्जना की प्रक्रिया में चेतना के वे तीन स्तर इंगित करते हैं - सरस्वती, इला तथा भारती। वाक् राष्ट्री या ईश्वरी है (वाग्वै राष्ट्री- वही, १।४, पृ० १२१)। वृत्तिकार षड्गुरुशिष्य ने यहाँ राष्ट्री का अर्थ ईश्वरी किया है। ये तीनों देवियाँ प्राणस्वरूपा हैं, इनके द्वारा यजमान त्वष्टा का यजन करता है। वस्तुतः वाक् ही त्वष्टा है। इस सम्पूर्ण जगत् को प्रकाशित करने के कारण इसे त्वष्टा कहा जाता है -

त्वष्टारं यजति। वाग्वै त्वष्टा। वाग्घीदं सर्वं ताष्टीव।। (ऐतरेयब्रा०- ४।६, पृ० २२८) षड्गुरुशिष्य ने ताष्टि का अर्थ 'प्रकाशयति' किया है। ऐतरेय प्रजापति की सृष्टिप्रक्रिया के रूपक के द्वारा भी कलासर्जना प्रक्रिया की ओर इंगित करते हैं। तदनुसार प्रजापति ने तप किया, और तप के द्वारा वाक् की प्राप्ति की। वाक् से उन्होंने समस्त जगत् को रचा- (ऐतरेब्रा० १।१०. पृ० ३६७-६८)।

सृष्टि के यज्ञ में सूक्तों या छन्दस् को पशु बना कर बलि स्वरूप अर्पित किया जाता है उसी से यजमान या सर्जक इसी लोक में स्वर्ग में प्रतिष्ठित होता है—

मिथुनानि सूक्तानि शस्यन्ते, त्रैष्टुभानि च जागतानि च, मिथुनं वै पशवः पशवश्छन्दांसि पशूनामवरुद्ध्यै।

(ऐतरेयब्रा० १८।७, भाग-२, पृ० ९५)।

ऐतरेय वाणी को समुद्र के समान बताते हैं, जिस तरह समुद्र कभी क्षीण नहीं होता, उसी तरह वाक् भी कभी क्षीण नहीं होती—

वाग्वै समुद्रः। न वै वाक् क्षीयते। न समुद्रः क्षीयते।

(ऐतरेयब्रा० २३।१, भाग-२, पृ० २२७)।

वृत्तिकार षड्गुरुशिष्य के अनुसार वै यहाँ इवार्थक है।

इस छन्दस् या वाक् में रस होता है। छन्दस् के रस का प्रतिपादन भी ऐतरेय ने इतिहास के आख्यान के माध्यम से किया है। छन्दस् में जो रस था, वह विगलित होने लगा, जिससे प्रजापति भयभीत हुए कि इस तरह तो छन्दस् का रस लोक से अतिक्रान्त हो जायेगा। तब उन्होंने छन्दस् के उस रस को नाराशंसी तथा गायत्री के द्वारा बाँध लिया।

छन्दसां वै षष्ठैनाह्नाप्तानां रसोऽत्यनेदत्। स प्रजापतिरबिभेत्। पराङ्यं छन्दसां रसो लोकानत्येष्यतीति। तं परस्ताच्छन्दोभिः पर्यगृह्णात्। नाराशंस्या गायत्र्याः। रैभ्या त्रिष्टुभः। पारिक्षित्या जगत्याः। कारव्यानुष्टपभः। तत् पुनः छन्दःसु रसमदधात्। सरसैर्हास्य छन्दोभिरिष्टं भवति। सरसैश्छन्दोभिर्यज्ञं तनुते य एवं वेद।

(ऐतरेयब्रा० ३०।६, भाग-३, पृ० १५५-५९)।

शिल्प तथा पेशस् दोनों शब्दों को विश्वम्भर शरण पाठक तथा मेयरहॉफर जैसे विद्वानों ने एक ही धातु पिश से व्युत्पन्न माना है। पेशस्, सुपेशस्, पिंश और पेशल शब्दों प्रयोग मनोहारी शिल्प रचना के अर्थ में ऋग्वेद तथा अन्यत्र किया गया है। पेश के कर्म के द्वारा सृष्टि स्थिर बनती है।

येभिः शिल्पैः प्रपथानामजृंहत्, येभिर्द्यायामध्यपिंशत्, प्रजापतिर्यैभिर्वाचं विश्वरूपां समव्ययत्, येभिरादित्यस्तपति प्रकेतुभिः, येभिः सूर्यो ददृशे चित्रभानुः।

(ताण्ड्य ब्रा० २।७।१५।३)

इन्द्र के अतिरिक्त त्वष्टा दूसरे देवता हैं, जो रूप की रचना करने में समर्थ हैं- त्वष्टा रूपाणि वै प्रभुः (ऋ० १।१८८।९) यह रूप सुपेशस् सुपिश हुआ करता है। पिंश धातु से बने इन शब्दों का प्रयोग रूप की मनोहारिता द्योतित करने के लिये किया गया है।

रूपैरपिंशत् - रूपों से सुशोभित किया (ऋ० १०।११०.९)

सायण ने इसका अर्थ किया है - रूपवत्यौ अकरोत् (पृथ्वी और आकाश को सुन्दर बनाया)।

निश्चर्मण गामपिंशत् – ऋ० १.११०.८) बिना चमड़े की गाय को सुशोभित बना दिया।

नक्षत्रेभिः द्यामपिंशत् - नक्षत्रों से आकाश को सजा दिया (ऋ० १०.६८.११)

पिशा इव सपिशः – (ऋ०१.६४.८)

पेशस् जरीदार कपड़ा भी हो सकता है। **चतुष्कपर्दा युवतिः सुपेशा** - (ऋ० १०.११४.३) में चार चोटियाँ गूँथे जरी के वस्त्र पहने युवती की छवि है। पर पेशस् शब्द सर्वत्र वस्त्र के अर्थ मे नहीं आता, सुन्दर बनावट वाली वस्तु के विशेषण के रूप में आता है। अतः घर के लिये कहा - **सुपेशसं अस्तम्** - घर की बनावट सुन्दर है। (ऋ० ५.३०.१३०)

मरुद्गणों के लिये कहा गया है - **सुसदृशः सुपेशसः -** एक जैसे दिखाई पड़ते हैं और सुन्दर रूप वाले हैं।

अधि पेशांसि वपते नृतूः (ऋ० १.९२.४) उषा सुन्दर वस्त्र धारण करती है।

वैदिक सौंदर्यशास्त्रीय पदावली में चित्र दूसरा शब्द है। यह सुन्दर के अर्थ में प्रयुक्त है। अग्नि के लिये कहा गया है - चित्रश्रवस्तमः। अग्नि के लिये ही फिर कहा है **चित्रो विभाति। रथं न चित्रम् -** वह रथ के समान सुन्दर है (ऋ० ३।२.५)।

सुन्दरतम के लिये चित्रतम शब्द का प्रयोग ऋषि करते हैं - **चित्रतमं वपुः** (ऋ० ४.२३.६)।

चित्र शब्द रचना के विशिष्ट विन्यास के द्वारा लाये जाने वे सौन्दर्य के लिये प्रयुक्त हुआ है। अच्छे घर के लिये कहा गया है - **परिष्कृतं देवमानेन चित्रम्** (ऋ० १०.१०७.१०) घर देवताओं के मन्दिर के समान सुन्दर है।

अन्य शब्द है चारु। रुद्र को चारुचित्र कहा गया है।

शुभ धातु से निर्मित शोभा जैसे पदों का भी ऋग्वेद में प्रयोग कलाकृति के लिये किया गया है— **गिर शुम्भन्ति अत्रयः।** मरुद्गण अलंकारों के कारण शोभायमान हैं— **शुभा शोभिष्ठाः** (७।५६।५०। **बभ्रू यामेषु शोभते -** इन्द्र के घोड़े अपने मार्गों पर शोभित हैं - ७।३२।२३)। रुच धातु से निर्मित शब्दावली भी रुचिकर अर्थ को व्यक्त करने लिये प्रयुक्त की गई है। **पविभिः रुचानः** - (७।६९।१)। **कविशस्तः सुदानुः रोचते** - (३।२९।७)। **राम्या उषसः अनु स इधान** - रमणीय उषा के पश्चात् वह अग्नि आदित्य की तरह प्रकाशित होता है।

श्री की अवधारणा समग्रता और वैभव को व्यक्त करती है। अग्नि शोभा को धारण करता है - **श्रियं वसानः** - (२।१०।१)। तथा - **विश्वाः श्रियः अधिदधे** - (२।८।५)

अलंकारों से देह जगमग करती है। मरुत्गण रुक्मवक्षसः हैं। २।३४।२)। **द्यावापृथिवी परिभूषति** - (८।२२।५०। अश्विनीद्वय का रथ धरती और आकाश को अलंकृत करता है।

धातुओं को घिस कर रगड़ कर चिकना बना कर आकृतियाँ बनाईं जाती थीं। इस लिये लोहे के पुर बनने की भी बात आती है- **अधृष्टा आयसीः पुरः कृणुध्वम्-** १०.१०१.८)।

वेदों में विज्ञान

वेदों में वैज्ञानिक दृष्टि तथा गणित, ज्योतिष, रसायन, आयुर्वेद आदि का विकसित रूप दिखाई देता है। यजुर्वेद की वाजसनेयि संहिता में दशन् (दस) की संख्या को आधार मान कर इसके परार्ध $१०^{१२}$ तक की गणना इस प्रकार की गई है –

एकम्

दशन्

शतम्

सहस्रम् (हजार)

अयुतम् (दस हजार)

नियुतम् (एक लाख)

प्रयुतम् (दस लाख)

अर्बुद (एक करोड़)

न्यर्बुद (दस करोड़)

समुद्र (एक अरब— सौ करोड़)

मध्य (एक हजार करोड़)

अंत (दस हजार करोड़)

परार्ध (एक लाख करोड़)[२६]

पंचविंश ब्राह्मण में यज्ञ के अवसर पर दी जाने वाली दक्षिणा में द्वादशमानम् हिरण्यम् की तौल को कई गुना करते हुए गणितीय गणना २४, ४८, ९६, १९२ तक ले जा कर 'द्वे अष्टविंशतिशतमाने' तक ले जाई गई है, (२×१२८×२४=६१४४) जिसे १२,२८८ तथा २४५७६ और अंत में ३९३२१६ तक विस्तारित किया गया है।

इसी प्रकार कालगणना की दृष्टि के दिन के चार प्रहर, १५ मुहूर्त की गणना वैदिक साहित्य में प्रतिपादित है। आपस्तंभ तथा बौधायन श्रौतसूत्रों में वर्ग तथा वर्ग मूल के अनेक सूत्र दे गये हैं, जैसे - $३^{२} + ४^{२} = ५^{२}$; $१२^{२} + २५^{२} = ३७^{२}$ आदि। ज्यामिति के सिद्धांतों में पाइथागोरस के प्रमेय का भी बहुत पहले प्रतिपादन इन ग्रंथों में किया जा चुका था।[२७]

अथर्ववेद के अनेक मंत्रों में रोगों के लक्षण तथा निदान की विधियों का संकेत है। रोगविशेष के निवारण के लिये औषधिविशेष की पहचान भी इस वेद में बताई गई है। औषधियों में लगने वाले कीड़ों की पहचान का भी संकेत अनेक मंत्रों में किया गया है।

वैदिक व्याख्या की परंपरा

जैसा ऊपर कहा गया है ब्राह्मण ग्रंथ वेदों के मंत्रभाग की व्याख्या के सर्वप्रथम ग्रंथ हैं। ब्राह्मण ग्रंथों में ही व्याख्या की दस प्रकार की विशिष्ट पद्धति अपनाई गई है, जिसका उल्लेख ऊपर किया गया है। ऋषियों ने मंत्रों में वाणी और अर्थ के साहचर्य माना था। परंतु कालांतर में मंत्रों का यज्ञ में विनियोग मात्र के लिये उपयोग होने लगा तो यह कहा जाने लगा कि मंत्रों का कोई अर्थ नहीं है। यास्क ने अपने निरुक्त में कौत्स के इस मत को पूर्वपक्ष के रूप में प्रतिपादित कर के उसका खंडन किया है। यास्क के अनुसार वेद के एक ही मंत्र की यज्ञार्थक, देवतात्मक, निरुक्तिपरक तथा प्रतीकात्मक व्याख्या संभव है।

वैदिक देवताओं को विविध प्राकृतिक शक्तियों या मनुष्य की आंतरिक शक्तियों के प्रतीक के रूप में पहचान कर तदनुसार मंत्रों के अर्थ करने की परंपरा प्राचीन काल से ही हमारे देश में प्रचलित रही है। उदाहरणार्थ इंद्र के विषय में निरुक्त के व्याख्याकार दुर्गाचार्य ने लिखा है—
इंद्र आत्मा, स येन ईयते लिङ्ग्यते अनुमीयते च अस्त्यसावात्मा कर्ता यस्येदं करणम्, नाकर्तृकं करणमस्ति तदिन्द्रियम्। [२८]

प्राचीनकाल से ही वेदों की व्याख्याएँ तरह तरह से की जाती रहीं हैं। ऋषियों की दृष्टि असीम है, वह अर्थ के विविध स्तर उन्मीलित करती है,इसलिये एक ही मंत्र के कई अर्थ हो जाते हैं। उदाहरण के लिये

चत्वारि शृङ्गा त्रयो अस्य पादा द्वे शीर्षे सप्त हस्तासो अस्य।
त्रिधा बद्धो वृषभो रोरवीति महो देवो मर्त्यां आ विवेश।।

(ऋ० ४.५८.३)

(उसके चार सींग, तीन पैर, दो सिर तथा सात हाथ हैं। वह तीन स्थानों पर बँधा है। ऐसा यह वृषभ नाद कर रहा है। वह महादेव है, जो मनुष्यों में समाया हुआ है।)

इस मंत्र की यास्क, पतंजलि, सायण आदि आचार्यों ने विविध व्याख्याओं का उल्लेख किया है। यास्क के मत से इस मंत्र में वृषभ के रूप में वर्णित महादेव यज्ञ है। चार वेद उसके चार सींग हैं, त्रैकालिक सवन उसके तीन चरण हैं, प्रायणीय तथा उदयनीय ये दो प्रकार की हवियाँ उसके दो मस्तक हैं, सात छंद उसके सात हाथ हैं, मंत्र, ब्राह्मण तथा कल्‌ इन तीन से यह त्रिधाबद्ध है। यजन के लिये यह महादेव मनुष्यों में प्रविष्ट है। सायणाचार्य ने इस महादेव को सूर्य मानते हुए व्याख्या की है। चारों दिशाएँ उसके चार सींग हैं, तीन वेद उसके तीन चरण तथा दिन और रात उसके दो मस्तक हैं। सात किरणें ही उसके सात हाथ हैं, पृथिवी, आकाश तथा अंचरिक्ष इनमें वह त्रिधा बद्ध है। पतंजलि की वैयाकरणिक व्याख्या के अनुसार शब्द ही यहाँ महादेव वृषभ है। नाम, आख्यात, उपसर्ग तथा निपात ये चार प्रकार के शब्द उसके चार सींग हैं, भूत, भविष्य तथा वर्तमान ये त्रिविध काल उसके त्रिविध बंधन हैं, नित्य व अनित्य द्विविध रूप उसके द्विविध मस्तक हैं, सात विभक्तियाँ उसके सात हाथ हैं। राजशेखर ने काव्यमीमांसा में इस मंत्र की काव्यपुरुष के वर्णन के रूप में व्याख्या कर दी है।

यास्क ने वेद मंत्रों की व्याख्यापद्धतियों के अनेक प्रकार प्रतिपादित किये हैं, जैसे ऐतिहासिक, याज्ञिक, पारिव्राजक, वैयाकरण, आधिदैवत, अध्यात्म, आख्यातसमय, नैदान तथा नैरुक्त।

वेद के भारतीय आधुनिक व्याख्याकारों में दयानंद, अरविंद, दामोदर सातवलेकर आदि के नाम स्मरणीय हैं। कपाली शास्त्री अरविंद के मत का अनुवर्तन करते हैं। मधुसूदन ओझा ब्राह्मण ग्रंथों के आधार पर वेदों की वैज्ञानिक व्याख्या करते हैं; गिरिधर शर्मा चतुर्वेदी, मोतीलाल शास्त्री तथा वासुदेवशरण अग्रवाल उनका अनुवर्तन करते हैं।

दयानंद सरस्वती वेद को अनादि तथा अपौरुषेय मानते हैं। उनके अनुसार वेद सर्वज्ञानमय तथा सर्वविद्यामय है। इसके चार कांड हैं – विज्ञान, कर्म, उपासना तथा ज्ञान।

दयानंद वेद को सत्य का प्रकाशक तथा परमात्मा का रचा हुआ मानते हैं। वे अग्नि, उषस्, मरुत् आदि देवों को जड पदार्थ मानने का विरोध करते हैं, तथा इन्हें भी परमात्मा के रूप मानते हैं। वेद के सारे मंत्र ही ईश्वरप्रतिपादक हैं, यद्यपि उनके याज्ञिक, आधिभौतिक या आध्यात्मिक अर्थ किये जाते रहे हैं। विज्ञान, ज्ञान, कर्म तथा उपासना – ये चार मंत्रों के विषय हैं। ऋग्वेदभाष्यभूमिका में अपनी व्याख्या पद्धति पर प्रकाश डालते हुए दयानंद कहते हैं – **यथात्र यस्य यस्य मन्त्रस्य पारमार्थिकव्यावहारिकयोर्द्वयोरर्थयोः श्लेषालङ्कारादिना सम्भवोऽस्ति, तस्य तस्य द्वौ द्वावर्थौ विधास्येते। परन्तु नैवेश्वरस्यैकस्मिन्नपि मन्त्रार्थेऽत्यन्तं त्यागो भवति। कुतः निमित्तकारणस्येश्वरस्यास्मिन् कार्ये जगति सर्वाङ्गव्याप्तिमत्त्वात्, कार्यस्येश्वरेण सहान्वयाच्च। यत्र खलु व्यावहारिकोऽर्थो भवति, तत्रापीश्वरानुकूलतयैव सर्वेषां पृथिव्यादिद्रव्याणां सम्भवाच्च। एवमेव पारमार्थिकेऽर्थे कृते तस्मिन् कार्यार्थसम्बन्धात् सोऽप्यर्थ आगच्छतीति। (ऋग्वेदादिभाष्यभूमिका, प्रतिज्ञाविषयः)**

यौगिक, रूढ़ और योगरूढ़ इन तीन प्रकार के शब्दों में दयानंद यास्क को प्रमाण मानते हुए यह मानते हैं कि वेद के मंत्रों में केवल यौगिक शब्द ही प्रयुक्त हैं।

अन्य व्याख्याकारों में सत्यव्रत सामश्रमी ने संस्कृत में विरचित अपने तीन ग्रंथों – त्रयीपरिचय, त्रयीटीका और ऐतरेयपर्यालोचनम् में सायण आदि की पारंपरिक व्याख्याओं की समीक्षा की है। वे त्रयी से आशय चारों वेदों से लेते हैं। बालगंगाधर तिलक के आर्यों के आदिदेश विषयक मत को भी उन्होंने अस्वीकार करते हुए इसे बालमत बताया है।

वेद की भारतीय तथा पाश्चात्त्य व्याख्यापद्धतियों में अंतर

आधुनिक काल में वेद की दो व्याख्यापद्धतियाँ तारतमिक रूप से विकसित हुईं हैं, एक भारतीय व्याख्यापद्धति है, दूसरी पाश्चात्त्य। दोनों में अंतर स्पष्ट है। पश्चिमी विद्वान् वेद की ऐतिहासिक तथा भाषावैज्ञानिक दृष्टि से मीमांसा करते हैं, जब कि भारतीय विद्वान् मूलत: वेदों को ऋषियों के द्वारा साक्षात्कृत मान कर एक ऐसी अक्षय निधि के रूप में देखते हैं। भारतीय संस्कृति और सभ्यता के उद्भव, निर्माण व विकास में अतिप्राचीन काल से आज तक अव्याहत और महती भूमिका रही है। पश्चिमी विद्वान् वेदमंत्रों के आधुनिक भाषाविज्ञान अथवा भारोपीय भाषाविज्ञान के आधार पर अर्थ खोजते हैं, भारतीय विद्वान् वेद में गूढ़ प्रतीकात्मक अभिप्रायों का संधान करते हैं। उदाहरणार्थ ऋग्वेद में दो स्थानों (७.२१.५ तथा १०.९९.३) 'शिश्नदेव:' इस पद का प्रयोग हुआ है। पाश्चात्त्य विद्वान् उसे उत्तरपदप्रधान तत्पुरुष समास मान कर शिश्नपूजक अर्थ करते हुए यह मानते हैं कि वैदिक काल में लिंगपूजा का प्रचलन था। सायण ने शिश्नदेव: का अर्थ ब्रह्मचर्य का पालन न करने वाला बताया है। इस दृष्टि से शिश्नदेव:

के उल्लेख के द्वारा ऋषि भोगवाद अथवा असंयत कामोपभोग की निंदा कर रहे हैं – यह कहा जा सकता है। इसी प्रकार ऋग्वेद के सूर्यासूक्त में -

सूर्याया वहतुः प्रागात्सविता यमवासृजत्
अघासु हन्यन्ते गावोऽर्जुन्योः पर्युह्यते।।

१०.०८५.१३

पश्चिमी विद्वान् गोवधपरक अर्थ करते हैं। भारतीय विद्वान् हन्यन्ते का अर्थ क्षीयन्ते लेते हैं। भारतीय दृष्टि वेद में आध्यात्मिक, प्रतीकात्मक तथा दार्शनिक अर्थ अधिक दखती है।

तथापि पश्चिमी विद्वानों की वैज्ञानिक दृष्टि का सर्वत्र अपलाप करना भी उचित नहीं है। जो भारतीय विद्वान् वेदों के प्रतीकात्मक गूढ़ या आध्यात्मिक अर्थ निकालते हैं, उनमें भी एकरूपता नहीं है। वैदिक देव तत्त्व की अलग अलग व्याख्याएँ की जाती रही हैं। सत्यभूषण योगी ने अग्नि को संकल्पशक्ति, इंद्र को जीवात्मा, मरुत् को इंद्रिय या प्राण, विष्णु को उन्नति भावना, सविता को अंत:प्रेरणा, बृहस्पति को बुद्धि, ब्रह्मणस्पति को दर्शन, वरुण को न्याय अथवा प्रेमभाव, सोम को दिव्यानंद, सूर्य को जीवात्मा, यम को संयम, उषा को आशा, अपां नपात् को भावात्मक मेधा तथा रुद्र को सर्वशक्तिमान् परमात्मा का प्रतीक माना है। अन्य विद्वान् अग्नि को ऊर्जा, इंद्र को जीवात्मा, सोम को प्राणतत्त्व मरुत् को प्राणशक्ति तथा सरस्वती को वाक् का प्रतीक मानते हैं।[२९] श्री अरविंद के मत से अग्नि दिव्य इच्छाशक्ति, इंद्र मन की अध्यक्षता करने वाली दिव्य शक्ति, विष्णु सर्वव्यापक परमात्मा या विश्वव्यापी देव, सविता वर्धयिता, रचयिता तथा पोषक देव, बृहस्पति जीवात्मा की शक्ति, वरुण परमात्मा की सर्वज्ञता व सर्वशक्तिमयता की अभिव्यक्ति, सूर्य स्रष्टा,अश्विनौ आध्यात्मिक आनंद के अध्यक्ष, वायु प्राणशक्ति के अधिपति, ऋभु अमरता के शिल्पी तथा भग आनंद के उपभोक्ता हैं।[३०]

उपसंहार

अतिप्राचीन काल से लगभग १००० ई०पू० के बीच रचे गये ऊपर वर्णित वैदिक साहित्य से समस्त संस्कृत साहित्य की आधारभूमि बनी तथा ज्ञान, विज्ञान की भारतीय परंपराओं का विकास हुआ। भारतीय संस्कृति की आधारशिला भी वेदों के द्वारा रखी गई। धर्म, दर्शन तथा चिंतन की परंपराओं के लिये भी वेद स्रोत बने रहे हैं। वेदों का गत तीन सहस्र वर्षों के हमारे विदित इतिहास में भारतीय मनीषा के एक बहुमूल्य स्रोत के रूप में उपयोग किया जाता रहा। वस्तुतः वेद विश्व संस्कृति की वेद अक्षय धरोहर हैं।

सन्दर्भ

१. विवरण के लिये द्र. पुरुषमेध – आध्यात्मिक आयाम, प्रो.मानसिंह, अ०भा. संस्कृत परिषद्, लखनऊ, २०१०, पृ० १-६

२. ऋग्वेद १०/८५/८, १०/११४/५, अथर्व. ४/३४/१, ५/२६/५, ६/१२४/१, ११/७/८ आदि।
३. वैदिक इंडैक्स, भा. १, पृ० २६६।
४. पश्चिमी एशिया और ऋग्वेद – रामविलास शर्मा,हिंदी माध्यम कार्यान्वयन निदेशालय, दिल्ली विश्वविद्यालय, १९९४
५. प्रज्ञालोक, अभिराज राजेंद्र मिश्र, पृ० ६१
६. Orion or Researches onto the Antiquity of the Vedas, Poona, 1893; The Arctic Home in the Vedas, Messrs. Tilak Brothers, Gaikwar Wada, Poona, 1925
७. व्याख्यां कृत्वाऽध्यापयन्मां श्रीस्कन्दस्वाम्यस्ति मे गुरुः। लक्ष्मण स्वरूप द्वारा निरुक्त (खंड २, १९८२, पृ० ५४) की भूमिका में उ०
८. शतपथब्रा० हरिस्वामीकृतभाष्य १.८.२; लक्ष्मण स्वरूप द्वारा निरुक्त (खंड २, १९८२, पृ० ५४) की भूमिका में उ०
९. वेदव्याख्यापद्धतयः, पृ० १६०
१०. महेशप्रसाद मौलवी का अथर्ववेद का फारसी अनुवाद शीर्षक लेख, गंगा पत्रिका २.१.पृ० ९४, वाचस्पति गैरोला द्वारा संस्कृतसाहित्य का इतिहास पृ० ६४ पर संदर्भित।
११. षोडश विश्वसंस्कृत सम्मेलन, बैंकाक में प्रस्तुत कोर्नीवा नतालिया का लेख।
१२. द्विजातयः सवर्णासु जनयन्त्यव्रतांस्तु यान्।
तान्सावित्रीपरिभ्रष्टान्व्रात्यानिति विनिर्दिशेत्।।
व्रात्यात्तु जायते विप्रात्पापात्मा भूर्जकण्टकः।
आवन्त्यवाटधानौ च पुष्पधः शैख एव च।।
झल्लो मल्लश्च राजन्याद्व्रात्यान्निच्छिविरेव च।
नटश्च करणश्चैव खसो द्रविड एव च।।
वैश्यात्तु जायते व्रात्यात्सुधन्वाचार्य एव च।
कारुषश्च विजन्मा च मैत्रः सात्वत एव च।। मनुस्मृति १०. २०-२३।।
सावित्रीपतिता व्रात्या व्रात्यस्तोमादृते क्रतोः।। याज्ञवल्क्यस्मृति १.३८
१३. तस्माद् देवाः प्राणाः (शतपथब्रा० ७.५.१.२१)
१४. तैत्तिरीयसंहिता ६.१.४.५
१५. वेदविज्ञानवीथिका, पृ० ७
१६. वेदविज्ञानवीथिका, पृ० १३
१७. विवरण के लिये द्र. भारतीय साहित्य का अध्ययन – बलदेव उपाध्याय, शारदा संस्थान, १९८५, पृ० ९६-९८
१८. परक्रिया तथा पुराकल्प इतिहास के भेद माने गये हैं। द्र. - अगला अध्याय।
१९. शुक्रशोणितसम्भवः पुत्रो मातापितृनिमित्तकः।
तस्य प्रदानविक्रयत्यागेषु मातापितरौ प्रभवतः।। वसिष्ठसं. अ० १४
२०. मभा. १.३३१.३, वेदव्याख्यापद्धतयः, शशि तिवारी, पृ० २५ पर उद्धृत
२१. वेदव्याख्यापद्धतयः, शशितिवारी, पृ० ३५-३६
२२. सुपर्णाध्याय रोमन लिपि में जर्मन विद्वान् वेबर के शिष्य एलिमर ग्रुबे (Elimar Grube) के द्वारा लैटिन में रचित भूमिका के साथ प्रकाशित किया गया। हर्तेल ने जर्मन भाषा में इसका अनुवाद किया

जो २३ वें खंड में प्रकाशित हुआ। गयाचरण त्रिपाठी ने न केवल इस महत्त्वपूर्ण वैदिक नाट्य या काव्य का देवनागरी संस्करण तैयार किया, उन्होंने इस पदपाठ तथा जयस्वामी के एक दुर्लभ भाष्य तथा हिंदी व अंग्रेजी अनुवाद के साथ पुन: संपादित कर के प्रकाशित कराया है।

२३. सं० गया चरण त्रिपाठी नागप्र० दिल्ली, २००५

२४. अथापीदमन्तरेण मन्त्रेष्वर्थो न विद्यतेऽर्थमप्रतियतो नात्यन्तं स्वरसंस्कारोद्देशस्तदिदं विद्यास्थानं व्याकरणस्य कात्स्न्यं स्वार्थसाधकं यदि मन्त्रार्थप्रत्ययायानर्थकं भवतीति कौत्सोऽनर्थका हि मन्त्रास्तदेतेनोपेक्षितव्यं नियतवाचोयुक्तयो नियतानुपूर्व्यां भवन्त्यथापि ब्राह्मणेन रूपसम्पन्ना विधीयन्ते। (निरुक्त, भाग-१, पृ० ८७)

२५. विष्णुधर्मोत्तरपुराण, तृतीय खंड ३/१-८

२६. Sarma, K.V.:Evolution of Physical Sciences in Ancient and Medieval India, p.11

२७. Sarma, K.V.:Evolution of Physical Sciences in Ancient and Medieval India, p.12

२८. वैदिकव्याख्यापद्धतयः, पृ० ११८ पर उद्धृत

२९. प्रो. शशि तिवारी, वैदिकव्याख्यापद्धतयः, पृ० ११७-१८

३०. वही, पृ० १२०

अध्याय- २

रामायण

लौकिक वाङ्मय का उदय : इतिहास, गाथा तथा नाराशंसी

वैदिक काल में रचे गये साहित्य का परिचय प्रथम अध्याय में दिया गया है। १००० ई०पू०के आसपास वैदिक काल अपने अंतिम चरण में पहुँच चुका था और गाथा, नाराशंसी, इतिहास, पुराण आदि के रूप में इसके समानांतर लौकिक वाङ्मय रचा जाने लगा था। ऋषियों के द्वारा जिन वेदमंत्रों का साक्षात्कार किया गया, वे परंपरा से इन ऋषियों के वंशजों या शिष्यों के पास ही रहे। दूसरी ओर गाथा, नाराशंसी और इतिहास-पुराण के रूप में विकसित वाङ्मय जनसामान्य तक पहुँचता गया। इस वाङ्मय की मूल परंपरा वेद के ही समान प्राचीन है।

'गाथा' शब्द का सर्वप्रथम प्रयोग ऋग्वेद में हुआ है, कण्व ऋषि इंद्र के विषय में स्वरचित गाथा का उल्लेख करते हैं।[१] ऋग्वेद में गाथाकार भृग्वंगिरस ऋषि का उल्लेख है। भृग्वंगिरस गोत्र के ऋषियों ने भी गाथाओं की रचना की थी। इन ऋषियों को तथा विश्वामित्र को भी गाथाकार या गाथिन् (गाथाओं की रचना करने वाला) कहा गया है। कुछ विद्वानों के अनुसार गाथिन् से ही गाधिन् बना है, जो विश्वामित्र के गोत्र की संज्ञा है। शतपथ ब्राह्मण तथा गोपथ ब्राह्मण के अनुसार गाथाओं का प्रतिदिन पाठ होता था, इनका पाठ उत्सव, विवाह आदि के अवसरों पर भी किया जाता था। सीमंतोन्नयन संस्कार के अवसर पर वीरों की गाथाएँ सुनायी जाती थीं। गाथागायन की परंपरा से ही इतिहासकाव्यों का जन्म हुआ। अथर्ववेद में गाथा, नाराशंसी, इतिहास और पुराण का वैदिक संहिताओं के साथ उल्लेख है। नराशंस् शब्द का भी प्रयोग ऋग्वेद में आया है (९.६.४२; १०.६४.३; २.३४.६)। इसी प्रकार आख्यान शब्द तथा आख्यानों का प्रयोग भी ऋग्वेद में मिलता है। निरुक्त तथा बृहद्देवता आदि ग्रंथों ने ऋग्वेद में प्राप्त आख्यानतत्त्व का विवेचन किया है। अथर्ववेद में चारों वेदों के साथ गाथा, नाराशंसी और इतिहास-पुराण का भी उल्लेख करते हुए बताया गया है कि इनका पठन पाठन आवश्यक है—

स बृहतीं दिशमनुव्यचलत्। तमितिहासः पुराणं च गाथाश्च नाराशंसीश्चानुव्यचलन्।
इतिहासस्य च वै गाथानां च नाराशंसीनां च प्रियं धाम भवति य एवं वेद।

(अथर्ववेद, १५.६.११)

बृहदारण्यक उपनिषद् में भी कहा गया है कि परम परुष के निःश्वास से चार वेद, इतिहास-पुराण आदि की उत्पत्ति हुई – **''अस्य महतो भूतस्य निःश्वसितमेतद् यद् ऋग्वेदो यजुर्वेदः सामवेदोऽथर्वाङ्गिरस इतिहासः पुराणं विद्या उपनिषदः श्लोकाः सूत्राण्यनुव्याख्यानानि व्याख्यानान्यस्यैवेतानि सर्वाणि निःश्वसितानि।''**[२]

ब्राह्मण ग्रंथों में शतपथ, जैमिनीय तथा बृहदारण्यक में भी इतिहास का उल्लेख है। इतिहास और पुराण इन दोनों को वेद के समकक्ष माना गया। यहीं नहीं, कहीं कहीं तो इन्हें वेद भी कहा गया। शांखायन श्रौतसूत्र में इतिहास और पुराण को पृथक् पृथक् वेद की संज्ञा दी गयी है। गोपथ ब्राह्मण में भी इतिहासवेद और पुराणवेद इन संज्ञाओं का प्रयोग है। गाथा और नाराशंसी ये दोनों प्रकार के काव्य मूलतः प्रशस्तिपरक काव्य रहे हैं। वेदों में देवताओं की स्तुतियों के अतिरिक्त उस समय के उदार और दानी राजाओं की प्रशस्तियाँ भी हैं। इनमें नर या मनुष्य की प्रशंसा रहती थी, इसलिये इन्हें नाराशंसी कहा गया। गाथा और नाराशंसी दोनों की रचना ऋग्वेद के काल में होने लगी थी। गाथा अपने आप में पूर्ण एक स्वतंत्र मुक्तक है। इसमें भी किसी प्राचीन वीर की प्रशंसा मिलती है। इसीप्रकार नराशंस शब्द ऋग्वेद में आया है। ब्राह्मण ग्रंथों में प्राचीन वीर राजाओं के विषय में अनेक गाथाएँ उद्धृत मिलती हैं। इनमें किसी ऐतिहासिक चरित्र के जीवन की विशेष घटना का भी उल्लेख हुआ है। महाभारत में तो प्राचीन काल के उशना जैसे कवियों की रची हुई अनेक गाथाएँ उद्धृत हैं। ये गाथाएँ सुभाषित या सूक्ति के रूप में हैं।

रामायण में भी बताया गया है कि दशरथ के महल में गाथाएँ गाईं जाती थीं —

व्याहृताः पुण्यशब्दाश्च वीणानां चापि निःस्वनाः।
आशीर्गेयं च गाथानां पूरयामास वेश्म तत्।।

अयोध्या ६५.६

काव्यरचना की पृष्ठभूमि

वैदिकयुग में छन्दस् अथवा छन्दःशास्त्र अध्ययन का एक प्रमुख विषय था। इसे छः वेदाङ्गों में एक माना गया। शिष्यों को छन्दःशास्त्र के सिद्धांतों से परिचित कराया जाता तथा उन्हें काव्यरचना के लिये प्रोत्साहित किया जाता था। पुराने कवियों के रचे सूक्तों को समझने और उनकी समीक्षा करने की चेष्टा की जाती थी, और उनके अनुकरण पर नयी काव्यरचना भी होती थी। उदीयमान कवि पुराने कवियों से अच्छी रचना लिखने की महत्त्वाकांक्षा रखते थे। उस समय कवियों के अनेक स्तर स्वीकृत किये गये थे, जिनके आधार पर हम उस समय की कविता की विविधता तथा विविध प्रवृत्तियों को समझ सकते है।

ऋग्वेद के इन्द्रसूक्तों में जहाँ ओजस्वी भाषा में गरिमामय आख्यानों के द्वारा महाकाव्य के प्रारम्भिक रूप का दर्शन मिलता है, वहाँ उषस् सूक्तों में सुकुमार तथा शृंगारमय कल्पनाओं का

विलास थी। इनके साथ ही काव्य- विषयक चिन्तन का भी सूत्रपात वैदिकयुग में हो चुका था। काव्य का जन्म कहाँ से कैसे होता है, तथा किन तत्त्वों व उपादानों से वह हृदयावर्जक बनता है— इन प्रश्नों को वेद के रचनाकारों ने ही उठाया है, तथा उन पर विचार भी किया है। काव्य में अलंकार की व्यापकता के साथ उसकी मूल अवधारणा भी इस समय सामने आ चुकी थी। इस पृष्ठभूमि में रामायण के रचनाकार के सामने रस, छन्द, अलंकार आदि की सुस्पष्ट अवधारणा थी तथा उसकी रचनात्मक प्रवृत्तियाँ वैदिक युग की उपर्युक्त पृष्ठभूमि से प्रभावित भी हुईं।

वाल्मीकि के सामने वेद के काव्य के अतिरिक्त जनता में मौखिक रूप में प्रचलित गाथा, नाराशंसी, इतिहास, पुराण आदि की भी विपुल सामग्री विद्यमान थी। महाभारत की रचना का उपक्रम रामायण के पूर्व ही हो चुका होगा। महाभारत में उस समय प्रचलित विभिन्न कथाओं आख्यान-उपाख्यानों आदि का तो संकलन किया ही गया, उत्कृष्ट काव्यत्व से संवलित स्थलों का भी ग्रन्थ में अभाव नहीं है। इस प्रकार रामायणकार के समक्ष इतिहास-पुराण के प्राचीन अंशों, पुरातन कथाओं, आख्यानों तथा उपाख्यानों का समृद्ध भाण्डार तो था ही, उत्कृष्ट काव्य के अनेक उदाहरण भी उनके सामने थे। ऐसी भूमिका में रामायण जैसे सुन्दर काव्य की रचना होना स्वाभाविक ही था। पर वाल्मीकि को आदिकवि तथा रामायण को संस्कृतकाव्यपरंपरा में आदिकाव्य कहा गया है, क्योंकि वाल्मीकि लौकिक काव्य परंपरा के प्रवर्तक हैं। उनके पूर्व की काव्यपरंपरा छांदस काव्य की है। छांदस या वैदिक काव्य के छंदों को लौकिक स्वरूप देते हुए पहली बार वाल्मीकि ने एक बृहत्काव्य की रचना की, जिनमें छंद का नवीन रूप प्रकट हुआ। वैदिक अनुष्टुप् के समानांतर वाल्मीकि ने जो अनुष्टुप् रचा, उसे वक्त्र कोटि में रखा जाता है (रामायण, १.२.१७)। भवभूति ने इसी दृष्टि से वाल्मीकि रामायण के विषय में कहा है — **आम्नायादन्यत्र नूतनश्छन्दसामवतारः।**

सांस्कृतिक पृष्ठभूमि

वाल्मीकि के समय तक प्रमुख धर्मशास्त्रों की रचना हो चुकी थी, तथा आन्वीक्षिकी जैसे तर्क प्रधान दर्शन का प्रादुर्भाव भी हो गया था। विविध विचारधाराओं में पारस्परिक द्वन्द्व इस युग में उभर रहा था। एक ओर तो थी सनातन धर्म के प्रति आस्था और यथास्थितिवादी दृष्टि, दूसरी ओर उस पर प्रहार कर रहे थे लोकायतिकों तथा आन्वीक्षिकी का चिंतन करने वाले दार्शनिकों के तर्क और वाद-विवाद। चित्रकूट में राम भरत से पूछते है —

कच्चिन्न लोकायतिकान् ब्राह्मणांस्तत सेवते।
अनर्थकुशला ह्येते बालाः पण्डितमानिनः।।
धर्मशास्त्रेषु मुख्येषु विद्यमानेषु दुर्बुधाः।
बुद्धिमान्विक्षिकीं प्राप्य निरर्थं प्रवदन्ति ते।।

रामा. २।८४।३२-३३

(हे तात, कहीं तुम लोकायतिक ब्राह्मणों के बहकावे में तो नहीं आ जाते? अपने को पण्डित समझने वाले ये लोग अनर्थ की सृष्टि करने में कुशल होते हैं। प्रमुख धर्मशास्त्रों के होते हुए भी ये दुर्बुध लोग आन्वीक्षिकी बुद्धि का आश्रय पा कर निरर्थक बातें कहते रहते हैं।)

यह बात भी ध्यान में रखने की है कि दोनों ही पक्षों का नेतृत्व करने वाले ब्राह्मण लोग थे। जो समाज के मस्तिष्क माने जाते थे। वेद, सनातन धर्म तथा परम्परा के समर्थक भी ब्राह्मण ही थे, और न्याय तथा लोकायत का आश्रय लेकर तर्क के सहारे समस्त परम्परा की जाँच करने वाले भी ब्राह्मण ही माने जाते थे। अत: यह वैचारिक द्वन्द्व की स्थिति बुद्धिजीवी वर्ग के बीच थी।

लोकायितों के विरोधी वेदपाठी ब्राह्मणों को क्षत्रियसत्ता का सहारा था। राम को मर्यादा तथा वैदिक परम्परा का पक्षधर जान कर वे वनवास के समय उनका अनुगमन करते हुए कहते हैः—

ब्राह्मण्यं कृत्स्नमेतत् त्वां ब्राह्मण्यनुगच्छति।
द्विजस्कन्धाधिरूढास्त्वामग्नयोऽप्यनुयान्त्यमी।।
वाजपेयसमुत्थानि छत्राण्येतानि पश्य नः।
पृष्ठतोऽनुप्रयातानि हंसानीव जलात्यये।।
अनवाप्तातपत्रस्य रश्मिसन्तापितस्य ते।
एभिश्छायां करिष्यामः स्वच्छत्रैर्वाजपेयकैः।।
या हि नः सततं बुद्धिर्वेदमन्त्रानुसारिणी।
त्वत्कृते सा कृता वत्स वनवासानुसारिणी।।

राम. २.४०.१२२

(ब्राह्मणों का यह सारा समाज तुम्हारे पीछे आ रहा है। द्विजों के स्कन्ध पर विराजमान यज्ञ की ये अग्नियाँ भी तुम्हारे साथ आ रही हैं। वाजपेय से उत्थित हमारे ये छत्र देखो, जो वर्षा के चले जाने पर उसके पीछे जाने वाले हंसों के समान तुम्हारे पीछे आ रहे हैं। जंगल में धूप से तुम्हारे सन्तप्त होने पर हम इन वाजपेय छत्रों से तुम पर छाया करेंगे। निरंन्तर वेदमन्त्रों का अनुसरण करने वाली अपनी बुद्धि को हमने अब तुम्हारे कारण वनवासानुसारिणी बना लिया है।) ऐसे ब्राह्मणों का सम्मान समाज इसलिये करता था कि वे वेद की पवित्र धरोहर की रक्षा इस प्रकार करते थे कि जिस प्रकार सद्गृहस्थ अपनी पत्नी कीः—

हृदयेष्ववतिष्ठन्ते वेदा ये नः परं धनम्।
वसन्त्यपि गृहष्वेव दाराश्चारित्ररक्षिताः।।

२.४०.२३

इस प्रकार रामायणकाल में एक ओर तो मर्यादा, सनातन धर्म तथा प्रचलित पद्धति के पक्षधरों का लोकयतिकों तथा तार्किकों से द्वन्द्व चला आ रहा था, दूसरी ओर क्षत्रिय संस्था का अहिंसावादियों से भी वैचारिक संघर्ष था। बौद्ध तथा जैन धर्मों के उदय के पूर्व भी अहिंसा

व्यापक जीवनमूल्य के रूप में विचारकों के एक वर्ग में स्वीकारी गयी थी। पर जीवन में सर्वत्र उसे आरोपित किया जाना व्यवहार के स्तर पर ग्राह्य नहीं हो सकता। इसलिये हिंसा-अहिंसा को लेकर जो द्वन्द्व युग के मानस में था, उसकी छाया रामायणकार में मिलती है। वनवास के समय सीता द्वारा राम के प्रति कहे गये एक संवाद में इसकी झलक मिलती है। शास्त्रधारण को भी अनुचित मानने वाले अहिंसावादियों का पक्ष लेती हुई सीता कहती हैं - 'काम से उत्पन्न व्यसन से निवृत्त व्यक्ति ही धर्म को पा सकता है, तथा काम से होने वाले तीन ही व्यसन है— मिथ्यावचन, परस्त्रीगमन तथा शत्रुता की भावना। प्रथम दो की तो आप में कोई सम्भावना है ही नहीं, तीसरा दूसरे प्राणियों की हिंसा करने का व्यसन आपमें सम्भव हो सकता है। मैं स्नेह तथा सम्मान की भाव से आपको मात्र स्मरण दिलाती हूँ, शिक्षा नहीं देती कि आप धनुष धारण करके विना वैर दण्डारण्य के राक्षसों का वध करने का विचार न करें। कहाँ शस्त्रधारण तथा कहाँ वनवास? यह परस्पर विरोधी है, अतः आप तो (वनवास के) देशधर्म का पालन करें। शस्त्र के तो साहचर्य से ही कलुषित बुद्धि उत्पन्न होती है।' (रामा. ३।८।२।२४)

इसके आगे सीता ने एक मुनि का दृष्टान्त भी दिया है, जो इन्द्र के द्वारा धरोहर के रूप में अपने पास रखे गये शस्त्र की रक्षा करते रहने के कारण ही कलुषित बुद्धि वाला हो गया था और नरक में गया। इस प्रकार अहिंसावादियों की यह संप्रदायगत धारणा थी कि शस्त्र का स्पर्श भी दूषित करने वाला है। राम ने सीता के मत का दृढ़तापूर्वक खण्डन करते हुए कहा—

क्षत्रियैर्धार्यते चापो नार्तशब्दो भवेदिति।

रामा. ३.९.३

राम और सीता का यह संवाद हिंसा- अहिंसा के प्रश्न को लेकर भी था। एक ओर संसार तथा उसके सारे सम्बन्धों को अंगीकार करने वाली तथा दूसरी ओर संसार से विरक्ति प्रदर्शित करने वाली और मिथ्या कहने वाली ये दोनों प्रकार की विचारधाराएँ उस युग में पनप रही थीं। प्रवृत्तिमूलक विचार-धारा कर्मकाण्डपरक थी, जिसका विरोध निवृत्तिमूलक परम्परा में बौद्ध और जैन धर्मों ने लिया। रामायण के एक प्रक्षिप्त अंश में राम गौतम बुद्ध को उनकी इस विचारधारा के लिये चोर और नास्तिक बतलाते हैं।

यथा हि चौरः स यथा हि बुद्धस्तथागतं नास्तिकमत्र विद्धि।
तस्माद्धि यः शक्यतमः प्रजानां स नास्तिकेनाभिमुखो बुधः स्यात्।।

—२.१००

रामायण के अन्त्येष्टिकाल तक बौद्ध तथा वैदिकधर्म का पारस्परिक द्वन्द्व मुखर रूप में उभर आया था, पर उसकी परम्परा बहुत पुरानी थी। कर्मकाण्ड और औपनिषदिक चिन्तन, प्रवृत्तिमूलक विचार तथा निवृत्तिपरक दर्शन इनका द्वन्द्व पहले से चला आ रहा था। चित्रकूट में जाबालि तथा राम के संवाद में इसकी छाया मिलती है। वाल्मीकि ने इन विकल्पों के बीच राह बनाते हुए उत्साह और उद्यम का पक्ष लिया।

अनिर्वेदः श्रियो मूलमनिर्वेदः परं सुखम्।
अनिर्वेदो हि सततं सर्वथेषु प्रवर्तकः।।

—५।१०।१०।

रामायणकार समाज में फैलते निर्वेद के मोहजाल को छिन्न-भिन्न कर जीवन के प्रति संलग्नता चाहते हैं। सीतान्वेषण के समय हनुमान् के मन में चलने वाले तर्क-वितर्क के द्वारा उन्होंने यह सम्यक् स्पष्ट किया है। हनुमान् के मन में जीवन को अग्राह्य मान कर निवृत्ति में आश्रय खोजने का विचार बार-बार टकराता है, और हर बार वे उसे परास्त कर जूझने का विकल्प दुहराते है। अपने युग के संशयों तथा जीवन की दु:खमयता के विचारों को पूर्वपक्ष के रूप में उठाते हुए वाल्मीकि हनुमान् को जटिल ऊहापोह के माध्यम से अन्ततः यही दिखाते हैं कि जीवन एक वरेण्य हेतु है, हेय नहीं। सीतान्वेषण के समय टूटी हुई निराशाग्रस्त मन:स्थिति में हनुमान् के मन में एक विचार यह भी आता है—

हस्तादानो मुखादानो नियतो वृक्षमूलिकः।
वानप्रस्थो भविष्यामि अदृष्ट्वा जनकात्मजाम्।।
सागरनूपजे देशे बहुमूलफलोदके।
चितिं कृत्वा प्रवेक्ष्यामि समिद्धमरणीसुतम्।।
उपविष्टस्य वा सम्यग् लिंगिनं साधयिष्यतः।
शरीरं भक्षयिष्यन्ति वायसाः श्वपदानि च।।
इदमप्यृषिभिर्दृष्टं निर्याणमिति मे मतिः।
सम्यगापः प्रवेक्ष्यामि न चेत् पश्यामि जानकीम्।।

रामा. ५.११.४०-४३

(जो हाथ में आ जाय, या मुख में आ जाय उसी से निर्वाह करने वाला तथा पेड़ के नीचे निवास करने वाला वानप्रस्थ बन जाऊँगा अथवा चिता बना कर अग्नि में प्रवेश कर जाऊँगा— अथवा प्रायोपवेश व्रत लेकर बैठे हुए मेरे शरीर को कौए या जंगली जानवर खा लें... ऋषियों ने जीवन से मुक्ति पाने का यह भी मार्ग निर्दिष्ट किया ही है.... अथवा मैं सीता को नहीं देख सका तो जल-समाधि ले लूँगा।)

इस पृष्ठभूमि में रामायण में निवृत्तिपरक विचारधाराओं का प्रत्याख्यन कर के गृहस्थाश्रम तथा प्रवृत्तिमूलक धर्म की प्रतिष्ठा की गई।

रामायण की संज्ञाएँ

भारतीय परंपरा में रामायण तथा महाभारत इन दोनों ग्रंथों को इतिहास, आख्यान, विकसनशील महाकाव्य, उपजीव्य काव्य, आर्ष काव्य भी कहा गया है।

इतिहास - इतिहास से आशय है— जो होता आया है, और होता रह सकता है, उसका

निरूपण। वाल्मीकि की रामायण तथा व्यास के महाभारत से हम वह सब जानते है, जो इस देश में होता आया है और होता रह सकता है, इसलिये इन दोनों ग्रंथों को इतिहास कहा गया है। वात्स्यायन ने अपने न्यायसूत्र में इतिहास और पुराण का विषय लोकवृत्त माना है अर्थात् इतिहास और पुराण इस संसार का वर्णन करते हैं—

यज्ञो मन्त्रब्राह्मणस्य, लोकवृत्तमितिहासपुराणस्य, लोकव्यवहारव्यवस्थापनं धर्मशास्त्रस्य विषयः।

(न्यायभाष्य, ४.१.६१)

राजशेखर ने काव्यमीमांसा में इतिहास दो प्रकार का बताया है— परक्रिया और पुराकल्प। परक्रिया में एक नायक होता है, पुराकल्प में अनेक। पहले का उदाहरण राजशेखर के अनुसार रामायण है, दूसरे का महाभारत।[३]

विकसनशील महाकाव्य- आधुनिक अध्येताओं ने रामायण और महाभारत को विकसनशील महाकाव्य (ग्रोइंग एपिक्स) कहा है। विकसशील महाकाव्य से आशय है ऐसे महाकाव्य जिनका कलेवर लंबे समय तक वाचिक परंपरा में प्रचलित रहने के कारण बढ़ता गया हो। ये दोनों महाकाव्य कई शताब्दियों तक सूतों, कुशीलवों या ग्रंथिकों के द्वारा वाचिक परंपरा में पाठ अथवा गायन करते हुए जनसमाज के आगे सुनाये जाते रहे। यह संभव है कि इन सूतों या कुशी-लवों ने इनमें बीच बीच में कुछ लोकप्रिय प्रसंग या आख्यान अपनी ओर से भी जोड़ दिये हों।

वाल्मीकि की रामायण की तुलना में व्यास के महाभारत का कलेवर बहुत बड़ा है। इसे हम विश्वसाहित्य का सबसे बड़ा महाकाव्य भी कह सकते हैं। इसमें मूलकथा के साथ अन्यान्य आख्यान, उपाख्यान व कथाएँ अधिक संख्या में जुड़ी हुई हैं।

उपजीव्य काव्य - रामायण और महाभारत को उपजीव्य काव्य भी कहा गया है। उपजीव्य काव्य से आशय ऐसी कृति से है, जिससे दीर्घ काल तक परवर्ती साहित्यकार प्रेरणा पाते रहें।[४] वाल्मीकि रामायण तथा व्यासकृत महाभारत ने केवल संस्कृत साहित्य को ही नहीं, समग्र भारतीय साहित्य को कई शताब्दियों तक अनुप्राणित किया है। संस्कृत ही नहीं, तमिल, तेलगु, कन्नड़, मलयालम् आदि दक्षिण की भाषाओं, हिंदी मराठी, गुजराती आदि अन्य भाषाओं में लिखे जाने वाले साहित्य पर सुदीर्घ काल तक रचनाशैली या विषयवस्तु की दृष्टि से इन दोनों रचनाओं का प्रभाव पड़ता रहा।

महाभारत में तो कहा ही गया है कि यह आख्यान (महाभारत) सारे कवियों के लिये उपजीव्य होगा, तथा इसके लोग विभिन्न प्रकार से कहते या लिखते रहेगें—

इदं कविवरैः सर्वैराख्यानमुपजीव्यते।
उदयप्रेप्सुभिर्भृत्यैरभिजात इवेश्वरः।।

आर्ष काव्य - आचार्य विश्वनाथ ने अपने साहित्य दर्पण में रामायण तथा महाभारत दोनों को आर्ष काव्य के रूप में परिभाषित किया है। ऋषि के द्वारा प्रणीत काव्य आर्ष काव्य है। ऋषि द्रष्टा होता है। वह भूत, भविष्य और वर्तमान की सारी घटनाओं को अपनी प्रतिभा से हस्तामलकवत् देख सकता है।

वाल्मीकि ने अपनी रचना को रामायण के अतिरिक्त काव्य, गीत, आख्यान तथा संहिता—इन चार नामों से भी वर्णित किया है।

भोज ने कांडों में निबद्ध होने के कारण रामायण की काव्यविधा को कांडबंध के रूप में परिभाषित किया है –

यत्रेतिहासमखिलं यथास्थितं चैकमेव भाषन्ते।
ऋषयस्स काण्डबन्धो रामायणसन्निभो भवति।।

रामायण की उपजीव्यता

संस्कृत का कोई भी ऐसा महाकवि नहीं है, जिसपर किसी न किसी रूप में रामायण का प्रभाव न हो। कालिदास का रघुवंश महाकाव्य वाल्मीकिरामायण की आधारभूमि पर निर्मित है। मेघदूत की अनेक मनोहर कल्पनाओं के मूल में वाल्मीकि रामायण है। दूसरी ओर कालिदास का अभिज्ञानशाकुंतल महाभारत के शकुंतलोपाख्यान पर आधारित है। भास के प्रतिमा और अभिषेक, दिङ्नाग की कुंदमाला, भवभूति के महावीरचरित तथा उत्तररामचरित, मुरारि का अनर्घराघव, शक्तिभद्र का आश्चर्यचूडामणि, राजशेखर का बालरामायण, विरूपाक्ष का उन्मत्तराघव, वामनभट्टबाण का रघुनाथचरित, जयदेव का प्रसन्नराघव, राजचूडामणि दीक्षित का आनंदराघव आदि नाटक रामायण की कथा को प्रस्तुत करते हैं। महाकवि प्रवरसेन का प्राकृत भाषा में लिखा महाकाव्य सेतुबंध, कुमारदास का महाकाव्य जानकीहरण, भट्टि का महाकाव्य, आदि अनेक महत्त्वपूर्ण महाकाव्य या नाटक रामायण से प्रेरित हैं। चंपू काव्यों में भोज का रामायणचंपू, वेंकटाध्वरि का उत्तरचंपू आदि चंपूकाव्य भी रामायण पर ही आधारित हैं। ग्यारहवीं शताब्दी में महाकवि क्षेमंद्र ने अपनी रामायणमंजरी तथा भारतमंजरी में रामायण और महाभारत का सार प्रस्तुत किया।

वास्तव में तो रामकथा या महाभारतकथा को लेकर जितना साहित्य भारत में लिखा गया, केवल उस के लिये तो ये दोनों ग्रंथ मूल स्रोत हैं हीं, संस्कृत में जितना भी काव्य साहित्य रचा गया है, अधिकांशतः उसका भी प्रकारांतर से मूल स्रोत रामायण और महाभारत ये दो महनीय ग्रंथ रहे हैं, क्योंकि वैदिक छंदों के पश्चात् लौकिक छंदों का स्वरूप इन्हीं दोनों में स्पष्ट सामने आया, महाकाव्य या सर्गबंध की अवधारणा भी इन्हीं में प्रकट हुई, तथा रस और अलंकार के मानदंड भी इनसे स्थापित हुए।

तमिल भाषा में वाल्मीकि रामायण से प्रेरणा लेकर कम्बन् रामायण की रचना हुई। कम्बन्

रामायण साढ़े दस हजार पद्यों का एक विशाल ग्रंथ है। यह छ: खंडों में विभाजित है।

१५वीं शताब्दी में कवि मोल्ला ने मोल्लरामायणु नाम से वाल्मीकि रामायण का स्वतन्त्र और संक्षिप्त रूपांतर तेलगु में प्रस्तुत किया। नेपाली भाषा में आदिकवि भानुभक्त (जन्म १९१४ ई०)की वाल्मीकि रामायण पर आधारित रचना सात काण्डों में रामायण अपनी मौलिकता के कारण जानी जाती है। बंगला भाषा में पन्द्रहवीं शताब्दी में कृत्तिवास ओझा ने कृत्तिवास रामायण की रचना की। निराला के सुप्रसिद्ध काव्य राम की शक्तिपूजा पर इसका प्रभाव पड़ा है। कृत्तिवास ने अपनी रामायण को बंगला भाषा और उसके परिवेश में ढाल कर अनूठा रूप दिया है। मलयालम भाषा के उपलब्ध काव्यों में सबसे प्राचीन रचना रामचरितम् है। इसका रचनाकाल बारहवीं-तेरहवीं शताब्दी के आसपास है। इसके रचयिता चीरामन है। रामचरितम् के बाद मलयालम साहित्य में रामायण पर आधारित काव्यों में रामकथापाट्टु का महत्त्वपूर्ण स्थान है। मलयालम् में तुंचत्तु रामानुजन् एषुत्तच्छन् युगप्रवर्तक साहित्यकार हैं। इनकी दो कृतियाँ अध्यात्मक रामायणम् और महाभारतम् इनकी अजर अमर कीर्ति के स्तम्भ हैं।

उड़िया भाषा में पंद्रहवीं शताब्दी के कवि अर्जुनदास का रामविभा कालजयी रचना का अच्छा नमूना है। परन्तु उड़िया में रामायण और महाभारत को आधार बना कर महान् रचनाएँ प्रस्तुत करने वाले श्रेष्ठ कालजयी रचनाकार सारलादास हैं। इनका समय भी पंद्रहवीं शताब्दी है। विलंका रामायण सारलादास की कृति है।

भारतीय काव्यशास्त्र की आधारशिला भी रामायण तथा महाभारत के द्वारा ही निर्मित हुई है। आचार्य आनंदवर्धन तो स्पष्ट घोषणा करते हैं कि उन्होंने ध्वनिसिद्धांत की सारी परिकल्पना वाल्मीकि और व्यास जैसे महान् कवियों के अभिप्रायों के अनुसार की है—

वाल्मीकिव्यासमुख्याश्च ये प्रख्याताः कवीश्वराः।
तदभिप्रायबाह्योऽयं नास्माभिर्दर्शितो नयः।।

ध्वन्यालोक, ३.१९

विमलसूरि के पउमचरिउ तथा पद्मपुराण आदि जैन ग्रंथों में रामायण की कथा भिन्न रूप में प्रतिपादित है। राम की आठ हजार तथा लक्ष्मण की सोलह हजार पत्नियों का वर्णन है। रावण का वध राम के द्वारा न होकर यहाँ लक्ष्मण के द्वारा हुआ है। लक्ष्मण की मृत्यु के अनंतर राम जैनधर्म के अनुसार श्रावकाचार स्वीकार कर लेते हैं, लक्ष्मण जैनमत स्वीकार नहीं करते अत: उन्हें नरक में जाना पड़ता है। रावण को भी नरकवास भोगना पड़ता है, जब कि सीता आर्यिका हो जाती है और इसलिये स्वर्ग में निवास का सुख भोगती हैं। विमलसूरि ने अपनी कथा को ही मूल व प्रथम रामायण बताते हुए वाल्मीकि का प्रच्छन्न उपहास किया है। उनके अनुयायी जैन रामायणकारों की भी न वाल्मीकि में आस्था है, न वाल्मीकिरामायण के अतिप्राकृत वर्णनों अथवा दिव्यतत्त्व में। जैन परंपरा में रामायण की कहानी को यथार्थ का धरातल प्रदान करते हुए उसमें निवृत्तिपरकता का भी आधान किया गया।

रामकथा पर आधारित हिंदी के प्रबंधों में राष्ट्रकवि मैथिलीशरण गुप्त का साकेत महाकाव्य और पंचवटी खण्डकाव्य काव्यतत्त्व, वाल्मीकिरामायण का अनुवर्तन तथा चरित्रचित्रण की कल्पनाशीलता के कारण उल्लेख्य हैं। साकेत महाकाव्य में बारह सर्गों में संपूर्ण रामायण की कथा ही समाहित है,परंतु जिस प्रकार भास के प्रतिमा नाटक में घटनाचक्र को भरत के आसपास केंद्रित कर दिया गया है, उसी प्रकार साकेत में लक्ष्मण की पत्नी ऊर्मिला को केंद्र में रख कर कथा कही गई है। चतुर्थ सर्ग में क्षत्रियाणी सुमित्रा की तेजस्विता, अष्टम सर्ग में चित्रकूट सभा में कैकेयी का अनुताप, निसर्गरमणीय वनप्रान्त में सीता का आनंदानुभव, वन्यजातीय नारियों के जागरण के लिये सीता का उन्हें तकली चलाना सिखाना इत्यादि वृत्तांत नवीन हैं। पंचम सर्ग में ऊर्मिला के शोक को मार्मिक अभिव्यक्ति दी गई है। नवम से अंतिम सर्ग तक कवि की चेतना पर ऊर्मिला का पात्र ही छाया रहा है। साकेत पर वाल्मीकि का कम, तुलसी के रामचरित मानस का प्रभाव अधिक है, तथा गाँधीवादी दर्शन को भी साकेत तथा पंटवटी दोनों काव्यों में गुप्त जी ने समाहित करने की चेष्टा की है। पंचवटी के समान महाकवि निराला ने पञ्चवटीप्रसंग नामक अपनी कविता में शूर्पणखा की स्वच्छंदता पर कटाक्ष किया है। कैकेयी के चरित्र को केंद्र में रख कर केदारनाथ मिश्र 'प्रभात' का कैकेयी खण्डकाव्य, ऊर्मिला के चरित्र पर आधारित बालकृष्ण शर्मा 'नवीन' ऊर्मिला नामक षट्सर्गात्मक महाकाव्य भी उल्लेखनीय है। निराला की लंबी कविता राम की शक्ति पूजा अपनी ओजस्विता तथा प्रवाहपूर्ण आख्यान के लिये स्मरणीय है, पर यह वाल्मीकि रामायण की अपेक्षा शिवपुराण और कृत्तिवासरामायण से अधिक प्रभावित है

वाल्मीकि के पूर्व रामकाव्य की परंपरा

रामायण को आदिकाव्य भी कहा गया है। यद्यपि वेद या वैदिक साहित्य की रचना रामायण के पहले हो चुकी थी, पर लौकिक संस्कृत या लोकभाषा में रची गयी पहली कृति होने से रामायण को आदिकाव्य कहा गया। वाल्मीकि रामायण की रचना होने के पहले रामकथा के कहने सुनने या उसके कथागायन की परंपरा चली आ रही थी। हरिवंशपुराण में बताया गया है कि वाल्मीकि ने रामायण लिखी, उसके पहले राम की कहानी सूतों, चारणों या कुशीलवों के द्वारा गायी जाती रही। वाल्मीकि ने लोककथा के रूप में देश के अलग अलग अंचलों में गायी जाने वाली आख्यान की एक बड़ी धरोहर को इस प्रकार का सुसंबद्ध साहित्यिक रूप दे दिया कि वह अमर हो गयी।

वाल्मीकि के पहले रामकथा जन समाज में प्रचलित तो थी ही, अन्य ऋषियों ने भी इस कथा को पद्यबद्ध करने का प्रयास किया था- ऐसे उल्लेख मिलते हैं। महाभारत में भार्गव च्यवन के द्वारा रामायण रचे जाने का उल्लेख है। इसके अतिरिक्त अन्य मुनियों की रामायणों में नारदकृत संवृतरामायण, अगस्त्यकृत अगस्त्यरामायण, लोमशकृत लोमशरामायण, सुतीक्ष्णकृत मंजुलरामायण, अत्रिकृत सौपद्य रामायण, शरभंगकृत सौहार्दरामायण, तथा अनेक अज्ञातनामा प्रणेताओं की रामायणों के उल्लेख मिलते हैं।

पतंजलि ने अपने महाभाष्य में उपान्मन्त्रकरणे (अष्टाध्यायी १.३.२५) की व्याख्या में रामायणविषयक किसी काव्य से निम्नलिखित श्लोक उद्धृत किये हैं –

बहूनामप्यचित्तानामेको भवति चित्तवान्।
पश्य वानरसैन्येऽस्मिन् यदर्कमुपतिष्ठते।।

(अनेक बुद्धिहीन लोगों एक कोई बुद्धिमान् हो सकता है। देखो इस वानरसेना में एक वानर सूर्योपस्थान कर रहा है।)

दूसरा पद्य इसका प्रत्युदाहरण है, जहाँ उसी धातु का परस्मैपद में प्रयोग है -

मैवं मंस्थाः सचित्तोऽयमेषोऽपि हि यथा वयम्।
एतदप्यस्य कापेयं यदर्कमुपतिष्ठति।।

(महाभाष्य १.३.२५)

पहले कही गई बात का खंडन करते हुए कहा गया है - यह मत समझो कि यह बुद्धिमान् है, जैसे हम हैं, वैसे ही यह भी है। यह तो इसकी कापेयता (बंदरपना) ही है कि यह सूर्य का उपस्थान करता दिख रहा है।

पतंजलि ने उपतिष्ठते तथा उपतिष्ठति इन आत्मनेपद तथा परस्मैपद प्रयोगों में सूक्ष्म अर्थभेद बताने के लिये ये दो पद्य उद्धत किये हैं, यह विदित नहीं होता कि ये किस काव्य के हैं, और यदि ये किसी रामकथा से संबद्ध काव्य से हैं, तो वह काव्य वाल्मीकि के पहले का है या बाद का।

रामायण तथा दशरथजातक

भारतीय कथासाहित्य में जातककथाओं का अमिट स्थान है। जातक कथाओं में बोधिसत्त्व के रूप में बुद्ध के विभिन्न अवतारों तथा उनके करुणामय त्यागमय जीवन का प्रेरणाप्रद निरूपण हुआ है। इनमें दशरथ जातक में राम को भी बोधिसत्त्व के रूप में चित्रित किया गया है। वेबर तथा राहुल सांकृत्यायन आदि कतिपय विद्वानों का अभिमत है कि दशरथ जातक ही वाल्मीकि रामायण का स्रोत है। वास्तव में यह मत निस्सार है। जातक कथाओं का विकास मुख्य रूप से त्रिपिटक साहित्य के अंतर्गत खुद्दकनिकाय से हुआ। खुद्दकनिकाय का समय चौथी शताब्दी ई० के आसपास माना जाता है। रामायण की रचना इसके बहुत पहले हो चुकी थी।

दशरथ जातक की कथा इस प्रकार है – वाराणसी में दशरथ नाम का राजा राज्य करता था। उसके सोलह हजार रानियाँ थीं। उनमें से उसकी पटरानी ने तीन संतानों को जन्म दिया – राम पंडित, लक्ष्मणकुमार तथा सीता। इन संतानों को जन्म दे कर राजा की पट्टमहिषी का निधन हो गया। फिर दूसरी रानी से भरत नामक पुत्र उत्पन्न हुआ। भरत जब छह वर्षका हुआ तो उसकी माँ ने दशरथ को पहले दिये हुए वचन का स्मरण दिलाते हुए वरदान स्वरूप अपने

पुत्र के लिये राज्य माँगा। राजा ने पहले उसकी बात मानने से मना कर दिया। रानी अपने हठ पर अड़ी रही। राजा को चिंता हुई कि कहीं रानी उसकी पहली रानी से हुई तीन संतानों की हत्या न करवा दे। तो उसने राम पंडित को बुला कर कहा कि तुम अभी वन चले जाओ और बारह वर्ष बाद आ कर यह राज्य हस्तगत कर लेना। पिता के वचन को स्वीकार कर के रामपंडित वन जाने के ले तैयार हुए और लक्ष्मण कुमार भी उनके साथ चल पड़े। सीता देवी ने कहा – मैं भी अपने दोनों भाइयों के साथ वन जाऊँगी। राम अपने अनुज व बहन को लेकर हिमालय की ओर निकल गये व तपस्वियों की तरह रहने लगे। नौ वर्ष बीत जाने पर दशरथ का निधन हो गया। मंत्रियों ने भरत को राजसिंहासन बिठाने से मना किया और भरत अपने भाई से राजधानी लौटने का अनुरोध करने के लिये उनके पास जा पहुँचे। वहाँ उन्होंने राम को दशरथ के निधन का समाचार सुनाया। राम तब तक तपस्या कर के वीतराग हो चुके थे। उन्हें इस समाचार से कोई दु:ख न हुआ। बाद में किसी तरह लक्ष्मण कुमार और सीता को भी राम ने यह समाचार सुनाया। दोनों पिता की मृत्यु का आघात सह न सके और बार बार मूर्च्छित होने लगे। तब भरत ने राम से पूछा कि आप इस दु:खद वृत्तांत को सुन कर शोक क्यों नहीं कर रहे हैं? राम ने संसार की अनित्यता का उपदेश दिया। भरत ने उनसे राज्य स्वीकार करने का अनुरोध किया। राम ने कहा कि पिता ने बारह वर्ष बाद आ कर राज्य स्वीकार करने का आदेश दिया था। अत: मैं तीन वर्ष बाद ही राजधानी लौट सकता हूँ। तब मंत्रियों व भरत के अनुरोध पर राम ने अपनी पादुकाएँ भरत को दीं। भरत ने उन पादुकाओं को सिंहासन पर रख कर तीन वर्ष राज्य किया। फिर राम राजधानी लौट आये, उन्होंने सीता से विवाह किया और उन्होंने सोलह हजार वर्ष तक शासन किया।

वेबर का कहना था कि दशरथ जातक ही मूल रामायण है, और दशरथ जातक में सीताहरण व लंकाविजय का उल्लेख नहीं है, अत: ये घटनाएँ ग्रीक के महाकवि होमर के महाकाव्य इलियड के आधार पर बाद में रामायण में जोड़ी गई है। शेल्डान पोलक भी दशरथजातक की वाल्मीकि रामायण से पूर्ववर्तिता को स्वाकार करते हैं, जब कि वेबर के मत का दृढ़ता से प्रतिवाद अनेक भारतीय तथा पाश्चात्त्य संस्कृतविद्वानों ने किया। राबर्ट गोल्डमान इस संबंध में लिखते हैं - 'This theory was cogently refuted shortly after it was promulgated. There can be no doubt, however, that on the basis of the best historical and literary evidence available to us, the Daśaratha Jātaka is substancially later than the Vālmīki Rāmāyaṇa and it is not inspired and derived from it.[5]

दशरथ जातक रामायण की प्रसिद्ध कथा को बौद्ध धर्म के प्रचार के लिये अनुकूलन किया गया है, इसलिये इसमें परस्पर विरोधी वृत्तांतों व असंगतियों की भरमार है। सीता को राम की सगी बहन भी बताया गया है, फिर राम उनसे विवाह कर लेते हैं। बहन से विवाह की परंपरा वैदिक समाज तथा वैदिकेतर समाज में भी कभी स्वीकार्य नहीं की गई। ऋग्वेद का यम-

यमीसूक्त इसका दृढ़ता से निषेध करता है। राम का उल्लेख वैदिक साहित्य में है, अतः राम की कथा बौद्ध धर्म के उदय के बहुत पहले ही प्रचलित व प्रसिद्ध हो चुकी थी। दशरथजातक ने वाल्मीकिरामायण की पदावली का अनुवर्तन किया यह भी दोनों के तुलनात्मक अध्ययन से स्पष्ट हो जाता है। जैसे—

दशवर्षसहस्राणि दशवर्षशतानि च।
भ्रातृभिः सहितः श्रीमान् रामो राज्यमकारयत्।।

इसके पालि रूपांतर करते हुए जातककार कहते हैं—

दशवस्ससहस्सानि दशवस्ससतानि च।
कंबुगीवो महाबाहू रामो राज्यमकारयि।।

रामायण तथा महाभारत में संस्कृतकाव्य की शैलियाँ

रामायण और महाभारत इन दोनों काव्यों की उपजीव्यता समस्त संस्कृतकाव्यपरंपरा के लिये इस दृष्टि से भी है कि दोनों महाकाव्यों की शैलियों, मुहावरों तथा अभिव्यक्तिप्रकारों की अनुवर्तिता इस में निरंतर बनी रही। उदाहरणार्थ नायिका के सौंदर्य के लिये

त्वां कृत्वोपरतो मन्ये रूपकर्ता स विश्वकृत्।
न हि रूपोपमा ह्यन्या तवास्ति शुभदर्शने।।

(तुम्हें रच कर रूप की रचना करने वाले विश्व के सृष्टा स्वयं उपरत हो गये, इसीलिये हे शुभदर्शने तुम्हारे जैसी रूप वाली अन्य स्त्री नहीं है।)

नायिका के प्रति नायक के कथनों में इस प्रकार के भाव अनेक महाकवियों के काव्यों में मिलते हैं। इसी प्रकार हर्षोत्फुल्लनयनः, लोचनाभ्यां पिबन्, दृष्ट्या स्नपयन् इत्यादि मुहावरे प्रेम की अनुभूतियों के लिये इन्हीं दोनों काव्यों से लिये गये। नदी के लिये फेननिर्मलहासिनी, मेघ या पुरुषकंठ के लिये स्निग्धगम्भीरघोषः इत्यादि अभिव्यक्तियाँ काव्यों के लिये आधार बनी हैं।

रामायण का कलेवर

वाल्मीकि की रचना में ही इस काव्य को चतुर्विंशतिसाहस्रीसंहिता कहा गया है, अर्थात् इस काव्य में २४००० श्लोक हैं। यह भी कहा गया है कि ये २४००० श्लोक पाँच सौ सर्गों तथा सात कांडों में निबद्ध हैं।

चतुर्विंशत्सहस्राणि श्लोकानामुक्तवानृषिः।
तथा सर्गशतान् पञ्च षट्काण्डानि तथोत्तरम्।।

(बालकांड, ४.२)

रामायण के सात कांडों के नाम हैं- बालकांड, अयोध्याकांड, अरण्यकांड, किष्किंधाकांड, सुंदरकांड, युद्धकांड तथा उत्तरकांड। प्रत्येक कांड कई सर्गों में विभाजित है।

कथासार

रामायण का प्रारंभ अयोध्या नगरी के वर्णन से होता है। इस नगरी की समृद्धि तथा सौंदर्य का चित्ताकर्षक वर्णन कर के आदिकवि ने यहां के शासक राजा दशरथ का वर्णन किया है। राजा दशरथ की तीन रानियाँ थी - कौशल्या, कैकेयी और सुमित्रा। बहुत समय तक उनकी कोई संतान नहीं हुई तो अपने गुरु वशिष्ठ के निर्देश के अनुसार उन्होंने पुत्रकामेष्टि यज्ञ का अनुष्ठान कराया। इस यज्ञ के संपादन के लिये ऋष्यशृंग ऋषि को बुलवाया गया। यज्ञ के समापन पर अग्निदेव ने प्रकट होकर राजा को हविष्य के रूप में रानियों को खिलाने के लिये पायस प्रदान किया। राजा ने उसे अपनी तीनों पत्नियों में बाँट दिया। इसके पश्चात् कौशल्या ने राम को, कैकेयी ने भरत को तथा सुमित्रा ने लक्ष्मण और शत्रुघ्न को जन्म दिया। एक बार ऋषि विश्वामित्र राजा से मिलने आये और वे अपने यज्ञ की रक्षा के लिये राम और लक्ष्मण को मांग कर अपने साथ ले गये। जब राम और लक्ष्मण ऋषि के साथ आश्रम की ओर जा रहे थे, तो ताटका नामक राक्षसी उन पर आक्रमण करने के लिये सामने आ गई। राम स्त्री होने के कारण उसे मारना नहीं चाहते थे, पर विश्वामित्र की आज्ञा मान कर उन्होंने उसका वध कर दिया। इसके पश्चात् ऋषि के यज्ञ में विघ्न करने वाले सुबाहु का भी उन्होंने वध किया, तथा मारीच पर बिना फल वाले बाण से प्रहार किया, जिससे वह समुद्र के पार जा गिरा। लक्ष्मण ने राक्षसों की सारी सेना का संहार कर डाला। इसी बीच विश्वामित्र को राजा जनक के धनुर्यज्ञ का निमन्त्रण प्राप्त हुआ, तो वे राम और लक्ष्मण के साथ उनकी नगरी मिथिला (जनकपुर) की ओर चल पड़े। मार्ग में एक वन में एकाकिनी अहल्या के विषय में राम को पता चला। उन्होंने अहल्या की वंदना की और उसका त्याग करने वाले गौतम ऋषि से उसे फिर अपनाने का अनुरोध किया।

मिथिला में राजा जनक की पुत्री सीता के स्वयंवर का आयोजन था। स्वयंवर में शर्त थी कि जो शिव के धनुष पर ज्या (डोरी) चढ़ा देगा, उससे सीता विवाह होगा। राम शिवधनुष पर ज्या आरोपित कर रहे थे, जिससे वह टूट गया। राम का सीता से विवाह हुआ। इसके साथ ही साथ गुरु वशिष्ठ की आज्ञा से भरत का मांडवी से, लक्ष्मण का उर्मिला से और शत्रुघ्न का श्रुतकीर्ति से विवाह कराया गया। यहाँ तक की कथा बालकांड में है।

अयोध्याकांड का प्रारंभ दशरथ के द्वारा अपने वार्धक्य के अनुभव से होता है। श्वेत हो गये मस्तक के केशों के बहाने से जैसे जरा या वृद्धावस्था उन्हें उपदेश दे रही थी कि वे राम को राज्यलक्ष्मी दे दें। दशरथ ने निर्णय लिया कि वे राम का राज्याभिषेक करेंगें। राज्याभिषेक की तैयारियाँ होने लगीं। रानी कैकेयी की दासी मंथरा जो उसके पिता के घर से उसके साथ आई थी, उसने महल की छत पर चढ़ कर देखा कि सारी नगरी को सजाया जा रहा है और उत्सव की तैयारियाँ हो रहीं हैं। सारी बात पता चलने पर मंथरा बिगड़ उठी और कैकेयी के पास जा कर उसने कहा – अरी मूर्खा तू क्या सो रही है? तेरे लिये बड़ा भारी भय उपस्थित है। मन्थरा

ने कैकेयी को बताया कि राम राजा होने वाले हैं, तो कैकेयी बड़ी प्रसन्न हुई। वह मंथरा को पुरस्कार देने लगी। मंथरा इस पर और भी चिढ़ गई और उसने कैकेयी को राजकुल में होने वाले षडयंत्रों से आगाह करते हुए ऊँचनीच समझाना शुरू किया। उसने कहा कि भरत को पहले से ही ननिहाल भेज दिया गया, जब कि राजपद उसे दिया जाना था। अब तो कैकेयी को उसकी सीख सही लगने लगी। वह कैकेयी कोपभवन में चली गई। दशरथ जब मनाने आये तो कैकेयी ने उनसे पहले दिये गये वचन का स्मरण दिलाते हुए दो वरदान मांगे। पहला - भरत को राजपद दिया जाये, तथा दूसरा राम को चौदह वर्षों के लिये वनवास में भेज दिया जाये।

राम को जब पता चला कि उन्हें चौदह वर्ष के लिये वनवास हुआ है, तो उनके मुख पर कोई विकार नहीं आया। वे माता कौशल्या को समझाते रहे, सीता उनके साथ चलने का आग्रह करने लगीं और लक्ष्मण भी उनके साथ चलने को तैयार थे। अंततः राम सीता और लक्ष्मण को साथ लेकर वन चले गये। ऋृंगवेरपुर में निषादराज गुह ने तीनों की बहुत सेवा की। प्रयाग पहुँच कर राम ने भरद्वाज मुनि से भेंट की। वहाँ से राम यमुना स्नान करते हुये वाल्मीकि ऋषि के आश्रम पहुँचे। वाल्मीकि से हुई मन्त्रणा के अनुसार राम, सीता और लक्ष्मण चित्रकूट में निवास करने लगे।

इधर अयोध्या में पुत्र के वियोग के राजा दशरथ कारण विलाप करते करते चल बसे। वशिष्ठ ने भरत और शत्रुघ्न को उनके ननिहाल से बुलवा लिया। भरत को सारी बात विदित हुई तो वे कैकेयी पर बहुत कुपित हुए, पिता की अंत्येष्टि कर के उन्होंने निर्णय लिया कि वे राम को मना कर अयोध्या वापस लायेंगे। भरत अपनी तीनों माताओं, गुरुजनों तथा अयोध्या के मुख्य नागरिकों के साथ चित्रकूट पहुँचे। राम ने भरत का अयोध्या लौटने के लिये आग्रह स्वीकार नहीं किया। भरत राम की पादुका को साथ लेकर वापस अयोध्या आ गये। उन्होंने राम की पादुका को राज सिंहासन पर विराजित कर दिया स्वयं नन्दिग्राम में निवास करने लगे। यहाँ तक की कथा अयोध्याकांड में है।

अरण्यकांड के आरंभ में राम चित्रकूट से प्रयाण करने का निश्चय करते हैं। वे दक्षिण की ओर चल पड़ते हैं। मार्ग में अत्रि ऋषि के आश्रम में जा कर उनसे तथा उनकी पत्नी अनसूया से भेंट करते हैं। वहाँ से आगे बढ़ कर वे शरभंग ऋषि से मिलते हैं। चलते चलते राम को स्थान स्थान पर हड्डियों के ढेर दिखाई देते हैं, जिनके विषय में पूछने पर मुनिजन उन्हें बताते हैं कि राक्षसों ने अनेक मुनियों को खा डाला है और उन्हीं मुनियों की हड्डियाँ हैं। इस पर राम ने प्रतिज्ञा की कि वे समस्त राक्षसों का वध करके पृथ्वी को राक्षस विहीन कर देंगे। सुतीक्ष्ण, अगस्त्य आदि ऋषियों से भेंट करते हुये राम दंडक वन में प्रवेश करते हैं। यहाँ उनकी भेंट उनके पिता दशरथ के पुराने मित्र जटायु से होती है। दंडकारण्य में पंचवटी को वे अपना निवास बनाते हैं।

एक दिन रावण की बहन शूर्पणखा आकर राम से प्रणय निवेदन करने लगती है। राम यह कह कर कि वे अपनी पत्नी के साथ हैं और उनका छोटा भाई अकेला है उसे लक्ष्मण के पास भेज देते हैं। लक्ष्मण भी उसके प्रणय-निवेदन को अस्वीकार करते हैं, तब शूर्पणखा अपना विकट रूप दिखाती है। लक्ष्मण उसके नाक और कान काट देते हैं। शूर्पणखा अपनी दुरवस्था अपने भाइयों खर और दूषण को बताती है। फिर तो राक्षसों से राम का युद्ध आरंभ हो जाता है। राम खर और दूषण के साथ राक्षसों की सारी सेना का संहार कर देते हैं। तब शूर्पणखा लंका पहुँच कर अपने भाई रावण से मिलती है तथा सीता के रूप का वर्णन करती है।

रावण ने बदला लेने के लिये मारीच को स्वर्णमृग बना कर भेजा जिसके चर्म की मांग सीता ने राम से की। लक्ष्मण को सीता के रक्षा की आज्ञा दे कर राम स्वर्णमृग रूपी मारीच को मारने के लिये उसके पीछे चले गये। मारीच राम के हाथों मारा गया पर मरते-मरते मारीच ने राम की आवाज बना कर 'हा लक्ष्मण' का क्रन्दन किया जिसे सुन कर सीता ने आशंकित होकर लक्ष्मण से राम की रक्षा के लिये जाने का अनुरोध किया। लक्ष्मण को आने वाले संकट का आभास हुआ और उन्होंने सीता की सुरक्षा की दृष्टि से उसे अकेली छोड़ कर जाने से मना किया। इस पर सीता उन पर बिगड़ गईं, और अपशब्दों के साथ उन्हें लांछित करने लगीं। विवश होकर लक्ष्मण राम को खोजने निकल पड़े। लक्ष्मण के जाते ही अकेली सीता का रावण ने छलपूर्वक हरण कर लिया और अपने साथ लंका ले गया। रास्ते में जटायु ने सीता को बचाने के लिये रावण से युद्ध किया और रावण ने उसके पंख काटकर उसे अधमरा कर दिया।

सीता को न पा कर राम अत्यन्त दुखी हुये और विलाप करने लगे। रास्ते में जटायु से भेंट होने पर उसने राम को रावण के द्वारा अपनी दुर्दशा होने व सीता को हर कर दक्षिण दिशा की ओर ले जाने की बात बताई। यह सब बताने के बाद जटायु ने अपने प्राण त्याग दिये और राम उसका अन्तिम संस्कार करके सीता की खोज में सघन वन के भीतर आगे बढ़े। रास्ते में राम ने दुर्वासा के शाप के कारण राक्षस बने गन्धर्व कबन्ध का वध करके उसका उद्धार किया और शबरी के आश्रम जा पहुँचे जहाँ पर कि उसके द्वारा दिये गये जूठे बेरों को उसके भक्ति के वश में होकर खाया। इस प्रकार राम सीता की खोज में सघन वन के अंदर आगे बढ़ते गये। यहाँ तक की कथा अरण्यकांड में है।

किष्किन्धाकांड का प्रारंभ राम के ऋष्यमूक पर्वत पर आगमन से होता है। उस पर्वत पर अपने मन्त्रियों सहित सुग्रीव रहता था। सुग्रीव ने, इस आशंका में कि कहीं बालि ने उसे मारने के लिये उन दोनों वीरों को न भेजा हो, हनुमान को राम और लक्ष्मण के विषय में जानकारी लेने के लिये ब्राह्मण के रूप में भेजा। यह जानने के बाद कि उन्हें बालि ने नहीं भेजा है हनुमान ने राम और सुग्रीव में मित्रता करवा दी। सुग्रीव ने राम को सान्त्वना दी कि सीता मिल जायेंगीं और उन्हें खोजने में वह सहायता देगा, साथ ही अपने भाई बालि के अपने ऊपर किये गये अत्याचार के विषय में बताया। राम ने बालि का वध किया, तथा सुग्रीव को किष्किन्धा का राज्य तथा बालि के पुत्र अंगद को युवराज का पद दे दिया। राज्य प्राप्ति के बाद सुग्रीव

विलास में लिप्त हो गया और वर्षा तथा शरद् ऋतु व्यतीत हो गई। राम ने क्रुद्ध होकर सुग्रीव को चेताने के लिये लक्ष्मण को किष्किंधा भेजा। तब सुग्रीव ने वानरों को सीता की खोज के लिये भेजा। सीता की खोज में गये हनुमान् आदि वानरों को एक गुफा में एक तपस्विनी के दर्शन हुये। तपस्विनी ने उन्हें योगशक्ति से समुद्रतट पर पहुँचा दिया जहाँ पर उनकी भेंट सम्पाति से हुई। सम्पाति ने वानरों को बताया कि रावण ने सीता को लंका में अशोकवाटिका में रखा है। जाम्बवान् ने हनुमान को समुद्र लांघने के लिये उत्साहित किया। यहाँ तक की कथा किष्किंधाकांड में है।

सुंदरकांड में हनुमान के सागर पार करने का रोमांचक वर्णन है। सागर पार करके वे लंका की ओर प्रस्थान करते हैं। सुरसा नामक राक्षसी उनकी परीक्षा लेती है। और उन्हें योग्य तथा सामर्थ्यवान पाकर आशीर्वाद देती है। मार्ग में हनुमान ने छाया पकड़ने वाली राक्षसी का वध किया और लंकिनी पर प्रहार करके लंका में प्रवेश किया। उनकी विभीषण से भेंट हुई। जब हनुमान अशोकवाटिका में पहुँचे तो रावण सीता को धमका रहा था। रावण के जाने पर त्रिजटा ने सीता को सान्त्वना दी। एकान्त होने पर हनुमान ने सीता से भेंट करके उन्हें राम की मुद्रिका दी। हनुमान ने अशोकवाटिका का विध्वंस करके रावण के पुत्र अक्षय कुमार का वध कर दिया। मेघनाथ हनुमान को नागपाश में बांध कर रावण की सभा में ले गया। रावण के प्रश्न के उत्तर में हनुमान ने अपना परिचय राम के दूत के रूप में दिया। रावण ने हनुमान की पूँछ में तेल में डूबा हुआ कपड़ा बांध कर आग लगवा दी, इस पर हनुमान ने लंका का दहन कर दिया।

हनुमान् ने अपनी पूँछ सागर के जल में डुबा कर आग बुझाई। फिर वे सीता के पास पहुँचे। सीता ने अपनी चूड़ामणि दे कर उन्हें विदा किया। वे वापस समुद्र पार आकर सभी वानरों से मिले और सभी लौट कर सुग्रीव के पास चले गये। हनुमान के कार्य से राम अत्यन्त प्रसन्न हुये। राम वानरों की सेना के साथ समुद्रतट पर पहुँचे। उधर विभीषण ने रावण को समझाया कि राम से बैर न लें इस पर रावण ने विभीषण को अपमानित कर लंका से निकाल दिया। विभीषण राम के शरण में आ गया और राम ने उसे लंका का राजा घोषित कर दिया। राम ने समुद्र से रास्ता देने की विनती की। विनती न मानने पर राम ने क्रोध किया और उनके क्रोध से भयभीत होकर समुद्र ने स्वयं आकर राम की विनती करने के पश्चात् नल और नील के द्वारा पुल बनाने का उपाय बताया। यहाँ तक की कथा सुंदरकांड में है।

लंकाकांड का आरंभ समुद्र लंघन के उपक्रम से होता है। जाम्बवान् के आदेश से नल-नील दोनों भाइयों ने वानर सेना की सहायता से समुद्र पर पुल बांध दिया। समुद्र के पार जाकर राम ने डेरा डाला। सामने त्रिकूट पर्वत पर बसी लंका नगरी को देखते हुए राम का मन सीता की स्मृति से भर गया। पुल बंध जाने और राम के समुद्र के पार उतर जाने के समाचार से रावण अत्यन्त व्याकुल हुआ, पर मन्दोदरी के राम से वैर न लेने के लिये समझाने पर भी उस का अहंकार नहीं गया। इधर राम अपनी वानरसेना के साथ सुवेल पर्वत पर निवास करने लगे।

अंगद राम के दूत बन कर लंका में रावण के पास गये और उसे राम के शरण में आने का संदेश दिया, किन्तु रावण नहीं माना।

शान्ति के सारे प्रयास असफल हो जाने पर युद्ध आरम्भ हो गया। लक्ष्मण और मेघनाद के मध्य घोर युद्ध हुआ। शक्तिबाण के वार से लक्ष्मण मूर्च्छित हो गये। उनके उपचार के लिये हनुमान सुषेण वैद्य को ले आये और संजीवनी लाने के लिये चले गये। गुप्तचर से समाचार मिलने पर रावण ने हनुमान के कार्य में बाधा के लिये कालनेमि को भेजा जिसका हनुमान ने वध कर दिया। औषधि की पहचान न होने के कारण हनुमान पूरे पर्वत को ही उठा कर वापस चले। मार्ग में हनुमान को राक्षस होने के सन्देह में भरत ने बाण मार कर मूर्च्छित कर दिया परन्तु यथार्थ जानने पर अपने बाण पर बिठा कर वापस लंका भेज दिया। इधर औषधि आने में विलम्ब देख कर राम प्रलाप करने लगे। सही समय पर हनुमान औषधि लेकर आ गये और सुषेण के उपचार से लक्ष्मण स्वस्थ हो गये।

रावण ने युद्ध के लिये कुम्भकर्ण को जगाया। कुम्भकर्ण ने भी रावण को राम की शरण में जाने की विफल मन्त्रणा दी। युद्ध में कुम्भकर्ण ने राम के हाथों परमगति प्राप्त की। लक्ष्मण ने मेघनाद से युद्ध करके उसका वध कर दिया। राम और रावण के मध्य घोर युद्ध हुआ और अन्त में रावण राम के हाथों मारा गया। विभीषण को लंका का राज्य सौंप कर राम ने सीता और लक्ष्मण के साथ पुष्पकविमान पर चढ़ कर अयोध्या के लिये प्रस्थान किया।

सीता, लक्ष्मण और समस्त वानरसेना के साथ राम अयोध्या वापस पहुँचे। राम का भव्य स्वागत हुआ, भरत के साथ सर्वजनों में आनन्द व्याप्त हो गया। वेदों और शिव की स्तुति के साथ राम का राज्याभिषेक हुआ। अभ्यागतों की विदाई दी गई। राम ने प्रजा को उपदेश दिया और प्रजा ने कृतज्ञता प्रकट की। चारों भाइयों के दो दो पुत्र हुये। रामराज्य एक आदर्श बन गया।

रामरावणयुद्ध की अवधि

युद्धकांड में राम और रावण का युद्ध कितने दिन चला यह बताते हुए कहा गया है –

विभीषणहनूमद्भ्यां कृतं कर्म महद् रणे।
अहोरात्रैस्त्रिभिर्वीरैः कथञ्चिद् विनिपातितः।

इसके आधार पर तीन दिन के संग्राम के पश्चात् चौथे दिन रावण के साथ राम का युद्ध हुआ यह कहा जा सकता है।

हर्मन याकोबी ने रामायण के चारों दिवसों के युद्ध की घटनाओं का कालक्रम इस प्रकार निर्धारित किया है—

पहला दिन – युद्धारंभ तथा इंद्रजित का राम और लक्ष्मण को बाँधना।

दूसरा दिन – कुंभकर्ण का युद्धभूमि में अवतरण, उसका भीषण युद्ध तथा कुंभकर्णवध।

तीसरा दिन – इंद्रजित के साथ लक्ष्मण का संग्राम व इंद्रजित का वध।

चौथा दिन – राम और रावण का संग्राम तथा रावण वध।

पाठभेद, संस्करण तथा प्रक्षिप्त अंश

रामायण का प्रचार कई शताब्दियों तक वाचिक तथा मौखिक परंपरा में रहा है। अतः अलग अलग प्रांतों में इसके अलग अलग पाठों की परंपराएँ बन गयीं। मूलतः तो सारी रचना महर्षि वाल्मीकि की ही है, पर जनसमाज के बीच अलग अलग स्थानों पर इसे जो सूत, कुशीलव आदि गा गा कर या पाठ कर के सुनाते थे, वे इसमें यत्किंचित् परिवर्तन करते रहे। मुख्य रूप से रामायण के चार संस्करण प्रचलित हैं—(१) बंबई संस्करण - इसे देवनागरी संस्करण भी कहा जाता है। इसका प्रचार विशेष रूप से उत्तर भारत में है। इस पर तिलक, शिरोमणि एवं भूषण ये तीन संस्कृत टीकाएँ प्रसिद्ध हैं। (२) बंगाली संस्करण - इसको गौडीय संस्करण भी कहा जाता है। इस पर लोकनाथ टीका मिलती है। (३) कश्मीर संस्करण- इसको पश्चिमोत्तरीय संस्करण भी कहा जाता है। (४) दक्षिण संस्करण- पाठ की दृष्टि से यह बंबई संस्करण के बहुत निकट है।

दाक्षिणात्य पाठ दक्षिण से प्रकाशित संस्करणों के अतिरिक्त गुजराती प्रिंटिंग प्रेस (मुंबई) तथा निर्णयसागर प्रेस से प्रकाशित संस्करणों में भी स्वीकृत किया गया है। गौडीय पाठ संस्कृत कॉलेज कलकत्ता तथा पेरिस के गौरेसियो के संपादन में प्रकाशित संस्करणों में प्राप्त है। पश्चिमोत्तरीय पाठ दयानंद महाविद्यालय, लाहौर से प्रकाशित संस्करण में लिया गया है।

भवभूति ने उत्तररामचरितम में लवकुश के द्वारा रामायण के गान का प्रसंग चित्रित किया है, जिसमें उन्होंने रामायण के दो श्लोक दोनों बालकों के मुख से गवाये हैं। इनमें से एक श्लोक यह है—

त्वदर्थमिव विन्यस्तः शिलापट्टोऽयमग्रतः।
यस्याऽयमभितः पुष्पैः प्रवृष्ट इव केसरः।।

रामायण के समीक्षित संस्करण में यह श्लोक नहीं है। पुरानी पोथियों में इस पाठ के साथ यह श्लोक मिलता है—

त्वदर्थमिव विन्यस्तः शिलापट्टोऽयमग्रतः।
यस्याऽयमभितः पुष्पैः प्रहृष्ट इव केसरः।।

इन संस्करणों में किसको सबसे अधिक प्रामाणिक माना जाय— यह निर्णय करना कठिन है। ये सभी अपने अपने अंचल की प्राचीन परंपरा में प्रचलित हैं। पाश्चात्य विद्वानों में याकोबी, वेबर और विंटरनित्स आदि ने रामायण में बालकांड और उत्तरकांड को प्रक्षेप माना है। इस के समर्थन में वे निम्नलिखित प्रमाण देते हैं- (१) इन कांडों में कथानक की पुनरावृत्ति है, (२) इन कांडों में ऐसे अनेक आख्यानों की बहुलता है, जो मूल कथा से संबंधित नहीं

हैं। (३) इन दोनों कांडों में राम विष्णु के अवतार के रूप में चित्रित हैं, जब कि शेषकांडों में वे आदर्श मानव ही हैं, अवतार नहीं। (४) मध्यवर्ती कांडों में इंद्र का एक अत्यंत महत्त्वपूर्ण देवता के रूप में चित्रण प्राचीन वैदिक परंपरा से साम्य रखता है। बालकांड और उत्तरकांड में देवताओं का चित्रण परवर्ती पौराणिक स्थिति से प्रभावित हैं। (५) इन दो कांडों की भाषा-शैली शेष कांडों से कुछ भिन्न है। भाषा-शैली की दृष्टि से शेष कांड अधिक उत्कृष्ट हैं। (५) रामायण के कुछ संस्करणों में फलश्रुति या रामायण के पाठ का फल बताते हुए युद्धकांड की स्माप्ति पर ही ग्रंथसमाप्ति की सूचना दे दी गयी है।

पारंपरिक भारतीय मत में रामायण के सातों कांड वाल्मीकिविरचित मूल काव्य के ही अंग माने गये। इस मतके समर्थन में निम्नलिखित प्रमाण दिये जाते हैं- (१) रामायण के अलग अलग प्रांतों में प्रचलित सभी पारंपरिक संस्करणों में सातों कांड हैं। (२) सभी प्राचीन टीकाकारों ने सातों कांडों पर टीका की है।

टीकाएँ- रामायण की लोकप्रियता के कारण प्राचीन काल से ही अनेक टीकाएँ इस काव्य पर लिखी जाती रही। डॉ० ऑफ्रेष्ट ने संस्कृत पांडुलिपियों की अपनी सूची में रामायण की तीस प्राचीन टीकाओं का उल्लेख किया है। इनमें महत्त्वपूर्ण टीकाएँ ये हैं- (१) रामानुजीय (१४००ई०), (२) वेंकटेशकृत सर्वार्थसार (१४७५ ई०), (३) ईश्वरतीर्थ द्वारा लिखी गयी रामायणतत्त्वदीपिका, (४), वैद्यनाथ द्वारा विरचित रामायणदीपिका (१५००ई०) (५) ईश्वरदीक्षित द्वारा लिखी विवरण -१५२५ई०, (६) गोविंदराजकृत रामायणभूषण- १५५०ई०, (७) अहोबल का वाल्मीकिहृदय-१५७५ई०, (८) महेश्वर की रामायणतत्त्वदीपिका-१६००ई०, (९) माधवयोगी का अमृतकंटक- १६५०ई० (१०) राजारामवर्मा का रामायणतिलक - १७००ई० (इसके वास्तविक प्रणेता नागेश हैं), तथा (१०) वंशीधर एवं शिवसहाय द्वारा लिखित रामायणशिरोमणि (१८६५ई०)। इनमें तिलक, भूषण आदि टीकाएँ ऐसी हैं, जिनका उपयोग अभी तक विद्वत्समाज बराबर करता आया है।

रचनाकाल

रामायण के रचनाकाल के विषय में विद्वानों में मतभेद है। कुछ विद्वानों के मत इस प्रकार हैं—

श्लेगल- ११०० ई०पू०

याकोबी - ८०० ई०पू० से ६००ई०पू० के बीच

कामिल बुल्के - ६०० ई०पू०

मैक्डॉनल, काशीप्रसाद जायसवाल, जयचंद्रविद्यालंकार तथा अन्य – ५०० ई०पू०

विंटरनित्स- ३०० ई०पू०

वेबर- ३२६ ई०पू०—सिकंदर के आक्रमण के पश्चात्।

इस संबंध में निम्नलिखित तथ्य विचारणीय हैं—

(१) **वैदिक साहित्य से संबंध-** ऋग्वेद के एक सूक्त में सीता का कृषि की देवी के रूप मे स्तवन है। परंतु रामायण की सीता से इसका प्रत्यक्ष संबंध नहीं माना जा सकता। इसीप्रकार उपनिषदों में एक विचारक के रूप में राजा वैदेह जनक का अनेकत्र उल्लेख किया गया है। ऋग्वेद में एक स्थान पर राम का उल्लेख आता है। चिंतामणि विनायक वैद्य के अनुसार यह उल्लेख दशरथनंदन राम का ही है।

(२) **पारंपरिक मत-** इस मत के अनुसार वाल्मीकि राम के समय में हुए। उन्होंने अपनी ऋषिदृष्टि से राम के जन्म के पूर्व ही रामायण की घटनाओं को जान लिया था और उन्हें काव्यात्मक रूप में निबद्ध कर दिया था।

(३) **सांस्कृतिक व सामाजिक स्थिति-** रामायण में चित्रित सांस्कृतिक तथा सामाजिक दशा ५००ई०पू० के पहले के भारत की प्रतीत होती है। अत: रामायण का रचनाकाल इसके पहले माना जाना चाहिये। मूर्तिपूजा का कहीं उल्लेख रामायण में नहीं हैं।

(४) **भौगोलिक स्थिति-** रामायण में प्रतिपादित भौगोलिक स्थिति तथा नगरों की अवस्थिति से संकेत मिलता है कि इसकी रचना बौद्धकाल (६०० ई०पू०) के पहले हो चुकी थी। इसमें कौशांबी, कान्यकुब्ज, कांपिल्य आदि नगरों का उल्लेख है, पर पाटलिपुत्र (पटना) का नहीं, जबकि बालकांड के पैंतीसवें सर्ग में राम उसी स्थान से गंगा पार करते हैं, जहाँ आगे चल कर पाटलिपुत्र नगर बसाया गया। वाल्मीकि भौगोलिक स्थितियों का इतना सूक्ष्म तथा प्रामाणिक चित्रण करते हैं कि यदि गंगा किनारे उनके समय पाटलिपुत्र नगर रहा होता, तो वे उसका विवरण अवश्य देते। पाटलिपुत्र नगर की स्थापना ३८० ई०पू० के पहले हो चुकी थी। इसी प्रकार रामायणकार ने मिथिला तथा विशाला— इन दो स्वतंत्र राजधानियों का उल्लेख किया है, जो बुद्ध के समय एक हो गयी थीं। विशाला के राजा का नाम सुमति दिया गया है। इस नगरी को राजा इक्ष्वाकु के अलंबुसा नामक रानी से जन्मे विशाल नामक पुत्र ने बसाया था। अयोध्या के लिये बौद्धकाल में साकेत शब्द प्रचलित हो गया, जिसका रामायण में कहीं नाम नहीं है। बौद्धयुग की सुप्रसिद्ध नगरी श्रावस्ती का भी उल्लेख रामायण में नहीं हुआ। उत्तरकांड में अवश्य एक स्थान पर कहा गया है- श्रावस्तीति पुरी रम्या श्राविता च लवस्य ह- इससे सिद्ध होता है कि रामायण की रचना के अंतिम चरण में श्रावस्ती नगरी की स्थापना हो रही थी। अत: रामायण की रचना बौद्धयुग के पूर्व मानना सर्वथा उचित है। जैन तथा बौद्ध धर्मों का कहीं उल्लेख रामायण में नहीं है, न इनका कोई प्रभाव परिलक्षित होता है। एक स्थान पर बुद्ध का नामोल्लेख है, पर इस स्थल को प्रक्षिप्त माना गया है।

(५) व्याकरण तथा भाषा की दृष्टि से परीक्षण करने पर रामायण की भाषा तथा उसमें मिलने वाले अनेक अपाणिनीय (पाणिनि- व्याकरण के नियमों का उल्लंघन करने वाले) प्रयोगों के आधार पर अनेक विद्वानों का मानना है कि रामायण की रचना पाणिनि (५००ई०पू०) के पहले हो चुकी थी।

(६) दूसरी शताब्दी ई० में रचित कुमारलात की कल्पनामंडितिका में रामायण के सार्वजनिक गायन का उल्लेख है। इससे सिद्ध होता है कि ईसा के आसपास रामायण का समाज में व्यापक प्रसार हो चुका था। प्रथम शताब्दी के उत्तरार्ध में विमलसूरि ने रामायण पर आधारित अपने प्राकृत महाकाव्य पउमचरिउ की रचना की।

(७) खगोलशास्त्रीय तथा ज्योतिष्क प्रमाण – हर्मन याकोबी ने – रामायण में वर्णित सूर्यग्रहण तथा अन्य ग्रहों की स्थितियों के आधार पर इसके प्रणयन का उपक्रम ८०० ई०पू० से ६००ई०पू० के बीच माना है।

निष्कर्षत: रामायण के मूल भाग का रचनाकाल वैदिक साहित्य के अंतिम चरण तथा बौद्धयुग के पूर्व ७०० ई०पू०के लगभग मानना उचित है।

रामायण और महाभारत का पौर्वापर्य

भारतीय परंपरा रामायण को महाभारत का पूर्ववर्ती मानती है। इस संबंध में ये सुस्पष्ट प्रमाण भी हैं- (१) महाभारत में रामायण पर आधारित रामोपाख्यान का होना, (२) महाभारत में वाल्मीकि का पूज्य और प्राचीन महर्षि के रूप में स्मरण तथा द्रोणपर्व में वाल्मीकि का एक श्लोक उद्धृत होना। (३) रामायण में वर्णित शृंगवेर तथा गोप्रतार आदि स्थानों का महाभारत में प्राचीन तीर्थों के रूप में वर्णन।

तथापि कुछ विद्वानों ने इन प्रमाणों पर विचार न करते हुए महाभारत को रामायण से पूर्ववर्ती सिद्ध करने का प्रयास किया है। इन विद्वानों में वेबर, विंटरनित्स, रमेशचंद्र दत्त, डॉ. रामजी उपाध्याय आदि प्रमुख हैं। चिंतामणि विनायक वैद्य रामायण के दो रूप मानते हैं। उनके अनुसार रामायण के प्राचीन रूप की रचना १२०० ई० पू० के आसपास भारत की रचना के पश्चात् तथा महाभारत के पूर्ण होने के पहले हुई, जबकि रामायण के वर्तमान रूप की पूर्ति ५०० ई०पू० के आसपास हुई। महाभारत को रामायण से पूर्ववर्ती मानने में निम्नलिखित प्रमाण दिये जाते हैं- (१) महाभारत का विकास जय, भारत तथा महाभारत— इन तीन कड़ियों में हुआ। उसका प्रथम संस्करण जय १००० ई०पू० के भी पहले का हो सकता है। रामायण के रचनाकाल की पूर्वसीमा इसके पहले नहीं मानी जा सकती। (२) रामायण भाषाशैली और काव्य सौंदर्य की दृष्टि से अधिक विकसित कृति है, जो परवर्तित्व का बोधक है। (३) रामायण के छंदोंविधान पर पालिकाव्य का प्रभाव है, अत: यह बौद्धयुग की कृति है,

और महाभारत उसके पहले की। (४) महाभारत में प्रतिपादित संस्कृति अल्पविकसित तथा बर्बर है। जबकि रामायणीय संस्कृति अधिक विकसित तथा समुन्नतर है।

ये सभी प्रमाण असंगति और अंतर्विरोध से ग्रस्त हैं। महाभारत के प्रथम संस्करण का रचनाकाल १००० ई०पू० अनुमान के आधार पर ही बताया गया है। किसी भी कृति का काव्योत्कर्ष में अधिक उत्कृष्ट होना उसके परवर्तित्व का प्रमाण नहीं कहा जा सकता। यही बात रामायण की संस्कृति को अधिक विकसित बता कर उसका परवर्तित्व सिद्ध करने के संबंध में भी कही जा सकती है। वस्तुतः सभ्यता और संस्कृति के विकास की दृष्टि से तो महाभारत ही रामायण से सर्वथा परवर्ती सिद्ध होता है। इस संबंध में निम्नलिखित प्रमाण दिये जा सकते हैं— (१) रामायण में युद्ध प्रायः पत्थरों, वृक्षों या इस प्रकार के आयुधों से किया गया है। महाभारत में नाराच, तोमर, शक्ति आदि विविध प्रकार के अस्त्रों का वर्णन है। (२) रामायण में दानव, राक्षस, वानर, ऋक्ष आदि आर्येतर जातियों की आर्यों से पृथक् सत्ता है। महाभारत में ये जातियाँ प्रायः लुप्त हो गयीं हैं या आर्य समाज में घुलमिल गयी हैं। (३) महाभारत की धार्मिक तथा दार्शनिक स्थिति बहुत बाद की है। उसमें पौराणिक धर्म के उदय तथा षड्दर्शनों के विकास होने की सूचना मिलती है। (५) महाभारत में वाल्मीकि को एक प्राचीन कवि तथा महर्षि के रूप में अनेक स्थानों पर उल्लिखित या उद्धृत किया गया है। (६) भास संस्कृत के प्राचीनतम नाट्यकारों में एक हैं। उन्होंने रामायण और महाभारत दोनों की कथाओं को लेकर रूपक लिखे हैं। भास के रामायण पर आधारित - प्रतिमा तथा अभिषेक इन दोनों रूपकों से स्पष्ट है कि उन्होंने वाल्मीकि रामायण का अनुवर्तन किया है। रामायण का उल्लेख भी वे करते हैं। परंतु महाभारत के वर्तमान में उपलब्ध रूप से भास परिचित प्रतीत नहीं होते। दुर्योधन आदि पात्रों का चरित्र तथा अनेक घटना-प्रसंग भास के नाटकों में महाभारत के उपलब्ध पाठ से बहुत भिन्न हैं। इसे रामायण की पूर्ववर्तिता तथा महाभारत के वर्तमान पाठ की परवर्तिता सिद्ध होती है।

रामायण के उपाख्यान

रामायण के बालकांड तथा उत्तरकांड में विशेषरूप से कतिपय प्राचीन कथाएँ संग्रहीत हैं। बालकांड में ऋष्यशृंग, वसिष्ठ, विश्वामित्र, मेनका, रम्भा, वामनावतार, गंगावतार तथा समुद्रमंथन के आख्यान हैं। उत्तरकांड में ययाति, नहुष, वृत्रासुरवध, अगस्त्य तथा बुध और इला की कथाएँ दी गयी हैं। रामायण में मुख्य रूप से तीन प्रकार के आख्यान मिलते हैं-- (१) रामायण के पात्रों या कथावस्तु से जुड़े आख्यान- जैसे श्रवणकुमार की कथा, विश्वामित्र-वसिष्ठ के आख्यान , अगस्त्य की कथा या शरभंग ऋषि कीं कथा। (२) मुख्य कथा से असंबद्ध पर किसी पात्र द्वारा वार्तालाप में सुनाये गये आख्यान। विश्वामित्र राम को मिथिला ले जाते समय बातचीत के क्रम में इस प्रकार के अनेक आख्यान सुनाते हैं। (३) स्वतंत्र पौराणिक आख्यान। इन में ऋष्यशृंग का वृत्तांत, इलोपाख्यान आदि अपने दार्शनिक, सांस्कृतिक व मनोवैज्ञानिक अभिप्रायों के कारण अत्यंत महत्त्वपूर्ण हैं।

चरित्रचित्रण (पात्रपरिशीलन)

राम को मर्यादापुरुषोत्तम के रूप में भारतीय परंपरा में पहली बार वाल्मीकि की रचना ने ही स्थापित किया। वाल्मीकि के ही शब्दों में राम के चरित्र में 'समुद्र के समान गांभीर्य और हिमालय के समान धैर्य' है। सहिष्णुता, परदु:खकातरता, स्नेह, त्याग और शौर्य के गुणों का अनूठा प्रतिमान राम के चरित्र के द्वारा आदिकवि ने रच दिया है। ऐसे गुणों के कारण ही मनुष्य का व्यक्तित्व दुर्लभ भव्यता से संपन्न बनता है। राम के लिये सत्य ही कहा है—

नहि तस्मान्मनः कश्चिच्चक्षुषी वा नरोत्तमात्।
नरः शक्नोत्यपाक्रष्टुमतिक्रान्तोऽपि राघवे।।

(२।१५।१०)

(राम सामने आ जायें, तो कोई भी व्यक्ति उनके ऊपर से आँखें और मन को हटा नहीं पाता था, यहाँ तक कि वे निकल जाते तब भी लोगों की आँखें और मन उन्हीं पर लगे रह जाते।)

संकट के क्षणों में अटूट धैर्य और विवेक का प्रदर्शन राम करते हैं। राज्याभिषेक का समाचार सुन कर उनके चित्त में कोई विकार नहीं आता। फिर थोड़ी देर बाद ही यह जान कर कि उन्हें राजपद नहीं, वनवास दिया गया है, तो इससे उन्हें रंच मात्र भी क्लेश नहीं होता—

न चास्य महती लक्ष्मीं राज्यनाशोऽपकर्षति।
लोककान्तस्य कान्तत्वाच्छीतरश्मेरिव क्षपा।।
न वनं गन्तुकामस्य त्यजतश्च वसुन्धराम्।
सर्वलोकातिगस्येव लक्ष्यते चित्तविक्रिया।।

(रामायण, २.१६.५८,५९)

(जैसे चंद्रमा की शोभा रात में नहीं घटती, उसी प्रकार लोक में सदैव सुंदर माने गये राम का सौंदर्य ऐसा था कि उनके व्यक्तित्व की संपन्नता राज्य के छूट जाने से क्षीण नहीं हुई। वसुंधरा को छोड़ कर वन जाने के लिये तैयार राम के चित्त में कोई विकार लक्षित नहीं होता था, जैसे वे इस सारे लोक से ऊपर हों।)

राम के मानवीय गुण संवेदनशीलता और करुणा उस समय उजागर होते हैं, जब वे वन के लिये प्रस्थान करते समय अपनी माता कौसल्या के लिये चिंता से कातर बन जाते हैं। वनवास के दिनों में भी उन्हें बार बार अपनी माँ की चिंता सताती है। राम देशकालज्ञ हैं, वे बिगड़ी हुई बात को सँभालना जानते हैं। वनवास का समाचार सुनाने वाली कैकेयी से वे जिस शिष्टता, मृदुलता और विनय के साथ बात करते हैं, उसमें परिस्थिति का तत्कालबोध और व्यावहारिक बुद्धि भी देखते ही बनती है। उनकी तुलना में लक्ष्मण अधीर और जल्दी आवेश में आ जाते हैं। वे सरल स्वभाव के हैं, राम की तरह वाक्चातुर्य भी उनमें नहीं हैं। पर जितनी जल्दी वे रोषाविष्ट हो जाते हैं, उतनी ही जल्दी उनका उफनता क्रोध शांत भी किया जा सकता

है। वे संकोची और स्त्रीभीरु स्वभाव के हैं। बालि के वध के बाद रागरंग में डूबे सुग्रीव को चेताने के लिये वे बहुत उत्तेजित और कुपित होकर उसके अंत:पुर में प्रवेश करते हैं, पर वहाँ स्त्रियों को सामने देख कर सकुचा जाते हैं- 'अवाङ्मुखोऽभून्मनुजेन्द्रपुत्रः स्त्रीसन्निकर्षाद्विनिवृत्तकोपः।' अपने सामने तारा को देख कर राजकुमार लक्ष्मण ने सिर झुका लिया और स्त्री के सामने आ जाने से उनका क्रोध उड़ गया।

राम यदि पुरुष के दिव्य गुणों के उज्ज्वल प्रतीक हैं, तो हनूमान् मनुष्य की समग्र मानसिक और भौतिक क्षमता के। मात्र बल और पराक्रम का ही नहीं, मनुष्य के संपूर्णविवेक का भी उनमें परिपाक हुआ है। सुग्रीव ने उनकी प्रशंसा में ठीक ही कहा है—

त्वय्येव हनुमन्नस्ति बलं बुद्धिः पराक्रमः।
देशकालानुवृत्तिश्च नयश्च नयपण्डित।।

(रामायण, ४।४३।६)

(हे हनुमान्, हे नीतिनिपुण, बल, बुद्धि और पराक्रम, देश और काल के अनुसार चलने की समझ तथा नीतिज्ञता यह सब कुछ तुम में ही है।)

मानवस्वभाव की दुर्बलता का भी चित्रण आदिकवि करते हैं, पर यह दिखाने के लिये कि आदर्श मनुष्य अपनी दुर्बलताओं से किस प्रकार संघर्ष करते हैं, और उन पर विजय पाते हैं। रवींद्रनाथ टैगोर के शब्दों में—

'यदि कवि वाल्मीकि मनुष्य के चरित्र का वर्णन न कर देवचरित्र का वर्णन करते, तो अवश्य ही रामायण का गौरव कम हो जाता, उसे काव्य की दृष्टि से क्षतिग्रस्त होना पड़ता। राम के मनुष्य होने से ही रामचरित्र की इतनी महिमा है। रामायण में देवता ने पदच्युत होकर अपने को मनुष्य नहीं बनाया, मनुष्य ही अपने गुणों के कारण देवता बन गया है।'

जीवन के सारे यथार्थ के बीच आदर्श का निर्वाह वाल्मीकि के चरित्रचित्रण की विशेषता है। मानवस्वभाव की सूक्ष्मताएँ और जटिलताएँ उनके काव्य में विशद रूप से अंकित हैं। वनवास के समय सीता राम के साथ चलना चाहती है, राम उन्हें वन की भीषणता से डरा कर रोकना चाहते हैं। सीता उत्साह के साथ कहती हैं- 'त्वया सह गमिष्यामि मृद्नन्ती कुशकण्टकान्।' (२.२४.५) - मैं तुम्हारे रास्ते के कुश काँटे रौंदती हुई तुम्हारे साथ चलूँगी। अंतिम अस्त्र के रूप में वे राम के पौरुष पर प्रहार करती हैं- 'प्रणयाच्चाभिमानाच्च परिचिक्षेप राघवम्'— अपने प्रेम और स्वाभिमान के कारण सीता राम को डपटने लगीं। उन्होंने कहा- मेरे पिता ने क्या समझ कर तुम्हारे साथ मेरा पल्ला बाँध दिया, तुम तो पुरुष के विग्रह में एक स्त्री हो (जो मुझे वन में साथ ले जाने में भी डर रहे हो)! पति के प्रति अनन्य विश्वास, आस्था और निष्ठा सीता के चरित्र में कूट कूट कर भरी हुई है। भारतीय नारी की तेजस्विता और तपोवृत्ति का अनुपम उदाहरण सीता के चरित्र के द्वारा वाल्मीकि ने स्थापित किया है। सीता की एक झलक देख कर ही हनूमान् कह उठते हैं—

इमामपि विशालाक्षीं रक्षितां स्वेन तेजसा।
रावणो नातिवर्तेत वेलामिव महोदधेः।।
न हि शक्यः स दुष्टात्मा मनसापि हि मैथिलीम्।
प्रधर्षयितुमप्राप्तां दीप्तामग्निशिखामिव।।

(रामायण, ६.१०६.१५,१६)

(यह विशाल नयनों वाली सीता अपने ही तेज से रक्षित है। जिस तरह सागर अपने तट को नहीं लाँघ सकता, उसी तरह रावण इसकी मर्यादा को उल्लंघन नहीं कर सकता। जैसे जलती अग्निशिखा को छूने की कल्पना कोई नहीं कर सकता, उसी तरह वह दुष्ट मन से भी इसे स्पर्श नहीं कर सकता)।

पर उनकी नारी सुलभ चंचलता भी नितांत सहज व रम्य रूप में वाल्मीकि ने चित्रित की है। स्वर्णमृग को देख कर वे राम से उसको मार कर लाने के लिये निहोरा करती हैं, वन में एक एक पेड़, लता या पादप का नाम कौतूहल के साथ साथ पूछती चलती हैं। इन प्रसंगों में कुंतक द्वारा निरूपित माधुर्य व सौकुमार्य ये दोनों गुण समाये हुए हैं।

कैकेयी गंभीर और मनस्विनी नारी है, पर हर नारी के भीतर अपने बेटे को आगे बढ़ाने की कामना छिपी रहती है, मंथरा उसकी कामना को आग की तरह सुलगा देती है। जो कैकेयी राम के राज्याभिषेक का समाचार मंथरा के मुख से सुन कर प्रसन्नता से खिल उठती है, और मंथरा जब इस बात पर चिढ़ जाती है, तो उसे बुरा भला सुना कर उसकी बहुत निंदा करती है; वही कैकेयी कुछ ही क्षणों में मंथरा के ही बहकावे में इस तरह आ जाती है कि वही मंथरा उसे परम बुद्धिमान्, सुंदर और प्रिय लगने लगती है, तथा वह जी भर कर मंथरा की प्रशंसा करती है। इस प्रशंसा को अतिरंजित और हास्यास्पद बना कर वाल्मीकि ने मानव मन की विचित्र गति पर सूक्ष्म व्यंग्य किया है।

परिस्थितियों के बीच प्रतिक्षण परिवर्तित होती मानवमन की दशाओं के बहुत सूक्ष्म चित्र वाल्मीकि ने उकेरे हैं। कामी और वृद्ध दशरथ अपनी तरुणी भार्या को मनाने और रिझाने की चेष्टाएँ कर रहे हैं, वे अपने मन में यह भी समझते हैं कि वे अनुचित मार्ग पर चल रहे हैं। अपने आप को मोह से रोक न पाने की परिणति को भी वो जान रहे हैं। अपने आप से हार कर वे राम से कहते हैं— 'राम, मैं कैकेयी के वरदान से मोहित हूँ। तुम मुझे कारागार में डाल दो, और स्वयं राजा बन जाओ।' इससे विचित्र बात क्या हो सकती है कि एक सम्राट् अपने पुत्र से स्वयं को कारागार में डाल कर राजा बन जाने का अनुरोध करे! फिर अंततः कोई गति न देख कर दशरथ क्षणिक आश्वासन से मन को भरमाया रखना चाहते हैं-

अद्य त्विदानीं रजनीं पुत्र मा गच्छ सर्वथा।
एकाहदर्शनेनापि साधु तावच्चराम्यहम्।।

(रामायण, २.३१.२७)

(हे पुत्र, आज की इस रात में मत जाओ। एक दिन तुम्हे और देख लूँ, तो मेरा मन लगा रहेगा।।)

भरत के चरित्र को तो वाल्मीकि ने अपनी लेखनी से अमर बना ही दिया है। भरत त्याग, विनय और स्नेह के मूर्तिमान् रूप हैं। वाल्मीकि ने अपने चरित्रों के उपस्थापन में मनुष्य की गरिमा की रक्षा की है। उनका प्रत्येक चरित्र मानवीय गुणों से युक्त है। रावण का चरित्र तो उसके पांडित्य, शूरता, कुलीनता, बुद्धिमत्ता और उग्रता में अप्रतिम है। वाल्मीकि ने उसके चरित्र के कृष्णपक्ष को भी चित्रित किया है और उज्ज्वल पक्ष को भी। रावण की मनस्विता और तेज अदम्य है।

समाजचित्रण

अपने युग की समस्त प्रवृत्तियों को वाल्मीकि ने खुली आँखों से देखा था। अपने समय के राजाओं का निकृष्टतम से लेकर भव्यतम रूप उन्होंने तटस्थ दृष्टि से प्रस्तुत किया। अन्त:पुर के भीतर पारिवारिक विघटन तथा गृहकलह, सौतियाडाह तथा उसकी सामाजिक राजनीतिक परिणतियाँ— इनमें से कुछ भी उनकी पैनी दृष्टि से छूटा न था। रामायण का प्रारम्भ ही षडयन्त्र, कुचक्र तथा अनिष्ट की आशंका के साथ होता है। दशरथ राम को राजपद देने का संकल्प करते है, उस समय किसी अव्यक्त भय से उनका मन बोझिल है। वे राम को बुलाकर उन पर अपनी शंकायें प्रकट करते है :—

श्वस्त्वामभिषेक्ष्यामि यौवराज्ये परंतप।
सुहृदश्चाप्रमत्तास्त्वां रक्षन्त्वद्य समन्ततः।।
भवन्ति बहुविघ्नानि कार्याण्येवंविधानि हि।
विप्रोषितश्च भरतो याददेव पुरादितः।
तावेदेवाभिषेकस्ते प्राप्तकालो मतो मम।।
कामं खलु सतां वृत्ते भ्राता ते भरतः स्थितः।
ज्येष्ठानुवर्ती धर्मात्मा सानुक्रोशो जितेन्द्रियः।।
किन्तु चित्तं मनुष्याणामनित्यमिति मे मतम्।।

(२.४.२२-२७)

(हे परन्तप, कल मैं युवराजपद पर तुम्हारा अभिषेक कर दूँगा। तुम्हारे हितैषी अब सावधान होकर तुम्हारी रक्षा करें। क्योंकि इस प्रकार के कार्य में विघ्न बाधायें होती ही है। जब तक भरत इस नगर के बाहर है, तब तक ही तुम्हारा अभिषेक हो जाये— यह मैं चाहता हूँ। यद्यपि तुम्हारे भाई भरत भले लोगों के मार्ग पर चलने वालें हैं, बड़ों का कहना मानने वाले, धर्मात्मा, उदार तथा जितेन्द्रिय भी वे हैं, फिर भी मैं यहीं समझता हूँ कि मनुष्यों का चित्त अस्थिर होता है।)

दशरथ की ये आशंकायें निरर्थक नहीं है। स्वयं राम भी राजकुल में व्याप्त खोखलेपन तथा पदलिप्सा से अवगत हैं, तथा उनके कुपरिणामों से चिन्तित भी। वनवास की सूचना देते हुए वे अपनी माता से कहते हैं—

देवि नूनं न जानीषे महद् भयमुपस्थितम्।
इदं च तव दुःखाय वैदेह्या लक्ष्मणस्य च।।

२.१७.१४

(देवी, आप नहीं जानती कि आपके, सीता और लक्ष्मण के दु:ख के लिये कितना बड़ा भय आज उपस्थित है।)

सामन्तीय समाज की संपूर्ण विभीषिका हमारे सामने उस समय उपस्थित होती है, जब कौसल्या राम पर अपनी आशंकायें व्यक्त करने लगती हैं। राजमहल की ऊपरी चकाचौंध के भीतर छिपा सौतिया डाह, पारस्परिक वैमनस्य तथा एक पुरुष की अनेक पत्नियाँ होने पर उनके उपेक्षित जीवन की विडम्बना को तीव्रता के साथ वाल्मीकि ने इस प्रसंग में उपस्थित किया है—

सा बहुन्यमनोज्ञानि वाक्यानि हृदयच्छिदाम्।
अहं श्रोष्ये सपत्नीनामवराणामवरा सती।।
त्वयि सन्निहितेप्येवमहमासं निराकृता।
किं पुनः प्रोषिते तात ध्रुवं मरणमेव मे।
अत्यन्तं निगृहीतास्मि भर्तुर्नित्यसम्मता।
परिवारेण कैकेय्याः समा वाप्यवरापरा।
यो हि मां सेवते कश्चिदथवाप्यनुवर्तते।
कैकेय्याः पुनरन्वीक्ष्य स जनो नाभिभाषते।
नित्यक्रोधतया तस्याः कथं नु खरवादि तत्।
कैकेय्याः वदनं द्रष्टुं पुत्र शक्ष्यामि दुर्गता।।

२.१७.२३-२५१

(हे राम! तुम्हारे चले जाने पर मुझे नीच सपत्नियों के नीचे रहकर उनकी हृदय को बेधने वाली बहुत सी बातें सुननी पड़ेगी। तुम्हारे यहाँ रहते हुए भी मुझे कोई पूछता नहीं था , तुम्हारे चले जाने पर मेरे लिये तो मृत्यु ही हो जायेगी। मुझे सदैव दबा कर ही रखा गया है। पति ने मुझे कभी नहीं पूछा। जो लोग मेरी सेवा करने वाले या साथ देने वाले हैं, वे भी कैकयी के डर से मुझसे अब नहीं बोलेंगे। ऐसी दुर्गति में पड़ी हुई मैं उस कठोर वचन कहने वाली कैकयी का मुख भी कैसे देख पाऊँगी?)

कौसल्या की यह आशंका एक स्त्री की कातरता मात्र नहीं है। यह रानी के जीवन का कटु यथार्थ है। राम भी अपनी मां की आशंकाओं के पीछे निहित वस्तुस्थिति से अपरिचित नहीं है। वे अपने साथ चलने को उद्यत लक्ष्मण को कहते हैं—

मयाद्य सह सौमित्रे त्वयि गच्छति तद्वनम्।
को भोजयिष्यति कौसल्यां सुमित्रां वा यशस्विनीम्।
सा हि राज्यमिदं प्राप्य नृपस्याश्वपतेः सुता।
दुःखितानां सपत्नीनां न करिष्यति शोभनम्।।
न स्मरिष्यति कौसल्यां सुमित्रां च सुदुःखिताम्।
भरतो राज्यमासाद्य कैकेयीं पर्यवस्थितः।।

२.२८.२-४

(हे लक्ष्मण! यदि तुम भी मेरे साथ चले जाओगे, तो कौसल्या या सुमित्रा की देख-रेख कौन करेगा? राज्य को पाकर राजा अश्वपति की बेटी (कैकयी) अपनी दुखिया सौतों का कोई भला नहीं करेगी। भरत भी राज्य पाकर कैकयी के ओर ध्यान रखते हुए कौसल्या या सुमित्रा का स्मरण नहीं करेंगे।)

राम की ये आशंकायें वनवास में भी उनका पीछा करती हैं। भरत की सदाशयता से परिचित होने के कारण जहाँ कभी-कभी वे अपने मन को इस विचार से आश्वस्त करना चाहते हैं कि अयोध्या में सब कुछ ठीक ही होगा, और भरत पिता दशरथ सहित सभी माताओं का बराबर ध्यान रखते ही होंगे (२।४१।५-६), पर अनेक बार अपने परिवार की विघटन की दुखदायी स्मृतियाँ उनके मन में भय तथा त्रास उत्पन्न करतीं हैं—

ध्रुवमद्य महाराजो दुःखं स्वपिति लक्ष्मण।
कृतकामा तु कैकेयी तुष्टा भवितुमर्हति।।
सा हि देवी महाराजं कैकयी राज्यकारणात्।
अपि न च्यावयेत् प्राणान् दृष्ट्वा भरतमागतम्।।
अनाथश्च हि वृद्धश्च मया चैव विनाकृतः।
किं करिष्यति धर्मात्मा कैकेयीवशमागतः।।
इदं व्यसनमालोक्य राज्ञश्च मतिविभ्रमम्।
काम एवार्थधर्माभ्यां गरीयानिति मे मतिः।।
अपीदानीं तु कैकेयी सौभाग्यमदमोहिता।
कौसल्यां च सुमित्रां च सा प्रबाधेत मत्कृते।।

२.४६.६-१५

(हे लक्ष्मण, निश्चय ही महाराज अब बहुत दुखी रहते होंगे तथा कृतकामा कैकेयी अब सन्तुष्ट होंगी। भरत के आने के बाद कैकेयी राज्य के कारण कहीं महाराज के प्राण ही न ले ले। अनाथ, वृद्ध तथा मुझसे वियुक्त वे कामी राजा कैकेयी के वश में आकर कर ही क्या सकेंगे? इस विपत्ति तथा राजा के बुद्धि विपर्यय को देख कर यही सोचता हूँ कि अर्थ तथा धर्म से काम ही अधिक बलवान् है। मेरे कारण कहीं कैकेयी अपने सौभाग्य के मद से मोहित होकर कौसल्या और सुमित्रा को कष्ट न पहुँचाये।)

दशरथ के परिवार में फैले इस संत्रास का कारण है, सत्ता— जिसे वे कैकेयी से विवाह के समय हार चुके थे। बाद में, जब दशरथ नहीं रहते, और राम को वापस लाने के लिये आते हैं, तो राम भरत को समझाने के लिये वह पुराना प्रसंग उठाते हैं।

पुरा भ्रातः पिता नः स मातरं ते समुद्वहन्।
मातामहे समाश्रौषीद् राज्यशुल्कमनुत्तमम्।।२।९९।३॥

(हे भाई, बहुत पहले जब हमारे पिता ने तुम्हारी माता से विवाह किया था, उस समय उन्होंने तुम्हारे मातामह से विवाहशुल्क के रूप में (कैकेयी के संतान को) राज्य देने का वचन दिया था।)

वाल्मीकि की दृष्टि समाज के सभी वर्गों पर गई थी। अपने समय के ब्राह्मण, क्षत्रिय, वैश्य, शूद्र, चाण्डाल आदि की प्रवृत्तियाँ उनकी दृष्टि में आयीं थीं। अयोध्या काण्ड में त्रिजट नामक ब्राह्मण का प्रसंग इसका बड़ा सुन्दर उदाहरण है। ''गार्ग्य गोत्र में उत्पन्न त्रिजट नामक ब्राह्मण वन में फाल, कुदाल और हल से किसी प्रकार जीविका चलाता था। एक बार उसकी तरुणी भार्या ने दरिद्रता से खिन्न होकर सारे बाल-बच्चों को उसके आगे ले जाकर(उसके भरण-पोषण के लिये) राम के पास जाने की सलाह दी। पत्नी के वचन सुनकर वह अपनी फटी हुई धोती से किसी प्रकार शरीर को ढ़ककर राम से मिलने के लिये चल पड़ा। राम को उसने अपना दुःख बतलाया। राम ने परिहास में यह कहने पर की अपनी लाठी को जितनी दूर तक फेंकोगे, उतनी गायें दी जायेंगी— किस प्रकार अपनी धोती को कमर से बाँधकर हड़बड़ी से प्राणों का पूरा वेग लगा कर उस ब्राह्मण ने लाठी को दूर तक फेंका।''

इस प्रसंग में वाल्मीकि की लोकजीवन में पैनी दृष्टि प्रकट हुई है।

भारत के विभिन्न प्रान्तों के लोगों का रहन-सहन तथा उनकी परम्पराओं से परिचय भी वाल्मीकि ने प्रकट किया है। एक स्थान पर वे दाक्षिणात्य लोगों के द्वारा मस्तक पर फूलों से श्रृंगार करने की प्रथा का उल्लेख करते हैं। (२।८७।१८।) समुद्रतट के निवासियों के जीवन से उनका परिचय है। वन्यजीवन की सूक्ष्मताओं का वाल्मीकि ने जैसा विशद चित्र खीचा है, यह सुदुर्लभ है। नगर से आये भरत चित्रकूट के आस-पास के परिवेश को देखते हैं। वहाँ वाल्मीकि ने नगर तथा वन के जीवन के अन्तर रेखांकित कर दिया है।— 'भरत ने उस वन में मृग तथा गाय के गोबर से निर्मित कंडों के सर्दी से बचने के लिये बनाये गये बड़े-बड़े ढेर देखे। पर्णशाला के आगे उन्होंने चीरी गई लकड़ियों तथा चुने गये फूलों को देखा। पेड़ों के ऊँचाईयों पर कुछ कपड़ों के टुकड़े बँधे हुए थे, जिन्हें अन्धेरी रात आदि के समय मार्ग की पहचान के लिये लक्ष्मण ने बाँधा होगा।' (२।९३।५,६,९)

वस्तुतः भारतीय जनजीवन में वाल्मीकि की गैठ गहरी है। साथ ही, भारत तथा उसके आस-पास रहने वाली जितनी जनजातियों का उल्लेख उन्होंने किया है, उतना बहुत कम कवियों ने किया है।

रस

रामायण का अंगी (प्रधान) रस करुण है। इस महाकाव्य का उद्भव ही करुणा की वृत्ति से हुआ है। वाल्मीकि स्वयं कहते हैं कि उनके भीतर का शोक श्लोक के रूप में परिणत हो गया है—

सोऽनुव्याहरमाद् भूयः शोकः श्लोकत्वमागतः

तथा— **'शोकार्तस्य प्रवृत्तो मे श्लोको भवतु नान्यथा।'** १.२.१७

रामायण में आद्यंत करुणा की स्रोतस्विनी प्रवहमाण है। इस करुण रस की विशेषता मनुष्य जीवन के अटूट संघर्ष और संकट के क्षणों की अनुभूति में है। मनुष्य अपने जीवन के घात-प्रतिघात, नियति के थपेड़ों और दूसरों के द्वारा किये जाने वाले उत्पीडन से किस प्रकार जूझता और अंत में अपने संघर्ष के द्वारा उबरता है, यह कवि की सच्ची मानवीय संवेदना के साथ रामायण में पदे-पदे हम अनुभव करते हैं। छोटी-छोटी घटनाओं या कथाप्रसंगों के माध्यम से वाल्मीकि जीवन में निहित करुणा को उजागर कर देते हैं। राम वनवास के लिये प्रस्थान कर रहे हैं। कैकेयी सीता को भी पहनने के लिये वल्कल वस्त्र दे देती है। इस प्रसंग का चित्रण करते हुए कवि कहता है— "अपने परिधान के लिये लाये गये उस वल्कल को देख कर सीता भयभीत हरिणी की भाँति घबरा उठी। उसने काँपते हाथों से कैकेयी से कुशचीर ले लिये। उसे पता नहीं था कि वल्कल कैसे पहना जाता है। अश्रुपूर्ण नयनों से उस धर्मज्ञा ने पति से पूछा- 'वनवासी मुनि लोग इन चीरो को कैसे बाँधते हैं?' फिर उसने एक चीर को गले में डाल लिया। आगे क्या करना है— यह न समझ कर वह लज्जा से मुँह झुकाये खड़ी रह गयी। तब राम ने फुर्ती से उसके हाथों से वल्कल लेकर उसके वस्त्र के ऊपर बाँध दिया। राजकुमार राम को अपने हाथ से सीता के लिये चीर बाँधते देख कर अंत:पुर की स्त्रियों की आँखों से आँसू बह निकले।"

वनवास के समय पुरवासियों का विषाद, दशरथ और कौसल्या का विलाप, वन में विराध राक्षस के द्वारा सीता को पकड़ कर ले जाना, कबंध राक्षस का लक्ष्मण को पकड़ लेना, सीताहरण, सीता का अशोकवाटिका में निवास— इन सब प्रसंगों के चित्रण में शोक, चिंता, अवसाद के भाव करुणा के महासागर पर ऊर्मियों की भाँति उठते गिरते हैं। रावण का वध हो जाने के बाद राम के रावण के विषय में कथन अपने आप में अत्यंत मार्मिक हैं। और सीता का राम से पुनर्मिलन का जैसा दारुण और हृदयद्रावक प्रसंग तो हमारे साहित्य में अन्यत्र कदाचित् नहीं मिलेगा।

करुण रस के अतिरिक्त शृंगार के संयोग और विप्रलंभ इन दोनों रूपों का सुंदर चित्रण वाल्मीकि ने किया है। शृंगार निरूपण में राम और सीता के पारस्परिक प्रेम की अनन्यता और शुचिता का प्रत्यय हमें आदिकाव्य में होता है। राम के वियोग की पीडा का निरूपण करते हुए वाल्मीकि ने मनोभावों का आलोडन-विलोडन करते हुए उन्होंने राम के हृदय के स्पंदन और उच्छलन को पूरे वेग से प्रकट किया है। राम कहते हैं—

शोकश्च किल कालेन गच्छता ह्यपगच्छति।
मम चापश्यतः कान्तामहन्यहनि वर्धते।।

(रामा. ६.५.४)

(लोगों का शोक समय बीतने के साथ धीरे धीरे कम होता चला जाता है। मेरा शोक सीता को न पा कर प्रतिदिन बढ़ता जा रहा है।)

वाहि वात यतः कान्ता स्पृष्ट्वा तां मामपि स्पृश।
त्वयि मे गात्रसंस्पर्शश्चन्द्रे दृष्टिसमागमः।।

(रामा. ६.५.६)

(हे वायु, तुम उसी स्थान पर जा कर बहो जहाँ सीता है, और उसे छू कर मुझे छुओ। तब मेरे देह में तुम्हारा स्पर्श चंद्रमा में दृष्टि मिल जाने जैसा होगा।)।

इसीप्रकार वाल्मीकि के युद्ध के वर्णन अपनी गत्यात्मकता, बलशालिता और ओजस्विता में अनुपम हैं। युद्ध के उत्साह और उन्माद, भय और आतंक, जिजीविषा और मुमूर्षा का भावसंधि और भावशबलता से समन्वित चित्रण उन्होंने विस्तार से किया है। करुण प्रसंगों में उनकी भाषा जितना सुकुमार रूप प्रकट करती है, युद्ध के उपक्रम में उतना ही तेजस्वी रूप भी वह उजागर करती है। राम क्रुद्ध होकर समुद्र को सुखाने के लिये धनुष पर बाण खींचते हैं-

तस्मिन् विकृष्टे सहसा राघवेण शरासने।
रोदसी सम्पफालेव पर्वताश्च चकम्पिरे।।
तमश्च लोकमाववे दिशश्च न चकाशिरे।।

(६.२२।६,७)

(राम ने धनुष पर जैसे ही बाण खींचा, पृथिवी और आकाश गिर से पड़े, पहाड़ काँप उठे, अंधेरे ने संसार को घेर लिया, दिशाएँ मंद पड़ गयीं।)

संग्राम की विभीषिका और उससे उत्पन्न सम्मर्द (भगदड़) का उनका चित्रण अपूर्व ही है।

राक्षसोऽसीति हरयो हरिश्चासीति राक्षसाः।
अन्योन्यं समरे जघ्नुस्तस्मिंस्तमसि दारुणे।।
जहि दारय चेहीति कथं विद्रवसीति च।
एवं स तुमुलः शब्दस्तस्मिंस्तमसि शुश्रुवे।।

आलंबन में भय और आश्रय में क्रोध का चित्रण कर के वाल्मीकि ने रौद्र रस की प्रभविष्णु सृष्टि युद्ध के प्रसंगों में की है। एक पक्ष में उत्साह, अमर्ष आदि भाव जाग्रत होते हैं, तो दूसरे पक्ष में शंका, त्रास, ग्लानि, निर्वेद, असूया आदि भाव घर करने लगते हैं। समूह के भीतर संक्रामक रोग की तरह फैलते इन भावों का प्रसार दिखाने में वाल्मीकि की दृष्टि बड़ी पैनी है। राक्षसों से संत्रस्त वानरों के चित्रण में वे कहते हैं—

वीक्षमाणा दिशः सर्वास्तिर्यगूर्ध्वं च वानराः।
तृणेष्वपि च चेष्टत्सु राक्षसा इति मेनिरे।।

(६।३७।४)

(सब दिशाओं में आगे पीछे देखते हुए वे वानर गण तिनके के हिलने पर भी राक्षस आ गया— इस डर से घबरा उठते थे।)

अलंकारों का अत्यंत स्वाभाविक विन्यास रामायण में निरंतर हुआ है। ये अलंकार भाव और रस के परिपोष में सहायक हैं। राम के विरह के प्रसंग में हेमंत ऋतु के तुषार से घिरे चंद्रमा का वर्णन है—

रविसङ्क्रान्तसौभाग्यस्तुषारावृत्तमण्डलः।
निःश्वासान्ध इवादर्शश्चन्द्रमा न प्रकाशते।।

(सूर्य में अपना सौभाग्य संक्रांत कर चुका तथा तुषार से घिरे मंडल वाला चंद्रमा निःश्वास से अंधे दर्पण के समान चमक नहीं रहा है)। यहाँ निःश्वास से अंधे बने दर्पण का उपमान राम की विषादग्रस्त मनोदशा के सर्वथा अनुकूल है, तथा वह उनके मन की ऊहापोह और सीता का पता न चल पाने की अनिश्चित स्थिति को व्यक्त करता है। 'अंध' शब्द का दर्पण के लिये प्रयोग लाक्षणिक सौंदर्य तथा लक्षणामूल ध्वनि के अर्थांतरसंक्रमितवाच्य नामक भेद का भी उत्कृष्ट उदाहरण है। आचार्य आनंदवर्धन ने इस श्लोक को ध्वनिकाव्य के उदाहरण के रूप में उद्धृत किया है।

इसी प्रकार संध्या के वर्णन में कहा है—

चञ्चच्चन्द्रकरस्पर्शहर्षोन्मीलिततारका।
अहो रागवती सन्ध्या जहाति स्वयमम्बरम्।।

(चंचल चंद्रमा के कर (किरण , हाथ) के स्पर्श के हर्ष के कारण खिल उठे तारक (तारे, आँखों की पुतलियों) वाली रागवती (लालिमा से युक्त, अनुराग से युक्त) संध्या स्वयं अंबर (आकाश, वस्त्र) छोड़ रही है।)

यहाँ एक साथ अनायास ही चार शब्दों में श्लेष कवि ने रच दिया है, उसके कारण चंद्रमा और संध्या का मानवीकरण और शृंगार की सुन्दर अभिव्यक्ति यहाँ हो गयी है।

वाल्मीकि के उपमानों में कविकल्पना की निस्सीमता का बोध होता है। वे अपने उपमानों में अंत:प्रकृति और बाह्य प्रकृति का समन्वय करते हैं, अत: वे कभी स्थूल दृश्य के लिये अमूर्त उपमान का प्रयोग करते हैं, तो कभी अमूर्त वस्तु के लिये स्थूल पदार्थ को उपमान बनाते हैं। अमूर्त उपमानों का नितांत विशिष्ट प्रयोग उन्होंने अशोकवाटिका में स्थित सीता के वर्णन में किया है। सीता उन्हें संदिग्ध हुई स्मृति के समान, विनष्ट हुई समृद्धि के समान, आहत हुई श्रद्धा के समान, प्रतिहत हुई आशा के समान, विघ्नों से रोकी गयी सिद्धि के

समान, कलुषित हुई बुद्धि के समान, अपकीर्ति से ग्रस्त कीर्ति के समान प्रतीत होती हैं। स्वाध्याय के अभाव में प्रशिथिल विद्या के समान उस सीता को देख कर हनुमान् की बुद्धि संदेह में पड़ गयी (कि क्या ये ही सीता हैं), वे उसे कठिनाई से पहचान सके, जैसे संस्काररहित तथा अन्य अर्थ को प्राप्त वाणी कठिनाई से समझी जाती है।

तस्य सन्दिदिहे बुद्धिस्तथा सीतां निरीक्ष्य च।
आम्नायानामयोगेन विद्यां प्रशिथिलामिव।।
दुःखेन बुबुधे सीतां हनूमाननलङ्कृताम्।।
संस्कारेण यथा हीनां वाचमर्थान्तरं गताम्।।

(५.१३.३६-३७)

इसी प्रकार एक कारक के लिये अनेक क्रियाओं या एक क्रिया में अनेक कारक गूँथते हुए दीपक अलंकार का या कई कारकों और कई क्रियाओं को समन्वित करते हुए यथासंख्य अलंकार का प्रयोग भी निपुणता के साथ वाल्मीकि की रचना में हुआ है। किष्किंधाकांड में वर्षावर्णनमें वाल्मीकि कहते हैं—

वहन्ति वर्षन्ति नदन्ति भान्ति ध्यायन्ति नृत्यन्ति समाश्वसन्ति।
नद्यो घना मत्तगजा वनान्ताः प्रियाविहीनाः शिखिनः प्लवङ्गाः।।

वर्णनकला

वाल्मीकि अपने वर्णनों में किसी भी दृश्य या वस्तु को मूर्त करके उसका मानस बिंब उपस्थित कर देते हैं। अतीत और अनागत भी उनकी लेखनी से मूर्त होकर हस्तामलकवत् प्रतीत होने लगते हैं। उनकी शैली चिरनिर्वृत्त घटनाओं को भी प्रत्यक्ष सा घटित दिखा देती है। इसलिये ब्रह्मा वाल्मीकि के कवित्व की प्रशंसा करते हुए रामायण में ही कहते हैं—

चिरनिर्वृत्तमप्येतत् प्रत्यक्षमिव दर्शितम्।।

(रामा.१.४.१६)

अपने वर्णनों में किसी भी दृश्य को मूर्त करने के लिये वाल्मीकि सटीक उपमाओं के साथ रमणीय उत्प्रेक्षाओं का भी प्रयोग करते हैं और नैसर्गिक पदार्थों का मानवीकरण कर देते हैं। समुद्र के वर्णन में वे कहते हैं—

चण्डनक्रग्राहघोरं क्षपादौ दिवसक्षये।
हसन्तमिव फेनोघैर्नृत्यन्तमिव चोर्मिभिः।।

(प्रचंड मगरों और घड़ियालों से भरा हुआ वह सागर दिन के ढल जाने पर और रात के आते समय फेन की राशि के कारण हँसता हुआ सा प्रतीत होता था, और लहरों के कारण नाचता सा लगता था।)

दो वस्तुओं को आमने सामने रख कर उनकी तुलना एक दूसरे की विशेषताओं को स्पष्ट झलका देती है- यह आकाश और सागर के आमने सामने रखकर वाल्मीकि ने प्रदर्शित किया है। वे कहते हैं— आकाश सागर के सदृश था और सागर आकाश के सदृश। दोनों में कोई अंतर न था। सागर के ऊपर फैला आकाश क्षितिज पर सागर से सट गया था, इसलिये आकाश और सागर एक दूसरे में तदाकार हो गये लगते थे।

सागरं चाम्बरप्रख्यमाकाशं सागरोपमम्।
सागरं चाम्बरं चेति निर्विशेषमदृश्यत।।

सम्पृक्तं नभसाप्यम्भः सम्पृक्तं च नभोऽम्भसा।
तादृग्रूपे स्म दृश्येते ते तारारत्नसमाकुले।।

समुत्पतितमेघस्य वीचिमालाकुलस्य च।
विशेषो न द्वयोरासीत् सागरस्याम्बरस्य च।।

इसी प्रकार आगे चल कर अनन्वय अलंकार का सुंदर प्रयोग करते हुए राम और रावण के युद्ध के लिये वे यही उपमान प्रयुक्त करते हैं—

गगनं गगनाकारं सागरः सागरोपमः।
रामरावणयोर्युद्धं रामरावणयोरिव।।

(आकाश आकाश के ही जैसा है, और सागर सागर के ही जैसा। राम और रावण का युद्ध राम और रावण के युद्ध के जैसा ही है।)

उनकी कविता का इस विशेषता के आधार पर हीं काव्यशास्त्रियों ने भाविक अलंकार की परिकल्पना की।

प्रकृतिचित्रण में वाल्मीकि ने विराट् के सौंदर्य और गति को रूपायित किया है। जंगल, पर्वत, नदी, सागर, और वनस्पतियों के भीतर के जीवन स्पंदन का वे अनुभव हमें कराते हैं। प्रकृति के प्रतिक्षण परिवर्तमान रूप और नवोन्मेष को वे बारीकी से रेखांकित करते हैं। भागीरथी के वर्णन में कहा है—

जलाघाताट्टहासोग्रां फेननिर्मलहासिनीम्।
क्वचिद्वेणीकृतजलां क्वचिदावर्तशोभिताम्।।
क्वचित् स्तिमितगम्भीरां क्वचिदावर्तशोभिताम्।
क्वचिद् गम्भीरनिर्घोषां क्वचिद् भैरवनिःस्वनाम्।।
देवसङ्घाप्लुतजलां निर्मलोत्पलसङ्कुलाम्।
क्वचिदाभोगपुलिनां क्वचिन्निर्मलबालुकाम्।।

(बं. सं. २।५०।१६-१६)

(पानी की लहरों के परस्पर टकराने से वह अट्टहास करती लगती थी, फेन से निर्मल हँसी

हँसती दिखती थी, कहीं पर पानी की पतली धाराएँ इसकी वेणी बन गयीं थीं, कहीं पर भँवर उसकी शोभा बढ़ा रहे थे। कहीं पर वह ठहरी पर गहरी हो गयी थी, कहीं पर गंभीर निर्घोष कर रही थी, तो कहीं डरावना शोर। देवों के संघ उसमें स्नान कर रहे थे, निर्मल नीलकमल उसमें भरे पड़े थे। कहीं तो उसका पुलिन दूर दूर कर फैला था, कहीं निर्मल बालू फैली थी।)

गंगा के इस वर्णन में वाल्मीकि की दृष्टि का प्रसार उसके नाना रूपों को एक साथ समेट लेता है। वे हमें एक बड़े दृष्टिफलक की तीव्र गति से सैर करा देते हैं। इसके साथ ही वे निसर्ग के नाना रूपों के बीच रुक-रुक कर उनमें एकाकार होते भी चलते है। मनुष्य का हृदय उन दृश्यखण्डों में बिछल जाता है। वर्षा के मेघ सोपानों की कतारों की तरह हो जाते हैं, जिस पर चढ़कर सूरज को कुटज के फूलों की माला पहना आने का मन होता है। (४।२७।४।) हेमन्त की हवाएँ, जो केवड़े की सुगन्ध से सराबोर हैं, अंजलियों में भर-भर कर पी जा सकती हैं (४।२७।८)। वर्षा में आकाश कई रूपों मे सामने आता है। कभी लगता है मेघ की गीली चिन्दियाँ उसके घावों पर बाँधी गयी हों, कभी सन्ध्या के चरणों से रंजित, धीमी, हवा में निःश्वास छोड़ता हुआ, सफेद बादलों से आच्छादित वह कामातुर की तरह प्रतीत होता है, कभी बिजलियों के सुनहरे कोड़ों से पीटा गया वेदना से कराहता हुआ लगता है।

सन्ध्यारागोत्थितैस्ताम्रैरन्तेष्वपि च पाण्डुभिः।
स्निग्धैरभ्रपटच्छेदैर्बद्धव्रणमिवाम्बरम्।।

मन्दमारुतनिःश्वासं सन्ध्याचरणरञ्जितम्।
अपाण्डुजलदं भाति कामातुरमिवाम्बरम्।।

कशाभिरिव हैमीभिर्विद्युद्भिरभिताडितम्।
अन्तःस्तनितनिर्घोषं सवेदनमिवाम्बरम्।।

४।२७।५-६-७।।

कई स्थानों पर वाल्मीकि मनुष्य तथा प्रकृति को एक दूसरे के आमने-सामने रखते हैं। वहाँ पर उपमान और उपमेय दोनों एक दूसरे को अलंकृत करने लगते हैं। प्रकृति की निच्छलता से मनुष्य का हृदय निर्मल हो जाता है, और हृदय के आन्तरिक सौन्दर्य में सृष्टि नहा उठती है। वर्षा के समय पर्वत के वर्णन में वे कहते हैं—

मेघकृष्णाजिनधरा धारायज्ञोपवीतिनः।
मारुतापूरितगुहाः प्राधीता इव पर्वताः।।

४।२७।१०

(मेघों का कृष्णाजिन (कृष्णमृग की खाल) पहने पानी का धार का यत्रोपवीत धारण किये हुए, गुफाओं में घुसती हवा की सरसराहट से मंत्रपाठ सा करते पहाड़ ब्रह्मचारियों की तरह अध्ययनरत लगते हैं।)

लंकादाह के पश्चात् हनुमान् जब अरिष्ट पर्वत का आरोहण करते हैं, तो कवि ने पर्वत के वर्णन को विविध कल्पनाओं की मालाएँ पहना दी हैं। मेघ उस पहाड़ के शृंगों पर लटके हैं, जिन से वह चादर ओढ़े लगता है—

सोत्तरीयमिवाम्भोदैः शृङ्गान्तरविलम्बिभिः।

यहाँ शृंग शब्द का प्रयोग भी चमत्कारपूर्ण है। इसका अन्य अर्थ सींग भी होता है।

वाल्मीकि ने प्रकृति वर्णनों में उत्प्रेक्षा अलंकार का रमणीयविन्यास करते हुए प्रकृति को सजीव और मानवीय बना कर साकार कर दिया है। घाम में अब तक तप रही धरती वर्षा की पहली बोछार के बाद जब भभका छोड़ती है, तो वह विरही राम को दु:खिनी सीता की तरह नि:श्वास छोड़ती लगती है। काले बादल के ऊपर कौंधती बिजली ऐसी लगती है जैसी रावण के द्वारा हरी जाते समय सीता उसके अंक में तड़प रही हो—

एषा घर्मपरिक्लिष्टा नववारिपरप्लुता।
सीतेव शोकसन्तप्ता मही वाष्पं विमुञ्चति।।
नीलमेघाश्रिता विद्युत् स्फुरन्ती प्रतिभाति मे।
स्फुरन्ती रावणस्याङ्के वैदेहीव तपस्विनी।।

(४.२७.७-१२)

इसी प्रकार सीता के वर्णन में वाल्मीकि कहते हैं—

समीपं राजसिंहस्य रामस्य विदितात्मनः।
सङ्कल्पहयसंयुक्तैर्यान्तीमिव मनोरथैः।।

(५.१७.६)

(विदित अंत:करण वाले राजसिंह राम के पास वे सीता संकल्पों के अश्व जिसमें जुते हुए हैं- ऐसे मनोरथ (इच्छा, मन का रथ) में बैठ कर जाती हुई सी लगती थीं।) यहाँ मनोरथ शब्द के श्लिष्ट प्रयोग के द्वारा कविता में अपूर्व चमत्कार आ गया है। उपमा, उत्प्रेक्षा, अनन्वय, काव्यलिंग आदि अलंकारों की छटाएँ रामायण की रचना में सहज अन्वित होती चली गयीं हैं। सुंदरकांड में चंद्रवर्णन में शब्दालंकारों की झड़ी कवि ने लगा दी है।

छंदोयोजना

यद्यपि रामायण में आद्यंत अनुष्टुप् छंद की प्रधानता है, पर बीच बीच में अन्य छंदों का भी यथावसर प्रयोग हुआ है। वर्तमान में प्रकाशित रामायण के संस्करणों में अनुष्टुप् के अतिरिक्त निम्नलिखित छंद भी मिलते हैं- उपजाति, जंशस्थ, इंद्रवज्रा, उपेंद्रवज्रा, पुष्पिताग्रा, प्रहर्षिणी, वैश्वदेवी, अपरवक्त्र, रुचिरा, वसंततिलका, मालिनी, वियोगिनी तथा भुजंगप्रयात।

रामायण का आदर्श तथा संदेश

वाल्मीकि ने समाज में व्याप्त विकृतियों और दुर्बलताओं को गहराई से पहचाना तथा

उनका चित्रण भी किया है। पर वे हमें राम, हनूमान्, भरत जैसे महान् चरित्रों के द्वारा यह बताते हैं कि इन बुराइयों से कैसे बचा जाय। राजाओं और क्षत्रिय समाज की विलासिता का यथार्थ चित्रण उन्होंने दशरथ सुग्रीव और रावण के अंत:पुर के वर्णन में किया है। वृद्ध राजा दशरथ की अपनी युवती रानी कैकेयी को रिझाने की चेष्टाएँ विडंबनापूर्ण लगती हैं। दशरथ की कामुकता के प्रति वाल्मीकि ने अपनी अरुचि प्रकट की है। किष्किंधाकांड में सुग्रीव की विलासिता के चित्रण के साथ शासकवर्ग की आत्मरति और आत्मविस्मृति की तीखी भर्त्स्ना है। रावण का तो चरित्र ही शासक की निरंकुशता और ऐश्वर्य के मद का साकार रूप है। सामंतीय समाज के इस प्रकार के अध:पतन की प्रतिक्रिया में वाल्मीकि ने राम के जैसे मर्यादापुरुषोत्तम का चरित्र उपस्थित किया। रामायण जीवन में सतत सत्कर्म की प्रेरणा देता है। मनुष्यों को अपने ऊपर आने वाले संकट और दु:ख को सहज भाव से स्वीकार करना चाहिये, क्योंकि ये संकट और दु:ख सदा रहने वाले नहीं हैं। उनके कारण कर्म से विरत होकर संसार का त्याग करने का विचार नहीं करना चाहिये। राम ने अपने जीवन में कितने दु:ख सहे। रामायण के सारे पात्र जीवन में हताशा और अनास्था के क्षणों से उबर कर सत्यसंकल्प और कर्म का वरण करते हैं। हनूमान् सीता को खोजते खोजते थक कर चूर हो जाते हैं। सीता नहीं मिलती, तो वे विरक्त होकर संन्यासी हो जाने का विचार करने लगते हैं। पर अंत में वे यही सोचते हैं कि अपने कर्तव्य में उत्साह के साथ लगे रहना ही उचित होगा, अंत में कभी न कभी सफलता मिलेगी ही।

अनिर्वेद: श्रियो मूलमनिर्वेद: परं सुखम्।
अनिर्वेदो हि सततं सर्वार्थेषु प्रवर्तक:।।

(५.१०.१०)

अपने क्षणिक मोह तथा आत्मघात के तामसिक विचार को परास्त कर के हनूमान् सोचते हैं—

विनाशे बहवो दोषा: जीवन् प्राप्स्यामि भद्रकम्।
तस्मात् प्राणान् धरिष्यामि ध्रुवो जीवति सङ्गम:।।

(५.११.४७)

(अपने आपको कष्ट दे कर अपना नाश करने में बहुत दोष हैं। जीवित रहूँगा, तो अवश्य ही कल्याण की प्राप्ति होगी ही। इसलिये प्राणों को धारण किये रहूँगा, जीवित रहा तो सीता का दर्शन अवश्य होगा।) इस प्रकार रामायण के सारे पात्र अस्तित्व के गहरे संकट और अवसाद के क्षणों में आस्था की खोज करते हैं। चिरसंचित अनुभव के रूप में उनका निष्कर्ष यही है—

कल्याणी बत गाथेयं लौकिकी प्रतिभाति माम्।
एति जीवन्तमानन्दो नरं वर्षशतादपि।।

(५.३२.६)

(लोक में प्रचलित यह गाथा ही मुझे कल्याणकर प्रतीत होती है कि मनुष्य जीवित रहे, तो सौ वर्षो की प्रतीक्षा के बाद भी उसे अंततः आनंद मिलेगा ही।) जीवन मनुष्य के लिये वरदान है, अभिशाप नहीं। अतः अपने आप में विश्वास रख कर कर्म करना जीवन है।

रामायण मानवीयता की महती कविता है। हनूमान् जब सीता से अशोकवाटिका में मिल कर आते हैं और राम को सीता का संदेश बताते हैं, तो राम समझ नहीं पाते कि हनुमान् का वे बदले में क्या उपकार कर सकते हैं। पर तुरत वे सँभल जाते हैं और कहते हैं कि हे हरि (वानर) तुमने जो मेरा उपकार किया, वह मेरे ही शरीर के भीतर गल जाय, क्योंकि जो व्यक्ति उपकारी के प्रत्युपकार करने की बात करता है, वह यह मानता है कि उपकारी पर भी तो कभी विपत्ति आयेगी—

मय्येव जीर्णतां यातु यत् त्वयोपकृतं हरे।
नरः प्रत्युपकारार्थी विपत्तिमभिकाङ्क्षति।।

रामायण में लोकविश्वास, लोकोक्तियाँ तथा आभाणक

रामायण तथा महाभारत दोनों काव्यों ने संस्कृतकाव्यपरंपरा को अनेक आभाणक व कथनशैलियाँ प्रदान कीं। ये मुहावरें तथा शैलियाँ इन दोनों काव्यों की रचना के समय बोलचाल की भाषा में प्रयुक्त होते थे। लोकविश्वास रहा है कि मरने के समय सुनहरे वृक्ष दिखते हैं। सीता रावण को फटकारती हुई कहती हैं—

व्यक्तं हिरणमयांस्त्वं हि सम्पश्यसि महीरुहान्।

अरण्य० ५३.१९

नदीं वैतरणीं घोरां रुधिरौघविवाहिनीम्।।
तप्तकाञ्चनपुष्पां च वैदूर्यप्रवरच्छदाम्।
द्रक्ष्यसे शाल्मलीं तीक्ष्णामायसैः कण्टकैश्चिताम्।।

अरण्य० ५३.१९-२१

प्राणत्याग के समय जटायु कहता है—

उपरुध्यन्ति मे प्राणा दृष्टिर्भ्रमति राघव।
पश्यामि वृक्षान् सौवर्णानुशीरकृतमूर्धजान्।।

अरण्य० ६८.११

राम दशरथ को पिंड (इंगुदी पिण्याक) देते हुए कहते हैं—

इदं भुङ्क्ष्व महाराज प्रीतो यदशना वयम्।
यदन्नः पुरुषो भवति तदन्नास्तस्य देवताः।।

अयोध्या. १०३.३०

(हे महाराज, इस पिंड का भोग प्राप्त कीजिये। मनुष्य स्वयं जो अन्न खाता है, उसके देवता भी वही अन्न खाते हैं।)

भरत के मुख से इस स्थिति पर फिर कहलवाया गया है —

श्रुतिस्तु खल्वियं सत्या लौकिकी प्रतिभाति मे।
यदन्नः पुरुषो भवति तदन्नास्तस्य देवताः।।

अयोध्या १०४.१५

दशरथ के महल में गाथाएँ गाई जाती थीं—

व्याहृताः पुण्यशब्दाश्च वीणानां चापि निःस्वनाः।
आशीर्गेयं च गाथानां पूरयामास वेश्म तत्।।

अयोध्या ६५.६

इसी प्रकार लोकविश्वास के अनुसार जनसमाज में प्रचलित उक्ति है—

यमिच्छेत् पुनरायातं नैनं दूरमनुव्रजेत्।।

अयोध्या ४०.५१

(जिसके लिये मन में यह कामना है कि वह फिर मिलने आये, उसे दूर तक छोड़ने न जाये।)

पतिव्रतानां नाश्रूणि वृथा पतन्ति भूतले।

(६.११.६७)

(पतिव्रताओं के आँसू धरती पर व्यर्थ नहीं गिरते।)

न स सङ्कुचितः पन्था येन बाली हतो गतः।

(वह रास्ता सिकुड़ा नहीं है, जिससे बाली मारा जाने पर गया।)

वाल्मीकि की सूक्तियाँ

वाल्मीकि ने अपनी ऋषिदृष्टि से जीवन के मर्म का उद्घाटन किया है, अतः उनकी कविता में पदे पदे ऐसे सुभाषित या सुंदर उक्तियाँ प्राप्त होती हैं, जो आज भी हमारे लिये मार्गदर्शक हैं। ऐसी उक्तियाँ शताब्दियों तक भारतीय मानस में घर किये रही हैं। उदाहरण के लिये -

नहि निम्बात् स्रवेत् क्षौद्रं लोके निगदितं वचः।

(२.३.१७)

(यह सत्य ही कहा गया है कि नीम से शहद नहीं टपक सकती)।

अप्रियस्य च पथ्यस्य वक्ता श्रोता च दुर्लभः।

(अप्रिय पर हितकारक बात को कहने और सुनने वाले दुर्लभ होते हैं)।

आत्मा हि दाराः सर्वेषां दारसङ्ग्रहवर्तिनाम्।

(विवाहित लोगों के लिये पत्नी उनकी आत्मा के समान होती है।)

आम्रं छित्वा कुठारेण निम्बं परिचरेत्तु कः।

(२.३.१३)

(कौन समझदार होगा जो आम को तो कुल्हाड़ी से काट डाले और नीम को सींचता रहे?)

सुलभाः पुरुषा राजन् सततं प्रिय वादिनः।
अप्रियस्य च पथ्यस्य वक्ता श्रोता च दुर्लभः।।

(३.३५.२)

(हे राजन्, प्रिय बोलने वाले पुरुष तो सरलता से मिल जातें हैं, अप्रिय और हितककर बात को कहने वाला और सुनने वाला दुर्लभ होता है।)

लक्ष्मण वनवास के समय कहते हैं—

गुरोरवप्यवलिप्तस्य कार्याकार्यमजानतः।
उत्पथप्रतिपन्नस्य कार्यं भवति शासनम्।।

२.२१.१३

(गुरु भी यदि अवलिप्त या अंहकार से भर गयें हों, कार्य और अकार्य न समझ पा रहें हों, और कुमार्ग पर चल पड़ें हों, तो उन्हें अनुशासित करना पड़ता है।)

पारंपरिक समीक्षा में वाल्मीकि

संस्कृत कवियों में कालिदास सबसे पहले हैं, जिन्होंने वाल्मीकि के दाय को अपनी जीवन्त प्रतिभा से आत्मसात् ही नहीं किया , उसे मुक्त कण्ठ से स्वीकार करते हुए आदिकवि के प्रति अकृत्रिम श्रद्धा के उद्गार भी अनेकत्र अभिव्यक्त किये। रामायण के करुणा विगलित कर देने वाले काव्य का मार्मिक वर्णन कदाचित् किसी अन्य ने इस तरह नहीं किया, जैसा कालिदास ने—

वृत्तं रामस्य वाल्मीकेः कृतिस्तौ किन्नरस्वनौ।
किं तद् यन्नमनो हेतुर्मलं स्यातां न श्रृण्वताम्।।
तद्गीतश्रवणैकाग्रा संसदश्रुमुखी वभौ।
हिमनिष्यन्दिनी प्रातर्निर्वातेव वनस्थली।।

रघुवंश, १५।६४।६६

(एक तो राम का वृत्त, दूसरे वाल्मीकि की कृति, फिर वे दोनों गायक— कुश और लव— किन्नर जैसे स्वर वाले। सुनने वालों के मन को हरने में पर्याप्त हो ऐसी एक एक वस्तु वहाँ थी। उनके गीत को सुने में एकाग्र हुए लोगों की आँखें डबडबा गईं, जैसे भोर में हवा के स्तब्ध होने पर वनस्थली पर ओस की बूँदें छा जाती हैं।)

भवभूति ने वाल्मीकि को मुनिवृषा तथा कवियों में प्रथम कहा है उनके काव्य के शाश्वत महत्त्व के सम्बन्ध में भी भवभूति का कथन है—

प्रतिमन्वन्तरं भूतैर्गीयमाना चरिष्यति।
प्रातः पवित्रं लोकानामियं चारित्रपंजिका।।

महावीरचरित, ४.५८

भवभूति ने रामायण को शब्दब्रह्म का विवर्त तथा इतिहास भी कहा है, जिसकी रचना के साथ मानो संसार ही पण्डित हो गया। यह काव्य वाल्मीकि की सरस्वती का निष्यन्द, रघुवंश की प्रशस्ति, पवित्र, वचनों का अमृत,करुण तथा अद्भुत रसों से आविष्ट तथा आर्ष दृष्टि से देखा गया है। मुरारी के अनुसार वाल्मीकि कवित्व के अवतरण के प्रथम तीर्थ हैं, जिनकी सरस्वती का निर्यास रामायण काव्य इक्ष्वाकुवंशीय लोगों का यशःशरीर ही है।

संस्कृत कवियों की सुदीर्घ परम्परा वाल्मीकि का उपजीव्यत्व तथा आदिकवित्व स्वीकार करती है। कवयित्री विज्जिका के अनुसार तो कवि शब्द का प्रवर्तन ही वाल्मीकि ने किया—

जाते जगति वाल्मीकौ कविरित्यभिधाऽभवत्।
कवी इति ततो व्यासे कवयस्त्वयि दण्डिनि।।

वाल्मीकि के उपजीव्य तथा आदिकवित्व के कारण कवि शब्द को उनकी एक संज्ञा के रुप में भी माना गया (कविर्वाल्मीकिशुक्रयोः— मेदिनी कोश)। विज्जिका ने काव्य क्षेत्र में वाल्मीकि का अवतरण पहले और व्यास का बाद में माना। स्वयं दण्डी ने, जिन्हें इस कवयित्री ने वाल्मीकि और व्यास के बाद सर्वोच्च स्थान दिया है, अपनी अवन्तीसुन्दरीकथा में पहले वाल्मीकि और व्यास की वन्दना की है। उदयसुन्दरीकथा के लेखक सोड्ढल के मत में कवियों का वंश ही वाल्मीकि से उदित हुआ। सोड्ढल ने वाल्मीकि को मुनियों में अग्रगण्यतम कहते हुए स्वीकार किया है उनके कवित्व की सात्त्विकता तथा निर्दुष्टता के लिये श्लाघा की है।

तिलकमंजरी के लेखक धनपाल ने भी अपनी कविप्रशस्तियों में दण्डी की भाँति वाल्मीकि को पहले, तदन्तर व्यास को नमन किया है। वाल्मीकि भारतीय वाङ्मय के परम उपजीव्य हैं, अगणित कवियों को उन्होंने अनुप्राणित किया है—इस तथ्य को संस्कृत के अनेक कवियों ने पूरी हार्दिकता के साथ स्वीकार किया है। शार्ङ्गधर पद्धति के संकलनकार शाङ्र्धर ने वाल्मीकि को चन्द्रमा तथा कवियों को चकोर की उपमा दी है। प्रसन्नराघव के लेखक जयदेव ने अपने एक मनोहर पद्य में कहा है— ऋषि वाल्मीकि सूर्यवंश के अवतंस श्रीराम की कीर्ति रमणी के लास्य में बज उठने वाले वाद्य की प्रथमध्वनि हैं, जिसके वदन से झरते काव्य रूपी अमृतसागर को पीकर नूतन कवि मेघों से भरी मेघमाला सदैव बरसती रहती है।

भास्वद्वंशवतंसकीर्तिरमणीरङ्गप्रसङ्गस्वनद्-
वादित्रध्वनिरेष वै विजयते वल्मीकजन्मा मुनिः।।

सोड्ढल और क्षेमेद्र दोनों ने उन्हें काव्यसंसार का पहला प्रजापति बताया है।

भवभूति ने उत्तर रामचरित के तृतीय अंक में लोक में काव्य के प्रथम जन्म की अलौकिक घटना का विषय बनाकर वाल्मीकि की कविता और रचना प्रक्रिया को लेकर अत्यन्त सहृदयतापूर्ण तथा दृष्टिसंपन्न विवेचन प्रस्तुत किया है।

राजशेखर, मुरारि, बिल्हण आदि कवियों ने भी क्रान्तदर्शिता, अपूर्व निर्माणक्षमता और ऋषिदृष्टि के लिये वाल्मीकि का सादर स्मरण किया है। राजशेखर ने कवि भर्तृमेण्ठ, भवभूति तथा अपने को क्रमशः वाल्मीकि का अवतार बतलाया है। राजशेखर ने तो अपने बालरामायण में बड़े नाटकीय ढंग से वाल्मीकि और व्यास के बीच आदि कवि का ज्येष्ठत्व तथा प्रशस्यत्व प्रमाणित किया है। इस नाटक के प्रारम्भ में व्यास स्वयं पात्र के रूप में आते हैं और कहते हैं— आदि कवि के समक्ष मैं हूँ ही क्या? फिर उन्होंने वाल्मीकि की रचना को वेद के समान आदृत तथा स्मृतिमयी कहा है। बालरामायण में राजशेखर ने मारिष के मुख से प्रस्तावना में कहलवाया है— शब्द के सम्पूर्ण अभिप्रायों को प्रत्यक्षकर लेने वाले, उस वाल्मीकि से अधिक चर्मचक्षुओं वाला यह राजशेखर भला क्या कर सकेगा? मुरारी ने भी इसी कवियों का प्रत्याख्यान करते हुए कहा है—चारणों को कवि समझकर उसकी चर्चाओं से प्रमुदित होकर अपने को यशस्वी मत समझो। राम के ही कीर्ति के गीत कितने कवियों ने गाये, पर अपनी यशोमुद्रा से रामचन्द्र ने वाल्मीकि की रचना को उज्जवल बनाया। बिल्हण के अनुसार— रावण को जो अपकीर्ति मिली, और राम को सुयश, वह सब आदि कवि का ही कवित्व है।

लङ्कापतेः सङ्कुचितं यशो यत् यत् कीर्तिपात्रं रघुराजपुत्रः।
तत्सर्वमेवादिकवेः प्रभावान्न कोपनीयाः कवयो नृपेन्द्रैः।।

राजशेखर ने अपनी काव्यमीमांसा में इस अनुश्रुति का उल्लेख किया है कि वाग्देवी ने स्वयं वाल्मीकि को पुत्रवत् मान कर उन्हें वाणी और छन्द दिये। यही नहीं बालरामायण नाटक की प्रस्तावना में वे सूत्रधार के मुख से अपने आप को गर्व के साथ वाल्मीकि का अवतार घोषित करते हैं

बभूव वाल्मीकिभवः कविः पुरा ततः प्रपेदे भुवि भर्तृमेण्ठताम्।
स्थितः पुनर्यो भवभूतिरेखया स वर्तते सम्प्रति राजशेखरः।।

वाल्मीकि के काव्य की रम्यता, प्रांजलता,सौष्ठव तथा माधुर्य की सराहना त्रिविक्रमभट्ट, गोवर्धन, हरिहर, कविराज,गंगादेवी आदि अनेक कवियों ने की है। संस्कृत के महनीय कवियों की परम्परा ने वाल्मीकि को अपना सिरमोर, पथप्रदर्शक, तथा सर्वोच्च कवि स्वीकार किया है। कविवर सोमेश्वर ने अपनी कीर्तिकौमुदी में वाल्मीकि की कविता को मधु से संपृक्त और कवि भ्रमरों के लिये पद्मिनी बतलाया है। एक अज्ञात कवि ने वाल्मीकि को पद्यनिर्माण विद्या का प्रथम प्रस्तुकर्ता कहते हुए उनके काव्य की चित्तरंजकता का उल्लेख किया है। सोमेश्वर ने ही अपने दूसरे महाकाव्य सुरथोत्सव में वाल्मीकि को मुनियों तथा कवियों में प्रमुख कहते हुए उन्हें अपने काव्यरूपी मन्दिर में राम की कीर्ति मूर्ति को प्रतिष्ठित करने वाला बताया है। अपने

नाटक उदात्तराघव में उसने उनकी कविता के बारम्बार सुनने पर भी नवीन प्रतीत होने के वैशिष्ट्य की चर्चा की है। क्षेमेन्द्र ने वाल्मीकि को महाकाव्यविश्व का प्रजापति बताया है, जिन्होंने सबके हृदयों को बाँधने वाले काव्य रामायण की रचना की। उनके मानस से वाणी की स्फीत स्वच्छ धारा वैसे ही जन्मी जैसे स्वर्ग से पवित्र सरस्वती। सत्रहवीं शती के महाकवि नीलकण्ठ दीक्षित ने वाल्मीकि को वाणि का सहृदयकान्त कह कर अपनी श्रद्धा व्यक्त की है।

कान्तः सहृदयो वाचः कविरेव चिरन्तनः।
जडे जगति येनैव छन्दः प्रागवन्वरुध्यत।।

(गंगावतरण, १।१३)

रामायण तथा महाभारत जैसे ग्रन्थों को 'लक्ष्यग्रन्थ' कहा गया क्योंकि वे काव्यसंबंधी शास्त्रीय चिन्तन या लक्षणों के निकष हैं और लक्षणों का निर्धारण तथा व्यवस्थापन लक्ष्यग्रन्थों के ही आधार पर होना चाहिये। काव्य चिन्तन के क्षेत्र में ध्वनिसिद्धान्त को पहली बार पूरी तरह प्रतिष्ठित तथा उपस्थापित करते हुए आचार्य आनन्दवर्धन ने कहा है कि ध्वनितत्त्व की उपस्थिति रामायण महाभारत जैसे लक्ष्य ग्रन्थों में सर्वत्र सहृदयों के द्वारा अनुभूत होती रही है। अत: उसका सैद्धान्तिक स्वरूप निर्धारित कर लेना आवश्यक हो जाता है - ''रामायणमहाभारत-प्रभृतिनि लक्ष्ये सर्वत्र प्रसिद्धिव्यवहारं लक्षयतां सहृदयानामानन्दो मनसि लभतां प्रतिष्ठाम्... '' (ध्वन्यालोक, प्रथम उद्योत)

इसीलिये ध्वनि के स्वरूप का निर्धारण करते समय तथा काव्य में उसकी उपस्थिति को परिभाषित करते समय आनन्दवर्धन ने वाल्मीकि तथा उनके काव्य को बार-बार सामने रखा है। काव्यात्मा के निरूपण में उन्होंने कहा है—

काव्यात्मा स एवार्थस्तथा चादिकवेः पुरा।
क्रौञ्चद्वन्द्ववियोगोत्थः श्लोकः श्लोकत्वमागतः।।

ध्वन्यालोक, १।४।

काव्य की अनुभूति वही तत्त्व है, जो आदि कवि के मानस में क्रौंचद्वंद्व के वियोग से जन्मे शोक के रूप में प्रकट होकर श्लोक में परिणत हुआ था। प्रबंध या महाकाव्य आदि में एक रस अंगी (प्रधान) होना चाहिये- शेष रस अंग के रूप में निबद्ध होने चाहिये— इस सिद्धांत का प्रतिपादन करते हुए आचार्य आनंदवर्धन ने वाल्मीकि का उदाहरण देते हुए कहा है कि रामायण में आदिकवि ने करुण रस का आद्यंत निर्वाह किया है—

रामायणे हि करुणरस: स्वयमादिकविना सूत्रित: 'श्लोक: श्लोकत्वमागत:' इत्येवंवादिना। निर्व्यूढश्च स एव सीतात्यन्तवियोगपर्यन्तमेवप्रबन्धमुपरचयता।' इसीप्रकार आचार्य कुंतक भी रामायण में करुण रस अंगी मानते हैं।

अभिनवगुप्त ने ध्वन्यालोक की उपर्युक्त कारिका (१।४।) की व्याख्या में वाल्मीकि के बहाने काव्य रचना प्रक्रिया तथा रसास्वाद पर मार्मिक विवेचन किया है। क्रौंचद्वंद्ववियोग से जो

शोक उत्पन्न हुआ विप्रलंभ शृंगार के स्थायी भाव रति से अलग था, वह शोक उपर्युक्त विभाव, उसके क्रन्दन के द्वारा हृदयसंवाद, तन्मयीभवन की स्थितियों से होकर आस्वाद्य बना और करुण में परिणत होकर अलौकिक शोक से भिन्न वस्तु बन गया। वहीं शोक, रस, से परिपूर्ण कुंभ से जिस प्रकार रस छलक उठता है, वैसे ही वाल्मीकि के मानस को आलोडित कर छलकने लगा और श्लोक में परिणत हुआ। उसे मुनि का व्यक्तिगत शोक नहीं कहा जा सकता।

ध्वनि की स्थापना तथा लक्षण निर्धारण के लिये ही आनन्दवर्धन ने वाल्मीकि को आधार ही नहीं बनाया, अपितु ध्वनि काव्य का उदाहरण देते हुए भी रामायण से ही यह पद्य उद्धृत किया गया है—

रविसङ्क्रान्तसौभाग्यस्तुषारावृतमण्डलः।
निःश्वासान्ध इवादर्शश्चन्द्रमा न प्रकाशते।।

इस श्लोक की विशद मीमांसा करते हुए आचार्य अभिनवगुप्त लोचनटीका में कहते हैं—

'ध्वनेर्लक्ष्यप्रसिद्धतामाह-रवीति। हेमन्तवर्णने पञ्चवट्यां रामस्योक्तिरियम्। अन्ध इति चोपहतदृष्टिः। जात्यन्धस्यापि गर्भे दृष्ट्युपघातात्। अन्धोऽयं पुरोऽपि न पश्यतीत्यत्र तिरस्कारोन्धार्थस्य न त्वत्यन्तम्। इह त्वादर्शस्यान्धत्वमारोप्यमाणमपि न सह्यमिति। अन्धशब्दोऽत्र पदार्थस्फुटीकरणाशक्तत्वं नष्टदृष्टिगतं निमित्तीकृत्यादर्शं लक्षणया प्रतिपादयति। असाधारणविच्छायत्वानुपयोगित्वादिधर्मजातमसंख्यं प्रयोजनं व्यनक्ति। भट्टनायकेन तु यदुक्तम्– 'इवशब्दयोगाद्गौणताप्यत्र न काचित्'इति, तच्छ्लोकार्थमपरामृश्य। आदर्शचन्द्रमसोर्हि सादृश्यमिवशब्दो द्योतयति। निःश्वासान्ध इति चादर्शविशेषणम्। इवशब्दस्यान्धार्थेन योजने आदर्शश्चन्द्रमा इत्युदाहरणं भवेत्। योजनं चैतदिवशब्दस्य क्लिष्टम्। न च निःश्वासेनान्ध इवादर्शः स इव चन्द्र इति कल्पना युक्ता। जैमिनीयसूत्रे ह्येवं योज्यते न काव्येऽपीत्यलम्।'

(इस श्लोक के द्वारा आचार्य आनंदवर्धन ध्वनिसिद्धांत किस प्रकार (रामायण जैसे) लक्ष्यग्रंथ में भी प्रसिद्ध है यह बताते हैं। रविसङ्क्रान्त—इत्यादि श्लोक हेमन्त ऋतु के वर्णन के प्रसंग में पंचवटी में राम की उक्ति है। अन्ध कहने का आशय है उपहत दृष्टि वाला। जो जन्म से अंधा है, उसकी भी दृष्टि गर्भ में ही उपहत हो जाती है। अंधा होने से यह सामने नहीं देख सकता इस आशय के साथ अंधशब्द के अर्थ का तिरस्कार किया गया है, अत्यंत तिरस्कार नहीं। दर्पण पर अंधत्व का आरोप तो सह्य नहीं है अर्थात् बाधित हो जाता है। अत: अंध शब्द लक्षणा के द्वारा अपने वाच्य अर्थ दृष्टिनाश के निमित्त से पदार्थ के स्वरूप को स्फुट रूप में भासित कराने की अयोग्यता इस अर्थ को प्रकाशित करता है। उससे असाधारण रूप से शोभा का नष्ट होना, अनुपयोगी होना आदि अनेक धर्म प्रयोजनरूप में व्यंजित हो जाते हैं। यहाँ

भट्टनायक ने यह जो कहा कि इव शब्द के प्रयोग के कारण लक्षणा नहीं है क्योंकि इव शब्द अंध के साथ अन्वित है – यह उन्होंने श्लोक के अर्थ को समझे बिना कह दिया है। इव शब्द यहाँ आदर्श और चंद्रमा के सादृश्य को द्योतित कर रहा है और निःश्वासान्ध यह आदर्श का विशेषण है। इव शब्द का अन्वय अंध के साथ करने पर अन्ध इव आदर्शः चन्द्रमा ऐसा अन्वय हो जायेगा, तब अंधे की भाँति चंद्रमा रूपी आदर्श यह अर्थ करना पड़ेगा, जो कि क्लिष्टार्थ है। 'निःश्वास से अंधे जैसा आदर्श और आदर्श जैसा चंद्रमा' - ऐसी कल्पना करना भी उचित नहीं, यह मीमांसासूत्र में संभव है, काव्य में नहीं।)

आनन्दवर्धन की सम्मति में वाल्मीकि ऐसे असाधारण प्रतिभा-सम्पन्न कवि हैं, जिनकी प्रतिभा का एक अंश पाकर भी काव्य के असीम संसार की रचना करने में कोई कवि समर्थ हो सकता है—

वाल्मीकिव्यतिरिक्तस्य यद्येकस्यापि कस्यचित्।
दृश्यते प्रतिभार्थेषु तत्तदानन्त्यमक्षयम्।।

(ध्वन्यालोक चतुर्थ उद्योत)

ध्वनिसिद्धांत का निकष बताते हुए आनन्दवर्धन ने फिर कहा है कि उन्होंने अपने सिद्धान्तों का निर्धारण वाल्मीकि, व्यास जैसे कवियों को मानदण्ड बना कर ही किया है।

वाल्मीकिव्यासप्रमुखा ये प्रख्याताः कवीश्वराः।
तदभिप्रायबाह्योऽयं नास्माभिर्दर्शितो नयः।।

(वही, तृतीय उद्योत)

संस्कृत काव्यशास्त्र के दूसरे महान् आचार्य कुन्तक ने भी रामायण में करुणरस को अंगीरस मान कर उसके औचित्य का प्रतिपादन किया है। किन्तु कुन्तक ने प्रकरणवक्रता के विचार में एक स्थान पर रामायण की अनुचित आलोचना की है। मायामृग के प्रसंग में राम के सदृश करुण क्रन्दन ध्वनि को सुन कर सीता अनिच्छुक लक्ष्मण को कटु वचन सुना कर राम के रक्षा के लिये भेज देती है। कुन्तक की दृष्टि में यह अत्यन्त अनौचित्य से युक्त है। लक्ष्मण राम और सीता के अनुचर हैं— मायामृग के अन्वेषण के लिये सर्वप्रथम उन्हें ही भेजना था। फिर रामायण के सर्वातिशयी चरित्र से युक्त नायक के विषय में उससे छोटे व्यक्ति से उसके प्राणों की रक्षा की संभावना की जाये— यह अपने आप में बहुत ही अनुचित है। इसके आगे कुन्तक ने कहा है— इस अनौचित्य को देखते हुए ही उदात्तराघव नाटक के लेखक ने अपनी कृति में मारीचमृग को मारने के लिये सीता के द्वारा राम को भेजा जाना चित्रित किया है।

आनन्दवर्धन ने वाल्मीकि की रचना को लक्ष्यग्रन्थ तथा उपजीव्य काव्य माना है, उनका पद्य भी ध्वनि काव्य के उदाहरण स्वरूप उद्धृत किया है। अभिनवगुप्त के गुरु भट्टतोत ने काव्य की रचना प्रक्रिया के मूल उत्स की छानबीन करते हुए वाल्मीकि की रचना में दर्शन तथा वर्णन— इन दोनों तत्त्वों की समवेत उपस्थिति की ओर इंगित किया है।

नानृषिः कविरित्युक्तमृषिश्च किल दर्शनात्।
विचित्रभावधर्मांशंतत्त्वप्रख्या च दर्शनम्।।
स तत्त्वदर्शनादेव शास्त्रेषु पठितः कविः।
दर्शनाद् वर्णाच्चाथ रूढा लोके कविश्रुतिः
तथाहि दर्शने स्वच्छे नित्यप्यादिकवेर्मुनेः।
नोदिता कविता तावद् यावज्जाता न वर्णना।।

(ध्वन्यालोकलोचन, तथा हेमचन्द्र के काव्यानुशासन।८१। में उद्धृत।)

परवर्ती ग्रन्थ कल्पलताविवेकवृत्ति के लेखक ने रामायण में प्रबंध ध्वनि स्वीकार की है। काव्यशास्त्र के आचार्य परम्परा में अंतिम शृंखला के आचार्य अप्पय दीक्षित ने अपनी चित्र मीमांसा में अर्थशक्तिमूल उपमा ध्वनि के उदाहरण में वाल्मीकि का एक मार्मिक पद्य उद्धृत किया है।

क्षेमेंद्र के अनुसार वाल्मीकि कवियों में उसी तरह प्रथम हैं, जिसप्रकार वर्णो में ओंकार- 'ओङ्कार इव वर्णानां कवीनां प्रथमो मुनिः।'

भोज ने अपने चम्पूरामायण में उनके लिये कहा है—

मधुमयभणितीनां मार्गदर्शी महर्षिः।

(महर्षि वाल्मीकि मधुर उक्तियों के मार्गदर्शक हैं।)

कविपरंपरा में वाल्मीकि को ब्रह्मा के समान माना गया। ब्रह्मा ने लोक का निर्माण किया, तो आदिकवि ने श्लोक का—

आदिकवी चतुरास्यौ कमलजवल्मीकजौ वन्दे।
लोकश्लोकविधात्रोर्ययोर्भिदा लेशमात्रेण।।

महाकवि रवींद्रनाथ टैगोर के अनुसार रामायण में भारतवर्ष की आत्मा झलकती है। उनके अनुसार रामायण के द्वारा भारतवर्ष का सच्चा स्वरूप हम जान सकते हैं। वे कहते हैं- 'रामायण में केवल कवि का ही परिचय नहीं है, भारतवर्ष का परिचयप्राप्त होता है। इस रामायण की कथा से भारतवर्ष के क्या बालक, क्या वृद्ध, क्या स्त्रियाँ सबको केवल शिक्षा ही नहीं मिली है, शिक्षा के साथ-साथ उन्हें आनंद भी मिला है। भारतवासियों ने रामायण को शिरोधार्य ही नहीं माना है, उन्होंने उसको अपने हृदयसिंहासन पर स्थापित किया है।'

रामायण की परंपरा

योगवासिष्ठ के प्रणेता भी वाल्मीकि मुनि माने जाते हैं। इस ग्रंथ को महारामायण वासिष्ठ रामायण तथा ज्ञानवासिष्ठ भी कहा जाता है। यहाँ रामकथा के स्थान पर वेदांत का प्रतिपादन अधिक है। परवर्ती रामायण में अध्यात्मरामायण को सर्वाधिक प्रतिष्ठा प्राप्त है। यह ग्रंथ भी वेदांत का प्रतिष्ठापक है, विशेषतः बालकांड के अंतर्गत इसके रामहृदय तथा उत्तरकांड के

अंतर्गत रामगीता में तो वेदांत व अध्यात्म ही मूल विषय है। तुलसीदास भी इससे बहुत प्रभावित रहे हैं। इसका संबंध ब्रह्मांडपुराण के उत्तरखंड से है। अध्यात्मरामायण वास्तव में शिव और पार्वती का संवाद है। रामजन्म के प्रसंग में इस पर श्रीमद्भागवत का प्रभाव झलकता है, अत: इसकी रचना भागवत के पश्चात् हुई होगी। वाल्मीकि स्वयं अपनी पूर्वकथा तथा दस्युजीवन का वृत्तांत यहाँ बताते हैं (२.६.६५-८६)। वास्तविक सीता के स्थान पर माया सीता का हरण होता है। राम के द्वारा सेतुबंध के पहले शिवलिंग की स्थापना व पूजा करने का भी वृत्तांत यहाँ मिलता है।

अद्भुत वृत्तांतों के समावेश के कारण अद्भुतरामायण उल्लेखनीय है। सीता के जन्म का वृत्तांत बताते हुए कहा गया है कि नारद ने लक्ष्मी को भूलोक में अध:पतित होने का शाप दिया था, जिसके कारण उसने मंदोदरी की पुत्री के रूप में जन्म लिया। इस रामायण के अंतिम अंश में सीता के द्वारा काली का रूप धारण कर के सहस्त्रों स्कंधों वाले रावण का वध करने का विचित्र वृत्तांत भी है। जमदग्नि के द्वारा राम के विश्वरूप का दर्शन, राम का चतुर्भुजरूप में प्राकट्य, हनुमान् के द्वारा राम की स्तुति, सीता का परमेश्वरीरूप आदि प्रसंग भी इस रामायण में अद्भुत रस की सृष्टि करते हैं।

आनंदरामायण परवर्ती रामायणों में सर्वाधिक विशालकाय ग्रंथ है। इसका समय १५वीं शताब्दी मना गया है। इसमें १२२५० के लगभग पद्य हैं, तथा अध्यात्म रामायण के कतिपय पद्य उद्धृत हैं, जिससे इसकी परवर्तिता सिद्ध होती है। अध्यात्मरामायण के समान ही यह ग्रंथ भी शिव-पार्वती का संवाद है। इसमें नौ कांड हैं। – सारकांड में वाल्मीकिरामायण में वर्णित रामकथा का १३ सर्गों में सार प्रस्तुत किया गया है। गुह के द्वारा नौका से गंगा पार करने का वृत्तांत अध्यात्मरामायण से साम्य रखता है। यात्राकांड में वाल्मीकि रामायण की रचना तथा राम के द्वारा चतुर्दिक् यात्रा करने का वर्णन किया गया है। यागकांड में राम के अश्वमेध का वर्णन है। विलास कांड में सीता का नखशिखवर्णन तथा श्रृंगारप्रसंग हैं। यहाँ रामपीडित देवांगनाओं को राम आश्वासन देते हैं कि वे कृष्णावतार में उनकी रमण की इच्छा पूरी करेगें। जन्म कांड में नौ सर्गों में राम आदि चारों भाइयों के जन्म के वृत्तांत हैं। विवाहकांड तथा राज्यकांड वाल्मीकिरामायण के अयोध्याकांड के अनुसार है; तथा राज्यकांड में रामराज्य वर्णित है। मनोहरकाड में १८ सर्गों में रामोपासना का वर्णन है। पूर्णकांड में ९ सर्गों में सोमवंशी राजाओं के वृत्तांत हैं। राम को परब्रह्म के रूप में यहाँ स्थापित किया गया है।

अन्य रामायणों में[६] ब्रह्मानंद कवि के द्वारा १७वीं शताब्दी में रचित तत्त्वसंग्रहरामायण, रसिक संप्रदाय की परंपरा में लिखा गया भुशुंडिरामायण या आदिरामायण अथवा महारामायण जैसे ग्रंथ भागवत तथा वैष्णवभक्तिधारा से अत्यधिक प्रभावित हैं। मन्त्ररामायण के रचयिता महाभारत के सुविश्रुत टीकाकार नीलकंठ हैं। रामायण की पूरी कथा किस प्रकार ऋग्वेद के मंत्रों में सूचित है – यह इस रचना का प्रतिपाद्य है।

उपसंहार

रामायण साहित्यिक तथा सांस्कृतिक क्षितिज पर एक प्रवर्तक कृति है। वैदिक युग के पश्चात् लोकभाषा में काव्यरचना के युग का सूत्रपात इस के द्वारा किया गया। रामकथा को जो रूप वाल्मीकि ने इस काव्य के द्वारा प्रदान किया, वह अगली दो सहस्राब्दियों तक भारतीय संस्कृति व साहित्य की परंपराओं के लिये एक मूलाधार बना रहा।

सन्दर्भ

१. ऋग्वेद ८.३२.१, ८.२.३८; १.४.३४
२. बृहदारण्यक उपनिषद्, २.५.१०, उपनिषत्सङ्ग्रह, १९८०, पृ० ९८
३. 'पुराणप्रविभेद एवेतिहासः इत्येके। स च द्विधा परक्रिया- पुराकल्पाभ्याम्। यदाहुः-
परक्रिया पुराकल्प इतिहासगतिर्द्विधा।
स्यादेकनायका पूर्वा द्वितीया बहुनायका।।
तत्र रामायणं भारतं चोदाहरणे। (राजशेखर : काव्यमीमांसा)
४. पं० बलदेव उपाध्याय ने रामायण तथा महाभारत के अतिरिक्त श्रीमद्भागवत को भी उपजीव्य काव्य में परिगणित किया है (संस्कृत साहित्य का इतिहास, पृ० २४)। हमारी सम्मति में गुणाढ्यकृत बृहत्कथा रामायण तथा महाभारत के पश्चात् सर्वोपरि उपजीव्य काव्य है।
५. प्रिंस्टन युनिवर्सिटी प्रेस (१९८४) से प्र. रामायण के अंग्रेजी अनुवाद की भूमिका, पृ० ३२
६. अन्य रामायणों के लिये मराठी रामायणों का संग्रह अष्टोत्तरशतरामायण, सं. रामकृष्ण दत्तात्रेय पराडकर, दि प्रिंटिंग एजेंसी, ४५६, बुधवार, पुणे, १९१६ द्रष्टव्य

अध्याय - ३

महाभारत

रामायण तथा महाभारत ये दोनों ग्रंथ भारत की संस्कृति और साहित्य के सर्वस्व कहे जा सकते हैं। महाभारत तो अपने विशाल कलेवर के कारण विश्वसाहित्य में सबसे बड़ा महाकाव्य भी है। महाभारत यह संज्ञा इसकी महत्ता तथा दीर्घ कलेवर के कारण प्रसिद्ध हुई होगी। स्वयं महाभारत में 'महाभारत' इस नामकरण का कारण बताया है—

महत्त्वाद् भारवत्वाच्च महाभारतमुच्यते।

(महत्त्व और भार अर्थात् आकार की विशालता के कारण यह ग्रंथ महाभारत कहा गया है।)

महाभारत के प्रणेता

भारतीय परंपरा महाभारत के रचयिता महर्षि व्यास को मानती है, एक द्वीप में जन्म लेने के कारण ये द्वैपायन व्यास भी कहे जाते हैं, तथा कृष्णवर्ण का होने के कारण इनका पूरा नाम कृष्णद्वैपायन व्यास है। वेदों का विभाजन करने के कारण इन्हीं को वेदव्यास भी कहा जाता है। भारतीय परंपरा व्यास मुनि को ही महाभारत के साथ अठारह पुराणों का भी कर्ता मानती है। ये पराशर ऋषि तथा सत्यवती के पुत्र थे। सत्यवती चेदि राजा वसु की पुत्री थी, जिसे मल्लाहों के स्वामी दासराज ने पाला था। महाभारत की कथावस्तु में व्यास एक पात्र भी हैं। धृतराष्ट्र, पांडु तथा विदुर इन्हीं की नियोगजन्य संतानें हैं। महाभारत में महामति व्यास की महिमामय मेधा सर्वत्र प्रतिबिंबित है। इस कृति की संपूर्ण परिकल्पना उन्हीं की है, यह संभव है कि इसमें क्षेपक या प्रक्षिप्त अंश बाद के कवियों के द्वारा जोड़े जाते रहे हों और इससे इसका आकार बढ़ता गया हो।

भारतीय परंपरा में अनेक व्यास हुए हैं। ब्रह्मसूत्र के प्रणेता व्यास बादरायण व्यास के नाम से जाने जाते हैं, महाभारतकार व्यास कृष्णद्वैपायन के नाम से। महाकवि क्षेमेंद्र ने अद्भुत अध्यवसाय के द्वारा भारतमंजरी की रचना की, जिसके अंत में व्यास की स्तुति में अपना अत्यंत रमणीय काव्य – व्यासाष्टकम् उन्होंने संयोजित किया। व्यास के लिये यह एक महाकवि की अत्यंत रमणीय प्रशस्ति है।

नमो ज्ञानानलशिखापुञ्जपिङ्गजटाभृते।
कृष्णायाकृष्णमहसे कृष्णद्वैपायनाय ते।

मनस्तेजोमयश्मश्रुप्रभाशबलितत्विषे।
वक्त्रवागीश्वरीपद्मरजःसेवोदितश्रिये।।

नमः सन्ध्यासमाधामनिष्पीतरवितेजसे।
त्रैलोक्यतिमिरोच्छेददीपप्रतिमचक्षुषे।।

नमः सहस्रशाखाय धर्मोपवनशाखिने।
सत्त्वप्रतिष्ठापुष्पाय निर्वाणफलशालिने।।

नमः कृष्णाजिनजुषे बोधानन्दनवासिने।
व्याप्तायेवालिजालेन पुण्यसौरभलिप्सया।।

नमःशशिकलाकारब्रह्मसूत्रांशुशोभिने।
श्रिताय हंसकान्त्येव सम्पर्कार्कमलौकसः।।

नमो विद्यानदीपूर्णशास्त्राब्धिसकलेन्दवे।
पीयूषरससाराय कविव्यापारवेधसे।
नमः सत्यनिवासाय स्वविकाशविलासिने।
व्यासाय धाम्ने तपसां संसारायासहारिणे।।

(भारतमंजरी, काव्यमाला-६४, पृ० ८५१)

पाश्चात्त्य विद्वानों का मत है कि महाभारत किसी एक व्यक्ति की रचना नहीं हो सकता। मैक्समूलर, विंटरनित्स, मैक्डॉनल, वेबर आदि का यही विचार है तथा कतिपय भारतीय विद्वानों ने भी इसका समर्थन किया है। दूसरी ओर महाभारत में ही यह कहा गया है कि कृष्णद्वैपायन मुनि ने तीन वर्षों तक निरंतर जागते रह कर महाभारत नामक इस आख्यान का प्रणयन किया—

त्रिभिर्वर्षैः सदोत्थाय कृष्णद्वैपायनो मुनिः।
महाभारतमाख्यानं कृतवानिदमुत्तमम्।।

व्यास एक उपाधि भी रही है। प्रत्येक युग में व्यास होते रहे हैं। वेदों का विभाजन तथा पुराणों का संग्रह करने वाले किसी भी ऋषि को व्यास की पदवी दी जा सकती थी।

महाभारत के संस्करण तथा नाम

ऊपर बताया गया है कि महाभारत एक विकसनशील महाकाव्य है। आधुनिक विद्वानों का मत है कि इसकी रचना किसी एक व्यक्ति के द्वारा एक समय में नहीं हुई, अलग अलग व्यक्तियों का इसकी रचना में योगदान रहा है और यही इसके कलेवर के विशाल होने का कारण भी है। आधुनिक विद्वान् इसका विकास तीन संस्करणों में मानते हैं। सबसे पहला संस्करण जय नामक था। यही मूल महाभारत है, जिसे व्यास ने लिखा। वस्तुतः महाभारत का एक नाम जयसंहिता महाभारत में ही बताया गया है—

नारायणं नमस्कृत्य नरं चैव नरोत्तमम्।
देवीं सरस्वतीं व्यासं ततो जयमुदीरयेत्।।

अन्यत्र महाभारत को जय नामक इतिहास कहा है—

जय नामेतिहासोऽयं श्रोतव्यं विजिगीषुणा।

विद्वानों की धारणा है कि जयसंहिता की रचना महर्षि व्यास ने ८८०० श्लोकों में की। इसका प्रमाण भी महाभारत में ही स्वयं व्यास के इस कथन के रूप में दिया जाता है—

अष्टौ श्लोकसहस्राणि अष्टौ श्लोकशतानि च।
अहं वेद्मि शुको वेत्ति सञ्जयो वेत्ति वा न वा।।

वैशंपायन व्यास के शिष्य थे। व्यास ने अपने ग्रंथ की रचना कर के उसे वैशंपायन को सुनाया था। वैशंपायन ने अपने गुरु के आदेश से इस जय महाकाव्य का प्रवचन राजा जन्मेजय के नागयज्ञ के अवसर पर सुनाया। जन्मेजय ने कथा सुनते हुए बीच-बीच में जो शंकाएँ उठाईं या प्रश्न किये, वे भी जय महाकाव्य में जुड़ गये। इस प्रकार जयसंहिता को विस्तृत रूप दिया गया, तो यह भारत बन गयी। इसमें २४००० श्लोक थे। इसमें विविध उपाख्यान का समावेश नहीं था। इसकी पुष्टि में निम्नलिखित श्लोक महाभारत में प्राप्त होता है—

चतुर्विंशतिसाहस्रीं चक्रे भारतसंहिताम्।
उपाख्यानैर्विना तावद् भारतं प्रोच्यते बुधैः।।

महाभारत का अंतिम संस्करण तब बना, जब सूत ने नैमिषारण्य (वर्तमान में उत्तरप्रदेश के सीतापुर जिले के निकट) में शौनक आदि ऋषियों को इसे सुनाया। तब यह एक लाख श्लोकों का महाभारत बन गया।

चिंतामणि विनायक वैद्य तथा कुछ अन्य विद्वान् जय तथा भारत को पर्याय मानते हुए उनका एक संस्करण तथा महाभारत के रूप में दूसरा संस्करण इस प्रकार महाभारत के दो संस्करण मानते हैं।

महाभारत के विभिन्न प्रदेशों में अलग अलग पाठ परंपराएँ हैं। मुख्य रूप से उत्तरी तथा दक्षिणी ये दो महाभारत की पाठपरंपराएँ हैं। महाभारत के तीन प्रकाशित मुख्य संस्करणों में कलकत्ता संस्करण तथा बंबई संस्करण में उत्तरी पाठ परंपरा तथा मद्रास संस्करण में दक्षिणी पाठपरंपरा का अनुवर्तन किया गया है।

महाभारत की संज्ञाएँ

पर्वबंध - महाभारत की एक संज्ञा भोज ने अपने शृंगारप्रकाश में पर्वबंध बतलाई है तथा पर्वबंध को परिभाषित करते हुए कहा है –

यस्मिन्नितिहासार्थाश्छन्दोभिस्संस्कृतेन बध्यन्ते।
बहवः स पर्वबन्धो भवति महाभारतप्रभृतिः।।

इतिहास, आख्यान संहिता – ये संज्ञाएँ भी महाभारत के लिये प्रचलित रही हैं। महाभारत में स्वयं यह तथ्य बार बार कहा गया है कि यह ग्रंथ एक ऐसा इतिहास है, जिससे आगे के कवि प्रेरणा लेगें—

इतिहासोत्तमादस्माज्जायन्ते कविबुद्धयः।
इदं कविवरैः सर्वैराख्यानमुपजीव्यते।

पश्चिमी विद्वानों ने इसे विकसनशील महाकाव्य कहा है, भारतीय परंपरा इसे उपजीव्य काव्य और आर्ष काव्य मानती है।

उपजीव्यता

ग्यारहवीं शताब्दी में महाकवि क्षेमंद्र ने अपनी रामायणमंजरी तथा भारतमंजरी में रामायण और महाभारत का सार प्रस्तुत किया। भास के छह रूपक महाभारत की कथा के विभिन्न प्रसंगों को प्रस्तुत करते हैं। भारवि का किरातार्जुनीय, माघ का शिशुपालवध, श्रीहर्ष का नैषधीयचरित, भट्टनारायण का वेणीसंहार, राजशेखर का बालभारत, अगस्त्य का बालभारत आदि अनेकों महाकाव्य और नाटक महाभारत से प्रेरित हैं।

तेलगु भाषा में महाभारत का अनुवाद नन्नया कवि ने किया। नन्नया का समय दसवीं ग्यारहवीं शताब्दी है। असम में राजा दुर्लभ नारायण (१३३०-१३५०ई०) की राजसभा में एक कवि थे- होम (सोम) सरस्वती। इन्होंने प्रह्लादचरित्र लिखा। दूसरे कवि हरिहर विप्र की तीन रचनाएँ मिलती हैं-**लवकुशर युद्ध, बभ्रुवाहनर युद्ध, तथा ताम्रध्वजर युद्ध**। दुर्लभ नारायण के पुत्र इन्द्रनारायण के संरक्षण में कविरत्न सरस्वती ने जयद्रथवध काव्य की रचना की। यह भी महाभारत पर आधारित है। महाभारत में अर्जुन के द्वारा जयद्रथवध की प्रतिज्ञा का प्रसंग है। वही प्रसंग इस रचना में है। हिंदी में मैथिलीगुप्त का जयद्रथवध काव्य भी इसी प्रसंग पर आधारित है। उड़िया भाषा में पंद्रहवीं शताब्दी के कवि अर्जुनदास का रामविभा कालजयी रचना का अच्छा नमूना है। परन्तु उड़िया में रामायण और महाभारत को आधार बना कर महान् रचनाएँ प्रस्तुत करने वाले श्रेष्ठ कालजयी रचनाकार सारलादास हैं। इनका समय भी पंद्रहवीं शताब्दी है। इनका महाभारत उड़िया साहित्य में युगांतकारी रचना सिद्ध हुआ।

पंप कन्नड़ के आदिकवि हैं। इनका पंपभारत महाभारत पर आधारित होते हुए भी अपने आश्रयदाता अरिकेसरी द्वितीय के चरित्र का भी ओजस्वी व प्रभावशाली चित्रण है। महाकवि पोन्न का पंप के बाद कन्नड़साहित्य में दूसरा स्थान है। इन्होंने रामकथा महाकाव्य लिखा। कश्मीरी भाषा में रामावतारचरित नाम से रामायण का लोकप्रिय संस्करण है।

भारतीय काव्यशास्त्र की आधारशिला भी रामायण तथा महाभारत के द्वारा ही निर्मित हुई है। आचार्य आनंदवर्धन तो स्पष्ट घोषणा करते हैं कि उन्होंने ध्वनिसिद्धांत की सारी परिकल्पना वाल्मीकि और व्यास जैसे महान् कवियों के अभिप्रायों के अनुसार की है—

वाल्मीकिव्यासमुख्याश्च ये प्रख्याताः कवीश्वराः।
तदभिप्रायबाह्योऽयं नास्माभिर्दर्शितो नयः।।

ध्वन्यालोक ३.१९

रामायण और महाभारत की तुलना

महाभारत इस समय जिस रूप में उपलब्ध है, वह निश्चित रूप से वाल्मीकिरामायण की रचना के बाद का है। इसमें रामोपाख्यान सम्मिलित है, जो वाल्मीकिरामायण पर आधारित है। यही नहीं, वाल्मीकि का महाभारत में एक प्राचीन ऋषि तथा कवि के रूप में उल्लेख भी किया गया है —

अपि चायं पुरा गीतः श्लोको वाल्मीकिना भुवि।
पीडाकरममित्राणां यत् स्यात् कर्तव्यमेव तत्।।

७.११८.४८

जैसा ऊपर कहा जा चुका है इतिहास, विकसनशील महाकाव्य, उपजीव्य काव्य और आर्ष काव्य की विशेषताएँ रामायण और महाभारत दोनों में समान रूप से मिलती हैं। दोनों का कथानक तथा वर्ण्य विषय की परिधि अत्यंत विस्तीर्ण है। दोनों में राष्ट्र की संस्कृति और आत्मा समाहित है।

पारंपरिक भारतीय मान्यता के अनुसार रामायण की रचना महर्षि वाल्मीकि ने त्रेता युग में की, महाभारत की रचना महर्षि व्यास ने द्वापर युग में। रामायण और महाभारत दोनों में उनके प्रणेता एक पात्र के रूप में भी उपस्थित हैं। यही नहीं, वे इन काव्यों के कथाचक्र को नयी दिशा भी देते हैं। आदिकवि वाल्मीकि ने ही राम के द्वारा परित्यक्ता सीता को अपने तपोवन में आश्रय दिया और उसके जुड़वा बेटों— कुश तथा लव— को शिक्षा भी दी। व्यास महाभारत के पात्रों को सदुपदेश देने या संकट के समय उनके मार्गदर्शन या त्राण के लिये बार बार महाभारत में उपस्थित होते हैं।

रामायण का मूल स्वर करुणा का है, जब कि महाभारत का मूल स्वर वैराग्य का है। इसीलिये रामायण में करुण रस की प्रधानता मानी गयी और महाभारत में शांत रस की। वाल्मीकि की रचना प्रेम, स्नेह, ममता, वात्सल्य और सौहार्द की भावनाओं से ओतप्रोत है। महाभारत समाज में व्याप्त हिंसा, घृणा और कलह का यथार्थ चित्रण करता है, जिसकी परिणति वैराग्य में होती है। वाल्मीकि की रचना आदर्शपरक है, व्यास की यथार्थ परक। एक में भावतत्त्व की प्रधानता है, दूसरे में बुद्धितत्त्व की। रामायण काव्यसौंदर्य की दृष्टि से अधिक सुसंबद्ध और सुसंगत रचना है। महाभारत में इसकी अपेक्षा ऐतिहासिक तथ्यों और विवरणों की बहुलता है। भाषा की दृष्टि से भी रामायण की भाषा अधिक लालित्यपूर्ण है और महाभारत की अधिक तथ्यपरक। शैली की दृष्टि से रामायण में आलंकारिकता अधिक है। रामायण में आदर्शप्रवणता अधिक है, महाभारत में यथार्थपरकता अधिक है।

महाभारत की टीकाएँ

महाभारत पर लिखी गयी प्राचीन ३६ टीकाओं का पता लगा है। इनमें से मुख्य टीकाएँ हैं- देवबोधकृत ज्ञानदीपिका, वैशंपायनकृत टीका, विमलबोधकृत विषमश्लोकी (१०५०ई०), नारायण सर्वज्ञकृत भारतार्थप्रकाशिका (१२५०ई०), चतुर्भुजमिश्रकृत भारतोपायप्रकाश (१३००ई०), अर्जुनमिश्र (१३५०-१४००ई०) की अर्थदीपिका तथा नीलकंठ की भारतभावदीप (१६५०ई०)। प्रथम दोनों टीकाएँ प्राचीनतम कही जा सकतीं हैं। इनकी रचना १०५०ई० के पूर्व हुई।

इन टीकाओं में नीलकंठ की टीका सर्वाधिक उपयोगी मानी गयी है। ब्रह्मसूत्र के अणुभाष्यकार आनंदतीर्थ (मध्वाचार्य) ने महाभारततात्पर्यनिर्णय में महाभारत के चुने हुए अंशों की व्याख्या की है। अपनी व्याख्या में इन्होंने अपने समय का उल्लेख करते हुए कहा है—

चतुःसहस्रे त्रिशतोत्तरे गते संवत्सराणां तु कलौ पृथिव्याम्।
जातः पुनर्विप्रतनुः स भीमो दैत्यैर्निगूढं हरितत्त्वमाह।।

महाभारततात्पर्यनिर्णय, अ० ३२, श्लोक ३१

तदनुसार इनका समय १२५५-१३३५ विक्रमाब्द के लगभग है।

महाभारत के पाठ की समस्याएँ

महाभारत का समीक्षित संस्करण सुक्थनकर के संपादकत्व में निर्मित हुआ, जिसमें देश व विदेश के प्रख्यात विद्वानों ने सहयोग किया। पूना के भंडारकर प्राच्यविद्या संस्थान द्वारा प्रकाशित महाभारत के इस समीक्षात्मक संस्करण से विदित होता है कि इसकी उपलब्ध पांडुलिपियों में लगभग १३००० श्लोकों का अंतर है। सुक्थनकर के अनुसार महाभारत की अनेक प्रतियों में सर्वप्रथम लिखित 'नारायणं नमस्कृत्य..' इत्यादि श्लोक ही प्रक्षिप्त है।

महाभारत का प्रथम मुद्रित संस्करण १८३४ से १८३९ के बीच एशियाटिक सोसाइटी कलकत्ता द्वारा प्रकाशित किया गया। तत्पश्चात् मुंबई संस्करण १८७७ में छपा और १८७७ में ही दाक्षिणात्य संस्करण।

महाभारत का वर्तमान संस्करण इसके आद्य संस्करण का विपरिवर्तित रूप है – यह मत सर्वप्रथम एडोल्फ होल्डमान ने १८४५-४६ में प्रस्तुत किया था। उनका मानना था कि मूल संस्करण के निर्माताओं की सहानुभूति दुर्योधन और उसके पक्ष के प्रति थी, तथा दुर्योधन (सुयोधन) को इसमें नायक के रूप में प्रस्तुत किया गया था। मूल महाभारत में कौरवों का गुणगान था। पांडवों की विजय के पश्चात् इसे परिवर्तित कर के पांडवपक्षीय महाकाव्य का रूप दे दिया गया। मूल महाभारत में दुर्योधन के स्थान सुयोधन तथा दुःशासन के स्थान पर सुशासन नाम थे। उपलब्ध संस्करण में भी दुर्योधन की मृत्यु के समय उसे जिस गरिमामय रूप

में प्रस्तुत किया गया है, उससे इस मान्यता को बल मिलता है। सभवत: नाटककार भास के समक्ष महाभारत का यही रूप रहा होगा, जिसमें दुर्योधन एक उदात्त नायक है।

भारतीय विद्वानों में आर०डी० कर्मारकर इस मत का समर्थन करते हैं। दूसरी ओर वैदिक साहित्य में पांडवों का उल्लेख प्राप्त न होने के आधार पर आस्को पर्पोला जैसे विद्वानों ने यह मत भी प्रस्तुत किया कि पांडव घुमंतू या खानाबदोश लोग थे, जिन्होंने कौरवों को परास्त कर के भारतयुद्ध के इतिहास को महाभारत के रूप में पुनर्लेखन करवाया। उनके अनुसार मूल महाभारत का पुनर्लेखन करते हुए इसमें पांडवों तथा कृष्ण को महनीय स्वरूप जैमिनि ने प्रदान किया। बुइटेनेन ने तो यहाँ तक कह दिया है कि हस्तलिखित पोथियों के पत्र अनिबद्ध होने के कारण लेखक (प्रतिलिपिकार) अपनी ओर से चाहे जितने पन्ने पोथी में मिला देते थे, जिससे महाभारत का कलेवर बढ़ता गया।

महाभारत तथा वाचिक परंपरा

रामायण और महाभारत के आख्यानों को कुशीलवों, ग्रंथिकों, सूतों व पौराणिकों के द्वारा जन समाज के सम्मुख वाचिक परंपरा में प्रस्तुत किया जाता रहा। ये कुशीलव, ग्रंथिक, सूत व पौराणिक इन आख्यानों के मूल पाठ को यथावत् तो सुनाते ही थे, बीच बीच में वे श्रोतृसमाज को साक्षात् संबोधित भी करते चलते थे, तथा श्रोताओं की रुचि देख कर किसी प्रसंग का विस्तार भी कर देते होगें। इस विस्तारित पाठ के साक्ष्य रामायण की अपेक्षा महाभारत में अधिक मिलते हैं। विस्तार के लिये कतिपय मुहावरों या पुनरावर्तित होने वाली वाक्यावलियों का प्रयोग किया जाता। महाभारत के सूक्ष्म अध्ययन के द्वारा इस प्रकार के मुहावरों या वाक्यावलियों का एक कोश बनाया जा सकता है। इस दिशा में रामकरण शर्मा तथा रूसी विद्वान् पी.ए. ग्रिंस्टेर ने उल्लेख्य कार्य किया है। युद्ध के वर्णनों में 'ततः प्रव्रवते युद्धं तुमुलं लोमर्षणम्', 'ततः प्रव्रवते युद्धं वृत्रवासवयोरिव', 'तत्रासीत् तुमुलं युद्धम्' – इत्यादि वाक्य बार बार आते हैं।

रचनाकाल

महाभारत के रचनाकाल के प्रश्न में दो प्रश्न अनुस्यूत हैं- एक – महाभारत का संग्राम कब हुआ, दो- इस संग्राम को आधार बना कर एक महाकाव्य कब रचा गया? पारंपरिक मान्यता में दोनों में कालिक व्यवधान नहीं देखा गया, अर्थात् महाभारत के प्रणेता व्यास महाभारत के युद्ध के समय विद्यमान थे, और उसी समय उन्होंने इस काव्य का प्रणयन भी किया, जिसका समय द्वापर व कलियुग की संधिवेला में ३३०० ई०पू० के आसपास माना जा सकता है।

चिंतामणि विनायक वैद्य ने अपने ग्रंथ महाभारत – ए क्रिटिज़्म (१९०५) में महाभारत युद्ध का काल ३१००ई०पू० माना। तिलक ने केसरी में प्रकाशित अपने संपादकीयों[१] में इस

पुस्तक के अनेक मंतव्यों से असहमति व्यक्त करते हुए पुराणों के उल्लेखों के आधार पर कलियुग का आरंभ १५००ई०पू० के लगभग माना।

भारतीय विद्वानों में इस का दृढ़ता से समर्थन अनंत शर्मा ने किया है।[२] उन्होंने निधानपुर के शिलालेख के आधार पर भददत्त के पुत्र राजा वज्रदत्त तथा समुद्रगुप्त के समकालीन राजा पुष्यवर्मा के बीच ३००० वर्षों के अंतराल की गणना की है। पुष्यवर्मा तथा भास्कर वर्मा के बीच १३ राजाओं ने शासन किया। भास्कर वर्मा महाभारत के अर्जुन से युद्ध करने वाले भगदत्त तथा उसके पुत्र वज्रदत्त का वंशज था। इस शिलालेख में उसने अपनी वंशावली दी है। अनंत शर्मा ने बाणभट्ट के हर्षचरित के उल्लेखों से भी अपनी गणना की पुष्टि की है। तदनुसार भगदत्त और भास्करवर्मा के बीच ३८०० वर्षों का अंतराल है। ह्वेन सांग के उल्लेखों के अनुसार बालादित्य तथा दुर्लभवर्मा हर्ष के समकालीन थे। रविकीर्ति के ऐहोल शिलालेख में कहा गया कि महाभारत युद्ध के ३७३५ वर्ष बाद यह शिलालेख रचा गया।

अनंत शर्मा की गणना व कालनिर्धारण सर्वथा निर्भ्रान्त प्रतीत नहीं होता। भगदत्त और भास्करवर्मा के बीच ३८०० वर्षों का अंतराल किस प्रकार है यह उससे स्पष्ट नहीं हो पाता, न ही ऐहोल शिलालेख की गणना को किस आधार पर प्रामाणिक माना जाय यह ही स्पष्ट होता है, शर्मा ने पुराणों की वंशावलियों को सर्वथा प्रामाणिक मान लिया है, जब कि उनमें भी कहीं कहीं अंतर है। उन्होंने चंद्रगुप्त मौर्य का काल १५३८ ई०पू० माना है, जिससे सिकंदर व ग्रीक इतिहास में वर्णित चंद्रगुप्त को चंद्रगुप्त मौर्य से भिन्न बताया है। दूसरी ओर वेबर, शुल्मन, मिंस्कोव्स्की आदि पाश्चात्त्य विद्वानों के मत हैं, जिनके अनुसार महाभारत की उत्तरसीमा ही ४०० से ३५० ई०पू० के बीच है।[३] आस्को पर्पोला ने लौहअयस्क, अश्वपालन तथा चित्रित मृण्मयपात्रों के उपयोग के प्रामाणों के आधार पर माना कि महाभारतयुद्ध का काल १०००ई०पू० से ३५० ई०पू० के बीच है। पर्पोला ऋग्वेद का ही समय १५०० ई०पू० से पीछे ले जाने के पक्ष में नहीं हैं, और वे वैदिक काल की अनेक घटनाओं को महाभारतीय प्रसंगों से जोड़ कर भी देखते हैं। तदनुसार जन्मेजय का नागयज्ञ ऐतरेय ब्राह्मण तथा शतपथ ब्राह्मण में उल्लिखित है। वैदिक साहित्य में ऐरावत धृतराष्ट्र नामक पुरोहित के द्वारा इस यज्ञ के संपादन का वर्णन भी आया है। पर्पोला वे इस ऐरावत धृतराष्ट्र तथा दुर्योधन आदि के पिता धृतराष्ट्र को अभिन्न मान लिया है, तथा उनकी मान्यता यह भी है कि महाभारत में मध्यवैदिकयुग की घटनाओं को विकृत रूप दे दिया गया है। पांडव इस कथा में कृत्रिम रूप से आरोपित हैं, वे कुरुवंश में उत्पन्न ही नहीं हुए थे, तथा वे ईरान आये थे। पाश्चात्त्य विद्वानों के ये मत यूरोपकेंद्रित पथभ्रष्ट शोधबुद्धि के विपरिणाम हैं।

महाभारत जय, भारत तथा महाभारत इन तीन संस्करणों में रचा गया। महाभारत के आरंभ में भी पठित श्लोक में जय नामक काव्य का उल्लेख है।[४] जयकाव्य या जयाख्यासंहिता का अन्यत्र भी उल्लेख मिलता है।[५] इसमें ८८०० श्लोक थे। महाभारत का दूसरा संस्करण

भारत नाम से २४००० श्लोकों का वैशंपायन के द्वारा जन्मेजय को सुनाने के लिये निर्मित हुआ, जिसका अस्तित्व स्वयं व्यास के कथन से प्रमाणित होता है।[६] तीसरा संस्करण महाभारत के रूप में बना जब इस आख्यान को सूत ने नैमिषारण्य में ८८००० ऋषियों को सुनाया।[७] इन संस्करणों का कालनिर्धारण निम्नलिखित तथ्यों के आलोक में किया जाना चाहिये—

(१) **शिलालेखों के प्रमाण-** पाँचवीं शताब्दी के दानपत्रों में महाभारत को धर्मशास्त्र के रूप में उद्धृत किया गया है, जिससे प्रतीत होता है कि इस काल तक महाभारत की प्रतिष्ठा हो चुकी थी। इन दानपत्रों में महाभारत का नाम शतसाहस्त्री संहिता भी उल्लिखित है। इसी प्रकार ४४५ई० के गुप्तराजाओं के एक शिलालेख में महाभारत को 'शतसाहस्त्री संहिता' कहा गया है। इससे सिद्ध होता है कि चौथी पाँचवीं शताब्दी में महाभारत का एक लाख श्लोकों वाला रूप प्रचलित हो चुका था।

(२) **ऐतिहासिक प्रमाण-** ग्रीक यात्री दियो क्रिसोस्तोम ५०ई० में भारत आया था। उसने अपने यात्रावर्णन में इस बात का उल्लेख किया है कि भारत के लोगों के पास एक लाख श्लोकों का 'इलियड' है। एक लाख श्लोकों से इस ग्रीक यात्री का आशय महाभारत से ही है। अत एव प्रथम शताब्दी ई० में महाभारत का वर्तमान स्वरूप प्रचार में आ चुका था।

(३) **वैदिक साहित्य से संबंध-** महाभारत नाम का सर्वप्रथम उल्लेख आश्वलायन गृह्यसूत्र में मिलता है। इस गृह्यसूत्र में भारत तथा महाभारत ये दोनों शब्द उल्लिखित हैं। (सुमन्तजैमिनिवैशम्पायनपैलसूत्र- भाष्यभारतमहाभारतधर्माचार्या:)। बोधायनधर्मसूत्र में श्रीमद्भगवद्गीता का एक श्लोक उद्धृत है। श्रीमद्भगवद्गीता महाभारत का ही एक अंश है।

आश्वालायन तथा बोधायन धर्मसूत्रों का रचनाकाल ४०० ई०पू० के आसपास माना जाता है। अत: महाभारत ४०० ई०पू० के पूर्व अस्तित्व में आ चुका था। पं० बलदेव उपाध्याय इस आधार पर महाभारत का काल ६०० ई०पू० के आसपास मानने के पक्ष में हैं।

(४) **महाभारत के युद्ध का समय-** पारंपरिक मान्यता के अनुसार महाभारत का युद्ध द्वापर युग के अंत में लड़ा गया। अत: इसका सभय ३०००ई०पू० के कुछ पहले है। महाभारत के युद्ध के पश्चात् ही इस महान् काव्य की रचना का उपक्रम हुआ। अत: महाभारत की रचना की पूर्वसीमा यही मानी जानी चाहिये। महाभारत का युद्ध तीन वैदिक संहिताओं (ऋक्, यजु:, साम) की रचना के बाद की घटना प्रतीत होती है। इन संहिताओं में इस महायुद्ध का कोई संकेत नहीं हैं। ब्राह्मणग्रंथों में कुरुक्षेत्र का एक यज्ञस्थली के रूप में वर्णन तो है, पर एक महायुद्ध की स्थली होने का कोई संकेत नहीं है। कुरुक्षेत्र में हुए महायुद्ध का वैदिक साहित्य के अंतर्गत सर्वप्रथम उल्लेख शांखायन श्रौतसूत्र (४।१६) में मिलता है,जिसमें कौरवों के इस युद्ध में सर्वनाश होने की सूचना भी दी गयी है। काठक संहिता में कुरुपांचालों के यज्ञभोज का वर्णन करते हुए विचित्रवीर्य के पुत्र धृतराष्ट्र की चर्चा है। साथ ही अथर्ववेद में तो कुरुओं को आश्रय देने वाले शांतिप्रिय राजा के रूप में परीक्षित का भी वर्णन है।

(१०.१२७.७-१०) साथ ही बृहदारण्यक उपनिषद् (१६.९.७) में याज्ञवल्क्य के अन्य ब्रह्मज्ञानियों के साथ हुए शास्त्रार्थ के प्रसंग में संवाद आता है कि राजा परीक्षित के वंशजों का लोप हो गया। जन्मेजय के नागयज्ञ का उल्लेख शतपथ ब्राह्मण तथा ऐतरेय ब्राह्मण में आया है।

पश्चिमी विद्वानों में मायकल विट्ज़ल के अनुसार भारत युद्ध १२०० ईसा पूर्व में हुआ था। ये विद्वान् जो इसे भारत में लौह युग (१२००-८०० ईसा पूर्व) से जोड़कर देखते हैं। भारतीय विद्वानों में पी० वी० वर्तक ने महाभारत में वर्णित ग्रह-नक्षत्रों की आकाशीय गणनाओं के आधार पर महाभारतयुद्ध की तिथि इसे १६ अक्टूबर ५५६१ ईसा पूर्व मानी है। यूनान के राजदूत मेगस्थनीज ने अपनी पुस्तक 'इंडिका' में अपनी भारत यात्रा के समय जमुना (यमुना) के तट पर बसे मेथोरा (मथुरा) राज्य में शूरसेनियों से भेंट का वर्णन किया था, मेगस्थनीज ने यह बताया था कि ये शूरसेनी किसी हेराकल्स नामक देवता की पूजा करते थे और यह हेराकल्स काफी चमत्कारी पुरुष होता था तथा चन्द्रगुप्त से १३८ पीढ़ी पहले था। हेराकल्स ने कई विवाह किए और कई पुत्र उत्पन्न किए। परन्तु उसके सभी पुत्र आपस में युद्ध करके मारे गये। यहाँ ये स्पष्ट है कि ये हेराकल्स श्रीकृष्ण ही थे, विद्वान् इन्हें हरिकृष्ण कह कर श्रीकृष्ण से जोड़ते है। यदि श्रीकृष्ण चन्द्रगुप्त से १३८ पीढ़ी पहले थे तो एक पीढी को २०-३० वर्ष देने पर ३१००ईसा पूर्व श्रीकृष्ण का जन्म समय निकलता है, अत: इस आधार पर महाभारत का युद्ध ३१०० ईसा पूर्व के समय हुआ होगा।

(५) **साहित्यिक उल्लेख-** संस्कृत के साहित्यकारों में सुबंधु तथा बाण ने महाभारत का उल्लेख किया है। महाकवि अश्वघोष ने अपने वज्रसूची नामक ग्रंथ में महाभारत के शांतिपर्व तथा हरिवंश से उद्धरण दिये हैं। हरिवंश महाभारत का ही परिशिष्ट है। अश्वघोष का समय प्रथम शताब्दी के लगभग है। अत: इस समय तक महाभारत के पूर्ण विकसित संस्करण का प्रचार प्रसार हो चुका था— यह इन उल्लेखों से सिद्ध होता है।

(६) **सरस्वतीनदीविषयक साक्ष्य -** सरस्वती नदी का महाभारत में अनेकत्र उल्लेख है। बलराम तीर्थयात्रा करते हुए सरस्वती नदी के किनारे पहुँचते हैं।कई भू-विज्ञानी मानते हैं कि वर्तमान सूखी हुई घग्गर-हकरा नदी ही प्राचीन वैदिक सरस्वती नदी थी, जो ३००० ईसा पूर्व पूरे प्रवाह से बहती थी और लगभग १९०० ईसा पूर्व में भूगर्भी परिवर्तनों के कारण सूख गयी थी। ऋग्वेद में वर्णित प्राचीन वैदिक काल में सरस्वती नदी को नदीतमा की उपाधि दी गई थी। उनकी सभ्यता में सरस्वती नदी ही सबसे बड़ी और मुख्य नदी थी, गंगा नहीं। भूगर्भी परिवर्तनों के कारण सरस्वती नदी का पानी यमुना में चला गया, गंगा-यमुना संगम स्थान को 'त्रिवेणी' (गंगा-यमुना-सरस्वती) संगम मानते है। महाभारत में सरस्वती नदी के विनशन नामक तीर्थ पर सूखने का सन्दर्भ आता है जिसके अनुसार मलेच्छों से द्वेष होने के कारण सरस्वती नदी ने मलेच्छ (सिंध के पास के) प्रदेशो में जाना बंद कर दिया।

(७) **द्वारका का प्रमाण** - पुरातत्त्ववेत्ताओं ने गुजरात के पश्चिमी तट पर समुद्र में डूबे ४०००-३५०० वर्ष पुराने शहर खोज निकाले हैं। इनको महाभारत में वर्णित द्वारका के सन्दर्भों से जोड़ा गया है। प्रो०एस०आर० राव ने कई तर्क देकर इस नगरी को द्वारका सिद्ध किया है। यद्यपि अभी मतभेद जारी है क्योंकि गुजरात के पश्चिमी तट पर कई अन्य ७५०० वर्ष पुराने शहर भी मिल चुके हैं।

(८) **अपाणिनीय प्रयोग** - महाभारत में अनेक अपाणिनीय प्रयोग हैं। इससे अनुमान किया जा सकता है कि पाणिनि व्याकरण के प्रचलन के पहले इसकी रचना हो चुकी थी।

विषयवस्तु

महाभारत में १८ पर्व हैं, जिनके नाम तथा विषयवस्तु इसप्रकार हैं—

(१) **आदिपर्व-** इसमें महाभारत की भूमिका, जनमेजय का नागयज्ञ, आस्तीक की कथा, समुद्रमंथन, कद्रू-विनता की कथा तथा दुष्यंत-शकुंतला और कच-देवयानी के उपाख्यान हैं। इसी प्रसंग में कौरववंश के राजा प्रतीप की चर्चा आती है, जिसका पुत्र शांतनु हुआ। शांतनु के दो पुत्र हुए— भीष्म और विचित्रवीर्य। विचित्रवीर्य निस्संतान मृत्यु हो गयी। उनकी पत्नियों अंबा और अंबालिका से धृतराष्ट्र और पांडु का जन्म हुआ। धृतराष्ट्र का विवाह गांधार की राजकुमारी गांधारी से हुआ तथा पांडु का विवाह कुंती और माद्री से हुआ। गांधारी के दुर्योधन, दुःशासन आदि सौ पुत्र हुए। कुंती के तीन पुत्र हुए- युधिष्ठिर, भीम और अर्जुन तथा माद्री के नकुल और सहदेव ये जुड़वा बेटे हुए। इन सब रोचक घटनाओं के साथ कौरव पांडव राजकुमारों की शिक्षा, दुर्योधन का पांडवों को समाप्त करने के लिये षड्यंत्र- रचना तथा लाक्षागृह में उन्हें जला कर मारने के प्रयास का वर्णन इस पर्व में है।

(२) **सभापर्व-** सभापर्व में पांडवों को इंद्रप्रस्थ का आधा राज्य मिलने के पश्चात् युधिष्ठिर के राजसूय यज्ञ का वर्णन है, जिसके अंतर्गत शिशुपाल का कृष्ण के द्वारा वध किये जाने का प्रसंग भी आता है। तत्पश्चात् युधिष्ठिर का जुए में हारना, द्रौपदी का चीरहरण तथा पांडवों के वनवास पर प्रस्थान की घटनाएँ वर्णित हैं।

(३) **अरण्यपर्व-** विदुर के परामर्श से अर्जुन हिमालय पर तप करने जाता है। उसका किरात रूप धारी शिव से युद्ध होता है। फिर शिव प्रसन्न होकर उसे पाशुपत अस्त्र देते हैं। इसके बाद अर्जुन की दिव्यास्त्रों की प्राप्ति के लिये इंद्रलोक की यात्रा व प्रवास का वर्णन हैं। यहीं अर्जुन को अप्सरा का शाप मिलता है। नलोपाख्यान, जटासुर का वध, अर्जुन के द्वारा निवातकवच दैत्यों का संहार, जयद्रथ के द्वारा द्रौपदी के अपहरण की चेष्टा, रामोपाख्यान, सावित्र्युपाख्यान तथा इंद्र द्वारा कर्ण के कवचकुंडल के हरण के प्रसंग इस पर्व में हैं।

(४) **विराटपर्व** - इस पर्व में पांडवों का छद्म वेष में विराटनगर में रहना, कीचकवध तथा अभिमन्यु और उत्तरा के विवाह का वर्णन है।

(५) **उद्योगपर्व** - इस पर्व में महाभारत के युद्ध की तैयारी वर्णित है। शिखंडी के जन्म

की कथा भी इसी पर्व में आयी है।

(६) **भीष्मपर्व-** इस पर्व में महाभारत का संग्राम प्रारंभ होने के पूर्व अर्जुन का विषाद और श्रीकृष्ण का उसको श्रीमद्भगवद्गीता का उपदेश तथा दस दिन के युद्ध के पश्चात् भीष्म के शरशायी होने का वर्णन है।

(७) **द्रोणपर्व-** इस पर्व में संशप्तकवीरों, अभिमन्यु, जयद्रथ, घटोत्कच तथा अंत में द्रोण के मारे जाने की घटनाएँ चित्रित हैं।

(८) **कर्णपर्व तथा (९) शल्यपर्व-** नाम के अनुरूप इन पर्वो में कर्ण और शल्य के वध की कथा है।

(१०) **सौप्तिक पर्व -** इस पर्व में अश्वत्थामा पांडवों के शिविर में रात को सोये पांडवपुत्रों की छल से हत्या कर देता है और समझता है कि उसने पाँचों पांडवों को मार दिया है। वह अपना पराक्रम मरणासन्न दुर्योधन को जा कर बताता है, जिसकी जंघाएँ गदायुद्ध में भीम ने तोड़ दी हैं। अश्वत्थामा के पराक्रम की प्रशंसा करते हुए दुर्योधन की जीवनलीला समाप्त हो जाती है।

(११) **स्त्रीपर्व-** इसमें धृतराष्ट्र द्वारा भीम की लोहे की प्रतिमा को भीम समझ कर उसका आलिंगन कर के उसे चूर चूर कर देना, युधिष्ठिर का निर्वेद तथा विधवा स्त्रियों के विलाप का चित्रण है।

(१२) **शांतिपर्व -** युधिष्ठिर के राज्याभिषेक के बाद इस पर्व में शैय्या पर लेटे भीष्म पांडवों को राजनीति के उपदेश देते हैं।

(१३) **अनुशासन पर्व-** इसमें भीष्म के द्वारा दान, धर्म और दर्शन की चर्चा की गयी है। अंत में भीष्म का स्वर्गगमन वर्णित है।

(१४) **आश्वमेधिक पर्व-** इसमें युधिष्ठिर के अश्वमेध यज्ञ का वर्णन है।

(१५) **आश्रमवासिकपर्व-** इस पर्व में युधिष्ठिर आश्रम में निवास कर रहे धृतराष्ट्र के पास जा कर राजनीति सीखते हैं।

(१६) **मौसलपर्व-** इसमें बलराम तथा कृष्ण का महाप्रयाण और मूसलयुद्ध में यादवों का विनाश वर्णित है।

(१७) **महाप्रस्थानिक पर्व-** इसमें पांडव हिमालय की ओर प्रस्थान करते हैं।

(१८) **स्वर्गारोहण पर्व-** इसमें स्वर्ग में नारद और युधिष्ठिर का वार्तालाप तथा वहीं सारे कौरव पांडवों के मिलन का वर्णन है।

उपपर्व

प्रत्येक पर्व अनेक उपपर्वों में विभाजित है। आदिपर्व में निम्नलिखित उपपर्व हैं -

अनुक्रमणिका पर्व, पर्वसंग्रह पर्व, पौष्य पर्व, पौलोम पर्व, आस्तीक पर्व, अंशावतार पर्व, सम्भावना पर्व, जतुगृह पर्व, हिडिम्बवध पर्व, बकवध पर्व, चैत्ररथ पर्व, स्वयंवर पर्व, वैवाहिक पर्व, विदुरागमन राज्यलम्भ पर्व, अर्जुनवनवास पर्व, सुभद्राहरण पर्व, हरणाहरण पर्व, खाण्डवदाह पर्व तथा मयदर्शन पर्व।

सभापर्व में निम्नलिखित उपपर्व हैं - सभाक्रिया पर्व, लोकपालसभाख्यान पर्व, राजसूयारम्भ पर्व, जरासन्धवध पर्व, दिग्विजय पर्व, राजसूय पर्व, अर्घाभिहरण पर्व, शिशुपालवध पर्व, द्यूत पर्व तथा अनुद्यूत पर्व।

अरण्य पर्व में निम्नलिखित पर्व हैं - किर्मीरवध पर्व, अर्जुनाभिगमन पर्व, कैरात पर्व, इन्द्रलोकाभिगमन पर्व, नलोपाख्यान पर्व, तीर्थयात्रा पर्व, जटासुरवध पर्व, यक्षयुद्ध पर्व, निवातकवचयुद्ध पर्व, अजगरपर्व, मार्कण्डेयसमस्या पर्व, द्रौपदीसत्यभामा पर्व, घोषयात्रा पर्व, मृगस्वप्नोद्भव पर्व, ब्रीहिद्रौणिक पर्व, द्रौपदीहरण पर्व, जयद्रथविमोक्ष पर्व, रामोपाख्यान पर्व, पतिव्रतामाहात्म्य पर्व, कुण्डलाहरण पर्व तथा आरणेय पर्व।

विराटपर्व में निम्नलिखित उपपर्व हैं - पाण्डवप्रवेश पर्व, समयपालन पर्व, कीचकवध पर्व, गोहरण पर्व, वैवाहिक पर्व, सेनोद्योग पर्व, संजययान पर्व, प्रजागर पर्व, सनत्सुजात पर्व तथा यानसन्धि पर्व। उद्योग पर्व के उपपर्व ये हैं - भगवद्यान पर्व, सैन्यनिर्याण पर्व, उलूकदूतागमन पर्व, रथातिरथसंख्या पर्व, अम्बोपाख्यान पर्व। भीष्मपर्व में जम्बूखण्डविनिर्माण पर्व, भूमि पर्व, श्रीमद्भगवद्गीता पर्व तथा भीष्मवध पर्व – ये चार उपपर्व हैं। द्रोणपर्व में द्रोणाभिषेक पर्व, संशप्तकवध पर्व, अभिमन्यु वध पर्व, प्रतिज्ञा पर्व, जयद्रथवध पर्व, घटोत्कचवध पर्व, द्रोणवध पर्व तथा नारायणास्त्रमोक्ष पर्व – ये आठ उपपर्व हैं। कर्णपर्व में एक ही पर्व है। शल्यपर्व में ह्रदप्रवेशपर्व तथा गदापर्व ये दो पर्व हैं। दसवें सौप्तिक पर्व में ऐषीक पर्व नाम से एक ही पर्व है, जब कि ग्यारहवें स्त्रीपर्व में तीन उपपर्व हैं – जलप्रादानिकपर्व, विलापपर्व तथा श्राद्धपर्व। शांतिपर्व में तीन उपपर्व हैं - राजधर्मानुशासन पर्व, आपद्धर्म पर्व तथा मोक्षधर्म पर्व। अनुशासनपर्व में दान-धर्म-पर्व, भीष्मस्वर्गारोहण पर्व ये दो उपपर्व हैं; अश्वमेधिक पर्व में अश्वमेध पर्व, अनुगीता पर्व तथा वैष्णव पर्व; आश्रमवासिक पर्व में आश्रमवास पर्व, पुत्रदर्शन पर्व तथा नारदागमन पर्व तथा शेष तीनपर्वों – मौसल, महाप्रास्थानिक तथा स्वर्गारोहण में एक एक ही पर्व है।

कथासार

महाभारत के प्रारंभ में कुरुवंश की उत्पत्ति बताई गई है। तदनुसार ब्रह्मा जी से अत्रि, अत्रि से चन्द्रमा, चन्द्रमा से बुध और बुध से इला-नन्दन पुरूरवा का जन्म हुआ। पुरूरवा से आयु, आयु से राजा नहुष, नहुष से ययाति, ययाति से पुरु हुए। पुरु से पुरुवंश का प्रवर्तन हुआ। पुरु के वंश में भरत और भरत के कुल में राजा कुरु हुए। इनसे कौरव वंश का प्रारंभ हुआ।

कुरु के वंश में शान्तनु हुए। शान्तनु से गंगानन्दन भीष्म उत्पन्न हुए। शान्तनु से सत्यवती के गर्भ से चित्रांगद और विचित्रवीर्य उत्पन्न हुए थे। चित्रांगद एक गन्धर्व के द्वारा मारे गये और राजा विचित्रवीर्य राजयक्ष्मा से ग्रस्त हो स्वर्गवासी हो गये। तब सत्यवती की आज्ञा से व्यासजी ने नियोग के द्वारा अम्बिका के गर्भ से धृतराष्ट्र और अम्बालिका के गर्भ से पाण्डु को उत्पन्न किया। धृतराष्ट्र ने गांधारी द्वारा सौ पुत्रों को जन्म दिया, जिनमें दुर्योधन सबसे बड़ा था।

पांडु का विवाह कुंती तथा मद्र देश की राजकुमारी माद्री से हुआ। कुन्ती ने विवाह से पहले सूर्य के अंश से कर्ण को जन्म दिया था और लोकलाज के भय से कर्ण को गंगा नदी में बहा दिया था। धृतराष्ट्र के सारथी अधिरथ ने उसे बचाकर उसका पालन किया। धृतराष्ट्र जन्म से ही नेत्रहीन थे, अत: उनकी जगह पर पाण्डु को राजा बनाया गया। एक बार वन में आखेट खेलते हुए पाण्डु के बाण से पत्नी के साथ संभोग करते एक मृगरूपधारी ऋषि की मृत्यु हो गयी। ऋषि ने पांडु का शाप दिया कि यदि तू स्त्री से संभोग करेगा तो तेरी मृत्यु हो जायेगी। पाण्डु अत्यन्त दु:खी होकर अपनी रानियों सहित समस्त वासनाओं का त्याग करके तथा हस्तिनापुर में धृतराष्ट्र को अपना का प्रतिनिधि बनाकर वन में रहने लगे। निस्संतान होने का दु:ख उन्हें साल रहा था। उनके कहने पर कुन्ती ने दुर्वासा ऋषि के दिये मन्त्र से धर्म को आमन्त्रित कर उनसे युधिष्ठिर और कालान्तर में वायुदेव से भीम तथा इन्द्र से अर्जुन को उत्पन्न किया। कुन्ती से ही उस मन्त्र की दीक्षा ले माद्री ने अश्विनीकुमारों से नकुल तथा सहदेव को जन्म दिया। एक दिन माद्री के साथ वन में सरिता के तट पर भ्रमण करते हुए पाण्डु का मन चंचल हो उठा और वे माद्री के साथ संभोग कर बैठे। ऋषि का शाप चरितार्थ हुआ। पांडु की तत्काल मृत्यु हो गई। माद्री उनके साथ सती हो गई किन्तु पुत्रों के पालन-पोषण के लिये कुन्ती हस्तिनापुर लौट आई।

कुंतीपुत्र राधेय कर्ण की रुचि युद्धकला में थी, पर सूतपुत्र होने से द्रोणाचार्य ने उसे धनुर्वेद की शिक्षा देना स्वीकार नहीं किया। तब कर्ण ने परशुराम से शिक्षा प्राप्त की। शकुनि के छलकपट से दुर्योधन ने पाण्डवों को बचपन में कई बार मारने का प्रयत्न किया तथा युवावस्था में भी जब युधिष्ठिर को युवराज बना दिया गया तो लाख के बने हुए घर लाक्षाग्रह में पाण्डवों को भेजकर उन्हें आग से जलाने का प्रयत्न किया, किन्तु विदुर की सहायता के कारण वे उस जलते हुए गृह से बाहर निकल गये।

पाण्डव वहाँ से एकचक्रा नगरी गये और मुनि का वेष बनाकर एक ब्राह्मण के घर में निवास करने लगे। फिर व्यास जी के कहने पर वे पांचाल राज्य में गये जहाँ द्रौपदी का स्वयंवर होनेवाला था। वहाँ एक के बाद एक सभी राजाओं एवं राजकुमारों ने मछली पर निशाना साधने का प्रयास किया किन्तु सफलता हाथ न लगी। तत्पश्चात् अर्जुन ने तैलपात्र में प्रतिबिम्ब को देखते हुये एक ही बाण से मत्स्य को भेद डाला और द्रौपदी ने आगे बढ़ कर अर्जुन के गले में वरमाला डाल दी। माता कुन्ती के वचनानुसार पाँचों पाण्डवों ने द्रौपदी को पत्नीरूप में प्राप्त

किया। द्रौपदी के स्वयंवर के समय दुर्योधन के साथ ही साथ द्रुपद, धृष्टद्युम्न एवं अनेक अन्य लोगों को संदेह हो गया था कि वे पाँच ब्राह्मण पाण्डव ही हैं। अत: उनकी परीक्षा करने के लिये द्रुपद ने उन्हें अपने राजप्रासाद में बुलाया। राजप्रासाद में द्रुपद एवं धृष्टद्युम्न ने पहले राजकोष को दिखाया किन्तु पाण्डवों ने वहाँ रखे रत्नाभूषणों तथा रत्न-माणिक्य आदि में किसी प्रकार की रुचि नहीं दिखाई। किन्तु जब वे शस्त्रागार में गये तो वहाँ रखे अस्त्र-शस्त्रों में उन सभी ने बहुत अधिक रुचि दिखायी और अपनी पसंद के शस्त्रों को अपने पास रख लिया। उनके क्रिया-कलाप से द्रुपद को विश्वास हो गया कि ये ब्राह्मणों के रूप में पाण्डव ही हैं।

द्रौपदी स्वयंवर से पूर्व विदुर को छोड़कर सभी पाण्डवों को मृत समझने लगे और इस कारण धृतराष्ट्र ने दुर्योधन को युवराज बना दिया। द्रौपदी से विवाह के पश्चात् पांडवों ने कौरवों से अपना राज्य वापस माँगा। गृहयुद्ध के संकट से बचने के लिए युधिष्ठिर ने धृतराष्ट्र द्वारा दिए खण्डहर स्वरुप खाण्डव वन को आधे राज्य के रुप में स्वीकार कर लिया। वहाँ अर्जुन ने श्रीकृष्ण के साथ मिलकर समस्त देवताओं को युद्ध में परास्त करते हुए खाण्डववन को जला दिया और इन्द्र के द्वारा की हुई वृष्टि का अपने बाणों के छत्र से निवारण करके अग्नि देव को तृप्त किया। इसके फलस्वरुप अर्जुन ने अग्निदेव से दिव्य गाण्डीव धनुष और उत्तम रथ तथा श्रीकृष्ण ने सुदर्शन चक्र प्राप्त किया। इन्द्र अपने पुत्र अर्जुन की वीरता देखकर अतिप्रसन्न हुए। उन्होंने खांडवप्रस्थ के वनों को हटा दिया। उसके उपरांत पाण्डवों ने श्रीकृष्ण के साथ मय दानव की सहायता से उस शहर का सौन्दर्यीकरण किया। वह शहर एक द्वितीय स्वर्ग के समान हो गया। इन्द्र के कहने पर देव शिल्पी विश्वकर्मा और मय दानव ने मिलकर खाण्डव वन को इन्द्रपुरी जितने भव्य नगर में निर्मित कर दिया, जिसे इन्द्रप्रस्थ नाम दिया गया।

पाण्डवों ने सम्पूर्ण दिशाओं पर विजय पाते हुए प्रचुर सुवर्णराशि से परिपूर्ण राजसूय यज्ञ का अनुष्ठान किया। उनका वैभव दुर्योधन के लिये असह्य हो गया अत: शकुनि, कर्ण और दुर्योधन आदि ने युधिष्ठिर के साथ जूए में प्रवृत्त होकर उसके भाइयों, द्रौपदी और उनके राज्य को कपट द्यूत के द्वारा हँसते-हँसते जीत लिया और कुरु राज्य सभा में द्रौपदी को निर्वस्त्र करने का प्रयास किया। परन्तु गांधारी ने आकर ऐसा होने से रोक दिया। धृतराष्ट्र ने एक बार फिर दुर्योधन की प्रेरणा से उन्हें जुआ खेलने की आज्ञा दी। यह तय हुआ कि एक ही दांव में जो भी पक्ष हार जाएगा, वे मृगचर्म धारण कर बारह वर्ष वनवास करेंगे और एक वर्ष अज्ञातवास में रहेंगे। उस एक वर्ष में भी यदि उन्हें पहचान लिया गया तो फिर से बारह वर्ष का वनवास भोगना होगा। इस प्रकार पुन: द्यूत में परास्त होकर युधिष्ठिर अपने भाइयों सहित वन में चले गये। वहाँ बारहवाँ वर्ष बीतने पर एक वर्ष के अज्ञातवास के लिए वे विराट नगर में गये। जब कौरव विराट की गौओं को हरकर ले जाने लगे, तब उन्हें अर्जुन ने परास्त किया। उस समय कौरवों ने पाण्डवों को पहचान लिया था परन्तु उनका अज्ञातवास तब तक पूरा हो चुका था। बारह वर्षो के ज्ञात और एक वर्ष के अज्ञातवास पूरा करने के बाद भी कौरवों ने पाण्डवों को उनका राज्य देने से मना कर दिया।

धर्मराज युधिष्ठिर सात अक्षौहिणी सेना के स्वामी होकर कौरवों के साथ युद्ध करने को तैयार हुए। पहले भगवान श्रीकृष्ण दुर्योधन के पास दूत बनकर गये। उन्होंने ग्यारह अक्षौहिणी सेना के स्वामी राजा दुर्योधन से कहा कि तुम युधिष्ठिर को आधा राज्य दे दो या केवल पाँच ही गाँव अर्पित कर युद्ध टाल दो।

श्रीकृष्ण की बात सुनकर दुर्योधन ने पाण्डवों को सुई की नोक के बराबर भूमि भी देने से मना कर दिया और वह भगवान श्रीकृष्ण को बंदी बनाने के लिये उद्यत हो गया। उस समय राजसभा में भगवान श्रीकृष्ण ने माया से अपने परम दुर्धर्ष विश्वरूप का दर्शन कराकर सबको भयभीत कर दिया। तदनन्तर वे युधिष्ठिर के पास लौट गये और बोले कि दुर्योधन के साथ युद्ध करो। युधिष्ठिर और दुर्योधन की सेनाएँ कुरुक्षेत्र के मैदान में जा डटीं। अपने विपक्ष में पितामह भीष्म तथा आचार्य द्रोण आदि गुरुजनों को देखकर अर्जुन के मन में मोह जागा। वे युद्ध से विरत हो गये। तब कृष्ण ने उन्हें गीता का उपदेश दिया। श्रीकृष्ण के द्वारा ज्ञानयोग, भक्तियोग एवं कर्मयोग के बारे में विस्तार से कहने पर अर्जुन ने फिर से रथारूढ़ हो युद्ध के लिये शंखध्वनि की।

दुर्योधन की सेना में सबसे पहले पितामह भीष्म सेनापति हुए। उनके अधिष्ठान में दस दिन संग्राम हुआ। पाण्डवों के सेनापति धृष्टद्युम्न थे। कौरव और पाण्डव-सेना का वह युद्ध, देवासुर-संग्राम के समान जान पड़ता था। आकाश में खड़े होकर देखने वाले देवताओं को वह युद्ध बड़ा आनन्ददायक प्रतीत हो रहा था। भीष्म ने दस दिनों तक युद्ध करके पाण्डवों की अधिकांश सेना को अपने बाणों से मार गिराया।

भीष्म की मृत्यु उनकी इच्छा के अधीन थी। श्रीकृष्ण के सुझाव पर पाण्डवों ने भीष्म से ही उनकी मृत्यु का उपाय पूछा। भीष्म ने कहा कि पांडव शिखंडी को सामने करके युद्ध लड़ें। भीष्म उसे कन्या ही मानते थे और उसे सामने पाकर वो शस्त्र नहीं चलाने वाले थे। और शिखंडी को अपने पूर्व जन्म के अपमान का बदला भी लेना था। उसकी शिवजी से वरदान प्राप्त था कि वह भीष्म कि मृत्यु का कारण बनेगी। अर्जुन ने शिखंडी को आगे अपने रथ पर बिठाया और शिखंडी को सामने देख कर भीष्म ने अपना धनुष त्याग दिया और अर्जुन ने अपनी बाणवृष्टि से उन्हें बाणों की शय्या पर सुलां दिया। तब आचार्य द्रोण ने सेनापतित्व का भार ग्रहण किया। द्रोण के सेनापतित्व में पाँच दिन भीषण संग्राम हुआ। विराट और द्रुपद आदि राजा द्रोणयुद्ध के समुद्र में डूब गये। लेकिन जब पाण्डवों ने छल से द्रोण को यह विश्वास दिला दिया कि अश्वत्थामा मारा गया, तो आचार्य द्रोण निराश होकर अस्त्र शस्त्र त्यागकर योग समाधि लेकर बैठ गये। अपने रथ में उन्हें यों निश्चल बैठा देख कर धृष्टद्युम्न दौड़ कर रथ पर जा चढ़ा और उनका मस्तक तलवार से काट कर भूमि पर गिरा दिया।

द्रोण के दारुण निधन के पश्चात् कौरवसेना का कर्णधार हुआ कर्ण। कर्ण और अर्जुन में भाँति-भाँति के अस्त्र-शस्त्रों से युक्त महाभयानक युद्ध हुआ, जो देवासुर-संग्राम को भी मात देने

वाला था। कर्ण ने अपने बाणों से शत्रु-पक्ष के बहुत-से वीरों का संहार कर डाला। अपने पुत्र अर्जुन की रक्षा के लिये इंद्र ने छल से कर्ण के कवच और कुंडल दान में माँग लिये। इन्हीं कवच और कुंडल के कारण तो कर्ण संग्राम में सर्वथा अवध्य और अजेय था। सूर्यपुत्र का सूर्य अस्त होने को था। इंद्र ने उसे एक अमोघ शक्ति दी थी, उसे भी कौरवों के कहने पर उसने घटोत्कच पर चला दिया, जिससे महावीर घटोत्कच जो कौरवों के लिये भीषण चुनौती था, रणभूमि में सदा के लिये सो गया। अब कर्ण के पास कवच और कुंडल न थे, अमोघ शक्ति वह गवा चुका था, जिस पर अपने गुरु परशुराम का शाप कि अंतिम समय में उसके अस्त्र व्यर्थ हो जायेगें, उसके ऊपर मँडरा रहा था। फिर भी कर्ण ने दुर्दांत युद्ध किया, ऐन वक्त पर उसके रथ का पहिया धरती में जा धँसा। कर्ण ने अर्जुन से कहा कि पार्थ, जब तक मैं पहिया भूमि से निकालूँ, प्रतीक्षा करो, अर्जुन धर्मयुद्ध के नियमों के अनुसार रुकने को तैयार भी था, पर कृष्ण ने अर्जुन को कर्ण के द्वारा किये गये अभिमन्यु का वध, कुरु सभा में द्रौपदी को वेश्या कहना और उसके (अर्जुन के) द्वारा की गई कर्णवध करने की प्रतिज्ञा का स्मरण कराया। कृष्ण के कहने पर धरती में धँसे पहिये को निकालते कर्ण पर अर्जुन ने मारक बाण चला दिया। कर्ण का अंत हुआ।

महाभारत के महासंग्राम के अंतिम दिन कौरव-सेना के सेनापति बने राजा शल्य। किंतु वे युद्ध में आधे दिन तक ही टिक सके। दोपहर होते-होते राजा युधिष्ठिर ने उन्हें मार दिया।

दुर्योधन की सारी सेना के मारे जाने पर अन्त में उसका भीमसेन के साथ गदा युद्ध हुआ। भीम ने छल से उसकी जांघ पर प्रहार करके उसे मार डाला। इसका प्रतिशोध लेने के लिये अश्वत्थामा ने रात्रि में पाण्डवों की एक अक्षौहिणी सेना, द्रौपदी के पाँचों पुत्रों, उसके पांचालदेशीय बन्धुओं तथा धृष्टद्युम्न को सदा के लिये सुला दिया। तब अर्जुन ने अश्वत्थामा को परास्त करके उसके मस्तक की मणि निकाल ली। फिर अश्वत्थामा ने उत्तरा के गर्भ पर ब्रह्मास्त्र का प्रयोग किया। उस अस्त्र से उत्तरा का गर्भ प्राय: दग्ध हो गया था, किंतु भगवान श्रीकृष्ण ने उसको पुन: जीवन-दान दिया। उत्तरा का वही गर्भस्थ शिशु आगे चलकर राजा परीक्षित के नाम से जाना गया।

महाभारत के युद्ध के अंत में कृतवर्मा, कृपाचार्य तथा अश्वत्थामा तीन कौरवपक्षीय वीर जीवित बचे। पांडवों के पक्ष में शेष रहे पाँच पाण्डव, सात्यकि तथा श्रीकृष्ण ये सात वीर। तत्पश्चात् युधिष्ठिर राजसिंहासन पर आसीन हुए।

ब्राह्मणों और गांधारी के शाप के कारण यादवकुल का संहार हो गया। बलभद्र योग से अपना शरीर त्याग कर शेषनाग स्वरूप होकर समुद्र में चले गये। भगवान कृष्ण के सभी प्रपौत्र एक दिन महामुनियों की शक्ति देखने के लिये एक पुरुष को स्त्री बनाकर मुनियों के पास गए और पूछा कि हे मुनिश्रेष्ठ! यह महिला गर्भ से है, हमें बताएं कि इसके गर्भ से किसका जन्म होगा? मुनि समझ गये कि बालक उनसे हँसीठट्ठा कर रहे हैं, एक पुरुष को महिला बना उनके

पास लाए हैं। मुनियों ने कृष्ण के प्रपौत्रों को शाप दिया कि इस व्यक्ति के गर्भ से एक मूसल निकलेगा जिससे तुम्हारे वंश का अंत होगा। कृष्ण के प्रपौत्रों नें उस मूसल को पीस कर चूरा बना कर नदी में बहा दिया। उस चूर्ण से नदी के किनारे मूसल उग आये। यादव आपस में लड़ पड़े और उन्हीं मूसलों को उखाड़ कर एक दूसरे पर चलाने लगे। इस तरह यादवों ने स्वयं अपना विनाश कर डाला। श्रीकृष्ण भी एक पेड़ के नीचे ध्यान लगाकर बैठ गये। 'जरा' नाम के एक व्याध (शिकारी) ने अपने बाण पर मूसल का नोक लगा दिया तथा भगवान कृष्ण के चरणकमल को मृग समझकर उस बाण से प्रहार किया। उस बाण द्वारा कृष्ण के पैर पर लगना कृष्ण के परमधामगमन का कारण बन गया। कृष्ण के धराधाम को छोड़ते ही सागर उमड़ा और उसने द्वारकापुरी को अपने जल में डुबा दिया। तदनन्तर द्वारका से लौटे हुए अर्जुन के मुख से यादवों के संहार का समाचार सुनकर युधिष्ठिर ने संसार की अनित्यता का विचार करके परीक्षित को राजासन पर बिठाया और द्रौपदी तथा भाइयों को साथ ले हिमालय की तरफ महाप्रस्थान के पथ पर अग्रसर हुए। उस महापथ में युधिष्ठिर को छोड़ सभी एक-एक करके गिर पड़े। अन्त में युधिष्ठिर इन्द्र के रथ पर आरूढ़ हो (दिव्य रूप धारी) भाइयों सहित स्वर्ग को चले गये।

वस्तुतः महाभारत की कथा की जीवन विकट प्रश्नों, संशयों और ऊहापोहों की सजीव प्रस्तुति है। उसके विराट् फलक पर आख्यानों, उपाख्यानों विविध संवादों, इतिहासों तथा स्मृतियों का जटिल तानाबाना गूँथा गया है।

महाभारत–भारतीय संस्कृति का विश्वकोश

महाभारत अपने विशाल कलेवर में हमारी परंपराओं और सांस्कृतिक उपलब्धियों का विशद इतिहास भी प्रस्तुत करता है। महाभारत की विषयवस्तु की इस विविधता तथा विपुलता के कारण ही यह कहावत प्रचलित हो गयी— यन्न भारते तन्न भारते— अर्थात् जो भारत (महाभारत) में नहीं है, वह इस भारत (देश) में भी नहीं हैं। महाभारत में भी कहा गया है-

धर्मे चार्थे च कामे च मोक्षे च भरतर्षभ।
यदिहास्ति तदन्यत्र यन्नेहास्ति न तत् क्वचित्।।

(धर्म, अर्थ, काम तथा मोक्ष - जीवन के इन चारों पुरुषार्थों के विषय में महाभारत में जो कहा गया है, वही अन्यत्र भी मिलेगा, पर जो महाभारत में नहीं हैं, वह अन्यत्र भी कहीं नहीं मिलेगा।)

धर्म, राजनीति और आचार पर विशद चिंतन भीष्म और विदुर के वचनों में बहुत विस्तार से महाभारत में उपलब्ध है। श्रीमद्भगवद्गीता जैसा धर्म, अध्यात्म और दर्शन का महान् ग्रंथ महाभारत का ही एक भाग है। यही नहीं, भगवद्गीता के अतिरिक्त पराशरगीता, हंसगीता, विदुरगीता, ब्राह्मणगीता तथा अनुगीता जैसे ग्रंथ भी महाभारत में ही समाये हुए हैं। इन ग्रंथों

में भारतीय तत्त्वचिंतन का उज्ज्वल रूप में दर्शन होता है। भीष्म ने शांतिपर्व में पांडवों को जो उपदेश दिये हैं, उनमें नीति और जीवनानुभवों का निचोड़ है।

महाभारत के उपाख्यान

महाभारत में अनेक प्राचीन उपाख्यान संगृहीत हैं, जो भारतीय कथापरंपरा की अमूल्य धरोहर हैं। महाभारत के महत्त्वपूर्ण उपाख्यान ये हैं- ययात्युपाख्यान, शकुंतलोपाख्यान, मत्स्योपाख्यान, रामोपाख्यान, शिव्युपाख्यान, सावित्र्युपाख्यान तथा नलोपाख्यान। इनके अतिरिक्त समुद्रमंथन और देवासुरसंग्राम, कद्रूविनता, ऋष्यशृंग, अगस्त्य, वसिष्ठ और विश्वामित्र, आरुणि, नचिकेता आदि से संबंधित रोचक कथाएँ महाभारत में है। पश्चिम के विद्वानों ने इन उपाख्यानों का विस्तार देख कर यह माना है कि जिनमें से एक एक उपाख्यान एक एक महाकाव्य के समान है। ये उपाख्यान महाभारत के प्रधान पात्रों के प्रवास पर, भ्रमण या देशाटन के लिये निकलने पर उन्हें ऋषियों या महापुरुषों के द्वारा सुनाये गये हैं, अथवा महाभारत के नायक जब किसी तीर्थ स्थान या विशिष्ट स्थल पर पहुँचतें हैं, तो महाभारतकार स्वयं प्रसंगवश उस स्थान से जुड़े उपाख्यानों व ऐतिहासिक वृत्तांतों का कथन करते हैं। अथवा दो पात्र आपस में वार्तालाप करते हुए अपनी मान्यता की पुष्टि के लिये एक दूसरे को प्राचीन आख्यान उदाहरण के रूप में सुनाते हैं।

महाभारत के स्तोत्र

हमारे स्तोत्र-साहित्य में गजेंद्रमोक्ष, विष्णुसहस्रनाम तथा भीष्मस्तवराज का बहुत महत्त्व है। ये सभी स्तोत्र मूलत: महाभारत के अंग रहे हैं। वास्तव में तो सारे भारतवर्ष में ही नहीं, भारतवर्ष के बाहर कंबोडिया, बाली, जावा सुमात्रा आदि में भारतीय संस्कृति के व्यापक प्रचार और प्रसार में महाभारत का अमूल्य योग रहा है।

चरित्र-चित्रण

महाभारत के सभी पात्र अपने आप में विलक्षण और विशिष्ट हैं। उनके संबंध में यही कहा जा सकता है कि ऐसे अद्भुत चरित्र दुर्लभ ही हैं। दृढप्रतिज्ञा और शौर्य में अप्रतिम भीष्म, अपनी सत्यनिष्ठा और धर्मज्ञता में युधिष्ठिर; बल और साहस में भीम; तो धनुर्वेद में अर्जुन अप्रतिम ही हैं। राज्यलिप्सा में धृतराष्ट्र, अहंकार और द्वेष में दुर्योधन, छल में शकुनि भी बढ़ चढ़ कर हैं। नारीपात्रों में गंभीरता और उदारता में कुंती, पति के प्रति भक्ति में गांधारी, स्वाभिमानी वीरांगना के रूप में द्रौपदी भी प्रभावशाली चरित्र हैं। इन सब चरित्रों में कृष्ण का पात्र अनोखा ही है। युधिष्ठिर अपनी मानवीयता तथा करुणा में अप्रतिम हैं। इसलिये उन्हें नायक बनाया जाना उचित ही है।

रस

महाभारत में शांतरस की प्रधानता मानी गयी है। आनंदवर्धन ने कहा है- शास्त्ररूप और

काव्य की छाया से युक्त महाभारत में वृष्णियों और यादवों के रसहीन अवसान में वैमनस्कता या निर्वेद के भाव को उत्पन्न कर देने वाली समाप्ति है, और महामुनि व्यास ने वैराग्य को इसें मुख्य अभिप्राय के रूप में प्रदर्शित किया है तथा मोक्ष रूप पुरुषार्थ के साथ शांत रस को प्रधान विवक्षा का विषय बनाया है। मोह में पड़े हुए संसार के उद्धार की इच्छा करते हुए अत्यंत निर्मल ज्ञान को प्रकाशित करते हुए उन्होंने यह भी कहा है—

यथा यथा विपर्येति लोकतन्त्रमसारवत्।
तथा तथा विरागोऽत्र जायते नात्र संशयः।।[८]

(इस विश्वप्रपञ्च के विपर्यय का बोध जैसे जैसे होता है वैसे वैसे इससे वैराग्य होता जाता है।) आनंदवर्धन के अनुसार शांत रस यहाँ अन्य रसों की अपेक्षा अंगी है और मोक्ष रूप पुरुषार्थ भी इसी प्रकार अन्य पुरुषार्थों की अपेक्षा प्रधान है। आनंदवर्धन कहते हैं कि यदि यह शंका की जाये कि महाभारत में इस ग्रंथ के सारे वर्ण्य विषय आरंभ में अनुक्रमणी में ही बता दिये गये हैं, वहाँ तो यह कहीं नहीं कहा गया कि इस ग्रंथ में मोक्ष पुरुषार्थ तथा शांत रस का प्रधान रूप से निरूपण है, वहाँ तो सारे पुरुषार्थों और सारे रसों का निरूपण इस ग्रंथ में होने की बात कही गयी है, तो इसके समाधान में वे कहते हैं— महाभारत में प्रधान पुरुषार्थ और प्रधान रस का संकेत शब्दों से या अभिधा में न कर के व्यंग्य में किया गया है। मुनि व्यास कहते हैं— 'भगवान् वासुदेवश्च कीर्त्यतेऽत्र सनातनः।'[९] इस से स्पष्ट है कि पांडवों का जो चरित्र यहाँ बताया गया है, वह अविद्या रूप है, परमार्थ सत्य रूप तो भगवान् वासुदेव का चरित्र ही है।

महाभारत में धर्म और अधर्म के दो पक्ष हैं। एक पक्ष में युधिष्ठिर हैं, दूसरे पक्ष में दुर्योधन। आदिपर्व में युधिष्ठिर को धर्मद्रुम कह कर इस धर्मरूपी वृक्ष का मूल श्रीकृष्ण, तत्त्वज्ञान तथा तत्त्वज्ञानियों को बताया गया है—

युधिष्ठिरो धर्ममयो महाद्रुमः स्कन्धोऽर्जुनो भीमसेनोऽस्य शाखाः।
माद्रीसुतौ पुष्पफले समृद्धे मूलं कृष्णो ब्रह्म च ब्राह्मणाश्च।।

(आदिपर्व, १।४६)

युधिष्ठिर को इसीलिये धर्मराज भी कहा गया है। उनकी यह प्रतिज्ञा है—

धर्म एव हतो हन्ति धर्मो रक्षति रक्षितः।
तस्माद् धर्मं न त्यजामि मा नो धर्मो हतोऽवधीत्।।

(वनपर्व, ३१३।१२८)

दूसरी ओर दुर्योधन है, जो अर्थलिप्सा और सत्ता के मद में विवेक को भुला देता है। धर्म को वह समझता तो है, पर उस पर आचरण नहीं कर सकता। वह कहता है- 'जानामि धर्मं न च न मे प्रवृत्तिर्जानाम्यधर्मं न च मे निवृत्तिः'- मैं धर्म क्या है यह भी जानता हूँ, पर उसमें मेरी प्रवृत्ति

नहीं हो पाती , और अधर्म क्या है यह भी जानता हूँ, पर उससे मेरी निवृत्ति नहीं हो पा रही। दुर्योधन के चरित्र की यह विडंबना अंततः शांत रस का परिपोष ही करती है। दुर्योधन क्षुब्ध चित्त का प्रतीक है। इस प्रतीक को भी महर्षि व्यास ने इस प्रकार स्पष्ट किया है—

दुर्योधनो मन्युमयो महाद्रुमः स्कन्धः कर्णः शकुनिस्तत्र शाखा।
दुःशासनः पुष्पफले समृद्धे मूलं राजा धृतराष्ट्रो मनीषी।।

महा. ५.१९.४३

काव्यसौंदर्य

आचार्यपरंपरा ने महाभारत को एक उत्कृष्ट काव्य के रूप में भी देखा है। आनंदवर्धन ने अत्यंततिरस्कृत वाच्य ध्वनि के उदाहरण में महाभारत का यह पद्य उद्धृत किया है—

धृतिः क्षमा दया शौचं कारुण्यं वागनिष्ठुरा।
मित्राणां चानभिद्रोहः सप्तैताः समिधः श्रियः।।

धृति या धैर्य, क्षमा, दया, शौच या पवित्रता, कारुण्य तथा मृदु वचन और मित्रों को धोखा न देना – ये सात लक्ष्मी की समिधाएँ हैं।)

व्यंजनामूलक सौंदर्य की दृष्टि से इस श्लोक का विश्लेषण करते हुए ध्वन्यालोकलोचन में अभिनवगुप्त कहते हैं कि समित् शब्द का मुख्यार्थ बाधित हो जाता है, क्योंकि गुणों को समिधा बनाना असंभव है। अत्यंततिरस्कृत होकर वह मुख्यार्थ अन्य किसी की अपेक्षा के बिना ये गुण असाधारण रूप से लक्ष्मी के उद्दीपक हैं – यह अर्थ यहाँ व्यक्त हो जाता है (समिच्छब्दार्थस्यात्र सर्वथा तिरस्कारः, असम्भवात्। समिच्छब्देन च व्यङ्ग्योऽर्थोऽनन्यापेक्ष-लक्ष्म्युद्दीपनक्षमत्वं सप्तानां वक्त्रभिप्रेतं ध्वनितम्।)

इसी प्रकार अविवक्षितवाच्य के भेदों में अत्यंततिरस्कृतवाच्य में वाक्यप्रकाश्यता का उदाहरण आनंदवर्धन ने गीता के इस पद्य का दिया है—

या निशा सर्वभूतानां तस्यां जागर्ति संयमी।
यस्यां जाग्रति भूतानि सा निशा पश्यतो मुनेः।।

ध्वन्यालोक, ३.१. पर वृत्ति

इसमें संयमी के जागरण से आशय शारीरिक दृष्टि से जागने से नहीं है, अपितु तत्त्वज्ञान में जागरूकता व अतत्त्वविमुखता से है। इसी को स्पष्ट करते हुए आचार्य कहते हैं - अनेन हि वाक्येन निशार्थो न च जागरणार्थः कश्चिद्विवक्षितः। किं तर्हि? तत्त्वज्ञानावहितत्वमतत्त्वपराङ्मुखत्वं च मुनेः प्रतिपाद्यत इति तिरस्कृतवाच्यस्यास्य व्यञ्जकत्वम्।

महाभारत में विभिन्न प्रकार की शैलियों का प्रयोग मिलता है। अत्यंत प्रौढ और परिष्कृत रसभावसमन्वित शैली भी इसमें है, तथा पौराणिक सरल भाषा में श्लोक भी हैं। इसीप्रकार आदिपर्व में प्राचीन गद्य का भव्य रूप मिलता है।

महाभारतकार वर्ण्यविषय को चाक्षुष काव्यबिंब में परिवर्तित करते हुए साकार करते चलते हैं। वे विशाल चित्रफलक को मूर्त कर देते हैं। उपमा, सांग तथा निरंग रूपक आदि अलंकार ऐसे वर्णनों में सहज रूप से महाभारत के काव्यप्रवाह में सम्मिलित होते जाते हैं। हस्तिनापुर के वर्णन में कहा गया है—

तदुत्सव इवोदग्रं सम्प्रहृष्टनरावृतम्।
नगरं धार्तराष्ट्रस्य भारतासीत् समाकुलम्।
जनौघसलिलावर्तो रथनागाश्वमीनवान्।
चित्राभरणवर्मोर्मिः शस्त्रनिर्मलफेनवान्।
प्रासादमालाद्रिवृतो रथ्यापणमहाह्रदः।
योधचन्द्रोदयोद्भूतः कुरुराजमहार्णवः।
अदृश्यत तदा राजंश्चन्द्रोदयइवार्णवः।।

(५.१५०.२४-२७)

(धृतराष्ट्र का वह नगर – हस्तिनापुर - उत्सव के समान उमड़ता हुआ, अत्यधिक हर्ष से भरे लोगों से घिरा हुआ था। हे राजन्, वह चंद्रोदय के समय सागर जैसा लगता था। कुरुराजरूपी उस महासागर में उमड़ती भीड़ पानी के भँवर थी, रथ, घोड़े और हाथी मछलियाँ थे, विचित्र आभरण तथा कवच ऊर्मियाँ थी, चमकते शस्त्र फेन थे। महलों की कतारें उसमें उठे पहाड़ थे, गलियाँ तथा बाजार विशाल सरोवर थे। योद्धा उसमें चंद्रोदय थे।)

काव्यशास्त्र के आचार्यो ने महाभारत के अनेक श्लोक रस, भाव या काव्यकोटियों के उदाहरण के रूप में प्रस्तुत किये हैं। अर्जुन के द्वारा भूरिश्रवा के कटे हुए हाथ को देख कर उसकी विधवा पत्नी के विलाप के प्रसंग का यह श्लोक आनंदवर्धन तथा मम्मट ने गुणीभूतव्यंग्य के निरूपण में उद्धृत किया है—

अयं स रशनोत्कर्षी पीनस्तनविमर्दनः।
नाभ्यूरूजघनस्पर्शी नीवीविस्त्रंसनः करः।।

(यह वही हाथ है, जो रशना को खींचता था, वक्षःस्थल का मर्दन करता था, नाभि, ऊरु व जघन का स्पर्श करता था।)

इस पद्य में शृंगार रस जिस प्रकार करुण रस का अंग बन कर आया है, वह करुणा के उद्रेक को और मर्मस्पर्शी बना देता है।

इसी प्रकार महाभारत में चंद्रमा का यह सुंदर वर्णन भी काव्यशास्त्र में सराहनीय माना गया—

ततः कुमुदिनीनाथेन कामिनीगण्डपाण्डुना।
नेत्रानन्देन चन्द्रेण माहेन्द्री दिगलङ्कृता।।

(मभा. ७.१५९.४२)

(सुंदरी के कपोल के समान पीले कुमुदिनीनाथ नेत्रों को आनंद देने वाले चंद्रमा ने पूर्वदिशा को अलंकृत किया)।

महाभारत के गृध्रगोमायु संवाद का विवेचन आनंदवर्धन, अभिनवगुप्त तथा मम्मट इन तीनों आचार्यों ने किया है। आनंदवर्धन तथा अभिनवगुप्त इस प्रकरण को रसोद्रेक की दृष्टि से सुंदर मानते हैं, अभिनवगुप्त इसका पर्यवसान शांत रस में देखते हैं। जब कि मम्मट प्रबंध की दृष्टि से इसे विशेष रमणीय मानते हैं।[१०]

महाभारत में महासंग्राम के बहुत पहले ही व्यास अपनी माता सत्यवती को चेताने के लिये आते हैं और कहते हैं—

अतिक्रान्तसुखाः कालाः प्रत्युपस्थितदारुणाः।
श्वः श्वः पापीयदिवसा पृथिवी गतयौवना।।

आनंवर्धन इस पद्य में कृदंत और तद्धित के द्वारा अत्यंततिरस्कृतवाच्यध्वनि किस प्रकार यहाँ रची गई है – यह स्पष्ट करते हैं,[११] जब कि अभिनवगुप्त विस्तार से इस पद्य की विलक्षण संरचना का विश्लेषण करते हुए इसकी शांतरसपर्यवयासिता पर पर प्रकाश डालते हुए कहते हैं—

अतिक्रान्तं न तु कदाचन वर्तमानतामवलम्बमानं सुखं येषु ते काला इति, सर्व एव न तु सुखं प्रति वर्तमानः स कोऽपि काललेश इत्यर्थः। प्रतीपान्युपस्थितानि वृत्तानि प्रत्यावर्तमानानि तथा दूरभावीन्यपि प्रत्युपस्थितानि निकटतया वर्तमानानि भवन्ति दारुणानि दुःखानि येषु ते। दुःखं बहुप्रकारमेव प्रतिवर्तमानाः सर्वे कालांशा इत्यनेन कालस्य तावन्निर्वेदमभिव्यञ्जयतः शान्तरसव्यञ्जकत्वम्। देशस्याप्याह—पृथिवी श्वः श्वः प्रातः प्रातर्दिनाद्दिनं पापीयदिवसाः पापानां सम्बन्धिनः पापिष्ठजनस्वामिका दिवसा यस्यां सा तथोक्ता। स्वाभावत एव तावत्कालो दुःखमयः तत्रापि पापिष्ठजनस्वामिकपृथिवीलक्ष्ययौवना वृद्धस्त्रीवदसंभाव्यमानसंभोगा गतयौवनतया हि यो यो दिवस आगच्छति...

अर्थात् अतिक्रांत शब्द क्तप्रत्यान्त होने से वर्तमानकाल में सुख का लवलेश भी नहीं रहा यह ध्वनित होता है। इसी प्रकार प्रत्युपस्थित में प्रति उपसर्ग भविष्य में आने वाले दारुण प्रसंगों का आसन्नवर्तिता! को सूचित करता है। समस्त कालों में दुःख का अनुवेध बता कर कवि ने यहाँ निर्वेद की अभिव्यंजना करते हुए शांतरस का ही परिपोष किया है। पृथिवी को गतयौवन कह कर यह भी ध्वनित किया गया है कि वृद्धस्त्री के समान वह स्वामी के द्वारा संभोगोपादेय नहीं रह गई।

किसी भी गंभीर से गंभीर विषय को अत्यंत सरस और सहज बना कर किस प्रकार प्रतिपादित किया जा सकता है— यह श्रीमद्भगवद्गीता, विदुरगीता आदि के द्वारा महाभारत में

देखा जा सकता है।

रामायण तथा महाभारत दोनों काव्यों ने संस्कृतकाव्यपरंपरा को अनेक आभाणक व कथनभंगिमाओं से संपन्न बनाया है। ये मुहावरे तथा शैलियाँ इन दोनों काव्यों की रचना के समय बोलचाल की भाषा में प्रयुक्त होते थे। उदाहरण के लिये—

मुमर्षुर्हि नरः सर्वान् वृक्षान् पश्यति काञ्चनान्।

(मभा. ६.९४.१२)

तृणप्रस्यन्दनाच्चापि सूतपुत्रं स्म मेनिरे।।

(७.१४८.१५)

महाभारत की उपमाओं में परिकल्पना की नवीनता मिलती है। जैसे —

इन्द्रध्वज इवोत्सृष्टो यन्त्रनिर्मुक्तबन्धनः।।

(७.६९.१२)

महाभारत जिस प्रकार मनुष्यजीवन को उसके सारे विस्तार में अंकित करता है, इसमें लिये गये उपमान या बिंब भी विराट् फलक को प्रस्तुत करते हैं। अर्जुन के बाणों से वन में लगी अग्नि का चित्र बहुत रोमांचक तथा समग्र स्वरूप को प्रस्तुत करने वाला है –

ततोऽर्जुनो वेगवद्भिर्ज्वलिताग्रैरजिह्मगैः।
बाणैर्विध्वंसयामास गिरेः शृङ्गं सहस्त्रधा।
गिरेर्विशीर्यमाणस्य तस्य रूपं तदा बभौ।
सार्कचन्द्रग्रहस्येव नभसः प्रविशीर्यतः।।

१.२१८

महाभारत स्मृतियों, प्रतिस्मृतियों व संवादों का महाकोश है। प्राचीन काल में हुए संवादों का जितना बड़ा संग्रह महाभारत में किया गया, उतना प्राचीन साहित्य में अन्यत्र नहीं मिलेगा। बहुत पहले हुए संवादों को महाभारतकार ने इतिहास भी कहा है। वे बार बार पुरातन इतिहासों या संवादों का अपने वर्तमान समय में स्मरण करते हैं। कुछ उदाहरण द्रष्टव्य हैं-

.........................काव्यां वाचं शृणुत मात्यगाद्धः।
वैश्वानरं प्रज्ज्वलितं सुघोरमयुद्धेन प्रशमयतोत्पतन्तम्।।

२.५६.७

अत्राप्युदाहरन्तीममितितासं पुरातनम्।
प्रह्लादस्य च संवादं मुनेराङ्गिररसस्य च।।

२,६१.५८ (३.२९.१ में पुनः दोहराया गया)

अत्राप्युदाहरन्तीममितिहासं पुरातनम्।

ईश्वरस्य वशे लोकस्तिष्ठते नात्मनो यथा।
धातैव खलु भूतानां सुखदुःखे प्रियाप्रिये।
दधाति सर्वमीशानः पुरस्ताच्छुक्रमुच्चरन्।।

३.३१.२०-२१

अत्राप्युदाहरन्तीमा गाथा दैवैरुदाहृताः।

३.१३५.३

लालप्यमानं तं दृष्ट्वा मुनयः पुनरार्तवत्।
ऊचुर्वेदोक्तया पूर्वं गाथया तन्निबोध मे।
न दिष्टमर्थमत्येतुमीशोमर्त्यः कथञ्चन।
महर्षिर्भेदयामास धनुषाक्षो महीधरान्।।

३.१३६.१२-१३

महाभारत के कूट श्लोक

महाभारत अनेक पद्य अत्यंत दुरूह हैं, जिन्हें कूट श्लोक कहा जाता है। शैली की विचित्रता तथा जटिल पदावली के कारण इनका गूढ़ अर्थ सहज बोधगम्य नहीं है। ये श्लोक व्यास की मेधा के भी उदाहरण हैं। इनमें से बहुत से पद्य भीष्म के संवादों के हैं। विराटपर्व में बृहन्नलावेषधारी अर्जुन को रणभूमि में सामने देख कर वे कर्ण से कहते हैं—

नदीज! लङ्केशवनारिकेतुः नगाह्वयो नाम नगारिसूनुः।
एषोऽङ्गनावेषधरः किरीटी जित्वा वयं नेष्यति चाद्य गावः।।

यहाँ नदीज संबोधन कर्ण के लिये है, नदी में बहाई गई मंजूषा से उसके मिलने के कारण उसे नदीज कहा है। लङ्केशवनारिकेतुः का अर्थ है रावण के वन के अरि अर्थात् हनुमान् जिसकी ध्वजा पर हनुमान विराजमान हैं अर्थात् अर्जुन। नगारिसूनुः का अर्थ भी अर्जुन है (नगारि या इंद्र के पुत्र)।

इसी प्रकार शिखंडी की आड़ में बाण छोड़ते अर्जुन के प्रहारों से घायल भीष्म कहते हैं—

अर्जुनस्य इमे बाणा नेमे बाणा शिखण्डिनः।
कृन्तन्ति मम गात्राणि माघमां सेगवा इव।।

(भीष्मपर्व ११९.६५-६६

इस पद्य के उत्तरार्ध में 'माघमां सेगवा इव' को माघमासे गवा इव ऐसा पाठ ले लेने से माघ मास में गायों की तरह ऐसा अर्थ हो जाता है, जबकि वास्तव भीष्म उपमा का प्रयोग करते हुए कह रहे हैं कि माघमा या मादा केकड़े का पेट चीर कर जैसे सेगवा या उसके बच्चे बाहर निकलते हैं, ऐसे ही ये बाण मेरे शरीर चीर कर बाहर निकल रहे हैं।

महाभारत का संदेश

महाभारत को मूलत: आध्यात्मिक महाकाव्य माना गया है। महाभारततात्पर्यनिर्णय नामक इसकी टीका में सुप्रसिद्ध तत्त्वचिंतक अनंततीर्थ माध्वाचार्य ने कहा है—

एवमाध्यात्मनिष्ठं हि भारतं सर्वमुच्यते।
दुर्विज्ञेयमत: सर्वैर्भारतं तु सुरैरपि।।

अर्जुन को महाभारत में अपने युग के सर्वश्रेष्ठ धनुर्धर के रूप में चित्रित किया गया है। यही अर्जुन वृद्धावस्था में द्वारका की स्त्रियों को बचाने के लिये द्वारका से उन्हें लेकर हस्तिनापुर आता है, और मार्ग में दस्यु आक्रमण कर के स्त्रियों का अपहरण कर लेते हैं, अर्जुन के बाण काम नहीं कर पाते।

महाभारत का संग्राम एक प्रकार का विश्वयुद्ध था। पृथ्वी पर जितने राजा उस समय शासन कर रहे थे, वे सब इसमें सम्मिलित हुए। सबका विनाश हो गया। युधिष्ठिर ने विजय पायी, उन्हें राज्य भी मिला, पर सारे बंधु-बांधवों,अपनी सारी संतानों और अभिमन्यु जैसे महान् योद्धा को गँवा कर। ऐसे में राज्य करना उनके लिये श्मशान में निवास की तरह भयावह ही था। इस प्रकार जीवन और जगत् की नश्वरता का संदेश दे कर महाभारत मनुष्य को सत्पथ पर प्रवृत्त करता है। धर्म को इस महान् ग्रंथ में परम कर्तव्य के रूप में प्रतिष्ठित किया गया है। धर्म की रक्षा यदि मनुष्य करे, तो वह मनुष्य की रक्षा करता है। अत: धर्म की हत्या नहीं होने देना चाहिये—

धर्म एव हतो हन्ति धर्मो रक्षति रक्षित:।
तस्माद्धर्मो न हन्तव्यो मा नो धर्मो हतोऽवधीत्।।

महाभारत का संदेश आनृशंस्य का है। 'आनृशंस्यं परो धर्म:' - यह वाक्य महाभारत में बार बार आता है। महामना व्यास कहते हैं कि मनुष्य सृष्टि का सर्वश्रेष्ठ तत्त्व है। मनुष्यत्व उसका धर्म है। इस मनुष्यत्व की रक्षा सबसे बड़ा धर्म है। यही आनृशंस्य है। यह आनृशंस्य युधिष्ठिर के चरित्र में सर्वाधिक प्रतिफलित हुआ है- इसीलिये वे इस महाकाव्य के नायक हैं।

महाभारत क्या है - यह अपने आप में एक कठिन सवाल है। कई अध्येताओं को महाभारत एक भयावह बीहड़ लगता है, जिसका कोई ओर है न छोर, न जिसमें कोई प्रशस्त पुण्य पंथ है, न कोई अन्विति है, सब कुछ गड्डमड्ड है। इन विद्वानों की दृष्टि में महाभारत एक पहेली है। प्रख्यात पाश्चात्त्य पंडित विण्टरनित्स ने तो इसे साहित्यिक राक्षस (लिट्रेरी मोंस्टर) तक कह दिया। दूसरी ओर भारतीय दृष्टि है, जो इसे पंचम वेद मानती है, इसे उपजीव्य काव्य या देश की समस्त साहित्य परंपरा का मूलाधार मानती है, इसे इतिहास और आख्यान कहती है। हमारी आचार्य परंपरा और सहृदयसमाज ने जिस महाभारत को शांतरस का सबसे विराट् काव्य माना, अनेक पश्चिमी और आधुनिक भारतीय समीक्षकों ने शांत रस की कविता के स्थान पर उसे दुरंत की कविता माना।[१२] जो महाभारत मनुष्य के भीतर की नृशंसता और बर्बर

नरसंहार पर एक मार्मिक टिप्पणी है, उसी को पश्चिमी नजरिये से देखने वाले यूरोप के प्राच्यविद्याविशारदों ने उसे बर्बर नरसंहार (एपिक आफ जेनोसाइड) का काव्य कहा।[१३] बांग्ला के जाने माने कवि बुद्धदेव बसु ने तो मौसलपर्व में समाप्त होने वाले महाभारत के आख्यान को 'विशुद्ध उन्मत्तता' और 'दुरंत बुद्धिलोप' बता दिया।[१४] पाश्चात्त्य विद्वान् बुइटेनेन महाभारत में पुराकथा या मिथकों के सम्मिश्रण को मानवीय गरिमा के लिये घातक मानते हैं।[१५] दूसरी ओर राबर्ट गोल्डमैन जैसे विद्वान् महाभारत के पात्रों, विशेषत: भीष्म को ईदिपस ग्रंथि से ग्रसित पाते हैं।[१६] अल्फ हिल्टेबीटेल पुराकथाओं को मूल महाभारत का ही अंग मानते हैं। महाभारत के कर्ता उनकी दृष्टि में ऋषि हैं, मात्र निष्पादक नहीं।[१७] महाभारत के इन कर्ताओं तथा ऋषियों की एक सुसंगत दृष्टि रही है, जो पूरे महाकाव्य में अंतर्व्याप्त है।[१८]

दूसरी ओर आचार्य आनंदवर्धन का मत है। महाभारत को सामने रख कर आनंदवर्धन ने सारे प्रचलित सौंदर्यशास्त्रीय और रसबोध के मानदंड को आमूलचूल बदल डाला। आनंदवर्धन कहते हैं कि महाभारत का अवसान उस स्थल पर होता है जहाँ सारे रस चुक गये हैं – यह विरसावसान है। इसकी समाप्ति विमनस्कता में होती है।[१९] इस विरसावसान और विमस्कता के भाव से ही एक अलग रस फूटता है, जो शांत रस है। इस रस की परिणति को तार्किक रूप में स्थापित करते हुए आनंदवर्धन कहते हैं कि विरसावसान और विमनस्कता का अनुभव वैराग्य में परिणत होता है। आनंदवर्धन ने व्यास को लोक में मति का प्रसार करने वाले और विमल ज्ञान देने वाला ऋषि माना है। व्यास का ही यह कथन वे उद्धृत करते हैं – जैसे लोक का सारा तंत्र विपर्यस्त होता जाता है, मन में वैराग्य उत्पन्न होता जाता है। आनंदवर्धन की इस व्याख्या में न तो महाभारत भीष्म का काव्य है, न युधिष्ठिर का, न अर्जुन का; न पांडवों की विजय गाथा ही वह है। वह विरसावसान की अद्भुत कविता है, जिसमें सारे रसों से परे रसराज श्रीकृष्ण हैं। आनंदवर्धन की व्याख्या में भगवान् वासुदेव एक सनातन तत्त्व हैं।[२०] इस व्याख्या की पुष्टि के लिये वे फिर महाभारत का वचन उद्धृत करते हैं – 'भगवान् वासुदेवश्च कीर्त्यतेऽत्र सनातन:।' आधुनिक विचारकों में जड़ावलाल मेहता की महाभारतमीमांसा आनंदवर्धन की व्याख्या को विस्तार देती है। उनके अनुसार महाभारत में नारायण तत्त्व भी है और नर तत्त्व भी। नारायण के रूप में यहाँ सनातन तत्त्व है, नर के रूप में एक विकासमान तत्त्व।[२१]

भारतमंजरी की रचना पूर्ण कर के क्षेमेंद्र ने स्वयं जिस प्रकार महाभारत के मूल भाव का अनुभव किया, उसे उन्होंने इस प्रकार व्यक्त किया है—

रत्नोदारचतु:समुद्ररशनां भुक्त्वा भुवं कौरवो
भग्नोरु: पतित: स निष्परिजनो जीवन् वृकैर्भक्षित:।
गोपैर्विश्वजयी जित: स विजय: कक्षै: क्षिता वृष्णाय-
स्तस्मात् सर्वमिदं विचार्य सुचिरं शान्त्यै मनो दीयताम्।।

(भारतमंजरी, काव्यमाला-६४, पृ० ८५१)

महाभारत मनुष्य की महागाथा है, मनुष्य की असाधारणता की, उसके उत्कर्ष के शिखरों पर पहुँचने की और और उसके अध:पतन की भी। सारे कौरवों के मारे जाने पर युधिष्ठिर अवसाद से भरे हुए कहते हैं कि क्या यह हमारी जीत है – हमें इससे क्या मिला – हमनें तो अपना सब कुछ खो दिया। चार्वाक उनके सामने आ कर सवाल करता है कि आपको इस सब से क्या मिला। युधिष्ठिर निरुत्तर हैं।

दूसरी ओर दुर्योधन जिसकी भीम ने छल से जाँघें तोड़ दी है,अपनी कारुणिक मृत्यु में सारे पांडवों के सामने बड़ा दिखने लगता है। व्यास ने उसे गरिमा दे दी है। यह मनुष्य की गरिमा है। जिस दुर्योधन ने कहा था कि मैं जानता हूँ धर्म क्या है, पर उसकी तरफ मेरे पाँव नहीं बढ पाते, मैं यह भी जानता हूँ कि अधर्म क्या है, पर उससे मैं अपने पाँव पीछे नहीं हटा पाता, वही मृत्यु के पहले कहता है कि मुझे कोई पछतावा नहीं, किसी से कोई शिकायत नहीं। उसके अवसान पर देवता आकाश से फूल बरसाते हैं, गंधर्व और अप्सराएँ उसका गुण गान करते हैं, पांडवों के मुख मलिन और फीके हो जाते हैं।

इसलिये महाभारत मनुष्य की कथा तो कहता है, मनुष्य समाज को स्याह और सफेद के, एकदम पापी और पुण्यात्माओं के दो खेमों में नहीं बाँटता। महाभारत की एक सरल व्याख्या असत्य पर सत्य की , पाप पर पुण्य की अधर्म पर धर्म की विजय की महागाथा के रूप में की जाती रही है। पर स्वयं युधिष्ठिर जो इस सारी कथा के एक नायक हैं, इसे इस रूप में स्वीकार नहीं करते। वे कहते हैं कि मैंने शत्रुओं को जीता पर मैं स्वयं हार गया, जो हारे थे, जीत उनकी हुई, जो जीते वे जीत लिये गये। हमने अपने बंधु बाँधवों, पिताओं, चाचाओं को मार कर सोचा कि हमने सब कुछ पा लिया है, पर वास्तव में हम सब कुछ गँवा बैठे हैं। यह कैसी विजय है जिसमें विजेता परास्त बन गया है – केवल अपनी सारी विजययात्रा पर पछताते रहने के सिवाय उसके पास कुछ नहीं है।[२२]

व्यास कहते हैं कि मैं दोनों हाथ ऊँचाये हुए चीख रहा हूँ कि धर्म से अर्थ और काम को जोड़ कर धर्म का सेवन करो, मेरी कोई सुनता नहीं। व्यास मनुष्य की नृशंसता और भीषण बर्बरता की कथा कहते हैं और बार बार जोर दे कर कहते चलते हैं कि आनृशंस्यं परो धर्म: – नृशंसता को छोड़ देना ही बड़ा धर्म है। यह वाक्य बार बार महाभारत में अन्त:स्वर की तरह गूँजता है। जब हम अपने भीतर के अधूरेपन और छोटेपन को महाभारत पर आरोपित करते हैं, तो महाभारत हमारे लिये वही हो जाता है, जो हम हैं।

आनंदवर्धन ने कहा कि महाभारत धर्म का आख्यान है। राधाकृष्णन् भी महाभारत का विषय धर्म मानते हैं। वे कहते हैं कि भले महाभारत में ही युद्ध की सारी भीषणता, छल कपट और जीवन की विसंगतियों का भरपूर चित्रण हो, पर इसका तात्पर्य युद्ध की कथा कहने में नहीं है, धर्म के आख्यान में है।[२३] दो प्रकार के धर्म हैं। एक बड़ा धर्म है, जो मनुष्यता की रक्षा के लिये आवश्यक है। एक छोटा धर्म है, जो कर्मकांडों, रूढ़ियों और रिवाजों में सीमित

है। व्यास जब दोनों हाथ ऊपर उठा कर जिस धर्म को अपनाने की बात करते हैं, वह बृहत्तर धर्म है, वे भीष्म के मुख से स्पष्ट कहलवातें हैं कि कर्मकांड, रूढ़ियों और रिवाजों में सीमित धर्म बृहत्तर धर्म को बाधित न करे, यदि वह बाधित करता है, तो वह धर्म नहीं अधर्म हो जाता है।

धर्मं तु बाधते धर्मो न स धर्मो ह्यधर्म तत्।
अविरोधात्तु यो धर्मः स धर्मो नृपसत्तम।।

म.भा. वनपर्व, १३१.१०

इसके दृष्टांत में भीष्म ने उस ब्राह्मण की कथा सुनाई है, जिसने सदा सत्य बोलने का व्रत ले रखा था। कुछ डाकू यात्रियों का पीछा करते हुए जब उसके पास से निकले और उन्होंने ब्राह्मण से पूछा कि यात्री कहाँ छिपे हुए हैं तो यह जानते हुए भी कि डाकू यात्रियों को लूटेगें व उनकी हत्या भी कर सकते हैं, सत्य बोलने के नियम का पालन करते हुए ब्राह्मण ने उन को यात्रियों का ठिकाना बता दिया। यह ब्राह्मण अपने थोथे सत्य के कारण नरकगामी हुआ।[२४]

युधिष्ठिर अश्वमेध यज्ञ करते हैं, एक नेवला आ कर अश्वमेध के बचे हुए पुरोडाश में देह को सानने का प्रयास करता है, पुरोहतों के पूछने पर वह अपनी कथा बताता है। जिसका कुल सार यह है कि युधिष्ठिर का सारा अश्वमेध एक छोटा धर्म है, अकाल में भूख से पीड़ित एक ब्राह्मण परिवार का घर आये भूखे अतिथि को भोजन देने के लिये प्राणों का उत्सर्ग एक बड़ा धर्म है, उसके सामने युधिष्ठिर का अश्वमेध यज्ञ बहुत घट कर है।

इस बड़े धर्म का सबसे बड़ा आख्यान महाभारत है, इसलिये वह धर्म के नाम पर उठाई गई भित्तियों का भंजन करता है। महाभारत जाति और वर्ण की संकीर्ण सीमाएँ तोड़ देता है, जातिव्यवस्था को ही वह खंडित कर देता है। इस अर्थ में वह रामायण से एकदम अलग है। वाल्मीकि के राम तो वर्णाश्रमव्यवस्था की मर्यादा के रक्षक और पोषक हैं। पर महाभारत घोषणा करता है कि इस देश में जातियों का इतना सम्मिश्रण हुआ है कि जाति की शुद्धता की बात करना व्यर्थ है।

इसके साथ ही महाभारत धर्म की परिपूर्णता का आख्यान है। धर्म एकांगी नहीं हो सकता, समग्र जीवन को समाहित करता है। अत: व्यास कहते हैं—

धर्मार्थकामाः सममेव सेव्या यो ह्येकसक्तः स जनो जघन्यः।
द्वयोस्तु दक्षं प्रवदन्ति मध्यं स उत्तमो यो निरतस्त्रिवर्गे।।

१२.१६१.३८

जड़ावलाल मेहता प्रतिस्मृति की एक कविता के रूप में महाभारत की व्याख्या करते हैं। स्मृति से कविता रची जाती है, हमारा सारा साहित्य स्मृतियों की गूँजों और अनुगूँजों में रचा बसा है। पर स्मृति भी कई प्रकार की होती है – एक अनुस्मृति है, एक प्रतिस्मृति भी होती है। मेहता प्रतिस्मृति की व्याख्या सर्जनात्मक कल्पना के रूप में करते हैं।[२५] व्यास युधिष्ठिर से

कहते हैं कि मैं तुम्हें एक ऐसी विद्या दूँगा, जो तुम्हारे जीवन में नया उत्थान लायेगी। यह विद्या प्रतिस्मृति की विद्या है। अनुस्मृति अतीत की होती है, प्रतिस्मृति भविष्य में आने वाले दिक्काल की होती है। इसमें स्मृति की यात्रा उलट जाती है। ऋग्वेद ७.१०४ के रक्षोघ्न मंत्रों में इंद्र और सोम से आह्वान है कि वे प्रतिस्मरण करें, सातवें मंत्र में कहा गया है – प्रतिस्मरेथाम्। व्यास महाभारत में बीच बीच में साक्षात् उपस्थित होकर प्रतिस्मृति कराते हैं। वे अपनी माता सत्यवती से उस समय यह बात कहने आये थे, जब कौरव और पांडव राजकुमार बालक ही थे –

अतिक्रान्तसुखाः कालाः प्रत्युपस्थितदारुणाः।
श्वः श्वः पापीयदिवसाः पृथिवीगतयौवना।।

महाभारत के अवसान में फिर व्यास हैं – जब सब ओर से हारा थका और पस्त अर्जुन उनके पास जाता है, नारायण जा चुके हैं। एक नर शेष बचा है।

इसलिये महाभारत अपनी स्वयं की पहचान एक महावृक्ष के रूप में करता है। गीता में कृष्ण सारी सृष्टि को एक महावृक्ष बताते हैं। महाभारत के रूप में व्यास ने जिस विराट् की सृष्टि की वह भी एक महावृक्ष है। महावृक्ष का मूल ऊपर स्थिर है, उसके तने और शाखाएँ निरंतर प्ररोहित हो रहे हैं।

महाभारत इस अर्थ में भारतीयता का पर्याय है कि वह न केवल मनुष्यता का हनन करने वाले सँकरे दायरे तोड़ता है, अपितु हमारे देश की उस संस्कृति का प्रतिनिधि ग्रंथ है, जो विविधता और आनंत्य में विकसित होती रही है।

आधुनिक भारतीय साहित्य और रंगमंच पर महाभारत

महाभारत हमारे समय में हमारे साथ बना रहा है। हमारे संघर्षों, स्वप्नों और आस्थाओं को वह पोसता रहा है। भारतीय स्वतंत्रता संग्राम में महाभारत के रूपक का एक हथियार की तरह उपयोग किया गया। भारत में पहली पारसी थियेटर कंपनी दादा भाई नौरोजी जैसे तपःपूत राष्ट्रनेता ने १८५२ में स्थापित की थी। साँगलीकर नाटकमंडली की स्थापना १८६७ में हुई। इसने गोपीचंद, जालंधर और अलाउद्दीन जैसे नाटकों के आलावा महाभारत की कथा पर आधारित दो नाटक किये – कीचकवध तथा द्रौपदीवस्त्रहरण। खाडिलकर का कीचकवध १९०७ में मंच पर आया। कीचक के पात्र को निरंकुश विदेशी सत्ता और द्रौपदी को भारतीय जनता और भीम को स्वतंत्रता सेनानी के प्रतीक के रूप में बहुत धारदार रूप में, इसमें प्रस्तुत किया गया था। इस नाटक पर अंग्रेजी सरकार ने तत्काल पाबंदी लगा दी। पर नाटक जनानंदोलन का एक बहुत बड़ा हथियार बनता जा रहा था और आगे चल कर हिंदी क्षेत्र में पारसी रंगमंच पर मुंशी नारायण प्रसाद "बेताब" (१८७२-१९४५), आगा हश्र काश्मीरी (१८७९-१९३५) तथा राधेश्याम 'कथावाचक' (१८९०-१९६३) की बृहत्-त्रयी ने तो

युगांतर ही कर दिया। नारायण प्रसाद 'बेताब', राधेश्याम 'कथावाचक' और माधव शुक्ल ने आजादी की लड़ाई के दौर में नये सिरे से महाभारत लिखा। 'बेताब' ने हिंदी में छब्बीस नाटक लिखे, पर उनकी कीर्ति का अक्षयस्तंभ उनका महाभारत नाटक है। 'कथावाचक' ने 'द्रौपदीस्वयंवर' भी लिखा और 'शांति के दूत भगवान् श्रीकृष्ण' भी। पर उनके 'अभिमन्युवध' ने अभूतपूर्व इतिहास रचा। नारायण प्रसाद 'बेताब' और 'कथावाचक' के नाटक कांग्रेस के अधिवेशनों में खेले जाते थे।

युधिष्ठिर अपनी सारी संपदा, अपने चारों भाइयों और उसके बाद अपने आप को भी जुए में हार गये, फिर उन्होंने द्रौपदी को भी दाव पर लगा डाला। 'बेताब' इस प्रसंग में व्यास के महाभारत से विकर्ण और विदुर से बहुत धारदार कथनों को अपने समय में ढाल कर उनका पुन:पाठ करते हैं। 'बेताब' और 'कथावाचक' दोनों नाटककार महाभारत जैसे कथानकों को अपने समय के संघर्ष जैसे जोड़ने के लिये द्व्यर्थक संवादों का सधा हुआ उपयोग करते थे। पुलिस के जासूस घात लगाये हजारों हजारों दर्शकों की भीड़ में मौजूद रहते, दर्शक उनके संवाद के समकालीन अर्थ समझ कर तालियाँ बजाते, उत्तेजित और रोमांचित होते, विरोध और विद्रोह में तमतमा उठते, पर पुलिस राजद्रोह का मामला न बना पाती, और अंग्रेजी हुकूमत महाभारत या रामायण पर आधारित नाटकों पर पाबंदी भी नहीं लगा सकती थी।

बेताब अपने महाभारत नाटक में द्रौपदी के चीरहरण का दृश्य दिखा रहे थे, दु:शासन के दोहरे अर्थ पर पूरा वज़न दे कर। यह सारा दृश्य अंग्रेजों द्वारा लूट खसोट के एक समानांतर अदृश्य दृश्य में रूपांतरित होता जाता। द्रौपदी के चीरहरण का दृश्य में अंग्रेजों का भारतीयता के अपमान का रूपक खड़ा किया गया था।

पंडित मदनमोहन मालवीय ने बेताब का महाभारत देख कर चकित रह गये थे। विकर्ण के आह्वान में उन्हें देशभक्ति का आह्वान सुनाई पड़ा। मालवीय जी ने १९१६ में काशी हिंदू विश्वविद्यालय की स्थापना के अवसर पर बेताब के महाभारत की प्रस्तुति कराई।

अंग्रेजों की दोहरी नीति छल कपट और राजनीतिक जुए के खेल को यहाँ जिस तरह चुनौती दी गई थी, वह सीधे सीधे संघर्ष का आह्वान था।

राधेश्याम कथावाचक (जन्म २५.११.१८९०) का वीर अभिमन्यु न्यू अल्फ्रेड थियेटर द्वारा १९१४ में खेला गया। उस समय तक कथावाचक कांग्रेस के सदस्य बन चुके थे। मदनमोहन मालवीय तथा महात्मा गाँधी से उनका बराबर संपर्क था। मदनमोहन मालवीय जी की यात्राओं में गाये जाने के लिये उन्होंने – 'हिलमिल करो जाति उद्धार, भाइयों समय न बारंबार' - जैसे कई गीत लिखे थे। इस प्रकार के आठ दस गीत महामना जी की यात्रा के दौरान लिखे और गाये गये, उन्हीं से राधेश्याम कथावाचक ने कुछ हजार रुपया उगाह कर महामना जी को सौंपा।

वीर अभिमन्यु की भूरि-भूरि प्रशंसा महावीरप्रसाद द्विवेदी जी सरस्वती में विस्तृत समीक्षा

लिख कर की थी। मालवीय जी ने तो इस नाटक को काशी हिंदू विश्वविद्यालय के पाठ्यक्रम में लगवाया। १९२२ में काशी हिंदू विश्वविद्यालय के स्थापना दिवस पर वीर अभिमन्यु नाटक का अभिनय करवाया। कथावाचक की सुझबूझ थी कि पारसी मंडली के कलाकारों ने इस प्रस्तुति में नया प्रयोग किया। सारे पात्रों ने खादी के वस्त्र पहने। ''दैनिक'' आज के २.२.१९२२ तथा ''भारतजीवन'' (६.२.१९२२) और ''हिंदकेसरी'' (८.२.१९२२) जैसे अखबारों ने इस प्रस्तुति की विशद समीक्षाएँ कीं।

कथावाचक ने इस नाटक की प्रस्तावना में ही अपनी दृष्टि स्पष्ट कर दी थी। प्रस्तावना में सूत्रधार कहता है -आज भरतसंतान को भारतवीरों का गौरव दिखाने के लिये बरेली निवासी पं० राधेश्याम कविरत्न की लेखनी से निकला हुआ नाटक रचाया जाय।'

माधव शुक्ल ने प्रयाग में हिंदी नाट्य समिति की स्थापना की। १९१५ में इनका महाभारत पूर्वार्ध इस नाट्य समिति के द्वारा प्रस्तुत किया गया। माधव शुक्ल की वाणी में देश के लिये तड़प और आग थी।

रचनात्मक साहित्य में रवींद्रनाथ का कर्णकुंतीसंवाद, सुब्रह्मण्य भारती ने ''पांचालीशपथम्'' धर्मवीर भारती का ''अंधायुग'' और हाल में ही उड़िया कवि हरनाम दास की लंबी कविता ''द्रौपदी'', विजयबहादुर सिंह का ''भीमबैठका'' पर लंबी कविता आदि उदाहरण दिये जा सकते हैं, जिनसे आधुनिक साहित्य में महाभारत की विद्यमानता समझी जा सकती है।

महाभारत और भारतीय कलापरंपरा

महाभारत प्राचीन भारतीय नाट्य के उद्भव और विकास के इतिहास की अनेक टूटी कड़ियाँ जोड़ता है। वास्तव में यह महाकाव्य भरतमुनि के पूर्व की रंगपरंपरा का महत्त्वपूर्ण साक्ष्य है। भारतीय रंगमंच के निम्नलिखित प्रस्थानों पर महाभारत के द्वारा महत्त्वपूर्ण सूचनाएँ हमें मिलती हैं - प्रेक्षागृह, नट-नर्तक, समाज, ग्रंथिक, जवनिका, इंद्रमहः और यज्ञों में नाट्यप्रयोग, अभिनय, संगीत, पुत्तलिकानाट्य, छायानाट्य तथा नाट्य का भूलोक पर अवतरण। प्रेक्षागार का उल्लेख महाभारत में अनेक स्थलों पर हुआ है। कौरव-पांडव राजकुमारों के धनुर्वेद के प्रदर्शन के लिये धृतराष्ट्र ने एक विशाल प्रेक्षागार बनवाया था। यह प्रेक्षागार मूलतः नाट्यप्रस्तुति के लिये नहीं था। पर अस्त्रविद्या के प्रदर्शन या अभ्यास के अतिरिक्त इसका उपयोग नाट्यप्रदर्शन के लिये भी होता था। राजकुमारों की धनुर्विद्या की प्रस्तुति के पहले इसी प्रेक्षागार के मंच पर नट और नर्तक भी उपस्थित हुए तथा उनका गायन वादन वहाँ हुआ - यह वर्णन महाभारत-कार स्वयं देते हैं (आदिपर्व २१०.१०)।

इस प्रेक्षागार में एक रंगमंच था (आदि. २१०.११), तथा स्त्रियों के बैठने के लिये शिविकाओं की व्यवस्था थी। शिविका से आशय ऐसी बाल्कनी से प्रतीत होता है, जिस पर पर्दे लगे हों। प्रेक्षागार मणियों, मुक्ताओं और स्वर्ण से जड़ा हुआ था। इसके मध्य भाग को

व्यास ने रंग कहा है, तथा रंग पर चलने वाले प्रदर्शन को प्रयोग की संज्ञा दी है।

प्रेक्षागार के निर्माण के अन्य महत्त्वपूर्ण उल्लेख द्रौपदी तथा दमयंती के स्वयंवरों के अवसर पर महाभारत में मिलते हैं। दमयंती के स्वयंवर के लिये विशाल प्रेक्षास्थली का निर्माण कराया गया, जिसे रंग तथा महारंग कहा गया है (आर. ५४.११,१८)। इस रंग की उपमा पर्वत की गुफा से दी गई है। भरतमुनि ने भी नाशा० (२.८०) में नाट्यमंडप को शैलगुहाकार कहा है।

महाभारत में वर्णित एक अन्य प्रेक्षागार विराट् के द्वारा बनवाया गया। यह मल्लविद्या के प्रदर्शन के लिये बनवाया गया था (विराटपर्व १२.४)। इसके भीतर के स्थल को भी रंग तथा महारंग कहा गया है। इस प्रेक्षागार में राजा विराट केवल पुरुष मल्लों का परस्पर द्वंद्व ही नहीं, मल्लों का सिंह शार्दूल आदि से भी द्वंद्वयुद्ध करवाते थे। छद्मवेषधारी भीम को ऐसे बर्बर द्वंद्वयुद्धों में भाग लेना पड़ा था (वही, १८.२-३)।

इन प्रेक्षागारों में प्रदर्शनस्थली बीचों-बीच में है। इसका आशय यह है कि प्रेक्षक रंगमंच के चारों ओर बैठते हैं। इसके साथ ही इनमें कई हजार दर्शकों के बैठने की व्यवस्था होती है। ये प्रेक्षागार ग्रीक एम्फी थियेटर्स के समान कहे जा सकते हैं।

महाभारत के आदिपर्व तथा विराट् पर्व में वर्णित उक्त दोनों प्रेक्षागार अत्यंत विशाल और खुली रंगशालाएँ हैं। इनके अतिरिक्त विराट् पर्व में एक नर्तनशाला का भी विवरण मिलता है, जिसे नर्तनागार या नर्तनागृह भी कहा गया है (वही २१.३. १६,१९)। यह नर्तनशाला अंत:पुर से संबद्ध थी, और राजकुमारियों के नृत्य के अभ्यास के लिये इसका उपयोग होता था, आगे चल कर नाटिका की प्रस्तुति के संदर्भ में नाट्यशास्त्र की परंपरा में ऐसी नर्तनशाला का उल्लेख आया है, तथा कालिदास ने अपने मालविकाग्निमित्र और श्रीहर्ष ने अपनी प्रियदर्शिका में राजप्रसाद के भीतर बनी नर्तनशाला या संगीतशाला का उल्लेख किया है। शार्ङ्गदेव के संगीतरत्नाकर आदि ग्रंथों में भी इस प्रकार की संगीतशाला का विवरण है। इससे संगीतशाला का उपयोग चुनिंदा सभासदों के सम्मुख नाट्य या नृत्य की प्रस्तुति के लिये होता रहा है।

स्वयंवर, उत्सव आदि के अवसरों पर समाज का आयोजन होता था। द्रौपदी के स्वयंवर के अवसर पर समाज का आयोजन कई दिनों तक चला। समाज उस समय नृत्य, नाट्य आदि का आयोजन करने वाली महत्त्वपूर्ण संस्था थी। समाज में सम्मिलित होने वाले लोगों को सामाजिक कहा गया, आगे चल कर नाट्यशास्त्र और रसविवेचन की परंपरा में सामाजिक शब्द का प्रयोग प्रेक्षक या सहृदय के लिये हुआ है। द्रौपदी के स्वयंवर के प्रसंग में समाज के साथ समाजवाट का उल्लेख आया है। समाजवाट वह स्थान है, जहाँ सामाजिक एकत्र होते हैं। समाजवाट चारों ओर भवनों से घिरा हुआ था (आदि. १७६.१६)। द्रौपदी के स्वयंर में यह समाज कई दिनों तक चला, जिसमें नटनर्तक, वैतालिक आदि अपने अपने कार्यक्रम देते रहे।

नाशा० में कथा आई है कि भरतमुनि के शिष्यों को हिमालय के निवासी मुनियों से शाप मिला, और उन्हें भूलोक पर नीचे आना पड़ा। इसी प्रकार उर्वशी भरतमुनि के शाप से भूलोक पर आई और उसके साथ ही नाट्य की विद्या भी भूलोक पर आई— यह कथा भी नाशा० में मिलती है। महाभारत स्वर्ग से नाट्य के भूलोकपर अवतरण की परंपरा का समर्थन करता है। इंद्र अर्जुन से कहते हैं—

नृत्तं गीतं च कौंतेय चित्रसेनादवाप्नुहि।
तदर्जयस्व कौन्तेय नृलोके यन्न विद्यते।।

आर० ४५.६-७

नाट्य का उद्गम हिमालय के आसपास के क्षेत्र में हुआ, यही स्वर्ग का स्थल भी है। देवताओं के अतिरिक्त गंधर्व, किन्नर, अप्सराएँ, यक्ष आदि इस क्षेत्र में निवास करने वाली जनजातियाँ हैं, जिन्हें दिव्य योनि और अर्धदिव्ययोनि कहा गया है। भरतमुनि के नाशा० के अनुसार नाट्य के उद्भव में देवताओं के अतिरिक्त गंधर्व, किन्नर, अप्सराएँ, यक्ष आदि के साथ राक्षस, असुर आदि का भी सहयोग रहा है।

राणा कुम्भा ने अपने नृत्तरत्नकोष में नाट्य के स्वर्ग से भूलोक पर अवरण की कथा बताते हुए महाभारत की परंपरा का समर्थन किया है - नाट्य की कला को चित्ररथ से अर्जुन ने तथा अर्जुन से उत्तरा ने पाया।

यज्ञ या याज्ञिक अनुष्ठानों से नाट्य और नृत्य का घनिष्ठ संबंध रहा है। अनेक वैदिक यज्ञों में तो नाट्य और नृत्य अनुष्ठान के अविभाज्य अंग रहे हैं। अश्वमेध, वाजपेय आदि ऐसे ही यज्ञ हैं। नाट्य के उद्भव और विकास में यज्ञ की संस्था का बड़ा हाथ रहा है। महाभारत के अनुसार युधिष्ठिर के अश्वमेध यज्ञ में नृत्य, संगीत आदि के आयोजन हुए थे। महाभारत में वर्णित अन्य यज्ञों में भी नाट्य के आयोजन का निरूपण किया गया है। इस प्रकार यज्ञ के मंच का उपयोग नाट्यविषयक अनुष्ठानों के लिये महाभारत के काल में भी होता रहा।

याज्ञिक अनुष्ठान में यूप का वर्णन मिलता है। यूप स्तंभ है, जिसका उपयोग बलि पशु को बाँधने के लिये भी किया जाता रहा है। महाभारत के अनुसार राजा दिलीप के यज्ञ में स्वर्णमय यूप बनाया गया और जिसके चारों ओर इंद्र आदि देवताओं ने नृत्य किया। और विश्वासनु ने वीणा बजाई।

यज्ञ से सूत का अनिवार्य संबंध रहा है। यजुर्वेद के तीसवें अध्याय में तो उन कारीगरों, शिल्पियों आदि की लंबी सूची दी गई है, जिनकी यज्ञ में उपस्थिति अनिवार्य थी। इनमें नृत्त के सूत और गीत के लिये शैलूष को बुलाने का निर्देश है - (नृत्ताय सूतं गीताय शैलूषम्— आदि)। सूत नृत्त या नाट्य के साथ रथनिर्माण या बढ़ईगिरी का काम भी करते थे। वास्तु या स्थापत्य से भी सूतों का संबंध रहा है। यज्ञवेदिका या यज्ञमंडप के निर्माण का काम सूत ही करते थे।

सूत यज्ञवेदिका के निर्माण के लिये सूत्र लेकर आता था। इसलिये उसे सूत्रधार भी कहा गया। यही सूत्रधार या सूत नाटक का सूत्रधार भी हुआ। महाभारत में जन्मेजय के नागयज्ञ में वेदिका निर्माण के लिये सूत को बुलाया गया था। इस सूत के लिये महाभारतकार व्यास ने कहा है -

स्थपतिर्बुद्धिसम्पन्नो वास्तुविद्याविशारदः।
इत्यब्रवीत् सूत्रधारो सूतः पौराणिकस्तथा।।

इस श्लोक में इति, अब्रवीत् और तथा इन तीन पदों के अतिरिक्त सारे शब्द एक ही सूत के लिये विशेषण हैं, अर्थात् एक ही सूत स्थपति भी है, बुद्धिसम्पन्न है, वास्तुविद्याविशारद भी है, सूत्रधार भी है तथा पौराणिक या पुराणों का प्रवचन करने वाला भी है। नीलकंठ ने इस स्थल पर अपनी टीका में उचित ही उस सूत को शिल्पग्रामवेत्ता कहा है। अन्य मांगलिक अवसरों पर भी सूत, मल्ल, झल्ल, नट, नर्तक आदि के साथ उपस्थित होते थे। महाभारत में परीक्षित के पुनरुज्जीवन के अवसर पर मल्ल, नट, नर्तक आदि के साथ ग्रंथिक भी उपस्थित हुए। अन्य अवसरों पर भीं ग्रंथिक राजसभा या जनसमाज में उपस्थित होते थे (आश्व. ६९.४)। ग्रंथिक ग्रंथ से पढ़ कर उपाख्यान सुनाते थे। यदि ग्रंथपाठ के साथ-साथ अभिनय व गायन भी किया जाये, तो यही उपाख्यान आख्यान बन जाता है। ग्रन्थिक का उल्लेख पतञ्जलि ने अपने महाभाष्य में भी किया है, तथा भोज ने शृंगारप्रकाश में आख्यान और उपाख्यान को परिभाषित करते हुए भी ग्रंथिक का उल्लेख किया है।

महाभारत में जवनिकाओं या चित्रित पर्दों के उल्लेख भी अनेक स्थलों पर मिलते हैं। युद्धभूमि के दारुण दृश्य का वर्णन करते हुए व्यास ने इसकी उपमा ऐसे पट से दी है, जिस पर कोई महान् दारुण कथा चित्रित की गई हो - प्रलापयुक्ता महती कथा न्यस्ता पटे यथा। (शल्य १.४०)। दूसरी और वे उत्सव और उल्लास के अवसर के लिये भी ऐसे पट से उपमान प्रस्तुत करते हैं, जिस पर चित्र अंकित हों -

तदुत्सवमिवोदग्रं प्रहृष्टजनसङ्कुलम्।
ददृशे बलमायान्तं पटं चित्रगतं यथा।

(आश्रम., ४०.२०)

ऊपर प्रेक्षागारों के प्रसंग में कहा जा चुका है कि मूलतः धनुर्विद्या या मल्लविद्या के प्रदर्शन के लिये बनाये गये इन प्रेक्षागारों में नट, नर्तक आदि भी मंच पर अपनी प्रस्तुति देते थे। ऐसे में नटों और नर्तकों के प्रदर्शन में धनुर्धारियों की मुद्राएँ या मल्लों के करतबों का शामिल होना स्वाभाविक था। नाट्यशास्त्र की परंपरा में चारियों, व्यायाम के निरूपण तथा करणों में भी मल्लों की चेष्टाएँ समाहित हो गईं हैं। मल्लविद्या और नटविद्या के परस्पर संसर्ग के कारण मल्लों की एक संज्ञा नट भी प्रचलित हो गई। नट जाति के लोग आज भी ऐसे करतबों के लिये जाने जाते हैं। महाभारत में आवर्त, करण आदि का ऐसे प्रसंगों में उल्लेख हुआ है,

जिनका समावेश अस्त्रविद्या तथा मल्लविद्या के संसर्ग से नटों की कला में होता गया।

दूसरी ओर युद्ध को एक नाट्य के रूप में भी देखा जाता था। युद्ध के पहले तरह-तरह के वाद्य बजाये जाते। यहाँ तक कि कभी-कभी तो युद्ध रोककर दोनों ओर की सेनाएँ नृत्य की प्रस्तुति देखने लग जातीं। कर्णपर्व में ऐसे ही एक नृत्त का वर्णन मिलता है (कर्णपर्व २.३)। युद्ध के वर्णनों में नाट्य के उपमानों और बिंबों का प्रयोग महाभारतकार व्यास इसीलिये करते हैं। दुर्योधन का शिविर रंगमंच है, उसके आसपास जुटे सैनिक प्रेक्षक हैं (शल्य० ६.४)। किसी योद्धा को क्रोध आता है, तो दाँत से ओंठ चबाता हुआ एक हथेली पर दूसरी हथेली पटकता है, तब वह नृत्य के साथ ताल देता हुआ लगता है (कर्णपर्व, ६३.१३)।

दशकुमारचरित के विश्रुतचरित में युद्ध के प्रसंग में अनेक करणों, मंडलों आदि का वर्णन किया गया है, जिन्हें योद्धा द्वन्द्व या युद्ध के समय दिखाता था। दण्डी ने जो वर्णन विश्रुत के युद्ध का किया है, उससे स्पष्ट है कि ऐसे अवसरों पर जनता केवल दो योद्धाओं की लड़ाई देखने के लिये ही एकत्र नहीं होती थी, लोग मल्लयुद्ध में अपनाए गये करणों, आवर्तों, मण्डलों आदि को देखने के लिये भी जुटते थे। ऐसे में मल्लों के द्वन्द्वों या युद्धों को एक रूपक की तरह भी देखा जाता था।

महाभारत में भारतीय कला और सौन्दर्यशास्त्र के सम्बन्ध में अनेक तकनीकी शब्दों का प्रयोग संगीत, नृत्य आदि के वर्णनों में हुआ है। शम्या, लय, ताल प्रमाण, लयस्थान (सभा. ३१.३३) आदि का उल्लेख महाभारतकार करते हैं। गीतवादित्र और नृत्य का निरूपण तो अनेकत्र महाभारत में है ही (सभा. ४.३१ तथा शांति. ३०१.२७ तथा १८४.१६)। प्रेक्षा किसी एक प्रस्तुति को कहा गया है (सभा १८.३)। कामसूत्र में भी इसी अर्थ में प्रेक्षा शब्द आया है। एक अन्य महत्त्वपूर्ण शब्द नांदी है। नांदी मांगलिक पद्य है, जो संस्कृत नाट्य परंपरा में बीज की तरह प्रस्तुत की जाती है। महाभारत के अनुसार राजसभा में पुरोहित नांदी पाठ करते थे (शांति ८३.)। नाटकों में नांदी पाठ की परंपरा पुरोहितों के अनुष्ठानों से आई है - यह भी महाभारत के उल्लेख से प्रकट होता है। सौष्ठव नाट्यशास्त्रीय परम्परा में एक केंद्रीय अवधारणा है, महाभारत में भी सौष्ठव के निर्वाह का उल्लेख नृत्य के संदर्भ में किया गया है (उद्योग. ९.१५)।

महाभारत के काल में कठपुतलियों का प्रचलन था। अलग से कठपुतली नाच का वर्णन महाभारत में अवश्य नहीं आता, पर उपमान के रूप में धागे से चलने वाली काठ की बनी पुतली के एकाधिक उल्लेख हैं। सूत्र से संचालित लकड़ी की पुतली का उल्लेख उद्योगपर्व (३२.१२ तथा ३२.१) में दो बार हुआ है। पांचालिका (गुड़िया) इस दारुयोषा से भिन्न है। पांचालिका का उल्लेख भी कुमारियों के क्रीड़ा के वर्णन के प्रसंग में महाभारत में आया है (विराट. ३५.२३)।

सूतप्रोता दारुमयीव योषा।
यथा दारुमयी योषा नरवीर समाहिता
ईरयत्यङ्गमङ्गानि तथा राजन्निमाः प्रजाः।।

महाभारत में रूपोपजीवनम् शब्द का प्रयोग हुआ है। रूपोपजीवन छाया के द्वारा दिखाया जाने वाला नाट्य है। टीकाकार नीलकंठ लिखते हैं - 'रूपोपजीवनं जालमण्डपिकेति प्रसिद्धम्।' आगे नीलकंठ कहते है कि रूपोपजीवन में चमड़े से बनी या काठ की आकृतियों की छाया दिखाकर नाट्य का प्रदर्शन किया जाता था।

कुल मिलाकर महाभारत के समय में भारत नाट्य के विकास के अनेक पड़ाव पार कर चुका था। इसके साथ ही महाभारत की कथा ने भारतीय रंगमंच के अनेक प्रस्थान रचे, उसके विकास में विलक्षण भूमिका निभाई। आख्यान की परंपरा और उससे रंगमंच के विकास का साक्ष्य तो महाभारत स्वयं देता ही है, यह महाकाव्य अपने आप में एक महा आख्यान है, और आख्यान के रूप में इसकी प्रस्तुति ने भारतीय रंग-परंपराओं के बहुविध क्षेत्रीय रूपों को संपन्न बनाया है

आख्यानपरंपरा और महाभारत

महाभारत को ऐसा आख्यान माना जाता रहा है, जो निरंतर नाना रूपों में कहा और सुना जाता रहा है, तथा कहा और सुना जाता रहेगा।

आचख्युः कवयः केचित् सम्प्रत्याचक्षते परे।
आख्यास्यन्ति तथैवान्ये इतिहासमिमं भुवि।।

(महाभारत, १.१.९४)

(पहले भी कुछ कवि इस इतिहास को कहते आये हैं, कुछ और कवि आज कहते आ रहे हैं, और कुछ दूसरे आगे इसे कहते रहेगें।)

रामायण और महाभारत इन दोनों महाकाव्यों को भारतीय परंपरा में इतिहास कहा गया है। जो था, जो होता रहा है, और जो होता रहेगा उसे बताने वाला महा आख्यान हमारी परंपरा में इतिहास कहा गया है। महाभारत का आख्यान और पुनराख्यान भारतीय परंपरा नाना रूपों में करती आई है। भारतीय कलारूपों पर इस महाकाव्य का गहरा प्रभाव परिलक्षित होता है। प्राचीन काल से ही हमारे देश में पुराणों के साथ महाभारत का पाठ करने की परंपरा रही है। बाणभट्ट ने इसका उल्लेख किया है। इस पाठ परंपरा का भारतीय नृत्यनाट्य परम्परा में विविध शैलियों के निर्माण में अपूर्व योगदान रहा है। उत्तर से दक्षिण तक महाभारत के पाठ की यह परंपरा देश में सर्वत्र थी।

महाभारत के आख्यान की बहुवर्णी छटाएँ राजस्थान और गुजरात जनजातियों के आख्यानों में मिलती हैं। गुजरात की जनजातियों में महाभारत की कथा उनके उपास्य वासुकि नाग की कथाओं से जुड़ जाती है। वासुकि नाग का मन द्रौपदी पर आ जाता है, वे उसे हर ले जाते हैं। उत्तरभारत में इस परंपरा की अत्यंत चित्ताकर्षक प्रस्तुति छत्तीसगढ़ की पंडवानी में देखने को मिलती है। छत्तीसगढ़ का अंचल महाभारतीय प्रसंगों व महाभारतीय चरित्रों की

स्मृतियों में रचा बसा है। शताब्दियों से यहाँ यह माना जाता रहा है कि पांडवों ने इस क्षेत्र की यात्रा की थी। महाभारत की कथा कहने की परंपरा भी यहाँ पुरानी है। इस कथा को हरिकथा शैली में गायन और वादन के साथ प्रस्तुत किया जाता है। वादन में तंबूरा तो मुख्य कथागायक के हाथ में रहता है जिसका उपयोग वह अभिनय के लिये भी करता है। करताल, तबला मंजीरे और हारमोनियम अन्य वाद्य संगत में रहते हैं। मूलत: कथा की वस्तु वही है जो व्यासविरचित महाभारत में है, और इसमें पांडवों के अद्वितीय साहस, शौर्य और न्याय के पक्ष को पूरी ऊर्जा के साथ उभारा जाता है। परंतु स्थानीय लोकविश्वासों, जनजातियों में प्रचलित मिथकों और अनुश्रुतियों ने महाभारत की मूल कथा में यहाँ अपूर्व रंग भरे हैं। कथागायक जब विवरण देता है, तो साथ में बैठे वादक या उनमें से कोई हुंकारा देता है। जब वह गायन करता है, तो वे उसके सहभागी हो जाते हैं।

पंडवानी की दो शाखाएँ हैं- कापालिक तथा वेदमती। कापालिक परंपरा में संपूर्ण कथा की प्रस्तुति भीम को केंद्र में रख कर की जाती है। अनेक जटिल उपकथाओं का ताना बाना भीम के आसपास बुना गया है। इनमें अनेक उपकथाएँ ऐसी हैं, जिनमें भीम जैसे पात्र ही केवल मूल महाभारत से है, शेष घटनाओं या प्रसंगों का मूल महाभारत से दूर दूर तक भी संबंध नहीं है। ऐसा माना जाता है कि कथा के प्रस्तुतीकरण में कपाल या मस्तिष्क की उपज का कमाल पंडवानी के इस रूप में विशेष रहता है - वह अपनी कल्पना से भी प्रसंग जोड़ता जाता है- इसलिये इस शाखा को कापालिक शाखा कहा गया। उदाहरण के लिये लोहिड़ीपुर की लड़ाई का प्रसंग है, जिसमें छत्तीसगढ़ के स्थान व इतिहास को महाभारत के भीतर संक्रमित कर दिया गया है। इस प्रसंग में बताया जाता है कि युधिष्ठिर अभिमन्यु का ब्याह करने के लिये कन्या ढूँढने निकलते हैं। इस कार्य के लिये अर्जुन मामा शकुनि को नंदीघोष रथ में बिठा कर लाता है। शकुनि अभिमन्यु का विवाह होने देना नहीं चाहता, वह दस्त लग जाने का बहाना करता है और इसके प्रमाण स्वरूप रोहिना हरिण की छाल को कूट पीसकर घर में फैला देता है। अर्जुन उसकी बात पर विश्वास कर के लौट आता है, पर भीम को विश्वास नहीं होता, और वह शकुनि को लेने जाता है, शकुनि के बहाना करने पर भीम एक सब्बल तपा कर उसके देह पर बत्तीस स्थानों पर दाग देता है और फिर उसे उठा कर ले आता है। कुंती के द्वारा उपचार करने पर स्वस्थ हो जाने पर शकुनि को लेकर पांडव विराट राजा के पास पिरा नगर में कन्या की याचना करने पहुँचते हैं। शकुनि विराट राजा के सामने कन्या माँगता है, और राजा इस शर्त पर कन्या का हाथ अभिमन्यु को देने के लिये तैयार हो जाता है कि पांडव भाँवर के समय एक काँवर भर कुहुक के फूल देगें। भीम एक काँवर की जगह दस गाड़ा कुहुक के फूल देने का वचन दे देता है। लौटने पर शकुनि पांडवों से कलह करता है और पांडव उसे अपनी वस्तुएँ फेंक-फेंक पर मारते हैं। शकुनि इन्हीं वस्तुओं को समेट कर दुर्योधन के पास ले जाकर दिखाता है और कहता है कि पांडव मर चुके हैं। इस तरह वह विराट की कन्या का विवाह अपने बेटे से कराने के लिये दुर्योधन को राजी कर लेता है। इधर भीम दस गाड़ा फूल

तोड़ कर जैसे ही बाहर आता है, लाहिड़ीपुर के बारह भाई सबरिया और अधरियाकोल उसे घेर लेते हैं। इन भाइयों के पास बारह कोस की परिधि का तवा है, जिसे गरम कर के वे युद्ध करते हैं। अर्जुन को यह बात मालूम है, इसलिये वह तवे से दूर रह कर बाण चलाता है, और पांडव जीत जाते हैं।

सबरिया और अधरिया छत्तीसगढ़ की जनजातियाँ हैं, लाहिड़ीपुर भी यहीं की एक बस्ती है। पंडवानी में लाहिड़ीपुर की लड़ाई का वर्णन अत्यंत ओजस्वी और चमत्कारपूर्ण होता है।

वेदमती शाखा शास्त्रसम्मत शाखा है। इसकी भी दो उपशाखाएँ हैं - पहली शाखा में कोई मूल ग्रंथ नहीं है, लोक में प्रचलित और वाचिक परंपरा में संग्रहीत गाथाएँ प्रस्तुत इसमें प्रस्तुत की जाती हैं। दूसरी परंपरा महाभारत के सबलसिंह चौहान के भाषान्तरण को अपना आकर ग्रंथ मानती है, तथा मूल महाभारत अविकल प्रस्तुति के लिये इसमें प्रतिश्रुति रहती है।

दक्षिण भारत में विशेषत: मंदिरों में महाभारत पठन-श्रवण का विधान रहा है। उण्णुनीलीसन्देश नामक मणिप्रवालम् शैली में १४००ई० के आसपास रचे गये केरलीय काव्य में प्रात:काल महाभारतश्रवण के विधान का वर्णन किया गया है। महाभारतपाठ करने वाले ब्राह्मण आचार्य को महाभारतपट्टेरी कहा जाता था।[२६] राजाओं के द्वारा महाभारत के पंडितों को राजसभा में सम्मानित किया जाता था। इन पंडितों को मावारतपट्टार कहा गया है, तथा उनके लिये जो विशिष्ट पद राजसभा में दिया जाता था उसे महाभारतपट्टट्टानम् (महाभारतपट्टस्थानम्) कहा गया है।[२७] इसी परंपरा में महाभारत तथा पौराणिक आख्यानों पर लोकगीतों की रचना होने लगी, इन लोकगीतों को मलयालम् साहित्य की परंपरा में दो कोटियों में रखा जाता रहा है - पाट्टु तथा मणिप्रवालम्। पाट्टु की परंपरा में महाभाराताश्रित महाकाव्यात्मक कृति भारतपाट्टु की रचना हुई। आगे चल कर इसी क्रम में शंकर विरचित भारतमाला तथा एझुथाच्चन् की श्रेष्ठ कृति महाभारतम् किलिप्पाट्टु रची गईं। मलयालम् साहित्य में एझुथाच्चन् को महाभारतकार व्यास के समान आदर दिया जाता रहा है। एझुथाच्चन् के महाभारतम् किलिप्पाट्टु का कथकलि तथा केरल के अन्य नाट्यरूपों के तथा अन्य महाभारताश्रित नाट्यप्रस्तुतियों की परंपरा के उद्भव और विकास में बहुत बड़ा योगदान रहा है।

कुलशेखर वर्मा के समकालीन युधिष्ठिरविजय के कर्ता वासुदेव ने अपने गुरु से महाभारत का अध्ययन किया था। इन गुरु को कवि ने भारतगुरु तथा पुराणपरमाचार्य कहा है। केरल के अन्य अनेक अभिलेखों में महावारतम्पाट्टु का तथा महाभारत के पाठ करने वाले पौराणिकों का उल्लेख आया है।[२८]

महाभारत में उल्लिखित सूत जाति के लोग ही केरल में पहुँच कर चाक्यार (अभिनेताओं) के रूप में अवतरित हुए। कूटियाट्टम् कूति और अट्ट इन दो शब्दों के योग से बना है। कुत्तु का अर्थ है शारीरिक चेष्टा नृत्य या अभिनय। केरल में इसी कूत्तु शब्द से कूटियाट्टम् व्युत्पन्न हुआ, जिसका अर्थ है एक नट का अभिनय के साथ कथा कहना।

केरल में कुलशेखरवर्मन् के तपतीसंवरण और सुभद्राधनंजय नाटक कूडियाट्टम् शैली में एक सहस्र वर्षों से चाक्यारों के द्वारा अभिनीत होते रहे हैं। ये दोनों नाटक महाभारतीय प्रसंगों पर आधारित हैं। इसी प्रकार का एक अन्य नाटक कल्याणसौगन्धिकम् है। कूडियाट्टम् संस्कृत रंगमंच की एक हजार वर्षों से आज तक निरंतर चली आ रही जीवंत परंपरा है। इसमें महाभारत की कथा पर आधारित भास के नाटकों - पंचरात्र, ऊरुभंग, दूतवाक्य तथा कर्णभार का अभिनय अत्यंत ओजस्वी रूप में किया जाता है। कल्याणसौगंधिक नाटक भी इसके रंगमंच पर प्राचीन काल में बहुत लोकप्रिय रहा है। इसमें भीम के द्वारा द्रौपदी के लिये पुष्प लेकर आने की कथा रोचक रूप में प्रस्तुत की जाती है।

कथकलि में दुर्योधनवधम्, कीचकवधम् आदि महाभारतीय प्रसंगों पर आधारित नाट्य सर्वाधिक लोकप्रिय रहे हैं। दुर्योधनवधम् में दुर्योधन की ऊरुयुगल का विदारण, दुःशासन को मारकर उसका रक्तपान आदि के दृश्य अत्यंत लोमहर्षक होते हैं। कीचकवधम् का इरायिम्मान थम्पी का आलेख बहुत लोकप्रिय है। इसमें द्रौपदी का नाम सैरंध्री के स्थान पर मालिनी है, कीचक की बहिन सुदेशना और मालिनी ये दो मुख्य स्त्री पात्र हैं, तथा वल्लाल (भीम) और कीचक ये दो पुरुष पात्र। भीम और कीचक का युद्ध इसमें चित्ताकर्षक रूप में प्रदर्शित होता है।

केरल के कुट्टुनाकन् जाति के लोग अपने को हिडिंबा का वंशज मानते हैं। भीम तथा अर्जुन के हिडिंबा की संतानों के साथ युद्ध की कथाओं को लेकर अनेक प्रकार के नृत्य इस जाति में प्रचलित हैं। वेलकलि एक सांग्रामिक नृत्य है। इसमें भी महाभारत से अनेक कथानक लिये गये हैं। त्रिवेंद्रम् के पद्मनाभ मंदिर में यह नृत्य किया जाता है। कौरवों और पांडवों के युद्ध का दृश्य अत्यंत रोमांचक होता है। कलारी की सांग्रामिक कला रोंगटे खड़े कर देने वाली होती है।

कूडियाट्टम् के अतिरिक्त केरल के अनेक लोकनाट्यों में भी महाभारतीय प्रसंग अभिनीत होते रहे हैं। नलोपाख्यान का अभिनय तिरुवातीरपाट्टु, उण्णालपाट्टु, अम्मानपाट्टु, पट्टुवृत्तम्, अञ्चुवृत्तम्, आट्टकथा या कथकलिगीतों की प्रस्तुति, कैकोट्टीक्कलिपाट्टु, तिलिपाट्टु, कुरट्टिपाट्टु, मणिप्रवालम्, ओट्टम् तुल्लल, पान, पतिनाल्लुवृत्तम्, रण्टुवृत्तम्, वातीतुरापाट्टु, वाञ्चिपाट्टु, कोलकालिप्पाट्टु और एवरनाटकम् में होता है।[२९] इनमें से तुल्लल या ओट्टन तुल्लल कथकलि के ही समान प्राचीन आख्यानों पर आधारित लोकनाट्य है। यह अठारहवीं शताब्दी के मध्य में आरंभ हुआ। इसके प्रवर्तक कुंजन नांबियार (१७०५-१७७०ई०) माने जाते हैं।[३०] कुंजन नांबियार चाक्यारकुत्तु में वादन करते थे। एक बार वादन के समय किसी चाक्यार अभिनेता के द्वारा झिड़के जाने पर उन्होंने कथकलि के समानांतर अपना एक नाट्य विकसित किया, यही ओट्टम तुल्लल कहलाया। उन्होंने ओट्टन तुल्लल की जो पहली प्रस्तुति दी वह कल्याणसौगंधिकम् की थी। कल्याणसौगंधिकम् महाभारत में भीमसेन के द्वारा द्रौपदी के लिये सौगंधिक पुष्प लेकर आने के प्रसंग पर आधारित है। इसमें छन्दों का द्रुत लय में पाठ चमत्कारपूर्ण होता है।

कल्याणसौगन्धिक, किर्मीरवध, कीचकवध, घोषयात्रा, नलचरित, निवातकवचवध, वकवध, सभाप्रवेश, हिडिम्बवध आदि महाभारताश्रित प्रसंगों के गीत इसमें प्रस्तुत किये जाते हैं। आट्टकथा या कथकलिगीतों के गायन में इनके अतिरिक्त नलचरित, सुभद्राहरण, राजसूय, पाञ्चालीस्वयंवर, शकुन्तला, किरात, उत्तरास्वयंवर, दुर्योधनवध आदि प्रसंग भी समाविष्ट किये गये हैं। कथकलि तथा आट्टकथा में निजालकुट्टु एक महत्त्वपूर्ण नाट्य है, जिसमें दुर्योधन के द्वारा पांडवों के वध के लिये किये गये नाना प्रकार के कृत्यों का निरूपण होता है। निजालकुट्टु का प्रयोग अभिचार के लिये भी किया जाता है। तिरुवातीररपट्टु का अभिनय केवल महिलाओं के समक्ष किया जाता है। मुख्यतया इसमें गायन और नृत्य की प्रधानता रहती है तथा नलचरित और सुभद्राहरण आदि प्रसंगों की प्रस्तुतियाँ होती हैं। किल्लिप्पाट्टु का प्रवर्तन सोलहवीं शताब्दी में रामानुजन् एजुथाच्चन् ने किया। यह भी पाठप्रधान विधा है, छन्दों के विशिष्ट प्रयोग के कारण यह बहुत लोकप्रिय रही है। वाञ्चीपाट्टु नाविकों में प्रचलित है। नौकादौड़ के समय इसका प्रयोग होता है। इसमें गाये जाने वाले गीतों में रामपुरथु वारियार का रचा नलकथा पर आधारित कुचेलवृत्तम् वाञ्चीरपाट्टु सर्वाधिक लोकप्रिय है। अम्मानपाट्टु में कंदुकों को उछाल कर चमत्कारपूर्ण प्रदर्शन किया जाता है, जिसके दौरान गाये जाने वाले गीतों में महाभारतीय प्रसंगों पर आधारित रचनाएँ भी रहती हैं। एवारकली में पाँडवों का संपूर्ण वृत्तांत अभिनय के द्वारा प्रस्तुत किया जाता है। कोलटि उत्तर में प्रचलित दंडरासक के समान है। कोलकलिप्पाट्टु में कोलटि का प्रयोग होता है। वेलकलि सांग्रामिक कला है। इसमें महाभारतीय युद्ध की अनुकृति प्रदर्शित होती है। इसका उपयोग मल्लविद्या के संरक्षण और व्यायाम के लिये होता रहा है। युद्ध करने वालों को हाथ में तलवार और ढाल रहती है तथा युद्ध की प्रस्तुति के समय अनेक वाद्य बजाये जाते हैं। वातिल्तुर का अर्थ है द्वार खोलो। वातिल्तुरप्पाटु में विवाह के पश्चात् कोहबर या सुहागरात की रस्म के समय गाये जाने वाले गीत होते हैं, इनमें कई गीत महाभारतीय प्रसंगों पर भी आधारित रहते हैं। इन गीतों के बीच बीच में गायक वरवधू के प्रति - वातिल्तुर की पुकार लगाते रहते हैं। उण्णालप्पाट्टु की प्रस्तुति ओणम् के अवसर पर दोलामहोत्सव के साथ होती है। इसमें गाये जाने वाले गीतों में नलचरित का प्रसंग मुख्य रहता है। कुरट्टि बाँस की टोकरियाँ बनाने वाली आदिवाली महिलाओं को कहते हैं। ये महिलाओं टोकरियाँ बनाते समय जो गीत गाती हैं, उन्हें कुरट्टिपाट्टु कहते हैं। मणिप्रवालम् के मंच पर भी महाभारतीय प्रसंगों में नलोपाख्यान अत्यंत लोकप्रिय है।

पान तथा वृत्तम् ये दो विधाएँ गायनप्रधान हैं, तथा इनमें संस्कृतकाव्य में प्रचलित छन्दों का मलयालम् गीतों में उपयोग होता है। पान में सर्पिणी (स्रग्विणी) छन्द रहता है। तथा वृत्तम् में अनेक प्रकार के वृत्त (छन्द) प्रयुक्त होते हैं। वृत्तम् में द्रविड़ भाषाओं के छन्द भी लिये जाते हैं।

छवित्तुनाटकम् केरल में प्रचलित नृत्यनाट्य है। यह अंग्रेजी शासन के बाद प्रचलन में आया। केरल की चेंचु जनजाति में चेंचुमलै शिव का नाम है, जो एक किराती से विवाह करते हैं। यह महाभारत के किरातार्जुनीय प्रसंग से प्रभावित प्रतीत होता है।

महाभारत का परिचय सुदूर दक्षिण में कितना प्राचीन है, इसका अनुमान तमिल साहित्य से होता है। तमिल के संगमकाल के साहित्य में सीलप्पदिकारम् तथा पुरानानूरु में महाभारत के युद्ध का उल्लेख है। द्रौपदीविषयक गीत सीलप्पदिकारम् के रचनाकाल से ही दक्षिण में गाये जाते रहे हैं।

तमिल भाषा में पंद्रहवीं सोलहवीं शाब्दियों मे महाभारत के अनेक रूपांतर तैयार किये गये। इस साहित्यिक परिदृश्य ने तमिलनाडु के पारंपरिक नाट्यों को भी प्रभावित किया और उनमें महाभारतीय प्रसंगों पर अभिनय की परंपरा आगे बढ़ी। इन नाट्यरूपों में वीथी नाट्य उल्लेखनीय है।

वीथी नाट्य के नाम से तमिलनाडु में प्रचलित लोकनाट्य आन्ध्र में इसी नाम से प्रचलित लोकनाट्य से साम्य रखता है। कर्नाटक के यक्षगान तथा केरल के कूटियाट्टम् और श्रीलंका के नाट्टुकूट्टु से भी इसमें कुछ सादृश्य है। तमिलनाडु में इसका वास्तविक नाम तेरुकुत्तु प्रचलित है।

कुत्तु तथा कुत्तर शब्दों का प्रयोग तमिल साहित्य में संगम काल (प्रथम शताब्दी ई० से तीसरी श०ई०) में मिलने लगता है। तमिल के सुप्रसिद्ध ग्रन्थ तोलकाप्पियम् में भी ये शब्द प्रयुक्त हैं। कूत्तर की अपेक्षा कुत्तु अधिक सर्वसमावेशी नाट्यरूप है।

तमिल कुत्तु ताल और लय के साथ किया गया नृत्य है। यह सात कोटियों में विभक्त होता है - भरतनाट्य, कुरवै, नगै, वरि, मुदलकुत्तु, इडैकुत्तु तथा कडैकुत्तु। इनमें से प्रथम भरतनाट्य एक अत्यन्त लोकप्रिय नृत्य रूप है, जो भरतमुनि के द्वारा प्रतिपादित नाट्य से भिन्न है। द्वितीय कुरवै में सात या आठ नर्तकियाँ तालियाँ बजा बजाकर राग व ताल पर ललित नृत्य करती है, शेष पाँच प्रकार नाट्य से सम्बन्धित हैं। इन्हीं से तेरुकुत्तु का लोकनाट्य निर्मित होता है।

कुछ विद्वानों ने कुत्तु तथा तेरुकुत्तु में अन्तर प्रतिपादित किया है। पहले में गाँव के उत्सव के अवसर पर पेशेवर नटमंडली के द्वारा निर्धारित रंगक्षेत्र में प्रस्तुति दी जाती है। जबकि तेरुकुत्तु में किसी आनुष्ठानिक यात्रा के अवसर पर थेरु (सड़क या गली) से गुजरते हुए अर्धव्यावसायिक या स्थानीय नटमंडली के कलाकार पौराणिक आख्यानों की प्रस्तुति करते हैं। अन्तिम तीन कुत्तुनाट्य मुदलकुत्तु, इडै कुत्तु तथा कडैकुत्तु कहे जाते हैं। इनमे से प्रथम में देवों का आवाहन संस्कृत नाटक के नान्दी के समान होता है। इडैकुत्तु में प्रेक्षकों के समक्ष कथा के सन्देश का उद्घाटन किया जाता है। कडैकुत्तु में अन्तिम मंगलकामना रहती है, जो संस्कृत नाटक के भरतवाक्य के समान है। तमिलनाडु में इसे वाझ्थुगाथै कहा जाता है।

थेरुकुत्तु वीथी नाटक है। इसमें महाभारत की कथाओं का अभिनय होता है। द्रौपदी का पात्र अत्यंत लोकप्रिय है। इन नाट्यों में सर्वाधिक उल्लेखनीय है - द्रौपदी अम्मान कुत्तु। यह द्रौपदी अम्मान के मंदिर के अनुष्ठान से संबद्ध है। मंदिर में द्रौपदी पूजा होती है, तथा इस अवसर पर दहकते अंगारों पर चलने (पुकुज्झि इरंगल) तथा पूक्कुलित्राल और तीछत्ति एडुत्तल

(मस्तक पर जलती आग से भरा पात्र लेकर चलना) के अनुष्ठान किये जाते हैं। कत्तियकरान् द्रौपदीवस्त्रापहरण की कथा अत्यंत रोचक रूप में प्रस्तुत करता है।

अर्जुन के तप का आख्यान भी तेरुकुत्तु के रंगमंच पर बहुत प्रसिद्ध है। किरात और अर्जुन के युद्ध के प्रदर्शन के लिये अर्जुन का धनुष एक विशाल बाँस से बनाया जाता है। अर्जुन के धनुष का निर्माण अपने आप में एक आनुष्ठानिक कृत्य होता है। अर्जुन ताड़ वृक्ष पर बैठ कर तपस्या करता हुआ प्रदर्शित किया जाता है। अर्जुन के तप का अधिष्ठान यह वृक्ष गाँव में पवित्र माना जाता है, इसकी पूजा होती है, तथा स्त्रियाँ इस पर वस्त्र बाँध कर मनौती माँगती हैं। और किरात तथा किराती के वेष में शिव और पार्वती वहाँ आते हैं। इनके अर्जुन के साथ संवाद में महाभारत की सम्पूर्ण कथा बताई जाती है।

कर्णवध या कर्णमोक्षम् तेरुकुत्तु में सर्वाधिक लोकप्रिय प्रस्तुतियों में एक है। कट्टियाकारन् या सूत्रधार का कर्ण के साथ साक्षात् संवाद इसमें बड़ा रोचक होता है। कट्टियाकारन् मंच पर निरन्तर उपस्थित रहकर प्रेक्षकों को सम्बोधित करता चलता है, और उनके रंजन का अच्छा माध्यम बन जाता है। वह सूत्रधार और विदूषक (यक्षगान के कोडंगी) दोनों की भूमिका का एक साथ निर्वाह करता है। नाटक के दौरान इस कट्टियाकारन् के हस्तक्षेप को 'पोटुवचनम्' कहा जाता है। 'पोटुवचनम्' के अलावा कट्टियाकारन् नाटक के मुख्य पात्रों से भी साक्षात् संवाद करने लगता है। उदाहरणार्थ पुकलेन्दीप्पुलवर द्वारा विरचित कर्णमोक्षम् नाटक का एक प्रसंग यहाँ उद्धृत किया जा सकता है। इस नाटक में कर्ण कहता है कि उसके जन्म के रहस्य को संसार में केवल चार लोग ही जानते हैं। कट्टियाकारन् उससे प्रश्न करता है कि वे चार लोग कौन हैं? तब वह उत्तर देता है - 'वे हैं - कुन्ती, सूर्य, भगवान् कृष्ण तथा एक व्यक्ति और।' तब कट्टियाकारन् फिर पूछता है कि वह चौथा पुरुष कौन है? उसका नाम तो मैं भी नहीं जानता, कृपा कर के मुझे बताइये। कर्ण कहता है - 'मुझे विदित है, और मुझे यह भी विदित है कि तुम्हें इस प्रश्न उत्तर विदित नहीं है।' इस पर कट्टियाकारन् प्रतिप्रश्न करता है -' आप को कैसे विदित है?' तब कर्ण कहता है - 'क्योंकि वह चौथा पुरुष मैं हूँ।'

तेरुकुत्तु के कर्णवध नाट्य में कर्ण के जन्म की कथा पांडवों के उसके निधन के पश्चात् कुंती के स्थान पर कृष्ण के द्वारा बताई जाती है। युद्ध के लिये प्रस्थान करके समय कर्ण अपनी पत्नी से तांबूल देने के लिये कहता है। पत्नी यह कह कर तांबूल देने से मना कर देती है कि कर्ण सूतपुत्र है, युद्ध में प्रस्थान के समय ताम्बूल तो क्षत्रिय को ही दिया जाता है। कर्ण उसे अपने जन्म का रहस्य बताता है। कर्णपत्नी अत्यंत नाटकीय संवाद में उसकी कथा पर शंका प्रकट करती है और कर्ण उसका समाधान करता जाता है। समाधानों से संतुष्ट होकर उसकी पत्नी उसे तांबूल लाकर देती है। कर्णवध के पश्चात् किये जाने वाले विलाप में रोते हुए पात्र इस घटना का वर्णन अत्यंत हृदयद्रावक रूप में करते हैं। कर्ण का शव सिंहासन पर रखा जाता है, विस्तार से उसका गुणगान किया जाता है, और कर्णवध नाट्य यहीं पर कर्णवंदना के साथ समाप्त हो जाता है।

कट्टियाकारन् की प्रस्तुति में जो सबसे बड़ी विशेषता रहती है, वह यह है कि उसके संवाद सुनिश्चित और पूर्वनिर्धारित नहीं होते। प्रस्तुति रात भर चलती है, और कत्तियाकारन् अपनी सारी मौलिक प्रतिभा और प्रत्युत्पन्नमति का उपयोग प्रस्तुति को पूरी रोचकता बनाये रखते हुए देर तक जारी रखे रहने में करता है।

यहाँ यह भी उल्लेखनीय है कि तेरुकुत्तु और उससे जुडे सभी लोकनाट्यप्रकारों में आंगिक, वाचिक, सात्त्विक और आहार्य इन चारों प्रकार के अभिनयों का प्रयोग होता है। अभिनेता भी प्रधान रूप से पुरुष ही रहते हैं। द्रौपदी जैसे स्त्री पात्रों का अभिनय भी पुरुष ही करते हैं।

तेरुकुत्तु वाचिकप्रधान होता है। मुख्यतया प्रयोग रात में ही होते हैं, पर नाटक का संवादात्मक रूप, जिसे प्रसंग कहा जाता है, उसका पाठ व अभ्यास दिन में किया जाता है। प्रसंग के अभिनय के लिये अज्वार जैसे कवियों के तमिलमहाभारत आदि प्रबन्धों का उपयोग किया जाता है।

कभी कभी सात्त्विक अभिनय इस सीमा तक पहुँचता है कि अभिनेता उन्माद की दशा में आ जाता है, द्रौपदी-अम्मान उत्सव के समय ये स्थितियाँ विशेष रूप से देखने लायक होती हैं। इनमें प्रस्तुति आनुष्ठानिक रूप धारण कर लेती है। यहाँ तक कि देवता के भावावेश में अवस्थित अभिनेता से प्रेक्षक 'प्रसादम्' ग्रहण करते हैं।

तेरुकुत्तु के नाटकों के प्रसंग प्राय: रामायण और महाभारत पर आधारित होते हैं। दोनों आर्ष काव्यों में भी रामायण की अपेक्षा महाभारत के प्रसंगों की इसमें प्रधानता रहती है। द्रौपदी के चरित्र को द्रौपदी-अम्मान के रूप में देवता मानकर पूजा जाता है। तमिलनाडु में द्रौपदी-अम्मान के लगभग तीन सौ मन्दिर हैं। दिंदिगुल जैसे स्थानों में तो द्रौपदी अम्मान का उत्सव १८ दिन तक चलता है। अठारह दिनों में क्रमश: प्रसंग इस प्रकार अभिनीत होते हैं -

१-५. कृष्ण, धर्मपुत्र, दुर्योधन तथा अन्य कौरवों का जन्म।

६. अर्जुन द्वारा धनुर्भंग

७. अर्जुन-द्रौपदी विवाह

८. अर्जुन की तीर्थयात्रा

९. राजसूय यज्ञ

१०. द्रौपदीवस्त्रापहरण

११. दुर्योधन के षड्यन्त्र से विषाक्त जल पीने से पाण्डवों की मूर्च्छा, कृष्ण द्वारा उन्हें पुनरुज्जीवित करना,

१२. नेल्लिवृक्षप्रसंग

१३. अर्जुन की तपस्या

१४. अज्ञातवास

१५. इन्द्रप्रस्थ से सम्बन्ध

१६. अर्जुन द्वारा अपने पुत्र को काली के लिये बलि चढाना

१७. भीम-दुर्योधन-युद्ध तथा दुर्योधन की मृत्यु

१८. कृष्ण के आदेश से युद्ध में हुए अतिचारों के शमन के लिये द्रौपदी का आग पर चलना[३१]

द्रौपदीवस्त्रापहरण के अतिरिक्त महाभारत से बकासुरवध की कथा का अभिनय भी तेरुकुत्तु में लोकप्रिय है। इस अभिनय में गाँव से सारे लोग सम्मिलित होते हैं, सारा गाँव ही एकचक्रानगरी बन जाता है, और भीम बैल गाड़ी पर सवार होकर अपराह्ण में गाँव आते हैं, गाँव के लोग उनकी गाड़ी को खाद्य पदार्थो से भर देते हैं। बकासुर का वध होने तक वे उपवास भी करते हैं। बक और भीम का युद्ध रात्रि के समय होता है। गाड़ी में रखे हुए भोज्य सामग्री दर्शकों को वितरित की जाती है।

थेरुकुत्तु के दुर्योधनवध और कर्णवध में स्थानीय प्रथाओं का सम्मिश्रण बड़े पैमाने पर हुआ है। रामलीला में रावणवध का भी प्रभाव इनमें देखा जा सकता है। भीम दुर्योधन की प्रतिमा के पास पहुँचता है, जो भूमि पर पड़ी होती है, और उसकी जंघाओं पर प्रहार करता है। प्रतिमा की जंघाओं के भीतर हल्दी चूने का घोल भरा रहता है, जो भीम के गदाप्रहार से रक्त के समान बाहर बहने लगता है। भीम का पात्र इसमें अपने हाथ सानकर द्रौपदी के केश बाँधता है। मूल महाभारत में भीम के द्वारा द्रौपदी के केश दुर्योधन के रक्त से सने हाथों से बाँधने की घटना नहीं है। यह संभवत: भट्टनारायण के वेणीसंहार नाटक का प्रभाव हो सकता है, जहाँ भीम द्रौपदी के सामने प्रतिज्ञा करता है—

स्त्यानावनद्धघनशोणितशोणपाणि-
रुत्तंसयिष्यति कचांस्तव देवि भीम:।[३२]

(हे देवि, दुर्योधन के गाढ़े रक्त से सने हाथों से यह भीम तुम्हारे इन बिखरे केशों को सँवारेगा।)

इसी समय मंदिर में द्रौपदी अम्मा के केश भी बाँधे जाते हैं। मृत दुर्योधन की प्रतिमा पर उसके राजमहल की दासी विलाप करती है और सारा गाँव इस विलाप में सम्मिलित होता है। छाती पीट पीटकर विलाप करते हुए लोग साल भर उनके साथ जो जो दुर्घटनाएँ हुईं उनका बखान कर करके रोते हैं। इस विलाप की प्रथा को आप्री कहा जात है।

नटमंडली तथा प्रेक्षक समाज का कथा से तादात्म्य इस सीमा तक होता है कि कीचकवधम् में भीम और कीचक का अभिनय करने वाले पात्र एक दूसरे को सचमुच में मारने पर उतारू हो जाते हैं, और मंडली के सूत्रधार को ऐन मौके पर उन्हें अलग करना पड़ता है ताकि वे कहीं वास्तव में एक दूसरे को चोट न पहुँचा दें। प्रेक्षक भी महाभारतीय काल में पहुँच कर कथा के सहभागी बन जाते हैं।

तमिलनाडु के लोकनाट्यों में कुछ अन्य महाभारतीय प्रसंग जो अत्यंत लोकप्रिय हैं वे हैं- पंचपांडववनवासम्, पवलकोडिमलै, अभिमन्नसुंदरीमलै तथा गुरुक्षेथीर मलै। ये प्रसंग बोम्मल्लत्तम् (कठपुतली नाट्य) भागवतमेला, वीथी नाटकम् तथा कुरवंचि आदि नाट्यरूपों में प्रदर्शित होते रहे हैं। इन नाट्यों का भरतनाट्यम् जैसी समृद्ध शास्त्रीय नृत्यविधा के विकास में भी बड़ा योगदान रहा है।

दक्षिण की जनजातियों के नाट्य में इसी प्रकार महाभारत की कथाओं का अंत:संक्रमण हुआ। अल्लि अरसानि मलै तमिलनाडु का जनजाति का महाकाव्य है, जिसमें कृष्ण एक युवती के रूप में अर्जुन के सामने प्रकट होकर उसे अल्लि नामक रानी को रिझाने के योग बताते हैं। इस काव्य में स्थानीय रानी अल्लि और महाभारतीय नायक अर्जुन की प्रणयकथा को गूँथा गया है।

कर्नाटक में कन्नड़ भाषा के प्राचीन साहित्य पर महाभारत का गहरा प्रभाव परिलक्षित होता है। इसमें दसवीं शताब्दी के महान् साहित्यकार पंपा का अवदान सर्वाधिक उल्लेखनीय है, जिन्होंने पम्पाभारत अथवा विक्रमार्जुनविजय की रचना की। इस पूरे महाकाव्य की रचना द्विसंधान शैली में हुई है, एक स्तर पर पांडवों की कथा तो उसी के साथ चालुक्य राजकुमार अरिकेशरी की कथा श्लेष के द्वारा कही गई है। इस शैली का प्रभाव कर्नाटक में विकसित हुई नाट्यविधा यक्षगानम् पर भी पड़ा। इसी परंपरा में पंद्रहवीं सोलहवी शताब्दियों में महाभारत पर आधारित अनेक काव्यों की रचना कन्नड़ में हुई, इनमें कुमारव्यास का लिखा भारत प्रसिद्ध है।

महाभारत के इन कन्नड़ रूपांतरों की परंपरा में उसके मंच पर प्रयोगों की संपन्न परंपरा का विकास स्वाभाविक ही था। कर्नाटक में यक्षगान की नाट्य विधा गीतिनाट्य के निकट है, पर इसमें आंगिक अभिनय का उद्धत और ओजोमय रूप ग्रहण किया गया है, उसके कारण यह महाभारतीय प्रसंगों की अवतारणा के लिये सर्वथा उपयुक्त भी है। महाभारत के प्रसंगों पर आधारित यक्षगानों में यह नांदी पद्य गाया जाता है—

गान्धाराद्यैश्चिरमपहृतामन्धपुत्रस्य वश्यां
मन्दाक्रान्तां विपुलधरणीमिन्दिरेशो हि कृष्णः।
सन्धेर्व्याजाद् यमजवशगां वन्दितः संविदित्सुः
गान्धारीजान् विदधति भयैर्बन्धुरान्नः प्रपद्यात्।।

यक्षगान के नांदीपद्यों में प्राय: कृष्ण का स्तवन होता है, कहीं कहीं इन पद्यों में महाभारत के अन्य पात्रों के नाम भी लिये जाते हैं। इसी तरह का एक और पद्य है—

भामाभैमिनिषेवितं यदुवरं भीमादिमोदप्रदं
सीमातीतगुणं किरीटिजयदं कामस्य तातं परम्।
सोमान्वयदीपकं मुरहरं रामानुजं कामजं
श्यामं पाण्डवयज्ञहेतुमतुलं कृष्णं सुसेव्यं भजे।।

यक्षगान में भीष्मविजय, कर्णार्जुनकलह (कर्णार्जुनयुद्ध), द्रौपदीप्रताप, कृष्णपारिजात. अभिमन्युकलह आदि नाटक महाभारत के विभिन्न प्रसंगों पर आधारित हैं।[३३]

यक्षगान के लिये महाभारत के विभिन्न पर्वों पर कन्नड़ में प्रसंग समय समय पर तैयार किये जाते रहे हैं। इनकी कन्नड़ संस्कृत निष्ठ होती है, तथा संवादों में बीच बीच में संस्कृत का भी प्रयोग होता है। गद्यात्मक संवादों के साथ गीतों का प्रचुर प्रयोग यक्षगान में होता है।

प्रसंगकारों ने अनेकत्र संस्कृत भाषा तथा संस्कृत वृत्तों में भी रचना करते हुए यक्षगान को संस्कृतनिष्ठ बनाया है। कन्नड़ भाषा में नये यक्षगानों की रचना भी होती रही। इनमें से अनेक यक्षगान महाभारतीय आख्यानों या प्रसंगों पर आधारित थे। सत्रहवीं शताब्दी में तंजौर के एकोजी के पुत्र साहा ने किरातविलासम् यक्षगान लिखा, जिसमें महाभारत की किरातयुद्ध की घटना प्रस्तुत की गई। तब से आधुनिक काल तक नये यक्षगानों का लेखन होता रहा है और ये अभिनीत भी होते हैं।

आंध्रप्रदेश में बुर्रकथा तथा तोलुबोम्मनाट जैसी नाट्यविधाओं में महाभारतकथा पर आधारित प्रयोग लोकप्रिय हैं। आंध्र में कोंड जाति के लोग अपने को भीम का वंशज मानते हैं। शिव के कोंड जाति की कन्या से प्रेम की कथा उनके समाज में प्रचलित है। तमिलनाडु की ही तरह आंध्र में करगम नृत्य में काठ के घोड़े के साथ नृत्य किया जाता है। इसे पुरवियाट्टम् कहते हैं। इसमें राजा भीम और रानी द्रौपदी का आख्यान अभिनीत होता है। जूट, लकड़ी, कार्डबोर्ड आदि की सामग्री से बने अश्व को कटि तक धारण कर के एक या अनेक युगल इसमें अत्यंत आकर्षक नृत्य करते हैं। करगम के ही समान कर्नाटक में भी इसी शैली का नृत्यनाट्य प्रचलित है - इसे करगथ कुनीथ कहते हैं।

वास्तव में महाभारत पर आधारित नाट्यशैलियाँ सम्पूर्ण भारत में प्रचलित हैं। भारतवर्ष ने अपने आप को महाभारत के माध्यम से कला के क्षेत्र में अनन्य भाव से पहचाना है। महाभारत की प्रतिच्छवि जिन नाट्यरूपों में उभरी, उनमें रामलीला के भक्तिभाव तथा रासलीला के माधुर्यभाव के स्थान पर बौद्धिकता, गत्यात्मकता तथा जीवन के जटिल और चुनौती भरे प्रश्नों का सामना करने वाला युयुत्साभाव था। इससे भारतीय रंगपरंपरा की जो धारा प्रवाहित हुई, वह आज भी उतनी ही प्रासंगिक है।

महाभारत भारतीय शिल्पकलाओं में

महाबलिपुरम् (मामल्लपुरम्) में पाँचों पांडवों के शिलारथ विश्व में कला की धरोहर हैं। यहीं पर पाशुपत अस्त्र की प्राप्ति के लिये तपोनिरत अर्जुन का विग्रह भी दर्शनीय है। इतना विशाल विग्रह अन्यत्र दुर्लभ है। इसी प्रकार राष्ट्रकूट काल में निर्मित एल्लोरा का कैलासनाथ मंदिर भी महाभारत के शिल्पांकन के लिये जाना जाता है। कर्नाटक में बादामी के संग्रहालय में हरिवंशपुराण की कथाओं के शिल्पांकन हैं। इसी के निकट पट्टदकल्लु के मंदिर के स्तंभों

पर महाभाभारत की कथा के अनेक दृश्य हैं। होयसल साम्राज्य के अंतर्गत बेलूरु (वेलापुरी) तथा हलेबीडु में भी शिलाओं पर या भित्तियों पर महाभारत की कथाएँ उत्कीर्ण हैं। इनमें भीष्म की शरशय्या, सभापर्व में वर्णित द्यूत आदि दृश्य उल्लेखनीय हैं। इसी प्रकार विजयनगर साम्राज्य के समय बनाये गये मंदिरों में महाभारत ने अपनी अमिट छाप अंकित की है।

सूक्तियाँ

महाभारत हमारे साहित्य की सर्वाधिक अनुकरणीय और प्रेरक सूक्तियों से परिपूर्ण है। सहस्त्रों सूक्तियाँ इसमें समाहित हैं। इनमें से कतिपय दी जा रही हैं—

न गृहं गृहमित्याहुर्गृहिणी गृहमुच्यते।

(घर अपने आप में घर नहीं होता, गृहिणी वास्तव में घर कही गयी है।)

नास्ति भार्यासमं मित्रं नरस्यार्तस्य भेषजम्।

(पत्नी जैसा मित्र और कोई नहीं होता, वह रोगी के लिये औषध के समान है)।

वृत्तेनैव भवत्यार्यो न धनेन न विद्यया।

(मनुष्य अपने चरित्र से आर्य (श्रेष्ठ) बनता है, धन या विद्या से नहीं।)

सुलभा पुरुषा राजन् सततं प्रियवादिनः।
अप्रियस्य च पथ्यस्य वक्ता श्रोता च दुर्लभः।।

(हे राजन्, सदाप्रिय बोलने वाले व्यक्ति तो सुलभ है, पर अप्रिय और हितकारक बात को कहने वाले और सुनने वाले दुर्लभ हैं।

यथा बीजं बिना क्षेत्रमुप्तं भवति निष्फलम्।
तथा पुरुषकारेण बिना दैवं न सिद्ध्यति।।

(जिस तरह बीज बोये बिना खेत निष्फल हो जाता है, उसी तरह पुरुषार्थ के बिना भाग्य निष्फल ही रहता है।)

शोकस्थानसहस्त्राणि भयस्थानशतानि च।
दिवसे दिवसे मूढमाविशन्ति न पण्डितम्।।

१२.१६८.३१

(शोक के सैंकड़ों अवसर होते हैं, भय के भी सैंकड़ों अवसर होते हैं। प्रतिदिन मूढ़ लोग उनसे घबराते रहते हैं, पंडित को वे नहीं छू पाते।)

सन्दर्भ

१. ये संपादकीय केसरी में १९०५ ई० में अप्रैल-मई में प्रकाशित हुए। Contribution of Lokamanya Tilak to Indian Studies – Ed. Sripad Bhat, Tilak Maharashtra Vidyapeeth, Pune – ४११ ०३७, २००६, पृ० १

२. भारतभारती की निरंतरता – द्वापरांत से आज तक - कलि की ५२वीं शती में — वयम्, पृ० ११६-२६
३. Journal of the American Oriental Society 122.2 (2002)
४. नारायणं नमस्कृत्य नरं चैव नरोत्तमम्।
देवीं सरस्वतीं व्यासं ततो जयमुदीरयेत्।।
५. जय नामेतिहासोऽयं श्रोतव्यं विजिगीषुणा।।
६. अष्टौ श्लोकसहस्राणि अष्टौ श्लोकशतानि च।
अहं वेद्मि शुको वेत्ति सञ्जयो वेत्ति वा न वा।।
७. चतुर्विंशतिसाहस्त्रीं चक्रे भारतसंहिताम्।
उपाख्यानैर्विना तावद् भारतं प्रोच्यते बुधैः।।
८. शांतिपर्व, १७४.४
९. भगवान् वासुदेवश्च कीर्त्यतेऽत्र सनातनः।
स हि सत्यमृतं चैव पवित्रं पुण्यमेव च।
शाश्वतं ब्रह्म परमं ध्रुवं ज्योतिः सनातनम्।। आदिपर्व १.१९३
१०. गृध्रगोमायुसंवादादौ। अलं स्थित्वा श्मसानेऽस्मिन् गृध्रगोमायुसंकुले। कङ्कालबहले घोरे सर्वप्राणिभयंकरे।। ९३।। न चेह जीवितः कश्चित् कालधर्ममुपागतः। प्रियो वा यदि वा द्वेष्यः प्राणिनां गतिरीदृशी।। ९४।। इति दिवा प्रभवतो गृध्रस्य पुरुषविसर्जनपरमिदं वचनम्। आदित्योऽयं स्थितो मूढाः स्नेहं कुरुत सांप्रतम्। बहुविघ्नो मुहूर्तोऽयं जीवेदपि कदाचन।। ९५।। अमुं कनकवर्णाभं बालमप्राप्तयौवनम्। गृध्रवाक्यात्कथं मूढास्त्यजध्वमविशङ्किताः।। ९६।। इति निशि विजृम्भमाणस्य गोमायोर्जनव्यावर्तननिष्ठं च वचनमिति प्रबन्ध एव प्रथते। (काव्यप्रकाश- चतुर्थ उल्लास)
११. अत्र हि कृत्तद्धितवचनैरलक्ष्यक्रमव्यङ्ग्यः, 'पृथिवी गतयौवना' इत्यनेन चात्यन्ततिरस्कृतवाच्यो ध्वनिः प्रकाशितः। (ध्वन्यालोक)
१२. Reflections and Variations on the Mahabharata: TRS Sharma. Sahitya Akademi, New Delhi, 2009, p. 33
Simon Broadback (2007:8)
१३. Mahabharata Now, p. 209
१४. Mahabharata –translated and edited by J.A.B. Buitenen, the University of Schicogo Press, 1973, Introduction, p. XX
१५. Gender and Narrative in the Mahabharata: Ed Simon Brodbeck and Brian Black, Routledge, 2007, p. 192
१६. The Ritual of Battle: Krishna in the Mahabharata : Hiltebeitel, Ithaca Cornell University Press, 1976, p, 359
१७. 'possesses a remarkable coherence, which results from its bards and poets weaving a fabric of largely consistent symbols and themes to convey their fundamental concerns through a sustained narrative medium' Quoted by J.L. Mehta in his article Dvaipayana – Poet of Being a Becoming , Reflections and Variations onMahabhata, Ed TRS Sarma, 2007, p. 71
१८. महाभारतेऽपि शास्त्ररूपे काव्यच्छायान्वयिनि वृष्णिपाण्डवविरसावसानवैमनस्यदायिनीं समाप्तिमुपनिबध्नता महामुनिना वैराग्यजननतात्पर्यं प्राधान्येन स्वप्रबन्धस्य दर्शयता मोक्षलक्षणः पुरुषार्थः शान्तो रसश्च मुख्यतया विवक्षाविषयत्वेन सूचितः। (ध्वन्यालोक)
१९. एतच्चांशेन विवृतमन्यैर्व्याख्याविधायिभिः। स्वयमेव चैतदुद्गीर्णं तेनोदीर्णमहामोहमग्नमुज्जिहीर्षता लोकमतिविमलज्ञानावलोकदायिना लोकनाथेन—

यथा यथा विपर्येति लोकतन्त्रमसारवत्।
तथा तथा विरागोऽत्र जायते नात्र संशयः।।

इत्यादि बहुशः कथयता। ततश्च शान्तो रसो रसान्तरैर्मोक्षलक्षणः पुरुषार्थः पुरुषार्थान्तरैस्तदुपसर्जनत्वेनानुगम्यमानोऽङ्गित्वेन विवक्षाविषय इति महाभारततात्पर्यं सुव्यक्तमेवावभासते। अङ्गाङ्गिभावश्च यथा रसानां तथा प्रतिपादितमेव। पारमार्थिकान्तस्तत्त्वानपेक्षया शरीरस्येवाङ्गभूतस्य रसस्य पुरुषार्थस्य च स्वप्राधान्येन चारुत्वमप्यवरुद्धम्। ननु महाभारते यावान् विवक्षाविषयः सोऽनुक्रमण्यां सर्व एवानुक्रान्तो न चैतत् तत्र दृश्यते, प्रत्युत सर्वपुरुषार्थप्रबोधहेतुत्वं सर्वरसगर्भत्वं च महाभारतस्य तस्मिन्नुद्देशे स्वशब्दनिवेदितत्वेन प्रतीयते।

२०. अत्रोच्यते - सत्यम्। शान्तस्यैव रसस्याङ्गित्वं महाभारते मोक्षस्य च सर्वपुरुषार्थेभ्यः प्राधान्यमित्येतन्न स्वशब्दाभिधेयत्वेनानुक्रमण्यां दर्शितम्, दर्शितं तु व्यङ्ग्यत्वेन - भगवान् वासुदेवश्च कीर्त्यतेऽत्र सनातनः। (१.१.२५६)- इत्यस्मिन् वाक्ये। अनेन ह्ययमर्थो व्यङ्ग्यत्वेन विवक्षितो यदत्र महाभारते पाण्डवादिचरितं यत्कीर्त्यते तत्सर्वमवसानविरसमविद्याप्रपञ्चरूपञ्च परमार्थसत्यस्वरूपस्तु भगवान् वासुदेवोऽत्र कीर्त्यते। तस्मात् तस्मिन्नेव परमेश्वरे भगवति भवत भावितचेतसो मा भूत विभूतिषु निस्सारासु रागिणो, गुणेषु वा नयविनयपराक्रमादिष्वमीषु केषुचित् सर्वात्मना प्रतिनिविष्टविषयाः। तथा चाग्रे पश्यत निस्सारतां संसारस्येत्यममुमेवार्थं द्योतयन् स्फुटमेवावभासते व्यञ्जकशक्त्यनुगृहीतश्च शब्दः। एवंविधमेवार्थं गर्भीकृतं सन्दर्शयन्तोऽनन्तरश्लोकाः लक्ष्यन्ते - स हि सत्यम् (१.१.२५६) इत्यादयः।

२१. देखें - Dvaipayana - Poet of Being and Becoming - (Reflections and Variations on the Mahabharata -E. TRS Sharma. Sahitya Akademi, New Delhi, 2009, p. 70-81), तथा Mishra Vidyanivas, The Structure of Indian Mind, SLBSRSV, New Delhi, 2009, P.187

२२. सभापर्व, १०.९-११, १०.१३

२३. 'Though the Mahabharata describes a society distracted by deceit and intrigue and though the story is reeking with war and the spirit of war, the author clearly declares himself against the politics of power and looks upon the state not as an organisation of force but as a partnership in dharma. The modern apostles of the doctrine that the state is an end in itself with no higher duty than to maintain itself will not find support for their views in it. The view that the end of the state is to organise and establish Dharma, that its powers are strictly limited by unalterable laws which it can only enforce, has a greater appeal to the cultivated conscience of our times. ...The author refuses to be stampeded by transient moods and agitations of the time but approves of the principle that righteousness exalteth a nation.' S. Radhkrishnan, Forward to the Mahabharata - condensed in the Poet's Own Words.

२४. महाभारत, ८.४९.३४-४६

२५. Vyasa – The Poet of Being and Becoming – J.L. Mehta, The Mahabharata Revisited, Ed R.N. Dandekar, Sahitya Akademi, 1990, reprint 2011, p. 107-10

२६. उण्णि एन.पी. - महाभारत इन केरल फोक ट्रेडीशन, मॉडर्न एवेल्युशन ऑफ महाभारत, पृ० २८३-८४

२७. एन.आर. गोविंदनाथ पिल्लइ - महाभारत इन मलयालम् लिटरेचर, मॉडर्न एवेल्युशन ऑफ महाभारत, पृ० २६६)।

२८. वही, पृ० २८४

२९. वही, पृ० २८४-८५

३०. रामपाणिवाद तथा कुंजन् नांबियार की अभिन्नता के विषय में विवाद के संदर्भ में इस पुस्तक के दूसरे खंड में नाटक विषयक अध्याय में आश्चर्यचूड़ामणि नाटक तथा अंतिम खंड में रामपाणिवाद विषयक विवेचन द्र०

३१. राधाकृष्णन्, सी०ए०, - वीथीनाटक, नाट्यम् - ५४

३२. वेणीसंहार, १.२१

३३. हेगड़े, जी०एस० - ए पीप इंटु यक्षगान एंड संस्कृत ड्रामाटर्जी, पृ० ३ पर उद्धृत

अध्याय - ४

पुराण-साहित्य

भारतीय साहित्य व संस्कृति में वेद और पुराण सहवर्ती रहे हैं। वेदविषयक प्रथम अध्याय में अथर्ववेद तथा बृहदारण्यक उपनिषद् आदि के साक्ष्य से प्रतिपादित किया जा चुका है कि किसप्रकार वेद के साथ ही पुराण की रचना भी अत्यंत प्राचीन काल में हुई।

पुराण का सामान्य अर्थ प्राचीन है। प्राचीनता तथा महत्त्व में पुराण वैदिक संहिताओं के समान माने गये हैं। अथर्ववेद में कहा गया है कि पुराणों का उद्भव ऋक्, यजुः तथा साम इन तीन वैदिक संहिताओं के साथ ही हुआ। शतपथ ब्राह्मण में तो पुराण को भी वेद ही बताया गया है। अथर्ववेद में भी कहा गया है कि तीन वैदिक संहिताओं के साथ ही पुराण की भी अनादिकाल से ही उत्पत्ति हो चुकी थी-

ऋचः सामानि च्छन्दांसि पुराणं यजुषा सह।
उच्छिष्टाज्जज्ञिरे सर्वे दिवि देवा दिविश्रितः।।

बृहदारण्यक उपनिषद् में वेद के साथ इतिहास और पुराण को परमात्मा के निःश्वास से निर्गत बताया गया है—

अस्य महतो भूतस्य निःश्वसितमेतद् यदृग्वेदो यजुर्वेदः सामवेदोऽथर्वाङ्गिरसः पुराणम्....। (बृहदारण्यक उपनिषद् २.४, उपनिषत्सङ्ग्रहः, पृ० ६८)।

शंकराचार्य इस स्थल पर 'निःश्वसित' की व्याख्या में अपने भाष्य में कहते हैं – जैसे मनुष्य सहज रूप से साँस छोड़ता है, ऐसे ही बिना प्रयास के परम पुरुष के द्वारा वेद आदि रच दिये गये। शंकराचार्य के अनुसार सृष्टि की प्रक्रिया बताने वाले वचन पुराण हैं।

पुराण का लक्षण

पुराण का निरुक्तकार यास्क ने यह लक्षण दिया है— पुरा नवं भवति— अर्थात् जो प्राचीन काल में नया था। प्राचीन होते हुए भी जो परंपराएँ नये युग में सार्थक बनी रहें, उनका संग्रह पुराण है। इस दृष्टि से वायुपुराणमें पुराण की रोचक व्युत्पत्ति दी गयी है— यस्मात् पुरा ह्यनति— जिसे अतीत साँस लेता हुआ या सजीव हो जाय वह पुराण है।

यस्मात् पुरा ह्यनतीदं पुराणं तेन चोच्यते।

वायुपु० १.२

सायण ने सृष्टि की उत्पत्ति व विकास का प्रतिपादन करने वाले साहित्य को पुराण कहा है। मधुसूदन सरस्वती भी सृष्टि के इतिहास को पुराण मानते हैं। विषयवस्तु की दृष्टि से पुराण के पाँच लक्षण प्रसिद्ध माने गये हैं। अमरकोश में भी कहा गया है— 'पुराणं पञ्चलक्षणम्।' ये पाँच लक्षण वायुपुराण तथा कूर्मपुराण में इसप्रकार बताये गये हैं—

सर्गश्च प्रतिसर्गश्च वंशो मन्वन्तराणि च।
वंशानुचरितं चैव पुराणं पञ्चलक्षणम्।।

(अर्थात् सर्ग या सृष्टिप्रक्रिया, प्रतिसर्ग या पुनःसृष्टि, देवता या ऋषियों के वंश का वर्णन, मन्वन्तर या मनुओं के शासन का काल, वंशानुचरित या क्षत्रिय राजाओं का जीवन - ये पाँच पुराण के लक्षण हैं।

कौटिल्य ने अपने अर्थशास्त्र में सृष्टि, प्रवृत्ति, संहार, धर्म तथा मोक्ष— इन पाँच विषयों के प्रतिपादन के आधार पर पुराण को पंचलक्षणात्मक माना है। पद्मपुराणके अनुसार जो पुरावृत्त तथा परम्परा की व्याख्या करें, वह पुराण है—

पुरा परम्परां वक्ति पुराणं तेन वै स्मृतम्।।

पद्मपु० ५.२

श्रीमद्भागवत में पुराण की दशलक्षणी प्रतिपादित है, जो वैष्णवपुराणों पर अधिक लागू होती है, तथा वैष्णवसंप्रदायसमर्थित है। वल्लभाचार्य ने श्रीमद्भागवत में निरूपित दशलक्षणों की भी व्याख्या परमेश्वर की दस लीलाओं के रूप में की है। दशलक्षण इस प्रकार हैं- सर्ग, विसर्ग, स्थान, पोषण, ऊतियाँ, मन्वन्तर, ईशानुकथा, निरोध, मुक्ति तथा आश्रय।

अत्र सर्गो विसर्गश्च स्थानं पोषणमूतयः।
मन्वन्तरेशानुकथा निरोधो मुक्तिराश्रयः
दशमस्य विशुद्ध्यर्थं नवानामिह लक्षणम्।।

(श्रीमद्भागवत, २.१०. १-२)

देवों का मर्यादापूर्वक पालन स्थान है, ईश्वरानुग्रह पोषण है, कर्मवासनाएँ ऊतियाँ हैं, ईशानुकथा लीला है, इसमें लीला में आख्यान का भी समावेश हो जाता है, आश्रय परब्रह्म स्वयं है।

पुराण का वेद से संबंध

पुराण को वेद का उपबृंहण करने वाला बताया गया है। महाभारत में कहा गया है-

इतिहासपुराणाभ्यां वेदं समुपबृंहयेत्।
बिभेत्यल्पश्रुताद् वेदो मामयं प्रहरिष्यति।।

उपबृंहण का अर्थ है व्याख्या करते हुए विस्तार देना। महाभारत में पुराणों को वेदों के प्रकाशक भी कहा गया है। पुराण उस पूर्णचंद्र के समान हैं, जो श्रुतिरूपी ज्योत्स्ना को प्रकाशित करता है— 'पुराणपूर्णचन्द्रेण श्रुतिज्योत्स्ना प्रकाशिता।' कूर्मपुराण में कहा गया है- 'पुराणं धर्मशास्त्रं च वेदानामुपबृंहणम्।'

पुराणों में वेदों के आख्यानों का अनेकत्र विस्तृत रूप प्रयोग किया गया है। इनमें वैदिक मंत्रों को भी प्रकारांतर से या यत्किंचित् परिवर्तन के साथ दोहराया गया है। उदाहरण के लिये वायुपुराण में शिवस्तुति में रुद्राष्टाध्यायी के मंत्रों के पद गुंफित हैं। इसीप्रकार भागवत के द्वितीय स्कंध में ऋग्वेद के पुरुषसूक्त की पंक्तियाँ उद्धृत की गयी हैं। पुरुषसुक्त की ही 'स भूमिं सर्वतो वृत्वाऽत्यतिष्ठद् दशाङ्गुलम्' को विष्णुपुराण में कुछ परिवर्तन के साथ इसप्रकार प्रस्तुत किया गया है—

सर्वव्यापी भुवः स्पर्शादत्यतिष्ठद्दशाङ्गुलम्।

पद्मपुराण में गायत्री मंत्र को इसप्रकार 'प्रचोदयात्' के स्थान पर प्रभाति क्रिया का प्रयोग कर के कृष्ण के लिये प्रयुक्त किया गया है। यजुर्वेद के 'वेदाऽहमेतम्' - इत्यादि मंत्र को स्कंदपुराण में शिव के लिये प्रयुक्त किया गया है।

पुराणों ने वेदों की व्याख्या दार्शनिक धरातल पर भी की। ऋग्वेद के द्वासुपर्णा मंत्र को भागवत में इसी दृष्टि से मनोहर रूप में पुनर्विन्यस्त कर के कहा गया है—

सुपर्णावितौ सयुजौ सखायौ यदृच्छयेतौ कृतनीडौ च वृक्षे।
एकस्तयोः खादति पिप्पलान्यन्यमन्यो निरपेक्षोऽपि बलेन भूयान्।।

(श्रीमद्भागवत ११.२.१६)

ईसा की पहली शती में पुराणों के द्वारा वेदों का निरंतर उपबृंहण किया जाता रहा, जिससे दयाकृष्ण आदि के द्वारा उपस्थापित यह प्रवाद मिथ्या सिद्ध होता है कि ईसा की प्रथम सहस्राब्दी में भारत में वेदों का अध्ययन व प्रचार समाप्त हो गया था, और चौदहवीं शती में सायण के द्वारा भाष्यों के प्रणयन से इसे पुनरुज्जीवित किया गया।

कहीं कहीं पुराणों ने वैदिक मंत्रों की धार्मिक या संप्रदाय की दृष्टि से भी व्याख्या की है। उदाहरण के लिये पद्मपुराण में हिरण्यगर्भ सूक्त की कृष्णपरक व्याख्या की गयी है। हिरण्यगर्भ को यहाँ विष्णु का ही विशिष्ट रूप माना गया है। इसीप्रकार ऋग्वेद के ही 'चत्वारि शृङ्गास्त्रयोऽस्य पादा' इत्यादि मंत्र की भागवत में अष्टम स्कंध में यज्ञपरक व्याख्या की गयी है। स्कंदपुराण के काशीखंड में इसी मंत्र का शिवपरक अर्थ किया गया है। वस्तुतः पुराणों में वेदों के अनेक अज्ञात, अनुन्मीलित पक्षों को प्रकट किया गया है। अतः यह पारंपरिक मान्यता सर्वथा सटीक है कि वेदों को समझने के लिये पुराणों का अध्ययन परम आवश्यक है।

पुराणों में वेदमंत्रों का उल्लेख भी किया गया है व कहीं कहीं उनके आधार पर लौकिक मंत्र बनाये गये हैं। गायत्री मंत्र के शब्द लेकर अनेक देवों के लिये पुराणकारों ने गायत्री बना ली है। जैसे अग्निपुराण में गणेशगायत्री इस प्रकार है—

लम्बोदराय विद्महे वक्रतुण्डाय धीमहि तन्नो दन्ती प्रचोदयात्।

अग्निपुराण ७१.६

पुराणों की शैली

आचार्यपरंपरा में उपदेश तीन प्रकार का माना गया – प्रभुसम्मित या मालिक की तरह दिया जाने वाला, सुहृत्सम्मित या दोस्त की तरह दिया जाने वाला तथा कांतासम्मित या प्रेयसी की तरह दिया जाने वाला। वेद प्रभुसम्मित उपदेश देते हैं, पुराण सुहृत्सम्मित उपदेश देते हैं। कविता कांतासम्मित उपदेश देती है। प्रभुसम्मित उपदेश शब्दप्रधान होता है, उसके शब्दों में राईरत्ती भी हेराफेरी नहीं हो सकती। सुहत्सम्मित उपदेश अर्थप्रधान होता है, उसमें बात को फैला कर कई तरह से समझाया जाता है, द्रष्टांत और आख्यान को भी बात कहने का माध्यम बनाया जाता है। कांतासम्मित उपदेश न शब्दप्रधान होता है न अर्थप्रधान, वह प्रीति में पगा होता है।

पुराण अतीत को वर्तमान से जोड़ते हुए भविष्य पर दृष्टिपात करते हैं। काल के आवर्तन विवर्तन, चक्राकार तथा सर्पिल गतियों को बताने के लिये पुराणों ने एक विशेष शैली अपनाई, जिसमें इतिहास (रामायण और महाभारत) के पात्रों का अपने समय में पुनर्जन्म दिखाया जाता है। शाप और वरदान के अभिप्रायों के द्वारा भी इतिहास के पात्रों का वर्तमान में अवतरण दिखाया जाता है। एक दूसरी शैली पुराणों ने भविष्यकथन की अपनाई। इस शैली को अपनाने से पुराणों के प्रणेता तो व्यास बने रहे, पर उनके अनुयायी सूत हर पुराण में अपने वर्तमान को उनके मुख से भविष्यकथन के द्वारा चित्रित करते रहे। व्यास सर्वज्ञ हैं, इसलिये वे आने वाली घटनाओं को सही सही बताते जाते हैं। सभी प्रमुख पुराणों में मौर्यवंश तथा उसके बाद के राजाओं का हाल भविष्यकाल की क्रियाओं के द्वारा बताया गया है,कहीं कहीं इनमें सहज प्रवाहवश भूतकाल की क्रियाएँ भी आती गईं हैं।

पुराणों के द्वारा भविष्यकथन की शैली में वर्तमान के आकलन व भविष्य पर दृष्टि रखने की यह शैली जनसमाज में लोकप्रिय रही है। इस शैली को लेकर एक पूरा पुराण – भविष्यपुराण लिखा गया।

पुराणों की संख्या

मूलतः पुराण एक ही था। इसका विकास विभिन्न क्षेत्रों, विभिन्न धार्मिक परंपराओं में होते होते संख्या वृद्धि होती गयी। पुराण अठारह हुए, उसके बाद भी उनकी संख्या बढ़ती रही, अठारह उपपुराण माने गये और उसके पश्चात् अठारह औपपुराण भी रचे गये। अठारह पुराणों को महापुराण भी कहा जाता है। महापुराण कौन कौन से हैं, इस विषय में अलग अलग मत हैं। एक पारंपरिक श्लोक में अठारह पुराण इस प्रकार गिनाये गये हैं—

मद्वयं भद्वयं चैव ब्रत्रयं वचतुष्टयम्।
अनापलिङ्गकूस्कानि पुराणानि पृथक् पृथक्।।

(अर्थात् दो पुराणों के नाम मकार से आरंभ होते हैं- मत्स्य और मार्कण्डेय; दो के भकार से आरंभ होते हैं- (भविष्य तथा भागवत), तीन के नाम 'ब्र' से आरंभ होते हैं- ब्रह्माण्ड, ब्रह्म तथा ब्रह्मवैवर्त), चार के नाम में आद्याक्षर 'व' है- वामन, विष्णु, वराह तथा वायु। अ से अग्नि, ना से नारद, प से पद्म, लिङ् से लिङ्ग, ग से गरुड, कू कूर्म और स्क से स्कंद— इस प्रकार अठारह पुराण होते हैं।

डॉ० फरकूहर ने अपने ग्रंथ 'आउटलाइन आफ रिलिजस लिटरेचर आफ इंडिया' में शिवपुराण, हरिवंशपुराण को जोड़ कर प्रमुख पुराणों की संख्या अठारह के स्थान पर बीस मानी है। परंपरासम्मत न होने से यह मान्यता अग्राह्य है।

पुराणों का रचनाकाल

मूल रूप में पुराण वेद के समान ही प्राचीन हैं पर अलग अलग पुराणों की रचना अलग अलग समयों में हुई। इन विभिन्न पुराणों का रचना काल ६०० ई०पू० से लेकर ५०० ई० तक निर्धारित किया जाता रहा है। कुछ पुराणों में प्रक्षिप्त अंश बाद में भी जुड़ते रहे। पुराणों के रचना काल के विषय में सामान्यत: निम्नलिखित प्रमाण दिये जाते हैं—

(१) धर्मसूत्रों में उल्लेख- कुछ पुराणों का विभिन्न धर्मसूत्रकारों ने नामत: उल्लेख किया है। गौतम (छठी शताब्दी ई०पू०, बोधायन (पाँचवी शताब्दी ई०पू०) तथा कौटिल्य (चौथी शताब्दी ई०पू०) ने विभिन्न पुराणों से उद्धरण दिये हैं। आपस्तंब धर्मसूत्र में पुराण से दो पद्य उद्धृत हैं, तथा एक पद्य भविष्य पुराण का भी उद्धृत किया गया है।

(२) पुराणों में ऐतिहासिक उल्लेख - भागवत तथा विष्णु आदि पुराणों में मौर्यवंशीय राजाओं (३२६ ई०पू०) से १८०ई०पू०) , मत्स्य पुराणमें आंध्रवंशीय राजाओं (२२५ई०) तथा वायु पुराण में गुप्त वंशीय राजाओं के वर्णन हैं, पर पुराणों में हर्षवर्धन तथा ६०० ई० के पश्चात् के भारतीय इतिहास का वर्णन प्राय: नहीं मिलता, भविष्य पुराण जैसे इक्के दुक्के पुराण इसके अपवाद हैं।

(३) धर्मशास्त्रों में पुराण का उल्लेख- मनुस्मृति से सुस्पष्ट विदित होता है कि इस स्मृति के रचनाकाल के समय पुराण घर घर में पढ़े और सुनाये जाते थे। मनु ने निर्देश दिया है—

स्वाध्यायं श्रावयेत्पित्र्ये धर्मशास्त्राणि चैव हि।
आख्यानानीतिहासांश्च पुराणानि खिलानि च।।

मनु० ३.२३२

महाभारत वनपर्व (१९१.१६) में वायुप्रोक्त पुराण का उल्लेख है। इस दृष्टि से कतिपय पुराण महाभारत के वर्तमान संस्करण से पहले के हो सकते हैं। बालगंगाधर तिलक पुराणों की रचना का समापन काल दूसरी शताब्दी के लगभग मानने के पक्ष में हैं। पुराणों के रचनाकाल के संबंध में श्री आर.सी.हाजरा का अनुसंधान कार्य महत्त्वपूर्ण है। उन्होंने विभिन्न पुराणों का समय इस प्रकार निर्धारित किया है—

विष्णुपुराण – तीसरी चौथी शताब्दी ई०

मार्कण्डेय और ब्रह्मांडपुराण – तीसरी से पाँचवीं शताब्दी ई०के बीच

वायुपुराण – पाँचवीं शताब्दी ई०

भागवतपुराण – छठी शताब्दी ई० के आसपास

ब्रह्मवैवर्त तथा कूर्मपुराण - ७००ई०के आसपास

अग्निपुराण– ८००ई० के लगभग।

स्कन्द, गरुड और ब्रह्मपुराण – आठवीं शताब्दी

नारदीयपुराणम् – दसवीं शताब्दी के लगभग

बाणभट्ट ने अपने हर्षचरित में बताया है कि उन्होंने अपने गाँव में वायुपुराण का पाठ सुना था। कादंबरी में भी उन्होंने 'पुराणेषु वायुप्रलपितम्' इस परिसंख्या के द्वारा पुन: वायुपुराण के पाठ का संकेत दिया है। कुमारिल भट्ट तथा शंकराचार्य ने पुराणों से उद्धरण भी दिये हैं।

पुराणों के प्रवक्ता सूत

पुराणों के कर्ता मूलत: महर्षि व्यास माने गये हैं। पर अठारहों पुराणों का प्रवचन नैमिषारण्य में सूत ऋषि शौनक आदि महर्षियों के समक्ष करते रहे- यह पुराणों में ही सूचित है। स्मृतियों के अनुसार क्षत्रिय पिता तथा ब्राह्मण माता का पुत्र सूत है। प्रतिलोम विवाह से उत्पन्न होने के कारण इसे प्रतिलोमज भी कहा गया है। श्रीमद्भागवत तथा बृहन्नारदीय पुराणों में सूत ने स्वयं अपने आप को विलोमज कहा है। वे इस बात पर गद्गद हैं कि उनके जैसे एक विलोमज से शौनक जैसे ऋषि गण पुराण को लेकर जिज्ञासा कर रहे हैं। वर्णव्यवस्था में जन्म की दृष्टि से तो महाभारतकार कृष्णद्वैपायन व्यास पराशर ऋषि तथा धीवरकन्या के पुत्र होने से सूत से भी निचले स्थान पर रखे जा सकते हैं। पुराणों के प्रवक्ता या व्याख्याकार सूत इन्हीं की शिष्यपरंपरा में हुए। महाभारत में सूत का परिगणन नट,नर्तक, मागध, बंदी आदि के साथ भी किया गया है (पूर्वाध्याय में महाभारत के अंतर्गत सूत देखें)। पर पौराणिक या पुराणवेत्ता सूत विलोमज होते हुए भी अपनी विद्वत्ता के कारण इनमें पूज्य या श्रेष्ठ मान लिये गये थे। इसीलिये कौटिल्य मागध और पौराणिक सूत को अलग अलग बताते हैं। यही नहीं वे तो पौराणिक सूत को वर्णसंकर होते हुए भी ब्राह्मण तथा क्षत्रिय दोनों से विशिष्ट भी घोषित करते हैं।

पद्म तथा वायु पुराणों में पुरातन काल से ही मान्य सूतों के धर्म प्रतिपादित किये गये हैं। तदनुसार देवताओं, ऋषियों या राजाओं के चरित या वंशावलियों को स्मरण रखना और उनका प्रवचन करना तथा इतिहास और पुराण का कथन सूत का धर्म है। सूत का यह धर्म वैदिक साहित्य में पहले बताया जा चुका था। इसीका अनुवर्तन पुराण करते हैं। पद्मपुराण सूतों को वेदाध्ययन का भी अधिकारी मानता है। महाभारत के अनुसार रोमहर्षण अपने पुत्र उग्रश्रवा के साथ युधिष्ठिर के राजसूय यज्ञ में उपस्थित हुए थे। शर- शैया पर पड़े भीष्म से मिलने के लिये आने वालों में भी ये एक थे। देवीभागवतपुराण के अनुसार लोमहर्षण या रोमहर्षण व्यास के शिष्य तथा शुकदेव के सहाध्यायी थे। भागवत मे वर्णित एक कथा में कहा गया है कि नैमिषारण्य में शौनकादि ऋषियों को जब ये पुराण सुना रहे थे, उस समय एक सूत का ऋषियों के समक्ष व्यासासन पर विराजमान होना न सह पाने के कारण बलराम ने इनकी हत्या कर दी। अनंतर बलराम ने पश्चात्ताप करते हुए ब्रह्महत्या के पाप का प्रायश्चित्त किया। स्कंदपुराण के अनुसार रोमहर्षण सूत ने सूतसंहिता तथा ब्रह्मगीता की रचना की। सूतसंहिता स्कंदपुराण में ही समाविष्ट है।

सूत आरंभ से ही वर्णसंकर होते हुए भी वैदिक यज्ञ के अनुष्ठान में अनिवार्य भूमिका निभाते थे। यह परंपरा इतिहास और पुराणों के काल में भी जारी रही। महाभारत के उल्लेख के जनमेजय के नागयज्ञ में यज्ञसंपादन के लिये सूत बुलाया गया था। इस सूत को स्थपति, परम बुद्धिमान्, वास्तुविद्याविशारद, सूत्रधार तथा पौराणिक भी कहा गया है, जिसका विवरण पिछले अध्याय में महाभारत और नाट्यकला के विवेचन में किया जा चुका है। वस्तुतः सूत का साहित्य, कला और शिल्प की परंपरा को संपन्न बनाने में सूतसमाज का वैदिक काल से ही अपूर्व योगदान रहा। भागवत, विष्णु, वायु, पद्म, अग्नि, ब्रह्माण्ड आदि पुराणों में भी सूत पुराणज्ञ के रूप में प्रशंसित हैं। उग्रश्रवा सूत को महामति तथा जगद्गुरु कहा गया है (विष्णु०पु० ३।४।१०, पद्मपु० २।२१९।१४,२१)।

ब्रह्माण्ड (२।३५।६३-७०)) तथा वायु (६१।५५-६२) का कथन है कि रोमहर्षण सूत के निम्न- लिखित छह शिष्य हुए- आत्रेय सुमति, काश्यप अकृतवर्ण, भारद्वाज अंगिरस, वासिष्ठ मित्रयु, सावर्णि सोमदत्ति तथा शांशपायन सुशर्मन्। इनमें से काश्यप अकृतवर्ण, सावर्णि सोमदत्ति तथा शांशपायन ने अपनी अपनी पुराण संहिताओं की रचना की। रोमहर्षण द्वारा प्रणीत पुराणसंहिता को मिला कर इस तरह कुल चार मूल पुराण संहिताएँ हुईं।

पुराणों में वैदिक आख्यानों तथा सृष्टिविद्या का सातत्य

पुराणों को वेद का उपबृंहण माना गया है – इतिहासपुराणानि वेदानामुबृंहणम् - यह उक्ति प्रसिद्ध है। उपबृंहण का अर्थ व्याख्यात्मक विस्तार है। वेदों में प्रतिपादित प्रभुसम्मित उपदेशों को ही मित्र की भाँति पुराण समझाते हैं – यह परंपरागत मान्यता रही है। वेद के अनेक आख्यानों ने पुराणों में उपबृंहित होकर रोचक कथाओं का रूप ग्रहण कर लिया है। विष्णु के

तीन पदों (कदमों) का उल्लेख ऋग्वेद के विष्णुसूक्त में हुआ है। ऐतरेय ब्राह्मण (६.१५) तथा शतपथब्राह्मण (१.१.२.१३, २.५, ९.३) आदि में तो इसकी व्याख्या करते हुए कहा गया कि विष्णु अपने इन तीन पगों से असुरों को नीचे भगा देते हैं। इसको आधार बना कर विष्णु के द्वारा वामनावतार में तीन पगों से धरती, अंतरिक्ष को माप लेने का आख्यान रचा गया है, जो भागवत, वामन आदि अनेक पुराणों में निरूपित है। इसी प्रकार वैदिक सृष्टिविद्या में भूः, भुवः स्वः (पृथ्वी, अंतरिक्षत्र व स्वर्ग) इस त्रिलोकी का प्रतिपादन हुआ है। पुराणों में इनके आधार पर त्रिपुर या तीन नगरों की कथा गढ़ी गई व शिव के द्वारा त्रिपुरासुर से संहार का आख्यान रचा गया। शतपथब्राह्मण (१४.१.२.११) में एमूष नामक वराह के द्वारा पृथ्वी को ऊपर उठाने का वृत्तांत वर्णित है। यह वृत्तांत वराहावतार की कथा के रूप में पुराणों में विकसित हुआ है। शतपथ ब्रह्मण में ही मनुमत्स्यकथा व जलप्रलय का निरूपण है, जो मत्स्यावतार की परिकल्पना व उससे जुड़ी समस्त कथाओं का स्रोत है। वास्तव में तो ब्राह्मणग्रंथों में निरूपित शुनःशेप, पुरूरवोर्वशी आदि अनेक आख्यान पुराणों में ही नहीं संस्कृत साहित्य की परंपरा में संक्रांत हुए हैं।

पुराणों में काल को सृष्टि के मूल तत्त्वों में एक कहा गया है—

स कालः परमाणुर्वै यो भुङ्क्ते परमाणुताम्।
ततो विशेषभुग् यस्तु स कालः परमो महान्।।

(श्रीमद्भागवत, ३.११.१)

यह वेद तथा महाभारत में प्रतिपादित काल की अवधारणा के सातत्य में है। महाभारत में कहा गया है—

कालमूलमिदं सर्वं जगद्बीजं धनञ्जय।
काल एव समादत्ते पुनरेव यदृच्छया।।

(महाभारत मौसलपर्व, पूना सं. ३२,पृ० ६५६४)

पुराणों का विभाजन

उपास्य देव के अनुसार पुराणों के शैव, वैष्णव, तथा ब्राह्म ये तीन प्रकार माने गये हैं। कहीं सात्त्विक, राजस तथा तामस के रूप में पुराणों का त्रिविध विभाजन भी प्रतिपादित है।

पुराणों की विषयवस्तु

पुराणो में प्रतिपादित विषयों का परिचय उपर्युक्त पंचलक्षण से मिल जाता है। इसके अतिरिक्त स्वर्ग-नरक-वर्णन, अनुष्ठान, व्रत, धर्मशास्त्र के नियम, प्रायश्चित्त, भूगोल, तीर्थस्थान, लोकाचार, विभिन्न शास्त्र- आयुर्वेद, गांधर्व, काव्यशास्त्र, आदि का भी निरूपण पुराणों में किया गया है।

श्रीमद्भागवत में प्रतिपादित दशलक्षणी में पुराणों के पंचलक्षण को और विस्तार दे कर उनकी विषयवस्तु की परिधि व्यापक बनाई गई है।

वास्तव में तो महापुरुषों के प्रेरणाप्रद चरित्रों को समाज के सामने रखना पुराणों का मुख्य उद्देश्य रहा है। श्रीमद्भागवत में इसे सौंदर्य और उदात्तता के बोध के साथ इस प्रकार निरूपित किया है- -

तदेव रम्यं रुचिरं नवं नवं तदेव शश्वन्मनसो महोत्सवम्।
तदेव शोकार्णवशोषणं नृणां यदुत्तमश्लोकयशोऽनुगीयते।।

श्रीमद्भागवत, १२.१२०.५०३

(यह जो उत्तमचरित्र वाले महापुरुष का यशोगान किया जाता है, वही रम्य है, वही रुचिर है, वही नित्य नया होता रहता है, वही मन का शाश्वत महोत्सव है और वही शोक के सागर को सोखने वाला है।)

हरिवंशपुराण

यह पुराण अठारह पुराणों में परिगणित नहीं है। यह वस्तुतः महाभारत का परिशिष्ट या खिलपर्व कहा जाता है। इसका विषय मुख्यतः श्रीकृष्ण का चरित है। कृष्ण की बाललीलाओं का अत्यंत सरस वर्णन इसमें किया गया है।

वैदिक ऋषियों की धरती के विषय में भावना को हरिवंशपुराण में दोहराया गया है—

सेयं धात्री विधात्री च पावनी च वसुंधरा।
चराचरस्य सर्वस्य प्रतिष्ठायोनिरेव च।
सर्वकामदुघा दोग्ध्री सर्वशस्यप्ररोहणी।

(ह०वं०पु० हरिवंशपर्व, ६.४३-४४)

हरिवंशपुराण में बलराम के द्वारा यमुना के कर्षण का वृत्तांत बहुत रोमांचक रूप में वर्णित है। बलराम ने यमुना से कहा कि हे महानदी, मैं तुम्हारे जल में गोता लगा कर स्नान करना चाहता हूँ। यमुना ने उनकी बात न सुनी, वह उनका उल्लंघन कर के अलग बहती गई। तब बलराम ने हल उठा कर यमुना को खींचा।

स हलेनानताग्रेण कुले गृह्य महानदीम्।
चकर्ष यमुनां रामो व्युत्थितां वनितामिव।।
सा विह्वलजलस्त्रोता ह्रदप्रस्थितसञ्चया।
व्यावर्तत नदी भीता हलमार्गानुसारिणी।।
लाङ्गलादिष्टमार्गा सा वेगेन वक्रगामिनी।
सङ्कर्षणभयत्रस्ता योषेवाकुलतां गता।।

पुलिनश्रोणिबिम्बोष्ठी मृदितैस्तोयताडितैः।
फेनमेखलसूत्रैश्च वेगगाम्बुदगामिनी।।
तरङ्गविषमापीडा चक्रवाकोन्मुखस्तनी।
वेगगम्भीरवक्त्राङ्गी त्रस्तमीनविभूषणा।।
सितहंसेक्षणापाङ्गी काशक्षौमोच्छ्रिताम्बरा।
तीरजोद्धूतकेशान्ता जलस्खलितगामिनी।।
लाङ्गलोल्लिखितापाङ्गी क्षुभिता सागरंगमा।
मत्तेव कुटिला नारी राजमार्गेण गच्छती।।
कृष्यते सा स्म वेगेन स्रोतःस्खलितगामिनी।।
उन्मार्गा नीतमार्गा सा येन वृन्दावनं वनम्।।

(तब बलराम ने अपने बल की नोक नीचे झुका कर उस नदी को किनारे पर पकड़ कर इस तरह खींचा जैसे किसी स्त्री को पकड़ कर खींच रहे हों। यमुना के जल की धार गड़बड़ा गई, उसे जल के सोतों के संचय हिल गये, घबराई हुई वह नदी हल की राह के पीछे पीछे चलने लगी। संकर्षण या बलराम के भय से त्रस्त एक स्त्री की तरह आकुल हो गई, पुलिन रूपी श्रोणियों (नितंबों) वाली, बिम्बफल के जैसे अधर और ओष्ठ वाली, मथे और पीटे गये पानी वाली, फेन की करधनी वाली, वेग से चलते मेघों के समान गति वाली, लहरों के विषम जूड़े वाली, चकवों के खुले स्तनों वाली, वेग के कारण गंभीर मुख और काया वाली, डरी हुई मछलियों के आभूषण वाली, श्वेत हंसों की चितवन वाली, कास के फूलों के ढुलकते रेशमी वस्त्र वाली, तट पर उगे पेड़ों के हिलते केश वाली, चकराते हुए लड़खड़ाने वाली, हल की नोक से कुरेदे जाती आँखों की कोरों वाली, क्षुब्ध हुई वह सागरगामिनी मतवाली कुटिल नारी की तरह राजमार्ग पर चल रही थी, वह तेजी से खिंची चली जा रही थी, बहाव में लड़खड़ा रही थी, उन्मार्गमागिमी वह उस रास्ते पर ला दी गई थी, जिधर वृंदावन का वन था।)

यमुना जो अपने अहंकार में डूबी थी, अब बलराम के आगे स्त्री रूप धर कर प्रकट होती है और गिड़गिड़ाने लगती है।

इस पुराण में सबसे विस्तृत प्रसंग बाणासुर के साथ श्रीकृष्ण के संग्राम का है। विष्णुपर्व के १०६ से ११३ (आठ अध्यायों में विस्तारित) यह पूरा प्रसंग अपने आप में आठ सर्गों के एक महाकाव्य जैसा है। विश्वविजयी बाणासुर तपस्या कर के शंकर से अपनी टक्कर के वीर के साथ उसे युद्ध का अवसर देने का वरदान माँगता है। इस कथा के साथ कृष्ण के नाती अनिरुद्ध का बाणासुरपुत्री उषा के साथ प्रेम का प्रसंग जुड़ा हुआ है। यह प्रसंग हमारे साहित्य में विलक्षण ही है। उषा स्वप्न में अपने आप को एक अत्यंत सुंदर युवक के द्वारा प्रधर्षित या संभोग की जाती हुई देखती है, जागने पर कौमार्य के भंग को लेकर वह पापबोध से ग्रस्त होकर रोने धोने लगती है। उसकी सखी चित्रलेखा उसे तरह तरह से समझाती है। बहुत साहस और बारीकी से पुराण के रचनाकार ने स्त्री मनोविज्ञान की परते यहाँ खोल दी हैं। फिर तो उषा

के शील की रक्षा के लिये उस युवक को ढूँढ कर लाना आवश्यक हो जाता है, जिसने स्वप्न में उससे रमण का दुस्साहस किया। तीनों लोकों में चित्रलेखा की उस उस युवंक की खोज का वृत्तांत भी ऐसा ही अनोखा है। अनिरुद्ध के द्वारका से अपहरण के बाद बाणासुर के साथ श्रीकृष्ण के भीषण संग्राम का रोमांचक वर्णन पुराणकार ने किया है। इसमें महामारी भी युद्ध में एक योद्धा के रूप में अवतरित होती है और श्रीकृष्ण के शरीर में प्रवेश कर जाती है। कृष्ण प्रतिज्वर से उसे अपने भीतर ही समाप्त करने लगते हैं, तब अशरीरी वाणी यह कह कर उन्हें ऐसा करने से रोकती है कि संसार में तबाही मचाने के लिये एक ही महामारी पर्याप्त है।

अठारह पुराणों का परिचय

(१) मत्स्य पुराण- इस पुराण में लगभग १४,००० श्लोक हैं। इस पुराण का महत्त्व आंध्र वंशीय राजाओं की वंशावली के कारण है। यह दक्षिण भारत से विशेष संबद्ध प्रतीत होता है तथा दक्षिण के वास्तु, मूर्ति व स्थापत्य का प्रामाणिक विवरण इसमें दिया गया है। विभिन्न मन्वंतरों तथा सृष्टि के उद्भव की कथाओं के साथ निम्न लिखित प्राचीन आख्यान भी इसमें हैं- मनुमत्स्यकथा, ययाति, दक्ष आदि प्रजापतियों के द्वारा सृष्टि, मरुतों की उत्पत्ति, चंद्रमा तथा बुध का आख्यान, मनु और श्रद्धा की कथा त्रिपुरासर और तारक के वध की कथाएं आदि। पहले अध्याय में मनु और मत्स्य की कथा में यहाँ मत्स्य विष्णु के अवतार के रूप में वर्णित है, तथा विष्णु और केशव (कृष्ण) यहाँ आ कर अभिन्न हो गये हैं। इस पुराण में ययाति का चरित दस अध्यायों में बड़े विस्तार से वर्णित है। ये दस अध्याय अपने आप में एक महाकाव्य बन गये हैं। इसी तरह वामनावतार कथा भी इस पुराण में नौ अध्यायों में बहुत रोचक रूप में बताई गई है। विभिन्नव्रतों और उपवासों तथा तीर्थों और द्वीपों का विवरण भी इसमें दिया गया है।

(२) मार्कंडेय पुराण-इस पुराण में १३४ अध्याय हैं। मत्स्य, नारदीय, भागवत, देवीभागवत तथा ब्रह्मवैवर्तपुराणों के अनुसार इस पुराण में ९००० श्लोक होने चाहिये, पर उपलब्ध प्रतियों में ६९०० श्लोक लगभग मिलते हैं। इस पुराण का देवीमाहात्म्य विशेष महत्त्वपूर्ण है, जिसमें आद्या शक्ति के रूप में दुर्गा की सुंदर स्तुति है। चौथे अध्याय में विष्णु के चतुर्व्यूहावतार, छठे में बलराम के द्वारा ब्रह्महत्या, सातवें में द्रौपदी के अविवाहित पुत्रों के वध का हेतु, बारहवें मे नरनारायण के प्रसंग हैं। सती मदालसा के आख्यान पर अनेक अध्याय हैं। इक्ष्वाकुचरित, तुलसी का आख्यान, रामोपाख्यान, पुरूरवा, नहुष की कथाएँ, सूर्य और चंद्रवंशीय राजाओं के विविध चरित इसमें हैं।

(३) भविष्यपुराण- इस पुराण में लगभग १४,५०० श्लोक तथा ब्रह्मा, विष्णु, शिव, सूर्य और प्रतिसर्ग नाम से पाँच पर्व हैं। विभिन्न व्रतों से संबद्ध कथाएँ तथा सूर्य आदि देवों की पूजा की पद्धति भी इसमें बतलायी गयी है। अंतिम प्रतिसर्ग पर्व में उन्नीसवीं शताब्दी तक प्रक्षिप्त अंश जुड़ते रहे हैं। महारानी विक्टोरिया को यहाँ विकटावती कहा गया है। इस पुराण

में भारत वर्ष का इतिहास भविष्यवाणियों के द्वारा निरूपित है। मध्यकालीन भारतीय इतिहास का यह एक अच्छा स्रोत है। इसमें वर्णित पृथ्वीराज, मोहम्मद गौरी तथा आल्हा का वृत्तांत पृथ्वीराजरासो, परमालरारासो आदि काव्यों की अपेक्षा ऐतिहासिक दृष्टि से अधिक प्रामाणिक है। आल्हा के लिये आह्लाद, लाखन के लिये लक्षण आदि संस्कृत नाम इसमें प्रयुक्त हैं। सिरसा को शिरीषपुर तथा महोबा को महावती कहा गया है। इसके प्रतिसर्ग पर्व में बाइबिल में वर्णित नोह की कथा, यीशु मसीह का चरित्र, राजा विक्रम की कथा, बाबर का भारत आगमन, भट्टोजी दीक्षित, रामानुज, चैतन्य, माध्वाचार्य, सूर, कबीर, तुलसी, मीरा आदि संतों का जीवन, अकबर का शासनकाल तथा उसके आगे अंग्रेजो का भारत आगमन और महारानी विक्टोरिया का शासनकाल वर्णित है।

भविष्यपुराण में आह्लाद (आल्हा) की कथा की पृष्ठभूमि शिव के कथनों में भविष्यकाल की क्रियाओं के द्वारा बताई गई है। शिव क्रुद्ध होकर महाभारत के पात्रों को शाप दे देते हैं, फिर वे कृष्ण को बताते हैं कि मेरा शाप को अन्यथा हो नहीं सकता, तो कलियुग में युधिष्ठिर शिरीष (सिरसा) नगर के राजा और वत्सराज (आल्हखंड में बच्छराज) के पुत्र बलखानि (आल्हखंड में मलखान) बनेगें। भीम ने दुर्वचन कहे हैं, तो वह म्लेच्छ योनि में गिर कर वनरसा का राजा वीरण बनेगा। अर्जुन परिमल (परमाल) का पुत्र ब्रह्मानंद होगा। नकुल कान्यकुब्ज (कन्नौज) में जन्म लेगा, वह रत्नभानु का पुत्र लक्ष्मण या लक्षण (लाखन) बनेगा। धृतराष्ट्र अजमेर नगर में पृथ्वीराज के रूप में जन्म लेगा। द्रौपदी वेला के नाम से उसकी बेटी बनेगी। तब कृष्ण हँस कर कहते हैं कि जहाँ पांडव जन्म लेंगें, मैं वहाँ अपने अंश से अवतार लेकर उनकी रक्षा करूँगा। महावती (महोबा) नगरी में देशराज का बेटा मेरे अंश से ही जन्म लेगा, आह्लाद (आल्हा) भी मेरा अवतार होगा। इसके आगे पृथ्वीराज और जयचंद का वृत्तांत है, जिसमें मुहम्मद गोरी से युद्ध के प्रसंग हैं। जयचंद इसमें विश्वासघाती नहीं है, मुहम्मद गोरी से युद्ध वही करता है और अपने लोगों के द्वारा विश्वासघात के कारण मारा जाता है। इस पुराण का यह अंश जिस समय लिखा जा रहा था, उसी के आसपास मैथिली कवि विद्यापति संस्कृत में अपनी अनूठी कहानियों का संग्रह पुरुषपरीक्षा लिख रहे थे। पुरुषपरीक्षा की एक कहानी में भी जयचंद के मुहम्मद गोरी से युद्ध और अपने मंत्री के विश्वासघात के कारण हारने का वृत्तांत है। जगनिक के आल्हखंड तथा पृथ्वीराजरासो के साथ भविष्यपुराण के इन प्रसंगों की तुलना कर के उस समय के इतिहास का पुनरवलोकन किया जाना चाहिये।

बाबर के भारत में आगमन के साथ पुराणकार ने मुगलकालिक इतिहास का निरूपण उठाया है, इस प्रसंग में अकबर का शासनकाल विस्तार से वर्णित है। तैमूरलंग, बाबर, होमायुष (हुमायूँ), शेषशाक (शेरशाह) आदि के वृत्तांतों में इस पुराण के द्वारा इतिहास की वे परतें उघड़ती हैं, जो भारतीय लोकमानस में संचित रही होंगी। म्लेच्छराज बाबर के द्वारा प्रयाग के देवताओं को भ्रष्ट कर दिये जाने पर वहाँ के ब्रह्मचारी मुकुंद के आग में जल कर प्राण दे

देने का वृत्तांत भविष्यपुराण में इसलिये जोड़ा गया है कि अगली पीढ़ी में ये ही मुकुंद ब्रह्मचारी अकबर के रूप में अवतार लेंगें। अकबर के जन्म को लेकर पुराणकार कहता है – होमायुष काश्मीर में था, तब उसके पुत्र ने जन्म लिया। उसके जन्म लेते ही अशरीरिणी वाणी (आकाशवाणी) हुई – अकस्मात् वर (अच्छे) पुत्र का जन्म हुआ है... अत: हे होमायुष्, तेरा पुत्र अकबर कहलायेगा। इसके आगे अकबर को श्रीधर, श्रीपति, शम्भु आदि आदि विशेषणों व संज्ञाओं से विभूषित कर के मुकुंद ब्रह्मचारी का ही अवतार बता दिया गया है। वीरबल को मध्वाचार्य के कुल में जन्मे देवापि का अवतार कहा गया है। महामद (महमूद शाह) के शासनकाल में नादर (नादिरशाह) नामक दैत्य आता है।

भविष्यपुराण की रचना करने वाले पुराणकार की मेधा में मुगल काल की स्मृति अधिक तरोताज़ा है, पर उसे बादशाहों के जीवन व राजनैतिक घटनाचक्र की अपेक्षा संतों, भक्तकवियों तथा बदलते सांस्कृतिक परिदृश्य में अधिक रुचि है। वह बार बार संस्कृत की परंपराएँ किस तरह लोकभाषा में संत कवियों के द्वारा उतारी जा रही हैं – इसकी चर्चा करता है। इन संतों ने लोकभाषा में हमारी ज्ञाननिधि और आख्यानों को सरल बना कर प्रस्तुत किया – इस बात को पुराणकार रेखांकित करता चलता है। दक्षिण के संत बिल्वमंगल का मूल नाम उसने सूर बताया है। वह सूरदास का मूल नाम श्रीपति बताता है, तथा उन्हें मध्वाचार्य का मतानुयायी मानता है। केशवदास का कविप्रिया जैसे कठिन ग्रंथ की रचना कर के प्रेत बन जाना और रामचंद्रिका लिखने के बाद उनके स्वर्ग प्राप्ति की कथा हिंदी के साहित्य से पुराणों की अपने ढंग से अंत:क्रिया का साक्ष्य है।

धार्मिक तथा सांस्कृतिक इतिहास के प्रतिपादन की दृष्टि से भी भविष्यपुराण बहुत महत्त्वपूर्ण है। इसमें वराहमिहिर, धन्वंतरि, सुश्रुत, जयदेव आदि चिंतकों व कवियों, भट्टोजी दीक्षित जैसे वैयाकरणों, शङ्कराचार्य, गुरु गोरखनाथ, रामानंद, निंबार्क, मध्व, श्रीधर, विष्णुस्वामी, वाणीभूषण, रामानुज, चैतन्य महाप्रभु आदि महापुरुषों तथा उनके द्वारा प्रवर्तित धार्मिक सम्प्रदायों का सूरदास, कबीर आदि संत कवियों के भी चरित निरूपित हैं। मुगलकाल के इतिहास का प्रतिपादन भविष्यपुराण की दुर्लभ विशेषता है।

सेवाजी (शिवाजी) का राज्य तथा मुगलवंश का ह्रास बताते हुए पुराणकार ईस्ट इंडिया कंपनी के भारत में घुसपेठ का वर्णन करता है। कंपनी के द्वारा किस प्रकार भारत में अपना जाल फैलाया गया इसका भी संक्षिप्त निरूपण यहाँ किया गया है। कलिकाता (कलकत्ता) नगरी का इस प्रसंग में वर्णन है।

(४) भागवतपुराण- इस पुराण में बारह स्कंध, ३३५ अध्याय तथा १८,००० श्लोक हैं।

तेरहवीं शती के प्रख्यात वैयाकरण बोपदेव ने भागवत को लेकर तीन ग्रंथों का निर्माण किया (१) हरिलीलामृत या भागवतानुक्रमणी, (२) मुक्ताफल - इस पुराण के सरस श्लोकों

का संग्रह तथा (३) परमहंसप्रिया – भागवत की टीका। बोपदेव को भागवत से इतना लगाव था कि एक परंपरा में भागवत का प्रणेता ही उन्हें मान लिया गया है। स्वामी दयानंद, पंडित नीलकंठ शास्त्री आदि ने बोपदेव के भागवतकर्तृत्व को स्वीकार किया है। यह मत अस्वीकार्य है, क्योंकि गौडपाद ने अपने पंचीकरणव्याख्यान तथा उत्तरगीता की टीका में भागवतपुराण के उल्लेख के साथ इसके एक पद्यांश उद्धृत किये हैं।

पंचम स्कंध का गद्य अत्यंत प्रांजल और प्रौढ़ है तथा इस स्कंध में भारत देश की मनोहारी छवि का सरस चित्रण है। यह वैष्णव पुराण है। वैष्णव धर्म के अनुयायी इसे पाँचवा वेद ही मानते हैं। कविता और दर्शन का दुर्लभ मणिकांचनयोग इस पुराण में हुआ है। यह चिंतन, पांडित्य और काव्य की कसौटी माना गया है। कहा भी है— 'विद्यावतां भागवते परीक्षा'— अर्थात् विद्वानों की परीक्षा भागवत में ही है। विष्णु के अवतारों का वर्णन करते हुए भागवतकार न सांख्य के प्रवर्तक कपिल मुनि तथा गौतम बुद्ध को भी उनके अवतारों में निरूपित कर के धर्म के संबंध में समन्वय की दृष्टि का परिचय दिया है। पंचम स्कंध में ऋषभदेव और जडभरत का चरित्र अत्यंत प्रेरणास्पद है। भागवत के दसवें और ग्यारहवें स्कंध श्रीकृष्ण की लीलाओं के वर्णन के लिये प्रसिद्ध तथा अत्यंत लोकप्रिय रहे हैं।

श्रीमद्भागवतकार ने वेदमहाब्धि का मंथन कर उसका नवनीत इस ग्रंथ में समाहित कर दिया है। दर्शन, अध्यात्म, आख्यान तथा प्रतीकतत्त्व ऋग्वेद से लेकर उन्हें रम्य रूप में प्रस्तुत किया है, जिसका एक उदाहरण पुराणों में वेदों के उपबृंहण के विवेचन में ऊपर दिया गया है।

काव्यात्मक कल्पनाओं, अलंकारों के यथोचित विन्यास तथा व्यंजना व वक्रता के प्रयोगों की विच्छित्ति भागवत में विलक्षण है। पर भागवतकार ने सारी काव्य संपदा को दिव्य व आध्यात्मिक धरातल पर पहुँचा दिया है। आकाश के वर्णन में वे कहते हैं—

खमशोभत निर्मेघं शरद्विमलतारकम्।
सत्त्वयुक्तं यथा चित्तं शब्दब्रह्मार्थदर्शनम्।।

१०.२०.४३

(शरद् में निर्मेघ आकाश विमल तारों के साथ ऐसा सुशोभित था, जैसे शब्दब्रह्म के अर्थ का दर्शन करने वाला सत्त्वयुक्त चित्त।)

भागवत विपत्ति की मार झेलने वाले कृष्ण के भक्तों की तुलना ऐसे पर्वतों से की गई है, जो वर्षा की बौछारों से मार खा खाकर भी व्यथित नहीं होते —

गिरयो वर्षधाराभिर्हन्यमाना न विव्यथुः।
अभिभूयमाना व्यसनैर्यथाधोक्षजचेतसः।।

१०.२०.१५

इसी तरह अपरिपक्व योगी के कामार्त्त चित्त की तुलना सागर से की गई है—

सरिद्भिः सङ्गतः सिन्धुश्चुक्षुभे श्वसनोर्मिमान्।
अपक्वयोगिनश्चित्तं कामात्तं गुणयुग् यथा।।

१०.२०.१४

श्रीमद्भागवत में दर्शन, भक्ति, धर्मतत्त्व का विवेचन, उत्कृष्ट काव्यात्मकता तथा लीलाओं का मार्मिक निरूपण हुआ है। इसके कतिपय अत्यंत भावोच्छ्वासमय प्रसंगों को गीता या गीत कहा जाता है। पिंगला का गीत, ब्राहमणभिक्षु का गीत, वेणुगीत, भ्रमरगीत आदि ऐसे ही गीत है। भ्रमरगीत (अध्याय-४७) में कृष्ण के प्रति उत्कट श्रृंगार व समर्पण का एकतान चित्त गोपियों के कथनों में अभिव्यक्त हुआ है। भ्रमर या भौरे को कृष्ण का प्रतीक मान कर गोपी उसकी निष्ठुरता के लिये उपालंभ देते हुए कहती है—

किमिह बहु षडङ्घ्रे गायसि त्वं यदूना-
मधिपतिमगृहाणामग्रतो नः पुराणम्।
विजयसखसखीनां गीयतां तत्प्रसङ्गः
क्षपितकुचरुजस्ते कल्पयन्तीष्टमिष्टाः।।

(हे भ्रमर! यदुओं के अधिपति का पुराण हमारे सामने क्यों गा रहे हो? यदि गुणगान ही करना है तो मधुपुर की ललनाओं के आगे उनका प्रसंग सुनाते, जिनके कुचों का रोग (श्रीकृष्ण के संग नित्य रमण के कारण) विनष्ट हो चुका है, वे तुम्हारा इष्ट अवश्य पूर्ण करतीं।)

भागवतकार ने सृष्टि को कृष्ण के प्रेम से सराबोर कर दिया है। वेणुगीत को सुनकर नदियाँ भावविभोर हो जाती हैं

नद्यस्तदा तदुपधार्यमुकुन्दगीतमावर्तलक्षितमनोभवभग्नवेगाः।
आलिङ्गनस्थगितमूर्मिभुजैर्मुरारेर्गृह्णन्ति पादयुगलं कमलोपहाराः।।

१०.२१.२५

संसार का वर्णन अश्वत्थवृक्ष के प्रतीक के द्वारा महाभारतादि में किया जाता रहा है। भागवतकार ने इस प्रतीक को रूपक अलंकार का सौंदर्य देते हुए कहा है–

य एष संसारतरुः पुराणः कर्मात्मकः पुण्यफले प्रसूते।
द्वे अस्य बीजे शतमूलस्त्रिनालः पञ्चस्कन्धः पञ्चरसप्रसूतिः।।
सुदर्शशाखो द्विसुपर्णनीडस्त्रिवल्कलो द्विफलोऽर्कप्रविष्टः।
अदन्ति चैके फलमस्य गृद्ध्रा ग्रामेचरा एकमरण्यवासाः।।
हंसो यथैकं बहुरूपमिज्यैर्मायामयं वेद स एव वेदम्।।

(११.१२.२१-२३)

मुकुंदगीत को सुनकर नदियाँ भावविभोर हो जाती हैं, अपने आवर्तों के द्वारा वे मन के

भावों के विवर्त प्रकट करती हैं, लहरों की भुजाएँ उठा कर आलिंगन में स्थिर खड़े कृष्ण के चरण छू लेती हैं।

नद्यस्तदा तदुपधार्य मुकुन्दगीतमावर्तलक्षितमनोभवभग्नवेगाः।
आलिङ्गनस्थगितमूर्मिभुजैर्मुरारेगृह्णन्ति पादयुगलं कमलोपहाराः।।

गोपियाँ कहती हैं —

तवकथामृतं तप्तजीवनं कविभिरीडितं कल्मषापहम्।
श्रवणमङ्गलं श्रीमदाततं भुवि गृणन्ति ते भूरिदा जनाः।।

भागवत भारतीय परंपरा में भगवद्भक्ति का सर्वोत्तम ग्रंथ कहा जा सकता है। भक्त के आर्त भाव का जैसा गहन भावबोधसमन्वित वर्णन भागवतकार ने किया है, वह अनुपम है। भक्त की भावना को जिन उपमानों व बिंबों के द्वारा साकार किया गया है, वे अनुपम हैं। जैसे

अजातपक्षा इव मातरं खगाः स्तन्यं यथा वत्सतराः क्षुधार्ताः।
प्रियं प्रियेव व्युषितं विषण्णा मनोऽरविन्दाक्ष दिदृक्षते त्वाम्।।

(जैसे बिना पंखों के चूजे अपनी माँ को देखना चाहते हैं, जैसे भूख से आकुल बछड़े दूध के लिये अकुलाते हैं, जैसे विषादग्रस्त वियोगिनी प्रिया प्रवास पर गये अपने प्रिय को पाना चाहती है, हे अरविंदाक्ष! इसी तरह यह मन तुम्हें देखना चाहता है।)

तीसरे स्कंध के आठवें अध्याय में विष्णु के रूप का वर्णन तो विस्मयविमुग्ध करने वाला है। सौंदर्यबोध के साथ वैश्विकदृष्टि का ऐसा समागम हमारे साहित्य में कम ही मिलेगा। कई कई रंगों की छटाएँ यहाँ बिखरती हैं, अगणित ऊर्जस्वी कल्पनाएँ ईश्वर पर निछावर हो जाती हैं। विष्णु की मनोहारी काया में त्रिलोकी समा जाती है। कदम्ब के किञ्जल्क की पिशंग छवि वाले वस्त्र, श्रीवत्समणि से जगमगाता वक्षःस्थल, कौस्तुभमणि की झिलमिलाती आभाएँ, केयूरों में चमकते भुजदंड चारों ओर घुमड़ता सागर इन सब के बिंब अनोखा संसार रचते हैं।

भागवत भक्ति के उस महाप्रवाह का प्रतीक है, जिसने आर्यपथ के सारे बंधनों को झकझोर कर तोड़ दिया। घरबार की शृंखलाएँ उसके उद्दाम आवेग में टूट गईं। यज्ञ के महिमामय मंडप में नहीं, गाँवगिराँव में, चौपाल में, कुंड और निकुंज में ईश्वर का अवतरण हुआ।

रामानुज, माध्व, निम्बार्क, रामानंद आदि के वेदांतदर्शन हो या गौडीय भक्तिशास्त्र अथवा चैतन्यसम्प्रदाय – सहस्त्रों वर्षों से भागवत इन विविध परंपराओं का आकर ग्रंथ बना हुआ है। उचित ही रूपगोस्वामी ने इसे अपने उज्ज्वलनीलमणि जैसे रसशास्त्र के प्रौढ ग्रंथ में बहुशः उद्धृत किया है। रासलीला के सौंदर्य का निदर्शन भागवत ने अनुपम रूप में कराया, तथा इस सौंदर्य को अलौकिक आभामंडल से भी मंडित किया।

नैतत्समाचरेज्जातु मनसाऽपि ह्यनीश्वरः।
विनश्यत्याचरन्मौढ्याद्यथारुद्रोऽब्धिजं विषम्।। ३.२६

(अनीश्वर या सामान्य व्यक्ति मन में ऐसा करने का न सोचे। यदि वह ऐसा करेगा, तो अपनी मूढ़ता के कारण मारा जायेगा। शिव ने हालाहल का पान किया, सामान्य जन ऐसा नहीं कर सकते।)

अनुग्रहाय भक्तानां मानुषं देहमाश्रितः।
भजते तादृशीः क्रीडा याः श्रुत्वा तत्परो भवेत्।।

(भगवान् ने भक्तों पर अनुग्रह करने के लिये मानुष देह का आश्रय लिया। जो उनकी लीला सुन कर तत्पर या तन्मय हो जाता है, वह वैसी ही क्रीडा कर सकता है।)

न पारयेऽहं निरवद्यसंयुजां स्वसाधुकृत्यं विबुधायुषापि वः।
यामाभजन्दुर्जरगेहशृङ्खलाः संवृश्च्य तद्वः प्रतियातु साधुना।।

आसामहो चरणरेणुजुषामहं स्यां वृन्दावने किमपि गुल्मलतौषधीनाम्।
या दुस्त्यजं स्वजमार्यपथं च हित्वा भेजुर्मुकुन्दपदवीं श्रुतिभिर्विमृग्याम्।।

३.२६ -३१।।

(५) ब्रह्माण्डपुराण- इस पुराण में लगभग १२,२०० श्लोक हैं। ब्रह्माण्ड पुराण अनेक स्तोत्रों, उपाख्यानों तथा देवी-देवताओं के माहात्म्य वर्णनों के कारण महत्त्वपूर्ण है। अध्यात्म रामायण इसी का एक अंश माना जाता है। रामोपासना का भी प्रतिपादन इस पुराण में है।

(६) ब्रह्मवैवर्त- इस पुराण में लगभग १८,००० श्लोक हैं। कृष्णभक्ति और कृष्णोपासना के विवेचन के कारण यह पुराण अत्यंत महत्त्वपूर्ण माना जाता है। कृष्ण की आद्या शक्ति के रूप में राधा का निरूपण पुराणों में सर्वप्रथम इसी पुराण में मिलता है। इस पुराण में ब्रह्मखंड, प्रकृतिखंड, गणेशखंड तथा कृष्णखंड - ये चार खंड हैं। ब्रह्मखंड में सृष्टि के उद्भव और विकास का वर्णन है। प्रकृतिखंड में आद्याशक्ति का निरूपण है तथा गणेशखंड में गणेश का वर्णन श्रीकृष्ण के अवतार के रूप में किया गया है। गणेश की अनेक दुर्लभ कथाएँ भी यहाँ दी गयी हैं। कृष्ण खंड में कृष्ण की सभी लीलाएँ वर्णित हैं।

(७) ब्रह्मपुराण- इस पुराण का आदिपुराण नाम भी मिलता है, जिससे इसकी प्राचीनता प्रमाणित होती है। अनेक अन्य प्राचीन पुराणों में भी इसका उल्लेख मिलता है। कुछ पुराणों में इसकी श्लोक संख्या दस हजार कही गयी है कुछ में तेरह हजार। प्रकाशित संस्करण में १३७८७ श्लोक मिलते हैं। सूर्यवंश का वर्णन अध्याय ७-८ में किया गया है। इस पुराण में उत्कल (आधुनिक उड़ीसा) के तीर्थस्थानों तथा इतिहास का विवरण प्रामाणिक है। शिव और पार्वती के विवाह की कथा इस पुराण के अध्याय चौंतीस से सैंतीस तक अत्यंत सरस काव्यात्मक विन्यास के साथ प्रस्तुत की गयी है, जो कालिदास के कुमारसंभव से साम्य रखती है। इसके अध्याय १८० से २१२ तक कृष्ण की बाललीलाओं का वर्णन भी बड़ा मनोहर है। विष्णु के अवतारों व विष्णुपूजाविधान के साथ ही इस पुराण में शिवोपासना तथा सूर्योपासना दोनों का वर्णन है। इसी का एक परिशिष्ट सौरपुराण कहा गया है।

(८) वामनपुराण- इस पुराण में ९५ अध्याय तथा १०,००० श्लोक हैं। देवीभागवत ने भी इसकी श्लोक संख्या अयुत बताई गई है। तेईसवें से इकतीसवें अध्याय तक तथा अध्याय ८८ से ९४ तक इसमें वामन अवतार का वर्णन है। शिव और पार्वती के विवाह का वर्णन (अध्याय ५१-५३) और लिंग पूजा का प्रतिपादन भी है। विविध आख्यानों या कथाओं में दक्षयज्ञ (अध्याय २-५), नर-नारायण, उर्वशी की उत्पत्ति व प्रह्लाद से नारायण का युद्ध (अध्याय ६-८), अंधकासुर और सुकेशि के प्रसंग (अध्याय ९-१७ तथा अध्याय ६९-७०), महिषासुरप्रसंग (अध्याय १९-२१), शिव का यज्ञ (अध्याय ५४) के साथ जाबालि, गालव, दंडक, देवासुरसंग्राम के अनेक प्रसंग इसमें हैं। तीर्थों में कुरुक्षेत्र के इतिहास व भूगोल पर विशद जानकारी है।

(९) वराह पुराण–इस पुराण में वराह अवतार का निरूपण है। इसमें कहा गया है कि पृथ्वी का उद्धार करने के पश्चात् भगवान् वराह ने इस पुराण का उपदेश दिया। पुराणों में इसकी श्लोक संख्या २४००० श्लोक कही गयी है, पर वर्तमान में इसमें २१७ अध्यायों में लगभग ११,००० श्लोक ही मिलते हैं। इस में शिव तथा दुर्गा से संबद्ध आख्यान हैं। अन्य उपाख्यानों में नचिकेतोपाख्यान तथा श्राद्ध और प्रायश्चित्त के विधानों का भी निरूपण इस पुराण में किया गया है। धर्मव्याध का चरित इस पुराण के आठवें अध्याय में है। नवें अध्याय में वैष्णव परंपरा के अनुसार सृष्टि की उत्पत्ति की वर्णन है। इस पुराण के दसवें और ग्यारहवें अध्यायों में वर्णित दुर्जय राजा का चरित भी दुराधर्ष शौर्य की कथा है।

(१०) विष्णुपुराण - इस पुराण में छह खंड (अंश), १२६ अध्याय तथा कुछ पुराणों के अनुसार २३,००० तो अन्य पुराणों के अनुसार २४,००० श्लोक हैं। किंतु प्रकाशित संस्करणों में लगभग ६००० श्लोक ही प्राप्त होते हैं, जिससे यह अनुमान किया जा सकता है कि इसका एक बड़ा भाग लुप्त हो गया है। पुराणों में प्राचीनता और धर्म तथा दर्शन के निरूपण की प्रामाणिकता के कारण विष्णुपुराण का निर्विवाद महत्त्व है। 'पुराणं पञ्चलक्षणम्' की कसौटी पर यह पुराण सर्वाधिक खरा उतरता है। इसमें विष्णु के प्रमुख अवतारों का वर्णन व उनकी उपासना की पद्धति निर्दिष्ट है। इसके प्रथम अंश में समुद्रमंथन तथा ध्रुव और प्रह्लाद की कथाएँ हैं। इसी अंश के सातवें अध्याय में मनुवंश का वर्णन है, जिसमें स्वायम्भुव मनु और शतरूपा की उत्पत्ति का प्रसंग अनूठा ही है। प्रजापति ब्रह्मा सनत्, सनन्दन आदि कुमारों के द्वारा सृष्टिकर्म की अवज्ञा से रुष्ट हो जाते हैं, रोषावेग में उनके ललाट से अर्धनारीश्वरदेह वाले रुद्र का जन्म होता है। रुद्र के इस अर्धनारीश्वर रूप से पुरुष और स्त्री तथा मनु और शतरूपा का जन्म होता है। तेरहवें अध्याय में पृथु का चरित्र है। गोरूप पृथ्वी के दोहन का यह आख्यान कृषिप्रधान सभ्यता के अवतरण का द्योतक है। पृथु पर्वतों को हटा हटाकर ऊबड़खाबड़ धरती को समतल और कृषि योग्य बना देते हैं। द्वितीय अंश में ब्रह्माण्ड तथा भारतवर्ष और राजा भरत का वर्णन है। तृतीय अंश में मनु और मन्वंतर तथा जैन और बौद्ध संप्रदायों का विवरण है। चतुर्थ अंश में सूर्य और चंद्र वंश के राजाओं के साथ अनेक

महत्त्वपूर्ण आख्यान हैं। इसी अंश में मगध के वर्णन से लगाकर नंद और मौर्य राजाओं का भी विवरण है तथा कलियुग के निरूपण के साथ कल्कि अवतार की भविष्यवाणी की गयी है। पंचम अंश में कृष्ण कथा है, जो हरिवंश पुराण से साम्य रखती है। छठे अंश में वैष्णव धर्म और दर्शन का विशेष निरूपण है। प्राचीन इतिहास के विवेचन की दृष्टि से भी यह पुराण बहुत उपादेय है; विशेष रूप से मौर्य राजाओं की वंशावली इसमें दी गयी है। कृष्णलीलाओं का सरस वर्णन इस पुराण में किया गया है।

(११) वायुपुराण- इस पुराण में ११२ अध्याय तथा लगभग २४,००० श्लोक हैं। पं० बलदेव उपाध्याय १०३वें अध्याय तक के अंश को ही प्रामाणिक मानते हैं, उनके अनुसार अंत के नौ अध्याय (१०४-११२) वैष्णवमत के प्रतिपादन के लिये किसी परवर्ती आचार्य ने जोड़े हैं।[१] १०३वें अध्याय में पुराण की फलश्रुति बता दी गई है। १०४वें अध्याय में राधा व कृष्ण के प्रेम का अत्यंत सरस चित्रण तथा माधुर्य भक्ति का विशदीकरण है। शेष अध्याय गया माहात्म्य से संबद्ध हैं। इनमें भी गया के अधिष्ठातृदेव के रूप में विष्णु का निरूपण है।

वायु पुराण के चार भाग हैं – प्रक्रियापाद (अ० १ -६), उपोद्घातपाद (अ० ७-६४), अनुषंगपाद (अ० ६५-९९) तथा उपसंहारपाद (अ० १००-१२)। प्राचीनता तथा पुराण के पंचलक्षणों के विनियोग की दृष्टि से यह बड़ा ही प्रामाणिक पुराण है। महाभारत वनपर्व (१९१.१६) में वायुप्रोक्त पुराण का उल्लेख है। बाण ने हर्षचरित में अपने मित्र पुस्तकवाचक सुदृष्टि के द्वारा वायुपुराण के पाठ का वर्णन किया है। एक प्रमुख शैवपुराण होने से कहीं कहीं इसी को शिवपुराण माना गया है, जबकि शिवपुराण इससे सर्वथा भिन्न है। बलदेव उपाध्याय ने शिवपुराण में पुराण की लक्षणासंगति तथा वायुपुराण में लक्षणसंगति का प्रतिपादन करते हुए शिवपुराण की महापुराणों में गणना का दृढ़ता से प्रतिवाद किया है।[२] इसमें गुप्त राजाओं का वर्णन है। शिव की स्तुति दी गयी है। दो अध्यायों में विष्णु के चरित का भी निरूपण है। नैमिषारण्य का नाम नैमिष क्यों पड़ा इसको लेकर नैमिष यज्ञ की कथा यहां दूसरे अध्याय में दी गई है। अठासीवें अध्याय में धुंधुमार की कथा भी इस पुराण में अनूठी है। गया तीर्थ के निरूपण तथा पितरों के श्राद्ध के वर्णन की दृष्टि से भी यह पुराण उल्लेखनीय है। इसमें नृत्य तथा संगीत की कला पर भी कुछ अध्याय हैं।

(१२) अग्निपुराण - विभिन्न पुराणों में इसकी श्लोक संख्या १५४०० दी गयी है। किंतु वर्तमान में इसमें लगभग ११५०० श्लोक मिलते हैं। इसमें अग्निदेवता वसिष्ठ ऋषि को उपदेश देते हैं। अग्निपुराण को भारतीय संस्कृति का विश्वकोश भी कहा जाता है। इसमें अनेक विद्याओं, कलाओं और शास्त्रों का निचोड़ पुराणकार ने प्रस्तुत किया है। इस पुराण में विभिन्न देवों की प्रतिमाएँ बनाने की विधि का बहुत उपादेय निरूपण है। रामोपाख्यान और महाभारतोपाख्यान में रामायण तथा महाभारत इन दोनों ग्रंथों का सार प्रामाणिक रूप में दिया गया है। शास्त्रीय विवेचन की दृष्टि से इस पुराण में काव्यशास्त्र, नाट्यशास्त्र, अर्थशास्त्र, व्याकरण, ज्योतिष,

गणित, भूगोल, आयुर्वेद, धनुर्वेद, संगीतशास्त्र, कर्मकांड, विभिन्न संस्कार, वास्तु, शकुन आदि का क्रमबद्ध और व्यवस्थित प्रतिपादन है।

(१३) नारदपुराण- पुराणों के अनुसार इस पुराण की श्लोक संख्या २५,००० है, पर प्रकाशित संस्करण में १८,००० के लगभग श्लोक हैं। इस पुराण का दूसरा नामबृहन्नारदीयपुराण भी प्रचलित है। यह वैष्णवपुराण है। इसमें विष्णु की उपासना का विशेष प्रतिपादन है। धर्म और दर्शन तथा धर्मशास्त्र के भी अनेक विषय इसमें निरूपित हैं। इसमें सारे पुराणों के विषयों की सूची भी दी गयी है, जो पुराणों के अनुशीलन व संदर्भ के लिये बहुत उपादेय है। इसके अतिरिक्त यह पुराण वेदांगों, तंत्र-मंत्र, श्राद्ध, प्रायश्चित्त, पापकर्म व नरकवर्णन आदि का भी निरूपण करता है। व्रत विषयक कथाओं की दृष्टि से भी यह महत्त्वपूर्ण है।

(१४) पद्मपुराण- इस पुराण में लगभग ५५,००० श्लोक हैं। यह सृष्टि, भूमि, स्वर्ग, पाताल और उत्तर— नाम के पाँच खंडों में विभाजित है। सृष्टिखंड के प्रमुख विषय हैं- ब्रह्मा के द्वारा सृष्टि की रचना, सूर्यवंशीय और चंद्रवंशीय तथा अन्य क्षत्रिय राजाओं का इतिहास, देवासुरयुद्ध, तीर्थ, रामायणकथा तथा कार्तिकेय का चरित। भूमिखंड में प्रह्लाद व च्यवन ऋषि की कथाओं तथा विष्णुभक्ति का प्रतिपादन है। स्वर्गखंड में विभिन्न लोकों के विवरणों के साथ शिव के द्वारा त्रिपुरदाह, शकुंतला और उर्वशी की कथाएँ भी हैं। पातालखंड के विषयों में राम का अश्वमेध और राधाकृष्ण की कथाएँ उल्लेखनीय हैं। पद्मपुराण का उत्तरखंड आकार में सर्वाधिक विशाल है। इसमें विभिन्न व्रतों, उपासनाओं, विष्णुभक्ति, राम तथा कृष्ण की कथाएँ, भगवद्गीता की महिमा आदि विषय प्रतिपादित हैं। भारत के सांस्कृतिक वैशिष्ट्य के निरूपण की दृष्टि से यह पुराण विशेष महत्त्व का है। वैष्णव धर्म तथा दर्शन का इसमें विशेष विचार है और इस प्रसंग में शालिग्राम की पूजा तथा तुलसी के माहात्म्य को भी बताया गया है। यद्यपि यह वैष्णव पुराण है, पर ब्रह्मा, विष्णु और महेश इन तीनों देवों की एकता और तीनों के प्रति समान श्रद्धा रखने पर इसमें बल दिया गया है। इसमें विभिन्न तीर्थस्थलों, व्रतों व अनुष्ठानों का भी विशद वर्णन है। रामोपाख्यान, शकुंतलोपाख्यान आदि आख्यान भी इसमें हैं, पर रामायण और महाभारत की अपेक्षा इनका निरूपण कालिदास के रघुवंश और शाकुंतल से प्रभावित प्रतीत होता है।

(१५) लिंगपुराण- इस पुराण में लगभग ११,००० श्लोक हैं। यह शैव पुराण है। इसमें शिवविषयक बहुविध आख्यान हैं। शिव के २८ अवतारों की कथाएँ इसमें वर्णित है। ९३वें अध्याय में अंधकासुर के वध की कथा है, जो महाकवि रत्नाकर के हरविजय महाकाव्य का स्रोत है। ९४से ९६वें अध्याय तक शरभावतार की कथा में विष्णु के नरसिंह अवतार को पराभूत करने वाले शिव के शरभ अवतार का प्रसंग है। शिवपूजन की विधि शैवतंत्र और शैवदर्शन का भी यहाँ सविस्तर प्रतिपादन किया गया है। इस पुराण में भी भागवत के समान कुछ अंश गद्य में है।

(१६) गरुडपुराण- इस पुराण में लगभग १८,००० श्लोक हैं। यह वैष्णव पुराण है। इसका स्वरूप विश्वकोशात्मक है। जीव की उत्पत्ति व मृत्यु के बाद उसकी स्थिति का वर्णन इसमें किया गया है। अपने स्वजन की मृत्यु होने पर परिवार में इसका पाठ कराया जाता है। विष्णुभक्ति, प्रायश्चित्त, ज्योतिष, व्याकरण, आयुर्वेद आदि विषय भी इस पुराण में वर्णित हैं। कुलाचार किस तरह अंधविश्वासों व रूढ़ियों में जकड़ते चले गये – यह भी इस पुराण के अनेक प्रसगों से जाना जा सकता है। पुराणकार की दृष्टि तो जैसे पंडे पुजारियों के व्यावसायिक हितों से जुड़ गई है। स्त्री के पतिव्रता रूप को इस अधोगति तक पहुँचाया गया है कि वह अपने अपंग और कोढ़ी पति को उसकी चहेती वेश्या के घर तक कंधे पर बिठा तक ले जाती है, और वेश्या के द्वारा दुत्कारी जाने पर भी अतिरिक्त शुल्क देकर पति का संयोग उस वेश्या से करवाती है। दुर्भाग्य से चोरी के झूठे अपराध में धर लिये गये माण्डव्य ऋषि इसी समय फाँसी के लिये ले जाये जा रहे हैं, तो पत्नी के कंधे पर सवार कुष्ठी कौशिक ब्राह्मण का पाँव उनसे छू जाता है, वे कौशिक को शाप देते हैं कि सूर्योदय होते ही तेरी मृत्यु हो जायेगी। जो ऋषि झूठा अगराध लगा कर दी जा रही फाँसी से अपने को नहीं बचा सकते, वे दूसरे की मृत्यु का विधान रच सकते हैं। फिर तो पतिव्रता के प्रताप से सूर्य ही उगते उगते रह जाते हैं, संसार अँधेरे में बिलबिलाता रहता है, तब अत्रि की उसी स्तर की पतिव्रता पत्नी अनसूया की स्तुति की जाती है, तब जाकर सूर्य उग पाते हैं।

(१७) कूर्म पुराण- यह पुराण अपूर्ण प्राप्त होता है। नारदपुराण के अनुसार इसकी श्लोक संख्या १७,००० है, जबकि वर्तमान में इसका लगभग ६००० श्लोकों का अपूर्ण भाग ही मिला है। इसकी ब्रह्मी, भागवती, सौरी तथा वैष्णवी इन चार संहिताओं का उल्लेख मिलता है। इनमें से ब्राह्मी संहिता उपलब्ध है। इसमें विष्णु के अवतारों का— विशेषतः कूर्मावतार का— वर्णन है। ईश्वरगीता तथा व्यासगीता ये दो गीताएँ भी इसी पुराण में संगृहीत हैं।

(१८) स्कंदपुराण– स्कंद पुराण आकार में सबसे विशाल पुराण है। इसकी संज्ञा शिव के पुत्र स्कंद (कार्तिकेय) के नाम पर है। इसका विभाजन दो प्रकार से हुआ है- संहिताओं तथा खंडों में। इसमें छह संहिताएँ तथा ८१,००० श्लोक हैं। महाभारत के बाद यह इतिहास की भारतीय परंपरा का सबसे विशालकाय ग्रंथ है। इसकी संहिताओं के नाम हैं— सनत्कुमार, सूत, शंकर, वैष्णव, ब्रह्म और सौर। खंडों की संज्ञाएँ इस प्रकार हैं- माहेश्वर, वैष्णव, ब्रह्म, काशी, अवन्ती, नागर,तथा प्रभास। इनमें अवंती खंड रेवाखंड के नाम से अधिक प्रसिद्ध है। इसमें देश के सारे तीर्थों का विस्तार से वर्णन है। प्राचीन भारत के भूगोल के अध्ययन के लिये इसमें अपार सामग्री है। काशीखंड में वाराणसी तथा उसके आसपास के स्थलों का वर्णन तथा रेवाखंड में नर्मदा संबंधी कथाएँ और उसके तटवर्ती प्रदेशों का प्रामाणिक वर्णन है। अंबिकाखंड या नेपालखंड भी इसका एक भाग माना गया है, जिसमें नेपाल देश के तीर्थों का वर्णन है।

उपपुराण

उपपुराणों का निर्धारण निश्चित रूप से करना कठिन है। एक पारंपरिक मत[३] में उपपुराणों की उत्पत्ति महापुराणों से ही मानी गई है। तदनुसार पद्मपुराण से नरसिंहविषयक कथाएँ लेकर नारसिंहपुराण की तथा भविष्यपुराण से सांबविषयक कथा लेकर सांबपुराण की रचना की गई। पर सारे उपपुराणों पर यह प्रक्रिया लागू नहीं हो सकती, न उपपुराणों को महापुराणों का अंग मात्र मानना ही उचित है। गरुडपुराण में सनत्कुमार, नारसिंह, स्कान्द, शिव, शिवधर्म, आश्चर्य, नारदीय, कापिल, वामन, औशनस, ब्रह्मांड, वारुण, कालिका, माहेश्वर, साम्ब, सौर, पाराशर, मारीच तथा भार्गव— ये अठारह उपपुराण गिनाये गये हैं। इस सूची में वामन और ब्रह्मांड पुराणों को भी जोड़ लिया गया है, जबकि अन्य मत में ये मुख्य पुराणों या महापुराणों में परिगणित हैं। भागवत में उपपुराणों की गिनती इस प्रकार है

सनत्कुमारं प्रथमं नारसिंहं ततः परम्।
नारदीयं शिवं चैव दौर्वाससमनुत्तमम्।।

कापिलं मानवं चैव तथा चौशनसं स्मृतम्।
वारुणं कालिकाख्यं च साम्बं नन्दिकृतं शुभम्।।

सौरं पाराशरप्रोक्तमादित्यं च सविस्तरम्।
एतान्युपपुराणानि कथितानि महात्मभिः।।

देवीभागवत १.३.१२-१४

इस सूची में सौर (सूर्यसंबंधी) पुराण के अतिरिक्त आदित्यपुराण को सम्मिलित किया गया है, उशना (शुक्राचार्य) से संबद्ध औशनस पुराण भी यहाँ परिगणित है। ब्रह्मांड और ब्रह्मपुराण इस सूची में नहीं हैं।

एक दूसरे मत से चंडीपुराण, मानवपुराण, गणेशपुराण, नंदपुराण, विष्णुधर्मोत्तरपुराण, दुर्वासापुराण, माहेश्वरपुराण, भार्गवपुराण तथा कल्किपुराण की भी उपपुराणों में गिनती की गई है।

हेमाद्रि ने चतुर्वर्गचिंतामणि में अठारह उपपुराण इसप्रकार गिनाये हैं —

आद्यं सनत्कुमारोक्तं नारसिंहमतः परम्।
तृतीयं नान्दमुद्दिष्टं कुमारेण तु भाषितम्।
चतुर्थं शिवधर्माख्यं साक्षान्नदीशभाषितम्।
दुर्वाससोक्तमाश्चर्यं नारदोक्तमतः परम्।
कापिलं मानवं चैव तथैवोशनसं परम्।।
ब्रह्माण्डं वारुणं चैव कालिकाह्वयमेव च।

माहेश्वरं तथा साम्बं सौरं सर्वार्थसाधकम्।
पराशरोक्तं प्रथमं तथा भागवतद्वयम्।।

वास्तव में तो अलग अलग पुराणों में १८-१८ उपपुराणों की जो सूचियाँ दी गईं हैं, उनमें परस्पर इतना अधिक भेद है कि यदि सबको मिलाया जाये, तो उपपुराणों का कुल संख्या सौ से भी अधिक हो जाती है।[४] अल्बिरूनी ने अपने भारतभ्रमणवृत्तांत में आदित्य, सोम, सांब, नृसिंह आदि उपपुराणों का विवरण दिया है।

श्रीधरस्वामी के शिष्य तथा देवीभागवत के टीकाकार नीलकंठ ने अपनी टीका में कहा है कि उपपुराणों तथा औपपुराणों का मूल अठारह (महा) पुराण हैं। पर यह मानना उचित नहीं लगता कि उपपुराण महापुराणों के आधार पर बनाये गये, और वे सब महापुराणों से परवर्ती ही हैं। वर्तमान में महापुराण जिस रूप में उपलब्ध हैं, उनसे तो कुछ उपपुराण उनसे प्राचीनतर हो सकते हैं। लीलाधर वियोगी ने तो कुछ उपपुराणों को पहली शताब्दी ई० के आसपास रचा हुआ बताया है। चार उपपुराणों का उल्लेख मत्स्यपुराण में मिलता है, वे भी ४५०ई० या इससे पहले रचे जा चुके होंगें।[५]

उपपुराणों में आने से रह गये पुराणों को औप (उप+उप) पुराण कहा जाने लगा। अठारह महापुराण है, अठारह उपपुराण और अठारह औपपुराण। अठारह की संख्या को लेकर आग्रह ने सूचियों का परिसीमन किया है, अन्यथा पुराण इतने अधिक हैं, कि गिनना कठिन है।। बृहद्विवेक नामक ग्रंथ में महापुराणों तथा उपपुराणों का घालमेल कर तथा कुछ नये पुराण और मिला कर अठारह औपपुराणों की सूची इस तरह दी गई है—

आद्यं सनत्कुमारं च नारदीयं बृहच्च यत्।
आदित्यं मानवं प्रोक्तं नन्दिकेश्वरमेव च।
कौर्मं भागवतं ज्ञेयं वसिष्ठं भार्गवं तथा।
मुद्गलं कल्किदेव्यौ च महाभागवतं ततः।।
बृहद्धर्मं परमानन्दं वह्निं पशुपतिं तथा।
हरिवंशं ततो ज्ञेयमिदमौपपुराणकम्।।[६]

इस सूची में कूर्म, भागवत और वह्नि (अग्निपुराण) जैसे महापुराणों तक को औपपुराण बता दिया गया है, जब कि परमानन्द, वसिष्ठ, भार्गव आदि नये नाम भी इसमें हैं।

उपपुराणों का संबंध देशविशेष या स्थलविशेष से रहा है। किसी विशेष प्रांत का इतिहास भी इनमें मिलता है। जैसे कल्किपुराण में सिंहल द्वीप का वर्णन विशेष रूप से किया गया है।

शिवपुराण

उपपुराणों में सर्वाधिक प्रचलित पुराण शिवपुराण है। अल्बिरूनी ने इस पुराण का उल्लेख किया है, इतः इसका रचनाकाल ग्यारहवीं शती के पूर्व होना चाहिये। तिरुमल्लेनाथ ने इसका

तमिल में अनुवाद किया है, जिसके कुछ अंश हस्तलिखित रूप में प्राप्त होते हैं।[७] इस पुराण में प्रत्यभिज्ञादर्शन का प्रतिपादन करते हुए शिवसूत्र तथा शिवसूत्रवार्तिक का उल्लेख किया गया है। शिवसूत्र के प्रणेता वसुगुप्त हैं, जो काश्मीरनरेश अवंतिवर्मा (८५३-८८८ई०) के समकालीन थे। शिवसूत्र पर भास्कर और वरदराज के वार्तिक मिलते हैं। भास्कर का समय ९५०ई० के आसपास है, तथा वरदराज का ९००ई० के आसपास। पं० बलदेव उपाध्याय शिवपुराण में उल्लिखित वार्तिक से आशय भास्करकृत वार्तिक से ही मानते हैं। ऐसी स्थिति में शिवपुराण का रचनाकाल ८५०ई०से १०३०ई० के बीच है।

इस पुराण के प्रणेता ने कश्मीरशैवदर्शन के ग्रंथों के साथ कालिदास के काव्यों का भी अध्ययन किया था। शिवपार्वतीविवाह आदि के प्रसंगों में कालिदास के कुमारसंभव की शब्दावली तथा कल्पनाएँ शिवपुराण के श्लोकों में स्पष्ट प्रतिबिंबित हैं।

इस पुराण में २४,००० श्लोक तथा सातसंहिताएँ हैं। संहिताओं के नाम इस प्रकार हैं– विद्येश्वरसंहिता (२५ अध्याय), रुद्रसंहिता (१९७ अध्याय), शतरुद्रसंहिता (४२अध्याय), कोटिरुद्रसंहिता (४३ अध्याय), उमासंहिता (५१ अध्याय), कैलाससंहिता (२३ अध्याय) तथा वायवीयसंहिता - यह पूर्वभाग और उत्तरभाग दो भागों में विभक्त है। पहले में ३५ तथा दूसरे में ४१ अध्याय हैं। इनमें रुद्रसंहिता सर्वाधिक विशाल है, और सृष्टिखंड, सतीखंड, पार्वतीखंड, कुमारखंड तथा युद्धखंड नाम से पाँच भागो में विभक्त है।

शिव की उपासना, शैव धर्म तथा दर्शन और शिव विषयक कथाओं का यह प्रामाणिक और विस्तृत संग्रह है।

देवीभागवत

दूसरा अत्यधिक प्रचलित उपपुराण देवीभागवत है। भ्रमवश कहीं कहीं भागवतपुराण को भी देवीभागवत समझ लिया जाता है, जबकि देवीभागवत भागवत महापुराण से सर्वथा पृथक् स्वतंत्र पुराण है।

पुराणकार ने आरंभ में भी इस पुराण की रूपरेखा बताते हुए इसके आकारप्रकार का विवरण भी दे दिया है, जिसके अनुसार इसके बारह स्कंधों (खंडों) में कुल ३१८ अध्याय और अठारह हजार श्लोक हैं। पहले स्कंध में बीस, दूसरे में बारह, तीसरे में तीस, चौथे में पच्चीस, पाँचवें में पैंतीस, छठे में इकतीस, सातवें में चालीस, आठवें में पाँच, नवें में पचास, दसवें में तेरह, ग्यारहवें में चौबीस तथा बारहवें में चौदह अध्याय हैं।

अठारह महापुराणों में भी हर एक की अलग अलग कुल श्लोकसंख्या जिस तरह देवीभागवत में दी गई है, इससे लगता है कि इस पुराण के लेखक के पास इन महापुराणों की पोथियाँ रही होंगीं।

यह शाक्त पुराण है तथा देवी या शक्ति की पूजा, उनके अवतारों और तद्विषयक कथाओं का विपुल संग्रह इसमें हुआ है। शक्तितत्त्व सूक्ष्मातिसूक्ष्म निर्गुण रूप में योगगम्य तथा इस समस्त सृष्टि का आधार है, वही सात्विकी, राजसी तथा तामसी शक्तियों के रूप में महालक्ष्मी, महासरस्वती और महाकाली के रूप में प्रकट होता है।[८]

अनेक कथाएँ और उपाख्यान देवीभागवत में हैं। वीरसेन, सुदर्शन और शशिकला की कथाएँ तथा सुशील वैश्य का उपाख्यान चौथे स्कंध में है। इसी स्कंध के २८ से ३०वें अध्याय तक रामोपाख्यान है, जिसमें नारद के उपदेश से राम देवी पूजा करते हैं। चौथे स्कंध में प्रह्लाद, नर-नरायण आदि की कथाओं के पश्चात् कृष्णचरित्र का विस्तार से निरूपण है। पंचम स्कंध में महिषासुरवध तथा देवी के रक्तबीज से युद्ध की कथा है। सप्तम स्कंध में सुकन्या और च्यवन, सत्यव्रत, त्रिशंकु, हरिश्चंद्र आदि की कथाओं के साथ देवीगीता जोड़ी गई है। अष्टमस्कंध में भुवनकोश के अंतर्गत सातों महाद्वीपों का वर्णन करते हुए पुराणकार ने भारतवर्षका विस्तार से वर्णन किया है। नवम स्कंध में गंगोपाख्यान, तुलसी और शंखचूड का उपाख्यान, सावित्री, स्वाहा तथा स्वधा आदि के उपाध्यान हैं। दशम स्कंध में अगस्त्य, सुरथ राजा के चरित्रों के साथ तथा शुंभ-निशुंभ के वध के उपाख्यान हैं। ग्यारहवें और बारहवें स्कंधों में विभिन्न आनुष्ठानिक क्रियाओं तथा स्तोत्रों का निरूपण है।

इसका रचनाकाल नवीं से ग्यारहवीं शताब्दी ई० के मध्य माना गया है। देवी के विभिन्न रूप इस पुराण में वर्णित हैं, जिनमें राधा के चरित्र को महिमान्वित किया गया है।

नरसिंहपुराण

नरसिंहपुराण वैष्णवपुराणों में महत्त्वपूर्ण है। इसका विभाजन अध्यायों में हुआ है। कुल ६८ अध्यायों से समन्वित इस पुराण में सर्ग, प्रतिसर्ग, वंश, मन्वंतर, वंशानुचरित – ये पुराणांतर्गत मान्य पाँचों विषय समाहित हैं। प्रथम पाँच अध्यायों में सर्ग व अनुसर्गों का वर्णन है। प्रथम अध्याय में सृष्टि प्रक्रिया का सांख्यदर्शनसम्मत निरूपण विशद रूप में किया गया है। तीसरे अध्याय में ब्रह्मा के द्वारा सृष्टि के उपक्रम का निरूपण करते हुए नवधा सृष्टि का विस्तार से वर्णन है। नारायण को संसार का जनक मानते हुए कहा है —

आपो नारा इति प्रोक्ता आपो वै नरसूनवः।
अनंतस्य ताः पूर्वं तेन नारायणः स्मृतः।।

(जल की उत्पत्ति भगवान् नारायण से हुई है, इसलिये जल की एक संज्ञा नार है। यह नार ही उनका आदि शयनस्थान भी है,अतः वे नारायण कहे जाते हैं।)

छठे अध्याय में अगस्त्य तथा वशिष्ठ का मित्रावरुण से जन्म, सातवें से ग्यारहवें अध्यायों तक में मार्कंडेय का तप, यम के दूतों से शिव के द्वारा उनकी रक्षा, विवाह आदि के प्रसंग हैं। यम-यमी संवाद, संसारवृक्ष, सूर्य और संज्ञा की संततियों आदि प्रसंग भी इस पुराण में विशिष्ट हैं। अवशिष्ट अध्यायों में चंद्रवंश, सूर्यवंश, विष्णु के दसों अवतारों का वर्णन है।

रामावतार का वर्णन इस पुराण में अनेक नवीन वृत्तांतों के समायोजन के कारण विशिष्ट है। उदाहरणार्थ राम को मनाने के लिये भरत के चित्रकूट की ओर प्रयाण के समय निषादराज गुह यह समझ कर कि भरत राम पर आक्रमण करने जा रहे हैं, उनसे युद्ध के लिये अपनी सैना के साथ तैयार हो जाता है। रामचरितमानस में तुलसीदास इस प्रसंग से प्रभावित प्रतीत होते हैं।

मत्वा तं भरतं शत्रुं रामभक्तो गुहस्तदा।
स्वं सैन्यं वर्तुलं कृत्वा सन्नद्धः कवची रथी।
महाबलपरीवारो रुरोध भरतं पथि।
सभ्रातृकं सभार्यं मे रामं स्वामिनमुत्तमम्।
प्रापयस्त्वं वनं दुष्ट साम्प्रतं हन्तुमिच्छसि।
गमिष्यसि दुरात्मंस्त्वं सेनया सह दुर्मते।
इत्युक्तो भरतस्तत्र गुहेन नृपनन्दनः।
तमुवाचविनीतात्मा रामायाथ कृताञ्जलिः।
यथा त्वं रामभक्तोऽसि तथाऽहमपि भक्तिमान्।।

(४८.१३१-३५)

(भरत को इतनी बड़ी सेना के साथ आते देख कर उनको राम का शत्रु समझ कर रामभक्त गुह से अपनी सेना युद्ध के लिये सज्जित कर के वर्तुलाकार खड़ी कर दी, फिर उसने स्वयं भी कवच धारण कर रथ पर सवार होकर मार्ग में भरत को रोक लिया। वह उनसे बोला – मेरे उत्तम स्वामी राम को तूने वन भेज दिया और अब तू भाई और भार्या के साथ उन्हें मारना चाहता है। हे दुरात्मन्, तू सेना के साथ इसी लिये वहाँ जा रहा है?)

विनीतात्मा भरत ने उससे राम के लिये हाथ जोड़ कर कहा – जैसे तुम राम के भक्त हो, वैसे मैं भी उनके लिये भक्ति रखता हूँ।)

इसी प्रकार सीताहरण के पूर्व संन्यासी के वेष में रावण सीता के पास जाकर कहता है कि भरत का अनुरोध मानकर राम अयोध्या जा रहे हैं, जिस सुनहरे मृगशिशु को लाने के लिये तुमने अनुरोध किया था,उसे उन्होंने पकड़ लिया है। अब वे और लक्ष्मण प्रस्थान करने ही वाले हैं, तुम्हारे लिये यह रथ भेजा है, उसमें आरूढ़ हो जाओ। सीता उसके धोखे में आकर रथ पर बैठ जाती हैं। शबरी का एक तपस्विनी के रूप में चित्रण है, तथा उसके द्वारा राम का बदरी आदि फलों से सत्कार करने का वर्णन भी किया गया है।

अनेक पौराणिक पात्रों को इस पुराण में विष्णु का भक्त बना दिया गया है। उदाहरणार्थ चौबीसवें अध्याय में राजा इक्ष्वाकु भगवद्भक्त हैं। भागवतपुराण का सर्वातिशायी प्रभाव इस पुराण पर प्रतीत होता है। नरसिंह के उग्ररूप का चित्रण अत्यंत ओजस्वी है। हिरण्यकशिपु का वर्णन रौद्ररस का पोषक है। यथा—

नीलांशुमिश्रमाणिक्यद्युतिच्छन्नविभूषणम्।
सधूमाग्निमिव व्याप्तमुच्चासनचितिस्थितम्।।
दंष्ट्रोत्कटैर्घोरतरैर्घनच्छविभिरुद्भटैः।
कुमार्गदर्शिभिर्दैत्यैर्यमदूतैरिवावृतम्।।

(वह हिरण्यकशिपु ऊँचे आसन पर बैठा था। नीले अंशुक की प्रभा से उसके विभूषण आच्छन्न थे, जिससे वह धुएँ से घिरे, सब ओर व्याप्त अग्नि की तरह लगता था। बाहर निकली डाढों वाले, घोरतर तथा काले बादलों जैसी छवि वाले कुमार्गदर्शी उद्भट तथा यमदूतों जैसे दैत्य से वह घिरा हुआ था।)

इन पद्यों में हिरण्यकशिपु के लिये सधूमाग्निमिव व्याप्तम् तथा दैत्यों के लिये घनच्छविभिः ये दोनों उपमाएँ प्रसंगानुकूल हैं। संपूर्ण वर्णन दृश्य को आँखों के सामने साकार कर देता है, अतः भाविक अलंकार का उत्तम प्रयोग पुराणकार ने किया है।

आकार में किंचित् लघु होते हुए भी यह एक समग्र पुराण है। भाषा और शैली के सौंदर्य, शब्दसौष्ठव तथा आलंकारिक पदावली के साथ काव्यात्मकता भी इसमें भरपूर है। आरंभ में ही नरसिंह के स्तवन में कहा है—

तप्तहाटककेशान्तज्वलत्पावकलोचन।
वज्राधिकनखस्पर्श दिव्यसिंह नमोऽस्तु ते।
पान्तु वो नरसिंहस्य नखलाङ्गलकोटयः।
हिरण्यकशिपोर्वक्षःक्षेत्रासृक्कर्दमारुणाः।।

१.२-३

(तप्त स्वर्ण के समान पीत केशों के भीतर प्रज्ज्वलित अग्नि की भाँति आपके देदीप्यमान नेत्रों वाले तथा वज्र से भी अधिक कठोर नखस्पर्श वाले हे दिव्य सिंह, आपको नमन!)

भगवान् नरसिंह के नखरूपी लांगल या हल की वे नोकें जो हिरण्यकशिपु के वक्षःस्थलरूपी खेत के रक्तरूपी कर्दम से लाल लाल हैं आपकी रक्षा करें।)

गणेशपुराण

गणेशपुराण सोलहवीं शताब्दी के पूर्व लिखा जा चुका था। यह दो खंडों में विभाजित है – उपासना तथा क्रीडा। पहले में ९२ अध्याय तथा ४०९३ श्लोक हैं और दूसरे में १५५ अध्याय तता ६९८६ श्लोक हैं। गणेशपुराण तथा भार्गव पुराण को रामकरण शर्मा ने अभिन्न माना है। गणेशपुराण में त्रिकालज्ञ भृगु ऋषि तथा राजा सौराष्ट्र सोमकांत का संवाद है। भृगु बताते हैं कि सोमकांत पूर्वजन्म में कमंद नामक वैश्य था, जिसे उसकी पत्नी कुमुदिनी ने उसकी उच्छृंखलता के कारण त्याग दिया। वह जंगल जा कर दस्यु बन बन गया। एक बार

गुणवर्धन नामक ब्राह्मण को त्रास देने पर उस ब्राह्मण ने उसे शाप दिया। वृद्धावस्था में कमंद को अपने कृत्यों पर पश्चात्ताप हुआ और उसने प्रायश्चित्त करना चाहा, तो ब्राह्मणों ने उस के लिये कोई भी अनुष्ठान करने से मना कर दिया। तब कमंद ने अपना संचित धन एक जीर्णशीर्ण गणेशमंदिर के पुनरुद्धार में लगा दिया। भृगु के उपदेश से राजा की इस जन्म की नास्तिकबुद्धि विगलित हो जाती है, और भृगु उसके समक्ष गणेश के एक सौ आठ नामों का उच्चारण करते हैं।

भृगु यह भी बताते हैं कि किस प्रकार व्यास ऋषि को भी गणेश के संबंध में भ्रांति हो गई थी और ब्रह्मा ने उन्हें गणेशमंत्र का उपदेश दिया, तब उनका बुद्धिभ्रम दूर हुआ। गणेश के बिना ब्रह्मा भी सृष्टि नहीं कर सकते, अतः सृष्टि करने में समर्थ हो सकने के लिये वे गणेश की स्तुति करते हैं (गपु० उपासना अ० १३)। अहल्या के साथ रति के कारण इंद्र को शाप मिलता है, तब वे गणेश की अर्चना के लिये षडक्षरगणेशमंत्र का जाप करते हैं और शाप से मुक्त होते हैं। शंकर त्रिपुरासुर से पराजित हो जाते हैं, तब गजानन के दर्शन उन्हें होते हैं और गणेशसहस्रनाम का जाप करने के पश्चात् त्रिपुर से पुनः युद्ध करके वे विजयी होते हैं। गणेश के अवतारों में मयूरेश भी एक अवतार हैं, परशुराम गणेश का इसी अवतार में दर्शन पाते हैं, जिससे उन्हें परशु की प्राप्ति होती है (अ० ८२) जब शंकर कामदेव को भस्म करते हैं, तो वह गणेश की आराधना करता है और उनके प्रभाव से पुनर्जन्म प्राप्त करता है। गणेश की सत्ययुग, त्रेता व द्वापर - तीन युगों की लीलाओं का वर्णन इस पुराण में किया गया है। शंकर स्वयं पार्वती को गणेशोपासना का उपदेश देते हैं। (अ० ५०) गणेश की पुत्ररूप में प्राप्ति भी पार्वती को गणेशोपसना से ही होती है। बालासुर का गणेश वध करते है। क्रीडाखंड के अ० ९२ में गणेश के जमुहाई लेने पर पार्वती इनके मुख में निखिल ब्रह्मांड के दर्शन करती हैं।

सांबपुराण

उपपुराणों में सांबपुराण का महत्त्वपूर्ण स्थान है। यह वस्तुतः सौरपुराण है। सूर्य की उपासना व माहात्म्य का इसमें विशेष वर्णन है। इस पुराण में सूर्य को सृष्टि का केंद्र तथा परात्पर तत्त्व निरूपित किया गया है। सूर्य के नाम, सूर्यरश्मियों के प्रकार, वायुमंडल से उनका संबंध, उनके द्वारा आरोग्यप्राप्ति आदि का सूर्य की तेजस्विता के अनुरूप भाषाशैली में स्फीत और ओजस्वी पदावली में वर्णन यह पुराण प्रस्तुत करता है।

जांबवतीपुत्र सांब इस पुराण के श्रोता हैं, उन्होंने नारद तथा वसिष्ठ से सूर्योपासना की विधि का उपदेश ग्रहण किया। इस पुराण में चौरासी अध्याय हैं। मगद्विजानयन तथा मगमाहात्म्य शीर्षक २६-२७वें अध्याय समाजशास्त्रीय अध्ययन की दृष्टि से उल्लेखार्ह हैं। सूर्य की प्रतिमा, ध्वजारोपण, देवयात्रा तथा रथयात्रा का वर्णन २९वें से ३५वें अध्यायों में किया गया है। ३६वें अध्याय से ६८वें अध्याय तक सांबदीक्षा तथा पूजाविधि का विस्तार से वर्णन है, शेष अध्यायों में आगमसम्मत मोक्ष व अध्यात्म की चर्चा है। ५७वें अध्याय से ८२वें

अध्याय तक का अंश शैवागमों से संबद्ध है, जिसमें शिव महेश्वर का निरूपण किया गया है।

देवीपुराण

देवीपुराण शाक्तपरंपरा में बहुमान्य रहा है। बौद्धों के अवदान साहित्य की तरह इस पुराण में अनेकत्र संकरसंस्कृत प्रयुक्त है, अपाणिनीय प्रयोगों की भी भरमार है, जो व्याकरण के नियमों की अवहेलना से नहीं, अपितु व्याकरणज्ञान के अभाव से जनित है। देवीपुराण शाक्तपरंपरा का महत्त्वपूर्ण संप्रदायग्रंथ है। इसमें १२८ अध्याय हैं। सिंहवाहिनी दुर्गा की उत्पत्ति, विविध लीलाओं तथा महिषासुरमर्दन का वर्णन विशेष है। देवी की प्रतिमा के लक्षण व निर्माण की विधि, शाक्तपूजा के विविध विधान, नगरनिवेश, दुर्गविधान, आयुर्वेद, विविध तीर्थ व नगरों का भी वर्णन इसमें मिलता है। भूगोलित दृष्टि से यह बंगाल व आसाम से विशेष संबंधित है। धर्मशास्त्र के ग्रंथों पर इसका प्रचुर प्रभाव है। कहीं कहीं इसमें गद्य का प्रयोग भी किया गया है।

नीलमतपुराण

नीलमतपुराण का नामोल्लेख उपपुराणों में नहीं मिलता। वेदकुमारी घई के अनुसार इसका रचनाकाल छठी-सातवीं शताब्दी ई० के आसपास है।[१] काश्मीर के प्राचीन इतिहास, भूगोल व संस्कृति के परिचय की दृष्टि से यह पुराण महत्त्वपूर्ण है। इसका आरंभ जन्मेजय तथा वैशंपायन के संवाद से होता है। जन्मेजय प्रश्न करते हैं कि महाभारत के महासंग्राम में काश्मीर के राजाओं ने भाग क्यों नहीं लिया? वैशंपायन बताते हैं कि कश्मीर के राजा गोनंद को जरासंध के नातेदार थे, उन्हें जरासंध ने यादवों के विरुद्ध संग्राम में सहयोग करने के लिये आमंत्रित किया था। बलराम ने उनका वध किया। अपने पिता की हत्या का प्रतिशोध लेने के लिये गोनंद के पुत्र दामोदर ने कृष्ण से युद्ध किया, कृष्ण ने दामोदर का भी संहार कर दिया, किंतु काश्मीर की महिमा का विचार कर के उसकी गर्भवती रानी यशोवती का राज्याभिषेक करा दिया। रानी यशोवती का पुत्र महाभारत संग्राम के समय बालक ही था, अतः उसने इस संग्राम में भाग नहीं लिया।

इसके पश्चात् वैशंपायन गोनंद तथा बृहदश्व के संवाद का वर्णन करते हैं, जिसमें सृष्टि की उत्पत्ति के प्रसंग में जलोद्भव दैत्य का जन्म, विष्णु के द्वारा शिव की सहायता से उसका संहार तथा नागों के काश्मीर में आकर बसने की कथाएँ हैं। नागों के आद्य सम्राट् नील हुए, जिनके उपदेशों का उस पुराण में विस्तार से वर्णन है।

बृहद्विष्णुपुराण

बृहद्विष्णुपुराण मूलतः प्राप्त नहीं होता। निर्णयसिंधु, धर्मसिंधु, भगवन्त भास्कर, चतुर्वर्गचिंतामणि आदि धर्मशास्त्रीय ग्रंथों में विभिन्न धर्माचार या व्यवहार के प्रकरणों के निर्णय के लिये

प्रमाणस्वरूप इस पुराण के श्लोक उद्धृत किये गये हैं। इस पुराण का एक अंश मिथिलामाहात्म्य उपलब्ध है। मिथिलामाहात्म्य में सीता और राम को परमतत्त्व के रूप में स्थापित किया गया है। तुलसी के रामचरितमानस में इसका प्रभाव देखा जा सकता है। भावुक की अवधारणा भक्तिकाव्य में नवीन है।

सीतारामात्मकं सर्वं सर्वकारणकारणम्।
अनयोरेकतातत्त्वं गुणतो रूपतोऽपि च।।
तत्पदं राम इत्युक्तं जानकी भावरूपिणी।
तयोरैक्यं भवेत् तत्त्वमिति वेदविदो विदुः।।
तत्त्वतो मन्त्रतो वापि रूपतो गुणतोऽपि वा।
न पृथग् भावना यस्य स ज्ञेयो भावुकोत्तमः।।

मिथिलामाहात्म्य, ३-५

(सं. धर्मनाथ झा, का०सिं०दरभंगा सं०वि०वि०, दरभंगा, २०१३, पृ० १)

रामान्न मैथिली भिन्ना मैथिल्या न रघूत्तमः।
द्वयोरैक्यं विजानीयात् तत्त्वतो नैव रूपतः।।
द्वयोर्नित्यं द्विधा रूपं तत्त्वतो नित्यमेकता।
राममन्त्रे स्थिता सीता सीतामन्त्रे रघूत्तमः।।
यतो वर्णात्मको रामः सीतामात्रास्थिता भवेत्।
यद्वा शब्दात्मको रामः सीता शब्दार्थरूपिणी।।

७,८, ९

साथ ही वैष्णव भक्ति की परंपरा का अनुवर्तन करते हुए नित्यमंगलरूपिणी अयोध्या व मिथिला पुरियों तथा राम के पार्षदों आदि की भी परिकल्पना की गई है—

नित्यानन्दरसास्वादरूपिणो रामपार्षदाः
श्रीरामाराधकानां च निरासार्थं विशेषतः।।१५
निष्कलं निष्प्रतिद्वन्द्वं निर्विकारं निरञ्जनम्।
सत्तामात्रं परं ब्रह्म सदसत्परमेव यत्।।२४
तद्व्यापकस्य रूपस्य निर्गुणस्य परात्मनः।
प्रभावात् कारणं राम इति नारदसम्मतिः।।२६
तच्छक्तिर्जानकीरूपा तेनाभिन्ना महामुने।
सूक्ष्ममज्ञानसर्वस्वमिति ज्ञात्वा विमुच्यते।।२७

मिथिलामाहात्म्य में तीरभुक्ति जनपद, गंडकी आदि अनेक नदियों, मिथिला के तीर्थस्थलों का वर्णन है। मिथिला के सरोवरों तथा कूपों का भी वर्णन इसमें है।

कल्किपुराण

कल्किपुराण[१०] भागवत से प्रभावित होकर लिखा गया है। इसी पुष्पिका में इसे अनुभागवत बताया गया है। इसमें तीन अंश हैं, प्रथम तथा द्वितीय अंशों में सात-सात तथा तृतीय अंश में इक्कीस अध्याय हैं। वैष्णवभक्तिधारा का उस पर गहरा प्रभाव है। इस पुराण में भविष्य में होने वाले कल्कि अवतार का वर्णन है। प्रथम अंश में सूत व सौनकादि के संवाद से पुराण का प्रारंभ होता है, सूत बताते हैं कि किस प्रकार नारद के प्रश्न करने पर ब्रह्मा ने इस पुराण का आख्यान किया। द्वितीय अध्याय में देवता कलियुग के विकारों से त्रस्त होकर ब्रह्मा के साथ विष्णु के पास जाते हैं। इस प्रसंग में कलियुग की विकृतियों का बड़ा प्रभावशाली वर्णन किया गया है। कलियुग तथा उसके सहायकों के प्रतीकात्मक स्वरूप का वर्णन बीभत्स रस की निष्पत्ति कराता है[११] तथा कलियुग में लोगों की दुष्प्रवृत्तियों का चित्रण भी भयावह यथार्थ को उद्घाटित करता है।[१२]

विष्णु कहते हैं कि वे राजा विष्णुयशस् के पुत्र के रूप में जन्म लेकर कल्कि का अवतार लेगे। तथा लक्ष्मी सिंहल नरेश की पुत्री पद्मा का अवतार ग्रहण करेंगी। आगे के अध्यायों में कल्कि का विद्याध्ययन, जामदग्न्य से धनुर्वेद की शिक्षा लेना, बिल्वोदकेश्वर में जाकर उनका शिव की स्तुति करना, धर्मप्रवचन आदि विषय वर्णित हैं। चतुर्थ अध्याय में सिंहल द्वीप का मनोहारी वर्णन है, और वहाँ राजकुमारी पद्मा के जन्म व बाल्य का भी सुंदर चित्रण है। पंचम अध्याय में पद्मा के स्वयंवर का प्रसंग बड़ा रोचक है, जिसमें उसके रूप पर मोहित होकर सारे के सारे स्वयंवरार्थी राजा स्त्री बन जाते हैं। पद्मा विलाप करती है कि जो उसे देखता है वही मुग्ध होकर स्त्री बन जाता है, इस तरह तो वह आजीवन अविवाहित ही रह जायेगी।

द्वितीय अंश के प्रथम अध्याय में कल्कि का संदेशहर शुक पद्मा के पास आता है। पद्मा और शुक के संवाद में कल्कि और पद्मा के बीच प्रणय का आरंभ तो होता ही है, शुक के आग्रह पर पद्मा विष्णुपूजन की विधि विस्तार से बताती हैं। इसके आगे कल्कि और पद्मा का विवाह तथा शंभलपुर में उनके निवास का विशद वर्णन है। कल्कि व पद्मा के जय तथा विजय - ये दो पुत्र उत्पन्न होते हैं। कल्कि अश्वमेध यज्ञ आरंभ करते हैं। सातवें अध्याय में कीकट नगर पहुँच कर बौद्धों से कल्कि के युद्ध का रोमांचक चित्रण है, जिसमें कल्कि बौद्धों का संहार करते हैं। जिन का वध हो जाने पर उसके भाई शुद्धौदन कल्कि से युद्ध करते हैं। तृतीय अंश के पहले अध्याय में म्लेच्छ स्त्रियों से उनके युद्ध का वर्णन है। आगे के अध्यायों में रामोपाख्यान तथा सूर्यवंश और चंद्रवंश के राजाओं के वृत्तांत हैं।

कल्किपुराण में सौंदर्य के वर्णन तथा शृंगार के प्रसंग सरस तथा अलंकृतकविता के निदर्शन हैं। शिव तथा गंगा के भक्तिभाव से परिपूर्ण स्तोत्र भी इसमें यथाप्रसंग निवेशित हैं। सिंहल द्वीप,

वहाँ की कारुमती पुरी, शंभल नगर आदिके वर्णन भी रोचक हैं। द्वितीय अंश के चतुर्थ अध्याय में अनंत मुनि के वृत्तांत में पुरिका (पुरी?) नगरी का वर्णन है। इस पुराण का पूरा स्वरूप महाकाव्यात्मक ही है।

कालिकापुराण

कालिकापुराण की रचना दसवीं शती के आसपास आसाम में की गई। कामाख्या देवी का वर्णन तथा पृथ्वी के पुत्र नरकासुर की कथा इसमें विस्तार से निरूपित है। जावा व मलय द्वीपों में नरकासुर की कथा के प्रसार का मूल भी यही प्रतीत होता है। शाक्तदर्शन, महामाया या त्रिपुरासुंदरी के स्वरूप के विवेचन की दृष्टि से यह पुराण अत्यंत मननीय है। पार्वती के तपोवर्णन जैसे प्रसंगों में पुराणकार कालिदास से प्रभावित हैं। नैसर्गिक सुषमा के मनोहारी चित्रण अनेकत्र इस पुराण में मिलता है। वर्षावर्णन में पुराणकार कहते हैं—

स्निग्धनीलाञ्जनश्याममुदिरौघस्य पृष्ठतः।
बलाकाराजिर्भात्युच्चैर्यमुनाघुष्टफेनवत्।।

(काले अंजन की तरह श्याम मेघों के ऊपर शुभ्र बलाकाओं की पाँच यमुना के पीसे हुए फेन की तरह लगती है।) इसमें बादल के लिये मुदिर शब्द का प्रयोग कवि के अप्रचलित शब्दों के ज्ञान का प्रमाण है।

अन्य पुराण

कालिकापुराण नाम से ही एक अन्य उपपुराण या स्थलपुराण मिलता है, जिसका संबंध कांस्यकार समाज के लोगों से विशेष है। यह पुराण पद्मपुराण से संबद्ध है। इसी प्रकार भार्गवपुराण का संबंध भृगु ऋषि के वंशजों से है। कंडुलपुराण का संबंध कुंडलिया ब्राह्मणों तथा सोरठिया वैश्यों से है। लिंबजपुराण का संबंध नापित (नाई) जाति से है। इसमें दमन नामक भील की कथा रोचक है। ऐसे पुराणों को ज्ञातिपुराण की संज्ञा दी गई है।

मल्लपुराण एक ज्ञातिपुराण तथा तीर्थपुराण भी है। इसमें भी मोढ ब्राह्मणों का वृत्तांत है। गुजरात के इतिहास की भी कतिपय घटनाएँ इसमें निरुपित हैं।

सरस्वतीपुराण में १८ सर्गों तथा २८९० पद्यों में सरस्वती नदी के तट पर निर्मित तीर्थों का विशेष वर्णन है। साथ ही इसमें पाटण के राजा सिद्धराज जयसिंह (१०९३-११४३) के द्वारा निर्मित सहस्रलिंग सरोवर का वर्णन भी किया गया है। सरस्वती नदी के हिमालय से निकलकर कुरुक्षेत्र के आसपास बहने और विनशन क्षेत्र में विलीन होने का वृत्तांत बताने के पश्चात् पुराण में सरस्वती नदी का गुजरात के आरासुर पहाड़ियों के निकट पुनः प्रादुर्भाव वर्णित है। पुराण की मान्यता है कि सिद्धराज के द्वारा निर्मित सहस्रलिंग सरोवर में सरस्वती की धारा मिलती है।

श्रीमाल पुराण में श्रीमाली ब्राह्मणों तथा ओसवाल, पोरवाल आदि वणिक् लोगों का इतिहास है। राजस्थान के भिन्नमाल नगर का इसमें विशद वर्णन है, जिसका प्राचीन नाम श्रीमाल रहा है। इस पुराण को स्कंदपुराण के ब्रह्मखंड का अंग बताया गया है, पर यह स्कंदपुराण में नहीं मिलता। इसमें ८१००० श्लोक तथा ७५ अध्याय हैं। श्रीमालनगर के सामाजिक, आर्थिक तथा धार्मिक जीवन के विविध पक्ष इस पुराण में प्रकाशित हुए हैं। इसी प्रकार साचीहरोपाख्यान में सचोरा ब्राह्मणों का वृत्तांत है जिनका संबंध राजस्थान के साचोर से रहा है। बाल्यखिल्यपुराण का संबंध राजस्थान के झालोर नगर से तथा झालोरा ब्राह्मणों से है।

धर्मारण्य पुराण पद्मपुराण के पातालखंड के अंतर्गत विरचित बताया गया है। पर पद्मपुराण में यह नहीं मिलता। स्कंदपुराण में धर्मारण्यमाहात्म्य का प्रकरण है। यह एक ज्ञातिपुराण भी है और तीर्थपुराण भी। इसमें ६९ अध्यायों में गुजरात में मोढेरा के निवासी मोढ़ जाति के ब्राह्मणों की वंशावली तथा विवरण दिये गये हैं। मोढ ब्राह्मणों के चौबीस गोत्रों का परिचय देते हुए पुराणकार में मोढेरा में रहने वाले वणिक् जाति के लोगों का वृत्तांत इसमें दिया है।

कोट्यर्कपुराण का अन्य नाम कोट्यर्कमाहात्म्य भी है। इसमें २४ अध्याय तथा ८१६ पद्य हैं।

तिरुपति के श्रीवेंकटेशमंदिर व तत्संबंधी तीर्थों का वर्णन वेंकटेशपुराण में मिलता है।

पुराणों में भारतवर्ष के नामकरण का इतिहास

हमारे देश का नाम भारतवर्ष कैसे हुआ इसका विवेचन प्राचीन इतिहास के उद्घाटन के साथ पुराणों में किया गया है। तदनुसार महाराज नाभि के पुत्र ऋषभदेव थे, ऋषभदेव के पुत्र भरत हुए। उन्होंने पिता के आदेश से इस देश की धरती पर शासन किया, इनके नाम पर इस देश का नाम भारतवर्ष हुआ।

ततश्च भारतवर्षमतल्लोकेषु गीयते।
भरताय यतः पित्रा दत्तं प्रातिष्ठता वनम्।।

विष्णुपुराण, २.१.३२

वायुपुराण में भी इस का समर्थन किया गया है।

हिमाह्वयं दक्षिणं वर्षं भरताय न्यवेदयत्।
तस्मात् तद् भारतं वर्षं नाम्ना विदुर्बुधाः।।

वायुपु० ३३.४२

पुराणों में भारतवर्ष की महिमा

यद्यपि पुराणों में सप्तद्वीपा वसुंधरा के स्वरूप व विभिन्न स्थलों का वर्णन किया गया है,

परन्तु भारतवर्ष के इतिहास व भूगोल का निरूपण मार्कण्डेय, श्रीमद्भागवत आदि पुराणों में अधिक विशद रूप से प्राप्त होता है। पुराणकार बार बार यह बताते चलते हैं कि हमारा देश भारतवर्ष है, इसके सभी निवासी भारतीय हैं। सभी भारतीय अपने देश पर गौरव करें, और अपने देश के इतिहास तथा संस्कृति को जानें यह भी उनका संदेश है। भारतवर्ष की स्वरूप बताते हुए वे कहते हैं—

उत्तरं यत् समुद्रस्य हिमाद्रेश्चैव दक्षिणम्।
वर्षं तद् भारतं नाम भारती तत्र सन्ततिः।।

यह श्लोक अनेक पुराणों में दोहराया गया है। साथ ही भारतवर्ष को जंबूद्वीप में श्रेष्ठ बताया गया है। पुराणकार कहते हैं कि सारी धरती पर इस देश में रहना स्पृहणीय है क्योंकि यह कर्मभूमि है, यहाँ रहकर स्वर्ग तथा अपवर्ग दोनों पाये जा सकते हैं। विष्णुपुराण में कहा है—

अत्रापि भारतं श्रेष्ठं जम्बूद्वीपे महामुने।
कर्मभूमिरियं स्वर्गमपवर्गं च गच्छताम्।।

पद्मपुराण भी यही कहता है –

सर्वेषामेव भूतानां प्रियं भारतमुत्तमम्।

यह भारतवर्ष महापुरुषों की जन्मभूमि है। ईश्वर ने बार बार इस पर अवतार लिया है। इसलिये यह स्वर्ग से भी बढ़कर है। विष्णुपुराणमें कहा गया है कि देवता भी भारतभूमि के गौरव की गाथा गाते रहते हैं तथा भारतवर्ष में जन्म लेने के लिये लालायित रहते हैं। वे यह कहते हैं कि भारत भूमि में रहकर स्वर्ग और अपवर्ग (मुक्ति) दोनों पाये जा सकते हैं।

गायन्ति देवाः किल गीतकानि धन्यास्तु ते भारतभूमि भागे।
स्वर्गापवर्गास्पदहेतुभूते भवन्ति भूयः पुरुषाः सुरत्वात्।।

श्रीमद्भागवत पुराण के अनुसार इस पवित्र भारतभूमि पर एक क्षण के लिये निवास अन्य किसी स्थान पर कई कल्प निवास के भी बढ़ कर है—

कल्पायुषां स्थानजयात् पुनर्भवात् क्षणायुषां भारतभूजयो वरम्।
क्षणेन मर्त्येन कृतं मनस्विनः संन्यस्य संयान्त्यभयं पदं हरेः।।

समस्त पुराणसाहित्य भारतवर्ष का माहात्म्यगायन है।

इसके साथ ही इस भारत देश की सार जंबू द्वीप में श्रेष्ठता बताते हुए कहा गया है— 'अत्रापि भारतं श्रेष्ठं जम्बूद्वीपे महामुने'

पुराणों में भारतीय इतिहास का निरूपण

पुराणों में मनु से लेकर महाभारतकाल के परीक्षित तक का इतिहास तथा वंशावलियाँ वर्णित हैं। यह इतिहास प्रागैतिहासिक काल का है, तथा आधुनिक इतिहासकारों ने इसका

निरूपण प्रायः नहीं किया है। तथापि पुरातात्त्विक साक्ष्यों से पुराणप्रतिपादित प्राचीन इतिहास की पुष्टि होती है। पार्जिटर ने पुराणों की वंशावलियों पर गंभीर अनुसंधान करते हुए अपने ग्रंथ एंश्येट इंडियन हिस्टोरिकल ट्रेडिशन में स्वीकार किया है कि पुराणप्रतिपादित वंशावलियाँ प्रामाणिक हैं। अग्निपुराण में अठारहवें अध्याय में स्वायम्भुव मनु के वंश का वर्णन है। अन्य पुराणों में भी स्वायंभुव, वैवस्वत आदि मनुओं की वंशावलियाँ निरूपित हैं। श्रीमद्भागवत आदि पुराणों में मनु से लगा कर मौर्यवंश तक के राजाओं का निरूपण है। नवम स्कंध के पहले अध्याय से तेरहवें अध्याय तक सूर्यवंशीय राजा वर्णित हैं। तत्पश्चात् इसी स्कंध में चौदहवें से बीसवें अध्याय तक चंद्रवंश की परंपरा कही गई है। इक्कीसवें अध्याय से चौबीसवें तक में भरतवंश, दिवोदास आदि के वंश और अनु, द्रुह्यु, तुर्वसु, यदु आदि के वंश वर्णित हैं। अंतिम बारहवें स्कंध में कलियुग के राजाओं का वर्णन भविष्य कथन की शैली में किया गया है।

ब्रह्मांडपुराण के द्वितीय अंश में भारतवर्णन है इसके अंतर्गत भरत के शासन का वर्णन किया गया है। चतुर्थ अंश में सूर्यवंशीय तथा चंद्रवंशीय राजाओं के चरित निरूपित हैं। इसी अंश में मगध नगर का वर्णन करके पुराणकार ने नंदवंशीय राजाओं का विवरण दिया है, तथा कल्कि अवतार की भविष्यवाणी की है। शिशुनाग वंश के राजाओं में काकवर्ण, क्षेमधर्मा, बिम्बिसार,अजातशत्रु, दर्शक, उदायी, नंदवर्धन और महानन्दी के नाम गिनाये गये हैं। नन्दवंश में महापद्म नंद के आठ पुत्रों का विनाश करके चंद्रगुप्त को सिंहासन पर बिठाने का वृत्तांत भागवत, वायु आदि पुराणों में भविष्य कथन की रीति से बताया गया है। वायुपुराण में कहा है—

उद्धरिष्यति तान् सर्वान् कौटिल्यो द्विरष्टभिः।
भुक्त्वा महीं वर्षशतं नन्देन्दुः स भविष्यति।।

वायुपु० ९९.३३०-३१

भागवत में कहा है - भाव्य बार्हद्रथ को मारकर उसका अमात्य प्रद्योत को राजपद पर नियोजित करेगा, प्रद्योत का पुत्र पालक होगा, पालक का विशाखयूप, उसका राजक, राजक का नंदिवर्धन ये पाँच राजा एक सौ अड़तीस साल राज्य करेगें - 'अष्टत्रिंशोत्तरशतं भोक्ष्यन्ति पृथिवीं नृपाः' (१२.१.४)। तत्पश्चात् शिशुनाग, काकवर्ण, क्षेमधर्मा, क्षेमधर्मा का बिधिसार (बिन्दुसार), बिंदुसार का अजातशत्रुः, उसका पुत्र दर्भक (दर्शक), दर्शक का अजय, अजय का नंदिवर्धन, नंदिवर्धन का महानंदि – शिशुनाग वंश के ये दस राजा एक सौ साठ वर्ष राज्य करेगें (१२.१.५-७)। महानंदी की शूद्रपत्नी से महापद्मपति उत्पन्न होगा, उसके वंशजों में महापद्म परमप्रतापी द्वितीय भार्गव के समान होगा, उसके सुमाली आदि आठ पुत्र होगें। इन नव नंदों को कोई ब्राह्मण जड़ से उखाड़ फेंकेगा— 'नवनन्दान् द्विजः कश्चित् प्रपन्नानुद्धरिष्यति' (१२.१.१२)। इसके पश्चात् मौर्यवंश का शासन आरंभ होगा। इस वंश में चन्द्रुप्त मौर्य का

पुत्र वारिवार, वारिवार का अशोकवर्धन, अशोक का सुयश, सुयश का संगत, संगत का शालिशूक, शालिशूक का सोमशर्मा, सोमशर्मा का शतधन्वा – ये दस मौर्यवंशीय राजा एक सौ सैंतीस वर्ष राज्य करेगें (१२.१.१५)। बृहद्रथ मौर्य को उसी का सेनापति पुष्यमित्र मार डालेगा, उसके पश्चात् शुंग वंश का शासन आरंभ होगा। पुष्यमित्र शुंग का पुत्र अग्निमित्र होगा, अग्निमित्र का सुज्येष्ठ – इस क्रम से दस शुंग राजा सौ से अधिक वर्ष तक राज्य करेगें। 'भोक्ष्यन्ति भूमिं वर्षशताधिकम्' (१२.१.१८)। स्वेच्छाचारी देवहूति शुंग को उसी का अमात्य कण्व समाप्त कर देगा। शुंगवंश की समाप्ति के साथ कण्व वंश आरंभ होगा। एक सौ पैंतालीस वर्ष काण्वायन राजा राज्य करेगें। काण्व राजा सुशर्मा को उसी का भृत्य बली वृषल मार डालेगा, तब आंध्र वंश प्रवर्तित होगा। भागवत में आंध्रवंश के तीस राजाओं के नाम यहाँ गिनाये गये हैं तथा उनके चार सौ छप्पन वर्ष राज्य करने का उल्लेख किया है। फिर बताया है कि तत्पश्चात् सात आभीरवंशीय और दस गर्दभवंशीय राजा होंगें और फिर यवनों तथा तुरुष्कों (तुर्कों) का राज्य होगा। भागवत में बाह्लीक, कोसल, निषध तथा मागध राजाओं का भी वर्णन है।

पार्जीटर ने भारत के प्राचीन इतिहास के ज्ञान के लिये पुराणों की उपादेयता स्वीकार की है। अल्तेकर का मानना है कि जिस प्रकार पुराणों में वर्णित आंध्र, मौर्य, शिशुनाग आदि राजवंशों का इतिहास प्रामाणिक है, उसी प्रकार मनु से लगाकर महाभारत युद्ध का जो इतिहास उनमें बताया गया है उसकी भी प्रामाणिकता स्वीकार की जानी चाहिये।

प्रत्येक पुराण में भारतीय इतिहास के किसी न किसी विशेष पक्ष का निरूपण है। श्रीमद्भागवत तथा विष्णुपुराण में मौर्यवंशीय राजाओं का ३२६ई०पू० से लगाकर १८०ई०पू० तक का इतिहास विशेष रूप से वर्णित है। मत्स्यपुराण में आंध्रवंशीय राजाओं का २२५ई०से आरंभ होने वाला इतिहास विशेष वर्णित है, तो वायुपुराण में गुप्तवंश का वर्णन है। प्राय: सभी महापुराण नवीं शताब्दी ई० के पहले रचे जा चुके थे, इसलिये उनमें इसके बाद का इतिहास नहीं है, केवल भविष्यपुराण जैसे पुराण इसमें अपवाद हैं। भविष्यपुराण में भविष्य कथन की शैली में उन्नीसवीं शताब्दी में अंग्रेजी राज तक का इतिहास समेट लिया गया है।

पुराणों में क्षेत्रीय इतिहास तथा स्थलविशेषवर्णन

स्कन्दपुराण भारत के तीर्थों, विभिन्न स्थलों के वर्णन की दृष्टि से एक विश्वकोश ही है। इस पुराण का अवन्तीखड रेवाखंड के नाम से अधिक प्रसिद्ध है। इसमें नर्मदातटवर्ती प्रदेशों, मंदिरों व तीर्थस्थानों व उनसे संबंधित आख्यानों का विपुल संग्रह किया गया है, जो नृतत्त्वशास्त्रीय इतिहास की दृष्टि से दुर्लभ सामग्री प्रस्तुत करता है। भौगोलिक इतिहास के अध्ययन की दृष्टि से भी स्कंदपुराण में बहुत उपादेय सामग्री है। इस पुराण के काशीखंड में वाराणसी के विविध तीर्थों, नदियों, तथा स्थलविशेषों का सूक्ष्म व विशद निरूपण है। इस पुराण के नेपालखंड में नेपाल देश के इतिहास और संस्कृति पर प्रकाश डाला गया है। इसी

प्रकार श्रीमालपुराण में महाकवि माघ की जन्मस्थली श्रीमालनगर का विशद व विस्तृत वर्णन है। राजस्थान में स्थित यह नगर आजकल भीनमाल के नाम से जाना जाता है। नीलमतपुराण में कश्मीरदेश की उत्पत्ति तथा कश्मीर के विविध स्थलों व तीर्थों के इतिहास व अवस्थिति का विस्तृत वर्णन है। ब्रह्मपुराण में उत्कल (उड़ीसा) के इतिहास व तीर्थस्थल वर्णित हैं। जगन्नाथस्वामी के मंदिर का इतिहास व जगन्नाथ प्रतिमा लाये जाने का प्रकरण इसमें बताया गया है।

पुराणों में धार्मिक तथा दार्शनिक सम्प्रदायों का इतिहास

कतिपय पुराणों में विविध धार्मिक या दार्शनिक सप्रदायों की उत्पत्ति व विकास का प्रामाणिक विवेचन है। भागवतपुराण के तृतीय स्कंध में तेईसवें तथा चौबीसवें अध्यायों में कपिल मुनि का जन्म व जीवनचरित वर्णित है, तथा सांख्यसिद्धांत उन्हीं के शब्दों में समझाया गया है। चतुर्थ स्कंध के प्रथम अध्याय में कश्यप, अत्रि, दुर्वासा आदि ऋषियों की वंशपरम्परा बताई गई है। ब्रह्मांड पुराण के चतुर्थ अंश में जैन और बौद्ध धर्मों का आविर्भाव वर्णित है।

पुराणों में भौगोलिक इतिहास

पुराणों में भुवनकोश नाम से एक विषय परवर्ती काल में प्रमुख रूप से समाहित किया गया। भुवनकोश वास्तव में भारतवर्ष का भौगोलिक इतिहास है। पुराणों में भुवनकोशवर्णन को इतना महत्त्व दिया जाने लगा कि आगे चलकर पुराण के पंच लक्षणों में वंशानुचरित के स्थान पर भुवनकोश को सम्मिलित कर लिया गया। श्रीमद्भागवत, अग्निपुराण, वराहपुराण तथा अन्य पुराणों में भुवनकोश का प्रतिपादन है।

पुराणों में काव्यसौंदर्य

पुराणकारों ने अपने उपदेश व संदेश के प्रचार के लिये कविता के माध्यम का भरपूर आश्रय लिया। वस्तुतः समस्त अठारह पुराण उत्कृष्ट कविता के एक से एक बढ़कर निदर्शन से भरे पड़े हैं। काव्यशास्त्रियों ने पुराणों को अपने लिये एक अवलंबन के रूप में स्वीकार किया। कविता के विरोधियों को उत्तर देने के लिये विष्णुपुराण का यह कथन उद्धृत किया गया –

काव्यालापाश्च ये केचिद्गीतकान्यखिलानि च।
शब्दमूतिधरस्यैते विष्णोरंशा महात्मनः।।

साहित्यदर्पणकार विश्वनाथ ने इसे उद्धृत किया है।

वामनपुराण में वसंत के वर्णन में कहा गया है—

शिशिरं नाम मातङ्गं विदार्यनखरैरिव।
वसन्तकेसरी प्राप्तः पलाशकुसुमैर्मुने।।

वामन० ६.१०

(शिशिर नामक मतंग या हाथी को अपने नखों से चीर कर वसंत रूपी केसरी (सिंह) पलाश के फूलों के साथ आ पहुँचा।) यहाँ रूपक अलंकार का प्रयोग पुराणकार ने अपनी कवित्वकल्पना दिखाते हुए किया है।

श्रीमद्भागवत तो काव्यकला व भावसौंदर्य की पराकाष्ठा ही है। वस्तुतः यह कवियों के लिये उपजीव्य व पथप्रदर्शक महत्तम काव्यों में एक है।

विष्णुपुराण में लीला का जो सरस वर्णन किया गया है, वह न केवल भाविक अलंकार का उत्तम उदाहरण है, लीलानाट्य का स्वरूप व सौंदर्यबोध भी उससे समझा जा सकता है। मम्मट जैसे काव्यशास्त्र के मर्मज्ञ आचार्य ने विष्णुपुराण का यह प्रसंग उद्धृत किया है —

तदप्राप्तिमहादुःखविलीनाशेषपातका।
तच्चिन्ताविपुलाह्लादक्षीणपुण्यचया तथा।।
चिन्तयन्ती जगत्सूतिं परब्रह्मस्वरूपिणम्।
निरुच्छ्वासतया मुक्तिं गतान्या गोपकन्यका।।

(विष्णुपुराण ५.१३.२१-२२)[१३]

इस युग्मक को काव्यप्रकाशकार पदप्रकाश्यध्वनि के उदाहरण में उद्धृत करते हुए इसके ध्वनिसौंदर्य के विवेचन में कहते हैं - 'अत्र जन्मसहस्रैरुपभोक्तव्यानि दुष्कृतसुकृतफलानि वियोगदुःखचिन्तनाह्लादाभ्यामनुभूतानीत्युक्तम्। एवं चाशेषचयपदद्योत्ये, अतिशयोक्ती।' अर्थात् यहाँ सैंकड़ों जन्मों में जिन्हें भोगना है, उन सुकृत व दुष्कृतों के फल वियोग के दुःख तथा कृष्ण के चिंतन के उत्पन्न आह्लाद के द्वारा गोपी ने भोग लिये। यहाँ 'पातक' के विशेषण के रूप में 'अशेष' तथा 'पुण्य' के साथ समास में प्रयुक्त उत्तरपद चय (समुदाय) के द्वारा पदप्रकाश्य ध्वनि का अत्यंत सटीक प्रयोग किया गया है, तथा उसके द्वारा अतिशयोक्ति भी प्रकट की गई है। साहित्यदर्पणकार विश्वनाथ ने भी इसे पदप्रकाश्य- ध्वनि के उदाहरण में उद्धृत करके कहा है – 'अत्राशेषचयपदप्रभावा- दनेकजन्मसहस्रभोग्यदुष्कृतसुकृतफलराशितादात्म्या-ध्यवसिततया भगव-द्विरहदुःखचिन्ताह्लादयोः प्रत्यायनमित्यतिशयोक्तिद्वयप्रतीतिरशेषचयपद-द्वयद्योत्या। अत्र च व्यञ्जकस्य कविप्रौढोक्तिमन्तरेणापि संभवात्स्वतःसंभविता।'

विश्वनाथ ने मम्मट की व्याख्या को स्वीकार करके उसमें स्वतःसम्भवीवाच्यता को स्वीकार किया है।

गोपियों के द्वारा कृष्णलीला तथा उसमें तन्मयीभवन का जैसा चित्रण विष्णुपुराण ने किया है, वह जयदेव के गीतगोविंद तथा समस्त कृष्णभक्तिकाव्य का बीज है। उदाहरणार्थ—

कृष्णे निरुद्धहृदया इदमूचुः परस्परम्।
कृष्णोऽहमेतल्ललितं व्रजाम्यालोक्यतां गतिः।
अन्या ब्रवीति कृष्णस्य मम गीतिर्निशम्यताम्।

दुष्ट कालिय तिष्ठात्र कृष्णोऽहमिति चापरा।
बाहुमास्फोट्य कृष्णस्य लीलां सर्वस्वमाददे।।

विष्णुपुराण, ५.१३.२५-२६, पृ० १६८

(गोपियाँ कृष्ण की अनुकृति करने लगीं। उनके मन कृष्ण में बँध गये थे। वे एक दूसरे से कह रहीं थीं – मैं कृष्ण हूँ, कृष्ण होकर चल रही हूँ, देखो मेरी ललित गति! दूसरी कहने लगी कि कृष्ण के द्वारा गाई जाने वाली इस ललित गीति को मुझ से सुनो! एक और गोपी कालियमर्दन के समय कृष्ण की लीला का अनुकृति करते हुए कह रही थी – हे दुष्ट कालिय, ठहर! वह बाहें फटकार कर कृष्ण की लीला का सार दिखा रही थी।)

इस प्रकार के वर्णन पुराणों के भारतीय नाट्यपरंपरा विशेषतः लीला के रंगमंच से घनिष्ठ संबंध को भी सूचित करते हैं।

पुराणों का महत्त्व

पुराण धार्मिक, सामाजिक, सांस्कृतिक तथा दार्शनिक दृष्टि से भारतीय साहित्य की अनमोल निधि हैं। इनमें तीर्थों, प्राचीन उत्सवों अनुष्ठानों, व्रतों आदि का जो विवरण मिलता है, परंपराओं के विकास के ज्ञान के लिये उसका महत्त्व निर्विवाद है। पुराणों का भारतीय समाज के नवजागरण और जन जन को शिक्षित और सुसंस्कृत बनाये रखने में महान् योगदान रहा है। धर्म, दर्शन, संस्कृति और विभिन्न कलाओं, शास्त्रों , विद्याओं के ज्ञान को पुराणों ने सरल और सुबोध बनाकर इस रूप में प्रस्तुत किया कि वह सामान्य लोगों के लिये ग्राह्य हो सके। पुराणकार इस देश के भूगोल और इतिहास के विषय में लोगों को जानकारी देने का काम भी युगों युगों तक करते रहे। भारतवर्ष का स्वरूप बताते हुए पुराणों ने जन जन के मन में देश के प्रति अनुराग जगाने का प्रयास किया है।

उनमें इस देश की सांस्कृतिक परंपराओं के संबंध में जन जन को बोधित किया गया व देश-प्रेम का संदेश दिया गया।

पर्यावरण की रक्षा के लिये पुराण आज हमारे लिये प्रेरणा के अमिट स्रोत हैं। पुराणों में निरंतर वृक्षों और वनों के संवर्धन का संदेश दिया जाता रहा है। भविष्यपुराण में कहा गया है-

दशकूपसमा वापी दशवापीसमो ह्रदः।
दशह्रदसमः पुत्रो दशपुत्रसमो द्रुमः।।

(एक बावड़ी दस कुओं के बराबर है और तालाब दस बावड़ियों के बराबर। एक पुत्र दस तालाबों के बराबर है तथा एक पेड़ दस पुत्रों के बराबर।)[१४]

वैज्ञानिक और दार्शनिक चिंतन को पुराणों ने अत्यंत सरल भाषा में प्रस्तुत किया है। श्रीमद्भागवत में सारे ब्रह्माण्ड का स्वरूप और उसमें विभिन्न ग्रहों, नक्षत्रों की गति को समझाने के लिये कुम्हार के घूमते हुए चाक का उदाहरण दिया है। जिस प्रकार कुम्हार का चाक घूम

रहा हो और उस पर कुछ चीटियाँ चल रही हों, तो वे चीटियाँ अपनी गति से भी चलती हैं, और उस चाक के साथ भी घूमती हैं, उसी प्रकार यह सारा ब्रह्माण्ड एक कुम्हार के एक चाक की तरह घूम रहा है, और इसके साथ इसके अंतर्गत सारे ग्रह नक्षत्र भी घूम रहे हैं, और वे ग्रह आदि इसकी गति के साथ घूमने के अतिरिक्त अपनी अपनी गतियों से भी भ्रमण कर रहे हैं- 'यथा कुलालचक्रेण सह भ्रमतां तदाश्रयाणां पिपीलिकादीनां गतिरन्यैव प्रदेशान्तरेष्वप्युपलभ्यमानत्वादेवं नक्षत्रराशिभिरुपलक्षितेन कालचक्रेण ध्रुवं मेरुं च प्रदक्षिणेन परिधावता सह परिधावमानानां तदाश्रयाणां सूर्यादीनां ग्रहाणां गतिरन्यैव नक्षत्रान्तरे राश्यन्तरे चोपलभ्यमानत्वात्।' (भागवत, पंचम स्कंध, २२।२)

पुराणों ने धर्म के नाम पर होने वाले आडंबर और निरर्थक कर्मकांड का निराकरण कर के धर्म के मानवीय स्वरूप तो प्रतिष्ठित किया। वे मानवतावादी धर्मके सबसे प्राचीन प्रतिपादक महाग्रंथ कहे जा सकते हैं। समाज में व्याप्त शोषण व अन्याय का प्रतिरोध पुराणकारों ने किया। श्रीमद्भागवत में कहा गया है-

यावद् भ्रियेत जठरं तावत् सत्त्वं हि देहिनाम्।
अधिकं योऽभिमन्येत स स्तेनो दण्डमर्हति।।

(भागवत. ३।३०।२९)

(जितने से अपना पेट भर सके, उतने पर ही प्राणी का अधिकार है। उससे अधिक जो संचय करता है, वह चोर है, और उसे दंड दिया जाना चाहिये।)

भागवत में कपिल मुनि कहते हैं—

अत्रैव स्वर्गो नरक इति मातः प्रचक्षते।
या यातना वै नारक्यस्ता इहाप्युपलक्षिताः।।

पुराणों ने कर्मकांड की रूढियों को तोड़कर तत्त्व का बोध कराया। हरिवंश में श्रीकृष्ण यज्ञ के स्वरूप को बताते हुए कहते हैं—

मन्त्रयज्ञपरा विप्रा सीतायज्ञाश्च कर्षुकाः।
गिरियज्ञास्तथा गोपा इज्योऽस्माभिर्गिरिवने।।

(हरिवंश २।१६।९)

(ब्राह्मण मंत्र से यज्ञ करते हैं, किसान सीता (हल की फाल) से और गोप पर्वत से यज्ञ करते हैं।) इस प्रकार पुराणों ने नदीमहः, सागरमहः, वृक्षमहः जैसे उत्सवों की परंपरा का प्रवर्तन करके समाज को पर्यावरण से जोड़ा।

भारतीय समाज को शिक्षित और सुसंस्कृत बनाने में कई शताब्दियों तक पुराणों ने जिस महती भूमिका का निर्वाह किया उसे दृष्टि में रखकर कहीं कहीं तो पुराणों को वेदों से भी अधिक महत्त्वपूर्ण माना गया— वेदार्थादधिकं मन्ये पुराणार्थं वरानने। (नारदीयपुराण)।

सन्दर्भ

१. भारतीय साहित्य का अध्ययन – बलदेव उपाध्याय, पृ० १०१
२. वही, पृ० १०५
३. मत्स्यपुराण, ५३,६०-६४
४. डॉ० ब्रजेशकुमार शुक्ल ने आद्यपुराण की भूमिका में इन सूचियों का संकलन किया है।
५. उपपुराणदिग्दर्शन, पृ ११
६. वही, पृ० १२ पर उद्धृत
७. भारतीय साहित्य का अध्ययन – बलदेव उपाध्याय, , पृ० १०८
८. देवीभागवत, १.२.१९-२०
९. नीलमतपुराण – ए कल्चरल एंड लिटरेरी स्टडी, वेकुमारी घई, श्रीनगर, जम्मू, १९६८ द्वि.सं. १९८८
१०. जीवानंद विद्यासागर द्वारा संपादित तथा कलकत्ता से १८९० में प्रकाशित; इस संस्करण का पुनर्मुद्रण आनंद प्रिंटिंग प्रेस द्वारा भारत सरकार की सहायता से १९९१ में किया गया।
११. प्रलयान्ते जगत् सृष्ट्वा ब्रह्मा लोकपितामहः। ससर्ज घोरं मलिनं पृष्ठदेशात् स्वपातकम्। स चाधर्म इति ख्यातस्तस्यवंशानुकीर्तनात्। श्रवणात् स्मरणाल्लोकः सर्वपापैः प्रमुच्यते। अधर्मस्य प्रिया रम्या मिथ्या मार्जारलोचना। तस्य पुत्रोऽतितेजस्वी दम्भः परमकोपनः। स मायायां भगिन्यां तु लोभं पुत्रञ्च कन्यकाम्। निकृतिं जनयामास तयोः क्रोधः सुतोऽभवत्। स हिंसायां भगिन्यां तु जनयामास तं कलिम्। वामहस्त धृतोपस्थं तैलाभ्यक्ताञ्जनप्रभम्। काकोदरं करालास्यं लोलजिह्वं हीनयानकम्। पूतिगन्धं द्यूतमत्स्यस्त्रीसुवर्णकृताश्रयम्।। कल्किपुराण, १.१.१४-१९
१२. वही, १.१.२५-३९
१३. संपादक थानेशचंद्र उप्रेती, परिमल प. दिल्ली, खंड- २, १९८७, पृ० १६७
१४. विशेष विवरण के लिये इस पुस्तक की भूमिका में 'संस्कृत साहित्य और पर्यावरण' शीर्षक द्र.

अध्याय - ५

श्रव्यकाव्य – लक्षण, उद्भव और विकास

संस्कृत काव्यशास्त्र के आचार्यों ने श्रव्यकाव्य के दो मुख्य प्रकार माने- निबद्ध तथा अनिबद्ध। निबद्ध को ही प्रबंधकाव्य भी कहा गया है। महाकाव्य इसका मुख्य प्रकार है। अनिबद्ध काव्य में काव्य के ऐसे अन्य भेद आते हैं, जो महाकाव्य या निबद्ध काव्य के समान विस्तीर्ण नहीं होते। आचार्य रुद्रट ने ऐसे काव्यों को लघुकाव्य भी कहा है। लघुकाव्य में महाकाव्य के समान सारे रस न होकर एक रस तथा एक पुरुषार्थ होता है। महाकाव्य में जीवन का सर्वांगीण रूप रहता है, लघुकाव्य में उसका एक पक्ष, कोई एक भाव, कोई एक मन:स्थिति रह सकती है। लघुकाव्य को कुछ आचार्यों ने क्षुद्रकाव्य तथा खंडकाव्य भी कहा है, तथा कतिपय आचार्यों ने मुक्तक (अपने आप में संपूर्ण एक पद्य) को इसी का एक प्रकार माना।

इस खंड के दूसरे तथा तीसरे अध्यायों में रामायण और महाभारत की उपजीव्य काव्य के रूप में चर्चा की गयी है। उपजीव्य काव्य का आशय है ऐसे काव्य, जिन्होंने संस्कृत में रचे जाने वाले साहित्य को व्यापक रूप से प्रेरित, प्रभावित या अनुप्राणित किया। अनेक महाकाव्यों और नाटकों पर प्रत्यक्ष रूप से रामायण या महाभारत का प्रभाव है। साथ ही महाकाव्य के मानदंड और संरचना की अवधारणाएँ भी इन्हीं दोनों उपजीव्य काव्यों के आधार पर निर्मित हुईं। परवर्ती काव्य. रचना के विभिन्न तत्त्व रामायण तथा महाभारत से ही पल्लवित हुए। उदाहरण के लिये—

(१) **महाकाव्य संज्ञा का आधार-** महाकाव्य इस संज्ञा का आधार रामायण व महाभारत में ही है। महाभारत में तो महत् विशेषण जुड़ा हुआ है ही, रामायण को भी स्वयं कवि ने महत्-काव्य की संज्ञा दी है- 'कर्ता काव्यस्य महत: क्व चासौ मुनिपुङ्गव: ?'

(२) **छन्दोविधान-** यद्यपि विविध छंदों का प्रयोग वैदिक संहिताओं में किया गया था, पर लौकिक साहित्य के छंदों का सर्वप्रथम अवतरण रामायण तथा उसके अनंतर महाभारत में ही हुआ। रामायण और महाभारत में अनुष्टुप् छंद का ही अधिक प्रयोग हुआ है, पर इसके अतिरिक्त इंद्रवज्रा, उपजाति आदि छंद भी इन दोनों में अनेकत्र प्रयुक्त हैं।

(३) **सर्गों में विभाजन–** महाकाव्य का एक नाम सर्गबंध (सर्गों में बँधा हुआ) मिलता है, क्योंकि इसका विभाजन सर्गों में होना चाहिये। सर्गों में विभाजन की अवधारणा भी रामायण से प्रेरित है। रामायण के प्रत्येक कांड का विभाजन अनेक सर्गों में हुआ है।

(४) **रस की अवधारणा-** रामायण की रचना के साथ ही काव्य में रस की अवधारणा भी प्रतिष्ठित हुई। रामायण के आरंभ में कहा गया है कि क्रौंच के वध से विलाप करती क्रौंची को देखकर वाल्मीकि के भीतर जो शोक उद्गत हुआ, वही श्लोक के रूप में ढल गया। शोक करुण रस का स्थायी भाव है। रामायण में इसीलिये करुण रस को प्रधान माना गया है। इसके मूल में करुणा का सार्वजनीन अनुभव है। पर करुण के साथ साथ अन्य रस भी रामायण में अभिव्यक्त हुए। जब इस काव्य का प्राचीन काल में गायन होता था, तो इन रसों का श्रोतृसमाज अनुभव करता था। कुश और लव के द्वारा रामायण के गायन का वर्णन करते हुए रामायण में ही कहा गया है-

रसैः शृङ्गारकरुणहासरौद्रभयानकैः।
वीरादिभीरसैर्युक्तं काव्यमतदगायताम्।।

(बालकांड)

यहाँ काव्य में रस की अनुभूति का विचार तो है ही रसों के अलग अलग नाम भी सूचित किये गये हैं। इसीप्रकार काव्य में गुण, रीति, वक्रोक्ति, अलंकार आदि का विचार भी रामायण और महाभारत के उत्कृष्ट काव्यसौंदर्य की समाशंसा के साथ आरंभ हुआ। कवियों को नवीन कल्पनाओं और काव्यात्मकता के निर्वाह की प्रेरणा इन दोनों महाकाव्यों से मिली।

महाकाव्य तथा प्रबंधकाव्य

काव्य के संरचना की दृष्टि से दो भेद कहे गये हैं – निबद्ध तथा अनिबद्ध। निबद्ध को प्रबंध भी कहते हैं। यह परस्पर संबद्ध किसी विशेष विषय वस्तु का प्रतिपादन करने वाले अनेक पद्यों का समुच्चय है। अनिबद्ध में एक ही पद्य होता है, अथवा अपने आप में पूर्ण अनेक पद्यों का संग्रह किया जा सकता है।

निबद्ध या प्रबंध काव्य के भी अनेक भेद हैं। भोज ने अपने शृंगारप्रकाश में इनमें से कुछ का परिगणन इस प्रकार किया है—

यस्मिन्नितिहासार्थान् अपेशलान् पेशलान् कविः कुरुते।
स हयग्रीववधादिप्रबन्ध इव सर्गबन्धः स्यात्।।

यः सर्गबन्धतुल्यो निबध्यते प्राकृतेन शुद्धेन।
आश्वासकबन्धोऽसौ विज्ञेयः सेतुबन्धादिः।।

योऽपभ्रंशनिबन्धो मात्राच्छन्दोभिरभिमतोऽल्पधियाम्।
वाच्यस्स सन्धिबन्धश्चतुर्मुखोक्ताब्धिमथनादि।।
य इह द्विचारिकावाग्ग्राम्यगिरा गीयते गभीरोक्तः।
सोऽवस्कन्धकबन्धोऽभिधीयते भीमकुल्यादि।।
यत्रार्थश्शास्त्राणां काव्येऽभिनिवेश्यते महाकविभिः।
तद्भट्टिकाव्यमुद्राराक्षसवत् काव्यशास्त्रं स्यात्।।
शास्त्रं यत्र कवीनां रहस्यमुपकल्पयन्त्यनल्पधियः।
तद्रतिविलासकामन्दकीयवच्छास्त्रकाव्यं तु।।

(जिसमें इतिहास के अपेशल या अरुचिकर प्रसंगों को कवि पेशल या रुचिकर बना देता है, हयग्रीववध आदि के समान ऐसा प्रबंध सर्गबंध कहा जाता है। सर्गबंध के ही समान प्राकृत भाषा में आश्वासों नें निबंध किया जाने पर प्रबंध आश्वासबंध कहा जाता है, जैसे सेतुबंध। अपभ्रंश में निबद्ध मात्रिक छंदों में रचा हुआ, अल्पबुद्धि जनों के लिये अभिमत प्रबंध संधिबंध कहा जाता है, जैसे अब्धिमथन आदि। जो द्विचारिका वाणी के द्वारा ग्राम्य भाषा में गभीर उक्तियों के साथ गाया जाये, वह अवस्कंधकबंध कहा जाता है, भीमकुल्या आदि इसके उदाहरण हैं। जिसमें महाकवियों के द्वारा शास्त्रप्रतिपादित विचार समाविष्ट किये जायें, भट्टिकाव्य तथा मुद्राराक्षस के समान वह प्रबंध काव्यशास्त्र कहा जाता है। जिसमें शास्त्र को ही कविता के रूप में निबद्ध किया जाये, वह रतिविलास, कामंदकीय आदि के समान शास्त्रकाव्य होता है।)

महाकाव्य का स्वरूप

महाकाव्य श्रव्य काव्य की विधाओं में सबसे प्रमुख माना गया है। महाकाव्य शब्द महत् और काव्य - इन दो शब्दों को मिलाकर बना है। महत् का अर्थ महान् या बड़ा है। इस विशेषण से ही इस काव्यप्रकार की प्रधानता प्रकट होती है। 'महत्- काव्य' - इस संज्ञा का प्रयोग सर्वप्रथम वाल्मीकि रामायण में मिलता है। वहाँ वाल्मीकि रामायण को 'महत्- काव्य' कहा गया है।

काव्यशास्त्र के आचार्यो की परंपरा में सर्वप्रथम गणनीय भामह ने महाकाव्य का लक्षण इसप्रकार दिया है—

सर्गबन्धो महाकाव्यं महतां च महच्च यत्।
मन्त्रदूतप्रयाणाजिनायकाभ्युदयैश्च यत्।
पञ्चभिः सन्धिभिर्युक्तं नातिव्याख्येयमृद्धिमत्।
चतुर्वर्गाभिधानेऽपि भूयसार्थोपदेशकृत्।
युक्तं लोकस्वभावेन रसैश्च सकलैः पृथक्।।

(काव्यालंकार, १।१९-२१)

अर्थात् सर्गबंध महाकाव्य कहलाता है। यह आकार में बड़ा (महत्) तथा महान् लोगों के चरित्र का निरूपण करने वाला काव्य है। इसमें मंत्र (परामर्श, मंत्रणा), दूत, युद्ध का वर्णन होता है तथा नायक का अभ्युदय दिखाया जाता है। महाकाव्य ग्राम्य शब्दों से रहित, अर्थसौष्ठव से युक्त, अलंकार से युक्त तथा सत्पुरुषों के चरित्र को प्रस्तुत करने वाला होना चाहिये। इसमें चतुर्वर्ग (धर्म, अर्थ, काम तथा मोक्ष) का प्रतिपादन होना चाहिये। लोकस्वभाव तथा सभी रसों का इसमें निरूपण होना चाहिये।

दंडी ने महाकाव्य के लक्षण में निम्नलिखित तत्त्व और जोड़े हैं- महाकाव्य के आरंभ में आशीः, नमस्क्रिया या वस्तुनिर्देशात्मक मंगल होना चाहिये। इसकी कथा इतिहास (रामायण, महाभारत) से निकली हुई होनी चाहिये, या अन्य कोई उदात्त कथा इसमें रह सकती है। महाकाव्य में नगर, जलाशय, पर्वत, ऋतु, सूर्योदय, चंद्रोदय, उपवनविहार, जलक्रीड़ा, मधुपान, रसोत्सव, विप्रलंभ, विवाह तथा युद्ध का वर्णन होना चाहिये। इसके सर्ग न अधिक बड़े हों, न अधिक छोटे। महाकाव्य लोकरंजन में समर्थ तथा विभिन्न प्रकार के वृत्तांतों से युक्त होना चाहिये। दंडी का महाकाव्य का लक्षण इसप्रकार है—

सर्गबन्धो महाकाव्यं उच्यते तस्य लक्षणम्
आशीर्नमस्क्रिया वस्तुनिर्देशो वापि तन्मुखम्।।

इतिहासकथोद्भूतं इतरद्वा सदाश्रयम्
चतुर्वर्गफलायत्तं चतुरोदात्तनायकम्।।

नगरार्णवशैलर्तुचन्द्रार्कोदयवर्णनैः
उद्यानसलिलक्रीडामधुपानरतोत्सवैः।।

विप्रलम्भैर्विवाहैश्च कुमारोदयवर्णनैः
मन्त्रदूतप्रयाणाजिनायकाभ्युदयैरपि।।

अलंकृतं असंक्षिप्तं रसभावनिरन्तरम्
सर्गैरनतिविस्तीर्णैः श्रव्यवृत्तैः सुसंधिभिः।।

सर्वत्र भिन्नवृत्तान्तैरुपेतं लोकरञ्जनम्

काव्यादर्श १. १४-१९।।

(महाकाव्य का अन्य नाम सर्गबंध है। इसका लक्षण इसप्रकार है – इसका आरंभ आशीर्वाद, नमन या वस्तुनिर्देशात्मक मंगल से होता है। इसकी कथा इतिहास से ली जा सकती है या अन्य स्त्रोत से, जिसमें सज्जनों का चरित्र वर्णित हो। इसमें चतुर्वर्ग (धर्म,अर्थ, काम तथा मोक्ष) की प्राप्ति दिखाई जाती है, इसका नायक चतुर और उदात्त होता है। इसमें नगर, सागर, पर्वत, ऋतुओं, चंद्रमा तथा सूर्य का उदय का वर्णन रहता है। उद्यानविहार, जलक्रीड़ा, मधुपान व संभोग के उत्सवों का वर्णन भी किया जाता है। वियोग, विवाह,

पुत्रप्राप्ति, मंत्रणा, दूतप्रेषण, युद्ध तथा (युद्ध में विजय से) नायक के अभ्युदय से युक्त महाकाव्य रस और भाव की निरंतरता होती है, यह श्रव्य वृत्तों से युक्त ऐसे सर्गों से अलंकृत होता है, जो बहुत अधिक बड़े नहीं होते, जिनमें संधियों का भलीभाँति योग होता है, तथा जो लोकरंजक विभिन्न वृत्तांतों से युक्त होते हैं।)

महाकाव्य का लक्षण रुद्रट, विश्वनाथ आदि अन्य आचार्यों ने भी किया है। भामह ने महाकाव्य में अधिक से अधिक या कम से कम कुल कितने सर्ग रखे जा सकते हैं- इस पर कोई निर्देश नहीं दिया है। परवर्ती आचार्यों में विश्वनाथ आदि ने महाकाव्य में कम से कम आठ सर्ग होना आवश्यक माना है। ईशानसंहिता में महाकाव्य की अधिकतम सर्ग संख्या तीस बतायी गयी है। विष्णुधर्मोत्तर पुराण ने महाकाव्य के निम्नलिखित ९ वर्ण्य विषय माने हैं- देश, नगर, राजा, ऋतु, पर्वत, नदी, नागरी प्रयाण तथा युद्ध। रुद्रट ने वर्ण्य विषयों की विस्तृत सूची दी है, जिसमें उन्होंने अटवी, वन, सरसी, मरुस्थल, द्वीप, समाज (मेला, उत्सव), पड़ाव, संगीत आदि वर्णनीय विषय भी जोड़ दिये हैं।

अग्निपुराणमें महाकाव्य के लक्षण में कुछ और नयी परिकल्पनाओं का समावेश किया गया है। तदनुसार- महाकाव्य में शक्वरी, अतिजगती, अतिशक्वरी तथा त्रिष्टुप् या पुष्पिताग्रा आदि छंदों का प्रयोग अपेक्षित है। महाकाव्य इतिहास (रामायण या महाभारत) की कथा पर भी आधारित हो सकता है अथवा अन्य किसी सज्जन के चरित्र पर भी।[१] विश्वनाथ ने रस के विषय में मत दिया है कि महाकाव्य में श्रृंगार, वीर या शांत- इन तीन रसों में से एक अंगी (प्रधान) होना चाहिये, शेष अंग के रूप में अभिव्यक्त होने चाहिये। विश्वनाथ ने महाकाव्य के लक्षण का विस्तार करते हुए कहा है कि इसमें नायक के रूप में किसी देवता या उत्तम कुल में उत्पन्न धीरोदात्त क्षत्रिय का चरित निरूपित हो सकता है, अथवा एक ही वंश के अनेक कुलीन राजाओं को भी नायक बनाकर महाकाव्य की रचना हो सकती है। विश्वनाथ ने नायक के विषय में यह विकल्प कालिदास के रघुवंश से प्रभावित होकर दिया है। उन्होंने महाकाव्य के आरंभ में दुष्टों की निंदा तथा सज्जनों की प्रशंसा भी अपेक्षित मानी है, तथा वर्णनीय विषयों में मृगया तथा यज्ञ का भी समावेश कर दिया है। सर्ग के अंत में आगे आने वाली कथा का संकेत होना चाहिये। महाकाव्य का नामकरण कवि, विषयवस्तु, नायक या किसी अन्य मुख्य प्रसंग के आधार पर किया जाना चाहिये। प्रत्येक सर्ग का भी अलग अलग नाम उस सर्ग में वर्णित कथा के आधार पर रखा जा सकता है।

महाकाव्य श्रव्य काव्य की सभी विधाओं में अन्यतम माना गया है। इसमें कवि संपूर्ण युग और नायक के समग्र जीवन को चित्रित करता है। पुरुषार्थ की निष्पत्ति दिखाते हुए पाठक को सन्मार्ग पर प्रवृत्त करना तथा उदात्त मूल्यबोध के द्वारा पाठक की चेतना का परिष्कार के द्वारा महाकाव्य का सभी काव्य काव्यविधाओं के बीच असाधारण महत्त्व स्वीकार किया गया है।

महाकाव्यों का विभाजन

संस्कृत महाकाव्य साहित्य अत्यंत समृद्ध तथा वैविध्यपूर्ण है। कई प्रकार के महाकाव्य तीन हजार वर्षो की इसकी सुदीर्घ परंपरा में रचे गये। मुख्य रूप से इन्हें निम्नलिखित कोटियों में विभाजित किया जा सकता है।

(१) **आर्ष महाकाव्य-** आर्ष का अर्थ है - ऋषि के द्वारा रचा हुआ। रामायण और महाभारत - इन दो महाकाव्यों को आर्ष महाकाव्य कहा गया है। इन दोनों महाकाव्यों के प्रणेता वाल्मीकि और व्यास ऋषि हैं। स्वयं रामायण में इस काव्य को आर्ष काव्य के रूप में परिभाषित किया गया है— 'आदिकाव्यमिदं चार्षं पुरा वाल्मीकिना कृतम्।'

(२) **अलंकृत महाकाव्य या विदग्ध महाकाव्य-** अलंकृत या विदग्ध महाकाव्यों का युग आर्ष महाकाव्यों के पश्चात् आरंभ होता है। अलंकृत महाकाव्य आर्ष महाकाव्यों से प्रभावित हैं, और उनका अनुकरण भी करते हैं, पर इनमें अभिव्यक्ति- प्रकारों या शैली के चमत्कार पर कवियों ने विशेष ध्यान दिया है। अलंकार का अर्थ है परिपूर्ण बनाना तथा सजाना। अभिव्यक्ति की परिपूर्णता के आधार पर इन महाकाव्यों को अलंकृत महाकाव्य कहा जा सकता है। विदग्ध का व्याकरण की दृष्टि से अर्थ है- सिका हुआ या भुना हुआ। इसका लाक्षणिक अर्थ चतुर, सुसंस्कृत, नागर या पंडित है। जैसे किसी खाद्य वस्तु को और अधिक स्वादिष्ट बनाने के लिये सेका या भूना जाता है, उसी प्रकार विदग्ध महाकाव्यों में आर्ष महाकाव्यों की अपेक्षा शैली का परिष्कार या निखार विषय वस्तु को अधिक आकर्षक तथा आस्वाद्य बनाने के लिये लाया जाता है। विदग्ध महाकाव्य - इस संज्ञा का प्रयोग मराठी के समीक्षक डॉ. केशव नारायण वाटवे ने संस्कृत महाकाव्यों के अपने विश्लेषण में सर्वप्रथम किया है। विदग्ध महाकाव्य का आशय बताते हुए वे कहते हैं- 'विदग्ध महाकाव्य से आशय है उत्तरकालीन संस्कृति की बदलती हुई धारा में तथा भिन्न परिस्थितियों में पूर्वकालीन काव्यों का आधार विशेष अभिप्राय से लेकर पांडित्य तथा चातुर्य और विद्वत्ता से सजाया गया कलामंडित तंत्रबद्ध महाकाव्य।' विदग्ध या अलंकृत महाकाव्यों के स्रोत हैं- रामायण, महाभारत, पुराण तथा गुणाढ्य के द्वारा प्राकृत भाषा में विरचित बड्डकहा (बृहत्कथा)। संस्कृत साहित्य में रघुवंश, कुमारसंभव, किरातार्जुनीय, शिशुपालवध, नैषधचरित, धर्मशर्माभ्युदय आदि विदग्ध महाकाव्य कहे जा सकते हैं।

(३) **पौराणिक महाकाव्य-** यद्यपि अलंकृत या विदग्ध महाकाव्यों में भी पुराणों व पौराणिक कथानकों का आश्रय लिया गया है, पर कतिपय महाकाव्यों ने पौराणिक विषयवस्तु को पौराणिक शैली में ही प्रस्तुत भी किया गया। क्षेमेंद्र की रामायणमंजरी, भारतमंजरी, दशावतारचरित तथा जयरथ का हरचरितचिंतामणि इसी प्रकार के महाकाव्य है।

(४) **ऐतिहासिक तथा चरितप्रधान महाकाव्य** - ये महाकाव्य ऐतिहासिक प्रसंगों या चरित्रों (राजाओं, ऋषियों, संतों आदि) के आधार बना कर रचे गये हैं। नवसाहसांकचरित, राजतरंगिणी, विक्रमांकदेव- चरित आदि इनके उदाहरण हैं।

(५) **शास्त्रकाव्य-** ये काव्य किसी शास्त्र विशेष का ज्ञान कराने के लिये लिखे गये हैं। भट्टिकाव्य के द्वारा व्याकरण का ज्ञान कराने के लिये लिखे गये काव्यों या महाकाव्यों की परंपरा प्रचलित हुई। इसी प्रकार दामोदर का कुट्टनीमत कुट्टनियों के चरित्र का ज्ञान कराने के प्रयोजन से लिखा गया है।

ऊपर प्रबंधकाव्य के प्रकारों के संबंध में भोज का उद्धरण दिया गया है। भोज ने काव्य में शास्त्र के समन्वय के आधार पर इसके काव्यशास्त्र तथा शास्त्रकाव्य ये दो प्रकार बताये हैं। काव्य में शास्त्र का समावेश शास्त्रविशेष के ज्ञान कराने के लिये किया जाये, तो ऐसे काव्य को काव्यशास्त्र कहा जाता है। शास्त्र में काव्यतत्त्व का समावेश किया जाये, तो इसे शास्त्रकाव्य कहते हैं। आजकल काव्यशास्त्र शब्द अलंकारशास्त्र के लिये अधिक प्रचलित हो गया है, अत: प्रस्तुत पुस्तक में भ्रांतिनिवारण के लिये ऐसे सभी काव्यों को शास्त्रकाव्य कहा गया है, जिनका प्रणयन शास्त्रविशेष का बोध कराने अथवा अनेक शास्त्रों का ज्ञान कराने के लिये किया गया हो।

उपर्युक्त वर्गीकरण साहित्यिक दृष्टि से प्रधान गुणों के आधार पर किया गया है। ऐसा नहीं है कि आर्ष महाकाव्यों में अलंकृत शैली या विदग्धता के दर्शन न होते हों। अपितु अलंकृत शैली का विकास ही इन महाकाव्यों ने किया है। इसी प्रकार अलंकृत या विदग्ध महाकाव्यों में आर्ष महाकाव्यों के गुण - जीवन दर्शन, शैली की प्रासादिकता या सहजता आदि मिलते हैं। क्षेमेंद्र के महाकाव्य विषयवस्तु की दृष्टि से पौराणिक महाकाव्यों का श्रेणी में परिगणित किये गये हैं, पर उनमें अलंकृत शैली का वैभव पूरे उत्कृष्ट रूप में प्रकट हुआ है। ऐतिहासिक महाकाव्यों में कल्हण की राजतरंगिणी में तो प्राय: सर्वत्र आर्ष महाकाव्यों की शैली और विशेषता प्रकट हुई है। भट्टिकाव्य में व्याकरण के विषयों या नियमों के उदाहरण प्रस्तुत करने का प्रयोजन कवि के सम्मुख रहा है, पर उसमें अलंकृत शैली या काव्यसौंदर्य का भी अच्छा परिपाक है। इसलिये उपरिलिखित विभाजन व्यावहारिक स्तर पर महाकाव्यों के वैशिष्ट्य को समझने के लिये किया गया मानना चाहिये, परमार्थत: तो महाकाव्य की विकासयात्रा में विभिन्न धाराएँ एक दूसरे से संगम बनाती रही हैं।

विषयवस्तु या धार्मिक दृष्टि से संस्कृत महाकाव्यों की वैदिक परंपरा के महाकाव्य तथा जैन महाकाव्य और बौद्ध महाकाव्य - ये तीन श्रेणियाँ मानी जा सकती हैं।

महाकाव्य की प्राचीन परंपरा

पाणिनि ने अपनी अष्टाध्यायी में शिशुक्रंदीय , यमसभीय तथा इंद्रजननीय - इन काव्यों

का प्रसंगवश सूत्रों में उल्लेख किया है। इससे प्रतीत होता है कि प्रबंधकाव्य की परंपरा में पाणिनि के पूर्व वाल्मीकि की रामायण या महाभारत के अतिरिक्त अन्य अनेक काव्य रचे गये थे। पर ये काव्य प्राप्त नहीं होते।

ए०के० वार्डर का यह कथन विचारणीय है कि काव्यपरंपरा का उद्गम मगध साम्राज्य में तथा संभवत: मागधी भाषा में हुआ।[२] वार्डर वाल्मीकि रामायण को प्रथम उपलब्ध काव्य भी मानते हैं। वाल्मीकि का मगध साम्राज्य से संबंध रहा हो ऐसा नहीं कहा जा सकता।

कालिदास के पूर्व महाकाव्य की रचना करने वाले दो महाकवियों के नाम प्राप्त होते हैं— पाणिनि तथा वररुचि या कात्यायन। इन दोनों के रचे महाकाव्य लुप्त हो चुके हैं। ये दोनों व्याकरणशास्त्र के आद्य आचार्यों के रूप में ख्यात हैं। जल्हण ने अपनी सूक्तिमुक्तावली में राजशेखर के कतिपय श्लोक उद्धृत किये हैं, जिनमें से एक में बताया गया है कि पाणिनि ने व्याकरण के ग्रंथ के साथ जांबवतीजय महाकाव्य की भी रचना की थी—

स्वस्ति पाणिनये तस्मै यस्य रुद्रप्रसादतः।
आदौ व्याकरणं काव्यमनु जाम्बवतीजयम्।।

इसके आगे राजशेखर ने पाणिनि की उपजाति की प्रशंसा करते हुए कहा है कि जैसे उद्यान की शोभा जाति (चमेली) के फूलों से होती है, उसी प्रकार पाणिनि के काव्य की शोभा उनकी उपजातियों से बढ़ी है—

स्पृहणीयत्वचरितं पाणिनेरुपजातिभिः।
चमत्कारैकसाराभिरुद्यानस्येव जातिभिः।।

सदुक्तिकर्णामृत में उद्धृत एक पद्य में दाक्षीपुत्र पाणिनि का नाम सुबंधु, कालिदास, भवभूति आदि कवियों के साथ लिया गया है।[३]

जांबवतीजय महाकाव्य का नाम कहीं कहीं 'पातालविजय' भी मिलता है। अमरकोश (१.२.३.६) की व्याख्या में रायमुकुट की टीका (१४३१ई०) में पाणिनि के 'जांबवतीजय' का यह श्लोकार्ध भी उद्धृत किया गया है—

'पयः पृषन्तिभिः स्पृष्टा वान्ति वाताः शनैः शनैः।।'

नमिसाधु ने रुद्रट के काव्यालंकार की टीका (१०६९ई०) में 'पातालविजय' से एक श्लोक उद्धृत किया है। पुरुषोत्तम की भाषावृत्ति तथा शरणदेव की दुर्घटवृत्ति में भी इस महाकाव्य का उल्लेख मिलता है। पं० बलदेव उपाध्याय के अनुसार आर्षकाव्यों के पश्चात् जांबवतीजय या पातालविजय संस्कृत का प्रथम महाकाव्य है। पाणिनि के नाम से लगभग १७ पद्य प्राचीन सुभाषितसंग्रहों में प्राप्त होते हैं, जिनसे विदित होता है कि पाणिनि एक उत्तम कवि थे। इन श्लोकों में सर्वाधिक संख्या उपजाति छंद में निबद्ध श्लोकों की है। क्षेमेंद्र ने पाणिनि की उपजाति को विशेष सराहनीय माना है।

पातालविजय महाकाव्य श्रीकृष्ण द्वारा पाताल में पहुँच कर स्यमंतक मणि का पता लगाने और जांबवती से उनके विवाह की कथा पर आधारित रहा होगा— यह अनुमान किया जा सकता है।

पाणिनि के नाम से विभिन्न सुभाषितसंग्रहों में उद्धृत श्लोकों में से कुछ यहाँ दिये जा रहे हैं।

गतेऽर्धरात्रे परिमन्दमन्दं गर्जन्ति यत् प्रावृषि कालमेघाः।
अपश्यती वत्समिवेन्दुबिम्बं तच्छर्वरी गौरिव हुङ्करोति।।

(वर्षा ऋतु में आधी रात बीत जाने पर काले मेघ जो बहुत मंद मंद गर्जन करते हैं, तो लगता है रात्रिरूपी गाय अपने बछड़े जैसे चंद्रबिंब को न पाकर जैसे रँभाती हुई उसे पुकार रही हो।)

इसमें उत्प्रेक्षा और उपमा दोनों का कवि ने सांकर्य रच दिया है।

विलोक्य सङ्गमे रागं पश्चिमाया विवस्वतः।
कृतं कृष्णमुखं प्राच्या न नार्यो विनेर्ष्यया।।

(सूर्य के समागम पर पश्चिम दिशा में राग (अनुराग, लाल रंग) देखकर प्राची या पूर्व दिशा ने मुँह काला कर लिया। स्त्रियाँ बिना ईर्ष्या किये नहीं रह सकतीं।)

इस पद्य में भी तीन अलंकारों का सुंदर संकर रचा गया है। प्रकृत (सूर्य, पश्चिम दिशा व पूर्व दिशा) के वृत्तांत पर अप्रकृत के व्यवहार का आरोप होने से समासोक्ति अलंकार है। राग शब्द में श्लेष है। विशेष कथन का अंतिम चरण में सामान्य से समर्थन किया गया है, अतः अर्थांतरन्यास अलंकार भी है।

शरदि रविरश्मितप्ता विभ्राणाः शोषमतिशयग्लपिताः।
ज्वरिता इव लक्ष्यन्ते लङ्घनयोग्या महासरितः।।

(शरद् ऋतु में सूर्य की किरणों से तपती हुईं, सूखती हुई तथा अत्यंत क्षीण हो गई नदियाँ बुखार में तपती लंघन (उपवास, लाँघना) के योग्य प्रतीत हो रही हैं।

अलंकारसंग्रह में अमृतानंद योगी ने पाणिनि के नाम से यह पद्य उद्धृत किया है—

रक्तं पदं पाण्डुपयोधराग्रे शरद् ददानार्द्रनखक्षताभम्।
प्रसादयन्ती सकलङ्कमिन्दुं तापं रवेरप्यधिकं चकार।।

(पांडु पयोधर पर आर्द्र नखक्षत लेकर, शरद् कलंकित चंद्रमा को रिझाती थी और सूरज को जला रही थी।)

महामहोपाध्याय पं० रामावतार शर्मा ने मित्रगोष्ठी पत्रिका (१.५, शकसं. १८२६) में प्रकाशित अपने पाणिनिविषयक निबंध में पाणिनि के नाम से प्राप्त पंद्रह पद्य संकलित किये हैं, तथा इन सबको पाणिनिकृत माना है।[२] बलदेव उपाध्याय ने संस्कृतसुकविसमीक्षा में

पाणिनि के नामसे सुभाषितसंग्रहों में अनेक ऐसे पद्य पाणिनिरचित मानकर उद्धृत किये हैं जो अन्य सुभाषितसंग्रहों में पाणिनिव्यतिरिक्त कवियों के नाम से उद्धृत हैं, तथा शैली व अभिव्यक्ति की दृष्टि से पाणिनि कृत नहीं हो सकते।

ए०के० वार्डर का मत है कि वैयाकरण पाणिनि तथा कवि पाणिनि अलग अलग हैं और पाणिनि के नाम से जो काव्य उद्धृत हैं, उनकी शैली बाद की होने से उनके रचयिता वैयाकरण पाणिनि नहीं हो सकते।[५]

महाभाष्य में काव्यपरंपरा के विकास के साक्ष्य

पतंजलि के महाभाष्य में मिलने वाले बहुसंख्य उद्धरणों से ईसापूर्व की शताब्दियों में संपन्न संस्कृतकाव्यरचना की संपन्नता का अनुमान किया जा सकता है। ऐसे कतिपय काव्यांश, वाक्यांश या प्रोक्तियाँ अपने समकालीन या पूर्वरचित काव्यों से पतंजलि ने लिये होंगे। जैसे -

वरतनु, सम्प्रवदन्ति कक्कुटाः

(हे सुंदरि, अब मुर्गे बोलने लगे।)

सा हि तस्य धनक्रीता प्राणेभ्योऽपि गरीयसी।

(उसने उस नायिका को धन से खरीदा है, पर वह उसे प्राणों से भी प्यारी है।)

यह वाक्य बड़ी गहरी व्यंजना से संवलित लगता है। पैसे से खरीदा है, पर प्राणों से बढ़ कर प्यारी है – ऐसा कहने से विरोध या विरोधाभास अलंकार झलकता है। पर यह भी आशय ध्वनित माना जा सकता है कि उस व्यक्ति को पैसा बहुत प्यारा है, और पैसे देकर स्त्री को खरीदा है, इसलिये वह पैसे की तरह इसे चाहता है, तब इस कथन को उस व्यक्ति को लालच पर व्यंग्य माना जा सकता है। जिसने भी यह वाक्य लिखा, वह विदग्ध और वक्रोक्ति का जानकार तो रहा ही होगा - इसमें संदेह नहीं।.

प्रथते त्वया पतिमती पृथिवी।

(यह पृथिवी तुम जैसे पति या स्वामी के द्वारा प्रथित होती है।)

असिद्वितीयोऽनुससार पाण्डवम् (तलवारमात्र लिये वह पांडव के पीछे चल पड़ा।)

जघान कंसं किल वासुदेवः। (वासुदेव ने कंस को मार दिया।)

यस्मिन् दशसहस्राणि पुत्रे जाते गवां ददौ।
ब्राह्मणेभ्यः प्रियाख्येभ्यः सोऽयमुञ्छेन जीवति।।

(जिसके जन्म लेने पर पिता ने प्रिय सूचना देने वाले ब्राह्मणों को दस हजार गायें दान में दे दीं,वह अब उञ्छवृत्ति या खेत में बिखरे अनाज के दाने बीनकर जीविका चलाने के द्वारा जी रहा है।)

कीथ ने इस पद्य को करुणरस का उदाहरण माना है,[६] पर यह किसी तपस्वी का वर्णन

हो सकता है जो पहले राजा या राजकुमार रहा हो। तब इस पद्य में उदात्त तथा प्रशस्ति अलंकार माने जा सकते हैं।

इसी प्रकार अनेक ऐसे पद्य भी पतंजलि ने उद्धृत किये हैं, जो नीतिकाव्य या सूक्तियों के उदाहरण हैं। जैसे—

तपः श्रुतं च योनिश्चेत्येतद् ब्राह्मणकारकम्।
तपःश्रुताभ्यां यो हीनो जातिब्राह्मण एव सः।।

(तप, ज्ञान तथा जन्म इन तीन से ब्राह्मण होता है, जो तप तथा ज्ञान से रहित है, वह तो जातिब्राह्मण या नाम का ब्राह्मण है।)

बुभुक्षितं न प्रतिभाति किञ्चित्।

(भूखे को कुछ नहीं सूझता।)

सामृतैः पाणिभिर्घ्नन्ति गुरवो न विषोक्षितैः।
लाडनाश्रयिणो दोषास्ताडनाश्रयिणो गुणाः।

(गुरुजन शिष्यों या पुत्रों को मारते हैं, तो अमृतमय हाथों से मारते हैं, विष से सने हाथों से नहीं। लाड़ करने में बहुत दोष हैं पिटाई करने में बहुत गुण हैं।)

अहरहर्नयमानो गामश्वं पुरुषं पशुम्।
वैवस्वतो न तृप्यति सुरापा इव दुर्मदी।।

(दिन रात गायों, पुरुष व पशुओं को अपने लोक में ले जाता हुआ यम तृप्त नहीं होता, जैसे मद का आदी व्यक्ति सुरा से तृप्त नहीं होता।)

वाररुचम् अथवा कण्ठाभरण काव्य

कात्यायन या वररुचि के महाकाव्य का उल्लेख महाभाष्यकार पतंजलि ने पाणिनि के सूत्र ४.३.१०१ पर भाष्य करते हुए 'वाररुचं काव्यम्' के नाम से किया है। वररुचि के नाम से अथवा इनके अन्य अभिधान वार्तिककार के नाम से अनेक पद्य सुभाषित-संग्रहों में प्राप्त होते हैं।[७] वल्लभदेव की सुभाषितावलि में वररुचि के नाम से एक उद्धत पद्य उनके द्वारा प्रणीत चारुमती नामक कथा से लिया गया है – यह संभावना कतिपय विद्वानों ने व्यक्त की है।[८] चारुमती से एक अन्य पद्य कवि का नामनिर्देश किये बिना भोज ने शृंगारप्रकाश में भी उद्धृत किया है। दोनों पद्य इस प्रकार हैं—

आलोहितमाकलयन् कन्दलमिति कम्पितं मधुकरेण।
संस्मरति पथि स पथिको दयिताङ्गुलितर्जनं ललितेन।।

यहाँ मधुकर के द्वारा रक्त कंदल को कँपाने से पथिक को अपनी प्रिया द्वारा जाने से रोकने के लिये उठाई गई तर्जनी का हिलाया जाना याद आ जाता है। स्मरण अलंकार का मार्मिक प्रयोग कवि ने किया है।

कनककुण्डलमण्डितगण्डया जघनदेशनिवेशितवीणया।
अमरराजपुरो वरकन्यया तव यशो विमलं परिगीयते।।

(जिसके कपोलों पर कनककुंडल झूल रहे हैं और जिसने अपनी गोद में वीणा रखी है ऐसी देवकन्या स्वर्गपुरी में तुम्हारा विमल यश गा रही है।)

यह श्लोक राजप्रशस्तिपरक है। गायननिरत देवकन्या की चित्रोपम छवि अंकित करके भाविक अलंकार यहाँ कवि ने रचा है।

सुभाषितसंग्रहों में वररुचि के नाम से लगभग बीस पद्य उद्धृत हैं, जिनमें से हो सकता है कतिपय पद्य उनकी कथित रचना चारुमती से लिये गये हों। चारुमती निस्संदेह महाकाव्य के विकास का एक महत्त्वपूर्ण सोपान था, जो दुर्भाग्य से अब उपलब्ध नहीं है। अनेक पद्य उभयाभिसारिका भाण के प्रणेता वररुचि के भी हो सकते हैं, जो वैयाकरण वररुचि से भिन्न तथा परवर्ती हैं।

जल्हण की सूक्तिमुक्तावली में वररुचि के विषय में यह पद्य है—

यथार्थता कथं नाम्नि मा भूद् वररुचेरिह।
व्यधत्त कण्ठाभरणं यः सदारोहणप्रियः।।

वररुचि के नाम की यथार्थता (जो अच्छी रुचि वाली इस अर्थ का होना) भला कैसे न हो, उन्होंने सदारोहणप्रिय (सदैव आरोहण करने वाला, सज्जनों के द्वारा स्वीकार्य) कण्ठाभरण (वररुचि का काव्य, गले का हार) जो निर्मित कर दिया है।

विद्वानों का अनुमान है कि वररुचि के द्वारा विरचित महाकाव्य का नाम 'स्वर्गारोहण' था।

खंडकाव्य

खंडकाव्य महाकाव्य के एक अंश के समान होता है। इसमें नायक, प्रतिनायक, ॠतुवर्णन आदि रहते हैं, पर महाकाव्यवत् विस्तार या जीवन का सर्वांगीण रूप चित्रित नहीं होता।

विषयवस्तु की दृष्टि से संस्कृत साहित्य की परंपरा मे खंडकाव्य के दो मुख्य प्रकार व्यवहृत हुए हैं- संदेशकाव्य या दूतकाव्य तथा स्तोत्रकाव्य।

मुक्तक का स्वरूप

मुक्तक विश्व साहित्य की सबसे प्राचीन विधा तथा सभी काव्य विधाओं की जननी कही जा सकती है। वाचिक परंपरा में सृष्टि के आदि काल में जब मनुष्य ने अपने भाव को काव्यात्मक अभिव्यक्ति दी, तो उसने गाथा, मुक्तक या गीत इस प्रकार की काव्यकोटियों की ही सर्वप्रथम रचना की। वेद के मंत्र अपने आप में मुक्तकों के उदाहरण हैं। लौकिक काव्य की सृष्टि का उपक्रम भी वाल्मीकि के मुख से अनायास निकल पड़े एक मुक्तक के द्वारा ही हुआ।

वैदिक काल से ही गाथा जन समाज में अत्यंत लोकप्रिय रही है। वैदिक साहित्य – संहिता, ब्राह्मण आदि के समानांतर लोकप्रिय साहित्य की सृष्टि भी नितरंतर होती आ रही थी, जिसकी चर्चा इस खंड में प्रथम अध्याय में की गई है। इसी लोकप्रिय साहित्य के अंतर्गत गाथा का प्रचलन हुआ। गाथा मूलत: एक प्रकार का लोकगीत है।[९] काठक संहिता (२४।१) में प्राप्त एक कथा के अनुसार स्त्री रूप में अवतरित वाणी को आकृष्ट करने के लिये देवों ने गाथाओं का गायन किया। मैत्रायणी संहिता(३।७।३) में बताया गया है कि विवाह में गाथाएँ गाईं जाती हैं और गाथाओं के गायक स्त्रियों को प्रिय होते हैं।

महाभारत के समय विभिन्न प्रकार के मुक्तककाव्य राजसभा या जनसमाज में सुनाये जाते थे, जिनका संकेत सभापर्व (११।३५) में 'सामानि स्तुतिगीतानि गाथाश्च विविधास्तथा' के द्वारा किया गया है। आचार्य भामह ने काव्य की पाँच विधाएँ बतायीं थीं, जिनमें उन्होंने अनिबद्ध या मुक्तक को अंतिम स्थान दिया। उनके अनुसार गाथा या केवल श्लोकमात्र अनिबद्ध काव्य है। दंडी ने भी प्रबंध के अतिरिक्त मुक्तक, कुलक, कोश, संघात आदि विधाओं का उल्लेख किया है, और इन्हें सर्गबंध या महाकाव्य का अंशरूप मानकर उनके लक्षण ही नहीं किये।[१०] वामन के अनुसार अनिबद्ध काव्य तेज के परमाणु की तरह पूर्ण प्रकाशित नहीं होता – ''नानिबद्धं चकास्त्येकतेज:परमाणुवत्।''

आनंदवर्धन तथा अभिनवगुप्त - इन दो आचार्यों ने मुक्तक काव्य को भी अपने काव्यचिंतन में वरेण्य माना। आनंदवर्धन के अनुसार एक एक मुक्तक में भी प्रबंध की भाँति रसपरिपाक संभव है—

''तत्र मुक्तकेषु रसबन्धाभिनिवेशिन: कवेस्तदाश्रयमौचित्यम्। तच्च दर्शितमेव। अन्यत्र कामचार:। मुक्तकेषु प्रबन्धेष्विव रसबन्धाभिनिवेशिन: कवयो दृश्यन्ते. यथा ह्यमरुकस्य कवेर्मुक्तका: शृङ्गाररसस्यन्दिन: प्रबन्धायमाना: प्रसिद्धा एव।''(ध्वन्यालोक, ३.७ पर वृत्ति)।

इसी स्थल पर आनंदवर्धन ने मुक्तकश्रेणी की कतिपय विधाओं का नामोल्लेख इस प्रकार किया है—

यत: काव्यस्य प्रभेदा मुक्तकं संस्कृतप्राकृतापभ्रंशनिबद्धम्। सन्दानितकविशेषककलापककुलकानि।''

अभिनवगुप्त के मत में मुक्तक पूर्वापर निरपेक्ष या अपने आप में पूर्ण रह कर भी रसास्वाद करा देता है – ''पूर्वापरनिरपेक्षेणापि येन रसचर्वणा क्रियते तन्मुक्तकम्।''[११]

आचार्यो के द्वारा परिगणित लघुकाव्य की श्रेणी में निम्नलिखित काव्य प्रकार समाविष्ट हो जातें हैं—

मुक्तक- अपने आप में संपूर्ण किसी भी विषय, प्रसंग, भाव को व्यक्त करने वाला एक सरस पद्य। प्राकृत या लोक भाषा में रचित होने पर इसी को गाथा कहा गया है। गाथा आर्या की कोटि के एक छंद का नाम भी है। गाथाएँ इसी छंद में रची जाती रही हैं।

संदानितक - परस्पर संबद्ध दो मुक्तकों का युग्म या जोड़ा।

विशेषक- परस्पर संबद्ध तीन मुक्तकों का संग्रह।

कुलक- परस्पर संबद्ध चार मुक्तकों का संग्रह। अग्निपुराण के मत से समान वृत्त के निर्वाह से युक्त; कैशिकी वृत्ति वाला; प्रवास, या पूर्वानुराग से संपन्न श्रृंगाररसप्रधान काव्य। इसी को कहीं कहीं संदानितक भी कहा गया है।

संघात- एक कवि के द्वारा रचित एक प्रसंग या वर्ण्य विषय पर केंद्रित सूक्ति समुदाय। भोज ने श्रृंगारप्रकाश में संघात का लक्षण यह दिया है—

एकप्रघट्टके यस्त्वेककृतो भवति सूक्तिसमुदायः।
सङ्घातस्स निगदितो वृन्दावनमेघदूतादि।।

शतक- किसी भी विषय पर रचे गये लगभग सौ श्लोकों का संग्रह।

कोश- एक कवि की या कई कवियों की परस्पर निरपेक्ष सुंदर सूक्तियों का संग्रह। विश्वनाथ ने इसके लक्षण में बताया है कि कोश का विभाजन व्रज्या (अकारादिक्रम से श्लोक जिनमें संग्रहीत हों, ऐसे खंड) के क्रम से भी हो सकता है और बिना व्रज्या के भी। सप्तशती काव्य भी इसी श्रेणी में आते हैं।

भोज के अनुसार—

कोश इव यः सुभाषितरत्नसमूहात्मकः समुद्ध्रियते।
महतः काव्याम्भोधेः स कोश इह सप्तशतिकादि।।

संहिता- विविध वृत्तांतों का संग्रह। श्रृंगारप्रकाश में भोज ने इसका लक्षण इस प्रकार किया है

यस्यां सन्धीयन्ते मनीषिभिर्विप्रकीर्णवृत्तान्ताः।
सा संहितेति गदिता यदुवंशदिलीपवंशादि।।

रागकाव्य- रागकाव्य वास्तव में उपरूपक का भेद है।[१२] ऐसा काव्य जिसमें अलग अलग गीत विभिन्न रागों में निबद्ध गीत हों, जिन्हें गायन के साथ साथ उन पर नृत्य व अभिनय भी किया जा सके, रागकाव्य है। जयदेव का गीतगोविंद तथा उसकी परंपरा में लिखे गये सैंकड़ों काव्य इसके उदाहरण हैं।

गीतिकाव्य- आजकल कभी मुक्तक को, तो कभी रागकाव्य को गीतिकाव्य कहा जाता है। आधुनिक समीक्षा में मुक्तक या गीतिकाव्य ये दोनो शब्द अंग्रेजी के लिरिक शब्द के अनुवाद के रूप में प्रयुक्त होने लगे हैं। लिरिक अपने आप में पूर्ण, कवि की अंतरंग मनोभावनाओं को व्यक्त करने वाला एक गेय छंद या पद्य है।

सूक्ति – सूक्ति के लिये सदुक्ति या सुभाषित शब्द का भी प्रयोग होता आया है। यों तो किसी भी सुंदर भावपूर्ण या उत्तम विचार की अभिव्यक्ति करने वाले पद्य को सूक्ति,सदुक्ति या सुभाषित कहा जाता रहा है, पर सीमित अर्थ में सूक्ति जीवन के मर्म को उघाड़ने वाली है, जो

जिह्वारूढ़ होकर बार बार दोहराई जाती रहे, एक प्रेरणासूत्र के रूप में मनुष्यसमाज का साथ दे। इस अर्थ में सूक्ति या सुभाषित का विलक्षणता बताने वाली यह सूक्ति प्रचलित है—

पृथिव्यां त्रीणि रत्नानि जलमन्नं सुभाषितम्।
मूढैः पाषाणखण्डेषु रत्नसंज्ञा विधीयते।।

(इस पृथिवी पर तीन रत्न हैं— जल, अन्न और सुभाषित। मूर्ख लोग पत्थर के टुकड़ों को रत्न का नाम देते रहते हैं।)

पंचतंत्र, चाणक्यनीति आदि ग्रंथों में उद्धृत इस सुभाषित में संसारयात्रा में सुभाषित की साररूपता इस प्रकार बताई गई है –

संसारविषवृक्षस्य द्वे फले त्वमृतोपमे।
सुभाषितं च सुस्वादु सङ्गतिः सुजनैः सह।।

(संसार रूपी विष के वृक्ष पर दो फल अमृत के समान हैं। सुस्वादु सुभाषित और सुजनों की संगति।)

मुक्तककाव्य की परंपरा का उद्भव व विकास

मुक्तक काव्य के बीज वैदिक संहिताओं में मिलते हैं, तथा रामायण और महाभारत में भी मुक्तकों का बहुमूल्य भंडार है। वैदिक काव्य के समानांतर गाथा, नाराशंसी आदि लोकप्रिय काव्यों की परंपरा निरंतर चली आ रही थी, जिसका विवरण वेद तथा महाभारत शीर्षक अध्यायों में दिया गया है। प्राकृत गाहासतसई व पालि का त्रिपिटक साहित्य मुक्तककाव्य की विकासयात्रा के दो विशिष्ट सोपान हैं। विशेष रूप से संयुत्तनिकाय के अंतर्गत थेरगाथा तथा थेरीगाथा में जो पालिगाथाएँ संकलित हैं, उनमें भावनाओं की तीव्रता, अंतरंग अनुभूतियाँ तथा अध्यात्मिक जीवन की झलक एक साथ मिलती है। थेरगाथा के एक कवि वागीस (वागीश) बुद्ध के समकालीन कहे गये हैं। अनुष्टुप्, त्रिष्टुप्, औपच्छंदसिक आदि विविध छंदों का प्रयोग पालि के गाथाकारों ने किया है। प्रकृति या निसर्ग के साथ अंतरंग जुड़ाव ये गाथाकार व्यक्त करते हैं, व गाथाओं में मेघाच्छन्न नभ, वर्षा, पवन आदि के द्वारा मन में होने वाली हिलोर का चित्रण करते हैं।

उपसंहार

संस्कृत में श्रव्यकाव्य की परंपरा का आरंभिक चरण ईसा के पूर्व की कम से कम तीन सहस्राब्दियों में प्रसृत है। रामायण, महाभारत तथा पुराणों की रचना का उपक्रम इस चरण में हुआ। श्रव्यकाव्य को सूतों, मागधों, चारणों आदि लोककवियों ने जन जन तक पहुँचाया। ईसापूर्व की सहस्राब्दियों में संस्कृतकाव्य के उद्भव और विकास का यह काल सहज उन्मुक्त भावाभिव्यक्ति और अकृत्रिम राग, लय और छंद के अवतरण का काल है। रामायण, महाभारत

तथा लोकजीवन में रचे-बसे गाथाकाव्य इस इस काल में रचे गये साहित्य के लिये उपजीव्य बने।

सन्दर्भ

१. सर्गबन्धो महाकाव्यमारब्धं संस्कृतेन यत्।
तादात्म्यमजहत्तत्र तत्समं नातिदुष्यति।।२२।।
इतिहासकथोद्भूतमितरद्वा सदाश्रयम्।
मन्त्रदूतप्रयाणाजिनियतं नातिविस्तरम्।।२३।।
शक्वर्यातिजगत्यातिशक्कर्या त्रिष्टुभा तथा।
पुष्पिताग्रादिभिर्वक्त्राभिर्जनैश्चारुभिः समम् ।
युक्ता तु भिन्नवृत्तान्ता नातिसङ्क्षिप्तसर्गकम्।।२४।।
अतिशक्वरिकाष्टिभ्यामेकं सङ्कीर्णकैः परम् ।
मात्रयाप्यपरं सर्गं प्राशस्त्येषु च पश्चिमम् ।
कल्पोऽतिनिन्दितस्तस्मिन्विशेषानादरं सताम्।।२५।।
नगरार्णवशैलर्तुचन्द्रार्काश्रमपादपैर्युतम्।
उद्यानसलिलक्रीडामधुपानरतोत्सवम्।।२६।।
दूतीवचनविन्यासैरसतीचरिताद्भुतम् ।
तमसा मरुताप्यन्यैर्विभावैरतिनिर्भरम्।।२७।।
सर्ववृत्तिप्रवृत्तं च सर्वभावप्रभावितम्।
सर्वरीतिरसैर्जुष्टं पुष्टं गुणविभूषणैम्।
अत एव महाकाव्यं तत्कर्ता च महाकविम्।।२८।।

२. '....we can say with fair confidence that the kavya movement originated in Magadhan empire and very probably in Magadhi language itself' – (Indian Kavya Literature, vol I. p. 4)

३. सुबन्धौ भक्तिर्नः क इह रघुकारे न रमते
धृतिर्दाक्षीपुत्रे हरति हरिचन्द्रोऽपि हृदयम्।
विशुद्धोक्तिः शूरः प्रकृतिमधुराः भारविगिर-
स्थाप्यन्तर्मोदं कमपि भवभूतिर्वितनुते।।

४. प्रकीर्णप्रबन्धाः, प्रथमखंड, पृ० ९५-९७ में पुनर्मुद्रित

५. इंडियन काव्य लिटरेचर, खंड-२, पृ० ७८

६. संस्कृत साहित्य का इतिहास, कीथ, अनु० मंगलदेव शास्त्री, दिल्ली, १९६०, पृ० ५८

७. मसुसं० २.२०७६

८. इंडियन काव्य लिटरेचर, खंड-२, पृ० १०७

९. विशेष विवरण के लिये वैदिकसाहित्यविषयक प्रथम अध्याय देखें।

१०. मुक्तकं कुलकं कोषः संघात इति तादृशः।
सर्गबन्धांशरूपत्वादनुक्तः पद्यविस्तरः।। दण्डीकृत काव्यादर्श, १.१३

११. अभिनवगुप्त के ये कथन भी विचारणीय हैं - मुक्तमन्येनानालिङ्गितं तस्य सञ्ज्ञायां कन्। तेन स्वतन्त्रतया

परिसमाप्तनिराकाङ्क्षार्थमपि प्रबन्धमध्यवर्ति न मुक्तकमित्युच्यते।... द्वाभ्यां क्रियासमाप्तौ सन्दानितकम्। त्रिभिर्विशेषकम्। चतुर्भिः कलापकम्। पञ्चप्रभृतिभिः कुलकम्। इति क्रियासमाप्तिकृता भेदा इति द्वन्द्वेन निर्दिष्टाः अवान्तरक्रियासमाप्तावपि वसन्तवर्णनादेराकर्णनीयोद्देशेन प्रवृत्तः पर्यायबन्धः (अभिनवगुप्त – ध्वन्यालोकलोचन)

१२. विशेष विवरण के लिये इस पुस्तक में संस्कृत नाटक विषयक अध्याय देखें।

अध्याय - ६

दृश्यकाव्य (नाटक) का उद्भव तथा सैद्धांतिक पृष्ठभूमि

जैसा पिछले अध्याय में कहा गया है, काव्य के दो भेद माने गये – श्रव्य तथा दृश्य। दृश्यकाव्य को रूपक भी कहा जाता है, यह रंगमंच पर खेले जाने व दिखाये जाने के लिये रचा जाता है। रूपक के दस मुख्य भेद हैं, जिन्हें दशरूपक कहा गया है। नाटक इन्हीं रूपक भेदों में सबसे पहले गिना गया है। रूपक के भेदों में प्रधानता के आधार पर रूपकसामान्य या दृश्यकाव्य के लिये भी नाटक शब्द प्रचलन में आ गया है।

संस्कृत नाटक का उद्भव

संस्कृत नाटक की उत्पत्ति के विषय में अलग अलग मत प्रकट किये जाते रहे हैं। इसमें कुछ उल्लेखनीय मत हैं—

(१) **वीरपूजा का सिद्धांत-** इस का प्रतिपादन रिजवे नामक विद्वान् ने किया। उन्होंने भारत और ग्रीक देश की परंपराओं के अध्ययन के आधार पर निष्कर्ष दिया कि इन देशों की संस्कृति में प्राचीन काल के या पिछली पीढ़ी के वीर पुरुषों के प्रति पूजा या सम्मान प्रकट करने की परंपरा रही है। इसकी अभिव्यक्ति नाट्याभिनय के रूप में हुई और इस तरह नाटक का उद्भव हुआ।

(२) **ऋतुचक्र या प्राकृतिक परिवर्तन का सिद्धांत-** कीथ का यह मत था कि प्राकृतिक परिवर्तनों को मूर्त रूप में प्रदर्शित करने की इच्छा के कारण नाटक का प्रादुर्भाव हुआ। भारतवर्ष प्रकृति के सौंदर्य की दृष्टि से अत्यंत रमणीय है। यहाँ होने वाले ऋतुचक्र के आवर्तन-विवर्तन व नैसर्गिक सुषमा ने यहाँ के मूल निवासियों को नृत्य, संगीत व नाट्य के लिये प्रेरित किया।

(३) **नृत्य से नाटक की उत्पत्ति-** मैक्डॉनल प्राचीन काल में प्रचलित नृत्य से संस्कृत नाटक का उद्भव मानते हैं।[१]

(४) **पुत्तलिका नाट्य से नाटक की उत्पत्ति-** प्रसिद्ध विद्वान् शंकर पांडुरंग पंडित ने १८७७ ई० में पुत्तलिका नाट्य से संस्कृत नाटक की उत्पत्ति का सिद्धांत

प्रतिपादित किया था। उनके बाद जर्मन विद्वान् पिशेल ने भी इस सिद्धांत का फिर से प्रतिपादित किया। पिशेल ने छायानाट्य से भी संस्कृत नाटक के उद्भव की संभावना पर भी विचार किया। इसमें प्रमाण सूत्रधार शब्द के प्रयोग को दिया जाता है। सूत्रधार का अर्थ है सूत्र या डोरी पकड़ने वाला। पुत्तलिका नाट्य में पुतलियाँ नचाने वाला भी इनकी डोरी हाथ मे लिये रहता है। यही सूत्रधार है और इसके द्वारा नाट्य का प्रवर्तन किया गया।

(५) **छाया नाटक का सिद्धांत** - पिशेल ने वैकल्पिक रूप से छाया नाटक से भी नाट्य की उत्पत्ति की संभावना का प्रतिपादन किया। पुतलियों की छाया के द्वारा नाटक के प्रदर्शन की परंपरा भारत, थाईलैंड आदि देशों में रही है, पर भारत में यह परंपरा नाटक के उद्भव से प्राचीन है, ऐसा नहीं कहा जा सकता। छाया नाटक का प्राचीनतम उल्लेख महाभारत में आता है।

(६) **इतिहासकाव्यों से नाटक की उत्पत्ति का सिद्धांत** - कीथ[२] तथा मनमोहन घोष[३] इतिहास काव्यों (रामायण तथा महाभारत) के कथागायन की परंपरा से संस्कृत नाटक का विकास मानते हैं। प्राचीनकाल में लोकगायकों के द्वारा रामकथा का पाठ या गायन लोगों के मनोरंजन या शिक्षा के लिये समाज में किया जाता था। इन लोकगायकों को कुशीलव कहा जाता था। इस कथागायन में संवाद और अभिनय जुड़ गये, तो उससे नाटक के प्रयोग की परंपरा विकसित हुई। आद्य रंगाचार्य ने कथागायन से नाट्य के जन्म और विकास की प्रक्रिया की विशद परिकल्पना भी प्रस्तुत की है।[४]

(७) **उत्सव से नाट्योत्पत्ति का सिद्धांत-** यह सिद्धांत भी पाश्चात्त्य विद्वानों के द्वारा प्रस्तुत किया गया है, जिसके अनुसार आदिम जातियों में प्रचलित उत्सवों से नाट्य का जन्म हुआ। यूरोप में मे-पोल इसी प्रकार का उत्सव रहा है, जिसमें मई के महीने में एक स्तंभ स्थापित करके लोग उसके आस पास नृत्य करते रहे हैं।

वस्तुत: इन सभी मतों में एक भी ऐसा नहीं है, जो नाट्य की उत्पत्ति की समग्र व्याख्या कर सके, इनमें से प्रत्येक में अंशत: कुछ-कुछ सचाई अवश्य हो सकती है।

वेद तथा नाट्य

वेद भारतीय साहित्य के सबसे प्राचीन ग्रंथ हैं। यही नहीं, ऋग्वेद तो अपने लिखित रूप में निर्विवाद रूप से विश्व की सबसे पुरानी पुस्तक है, और लिखित रूप में अस्तित्व में आने के कुछ सहस्र वर्ष पूर्व तक यह मौखिक परंपरा में अस्तित्व में रहा है। वेदों में नाट्य के उद्भव के विषय में अनेक संकेत मिलते हैं।

१८९६ ई० में मैक्समूलर ने ऋग्वेद के एक सूक्त (१.१.६५) का अनुवाद करते हुए यह

अनुमान व्यक्त किया कि इस सूक्त का यज्ञ के अनुष्ठान के अवसर पर दो दलों के द्वारा अभिनय किया जाता होगा। इनमें से एक दल इंद्र का और दूसरा मरुद्गणों का प्रतिनिधि बनता था। आगे चल कर सिल्वाँ लेव्ही ने इस अनुमान का समर्थन किया तथा मैक्डॉनल ने इस दृष्टि से वैदिक संवादसूक्तों से भी नाटक के उद्भव की संभावना स्वीकार की।[५] सिल्वाँ लेव्ही ने तो ऋग्वेद के संवाद सूक्तों को आनुष्ठानिक नाटय का ही अवशिष्ट प्रकार मान लिया था।

संवादसूक्त तथा नाटक- यदि कतिपय यज्ञों में नाटकीय संवादों की प्रस्तुति कर्मकांड का अनिवार्य अंग थी, तो दूसरी ओर वैदिक संहिताओं में— विशेषत: ऋग्वेद में अनेक ऐसे सूक्त मिलते हैं, जो संवादात्मक होने के कारण नाटकीय हैं। इस प्रकार के कुछ सूक्त हैं— पुरूरवा और उर्वशी का संवाद (१०.९५), सरमा और पणि का संवाद (१०.१०८), यम-यमी-संवाद (१०.१०), इंद्र-वृषाकपि-संवाद (१०.८६), विश्वामित्र-नदी-संवाद (३.३३), अगस्त्य-लोपामुद्रा-संवाद (१.१७९) तथा नेमि और इंद्र का संवाद (८.१०) आदि। इन सभी संवाद-सूक्तों के पीछे कोई न कोई प्राचीन आख्यान या कथा- प्रसंग है। इन सभी में दो पात्रों के बीच उक्ति-प्रत्युक्ति या सवाल-जवाब चलते हैं। संवादों में भावनात्मक आवेग तथा विभिन्न मनोदशाएँ सामने आती हैं। इस प्रकार ये सूक्त अपने आप में छोटे-छोटे नाटक कहे जा सकते हैं। सरमापणिसंवाद में सरमा अपनी पैनी उक्तियों से पणियों को हतप्रभ कर देती है। यम-यमी-संवाद में यमी के संवादों में आवेग और त्वरा है, यम उसकी एक एक उक्ति पर तर्क व धैर्य के साथ प्रत्युक्ति करते हैं। उसी प्रकार पुरूरवोर्वशीसंवाद में पुरूरवा के संवादों में उर्वशी के लिये आकुल आह्वान है, उर्वशी उसके हर कथन का प्रत्याख्यान करती है। इस संवाद सूक्त में अठारह मंत्र हैं, जिनमें नौ पुरूरवा के तथा नौ उर्वशी के द्वारा कहे गये हैं। वस्तुत: इन संवादसूक्तों में करुणा, व्यथा, प्रेम, व्यंग्य, उपहास आदि विविध भावों की नाटकीय अभिव्यक्ति हुई है। इनमें नाटक के तत्त्व अंतर्निहित हैं।

इन संवाद-सूक्तों की निम्नलिखित विशेषताएं विचारणीय हैं—

१. अन्तिम नद्य:सूक्त को छोड़कर ये सभी सूक्त किसी मिथक या प्राचीन लोकप्रिय कथा पर आधारित हैं, जिसकी प्रसिद्धि इन सूक्तों की प्रस्तुति के प्रति उस समय के समाज के आकर्षण का कारण रही होगी।

२. सूक्तों की ऐसी कथा का अंश ही लिया गया है—जो नाटकीय तत्त्व से अधिक युक्त है। पूरी कथा का यही अंश नाट्य-प्रस्तुति के लिए सर्वाधिक उपयुक्त प्रतीत होता है।

३. सभी संवाद सूक्त उक्ति-प्रत्युक्ति के रूप में हैं। उत्तर-प्रत्युत्तर की पद्धति में एक आवेगपूर्ण नाटकीयता है। सरमा-पाणि सूक्त में सरमा अपनी पैनी धारदार उक्तियों से पणियों को हतप्रभ और निरुत्तर कर देती है, यमी के प्रत्येक आह्वान और आरोप का यम त्वरित, पर सधा हुआ उत्तर देते हैं, उर्वशी भी पुरूरवा की

अनुनय-विनय की एक-एक उक्ति को एक के बाद एक करके नकारती आती है। उर्वशी वाले सूक्त में कुल १८ मन्त्र हैं, जिनमें ९ पुरूरवा के द्वारा कहे गये हैं, ९ उर्वशी के द्वारा। एक मन्त्र पहले पुरूरवा के संवाद का है, तो उसके ठीक बाद वाला दूसरा प्रायः उर्वशी का उसी के उत्तर में आता है। यह स्थिति अपने आप में एक नाटक का स्वरूप खड़ा कर देती है।

४. इन सूक्तों में कोई भी अपने आप में पूर्ण नहीं है। संवाद सूक्तों का यह अपना वैशिष्ट्य है, जिसके द्वारा वे अन्य सूक्तों से पृथक् पहचाने जा सकते हैं। अन्य सूक्त गीति या लघुकाव्य के उदाहरण हैं, जो अपने से अलग किसी पूर्वापर प्रसंग या व्याख्या की अपेक्षा नहीं रखते। उनमें पात्र तथा घटनाएं इतनी प्रधान नहीं हैं, जितनी कवि की अभिव्यक्ति। उनकी तुलना में संवाद सूक्त इतिहास या मिथक के किन्हीं विशिष्ट पात्रों को प्रस्तुत करते हैं, जिनके जीवन में कोई रोमांचक घटना घट चुकी है। उस घटना का नाटकीय मोड़ वाला अंश इन संवाद-सूक्तों में प्रस्तुत होता है।

५. संवाद-सूक्तों में कहे गये संवाद उनके साथ चलने वाले अभिनय कार्य-व्यापार को सूचित करते हैं। पुरूरवोर्वशी सूक्त में उर्वशी पुरूरवा को छोड़कर जा चुकी है। बहुत समय के बाद वह उसे हंसिनी के रूप में एक सरोवर में दिखाई पड़ती है। पुरूरवा उसे वापस ले जाने का अन्तिम हताश प्रयत्न करता है। उर्वशी बार-बार यह कहती है कि वह उसकी स्मृति को अपने हृदय से सदा के लिए मिटा दे। अन्त में उर्वशी कहती है- 'स्त्रियों के साथ मित्रता हो ही नहीं सकती, इनका तो हृदय ही भेड़िये का होता है।' इस कथन के साथ सूक्त समाप्त हो जाता है। स्पष्ट ही उर्वशी तथा पुरूरवा के कार्य-व्यवहार संवादों में गर्भित हैं और संवाद को प्रस्तुत करते समय उसके अनुरूप पात्र अवश्य ही अभिनय करता चलता होगा, अन्यथा संवाद अपूर्ण रहता है। उदाहरणार्थ—अपने अन्तिम कथन के साथ ही पुरूरवा पूर्णतः हताश होकर वहाँ से चल पड़ता होगा। उसका यह कार्य व्यापार उसके अन्तिम कथन से ही ध्वनित है।

६. संवादों के आगे-पीछे कवि की ओर से कोई व्यवस्था या व्याख्या नहीं दी गयी है। इन सूक्तों के संवाद के साथ अन्य कोई टिप्पणी आदि नहीं है- यह तथ्य भी इस बात की ओर संकेत करता है कि संवाद सूक्त अभिनय या जन-समाज के सम्मुख प्रस्तुतीकरण के लिए थे; वे मूलतः पाठ्य नहीं हैं।

७. संवाद-सूक्तों की सर्वोपरि विशेषता कर्मकाण्ड-विशेष के प्रति निरपेक्षता तथा मनुष्य जीवन से गहरी संलग्नता कही जा सकती है। किसी भी संवाद-सूक्त में न तो देवता-विशेष का कोई संदर्भ या स्तुति है, न किसी याज्ञिक या धार्मिक

कर्मकांड से किसी प्रकार का उसका सम्बन्ध ही सूचित किया गया है। इन सूक्तों की कथाएं मूलत: किसी अनुष्ठान या कर्मकाण्ड से सम्बद्ध नहीं हैं। उनका कलेवर तथा चरित्र लोककथाओं के अधिक निकट है। जनसाधारण उन्हें सुनना या बार-बार देखना पसन्द करते होंगे और ऐसी स्थिति में यज्ञ में उपस्थित जन-समाज नाटक का प्रेक्षक बन जाता होगा।

८. संवाद-सूक्तों को भारतीय नाट्य का उद्गम तो नहीं कहा जा सकता। आद्यरंगाचार्य का यह कथन सत्य लगता है कि रंगमंच की पहले से चली आती किसी परम्परा के कारण संवाद-सूक्तों की रचना सम्भव हुई होगी (दि इंडियन थियेटर, आद्यरंगाचार्य, पृ० ७)।) तथापि यह अवश्य सत्य है कि यज्ञ ने नाटक के लिए एक अनुकूल रचनात्मक परिवेश प्रस्तुत किया तथा आर्यों की जातीय स्मृतियों तथा इतिहास-पुरुषों की कथाओं के संचय के लिए आधार जुटाया।

मैक्डॉनल ने उचित ही कहा है कि भारतीय नाट्य साहित्य का प्राचीनतम रूप ऋग्वेद के यम-यमी, पुररूवा-उर्वशी, सरमा-पणि आदि संवाद-सूक्तों में देखा जा सकता है। पुरूरवा-उर्वशी का सूक्त तो कालिदास के 'विक्रमोर्वशीयम्' नाटक का मूल आधार रहा ही है। डॉ० कीथ ने वैदिक काव्य में भारतीय नाट्य का मूल रूप खोजने के प्रति उत्साह का विरोध किया, पर साथ ही उन्होंने यह भी माना कि वैदिक संवाद सूक्तों का अभिनेय नाटक के बीच एक संबंध अवश्य है। श्रोडर तथा हर्तेल इन सूक्तों को वैदिक काल के रहस्यमय धार्मिक नाटक मानने के पक्ष में थे। विंडिश तथा ओल्डेनबर्ग ने इनका सूक्तों को वैदिक आख्यानों से जोड़कर उनसे नाटक के विकास की कड़ियां खोजने का प्रयास किया, जिसे पिशेल तथा गेल्डनर के शोध से बल मिला। इन विद्वानों के अनुसार संवाद सूक्त यद्यपि निरपवाद रूप से पद्यबद्ध हैं, पर मूलत: उनमें गद्य-पद्य दोनों रहते थे, कालक्रम में केवल पद्यांश सुरक्षित रह सका है। विलुप्त गद्यांश में इन सूक्तों का नाट्यरूप अवश्य ही स्पष्ट रहा होगा।

वैदिक देवमंडल तथा संस्कृतनाट्य

भरतमुनि के नाट्यशास्त्र के तृतीय अध्याय में रंगदैवतपूजन तथा पंचम अध्याय में पूर्वरंग की आनुष्ठानिक विधि का वर्णन है। रंगदैवतपूजन नाट्यशाला के निर्माण के पश्चात् किया जाता है। पूर्वरंग किसी भी नाट्यप्रस्तुति के पहले आयोजित होता है। इन दोनों अनुष्ठानों में वैदिक देवमंडल तथा वैदिक यज्ञ की परंपरा प्रतिफलित हुई है। रंगदैवतपूजन में जिन देवों के आवाहन व पूजन का विधान किया गया है, उनमें से निम्नलिखित देवता वेदों में प्रोक्त हैं – इंद्र, मरुद्गण, अश्विनौ, मित्र, अग्नि, मेधा, धृति, विष्णु और सरस्वती। इनके साथ पितामह, गुह, महाग्रामणी (गणपति) आगम या पौराणिक परंपरा के देवता भी रंगदैवतपूजन में पूजित हैं। एफ०बी०जे० क्वाइपर रंगदैवत पूजन के अनुष्ठान को वैदिक यज्ञ के विकास के रूप में

देखते हैं,[६] जब कि एन०आर० लिडोवा ने इसे आगमप्रतिपादितपूजा परंपरा का विकास माना है।[७]

वैदिक साहित्य तथा कलापरंपरा

ऋग्वेद में काव्य, नाटक के अतिरिक्त अन्य आनुषंगिक कलाओं के विकास के भी प्रमाण मिलते हैं. संगीत, नृत्य, चित्र आदि ऐसी कलाएँ हैं, जिनकी नाटक या रंगमंच के विकास में अनिवार्य भूमिका रहती है। वैदिक देवताओ में उषस् तथा इंद्र का नर्तन से गहरा संबंध है। इन देवों के लिये नृतमान तथा नृतू जैसे विशेषणों का प्रयोग ऋषियों ने किया है, जो इनकी नृत्यकला में रुचि तथा निपुणता के द्योतक हैं।[८] मरुत् तथा अश्विनौ देवों के नृत्यप्रेम की भी चर्चा वैदिक सूक्तों में हुई है।[९] वैदिक कवि भी संगीत और नृत्य के जानकार प्रतीत होते हैं। उन्होंने श्रेष्ठ नर्तक होने की कामना प्रकट की है।[१०] परिजन की मृत्यु पर शवसंस्कार करके वापस आते हुए वे कहते हैं— 'अब हम नृत्य और आनंद के लिये संसार में वापस लौटते हैं।'[११]

वैदिक संहिताओं के बाद ब्राह्मण ग्रंथों में संगीत, नृत्य, चित्र और मूर्ति कलाओं से संबंधित प्रचुर सामग्री मिलती है। ऐतरेय, कौषीतकि और गोपथ ब्राह्मणों में तो शिल्प और कला के सिद्धांतों का भी विवेचन किया गया है। ब्राह्मणग्रंथों में शिल्प व कला को लेकर जो गहन विमर्श हुआ है, उसकी चर्चा इस ग्रंथ के पहले अध्याय में की जा चुकी है। इसमें कोई संदेह नहीं कि नृत्य, संगीत व विविध शिल्पकलाएँ वैदिक काल में विकसित हो चुकी थीं।

वेदों का नाट्य, नृत्य व संगीत कलाओं से गहरा संबंध है। वेदकाल के अनेक देवता जिनकी मूलभूत परिकल्पना आर्यों ने की थी, संगीत और नृत्य के प्रेमी माने गये थे। उषा को अनेक स्थानों पर नृतु या नृत्य करने वाली कहा गया है। इंद्र वैदिक काल में सर्वाधिक प्रशंसित और प्रधान देवता माना गया था। उसके नृत्य प्रेम के भी अनेक संदर्भ मिलते हैं। उसे नृतमान कहा गया है। यहां तक कि उसे सर्वश्रेष्ठ नर्तक भी बताया गया है। इंद्र की जिस रूप में परिकल्पना आर्य जाति के भीतर जन्मी थी, वह अभिनेय कलाओं से अनुषक्त थी। यही कारण है कि इस महान् देवता इन्द्र की असुरों पर विजय के उपलक्ष्य में नाटक का प्रयोग किया गया तथा शताब्दियों तक इंद्रमहः या इंद्र के उत्सव के अवसर पर नाटक का आयोजन आवश्यक समझा जाता रहा। इन्द्र भरत द्वारा पहली बार प्रस्तुत समुद्रमंथन समवकार देख कर बहुत प्रसन्न हुए और उन्होंने अपना ध्वज आचार्य भरत को दिया (नाशा० १.३९)। इन्द्र के सहयोगी मरुत् तथा अश्विनौ को भी 'नृतु' कहा गया है।

वैदिक रचनाकारों के नृत्य प्रेम की यह स्थिति है कि उन्होंने नर्तकों में सर्वश्रेष्ठ नर्तक होने की कामना की है (ऋ०१०।२९।२)। नृत्य और संगीत की कलाएं, उनके जीवन में गहराई से संश्लिष्ट थीं तथा नाटक के उद्गम के लिए सर्वथा अनुकूल और उत्प्रेरक परिस्थितियाँ भी

उनके बीच विद्यमान थीं। आर्य उत्कट जिजीविषा और मनस्विता से संपन्न थे। वे लोग संघर्ष से उबर कर सदैव आनंद और उल्लास से भरा जीवन जीने की कामना करते थे। यही कारण है कि अपने एक निकट परिजन की मृत्यु पर शोकाकुल होकर उसका शवसंस्कार करने के बाद लौटते समय शोक को त्याग कर वैदिक कवि कहता है- 'अब हम नृत्य और आनंद के लिए संसार में वापस लौटते हैं' (ऋ० १०.८.३)। अभिनय कलाओं के प्रति एक सहृदयतापूर्ण समाशंसा का भाव हम संहिताओं में रचनाकारों में पाते हैं। अथर्ववेद में पृथिवी सूक्त में कहा गया है- 'यह वह धरती है, जिस पर अगणित मनुष्य गीत गाते हैं, नृत्य करते हैं।' संहिताओं के पश्चात् संभवत: १००० ई०पू० के आस-पास ब्राह्मणग्रन्थ लिखे गये, जिनमें नृत्य, गीत, संगीत आदि के संदर्भ मिलते हैं। नाटक के जो भी सूत्र वैदिक काल में जनसमाज में विकसित हुए, उन्हें आर्यों ने अपने धार्मिक उत्सवों, यज्ञों में समाहित कर व्यापक आधार देते हुए विकसित किया। ऐसी परिस्थितियों के बीच संभवत: पुरोहित अभिनेताओं का समुदाय उभर कर आया तथा नाट्य-रचनाओं का एक समुच्चय भी तैयार हुआ।

जिन लोगों ने वैदिक मन्त्र रचे थे,उनकी दृष्टि जीवन के प्रति उन्मुक्त थी। वे जीवन को उसकी परिपूर्णता में जीने वाली आमोदप्रिय जाति के लोग थे। उनकी स्फीत वाग्धारा ने जिस काव्य का सृजन किया, वह अपनी भाषा की प्रखरता और भास्वरता में बेजोड़ ही है। जिस जाति के कण्ठ से प्रकृति के विशाल प्रांगण में उन्मुक्त विचरते समय अलौकिक स्वर स्वत: फूटे थे, उसके जीवन में कलाओं- विशेषत: प्रदर्शनकारी कलाओं का महत्त्वपूर्ण स्थान होना स्वाभाविक ही था। नाटक ऐसी जाति के सामाजिक जीवन का अनिवार्य हिस्सा रहा होगा।

यज्ञ तथा वैदिकनाट्य

यज्ञ विधि में कुछ ऐसे अनुष्ठानों का समावेश भी मिलता है, जिनमें यजमान, पुरोहित या अन्य लोग पूर्व-निर्धारित वाक्यों में परस्पर संवाद करते हैं। संवाद की यह विधि अपने आप में नाटक का स्वरूप उपस्थित कर देती है। ए०बी० कीथ ने महाव्रत याग,अग्निष्टोम आदि अनुष्ठानों में प्रस्तुत होने वाले संवादों का नाटक के साथ संबंध स्वीकार किया है।[१२]

संवाद सूक्तों का अभिनय यज्ञ के समय उपस्थित जन-समाज के मनोरजंन के लिए किया जाता होगा-इस दृष्टि से अग्निष्टोम यज्ञ में प्रस्तुत किया जाने वाला अध्वर्यु-सोमविक्रयी संवाद उल्लेखनीय है। कात्यायनश्रौतसूत्र में इस संवाद का जिस प्रकार निरूपण है,उससे यह अपने आप में एक प्रहसनात्मक रूपक प्रतीत होता है—

तं विक्रयिणे प्रयच्छति। पञ्चकृत्व: सोमं पणते। स आह – सोमविक्रयिन्, क्रय्यस्ते सोमो राजा३ इति। क्रय्य इत्याह सोमविक्रयी। तं वै ते क्रीणानीति। क्रीणीहीत्याह सोमविक्रयी। कलया ते क्रीणानीति। भूयो वात: सोमो राजाऽर्हतीत्याह सोमविक्रयी। भूय एवात: सोमो राजाऽर्हति। महांस्त्वेव गोर्महिमेत्याह अध्वर्यु:। गौर्वे प्रतिधुक्, तस्यै शृतं, तस्यै शरस्तस्यै दधि, तस्यै मस्तु, तस्या आमिक्षा तस्यैवाजितमिति।

भूय एवात: प्रभृति चतुरावर्तयति। एकेनान्ते पणते शफेन पदार्धेन गवा क्रीणानीत्यन्त:। प्रश्नान्ते प्रश्नान्ते। (कात्यायनयश्रौतसूत्र ७.७.२२ से ७.८.१२)।

सोम की बूटी तो अध्वर्यु के पास है, पर वह संवाद (नाटक) प्रारम्भ करने के लिए उसे सोमविक्रयी या सोम बेचने का अभिनय करने वाले व्यक्ति को दे देता है जिससे संवाद में सोमविक्रेता की यजमान या पुरोहितों से जिस प्रकार मोल-तोल के लिए झड़प होती होगी, उसकी रोचक ढंग से नकल की गयी है, जो आगे की भाण ओर प्रहसन से मिलता-जुलता रूपक प्रतीत होता है। कात्यायन श्रौतसूत्रमें यह संवाद इस प्रकार दिया गया है-

अध्वर्यु: क्या, यह सोम बेचोगे?

विक्रेता: हां, श्रीमान् यह बेचने के ही लिए है।

अ०: मुझे इसे खरीदना है।

वि.: ठीक है, आप इसे ले लीजिए।

अ०: मैं इसे गाय के सोलहवें हिस्से के बदले में लूंगा।

वि०: श्रीमन्, सोम का मूल्य इससे अधिक है।

अ०: गाय का मूल भी क्या कम है? गाय हमें दूध, दधि, घृत, नवनीत देती है।

सोमविक्रेता तथा अध्वर्यु अन्तिम संवादों को चार-चार बार दोहराते है। प्रत्येक बार सौदा करने के लिए अध्वर्यु सोम का मूल्य गाय के शफ (खुर), पाद (पैर), आधी गाय और अन्तत: पूरी गाय तक बढ़ाता है। विक्रयी हर बार उत्तर में कहता है- श्रीमान्, सोम का मूल्य इससे अधिक है। सोम औषधियों का राजा है- आदि। फिर वह अध्वर्यु के द्वारा एक पूरी गाय मूल्य में दिये जाने की बात कहने पर मान जाता है। अध्वर्यु उससे सोम के साथ न्यग्रोध का पौधा भी खरीदता है तथा दोनों के मूल्य-स्वरूप उसे कुछ स्वर्ण देता है, विक्रयी स्वर्ण ले लेता है और यज्ञ के देवताओं की पूजा करके प्रस्थान करने को होता है। ठीक इसी समय अध्वर्यु के दल के लोग झपट कर उसे पकड़ लेते हैं और उससे स्वर्ण छीन कर उसकी पिटाई कर डालते हैं।

इस संवाद का उल्लेख वैदिक साहित्य में अनेकत्र आता है। सम्भवत: यह उस समय यज्ञ के अवसर पर अभिनीत होने वाले सबसे अधिक लोकप्रिय संवादों में रहा होगा। कात्यायन श्रौतसूत्रके विवरण से स्पष्ट है कि यथार्थ में वहाँ सोम की खरीद-फरोख्त नहीं हो रही है, पूरा-का-पूरा संवाद प्रहसन है। सोम विक्रयी भी सचमुच का सोम-विक्रयी नहीं है, अध्वर्यु के दल का ही आदमी है, जिसे अध्वर्यु ने पहले खरीदा हुआ अपने पास का सोम देकर सोमविक्रयी की भूमिका सौंप दी है। यह संवाद वैदिक आर्यों की जन-भावनाओं की अभिव्यक्ति प्रतीत होता है। इसके कर्मकाण्डीय अभिप्राय जो भी हों, सोम की आर्यों को निरन्तर आवश्यकता रहती थी और जैसे-जैसे वे दक्षिण की ओर बढ़ते गये थे, सोम उनके लिए दुर्लभ होता जा रहा था।

सोम-विक्रेताओं का धंधा भी ऐसी स्थिति में खूब चलने लगा होगा तथा उनके सोम खरीदने में काफी झड़प और झंझट होती होगी। इस संवाद में सोम-विक्रेता के द्वारा की जाने वाली बहस और उसके लालच की नकल करके अंत में उसे दिया हुआ स्वर्ण छीन कर उसकी जो पिटाई की जाती है, वह सोम-विक्रेताओं के विरुद्ध आर्यों की भावनाओं का ही प्रतिरूप है।

इसी प्रकार महाव्रत की विधि के अंतर्गत ब्रह्मचारी और पुंश्चली के संवाद का अभिनय किया जाता था, जिसका विवरण शांखायन आरण्यक, कात्यायन श्रौतसूत्र तथा लाट्यायन श्रौतसूत्र में मिलता है।[१३] ऐतरेय तथा शांखायन ब्राह्मणों में महाव्रत की विधि का वर्णन है, पर ब्रह्मचारी और पुंश्चली का संवाद उनमें निर्दिष्ट नहीं है। कात्यायन श्रौतसूत्र में कहा गया कि ब्रह्मचारी और पुंश्चली दोनों एक दूसरे पर ताना कसने वाले तथा एक दूसरे को खिझाने और चिढ़ाने वाले वाक्य कहते हैं। लाट्यायन श्रौतसूत्र में बताया गया है कि ब्रह्मचारी और पुंश्चली यज्ञवेदी के निकट किस प्रकार और कहाँ खड़े होगें तथा संवादों की आवृत्ति कितनी बार करेगें।

ईसा से कई शताब्दियों पहले आर्यों के समाज में इस तरह के कई संवाद या प्रहसनात्मक नाटक, धर्म या कर्मकाण्ड की विधियों के अंग के रूप में से या स्वतन्त्र रूप में निर्मित और प्रस्तुत किये गये होगें। इस दृष्टि से सोमयाग की महाव्रत विधि में प्रयुक्त होने वाला ब्रह्मचारी और पुंश्चली का संवाद अध्ययन के लिए बहुत ही रोचक तथा महत्त्वपूर्ण सामग्री प्रस्तुत करता है। महाव्रत भी उपर्युक्त अग्निष्टोम के समान वैदिक काल का अत्यन्त प्राचीन अनुष्ठान था। ऐतरेय और शांखायन आरण्यकों में महाव्रत की विधि उल्लिखित है, पर उनमें इस अनुष्ठान के समय ब्रह्मचारी और पुंश्चली का संवाद कैसा हो-यह नहीं बताया गया। कात्यायन श्रौतसूत्र में कहा गया है कि इस अवसर पर ब्रह्मचारी और पुंश्चली परस्पर आक्षेप, आरोप-प्रत्यारोप करते हुए या ताना कसते हुए एक-दूसरे को खिझाने वाले वाक्य कहते हैं (कात्यायनश्रौतसूत्र, १३, ३६-७)। पर यह संवाद जिस रूप में प्रस्तुत होना था-वह लाट्यायन श्रौतसूत्रमें दिया गया है (४.३.९-१२)। इस ग्रन्थ में ब्रह्मचारी और पुंश्चली को यज्ञवेदी के पास कहाँ खड़ा होना चाहिए, किस दिशा की ओर मुख करके कौन सा वाक्य बोलना चाहिए तथा वाक्य की पुनरावृत्ति तीन-तीन बार किस प्रकार करनी चाहिए-यह भी निर्दिष्ट है।[१४] ब्रह्मचारी तथा पुंश्चली स्त्री द्वारा एक दूसरे के लिए बोले गये संवाद आज की दृष्टि से अश्लील हैं। एक सीमा तक उनकी छाया हम कर्पूरमंजरी जैसे नाटकों में विदूषक द्वारा अन्त:पुर की दासियों के साथ किये जाने वाले परिहास, उपहास आदि में देख सकते हैं।

ब्रह्मचारी और पुश्चली का यह संवाद निश्चय ही यज्ञविधि का आवश्यक अंग था, पर इस बात को नकारा नहीं जा सकता कि वह अपने आप में एक नाटक भी था। नृत्तशास्त्रीय सिद्धान्तों के अनुसार अन्य देशों की तरह भारत में भी नाटक तंत्र, टोने-टोटकों और धार्मिक या याज्ञिक कर्मकांड की विधियों के बीच ही उस युग में पनप रहा था। सोमविक्रयी के संवाद की ही तरह इस संवाद में नाटक मानना इसलिए सर्वथा संगत है कि यज्ञविधि का एक हिस्सा

होने के साथ-साथ इसकी प्रस्तुति लोगों के सामने प्रदर्शन के लिए होती थी और लोग उसे देखकर रंजित और आनन्दित होते थे। इस प्रकार ये संवाद नाटक की मूलभूत शर्तें पूरी करते हैं।

नाटक वैदिक यज्ञ की संरचना में समाया हुआ है। महाभारत के अनुशासन पर्व में राजा दिलीप के यज्ञ का विवरण मिलता है, जिसमें बताया गया है कि यज्ञ में बनाये गये यूप (स्तंभ) के चारों ओर इंद्र आदि देवों तथा गंधर्वों ने नृत्य किया था और विश्वावसु ने वीणा बजायी थी।[१५] यज्ञ मात्र एक कर्मकांड ही नहीं था, वह वैदिक काल के लोगों की समस्त रचनात्मक गतिविधियों के विकास के लिये एक माध्यम भी था। यज्ञ में हमारी सारी कलापरंपरा— विशेष रूप में नाट्यपरंपरा के उद्भव के लिये बीजवपन हुआ था— इस में कोई संदेह नहीं। यजुर्वेद के तीसवें अध्याय में बताया गया है कि यज्ञ में गायन के लिये शैलूष तथा नर्तन के लिये सूत को आमंत्रित किया जाना चाहिये। यहाँ सूत, शैलूष आदि के साथ वैणिक (वीणावादक), मार्दंगिक (मृदंगवादक), वांशिक (बाँसुरी बजाने वाला) आदि के उल्लेख से नटमंडली का स्वरूप उपस्थित हो जाता है। श्रौतसूत्रों के उल्लेखों से भी प्रमाणित होता है कि पितृमेध यज्ञ में नृत्त, गीत तथा वादन का आयोजन होता था। इन यज्ञों में बजाये जाने वाले वाद्य तथा गायन की विधियों के विवरण भी श्रौतसूत्रों में मिलते हैं।[१६] वीणावादन का अश्वमेध, वाजपेय आदि यज्ञों में अनिवार्य स्थान था। वीणा बजाने के लिये जिन आचार्यों को बुलाया जाता था, उन्हें पारिश्रमिक स्वरूप सौ स्वर्णमुद्राएँ देने का निर्देश दिया गया है। वीणावादन के साथ साथ गाथाएँ भी इनमें गायी जाती थीं। इनको श्रौतसूत्रों ने उत्तरमंद्रा[१७] में गाने का निर्देश दिया है।[१८] इस तरह नाट्य, संगीत तथा नृत्त या नृत्य वैदिक यज्ञ के अनिवार्य अंग रहे हैं। वाजपेय यज्ञ में रथों की दौड़ की स्पर्धा होती थी, जिसका स्वरूप नाटकीय ही था। वैदिक यज्ञों में सभी वर्णों के लोगों की उपस्थिति अनिवार्य मानी गई थी। आपस्तंभ धर्मसूत्र (१.१९.१) के अनुसार दर्शपौर्णमास यज्ञ में शूद्र का रहना आवश्यक था। शतपथब्राह्मण (१३.२.३.९९) में भी पितृमेध यज्ञ में शूद्रों की उपस्थिति यज्ञ की आनुष्ठानिक पूर्णता के लिये अपेक्षित कही गई है।

वैदिक यज्ञ के संपादन के समय मंत्रपाठ के साथ हाथों के लयबद्ध संचालन का जो निर्देश दिया गया है, उसमें नाट्यप्रयोग के आंगिक अभिनय के सूत्र मिलते हैं। यज्ञवेदी की प्रदक्षिणा के विधान में भी नाट्यशास्त्र में निर्दिष्ट प्रदक्षिण प्रवेश तथा अप्रदक्षिण प्रवेश की व्यवस्था का मूल समाहित है। जिस स्थान पर विष्णु स्थापित हैं, अध्वर्यु प्रदक्षिणा के समय उससे हट कर चलता है, और मंत्र में यह भाव व्यक्त करता है कि कहीं उसके पाँव विष्णु को न छू दें।[१८] यह भाव ही संस्कृत नाटक की भावभूमि है। विष्णु के तीन पदक्रमों का अनुकरण तीन कदम चल कर किया जाना चाहिये, उसके साथ अन्वर्थक मंत्रों का पाठ भी होना चाहिये।[२०] इस पृष्ठभूमि में कपिला वात्स्यायन ने अश्वमेध, सौत्रामणि आदि यज्ञों की विधि में आंगिक अभिनय का विनियोग तथा उससे समस्त कर्मकांड की नाट्यरूपता का सटीक विश्लेषण किया है।[२१]

वैदिक आख्यान और भारतीय नाट्यपरंपरा

यज्ञ की संस्था से आख्यानों का विकास भी संभव हुआ। नाटक के विकासमें आख्यान परंपरा का योगदान निश्चित रूप से महत्त्वपूर्ण है। अश्वमेध यज्ञ एक वर्ष तक चलता था। इसमें दिग्विजय के लिये अश्व को छोड़ देने के बाद यज्ञ जहाँ प्रारंभ किया जाता था, उस स्थान पर एक वर्ष तक आख्यान कहे व सुनाये जाते थे। इन आख्यानों को 'पारिप्लव आख्यान' कहा गया है। शतपथ ब्राह्मण के निर्देश के अनुसार अश्वमेध यज्ञ ३६० दिनों में दस दस दिन के ३६ आख्यानचक्र पूरे कर लिये जाते थे।[२२]

आख्यान का अर्थ है कहना या कथाकथन। आख्यान वैदिक अनुष्ठान का एक महत्वपूर्ण अंग रहा है। वैदिक यज्ञ के दो पक्ष हैं - अलौकिक और लौकिक। पहला पक्ष एक देवता के आवाहन और यज्ञ मंडप में उनकी प्रतिष्ठा से संबद्ध है, दूसरा मनुष्य की रचनाशीलता की अभिव्यक्ति से। यह अभिव्यक्ति यज्ञ में गाथा, नाराशंसी, आख्यान और उपाख्यानों के संयोजन के द्वारा होती आई है। गाथा मुक्तक काव्य है। महाभारत में प्राचीन कवियों की अनेक गाथाएँ उद्धृत हैं। इनसे लगता है कि वैदिक काल से गाथा एक लोकप्रिय काव्यविधा थी। नई नई गाथाएँ निरंतर रची जाती थीं। इन गाथाओं की प्रस्तुति के लिये यज्ञ के रूप में एक सहज मंच उपलब्ध था। इसी प्रकार नाराशंसी आख्यानात्मक प्रशस्तिपरक काव्य थी, जिसमें अपने समय के किसी महानायक के शौर्य और अवदान का वर्णन किया जाता था। गाथाओं और नाराशंसियों के साथ यज्ञ में आख्यानों की प्रस्तुति का भी विधान था। डॉ० राजेंद्रप्रसाद हाजरा ने आख्यान परंपरा को यजुर्वेदमूलक माना है।[२३] यजुर्वेद संहिता का प्रतिपाद्य मुख्यतया याज्ञिक अनुष्ठान है। याज्ञिक अनुष्ठानों में आख्यान प्रस्तुत किये जाते थे।

ऐतरेय ब्राह्मण (७।१८।१०) में कहा गया है कि राजसूय यज्ञ में शौन:शेप आख्यान की प्रस्तुति होता के द्वारा की जाती है। शौन:शेप आख्यान में शुन:शेप की कथा है, जिसकी विश्वामित्र ने बलि दिये जाने से रक्षा की। वैदिक यज्ञ में चार प्रकार के पुरोहित होते हैं - होता, उद्गाता, अध्वर्यु तथा ब्रह्मा। ये चारों क्रमशः ऋग्वेद, सामवेद, यजुर्वेद और अथर्ववेद से संबद्ध हैं। इनमें से होता को आख्यान प्रस्तुत करने का विधान सर्वथा उचित है, क्योंकि जैसा भरतमुनि बताते हैं नाट्य की परंपरा में चार वेदों से चार तत्त्व लेकर नाट्य रचा गया, इनमें पाठ्य का तत्त्व ऋग्वेद से लिया गया। इस वस्तुस्थिति के कारण ही यह विधान किया गया होगा कि ऋग्वेद से संबद्ध होता ही यज्ञ में आख्यानों का पाठ करे।

अश्वमेध यज्ञ में दिग्विजय के लिये अश्व छोड़ा जाता था। यह अश्व एक वर्ष तक धरती पर भ्रमण करता था। जिस स्थान पर यज्ञ आरंभ किया जाता था, वहाँ इस पूरे एक वर्ष भर आख्यान प्रस्तुत किये जाते थे। एक आख्यान की अवधि दस दिन होती थी। इसप्रकार अश्वमेध में ३६० दिनों में कुल छत्तीस आख्यानों की प्रस्तुति होती थी। अश्वमेध यज्ञ में प्रस्तुत किये जाने वाले इन आख्यानों को पारिप्लव आख्यान कहा है। पारिप्लव का शाब्दिक अर्थ है- जो

सब ओर से प्लवन (तैरना) करते हुए आये हो। डॉ० रामकरण शर्मा का अनुमान है कि गुरुशिष्यपरंपरा या वक्ता और श्रोता की परंपरा के कारण इन्हें पारिप्लव आख्यान कहा गया।[२४] ऐतरेय ब्राह्मण में ही आख्यानविद् लोगों की चर्चा आई है, जो सौपर्ण आख्यान सुनाते थे।

आख्यान और उपाख्यान में क्या संबंध है? रामायण और महाभारत को आख्यान कहा गया है। आख्यान के भीतर उपाख्यान होते हैं। इनमें कोई उपाख्यान का विस्तार लेकर स्वतंत्र बन कर फिर से आख्यान हो जाता है। महाभारत के आख्यान में प्रसंगवश उपाख्यान जुड़ते जाते हैं। आख्यान और उपाख्यान में पारस्परिक परिवर्तनीयता होती है। कभी कोई आख्यान उपाख्यान बन जाता है, कोई उपाख्यान आख्यान। राम की कथा रामायण के रूप में आख्यान है। वही जब महाभारत में प्रसंगवश सुनाई जाती है, तो रामोपाख्यान कहलाती है। उपाख्यान स्वतंत्र रूप से गायन, पाठ और अभिनय के साथ प्रस्तुत किये जाते हैं, तो वे आख्यान बनते जाते हैं। महाभारत में नल, सावित्री, शकुंतला आदि की कथाएँ प्रसंगवश सुनाई गईं हैं, वहाँ इन्हें नलोपाख्यान, सावित्र्युपाख्यान, शकुंतलोपाख्यान कहा गया है। उन्हीं को महाभारत के आख्यान से पृथक् कर के स्वतंत्र रूप से प्रस्तुत किया जाए, तो ये आख्यान कहे जायेगें।

आख्यान महानदी है, उपाख्यान उसमें से निकलीं धाराएँ। कभी महानदी से निकली धाराएँ स्वतंत्र स्रोतस्विनियाँ बन जाती हैं। कभी महानदी सिकुड़ कर एक धारा रह जाती है।

आख्यान और उपाख्यानों की महानदियों तथा धाराओं के संगम का एक रोचक उदाहरण कालिदास का विक्रमोर्वशीयम् है। इसका मूल उर्वशी और पुरूरवा का आख्यान है, जो शतपथ ब्राह्मण में विस्तार से बताया गया है। पुरूरवा और उर्वशी का संवाद ऋग्वेद १०।९५ में है। इस सूक्त में अठारह मंत्र हैं। सायण अपने भाष्य में कहते हैं कि इनमें से नौ ऋचाएँ एल पुरूरवा के वचन हैं, शेष नौ उर्वशी के। यदि यज्ञ में यह आख्यान प्रस्तुत किया जाता है, तो एक पुरोहित पुरूरवा के वचन बोलेगा, दूसरा उर्वशी के।

पुरूरवा और उर्वशी का संवाद कालिदास के विक्रमोर्वशीयम् में अभिनव परिकल्पनाओं के साथ एक संपूर्ण नाटक के रूप में सामने आया। नाट्यशास्त्र की पारिभाषिक शब्दावली में विक्रमोर्वशीयम् नाटक नहीं त्रोटक या तोटक है। आचार्यों ने त्रोटक या तोटक का मुख्य लक्षण दिव्यमानुष संयोग बताया है। ऋग्वेद का उक्त संवादसूक्त में उर्वशी और पुरूरवा के संयोग और वियोग का प्रसंग है। इस संवादसूक्त से त्रोटक के रंगमंच के लिये एक आख्यान विकसित हुआ होगा, ऐसा आख्यान जिसमें दिव्यपात्र या अप्सरा के मनुष्य नायक से मिलन और बिछोह की कथा हो।

कालिदास ने विक्रमोर्वशीय में इलोपाख्यान के अभिप्राय को भी मिला लिया है। पुरूरवा ऐल या इला का पुत्र है, इसलिये कालिदास ने इसकी कथा में उसके पिता की कथा के अभिप्राय जोड़ लिये हैं। वाल्मीकि रामायण तथा पुराणों में इलोपाख्यान आता है। राजा इल देवी पार्वती के लीलाधाम में गलती से जा घुसा, तो वह इला नामक स्त्री में रूपांतरित हो गया।

बुध के संयोग से इसी इला ने पुरूरवा को जन्म दिया। कालिदास के नाटक में उर्वशी हड़बड़ी में कुमारवन में प्रवेश कर जाती है, जिसके कारण उसे लता के रूप में परिणत हो जाना पड़ता है। ना०शा० के अंतिम अध्याय में नाट्य के भूलोक में अवतरण का प्रसंग है। यहाँ राजा नहुष के मुख से अपने पितामह पुरूरवा की कथा का उल्लेख कराया गया है। नहुष ने इस कथा के जो सूत्र बताये हैं, उनसे स्पष्ट होता है कि भरतमुनि का नाट्यशास्त्र कालिदास के पहले की रचना है। कालिदास ने प्रचलित वैदिक आख्यान को बदल दिया है। नाट्यशास्त्र में कालिदास के द्वारा किये गये बदलाव का कोई संज्ञान नहीं है। नहुष जो कथा बताते हैं उसमें पुरूरवा और उर्वशी के पुनर्मिलन की कोई संभावना नहीं लगती। कालिदास ने वैदिक आख्यान को अपनी अभिनव परिकल्पना से सर्वथा नया और अनूठा रूप दे दिया। भरतमुनि कालिदास के द्वारा परिवर्तित कर दी गई कथा से परिचित नहीं लगते, प्राचीन वैदिक आख्यायन से वे अवश्य परिचित हैं। वे यह भी बताते हैं कि पुरूरवा और उर्वशी के प्रेम के कारण उर्वशी स्वर्ग से उतर कर धरती पर आई, तो उस के साथ नाटक भी धरती पर आया। पर पुरूरवा और उर्वशी जो बिछड़े, और पुरूरवा उर्वशी के प्रेम में बावला हो गया, तो उसके साथ भूलोक पर नाटक की गतिविधियों का भी अवसान हो गया।

पितामहगृहेऽस्माकं (स्माभिरे) तदन्तःपुरे जने।
पितामहक्रियायुक्तमुर्वश्यां सम्प्रवर्तितम्।।
तस्याः प्रणाशशोकेन उन्मादोपहते नृपे।
विपन्नेऽन्तःपुरजने पुनर्नाशमुपागतम्।।

(नाशा० ३७.९-१०)

पुरूरवा और उर्वशी का वैदिक आख्यान कालिदास के विक्रमोर्वशीयम् में अभिनव परिकल्पनाओं के साथ एक संपूर्ण नाटक सामने आया। ऋग्वेद का संवादसूक्त त्रोटक बन कर रंगमंच के लिये एक आख्यान के रूप में विकसित हुआ होगा, ऐसा आख्यान जिसमें दिव्यपात्र या अप्सरा की मनुष्य नायक से मिलन और बिछोह की कथा हो।

इस प्रकार वैदिक यज्ञों में विविध आख्यानों की प्रस्तुति की परंपरा से आख्यान की एक शैली विकसित हुई, और आख्यान का रंगमंच भी बना। यह कथागायन की शैली थी, जिसमें अभिनय व संगीत भी जुड़ा रहता था।। कथागायकों के पास एक मानक पदावली का संचय अथवा कोश रहता था, जिसे वे कथा में तुरत विनियोजित कर लेते थे। जिन पदावलियों की पुनरावृत्ति की जाती थी उन्हें प्रो० रामकरण शर्मा ने चार कोटियों में परिगणित किया है[२५] —

रूढविशेषणविशेष्यात्मक- मनोज्ञ, सुंदर, रम्य, रमणीय जैसे विशेषण कथागायक तत्काल नायक नायिका के वर्णन में जोड़ सकता था।

संबोधनात्मक - स्त्री के प्रति कथनों में सुभ्रु, वामोरु, भीरु, सुन्दरि, सुभगे, कान्ते ये शब्द जोड़ दिये जाते थे।

उपमानोपमेयात्मक - जैसे समुद्र इव गाम्भीर्ये, धैर्येण हिमवानिव, तस्थौ गिरिरिवाचलः, शोकसागरः इत्यादि।

प्रसंगविशेषवर्णनात्मक - जैसे - एष धर्मः सनातनः। अत्राप्युदाहरन्तीममितिहासं पुरातनम् - इस प्रकार के वाक्यों से आरंभ कर के प्रसंग का उपक्षेप किया जाता था।

रामायण और महाभारत को भी इसी प्रकार आख्यान के रूप में प्रस्तुत किया जाता रहा है। इसलिये रामायण तथा महाभारत को परम्परा में आख्यान भी कहा गया। इन दोनों काव्यों के प्रणेता स्वयं अपनी रचना को आख्यान के रूप में परिभाषित करते हैं। रामायण के आरंभ में ही क्रौंचवध को देख कर रामायण की रचना कैसे हुई यह प्रसंग आया है। रामायण की रचना हो जाने पर मुनिजन चकित होकर कहते हैं - कितना बड़ा आश्चर्य है यह आख्यान जो मुनि वाल्मीकि ने रच दिया (आश्चर्यमिदमाख्यानं मुनिना सम्प्रकीर्तितम् -रामा० १.४.२६) वाल्मीकि अपने द्वारा रचा यह आख्यान कुश और लव को सिखा कर अयोध्या भेजते हैं। राजसभा में राम अपने भाइयों से कहते हैं - देवताओं जैसे इन दो बालकों से हम लोग आख्यान सुनें (श्रूयतामिदमाख्यानमनयोर्देववर्चसोः - १.४.३२)

महाभारत के विषय में स्वयं महाभारत में ही यह कहा गया कि यह आख्यान कवियों के लिये प्रेरणास्रोत है - इदं कविवरैः सर्वैराख्यानमुपजीव्यते (म०भा० आदिपर्व, २.२४१)। आख्यान को महभारतकार ने पंचम वेद कहा है, जिसे चारों वेदों और वेदांगों के साथ गुरुकुलों में पढाया जाता था।

साङ्गोपनिषदान् वेदान् चतुराख्यानपञ्चमान्।

(म०भा०, वनपर्व, ५५.१)

योऽधीत्य चतुरो वेदान् सर्वानाख्यानपञ्चमान्।

(वही, द्रोण,पर्व, १.३१) १.३१)

वेदानाख्यानपञ्चमान् (वही, कर्णपर्व, १.४४)

आख्यान यदि गुरुकुलों में पढाया जाता था, तो इसके अध्यापन की विधि वेद-वेदांगों से निश्चय ही भिन्न थी। इसे पाठ्य और गेय दोनों अंश होते थे तथा गेय को तन्तुवाद्य, गायन के साथ सीखना होता था। वाल्मीकि ने अपना आख्यान कुश-लव को इसी प्रकार सिखाया था। कुश और लव के द्वारा प्रस्तुत किये जाने वाले आख्यान के विषय में कहा गया है—

पाठ्ये गेये च मधुरं प्रमाणैस्त्रिभिरन्वितम्।

जातिभिः सप्तभिर्युक्तं तन्त्रीलयसमन्वितम्।

रसैः शृङ्गारकरुणहास्यरौद्रभयानकैः।

वीरादिभी रसैयुक्तं काव्यमेतदगायताम्।।

(रामा० १.४.८-९)

कुश और लव ने सबसे पहले रामायण के आख्यान को प्रस्तुत करने की पद्धति का प्रशिक्षण पाया, उनकी परंपरा में जो नट गायन, वादन और अभिनय के साथ आख्यानों के प्रस्तुति करते आये, उन्हें कुशीलव कहा गया।

आख्यान की यह परंपरा एक जीवंत परंपरा थी। बाणभट्ट ने महाभारत के आख्यान के रूप में प्रस्तुतीकरण का वर्णन किया है। कादंबरी का नायक चंद्रापीड मृगया के प्रसंग में भटकता हुआ विचित्र परिस्थितियों में महाश्वेता से मिलता है, और फिर महाश्वेता के साथ वह हिमालय के प्रदेश में कादंबरी के आवास तक पहुँच जाता है। वहाँ वह आख्यान के रूप में महाभारत की प्रस्तुति देखता है। महाभारत की आख्यान के रूप में यह प्रस्तुति नारद के पुत्री के द्वारा की जा रही थी। इस प्रस्तुति की संगत में दो किन्नर मधुकर के समान मधुर तान छेड़ती वंशी बजाते चल रहे थे, नारद की पुत्री पाठ कर रही थी और सुंदर स्वर में साथ में गायन भी।

महाश्वेतां पृष्ठतश्च समपुविष्टेन किन्नरमिथुनेन मधुकरमधुराभ्यां वंशाभ्यां दत्तताने कलगिरा गायन्त्या नारददुहित्रा पठ्यमाने च सर्वमङ्गलमहीयसि महाभांरते..(कादंबरी, पीटर्सन का संस्करण, पृ० २०९)

हम कह सकते हैं कि यह पंडवानी प्रस्तुत करने वाली तीजनबाई का पूर्वरूप है।

इसी आख्यान की पंरपरा से बाद में कीर्तनिया रंगमंच, हरिकथागायन, जात्रा आदि का विकास हुआ। संस्कृत के साथ क्षेत्रीय बोलियों और भाषाओं को मिला कर सैंकड़ों की संख्या में नाटक भी इसी परंपरा में लिखे गये। जगदीशचंद्र माथुर और दशरथ ओझा ने अपने संपादन में प्रकाशित प्राचीन भाषा नाटक पुस्तक में निम्नलिखित नाटक संकलित किये हैं - पारिजातहरणनाटक (उमापति उपाध्याय - १४वीं शताब्दी), गोरक्षविजय (विद्यापति ठाकुर, १४वीं शताब्दी), कालियदमनयात्रा (शंकरदेव, १५वीं-१६वीं वीं शताब्दी), पत्नीप्रसाद (वही), केलिगोपालनाट (वही), परशुरामविजयव्योग (कपिलेंद्रदेव). रुक्मिणीहरणनाटक (शंकरदेव), पारिजातहरण (वही), रामविजय (वही), अर्जुनभंजनयात्रा (माधवदेव, १६वीं वीं शताब्दी), चोरझरा झुमुरा (वही), भूमिलुटिया झुमुरा (वही), पिंपरा गुचुरा झुमुरा (वही), ब्रह्मामोहन झुमुरा (वही), रासझुमुरा (वही), भूषणहरण झुमुरा नाट (वही), कोटोरा खेला झुमुरा (शील माधव देव), अजामिल उपाख्यान (द्विजभूषण, १६वीं वीं शताब्दी), कंसवध (रामचरण ठाकुर, १६वीं शताब्दी) जन्मयात्रा (गोपाल आता, १६वीं-१७वीं शताब्दी) नंदोत्सव अथवा घोष यात्रा (वही), गोपीउद्धवसंवाद नाट (वही), नृसिंहयात्रा (दैत्यारि ठाकुर, १६वीं-१७वीं शताब्दी)) स्यमंतहरण (वही)।

इन्हें संपादकों ने मिश्रित संस्कृत नाटक कहा है, उपरूपकों की परंपरा से प्रभावित माना है, तथा गीतगोविंद और महानाटक की पंरपरा से भी संबद्ध किया है। पर आख्यान की परंपरा से इनका जो अंतरंग और गहरा संबंध है, उसकी ओर इन संपादकों ने ध्यान नहीं दिया है।

इन नाटकों में सूत्रधार नाट्यप्रस्तुति में निरंतर हस्तक्षेप करता हुआ दर्शकों को संबोधित करता चलता है, संवादों के साथ कथागायन बराबर चलता है। यह शैली आख्यान की शैली रही है।

यक्षगान, अंकिया नाट आदि शैलियों में संस्कृत के संवाद और क्षेत्रीय भाषाओं या बोलियों के गीत जोड़ कर नाटक की नई शैली विकसित हुई उसमें अन्य अनेक नाटक लिखे गये। छत्तीसगढ़ के नाचा, मालवा के माच आदि लोकनाट्यों में भी आख्यान की यह शैली झलकती है।

आख्यान का रंगमंच सूत्रधार का रंगमंच था। सूत्रधार कथा के देशकाल और दर्शकों के देशकाल के बीच एक सेतु की तरह अवस्थित होकर कभी दर्शकों को संबोधित करता है, कभी कथा के संसार में प्रवेश कर जाता है। कथाकथन के साथ कथागायन इस मंच पर चलता है।

आख्यान की कथागायन के रूप में प्रस्तुति से रंगमंच की एक विशिष्ट परंपरा ने जन्म लिया, और क्लासिकी संस्कृत नाटक की महती परंपरा से समांतर संस्कृत नाटक तथा क्षेत्रीय भाषाओं के नाट्यरूपों को संपन्न बनाया।

दक्षिण भारत में महाभारत की आख्यान परंपरा से अनेक नाट्यरूप विकसित हुए, जिनकी चर्चा महाभारतविषयक अध्याय में ऊपर की गई है।

सूत या सूत्रधार का उदय

वैदिक यज्ञ की संस्था से ही सूत या सूत्रधार का उदय हुआ, जिसकी नाट्य के विकास में अग्रणी भूमिका रही। सूत जाति के लोग वास्तुवेत्ता होने के कारण यज्ञवेदी तथा यज्ञमंडप के निर्माण में भी सहयोग देते थे। यज्ञ में कहे जाने वाले आख्यानों के प्रस्तुतीकरण में भी इनकी भूमिका रहती होगी— ऐसा अनुमान किया जा सकता है। आख्यान या पुराण को प्रस्तुत करने के कारण ही इनका एक नाम पौराणिक प्रचलित हुआ। महाभारत में जनमेजय के नागयज्ञ में यज्ञवेदी के निर्माण के लिये जिस सूत को बुलाया गया है, उसी को महर्षि व्यास ने स्थपति (स्थापत्त्य विद्या का जानकार), वास्तुविद्याविशारद, सूत्रधार तथा पौराणिक— इन चार विशेषणों से वर्णित किया है और उसकी बुद्धिमत्ता की सराहना भी की है-

स्थपतिर्बुद्धिसम्पन्नो वास्तुविद्याविशारदः।
इत्यब्रवीत् सूत्रधारः सूतः पौराणिकस्तथा।।

(महाभारत, आदिपर्व, ५१।१५)[१६]

नाट्यशास्त्र में भरतमुनि ने नाट्य को यज्ञरूप ही मना है। इससे यज्ञ तथा नाट्य की समरूपता सिद्ध होती है। यज्ञ में नाट्य और नाट्य में यज्ञ समाविष्ट है। दोनों के भीतर मूल भावना भी एक ही है। यह मूल भावना समष्टि या अनंत में व्यष्टि या सीमित व्यक्तित्व के विसर्जन की है।

नाट्यशास्त्र का प्रमाण

भरतमुनि के नाट्यशास्त्र में नाट्य की उत्पत्ति के विषय में एक प्रतीकात्मक कथा दी गयी है। इसमें बताया गया है कि देवताओं के अनुरोध पर ब्रह्मा ने ऋग्वेद, सामवेद, यजुर्वेद तथा अथर्ववेद इन चारों वेदों से क्रमश: चार तत्त्व (पाठ्य, गीत, अभिनय तथा रस) निकाल कर नाट्य रूपी पाँचवे वेद की सृष्टि की। इस कथा का आशय यही है कि हमारी परंपरा नाटक के उद्भव में चारों वेदों को मूल मानती है।

इस प्रकार नाटक के उद्भव में वैदिक साहित्य, वैदिक अनुष्ठान या यज्ञ की निश्चित रूप से मुख्य भूमिका रही है। संक्षेप में इससे संबंधित तथ्य पुन: ध्यातव्य हैं—

१. नाट्य याज्ञिक विधि का संरचनागत अविभाज्य अंग रहा है, यह उस पर आरोपित या बाह्य अंग के रूप में जोड़ा हुआ तत्त्व नहीं था।

२. वैदिक यज्ञ की प्रक्रियाएँ, यज्ञमंडप व याज्ञिक अनुष्ठान संस्कृत नाटक व संस्कृत रंगपरंपरा में संक्रांत हुए तथा उनके सातत्य में संस्कृत रंगमंच की परंपरा का विकास हुआ।

३. वैदिक काल में कलाविषयक चिंतन तथा सौंदर्यशास्त्र की पारिभाषिक श.ब्दावली का विकास हुआ, जो नाट्यपरंपरा के सैद्धांतिक आधारभूमि विकसित करकने में सहायक हुई।

४. वैदिक यज्ञ में सहभागी सूत, शैलूष आदि नाट्य के सूत्रधार बने।

५. वैदिक यज्ञ में प्रस्तुत किये जाने वाले आख्यानों तथा वैदिक सूक्तों से नाट्य का पाठ्य अंश या इतिवृत्त विकसित हुआ।

६. वैदिक मंडल को नाट्यशास्त्र में रंगपीठ पर बनाये जाने वाले ब्राह्ममंडल के अंतर्गत प्रतिष्ठित किया गया।

७. वैदिक यज्ञ की मूल भावना समष्टि में व्यष्टि के विसर्जन की थी। यह नाट्य की भावभूमि पर स्वीकार हुई।

नाट्यशास्त्रीय परंपरा में नाट्योत्पत्ति

नाट्य को वेद कहा गया है, अत: उसे वेद के ही समान अनादि और अपौरुषेय मान कर ब्रह्मा के द्वारा उसकी उत्पत्ति बतायी गयी है। नाशा० में नाट्योत्पत्ति का मिथक इस प्रकार है- स्वायम्भुव मन्वन्तर में कृतयुग (सत्ययुग) के बीत जाने पर तथा त्रेता युग के आ जाने पर जब वैवस्वत मन्वन्तर में लोग ग्राम्यधर्मों में प्रवृत्त हो गये, काम और लोभ के वश में हो गये तथा ईर्ष्या और क्रोध के कारण मूढ़ बन गये, तो इन्द्र आदि देवों ने पितामह ब्रह्मा से कहा— हम ऐसा क्रीडनीयक चाहते हैं, जो दृश्य और श्रव्य दोनों हो। शूद्र जाति के लोगों के लिये वेद

का व्यवहार श्राव्य नहीं है, इसलिये आप सार्ववर्णिक पंचम वेद की रचना कीजिये। ब्रह्मा ने कहा-ऐसा ही हो और फिर उन देवों को विदा देकर उन्होंने चारों वेदों का स्मरण किया और संकल्प किया कि चूंकि ये वेद स्त्रियों तथा शूद्रों के लिये उपादेय नहीं है इसीलिये मैं सर्वश्राव्य पंचम वेद की सृष्टि करता हूँ, जो धर्म, अर्थ, यश की प्राप्ति वाला, उपदेश तथा संग्रह से युक्त हो तथा आने वाले लोक के लिये सभी कर्मो का निदर्शन करने वाला भी हो (१/८-१५)।

इस प्रकार संकल्प करके ब्रह्मा ने चारों वेदों का स्मरण करते हुए उनके चार अंगों (पाठ्य, गीत, अभिनय तथा रस) से नाट्यवेद की रचना की। उन्होंने ऋग्वेद से पाठ्य, सामवेद से गीति, यजुर्वेद से अभिनय तथा अथर्ववेद से रस का ग्रहण किया। इस प्रकार सर्वज्ञ ब्रह्मा ने वेदों तथा उपवेदों से सम्बद्ध इस नाट्यवेद की रचना की। इस नाट्यवेद को उत्पन्न कर के ब्रह्मा ने इन्द्र से कहा— 'मैंने यह इतिहास रच दिया है, इसके प्रयोग के लिये देवों को विनियुक्त करो। जो कुशल, विदग्ध, प्रगल्भ, जितश्रम हों उनमें यह नाट्यवेद तुम्हारे द्वारा संक्रमित किया जाय।' ब्रह्मा के इस वचन को सुन कर इन्द्र ने कहा— 'भगवन्! इस नाट्यवेद के ग्रहण, धारण, ज्ञान तथा प्रयोग के लिये देवगण अशक्त हैं, वे नाट्यकर्म के लिये अयोग्य हैं। वेद के गुह्य तत्त्व को जानने वाले व्रतस्थ ऋषि ही इसके ग्रहण, धारण तथा प्रयोग में समर्थ हैं।' इन्द्र के इस वचन को सुनकर ब्रह्मा ने मुझे (भरत को) कहा— 'तुम सौ पुत्रों के साथ इस नाट्यवेद के प्रयोक्ता बनो।' तब मैंने ब्रह्मा से इस प्रकार आज्ञप्त होकर उनसे नाट्यवेद का ज्ञान प्राप्त किया और उसे अपने सौ पुत्रों को सिखाया। फिर उन सौ पुत्रों को उनकी अपने-अपने अनुरूप भूमिकाएँ दे कर भारती, सात्त्वती तथा आरभटी इन तीन वृत्तियों से युक्त प्रयोग का मैंने आश्रय लिया और ब्रह्मा को प्रणाम कर के उनसे निवेदन किया तब ब्रह्मा ने कहा इसमें चौथी वृत्ति कैशिकी भी जोड़ लो। इसके लिये जो द्रव्य अपेक्षित हो, मुझे बताओ। तब मैंने उत्तर दिया-'भगवन्! मुझे वह द्रव्य प्रदान कीजिये, जिससे कैशिकी का प्रयोग हो सके। मैंने उस नृत्त तथा अङ्गहार से सम्पन्न रस और भाव की क्रिया से युक्त कैशिकी वृत्ति का प्रयोग भगवान् नीलकण्ठ शिव के नृत्य के समय देखा है। सुकुमार नेपथ्य वाली तथा शृङ्गाररस से सम्भूत उसके कैशिकी का प्रयोग बिना स्त्रियों के केवल पुरुषों के द्वारा सम्भव नहीं है।' तब विभु ब्रह्मा ने अपने मन के द्वारा अप्सराओं की सृष्टि की, जो नाट्यालङ्कार में चतुर थीं। फिर उन्होंने भाण्ड (वाद्य) के लिये शिष्यों के साथ स्वाति को नियुक्त किया और फिर नारद आदि गन्धर्वों को गायन के लिये नियुक्त किया। इस प्रकार नाट्यवेद का ग्रहण पूरा हो जाने पर मैं हाथ जोड़कर

ब्रह्मा के सम्मुख उपस्थित हुआ और उनसे कहा कि 'नाट्य का ग्रहण प्राप्त हुआ, अब आदेश दीजिये कि मैं क्या करूँ?' यह सुन कर पितामह ने कहा - 'यह प्रयोग का महान् समय उपस्थित है। इन्द्र का भी श्री से युक्त ध्वजमह (इन्द्रध्वजोत्सव) चल रहा है। इसी में नाट्यसंज्ञक वेद का प्रयोग किया जाय।' तब असुरों और दानवों के मारे जाने के उपलक्ष्य में आयोजित उस ध्वजमह में मैंने नाट्यवेद का प्रयोग करते हुए पहले नान्दी की, जो आशीर्वचन से युक्त थी। फिर मैंने, देवों ने दैत्यों को कैसे जीता - इसकी अनुकृति की। इस प्रयोग से प्रसन्न होकर ब्रह्मा आदि देवों ने मेरे पुत्रों को (नाट्य के लिये उपादेय) उपकरण प्रदान किये। सर्वप्रथम इन्द्र ने प्रसन्न होकर अपना शुभ ध्वज दिया। ब्रह्मा ने कुटिलक, वरुण ने अपना शुभ भृङ्गार, सूर्य ने छत्र, शिव ने सिद्धि, वायु ने व्यजन (पंखा), विष्णु ने सिंहासन, कुबेर ने मुकुट तथा सरस्वती ने नाट्य के प्रेक्षणीय का श्राव्यत्व दिया। शेष देवों, गन्धर्वों, यक्ष, राक्षस तथा पन्नगों ने भी अपनी-अपनी जाति के प्रसिद्ध गुणों के अनुसार वाणी, रस, रूप, बल आदि के अंश दिये (नाशा० १/१६-६३।)।'

इस प्रकार (नाट्य के उपकरणों की व्यवस्था हो जाने पर) प्रयोग प्रारम्भ हुआ, (जिसे देख कर) वहाँ एकत्र दैत्य क्षुब्ध हो गये। 'उन्होंने विरूपाक्ष आदि विघ्नों (असुरों) को उत्साहित करते हुए कहा कि हम इस प्रयोग को सहन नहीं करेंगे। तब उन असुरों के साथ विघ्नों ने माया का आश्रय लेकर नाट्य करने वाले (मेरे पुत्रों) की वाणी, चेष्टा और स्मृति को स्तब्ध कर दिया। सूत्रधार के इस विध्वंस को देख कर देवराज इन्द्र ने ध्यान किया कि प्रयोग में यह वैषम्य कैसे हो गया? तब उन्होंने विघ्नों से घिरे हुए नष्टसंज्ञ तथा जड बने हुए सूत्रधार को देखा। तब इन्द्र झट से उठे, उत्तम ध्वज को लिया और रंगपीठ पर आये हुए विघ्नों को उन्होंने अपने उस जर्जर से जर्जर बना दिया।' (वही, १/६४-७०)।

इसके पश्चात् देवों के द्वारा जर्जर की प्रशंसा की गयी। पर इसके बाद भी विघ्न या असुर नाट्य के प्रयोग में बाधा देते रहे। तब भरत ने फिर ब्रह्मा के पास जा कर नाट्य की रक्षा के लिये उपाय करने की प्रार्थना की। तब ब्रह्मा ने विश्वकर्मा को बुलाकर नाट्यशाला बनाने का आदेश दिया। (वही, १/७१-७०।)

भरत के द्वारा सर्वप्रथम प्रयोजित रूपक समुद्रमन्थन समवकार था। इसके बाद उन्होंने त्रिपुरदाह डिम का भी प्रयोग किया।

नाट्योत्पत्ति की कथा को किंचित् भेद के साथ शारदातनय ने अपने भावप्रकाशन में इस प्रकार निरूपित किया है— 'कल्प के अन्त में लोक को समाप्त कर महेश्वर अपनी महिमा के आनन्द में डूबे स्थित थे। उसी समय उन्होंने अपने मन के द्वारा ब्रह्मा तथा विष्णु की सृष्टि की। उनके वाम भाग में मायामयी वैष्णवी शक्ति अम्बिका का रूप धारण करके स्थित थीं। उन्हीं भगवान् शिव के नियोग से ब्रह्मा ने संसार की पुनः सृष्टि की। ईश का दिव्य चरित्र किस प्रकार

लोक में प्रत्यक्ष बने- इस प्रकार की चिन्ता करने वाले ब्रह्मा के पास नन्दिकेश्वर आये। उन्होंने चतुर्मुख ब्रह्मा को नाट्यवेद सिखाया और कहा— इस नाट्यवेद में जो विभिन्न रूपक बताये गये हैं, उनमें से किसी एक का सम्यक् विधान के साथ आप भरतों के द्वारा प्रयोग कराइये। भाव तथा अभिनय में कोविद भरतों के द्वारा उस रूपक का अभिनय करने पर आपको सारे प्राक्तन कर्म प्रत्यक्ष दिखाई देंगे। यह कह कर नन्दिकेश्वर अन्तर्धान हो गये और ब्रह्मा ने प्रसन्न होकर सारे देवों को साथ लेकर भरतों को त्रिपुरदाह नामक रूपक का अभ्यास कराया और उनसे उसका प्रयोग करने को कहा। ब्रह्मा की संसद में उस रूपक का प्रयोग जब चल रहा था, तब उसे देखते हुए ब्रह्मा के मुख से चारों वृत्तियों के साथ शृङ्गार आदि रस विनि:सृत हुए। जब भरतों ने शिव और उमा के संयोग का अभिनय किया तो कैशिकी वृत्ति के साथ शृङ्गार रस उत्पन्न हुआ, जब त्रिपुरमर्दन का अभिनय किया, तो सात्त्वती वृत्ति के साथ दक्षिण मुख से वीर रस उत्पन्न हुआ जब नटों ने दक्षयज्ञ के विध्वंस का अभिनय किया, तो आरभटी वृत्ति और उससे पश्चिम के मुख से रौद्र रस उत्पन्न हुआ और जब उन्होंने शिव के द्वारा संहार का अभिनय किया, तो भारती वृत्ति और उससे उत्तरमुख के द्वारा बीभत्स रस उत्पन्न हुआ। इन रसों से अन्य रस उत्पन्न हुए। (भाप्र. अधि-३ पृ० ५६-५८।)

अन्यत्र भावप्रकाशन में नाट्य के उद्भव की कथा इस प्रकार वर्णित है—

राजा मनु इस सप्तद्वीपवती पृथ्वी पर शासन करते हुए उस भार से श्रान्त हो गये। उन्होंने सोचा कि इस भूमिभार से विश्रान्ति का सुख मुझे किस उपाय से मिल सकता है? तभी अपने पुत्र के प्रति वात्सल्य के कारण उनके पिता सूर्य उनसे भेंट करने के लिये आये। मनु ने उनसे अपने भूभारवहन करने के क्लेश की बात कही। सूर्य ने मनु के विश्राम के लिये उपाय बताते हुए कहा - 'पूर्वकाल में क्षीरसागर में सोये विष्णु के नाभिस्थित कमल से ब्रह्मा उत्पन्न हुए, जिन्होंने इस स्थावर जंगम लोक की सृष्टि की। फिर इस लोक के पालन के लिये वे निरन्तर खिन्न रहने लगे तो उन्होंने प्रजापालन की थकान दूर करने के लिये भगवान् विष्णु से प्रार्थना की। विष्णु ने उनसे कहा— 'हे ब्रह्मन्, आप अम्बिकापति शिव के पास जाइए, वे आपको इस विश्रान्ति का सुख देने वाला उपाय बताएँगे।' तब ब्रह्मा शिव के पास गये और उनकी स्तुति करके अपने खेद की सारी बात उन्हें बताई। तब शिव ने नन्दिकेश्वर को बुलाकर कहा— 'तुम मुझ से पढ़े हुए संपूर्ण नाट्यवेद को प्रयोगसहित ब्रह्मा को सिखाओ।' नन्दी ने ब्रह्मा को नाट्यवेद सिखा दिया। और कहा कि अब इसके द्वारा आप को जगत् के पालन करने के आयास से विश्राम मिलेगा। ब्रह्मा ने कहा ऐसा ही हो और उन्होंने भारती (सरस्वती) को साथ लेकर नाट्यवेद के प्रयोक्ता भरत का स्मरण किया। भरत अपने सहायकों के साथ उपस्थित हुए। ब्रह्मा ने उनसे कहा— 'आप इस नाट्यवेद का भरण कीजिये।' उन्होंने नाट्यवेद का प्रयोगसहित अध्ययन करके देवों के पुरावृत्त (प्राचीन आख्यानों) के प्रबन्धों (काव्यों) का रस, भाव, अभिनय आदि के समन्वित प्रयोग कर के ब्रह्मा को सन्तुष्ट कर दिया। तब ब्रह्मा ने

संतुष्ट होकर उनसे कहा— 'मैंने तुम लोगों से कहा था कि इस नाट्यवेद का भरण करो और तुमने वैसा ही किया इसलिये तुम लोग भरत नाम से विख्यात होओगे तथा तुम लोगों के द्वारा यह नाट्यवेद भी ख्याति को प्राप्त होगा...इसलिये हे मनु! तुम भी पृथ्वी के भार से विश्राम पाने के लिये उन्हीं ब्रह्मा की आराधना करो ओर उनके द्वारा भरत प्रणीत प्रयोगों को धरती पर ला कर उनसे अपना मनोरंजन करो।' (भाप्र. अधि. १० पृ० २८४-८६)।

इसके आगे मनु का ब्रह्मा के पास जाना तथा ब्रह्मा के आदेश से भरत का पृथ्वी पर आ कर भारतवर्ष में अयोध्या नगरी में मनु के साथ निवास और वहाँ प्रयोग करने का वर्णन शारदातनय ने किया है (वही।)

जायसेनापति ने अपने नृत्तरत्नावली नामक ग्रंथ में नाट्योत्पत्ति के निरूपण में नाशा० के प्रसंग को ही संक्षेप में अनूदित किया है। उल्लेख्य है कि उन्होंने इस प्रसंग में भरत को ब्रह्मा का मानसपुत्र कहा है (नृर. १/२३।

नाट्य और काव्य का संबंध

नाशा० की परम्परा नाट्य तथा काव्य में तात्त्विक अंतर नहीं मानती। एक दृष्टि से नाट्य (दृश्यकाव्य) काव्य का एक भेद ही है। दोनों में परस्पर अङ्गाङ्गिभाव भी माना जा सकता है। काव्य (नाट्यालेख या पाठ्यांश) का प्रयोग करने पर वह नाट्य का अंग बन जाता है। नाट्य का कविनिबद्ध वाचिक रूप काव्य है, इस काव्य की मंच पर प्रस्तुति प्रयोग या अभिनय है, यह प्रयोग भी नाट्य ही कहा जाता है। नाट्य के व्यापक अर्थ में काव्य अन्तर्भावित हो जाता है और उसका सीमित अर्थ (दृश्यकाव्य) लेने पर वह काव्य का भेद है।

भट्टतोत तथा अभिनवगुप्त आदि आचार्य (श्रव्य) काव्य की भी नाट्यरूपता स्वीकार करते हैं। (श्रव्य)-काव्य तथा प्रयोगात्मक नाट्य (दृश्य काव्य) दोनों में रसास्वाद होता है तथा यह रसास्वाद प्रत्यक्षकल्प संवेदन या प्रत्यक्षात्मक बोध से ही उत्पन्न होता है। इस प्रकार प्रत्यक्षात्मक बोध श्रव्य तथा दृश्य दोनों काव्यों में समान रूप से होता है अत: दोनों में तात्त्विक अंतर नहीं होता है। अन्तर स्थूल स्तर पर ही दोनों में है। यह अन्तर नटादिप्रक्रिया का है।

इस प्रक्रिया के कारण श्रव्य काव्य की अपेक्षा दृश्यकाव्य में हृदयसंवाद का तारतम्य (अपेक्षाकृत अधिक) सम्भावित है। यह तारतम्य श्रोता और प्रेक्षक की स्फुट से स्फुटतर प्रतीति के कारण हो सकता है। जो स्वभावत: निर्मलहृदय हैं, वे सांसारिक क्रोध, मोह आदि के वश में नहीं रहते, उनके सामने श्रव्यकाव्य का पाठ हो, तो भी उन्हें उससे उसी प्रकार रस प्राप्त होता है जिस प्रकार मंच पर नटों के द्वारा उसकी प्रस्तुति से। जिनका हृदय निर्मल नहीं है, उनके लिये प्रत्यक्षात्मक बोध स्थूल स्तर पर उत्पन्न कराते हुए मंच प्रयोग

की प्रक्रिया का आश्रय लेना पड़ता है। इस प्रक्रिया में प्रेक्षक की स्वगत (सीमित चैतन्य की) क्रोध, शोक आदि की ग्रन्थियों का भंजन हो जाता है, तब वह भी निर्मलचित्त वाले सहृदय के समान रस की प्राप्ति कर लेता है। यही रस नाट्य है। यह श्रव्य तथा दृश्य दोनों में समान रूप से रहता है, अत: (श्रव्य) काव्य भी नाट्यरूप या दशरूपकात्मक है। (अभिभा० भा० १ पृ० २९१।

अभि० का यह मत रसास्वाद की अद्वैतपरक व्याख्या पर आधारित और उसकी परिणत स्थिति की दृष्टि से प्रस्तुत है। स्थूल प्रक्रिया तथा सामान्य दर्शकों की दृष्टि से श्रव्यकाव्य तथा नाट्य में अंतर स्पष्ट ही है।

आचार्य अभिनवगुप्त का मत है कि अभिनेता के द्वारा नाट्य की प्रस्तुति को देखने पर जैसा साक्षात्कारात्मक प्रत्यक्षायमाण रसास्वाद होता है, वैसा उसी नाट्य के पाठ्यांश को पढ़कर नहीं होता। भोज का मत इसके विपरीत है। वे कहते हैं कि महाकवियों की वाणी में कोई विषयवस्तु प्रकाशित होकर जैसा आस्वाद होती है, वैसा आस्वाद उसी वस्तु का प्रत्यक्ष अभिनय देख कर नहीं होता। इसकी पुष्टि में भोज ने प्राकृत की यह गाथा भी उद्धृत की है—

अत्थविसेसाणवि तह चित्तविआसं कुणन्ति सच्चेविआ।
जह उण ते उंमिलंति संकविवआहिं सुसीसंता।।

अतएव भोज का निष्कर्ष है—

अतोऽभिनेतृभ्यः कवीनेव बहुमन्यामहे, अभिनयेभ्यश्च काव्यमेवेति।

(अत: अभिनेताओं से कवियों (नाटककारों) को हम अधिक सम्मान देते हैं और अभिनय से काव्य को।) (भोज'ज, शृङ्गार प्रकाश पृ० ३-४ पर उ०)

अभि. ने भट्टतोत के मत का अनुगमन किया है, जिसके अनुसार काव्य (नाट्यालेख, पाठ्य) का जब तक प्रयोग न किया जाय, तब तक आस्वाद हो ही नहीं सकता, प्रयोग होने पर ही उद्यान, कान्ता, चन्द्रमा आदि विभाव प्रत्यक्ष हो जाते हैं

प्रयोगत्वमनापन्ने काव्ये नास्वादसम्भवः।
वर्णनोत्कलिकाभोगप्रौढोक्त्या सम्यगर्पिताः।
उद्यानकान्ताचन्द्राद्या भावाः प्रत्यक्षवत् स्फुटाः।

(अभिभा. भा. १, पृ० २९१ पर उद्.)

संस्कृत नाटक – उद्भव के चार चरण

नाटक के उद्भव को निम्नलिखित चार चरणों में बाँधा जा सकता है—

(१) अंकुरण - प्रागैतिहासिक युग

(२) प्रस्फुटन - वैदिक युग

(३) प्ररोहण – इतिहासयुग (रामायण -महाभारत -काल)

(४) विकास - पाणिनि (५००ई०पू०) से प्रथम शताब्दी ई०पू० तक

(१) अंकुरण - नाट्य एक शाश्वत तत्त्व के रूप में सृष्टि के आरंभ से ही मनुष्य जाति के साथ रहा है। अपने भीतर के उल्लास को व्यक्त करने की इच्छा प्रत्येक मनुष्य में रहती है। इसकी अभिव्यक्ति के लिये नृत्य और नाट्य को भी वह माध्यम बनाता आया है। इसीलिये भारत जैसे प्राचीन संस्कृति से संपन्न देश में प्रागैतिहासिक काल में ही किसी न किसी रूप में नाट्य का बीज अंकुरित हो गया था। इसके प्रमाण ईसा से कई हजार वर्ष पहले बनाये गये शैलगुफाओं के चित्रों में मिलते हैं। भीमबैठका या बादामी की प्रागेतिहासिक काल की गुफाओं में ऐसे चित्र अंकित हैं, जिनमें हमारे पूर्वजों को नृत्य, समूहनृत्य आदि के द्वारा कलात्मक अभिव्यक्ति करते हुए चित्रित किया गया है।

(२) प्रस्फुटन - संस्कृत नाटक के अंकुर का प्रस्फुटन वैदिक युग में हुआ। इस काल में नाटक और रंगमंच के उद्भव और विकास के लिये निम्नलिखित आधार प्रस्तुत हुए- (१) वैदिक सूक्तों की रचना के द्वारा नाटक के पाठ्य की उपलब्धि, (२) यज्ञ के अनुष्ठानों में संवादों की प्रस्तुतियों तथा संगीत व नृत्य के आयोजनों के द्वारा नाट्यपरंपरा का उन्मीलन; तथा (३) सूत जाति का उदय, जिसने नाट्य के विकास में अग्रणी भूमिका का निर्वाह किया। (४) कलाशास्त्र या सौंदर्यदर्शन की पृष्ठभूमि का निर्माण।

(३) प्ररोहण – रामायण और महाभारत की रचना के काल में यह नाट्यांकुर प्ररूढ हुआ। रामायण, महाभारत तथा पुराणों में संस्कृत नाटक तथा रंगमंच की परंपरा के प्ररूढ़ रूप का सुस्पष्ट प्रमाण मिलता है। इस काल में वैदिक यज्ञ से जुड़ा सूत नाटक का सूत्रधार बन कर अवतरित हुआ। समाजों और उत्सवों में नाटकों की प्रस्तुतियाँ की जाने लगीं। ग्रंथिक आख्यानों को पढ़ कर सुनाते थे, कुशीलव उनका गायन करते थे। वास्तुकला, चित्रकला तथा अन्य शिल्पों का भी विकास इतिहास काल में हुआ जिसे नाटक और रंगमंच को संपन्न बनाया। रामायण तथा महाभारत में प्रेक्षागारों का अनेक स्थानों पर वर्णन है। इन प्रेक्षागारों में धनुर्वेद का प्रदर्शन तथा नटों और नर्तकों के आयोजन होते थे। इसके साथ ही कला और सौंदर्यशास्त्र से संबद्ध शब्दावली का भी इस युग में विकास हुआ। रामायण में रस, नट, नर्तक, नाटक जैसे शब्दों का प्रयोग है, तथा रसों के नाम भी गिनाये गये हैं, तो महाभारत में प्रेक्षा, लय, स्थान, ताल आदि शब्द अनेक बार आते हैं।[२७]

(४) विकास - ६०० ई०पू० के पश्चात् रचे गये बौद्धों और जैनों के साहित्य से नाटक की विकसित स्थिति का पता चलता है। जैनागम रायपसेणिय (राजप्रश्नीय) में महावीर

के समक्ष देवकुमार और देवकुमारियों के द्वारा प्रस्तुत नृत्यनाट्य का वर्णन है। इस नृत्यनाट्य में विविध प्रसंगों व नृत्यसंरचनाओं को सम्मिलित किया गया। इस प्रकार के ३२ नृत्यों का विवरण रायपसेणिय आगम में दिया गया है, जिससे ई०पू० के भारत में समृद्ध नृत्यनाट्यपरंपरा का परिचय मिलता है। इस नृत्यनाट्यों में जैनधर्म व दर्शन से संबद्ध विविध प्रतीकों तथा प्रसंगों का उपयोग किया गया। जैसे प्रथम नृत्यनाट्य में ही निम्नलिखित प्रतीक प्रस्तुत किये गये – स्वस्तिक, श्रीवत्स, नन्द्यावर्त, वर्धमानक, भद्रासन, पूर्णकलश, मत्स्य तथा पर्ण। द्वितीय नृत्यनाट्य में आवर्त, प्रत्यावर्त, श्रेणी, प्रश्रेणी, स्वस्तिक, सौवस्तिक आदि प्रकार प्रस्तुत किये गये। द्वितीय तथा तृतीय नृत्यनाट्य को भक्तिचित्र का नाम दिया गया है, तथा पंचम को अवली कहा गया है। राजपसेणिअ आगम के इस विवरण से समृद्ध कलाचेतना, नृत्यनाट्य की विकसित पद्धतियों व पारिभाषिक शब्दावली का पता चलता है। इन नृत्यनाट्यों में चंद्रोदय, सूर्योदय तथा ग्रहनक्षत्रों आदि की आकाश में गतियों को अभिनय के द्वारा निरूपित किया गया था। तेरहवें नृत्यनाट्य में नंदा तथा चंपा इन दो लताओं का वृत्तांत प्रस्तुत किया गया, तो पंद्रहवें से उन्नीस तक की नृत्यरचनाओं में कवर्ग से लगा कर पवर्ग तक के सारे वर्णों को नृत्य के माध्यम से साकार कर दिया गया। बीसवें नृत्यनाट्य में अशोक, आम्र, जम्बू (जामुन) आदि के पल्लवों को नृत्यनाट्य के माध्यम से प्रस्तुत किया गया। इक्कीसवें में विभिन्न लताओं की स्थिति व गतियाँ तथा बाईसवें से इकतीसवें नृत्यनाट्यों में द्रुत, विलंबित, द्रुतविलंबित, अंचित, रिभित, अंचित-रिभित आदि विविध नृत्य प्रस्तुत किये गये। अंतिम बत्तीसवें नृत्यनाट्य में महावीर के जीवन से संबंद्ध घटनाओं का अभिनय किया गया।[२८] इससे प्रतीत होता है कि भरतमुनि के द्वारा प्रतिपादित करणों तथा अंगहारों पर आधारित नृत्य तो लोकप्रिय थे ही नाट्यशास्त्र के पच्चीसवें अध्याय में उनके द्वारा बताये गय चित्राभिनय की तकनीक का भी अच्छा उपयोग इस समय नृत्य नाट्यों में किया जाने लगा था। इसके साथ ही नाट्यशास्त्र से स्वतंत्र पद्धतियाँ भी प्रचलन में थीं। डॉ० कपिला वात्स्यायन ने राजप्रश्नीय आगम की इन नृत्यसंरचनाओं का अध्ययन करते हुए चतुर्थ को नृत्त तथा षष्ठ से नवम को पूर्ण विकसित नृत्यनाट्य बताया है।[२९]

बौद्ध साहित्य– विशेषत: जातक कथाओं में नाटकों के अभिनय के प्रचुर उल्लेख मिलते हैं। ललितविस्तर के अनुसार उस काल में राजकुमारों तथा राजकुमारियों को चित्रकला, वीणावादन, नृत्य गायन, अभिनय तथा नाट्यप्रयोग की शिक्षा दी जाती थी।[३०] अवदानशतक में विभिन्न गोष्ठियों का वर्णन आया है, जिनमें नृत्य, वादन आदि का आयोजन हुआ करता था।[३१] राजा बिंबिसार के द्वारा अपनी राजसभा में बुद्ध के जीवनचरित पर आधारित नाटक खेलने के लिये नटमंडली को आमंत्रित किया गया। इस नाटक में मंडली के सूत्रधार ने स्वयं ही बुद्ध की भूमिका की। इस नाटक की प्रस्तुति राजगृह में पुन: कराई गई, जिसमें कुवलया

नामक नटी के अभिनय तथा रूप पर अनेक बौद्ध भिक्षु मोहित हो गये ,तब भगवान् बुद्ध ने उन्हें नटी के मोहपाश से मुक्त कराने के लिये कुवलया को भिक्षुणी बना कर संघ में दीक्षित कर लिया।[३२] अवदानशतक में ही नाटक के आयोजन के संबंध में एक अन्य कथा भी मिलती है, जिसमें क्रकुच्छद नामक राजा की आज्ञा से शोभावती नगरी में नाट्य की प्रस्तुति आयोजित कराये जाने का उल्लेख है।[३४] संयुत्तनिकाय में विदूषक बनने वाले नट का बड़ा ही आकर्षक तथा सजीव चित्र अंकित किया गया है, जो समाज के बीच अपनी कला से लोगों को रिझाता है, रमाता है, हँसाता है, और उनका मन जीत लेता है। दीघनिकाय में शोभनगरक का उल्लेख है, जिसका अर्थ है – नटों की मंडली। इसके अतिरिक्त कीटगिरि की रंगशाला का उल्लेख भी बौद्ध साहित्य में मिलता है।[३५] इस काल में नाटक मंडलियों का गठन होने लग गया था, जो जन समाज में विभिन्न प्रकार के नाटक, नृत्य या नृत्य नाट्य प्रस्तुत करती थीं।

कौटिल्य के अर्थशास्त्र तथा वात्स्यायन के कामसूत्र में तो ऐसी मंडलियों का स्पष्ट विवरण दिया गया है। स्त्रियों के लिये स्त्रियों की मंडलियों के द्वारा होने वाली नाट्यप्रस्तुतियों का भी उल्लेख कौटिल्य ने किया है। कौटिल्य ने बाहर से आ कर नगर में नाट्यप्रस्तुति देने वाली मंडलियों से कर वसूलने के नियम निर्दिष्ट किये हैं। बाहर से आने वाली नटमंडलियों की प्रेक्षा (खेल) नगर में कराने का दायित्व राजा का होता था। इन मंडलियों को प्रति प्रेक्षा पाँच पण का वेतन दिया जाता था।[३६] कौटिल्य ने निर्देश दिया है कि नगर के यातायात तथा अन्य व्यवस्थाओं में अड़चन न हो इसके लिये प्रेक्षागार नगर के बीचोबीच न बनवाये जायें। यहीं नहीं, कौटिल्य ने राजा को यह निर्देश भी दिया है ताकि वह नटों, नर्तकों आदि के समुचित प्रशिक्षण की व्यवस्था करे। कौटिल्य ने अर्थशास्त्र में स्थल स्थल पर नृत्य, नाट्य तथा इस प्रकार की अन्य कलाओं से जुड़े लोगों – नट, नर्तक, गायक, वाग्जीवक, कुशीलव, शौभिक, चारण आदि का उल्लेख अपने ग्रंथ में किया है। रामायण में वधूनाटकसंघ का उल्लेख है, जो स्त्रियों की नाटकमंडली हो सकती है। अर्थशास्त्र में स्त्रीप्रेक्षा का विवरण दिया गया है, जिससे लगता है कि केवल स्त्रियों के द्वारा केवल स्त्रियों के ही प्रेक्षकसमाज के लिये नाट्यप्रस्तुतियों की प्रथा भी इस काल में चल पड़ी थी।

कामसूत्र के अनुसार नगर में गोष्ठी या नृत्य, नाटक आदि के आयोजन के लिये सरस्वतीभवन बनवाये जाते थे।[३७] संगीत तथा नाटक से संबंधित आयोजनों को वात्स्यायन ने गणधर्म (समाज के लोगों के द्वारा किये जाने वाले कार्य) के अंतर्गत निरूपित किया है। गणधर्म में नाट्यविषयक आयोजनों को लेकर उनका निर्देश है—

घटानिबन्धनम्, गोष्ठीसमवायः, समापानकम्, उद्यानगमनम्, समस्याः क्रीडाश्च प्रवर्तयेत्।।१४।। पक्षस्य मासस्य वा प्रख्यातेऽहनि सरस्वत्या भवने नियुक्तानां नित्यं समाजः।।१५।। कुशीलवाश्चागन्तवः प्रेक्षणकमेषां दद्युः। द्वितीयेऽहनि तेभ्यः पूजा नियतं लभेरन्। ततो यथाश्रद्धमेषां दर्शनमुत्सर्गो

वा। व्यसनोत्सवेषु चैषां परस्परस्यैककार्यता।। १६।। आगन्तूनां च कृतसमवायानां पूजनमभ्युपपत्तेश्च। इति गणधर्मः।।१७।। (कामसूत्र, प्रथमाधिकरण, नागरकवृत्तप्रकरण नामक चतुर्थ अध्याय सूत्र १४-१७)

(समय समय पर नागरक) घटानिबन्धन, गोष्ठीसमवाय, समापानक (मदिरापान का जलसा), उद्यानगमन, समस्या और क्रीडाओं का आयोजन करे। पखवाड़े या महीने की सुनिश्चित तिथि पर नगर के सरस्वती भवन में नियुक्त जनों का नियमित समाज से जुड़ना चाहिये। वहाँ पर बाहर से आये अभिनेता नाटक का प्रदर्शन करे। अगले दिन उन्हें निश्चित भेंट-पूजा (मेहनताना) दिया जाय। फिर आगे भी इनका खेल देखने का मन हो, तो इन्हें रोका जाय, नहीं तो विदा किया जाय। विपत्ति या उत्सव के समय ये अभिनेता मिल कर काम करते हैं। बाहर से आयी मंडलियाँ (आमंत्रित मंडलियों की सहायता के लिये आयें और इस प्रकार) मिल जायें, तो इनकी भी पूजा (मेहनताना देना) और सत्कार करे। यहाँ तक गणधर्म बताया गया।

ईसापूर्व की शताब्दियों में नाटक तथा संगीत नागरक या सुसंस्कृत व्यक्ति के जीवन का अनिवार्य अंग बन गये थे। संस्कृत नाटक के पात्र पीठमर्द, विट, विदूषक संपन्न लोगों के व्यावहारिक जीवन के साथी थे। कामसूत्र में वात्स्यायन ने नागरक की दिनचर्या का वर्णन करते हुए पीठमर्द, विट, विदूषक को उसके साथी बतलाया है। अपराह्ण में भोजन के पश्चात् नागरक पीठमर्द, विट, विदूषक आदि के साथ विविध क्रीडाओं में सम्मिलित होता था अथवा नाट्य व संगीतक आदि से मनोरंजन करता था। इस संबंध में कामसूत्रकार कहते हैं- भोजन के पश्चात् तोते, मैना से बतिया कर जी बहलाये। या तीतर, मुर्गे या भेड़ के युद्ध देखे, विविध खेल में समय बिताये। इन के साथ पीठमर्द, विदूषक के साथ विभिन्न (मनोरंजन के) कार्य हो सकते हैं। दिन में सो भी सकता है। अपराह्ण में प्रसाधन कर के गोष्ठी विहार के लिये निकले। साँझ होने पर गोष्ठियों और संगीतक का आयोजन होना चाहिये।

भोजनान्तरं शुकसारिकाप्रलापनव्यापाराः। लावककुक्कुटमेष- युद्धानि तास्ताश्च क्रीडाः। पीठमर्दविटविदूषकायत्ता व्यापाराः। गृहीतप्रसाधनस्यापराह्णे गोष्ठीविहाराः।।९।। प्रदोषे च सङ्गीतकानि। (प्रथमाधिकरण, नागरकवृत्त प्रकरण, चतुर्थ अध्याय सूत्र ८-९)

कामसूत्र के द्वितीय अधिकरण में प्रणयकलह का वर्णन करते हुए वे रूठी नायिका के संगी साथियों में पीठमर्द, विट, विदूषक इन का उल्लेख करते हैं।

इसके साथ ही इस काल में विभिन्न विषयों पर लिखे जाने वाले नाटकों की रचना कवियों के द्वारा की जाने लगी और नटों के प्रशिक्षण के लिये शास्त्रग्रंथों की रचना भी हुई। पाणिनि

ने नटसूत्र नामक ग्रंथ का उल्लेख किया है। भरतमुनि ने नाट्यशास्त्र में समुद्रमंथन समवकार तथा त्रिपुरदाह डिम— इन दो प्राचीन रूपकों का उल्लेख किया है।

आगे जाकर हरिवंशपुराण में रामायण नाटक तथा कौवेररम्भाभिसार नामक नाटक खेले जाने का रोचक विवरण है। रामायण पर आधारित नाटक में विदूषक भी एक पात्र था। इस पुराण में यादवों के एक उत्सव का वर्णन आया है। यह उत्सव द्वारका के पिंडारक क्षेत्र में आयोजित किया गया। इस में गीत नृत्य आदि के साथ श्रीकृष्ण का जीवन चरित नाट्य के रूप में प्रस्तुत किया गया।

पतंजलि का उल्लेख

महाभाष्य तथा योगसूत्र के प्रणेता पतंजलि राजा पुष्यमित्र शुंग के महामात्य थे। महाभाष्य में उन्होंने अपने समय की कलाविषयक गतिविधियों का अनेकत्र उल्लेख किया है। व्यंजनों को वे नटभार्याओं से उपमित करते हैं। उनके द्वारा किया गया शोभनिक तथा ग्रंथिक का उल्लेख नाटक के उद्भव व विकास की यात्रा को जानने के लिये एक महत्त्वपूर्ण साक्ष्य है। पतंजलि कहते हैं – शोभनिक अपने प्रयोगों में प्रत्यक्ष कंस का वध कराते हैं, प्रत्यक्ष बलि का बंधन कराते हैं। उनके द्वारा प्रदर्शित चित्रों में उद्गूर्ण (उभरे हुए) तथा निपतित (डिमिनिश्ड) प्रहार दिखाई देते हैं। ग्रंथिक तो अपने शब्दों से ही विभिन्न पात्रों की उत्पत्ति, समृद्धि आदि को प्रत्यक्ष प्रदर्शित कर देते हैं। (उनके साथ अभिनय करने वालों में) कुछ कंस के दल के लोगों का अभिनय करते हैं, कुछ कृष्ण के दल के लोगों का। कुछ कृष्णमुख होते हैं, कुछ रक्तमुख। इस प्रकार वर्णभेद के द्वारा वे पहचाने जाते हैं।[३८]

पतंजलि का एक अन्य महत्त्वपूर्ण उल्लेख भ्रुकुंस (भ्रूकंस, भ्रूकुंस) के विषय में है, जिसका अर्थ है स्त्रीपात्र का अभिनय करने वाला नट।

इस पृष्ठभूमि में यह स्वाभाविक ही था कि संस्कृत नाटक की प्राचीन परंपरा में भास, कालिदास, अश्वघोष आदि नाटककारों ने जन्म लिया।

संस्कृत नाटक : प्रयोग का इतिहास

नाट्यशास्त्र के अनुसार भरत ने अपने निर्देशन में प्रेक्षागृह के विधिवत् निर्मित भवन में प्रशिक्षित कलाकारों के दल के द्वारा जो पहला संपूर्ण नाटक अभिनीत कराया – वह अमृतमंथन नामक समवकार था। इसके पहले भरत खुले में मुक्ताकाशी मंच पर अपने कुछ प्रयोग कर चुके थे। पर वे अपने अपमान से उत्तेजित असुरों के द्वारा डाले गये विघ्नों के कारण असफल रहे। तब भरत ने इस नाटक के प्रयोग के लिये पहली बार एक प्रेक्षागृह का निर्माण कराया।

समुद्रमंथन नाटक के पहले भरत ने जो प्रयोग किये थे, उनके नाटकों के नाम नाट्यशास्त्र

में नहीं बतलाये गये हैं। इन प्रयोगों में पहले भरत के कथित सौ पुत्रों ने काम किया था, बाद में अप्सराएँ भी इस दल में शामिल हुईं। इन प्रयोगों में व्यवस्था एक 'सूत्रधार' ने की थी। असुरों द्वारा प्रयोग के विध्वंस के विवरण में नाट्यशास्त्र में दो बार सूत्रधार का उल्लेख है। इसके बाद से नाट्यप्रयोगों में जर्जर— या बाँस के डंडे का प्रयोग प्रारंभ हुआ, जिसे पूर्वरंग के कर्मकांडीय विधिविधान में भी यह प्रदर्शित करने के लिये प्रतीक – स्वरूप सूत्रधार का सहायक (पारिपार्श्विक) हाथ में लेकर उपस्थित होने लगा, कि जो नाटक के प्रदर्शन में विघ्न करेंगें, उनके लिये इस जर्जर का प्रयोग होगा। समुद्रमंथन के पहले के इन सभी प्रयोगों में अष्टपद वाली वेदनिर्मित नांदी का प्रयोग किया गया था, प्रायः सभी प्रयोगों में देवों के द्वारा असुरों पर विजय की नृत्यमय अनुकृति रहती थी, जिसमें चेष्टाओं या अभिनय कर्म के साथ संवाद भी प्रयुक्त होते थे। इसलिये ना.शा०(१/६६) में कहा गया है— 'असुरों ने नृत्य करते उन नटों की वाणी, चेष्टा तथा स्मृति को स्तब्ध कर दिया'। यह प्रयोग इंद्रमहः के अवसर पर किये जाते थे, तथा नाट्यसामग्री के रूप में इनमें इन्द्रध्वज,बाँस के दण्ड या कमण्डलु, भृंगार (जलपात्र), छत्र, व्यजन, सिंहासन, मुकुट आदि का प्रयोग होता था। अभिनयकर्म में सौकुमार्य, लालित्य और सौन्दर्य तथा नाट्यधर्मिता के स्थान पर गति, वेग और ऊर्जा अधिक रहती थी, तथा युद्ध आदि की हू-ब-हू नकल करने की चेष्टा भी की जाती थी। इसीलिये नाशा० के प्रथम अध्याय में इन प्रयोगों के विषय में यह कहा गया है कि इनमें देवों के द्वारा असुरों की विजय की 'संफेट-विद्रव-विहित 'छेद्य-भेद्य' युद्ध वाली अनुकृति रहती थी।

उपर्युक्त प्रारंभिक प्रयोगों की परिणति 'समुद्रमंथन' नामक संपूर्ण नाटक के अभिनय में हुई, जिसे पहली बार एक व्यवस्थित प्रेक्षागृह में देखकर देवता, असुर आदि सभी वर्गों के लोग तृप्त और तुष्ट हुए। भरत ने इसी नाटक का प्रयोग हिमालय के पर्वतीय स्थल में शिव के सम्मुख किया। उपत्यकाओं, पर्वतशिखरों और वृक्षों से घिरे वनप्रांगण में अमृतमंथन के इस द्वितीय प्रयोग के बाद भरत ने वहीं पर शिव को दिखाने के लिये अपने दूसरे नाटक— 'त्रिपुरदाह' नामक डिम का प्रयोग कराया। शिव के कहने पर नाट्य में लास्य तथा तांडव जोड़कर उसे और भी आकर्षक बनाया गया।

ईसा पूर्व की शताब्दियों में नाटक राजमहल से लेकर गाँवों तक फैल चुका था। नगरों में जहाँ एक ओर सरस्वती भवनों में संपन्न नागरिकों के द्वारा विविध आयोजन कराये गये , राजमहल में प्रेक्षागार तथा नटमंडली की व्यवस्था रहती, वहीं शौभिक, ग्रंथिक आदि की मंडलियाँ घूम-घूम कर कंसवध, बलिबंध जैसे नाटक दिखाया करतीं। इसी वातावरण में से भास, सौमिल्ल, कविपुत्र तथा अश्वघोष ये बड़े नाटककार जन्मे।

कालिदास के समय तक भास, सौमिल्ल तथा कविपुत्र— इन तीनों के नाटक अत्यधिक लोकप्रिय हो चुके थे, अश्वघोष (पहली शती ई०पू०) के बारे में कहना कठिन है कि वे

कालिदास से पहले हुए थे या बाद में। शेष तीन नाटककारों का कालिदास ने अपने 'मालविकाग्निमित्र' की प्रस्तावना में जिस तरह उल्लेख किया है,उससे स्पष्ट है कि उनके यश और प्रतिष्ठा के आगे किसी भी नये नाटककार को नाट्यजगत् में अपना स्थान बनाने के लिये कड़ा संघर्ष करना पड़ता था।

मालविकाग्निमित्र की प्रस्तावना से ज्ञात होता है कि इसका प्रथम अभिनय वसंतोत्सव के समय हुआ था; पर कवि की परिणत रचना 'अभिज्ञानशाकुन्तल' ग्रीष्म में खेली गई, वही ग्रीष्म जो कवि शब्दों में 'उपभोगक्षम' है, जिसमें दिन ढलने पर समय बड़ा सुहावना हो जाता है (और जिसमें कोई गंभीर उत्कृष्ट रचना मन लगाकर देखी जा सकती है।) मृच्छकटिक की प्रस्तावना में इसकी प्रथम प्रस्तुति के विषय में जो संकेत दिया गया है उससे लगता है कि इसका अभिनय दोपहर के समय किया जा रहा है। मृच्छकटिकम् के बाद राजनीति के वात्याचक्र को और भी अधिक गहरी सूझबूझ के साथ प्रस्तुत करने वाली विशाखदत्त की कृति 'मुद्राराक्षस' सामने आई। मुद्राराक्षस के प्रथम अभिनय के समय तक विशाखदत्त संभवत: अपने दो नाटकों 'देवीचन्द्रगुप्त' और 'अभिसारिकावंचितक' के द्वारा समादृत हो चुके थे, इसीलिये जैसे मुद्राराक्षस की प्रस्तावना में बताया गया है, परिषद् के मान्य सदस्य उनकी यह रचना देखने के लिये उत्सुक थे, उन्होनें स्वयं इस नाटक के प्रयोग की व्यवस्था करने के लिये सूत्रधार को आदेश दिया था। सूत्रधार भी इतने उत्कृष्ट नाटक को विज्ञ जनों के बीच खेलने का अवसर पाकर प्रसन्न था— 'काव्यविशेषवेदिन्यां परिषदि प्रयुञ्जानस्य ममापि सुमहान् परितोष: प्रादुर्भवति'। संभवत: राजपरिवार से उनके संबंध ने भी विशाखदत्त को परिषद् में समादर पाने में सहायता की होगी।

सातवीं शती में कन्नौज के राजा हर्षवर्धन ने अपनी राजसभा में न केवल नटमंडली को आश्रय दिया, उन्होंने स्वयं भी रूपक लिखे और अपनी मंडली से उसका अभिनय कराया। विशाखदत्त की ही भाँति उन्हें भी 'गुणग्राहिणी परिषद्' का समादर मिला। प्राप्त उल्लेखों से यह तथ्य प्रकट होता है कि श्रीहर्ष प्रतिवर्ष वसंतोत्सव पर अपने अधीनस्थ सामंतों और राजाओं को निमंत्रित कर उनके सामने अपने दरबार की मंडली से अपना लिखा नाटक अभिनीत कराते थे। कालिदास के सूत्रधारों की तरह श्रीहर्ष का सूत्रधार अपने और कवि के बारे में विनय प्रकट नहीं करता, वह हर्ष के तीनों रूपकों में रचनाकार को निपुण कवि, परिषद् को 'गुणग्राहिणी' तो बताता ही है, अपनी मंडली को भी 'नाट्य में दक्ष' कहता है। रत्नावली तथा प्रियदर्शिका की प्रस्तावना से प्रतीत होता है कि हर्ष के द्वारा इनकी रचना किये जाने के बाद बार-बार उनके जीवनकाल में इनका प्रयोग होता रहा होगा। 'नागानंद' अधिक गंभीर स्तर का नाटक होने के कारण वसंतोत्सव के हल्के-फुल्के आमोदप्रमोदमय वातावरण में इसका अभिनय कराना उचित न समझा गया होगा, अत: इसका अभिनय इंद्रोत्सव पर हुआ। अत: नानंद की प्रस्तावना में 'आज इस वसंतोत्सव पर'— के स्थान पर आज इस इंद्रोत्सव पर— यह कहा गया है, शेष प्रस्तावना वैसी ही है।

इस के आसपास मत्तविलास का अभिनय भी पहले –पहल 'परिषद्' के समक्ष हुआ था। प्रस्तावना में सूत्रधार नटी को आश्वासन देता है कि अभिनय यदि अच्छा रहा, तो परिषद् उन्हें अच्छा पारितोषिक देगी। लगभग इसी समय आचार्य बोधायन (?) ने अपना 'भगवदज्जुकम्' नामक प्रहसन लिखा, जिसमें परकाय प्रवेश के अभिप्राय का पहली बार अछूती रंग-सृष्टि के द्वारा सामाजिक विसंगति और विद्रूप को उभारने के लिये बड़ी सूझ-बूझ के साथ उपयोग किया गया है। प्रस्तावना से लगता है कि इस नाटक का पहला प्रयोग आम जनता के आगे कहीं खुले में हुआ था। सूत्रधार विदूषक को बताता है कि उसने सपना देखा है कि आज से सात दिन बाद उसे राजदरबार में अपना नाटक प्रस्तुत करने का निमंत्रण मिलेगा। सूत्रधार कदाचित् यह दिखाना चाहता है कि दरबार और जनता के मंच की दूरी को सपने में लाँघा जा सकता है। ये दोनों प्रहसन केरल के मंदिरों में बहुत लोकप्रिय रहे हैं तथा मंदिर के रंगमंच पर अपने रचनाकाल से लेकर अब तक भी पारंपरिक विधि से इसका अभिनय होता रहा है। छठी-सातवीं शती में केरल का रंगमंच भरत के नाट्यशास्त्र और रंगमंच की परंपरा में नया स्पंदन भर रहा था। आगे चलकर कुलशेखरवर्मा ने केरल के रंगमंच की सारी गतिविधियों को सुसंगठित किया, उसने अभिनेताओं की आचारसंहिता और शास्त्र को रूढ़िबद्ध किया, उनकी मंडली को सक्रिय बनाया। कुलशेखर ने अपने खुद के लिखे नाटकों—'तपतीस्वयंवर तथा सुभद्राधनंजय' के प्रयोग और प्रचार-प्रसार पर बहुत ध्यान दिया और प्राप्त उल्लेखों के अनुसार उसने विद्वन्मंडली का इस काम में पूरा उपयोग किया।

भवभूति को अपने नाटकों के लिये मंदिर की रंगशाला का अधिक बड़ा तथा खुला मंच मिला। 'मालतीमाधव'की प्रस्तावना से लगता है कि मंदिर में अभिनय करने वाली नटमंडली से भवभूति की मित्रता थी और सूत्रधार तथा उसके साथी उन्हें आदर और स्नेह से देखते थे। भवभूति के तीनों नाटक कालप्रियनाथ के मंदिर में यात्रा उत्सव के अवसर पर खेले गये। भवभूति के पश्चात् नवीं शती के उत्तरार्ध में मंदिर के रंगमंच पर अपने नाटक का अभिनय कराने वाले दूसरे नाटककार मुरारि हुए। उन्होंने भी अपना 'अनर्धराघव' रामायण की कथा को लेकर ही लिखा। इस नाटक का अभिनय पुरुषोत्तम के यात्रा महोत्सव पर हुआ था। प्रस्तावना से ज्ञात होता है कि नाटक के प्रथम अभिनय के पूर्व यात्रा महोत्सव में अन्य नाटक भी खेले जा चुके थे। दक्षिण से आये किसी नाट्याचार्य की प्रस्तुतियों में बीभत्स, भयानक आदि रसों के अत्यधिक उद्रेक से जनता उत्तेजित हो चुकी थी। तब इस अवसर पर सुचरित नामक सूत्रधार ने बिना पूर्वसूचना के मुरारि का यह नाटक खेलकर जनता को पुन: प्रसन्न करने का बीड़ा उठाया। प्रस्तावना में सूत्रधार कहता है— 'मैं विदेश से आया हूँ, और इस समय मेरी मंडली के सब लोग भी मेरे साथ नहीं, इसलिये कैसे नाटक कर सकूँगा— यह शंका आप लोगों (प्रेक्षकों) को नहीं होनीं चाहिये, क्योंकि आपका आराधना करने की मेरी वृत्ति ही सब सामग्री जुटवा देगी'। सुचरित नामक सूत्रधार ने यहाँ अपना थोड़ा सा परिचय भी दिया है,जिससे ज्ञात होता है कि वह मध्यप्रदेश का निवासी था, तथा उसने अपने समय के बहुरूप नामक सुप्रसिद्ध नाट्याचार्य से प्रयोग की शिक्षा ली थी।

संभवतः हर्ष के समय में पाटलिपुत्र के राजदरबार में राजा कल्याण वर्मा के राज्याभिषेक के अवसर पर विज्जिका(?) का लिखा कौमुदीमहोत्सव नामक ऐतिहासिक कथा पर आधारित नाटक खेला गया था। हर्ष के बाद दसवीं शती में कालिंजर का राजा अनंगहर्ष मायुराज (मातृराज) भी स्वयं नाटककार था। अनंगहर्ष कलचुरि वंश का प्रतापी राजा था, जिसकी राजशेखर ने भी प्रशस्ति की है। उसने संस्कृत में दो नाटक लिखे, जिनके प्रणयन में उसे राजदरबार की पंडितपरिषद् और रसिक मंडली ने अच्छा प्रोत्साहन दिया। तापसवत्सराज नाटक की प्रस्तावना में उसने अपने आप को 'स्वगोष्ठीभावितात्मा' कहा है। फिर भी प्रस्तावना से प्रतीत होता है कि तापसवत्सराज नाटक का प्रथम अभिनय मात्र दरबारी प्रेक्षक समाज या 'परिषद्' के समक्ष नहीं हुआ था; क्योंकि सूत्रधार परिषद् का कहीं उल्लेख नहीं करता, वह श्रोताओं को 'जनाः' या 'सामाजिकाः' ही कहता है।

नवीं-दसवीं शताब्दियों के मध्य बहुमुखीप्रतिभासंपन्न रचनाकार राजशेखर हुए, जिनका लंबा साहित्यिक जीवन तीन राजाओं के आश्रय में बीता। दरबारी वातावरण तथा राजसभा के रंगमंच की उनकी कृतियों पर विशेष छाप है। संस्कृत तथा प्राकृत में उन्होंने चार नाटक लिखे,जिनमें से विद्धशालभंजिका नाटिका युवराजदेव प्रथम (कलचुरि वंश) के दरबार में खेली गयी। यह प्रयोग 'परिषत्' की प्रेरणा से आयोजित हुआ था। बालभारत नामक दूसरा नाटक, जो अब अपूर्ण ही प्राप्त है, राजा महीपालदेव (९१२-४४ई०)के समक्ष खेला गया था।

इसी महीपाल ने चण्डकौशिक नामक नाटक के लेखक क्षेमीश्वर को भी आश्रय दिया था। इस नाटक से उस काल में इसकी प्रस्तुति के बारे में कुछ रोचक तथ्य मिलते हैं। भरतवाक्य में कहा गया है कि नाटक राजा कार्तिकेय के आदेश पर खेला गया। कवि ने राजा कार्तिकेय (?) के प्रति गहरी श्रद्धा तथा प्रशंसा की भावना प्रकट की है। पर प्रस्तावना में बताया गया है कि नाटक राजा महीपाल के आदेश पर प्रस्तुत किया जा रहा है। यदि कार्तिकेय और महीपाल दो अलग-अलग व्यक्ति हैं, तो यह संभव है कि यह इन दो राजाओं के दरबार मे अलग-अलग खेला गया हो, तथा भरतवाक्य केवल राजा कार्तिकेय के समक्ष आयोजित प्रयोग के लिये ही रचा गया हो। यहाँ यह भी उल्लेख है कि इस नाटक मे भरतवाक्य के रूप में दो अलग-अलग श्लोक हैं जबकि प्रायः संस्कृत नाटकों में भरतवाक्य एक ही श्लोक में रहा करता है। अतः यह संभव है कि दूसरा भरतवाक्य, जो राजा कार्तिकेय के बारे में है, दूसरी और बाद में आयोजित प्रस्तुति के लिये जोड़ा गया, और जिसे नाटक की हस्तलिखित प्रतियों में भी शामिल कर लिया गया। प्रस्तावना से यह भी ज्ञात होता है कि उस समय राजा महीपाल ने कर्नाटक के राजा पर विजय प्राप्त की थी तथा उसके उपलक्ष्य में उन्होंने स्वयं यह नाटक आयोजित करवाया था।

वत्सराज कालंजर (वर्तमान बुंदेलखंड) के राजा परमर्दिदेव (११६३-१२०३) के मंत्री थे। उन्होंने संस्कृत में छह रूपक लिखे, जिनमें से पाँच का प्रदर्शन राजा परमर्दिदेव के सम्मुख

तथा किरातार्जुनीय व्यायोग का प्रदर्शन उसके पुत्र राजा त्रैलोक्यमल्लदेव के सामने हुआ था। व्यायोग की प्रस्तावना में अभिनय का समय रात्रि का आरंभ बताया गया है। रुक्मिणीहरण ईहामृग कालंजर दुर्ग में चक्रपाणि की यात्रा के अवसर पर सुबह खेला गया तथा समुद्रमंथन समवकार का भी अभिनय प्रातः ही हुआ।

इस तरह ईसा की कुछ शताब्दियों में भारतीय रंगपरंपरा की दो धाराएँ स्पष्टतः बन गयी थीं— एक ओर अभिजात वर्ग का राजमहल का रंगमंच था, दूसरी ओर उसके समानांतर मंदिर का रंगमंच।

नाट्यशास्त्र और संस्कृत नाट्यपरंपरा

नाट्य के अंकुरण, प्ररोहण व विकास के साथ तद्विषयक सिद्धांतों व प्रविधियों पर विचारविमर्श भी उक्त चार चरणों के समानांतर हो रहा था। नाटक करने वाले कलाकारों या नटों के लिये शैलाली नामक आचार्य ने नटसूत्र की रचना की थी, जिसका उल्लेख पाणिनि ने अष्टाध्यायी में किया है। इस पृष्ठभूमि में नाट्यशास्त्र जैसे सर्वांगीण ग्रंथ का निर्माण भी ईसापूर्व की शताब्दियों में हुआ।

नाट्यशास्त्र व संस्कृत नाटक की समग्र परंपरा का अविभाज्य अन्योन्याश्रयसंबंध है। संस्कृतनाट्यपरंपरा में नाटक (ड्रामा) के लिये रूपक शब्द का प्रयोग हुआ है। इस रूपक का मंच पर प्रदर्शन नाट्य है। नाट्य शब्द नट धातु से बना है। रंगमंच पर अभिनय के द्वारा प्रस्तुत किया जाने वाला वाङ्मय का प्रकार नाट्य है। भरत मुनि ने इसका लक्षण इसप्रकार दिया है-

योऽयं स्वभावो लोकस्य सुखदुःखसमन्वितः।
सोऽङ्गाद्यभिनयोपेतो नाट्यमित्यभिधीयते।।

(नाट्यशास्त्र, १.११९)

अर्थात् लोक का सुख, दुःख आदि से समन्वित स्वभाव (उसकी अपनी स्थितियाँ) आंगिक, वाचिक, सात्त्विक और आहार्य इन चारों प्रकार के अभिनयों के द्वारा जब रंगमंच पर प्रस्तुत किया जाये तो वह नाट्य कहलाता है। आंगिक आदि अभिनयों के द्वारा लोकजीवन के प्रस्तुतीकरण की यह प्रक्रिया अनुकृति (अनुकरण या अनुकीर्तन) कही गयी है। इस लिये भरत मुनि ने नाट्य का यह लक्षण भी दिया है कि वह त्रिलोकी के भावों का अनुकीर्तन है अथवा सात द्वीपों के लोगों के जीवन का अनुकरण है। आगे चल कर दसवीं शताब्दी में आचार्य धनंजय ने इसी आधार पर नाट्य की परिभाषा की- 'अवस्थानुकृतिर्नाट्यम्' - अर्थात् मनुष्यजीवन की विभिन्न अवस्थाओं की अनुकृति नाट्य है। इस नाट्य का मंच पर प्रकट होने वाला स्वरूप रूप भी कहा गया है, दृश्य होने के कारण इसे रूप कहा जाता है और जिस काव्य विधा में रूप अर्थात् रंगमंच पर प्रदर्शित किये जा सकने की योग्यता है , वह रूपक है।

रूपक की प्रस्तुति या नाट्याभिनय में भरत मुनि के अनुसार ग्यारह तत्त्वों का उपयोग होता है- रस, भाव, अभिनय, धर्मी, वृत्ति, प्रवृत्ति, सिद्धि, स्वर, आतोद्य, गान तथा रंग।

भरतमुनि का दशरूपकविधान

नाट्यशास्त्रकार भरतमुनि के अनुसार नाटक, प्रकरण, अंक, व्यायोग, भाण, समवकार, वीथी, प्रहसन, डिम तथा ईहामृग – ये दस रूपक हैं।

अग्निपुराण में रूपक इस प्रकार बताये ये हैं—

नाटकं सप्रकरणं डिम ईहामृगोऽपि वा।
ज्ञेयं समवकारश्च भवेत्प्रहसनं तथा ।।१।।
व्यायोगभाणवीथ्यङ्कतोटकान्यथ नाटिका।
साटकं शिल्पकं कर्णा एको दुर्मल्लिका तथा ।।२।।
प्रस्थानं भाणिका भाणी गोष्ठी हल्लीशकानि च।
काव्यं श्रीगदितं नाट्यरासकं रासकं तथा।
उल्लोप्यकं प्रेक्षणं च सप्तविंशतिधैव तत्।।३।।

इन में भारती, सात्त्वती, आरभटी तथा कैशिकी ये चार वृत्तियाँ रहती हैं। भारती वृत्ति शब्दप्रधान है, इसके द्वारा संवाद की रचना होती है। सात्त्वती सत्त्व या मन की एकाग्रता से जन्म लेती है, इससे रस, भाव की सृष्टि होती है। आरभटी में शारीरिक चेष्टाओं की प्रधानता रहती है। इससे आंगिक अभिनय होता है। कैशिकी के द्वारा साजसज्जा व सौंदर्य निष्पन्न होता है। इन चार वृत्तियों को भरतमुनि ने नाट्य की मातृका या माताएँ कहा है। इनका दस रूपकों से संबंध बताते हुए वे कहते हैं—

ग्रामौ पूर्णस्वरौ द्वौ तु यथा वै षड्जमध्यमौ।
सर्ववृत्तिविनिष्पन्नौ काव्यबन्धौ तथा त्विमौ।।१८.६।।

ज्ञेयं प्रकरणं चैव तथा नाटकमेव च।
सर्ववृत्तिविनिष्पन्नं नानाबन्धसमाश्रयम्।। १८.७।।

जैसे षड्ज और मध्यम इन दो ग्राम में संपूर्ण स्वर समन्वित है, उसी तरह नाटक और प्रकरण – ये दो रूपकभेद समस्त वृत्तियों से निष्पन्न तथा विविध प्रकार के बंधों पर आश्रित जानना चाहिये।

वीथी समवकारश्च तथेहामृग एव च।
उत्सृष्टिकाङ्को व्यायोगो भाणः प्रहसनं डिमः।।१८.८।।

कैशिकीवृत्तिहीनानि रूपाण्येतानि कारयेत्।

वीथी, समवकार, ईहामृग, उत्सृष्टिकांक, व्यायोग, भाण, प्रहसन और डिम – इतने रूपकों के प्रयोग में कैशिकी वृत्ति नहीं रखनी चाहिये।

दस रूपकों तथा नाटिका के लक्षण भरतमुनि के नाशा० के अठारहवें अध्याय में इस प्रकार बताये गये हैं—

नाटक

नाटक दसों रूपकों में सबसे मुख्य है। इसकी प्रधानता के कारण ही रूपक या ड्रामा के लिये नाटक शब्द चल पड़ा। भरतमुनि के अनुसार नाटक का लक्षण इस प्रकार है— नाटक की कथावस्तु प्रख्यात होती है, तथा इसका नायक भी प्रख्यात और उदात्त होता है। इसमें राजर्षि के वंशजों का चरित होता है, उसी प्रकार इसमें दिव्य पात्रों का आश्रय भी लिया जाता है। यह विविध विभूतियों, ऋद्धि, विलास आदि गुणों से युक्त होता है, अंकों तथा प्रवेशकों से संपन्न होता है। सुख और दुःख के प्रसंगों से उत्पन्न विविध रसों तथा भावों के अनुसार राजाओं का अनेक प्रकार का चरित नाटक है। जो नाटक के नायक कहे गये हैं, उनका विभिन्न अवस्थाओं से युक्त चरित अंक में प्रत्यक्ष व अविप्रकृष्ट (लगातार चलने वाले) रूप में दिखाया जाये। नाटक का हर अंक नायक, देवी, गुरुजन, पुरोहित, अमात्य, सार्थवाह (व्यापारी) इन पात्रों के साथ विभिन्न रसों से युक्त होता है। नाटक तथा प्रकरण में पाँच से दस तक अंक होते हैं। जिसके अंत में सारे पात्रों का निर्गमन हो जाये, उसे अंक जानना चाहिये। अंक में प्रत्यक्ष न दिखाये जाने वाले प्रसंग या दृश्य भरतमुनि ने इसप्रकार बताये हैं—

क्रोधप्रसादशोकाः शापोत्सर्गोऽथ विद्रवोद्वाहौ।
अद्भुतसम्भवदर्शनमङ्के प्रत्यक्षजानि स्युः।।
एकदिवसप्रवृत्तः कार्यस्त्वङ्कोऽर्थबीजमधिकृत्य।
आवश्यककार्याणामविरोधेन प्रयोगेषु।।
एकाङ्केन कदाचिद्बहूनि कार्याणि योजयेद्धीमान्।
आवश्यकाविरोधेन तत्र काव्यानि कार्याणि।।
रङ्गं तु ये प्रविष्टाः सर्वेषां भवति तत्र निष्क्रामः।
बीजार्थयुक्तियुक्तं कृत्वा काव्यं यथार्थरसम्।।
न बहूनीह कार्याणि त्वेकाङ्के विनियोजयेत्।
आवश्यकानां कार्याणां विरोधो हि तथा भवेत्।।
ज्ञात्वा दिवसावस्थां क्षणयाममुहूर्तलक्षणोपेताम्।
विभजेत् सर्वमशेषं पृथक् पृथक् काव्यमङ्केषु।।
दिवसावसानकार्यं यद्यङ्के नोपपद्यते सर्वम्।
अङ्कच्छेदं कृत्वा प्रवेशकैस्तद्विधातव्यम्।।
विप्रकृष्टं तु यो देशं गच्छेत्कार्यवशानुगः।
अङ्कच्छेदेऽथ संक्षेपान्निर्दिशेत्तं प्रवेशकैः।।
सन्निहितनायकोऽङ्कः कर्तव्यो नाटके प्रकरणे वा।

(नाशा० १८. २० – २७)

(क्रोध, प्रसन्नता या शोक के प्रसंग, शाप देने का प्रसंग, भगदड़, विवाह, अद्भुत वस्तु

का जन्म – ये अंक में प्रत्यक्ष नहीं दिखाना चाहिये। अर्थ और बीज के अनुसार एक दिन में संपन्न होने वाले प्रसंग अंक में रखने चाहिये, और इन प्रसंगों में भी प्रयोग की दृष्टि से आवश्यक कार्यों में परस्पर विरोध न हो। बुद्धिमान् नाटककार को चाहिये कि वह (आवश्यकतानुसार) कभी कभी एक अंक में बहुत से कार्यों की योजना भी कर दे, आवश्यक कार्यों में जिस तरह से बोध न हो इस तरह काव्य (नाटक का अंश) रखा जाये।)

अंक के आरंभ में जिन पात्रों ने रंगमंच पर प्रवेश किया था, उन सब का अंक की समाप्ति पर निष्क्रमण हो जाना चाहिये। भाव और रस के अनुसार काव्य की रचना कर के बीज के अर्थ की संगति बनाये रखना चाहिये।

एक अंक में बहुत सारे कार्यों का समावेश न करे ताकि आवश्यक कार्यों का विरोध न हो। क्षण, याम, मुहूर्त के लक्षणों के अनुसार दिन की अवस्था का ध्यान रख कर अंकों में अलग अलग शेष बचे प्रसंगों को विभाजित करना चाहिये। एक दिन में होने वाला सारा कार्य यदि अंक के भीतर न समेटा जा सके, तो अंक का विच्छेद कर के प्रवेशकों के द्वारा उसे दिखाना चाहिये। कोई पात्र कार्यवश दूरस्थ देश जाता है, तो वहाँ भी अंक का विच्छेद कर के उसके जाने की बात को संक्षेप में प्रवेशकों के द्वारा बताना चाहिये। नाटक या प्रकरण में प्रत्येक अंक में नायक की उपस्थिति रहनी चाहिये।

प्रकरण तथा नाटक में पाँच से लगा कर दस तक अंक होते हैं। अंकांतराल (दो अंकों के बीच के दृश्य) में प्रवेशक रखे जाते हैं, अत: जितने अंकांतराल होगें, उतने ही प्रवेशक (नाटक या प्रकरण में हो सकतें हैं। परिजनों (राजसेवक, नायक या नायिका के मित्र अथवा सखियों, दास-दासियों) की बातचीत का सिलसिला जिसमें हो, वह प्रवेशक होता है।

यदि एक महीने या एक वर्ष तक का कथाप्रसंग दिखाना हो, तो अंक को विच्छेद कर के (प्रवेशक के द्वारा) वह सब बता देना चाहिये, पर एक वर्ष से अधिक का वृत्तांत नहीं दिखाना चाहिये।

किसी काम से यदि कोई पात्र मार्ग में दूर जा रहा हो, तो वहाँ भी पहले के वृत्तांत को जानने वाले पात्रों के द्वारा (प्रवेशक करा कर) अंक का विच्छेद कर देना चाहिये।

यदि कार्य अनेक आश्रयों में हो रहा हो, तो उसे प्रवेशकों के द्वारा या संधियों में संक्षिप्त कर के दिखा दे। बहुत अधिक चूर्णपदों (गद्य के वाक्यों से) प्रयोग में खेद होता है। (१८.३६)। जहाँ प्रयोग की बहुलता के कारण प्रसंग की समाप्ति न हो पा रही हो, वहाँ भी वृत्तांतों के संक्षिप्तकथन से प्रवेशकों में उस सारे प्रसंग को बता देना चाहिये।

एक अंक के भीतर निषिद्ध दृश्य का विधान भरतमुनि के अनुसार इसप्रकार हैं—

युद्धं राज्यभ्रंशो मरणं नगरोपरोधनं चैव।
प्रत्यक्षाणि तु नाङ्के प्रवेशकैः संविधेयानि।।
अङ्के प्रवेशके च प्रकरणमाश्रित्य नाटके वापि।
न वधः कर्तव्यः स्याद्योऽभ्युदयी नायकः ख्यातः।।

अपसरणमेव कार्यं ग्रहणं वा सन्धिरेव वा योज्यः।
काव्यश्लेषैर्बहुभिर्यथारसं नाट्यतत्त्वज्ञैः।।

नाशा० १८. ३८-४०।।

(युद्ध, राज्य पर शत्रु का कब्जा, भ्रंश, मृत्यु, नगर को घेरा जाना – इनको अंक में प्रत्यक्ष न दिखाया जाये, इन्हें प्रवेशकों के द्वारा बता देना चाहिये। चाहे अंक हो या प्रवेशक, प्रकरण अथवा नाटक में अभ्युदयशील नायक का वध न दिखाया जाये। यदि नायक हार रहा हो, तो नाट्य के जानकार कवियों तथा नटों को रस के अनुसार अनेक प्रकार के काव्यों के श्लेष के द्वारा अपहरण (पीछे हटना), ग्रहण (पकड़ा जाना) या संधि दिखा देना चाहिये।)

नाटक अथवा किसी भी रूपक में कथावस्तु के विन्यास का क्रम इसप्रकार होना चाहिये—

कार्यं गोपुच्छाग्रं कर्तव्यं काव्यबन्धमासाद्य।
ये चोदात्ता भावास्ते सर्वे पृष्ठतः कार्याः।।

नाशा० १८.४२।।

(काव्यबंध में कार्य को गोपुच्छाग्र (गाय की पूँछ के छोर) की तरह दिखाना चाहिये। जितने उदात्त भाव हैं, उनकी अभिव्यक्ति अंत में करनी चाहिये।

सर्वेषां काव्यानां नानारसभावयुक्तियुक्तानाम्।
निर्वहणे कर्तव्यो नित्यं हि रसोऽद्भुतस्तज्ज्ञैः।।

नाशा० १८.४३।।

(विविध रसों और भावों की योजना से युक्त समस्त काव्यों के निर्वहण में नाट्य के जानकार कवियों तथा नटों को अद्भुत रस अवश्य रखना चाहिये।)

प्रकरण

'जहाँ पर कवि अपनी कल्पना से नाटक की कथावस्तु, संरचना तथा नायक को रच कर रचना करता है, उसे बुधजनों को प्रकरण नामक रूपक जानना चाहिये। जो अनार्ष (ऋषि का कहा हुआ न हो) तथा आहार्य (कविकल्पित) हो, ऐसा अभूतपूर्व गुणों से युक्त काव्य जब कवि रचता है, जिसका बीज तथा कथावस्तु कल्पना से निर्मित हो, तो उसे भी प्रकरण जानना चाहिये।

'नाटक के लिये कथावस्तु, संरचना तथा वृत्ति के जो जो भेद बताये गये हैं, उन सब को लक्षणसहित समस्त संधियों के साथ प्रकरण में भी योजित करना चाहिये। विप्र, वणिक् (दूकानदार), सचिव, पुरोहित, अमात्य, सार्थवाह (व्यापारी) – इनका अनेक प्रकार का चरित जिसमें हो उस रूपक को प्रकरण जानना चाहिये। प्रकरण में न तो उदात्त नायक के कर्म चित्रित होते हैं, न देवताओं का चरित, न राजाओं का कामविलास ही इसमें होता है। जो बाह्यजनसंप्रयुक्त हो उसे नाट्य के जानकार नटों को प्रकरण जानना चाहिये। दास, विट, श्रेष्ठियों से युक्त,

वेश्या के उपचार (प्रेमसंबंध, मानमनौव्वल) के कारण प्रकरण आगे बढ़ता है। नीच कुल की स्त्री के चरित वाला काव्य प्रकरण में रखा जाना चाहिये। जहाँ सचिव, श्रेष्ठी, ब्राह्मण, पुरोहित, अमात्य तथा सार्थवाहों के घर की बातें चल रहीं हों, वहाँ वेश्या की उपस्थिति नहीं दिखानी चाहिये। यदि प्रकरण वेशयुवती (वेश्या) के चरित्र से युक्त है, तो नायक का कुलीन स्त्री से संगम इसके साथ नहीं दिखाना चाहिये, और यदि कुलीन स्त्री का चरित्र उसमें है, तो उस के साथ वेश्या का पात्र न रहे। अथवा यदि किसी कारण की युक्ति से वेश्या तथा कुलीन स्त्री दोनों से प्रेमसंबंध का प्रसंग आ जाये, तो इसमें अविकृत भाषा और आचार वाला पाठ्य प्रयुक्त किया जाना चाहिये। नाट्य के तत्त्वज्ञों को प्रवेशक में मध्यम श्रेणी के पात्रों के साथ विष्कंभक की योजना करानी चाहिये। विष्कंभक में संवाद संस्कृत में होते हैं, यह प्रवेशक के समान संक्षिप्त अर्थ वाला होता है। शुद्ध तथा संकीर्ण – दो प्रकार का विष्कंभक रखा जा सकता है। शुद्ध विष्कंभक मध्यम पात्रों वाला होता है, संकीर्ण में नीच और मध्यम दोनों श्रेणियों के पात्र हो सकते हैं। प्रवेशक दो अंकों के बीच में प्रसंग को देखते हुए रखा जाता है। इसमें संधियों तथा प्रसंगों का संक्षेप होता है।' (नाशा० १८.४५-५५)

नाटिका

'नाटक तथा प्रकरण के बंध को मिला कर प्रख्यात या अन्य प्रकार के रूपक के और भी प्रकार प्रयोक्ता गण कर सकते हैं। (इस तरह के भेदों में एक नाटिका है)। नाटिका में प्रकरण तथा नाटक को मिला कर उत्पाद्य या काल्पनिक कथावस्तु रखी जाती है। इसे अन्त:पुर के संगीतक (नृत्यनाटिका) में भाग लेने वाली कन्या के साथ प्रेमप्रसंग को लेकर रचा जाना चाहिये। नाटिका में स्त्री पात्रों की प्रचुरता होती है, चार अंक होते हैं, इसका अभिनय ललित रूप से किया जाता है तथा इस में सभी अंग (संध्यंग) सम्यक् रूप से गुँथे होते हैं। इसमें नृत्त, गीत तथा पाठ्य बहुत होता है, तथा यह रति और संभोग के प्रसंगों से भरी होती है।

'नाटिका को राजा के उपचार से युक्त प्रसादन (मनाना), क्रोध, दंभ से संयुक्त तथा नायक, देवी (रानी), दूती और परिजनों (सखियों, चेटियों आदि) से युक्त जानना चाहिये। यह नाटिका नाटक तथा प्रकरण दोनों में अंतर्भावित की जा सकती है, अत: दस ही रूपक कहे गये हैं' (नाटिका को मिला कर ग्यारह नहीं। (नाशा० १८.५८-६१)

समवकार

यह रूपक देवों और असुरों के संघर्ष के बीज से रचा जाता है, इस में प्रख्यात और उदात्त नायक होता है। यह तीन अंकों, तीन प्रकार के कपट, तीन प्रकार के विद्रव तथा तीन प्रकार के शृंगार से युक्त होता है। यह बारह नायकों से भरापूरा होता है, अठारह नाडिकाओं तक यह चलता है। (आधे मुहूर्त की एक नाडी होती है।) समवकार में होने वाला विद्रव (भगदड़) तीन प्रकार का माना जाता है – युद्ध या जल से होने वाला, आँधी, आगजनी, (पागल या

मतवाले) हाथी के आने से उत्पन्न संभ्रम से होने वाला, तथा नगर पर (शत्रु के द्वारा) घेरा डालने से होने वाला। इस रूपक में प्रयुक्त सुख या दु:ख की उत्पत्ति करने वाला कपट भी तीन प्रकार का होता है – वस्तु में निहित, क्रम से किया तथा शत्रु के द्वारा प्रयुक्त। नाट्यविधि को जानने वाले नटों को इस रूपक में अलग अलग कार्य संपन्न करने वाले तीन प्रकार के शृंगार का प्रयोग करना चाहिये— धर्मशंगार अर्थशृंगार तथा कामशृङ्गार। जिसमें धर्म को सिद्ध कराने वाला तथा अपना हित करने वाला साधन अनेक प्रकार का हो, व्रत, नियम तथा तपस्या से युक्त उसे धर्मशृंगार जानना चाहिये। जहाँ अर्थ (भौतिक ऐश्वर्य, संपदा) की इच्छा के साथ अर्थ के लिये शृंगार हो, स्त्री के साथ समागम को लेकर भी अर्थ के लिये ही रति की जाये वहाँ अर्थ शृंगार होता है। कन्या को ललचा कर या उसके स्वत: मिल जाने पर अथवा स्त्री और पुरुष के बीच मन को हरण करने वाला भाव जहाँ दबा हुआ या आवेग के साथ प्रकट हो वहाँ कामशृंगार होता है।

ईहामृग – यह रूपक दिव्यपुरुषों (देवताओं) पर आधारित होता है, इसमें दिव्यस्त्री (अप्सराओं) के कारण युद्ध होता है। इसकी विषयवस्तु सुनिबद्ध होती है, इसमें विपर्यय का चित्रण होता है, इसके पात्र अधिकतर उद्धत पुरुष होते हैं। स्त्रियों के रोष से भरे संवाद इसके पाठ्य अंश में रहते हैं। संक्षोभ तथा विद्रव (भगदड़) के प्रसंगों से इसकी कथा आगे बढ़ती है। स्त्री को साधना, उसका अपहरण करना, उसके अवमर्दन (कुचलना) इस तरह के प्रसंगों से इसमें शृंगार रस की अभिव्यक्ति होती है। ईहामृग में काव्य का बंध सुसमाहित होता है। व्यायोग में जो कार्य, जो पात्र , जो वृत्तियाँ तथा जो रस होते हैं, वे ईहामृग में भी होंगे, केवल अमरस्त्री (देवी या अप्सरा) से संयोग इसमें विशेष बात रहती है। जिन पात्रों का वध करना अभीष्ट है, उनके वध का दृश्य जब उग्र होने लगे, तो किसी बहाने से युद्ध का शमन कर देना चाहिये।

डिम - डिम की कथावस्तु का विषय प्रख्यात होता है, इसका नायक प्रख्यात और उदात्त होता है, इसमें छह रस तथा चार अंक होते हैं। शृंगार और हास्य को छोड़ कर शेष छह रस इसमें रहते हैं। डिम दीप्तरसों वाले काव्य से पनपता है। यह विभिन्न प्रकार के भावों से संपन्न बनता है। निर्घात, उल्कापात, सूर्यग्रहण या चंद्रग्रहण से यह युक्त होता है। युद्ध, नियुद्ध (द्वंद्वयुद्ध) आधर्षण (रगड़ कर पटकनी देना) संफेट (भिड़ंत) से युक्त डिम का अभिनय किया जाना चाहिये। माया और इंद्रजाल (जादू) से भरपूर, बहुत अधिक पुस्त (लकड़ी आदि से बनाये गये दृश्य, आकृतियों) के उत्थान वाला डिम रूपक देव, नागराज, राक्षस, यक्ष, पिशाच जैसे पात्रों से भरा होता है। यह सोलह नायकों से भरापूरा तथा सात्त्वती और आरभटी वृत्तियों से संपन्न होता है। विविध आश्रयों तथा भावों वाले ऐसे डिम का प्रयत्नपूर्वक अभिनय करना चाहिये।

व्यायोग - व्यायोग की कथा प्रख्यात नायक से संबद्ध होती है। इसमें स्त्रीपात्र थोड़े ही होते हैं, तथा एक दिन की घटनाओं का चित्रण होता है। समवकार के ही समान इसमें अनेक

पुरुष पात्र एक साथ काम करते हैं, पर दिव्य नायक नहीं होते। व्यायोग में एक ही अंक होता है। दिव्य नायक के स्थान पर इसमें राजर्षि होता है। युद्ध, द्वंद्वयुद्ध तथा धरपकड़ व संघर्ष के द्वारा इसकी कथा आगे बढ़ती है।

भास का मध्यमव्यायोग व्यायोग विधा का सबसे प्राचीन उदाहरण है। भास के नाम से प्राप्त अन्य रूपकों में दूतवाक्य तथा दूतघटोत्कच इन दो रूपकों में भी एक सीमा तक व्यायोग के लक्षण मिलते हैं। भास के बाद लगभग एक सहस्राब्दी तक की अवधि में संस्कृत में व्यायोग नहीं मिलते। कल्याणसौगंधिक, निर्भयभीम, पार्थपराक्रम, धनंजयविजय, भीमपराक्रम, किरातार्जुनीय, शंखराभव, भीमविक्रम, सौगंधिकाहरण, नरकासुरविजय, परशुरामविजय आदि व्यायोग ग्यारहवीं शताब्दी से इक्सवीं शताब्दी तक एक सहस्र वर्षों की अवधि में लिखे गये।

उत्सृष्टिकांक - उत्सृष्टिकांक की विषयवस्तु प्रख्यात होती है, पर कभी कभी अप्रख्यात भी हो सकती है। इसमें दिव्य पात्र नहीं होते, देवताओं के अतिरिक्त अन्य पात्र इसमें रहते हैं। यह करुण रस से भरा होता है, इसकी कथा युद्ध की समाप्ति के बाद आरंभ होती है, पर शत्रु पर प्रहार करने पर उतारू पात्रों का प्रसंग इसमें होता है। इसमें स्त्रियों के रोना-धोना बहुत रहता है, तथा वैराग्य से भरे संवाद भी होते हैं। तरह तरह की व्याकुल चेष्टाएँ इसमें रहती हैं। सात्वती, आरभटी और कैशिकी वृत्तियाँ इसमें नहीं होतीं (भारती वृत्ति ही प्रायः रहती है)।

भास का ऊरुभंग उत्सृष्टिकांक कोटि का रूपक है। विबुधानंद नामक उत्सृष्टिकांक भी मिलता है।

प्रहसन - प्रहसन दो प्रकार का माना गया है - - शुद्ध तथा संकीर्ण। शुद्ध प्रहसन संन्यासी, तापस, ब्राह्मण या अन्य पात्रों के हास्यपूर्ण कथनों से संबद्ध, कापुरुषों के द्वारा प्रयुक्त किया गया तथा परिहास पूर्ण वार्तालाप से भरा होता है। इस में भाषा और आचरण अविकृत (न बिगाड़ा गया) होता है, तथा विशेष भावों से युक्त चरित्र इसमें प्रस्तुत किये जाते हैं। इसमें गति तथा विषयवस्तु निर्धारित रहती है। वेश्या, चेट, नपुंसक, विट, धूर्त, बन्धकी – ये पात्र रहते हैं, खुला वेष, सामग्री, चेष्टाएँ व करण इन सब में खुलापन रहता है। इसमें प्रस्तुत विषयों में धूर्तों के बीच कहासुनी, लोकोपचार से युक्त बातों, दंभ या दिखावे का प्रयोग करना चाहिये। प्रहसन का प्रयोग यथायोग्य वीथ्यंगों के साथ किया जाना चाहिये।

भाण - भाण आत्मानुभूतशंसी (किसी पात्र के अपने अनुभवों के वर्णन) तथा दूसरे पात्र की विषय में विशेष कथनों से युक्त होता है। विविध आश्रय (विविध पात्रों के विवरणों) वाले भाण का प्रयोग एक ही पात्र के द्वारा कराया जाता है। इसमें दूसरे के कथनों को वही एक पात्र दोहराता जाता है और उनका उत्तर भी उत्तम से उत्तम वाक्यों के द्वारा स्वयं देता चलता है। ऐसा वह आकाशभाषित करता हुआ अंगविकारों व चारों प्रकार के अभिनयों के साथ करता है। भाण में धूर्त और विट पात्र होते हैं, विभिन्न अवस्थाओं का चित्रण होता है, अंक एक ही रहता है पर चेष्टाएँ बहुत सी होती हैं।

भाण की प्रस्तुति में सारा कार्यव्यापार व कथनोपकथनों की प्रस्तुति एक ही पात्र विट करता है। इसकी सूझबूझ, कथनभंगिमाएँ हास की फुलझड़ियाँ छोड़ती हैं। विट का चरित्र संस्कृत रूपकसाहित्य में निराला ही होता है। उसमें विदूषक, खलनायक, धीरोदात्त, धीरललित व धीरोद्धत नायक आदि की चारित्रिक विशेषता सम्मिश्रित रहती हैं। विट के स्वरूप का वर्णन करते हुए क्षेमेंद्र ने देशोपदेश में कहा है—

उदञ्चितकचः किञ्चिच्चिबुकश्मश्रुवेष्टने।
दिने देवगृहाधीशवदनं वीक्षते विटः।।

अर्थात् विट अपनी चिबुक या ठुड्डी पर मूँछ के केशों को कुछ ऊपर उमेठ कर रखता है।[३९] वह धनिकों का मुख ताकता रहता है। पर इसकी अपेक्षा पादताडितक भाण के प्रणेता श्यामिलक ने विट का स्वरूप प्राणवान् रूप में चित्रित किया है—

स्वैः प्राणैरपि विद्विषः प्रणयिनामापत्सु यो रक्षिता
यस्यार्तौ भवति स्व एव शरणं खड्गद्वितीयो भुजः।
सङ्घर्षान्मदनातुरो मृगयते यं वारमुख्यो जनः
स ज्ञेयो विट इत्यापावृतधनो यो नित्यमेवार्थिषु।।

(जो विपत्ति में अपने चाहने वालों के प्राणों की रक्षा उनके शत्रुओं से अपने प्राण दे कर भी करे, पर जिसके स्वयं के ऊपर विपत् आये, तो उसे शरण देने वाली खड्ग उठाये हुए उसकी अपनी एक भुजा ही हो, मदनातुर वारांगनाएँ आपस में झगड़ा होने पर (समझौते के लिये) जिसे ढूँढती फिरें, जो याचकों के सामने अपनी धन की थैली सदा खोल कर रखे, उसे विट जानना चाहिये।)

वीथी - वीथी सभी रसों से संपन्न, तेरह अंगों से युक्त, एक अंक वाली तथा एकहार्या या द्विहार्या (एक या दो पात्रों के द्वारा प्रयोजित) होती है। इसमें अधम, उत्तम तथा मध्यम तीन प्रकार के पात्र होते हैं।

वीथी के तेरह अंग कहे गये हैं – उद्घात्यक, अवगलित, अवस्पंदित, नाली, असत्प्रलाप, वाक्केली, प्रपंच, मृदव, अधिबल, छल, त्रिगत, व्याहार तथा गंड।

अभिनय के समय जब पात्र आदर के कारण निरर्थक पदों को अन्य पदों से जोड़ लेते हैं तो यह उद्घात्यक कहलाता है। जब एक में मिला कर अन्य कार्य भी पूरा कर लिया जाये, तो इसे अवगलित नामक अंग जानना चाहिये। शुभ अथवा अशुभ से उत्पन्न किसी अर्थ से कुशलता के कारण अन्य अर्थ निकाल लिया जाये, तो इसे अवस्पंदित कहा जाता है। हास्य से परिपूर्ण बातों वाली पहेली नालिका है। मूर्ख लोगों के साथ होने पर कोई विद्वान् जब हित की ही बात कहे, और वे लोग उसकी बात न मानें तो इसे असत्प्रलाप जानना चाहिये। एक या दो पात्रों के उत्तर-प्रत्यत्तुर वाक्केली तथा दो पात्रों का एक दूसरे से परिचय से युक्त तथा हास्यजनक असद्भूत वचन प्रपंच है। जिस कारण से विवाद के द्वारा गुण दोष लगने लगें, और

दोष गुण प्रतीत हों, वह मृदव है, दूसरे पात्र के कथन को अपने वचन से बढ़-चढ़ कर जब कोई पात्र बताये, तो यह अधिबल कहा जाता है। धोखा, हँसी और रोष को उत्पन्न करने वाला अन्य अर्थ में कहा गया वाक्य छल कहलाता है। सुनने में एक जैसा होने के कारण अनेक अर्थ जब युक्ति से नियोजित हों, तो ऐसा हास्यकर या अहास्यकर वाक्य त्रिगत जानना चाहिये। जिसमें थोड़ा हास्य का पुट हो ऐसा प्रत्यक्ष व्यवहार वाला व्याहार होता है। संरंभ और संभ्रम से युक्त विवाद से भरपूर अपवाद (निंदा) से युक्त, तरह तरह के आक्षेपों से भरे कथनों को नाट्य के तत्त्वज्ञों ने गंड कहा है।

दशरूपकों का विकास क्रम

यद्यपि प्राचीन आचार्यों ने सभी रूपक प्रकारों की मूल प्रकृति नाटक नामक रूपक विधा को माना है, पर आधुनिक विद्वान् एकहार्य (एकपात्रीय), एकाङ्क, तथा एक या दो वृत्ति वाले रूपक प्रकारों को नाट्य परम्परा के विकास क्रम में सर्वप्रथम रखते हैं। व्ही० राघवन् तथा माकड तो उपरूपकों को रूपकों का प्राग्वर्ती भी मानते हैं। रूपकों में भी मनमोहन घोष ने विकास क्रम इस प्रकार दिखाया है—

१. एक अङ्क वाला, एक पात्र वाला तथा एकल संवाद वाला रूपक (भाण)।

२. एक अङ्क वाला एक पात्र या दो पात्रों वाला रूपक (वीथी)

३. एक अङ्क वाले दो से अधिक पात्र वाले तथा व्यापक विषयवस्तु वाले रूपक (व्यायोग, प्रहसन, उत्सृष्टिकाङ्क)।

४. (क) तीन अङ्क वाले, अनेक पात्रों वाले रूपक-समवकार।
(ख) चार अंकों वाले अनेक पात्रों वाले रूपक-डिम, ईहामृग।

५. पाँच से दस अंकों व अनेक पात्र वाले रूपक— नाटक तथा प्रकरण।[४०]

रूपक का इतिवृत्त- रूपक का इतिवृत्त या कथावस्तु दो प्रकार का है - आधिकारिक और प्रासंगिक। आधिकारिक मुख्य इतिवृत्त है, जो नायक से सीधे संबंधित है। प्रासंगिक इतिवृत्त उसका अंग है। उदाहरण के लिये रामायण की कथा पर लिखे गये नाटक में राम का वृत्तांत आधिकारिक है और सुग्रीव आदि का वृत्तांत प्रासंगिक। प्रासंगिक भी दो प्रकार का होता है- पताका तथा प्रकरी। जो नायक के मुख्य वृत्त के साथ साथ दूर तक चलता है, वह पताका है। उपर्युक्त सुग्रीव का वृत्तांत पताका कहलायेगा। जो घटना या प्रसंग नायक के वृत्त में आगे तक जारी नहीं रहते, वे प्रकरी हैं, जैसे रामायण पर आधारित नाटक में जटायु का वृत्त, जो उसकी मृत्यु के साथ ही समाप्त हो जाता है।

संधियाँ- कथानक के विकास की दृष्टि से उसका विभाजन पाँच संधियों में किया गया है - मुख, प्रतिमुख, गर्भ, विमर्श और उपसंहार। ये पाँचो संधियाँ उपर्युक्त पाँच अवस्थाओं से क्रमशः संबद्ध भी बतायी गयी हैं।

शाकुंतल के पहले और दूसरे अंक के उस प्रसंग तक जिसमें दुष्यंत मृगया बंद करने का निश्चय करता है मुख संधि है। इसके आगे दूसरे अंक और तीसरे अंकों में दुष्यंत के शकुंतला से मिलने का प्रयास और उन में कभी सफलता, कभी बाधा का होना - इन प्रसंगों में प्रतिमुख संधि है। चौथे अंक के आरंभ से जहाँ शकुंतला आश्रम से अपने पतिगृह के लिये प्रस्थान करती है, पाँचवें अंक में दुष्यंत के द्वारा उसे ठुकराये जाने के दृश्य में गर्भ संधि है, जो शकुंतला के साथ आई तापसी के इस कथन तक चलती है कि यदि महाराज तुझे नहीं पहचान रहे, तो मैं तेरा अवगुंठन हटा देती हूँ। इसके बाद पाँचवें अंक में अवगुंठनके हटाने पर दुष्यंत के द्वारा शकुंतला का मुख देखे जाने पर उसका संशय और छठे अंकमें अँगूठी के मिल जाने पर उसका पछतावा -इस सारे प्रसंग में अवमर्श संधि है। सातवें अंक में दुष्यंत का स्वर्ग से लौटते हुए मरीचि के आश्रम में रुकना, अपने पुत्र भरत से उसकी अप्रत्याशित भेंट और अंत में शकुंतला से पुनर्मिलन - इन सारे प्रसंगों में निर्वहण संधि है।

अवस्थाएँ

भरतमुनि कहते हैं कि संसार में फल की प्राप्ति के लिये कारण का जो व्यापार होता है, उसकी अनुक्रम से पाँच अवस्थाएँ प्रयोक्ताओं को जानना चाहिये। नाटक के इतिवृत्त की पाँच अवस्थाएँ होती हैं। ये अवस्थाएँ फलप्राप्ति के लिए साधक के द्वारा किये जाने वाले व्यापार की हुआ करती हैं तथा इनमें आनुपूर्वी (क्रमिकता) रहती है अर्थात् आरम्भ, प्रयत्न, प्राप्तिसम्भव, नियताप्ति तथा फलयोग— ये पांच अवस्थाएँ नाटक में इसी क्रम से आनी चाहिएँ (१९.७-९)। साधक से आशय नायक, उसके सहायक पात्र या नियति से भी है।

आरम्भ– फलयोग के लिए किये जाने वाले बीजवपन के लिए औत्सुक्य या इच्छा होना आरम्भ है (१९.१०)। स्पष्ट ही आरम्भ का संबंध बीज नामक अर्थप्रकृति से है। फल-प्राप्ति नायक को दिलवाने के लिए किसी भी पात्र के मन में संकल्प हो— यही आरम्भ है। रत्नावली नाटिका के पहले अंक में यौगन्धरायण का एकालाप इसका उदाहरण है (दरू. १.१९)।

प्रयत्न– फलप्राप्ति में रुकावट देखकर उसे पाने के लिए फिर से व्यापार करना तथा अत्यंत उत्सुकता का होना प्रयत्न है।

प्राप्त्याशा (प्राप्तिसम्भव)– उसे प्रतिबंधक कारणों का निवारण करने वाले उपायों के द्वारा जब तक की ईषत्प्राप्ति होती दिखे (कुछ झलक मिलती लगे, तो यह प्रात्याशा या प्राप्तिसम्भव नामक अवस्था है। अभि० के अनुसार प्राप्तिसम्भव में फल की संभावनामात्र दिखायी देने लगती है, फल की वस्तुतः उपलब्धि नहीं होती। रत्नावली के तृतीय अंक में सागरिका का वेष बदलकर नायक से मिलने आना तथा रानी वासवदत्ता के आ धमकने की आशंका का बना रहना— इस प्रसंग में प्राप्तिसंभव नामक अवस्था है।

नियताप्ति—प्रतिबंधक हट जाने पर जब फलप्राप्ति निश्चित होती दिखे, तो यह

नियताप्ति नामक अवस्था है। सागरिका की पुनः प्राप्ति के लिए राजा उदयन का रत्नावली के अंतिम अंक में देवी वासवदत्ता को प्रसन्न करने का विचार करना नियताप्ति अवस्था है।

फलयोग या फलागम– इस अवस्था का संबंध निर्वहण सन्धि से है। जिस इतिवृत्त में नायक का समग्र अभिप्रेत क्रियाफल उपस्थित हो जाय, उसमें फलयोग नामक अवस्था रहती है। अभि. के अनुसार यदि फलयोग की अवस्था नायक के स्थान पर सचिव आदि के वृत्त में देखी जाय, तब भी दोष नहीं है, क्योंकि फलयोग की उपस्थिति साक्षात् नायक के वृत्त में ही हो— यह आवश्यक नहीं है। सचिव आदि अप्रधान पात्र अपने सारे कार्य नायक के लिए ही करते हैं, अत एव उनके वृत्तांतों में यदि फलयोग की उपस्थिति हो जाय, तो वह वस्तुतः नायक के लिए ही मानी जानी चाहिए (अभिभा. भा.-३, पृ० ८)।

मातृगुप्त ने इन पाँचों अवस्थाओं का एक सातत्य में उदाहरण रामायण की कथा से प्रस्तुत किया है—

प्रारम्भो रावणवधे खरप्रभृतिवैशसम्।
प्रयत्नः शूर्पणखया कृतः सीतापहारतः।।
सुग्रीवस्य च सख्येन सञ्जातः प्राप्तिसम्भवः।
नियता च फलप्राप्तिः कुम्भकर्णादिनैधने।
यो देवै राक्षसपतेः कार्यो दुष्टमतेर्वधः।
फलयोगः स रामस्य धर्मकामार्थसिद्धये।।

नालरको. पृ० १२ पर उद्धृत

सागरनंदी ने मातृ का यह उद्धरण देकर कहा है कि अवस्थाओं का इस रूप में यह क्रम राघवाभ्युदय नाटक में स्पष्ट ही है (वही)।

अर्थप्रकृतियाँ

बीज, बिंदु, पताका, प्रकरी तथा कार्य इन पाँच अर्थप्रकृतियों का संयोजन नाटक में विधि के अनुसार किया जाना चाहिये। नाशा० से लगा कर पूरी आचार्य-परंपरा में एक मत से अर्थप्रकृति के बीज, बिन्दु, पताका, प्रकरी तथा कार्य-ये पाँच भेद स्वीकार किये गये हैं।

बीज : अर्थप्रकृति का वह रूप, जो थोड़ा-सा व्यक्त किये जाते ही अनेक प्रकार से विस्तारित हो जाता है और जिसका अवसान कथा के फल में होता है, बीज है। अभिनवगुप्त के अनुसार बीज को विसृष्ट करते समय उसका तत्क्षण कोई गंभीर प्रयोजन प्रतीत नहीं हो पाता, वह अकिंचित्कर प्रतीत होता है, पर बीज के इस न्यास से कथा में अनेक उपायों की शृंखला चल पड़ती है, जिनका अवसान फलप्राप्ति में होता है। बीज कहीं उपायमात्र, कहीं फलमात्र तो कहीं दोनों रूपों में सामने आता है। फल भी कहीं मात्रा उपादान या प्राप्ति, तो कहीं विपत्ति का निवारण- इस प्रकार दो तरह का होता है, और वह भी नायक से संबद्ध हो

या प्रतिनायक से- इस दृष्टि से पुनः दो-दो प्रकार का हो जाता है।

रत्नावली नाटिका में वसंतोत्सव का प्रसंग बीज अर्थप्रकृति को लेकर निबद्ध है। इसी प्रकार शाकुन्तल में वैखानस द्वारा राजा दुष्यन्त को पहले अंक में चक्रवर्ती पुत्र की प्राप्ति का आशीर्वाद भी बीज का उदाहरण है (अ०भा., भाग-३, पृ०१३)।

अभि० के अनुसार वास्तव में तो कथा की फल नामक अवस्था ही बीज अर्थप्रकृति है, क्योंकि बीज ही फल के रूप में परिणत होता है (वही)।

अभिनवगुप्त के अनुसार बीज पात्रों के संवादों में व्यक्त होता है। नाट्यदर्पण के अनुसार यह आमुख से ही व्यक्त होने लगता है, जब आमुख (प्रस्तावना) के अंतर्गत सूत्रधार या उसके किसी सहयोगी के द्वारा कहे हुए वाक्य को ही दोहराता हुआ कोई पात्र प्रवेश करता है (नाद. पृ०३७-३८)।

बिन्दु : कथा के प्रयोजन जब विच्छिन्न होने लगे, तो उनके अविच्छेद की जो अर्थप्रकृति कारण बनती है, वह बिन्दु है। बिन्दु का भी विस्तार प्रबन्ध की समाप्ति तक होता है। अभिनवगुप्त कहते हैं कि मुख्यनायक फलप्राप्ति के लिए सारे उपायों का अवलंबन लेने के निमित्त से अनुसंधान करता है और इस अनुसन्धान का प्रत्यनुसन्धान भी उसे करना होता है। जब तक यह अनुसन्धान और प्रत्यनुसन्धान की प्रक्रिया पूरी नहीं हो पाती, जड और चेतन दोनों ही प्रकार की अर्थप्रकृतियाँ कार्य नहीं कर पातीं। अनुसन्धान और प्रत्यनुसन्धान की यह प्रक्रिया ही बिन्दु है। उदाहरण के लिए तापसवत्सराज नाटक में नायक उदयन प्रत्येक अंक में वासवदत्ता के प्रेम का अनुसन्धान करता चलता है।

अभिनवगुप्त के अनुसार नाट्य के फल की सिद्धि के लिए यह अनुसन्धान और प्रत्यनुसन्धान अनेक स्तरों पर नाटक में आद्यंत चलता रहता है। नाटक के फल की सिद्धि तीन प्रकार की हो सकती है— प्रधानसिद्धि, आयत्तसिद्धि और उभयसिद्धि। तापवत्सराज में आयत्तसिद्धि राज्यप्राप्ति है। उसका अनुसन्धान नायक स्वयं नहीं, उसके अमात्य करते हैं। जबकि प्रधानसिद्धि वासवदत्ता की पुनःप्राप्ति है, उसका अनुसन्धान नायक के द्वारा किया जाता है। इस प्रकार बिन्दु प्रधान या नायक के द्वारा किये गये अनुसन्धान से जनित चेतन से संबद्ध होता है, फलप्राप्ति के कारणों को अनुगृहीत करता चलता है तथा कथा में उसी प्रकार फैला रहता है, जैसे जल की सतह पर डाला गया तेल का एक बिन्दु। बीज केवल मुख सन्धि में अपना अंकुर प्रकट करता है। (अभिभा. भा-३, पृ०१४)। दशरूपक के अनुसार कथा में जब किसी अवांतर प्रयोजन के आ जाने से कथा का मुख्य प्रयोजन विच्छिन्न होने लगता है, तब बिन्दु उस मुख्य प्रयोजन के विच्छिन्न प्रवाह को जोड़ता है। उदाहरण के लिये रत्नावली के पहले अंक में अनंगपूज़ा का प्रसंग अवांतर प्रयोजन की ही सिद्धि करता है और उसके मुख्य प्रयोजन का विच्छेद होने लगता है। तब इस प्रसंग में सागरिका का राजा उदयन को पहचान लेना मुख्य प्रयोजन को फिर से सातत्य बना देता है (दरू० १.१८ तथा वृत्ति)।

पताका : भरतमुनि के अनुसार पताका किसी भी रूपक के आधिकारिक वृत्त का उपकारक आनुषंगिक वृत्तांत है, जिसकी संरचना आधिकारिक वृत्त के ही समान होती है। दशरूपक के अनुसार पताका सानुबन्ध या आधिकारिक वृत्त के साथ दूर तक चलने वाला वृत्त होता है।

नाटक की कथा दो प्रकार की होती है- आधिकारिक और प्रासंगिक। पताका तथा प्रकरी दोनों ही प्रासंगिक कथा के अंतर्गत आते हैं। धनिक के अनुसार रामायण या रामायण-विषयक नाटकों में सुग्रीव आदि का वृत्तांत पताका है, क्योंकि सुग्रीव का वृत्तांत नायक राम से संबद्ध आधिकारिक इतिवृत्त का उपकारक भी है, वह कथा में दूरगामी प्रभाव भी छोड़ता है तथा उसकी परिकल्पना मुख्य वृत्त के ही समान है अर्थात् उसमें भी आरम्भ, यत्न, प्राप्त्याशा, नियताप्ति और फलागम ये अवस्थाएँ- सहनायक सुग्रीव से जुड़कर भी प्रतिफलित होती हैं। धनिक का यह भी कहना है कि जैसे पताका या ध्वज एक विशेष चिह्न के रूप में किसी प्रयोग के लिए उपकारक होता है, उसी प्रकार पताका में सहनायक का वृत्तांत नायक के लिए उपकारक बन जाता है।

ऐसा प्रतीत होता है कि पताका के लक्षण में दशरूपककार को 'अनुबन्ध' शब्द परंपरा से प्राप्त हुआ था। अभिनवगुप्त ने पताका-निरूपण के ही प्रसंग में अनुबन्ध के स्थान पर संवित् शब्द का प्रयोग किया है। संवित् का अर्थ शर्त है। अनुबन्ध शब्द भी परंपरा में शर्त का अर्थ द्योतित करता है, यद्यपि धनं. तथा धनिक ने इसका शर्त-वाला अर्थ न लेकर दूरगामिता वाला अर्थ स्वीकार किया है। अभिनव के अनुसार पताका का वृत्त संवित् के अनुसंधान के द्वारा प्रधान नायक के प्रयोजन की सिद्धि करता हुआ भी अपने प्रयोजन की सिद्धि भी कर लेता है, इसलिए उसमें पताका नायक को भी फलप्राप्ति होने से आधिकारिक वृत्त के सदृश उसकी परिकल्पना रहती है। पताका सचेतन अर्थप्रकृति है, अत एव आधिकारिक वृत्त का इसके द्वारा किया गया उपकार स्पष्ट भासित होता है।

भाप्र० तथा रसु० के अनुसार उपनायक का वृत्तांत ही पताका है। पताका के नायक को कहीं पताकानायक तथा कहीं उपनायक कहा गया हैं। यह उपनायक या पताकानायक सदैव नायक का ही सहयोगी होता है- यह सभी आचार्यों का आशय है, केवल सानं. का मत इससे भिन्न है, उनके अनुसार प्रतिनायक का सहयोगी भी उपनायक या पताकानाक हो सकता है। नाट्यदर्पण के अनुसार पताका मुख से विमर्श सन्धि तक चल सकती है, निर्वहण सन्धि में पताका नहीं होना चाहिए (नाद. १.१९)।

प्रकरीः भरतमुनि के अनुसार प्रकरी का फल केवल परार्थ (आधिकारिक कथा के लिए) होता है तथा इसकी कथा अनुबन्धविहीन होती है। धनं. के अनुसार प्रकरी का विस्तार रूपक में केवल एक देश तक ही सीमित रहता है। धनिक इसको स्पष्ट करते हुए कहते हैं-'यदल्पं दूरे नानुवर्तते सा प्रकरी श्रवणादिवृत्तान्तवत्।' (दरू. १.१३ तथा वृत्ति) अर्थात् जो वृत्तांत

स्वल्प हो, तथा जो दूर तक न चले, वह प्रकरी है, जैसे रामायण या रामायणकथाश्रित रूपकों में श्रवणकुमार की कथा।

नाशा० ने प्रकरी को अनुबन्धविहीन कहा है, अभिनवगुप्त कहते हैं कि प्रकरी में संविदनुसन्धान नहीं रहता है, यह आधिकारिक वस्तु के लिए अपने आपको समर्पित कर देती है।

शारदातनय ने रामकथा पर आधारित नाटकों में जटायु के चरित को प्रकरी का उदाहरण माना है, जो निश्चय ही नायक के चरित का उपकारक है। सानं० तथा विश्व० ने भी प्रकरी का यही उदाहरण दिया है। रामचंद्र और गुणचंद्र पताका और प्रकरी को रूपक में अनवश्यंभावी (जो आत्यन्तिक रूप से अनिवार्य न हो) मानते हैं।

कार्य : कार्य का संबंध फलयोग नामक अवस्था तथा निर्वहण सन्धि से है। नाशा० ने इसे रूपक की आधिकारिक वस्तु से भी संबंधित माना है। 'आधिकारिक वस्तु के लिए किया गया समारंभ ही कार्य है'। अभिनवगुप्त के अनुसार नाटक में तीन नायक हो सकते हैं— प्रधान नायक, पताका नायक तथा प्रकरी नायक। ये तीनों मिलकर नाटक के फल की सिद्धि के लिए प्रयत्न करते हैं। इस प्रयास से प्रारंभ में बीज नामक अर्थप्रकृति का जो उपक्षेप किया गया है, वह चरितार्थ हो जाता है, इस चरितार्थीकरण के लिए किया गया सारा प्रयास ही कार्य है। कार्य में जो सभारंभ होता है, वह द्रव्य, गुण और क्रिया इन तीनों को लेकर होता है। यह प्रयास प्रभुशक्ति, मन्त्रशक्ति और उत्साहशक्ति— इन तीनों का उपयोग करते हुए तीनों नायकों के द्वारा किया जाता है। कार्य में (अर्थशास्त्र में वर्णित) जनपद, कोश, दुर्ग आदि के व्यापार तथा साम, दान दण्ड और भेद ये चारों उपाय भी अन्तर्भूत हो जाते हैं (अभिभा० भा०-३, पृ० १५-१६)

धनंजय के अनुसार त्रिवर्ग (धर्म, अर्थ और काम) ही नाटक में कार्य है, इस त्रिवर्ग में से कभी तो विशुद्ध रूप से कोई एक ही तत्त्व कार्य हो सकता है अथवा किसी नाटक में एक तत्त्व के साथ शेष दो या अन्य कोई तत्त्व अनुबद्ध रह सकता है (दरू० १.१६)।

वस्तुत: नाटक का फल और कार्य अर्थप्रकृति एक दूसरे से अविभाज्य हैं। विश्वनाथ रामायण संबंधी रूपकों में रावण का मारा जाना कार्य मानते हैं। (क्योंकि इस से राम को सीता को पुन: प्राप्ति हो जाती है)। अभिनवगुप्त ने नाटक के सारे कार्य व्यापार को भी कार्य नामक अर्थप्रकृति से ही अविभाज्य रूप में निरूपित किया है। उनके अनुसार यह सारा कार्य अर्थशास्त्र की शब्दावली में इन कोटियों में रखा जा सकता है- कर्मणामारम्भोपाय, पुरुषद्रव्यसम्पत्, कालविभाग, विनिपातप्रतीकार तथा अर्थसिद्धि। नाटक के प्रवेशकों तथा अङ्कों में इन विभिन्न दशाओं में कार्य की व्याप्ति रहती है (अभिभा० भा०-३, पृ० ४२५)।

कार्य के स्वरूप को लेकर धनिक-धनं० का प्रतिपादन भरत व अभि० से अत्यधिक भिन्न है। इन दोनों के अनुसार कार्य इतिवृत्त का फल है और यह फल त्रिवर्गरूप होता है। त्रिवर्ग में धर्म, अर्थ तथा काम इन तीन पुरुषार्थों की गणना होती हैं, कभी उसमें दो पुरुषार्थ एक

साथ जुड़े हो सकते हैं, तो कभी तीनों (दशरूपक, १.१६)। इस प्रकार धनिक-धनं. की दृष्टि में कार्य उपाय न होकर साध्य है।

पट या वस्त्र में तंतु (धागे) के समान कारण कार्य में अनुस्यूत रहता है। इसी प्रकार समारंभ या साधन रूपकार्य साध्य या फलरूप कार्य में समवेत कहा जा सकता है। इस दृष्टि से कार्य अर्थप्रकृति साधन भी है और साध्य भी।

आधिकारिक इतिवृत्त को उसकी परिणति तक पहुँचाने के लिए किया जाने वाला सारा समारंभ और प्रयास कार्य कहा जा सकता है-यह अभिनव तथा उनका मत मानने वाले आचार्यों के प्रतिपादन का सार है। अभि. के अनुसार यह समारंभ ज्ञान, इच्छा, प्रयत्न तथा क्रिया-इन चार स्थितियों से निष्पन्न होता है।

अर्थप्रकृति तथा अवस्था का संबंध– जिस अर्थप्रकृति का जिस अवस्था से संबंध नाटक के इतिवृत्त के अनुसार बैठ सके, उसे उस अवस्था के साथ प्रधान रूप से संयोजित करना चाहिए, शेष गौण हो जाती हैं (१९.२७)।

अर्थप्रकृति तथा अवस्था के संबंध को लेकर एक सिद्धांत यथासंख्य का है, जिसके अनुसार आरंभ अवस्था का संबंध बीज अर्थप्रकृति से, यत्न अवस्था को बिन्दु से, प्राप्त्याशा अवस्था का पताका से, नियताप्ति अवस्था का प्रकरी से तथा फलागम अवस्था का कार्य अर्थप्रकृति से संबंध माना जाना चाहिए। अभिनवगुप्त ने यथासंख्य को पूरी तरह स्वीकार नहीं किया है। उनके अनुसार न तो अर्थप्रकृतियाँ नाटक में सारी की सारी अनिवार्य हैं, न अवस्थाओं से इनका यथासंख्य का नियम ही माना जा सकता है। नायक के कर्तृत्व की दृष्टि से अवस्था और अर्थप्रकृति का जो संबंध विशेष रूप से सिद्ध होता हो, उसे प्रधानता देकर निबद्ध किया जाना चाहिए। अत्यंत पराक्रमी नायक के लिए पताका और प्रकरी अर्थप्रकृतियाँ अनावश्यक हो सकती हैं, बीज, बिंदु तथा कार्य सर्वत्र ही आवश्यक हैं।

ऐसा संकेत जो अनेक रूपों में विकसित होकर नाटक में फैल जाता है, तथा फल में परिणत होता है, बीज कहा जाता है। जब कथा के प्रयोजन में विच्छेद हो जाये, तो जो उस विच्छेद को हटा कर कथा का प्रवाह बंध की समाप्ति तक अविच्छिन्न बनाये रखे, वह बिंदु है। जो वृत्तांत (मूल कथा के नायक के अतिरिक्त) अन्य (सहनायक) के लिये हो और प्रधान (नायक) का उपकारक हो, प्रधान या मुख्य पात्र के वृत्तांत के समान हीं कल्पित हो, उसे पताका कहते हैं। जिसका फल केवल परार्थ (नायक के लिये) परिकल्पित हो, अनुबंध विहीन होने के कारण उसे प्रकरी कहते हैं। प्राज्ञ (कवि तथा नटों) के द्वारा जिस आधिकारिक वस्तु का भलीभाँति प्रयोग किया जाता है, उसके लिये होने वाला समारंभ कार्य कहा गया है।

अर्थोपक्षेपक

किसी भी रूपक की कथावस्तु का प्रदर्शन अंकों से किया जाता है। कथा का वह अंश जो

दृश्य न हो या नीरस अथवा अनुचित होने के कारण प्रदर्शन के योग्य न हो, अर्थोपक्षेपक के द्वारा सूचित किया जाना चाहिए। अर्थोपक्षेपक की कथा का दृश्य के स्थान पर सूच्य अंश रहता है।

अर्थ (कथा) का उपक्षेप (सूचना) करने वाले नाट्यभाग अर्थोपक्षेपक हैं। ये पश्चिमी नाटकों के 'इंटरलूड्स' या 'कनेक्टिंग सीं' के साथ साम्य रखते हैं।

अर्थोपक्षेपक पाँच माने गये हैं- विष्कम्भक, प्रवेशक, अङ्कास्य या अङ्कमुख, अङ्कावतार तथा चूलिका।

विष्कम्भकः नाशा० (१९.११-१२) के अनुसार विष्कम्भक में मध्यम कोटि के पात्र अधिक रहते हैं। यह केवल नाटक की मुखसन्धि के अंतर्गत ही निबद्ध होना चाहिए। विष्कम्भक के पात्रों में पुरोहित, अमात्य और कंचुकी आदि हो सकते हैं। यह दो प्रकार का है- शुद्ध तथा सङ्कीर्ण। यदि केवल मध्यम कोटि के ही पात्र पूरे विष्कम्भक में हों, तो शुद्ध विष्कम्भक होता है, यदि मध्यम कोटि के पात्रों के साथ-साथ अधम कोटि के पात्र (चेट, चेटी आदि) भी हों, तो सङ्कीर्ण विष्कम्भक होता है।

प्रवेशक : प्रवेशक का अर्थ (रंगमंच पर पात्रों को) प्रवेश कराने वाला है अर्थात् वह दृश्य योजना, जिससे प्रधान पात्र-नायक, नायिका आदि का रंगमंच कर प्रवेश पूर्वसूचना के साथ कराया जा सके। नाशा० में प्रवेशक का स्वरूप इस प्रकार बताया गया है- 'प्रवेशक परिजनों (नायक या नायिका के सेवक-सेविका तथा मित्र और सखियों की बातचीत के द्वारा कथा का सातत्य बनाये रखता है (१८.२८)। आगे जाने वाले या पहले के अङ्कों की कथा के अनुसार बिन्दुओं के संक्षिप्त इतिवृत्त को प्रस्तुत करता हुआ प्रवेशक प्रकरण तथा नाटक के भीतर रखा जाना चाहिए। इसमें उत्तम या मध्यम पात्र नहीं रहते, और न उदात्त संवाद ही होते हैं, इसमें प्राकृत भाषा का ही प्रयोग होता है। (संस्कृत का नहीं)। प्रवेशक में काल तथा उत्थान की भी सूचना दी जाती है तथा नायक आदि के गूढ़ कार्यों, प्रवृत्तियों आदि की व्याख्या भी रहती है। यदि अनेक पात्र अनेक कार्यों या एक कार्य में लगे हों, तो उसकी संक्षेप में सूचना प्रवेशक के द्वारा दी जा सकती है।

चूलिका : जवनिका के पीछे से अभिनेताओं द्वारा विभिन्न प्रकार से कथा के संबंध में सूचना जब दी जाती है, तो चूलिका नामक अर्थोपक्षेपक होता है।

अङ्कास्य (अङ्कमुख) : किसी अङ्क का मुख (आरंभ) विश्लिष्ट कर के किसी स्त्री पुरुष के द्वारा जब कहा जाता है, तो यह अङ्कास्य या अङ्कमुख कहलाता है।

अङ्कास्य का उदाहरण भवभूति के महावीरचरित के दूसरे अङ्क से दिया गया है, जहां अंत में सुमंत्र के कथनों के द्वारा तीसरे अङ्क के आरंभ का वृत्त संकेतित कर दिया गया है।

भावप्रकाश तथा साहित्यदर्पणकार ने इसका उदाहरण मालतीमाधव के पहले अङ्क से

दिया है, जहाँ कामन्दकी आगे के अङ्कों में विभिन्न पात्रों की भूमिकाओं या उनके माध्यम से होने वाले कार्यों को स्वयं सूचित कर देती है।

अङ्कावतार : अङ्क के तुरन्त बाद जिसमें अगला अङ्क आरंभ हो जाता है तथा कथा अविच्छिन्न बनी रहती है, वह अङ्कावतार है।)

भाप्र० ने इसका उदाहरण मालविकाग्निमित्र के पहले अङ्क के अंतिम संवादों से दिया है, जहाँ अग्निमित्र मालविका का नाट्य देखने के लिए नाट्यशाला में पहुँचने की बात कहता है और उसके साथ सारे पात्र भी नाट्यशाला की ओर प्रस्थान करने के लिए उठते हैं। दूसरे अंक का आरंभ नाट्यशाला में मालविका के नाट्य की प्रस्तुति की तैयारी के साथ होता है और अग्निमित्र आदि पहले अङ्क के अंत में उपस्थित पात्र नाट्यशाला में पहुँच चुके हैं।

सूच्य, दृश्य तथा वर्जनीय दृश्य

नाटक नामक रूपकप्रकार के विवेचन के अंतर्गत नाटक, प्रकरण तथा नाटिका – इन तीनों में मंच पर प्रदर्शनार्थ वर्जनीय दृश्यों की सूची नाटक के लक्षण के अंतर्गत दी गई है (ऊपर देखें)। सामान्य रूप से हर प्रकार के रूपक की प्रस्तुति में वर्जनीय दृश्य नाशा० के अनुसार इसप्रकार हैं—

नाम्बरग्रहणं रङ्गे न स्नानं न विलेपनम्।
नाञ्जनं नाङ्गरागश्च केशसंयमनं तथा।।
नाप्रावृता नैकवस्त्रा न रागमधरस्य तु।
उत्तमा मध्यमा वापि कुर्वीत प्रमदा क्वचित्।।
अधमानां भवेदेष सर्व एव विधिः सदा।
कारणान्तरमासाद्य तस्मादपि न कारयेत्।।

नाशा० (२२/२४०-४२)

न कार्यं शयनं रङ्ग नाट्यधर्मं विजानता।
केनचिद् वचनार्थेन अङ्कच्छेदो विधीयते।
यद्वा शयीतार्थवशादेकाकी सहितोऽपि वा।
चुम्बनालिङ्गनं चैव यद् वा गुह्यं च यद् भवेत्।।
दन्तच्छेद्यं नखच्छेद्यं नीवीस्त्रंसनमेव च।
स्तनान्तरविमर्दं च रङ्गमध्ये न कारयेत्।।
भोजनं सलिलक्रीडा तथा लज्जाकरं च यत्।
पितापुत्रस्नुषाश्वश्रूदृश्यं यस्मात् तु नाटकम्।
तस्मादेतानि सर्वाणि वर्जनीयानि तत्त्वतः।।

नाशा० (२२/२९५-९९)

(रंगमंच पर उत्तमा तथा मध्यमा प्रकृति की स्त्रीपात्र वस्त्र धारण करना, स्नान, लेप और अंजन लगाना, अंगराग लगाना, केश बाँधना- ऐसे काम करती हुई न दिखाई जाय। वह खुले बदन या एक कपड़ा पहने हुए प्रवेश न करे। ओठ रँगती हुई भी वह न दिखाई जाय। अधम कोटि के स्त्रीपात्र ये कार्य करते दिखाये जा सकते हैं अथवा अन्य किसी माध्यम से इन कार्यों को सूचित करवा कर अधम पात्रों में भी इनको न दिखाये।

नाटक में किसी पात्र को सोता हुआ न दिखाया जाय। जहाँ ऐसा प्रसंग हो, वहाँ अंक समाप्त कर दिया जाता है (और ऐसे अप्रदर्श्य व्यापारों की सूचना अगले अंक में प्रवेशक या विष्कम्भक के द्वारा दी जा सकती है। यदि नाटक में किसी प्रयोजन से पात्र को एकाकी या किसी के साथ सोता हुआ दिखाया जाय तो चुंबन, आलिंगन, दंतक्षत, नखक्षत, नीवी (वस्त्रों की गाँठ) खोलना, स्तनविमर्द आदि गोपनीय कार्य रंग के बीच न कराये जायें। इसी प्रकार भोजन, जलक्रीड़ा या और भी इस तरह के लज्जाजनक कार्य रंगमंच पर प्रदर्शित न कराये जायें। नाटक पिता, पुत्र, बहू, सास सबके द्वारा मिलकर देखने के लिये है, अत: ये वर्जनीय कार्य इसमें प्रदर्शित न किये जायें।)

निषिद्ध के निरूपण में धनंजय तथा शारदातनय कहते हैं—

दूराध्वानं वधं युद्धं राज्यदेशादिविप्लवम्।
संरोधं भोजनं स्नानं सुरतं चानुलेपनम्।
अम्बरग्रहणादीनि प्रत्यक्षाणि न निर्दिशेत्।
नाधिकारिवधः क्वापि कर्तव्यः कविभिस्तथा।।

दरू० (३/३४-३६), भाप्र० (८, पृ० २३६)

(दूर तक जाना, वध, युद्ध, राज्य-देशादि में विप्लव, संरोध (घेरा), भोजन, स्नान, सुरत, अनुलेपन, अम्बरग्रहण आदि को प्रत्यक्ष नहीं दिखाना चाहिये। अधिकारी या नायक का वध कवियों को नाटक में नहीं कराना चाहिये।)

भाप्र. में इसके आगे छूट देते हुए कहा गया है कि इनमें से कोई वर्जनीय यदि दिखाना आवश्यक हो ही जाय, तो उसे छोड़ना भी नहीं चाहिये।

आवश्यकं तु यत् कार्यं न त्याज्यं तत्कदाचन।

(भाप्र० ८, पृ० २३६)

यहाँ तक कि अधिकारी (नायक) का वध भी अपवाद की स्थिति में दिखाने की छूट शात० देते हैं-

अधिकारिवधस्यापि क्वचित् स्यात् कल्पनं मतम्।
अर्वाक् प्रहारात् स पुनः प्रत्युज्जीविष्यते यदि।। (वही)

इतिवृत्त

इतिवृत्त नाट्य का शरीर है। इसका विभाजन पाँच सन्धियों में किया जाता है। इसके दो रूप हैं— आधिकारिक तथा प्रासङ्गिक (नाशा० १९/१, २)। परवर्ती आचार्यों में से कुछ ने दो के स्थान पर तीन प्रकार का इतिवृत्त माना है, जिसमें प्रासङ्गिक इतिवृत्त से पताका तथा प्रकरी ये दो भेद माने गये हैं। आधिकारिक इतिवृत्त नाटक का मुख्य इतिवृत्त है, जो नायक से सीधे संबंध रखता है। आनुषंगिक रूप से इसके साथ चलने वाला इतिवृत्त प्रासङ्गिक इतिवृत्त है। इसे आनुषङ्गिक इतिवृत्त भी कहा गया है। दशरूपक के अनुसार यह मुख्य या आधिकारिक इतिवृत्त का अङ्ग होता है।

आधिकारिक इतिवृत्त में ही फलयोग नामक अवस्था आती है। फल की स्वामिता ही अधिकार है, उसके कारण यह इतिवृत्त आधिकारिक कहलाता है। आनुषङ्गिक इतिवृत्त में कवि के प्रयत्न (कल्पना) तथा पात्रों के उचित साधन के अवलंबन से यह अवस्था आती है।

नाटक किसी न किसी पुरुषार्थ का बोध देता है। नाटक में जिस पुरुषार्थ का बोध देना है, उसी के अनुरूप नायक को कवि चुनता है। वह नायक इस पुरुषार्थ के अनुरूप प्रयत्न करता है। इस प्रयत्न से आधिकारिक इतिवृत्त का निर्माण होता है (अभिभा०भा० ३, पृ० ५)।

प्रख्यात तथा अप्रख्यात के आधार पर इतिवृत्त के भेद– नाटक के नायक का चरित तथा उसके द्वारा पुरुषार्थसिद्धि या फलप्राप्ति के लिए किया गया समस्त प्रयत्न आधिकारिक इतिवृत्त में आता है और नायक या तो इतिहासप्रसिद्ध हो सकता है या कविकल्पित। इस आधार पर इतिवृत्त दो प्रकार का है— प्रख्यात तथा अप्रख्यात। प्रख्यात से आशय महाभारत आदि में जो कथाएँ, आख्यान आदि बताये गये हैं, उन पर आधारित होना है (अभिभा० भा०-२, पृ० ४११)।

अप्रख्यात को कवि की कल्पना से उत्पन्न होने के कारण औत्पत्तिक या उत्पाद्य भी कहा गया है। यह अनार्ष (आर्ष काव्यों-रामायण, महाभारत के बाहर का) तथा आहार्य (अन्य स्रोतों से लाया हुआ) होता है (१८.८५-८६)। अभि. के मतानुसार आर्षकाव्य से इतर स्रोत बृहत्कथा आदि रचनाएँ हो सकती हैं तथा पूर्वकवियों के काव्यों में आयी कथाएँ भी हो सकती हैं।

धनंजय ने प्रासङ्गिक इतिवृत्त के दो भेद किये हैं— पताका तथा प्रकरी, जबकि पताका तथा प्रकरी अर्थप्रकृतियों के अंतर्गत परिगणित हैं। इस प्रकार धनं० की दृष्टि में इतिवृत्त तीन प्रकार का हो जाता है— अधिकारिक, पताका तथा प्रकरी।

धनं० के अनुसार आधिकारिक तथा प्रासङ्गिक के दो भेद मिलाकर उक्त तीन प्रकार का इतिवृत्त प्रख्यात, उत्पाद्य और मिश्र— इन तीन-तीन भेदों में विभाजित होकर नौ प्रकार का हो जाता है। प्रख्यात तो इतिहास (रामायण, महाभारत आदि से ली हुई कथा है, उत्पाद्य

कविकल्पित है तथा इनका मिश्रण होने पर मिश्र कथावस्तु होती है (दरू० १.१५)। ये सभी नौ प्रकार के इतिवृत्त दिव्य (देवता संबंधी), अदिव्य (मनुष्य संबंधी) तथा दिव्यादिव्य (दोनों से संबंधित— ये भेद करने पर अनंत भेद वाले हो जाते हैं (वही, १.१६)।

प्रयोग (अभिनेयता) की दृष्टि से इतिवृत्त के भेद– प्रयोग की दृष्टि से धनं० ने इतिवृत्त के दो भेद किये हैं— दृश्य तथा सूच्य। जो मंच पर अभिनय करके प्रत्यक्ष दिखाया जा सके, वह दृश्य है और जो अर्थोपक्षेपकों या अन्यथा संवादों के द्वारा सूचित कर दिया जाय, वह सूच्य है। श्रव्यता तो दोनों ही प्रकारों में रहती है, पर सूच्य इतिवृत्त में दृश्यता नहीं होती। नीरस तथा अनुचित प्रसंगों को सूचित कर देना चाहिए, जबकि मधुर, उदात्त तथा रस और भाव के नैरन्तर्य को प्रयोग में बनाये रखने वाले प्रसंगों को प्रत्यक्ष दिखाना चाहिए (दरू० १.५६, ५७)।

इतिवृत्त का एक विभाजन सन्धियों में किया गया है। सन्धि का अर्थ 'जोड़' है। वस्तुतः सन्धि नाटक के इतिवृत्त के विकास को स्पष्ट करने वाली स्थितियाँ है, जो घटनाक्रम के विकास को परस्पर संबद्ध भी करती हैं।

अर्थप्रकृति, अवस्था तथा संधि

नाटक के समस्त व्यापार के पांच भाग या अर्थप्रकृतियों को एक दूसरे से जोड़ने या उक्त पाँच अवस्थाओं का पारस्परिक क्रम निर्धारित करने के लिए पाँच सन्धियों की परिकल्पना की गयी है। भरतमुनि ने सन्धियों को इतिवृत्त के विभाग का आधार माना है। नाटक में यथासम्भव पांच सन्धियों का समावेश होना चाहिए, पर नाटककार की दृष्टि, कथा की आश्यकता आदि कारणों से पाँच से कम सन्धियाँ भी रह सकती हैं।

सन्धि का अर्थ है— मिलना। वह स्थल, जहाँ दो वस्तुएँ आपस में मिलती हैं, सन्धि कहलाती है।

कथावस्तु के ये अवयव कौन से हैं, जिन्हें जोड़ा जाता है— इस सम्बन्ध में अभिनवगुप्त आगे कहते हैं— सन्धयो ह्यवस्थापरतन्त्राः। प्रारम्भाभिधानदशाविशेषोपयोगि-कथाखण्डं मुखसन्धिरित्युक्तम्। (नाशा० १९.१०५ पर अभि० भा०)।

अर्थात् सन्धियाँ अवस्था के अधीन होती हैं। एक-एक सन्धि एक-एक अवस्था के कार्यों की कथा प्रस्तुत करती है। जैसे मुखसन्धि प्रारम्भ नामक अवस्था के अन्तर्गत आने वाले कथाखण्ड को प्रस्तुत करती है। उसी प्रकार यत्न आदि अवस्थाओं के कार्यों का प्रकटीकरण प्रतिमुख आदि सन्धियों से होता है।

इससे यह स्पष्ट हो जाता है कि सन्धि वह मिलनबिन्दु है, जहाँ दो घटनाएँ जोड़ी जाती हैं।

अवस्था से कार्यव्यापार का बोध होता है अर्थात् नायक आदि के चारित्रिक उत्कर्ष की

जानकारी अवस्था के द्वारा होती है तथा सन्धि के द्वारा कवि के कृतित्व का बोध होता है। किसी अवस्था के कार्य व्यापार के कितने रंजक ढंग से वह प्रेक्षकों के सम्मुख प्रस्तुत करता है— यह सन्धियों के विन्यास से प्रकट होता है।

दशरूपककार के अनुसार बहुविध गौण अर्थों (घटनाओं) का सम्बन्ध सन्धि है, जब उन सब अर्थों का प्रधान घटना (फल) के साथ अन्वय हो।

एक ही प्रयोजन से गुँथे हुए कथाभागों का प्रधान प्रयोजन से सम्बन्ध ही सन्धि है।

सन्धियों का निर्माण कैसे होता है— इस सम्बन्ध में भरत कहते हैं कि अवस्थाओं के क्रम से ही सन्धियों का विन्यास होता है, जैसे— प्रारम्भ अवस्था में मुख सन्धि, प्रयत्नावस्था में प्रतिमुख आदि।

दशरूपककार के अनुसार ५ अवस्थाओं तथा ५ अर्थप्रकृतियों के क्रमशः मेल से ही मुख आदि पाँच सन्धियों का निर्माण होता है—

अर्थप्रकृतयः पञ्च पञ्चावस्थासमन्विताः।
यथासंख्येन जायन्ते मुखाद्याः पञ्च सन्धयः।।

(दरू० १.२२)

यत्र बीजसमुत्पत्तिर्नानार्थरसम्भवा।
काव्ये शरीरानुगता तन्मुखं परिकीर्तितम्।।

(नाशा० १९.३९)

अर्थात् जब अनेक रस तथा भावों की अभिव्यंजना के साथ नाटक के बीजार्थ की उद्भावना की जाए, जो नाटकीय कथावस्तु की अनुकूलता को सम्पन्न करती हो, तो उसे मुख सन्धि कहते हैं।

रत्नावली का प्रथम अङ्क इसका उदाहरण है, जिसमें सागरिका तथा उदयन का विवाह करवा देने तथा राजा को चक्रवर्ती पद की प्राप्ति देने के उद्योग में रत अमात्य यौगन्धरायण के कार्यों में वीर, उदयन के वासन्तिक वैभव में शृङ्गार, नगरवासियों की प्रसन्नता में अद्भुत तथा उद्यानगमन से पुनः शृङ्गार रस का वर्णन है, जो कथा के प्रारम्भ करने में बहुत सहायक है।

बीजस्योद्घाटनं यत्तु दृष्टनष्टमिव क्वचित्।
मुखन्यस्तस्य सर्वत्र तद्वै प्रतिमुखं भवेत्।।

(नाशा० १९.४०)

मुखसन्धि में स्थापित उस बीज का जो अंश कभी दिखाई देता है और कभी नष्ट-सा हो जाता है, जब उसका विकास या प्रकट होना दिखलाई दे, तो उसे प्रतिमुख सन्धि समझना चाहिए। अभिनव के अनुसार कुछ आचार्य इसे कार्यतया दृष्ट तथा कारणतया नष्ट मानते हैं, कुछ उपादेय में अथवा हेय में नष्ट, कुछ नायकवृत्त में दृष्ट।

दशरूपककार इस परिभाषा में कुछ और बातें जोड़ते हुए कहते हैं कि इस सन्धि में बीज का विकास कहीं तो स्पष्ट होता है और कहीं अस्पष्ट, साथ ही बिन्दु नामक अर्थप्रकृति तथा प्रयत्न नामक कार्यावस्था भी इसमें होती है—

लक्ष्यालक्ष्य इवोद्भेदस्तस्य प्रतिमुखं भवेत्।
बिन्दुप्रयत्नानुगमादङ्गान्यस्य त्रयोदश।

(दरू० १.३०)

पताकास्थानक

रूपक के इतिवृत्त तथा संवाद की योजना में वे विशिष्ट चमत्कारपूर्ण स्थल, जिनमें पात्र कुछ का कुछ समझता है, वह सोचता कुछ है, घटित कुछ और होता है, अथवा पात्र नहीं समझ पाता, पर दर्शक समझ जाते हैं— इस तरह से आने वाले वृत्तांत की सूचना दे दी जाती है— पताका-स्थानक कहलाते हैं।

धनं० के अनुसार पताकास्थानक में सूचना दो प्रकार से दी जा सकती है। तुल्यसंविधान के द्वारा तथा तुल्य विशेषणों के द्वारा। इस प्रकार पताकास्थानक दो प्रकार का हो जाता है (दरू० १। १४ तथा धनिकवृत्ति।

पताकास्थानक के भेद - पताकास्थानक के भेद दो पद्धतियों से किये गये हैं। एक पद्धति नाशा० में मिलती है, जिसके अनुसार पताकास्थानक के प्रथम, द्वितीय, तृतीय और चतुर्थ— ये चार प्रकार कर दिये गये हैं। दूसरी पद्धति धनं० के द्वारा प्रतिपादित है, जो तुल्यसंविधान तथा तुल्यविशेषण— इन दो आधारों पर दो प्रकार का ही पताकास्थानक मानते हैं (चार प्रकार का नहीं।) शात० तथा सिंभू० ने इन दोनों पद्धतियों में समन्वय किया है। सिंभू० के अनुसार तुल्यसंविधान पर आधारित पताकास्थानक के तीन प्रकार हो जाते हैं, और तुल्यविशेषण पर आधारित पताकास्थानक एक ही प्रकार का होता है। इस प्रकार पताकास्थानक के कुल चार भेद हो जाते हैं। शात० ने दोनों पद्धतियों को वैकल्पिक रूप से स्वीकृति दी है। उनके अनुसार तुल्यसंविधान तथा तुल्यविशेषण— इन दोनों पर आधारित पताकास्थानक में पहला अन्योक्तिरूप होता है, दूसरा समासोक्तिरूप। अन्य आचार्य पताकास्थानक के चार भेद मानते हैं (भाप्र० अ० ७, पृ० २०२।

भरत द्वारा दिये गये पताकास्थानक के चार भेदों के लक्षण इस प्रकार हैं—

प्रथम पताकास्थानक– सहसा उपकारक, गुणवती अर्थसम्पत्ति की प्राप्ति होना प्रथम पताकास्थानक है (नाशा० १९।३१)। अभि० ने इसका उदाहरण रत्नावली नाटिका का वह प्रसंग माना है, जिसमें फाँसी लगाकर आत्महत्या करने वाली सागरिका को राजा उदयन वासवदत्ता समझ कर बचाने के लिए दौड़ कर जाते हैं, और वासवदत्ता के स्थान पर सागरिका उन्हें फिर मिल जाती है।

दूसरा उदाहरण नागानन्द नाटक का है, जिसमें जीमूतवाहन शंखचूड़ को बचाने का उपाय खोजता है, तभी कञ्चुकी रक्तवस्त्र ले आता है, जिससे उपाय मिल जाता है।

द्वितीयपताकास्थानक- काव्यबन्धसमाश्रित अत्यन्त श्लिष्ट वचन का प्रयोग होने पर द्वितीय पताकास्थानक होता है (१९।३२)। भवभूति के उत्तररामचरित में सीतानिर्वासनप्रसंग में राम का प्रतीहारी से संवाद इसका उदाहरण है —

राम– यह घर की लक्ष्मी है, आँखों में अमृत की आंजनी है, इसका यह स्पर्श देह में गाढ़ा चन्दनरस है, इसका यह कंठ में पड़ा बाहु शिशिरमसृण मौक्तिक हार है। इसको क्या प्रिय नहीं है? यदि असह्य है, तो बस एक विरह।

प्रतीहारी (प्रवेश कर के) देव, आ गया है।

यहाँ राम के संवाद के अन्तिम शब्द और प्रतीहारी के संवाद को जोड़ लेने पर सीता विरह रूप भावी अर्थ की सूचना दी जाती है।

तृतीय पताकास्थानक- जहाँ लीन या अस्फुट अर्थ को सविनय ने श्लिष्ट प्रत्युत्तर के द्वारा सूचित कर दिया जाय, वहाँ तृतीय पताकास्थानक होता है। अभि० के यहाँ सविनय का अर्थ लिया है— विशेष नयन अथवा विशेष निश्चय प्राप्ति। (नाशा० १९।३३ तथा अभिभा०)। अभिनवगुप्त ने इसका उदाहरण विशाखदत्त के मुद्राराक्षस में यह प्रसंग माना है—

चाणक्य- क्या दुरात्मा राक्षस पकड़ में आ जायेगा?

सिद्धार्थक- (प्रवेश करके)-यह पकड़ में आ गया।

चाणक्य- (सहर्ष, मन में)-अरे, दुरात्मा राक्षस तो पकड़ में आ ही गया।

यहाँ चाणक्य के पहले संवाद में राक्षस का ग्रहण लीन या अस्फुट है, सिद्धार्थक 'पकड़ में आ गया' एकदम भिन्न अभिप्राय से ही कहता है, जिसे चाणक्य अपनी उधेड़बुन में अपने अभिप्राय से जोड़कर उक्त लीन अभिप्राय को स्फुट रूप में समझ लेता है।

तृतीय पताकास्थानक का उदाहरण वेणीसंहार नाटक में दुर्योधन तथा कंचुकी के संवाद को भी माना जा सकता है, जिसमें दुर्योधन भानुमती रानी से कह रहा है— मेरा ऊरुयुगल पर्याप्त है, और सहसा कंचुकी आ कर कहता है-तोड़ दिया, तोड़ दिया। इसके आगे के संवाद में भीम (भीमसेन तथा भयंकर-आंधी का विशेषण) में श्लेष होने से इस संवाद में श्लिष्ट प्रत्युत्तर रूप तृतीय पताकास्थानक का लक्षण संगत हो जाता है।

चतुर्थ पताकास्थानक- सुश्लिष्ट, काव्योचित द्व्यर्थक वचनविन्यास जो उपन्यास (अन्य वस्तु के उपक्षेप) के लिये सम्यक् उपादेय हो, चतुर्थ पताकास्थानक है (नाशा० १९।३४)। अभि० ने इसका उदाहरण रत्नावली नाटिका के प्रथम अङ्क में वैतालिकों के द्वारा उदयन का एक साथ वर्णन बताया है। इसके साथ ही अभि० ने इसी नाटिका के 'उद्दामोत्कलिकां विपाण्डुररुचं प्रारब्धजृम्भां क्षणात्' इत्यादि राजा के कथन में पताकास्थानक मानने का विरोध

किया है, क्योंकि इसमें राजा के द्वारा लता का रमणी के रूप में श्लिष्ट विशेषणों द्वारा वर्णन प्रासंगिक अर्थ में कोई सहकारिता नहीं करता। यह वीथी के व्याहार नामक अङ्ग का उदाहरण माना जाना चाहिये, पताकास्थानक का नहीं।

पताकास्थानक का सम्बन्ध मुख्य इतिवृत्त से होता है, तथा इसके साथ ही वे नायक की फलप्राप्ति या कार्य से जुड़े किसी प्रसंग का उद्घात भी करते हैं। इसलिये केवल द्व्यर्थक संवाद होने पर पताकास्थानक नहीं माना जा सकता, जब कि ऐसे संवादों से नायक द्वारा फलप्राप्ति या मुख्य इतिवृत्त के अतीत, अनागत किसी प्रसंग का उद्घाटन न होता हो। इसीलिये धनं० ने तुल्यविशेषण वाले पताकास्थानक का रत्नावली नाटिका से जो उदाहरण (उद्दामोत्कलिकां विपाण्डुररुचं प्रारब्धजृम्भां क्षणात्) दिया है, वह अभि० की दृष्टि से पताकास्थानक नहीं है, वरन् व्याहार नामक वीथ्यङ्ग है।

भरत के द्वारा निरूपित चार पताकास्थानकों में प्रथम तीन नाटक में संविधान से मुख्य इतिवृत्त तथा नायक को होने वाली फलप्राप्ति से सम्बन्धित प्रसंग का उद्घात करते हैं, जब कि चौथा अन्योक्ति अलंकार या तुल्य विशेषणों के द्वारा इस प्रकार के प्रसंग का उद्घाटन करता है। इसलिये सिभू० तथा शात० के अनुसार पताकास्थानक के द्विविध तथा चतुर्विध प्रकार के विकल्पों में दी गई समन्वय की व्यवस्था उचित ही है।

द्वितीय तथा तृतीय पताकास्थानकों में दोनों में श्लेष अलङ्कार रह सकता है, दोनों में अंतर यह कि द्वितीय पताकास्थानक में उक्तिप्रत्युक्ति आवश्यक नहीं है, तृतीय में वह आवश्यक है।

संस्कृत नाटक – अभिनय के सिद्धांत

भरतमुनि के द्वारा प्रतिपादित नाट्यसंग्रह (नाट्य आ रंगमंच के मूलतत्त्वों का समुच्चय) में ग्यारह तत्त्व हैं - रस, भाव, अभिनय, धर्मी, वृत्ति, प्रवृत्ति, सिद्धि, स्वर, आतोद्य, गान तथा रंग (प्रेक्षागार)। नाट्यशास्त्र के दक्षिण के संस्करण में इन में दो तत्त्व और जोड़े गये हैं— भूमिका और प्रकृति।

अभिनय

नाशा० की परम्परा में अभिनय चार प्रकार का माना गया है-आङ्गिक, वाचिक, आहार्य तथा सात्त्विक। अभिनय अभिनेता का माध्यम है, अभिनेता अभिनय को निष्पन्न करता है और उसके द्वारा इस माध्यम के उपयोग की दिशाएँ चार हैं-उसकी अपनी देह, उसकी वाणी, उसे उपलब्ध स्थूल उपकरण तथा उसका सत्त्व (चैतन्य)। इन चार दिशाओं में अभिनेता की प्रवृत्ति होती है और उसके अनुसार अभिनय के आङ्गिक, वाचिक, आहार्य तथा सात्त्विक'-ये चार प्रकार बनते हैं।

पाठ्य को अभिनेता के द्वारा अपने उच्चारण अवयवों के द्वारा रंगमंच पर व्यक्त करना वाचिक अभिनय है। इस दृष्टि से काव्य और नाटक का सार शब्दात्मक रूप वाचिक अभिनय से संबंधित है।

सत्त्व पर आधारित अभिनय सात्त्विक अभिनय है। चित्त की एकाग्रता से उत्पन्न स्थिति सत्त्व है। (सत्त्वं च मनःसमाधानम्-अभिभा०, भा० २, पृ० १५०)। यह चित्तवृत्त्यात्मक होने से अव्यक्त रहता है, पर इस भाव का बोध अभिनेता के शरीर में रोमांच, अश्रु आदि के प्रत्यक्षीकरण से होता है (नाशा०, २२.३)। इस प्रकार सत्त्व सूक्ष्म रूप से अभिनेता या सर्जक के चित्त में ही नहीं, देह में भी अभिव्याप्त रहता है और उसके आश्रय से ही भाव, हाव, हेला तथा अभिनय के समय सारे अलङ्कार प्रकट हो पाते हैं। चित्त की समाहित या समाधि की स्थिति को प्रख्या भी कहा गया है। प्रख्या संवेदनात्मक हो तथा सर्जना के लिए प्रवृत्त कराये, तो यह स्थिति सत्त्व है। (सदिति प्रख्यारूपं संवेदनम्। तद् यत्रास्ति तत् सत्त्वं मनः। तस्येयमिति।-अभिभा० १, पृ० २०)।

सात्त्विक भावों के अभिनय के लिये सत्त्व या चित्त की एकाग्रता अपेक्षाकृत अधिक आवश्यक है, अतः इन भावों के अभिनय में सात्त्विक अभिनय की प्रधानता मानी गयी है।

वस्तुतः अभिनेता सात्त्विक अभिनय कर रहा है, इस बात का बोध प्रेक्षक को सात्त्विक भावों का अनुभव करके होता है। सत्त्व में अभिनेता की अवस्थिति के द्वारा ही परभावकारण या परकायप्रवेश की नाट्यप्रयोग में सिद्धि संभव है। सत्त्व की स्थिति में अभिनेता अपने आत्म के प्रति सचेत रहता है। आधुनिक नाट्य निर्देशकों ने भी अभिनय के लिए अभिनेता का अपने आप के ऊपर एकाग्र होना महत्त्वपूर्ण माना है।

आहार्य अभिनय– नाशा० की परंपरा में आहार्य का संबंध नेपथ्य से है। भरत के अनुसार नेपथ्यगत विधि ही आहार्य है। नेपथ्य का अर्थ कृत्रिम वस्तुओं के उपयोग से अभिनेता का अपने आप को या रंगमंच को सुसज्जित करना है। विभिन्न पात्रों के पहले नेपथ्य से प्रसाधित कर के फिर आङ्गिक अभिनय के द्वारा उनकी पृथक्-पृथक् पहचान रंगमंच पर करायी जाती है। अत एव आहार्य अभिनय का नाट्यप्रयोग में वही स्थान है, जो चित्र में भित्ति (कैनवास) का। शेष सारे अभिनयों को रोक देने पर भी आहार्य बना रहता है। वह अपनी स्थायिता के कारण प्रयोग के स्थायी प्रभाव या स्थायी भाव से जुड़ता है, अत एव रस से उसका अंतरंग संबंध बन जाता है।

नायक तथा प्रधान-नायक

नाटक या किसी रूपक-भेद में केवल एक ही नायक हो, यह आवश्यक नहीं माना गया। इस अर्थ में संस्कृत नाट्यपरम्परा में पश्चिमी नाट्यपरम्परा से नायक की अवधारणा भिन्न है। ग्रीक नाट्यपरम्परा के उदय से लगा कर आधुनिक यूरोपीय रंगमंच के समय तक पश्चिम में

नाटक में प्राय: एक नायक और एक नायिका की अवधारणा का पालन होता है। नाशा० द्वारा प्रतिपादित कुछ रूपक प्रकारों में तो स्पष्टतया अनेक नायक होने का विधान है। इन रूपक प्रकारों में से नाटक नामक रूपक भेद में प्राय: एक ही नायक रहता है। पर सानं० ने यह मत प्रस्तुत किया है कि नाटक में भी अनेक नायक हो सकते हैं, एक अंक में उनमें से कोई एक नायक प्रधान रहे, यह आवश्यक है। उन्होंने इसके लिए भट्टनारायण के वेणीसंहार नाटक का उदाहरण दिया है। वेणीसंहार के पहले अंक में भीम, दूसरे में दुर्योधन, तीसरे में अवत्थामा, चौथे में धृतराष्ट्र तथा पाँचवें में युधिष्ठिर नायक हैं। सानं० के अनुसार यह भी हो सकता है कि इन नायकों में कोई एक प्रधान नायक हो, जिसकी उपस्थिति प्रत्येक अङ्क में रहे। इसके उदाहरणस्वरूप उन्होंने मायामदालस नामक नाटक का नाम लिया है, जिसके सभी पाँचों अंकों में नायक कुवलयाश्व की उपस्थिति बनी हुई है। इसी प्रकार (श्रीहर्ष विरचित) नागानन्द नाटक के भी पाँचों अंकों में नायक जीमूतवाहन उपस्थित है (नालरको० पृ० २८)।

यद्यपि अनेक नायकों के होने की स्थिति को आचार्यों ने स्वीकार किया है तथा कुछ रूपकों में भी अनेक नायक हैं, तथापि नायक के साथ सामान्यत: नाटक को एकमात्र सर्वप्रधान पात्र होने की अवधारणा जुड़ी हुई है। ऐसी स्थिति में नायक शब्द वास्तव में 'प्रधान-नायक' के लिए बहुप्रयुक्त हो गया है, यह मानना चाहिए।

नायक के भेद

भरत ने नायक के भेद नाट्यरचना और नाट्यप्रयोग की दृष्टि से किये हैं, जो शील पर आधारित हैं। तदनुसार नायक चार प्रकार के हैं - धीरोद्धत, धीरललित, धीरोदात्त तथा धीरप्रशान्त (धीरशान्त)। इनमें देव धीरोद्धत, राजा धीरललित, सेनापति तथा अमात्य धीरोदात्त और ब्राह्मण तथा वणिक् धीरशान्त होते हैं (२४/१७-१९।

उक्त चारों ही प्रकार के नायकों के लिए 'धीर' विशेषण सर्वस्वीकृत रूप में लगाया गया है, जब कि धीरोद्धत के तो लक्षण में ही चंचलता या धैर्य का अभाव बताया गया है। आचार्यों में कदाचित् भोज ने ही इसके तर्क पर विचार किया है। उनके अनुसार धैर्य नायक को नायक बनाने वाला तथा इन्द्रियों के आविष्कार का कारण बनने वाला चित्त का धर्म है।

नायक के गुण

परवर्ती शास्त्रकारों ने नायक (प्रधान नायक) के सामान्य गुणों की चर्चा भरतकृत त्रिविधप्रकृति विभाजन में उत्तमा प्रकृति की दृष्टि से प्राय: की है। इसमें दशरूपक प्रकारों में नाटक की प्रधानता सर्वमान्य होने से नाटक के नायक को दृष्टि में रख कर ही इन आचार्यों ने प्राय: नाटक के ये सामान्य गुण बताये हैं। धनं० के अनुसार नायक का सामान्य लक्षण यह है—

नेता विनीतो मधुरस्त्यागी दक्षः प्रियंवदः।
रक्तलोकः शुचिर्वाग्मी रूढवंशः स्थिरो युवा।।
बुद्ध्युत्साहस्मृतिप्रज्ञाकलामानसमन्वितः।
शूरो दृढश्च तेजस्वी शास्त्रचक्षुश्च धार्मिकः।।

(दरू० २/१, २)

धनिक ने इन सभी गुणों के उदाहरण नाटकों से सम्बद्ध स्थल उद्धृत करते हुए प्रस्तुत किये है, जिनमें गुणों के उदाहरण भवभूति के महावीर चरित में राम-विषयक संवादों से प्रस्तुत हैं, शेष गुण हनुमन्नाटक तथा अनर्घराघव के उद्धरणों से उदाहृत हैं।

नायिका

नायक के साथ सम्बन्ध या प्रेम की विभिन्न अवस्थाओं की दृष्टि से नायिका आठ प्रकार की है - वासकसज्जा, विरहोत्कण्ठिता, स्वाधीनभर्तृका (स्वाधीनपतिका), कलहान्तरिता, खण्डिता, विप्रलब्धा, प्रोषितभर्तृका तथा अभिसारिका (नाशा० २२/२११- २१२)। धनं० ने इनको सभी नायिकाओं की अवस्थाएँ ही माना है (दरू० २/२३)।

भरतमुनि के अनुसार जो उचित वासक (घर) में रतिसम्भोग की लालसा के साथ मण्डन (शृङ्गार) करती है वह वासकसज्जा है। अनेक कार्यों में लगा होने से जिसका प्रिय उसके पास न आ सके और वह उसके न आने से दु:खार्त रहे, ऐसी नायिका विरहोत्कण्ठिता है। सुरत से रसातिरेक में बँधा नायक सदैव जिसके पास बना रहे तथा जो स्वयं हर्ष, सौभाग्य और अभिमान से भरी रहे, वह स्वाधीनभर्तृका है। ईर्ष्यावश हुए कलह के कारण छोड़कर गया जिसका प्रिय न आ रहा हो और उस कारण जो अमर्ष में भरी हो, ऐसी नायिका कलहान्तरिता है। अन्यत्र आसक्त रहने से जिसका प्रिय वासक (निवास) पर न आये और जो उसके न आने से दु:खार्त रहे, वह खण्डिता है। जिसका प्रिय दूती से सन्देश भिजवा कर या सङ्केत दे कर न आये, वह विप्रलब्धा है। अनेक कार्यों की पूर्ति के लिये जिसका प्रिय प्रोषित (बाहर चला गया) हो वह प्रोषितभर्तृका है। यह शृङ्गार न करती हुई उसकी प्रतीक्षा करती है। लज्जा को छोड़कर मद और मदन से भर कर जो प्रिय से अभिसरण (छिप कर जाना) कराये वह अभिसारिका है।

प्रेक्षक, सहृदय और सामाजिक

संस्कृत नाटकों की प्रस्तावना में दर्शकमंडली के लिये प्राय: परिषत् (परिषद्) शब्द का प्रयोग किया गया है। परि उपसर्ग के साथ सद् (बैठना) धातु से क्विप् प्रत्यय लगा कर परिषद् शब्द बना है। परित: सीदन्ति अस्याम्— अर्थात् जिसमें लोग चारों ओर से बैठे-वह परिषद् है। इसके सामान्य अर्थ सभा, जनसमाज तथा धर्मसभा है।

संस्कृत नाटकों की प्रस्तावना में परिषद् शब्द नाट्यप्रयोग देखने के लिये समवेत रसिक लोगों के समाज के लिये आया है। कालिदास के तीनों नाटकों की प्रस्तावना में सूत्रधार यह वाक्य कहता है—

अभिरूपभूयिष्ठा परिषदियम्।

शूद्रक (?) के मृच्छकटिक का सूत्रधार नान्दी के पाठ के पश्चात् प्रवेश करके कहता है—

अलमनेन परिषत्कुतूहलविमर्दकारिणा परिश्रमेण।

परिषद् के कुतूहल को नष्ट करने वाले इस परिश्रम (नान्दी पाठ के विस्तार को रहने दो।)

मुद्राराक्षस की प्रस्तावना में सूत्रधार बताता है कि यह उसे परिषद् ने ही आदर्श दिया है कि सामन्त बटेश्वरदत्त के पौत्र तथा महाराज पृथु के पुत्र विशाखदत्त का रचा हुआ मुद्राराक्षस नाटक प्रस्तुत करो। इसके आगे के वाक्य में कहा गया है—

तत् सत्यं काव्यविशेषवेदिन्यां परिषदि प्रयुञ्जानस्य ममापि समहान् परितोषः प्रादुर्भवति।

(इस काव्यविशेष की जानकार परिषद् के आगे नाट्यप्रयोग प्रस्तुत करते हुए मुझे भी बड़ा परितोष हो रहा है।)

भास और भवभूति अपने रूपकों की प्रस्तावना में परिषद् का उल्लेख न करके 'आर्यमिश्र' शब्द का बहुवचन में प्रयोग करते हैं। मालतीमाधव में आर्यमिश्र का भी उल्लेख न करके 'नाना दिग्दिगन्तवास्तव्य महाजनसमाज' का उल्लेख है। भट्टनारायण के वेणीसंहार नाटक में परिषद् के अग्रणी लोगों को सम्बोधित किया गया है, तो श्रीहर्ष अपने रूपकों में गुणग्राहिणी परिषद् की प्ररोचना करते हैं। राजशेखर तथा मुरारि अपने नाटकों— बालरामायण तथा अनर्घराघव में क्रमशः राजा महेन्द्रपाल देव के तथा भगवान् जगन्नाथ की यात्रा में आये हुए 'सभासदों' को सूत्रधार के मुख से सम्बोधित कराते हैं। वत्सराज अपने कर्पूररचित भाण में नीलकण्ठ भगवान् की यात्रा में आये हुए समाजिकों का सूत्रधार के मुख से उल्लेख कराते हैं तो रुक्मिणीहरण ईहामृग में भगवान् चक्रपाणि की यात्रा में आये हुए सामाजिकों का। हास्यचूडामणि प्रहसन में नीलकण्ठ की यात्रा में आये सामाजिकों का उल्लेख पारिपार्श्विक के संवाद में है।

उक्त नाटकों के उल्लेखों से परिषद्, सभा, सामाजिक, समाज - ये शब्द समानार्थक प्रतीत होते हैं।

प्राश्निक

प्रश्न शब्द में ठक् प्रत्यय लगाकर प्राश्निक शब्द बना है। इसका सामान्य अर्थ है— प्रश्न पूछने वाला। परीक्षक, पंच, साक्षी, सभा में अग्रगण्य या सभ्य— ये अर्थ भी इसके बताये गये हैं।

नाट्यशास्त्रीय परम्परा में प्राश्निक वह प्रेक्षक है, जो नाट्यप्रस्तुति की गुणवत्ता या श्रेष्ठता

का निर्णय करे। राजसभा के रंगमंच या यात्रा महोत्सवों में अनेक नाटकों की प्रस्तुतियाँ होती रहती थीं, उनमें अच्छी प्रस्तुतियों का निर्णय करने के लिये प्राश्निक नियोजित किये जाते थे।

प्राश्निक विघ्नों या घातों को अपने मूल्यांकन में समाविष्ट करते हुए प्रस्तुति के गुण-दोष की परीक्षा करके निर्णय करते हैं। अनेक प्रस्तुतियाँ होने पर उनमें से कौन श्रेष्ठ है, इसके विषय में जब विवाद हो, तो अलग अलग विषयों के अलग अलग प्राश्निकों से परामर्श लिया जाना चाहिए। (२७० ६४)। तदनुसार— यज्ञवेत्ता, नर्तक, छन्दोवित्, शब्दवित् (वैयाकरण), अस्त्रवेत्ता, वेश्या या गणिका, गान्धर्वशास्त्र का ज्ञाता, राजसेवक— ये अलग अलग विषयों के प्राश्निक रहते हैं। यज्ञ के अनुष्ठान के विषय में यज्ञवेत्ता, अभिनय के विषय में नर्तक, वृत्तबन्ध (छन्दों की रचना) के विषय में छन्दोवित्, पाठ्य के विस्तार के विषय में शब्दवित्, सौष्ठव के विषय में इषु (धनुष) तथा अस्त्रवेत्ता, नेपथ्य (वेशभूषा) के विषय में चित्रकार, कामोपचार में वेश्या, स्वरकर्म में गान्धर्व या गान्धर्वशास्त्र का ज्ञाता, उपचार सेवा मे राजसेवक — ये प्राश्निक रहते हैं (२७० ६४-६७)।

प्राश्निकों के द्वारा निर्णय देने की प्रक्रिया को व्यवहार कहा गया है (नाशा०२७/७०, ७१)। प्राश्निक अपने अपने शास्त्र के अनुसार प्रस्तुति के गुण तथा दोष बतलाते हैं। जब संघर्ष या विवाद शास्त्र के विषय में हो तो, शास्त्रज्ञ की राय को प्रमाण मानना चाहिये। स्वामी (नाट्यप्रस्तुति कराने वाले) की आज्ञा, भरतों (नाटक खेलने वालों) की आपसी लाग-डाट के कारण अर्थपताका (विजयपताका) के लिये विभिन्न मंडलियों में आपस में संघर्ष हो सकता है। तब उनके बीच बिना किसी पक्षपात के प्राश्निकों को व्यवहार निपटाना चाहिये। ये प्रेक्षकों से बारह हाथ की दूरी पर बैठते हैं।

प्राश्निकों की सहायता के लिये लेखक रहते हैं। ये लेखक प्रत्येक प्रस्तुति में हुए विघ्नों या घातों को नोट करते चलते हैं, तथा सिद्धियों को भी लिखते जाते हैं। जिस प्रस्तुति में विघ्न या घात कम हों तथा सिद्धि अधिक हो, उसे पताका दी जाती है। पताका सिद्धि का अतिशय होने पर ही दी जाती है, पर सम सिद्धि होने पर भी राजा की आज्ञा से पताका दी जा सकती है (वही, २७.७२-७८)।

संस्कृत नाटक और रंगमंच की कतिपय विशिष्ट रूढियाँ तथा अभिप्राय

ब्राह्म मण्डल – नाट्यशास्त्रसम्मत नाट्यमंडप के रंगपीठ या रंगमंच पर ब्राह्ममंडल बनाना चाहिये। इस मण्डल की चौड़ाई सोलह हाथ होती है। इसमें चारों दिशाओं में द्वार बनाये जाते हैं। इसके बीच में तिर्यक् (हारिर्जोटल) तथा ऊर्ध्वग (वर्टिकल) दो रेखाएं बनानी चाहिये और इनके बीच कक्ष्याविभाग के साथ देवों का निवेश करना चाहिए। मण्डल के मध्यभाग के कमल पर विराजमान ब्रह्मा बिठाये जाते हैं, फिर सबसे पहले अपने भूतगणों के साथ भगवान् शिव का निवेश करना चाहिए। फिर नारायण, महेन्द्र, स्कन्द, सूर्य अश्विद्वय, चन्द्रमा,

सरस्वती, लक्ष्मी, श्रद्धा, मेघा-इन्हें पूर्व की ओर बिठाना चाहिए दक्षिणपूर्व में स्वाहा (अग्नि की पत्नी) को अग्नि के साथ बिठाना चाहिए तथा इन्हीं के साथ गन्धर्वों सहित विश्वेदैवा:, रुद्र तथा सर्पगण भी निविष्ट किये जाते हैं। दक्षिण में अनुयायियों के साथ यम तथा मित्र और इनके साथ पितर, पिशाच, उरग, गुह्यक— इनका निवेश होता है। नैर्ऋत्य में राक्षस और भूत; पश्चिम में समुद्र, तथा वरुण; और वायव्य दिशा में सातों पवन निविष्ट किये जाते हैं। यहीं पर पक्षियों के साथ गरुड भी निवेशित किये जाने चाहिए। उत्तर दिशा में नाट्यमातृकाओं, यक्षों तथा गुह्यकों के साथ कुबेर को सन्निविष्ट करना चाहिए। इसी प्रकार उत्तरपूर्व में गणेश्वरों, नन्दी, ब्रह्मर्षियों और भूतसंघों को यथाभाग निविष्ट करना चाहिए। पूजा के लिए (पूर्वदिशा के स्तम्भ में) सनत्कुमार को, दक्षिण के स्तम्भ में दक्ष को, और उत्तर के स्तम्भ में ग्रामण्य (गणेश) को सन्निविष्ट करना चाहिए। इस विधान के साथ सारे देवताओं को यथास्थान यथाविध सन्निविष्ट करके वर्ण और रूप से युक्त सारे देवता सन्निविष्ट करें और यथायोग्य उनका पूजन करे (नाशा० ३. १६-३४)।

जर्जर – जर्जर बाँस का डंडा है, जो इंद्र का प्रतीक है। (पूजा के समय) जर्जर के ऊपर के भाग में श्वेत वस्त्र, रौद्रपर्व में नीला वस्त्र, विष्णु पर्व में पीला वस्त्र, स्कन्द पर्व में लाल वस्त्र तथा मृडपर्व में रंगबिरंगा वस्त्र बाँधा जाता है।

पूर्वरंग– 'पूर्व' पद पूर्वक 'रञ्ज' धातु से अधिकरणार्थक 'घञ्' प्रत्यय लगाकर पूर्वरङ्ग शब्द निर्मित हुआ है। सामान्यतया 'पूर्वो रङ्गे' यह विग्रह करते हुए रंगमंच पर नाट्यप्रयोग के पूर्व किये जाने वाले अनुष्ठान को पूर्वरङ्ग कहा गया है। कुछ विद्वानों के अनुसार पूर्वरङ्ग का मूल आगम परम्परा में है। अन्य मत से पूर्वरङ्ग का मूल वैदिक परम्परा में है। पूर्वरङ्ग में जिन देवों का आवाहन किया जाता है, वे अधिकांशतया वैदिक हैं।

पूर्वरङ्ग का मुख्य प्रयोजन विघ्नों का उपशमन है। इसके अनुष्ठान से नाट्य प्रयोग के लिए माङ्गलिकता की सिद्धि और प्रेक्षकों की नाट्यावलोकन के अनुरूप मन:स्थिति का निर्माण होता है। अत: भरत ने प्रेक्षकों की तुष्टि को भी पूर्वरङ्ग का प्रयोजन माना है। इसके अतिरिक्त पूर्वरङ्ग के अनुष्ठान से नाट्य प्रयोग करने वाले नटों का भी प्रयोगानुकूल अभ्यास ओर प्रयोग के अनुरूप प्रेक्षकों के साथ उनके संवाद की स्थिति बनती है। इस दृष्टि से भावप्रकाश में नटी, नट तथा प्रेक्षक समुदाय का रंग प्रयोग के पूर्व किया जाने वाला अन्योन्यानुरंजन पूर्वरङ्ग का प्रयोजन बतलाया है और इसी को पूर्वरङ्ग का लक्षण भी माना है—

सभापतिः सभा सभ्या गायका वादका अपि।
नटी नटाश्च मोदन्ते यत्रान्योन्यानुरञ्जनात्।
अतो रङ्ग इति ज्ञेयः पूर्वं यत्स प्रकल्प्यते।
तस्मादयं पूर्वरङ्ग इति विद्वद्भिरुच्यते।।

(भा० प्र० ७। १९४.५)

विघ्नोपशमन देवस्तुति के द्वारा होता है, जो पूर्वरङ्ग के अंगों में परिगणित नान्दी के अन्तर्गत की जाती है। पूर्वरंग में देवस्तुति-रूप नान्दी की अनिवार्यता को सभी आचार्यों ने स्वीकार किया है केवल नाट्यदर्पणकार रामचन्द्र गुणचन्द्र का इसमें मतभेद है। उनके अनुसार पूर्वरंग का प्रेक्षकों का अनुरञ्जन ही मुख्य प्रयोजन है इसमें देवतादि की स्तुति अनावश्यक है (नाद० प्रथम विवेक)। रामचन्द्र गुणचन्द्र को छोड़कर प्राय: सभी आचार्यों ने देवतापरितोष को पूर्वरंग के प्रयोजनों में एक माना है। रामचन्द्र गुणचन्द्र के अनुसार प्ररोचना को छोड़कर पूर्वरंग के सभी अंगों का विन्यास निष्फल है तथा देवतापरितोषरूपी पूर्वाचार्यों द्वारा निर्दिष्ट इसका फल श्रद्धालुओं का प्रतारणमात्र है (नाद० पृ० १३८)।

नाट्यशास्त्र में पूर्वरंग के निम्न अंग बतलाये गये हैं— प्रत्याहार, अवतरण, आरम्भ, आश्रावणा, वक्त्रपाणि, परिघट्टना, संघोटना, मार्गासारित, आसारित, गीत, वर्धमान, उत्थापन, परिवर्तन, नान्दी, शुष्कावकृष्टा, रंगद्वार, चारी, महाचारी, त्रिक और प्ररोचना। इसमें प्रथम नौ अंगों को अन्तर्यवनिकासंस्थ कहा गया है। अर्थात् इन अंगों के प्रयोग में सूत्रधारआदि प्रेक्षकों के लिए दृश्य नहीं होते। इनमें अंगों के अनुष्ठान के समय जवनिका नट और प्रेक्षकों के बीच में रहती है और जवनिका के पीछे होकर ही नट इनका अनुष्ठान करते हैं। अत: इन्हें अन्तर्जवनिकासंस्थ कहा गया है। शेष ग्यारह अंग जवनिका को विघटित करके अनुष्ठित किये जाते हैं अत: इनको बहिर्जवनिकासंस्थ कहते हैं (नाशा० ५। ८-१५)। पूर्वरङ्ग के अंगों की संख्या के सम्बन्ध में विभिन्न मत हैं। कुछ विद्वानों ने नाट्यशास्त्र में इनकी संख्या उन्नीस भी स्वीकार की है। परवर्ती ग्रन्थों में पूर्वरङ्ग के अंगों की संख्या में वृद्धि भी की गई है।

१. **प्रत्याहार–** प्रत्याहार में कुतपविन्यास किया जाता है। कुतप का अर्थ है गायक-गायिका और वाद्यवृन्द। कुतपविन्यास का अर्थ है गायक वादकों को अपने वाद्यों के साथ निर्धारित स्थान पर बिठाने की व्यवस्था। अभि० के अनुसार इसका क्रम इस प्रकार है। नेपथ्य द्वार पर पूर्व की ओर मुँह करके मृदंगवादक और उसके पार्श्व में पणव और दर्दुरवादक उत्तर की ओर मुँह किए हुए गायक और उसी के आगे दक्षिण की ओर मुँह किए हुए गायिकाएं बैठती हैं। गायक की बायीं और वेणुवादक बैठते हैं। मृदंगवादक के आगे वीणावादक बैठता है। इस प्रकार वाद्य-वादकों का नियतस्थान ग्रहण करना प्रत्याहार है।

२. **अवतरण–** गायक और गायिकाओं को अपने नियत स्थान पर बैठाना अवतरण कहलाता है (५.७)।

३. **आरम्भ–** परिगीतक्रियारम्भ आरम्भ इति कीर्तित:'। (नाशा० ५.१८)

अर्थात् बहिगीत का प्रारम्भ आरम्भ है। यह परिगीत प्रक्रिया कहलाती है। परिगीत का अर्थ है गानक्रिया के लिये कण्ठ के द्वारा आलाप आरम्भ करना।

४. **आश्रावणा–** 'आतोद्यरञ्जनार्थन्तु भवेदाश्रावणाविधि:' (५.१८)।

अर्थात् वादन के पूर्व वाद्यों को मिलाकर एकरूपता लाना आश्रावणा विधि है।

५. **वक्त्रपाणि**—वाद्यवृत्तिविभागार्थं वक्त्रपाणिर्विधीयते (नाशा० ५.१०)।

वक्त्र (आरम्भ) में पाणि (हस्तांगुलि व्यापार)। वाद्यों की वृत्ति का विभाजन करने की विधि।

६. **परिघट्टना** - तन्त्रयौज:करणार्थं तु भवेच्च परिघट्टना (नाशा० ५. १९)।

वाद्य की तंत्री के घट्टन या घर्षण के द्वारा वृत्तियों के विभागों में शुष्क अक्षर प्रयोग का अन्वेषण परिघट्टना है। घट्ट (चलने) धातु से परिघट्टना शब्द बना है।

७. **संघोटना**—'पाणिविभागार्थं भवेत् संघोटनाविधि:'

वीणा वाद्य में अवनद्ध जैसे तालात्मक वाद्यों के साथ संगत बैठाने के लिए संवादी स्वरों के अनुसंधान के द्वारा पंच प्रहारों का प्रयोग करते हुए सुनना संघोटना कहलाता है।

८. **मार्गासारित** - तन्त्रीभाण्डसमायोगान्मार्गासरितमिष्यते। (५.२०)

वीणा आदि तत वाद्यों के साथ अवनद्ध वाद्यों का वादन मार्गासारित कहलाता है।

९. **आसारित**-इसमें भी शुष्काक्षर के गीत होते हैं। साधारणत: शम्या आदि क्रियाओं के द्वारा कलाओं के पतनकाल की गिनती करना आसारित कहलाता है। किन्तु आसारितविधि उस शुष्काक्षर गति को कहते हैं जो कनिष्ठ, मध्यम और ज्येष्ठ तीन प्रकार के ताल में गाये जाते हैं।

१०. **गीतविधि**- 'कीर्तनाद् देवतानां च ज्ञेयो गीतविधिस्तथा।' (नाशा० ५. २१) यह गतीविधि वर्धमान प्रक्रिया से प्रारम्भ होती है। इसमें देवताओं की प्रशंसा में प्रस्तुत करते हुए गान होते हैं। वर्धमान का अर्थ है बढ़ता हुआ'। पहले रंगभूमि पर एक नर्तकी हाथ में पुष्प लिए हुए नाचती हुई आती है। यह गीत का प्रथम चरण गाती है और नाचती हुई उसके भाव का अभिनय करती है। इसके अनन्तर वह पीछे जाती है। अब दूसरी नर्तकी पहली की तरह हाथ में पुष्प लिए हुए रंगभूमि पर आती है। वह देवताओं को प्रणाम कर गीत का दूसरा चरण गाती है और अब पहली और दूसरी मिलकर रंगभूमि पर नाचती हैं, अभिनय करती हैं और पीछे जाती हैं। तदनन्तर तीसरी नर्तकी हाथ में पुष्प लिए हुए रंगभूमि पर आती है और गीत का तीसरा चरण गाती है। अब तीनों मिलकर नाचती हैं, अभिनय करती हैं और पीछे जाती हैं। इसके अनन्तर चौथी नर्तकी पूर्ववत् हाथ में पुष्प लिए हुए रंगभूमि पर आती है और गीत का चौथा चरण गाती है। चारों मिलकर नाचती और गीत का अभिनय करती हुई वापिस जाती हैं।

इस विधि में एक-एक नर्तकी बढ़ती जाती है, गीत का एक-एक चरण बढ़ता जाता है प्रत्येक नर्तकी की नाचने की लय भी अनुक्रम से बढ़ती जाती है। इसलिए इस बढ़ने वाली विधि को 'वर्धमान विधि' कहते हैं।

११. **उत्थापन विधि**— गति विधि के अनन्तर उत्थापन विधि प्रारम्भ होती है। भरत के अनुसार इसका लक्षण यह है—

यस्मादुत्थापयन्त्यत्र प्रयोगं नान्दिपाठकाः।
पूर्वमेव तु रङ्गेऽस्मिंस्तस्मादुत्थापनं स्मृतम्।।

(नाशा० ५. २२)

यह विधि नान्दी-पाठकों द्वारा सर्वप्रथम रंगमंच पर कार्य प्रारम्भ करवाती है, अतः इसे उत्थापन विधि कहते हैं। इसमें एक विशिष्ट वृत्त गीत त्र्यस्र-चतुरस्र ताल में और विलम्बित, मध्य और द्रुत लय में गायक वृन्द द्वारा गाया जाता है। उसके दोनों ओर पारिपार्श्विक रहते हैं। उनमें से एक के हाथ में जर्जर होता है और दूसरे के हाथ में भृंगार। जर्जर १०८ अंगुल लम्बा पाँच पोर का बाँस का एक दण्ड होता है। इसके बिल्कुल नीचे का पोर भिन्न प्रकार के रंगों के वस्त्र में लपेटा हुआ रहता है। नीचे से दूसरा पोर लाल, तीसरा पीले, चौथा नीले और सबसे ऊपर का पोर श्वेत रंग के वस्त्र से लपेटा रहता है। इसके ऊपर के भाग पर तीन जगह वक्र-दण्ड-काण्ठ रहते हैं। इनके ऊपर बेल के फल को काटकर तैयार किये हुए मनुष्य की मुखाकृति मुकुट से अलंकृत कर रखी हुई रहती है।

सूत्रधार और दोनों पारिपार्श्विक एक साथ ही रंगमंच पर प्रवेश करते हैं। इनकी हस्ताञ्जलियाँ पुष्पों से पूरित होती हैं। वे अद्भुत दृष्टि और वैष्णवस्थान से युक्त होते हैं।

सूत्रधार दोनों पारिपार्श्विकों के साथ पाँच डग भरते हुए आगे बढ़ता है। गायक-वृन्द द्वारा गीत चालू रहता है। गीत का प्रारम्भ विलम्बित लय में होता है। यह प्रथम परिवर्त कहलाता है। जब वह मध्य लय में होता है तो द्वितीय परिवर्त कहलाता है। इसी समय सूत्रधार रंगमंच पर आता है और वह गीत को द्रुत लय में गाकर तीसरा परिवर्त पूरा करता है। सूत्रधार रंगमंच के मध्य भाग में अधिष्ठित ब्राह्ममंडल पर पुष्पाञ्जलि अर्पित करता है। फिर वह ब्रह्मा की विनीत भाव से ललित हस्त मुद्रा से वन्दना करता है। यह वन्दना पृथ्वी को हाथों से तीन बार स्पर्श करते हुए की जाती है।

तीसरे परिवर्त में सूत्रधार ब्राह्मण्डल की प्रदक्षिणा करता है, आचमन करता है और जर्जर को ग्रहण करता है। यह जर्जर इसलिए कहलाता है क्योंकि यह विघ्नों को जर्जरित कर देता है। यह तृतीय परिवर्त भी द्रुतलय में होना चाहिए। जर्जर ग्रहण करने के पश्चात् वह संगीत-वाद्यों के स्थान की ओर पाँच डग चलता है। यह चतुर्थ परिवर्त भी द्रुतलय में होता है। इस प्रकार उत्थापन विधि समाप्त की जाती है। इस विधि में गीतकों और वर्धमानक के पश्चात् उत्थापनी ध्रुवा गाई जाती है।

उत्थापिनी ध्रुवा के पाद में ११ अक्षर होते हैं। उसमें आदि से दूसरा, चौथा, आठवाँ और ग्यारहवाँ अक्षर गुरु होता है।

१२. **परिवर्तन –**

यस्माच्च लोकपालानां परिवृत्य चतुर्दिशम्।
वन्दनानि प्रकुर्वन्ति तस्माच्च परिवर्तनम्।।

(नाशा० ५.३)

लोकपालों के चारों ओर घूमकर वन्दना करना परिवर्तन कहलाता है। इस विधि से परिवर्तनी ध्रुवा गाई जाती है।

परिवर्तनी ध्रुवा चतुरस्रताल, मध्यलय और ८ सन्निपातों से युक्त होती है। इसमें अतिजगती जाति (एकादश अक्षर का) का छन्द रहता है।

इस परिवर्तनी ध्रुवा के गान के समय में सूत्रधार वाद्य ध्वनि और ताल के अनुसार ललित पादविन्यास करते हुए यथाक्रम दिशाओं के अधिपतियों को नमस्कार करता है।

परिवर्तनी ध्रुवा के समाप्त होने पर, एक चौथा पात्र अंजलि में पुष्प लिए हुए मंच पर प्रवेश करता है। फिर वह जर्जर, सभी वाद्यों और सूत्रधार का पूजन करता है। इसके अनन्तर वह रंगमंच से प्रस्थान करता है।

इसके अनन्तर अवकृष्टा ध्रुवा का गान होता है। यह चतुरस्र ताल और विलम्बित लय में गाई जाती है।

१३. **नान्दी–** उपर्युक्त ध्रुवा के अनन्तर सूत्रधार मध्यम स्वर से नान्दी पाठ करता है। इसमें वह देवताओं को नमस्कार करता है और राजा और गो-ब्राह्मण के कल्याण की कामना करता है। नान्दी ८ या १२ पद वाली होती है।

१४. **शुष्कावकृष्टा–** नान्दी के अनन्तर जर्जर की स्तुति के लिये शुष्कावकृष्टा ध्रुवा का गान होता है। इसको 'शुष्कावकृष्टा' इसलिये कहते हैं क्योंकि इसमें शुष्क अर्थात् अर्थहीन अक्षरों का प्रयोग होता है। इसमें आदि के ९ वर्ण गुरु, फिर ६ वर्ण लघु और अन्तिम ३ वर्ण गुरु होते हैं।

१५. **रङ्गद्वार–** भरत ने रङ्गद्वार का वर्णन इस प्रकार किया है।

यस्मादभिनयस्त्वत्र प्रथमं ह्यवतार्यते।
रङ्गद्वारमतो ज्ञेयं वागङ्गाभिनयात्मकम्।।

(नाशा०५.२६)

चूँकि पहले-पहल वाचिक और आङ्गिक अभिनय की अवतारणा यहीं से होती है, अत: वाचिक और आंगिक अभिनय से संयुक्त इस अंग को रंगद्वार कहते हैं।

रङ्गद्वार में सूत्रधार देव, राजा और ब्राह्मण का स्तुतिपरक श्लोक पढ़ता है। वह जर्जर श्लोक के पाठ के पश्चात् पुन: जर्जर से यश:प्रकाशक पर दूसरे श्लोक का पाठ करता है।

इसके पश्चात् जर्जर को प्रणाम किया जाता है और तब चारी का प्रदर्शन प्रारम्भ होता है और दोनों पारिपार्श्विक रंगमंच से निष्क्रमण कर जाते हैं। फिर अड्डिता ध्रुवा का गान प्रारम्भ होता है जो कि मध्य लय चतुरस्र ताल और चार सन्निपातों से युक्त होता है।

१६. **चारी–** चारी का वर्णन भरत ने इस प्रकार दिया है।

शृंगारस्य प्रचरणाच्चारी सम्परिकीर्तिता।

अर्थात् शृंगार रस के भावों को गति द्वारा प्रदर्शित करना चारी कहलाता है।

१७. **महाचारी–** महाचारी का वर्णन भरत ने इस प्रकार किया है— रौद्रप्रचरणाच्चापि महाचारीति कीर्तिता।

रौद्ररस के भावों को गति द्वारा प्रदर्शित करना महाचारी कहलाता है।

१८. **त्रिगत–** महाचारी के अनन्तर त्रिगत प्रारम्भ होता है। त्रिगत उसे कहते हैं जिसमें सूत्रधार, पारिपार्श्विक और विदूषक का संजल्प हो।

इसमें विदूषक बहुत-सी हँसाने वाली बातें करता है, और नाटक की कथावस्तु को आगे बढ़ाने वाले प्रश्नों का प्रयोग करता है। इसके अनन्तर प्ररोचना विधि प्रारम्भ होती है।

१९. **प्ररोचना–** इसमें सूत्रधार प्रेक्षकगण को आमंत्रित करता है और खेले जाने वाले नाटक की विषवयवस्तु का निरूपण करता है। इसके अनन्तर तीनों रंगमंच से चले जाते हैं।

पूर्वरंग के समाप्त होने पर रंगमंच पर स्थापक प्रवेश करता है। उस समय अर्थानुगामिनी ध्रुवा मध्य लय में गाई जाती है। तब स्थापक नाटक की कथावस्तु को निर्देशित करने वाली प्रस्तावना प्रस्तुत करता है।

इन पूर्वरंग के अंगों में एक सुलझी हुई वैज्ञानिक दृष्टि स्पष्ट है। उनका मूल प्रयोजन अभिनेताओं, नाटक-प्रदर्शन के व्यवस्थापकों को प्रस्तुति की तैयारी के लिए तथा प्रेक्षकों को उसे देखने के लिए हर स्तर पर तैयार करना है। पूर्वरंग में २२ अंगों की पीछे एक सुव्यवस्थित क्रम है, उनके द्वारा प्रस्तुति में सम्मिलित होने वाले प्रत्येक कलाकार को, नाटक के भौतिक उपादानों की दृष्टि से ही नहीं, मानसिक रूप से भी तैयार रहने का अवसर मिलता है। साथ ही, पूर्वरंग के इस अनुष्ठान से नाटक का वातावरण तथा पृष्ठभूमि भी निर्मित होती चलती है। पूर्वरंग की यह विधि जहाँ नट-समुदाय को मानसिक तथा बाहरी तौर पर अपनी अपनी भूमिकाओं के लिये सचेत बनाती है, वहीं प्रेक्षक के भीतर भी नाटक देखने के उपयुक्त मन:स्थिति का निर्माण उसके द्वारा होता है। पूर्वरंग की विधि प्रेक्षक समाज को क्रमश: उनकी निजी भौतिक दुनिया से परे ले जाती है। पर्दे के पीछे से वाद्ययंत्र के तार छेड़े जाते हैं। किसी गति की कड़ी गायी जाती है, नृत्य की पदचाप सुनाई पड़ती है-इन सबमें अभिनेता का पूर्वाभ्यास ही नहीं होता, प्रेक्षक की चेतना के तार भी झंकृत होने लगते हैं, वह अपनी सीमित दुनिया के घेरे से उठ कर नाटक की दुनिया में रमने लगता है। जवनिका के बाहर संपादित होने वाले पूर्वरंग के अंगों में तो उसे सीधे सीधे नाटक की दुनिया में प्रवेश कराया ही जाता है। भारतीय दृष्टि से नाटक का प्रयोजन प्रेक्षक की चेतना को सीमित देश-काल की परिधि से परे ले जाना है। पूर्वरंग इसकी आधार भूमि निर्मित करता है। अभिनेताओं तथा अन्य कलाकारों को क्रमश: सचेत तथा मुख्य प्रस्तुति के लिए यथावसर तैयार रहना, प्रेक्षक को नाटक के वातावरण में दीक्षित हो जाने के लिए प्रेरित करना तथा उसकी चेतना में नाटक के आस्वाद के उपयुक्त संस्कार जागरित करना-इतने कार्य पूर्वरंग के इन २२ अंगों से सुनियोजित रूप में संपादित होते चलते हैं।

परवर्ती परम्परा में नान्दी को पूर्वरङ्ग का सबसे अनिवार्य अङ्ग मान लिया गया और नान्दी ही पूर्वरङ्ग का पर्याय बन गई। अत एव संस्कृत नाटकों में 'नान्द्यन्ते ततः प्रविशति सूत्रधारः' यह रङ्गसंकेत सर्वप्रथम आता है, जिससे यही लगता है कि पूर्वरङ्ग के स्थान पर केवल नान्दी पाठ ही पर्याप्त माना जाता था।

नान्दी का भरतकृत निम्नलिखित लक्षण प्रकारान्तर या शब्दान्तर से विश्व०, अमृता० आदि आचार्यों ने दोहराया है—

आशीर्वचनसंयुक्ता नित्यं यस्मात् प्रयुज्यते।
देवद्विजनृपादीनां तस्मान्नान्दीति संज्ञिता।। ५.२८

संस्कृत नाटकों में नान्दी

भास के नाम से जाने गये रूपकों में नान्दी पद्यों का वैशिष्ट्य इस प्रकार है—

पञ्चरात्र– द्रोण, अर्जुन, भीम, कर्ण, शकुनि, दुर्योधन,भीष्म, युधिष्ठिर, विराट् तथा उत्तरा और अभिमन्यु के नामग्रहण के साथ श्रीकृष्ण की स्तुति व रक्षा की कामना।

मध्यमव्यायोग- वामनावतार के द्वारा रक्षा की कामना।

अभिषेक - राम की प्रशस्ति तथा रक्षा की कामना।

अविमारक - वराह अवतार की वन्दना के साथ उनके द्वारा प्रेक्षकों को श्री की प्राप्ति की कामना।

ऊरुभङ्ग - भीष्म, द्रोण आदि पात्रों का रूपक लेकर शत्रुनदी के प्लव केशव के द्वारा विजय दिलाने की कामना।

कर्णभार - नरसिंह के द्वारा प्रेक्षकों को श्री प्रदान करने की कामना।

बालचरित - चारों युगों में भगवान् के चार रूपों के वर्णन के साथ रक्षा की प्रार्थना।

दूतवाक्य - विष्णु के चरण के उल्लेख के साथ उसके द्वारा रक्षा की प्रार्थना।

प्रतिमा - सीता, सुमंत्र, सुग्रीव, राम, लक्ष्मण, रावण, विभीषण तथा भरत के उल्लेख के साथ राम के द्वारा रक्षा की कामना।

दूतघटोत्कच - प्रस्तावना और सूत्रधार के रूपक के साथ विष्णु के द्वारा रक्षा की कामना।

कालिदास के तीनों रूपकों के नान्दी पद्यों में शिव के प्रति आराधना और उनके द्वारा सबके कल्याण और रक्षा की कामना है। शाकुन्तल की नान्दी में सारे नाटक के कथानक के सूत्रों को अप्रत्यक्ष रूप से टीकाकारों ने अनुस्यूत देखा है। यही स्थिति विक्रमोर्वशीयम् तथा मालविकाग्निमित्रम् के नान्दी पद्यों में भी है।

शूद्रक (?) के मृच्छकटिक में नान्दी पद्य 'शून्येक्षणघटितलयब्रह्मलग्नसमाधि'' वाले शिव का स्वरूप प्रस्तुत करता है। इस प्रकरण के साथ दो या तीन तक नान्दी पद्यों को रूपकों में

प्रस्तुत करने की परम्परा आरम्भ होती है। मृच्छकटिक का दूसरा पद्य श्रृङ्गारपरक है, यद्यपि इसमें भी शिव और पार्वती के प्रति आराधना का भाव है। संस्कृत के सारे रूपकों में मुद्राराक्षस की नान्दी अपनी नाटकीयता, संवादात्मकता, मनोविनोद तथा नाटक की कथावस्तु के सुस्पष्ट संकेत के कारण उल्लेखनीय हैं। इस नाटक में भी दो नान्दी पद्य हैं। पहले पद्य में शिव के मस्तक पर स्थित गंगा को लेकर पार्वती का आक्षेप और शिव का उसे विनोदपूर्वक छिपाना — इसका प्रसंग है। दूसरे पद्य में शिव के दुःखनृत्य का वर्णन है। दोनों की पद्य मुद्राराक्षस के कथानक को बडे साभिप्राय रूप से संकेतित करते हैं।

श्रीहर्ष की दोनों नाटिकाओं में नान्दी पद्य शिव और पार्वती के प्रणय और उनके प्रति आराधना के भाव को व्यक्त करते हैं। नागानन्द नाटक की नान्दी अवश्य संस्कृत रूपकों में नान्दी पद्य की प्रचलित परम्परा से किंचित् भिन्न है, क्योंकि इसमें जिन (बुद्ध) की वन्दना है तथा निवृत्तिपरकता का भी आख्यान है। भवभूति के तीनों नाटकों के नान्दी पद्य उनकी विशिष्ट कविदृष्टि और प्रतिभा के नयेपन को सामने लाते हैं। कालिदास और भवभूति दोनों ने ही अपने नान्दी पद्यों में अपने जीवनदर्शन और मूल्यबोध को भी व्यक्त किया है। महावीरचरित में प्रथम नान्दी पद्य चैतन्य-ज्योतिः की वन्दना करता है। शुद्धा नमस्कार नान्दी के प्रयोक्ता भी भवभूति ही हैं। मालतीमाधव की नान्दी में गणेश के विकट नृत्य का स्फुरितप्राय पदावली में आकर्षक चित्र है, जो संस्कृत नाटकों के नान्दी पद्यों में अपने ढंग का निराला ही है। उत्तररामचरित की नान्दी भी इसी तरह विशिष्ट है, जिसमें पहले की कवियों को नमन करते हुए अपनी ही आत्मा की अमृतकला वाणी की प्राप्ति या उसके प्रति प्रणति निवेदित है। मालमीमाधव के द्वितीय नान्दी पद्य में चन्द्रमा का भी उल्लेख होने से यह पारिभाषिक दृष्टि से नीली संज्ञक नान्दी कही जा सकती है।

प्रस्तावना - पूर्वरंग के पश्चात् संस्कृत नाटक के प्रयोग में प्रस्तावना या स्थापना का स्थान आता है। प्रस्तावना पूर्वरंग के कार्य को आगे ले जाती है। पूर्वरंग में नाटक की विषयवस्तु के अनुरूप वातावरण निर्मित होता है, प्रस्तावना में उस विषयवस्तु से सीधे साक्षात्कार कराया जाता है। पूर्वरंग में प्रेक्षक की चेतना को एक धरातल से दूसरे धरातल में पहुँचाने की पीठिका निर्मित होती है, प्रस्तावना में वस्तुतः यह यात्रा प्रारम्भ हो जाती है। उदाहरण के लिये हम भवभूति के उत्तररामचरितम् में प्रस्तावना में सूत्रधार के इस वाक्य को देखें—

एषोऽस्मि कार्यवशादायोध्यकस्तादानीन्तनश्च संवृत्तः।

(यह मैं नाटक के प्रयोजन से अब अयोध्या का एक नागरिक तथा उस युग का व्यक्ति बन गया हूँ।)

इस वाक्य का प्रत्येक शब्द प्रेक्षक की चेतना के देशविशेष तथा कालविशेष में संक्रमण को ध्वनित करता है। 'एषोऽस्मि' -यह मैं- सूत्रधार की वर्तमानकाल में विशेष स्थान में अपनी सत्ता को सूचित करता है। 'कार्यवशात्'-नाटक के प्रयोजन से-उसे अपनी इस सत्ता से मुक्त

होना है। तब वह वर्तमानकाल तथा वर्तमान स्थान से बँधा न रह कर अयोध्या का निवासी तथा उस युग का पात्र बन जाता है, जिस युग की कथा नाटक में प्रस्तुत होने वाली है।

उपर्युक्त स्थल संस्कृत नाटकों की प्रस्तावनाओं में एक विशिष्ट स्थल है। साधारणत: संस्कृत नाटक की प्रस्तावना में मूल नाटक का कोई पात्र मंच पर उपस्थित नहीं होता, किसी पात्र के प्रवेश की सूचना के साथ ही अचानक प्रस्तावना समाप्त हो जाती है। परन्तु भवभूति ने प्रस्तावना के मूल अभिप्राय को दृष्टि में रख कर उसके रूढ़ ढांचे को तोड़ कर एक नया प्रयोग किया। प्रस्तावना में नाटक का पात्र प्रवेश न करे-इस रूढ़ि को तोड़ते हुए भी उन्होंने प्रस्तावना के वास्तविक उद्देश्य को विशद रूप में सिद्ध कर दिखाया-प्रस्तावना हमारे समय तथा हमारे स्थान से संबद्ध अभिनेता का पात्र के रूप में रूपान्तरण प्रदर्शित करती है। भवभूति अपने उपर्युक्त प्रयोग तथा प्रस्तावना के इस अभिप्राय के विषय में इतने विश्वस्त थे कि उन्होंने अपने एक अन्य नाटक मालतीमाधव में पूर्वोक्त प्रक्रिया के ही अनुसार सूत्रधार के मुख से कहलवाया- 'एषोऽस्मि कामन्दकी संवृत्त:' -(यह मैं अब कामन्दकी हो गया), तथा उसके साथी नट ने कहा- अहमप्यवलोकिता।' भवभूति के इस प्रयोग की अपेक्षा श्रीहर्ष, राजशेखर आदि नाटककारों ने प्रस्तावना की रूढ पद्धति को अपनाया, फिर भी सूत्रधार, नटी या नट आदि प्रस्तुति में किस किस भूमिका में आने वाले हैं- यह प्रस्तावना के ही अन्तर्गत सूत्रधार आदि के ही मुख से स्पष्ट करा दिया। आर० व्ही० जागीरदार ने यह मत प्रकट किया है कि बहुत पहले, जब रूपसज्जा और प्रसाधन की कला विकसित नहीं हो पाई थी, सूत्रधार को अपनी तथा नटों की भूमिकाएं घोषित करना आवश्यक होता था, तब से ही प्रस्तावना में भूमिकाओं की इस प्रकार घोषणा करने की परिपाटी प्रचलित हुई होगी।[४१] यह मत निराधार है। वस्तुत: जब प्रसाधन और रूप सज्जा की कला अत्यधिक विकसित हो चुकी थी, तब भी हम राजशेखर जैसे नाटककारों के सूत्रधारों को अपनी तथा अन्य भूमिकाओं की घोषणा करते पाते हैं, पहले के नाटककारों-भास, कालिदास-आदि में ऐसा नहीं है।

कौन सा अभिनेता किस की भूमिका में आ रहा है- यह सूचना आजकल भी नाटक प्रारंभ होने के पूर्व प्राय: दी जाती है, तथा साथ में नाटक की विषय वस्तु, लेखक आदि का सामान्य परिचय भी। पर संस्कृत नाटक की प्रस्तावना मात्र इतना ही कार्य नहीं करती, वह दर्शकों को मानसिक दृष्टि से नाटक देखने के लिये तैयार करते हुए उन्हें सीधे नाटक की दुनिया में ले जाती है। उसमें सूचना देने का कार्य नाट्य की भाषा तथा पद्धति में किया जाता है। नाटक को बिना भूमिका के अचानक प्रारभ कर देने पर प्रेक्षक उसके लिये प्रस्तुत नहीं रहता, उसे प्रस्तुत मन:स्थिति में लाने के लिये प्रस्तावना का प्रयोग संस्कृत नाटकों के अनुकरण पर लोकनाट्यों में तो होता ही रहा है,कुछ आधुनिक नाटकों में भी सूत्रधार व नटी के वार्तालाप के साथ प्रस्तावना का प्रयोग देखने को मिलता है, जैसे – शंभु मित्र के बंगला नाटक कांचनरंग में।

सामान्यत: स्थापक के द्वारा नाट्य प्रयोग के आरम्भ में की जाने वाली प्रस्तावना को

स्थापना कहा जा सकता है। यदि क्वाइपर के मत से सूत्रधार और स्थापक को अभिन्न मानें, तो प्रस्तावना और स्थापना एक ही नट के द्वारा प्रस्तुत की जाती हैं ऐसा मानना पड़ेगा। स्थापना प्रस्तावना के पश्चात् प्रस्तुत की जाती है। अभि. ने प्रस्तावना के दो प्रकार माने हैं- एक सूत्रधारकृत, एक कविकृत। तब कविकृत प्रस्तावना को ही स्थापना कहा जा सकता है, परन्तु संस्कृत नाटकों में कतिपय अपवादों को छोड़कर प्रस्तावना ही मिलती है, स्थापना नहीं।

सिंभू.ने आमुख के दो भेद किये हैं- प्रस्तावना तथा स्थापना (रसु० ३. १५९ तथा नाप. १८१)। जब सूत्रधार कुछ वीथी आदि के साथ आमुख अङ्गों की योजना करे तो प्रस्तावना होती है और सारे आमुख के अङ्ग वीथ्यङ्गों के साथ हों, व वाक्य का विस्तार हो, सूत्रधार नटी विदूषक नट आदि के साथ वार्तालाप करता हुआ प्रस्तुत अर्थ का आक्षेप करे तो यह स्थापना है। वीर, अद्भुत आदि रसों का नाटक हो, तो प्रस्तावना का प्रयोग उचित है, जैसे अनर्घराघव में। हास्य, बीभत्स तथा रौद्र रसों के प्रयोग में स्थापना का समावेश होना चाहिए जैसे - वीरभद्रविजृम्भण में, (रसु० ३.१५८-१६३)।

रूगो० ने सिंभू० के कथनों को दोहराया है (नाचं. पृ० १६), जबकि सर्वेश्वर प्रस्तावना के दो भेद बताते हैं- आमुख तथा स्थापना। सूत्रधार नटी के साथ प्रस्तावना का प्रयोग सद्वृत्त के साथ करे तो यह आमुख है और पारिपार्श्विक या विदूषक के साथ वस्तु का विस्तार करे तो यह स्थापना है (सासा० १.३५-३७)।

भरतवाक्य

किसी भी रूपक के अन्त में कहा जाने वाला वाक्य, जिसमें रूपककार या अभिनेताओं की ओर से मंगलकामना व्यक्त की जाती है भरतवाक्य कहा जाता है। इस वाक्य को कहते समय नाटक का पात्र अभिनेता के रूप में दर्शकों को सम्बोधित करता है, अतएव इसे भरतवाक्य कहा गया।

नाट्यशास्त्रीय ग्रन्थों में भरतवाक्य का पारिभाषिक अर्थ में निरूपण प्रायः नहीं होता। सन्ध्यङ्गों के विवेचन में निर्वहण सन्धि के अन्तिम अङ्गों-प्रशस्ति तथा काव्यसंहार के अन्तर्गत इसका समावेश माना जा सकता है।

टीकाकारों में राघवभट्ट ने अभिज्ञानशाकुन्तल की अपनी टीका अर्थद्योतिनिका ने भरतवाक्य का लक्षण बताते हुए कहा है—

भरतवाक्यं नटवाक्यम्। नाटकाभिनयसमाप्तौ सामाजिकेभ्यो नटेनाशीर्दीयत इत्यर्थः।

(अभिज्ञानशाकुन्तल, लक्ष्मीवेंकटेश्वर प्रेस, बम्बई, पृ० ४४६)।

(अर्थात् भरतवाक्य नट का वाक्य है। नाटक का अभिनय समाप्त होते ही इसके द्वारा नट सामाजिकों का आशीर्वाद देता है।) इसके आगे राघवभट्ट कहते हैं कि इसकी संज्ञा नटवाक्य इसलिये नहीं की गई, क्योंकि प्रस्तावना के पश्चात् (नाट्याभिनय में) नट अपनी ओर से सीधे

दर्शकों से कुछ नहीं कहता। सम्भवतः राघवभट्ट का आशय यह प्रतीत होता है कि नट का वाक्य होते हुए भी लाक्षणिक रूप से भरतमुनि के नाम पर इसकी भरतवाक्य यह संज्ञा की गई। आधुनिक विद्वानों ने एम. आर. काले. भी, भरतमुनि के नाम पर भरतवाक्य संज्ञा रूढ हुई— यह मानते हैं— अभिज्ञानशाकुन्तल, सं. एम. आर. काले, अष्टम सं., १९५७, पृ० २००)।

भरतवाक्य के द्वारा नाटयप्रस्तुति नाटक के देशकाल से सामाजिक के देशकाल में परावर्तित होती है। इसका प्रयोग संस्कृत रूपकों में एक विशिष्ट तकनीक के साथ किया जाता है। इसमें रूपक का एक प्रमुख पात्र प्रायः नायक या अन्य प्रमुख पात्र से पूछता है कि अब और मैं तुम्हारा क्या प्रिय करूँ। तब नायक या प्रमुख पात्र कहता है कि इतना सब तो मिल गया और इससे अधिक प्रिय क्या होगा, फिर इतना और हो।- इसके ठीक बाद वह पात्र भरतवाक्य कहता है, जो एक पूरा पद्य होता है। भरतवाक्य संस्कृत नाटक में गद्य में कभी नहीं रहता, तथा कहीं कहीं एक पद्य के स्थान पर दो पद्यों में भी भरतवाक्य पूरा किया गया है, जैसे क्षेमीश्वर के नाटक चण्डकौशिक का भरतवाक्य।

भरतवाक्य के ठीक पहले जो संवाद रहते हैं, उनमें तो अभिनेता दर्शकों के आगे नाटक के चरित्र के रूप में ही रहते हैं, पर तथापीदमस्तु (फिर भी इतना और हो)- इस कथन के साथ ही भरतवाक्य आरम्भ होते ही वे नाटक के चरित्रों का बाना उतारते हुए अभिनेताओं के रूप में प्रस्तुत होने लगते हैं।

संस्कृत नाटकों में जो भरतवाक्य मिलते हैं, वे प्रायः नाटककार के द्वारा ही रचे हुए प्रतीत होते हैं। यदि नाटककार किसी राजा का आश्रित या समकालीन है, तो उनमें उस राजा के द्वारा पृथ्वी का अच्छी तरह पालन करने की कामना की गयी है (जैसे मुद्राराक्षस के भरतवाक्य में) कहीं ऐसी मंगलकामना भी नाटककार ने व्यक्त की है, जो सार्वजनीन, सार्वकालिक तथा सार्वदेशिक हो (जैसे भवभूति के रूपकों के भरतवाक्य में।), तो कहीं इस कामना के साथ उसने अपनी नितान्त निजी अभीप्सा को भी व्यक्त किया है (जैसे अभिज्ञानशाकुन्तल के भरतवाक्य में)।

भास के स्वप्नवासवदत्तम् की उपलब्ध प्रति में भरतवाक्य यौगन्धरायण करता है तथा 'किं ते भूयः प्रियं करोमि' आदि संवाद नहीं है। प्रतिज्ञायौगन्धरायण में यौगन्धरायण 'किमतः परमिच्छामि' (इससे अधिक और क्या चाहूंगा?) कह कर भरतवाक्य कहता है। अविमारक में नारद 'किं ते भूयः प्रियमुपहरामि' का प्रश्न करते हैं, और उसके बाद कुंतिभोज और सौवीरराज के संवाद हैं, फिर भरतवाक्य है, जिसमें शत्रुओं का विनाश कर के राजा के द्वारा सारी धरती पर शासन करने की कामना है। पञ्चरात्र, ऊरुभङ्ग तथा अभिषेक में भी भरतवाक्य इसी प्रकार का है। केवल प्रतिमा नाटक का भरतवाक्य विशिष्ट है। इसमें भी भरतवाक्य के पहले के 'किं ते भूयः' आदि संवाद नहीं है, और भरतवाक्य कौन कहेगा— इसका भी निर्देश

नहीं है। भरतवाक्य लक्षण के 'अद्यैव पश्यन्तु च नागरास्त्वां चन्द्रं सनक्षत्रामिवोदयस्थम्''— इस कथन के पश्चात् आया है, अतः यह अनुमान किया जा सकता है कि भरतवाक्य लक्ष्मण का अभिनय करने वाला नट कहेगा। प्रतिमा का भरतवाक्य यह है—

यथा रामश्च जानक्या बन्धुभिश्च समागतः।
तथा लक्ष्म्या समायुक्तो राजा भूमिं प्रशास्तु नः।।

(प्रतिमा ७.१५)।

वस्तुतः भास के नाम से प्रचलित रूपकों में भरतवाक्य के पूर्वार्ध में कहीं कहीं भेद है, उत्तरार्ध 'इमामपि महीं कृत्स्नां राजसिंहः प्रशास्तु नः' ही प्रायः मिलता है।

प्रतिज्ञायौगन्धरायण में इसका पूर्वार्ध 'भवन्त्वरजसो गावः परचक्रं प्रशाम्यतु' है तो पञ्चरात्र में 'हन्त सर्वे प्रसन्नाः स्मः प्रवृद्धकुलसंग्रहाः' और स्वप्नवासवदत्तम् में 'इमां सागरपर्यन्तां हिमवद्विन्ध्यकुण्डलाम्' है। दूतवाक्य में यही भरतवाक्य दोहराया गया है, तथा अविमारक में भी। ऊरुभङ्ग का भरत वाक्य सबसे अलग है। इसमें एक ही पद्य के प्रथम दो चरण धृतराष्ट्र के मुख से, तृतीयचरण अश्वत्थामा के द्वारा तथा चतुर्थचरण बलराम के मुख से कहलाया गया है, और बलराम के कथन (गां पातु नो नरपतिः शमितारिपक्षः) में भी भरतवाक्य की स्थिति मानी जा सकती है। कर्णभार के भरतवाक्य में शब्दावली का ही भेद है—

सर्वत्र सम्पदः सन्तु नश्यन्तु विपदः सदा।
राजा गुणोपेतो भूमिमेकः प्रशास्तु नः।।

बालचरित का भरतवाक्य स्वप्नवासवदत्तम् के समान है। मध्यमव्यायोग के भरतवाक्य में विष्णु का स्तवन मात्र है, जो भरत वाक्य की प्रचलित अवधारणा से मेल नहीं खाता, यही स्थिति दूतघटोत्कच के भरतवाक्य की है जिसमें दुर्योधन के लिये सन्देश है।

कालिदास के मालविकाग्निमित्रम् में नायक अग्निमित्र स्वयं भरतवाक्य कहता है और अपना उल्लेख तृतीयपुरुष में करता हुआ प्रजाओं के ईतिविगम की आशंसा करता है। विक्रमोर्वशीयम् में दो भरतवाक्य है शाकुन्तल में मारीच ऋषि के प्रश्न पर दुष्यन्त भरतवाक्य कहता है, जो कवि की अपनी कामना का प्रतिफलन प्रतीत होता है। यही स्थिति मृच्छकटिक के भरतवाक्य की है।

केरल के पारंपरिक रंगमंच (कूटियाट्टम्) पर संस्कृत नाटक

केरल के मंदिरों में प्रायः एक सहस्र वर्ष से संस्कृत नाटक होते आये हैं। इन मंदिरों में नाटक की प्रस्तुति के लिये विशेष नाट्यशाला बनाई जाती है, जिसे कूत्तम्पलम् कहा जाता है। केरल में ऐसे प्राचीन १९ कूत्तम्पलम् का पता चला है। नाटक में अभिनय करने वाले मंदिर के सेवकों को चाक्यार तथा नाम्प्यार कहा जाता है। नाम्पायर मुख्य रूप से अवनद्ध वाद्य मिळावु बजाता है।

रामकथाविषयक तीन नाटक - आश्चर्यचूडामणि, प्रतिमा तथा अभिषेक – कूडियाट्टम् के रंगमंच पर बहुत लोकप्रिय रहे हैं। इन तीनों को मिला कर प्रस्तुत करने में एक पूरा वर्ष लग जाता है। कूटियाट्टम् में सूत्रधार तथा विदूषक की भूमिका बहुत महत्त्वपूर्ण है। ये दोनों कई कई दिनों तक अकेले ही दर्शकों के समक्ष अपने आशुव्याख्यान द्वारा रंगमंच सँभाले रहते हैं। मत्तविलास तथा भगवदज्जुकम् इन दोनों प्रहसनों की प्रस्तुति में सूत्रधार का दर्शकों के प्रति संबोधन एक सप्ताह तक चल सकता है। प्रतिज्ञायौगंधरायण का मंत्रांक ४१ दिनों में समाप्त होता है।

संस्कृत नाटक तथा लोकनाट्य परम्पराएँ

संस्कृत रंगमंच की प्रासंगिकता का एक अन्य आयाम हमारे समय में महान् और उदात्त रंगमंच के समानांतर उसकी अवांतर या समवर्ती परंपरा के पुनराविष्कार के द्वारा खुला है। उदात्त मूल्यबोध से प्रेरित महान् नाटकों की परंपरा से हट कर तथा शृङ्गार और विलासिता के राग-रंग में डूबे रूपकों से भी भिन्न संस्कृत रंगकर्म की एक परंपरा शताब्दियों तक विरूपीकरण, व्यंग्यकरण अर्थात् विकृति के निरूपण को आधार बनाकर सक्रिय रही।

व्यंग्य शब्द का प्रयोग उत्त्रास (सेटायर satire) के अर्थ में इसी परंपरा में हुआ है। (बाद में काव्यशास्त्र में ध्वनिवादियों ने इस शब्द को व्यंजनावृत्ति से जाने गये अभिप्राय में ही सीमित कर दिया)। भरतमुनि के नाट्यशास्त्र के अंतिम अध्याय में नाट्य के भूलोक में अवतरण की कथा आती है। भरत के सौ पुत्र या शिष्य थे। ये हिमालय के क्षेत्र में भरत मुनि के निर्देश से अपने नाटक दिखाया करते थे। धीरे-धीरे देवताओं और असुरों के युद्ध आदि के महान् कथानकों पर आधारित नाटकों के स्थान पर ये शिष्य गण नये प्रयोग करने लगे। वे नाट्य के रूप में ऐसे प्रहसन दिखाने लगे, जिनसे सारे लोगों को अड़चन महसूस होती थी। इन प्रयोगों को ग्राम्यधर्म वाले या गँवारू शिल्पक कहा गया है। शिल्पक को बाद के नाट्यशास्त्र के आचार्यो ने उपरूपकों के अंतर्गत परिभाषित किया है। अस्तु, भरत मुनि कहते हैं कि ग्राम्यधर्म वाले इन शिल्पकों में हिमालय पर रहने वाले ऋषियों पर व्यंग्य रहता था। यह प्रयोग अश्राव्य (जिसे सुनना बुरा लगे), दुराचार, निष्ठुर और अप्रस्तुत (अप्रत्यक्ष रूप से सामने बैठे दर्शकों पर ही प्रहार करने वाला) था। अभिनवगुप्त ने यहाँ अपनी टीका में इस प्रकार के शिल्पक के प्रयोग को विडंबक (विडंबना को बताने वाला) तथा गंडसंश्रित (अन्यापदेश के द्वारा खिल्ली उड़ाने वाला) भी कहा है। ऐसे शिल्पक की प्रस्तुति में अपने जीवन और आचरण का विकृत रूप देखकर ऋषि गण बिगड़ उठे और उन्होंने कहा- 'हे द्विजो, क्या तुम लोगों के लिए हमारी इस तरह विडंबना दिखाना और परिहास करना उचित था? यह तो हमें स्वीकार नहीं है।' उन्होंने भरत के शिष्यों को शाप दे दिया कि तुम लोगों का ज्ञान नष्ट हो जायेगा, तुम लोग व्रत और होम से रहित होकर शूद्राचार हो जाओगे। तुम लोगों का वंश अपवित्र होगा और तुम्हारे वंशज भी नर्तक बनेगें। तब भरतमुनि के पुत्र भरत के पास जा कर बोले कि आप ने

तो हमारा नाश कर दिया। इस नाट्य के दोष से हम लोग शूद्राचार हो गये। तब भरत मुनि ने उन्हें सान्त्वना देते हुए कहा- 'हे निष्पाप पुत्रों, तुम लोग क्रोध मत करो। हम इस नाट्य को शिष्यों तथा अन्य लोगों को सिखाते रहेंगे।'

नाट्यशास्त्र की यह कथा वस्तुत: लोकनाट्यों की परंपरा का संकेत देती है। रूपकों के समकक्ष उपरूपकों की परंपरा है। शिल्पक एक उपरूपक है। भरतमुनि शिल्पक की परंपरा से परिचित थे। हालाँकि शिल्पक का कहीं भी निरूपण उन्होंने नहीं किया। केवल रूपकविचार के अंतर्गत ही नाटिका का लक्षण उन्होंने कर दिया तथा शेष उपरूपकों का विवेचन कोहल जैसे अन्य आचार्य करेंगे-यह भी संकेत दिया। कोहल रूपकों की परंपरा के प्रवक्ता आचार्य हैं, भरतमुनि रूपकों की परंपरा के। रूपकों की परंपरा अभिजन के रंगमंच की परंपरा है।

उपरूपकों के नाट्यानुभव का धरातल रूपकों से अलग तरह का है। शिल्पक नामक जो ग्राम्यधर्मक व्यंग्यकरण तथा विडंबक उपरूपक नाट्यशास्त्र में इस प्रसंग में चर्चित है, उसमें अनुकृति नहीं विकृति प्रस्तुत की गयी थी। अनुकृति का जो आशय भरत मुनि तथा अभिनवगुप्त के विवेचन में खुलता है, उसमें प्रेक्षक अनुकर्ता के माध्यम से अनुकार्य का साक्षात्कार करता है। यह साक्षात्कार उसे तन्मयीभवन की स्थिति में ले जाता है। जब विकृति प्रस्तुत की जा रही हो, तो तन्मयीभवन कैसे होगा? विकृति का प्रस्तुतीकरण तो उसके प्रति निर्वेद या जुगुप्सा का अनुभव ही जगायेगा।

रूपकों की परंपरा के समांतर उपरूपकों की परंपरा भी निरंतर हमारे रंगमंच पर सक्रिय रही। यह तन्मयीभवन देने वाली परंपरा नहीं थी, आनंद या रस में सराबोर करने वाली नाट्यानुभूति उसका साध्य नहीं था। फिर भी उसमें विकास की संभावनाएँ अधिक थीं। रूपकों की संख्या दस तक ही सीमित कर दी गयी-अर्थात् उनमें संरचना और विषयवस्तु के स्तर पर विकास और नये की संभावना कम थी। जबकि उपरूपकों की संख्या बराबर बढ़ती रही। आचार्य अभिनवगुप्त से लगा कर उन्नीसवीं शताब्दी तक के नाट्यशास्त्रविषयक ग्रंथों या टीकाओं से विवरण इकट्ठे करने पर कुल मिलाकर उपरूपकों की संख्या पचास तक पहुँचती है। इन उपरूपकों का अभिनय गलियों-चौराहों, बाजारों, गाँव-देहात में या मदिरालयों तक में हो सकता था और उनमें से कुछ के पात्र भी मध्यवर्ग या निम्नवर्ग के लोग होते थे। उपरूपकों की परंपरा देशज का निरूपण करती है। इसमें नाट्यानुभव तन्मयीभवन की बजाय एक तनाव और द्वंद्व पर जा कर टिकता है। अभिनवगुप्त, हेमचंद्र, रामचंद्र-गुणचंद्र, अमृतानंद, शारदातनय, विश्वनाथ आदि अनेक आचार्यों ने कोहल के लक्षणों के आधार पर उपरूपकों का प्रतिपादन किया। अनेक आचार्यों ने क्षेत्रीय और आंचलिक नाट्य रूपों का संग्रह और शास्त्रीकरण भी उपरूपकों के माध्यम से किया।

लोकप्रचलित अभिनय प्रविधियों या क्षेत्रीय नाट्यरूपों की तकनीक का स्वरूप उपरूपकों के विवेचन में विशेष रूप से दिखायी देता है। उपरूपकों की यह परंपरा परिष्कार के रंगमंच

को भी अंत:क्रिया के द्वारा प्रभावित करती आ रही है। भरत मुनि मूलतः अभिजन के परिष्कृत रंगमंच के सिद्धांतकार हैं, पर वे अपने समय में प्रचलित या पहले से चली आ रही रंगमंच की लोक से जुड़ी विधाओं और प्रविधियों का कहीं कहीं संग्रह करते हैं। उदाहरण के लिये नाशा० में नाट्यायित के दो प्रकार बताये गये हैं। पहला नाट्ययायित वहाँ होता है, जहाँ मुख्य पात्र के प्रवेश के पहले गौण पात्रों के द्वारा उसका अभिनय किया जाये। दूसरा नाट्यायित वहाँ होता है, जहाँ कोई पात्र अपने बारे में गाये जाते हुए गीत के साथ अभिनय करने लगे, और उस गीत में सम्मिलित हो जाये (नाशा० २२/४८, ४९)। इस दूसरे नाट्यायित में पात्र पात्र न रह कर अभिनेता बन जाता है। वह दर्शकों के आगे उस पात्र के आचरण व परिस्थितियों की व्याख्या करने लगता है। लोकनाट्य में ऐसी स्थितियाँ प्राय: आती हैं, जब कोई पात्र अपने विषय में गाये जाते समूहगीत में स्वयं भी शामिल हो जाता है। भवाई, माच, नाचा, तमाशा आदि लोकनाट्यप्रकारों में इस तरह की शैली अपनायी जाती रही है। नाट्यशास्त्र ने इस शैली को नाट्ययित यह पारिभाषिक नाम दिया है। यह सीधे-सीधे लोकनाट्य की शैली का ही यहाँ संग्रहण है।

इसी प्रकार भूमिका के विवेचन में भरतमुनि तीन प्रकार की भूमिका निरूपित करते हैं- अनुरूपा, विरूपा तथा रूपानुसारिणी। विरूपा भूमिका लोकनाट्यों में ही बहुत अधिक प्रयुक्त होती है, शास्त्रीयता की दृष्टि से तो अनुरूपा भूमिका ही अपनायी जानी चाहिये। योषिदलंकारों के अंतर्गत स्वभावज अलंकारों में लीला का निरूपण है। यही लीला आगे चलकर एक बड़ी लोकनाट्य परंपरा का आधार बनती है। भरतमुनि के निरूपण में लीला वस्तुतः नाटक के भीतर नाटक हैं अभिनवगुप्त, शारदातनय और सागरनंदी की लीला की व्याख्याओं से स्पष्ट है कि इसमें नायिका सखियों के आगे अपने प्रिय की अनुकृति कर के दिखाती है।

भरत मुनि ने प्रयोग तीन प्रकार का बताया है-आभ्यंतर प्रयोग, बाह्य प्रयोग और अपप्रयोग। बाह्य प्रयोग शास्त्र सम्मत विधि से नहीं होता। यह लोकप्रचलित विधि से हो सकता है।

भरत मुनि के पश्चात् नाट्यशास्त्र के आचार्यों ने दो परंपराएँ बतायी हैं- मार्गी तथा देशी। मार्गी अभिजात परंपरा है। देशी क्षेत्रीय तथा आंचलिक रूप है। नाट्य और संगीत के ग्रंथों में रूपक-उपरूपक, नृत्य-नृत्त, राग-देशी राग आदि के विवेचन के द्वारा मार्गी और देशी परंपराओं का विवेचन किया जाता रहा है। यही नहीं अभिनय की नाट्यशास्त्रोक्त प्रविधियों के भी विविध क्षेत्रीय और लोकपरंपरा में प्रचलित स्वरूप का विवेचन बाद के आचार्य बराबर करते आये है। शांर्गदेव ने संगीतरत्नाकर, जायसेनापति ने नृत्तरत्नावली, अशोकमल्ल ने नृत्याध्याय, नन्दिकेश्वर ने अभिनयदर्पण, सुधाकलश ने संगीतोपनिषत्सारोद्धार में देशी अंगहार, देशी करण, देशी चारी, देशी नृत्त, देशी वाद्य, देशी प्रबंध, देशी नाट्य आदि का विवेचन किया है।

नाट्य की देशी या लोकरंग की परंपरा के लिये बाद में उपरूपक जैसी संज्ञा का प्रयोग परवर्ती काल में हुआ। उपरूपकों के विवेचन के लिये आचार्य कोहल के लक्षणों को अभिनवगुप्त, शारदातनय, हेमचंद्र, रामचंद्र-गुणचंद्र आदि आचार्यों ने उद्धृत किया है। शास्त्रों में इन उपरूपकों के लक्षणों का अध्ययन करने पर प्रतीत होता है कि इनके दो रूप रहे हैं। अपने मूल रूप में ये लोकनृत्य के रूप में रहे होंगे। इनके लिये पुराना प्रचलित नाम नृत्तप्रबंध भी है। रूपकों की अपेक्षा, इनमें ताल, लय और गेय की अधिक प्रधानता रहती थी। रासक, हल्लीसक, श्रीगदित आदि नृत्तप्रबंधों के जो लक्षण शास्त्रकारों ने दिये हैं, उनमें दो वैकल्पिक स्तर हैं। एक स्तर पर ये नृत्तप्रबंध लोकनृत्त्यात्मक हैं, दूसरे विकसित स्तर पर रूपक प्रकारों की अंत:क्रिया के फलस्वरूप उनमें कथानक या प्रसंग का समावेश तथा अभिनय और रस का संयोजन भी करके उन्हें विस्तृत आयाम दिया गया है। रासक ऐसे नृत्तप्रबंधों में सर्वप्रमुख है। अभिनवगुप्त, हेमचंद्र, विश्वनाथ आदि आचार्यों ने जहाँ रासक का उल्लेख तथा लक्षण नृत्तप्रबंध के रूप में किया है, वहाँ जायसेनापति इसे देशी नृत्त के रूप में परिभाषित करते हैं। नृत्तसंग्रह में भी रासक का समावेश अनिबद्ध देशी नृत्त के अंतर्गत किया गया है। रासक का ही एक प्रकार दंडरासक (दाँडिया रास) है। कुछ आचार्यों ने इसे स्वतंत्र उपरूपक के रूप में भी वर्णित किया है। नृत्तसंग्रह तथा नृत्तरत्नावली में दंडरासक को रासक के एक प्रकार के रूप में देशी नृत्त के अंतर्गत विस्तार से विवेचित किया गया है। नंदिकेश्वर ने दंडरासक के स्थान पर दंडलास्यक शब्द का प्रयोग किया है।

देशी का सुस्पष्ट लक्षण शारदातनय ने भाव प्रकाश में यह दिया है-अलग अलग देशों के गीत, नृत्य, वाद्य की अपनी अपनी परंपरा जो उसी देश की भाषा के साथ प्रयोजित हो देशी या देशिक कहलाती है। इस प्रकार मार्गी कला की शास्त्रीय परंपरा है, देशी क्षेत्रीय और लोक परंपरा। सभी कलाओं में देशी और मार्गी में परस्पर अंत:संक्रमण, अंत:संवाद और एक दूसरे की सीमाओं का अतिक्रमण होता रहा है।

नृत्य के क्षेत्र में मार्गी और देशी परंपराओं को क्रमश: नृत्य और नृत्त के नाम से अभिहित किया गया है। धनंजय के अनुसार नृत्य पदार्थाभिनयात्मक होता है अर्थात् इसमें भाव का अभिनय होता है। इसी को मार्ग कहा जाता है। नृत्त में भावाभिनय नहीं रहता, ताल और लय की प्रमुखता रहती है। नाटक के अभिनय में नृत्य और नृत्त दोनों का विन्यास यथावसर करना होता है, अत: नाट्यशास्त्र की परंपरा नृत्य और नृत्त के शास्त्रीय स्वरूप का भी विवेचन करती आयी है और इनके देशी नृत्त के प्रकारों में सर्वाधिक चर्चित नृत्य कुंडली नृत्त है। यह दक्षिण में दसवीं-ग्यारहवीं शताब्दियों के आसपास विशेष प्रचलन में आया- ऐसा प्राप्त उल्लेखों से प्रमाणित होता है। रामकृष्ण कवि के द्वारा उद्धृत कुंडलीमणिदर्पण नाम ग्रंथ में कुंडली को चार प्रकार के लास्यों में सर्वश्रेष्ठ बताया गया है।

कुंडली वृत्ताकार समूह नृत्त है। दक्षिण में उच्चारण भेद के कारण इसका नाम गुंडली या

गोंडली नृत्त भी चल पड़ा। जायसेनापति ने गोंडली नृत्त के उद्भव पर प्रकाश डालते हुए कहा है कि राजा सोमेश्वर ने कल्याणकटक में किसी नर्तकी को भिल्ली या भीलनी का वेष धारण करके एक विशेष नृत्त करते हुए देखा उससे प्रभावित होकर उन्होंने चित्रगोंडली नामक नृत्त की सृष्टि की। महाराष्ट्र में भीलनी को गोंडली कहा जाता है, अत: इसका नाम गोंडली नृत्त पड़ा। मूलत: कुंडली नृत्त को सोमे. भीलों या गोंडो का नृत्त बताते हैं, पर वे यह भी कहते हैं कि गोंडली नृत्त का मूल नाम कुंडली नृत्त है और इसकी प्रवर्तिका पार्वती देवी हैं। दूसरी ओर शारदातनय गोंडली नृत्त को लास्य का ही देशी प्रकार मानते हैं। शारदातनय और विप्रदास दोनों ने गोंडली नृत्त को एक देशी नृत्त के रूप में परिभाषित किया है, जिसमें देशी ताल, देशी वाद्य और देशी गीत प्रयुक्त होते हैं। कुल मिलाकर गोंडली आदिम जनजातियों का नृत्त है, जिसे शास्त्रकार मानक स्वरूप प्रदान करने का प्रयास कर रहा है।

कुंडली नृत्त के ही समान, प्रेरण या पेरणी, प्रेक्षण पेंखणी जैसे नृत्तों के विवेचन में भी यही बात है। डोम्बी जो उपरूपकों में परिगणित है, मूलत: डोम जाति का नृत्य है। अभिनवगुप्त ने डोम्बी या डोम स्त्री के नृत्य का विशद वर्णन अभिनवभारती (चतुर्थ अध्याय) में किया है। बौद्ध चर्यागीति में डोम्बी का उल्लेख है।

दांडिया रास का विवेचन दंडरासक के रूप में बहुत विस्तार से किया गया है। कलशलास्य का विवेचन केवल भरतार्णव में ही मिलता है। नृत्तसंग्रह तथा नाट्यमनोरमा जैसे ग्रंथों में जक्कड़ी नृत्त का भी विवेचन मिलता है। जक्कडी पारसीक नृत्त कहा गया है। इसके साथ यावनी भाषा के गीत गाये जाते हैं।

इन्हीं सब लोकनृत्यों के साथ क्षेत्रीय नाट्य रूपों के समावेश में नाट्य की एक समृद्ध परंपरा भारतीय सभ्यता के आदि काल से विकसित होती आ रही थी, और यही भारतीय नाट्य की मुख्य धारा के लिये भी गंगोत्री थी। भले ही उपरूपकों के निरूपण के द्वारा शास्त्र में इसे एक बहुत गौण और अवांतर परंपरा के रूप में स्वीकृति बाद में क्यों न मिली हो।

उपरूपक

'उपरूपक' इस संज्ञा का प्रयोग सबसे पहले अमृतानंद योगी ने अपने अलंकारसंग्रह में किया। अमृतानंद का समय तेरहवीं चौदहवीं शताब्दी के आसपास है। इनके बाद साहित्यदर्पणकार विश्वनाथ ने भी उपरूपक संज्ञा का प्रयोग किया। इस तरह उपरूपक अपने परिभाषिक अर्थ में आचार्य परंपरा में बहुत बाद में जा कर प्रतिष्ठित हुआ। पर उसकी परंपरा बहुत पुरानी है। यही नाटक की दूसरी परंपरा भी है। भरत, दत्तिल और सागरनंदी ने रूपक से भिन्न अन्य अवांतर नाट्यप्रकारों को संकीर्ण रूपक कहा है, शुभंकर आदि ने इन्हीं को गौण रूपक कहा है, तो रामचंद्र-गुणचंद्र ने इन्हें अन्य रूपक की श्रेणी में रखा है और कोहल इन्हें देशी रूपक कहते हैं।

माकड़ और राघवन् आदि विद्वानों की राय है कि उपरूपकों की परंपरा रूपकों से अधिक प्राचीन है। यह मत भरत और अभिनवगुप्त आदि नाट्यशास्त्रीय परंपरा के आचार्यों की दृष्टि से विपरीत बैठता है, जो रूपक को मूल मानते हैं और रूपक की दस विधाओं में भी नाटक को सबसे मूल मान कर उससे शेष विधाओं की उत्पत्ति मानते हैं। यह एक केंद्र से सब कुछ नि:सृत होने और सब कुछ को उसी में विश्रान्त मानने वाली दृष्टि है। पर ऐतिहासिक साक्ष्य से यही सिद्ध होता है कि जनजातियों और आम लोगों के बीच नृत्य और नाट्य बहुत पहले विकसित हो चुका था। वैदिक काल में उसी को अनुष्ठान का अंग बनाया गया। पर अनुष्ठानों से स्वतंत्र होकर भी नाट्य की एक भिन्न परंपरा बनी रही होगी। छान्दोग्य उपनिषद् में बताया गया है कि वासुदेव कृष्ण ने घोर अंगीरस के तपोवन में छालिक्य नृत्य की शिक्षा पायी थी। यही छालिक्य आगे जा कर उपरूपकों में परिगणित हुआ है। मालविका ने कालिदास के नाटक में अग्निमित्र के आगे छालिक्य कर के दिखाया था।

संस्कृत नाटकों में देश-काल

रंगमंच पर देश - विचार कक्ष्या विभाग के अनुसार होता है। कक्ष्याओं के अनुसार रंगपीठ पर निम्नलिखित देश परिकल्पित किये जाते हैं— बाह्य, मध्यम, आभ्यन्तर, दूर तथा सन्निकृष्ट (पास का) नाशा० में देश का अर्थ ऐसा भूभाग है, जिसके निवासियों की भाषा, देश और आचार की दृष्टि से अपनी पहचान हो। जम्बूद्वीप कई वर्षों तथा देशों में बँटा हुआ है (१३/३३)। कक्ष्याविभाग में अभिनेता इन वर्षों या देशों में रङ्गपीठ पर परिक्रमा करके प्रदर्शित करता है। भारतवर्ष का विभाजन इस दृष्टि से इस प्रकार है— हिमालय के ऊपर कैलास पर यक्ष, गुह्यक तथा धनद (कुवेर) के अनुचर रहते हैं। राक्षस, पिशाच और भूत भी हिमालय पर ही रहते हैं। गन्धर्व तथा अप्सरायें हैमकूट पर रहते हैं। शेष, वासुकि तक्षक आदि सभी नाग निषध देश में रहते हैं। तैंतीस देवगण महामेरु पर रहते हैं। वैडूर्य (मणि) से भरे नील पर्वत पर सिद्ध तथा ब्रह्मर्षि रहते हैं। दैत्य और दानव श्वेत पर्वत पर रहते हैं। पितर शृङ्गवान् पर्वत पर रहते हैं।

इस पृथिवी पर अनेक देश हैं (१३/३७) जिन्हें नाट्य की चार वृत्तियों के अनुसार चार वर्गों में बाँटा गया है। वृत्तियों का अभिज्ञान प्रवृत्तियों से होता है, तदनुसार चार वृत्तियों की आवन्ती, दाक्षिणात्या, पाञ्चाली तथा औड्रमागधी ये चार प्रवृत्तियाँ हैं। इस पृथिवी पर विभिन्न देश, वेष, भाषा, आचार तथा वार्ता को जो प्रख्यापित करे, वह वृत्ति है, तथा इस वृत्ति को जो सूचित करे, वह प्रवृत्ति है। यह लोक नाना देश, वेष, भाषा और आचार वाला है इसलिये लोक के अनुसार वृत्तियों की कल्पना करके उनके आधार पर नाट्य होता है और इस नाट्य की चार प्रकार की वृत्ति कही गयी है— भारती, सात्त्वती, आरभटी तथा कैशिकी। वृत्तिसंश्रित प्रयोगों के द्वारा देशों का अभिधान किया जाता है, इन्हीं से चार प्रवृत्तियां निकली हुई मान कर नाट्यप्रयोग किया जाता है।

भरतमुनि ने दाक्षिणात्या का सम्बन्ध कैशिकी वृत्ति से, मागधी का भारती से तथा आवन्ती का भारती और कैशिकी से तथा पाञ्चाल मध्यमा का सात्त्वती और आरभटी से माना है। तदनुसार रसों की दृष्टि से दाक्षिणात्या का शृङ्गार से, पाञ्चालमध्यमा का वीर और रौद्र से, आवन्ती का वीर और शृङ्गार से तथा औढ्रमागधी का करुण, बीभत्स आदि से सम्बन्ध माना जा सकता है।

दाक्षिणात्य (देशों के लोग) नृत्त, गीत तथा वादन में अधिक रुचि रखने वाले, कैशिकी वृत्ति की प्रचुरता वाले तथा चतुर, मधुर, ललित आङ्गिक अभिनय करने वाले होते हैं। महेन्द्र, मलय, सह्य, मेकल तथा पालमञ्जर इन पर्वतों के आसपास जो देश स्थित हैं, उन्हें मिलाकर दक्षिणापथ कहा जाता है। इनमें कौसल, तोशल, कलिङ्ग, यवन, खस, द्रविड, आन्ध्र, महाराष्ट्र, वैष्णव तथा वनवासज— ये लोग दक्षिणापथ में रहते हैं। दक्षिण समुद्र तथा विन्ध्य के बीच देशों के चित्रण के लिये दाक्षिणात्य प्रवृत्ति उपादेय है।

आवन्तिकी प्रवृत्ति के अन्तर्गत ये देश आते हैं— आवन्तिक, वैदिशिक, सौराष्ट्र, मालव, सैन्धव, सौवीर, आवर्त, आर्बुदेयक, दाशार्ण, त्रोपूर तथा मार्तिकावत्। इनकी वृत्ति सात्त्वती तथा कैशिकी है।

औढ्रमागधी प्रवृत्ति के अन्तर्गत ये देश आते हैं।— अङ्ग, बङ्ग, कलिङ्ग, वत्स, औड्रमागध, पौण्ड्र, नेपाल, अन्तर्गिरि, बहिर्गिरि, प्लवङ्गम, मलव, मल्लवर्तक, ब्रह्मोत्तर, भार्गव, मार्गव, प्राग्ज्योतिष (आसाम), पुलिन्द, वैदेह, ताम्रलिप्ति के वासी, अङ्ग के पूर्व के निवासी, प्रावृति के वासी। पाञ्चाल, सौरसेन (मथुरा के आसपास के प्रान्त के लोग), काश्मीर, हस्तिनापुर के लोग, बाह्लीक, शल्यक, मद्रक, औशीनर, हिमालय के आसपास के लोग, गङ्गा के उत्तर के जनपदों के वासी— ये पाञ्चालमध्यमा (पाञ्चाली) प्रवृत्ति का उपयोग करते हैं। इनकी वृत्ति सात्वत्ती तथा आरभटी है। इनकी प्रवृत्ति तथा वृत्तियों वाला प्रयोग अल्प गीत वाला तथा आविद्ध गति वाला होता है।

जिस देश की जो प्रवृत्ति है, उसी प्रवृत्ति से जुड़ी वृत्तियों वाले प्रयोग उस देश में करने चाहिये।

राजशेखर की दृष्टि से रीति, वृत्ति तथा प्रवृत्तियाँ परस्पर सम्बद्ध हैं। इनका तुलनात्मक दृष्टि से विवेचन उन्होंने इस प्रकार किया है—

तत्र वेषविन्याक्रमः प्रवृत्तिः, विलासविन्यासक्रमो वृत्तिः, वचनविन्यासक्रमो रीतिः। (काव्यमीमांसा, पटना सं., पृ० २१)।

देशी

देश में होने वाला या देश से सम्बद्ध देशी है। व्याकरण की दृष्टि से इस अर्थ में दैश्य तथा दैशिक शब्द बनते हैं। देशी की व्युत्पत्ति विचारणीय है। 'देशी' के लिये 'दैशिक' शब्द भी कहीं-कहीं प्रयुक्त है।

नाट्यशास्त्रीय अथवा कलाचिन्तन की भारतीय परम्परा में देशी क्षेत्रीय रूपों, क्षेत्रीय परम्पराओं या किसी भी कलामाध्यम में आने वाले क्षेत्रीय परिवर्तनों को देशी कहा जाता है। मार्ग या मार्गी इसका विलोम है। इस दृष्टि से देशी अङ्गहार, देशी करण, देशी चालक, देशी चारी, देशी नृत्त, देशीनृत्य, देशी नाट्य, देशी सङ्गीत, देशी वाद्य, देशी प्रबन्ध आदि का विवेचन नाट्य तथा सङ्गीत के ग्रन्थों में किया जाता रहा है। सङ्गीत में देशी गीत तथा देशी ताल और नृत्य या नृत्त के क्षेत्र में देशी लास्य पर भी विचार इन ग्रन्थों में विस्तार से हुआ है।

शारदातनय ने देशी का लक्षण सङ्गीत की दृष्टि से दिया है (सङ्गीत शब्द यहाँ व्यापक अर्थ में प्रयुक्त है, जिसमें गीत, नृत्य, वाद्य आदि समाविष्ट हैं), जो इस प्रकार है—

तत् तद्देशेषु सङ्गीतं तत् तद्भाषाभिरन्वितम्।
देशीति देशिकमपि कथयन्ति मनीषिणः।।

(भाप्र० १०, पृ० ३९०)

अर्थात् अलग अलग देशों का सङ्गीत उसी देश की भाषा से युक्त हो, तो उसे देशी या देशिक कहा गया है।

शार्ङ्गदेव के अनुसार गीत, वाद्य तथा नृत्त— ये तीनों मिल कर सङ्गीत कहे जाते हैं। यह सङ्गीत दो प्रकार का है— मार्ग तथा देशी। विरञ्चि (ब्रह्मा) तथा भरत आदि के द्वारा मार्गित (अन्विष्ट होने से मार्ग कहा गया। अलग अलग देशों में लोगों का उनकी रुचि के अनुसार हृदयरञ्जन करने वाला गीत, वादन तथा नृत्त देशी है।

मोटे तौर पर कला की क्षेत्रीय तथा लोकधर्मी परम्पराएँ देशी और शास्त्रीय परम्पराएँ मार्गी हैं— यह कहा जा सकता है।

सुधाकलश ने इस दृष्टि से देशी का सुगम लक्षण करते हुए कहा है—

देशे देशे च यत् सिद्धं नृपाणामपि मन्दिरे।
गीतं वाद्यं च नृत्यं च देशीति प्रोच्यते बुधैः।।

(संसारो० १/८)

अलग-अलग देशों में प्रचलित तथा स्थापित गीत, वाद्य और नृत्य की परम्पराएँ, जिनका अभ्यास राजभवनों में भी होता हो, देशी हैं।

देशी और मार्गी में सुस्पष्ट विभाजक रेखाएँ किसी भी कला माध्यम की परम्परा में कभी भी नहीं खींची जा सकीं, न खींची जा सकती हैं। सभी कलाओं के देशी और मार्गी रूपों में परस्पर अन्तःसंक्रमण होता रहा है तथा पारस्परिक सीमाओं का अतिक्रमण भी। इसके साथ ही देशी और मार्गी में पारस्परिक अन्तःक्रिया के द्वारा कहीं पोष्यपोषकभाव सम्बन्ध बना रहा है, तो कहीं अंगांगीभाव। देशी परम्पराओं का परिष्कार कर उन्हें मार्गी के रूप में भी

व्यवस्थापित किया जाता रहा है तथा मार्गी के द्वारा नयी देशी परम्पराओं की उद्भावना भी होती रही है।

दशरूपक के अनुसार नाट्य में मार्ग और देश का सम्बन्ध नृत्य तथा नृत्त से है। नृत्य पदार्थाभिनयात्मक तथा मार्ग या मार्गी है, तो नृत्त अभिनयशून्य तथा अङ्गविक्षेपात्मक और देशी।

आधुनिक अर्थ में नृत्य से यहाँ आशय शास्त्रीय नृत्य प्रकारों से तथा नृत्त से अभिप्राय ताल-गति-प्रधान लोकनृत्यों से लिया जा सकता है। इन्हीं को देशी भी धनिक और धनञ्जय ने कहा है (दरू. १/९।

मार्गपरम्परा तथा देशी परम्परा के पौर्वापर्य का निर्णय करना कठिन है। अति प्राचीन काल से दोनों एक दूसरे में सम्मिश्र, सहावस्थित और परस्पर अन्त:क्रिया में विकसित होती हुई प्रतीत होती हैं। नाशा० की आचार्य परम्परा यह मानती आयी है कि ब्रह्मा और भरतमुनि के द्वारा मार्गी परम्परा का उद्भव पहले हुआ और इस मार्गी का अलग अलग देशों में प्रयोग होने पर क्षेत्रीय प्रभेदों के कारण देशी का विकास हुआ।

संस्कृत नाटकों में संवादयुक्तियाँ

नाट्यप्रयोग के प्रकरण में संवाद का अर्थ नाटक के चरित्रों का परस्पर वार्तालाप या किसी पात्र का कथन है। इसका विवेचन नाशा० में वाचिक अभिनय के अन्तर्गत किया गया है। संवाद के स्थान पर इस परम्परा में पाठ्य शब्द प्रयुक्त है, तथा पाठ्य के गुण, पाठ्यालङ्कार आदि का विवेचन उक्त प्रकरण में किया गया है। चित्राभिनय के प्रकरण में संवाद की विशेष युक्तियों का अभिनय में निर्वाह की दृष्टि से विवेचन किया गया है। ये युक्तियाँ हैं-आकाशभाषित, स्वगत या आत्मगत, अपवारित तथा जनान्तिक। इनका अभिनय बताते हुए भरतमुनि ने कहा है—

अव्यभिचारेण पठेदाकाशजनान्तिकात्मगतपाठ्यम्।
प्रत्यक्षपरोक्षकृतानात्मसमुत्थान् परकृतांश्च।।
हस्तमन्तरितं कृत्वा त्रिपताकं प्रयोक्तृभिः।
जनान्तिकं प्रयोक्तव्यमपवारितकं तथा।।

(नाशा० २५.९३-९५)

(अभिनेता को चाहिए कि वह आकाशभाषित, जनान्तिक तथा आत्मगत पाठों को अव्यभिचारपूर्वक पढ़े। त्रिपताक हस्त का आवरण बना कर जनान्तिक तथा अपवारितक का प्रयोग करना चाहिए। आकाशभाषित, जनान्तिक तथा आत्मगत के अभिनय के द्वारा प्रत्यक्ष, परोक्ष, आत्मसमुत्थ तथा परकृत पदार्थों का प्रदर्शन होता है।)

परवर्ती आचार्यों में धनं. ने इन संवाद युक्तियों का निरूपण इतिवृत्त विधान के अन्तर्गत

किया है। उनके अनुसार नाट्यधर्म की अपेक्षा से इतिवृत्त या वस्तु तीन प्रकार की है-सर्वश्राव्य, नियतश्राव्य तथा अश्राव्य। सर्वश्राव्य को प्रकाश भी कहा जाता है। (संस्कृत नाटकों में किसी पात्र के संवाद में 'अपने मन में' के लिए 'आत्मगतम्' तथा प्रकट में कहने के लिये 'प्रकाशम्'-ये रंगसंकेत मिलते हैं अश्राव्य को स्वगत भी कहा जाता है। इन दोनों से भिन्न नियतश्राव्य होता है, जिसके दो भेद है-जनान्तिक तथा अपवारित। जनान्तिक में त्रिपताक हस्त से अन्य पात्रों को निवारित करके दो पात्र परस्पर बातचीत करते हैं। अपवारित में दूसरे पात्र की ओर मुड़कर केवल उसी से रहस्य कहा जाता है (दरू. १. ६३-६६)। आकाशभाषित में एक ही पात्र मंच पर अकेला रहता है और वह दूसरे पात्र की उक्ति को 'क्या तुमने ऐसा कहा' इस प्रश्न के साथ स्वयं अनूदित कर देता है (वही, १. ६७)।

संस्कृत नाटकों में नाट्यसम्भाषण

भरत का नाट्योक्ति या सम्बोधनों का विचार इस प्रकार है—

'उत्तम, मध्यम तथा नीच पात्रों के द्वारा समान, उत्कृष्ट तथा हीन पात्रों से किस तरह सम्भाषण करना चाहिये, यह समझ लेना चाहिये। जो देवों के भी देव हों, महात्मा महर्षि हों, उन्हें 'भगवन्!' कह कर सम्बोधित करना चाहिये तथा उनकी स्त्रियों को 'भगवति!' कह कर। देव, संन्यासी तथा विद्वानों के प्रति भी पुरुष तथा स्त्रियाँ 'भगवन्' सम्बोधन करें। ब्राह्मण को आर्य, राजा को महाराज, आचार्य को उपाध्याय, वृद्ध को तात कहना चाहिये। ब्राह्मण राजा का नाम लेकर या 'राजन्' यह सम्बोधन कर सकते हैं। ब्राह्मण सचिवों को अमात्य या सचिव कह कर बुलायें, पर हीन पात्र उन्हें 'आर्य' कह कर बुलायें। समान लोग समान लोगों का नाम लेकर सम्बोधित कर सकते हैं। सेवक स्त्री या पुरुष, कारुक, शिल्पी आदि भी नाम से बुलाये जा सकते हैं। ये लोग आपस में अपने से बड़े को मार्ष या भाव कह कर सम्बोधित कर सकते हैं। सम्बोध्य कुछ छोटा हुआ, तो 'मार्षक' कहा जायेगा और बराबरी का होने पर वयस्य। अधम होने पर उसको 'हंहो' या 'हण्ड' सम्बोधन किया जायेगा। रथी के लिये सूत सदैव 'आयुष्मन्' का ही सम्बोधन करें। शान्त पात्र को 'तपस्विन्' या 'साधो' का सम्बोधन दिया जाता है। युवराज को स्वामी, कुमार को भर्तृदारक तथा अधम पात्र को 'हे' लगा कर सौम्य या भद्रमुख कह सकते हैं। (धंधे में लगे लोगों का) जिसका जो काम या शिल्प हो, उसके अनुसार उसे सम्बोधन दिया जाय। गुरु या पिता शिष्य या पुत्र को वत्स, पुत्रक, तात या नाम लेकर या गोत्र से बुला सकते हैं।

बौद्ध तथा जैन संन्यासियों को भदन्त तथा पाषण्ड (सम्प्रदाय के संन्यासियों) को उनके सम्प्रदाय के अनुसार आमंत्रण करना चाहिये। (अभि. के अनुसार पाशुपत आदि सम्प्रदायों के संन्यासी पाषण्ड की कोटि में परिगणित होते हैं। उनके अपने सम्प्रदाय के अनुसार सम्बोधन हैं, जैसे पाशुपतों के लिये 'भापूषन्' 'भासर्वज्ञ' इत्यादि। भृत्य तथा प्रजाजन राजा को 'देव' कहें तथा परिजन सार्वभौम को 'भट्ट' कहें। ऋषि गण उसे 'राजन्' या 'वत्स' कह सकते हैं।

विदूषक उसे वयस्य तथा रानी और चेटी को 'भवती' के द्वारा सम्बोधित करता है। राजा विदूषक को नाम से या 'वयस्य' कह कर बुला सकता है। सभी स्त्रियाँ अपने पतियों को यौवन में आर्यपुत्र ही कहेंगी (अन्यथा पति के राजा होने पर महाराज या आर्य भी कह सकती हैं।) अनुज अग्रज को आर्य तथा अग्रज अनुज को पुत्रवत् (वत्स आदि) सम्बोधन कर सकता है। स्त्रियों में तपस्विनियाँ, देवियाँ, भगवती, शब्द से गुरुभार्या 'भवती' (सर्वनाम) से, गम्या स्त्री भद्रे इस सम्बोधन से तथा वृद्धा 'अम्बा' शब्द से सम्बोधित होंगी। परिजनों (सेवकों) के द्वारा राजपत्नी को भट्टिणी, स्वामिनी या देवी कहना चाहिये तथा अन्त:पुर की अन्य महिलाओं-भोगिनी आदि को 'स्वामिनी' कहना चाहिये। सेविकाएँ राजकुमारियों को 'भर्तृदारिका' कहती हैं। बहिन को 'स्वसा' छोटी बहिन को 'वत्सा' तथा संन्यास व व्रत में स्थित ब्राह्मणी को 'आर्या' कहना चाहिये। पत्नी को आर्या या (अमुक) पिता की बेटी '(अमुक) बच्चे की माँ' यह सम्बोधन दिया जाना चाहिये। समान आयु की सखियाँ एक दूसरे को 'हला' कहें। सेविका को हज्जे (हञ्जे) कहें। वेश्या को उसके परिजन अज्जुका कहें, गणिका की माता को 'अत्ता' कहें। शृङ्गार के प्रसंग में पत्नी को 'प्रिये' सम्बोधन दिया जायेगा। पुरोहित तथा सार्थवाह की भार्याओं को सदैव 'आर्या' सम्बोधन दिया जायेगा (१७/६५-९२।

भरत के उक्त निर्देशों का पालन या अन्विति संस्कृत नाटकों में सम्बोधन के विषय में प्राय: सर्वत्र है। कालिदास, भवभूति आदि के नाटकों में कण्व, वाल्मीकि आदि ऋषियों के प्रति 'भगवन्' सम्बोधन है, मालविकाग्निमित्र तथा मालतीमाधव में परिव्राजिका और कामन्दकी के लिये 'भगवति' सम्बोधन है। मुद्राराक्षस में शार्ङ्गरव अपने गुरु को 'उपाध्याय' कहता है, जब कि चन्द्रगुप्त उसे ब्राह्मण के लिये निर्धारित सम्बोधन 'आर्य' से सम्बोधित करता है। संस्कृत नाटकों की प्रस्तावना में सूत्रधार अपने सहायक पारिपार्श्विक को 'मारिष' तथा पारिपार्श्विक उसे 'भाव' कह कर बुलाता है, यद्यपि इसका सुस्पष्ट निर्देश इस प्रसंग में नाशा० में नहीं है। शाकुन्तल में सूत तथा मातलि पहले तथा अन्तिम अङ्क में राजा दुष्यन्त के लिये 'आयुष्मन्' सम्बोधन का प्रयोग करते हैं। भास, कालिदास, श्रीहर्ष के रूपकों में नायक विदूषक को कहीं-कहीं उसका नाम लेकर भी बुलाता है, पर प्राय: प्रचलित सम्बोधन 'वयस्य' का प्रयोग करता है। विदूषक राजा को सर्वत्र 'वयस्य' ही कहता है। रानियों को देवी तथा भट्टिणी, राजकुमार को भर्तृदारक, राजकुमारी को भर्तृदारिका के सम्बोधन से सर्वत्र परिजन सम्बोधित या निरूपित करते हैं। मृच्छकटिक तथा भगवदज्जुकम् आदि में गणिका के लिये परिजनों द्वारा 'अज्जुका' और उसकी माता के लिये 'अत्ता' प्रयुक्त है।

पात्रों की नामावली में भी नाशा० के लक्षणों की अन्विति दिखाई देती है। गणिका का नाम मृच्छकटिक में वसन्तसेना और कापालिक का नाम मालतीमाधव में अघोरघण्ट रखा जाना तदनुरूप है।

भवभूति ने नाट्योक्ति और नामावली के विधानों का स्वविवेक से उल्लंघन भी किया है,

जो उचित है। उत्तररामचरित में अष्टावक्र राम और सीता से वार्तालाप करते हैं, पर दोनों के लिये किसी भी सम्बोधन का प्रयोग करते ही नहीं। महावीरचरित के तीसरे वा चौथे अंकों में परशुराम, शतानन्द, जनक आदि के वाक्कलह में अटपटे सम्बोधनों की भरमार है।

नाट्योक्तियों के साथ ही पात्रों के नाटक में नामकरण का भी विचार किया गया है। प्रख्यात कथा में तो जो नाम प्रसिद्ध हैं, वे ही रहेंगे। ब्राह्मण तथा क्षत्रिय के नाम उनके गोत्र तथा कर्म के अनुरूप होंगे। इनके नाम में शर्मन् (शर्मा) तथा वर्मन् (वर्मा) जुड़ा रहता है। वैश्यों के नाम में 'दत्त' जुड़ा रहता है, कापालिकों के नाम में 'घण्ट'। शूरवीरों के नाम उनके शौर्य के अनुरूप हों। राजस्त्रियों के नाम विजय का अर्थ देने वाले हों। वेश्याओं के नाम में दत्ता, मित्र और सेना जुड़ा रहता है। सेवकों के नाम फलों के नामों पर रखे जा सकते हैं। उत्तम पात्रों के नाम गम्भीर हों, शेष पात्रों के नाम उनकी जाति, वेष के अनुरूप हों। इस प्रकार भाषाविधान को समझ कर नामविधान का पालन करना चाहिये (१७/९४-१०१)।

नाट्यनिर्देश

नाटक में पात्रों की चेष्टाओं को सूचित करने के लिये नाटककार द्वारा दिये गये विवरण या निर्देशों को नाट्यनिर्देश या रङ्गसङ्केत कहा जाता है। सागरनंदी ने इनको 'नाट्यसूचक पद' कहा है। (नालरको., पृ० २१६। उन्होंने ऐसे पदों का दिङ्दर्शन भी कराया है। तदनुसार संवाद बोलने के पूर्व पात्र की चेष्टा को बताने के लिये पूर्वकालिक क्रिया के द्योतक ल्यबन्त पदों का प्रयोग करना चाहिये जैसे-परिक्रम्य (मंच पर चक्कर लगा कर) आदि। संवाद बोलते समय उसके मनोभाव के अनुरूप सक्रोधम्, साश्रु, सत्रासम्, सोत्कम्पम्, सदयम् आदि क्रियाविशेषणों का प्रयोग करना चाहिये। जब त्रिपताक हस्त का उपयोग कर के पात्र अपने-आप से बात कर रहा हो, तो स्वगतम् या आत्मगतम् शब्द से इसे सूचित करना चाहिये। त्रिपताक कर के साथ अन्य पात्रों को पृथक् कर एक पात्र दूसरे से बात करे तो जनान्तिकम् कहना चाहिये या अपवारितम्। किसी पात्र के स्वरूप से अन्य रूप या अन्य रूप से स्वरूप में परिवर्तन हो तो इसके लिये परिवर्तम् का निर्देश रखना चाहिये (वही, पृ० २१७-१८)। शारदातनय ने इसमें आकाशे (शून्य में), प्रकाशम्— ये दो निर्देश और जोड़े हैं (भाप्र० अ० ९, पृ० २७२)।

संस्कृत नाटकों में पाये जाने वाले रङ्गनिर्देशों तथा आचार्यों द्वारा 'नाट्यसूचक पदों' के नाम से दिये गये तत्सम्बन्धी विवरणों से स्पष्ट है कि जहाँ पात्र (अभिनेता) की चेष्टा या क्रिया बताने वाले रङ्गनिर्देश दिये जाते हैं वे या तो पूर्वकालिक क्रिया में होते हैं या वर्तमानकालिक क्रिया में। पूर्वकालिक क्रिया वाले नाट्यनिर्देशों से स्पष्ट है कि अभिनेता (आङ्गिक) अभिनय पहलेकरता है, संवाद बाद में बोलता है। परिक्रम्य (परिक्रमा कर के) यह नाट्यनिर्देश संस्कृतनाटकों में प्राय: इसी (पूर्वकालिक) रूप में प्रयुक्त होता है, क्योंकि नाशा० में प्रदक्षिण-प्रवेश की व्यवस्था है, जिसमें पात्र को प्रवेश करते ही मंच पर परिक्रमा करनी होती है, तभी

संवाद बोलता है। वर्तमानकालिक क्रिया में दिये गये नाट्यनिर्देश संवाद के पूर्व यदि दिये गये हैं, तो उनमें निर्दिष्ट चेष्टा पात्र संवाद बोलते हुए करता है, यदि संवाद के बाद हैं, तो पात्र वह चेष्टा बाद में करता है। इस प्रकार नाट्यनिर्देश तीन प्रकार के या त्रिविध कार्य व्यापार का निर्देश करने वाले होते हैं—

(१) संवाद बोलने के पूर्व पात्र द्वारा विहित चेष्टा को बताने वाले पूर्वकालिक क्रिया में नाट्यनिर्देश।

(२) संवाद के साथ की जाने वाली चेष्टा को बताने वाले शतृ-शानच्-प्रत्ययान्त या लट् लकार (वर्तमान काल) में नाट्यनिर्देश।

(३) संवाद के पश्चात् पात्र के द्वारा की जाने वाली चेष्टा को बताने वाले नाट्यनिर्देश, जो लट्लकार या वर्तमान कालिक क्रिया में होते हैं।

इन तीनों प्रकार के नाट्यनिर्देशों का सम्बन्ध सदैव पात्र से होता है। आधुनिक नाटकों में इनके साथ साथ रङ्गसज्जा, दृश्यबन्ध आदि को बताने वाले नाट्यनिर्देश भी नाट्यालेख में ही नाटककार जोड़ देता है। संस्कृत नाटक में इस प्रकार की व्यवस्था कभी नहीं रही, रङ्गसज्जा या दृश्यबन्ध का परोक्ष रूप से संकेत पात्रों के वर्णनप्रधान काव्यात्मक संवादों में अवश्य कभी-कभी किया जाता है। यही स्थिति पश्चिम में एलिजाबेथ रंगमंच तथा रेस्टोरेशन रंगमंच पर इंग्लैड में भी थी।

उक्त तीन प्रकार के नाट्यनिर्देशों से संस्कृत नाटकों के अभिनय की दो पद्धतियाँ भी सामने आती हैं— (१) पाठ्यसंश्लिष्ट अभिनय, जिसे आचार्यों ने वाक्यार्थाभिनय कहा है तथा (२) व्याख्यात्मक अभिनय जिसे आचार्यों ने पदार्थाभिनय कहा है।

संस्कृत नाटकों की प्रतियों में प्राप्त नाट्यनिर्देशों में पूर्वकालिक क्रियाओं की प्रधानता विचारणीय है। प्रत्येक अङ्क के अन्त में सर्वे निष्क्रामन्ति (सब प्रस्थान करते हैं) के स्थान पर निष्क्रान्ताः सर्वे (सब चल गये)-यह नाट्यनिर्देश ही प्रायः मिलता है।

संस्कृत नाटकों में उपकरण

भरतमुनि के प्रस्थान में 'अभिनय' पद की विवृति अतिशय विशद तथा व्यापक है। वह किसी भी नाट्यप्रयोग के प्रवर्त्तन तथा निर्वहण का मूलभूत उपादान है। भरत ने नाट्य के संग्रह का निरूपण करते हुए उसके जो ग्यारह मूलभूत तत्त्व बताये हैं, उनमें अभिनय को उन्होंने रस और भाव के ठीक बाद में तीसरे स्थान पर रखा है। नाट्यप्रयोग अभिनय से भाव तथा भाव से रस की सृष्टि होती है, अतः अभिनय वहाँ केन्द्रीय महत्त्व रखता है। निष्कर्ष के रूप में भरत का यह कथन सर्वथा सटीक है कि विभिन्न भेदोपभेदों से युक्त समग्र नाट्य अभिनय में ही प्रतिष्ठित है। इस दृष्टि से अभिनय और प्रयोग को परस्पर पर्याय कहना भी संगत है। वस्तुतः अभिनय प्रयोग की सारी अपेक्षाएँ और शर्तें पूरी करता है। भरत की दृष्टि से किसी भी

नाट्यप्रयोग का केन्द्र अभिनेता रहता है और अभिनेता की समग्र चेष्टाओं और प्रवृत्तियों की दिशाएं अभिनय में समाहित हैं। अत एव अभिनेता की आंगिक, वाचिक, सात्त्विक तथा आहार्य-इन चतुर्दिक् प्रवृत्तियों को अभिनय अपने में समेट लेता है। इनमें से प्रथम तीन अभिनेता की देह, वाणी तथा अभिव्यक्ति की सम्पूर्ण साधना को इंगित करती हैं, तो चतुर्थ-आहार्य-उसके द्वारा मंच पर प्रयुक्त होने वाले स्थूल उपादानों के उक्त तीनों के साथ सामंजस्यपूर्ण विनियोग को। भरत की दृष्टि से नाट्योपकरण की सम्पूर्ण सामग्री आहार्य अभिनय के अन्तर्गत आ जाती है।

आहार्य अभिनय चार प्रकार का है-पुस्त, अलंकार, अंगरचना तथा संजीव। अलंकार तथा अंगरचना में विनियुक्त प्रसाधन और आभूषण-सामग्री अभिनेता अपने शरीर पर धारण करता है, जबकि शेष दो प्रकार के आहार्य अभिनयों में पुस्त के अन्तर्गत मंच पर विभिन्न विधियों से दृश्यबन्ध तैयार किये जाते हैं तथा जीवित प्राणियों को मंच पर गतिशील दिखाना सजीव या संजीव है। विष्णुधर्मोत्तरपुराण के अनुसार मिट्टी से यक्ष, गज, अश्व, मृग, पक्षी आदि के प्रतिशीर्ष (मुखौटे) तैयार किये जाते हैं। भरत के अनुसार इसमें पर्वत, विमान, ध्वज, वृक्ष आदि के दृश्यबन्ध या दृश्यखण्ड तैयार किये जाते हैं। इनके तैयार करने की तीन पद्धतियाँ बतायी गयी हैं-सन्धिम (सिलना, बांधना), व्याजिम (डोरियों या सूत्रको खींचना) तथा वेष्टिम (मोम, लाख आदि से साँध कर कोई आकृति तैयार करना)

आहार्य-अभिनय की उपर्युक्त पद्धतियों में भरत ने रंगमंच पर उपकरणों के प्रकार और विस्तार की अनन्त सम्भावनाएं इंगित कर दी हैं। पर उपकरणों का उपयोग प्रयोग-विशेष की प्रकृति तथा अपेक्षाओं पर निर्भर है। भरत ने नाट्यप्रयोग को उसकी प्रकृति की दृष्टि से दो श्रेणियों में रखा है-आविद्ध तथा सुकुमार। दस प्रकार के रूपकों में से -डिम, समवकार, व्यायोग, ईहामृग-ये चार आविद्ध हैं। आविद्ध प्रयोग में उत्कट अंगहारों का समावेश होता है। पुस्त, नेपथ्य, माया तथा इन्द्रजाल का प्रयोग अधिक बहुलता से होता है। इसमें सात्त्वती के साथ आरभटी वृत्ति की प्रधानता रहती है तथा देवता, दानव जैसे पात्र होते हैं। अत: इस श्रेणी के प्रयोगों में पुस्त की विधियों से निर्मित उपकरणों के प्रयोग की अपेक्षाकृत अधिक आवश्यकता पड़ सकती है। भरत ने स्वयं आरभटी वृत्ति में पुस्त का प्रयोग अधिक होने की सूचना दी है। आरभटी का प्रथम अंग 'संक्षिप्तक' है, जिसे भरत ने 'बहुपुस्तोत्थान-चित्रनेपथ्य' कहा है। भरत ने डिम के लक्षण में भी इसे 'मायेन्द्रजाल-बहुल' तथा 'बहुपुस्तोत्थानयुक्त' कहा है। डिम, समवकार, व्यायोग तथा ईहामृग-इन चारों का कथानक युद्ध की घटना तथा रौद्र, भयानक आदि रसों से युक्त होता है। इनके लिए अपेक्षाकृत बड़ा रंगमंच तथा दृश्यबंधरचना अपेक्षित हो सकती है। भरत ने देवता और राक्षस आदि पात्र जिनमें हों-ऐसे नाटकों के लिए ज्येष्ठ नाट्यमण्डप का विधान भी इस अपेक्षा को दृष्टि में रख कर किया है। ऐसे रूपकों के प्रयोग के लिए पृथक् से दृश्यबन्ध तैयार कराये जाते होंगे। आरभटी के दूसरे अंग 'संक्षिप्तक' को भरत ने 'अन्वर्थशिल्पयुक्त' कहा है, जिसकी व्याख्या करते हुए अभिनवगुप्त ने कहा है कि इसका तात्पर्य कुशल शिल्पियों के द्वारा विरचित पुस्त की विविध रचनाओं से है।

इनके विपरीत-नाटक, प्रकरण, भाण, प्रहसन, वीथी तथा नाटिका का प्रयोग सुकुमार होता है। इनके पात्र मनुष्य ही रहते हैं। इनमें आंगिक, वाचिक तथा सात्त्विक अभिनय होता है, उपकरणों की मात्रा अपेक्षाकृत कम रह सकती हैं, पर भरत के आहार्य अभिनय के स्वरूप को देखते हुए उपकरणों का सर्वथा अभाव किसी भी श्रेणी के प्रयोग में संभव नहीं है।

इस दृष्टि से भरत का 'नाट्योपकरण' का लक्षण भी विचारणीय है। नाट्यप्रयोग के निमित्त से भौतिक जगत् के किसी भी स्थूल उपादान से निर्मित शिल्प या रचना को उपकरण कहते हैं। अत: नाट्य के लिए अनन्त उपकरण हो सकते हैं, उनका उपयोग नाट्यप्रयोक्ता के अपने विवेक तथा कल्पनाशक्ति पर निर्भर है। हमारी दुनिया की किसी भी वस्तु की अनुकृति मंच पर प्रस्तुत करने के लिए नाट्योपकरण का उपयोग अपेक्षित हो सकता है। पर निश्चय ही संसार की हर एक वस्तु या हर एक दृश्य मंच पर हूबहू रूपायित नहीं किये जा सकते। अत एव भरत का निर्देश है कि नाट्योपकरणों का उपयोग कहीं लोकधर्मी पद्धति (भौतिक पदार्थों की यथार्थ अनुकृति) से किया जाय, तो कहीं नाट्यधर्मी अर्थात् प्रतीकात्मक या सांकेतिक पद्धति से किया जाय।

निश्चय ही भरत की दृष्टि में कुछ उपकरण ऐसे थे, जिन्हें एक सुनिश्चित रूप, प्रकार तथा मात्रा में प्रत्येक नाटकीय दल को अपने पास रखना चाहिए। इनमें उन्होंने पुस्त की विधियों से तैयार किये जाने वाले अस्त्र-शस्त्रों का सबसे पहले उल्लेख किया है। पर उनसे अधिक जरूरी उपकरणों की एक सूची भरत ने इस प्रकार दी है-जर्जर, दण्डकाष्ठ, प्रतिशीर्षक, छत्र, चामर, ध्वज, तथा भृंगार। कालिदासादि के प्राचीन संस्कृत नाटकों के अभिनय में ये उपकरण सर्वथा अपेक्षित हैं। इनमें से जर्जर तथा भृंगार पूर्वरंग की विधि में अत्यावश्यक हैं। दण्डकाष्ठ विदूषक के लिए अपेक्षित है। छत्र-चामर आदि की आवश्यकता राजा या इस श्रेणी के पात्र के लिए हो सकती है।

प्रतिशीर्षक भरत के नाट्यप्रकरणों में अत्यधिक महत्त्वपूर्ण है। भरत के अनुसार अमात्य, कंचुकी, श्रेष्ठी और पुरोहित के लिए प्रतिशीर्षक अपेक्षित है। विष्णुधर्मोत्तर ने प्रतिशीर्षक का और भी विस्तृत उपयोग बताते हुए कहा है कि देव, दानव, यक्ष, गज, अश्व, मृग तथा पक्षियों के लिए भी प्रतिशीर्षक बनाये जाने चाहिए। राजशेखर ने अपनी कर्पूरमंजरी में विभिन्न पात्रों द्वारा प्रतिशीर्षक के उपयोग का स्पष्ट संकेत दिया है तथा अपने विदूषक को भी प्रतिशीर्षक पहने हुए सूचित किया है।

उपकरणों के प्रयोग का अभिनय के मूलभूत दर्शन से अन्त:सम्बन्ध जोड़ते हुए भरत ने बहुत महत्त्व की बात कही है-'जिस तरह जीव एक देह को छोड़कर दूसरे देह में प्रवेश करके दूसरे देह जैसा प्रतीत होने लगता है, उसी तरह अभिनेता उपकरणों के द्वारा अपने ऊपर उस पात्र की खोल चढ़ा लेता है, जिसका उसे अभिनय करना है।' अभिनवगुप्त ने भी कहा है कि मुकुट, प्रतिशीर्षक आदि पहन लेने पर किसी पात्र के प्रति यह मात्र अभिनेता है-ऐसा बोध

स्थगित हो जाता है। निश्चय ही उपकरणों की अपेक्षा अभिनेता की सर्जनात्मक क्षमता और उसका अभिव्यक्ति-चातुर्य ही अधिक महत्त्व रखता है। उपकरण उस आकृति की मात्र रेखाएं ही प्रकट करते हैं, जिसमें अभिनेता अपनी निजी कला से रंग भरता है, विच्छित्तियां और छायाएं उत्पन्न करता है। पर रेखाओं के बिना चित्र आकार ले ही नहीं सकता, उसी तरह अभिनय का सजीव चित्र निर्मित हो सके-इसके लिए किसी न किसी मात्रा में उपकरण अनिवार्य है।

जीवात्मा और देह के उपर्युक्त दृष्टान्त को भरत की सरणि पर आगे ले जाते हुए कहा जा सकता है कि उपकरणों के द्वारा रेखांकित आकृतियों में आत्मा या जीवन का संचार अभिनेता ही करता है। जिन आकृतियों को अभिनेता मंच पर रूपायित करता है, वे मूल रूप से सजीव भी हो सकती हैं निर्जीव भी। इन्हीं को भरत ने प्राणी और अप्राणी-इन दो कोटियों में रखा है। देव, दानव, यक्ष, तथा विभिन्न पशु और पक्षी-ये सब प्राणी हैं और नदी, पर्वत, समुद्र, वाहन, विभिन्न अस्त्र-शस्त्र, प्रासाद, ध्वज आदि अप्राणी (नाटक के विशिष्ट अभिप्राय से ये अप्राणी कहीं-कहीं प्राणी के रूप में भी प्रस्तुत होते हैं)।

उक्त आकृतियों के प्रदर्शन के लिए बाँस के खांचे बनाकर उन पर वस्त्र चढ़ाकर रंग करने का निर्देश भरत ने दिया है।

ये आकृतियाँ लाक्षा, जतु, मिट्टी, मधूच्छिष्ट (मोम), तालीय अभ्रक या किलिंज (भूर्ज-वेणुदल) आदि से भी तैयार की जा सकती हैं। भरत ने प्रतिशीर्षक की तरह प्रतिहस्त, प्रतिपाद आदि बनाने का भी निर्देश दिया है। विष्णुधर्मोत्तर पुराण में इस बात को और भी स्पष्ट रूप से कहा गया है कि पुस्त की विधि से बनायी गयी आकृतियों के भीतर पुरुष या अभिनेता रह सकता है।

भरत ने अभिनेता को दृष्टि में रखकर ही उपकरण-विधान की चर्चा की है। रंग-दीपन के लिए किसी प्रविधि की बात इसलिए आहार्य-अभिनय वाले अध्याय में कहीं नहीं आ पायी है। तृतीय अध्याय में रंगमण्डप की पूजा के वर्णन में अवश्य दो स्थानों पर रंगदीपन का संकेत भरत ने दिया है। अभिनवगुप्त ने उल्मुक या मशाल का इसमें उपयोग होने का उल्लेख किया है। भरत के निरूपण से यह स्पष्ट है कि नाट्यशाला के स्थापत्य में ही रंगदीपन के उपयुक्त स्थलों का ध्यान रखा जाता था तथा प्रयोग आरम्भ होने के पूर्व (यदि प्रयोग रात्रि में हो तो) उसे सब ओर से अच्छी तरह प्रकाशित कर लिया जाता था। इस पद्धति के प्रयोग के समय पृथक् से रंगदीपनार्थ उपकरणों की आवश्यकता नहीं रह जाती होगी।

पर कुछ संस्कृत नाटकों के साक्ष्य से लगता है कि रंगदीपन के लिए एक पद्धति और काम में लायी जाती होगी, जिससे प्रयोग के समय भी स्थल-विशेष पर आवश्यकतानुसार प्रकाश या अन्धकार अलग से किया जा सके। विक्रमोर्वशीयम् के तीसरे अंक में राजा तल्प पर रात्रि के समय पहुँचता है। यहाँ स्पष्ट कहा गया है कि वह हाथों में दीपिकाएं लेकर चलती

परिचारिकाओं से घिरा हुआ है। बाद में चन्द्रिका के प्रकाश को लक्ष्य कर राजा उन परिचारिकाओं से कहता है कि दीपिकाओं की आवश्यकता नहीं है, अत: आप लोग जा सकती हैं। मृच्छकटिक का प्रथमांक भी रात के अंधेरे में घटित होता है। वहाँ भी सेविका रदनिका हाथ में दीपक लेकर आती है। तीसरे अंक में शर्विलक रात में चारुदत्त के घर चोरी करने के लिए घुसता है, घर में दीपक जल रहे हैं। कदाचित् मंच पर प्रकाश-व्यवस्था के लिए इस प्रकार नाटक के गौण पात्रों का कल्पनापूर्ण, सुन्दर उपयोग किया जाता होगा।

संस्कृत नाटकों के अभिनय के लिये अपेक्षित उपकरण-सामग्री पर भरतमुनि के विवेचन के संदर्भ में विचार करने पर निम्नलिखित उपकरण अनिवार्य रूप से अपेक्षित प्रतीत होते हैं।

(१) **आसन :** राजसभा से सम्बद्ध सभी नाटकों में अथवा जिन नाटकों में राजा पात्र हैं, उनमें राजा के बैठने के लिए एक सिंहासन अवश्य रहता होगा। पर राजसभा के दृश्य में भी मंच पर बहुत अधिक आसन नहीं रखे जाते थे-यह नाटकों के अनुशीलन से स्पष्ट है। मंच पर उपकरणों का अधिक सम्भार एकत्र करना भरत को भी अभीष्ट नहीं है। राजा के आसन पर बैठे होने पर यदि कोई महत्त्वपूर्ण पात्र प्रवेश करता, तो राजा परिजनों को आसन लाने का आदेश देकर उसके लिए मंच पर आसन उसी समय मँगवा लेता है। राजा के सिंहासन के अतिरिक्त कदाचित् एक या दो आसन कभी-कभी अमात्यों के बैठने के लिए पहले से रखे हो सकते हैं।

मालविकाग्निमित्र के प्रथमांक में राजा आसन पर बैठा प्रवेश करता है। विदूषक इस पूरे दृश्य में राजा के पास खड़ा रहता है। नाट्याचार्यों के प्रवेश करने पर राजा परिजन को आदेश दे कर दोनों के लिए दो आसन मंगवाता है। यहाँ कालिदास ने रंगसंकेत दिया है- 'उभौ परिजनोपनीतयोरासनयोरुपविष्टौ' -दोनों नाट्याचार्य परिजनों के द्वारा लाये गये दो आसनों पर अलग-अलग बैठ जाते हैं। इस दृश्य में यदि पहले ही से मंच पर अधिक आसन रख दिये जाते, तो विदूषक तथा अन्य पात्रों के गतिप्रचार के लिए अवकाश कम रहता, जब कि भरत की दृष्टि से उपकरणों की अपेक्षा पात्रों के गतिप्रचार का अच्छी तरह होना अधिक महत्त्व रखता है।

संस्कृत रंगमंच पर आसनों के विन्यास की यह व्यवस्था चीनी रंगमंच से कुछ साम्य रखती है। वहाँ भी नाटक के जारी होते हुए नेपथ्य से कुछ लोग पात्रों के लिए आसन या अन्य अपेक्षित सामग्री देते रहते हैं। अन्तर यह है कि संस्कृत नाटक में आसन लाने और फिर उठा कर ले जाने वाले परिजन भी नाटक के संविधान के ही अंग हैं।

मालविकाग्निमित्र के उपर्युक्त दृश्य में आगे धारिणी तथा परिव्राजिका का प्रवेश होता है। यहाँ हम देखते हैं कि राजा इन दोनों के लिए आसन लाने को नहीं कहता। धारिणी तो निश्चय ही राजा के सिंहासन के अर्ध-भाग पर बैठेगी-विक्रमोर्वशीयम् में भी उर्वशी के बैठने की यही व्यवस्था की गयी है। परिव्राजिका सम्भवत: अमात्य के लिए पहले से रखे गये एक आसन पर बैठ जाती है।

विक्रमोर्वशीयम् के अन्तिम अंक में उर्वशी के प्रवेश करने पर राजा अपने सिंहासन पर ही कुछ सरक कर उसके लिए स्थान बनाता है। यहाँ रंग संकेत है- 'राजा अर्धासनं ददाति।' इसके पहले राजा कुमार आयुष् को भी इसी सिंहासन के पादपीठ पर बिठा चुका है, पर आयुष् के साथ आयी तापसी के लिए आसन लाने का आदेश राजा अपने परिजन को देता है और आसन आ जाने पर तापसी बैठ जाती है। इसी दृश्य में आगे चल कर जब नारद आते हैं तो तापसी जा चुकी है और उसका आसन वहीं खाली रखा है। राजा कदाचित् इसी आसन को दिखाकर नारद से कहता है-विष्टरोऽयमनुगृह्यताम्- और नारद के लिए अलग से आसन नहीं मँगवाता।

शाकुन्तलम् के प्रथम तीन अंकों में पृथक् से आसनों के विन्यास की अपेक्षा प्रतीत नहीं होती। प्रथम अंकों में चारों प्रमुख पात्र आरम्भ में खड़े हुए ही वार्तालाप करते हैं और बाद में सप्तवर्ण-वेदिका पर बैठते हैं। दूसरे अंक में कोई पात्र आसन पर नहीं बैठता। तीसरे में शकुन्तला शिलातल पर लेटी हुई प्रवेश करती है और इस दृश्य के बाद दुष्यन्त के सम्मिलित होने पर अनसूया का उससे इसी शिलातल के एक हिस्से पर बैठ जाने को कहना नाटकीय संविधान की दृष्टि से नहीं, उपकरणों की मंच पर किफायत बरतने की दृष्टि से भी उचित है। सम्भवत: सप्तवर्ण-वेदिका के लिए मत्तवारणी तथा शिलातल के लिए रंगपीठ से कुछ ऊंचाई पर बना होने पर रंगशीर्ष काम दे सकता है।

पञ्चम अंक में दुष्यन्त आसन पर बैठा हुआ प्रवेश करता है। बाद में जब वह कण्वाश्रम से आये तपस्वियों से मिलने के लिए अग्निशरण की ओर जाते समय मंच पर परिक्रमा का अभिनय कर रहा होता है, तो परिजन उसके सिंहासन को उठाकर नेपथ्य में रख आएंगे, क्योंकि कालिदास की योजना के अनुसार राजा आश्रम से आये लोगों से खड़े होकर ही भेंट करता है तथा पञ्चम अंक के पूरे प्रत्याख्यान-दृश्य में उसे या किसी भी पात्र को बैठना नहीं है। यह योजना भरत के रंगविधान की दृष्टि से समीचीन है। आश्रम से आये तपस्वी संख्या में अनेक हैं और उन सबके लिए आसनों की व्यवस्था करना मंच पर उपकरणों की अनावश्यक भीड़ जुटना ही नहीं, नाट्य के सहज प्रवाह में व्यर्थ का व्याघात भी होगा।

मृच्छकटिक के द्वितीय अंक में वसन्तसेना अपने भवन में जिस एक आसन पर बैठी है, उसके अतिरिक्त इस दृश्य में कोई दूसरा आसन नहीं है। इस स्थिति का नाटककार ने एक बहुत सुन्दर भावपूर्ण संविधान रचने में उपयोग किया है। संवाहक के मुख से यह सुनते ही कि वह चारुदत्त की सेवा में रह चुका है, वसन्तसेना सम्भ्रम और आदर के साथ आसन से उठकर उससे उसी आसन पर बैठ जाने का अनुरोध करती है। संवाहक विनयपूर्वक बार-बार मना करता है। अन्त में वसन्तसेना अपने आसन पर पुन: बैठ जाती है और संवाहक ही खड़ा रहता है। इसी एक आसन का उपयोग चौथे अंक में चारुदत्त के अपने घर में बैठे होने पर किया गया होगा। नवम अंक के अधिकरण-मण्डप के दृश्य में अवश्य एकाधिक आसन की

आवश्यकता पड़ जाती है। फिर भी संस्कृत रंग-परम्परा के नाटककार आसनों से किफायत बरतने के प्रति इतने सजग हैं कि यहाँ भी शकार जैसे राजकीय अधिकारी को भूमि पर बैठना पड़ता है। चारुदत्त के मण्डप में आने पर उसके लिए एक आसन मंगवाया जाता है।

(२) **दण्डकाष्ठ :** भरत ने अपने उपकरणों की सूची में इसे परिगणित किया है। विदूषक इसे अपने हाथ में लिए रहता है। उस समय त्रिवक्र (तीनों स्थानों पर टेढ़े) दण्डकाष्ठ के बिना कदाचित् विदूषक की कल्पना भी नहीं की जा सकती थी। शाकुन्तल, मृच्छकटिक आदि नाटकों में विदूषक अपने संवादों में अपने दण्डकाष्ठ का उल्लेख भी करते हैं।

(३) **उदकपात्र तथा अन्य पात्र :** भरत ने उपकरणों में भृंगार का नाम लिया है। सम्भवतः नाटक की कथा में अर्घ्य देने का प्रसंग आने पर इसका उपयोग किया जाता होगा। पूर्वरंग में तो सूत्रधार के हाथ में यह रहता ही है। नाटक के बीच में भी कुछ प्रंसगों में इसकी आवश्यकता हो सकती है। शाकुन्तल के दूसरे अंक में गौतमी दर्भोदक से भरा हुआ पात्र लेकर आती है। चौथे अंक में पुष्पावचय करती प्रियवंदा के हाथ में पुष्पभाजन है, जिसके अभाव में आगे चलकर दुर्वासा के शाप के बाद सम्भ्रम में लड़खड़ाने से उसके हाथ से पुष्पभाजन का गिरना और फूलों का बिखर जाना-जो इस दृश्य में मार्मिक प्रभाव छोड़ता है, वह नहीं बन पाएगा। इसके आगे अनसूया समालम्भन की सामग्री एक मंगलपात्र में सहेज कर ले चलती है। मालविकाग्निमित्र के तीसरे अंक में बकुलावलिका के हाथ में भी इसी तरह का पुष्पभाजन है तथा इसी प्रकार के कुछ पात्र विक्रमोर्वशीय के तीसरे अंक में प्रियप्रसादनव्रत की पूजा करने के लिए उपस्थित हुई रानी भी लेकर जाती है। कदाचित् उसके परिजनों के हाथ में थाल, अर्घ्य का पात्र और मोदक-शराव है। मोदक-शराव बाद में विदूषक को दे दिया जाता है। इस नाटक के अंतिम अंक में उर्वशी के द्वारा एक कलश से नारद को अर्घ्य देने का विवरण है।

इसी तरह सामान रखने के लिए हस्तादानयोग्य छोटे उपकरणों में पेट्टालक, समुद्गक, भाण्ड जैसे वस्तुओं का उपयोग संस्कृत नाटकों में कहीं-कहीं अपेक्षित प्रतीत होता है। मालतीमाधव के षष्ठ अंक में प्रतीहारी पेट्टालक लिए हुए आती है, जिसमें नववधू का नेपथ्य है। पेट्टालक खोलकर वह उसमें रखे हुए वस्त्र आदि दिखाती भी है। मालविकाग्निमित्र के पंचम अंक में कुब्जा सारसिका जतुमुद्रालांछित मंजूषा लेकर आती है।

इसी तरह भरत ने मंच पर युद्ध आदि के दृश्यों में उपयोग के लिए आयुधों की एक लंबी सूची दी है। इनमें से धनुष और बाण का उपयोग करते हुए अपने नायकों को नाटककारों ने दिखाया है। शाकुन्तल के प्रथम अंक में दुष्यन्त के हाथ में धनुष और बाण होने का संकेत है। शरसन्धान करते समय तपस्वियों द्वारा निवारित होने पर उसे शर वापस लेता हुआ भी प्रदर्शित किया गया है। छठे अंक में अदृश्य सत्त्व को मारने के लिए वह धनुष और बाण मंगवाता है। यवनी ये हथियार लेकर आती है। यही स्थिति विक्रमोर्वशीयम् के पांचवें अंक में है, जहाँ राजा धनुर्बाण मंगाता है। उत्तररामचरित में राम को तलवार हाथ में लिए प्रवेश करते

तथा उस तलवार से प्रहार करते हुए भी प्रदर्शित किया गया है। चौथे अंक में लव चन्द्रकेतु की सेना के साथ संग्राम के लिए भी धनुष तथा बाण मंगवाता है।

(४) **चित्रफलक तथा लेख:** इन दो उपकरणों का भी किन्हीं भौतिक उपादानों के द्वारा प्रदर्शन नाटककारों का अभिमत प्रतीत होता है। शाकुन्तल के षष्ठ अंक में चतुरिका चित्रफलक लेकर आती है। मृच्छकटिक के चौथे अंक में वसन्तसेना चारुदत्त के चित्र से युक्त फलक देखती है। मालतीमाधव के प्रथम अंक में कलहंस को मालती के द्वारा चित्रित चित्रफलक लेकर माधव के समक्ष प्रस्तुत करते हुए बताया गया है।

मालविकाग्निमित्र के प्रथम अंक में अमात्य के हाथ में लेख है, जिसे वह राजा को पढ़ कर सुनाता है। यहीं पर पंचम अंक में कंचुकी वस्त्र में लिपटा हुआ लेख लेकर आता है, जिसे परिजन उद्घाटित करके राजा को देते हैं। शाकुन्तल के षष्ठ अंक में भी प्रतीहारी दुष्यन्त को इसी तरह लेख देती है। तीसरे अंक में शकुन्तला के मदन-लेख के लिए नलिनी पत्र का उपयोग सूचित है।

इन उपकरणों के अतिरिक्त शाकुन्तल में मृण्मयूर (मिट्टी का मोर) तथा मृच्छकटिक (मिट्टी की गाड़ी) जैसे छोटे खिलौने भी मंच पर लाये गये प्रदर्शित हैं। पर इसके साथ ही यह प्रश्न उठता है कि जिन अनेक स्थूल उपादानों को नाटककारों ने अपने-अपने पात्रों को उपयोग करते बताया है, वे किस सीमा तक लोकधर्मी शैली से प्रदर्शित होंगे और किस सीमा तक नाट्यधर्मी शैली से? भरत ने उपकरणों का विस्तृत विवेचन करने के पश्चात् भी यह प्रश्न नाटक करने वालों के विवेक पर छोड़ दिया है। मंच पर उपकरणों के प्रदर्शन की तीन शैलियाँ हो सकती हैं-एक तो यह कि सारे उपकरणों और उनसे जुड़े दृश्यों की यथार्थवादी शैली में हूबहू अनुकृतियाँ काम में लायी जाएं, दूसरी यह कि कुछ छोटे-छोटे उपकरण मंच पर प्रस्तुत किये जाएं, भारी-भरकम वस्तुओं या दृश्यबन्धों के स्थान पर सांकेतिक अभिनयपद्धति से प्रदर्शन हो और तीसरी यह कि उपकरणों की उपस्थिति बिल्कुल शून्य हो, अभिनेता अपनी देह को इतना लचीला और गतिशील अभिव्यक्ति-माध्यम बना ले कि मंच पर स्थूल उपादानों के बिना ही विभिन्न उपकरण साकार होते चले जाएं। संस्कृत रंग-परम्परा का झुकाव दूसरी ओर उससे अधिक कदाचित् तीसरी शैली की ओर है।

परन्तु मंच पर उपकरणों का पूर्ण अभाव न तो भरत को अभीष्ट है, न उनकी परम्परा के संस्कृत नाटककारों को ही। नाटककारों का आग्रह उपकरणों के उपयोग के विषय में मध्यम मार्ग के प्रति प्रतीत होता है, जिसमें हस्तादानयोग्य छोटे-छोटे उपकरण स्थूल रूप में मंच पर लाये जाते हैं, पर दृश्यबन्धों या आकार में बड़े, अधिक स्थान घेरने वाले उपकरणों का स्थान सूक्ष्म अभिव्यंजनापूर्ण सांकेतिक मुद्राएं ले लेती हैं। कालिदास, भवभूति, शूद्रक आदि के नाटकों में उद्यान, तपोवन, प्रासाद, पर्वत, प्रमदवन, वृक्ष, नदी आदि के भरतनिरूपित पुस्त की विधियों से दृश्यबन्ध बनाने की आवश्यकता का निषेध करते हुए ऐसे दृश्यों की

अभिव्यक्ति आहार्य के स्थान पर आंगिक और वाचिक अभिनय से करने की अपेक्षा साफ प्रतीत होती है। प्रस्तुति की प्रभावशीलता की दृष्टि से कई बार नाटककार ने छोटे से उपकरण के लिए भी स्थूल उपादान का प्रयोग न करवा कर नाट्यमुद्रा के उपयोग का ही संकेत दिया है। मालविकाग्निमित्र के तीसरे अंक में उद्यान के दृश्य में मधुकरिका वृक्ष की शाखा पर लगे बीजपूरक को ले जाने के लिए समाहितिका से कहती है, समाहितिका के द्वारा बीजपूरक का ग्रहण नाट्यमुद्रा से करने का संकेत कालिदास ने किया है।

भरत के संजीव की विधि का उपयोग भास के बालचरित जैसे कुछ संस्कृत नाटकों में अपेक्षित हो सकता है, पर कालिदास और उनके बाद के नाटककारों की कृतियों के अभिनय के लिये जीवित पशु-पक्षियों का इस तरह की विधि से मंच पर प्रदर्शन अभीष्ट नहीं लगता। शाकुन्तल के पहले और चौथे अंक में हरिण तथा हरिण-शावक, रत्नावली के दूसरे और तीसरे अंकों में सारिका और मर्कट, मालविकाग्निमित्र में पिंगल वानर- ये सब नाटक की कथा के संविधान का गहरा प्रभाव छोड़ते हैं, पर नाटककार इनकी मंच पर भौतिक रूप से उपस्थिति का कोई संकेत नहीं देते। वे इनकी उपस्थिति का अनुभव पात्रों के संवादों तथा उनकी अभिनय-मुद्राओं से ही कराना चाहते हैं। इसी तरह दुष्यन्त के सवांद के अनुसार शाकुन्तल के प्रथम अंक में नायिका और उसकी सखियाँ हाथों में स्वप्रमाणानुरूप जलकलश लिये हुए हैं और कालिदास ने यह स्पष्ट नहीं किया है कि कलश का उनके हाथों में होना यथार्थवादी शैली से दिखाया जाएगा या नाट्यमुद्रा से, पर उनके टीकाकार राघवभट्ट 'वृक्षसेचनं रूपयति'-इस रंग-संकेत की अभिव्यजंनाप्रधान अभिनय शैली की दृष्टि से व्याख्या करते हुए कहते हैं-'अभिनयतीत्यर्थः। तत्राभिनयः नलिनीपद्मकोशौ कृत्वा स्कन्धप्रदेशं नीत्वा अवधूतेन शिरसा मनाङ् नमितया देहयष्ट्या च सहाधोमुखौ अवनीताविति।' अर्थात् शकुंतला का अभिनय करने वाली नटी पेडों में पानी सींचने का अभिनय सचमुच के घड़े से वास्तविक पानी डाल कर नहीं करती, वह नलिनीपद्मकोश हस्त बनाकर इस हस्त को कंधे की ओर ले जाती है, जिससे घड़े का बोध होता है, फिर अवधूत (झुके) शिरस् से देहयष्टि को कुछ झुका कर नलिनीपद्मकोश हस्त को इस तरह अधोमुख करती है कि दर्शकों को लगता है जैसे घड़े से पानी डाला जा रहा है।

हस्त और शिर की इन विशिष्ट मुद्राओं में शकुन्तला के हाथों में वास्तविक घट होने का कोई प्रश्न ही नहीं उठता।

शाकुन्तल, विक्रमोर्वशीय तथा उत्तररामचरित के नायक रथ पर बैठे हुए मंच पर प्रवेश करते हैं। इसी तरह मृच्छकटिक में आर्यक और वसन्तसेना दो अलग-अलग प्रवहणों में बैठे हुए गुजरते हैं। ऐसे प्रसंगों में रथ, अश्व, गाड़ी या विमान आदि दिखाने के लिए भरत की दृष्टि से तीन विकल्प हमारे सामने आते हैं। या तो, जैसा भरत ने पुस्त की विधियों में विस्तार से सूचित किया-चर्म, तृण आदि के द्वारा रथ, अश्व आदि की हल्की-फुल्की आकृति बनायी

जाय। ऐसी आकृतियों को सूत्र के द्वारा संचालित किये जाने का भी संकेत अभिनवगुप्त ने दिया है। पर रथ आदि को दिखाने के लिए अभिनवगुप्त ने एक दूसरी और अधिक कल्पनापूर्ण सुन्दर विधि सूचित की है। इसके अनुसार सारथि का अभिनय करने वाले पात्र के हाथ में एक छोटी-सी पटी दे देना चाहिए, जिस पर रथ का चित्र अंकित हो। तीसरा विकल्प हर तरह के स्थूल उपकरण का बहिष्कार करके भरत के द्वारा बतायी गयी रथस्थ पात्र की गति, उपयुक्त हस्त तथा पाद की मुद्राओं का प्रयोग करना है। कालिदास ने प्राचीन टीकाकारों में अभिज्ञानशाकुन्तलचर्चा के लेखक ने इस प्रश्न पर विस्तार से विचार किया है और उसका भी यह कहना है कि यहाँ पर वास्तव में कोई रथ या घोड़े नहीं लाये जाते, केवल उनकी गति का अभिनय किया जाता है। इसके आगे वह कहता है कि चाहे तो चर्म, वस्त्र, तृण आदि से रथ की सांकेतिक आकृति बनायी भी जा सकती है।

मंच पर उपकरणों के प्रयोग को लेकर भरत तथा उनकी परम्परा के संस्कृत नाटककार ऊपर उल्लिखित कई विकल्पों में से कोई भी चुनने के लिए छूट देते हैं। फिर भी जहाँ तक संस्कृत रंगपरम्परा का प्रश्न है, वह उपकरणों के स्थूल प्रयोगों को छोड़ कर अभिनवगुप्त द्वारा सुझाये गये उनके सांकेतिक व्यंजनापूर्ण उपयोग तथा उससे आगे उपकरणों को विस्थापित करने वाली सौन्दर्यमूलक अभिव्यंजनाप्रधान अभिनयशैली की ओर बढ़ने लगती है। भरत ने पुस्त की विधि से जटिल दृश्यबन्ध तैयार करने का निर्देश आरभटी वृत्ति प्रधान डिम, समवकार, ईहामृग जैसे रूपकों के लिए ही किया है। ऐसे रूपकों का प्रचलन भरत के पहले और भरत के समय तक ही कदाचित् रहा। भरत के पहले तक बड़ी रंगशालाओं में ऐसे रूपकों के प्रयोग होते होंगे। संस्कृत रंगमंच की परम्परा में बाहरी उपादानों के चमत्कार पर कम से कम निर्भर रहते हुए अभिनेता की सर्जनात्मक प्रतिभा के द्वारा रंगमंच पर सजीव संसार की रचना कराई जाती है।

मंच-विधान - भरत द्वारा निर्दिष्ट मंच-विन्यास अभी तक विवाद का विषय रहा है। विवाद के विस्तार में न जाने पर भी उसकी उपयोगिता उसके निम्नलिखित अंशों से समझ सकते हैं-रंगशीर्ष, रंगपीठ, कक्ष्याविभाग तथा मत्तवारणी। यदि रंगशीर्ष के रंगपीठ की अपेक्षा ऊँचा होने का उल्लेख प्रामाणिक माना जाय, तो इस प्रकार की संरचना से राजसभा आदि के दृश्यों के प्रस्तुतीकरण में सहायता मिलती है। आजकल भी मंच का पिछला हिस्सा आगे के हिस्से से थोड़ा ऊँचा रखा जाता है, जिससे बड़े दृश्यों या एक साथ दो दृश्यों की प्रस्तुति में सुविधा जो जाती है।

कक्ष्या-विभाग भरत के नाट्यविधान की एक बड़ी उपलब्धि है। भरत ने इसका अत्यधिक महत्त्व भी प्रतिपादित किया है (नाशा० २३।१-३२)। कक्ष्या-विभाग में रंगपीठ तथा रंगशीर्ष-इन दो भागों से मिलकर बना मंच अभिनेताओं के समझने के लिए अनेक छोटे छोटे काल्पनिक भागों में विभक्त कर दिया जाता है। यह विभाजन प्रेक्षक के लिये दृश्य नहीं है। कौन

सा पात्र कौन से दृश्य में कौन सी कक्ष्या में रहेगा-ऐसा तय कर लेने से प्रस्तुति में अनुशासन और व्यवस्था बनी रहती है। भरत के अनुसार कक्ष्या-विभाग के द्वारा भवन, नगर, उद्यान, जंगल, आश्रम आदि की मंच पर अलग अलग स्थिति प्रकट की जा सकती है। एक कक्ष्या से दूसरी कक्ष्या में पात्र के जाने पर एक स्थान से दूसरे स्थान पर पहुँचना, दृश्य परिवर्तन आदि सूचित होते हैं। यथार्थवादी मंच के लिये कक्ष्याविधान संभवत: इतना आवश्यक नहीं है पर भारतीय रंगमंच के लिये, जो स्वभावत: भाववादी तथा अमूर्त प्रक्रिया का है, कक्ष्या विधान एक अनिवार्यता है, तथा इसका उपयोग आज भी अपनी आवश्यकता के अनुसार हमें करना चाहिए।

भरत के मंच-विधान का एक अत्यन्त विवादग्रस्त कितु उपयोगी अंग मत्तवारणी है। मत्तवारणी का मूल अर्थ बारामदा है। संभव है कि इसका प्राचीन रंगमंच पर वही उपयोग होता हो, जो आजकल विंग्स का होता है। मत्तवारणी मंच के दोनों और बनायी जाती थी। दोनों और चार-चार स्तम्भों के द्वारा इसे घेरा जाता था। नाट्यशास्त्र के उल्लेखों से यद्यपि इसका स्वरूप तथा उपयोग एकदम स्पष्ट नहीं हो पाता, पर मत्तवारणी के विषय में १०वीं शताब्दी के नाटककार राजशेखर में हमें एक ऐसा उल्लेख मिला है, जिससे संस्कृत रंगमंच पर मत्तवारणी की सत्ता और उपयोग के विषय में विवाद का अवकाश नहीं रहा जाता। राजशेखर की नाटिका विद्धशालभंजिका में राजा तथा विदूषक उद्यान में नायिका की प्रतीक्षा-कर रहे हैं। विदूषक कहता है कि चलो समय काटने के लिए हम इस मत्तवारणी में बैठें (ता एहि मत्तवारणी उवविसह्म — विद्ध० कलकत्ता सं०, पृ० ६५)। इसी प्रकार किसी पात्र को अन्य पात्र की प्रतीक्षा करता हुए दिखाने के लिये अथवा दो या दो से अधिक पात्र परस्पर एक दूसरे को नहीं देख रहे हैं- यह दिखाने के लिए मत्तवारणी का प्रयोग होता होगा। नाटककार के द्वारा मूलनाटक के संवाद में ही पात्र के मुख से मंच की एक संरचना का उल्लेख कराना मत्तवारणी की गुत्थी सुलझाने में सहायक है। हम राजशेखर के इस प्रसंग तथा विदूषक के संवाद को ध्यान में रख कर अन्य संस्कृत नाटकों की छानबीन करें, तब उनमें ऐसे अनेक दृश्यबन्ध मिलेंगें, जिनमें मत्तवारणी का प्रयोग आवश्यक है। संस्कृत नाटकों में कई बार मंच पर एक साथ दो या तीन भिन्न भिन्न दृश्य बताने पड़ते हैं, अथवा कुछ पात्रों को दूसरे पात्रों से अदृश्य दिखाना पड़ता है।। मुद्राराक्षस के तीसरे अंक में एक और राजसभा का दृश्य है, जहाँ चन्द्रगुप्त कंचुकी को चाणक्य को बुला देने का आदेश दे रहा है, साथ ही इस दृश्य के समानान्तर चाणक्य के आश्रम का दृश्य भी उसी समय दिखाया जाता है, जहाँ कंचुकी चाणक्य को बुलाने के लिये पहुँचता है। ऐसी स्थिति में रंगशीर्ष पर चन्द्रगुप्त के दरबार का दृश्य हो सकता है, तब मत्तवारणी चाणक्य की झोंपड़ी या आश्रम को प्रदर्शित करेगी, जिसमें चाणक्य दरबार का दृश्य जारी रहते समय भी स्थित रह सकता है। उत्तररामचरित के चौथे अंक में भी इस प्रकार की स्थिति आती है, जहाँ कौशल्या, जनक और अरुन्धती आदि एक ओर वार्तालाप कर रहें है, दूसरी और आश्रम के बटुक बात करते हुए आतें है। भास के स्वप्नवासवदत्त में

तो ऐसे दृश्यबन्धों का चमत्कारपूर्ण पिटारा ही निर्मित किया गया है। ऐसी स्थितियाँ आधुनिक नाटकों में भी आती हैं, और उनके प्रदर्शन में मत्तवारणी जैसी संरचना का प्रयोग उपयोगी हो सकता है। नाट्यशास्त्र के आधार पर परम्परागत रंगमंच निर्मित कर उसमें मत्तवारणी का सफलतापूर्वक उपयोग अब तक कई प्रस्तुतियों में किया जा चुका है।

मुखौटों का प्रयोग - भरत ने मंच पर कुछ परिस्थितियों में प्रतिशीर्षक (मुखौटे) के प्रयोग का निर्देश दिया है। किन्तु भरत के विवेचन से स्पष्ट नहीं हो पाता कि संस्कृत नाटकों के प्रयोग में किस सीमा तक किस प्रकार मुखौटों का प्रयोग किया जाता था। संस्कृत नाटक में मुखौटों के प्रयोग को लेकर राजशेखर ने कुछ अत्यन्त महत्त्वपूर्ण संकेत दिये हैं। राजशेखर की कर्पूरमंजरी के प्रथम अंक में विदूषक कपिंजल का दासी विचक्षणा से झगड़ा हो जाता है, तथा नायक राजा को अपने अपमान पर हंसते देख कर नाराज होकर कहता है:

अन्यो वा कोऽपि प्रियवस्योऽन्विष्यताम्। एषा वा दुष्टदासी लम्बकूर्चं टप्परकर्णं प्रतिशीर्षकं दत्वा मम स्थाने क्रियताम्। (कर्पूरमंजरी: म. मा. घोष का सं., पृ०८९)

(तुम अन्य कोई प्रियवयस्य (विदूषक) खोज लो। अथवा इसी दुष्ट दासी को यह लंबी दाढ़ी वाला, बैडोल कानों वाला मुखौटा दे कर मेरी जगह विदूषक बना लो।)

इससे स्पष्ट है कि राजशेखर के समय में संस्कृत नाटकों के मंचन में विदूषक को बेढंगा मुखौटा पहनाने का प्रचलन था। मुखौटों के प्रयोग का एक और सन्दर्भ राजशेखर ने कर्पूरमंजरी के चतुर्थ अंक में चर्चरी-वर्णन में दिया है। चर्चरी (समूह-नृत्य) में कुछ नर्तकियों ने पिशाचिनियों के अभिनय के लिये भयोत्पादक मुखौटे पहन रखे थे। अत: हास्य या भय का विशेष वातावरण निर्मित करने के लिये मुखौटों का प्रचलन था-यह इन उल्लेखों से स्पष्ट है। यह प्रयोग विशिष्ट पात्रों के लिये विशेष परिस्थितियों में ही किया जाता था। विदूषक का अभिनय करके वाला अभिनेता लगातार हास्यास्पद उठापटक करता रहे-यह उसके लिये कठिन हो सकता है-इसलिये उसे एक विचित्र मुखौटा पहना देने से यह समस्या सुलझ सकती है। भय आदि का वातावरण करने के लिये मुखौटों का प्रयास तर्कसंगत लगता है। इस प्रकार की स्थितियों में मुखौटों का प्रयोग आज के मंच पर भी किया जा सकता है।

त्रयी का समीकरण - संस्कृत की रंगपरंपरा का सर्वाधिक महत्त्वपूर्ण तत्त्व नाटककार, प्रयोगकर्ता तथा प्रेक्षकवर्ग-इन तीनों के बीच अन्त:संबंध का है। प्रयोग की सफलता के लिये नाटक का आलेख उत्तम होना चाहिये, रंगशिल्पी भी प्रशिक्षित तथा प्रयोग-निष्णात होना चाहिये, साथ साथ प्रेक्षक-समाज भी संस्कारवान् होना चाहिए। इन तीनों के संवाद के बिना कोई भी नाट्यप्रयोग सफल नहीं कहा जा सकता। संस्कृत के सभी महत्त्वपूर्ण नाटककारों ने अभिनेता या नाट्यदल तथा सामाजिकों से अपनी सम्प्रेषणीयता को आवश्यक तथा सर्वोपरि माना है। उन्होंने यह कामना प्रकट की है कि उनकी रचना ऐसे प्रेक्षक समाज के समक्ष प्रस्तुत होकर परखी जाये, जो नाट्यशिल्प के मर्मज्ञ हों। कालिदास तथा हर्ष आदि नाटककारों ने इसे

अभिरूपभूयिष्ठापरिषत् या गुणग्राहिणी परिषत् कहा है। प्रेक्षकसमुदाय नाटक तथा उसकी प्रस्तुति को किस प्रकार ग्रहण करता है-यह नाटककार तथा प्रयोगकर्ता के लिये सबसे बड़ी बात है, कालिदास के शब्दों में:

आपरितोषाद् विदुषां न साधु मन्ये प्रयोगविज्ञानम्।
बलवदपि शिक्षितानामात्मन्यप्रत्ययं चेतः।।

केवल श्रेष्ठ नाटककारों ने ही नहीं, नाट्यशास्त्र के आचार्यों ने भी इस त्रयी के समीकरण की ओर ध्यान दिया है, नाट्यशास्त्र तथा अभिनयदर्पण ने प्रयोग के मूल्यांकन के लिये प्राश्निकों, विशेषज्ञों तथा एक सभापति की नियुक्ति की व्यवस्था दी है नाट्यशास्त्र के सत्ताइसवें अध्याय में भरत ने विस्तार से प्राश्निकों के लक्षण बताये हैं।

संस्कृत रंगपरंपरा का अभ्युत्थान तभी तक जारी रहा, जब तक रचनाकार, प्रयोगकर्ता तथा प्रेक्षक के बीच संवाद तथा तालमेल की स्थिति बनी रही। भवभूति तथा राजशेखर का नाट्याचार्यों तथा अभिनेताओं से सीधा संपर्क था, और उन्होंने अपने नाटक प्रयोग करने वाले दल तथा प्रेक्षक समाज को सामने रख कर लिये थे।

त्रासदी की अवधारणा और संस्कृत-नाटक

पाश्चात्त्य काव्यशास्त्र के प्रवर्तक आचार्य अरस्तू ने त्रासदी और महाकाव्य को काव्यविधाओं में सर्वोच्च स्थान दिया था। कॉमेडी या सुखांत नाटक को उसने गंभीरता से नहीं लिया। उसका कहना था कि त्रासदी उत्कृष्ट मानव के चरित्र का अनुकरण करती है, जबकि कॉमेडी निकृष्ट लोगों का। अरस्तू की दृष्टि में त्रासदी श्रेष्ठ है,क्योंकि वह जीवन का श्रेष्ठ रूप प्रस्तुत करती है। अरस्तू की त्रासदी के नायक की अवधारणा अंशत: नाट्यशास्त्र की भारतीय परम्परा में धीरोदात्त नायक की अवधारणा को स्पर्श करती है। कम से कम महासत्त्व, उच्चकुल, गाम्भीर्य तथा संपत्ति और कीर्तिमान् आदि लक्षण धीरोदात्त नायक तथा त्रासद नायक पर समानतया लागू होते हैं।

नाट्यशास्त्रीय शब्दावली में त्रासदी को परिभाषित करना हो, तो कह सकते हैं कि करुणरसप्रधान नाटक त्रासदी है। अरस्तू ने त्रासदी या करुणरसप्रधान नाटक को इतना महत्त्व प्रदान किया, तो सहज ही प्रश्न उठता है कि क्या नाट्यसाहित्य की इतनी संपन्न विरासत और नाट्यशास्त्रीय लक्षण चिंतन की सुदीर्घ परम्परा के रहते हमारे यहाँ करुणरसप्रधान नाटकों की परिकल्पना नहीं थी? भरत के नाट्यशास्त्र की परम्परा तो इस प्रश्न का तत्काल सीधा और सकारात्मक उत्तर प्रस्तुत करती है। करुणरसप्रधान नाटक की अवधारणा तो इस परम्परा में थी ही, रूपकों के भेदों में ऐसे नाट्यप्रकार का समावेश करके उसे विधिवत् परिभाषित भी किया गया था। रूपक के दस प्रमुख भेदों में 'अङ्क' या 'उत्सृष्टिकाङ्क' की गणना की जाती रही है। भरत के प्रमुख भाष्यकार आचार्य अभिनवगुप्त बताते हैं कि इस रूपक प्रकार की 'उत्सृष्टिकाङ्क'

संज्ञा इसलिए पड़ी कि इसमें (अपने स्नेही बांधवों की मृत्यु पर) विलाप करती स्त्रियों के प्राण दुःखावेग से निकल पड़ने को होते हैं (उत्क्रमणीया सृष्टिर्जीवितं प्राणा यासां ता उत्सृष्टिकाः शोचन्त्यः स्त्रियस्ताभिरङ्कितम् इति) उत्सृष्टिकाङ्क में वाग्व्यापारप्रधान भारती वृत्ति का प्रयोग अधिक होता है, शेष तीन वृत्तियों (सात्त्वती, आरभटी और कैशिकी) का कम। उसकी ये विशेषताएँ इस रूपकप्रकार को ग्रीक त्रासदी के बहुत निकट ला देती हैं। संस्कृत नाट्य-परम्परा में उत्सृष्टिकाङ्क का एक उत्कृष्ट उदाहरण भास का 'उरुभङ्ग' है। मृत्यु शैय्या पर पड़ा हुआ, जंघाएँ टूट जाने से अपने नन्हें बेटे को गोद में उठाने या सामने अपने माता-पिता के सम्मुख उठकर अभिवादन करने में असमर्थ ऊरुभङ्ग का नायक अपनी गरिमा, उदात्तता, कुलीनता, अपनी भूलों पर पश्चात्ताप, अश्वत्थामा और बलराम को बदला लेने से रोकने के कारण प्रकट अपनी उदारता में ग्रीक त्रासदी के ही नहीं, विश्वनाट्य साहित्य की सर्वोत्कृष्ट त्रासदियों के नायकों के समकक्ष आ बैठता है, भय, आतंक क्षोभ, दुःख आदि का उद्रेक इस रूपक में त्रासदी के अनुरूप ही हुआ है। ऊरुभङ्ग के अतिरिक्त अन्य भी कई उत्सृष्टिकांक संस्कृत में रचे गये।

अब यह पूछा जा सकता है कि समग्र भारतीय परम्परा रस के अनुभव को परम साध्य के रूप में नाटक के केन्द्र में रखती है और रसानुभूति आनंदरूप मानी गयी है, तब दुर्योधन की मृत्यु के साथ समाप्त होने वाली ग्लानि, विषाद, शंका और भय का परम क्षोभकारक अनुभव देने वाले उरुभङ्ग जैसे रूपक या उत्सृष्टिकाङ्क जैसे रूपक प्रकार से आनंद का अनुभव कैसे होगा-और यदि आनंद का अनुभव इससे नहीं होता तो, क्या वह रूपक-प्रकार अभारतीय माना जाएगा-और क्या इसी कारण संस्कृत नाट्य परम्परा में उत्सृष्टिकांक के उदाहरण दुर्लभ हैं?

प्रथम प्रश्न के समाधान में तो यह कहा जा सकता है कि रसानुभूति के संदर्भ में जिस आनंद की चर्चा की जाती है, उसे मात्र सुखात्मक नहीं कहा जा सकता। जिस औपनिषदिक चिंतन से आनंद की अवधारणा उतारी गयी है, वहाँ 'आनंद' जीवन के समग्र प्राप्य, समग्र उत्स तथा एक जटिल अविभाज्य संश्लिष्ट अनुभव को द्योतित करता है-जिसके लिए हम सब जी रहे हैं, खट रहे हैं और जिसमें हमारा आदि और अंत है।

निश्चय ही यह कोई सुख का अनुभव नहीं है। यदि आनन्द जीवन के समस्त भाव का एक संपूर्ण अनुभव है, तो इसमें दुःखानुवेध अनिवार्यतया रहेगा। इसलिए रसानुभूति में दुःखांश निश्चित रूप से रहता है- यह तो रस पर विचार करने वाले आचार्य स्वीकार करके चलते हैं, उनमें संप्रदाय की दृष्टि से अंतर यही है कि कुछ आचार्य रस में दुःख के इस अनुभव को न्यग्भूत मानते हैं कुछ सुख के साथ सहकृत। रस के अनुभव के विशाल वृत्त से दुःख का निषेध करना और उसे मात्रा सुखोद्रेकमय मानना उसे अनुचित रूप से संकुचित करना तो है ही, 'यो वै भूमा तत् सुखम्, नाल्पे सुखमस्ति' की जिस औपनिषद् भूमि से वह आया है, उसे भी विकृत करना है।

उत्सृष्टिकांक ही एक रूपक-प्रकार नहीं है, जिसमें दुःखानुवेध आचार्य भरत मानते हों। डिम, ईहामृग, समवकार जैसे रूपक भेदों में भी दुःख के अतिशय की बात भरत कहते हैं। इस दृष्टि से वे समग्र नाट्यपरम्परा को ही दो धाराओं में बांट देते हैं-आविद्ध और सुकुमार। आविद्ध श्रेणी के रूपक-डिम, समवकार, व्यायोग, ईहामृग आदि आतंक, भय, त्रास और दुःख के अनुभव को प्रमुखता देते हैं। सुकुमार श्रेणी के रूपक-नाटक, प्रकरण आदि जीवन के लालित्य और शृङ्गार को। इसके साथ यह भी विशेषतः ध्यान देने की बात है कि भरत के सामने हमारे नाटक की जो मूल परम्परा थी, वह आविद्ध श्रेणी के रूपकों की थी। उन्होंने स्वयं समुद्रमंथन समवकार और त्रिपुरदाह डिम का प्रयोग करा कर इसी परंपरा को गति दी। वृत्तिचतुष्टय में सुकुमारात्मिका कैशिकी वृत्ति के बाद में जोड़े जाने की परंपरा की जो सूचना नाट्यशास्त्र देता है, उससे भी यही धारणा पुष्ट होती है। भरत इस तथ्य के प्रति सजग थे कि नाट्यनुभव एक जटिल तथा विविध भावों से संश्लिष्ट अनुभव है। पानकरसन्याय से परवर्ती आचार्यों की दृष्टि में इस अनुभव में किसी एक भाव की स्वतंत्रतया प्रतीति भले ही होती हो, पर जब तक जीवन के संपूर्ण भावों का मिश्रीकृत रूप इस नाट्यानुभूति के पेय में न होगा, (भले ही वे शोक, अमर्ष आदि के कसैले-कड़वे भाव ही क्यों न हों,) कला का अनुभव परिपूर्णता में प्राप्त नहीं हो पाएगा। इस दृष्टि से भरत ने नाट्य रस का लक्षण करते हुए कहा है कि नाना व्यंजनों से जिस तरह आस्वादक विविध स्वाद पाते हैं, उसी तरह नाट्य से हर्ष, शोक आदि विविध भावों का अनुभव करते हैं। अत एव भरत की दृष्टि से रस के अनुभव से जनित स्थिति सुखदुःखात्मक होती है—

लौकिकी सुखदुःखाख्या यथावस्था रसोद्भवा।।

(ना.शा०, १९.६)

नाट्यलोक की अवस्थाओं का अनुकरण है। ये अवस्थाएं सुखदुःखरूप या सुखःदुखसमुद्भव होती हैं-यह भी भरत अनेक बार कह चुके हैं-

अवस्था या तु लोकस्य सुखःदुखसमुद्भवा।
नाना पुरुषसञ्चारा नाटकेऽसौ विधीयते।।

(१९.१४२)

योऽयं स्वभावो लोकस्य नानावस्थान्तरात्मकः।
सोऽङ्गाद्यभिनयोपेतो नाट्यमित्यभिधीयते।।

(१९.१४४)

योऽयं स्वभावो लोकस्य सुखदुःखसमन्वितः।
सोऽङ्गाद्यभिनयोपेतो नाट्यमित्यभिधीयते।।

(१.१२१)

आचार्य अभिनवगुप्त भी नाट्य में सुखदुःख का अनुगमन या अनुवेध स्वीकार करते हैं—

लोकस्य सर्वस्य साधारणतया स्वत्वेन भाव्यमानश्चर्व्यमाणोऽर्थोनाट्यम्। स च सुखदुःखरूपेण विचित्रेण समनुगतिः। (१.१२१ पर अभिभा.)

इसके आगे अभिनव ने रति, हास, उत्साह आदि की सुखदुःखात्मकता, विस्मय की सुखरूपता, क्रोध, भय, शोक और जुगुप्सा की दुःखस्वरूपता प्रतिपादित की है। रस और नाट्य की समुदाय रूपता की बात भी अभिनव ने जोर देकर कही है (वही)।

तब यह मानना पड़ता है कि आविद्ध रूपकों की और दुःखप्रधान रूपकों की भी एक परंपरा हमारे यहाँ थी। 'आविद्ध' यह संज्ञा ही केवल सुखात्मकता के स्थान पर दुःखानुवेध को सूचित करती है। आठवीं शताब्दी के प्रसिद्ध काव्यशास्त्री आचार्य वामन तो स्पष्टतया साक्ष्य देते हैं कि करुणरसप्रधान रूपकों की परम्परा उनके समय विद्यमान थी और यही नहीं, इस परम्परा के अपने प्रत्यक्ष अनुभव के कारण वामन यह भी बताते हैं कि रस का अनुभव एक सम्प्लवात्मक अनुभव है-उसमें सुखःदुख का सम्प्लव रहता है—

स तु सम्प्लवस्त्वनुभवसिद्धः। तद्विदां रत्यादिविशेषवत्।

अत्र श्लोकः-

करुणप्रेक्षणीयेषु सम्प्लवः सुखदुःखयोः।
यथानुभवतः सिद्धस्तथैवौजःप्रसादयोः।।

(कालंसूवृ० ३.८.९)

अभिनव ने रस को सुखःदुखस्वभाव मानने वाले सांख्यमत का उल्लेख किया है (सांख्यदृशा सुखःदुखस्वभावो रसः-अभि० भा०, पृ० २६७)। रस को सुखदुःखात्मक मानने वालों में भोज तथा रामचंद्र का उल्लेख सर्वप्रथम किया जा सकता है।

भोज ने कहा है-'रसाः सुखदुःखावस्थारूपाः' शृंप्र० भा०, २ पृ० ३६९। रामचन्द्रगुणचन्द्र ने भी रस का स्वरूप सुखदुःखात्मक माना है (नाद०, ३.७)। शृङ्गार, हास्य, वीर, और शान्त-ये पाँच रस सुखात्मक हैं, शेष चार दुःखात्मक। सभी रसों को सुखदुःखात्मक मानना अनुभवसिद्ध नहीं है। भयानक, बीभत्स, करुण तथा रौद्र जैसे रसों से प्रेक्षक के चित्त में क्लेश उत्पन्न होता है। तथा सामाजिक, भयानक जैसे रसों से तो उद्विग्न ही होते हैं फिर इन रसों के प्रसंग नाटक में देखने की प्रवृत्ति कैसे होती है? इसके उत्तर में राम-गुण. कहते हैं रसास्वाद के विराम की स्थिति में यथावस्थित वस्तु प्रदर्शन का कवि या नट के कौशल में जो चमत्कार है, उसके कारण यह प्रवृत्ति होती है। संग्राम में अपने शत्रु को भी अपने ऊपर कौशल से प्रहार करते देख वीरमानी लोग चमत्कृत होते हैं, यद्यपि इस चमत्कृत होने में उनके लिए दुःख ही है। इस प्रकार कवि-नट-कौशल से विप्रलब्ध या ठगे गये प्रेक्षक सुखदुःखात्मक करुण रस में भी परमानंदरूपता का अनुभव करते हैं। वस्तुतः संसार सुखदुःखात्मक है और कवि इसका अनुकरण करते हुए काव्य में सुखदुःखात्मक रस को ही निबद्ध करते हैं। जिस प्रकार पानक रस की मधुरता में कटुता या तीक्ष्णता भी मिली रहती है, फिर भी उसका स्वाद पीने वाला

सुख से ही लेता है, वैसे ही दु:खसम्मिश्रित सुख का ऐसे रसों में आस्वाद सहृदय लेते हैं। सीताहरण, द्रौपदी का केशाम्बराकर्षण, हरिश्चंद्र का चांडालकर्म, रोहिताश्व की मृत्यु, लक्ष्मण को शक्ति लगना-इन सब प्रसंगों का उल्लेख कर राम-गुण कहते हैं कि क्या ऐसे प्रसंगों को देखकर कोई सुखानुभव कर सकता है! राम-गुण का निष्कर्ष यही है कि परमार्थत: इनमें दु:खानुभव ही होता है।

अभिनवगुप्त के कुछ स्थायीभावों की सुखरूपता और कुछ की दु:खरूपता बतलायी है, तथा रस को समुदायरूप कहा है, पर अभिनवगुप्त, मम्मट, विश्वनाथ, जगन्नाथ आदि की परम्परा रस को आनन्दरूप या सर्वथा सुखात्मक ही मानती है। राम-गुण० के मत का प्रत्याख्यान करते हुए विश्वनाथ कहते हैं कि हरिश्चन्द्र आदि के दु:खमय चरित में अश्रुपात आदि चित्त की द्रुति के कारण होते हैं, दु:ख के कारण नहीं (साद०, ३.७)। सुरत में दंतक्षत की पीड़ा भी जैसे सुख रूप होती है, वैसे ही करुण रस में अश्रुपात आदि। अत: काव्य में सभी विभावादि से सुख ही होता है-यह नियम मानना चाहिए।

पंडितराज जगन्नाथ ने रस को सुख प्रधान मानने वालों की परम्परा में रहकर भी, एक विकल्प यह सुझाया कि दु:खानुवेध तो रस में होता है, पर सुख-भूयिष्ठता के कारण दर्शक या श्रोता की काव्य या नाट्य में प्रवृत्ति बनी रहती है, जिस प्रकार चंदन पीसने में कष्ट तो है, पर उसके बाद तदुपभोगजन्य आनंद के कारण चंदन को पीसने के काम (पेषण) में प्रवृत्ति होती है।

अत: रस के अनुभव को लेकर आचार्य परम्परा में दो खेमे हो जाते हैं। एक दु:खानुवेध को उसकी प्राथमिक शर्त ही स्वीकार करके चलती है। वह रस को पीछे सम्प्लवात्मक, जटिल और सम्मिश्रित अनुभूति ही मानती है। दूसरी परम्परा सुख-प्राधान्य को उसकी प्राथमिक और अनिवार्य शर्त मानती है, दु:खानुवेध के प्रत्यक्ष अनुभव को न्यग्भूत या दबा हुआ मानती है।

इन दो परम्पराओं में रस को सम्प्लवात्मक अनुभव मानने वाली परम्परा ही आचार्य भरत और भारतीय जीवन-बोध, जीवन मूल्यों के अधिक निकट है। जहाँ रामायण में करुण रस का प्राधान्य अनुभवसिद्ध तथा आचार्य परम्परा को भी मान्य हो, जहाँ कुंती अपने प्रभु से वर के रूप में दु:ख मांगती हो, वहाँ समग्र जीवन के अनुभव से दु:ख को अस्वीकार करने वाली परम्परा के लिए अवकाश नहीं हो सकता। रस जीवन के व्यापक वृत्त का उसकी समग्रता में अनुभव है, उसे संविद्विश्रांतिमात्र कहने से उसकी संपूर्णता की क्षति होती है। एक सम्पूर्ण मनुष्य बनने के लिए दु:ख से गुजरना अनिवार्य है, उसी तरह कविता में जीवन के संपूर्ण अनुभव पर्यन्त दु:ख की अनुभूति का सातत्य भी।

उपर्युक्त पृष्ठभूमि में संस्कृत नाट्यकारों की पंक्ति में भवभूति की ओर ध्यान जाना स्वाभाविक है, विशेषत: आचार्य वामन का ऊपर जो उद्धरण दिया गया है, उसके संदर्भ में। वामन करुण-प्रेक्षणीय या करुण रस प्रधान नाटक के लिए ही अभिनय में सुख और दु:ख

के संप्लव की बात करते हैं। वामन भवभूति के समकालीन थे। उन्होंने भवभूति के रूपक पढ़े थे या संभवतः मंच पर देखे भी थे। वे भवभूति को उद्धृत करने वाले संस्कृत काव्यशास्त्र के पहले आलंकारिक हैं। वे भवभूति के महावीरचरित तथा उत्तररामचरित इन दो नाटकों के एक-एक पद्य उद्धृत करते हैं। इस बात की पूरी संभावना है कि करुणरस के प्रेक्षणीय में सुख-दुःख की संप्लवात्मकता की बात वामन भवभूति के कर्तृत्व से प्रभावित होकर कह रहे हों। भवभूति रस के सम्मिश्र अनुभव को अपने कर्तृत्व से रेखांकित करते हैं। सुख में दुःख के अनुवेध का, सीधी सपाट समझी गयी अनुभूति की जटिलता का इतनी तीव्रता से बोध संस्कृत कविता में अन्यत्र कहीं नहीं होता, जितना भवभूति में।

सत्य कितना ही भयावह क्यों न हो, जीवन और जगत् की विभीषका कितनी ही दारुण क्यों न हो, भवभूति चाहते हैं कि उससे बच निकलने की बजाय उसे स्वीकार किया जाय। इस भयावहता, विभीषिका की दारुणता और मर्मान्तक पीड़ा से जो सामना नहीं कर सकता, वह जीवन के सुख और राग के आनन्द को भी नहीं जान सकता। भवभूति जीवन की अकाण्डविवर्तनदारुणता की, मन के रोगों की परिशेष की, विशद और व्यापक अनुभूति कर पाते हैं तभी वे हृदय के सौन्दर्य और प्रेम के सामर्थ्य को भी उतनी गहरायी से जान पाते हैं और प्रस्तुत कर पाते हैं। जीवन की त्रासदी की एक अवधारणा भवभूति के रूपकों में मिलती है और इस अवधारणा के प्रक्षेप में वे अपने से पहले की एक लंबी परम्परा से अपने को जोड़ लेते हैं। यह परम्परा व्यास की है जिन्होंने अपने युग की सारी विभीषिका को इस प्रकार अभिव्यक्ति दी—

अतिक्रांतसुखाः कालाः प्रत्युपस्थितदारुणाः।
श्वः श्वः पापीयदिवसाः पृथिवी गतयौवना।।

(ऐसा समय आ गया है, जिसमें से सुख निकल कर जा चुका। दारुण दुःख उपस्थित है। हर आने वाला दिन अधिक से अधिक पाप लेकर आ रहा है। धरती का यौवन समाप्त हो चुका।)

यह परम्परा वाल्मीकि की है जो सैकड़ों वर्षों के संघर्ष और दुःख के बाद भी जीवन में आनंद की आशा रखती है—

कल्याणी बत गाथेयं लौकिकी प्रतिभाति माम्।
एति जीवन्तमानन्दो नरं वर्षशतैरपि।।

वामन की तरह भवभूति भी रस के विषय में यही कहते हैं-'मिश्रीकृतक्रमो रसो वर्तते'। संस्कृत नाट्यकारों में भवभूति ही इस तथ्य का जीवंत अनुभव देते हैं कि इस संसार का वृत्त जिन चीजों से बना है उनमें बीभत्सता भी है, संत्रास भी। इस संसारवृत्त को जब वे अपने नायक राम के शब्दों में परिभाषित करते हैं, तो कुछ इस तरह का पाते हैं-

'निरन्वय-विपर्यास-विप्रलम्भ-स्मृति-पर्यवसानिकास्तावकाः संसारवृत्तान्ताः।'

(उराच०, षष्ठ अंक)

इस कथन को राम की उद्विग्न दु:खाकुल मन:स्थिति की उपज मात्र कह कर नहीं टाला जा सकता। भवभूति का रचनाभाव मूलत: इस दृष्टि को लेकर चलता है कि संसार में करुणा, राग, सौंदर्य और प्रेम के अद्वितीय आनन्द के साथ बीभत्सता, मर्मान्तक कष्ट और त्रास भी है। हर तरह का संबंध इस द्वैध से ग्रस्त है। उत्तररामचरित के आरम्भ होते ही हम राम के इस वाक्य पर अटकते हैं—

'एते हि हृदयमर्मच्छिदः संसारभावाः येभ्यो बीभत्समानाः सन्त्यज्य सर्वान् कामानरण्ये विश्राम्यन्ति मनीषिणः।'

इस वाक्य की व्याख्या में टीकाकार वीरराघव ने 'संसारो हि शरीरसंबंधानुबन्धि-सुखदु:खसमुदाय:' कह कर जगत् के विषय में भवभूति के दृष्टिकोण को सम्यक् समझाया है। जब तक मनुष्य हैं, मानवीय सम्बन्ध है तब तक सुख के साथ दु:ख संश्लिष्ट है। फिर भी भवभूति अरण्य में विश्रांति के पक्ष में नहीं हैं, वे इस संसार की समस्त बीभत्सता और त्रास, सौन्दर्य और स्नेह की शक्ति का साक्षात्कार करते हैं। उनकी जीवन तथा रचना के प्रति यह दृष्टि उन्हें आविद्ध रूपकों की छीजती हुई परंपरा के पुनराविष्कार के लिए प्रेरित करती है। पुनराविष्कार की यह प्रक्रिया उनके महावीरचरित से आरम्भ होकर मालतीमाधव में विशेष रूप से प्रतिफलित हुई है।

यों तो मृच्छकटिक जैसी शक्तिशाली रचना प्रकरण की विधा में भवभूति के पहले आ चुकी थी। भवभूति ने मालतीमाधव जैसा एक प्रकरण लिखकर इसमें नवीनता का संचार किया। इस दृष्टि से अपने कर्तृत्व और दृष्टि की व्याख्या करते हुए मालीमाधव की प्रस्तावना में भवभूति स्वयं कहते हैं—

भूम्ना रसानां गहनाः प्रयोगाः सौहार्दहृद्यानि विचेष्टितानि।
औद्धत्ययोजितकामसूत्रं चित्रा कथा वाचि विदग्धता च।।

सबसे पहले ही बात सारे रसों के गहन प्रयोग की है। किसी एक रस के परिपोष से जन्य आस्वाद से नाटककार को परितोष नहीं है। वह विविध रसों की गहन अभिव्यक्ति के द्वारा जीवन के वैविध्य और गहनता को प्रस्तुत करना चाहता है। फिर सौहार्द की हृद्यता के साथ औद्धत्य भी समाविष्ट है। प्रस्तावना में दावा किया गया है कि यह कृति 'एवम्प्रायगुणभूयसी' है और यह दावा गलत नहीं है।

संविधान की दृष्टि से मालतीमाधव शूद्रक के प्रकरण की तुलना में एक शिथिल और कमजोर रचना हो सकती है, पर उसका आयाम बृहत्तर है। संस्कृत के अन्य किसी रूपक में कदाचित् पिता के द्वारा बेटी को विवाह की बलिवेदी पर अर्पित कर देने की बात इतने साहस के साथ नहीं कही गयी (कथमुपहारीकृतास्मि तातेन राज्ञे), कापालिक अघोरघण्ट के द्वारा सचमुच मालती को बलि चढ़ाता दिखाने के पहले पिता के भी कापालिक बन जाने की निष्करुणता का उद्घाटन भी ऐसे तेजस्वी शब्दों में और कहीं नहीं कराया गया-(निर्व्यूढं च

निष्करुणतया तातस्य कापालिकत्वम्)। स्त्री के जीवन की विडम्बना को कालिदास ने भी अपने समकालीन सामंतवादी समाज के संदर्भ में चित्रित किया था, पर भवभूति ने अपनी ओजस्वी बानगी के साथ उसे जब कहा, तो उसका अनुभव अधिक मनोन्माथी बनकर सामने आया—

गृहे गृहे पुरुषाः कुलकन्यकाः समुद्वहन्ति, न खलु कोऽपि लज्जापराधीनमनमराद्धं मुग्धसुकुमारस्वभावं कुलकुमारीजनं प्रभवामीति वाचानलेन प्रज्वालयति। एते खलु ते हृदयशल्यनिक्षेपा आमरणं संस्मर्यमाणदुःसहाः पतिगृहनिवासवैराग्यकारिणो महापरिभवा येषां कृते स्त्रीजन्मलाभं जुगुप्सन्ते बान्धवाः। (मा०मा० पृ० ८३)

कालिदास ने कण्व के मुख से 'पीड्यन्ते गृहिणः कथं न तनयाविश्लेषदुःखैर्नवैः' जैसे कथनों के द्वारा प्रकारान्तर से स्वीकार कर लिया था कि गृहस्थ की पीड़ा उनके नाटक में साक्षात् चित्रित नहीं है। उनके नाटकों की तीनों नायिकाओं पर भी यह बात लागू होती है। वे कुटुम्ब से, घर परिवार से कटी हुई हैं। भारतीय परिवार के बीच पलकर वयस्क होती एक लड़की के द्वन्द्व, कचोट, पीड़ा और साहस का चित्रण संस्कृत नाटक में केवल भवभूति ने करके दिखाया और इस लड़की के दुःख तथा अपने ही घर और कुटुंबियों के साथ विपरिवर्तित होते संबंधों की पीड़ा के साथ उसे साहस की अप्रतिमता में भवभूति ने 'विचेष्टित' और 'औद्धत्य' के द्वारा आविद्ध रूपकों की परम्परा को नये रूप में जीवित किया। श्मशान, नरबलि, युद्ध और नगर की सड़कों पर सिंह के साथ संग्राम के चित्रण द्वारा भवभूति प्रणयकथा को एक बड़े विश्व से जोड़ते हैं। इसमें 'सौहार्द की हृद्यता' के साथ 'विचेष्टित' का दुस्साहस और औद्धत्य है। यदि मालतीमाधव की कथा दस अंकों तक खींचकर आगे ले जायी गयी है, तो दुःख के वृत्त को पूर्ण करने के लिए। दुस्साहस करके घर छोड़कर चली गयी पुत्री के लिए पिता का दुःख अंतिम अंक में ही सामने आता है और वही पिता पुत्री को फिर से एक दूसरे से जोड़ता है। इसलिए मालतीमाधव युवा प्रणय की जितनी ही बड़ी कथा है उतनी ही दुःख की अंतर्निहित धारा और जीवन की विभीषिका और अभिशाप की भी। दुःख जीवन को काटता है, फिर भी जीवन का प्रवाह निरन्तर बह रहा है क्योंकि 'विचेष्टित' या मनुष्य की विशिष्ट चेष्टा भी उतनी ही बड़ी है जितना बड़ा दुख। मालतीमाधव बृहत् दुःख से उबरने के लिए विचेष्टित में निरत लोगों की गाथा है। इनमें से सभी लोग हैं- माधव, मालती, कामंदकी, मकरंद और भूरिवसु भी। पूरे नाटक से उभरती हुई कर्तृत्व और संसार के दुःख के इस महासंघर्ष की कथा में यदि कहीं कमी रह जाती है, तो यही कि कहीं-कहीं मनुष्य की चेष्टा सम्मूर्च्छित होती लगती है, नियति-जन्य यादृच्छिकता कथा के सूत्र अपने हाथ में ले लेती है। भारतीय जीवन दृष्टि दुःख को सृष्टि का अंश मान कर भी कर्म से विरत नहीं होती, नियति के हाथों अपनी निजता नहीं सौंपती। मालतीमाधव में यद्यपि पात्र कर्म से विरत नहीं होते, पर भाग्य का अप्रत्याशित हस्तक्षेप कई बार अपनी आकस्मिकता में उनकी सामर्थ्य को पराहत छोड़ देता है, इसकी अनुगूंज भी बार-बार हम उनके संवादों में सुनते हैं—

प्रविक्षिप्तं चेतः प्रविशति च मोहान्धतमसम्।
अकिञ्चित्कुर्वाणाः पशव इव च तस्यां वयमहो
विधातुर्वामत्वाद् विपदि परिवर्तामह इमे।।

(९.८)

सुहृदिव प्रकटय्य सुखप्रदः प्रथममेकरसामनुकूलताम्।
पुनरकाण्डविवर्तनदारुणः प्रविशिनष्टि विधिर्मनसोरुजम्।।

(४.७)

को नाम पाकाभिमुखस्य जन्मुर्द्वाराणि दैवत्य पिधातुमीष्टे।
पुनरुक्तदारुणस्य परिणामरमणीयत्वं विधेः।।

(पृ० १२९)

उत्तररामचरित में नियति मनुष्य के कर्तृत्व के द्वारा विस्थापित कर दी गयी है। यद्यपि 'दारुणदैवनिर्घात' की बात यहाँ भी उठती है, पर नियति की अवधारणा के स्थान पर भवभूति यहाँ 'ऋत' की वैदिक अवधारणा को अंगीकार करते हुए लगते हैं। दूसरी ओर राम जानते हैं कि उनका दु:ख नियति-जन्य नहीं, उनके अपने निर्णय और कर्म का परिणाम है, और यह निर्णय भी संयोग या यादृच्छिकता के कारण नहीं, 'विशिष्ट' सामाजिक स्थितियों के कारण लिया गया है। राम अपने कर्म से अपने को परिभाषित करते हैं। इसलिए मालतीमाधव का माधव तो ग्रीक या अंग्रेजी नाटक की त्रासदी के नायक के कद तक नहीं पहुंचता, पर राम उससे भी ऊपर तक पहुँचते हैं।

उपर्युक्त विवेचन से वह पृष्ठभूमि जानी जा सकती है जिसमें संस्कृत नाटक की क्लासिकी परम्परा में विशेषत: भवभूति में नाटक की त्रासदी की एक विशिष्ट अवधारणा निर्मित होती है और जिसका तारतमिक वैशिष्ट्य ग्रीक या एलिजाबेथन त्रासदी की तुलना में देखा जा सकता है। यदि ग्रीक त्रासदी से तुलना करके देखें तो स्पष्टत: ग्रीक और भारतीय संस्कृतियों तथा जीवन दर्शनों में परस्पर मूलत: इतना वैषम्य है कि ग्रीक त्रासदी हमारी परम्परा के नाटक से बहुत भिन्न और दूसरे ही छोर पर खड़ी हुई लगती है। ग्रीक त्रासदी में देवता या नियति मनुष्य के साथ जो क्रूर खिलवाड़ करते हैं और उसे अपना एक खिलौना बना लेते हैं-उसकी कोई कल्पना हमारी परम्परा में नहीं की जा सकती। ईदीपस के द्वारा अपनी माँ से विवाह की अवांछित घटना नियति के ऐसे विधान से घटती है, जिसमें मनुष्य सर्वथा अवश, दयनीय और उपहासास्पद हो गया है। यद्यपि मालतीमाधव के पात्र भी कहीं-कहीं नियति के हाथों खिलौने बने हुए से लगते हैं, पर कर्म की संभाव्यता ने उन्हें ऐसी अवशता या दयनीयता की दशा से उबार दिया है। ग्रीक त्रासदी के हमारी परम्परा के श्रेष्ठ नाटक का इतना साम्य अवश्य है कि दोनों में नायक अत्यंत अभिजात और विशिष्ट व्यक्ति है। उसकी उदात्तता, सदाशयता, शौर्य आदि असामान्य गुण उसके दु:ख को भी विशिष्ट बना देते हैं, वह अपने दु:ख में भी

असामान्य धैर्य और असामान्य पीड़ा दोनों के कारण साधारण जनप्रवाह से कुछ अलग ही खड़ा हुआ लगता है।

स्वप्नवासवदत्तम् में उदयन के मुख से भास ने इस बात को बहुत मार्मिक रूप से व्यक्त किया है—

यात्रा त्वेषा यद् विमुच्येह वाष्पं
प्राप्तानृण्या याति बुद्धिः प्रसादम्।।

यहाँ नायक लोकयात्रा से अलग अपनी पीड़ा के सातत्य के कारण हमें कुछ और ही लगता है। जीवन में आये आकस्मिक आघात से जनित पीड़ा या कचोट के कारण ग्रीक त्रासदी अंशत: हमारे नाटक से साम्य रखती है।

भवभूति निरन्तर यह प्रत्यय देते हैं कि राम की करुणा असाधारण है। अपने असामान्य धैर्य से ही वे उसे झेल जाते हैं।

अनिर्भिन्नोनिगूढत्वादन्तर्गूढघनव्यथः।
पुटपाकप्रतीकाशो रामस्य करुणो रसः।।

असाधारण दु:ख को झेलते हुए वे असामान्य स्थितियों से गुजरते हैं—

ईदृशानां विपाकोऽपि जायते परमाद्भुतः।

इसलिए त्रासदी का अनुभव हमें स्वप्नवासवदत्तम्, शाकुन्तल या उत्तररामचरित पढ़ते या देखते समय होता अवश्य है। इन तीनों नाटकों में पात्र जीवन में गहरी पीड़ा या मर्मान्तक अनुभव से गुजरते हैं। जीवन में दु:ख का सातत्य या अविभाज्यता है वह अनुभव ही त्रासदी को जन्म देता है। उक्त तीनों नाटकों में हम इस सातत्य का निरन्तर अनुभव करते हैं। अत एव इस दृष्टि से इन्हें त्रासदी कहा जा सकता है।

त्रासदी की इस भारतीय परम्परा में भवभूति का अवदान इसलिए महत्त्वपूर्ण हो जाता है कि दु:ख की अविभाज्यता और नैरंतर्य दोनों का प्रत्यय जितने विस्तार और गहराई के साथ वे हमें देते हैं, उतना उनके पहले के नाटककार नहीं। यद्यपि शाकुन्तल में नायक और नायिका का पुनर्मिलन भी अतिशय कारुणिक है। पाँचवें अंक में अप्रत्यभिज्ञा के कारण जो त्रासद स्थिति बनी थी, उसकी पुनरावृत्ति एक भिन्न पर अधिक मार्मिक रूप से यहाँ होती है। पहली दृष्टि में अबकी बार शकुन्तला दुष्यंत को नहीं पहचान पाती और कहती है ये तो आर्यपुत्र नहीं है, फिर यह कौन है जो अपने गात्रसंग से मेरे पुत्र को दूषित कर सकता है! बात यहीं तक नहीं है। उसका बेटा अपने ही पिता का परिचय उससे पूछता है, तो अप्रत्यभिज्ञा-जन्य त्रासदी अधिक कारुणिक होती है और इससे आगे जब अप्रत्यभिज्ञान का कारण बनी अंगूठी को दुष्यंत वापस शकुंतला को पहनाना चाहता है, तो उसका यह कहना-'मुझे इसका विश्वास नहीं, आप ही इसे पहने रहिये'-इस पुनर्मिलन में अनुस्यूत गहरी पीड़ा के सातत्य का बोध

हमें कराता है। भवभूति सुख में भी दुःख अनुस्यूत होने के संकेत को यहाँ से उठाकर उसे कई आयामों में विशद विस्तार से व्यक्त करते हैं। सुख और दुःख के पर्यायक्रम की और सम्मिश्रण की बात कालिदास ने भी कही थी, पर भवभूति जीवन में दुःखानुवेध को इतनी गहराई से अनुभव करते हैं कि उनमें सुख के दिनों की स्मृति भी दुःख में परिणत हो जाती है—

मातृभिश्चिन्त्यमानानां ते हि नो दिवसाः गताः (उराच०)

कालिदास में दुःख के दिनों की स्मृति भी सुख में परिणत हो सकती है—

तयोर्यथा प्रार्थितमिन्द्रियार्थानासेदुषोः सद्मसु चित्रवत्सु।
प्राप्तानि दुःखान्यपि दण्डकेषु सञ्चिन्त्यमानानि सुखीबभूवुः।।

(रघु०, १४.२५)

भवभूति ने इसे उलट दिया है, पर जीवन के सत्य और मर्म को उद्घाटित उन्होंने भी किया है, कालिदास ने भी। मनुष्य अपने आप में एक संभावना है, उसके अनुभव और संवेदन में अपार संभावनशीलता है। यही जीवन में दुःख का संश्लेषण है, जिसे भवभूति ही इस रूप में अपने संवेदन से उद्घाटित कर सके हैं। सुख की स्मृति आनंद बनकर उच्छ्वसित कर सकती है, तो दुःख की कचोट भी दे सकती है। भवभूति मनुष्य के साथ लगी सदा की सांसत, उसके भीतर निरंतर चलते महा हाहाकार की पीड़ा का मर्मोद्घात करते हैं। अतीत का झेला दुःख नये दुःख को जन्म देता है-(पुरा भूतः शोको विकलयति मां नूतन इव)-अतीत के सुख के दिनों की स्मृति भी सालती है क्योंकि वह आज के अभाव का बोध देती है, वे सुख के दिन अब लौटाए नहीं जा सकते।

फिर भी भवभूति आज के छायावादी या रहस्यवादी कवियों की तरह की वेदना के कवि नहीं हैं, क्योंकि वे जीवन को परिपूर्णता में देखकर, उसके संपूर्ण वृत्त में अंतर्निहित अजस्र करुणा की धारा को प्रत्यक्ष करते हैं। वे मात्र सुख की 'स्मर्यमाणदुस्सहता' के कवि नहीं हैं, सुख की स्मृतियों में बस दुःखोच्छ्वास ढूंढते रहने की उनकी प्रवृत्ति नहीं, वे उन तत्त्वों का संकेत करते हैं, जिनके कारण मनुष्य अपने अभ्युदय में भी पतन और शोक के बीज पाता है जिनके कारण निर्वहण में भी दुःखांश संश्लिष्ट हो जाता है। इस दृष्टि से भवभूति नाटक के सुखांत को भी नया बोध देते हैं। उराच. में राम के भरतवाक्य के पूर्व वाक्य ही यह है—

सर्वमिदमनुभवन्नपि न प्रत्यैमि, यद् वा प्रकृतिरियमभ्युदयानाम्

अभ्युदय की प्रकृति में दुःखानुभूति का यह संश्लेष जीवन को उसकी जटिलताओं के साथ समझने के कारण है। चरम आनंद के क्षणों में जब दुःख की कोई स्मृति कोई कचोट आपाततः न हो, तब भी क्या भीतर अनाहत नाद की तरह करुणा का कोई स्वर बजता नहीं होता? भवभूति ही जीवन के इस अंतःस्वर को सुन पाते हैं। सीता के साथ सुख के उच्छ्वास में खोये, उसके स्पर्श से रोमांच का अनुभव करते, अतीत और अनागत के सारे कष्टों से बेखबर राम जब प्रेम और आनंद की अपनी अनुभूति को पारिभाषित करते हैं, तो कुछ इस

तरह—

विनिश्चेतुं शक्यो न सुखमिति वा दुःखमिति वा।
प्रमोहो निद्रा वा किमुं विषविसर्पः किमु मदः।।

जिसे सुख समझा जा रहा है, वह इत्थमित्थं रूप में पूरा का पूरा सुख ही हो-ऐसा नहीं है। जिसे दु:ख जाना जा रहा है, वह भी सारा का सारा दु:ख ही नहीं है। जीवन में मनुष्य के सामने जो स्थितियाँ आती हैं, उन्हें सुख और दु:ख के अलग-अलग खाँचों में बाँट कर इस तरह सरलीकृत करके नहीं देखा जा सकता। यही जीवन के रस का 'मिश्रीकृतक्रम' रूप है। इसमें सदैव एक विडम्बना भी मिली रहती है और सुखोच्छ्वास भी। जीवन की मधुधारा में विष के अंश का मिश्रण अनिवार्यतः रहता है-एतास्ता मधुरा धाराश्च्योतन्ति सविषास्त्वयि।

भवभूति के नाटकों में दु:ख की इस अनिवार्य अवतारणा ने भारतीय नाटक को त्रासदी का एक रूप दिया है। इसकी झलक पहले के नाटकों में दिख चुकी थी। भवभूति ने इसको जीवन की अनदेखी संभावनाओं से साक्षात् करते हुए गहनता और पूर्णता दी। उन्होंने इस कारण प्रेक्षणीय या भारतीय त्रासदी को परिपूर्णता देने के लिए अपने नाटकों में निम्नलिखित अभिप्रायों को चरितार्थ किया—

१. विरुद्धधर्माध्यास।

२. अप्रत्यभिज्ञा।

३. कर्म और दायित्वबोध।

४. मनुष्य की संभावनाशीलता।

पहली स्थिति से उत्पन्न विडंबनाएँ मालतीमाधव की त्रासदी के पीछे अधिक सक्रिय दिखायी पड़ती हैं। इस प्रकरण के लगभग सारे पात्र अपने सहज धर्म के विपरीत आचरण करते दिखायी पड़ते हैं। कामंदकी भिक्षुणी वैराग्यैकसंश्रया होकर सारे 'कपटनाटक' की प्रस्तावना रचती है। जीवन के बड़े विचित्र अंतर्विरोध और सम्मिश्र अनुभूतियां उद्गत होती हैं जब हम उसे कहते पाते हैं—

तवाङ्कशायी परिवृत्तभाग्यया मया
न दृष्टस्तव यः स्तनन्धयः सुतः।।

अपने दार्शनिक अवबोध से प्रेरित होकर भवभूति ने अध्यास व अध्यारोप के सहारे उनके कार्यकलाप में वैचित्र्य व संकट का अनुभव भर दिया है। निर्वेद और निर्वाण की जगह सांसारिक भावों की ओर उन्मुखता, ममता और करुणा में कामंदकी का चीवर विरुद्ध परिचय है। यह विरुद्धधर्माध्यास मालती के पिता भूरिवसु, राजा और उनके बूढ़े नर्म सचिव नंदन में भी है। नंदन अल्पवयस्का मालती से विवाह करना चाहता है और राजा उसकी सहायता करता है। अमात्य भूरिवसु उसका आदेश सिर-माथे पर रखते हुए से लगते हैं। यह इन पर विरुद्ध

धर्म का अध्यास है। अध्यास इसलिए कि नाटक के अंत में तीनों अपने सहज प्रकृत रूप में सामने लगते हैं। माधव और मकरंद ब्राह्मण होकर भी क्षत्रियोचित कर्म में संलग्न दिखायी पड़ते हैं। माधव आन्वीक्षिकी पढ़ने के लिए पद्मपुर से पद्मावती आता है और मालती के अन्वीक्षण में रत हो जाता है। मालतीमाधव में पिता कापालिक जैसा प्रतीत होने लगता है और एकस्थल पर 'हन्त माधवानुरक्तेयं तपस्विनी' - कापालिकी के इस कथन की प्रतिक्रिया करता हुआ कापालिक पिता जैसा। ये विरुद्ध धर्माध्यासजन्य स्थितियाँ त्रासदी के बोध को तीव्रता और उत्तेजना प्रदान करती हैं।

इसी से जुड़ा अभिप्राय अप्रत्यभिज्ञा (न पहचाना जाना) का है। महावीरचरितम् में मंथरा पर शूर्पणखा अध्यस्त है, दशरथ आदि उसे पहचान नहीं पाते। मकरंद नववधू के रूप में नंदन से परिणीत होता है और नंदन उसे मालती समझ कर मनाता-रिझाता और लात खाता है। पर जीवन की कारुणिकता अप्रत्यभिज्ञा के अभिप्राय के द्वारा उत्तररामचरितम् में खुलती है। मनुष्य अपनी सहज प्रकृति से सौजन्य के साथ कुछ करता या कहता है और नहीं जानता कि उसने क्या कर दिया, क्या कह दिया! लव और कुश जिस व्यक्ति के आगे रामायण के प्रसंग सुनाकर उसके अतीत के मर्म उखाड़ रहे हैं, उसके पत्नी के साथ बीते दिनों के मधुर प्रेम-प्रसंग वाले पद्य पढ़ रहे हैं और एक दूसरे को समझा रहे हैं कि भाई ये दुःखी तो होंगें ही, सीता देवी के बिना सब कुछ दुःखद तो लगता ही होगा इन्हें—

बिना सीतादेव्याः किमिव नहि दुःखं रघुपतेः।
प्रियानाशे कृत्स्नं किल जगदरण्यं हि भवति।।

तो वे क्या जानते थे कि जिसके बारे में इतनी सहजता से वे यह कह गये, वह तो उनका पिता ही है और जिसकी प्रिया के नाश की बात कर गये, वह उनकी ही माता है? प्रत्यभिज्ञा न होने से चीज कुछ और ही दिखाई देती है, उसी तरह जैसे विरुद्ध धर्मों के अध्यास में वह कुछ दूसरी हो जाती है। अध्यास और अप्रत्यभिज्ञा में जो जैसा था, वह वैसा नहीं रह जाता। वस्तु अपने स्वभाव को छोड़ देती है। ये दोनों अभिप्राय एक दूसरे से जुड़कर 'निरन्वय-विपर्यास-विप्रलम्भ-पर्यवसायी संसार-वृत्तान्त' के चक्र को घुमाते रहते हैं।

कर्म और पात्रों के दायित्वबोध के कारण भवभूति अपने पात्रों को विकट संशय और अनुताप झेलता दिखाते हैं। नियतिविधान को निरस्त कर उनके पात्र वरण की स्वतंत्रता प्रकट करते हैं। मालती को अपने पिता और प्रेमी में से एक चुनना है और वह साहस के साथ दूसरे का वरण करती है। इस वरण के कारण वह जिस गहरी यंत्रणा से गुजरती है, उसका चित्रण भी संस्कृत नाटक में भवभूति को छोड़ अन्य किसी ने इस रूप में नहीं किया। माधव को भी राजा की निषेधाज्ञा के रहते छद्मविवाह करने का दायित्व लेना है। पर कर्म और दायित्वबोध से जनित अन्तर्द्वन्द्व और मानसिक पीड़ा की दृष्टि से त्रासदी का बृहत्तर आयाम उत्तररामचरित में खुलता है। राम जान-बूझ कर सचेत रह कर ही सीता त्याग का निर्णय लेते हैं और इसके

लिए वे अकेले जिम्मेदार हैं। निर्णय लेते समय की दारुण यंत्रणा उन्हें अकेले ही झेलनी है।

यह स्थिति शेक्सपीयर के ओथेलो का स्मरण कराती है। अपनी पत्नी डेस्डेमोना की हत्या करते समय भी ओथेलो अपने कृत्य की जघन्यता के प्रति सचेत है। वह कहता है कि पत्नी का जीवन दीप बुझाने के पहले उसने अपना जीवन दीप बुझा दिया है। इधर सीता को त्यागने का निर्णय राम के लिए निष्पाप सुकुमार प्रेयसी की हत्या से भी अधिक त्रासदायक है। यह घर में स्नेह से पाले-पोसे गये पंछी को चोरी से बहेलिये के हाथों सौंपने के लिए विवश हो जाने जैसा है—

शैशवात् प्रभृति पोषितां प्रियां सौहृदादपृथगाश्रयामिमाम्।
छद्मना परिददामि मृत्यवे सौनिके गृहशकुन्तिकामिव।।

ओथेलो की त्रासदी से गहरी त्रासदी यहाँ इस अर्थ में है कि राम जानते हैं कि सीता के अनन्य विश्वास, हृदय के भोलेपन के प्रति वञ्चना कर रहे हैं। उन्हें अपने इस कर्म से संभावित दारुण परिणामों का पूरा बोध भी है। सीता के विस्रम्भ, गृह-लक्ष्मीत्व, भीरुत्व और आपन्नसत्व स्थिति का पूरा भान एक तरफ, अपने कृत्य की घोर क्रूरता का भी बोध उसके साथ—

विस्रम्भादुरसि निपत्य जातनिद्रामुन्मुच्य प्रियगृहिणीं गृहस्य लक्ष्मीम्।
आतङ्कस्फुरितकठोरगर्भगुर्वीं क्रव्याद्भ्यो बलिमिव दारुणः क्षिपामि।।

और साथ ही यह भी राम जानते हैं कि जो काम वे कर रहे हैं उसका पूरा दायित्व उनका अपना है। किसी और पर इसका दोष नहीं मढ़ सकते- भाग्य पर भी नहीं। राम का बोध ही उत्तररामचरित में मनुष्य के जीवन की उस गहरी त्रासदी का अभूतपूर्व चित्र खड़ा कर देता है, जिसका बोध सार्वकालिक है, जो सोफोक्लीज और एरिस्टोफेनीज के काल से लगा कर भास, कालिदास और शेक्सपीयर तक में नाना रूपों में झलका है और भी बाद के उन्नीसवीं-बीसवीं शती तक के पश्चिमी नाट्यकारों-ड्राइडन के रूपकों, रेसाइन या वाल्टेयर अथवा विक्टर ह्यूगो की त्रासदियों तक यह प्रकारान्तर से उपस्थित है। महानगरों में बढ़ते औद्योगीकरण और यांत्रिक सभ्यता से अंतर्विरोधों के परिवेश में रचना करने वाले कुछ पाश्चात्य नाट्यकारों ने दो आदर्शों के बीच दोलायमान होने की यन्त्रणा झेलते या प्रेम तथा कर्तव्य के बीच चुनाव करने की कष्टकर प्रक्रिया से गुजरते नायकों का जो चरित्र प्रस्तुत किया है, उस तक को भवभूति के राम की वेदना अपने प्रसार और गहराई में समेट गयी है। अपने सारे अपराध बोध, अपने कर्म के दायित्व और सीता के प्रति की गयी क्रूरता की कचोट को लेकर राम को जीवित रहना है। यह त्रासदी की चरम परिणति है। जीवन के प्रयोजन का अवसान हो गया। यह जानकर भी जीते जाना है-अद्यावसितं जीवितप्रयोजनं रामस्य, शून्यमधुना जीर्णारण्यं जगत्' पर 'न च रामो न जीवति!' रही बात उत्तररामचरित के सुखांत होने की, तो जो कवि संस्मर्यमाण सुख को भी विषाद में विपरिवर्तित होता पा रहा हो, उसकी दृष्टि में सीता-राम का पुनर्मिलन क्या सचमुच पूर्ण सुख से परिणत है!

उत्तररामचरित में भवभूति ने त्रासदी के सारभूत तत्त्व को जीवन्त रूप में साकार कर दिया है। त्रासदी मनुष्य की अपार संभावनाओं से साक्षात्कार करती है। पश्चिमी नाटक के एक अध्येता लुकास का तो कहना ही यह है कि हैमलेट के शब्दों में त्रासदी का मूल अभिप्राय बस इस एक वाक्य में बताया जा सकता है-'व्हाट ए पीस ऑफ वर्क इज ए मैन'-मनुष्य भी कितनी अद्भुत वस्तु है। मनुष्य चरित्र की अप्रत्याशित संभावनाओं, उसके कर्म की परिणतियों में त्रासदी अपने-आपको प्रकट करती है। अभी-अभी जो राम सीता को 'इयं गेहे लक्ष्मीरियममृतवर्तिर्नयनयोः' बता रहे थे तथा 'उत्पत्तिपरिपूतायाः किमस्याः पावनान्तरैः' की घोषणा कर रहे थे, वे मात्र एक दुर्मुख के वचन से उसे छोड़ने का दारुण निर्णय ले लेते हैं। उत्तररामचरित की सारी त्रासदी राम के निर्णय और उनके इस कर्म की मीमांसा करती है-सीता परित्याग पर इतने कोणों से उसमें विमर्श उठाया गया है कि समस्या मूलक अद्यतन नाटक या त्रासदी के धरातल उसमें उभर आते हैं। फिर भी मनुष्य के चरित्र की अव्याख्येयता बनी ही रही—

त्वं जीवितं त्वमसि मे हृदयं द्वितीयं त्वं कौमुदी नयनयोरमृतं त्वमङ्गे।
इत्यादिभिः प्रियशतैरनुरुध्य मुग्धां तामेव शान्तमथवा किमिहोत्तरेण।।

जीवन में सहसा आये इस अप्रत्याशित मोड़, उस मोड़ पर पहुँच कर लिए गये दारुण निर्णय पर और कहा भी क्या जा सकता था—शान्तमथवा किमिहोत्तरेण?

प्रकरण को आचार्यों ने 'क्लेशाढ्य' विधा कहा है। प्रकरणों के पात्र त्रासदी के नायकों की तरह कष्ट झेलते हैं। स्केलिजर ने त्रासदी की जो परिभाषा प्रस्तुत की है उसका मूल मंतव्य भी लगभग यही है- त्रासदी किसी ख्यात के दुर्दिन में पतन का अनुकरण है। यह कार्य-व्यापार के रूप में होती है और अभाग्य से परिपूर्ण प्रसंग का चित्रण करती है।[४२]

मृच्छकटिक प्रकरण का चारुदत्त एक महान् नायक है, जो समृद्धि और ऐश्वर्य से च्युत होकर विपत्ति और दारिद्र्य को भोग रहा है। पहले उसके घर की देहली पर बिखेरी गई बलि के अनाज के दाने हंस और सारस चुगते थे, आज उस देहली पर कीड़े रेंगते हैं और वह घास से भर गई है। चारुदत्त अनुभव करता है कि सुख के दिन बीत जाने पर वह देह धर कर भी मृत की तरह जी रहा है—

यासां बलिः सपदि मद्गृहदेहलीनां हंसैश्च सारसगणैश्च विलुप्तपूर्णः।
तास्वेव सम्प्रति विरूढतृणाङ्कुरासु बीजाञ्जलिः पतति कीटमुखावलीढः।।
सुखं हि दुःखान्यनुभूय शोभते घनान्धकारेष्विव दीपदर्शनम्।
सुखात्तु यो याति नरो दरिद्रतां धृतः शरीरेण मृतः स जीवति।।

(मृच्छ., १.८,१०)

चारुदत्त सोचता कुछ और है और होता कुछ और है। वह वसन्तसेना से उद्यान में मिलने जाता है और उस पर वसन्तसेना की हत्या का आरोप लग जाता है। जो आभूषण वसन्तसेना ने अपनी प्राणरक्षा के लिए उसे धरोहर के रूप में सौंपे थे, वे इस हत्या के साक्ष्य मान लिए

जाते हैं। अन्त में चारुदत्त और वसन्तसेना का इन सब विकट परिस्थितियों से गुजर कर दोनों का जो मिलन होता है, वह भी कम त्रासद नहीं है।

वस्तुतः स्वप्नवासवदत्तम्, अभिज्ञानशाकुन्तलम्, मालतीमाधव, उत्तररामचरितम् और मृच्छकटिकम् जैसी नाट्यकृतियाँ सुखान्त होकर भी पर्यन्त में जो समग्र अनुभव देती हैं, उसमें त्रासदी का अनुभव समाहित है।

संस्कृत नाटक में गीत व संगीत

संगीत और नृत्य संस्कृत नाटकों में अविभाज्य होकर गुंफित हैं। संस्कृत नाटकों में स्वतन्त्र रूप से गीतों के संयोजन के अनेक उदाहरण मिलते हैं। नाटिका को तो 'बहुनृत्तगीतपाठ्य' कहा ही गया है (नाशा० २०/६१)। अतः नाटिका के अभिनय में गीत, वाद्य तथा नृत्त का समावेश अधिक होता था।

भास के पञ्चरात्र तथा बालचरित में हल्लीसक के प्रयोग का उल्लेख है। दोनों नाटकों में हल्लीसक मंच पर किया जाता है, इसके साथ गीत भी गाये जाते हैं।

अभिज्ञान शाकुन्तल के पाँचवें अङ्क में हंसपदिका की गीति नेपथ्य से सुनाई पड़ती है। विदूषक कहता है - 'लयविशुद्ध गीति का स्वरसंयोग सुनायी पड़ रहा है। लगता है हंसपदिका वर्णपरिचय कर रही है।' लय, स्वर तथा वर्ण नाशा० के पारिभाषिक शब्द हैं। यहाँ पर रङ्गसङ्केत 'आकाशे गीयते' दिया गया है। दुष्यन्त 'अहो रागपरिवाहिणी गीतिः' कह कर हंसपदिका के गायन की प्रशंसा करता है। इस नाटक की प्रस्तावना में नटी अपना गीत मंच पर ही गाती है जिसकी प्रशंसा में सूत्रधार कहता है— 'रागनिद्धचित्तवृत्तिरालिखित इव सर्वतो रङ्गः।' दुष्यन्त और सूत्रधार दोनों की प्रशंसा में राग का उल्लेख है। वास्तव में शाकुंतल की प्रस्तावना में नटी के द्वारा गाये जाने वाले गीत की व्यंजनाएँ नाटक में अपनी अनुगूँज रचती हैं।

विक्रमोर्वशीयम् के चौथे अङ्क में अनेक गीतियों का प्रयोग है। मालविकाग्निमित्रम् में मालविका अपने छलित नाट्य की प्रस्तुति के साथ स्वयं गायन भी करती है। मालविका के लिये रङ्गसङ्केत दिया गया है— 'उपगानं कृत्वा चतुष्पदं वस्तु गायति' (उपगान करके चतुष्पद गीत गाती है।) उपगान आलाप है। परिव्राजिका के द्वारा मालविका के नृत्त की प्रशंसा में (माल. २/८) में रागबन्ध का उल्लेख है।

तीन स्थलों पर कालिदास ने राग का उल्लेख गीत या सङ्गीत की परिणति के रूप में किया है, जो भावक या श्रोता के चित्त में होती है।

मृच्छकटिक में नायक चारुदत्त रेभिल का गीत सुन कर लौटते हुए उसकी प्रशंसा में कहता है—

रक्तं च नाम मधुरं च समं स्फुटं च
भावान्वितं च ललितं च मनोहरं च।
किं वा प्रशस्तवचनैर्बहुभिर्मदुक्तै-
रन्तर्हिता यदि भवेद् वनितेति मन्ये।

तं तस्य स्वरसङ्क्रमं मृदुगिरः श्लिष्टं च तन्त्रीस्वनं
वर्णानामपि मूर्च्छनान्तरगतं तारं विरामे मृदुम्।
हेलासंयमितं पुनश्च ललितं रागद्विरुच्चारितं
यत्सत्यं विरतेऽपि गीतसमये गच्छामि शृण्वन्निव।।

(मृच्छ० ३/४, ५)

श्रीहर्ष के नागानन्द में नायिका मलयवती स्वयं वीणावादन करती हुई गाती है। इस नाटकमें द्विपदी गायन में नृत्त के साथ चलता है।

नाट्य प्रस्तुति के भीतर गीत के संयोजन के उक्त प्रसंगों के अतिरिक्त विक्रमोर्वशीयम् (२/१), मालविकाग्निमित्रम् (२/१२), शाकुन्तल (५/७, ८) मुद्राराक्षस (३/२०), रत्नावली (१/२३) तथा नागानन्द (२/१३) में वैतालिकों के द्वारा गाये गये पद्य भी समाविष्ट हैं। भाप्र. के अनुसार विविध तालों पर गायन करने के कारण 'वैतालिक' संज्ञा रूढ हुई है (भाप्र.)।

संस्कृत नाटकों में चित्र

संस्कृत नाटकों में चित्र, मूर्ति, प्रतिमा आदि कलाओं के उल्लेख तथा निदर्शन अनेकत्र मिलते हैं। भास के स्वप्नवासवदत्तम् में चित्र ही कथा को निर्णायक मोड़ देता है। जब उदयन उज्जयिनी के कारागार से निकल कर वासवदत्ता को साथ लेकर भागे, तो वासवदत्ता के माता पिता ने दोनों के चित्र बनवा कर चित्रों के द्वारा दोनों का विवाह कर दिया। स्वप्नवासदत्तम् के अंतिम अंक में वे यह चित्र उदयन के पास भेजते हैं। पद्मावती चित्र को देख कर वासवदत्ता को पहचान लेती है कि यह तो आवंतिका है। तब भेद खुलता है कि आवंतिका ही वास्तव में वासवदत्ता है। भासकृत दूतवाक्यम् में ही दुर्योधन द्रौपदी को निर्वस्त्र किये जाने का दृश्य चित्रफलक पर अंकित करवा कर अपनी राज्य सभा में लगवाता है।

मालविकाग्निमित्रम् में नायक अग्निमित्र मालविका का चित्र एक समूहदृश्य में देखता है। शाकुन्तल के छठे अंक में दुष्यंत शकुन्तला का चित्र बना कर चित्रफलक उद्यान में मँगवाता है। इसी प्रसंग में वर्तिकोच्छ्वास तथा वर्तिका मँगवाने का भी उल्लेख है। वर्तिकोच्छ्वास से आशय चित्र बनाते समय आँसू चित्रफलक पर टपक जाने से पटलेप के उछल जाने से है। राघवभट्ट ने इस स्थल (शाकु. ६/१५) की व्याख्या में अजयकोश का यह वाक्य उद्धृत किया है— 'पटलेपे पक्षिभेदे तूलिकायां च वर्तिका' अर्थात् वर्तिका पटलेप, बतख तथा तूलिका— इन तीनों अर्थों में प्रयुक्त होता है।

दुष्यन्त द्वारा निर्मित चित्र भोज तथा सोमे. की शब्दावली में भावचित्र है। विदूषक के चित्र की प्रशंसा में कहता है— 'साधु वयस्य, मधुरावस्थानदर्शनीयो भावानुप्रवेशः। स्खलतीव मे दृष्टिनिम्नोन्नतप्रदेशेषु' चित्र में भावानुप्रवेश मधुर अवस्थाओं में दर्शनीय है। मेरी दृष्टि ऊँचे नीचे प्रदेशों में लड़खड़ाती हुई सी चित्र देख रही है।

भवभूति ने उत्तररामचरित के प्रथम अङ्क में राम के राजप्रासाद में चित्रवीथी बनाये जाने का विवरण दिया है, जिसमें रामकथा के दृश्य अनेक चित्रों में अंकित हैं। भवभूति के ही मालतीमाधव प्रकरण में नायक माधव चित्रफलक पर मालती का चित्र बनाता है और मालती की सखी उसी पार्श्व में माधव का चित्र बना देती है। श्रीहर्ष कृत रत्नावली में नायिका सागरिका चित्रफलक पर नायक का चित्र बनाती है। चित्रनिर्माण की सामग्री का भी उल्लेख श्रीहर्ष ने इस प्रसंग में किया है।

सन्दर्भ

१. हिस्ट्री आफ संस्कृत लिटरेचर – ए०ए० मेक्डानल, पृ० ३४६
२. संस्कृत ड्रामा – ए०बी०कीथ, पृ० १३-१४
३. कंट्रीब्यून टु दि हिस्ट्री आफ संस्कृत ड्रामा – मनमोहन घोष, पृ० ११-१७
४. ड्रामा इन संस्कृत लिटरेचर – आ०वी०जागीरदार, पृ० ३८-४१
५. हिस्ट्री आफ संस्कृत लिटरेचर – ए०ए० मेक्डानल, पृ० ३४६-४७
६. वरुण एंड विदूषक – एफ०बी०जे० क्वाइपर, एम्सटर्डम, १९७३, पृ० ११०-१६
७. रंगदैवतपूजन इन दि नाट्यशास्त्र एंड आगमिक रिचुअल्स, एन०आर० लिडोवा, अष्टम विश्व संस्कृत सम्मेलन, वियना १९९० में प्रस्तुत लेख।
८. ऋग्वेद ५.३३.६, ५.९८.३
९. वही, ५.५२.१२, ८.२०.२२
१०. वही, १०.२९.२
११. वही, १०.८.३
१२. संस्कृत ड्रामा – ए०बी०कीथ, पृ० २१-२७
१३. कात्यायन श्रौतसूत्र १३.३.६-७, लाट्यायन श्रौतसूत्र, ४.३.९-१२
१४. पूर्वेणाग्नीन्धनीयं ब्रह्मचारी अन्तर्वेदि उदङ्मुखः तिष्ठेत्। बहिर्वेदि पुंश्चली दक्षिणाभिमुखी। सा ब्रूयात् – दुष्चरितित्रवकीर्णिन्निति। धिक् त्वां जाल्मि पुंश्चलि ग्रामस्य ग्रामस्य मार्जनि पुरुषस्य पुरुषस्य शिश्नपुणेजनि इति ब्रह्मचारी। एवमातृतीयं व्यत्यासम्। (लाट्यायन श्रौतसूत्र, ४.३.९-१२)
१५. महाभारत, अनुशासन पर्व, २९.६७-६९
१६. कात्यायनश्रौतसूत्र, २१.३.११
१७. उत्तरमंद्रा का उल्लेख संगीतशास्त्र के ग्रंथों में एक मूर्च्छना के रूप में किया गया है। भरतकोश, रामकृष्ण कवि, पृ० ७१
१७. कात्यायन श्रौतसूत्र, १४.३.७१,७९ तथा २०.३.२, २०.८.७
१८. वाजसनेयि संहिता, २.८
१९. कात्यायन श्रौतसूत्र, १४.३.१९.४२
२०. क्लासिकल इंडियन डांस इन लिटरेचर एंड दि आर्ट्स, कपिला वात्स्यायन, पृ० १५३-५६
२१. शतपथब्राह्मण, १३.५.३.३
२२. पुराणम् पत्रिका आर०सी०हाजरा कमेमोरेशन वाल्यूम, पृ० २०.२४)
२३. मध्यभारती अंक ३४ में रामकरण शर्मा का लेख, पृ० १-७

२४. वही, पृ० १-७
२५. अधिक विवरण के लिये महाभारतविषयक अध्याय में महाभारत तथा भारतीय नाट्यकला शीर्षक द्र०
२६. विस्तृत विवरण के लिये प्रस्तुत पुस्तक के इसी खण्ड में अध्याय ३ (महाभारत) के अंतर्गत महाभारत और भारतीय कला परंपरा शीर्षक द्र०
२७. राजप्रश्नीय आगम, सं० कन्हैया लाल महाराज, गड़ेरिया राजकोट, सूत्र ४१-४६, पृ० २८५-८९
२८. क्लासिकल इंडियन डांस इ लिटरेचर एंड आर्ट्स, कपिला वात्स्यायन, पृ० १८९
२९. अक्षक्रीडायां काव्यकरणे ग्रन्थे चित्रे रूपकर्मणि अग्निकर्मणि वीणायां वाद्ये नृत्ये पठिते आख्याने हास्ये लास्ये नाट्ये विडम्बिते... सर्वत्र बोधिसत्त्व एव विशिष्यते स्म। (ललितविस्तर, मिथिला विद्यापीठ, दरभंगा, १९५८, पृ० १०८
३०. सम्बहुलाश्च गोष्ठीका मद्यमदाक्षिप्ता वीणामृदङ्गपणवैर्विविधैर्वाद्यैर्वाद्यमानैर्नृत्यन्तो गायन्तः...(अवदानशतकम्, सं० पी०एल० वैद्य, मिथिलाविद्यापीठ, पृ० ७५)।
३१. संस्कृत ड्रामा – ए०बी०कीथ, पृ० ४३
३२. अवदानशतक, २.२४, २.१७, ३.३०
३३. नटानां भासमानानां यो सो नटो रंगमज्झे संचलिकेन जनं हासेति रमेति...गामणीसुत्त, संयुत्तनिकाय-४, पृ० १९६-२०६
३४. बुद्धिस्ट इविडेंस फार अर्ली इग्झिस्टेंस आफ ड्रामा – विजेसेकेर, इंडियन हिस्टारिकल क्वार्टर्ली पत्रिका खंड १७, पृ० १९६-२०६
३५. तेषां तूर्यमागन्तुकानां पञ्चपणं प्रेक्षावेतनं दद्यात्। (अर्थशास्त्र – अध्यक्षप्रचार)
३६. कामसूत्र, नागरकवृत्त-१५, काशीसंस्कृत ग्रंथमाला-२९, पृ० १२९
३७. ये तावदेते शौभनिका नामेते प्रत्यक्षं कंसं घातयन्ति, प्रत्यक्षं च बलिं बन्धयन्ति इति। चित्रेषु कथम्? चित्रेष्वपि उद्गूर्णा निपतिताश्च प्रहारा दृश्यन्ते। कंसकर्षण्यश्च। ग्रन्थिकेषु कथम्? यत्र शब्दगडुमात्रं लक्ष्यते। ते अपि तेषामुत्पत्तिप्रभृत्याविनाशात् ऋद्धीर्व्याचक्षाणाः सन्तो बुद्धिविषयं प्रकाशयन्ति। अतश्च सतो व्यामिश्रा दृश्यन्ते। केचित् कंसभक्ता भवन्ति, केचित् वासुदेवभक्ताः। वर्णान्यत्वं खलु पुष्यन्ति, केचिद् रक्तमुखा भवन्ति केचित् कालमुखाः। (महाभाष्य ३.१.२६)
३८. के०वी० रामकृष्णमाचार्य ने उदञ्चितकचः तथा किञ्चिच्चिबुकश्मश्रुवेष्टने का पृथक् पृथक् पाठ कर के केशों को ऊपर बाँधे हुए तथा किंचित् चिबुकश्मश्रुधारी और शिरोवेष्टन वाला ऐसा अर्थ किया है, जो चिंत्य है।
३९. कांट्रीब्यूशन टु द स्टडी ऑफ हिंदू ड्रामा, पृ० ८
४०. ड्रामा इन संस्कृत लिटरेचर-जागीरदार, पृ० ४७
४१. Barret H. Clark : European Theories & Drama, New York, 1941, p. 61

अध्याय – ७

संस्कृत नाटक का प्रथम चरण - महाकवि भास तथा सुबंधु

पिछले अध्याय में संस्कृत नाटक के उद्भव पर चर्चा की गई है। ईसा के पहले की शताब्दियों में संस्कृत में अनेक नाटककार हुए, उनमें से भास सर्वप्रथम स्मरणीय हैं। वे संस्कृत साहित्य की एक पहेली भी हैं। उनका एक महान् नाटककार के रूप में प्राचीन कवियों में कालिदास, बाण, वाक्पतिराज, राजशेखर तथा पीयूषवर्ष जयदेव ने स्मरण किया है। १९१२ ई० तक विश्व भर में संस्कृत के विद्वान् केवल भास के नाम से ही परिचित थे, उनकी रचनाएँ अप्राप्य थीं। १९१०ई० में केरल के प्रख्यात संस्कृत पंडित श्री टी. गणपति शास्त्री ने घोषणा की कि उन्हें प्रख्यात नाटककार भास के रूपकों की अब तक अप्राप्त पांडुलिपियाँ मिल गयी हैं, और १९११-१२ में उन्होंने १३ नाटकों की पांडुलिपियों को भासनाटकचक्र के नाम से प्रकाशित कराया।

भास का काल

भास का समय निर्धारण कठिन समस्या है। इस संबंध में मुख्य मत निम्नलिखित हैं—

(१) **ए०बी० कीथ आदि का मत-** इस मत के अनुसार भास का समय ३००ई० के लगभग है। इसके लिये कीथ आदि ने ये प्रमाण दिये हैं- (१) कालिदास भास से परिचित थे। कालिदास के समय तक भास एक महान् साहित्यकार के रूप में प्रतिष्ठा पा चुके थे। कीथ कालिदास का समय ४००ई० के लगभग मानते हैं। अत: भास उनके अनुसार ३००ई० के आसपास रहे। (२) भास के नाटकों की प्राकृत अश्वघोष के नाटकों की प्राकृत से परवर्ती है। प्रो. रामजी उपाध्याय इस मत का समर्थन करते हैं। वे इसकी पुष्टि में भास के प्रतिमा नाटक में मंदिर में दिवंगत राजाओं की मूर्ति लगाने की प्रथा के उल्लेख का भी प्रमाण देते हैं। यह प्रथा कुषाण काल के पश्चात् विशेष प्रचलन में आयी। (३) स्टीन कोनो भास के कतिपय नाटकों के भरतवाक्यों में उल्लिखित राजसिंह को व्यक्तिविशेष मान कर इसे शक राजा रुद्रसिंह (द्वितीय शताब्दी) से अभिन्न मानते हैं और तदनुसार वे भास को दूसरी शती ई० में रखने के पक्ष में हैं।

वस्तुतः यह मत इस पूर्वाग्रह पर आधारित है कि कालिदास गुप्तकाल में चौथी-पाँचवीं शताब्दी में हुए। अब अनेक विद्वान् कालिदास का काल प्रथम शताब्दी ई०पू० मानने के पक्ष में हैं। इसके साथ ही दूसरी शताब्दी के तमिल महाकवि इलंकोवाडिगल ने अपने महाकाव्य सिलप्पदिकारम् में भास का उल्लेख किया है, ऐसी स्थिति में उनका समय ३००ई० कैसे माना जा सकता है? सिलप्पदिकाम् में बालचरितनाटक का भी उल्लेख है, जो श्रीकृष्ण की लीलाओं पर आधारित था। इसमें श्रीकृष्ण के गोपियों के साथ कुरवइ नृत्य करने का वर्णन किया गया है। ए०डी० पुसालकर की मान्यता है कि तमिल महाकाव्य में उल्लिखित बालचरित नाटक भासकृत बालचरित ही है।

(२) टी० गणपति शास्त्री का मत- भास के नाटकों के उद्धारकर्ता टी०गणपति शास्त्री उन्हें छठी शताब्दी ई०पू० से चौथी शताब्दी ई०पू० के बीच में रखते हैं। म०म० हरप्रसाद शास्त्री तथा ए०डी० पुसालकर इस मत के समर्थक हैं। इस मत के समर्थन में ये प्रमाण दिये जाते हैं- (१) भास राजा के लिये 'आर्यपुत्र' शब्द का प्रयोग करते हैं। 'आर्यपुत्र' शब्द राजा के लिये अशोक के समय या उसके पहले प्रचलित था। बाद में यह केवल पति का वाचक हो गया। (२) भास के नाटकों में चित्रित सामाजिक तथा राजनीतिक स्थितियाँ चौथी-पाँचवीं ई० पू० शताब्दी के आस-पास की हैं। (३)भास के नाटकों में अपाणिनीय प्रयोगों की भरमार है। अत: वे ऐसे समय में हुए जब पाणिनि व्याकरण की प्रसिद्धि पूर्णतः नहीं हो पायी थी। (४) भास ने मंदिर की परिधि में बालू छींटने की प्रथा का उल्लेख किया है, जो पाँचवीं शताब्दी ई०पू० में प्रचलित थी। मंदिरों की परिधि में बालू छींटने का विधान आपस्तंभ धर्मसूत्र में निर्दिष्ट है, जो ३००ई०पू० के पहले का है। भास ने प्रतिमा नाटक में इस विधान का पालन दिखाया है, अत: उनका काल भी ३००ई०पू० के पहले का माना जाना चाहिये। (५) भास जैन और बौद्ध परंपराओं का उपहासास्पद रूप में चित्रण करते हैं। अत: वे इन दोनों धर्मों के आरंभ होने के कुछ समय पश्चात् ही हुए होगें। (६) भास के प्रतिज्ञायौगंधरायण का एक श्लोक कौटिल्य के अर्थशास्त्र में उद्धृत है। अत: भास मौर्य काल के पूर्व हो चुके थे। (७) भास ने अपने स्वप्नवासवदत्तम् में मगध की राजधानी पाटलिपुत्र (आधुनिक पटना) के स्थान पर राजगृह (आधुनिक राजगिर) को बताया है। पाटलिपुत्र का वे एक बड़े नगर के रूप में उल्लेख नहीं करते। मौर्य काल में पाटलिपुत्र एक महानगर तथा मगध की राजधानी के रूप में विकसित हुआ। अत: भास इसके पहले हो चुके थे। (८) प्रतिमा नाटक में भास ने संन्यासी के छद्म वेष में रावण के मुख से उसके द्वारा पढी हुई विद्याओं का उल्लेख कराया है। रावण कहता है- 'साङ्गोपाङ्गं वेदमधीये, मानवीयं धर्मशास्त्रं, माहेश्वरं योगशास्त्रं, बार्हस्पत्यमर्थशास्त्रं मेधातिथेर्न्यायशास्त्रं प्राचेतसं श्राद्धकल्पं च।' इसमें पतंजलिकृत योगशास्त्रके स्थान पर महेश्वरकृत योगशास्त्र का उल्लेख है और कौटिल्य के अर्थशास्त्र के स्थान पर बार्हस्पत्य अर्थशास्त्र का। अत: यह सिद्ध होता है कि भास को पतंजलि और कौटिल्य के शास्त्रों की जानकारी नहीं थी और वे पतंजलि और कौटिल्य के पहले हो चुके थे। बृहस्पति का अर्थशास्त्र के एक प्राचीन महान् आचार्य के

रूप में स्वयं कौटिल्य ने अपने अर्थशास्त्र में उल्लेख किया है। (९) पुसालकर के अनुसार भास कामसूत्र प्रणेता वात्स्यायन से भी अपरिचित हैं। (१०) भास के रामायण पर आधारित - प्रतिमा तथा अभिषेक इन दोनों रूपकों से स्पष्ट है कि वाल्मीकि उनके पूर्व हो चुके थे, परंतु महाभारत के वर्तमान में उपलब्ध रूप से भास परिचित प्रतीत नहीं होते। दुर्योधन आदि पात्रों का चरित्र तथा अनेक घटना प्रसंगों का भास का प्रस्तुतीकरण महाभारत के उपलब्ध पाठ से बहुत भिन्न है। अत: भास वाल्मीकि रामायण की रचना के पश्चात् तथा महाभारत के वर्तमान संस्करण के पूर्ण होने के पहले हुए।

सारे मतमतांतरों पर विचार के अनंतर भास को ईसा से चार या पाँच शताब्दी पूर्व स्थापित करने वाला मत ही ग्राह्य प्रतीत होता है।

सांस्कृतिक पृष्ठभूमि

विक्रमादित्य (प्रथमशती ई०पू०) के पहले की सामाजिक, राजनीतिक तथा साहित्यिक स्थितियों की छाप भास की कृतियों पर संभावित है। कौटिल्य का अर्थशास्त्र उनके सामने कदाचित् नहीं था, पर बृहस्पति आदि आचार्यों का अर्थशास्त्रविषयक विमर्श भास की दृष्टि में अवश्य था। वर्णाश्रम व्यवस्था सुप्रतिष्ठित हो चुकी थी, ब्राह्मणों को सर्वपूज्य माना जाता था। भास के नाटकों में ब्राह्मणवचन की अनतिक्रमणीयता बताते हुए ब्राह्मणों के प्रति आदर का भाव अनेकत्र व्यक्त किया गया है। वर्णव्यवस्था के बाहर अंत्यज भी समाज में थे। अस्पृश्यता प्रचलित थी। कार्तिकोत्सव, इंद्रमह, धनुर्मह आदि उत्सव लोकप्रिय थे। गोपसमाज में हल्लीसक जैसे लोकनृत्यों का आनंद लिया जाता था। नगरों में समृद्धि थी, गाँवों में कृषि व पशुपालन के व्यवसाय उत्कर्ष पर थे। कृष्ण और बलराम की अवतार के रूप पूजा होने लगी थी, रामायण तथा महाभारत की कथाएँ लोकप्रिय थीं। चित्रकला, मूर्ति और वास्तु की विशेष उन्नति हुई थी।

भास के रूपक

इसमें कोई संदेह नहीं कि भास ने कई रूपक लिखे थे। राजशेखर ने 'भासनाटकचक्र'- इस संज्ञा का प्रयोग भास की रचनाओं के लिये किया है। यह संज्ञा तभी संभव है, जब भास के कई नाटक मिलते हों। भास के नाम से टी. गणपति शास्त्री ने तेरह रूपक प्रकाशित किये। विषयवस्तु की दृष्टि से इनका वर्गीकरण इस प्रकार किया जा सकता है—

(१) इनमें से चार रूपक लोककथा पर आधारित हैं- स्वप्नवासवदत्तम्, प्रतिज्ञायौगन्धरायम्, अविमारकम् तथा दरिद्रचारुदत्तम्।

(२) छह रूपक महाभारत की कथा को विषय बना कर लिखे गये हैं- मध्यमव्यायोग:, पञ्चरात्रम्, दूतवाक्यम्, दूतघटोत्कचम्, कर्णभारम् तथा ऊरूभङ्गम्।

(३) दो रूपक रामायणाश्रित हैं- प्रतिमा तथा अभिषेकम्।

(४) एक रूपक श्रीकृष्ण कथा को प्रस्तुत करने वाला है- बालचरितम्।

टी० गणपति शास्त्री का अनुमान है कि भास के द्वारा रामबालचरितम् नाटक भी लिखा गया था। सागरनंदी ने नाटकलक्षणरत्नकोश में रामकथा पर आधारित बालचरित नाटक से अनेक संदर्भ दिये हैं।

वास्तव में इन रूपकों के कर्तृत्व को लेकर विद्वानों में मतभेद है। मुख्य रूप में इस विषय में चार मत प्रचलित हैं। पहले मत के अनुसार ये तेरहों रूपक भास के रचे हुए ही हैं। टी.गणपति शास्त्री, कीथ, लक्ष्मण स्वरूप अनेक विद्वान् सभी तेरहों रूपकों का प्रणेता महाकवि भास को ही सिद्ध करते हैं। पुसालकर ने इन सभी रूपकों को भासकृत मानते हुए अपनी मान्यता के लिये ये प्रमाण प्रस्तुत किये हैं—(१) इन रूपको में संरचना, नाट्यशिल्प, मान्यताओं, नाट्ययुक्तियों के प्रयोग, छंदोंविधान, वर्णन कला,शब्दावली और शैली की दृष्टि से समानता है। (२) इनमें चित्रित समाज और सांस्कृतिक स्थितियाँ भी इनके रचनाकार का एक ही व्यक्ति होना प्रमाणित करती हैं।

दूसरे मत के अनुसार ये तेरहों रूपक भास के रचे हुए नहीं हैं; इनका प्रणेता या तो मत्तविलासप्रहसन का लेखक महेंद्रविक्रमवर्मन् या आश्चर्यचूडामणि नाटक को कर्ता शक्तिभद्र हो सकते हैं। अथवा ये सातवीं आठवीं शताब्दी के आसपास किसी दाक्षिणात्य कवि के द्वारा रचे गये हैं। बार्नेट, सिल्वाँ लेव्ही, विंटरनित्स और सी.आर.देवधर इसी मत में विश्वास रखते हैं।

तीसरा मत यह है कि इन तेरह रूपकों में से कुछ तो भास के हैं, शेष अन्य परवर्ती कवि के। जागीरदार का मत है कि इनमें से स्वप्नवासवत्तम्, प्रतिज्ञायौगन्धरायम् तथा पञ्चरात्रम् - ये तीन ही रूपक भास के रचे हुए हैं। सुक्थनकर केवल उदयनकथाश्रित दो रूपकों को भास रचित मानते हैं।

चौथे मत के अनुसार ये रूपक भास के रचित रूपकों के संक्षिप्त रूपांतर हैं, चाक्यारों ने अभिनय की दृष्टि से इनमें संक्षेप तथा फेरबदल किया है।

उपलब्ध साक्ष्यों से द्वितीय मत तो सर्वथा निस्सार ठहरता है। भास ने स्वप्नवासवदत्तम् तथा प्रतिज्ञायौगंधरायण नामक दो रूपक तो अवश्य ही लिखे थे, क्योंकि प्राचीन कवियों और आचार्यों की परंपरा उनका इन रूपकों के रचयिता के रूप में उल्लेख करती है। इन सभी मतों में चौथा मत प्रामाणिक है।

त्रिवेंद्रम्-रूपकों में समानताएँ

जिन तेरह नाटकों को टी० गणपति शास्त्री के भास के नाटक बताया, उन्हें त्रिवेंद्रम्-रूपक के नाम से भी अभिहित किया जाता रहा है। इन तेरहों रूपकों में वाक्यरचना,

संवादशैली, आभाणकों के प्रयोग तथा प्रसंगों की अनेक समानताएँ हैं, जिनसे लगता है कि ये एक ही नाट्यकार की कृतियाँ हैं।

भास ने प्रत्यभिज्ञा (पहचान) के अभिप्राय का प्रयोग स्वप्नवासवदत्तम्, प्रतिमा, मध्यमव्यायोग, पंचरात्र में बहुत मार्मिक रूप में किया है। कोई पात्र दूसरे पात्र को नहीं पहचानता, जब कि दूसरा पात्र पहले वाले पात्र को पहचानता है। 'स्वप्नवासवदत्तम्' के पहले अंक में ब्रह्मचारी बता रहा है कि लावाणक गाँव में किस तरह आग लग जाने से रानी वासवदत्ता जल कर मर गयी और उसे बचाने के लिये आग में कूद पड़ने वाला मंत्री यौगंधरायण भी जल कर मर गया, जब कि छद्मवेष में यौगंधरायण और वासवत्ता उसी के सामने खड़े यह सब सुन रहे हैं। प्रतिमा नाटक में देवकुलिक (मंदिर का प्रबंधक या पुजारी) भरत को नहीं पहचानता। वह उन्हें बताता है कि मंदिर में रघुकुल के दिवंगत राजाओं- दिलीप, रघु, अज और दशरथ की प्रतिमाएँ हैं। इसी से भरत को अपने पिता के निधन का पता चलता है। मध्यमव्यायोग तथा पंचरात्र में पिता और पुत्र के मिलन के प्रसंग तथा संवाद साम्य रखते हैं। भास ही हैं, जिन्होंने दोनों नाटकों में भीम के लिये मध्यम नाम का प्रयोग किया है। अन्यत्र अर्जुन को मध्यम पांडव माना जाता रहा है।

किसी पात्र की अपने विषय में हो रही बातचीत को बात करने वालों से अदृश्य रहकर सुनना- इस स्थिति का भी बड़ा नाटकीय और सधा हुआ उपयोग भास ने अपने रूपकों में किया है। अभिषेक नाटक में राम के बाण से मारा गया बालि हो या ऊरुभंग में भीम का गदा की चोट से मरणासन्न दुर्योधन, मृत्यु के समय मनुष्य का ऐसा उदात्त रूप अन्यत्र कहीं नहीं मिलता।

प्राचीन कवियों व आचार्यों के द्वारा भास के उल्लेख

संस्कृत के अनेक कवियों तथा आचार्यों ने भास से परिचय प्रकट किया है। कालिदास ने अपने मालविकाग्निमित्र में पारिपार्श्विक के मुख से प्रश्न कराया है- 'प्रथितयशसां भाससौमिल्लकविपुत्रादीनां प्रबन्धानतिक्रम्य वर्तमानकवे: कालिदासस्य क्रियायां कथं परिषदो बहुमान:?' - अर्थात् भास, सौमिल्ल और कविपुत्र जैसे प्रख्यात यश वाले नाटककारों के नाटकों को अनदेखा करके आज के कवि कालिदास की रचना में परिषद् (नाटक देखने वाले रसिक प्रेक्षकों) का इतना मान कैसे? यदि कालिदास प्रथम शताब्दी ई०पू० में हुए, तो भास उनके कुछ शताब्दियों पहले अवश्य हो चुके थे। इससे स्पष्ट है कि कालिदास के समय तक भास एक महान् नाटककार के रूप मे प्रतिष्ठित थे और उनके नाटकों का अभिनय होता रहता था। कालिदास के पश्चात् बाण ने अपने हर्षचरित में भास की प्रशंसा में कहा है—

सूत्रधारकृतारम्भैर्नाटकैर्बहुभूमिकैः।
सपताकैर्यशो लेभे भासो देवकुलैरिव।।

(भास ने देवकुल या देवालय के समान सूत्रधार से आरंभ किये जाने वाले, बड़ी भूमिका वाले, तथा पताका वाले अपने नाटकों से यश पाया।))।

भामह ने अपने काव्यालंकार के चतुर्थ अध्याय में न्यायविरोध का विवेचन करते हुए प्रतिज्ञायौगंधरायण के नीलहस्ती के छल के द्वारा वत्सराज को पकड़ने के प्रसंग की विस्तार से चर्चा की है। यद्यपि भामह ने न तो भास का नामोल्लेख किया है, न प्रतिज्ञायौगंधरायण का ही। पर यह निश्चित है कि उनकी दृष्टि में प्रतिज्ञायौगंधरायण है, क्योंकि 'हतोऽनेन मम भ्राता, मम पुत्रः पिता मम' इस कारिका में वे शब्दशः प्रतिज्ञायौगंधरायण के संवाद को उद्धृत करते हैं।

दंडी ने अपने काव्यादर्श (२/२२६) में भास के दरिद्रचारुदत्त का 'लिम्पतीव तमोऽङ्गानि वर्षतीवाञ्जनं नभः' यह श्लोकार्ध उद्धृत किया है, यद्यपि यह स्पष्ट नहीं होता कि यह श्लोकार्ध वे भास के नाटक से उद्धृत कर रहे हैं या मृच्छकटिक से। यह पद्य कथित रूप से भासकृत दरिद्रचारुदत्तम् तथा बालचरितम् इन दोनों रूपकों में मिलता है। दंडी के नाम से अवंतिसुंदरीकथा नामक एक गद्य रचना प्राप्त होती है, इसमें भास का उल्लेख किया गया है।

सुप्रसिद्ध काव्यशास्त्री भामह ने अपने काव्यालंकार में तथा प्राकृत महाकाव्य गौडवहो के कर्ता वाक्पति राज ने भास को ज्लवनमित्र' (अग्नि का मित्र) कहा है। काव्यालंकारसूत्र के प्रणेता आचार्य वामन भास के 'शरच्छशांक गौरेण...'[१], 'यासां बलिर्भवति...'[२] - 'यो भर्तृपिण्डस्य कृते न युध्येत् ...'[३] - ये तीन पद्य उद्धृत करते हैं, पर न तो उन्होंने भास का नाम लिया है, न भास के किसी रूपक का। पहला पद्य स्वप्नवासदत्तम् में कुछ परिवर्तन के साथ मिलता है, दूसरा दरिद्रचारुदत्तम् तथा मृच्छकटिकम् में समान है और तीसरा प्रतिज्ञायौगंधरायण में मिलता है। काव्यालंकारसूत्रवृत्ति दिये गये उक्त उद्धरणों से लगता है कि वामन भास के कृतित्व से परिचित हैं।

राजशेखर ने भास के विषय में लिखा है कि भासनाटकचक्र की अग्निपरीक्षा की गयी, उसमें स्वप्नवासवत्तम् नाटक को अग्नि भी नहीं जला सकी—

भासनाटकचक्रेऽपि च्छेकैः क्षिप्ते परीक्षितुम्।
स्वप्नवासवदत्तस्य दाहकोऽभून्न पावकः।।

यह पद्य राजशेखर की किसी रचना में नहीं मिलता, अपितु जल्हण ने अपनी सूक्तिमुक्तावली में इसे राजशेखरकृत बता कर उद्धृत किया है। अभिनवगुप्त ने स्वप्नवासवदत्तम् नाटक का नामोल्लेख करते हुए इसके पद्मावती द्वारा कंदुकक्रीडा के प्रसंग का संदर्भ दिया है। भोज ने अपने शृंगारप्रकाश के बारहवें प्रकाश में स्वप्नवासवदत्त नाटक का नामोल्लेख करते हुए इसके पाँचवे अंक की घटना का विस्तार से वर्णन किया है, जो यथावत् स्वप्नवासवदत्तम् में चित्रित है। अभिनवगुप्त ने नाट्यशास्त्र प्रथम अध्याय के 'क्वचित् क्रीडा०.' पर टीका करते हुए कहा है - क्वचित्क्रीडा-यथा स्वप्नवासवदत्तायाम्। रामचंद्र-गुणचंद्र ने नाट्यदर्पण में कहा है—

यथा भासकृते स्वप्नवासवदत्ते शेफालिकातलमवलोक्य वत्सराजः—

पादाक्रान्ताणि पुष्पाणि सोष्म चेदं शिलातलम्।
नूनं काचिदिहासीना मां दृष्ट्वा सहसा गता।।

यह श्लोक टी० गणपति शास्त्री को प्राप्त हुई पांडुलिपियों में नहीं मिलता। पर यह श्लोक भासकृत 'स्वप्नवासवदत्तम्' में रहा होगा और लिपिकार के प्रमाद से अथवा चाक्यारों के द्वारा संक्षिप्त आलेख तैयार करने के कारण छूट गया ऐसा अनुमान किया जा सकता है। चतुर्थ अंक में उदयन को देखकर शिलातल पर बैठी पद्मावती और वासवदत्ता उनसे छिपने के लिये पीछे के लताकुंज में चली जाती हैं, तब उदयन ने शिलातल के विषय में यह कथन किया होगा। 'स्वप्नवासवदत्तम्' के वर्तमान में उपलब्ध मुद्रित संस्करणों में यह श्लोक यथास्थान जोड़ दिया गया है। दसवीं शताब्दी में धार के राजा भोज ने अपने काव्यशास्त्रविषयक ग्रंथ 'सरस्वतीकंठाभरण' में 'स्वप्नवासवदत्तम्' के नामोल्लेख के साथ उसके पाँचवे अंक के स्वप्नदृश्य का इसप्रकार विवेचन किया है—

स्वप्नवासवदत्ते पद्मावतीमस्वस्थां द्रष्टुं राजा समुद्रगृहकं गतः। पद्मावतीरहितं च तदवलोक्य तस्या एव शयने सुष्वाप, वासवदत्तां च स्वप्नवदस्वप्ने ददर्श। स्वप्नायमानश्च वासवदत्तामाबभाषे। स्वप्नशब्देन चेह स्वापो वा स्वप्नं वा स्वप्नदर्शनं वा स्वप्नायितं वा विवक्षितम्।

इस उद्धरण से स्पष्ट है कि भोज को भास का स्वप्नवासवदत्तम् उपलब्ध था और उन्होंने उसका अध्ययन किया था।

आचार्य अभिनवगुप्त ने अपने ध्वन्यालोकलोचन में स्वप्नवासवदत्तम् से निम्नलिखित पद्य उद्धृत किया है—

सञ्चितपक्ष्मकवाटं नयनद्वारं स्वरूपताडेन।
उद्घात्य सा प्रविष्टा हृदयगृहं मे नृपतनूजा।।

पर यह पद्य स्वप्नवासवदत्तम् की उपलब्ध प्रतियों में नहीं मिलता। किसी प्रति में 'सञ्चित' स्थान पर 'स्वञ्चित' पाठ भी मिलता है। निश्चय ही भासविरचित स्वप्नवासवदत्तम् में यह श्लोक उदयन के किसी संवाद में रहा होगा।

नाटकलक्षणरत्नकोश में सागरनंदी ने स्वप्नवासवदत्तम् की प्रस्तावना से यह गद्यांश उद्धृत किया है—

नेपथ्ये सूत्रधारः- (उत्सारणं श्रुत्वा पठति)- अये कथं तपोवनेऽप्युत्सारणा? (विलोक्य) कथं मन्त्री यौगन्धरायणः वत्सराजस्य राज्यप्राप्त्यानयनं कर्तुकामः पद्मावतीयजनेनोत्सार्यते इति।

यह गद्यांश भी उपलब्ध स्वप्नवासवदत्तम् की प्रस्तावना या स्थापना में नहीं मिलता। पर यह मूल स्वप्नवासवदत्तम् में अवश्य रहा होगा, क्योंकि इसका पूरा प्रसंग स्वप्नवासवदत्तम् की प्रस्तावना का ही है।

तेरहवीं शताब्दी के शारदातनय ने स्वप्नवासवदत्तम् को प्रशांत कोटि के नाटक का उदाहरण मानकर इसमें पाँच संधियों का विवेचन विस्तार से किया है। अमरकोश के टीकाकार सर्वानंद (बारहवीं शताब्दी) ने स्वप्नवासवदत्तम् में राजा उदयन के पद्मावती के साथ विवाह को अर्थश्रृंगार का उदाहरण माना है, तथा इसके पूर्व वासवदत्ता के साथ हो चुके उसके परिणय को कामश्रृंगार का।

भास का उल्लेख करने वाले अन्य कवि हैं- सोड्ढल (ग्यारहवीं शताब्दी) तथा सोमप्रभसूरि (बारहवीं शताब्दी)।

विश्वनाथ ने साहित्यदर्पण (६.८५) में बालचरित से यह पद्य उद्धृत किया है—

उत्साहातिशयं वत्स तव बाल्यं च पश्यतः।
मम हर्षविषादाभ्यामाक्रान्तं युगपन्मनः।।

साद० के टीकाकार ने इसे परशुराम की राम के प्रति उक्ति बताया है। इस उल्लेख के आधार पर टी, गणपति शास्त्री का अनुमान है कि भास ने रामबालचरितम् नाम से भी एक नाटक लिखा होगा, जिसमें राम के चरित का वर्णन रहा होगा।[४]

पंद्रहवीं शताब्दी में एक अज्ञातनाम पंडित ने कालिदास के अभिज्ञानशाकुंतल पर अभिज्ञानशाकुंतलचर्चा नाम से टीका लिखी। इस टीकाकार ने संस्कृत नाटक तथा रंगमंच के अनेक पक्षों पर विचार किया है, तथा कई प्राचीन नाटकों का उल्लेख भी किया है। उल्लिखित नाटकों में भासनाटकचक्र की निम्नलिखित रचनाएँ हैं – अविमारक, बालचरित, स्वप्नवासवदत्त, कवचदान (कर्णभार), चारुदत्त तथा पंचरात्र। कर्णभार की कतिपय पांडुलिपियों में इस रूपक का नाम कवचदानम् मिलता है।[५] पंद्रहवीं शताब्दी के आसपास ही अज्ञात विद्वान् ने कूटियाट्टम् के नटों की समीक्षा में नटांकुश नाम से ग्रंथ लिखा। इस ग्रंथ में भी भास का नाम लिये बिना अविमारक तथा प्रतिज्ञायौगंधरायण नामक रूपकों का उल्लेख है। प्रतिज्ञायौगंधरायण का भी नामोल्लेख ना करके नटांकुशकार ने इसके एक अंक मंत्रांक की विस्तार से चर्चा की है।

भास तथा कात्यायन – टी० गणपति शास्त्री के द्वारा भास के नाम से सूचित रूपकों में से एक – अविमारक – की कुछ पांडुलिपियों में इस नाटक के प्रणेता का नाम कात्यायन दिया गया है। पांडुलिपि की पुष्पिका में कहा गया है—

एतत् पुरा कविवरप्रवरेण तेन कात्यायनेन रचितं चरितं रसेन।
सौवीरराजचरितं हरिषेणनाम्नो नाम्नाविमारकमिदं लिखितं समाप्तम्।।

पांडुलिपि के साक्ष्य के आधार पर के० कुंजुनि राजा तथा एन०पी० उन्नि जैसे विद्वानों ने अविमारक को भास की कृति नहीं माना है।

इन उल्लेखों से यह सिद्ध होता है कि भास ने कई रूपक लिखे थे, क्योंकि भासनाटकचक्र यह संज्ञा तभी संभव हो सकती है, जब उन्होंने अनेक रूपक लिखे हों। स्वप्नवासवदत्तम् तथा प्रतिज्ञायौगंधरायण ये दो रूपक तो उन्होंने निश्चित रूप से लिखे थे। संभव है कि त्रिवेंद्रम्

रूपकों में से सारे के सारे भास की रचनाएँ न हों, अथवा भास के रूपकों का संपादन कर के इन्हें वर्तमान रूप दिया गया हो।

अर्थशास्त्र से भास का संबंध

भास ने प्रतिज्ञायौगंधरायण में सैनिकों के लिये आह्वान में यह पद्य कहलवाया है—

नवं शरावं सलिलैः सुपूर्णं सुसंस्कृतं दर्भकृतोत्तरीयम्
तत् तस्य मा भून्नरकं स गच्छेद् यो भर्तृपिण्डस्य कृते न युध्येत्। (४.२)

अर्थशास्त्र (१०.३) में यही पद्य मामूली पाठभेद के साथ मिलता है—

नवं शरावं सलिलस्य पूर्णं सुसंस्कृतं दर्भकृतोत्तरीयम्
तत् तस्य मा भून्नरकं स गच्छेद् यो भर्तृपिण्डस्य कृते न युध्येत्। (१०.३)

संभवत: अर्थशास्त्रकार कौटिल्य के सामने भास का प्रतिज्ञायौगंधरायण नाटक था।

भास तथा कालिदास

कालिदास न केवल भास का नामोल्लेख करते हैं, भास के नाटकों से भी परिचित हैं। अभिषेक नाटक में हनुमान् के द्वारा अशोकवाटिका तहसनहस कर दी गई यह बताता हुआ भट घोषित करता है—

यस्यां न प्रियमण्डनापि महिषी देवस्य मन्दोदरी
स्नेहाल्लुम्पति पल्लवान्..

महाराज की प्रिय रानी मंदोदरी शृंगार पसंद करती हैं, फिर भी इस वाटिका के पेड़ पौधे से लगाव के कारण वे यहाँ के पल्लव कभी तोड़ती नहीं है।

भास के ये कथन कालिदास के शाकुंतल में शकुंतला के विषय में कण्व की इस उक्ति में सीधे प्रतिबिंबित हैं –

नादत्ते प्रियमण्डनापि भवतां स्नेहेन या पल्लवम्।

भास तथा भगवद्गीता

भास के कर्णभार में कहा गया है —

हतोऽपि लभते स्वर्गं जित्वा तु लभते यशः।
उभे बहुमते लोके नास्ति निष्फलता रणे।

यह कथन गीता के हतो वा प्राप्स्यसि स्वर्गम् – इत्यादि की छाया है। इससे प्रतीत होता है कि भास के समक्ष महाभारत का वह संस्करण था, जिसमें गीता समाविष्ट है। इसीप्रकार स्वे स्वे कर्मण्यभिरत: संसिद्धिं लभते नर: – गीता का यह वाक्य अविमारक में दोहराया गया है—

स्वे स्वे कर्मण्यभिरताः

वस्तुतः भास उस समय हुए जब वैदिक धर्म का पुनरुत्थान हो रहा था। ब्राह्मणों तथा ब्राह्मणधर्म के प्रति अत्यधिक श्रद्धा भास ने व्यक्त की है। उदाहरणार्थ - अविमारक में ब्राह्मण का शाप सत्य बनाने के लिये सौवीरराज स्वेच्छा से चाण्डाल बन जाता है। ब्राह्मण के प्रति वृषल के प्रणाम की पद्धति वे धर्मशास्त्रकारों की भाषा में सूचित करते हैं - वार्षलस्तु प्रणामः स्यादमन्त्रार्चितदैवतः। (प्रतिमा०) पंचरात्र में उन्होंने द्विज के लिये वृषल का सान्निध्य असह्य होने की बात कही है – (द्विज इव वृषलं पार्श्वे न सहते – पंचरात्र, १/६) बालचरित में वे ब्राह्मणवचन को अकाट्य कहते हैं - ब्राह्मणवचननृतमपि सत्यं पश्यामि। इसीप्रकार की अन्य उक्तियाँ हैं—

विप्रोत्संगे वित्तमावर्ज्य सर्वं राज्ञा देयं चापमात्रं सुतेभ्यः। पंचरात्र— १/२२

मच्छरीरेण ब्राह्मणशरीरं विनिमातुमिच्छामि – मध्यमव्यायोग में भीम का कथन—

सर्वापराधेऽवध्यत्वान्मुच्यतां द्विजसत्तमः। मध्यम, २७।

घटकर्पर, धावक तथा भास की अभिन्नता का प्रश्न

धावक राजा हर्ष की राजसभा में एक कवि थे, जिनका उल्लेख मम्मट आदि आचार्यों ने किया है। जल्हण ने सूक्तिमुक्तावली में राजशेखर के कविविमर्श से कतिपय पद्य उद्धृत किये हैं, जिन में राजशेखर ने बताया है कि भास जाति से धावक (धोबी) थे। इन्होंने प्रियदर्शिका, रत्नावली तथा नागानंद— इन तीन रूपकों की रचना की थी, और इनकी रचनाओं से प्रसन्न होकर राजा हर्ष ने इन्हें अपनी राजसभा मे सम्मानित किया था। राजशेखर ने इनके उदात्तराघव नाटक की प्रशंसा में कहा है कि यह नाटक सचमुच उदात्तरस से गुंफित है। इन्होंने शोकांत नाटक किरणावली की नौ अंकों में रचना भी की थी।

हेमचंद्र ने अपने काव्यानुशासन में घटकर्पर और भास को अभिन्न बताया है। इन्होने कहा है- 'सम्प्रति परां काष्ठामारूढेनापि भासेन भूतपूर्वा स्वकीया दशा न विस्मृता। यतोऽनेन पूर्वचरितं घटकर्परेणोदकवहनमेव प्रतिज्ञातम्। प्रतिज्ञां चेमामसहमानाः परे कवयः परिहसितुमनसो विक्रमार्कसभ्यमेनं भासं तज्जातिस्मारकघटकर्परनाम्ना व्यवजह्रुः। क्रमेण स एव व्यपदेशो भासमहाकवेः सुप्रसिद्धः सम्पन्नः।' राजशेखर और हेमचंद्र के उल्लेखों की प्रामाणिकता विचारणीय है।

भास के नाटकों में नांदी तथा भरतवाक्य

भास के नाम से जाने गये रूपकों में नान्दी पद्यों का वैशिष्ट्य इस प्रकार है –

पञ्चरात्र– द्रोण, अर्जुन, भीम, कर्ण, शकुनि, दुर्योधन,भीष्म, युधिष्ठिर, विराट् तथा उत्तरा और अभिमन्यु के नामग्रहण के साथ श्रीकृष्ण की स्तुति व रक्षा की कामना।

मध्यमव्यायोग- वामनावतार के द्वारा रक्षा की कामना।

अभिषेक - राम की प्रशस्ति तथा रक्षा की कामना।

अविमारक - वराह अवतार की वन्दना के साथ उनके द्वारा प्रेक्षकों को श्री की प्राप्ति की कामना।

ऊरुभङ्ग - भीष्म, द्रोण आदि पात्रों का रूपक लेकर शत्रुनदी के प्लव (नौका)केशव के द्वारा विजय दिलाने की कामना।

कर्णभार - नरसिंह के द्वारा प्रेक्षकों को श्री प्रदान करने की कामना।

बालचरित - चारों युगों में भगवान् के चार रूपों के वर्णन के साथ रक्षा की प्रार्थना।

दूतवाक्य - विष्णु के चरण के उल्लेख के साथ उसके द्वारा रक्षा की प्रार्थना।

प्रतिमा - सीता, सुमंत्र, सुग्रीव, राम, लक्ष्मण, रावण, विभीषण तथा भरत के उल्लेख के साथ राम के द्वारा रक्षा की कामना।

दूतघटोत्कच - प्रस्तावना और सूत्रधार के रूपक के साथ विष्णु के द्वारा रक्षा की कामना।

स्वप्नवासवदत्तम्रु

'स्वप्नवासवदत्तम्' निस्संदेह विश्व साहित्य में सर्वश्रेष्ठ नाटकों में से एक है। इस नाटक में छह अंक हैं। यह नाटक राजा उदयन की कथा पर आधारित है। उदयन की कथाएँ आर्यावर्तक्षेत्र में घर घर कही सुनी जाती थीं। कालिदास ने अवंतिदेश के वर्णन में मेघदूत में कहा है – 'उदयनकथाकोविदग्रामवृद्धान्' – अर्थात् अवंतिदेश के गाँवों के बड़े-बूढ़े लोग उदयन की कथा कहने में कुशल हैं।

स्वप्नवासवदत्तम् का मूल कथानक इस प्रकार है— उदयन के राज्य का एक हिस्सा पड़ोसी शत्रु राजा आरुणि ने हड़प लिया है। उदयन के मंत्री यौगंधरायण आरुणि को परास्त करने के लिये रानी वासवदत्ता को विश्वास में लेकर एक कूटयोजना बनाते हैं। इस योजना का लक्ष्य है- मगध की राजकुमारी से राजा उदयन का दूसरा विवाह कराकर मगध की सैनिक सहायता प्राप्त करना। उदयन रानी वासवदत्ता पर इतना अनुराग रखते हैं कि वे दूसरा विवाह करने को तैयार हो ही नहीं सकते। पर वासवदत्ता अपने पति तथा राज्य के कल्याण के लिये यौगंधरायण की इस योजना में सम्मिलित हो जाती है। इस कूट योजना के अनुसार उदयन के मृगया प्रयाण के अवसर पर उस शिविर में आग लगा दी जाती है जिसमें उनके साथ वासवदत्ता रह रही थी। यौगंधरायण और वासवदत्ता वेष बदलकर उदयन के राज्य से चल देते है और इधर इन दोनों के अग्निदाह में जल कर मर जाने का मिथ्या प्रवाद फैला दिया जाता है।

पहला अंक संन्यासी के वेष में यौगंधरायण तथा आंवतिका नाम वाली साधारण स्त्री के वेष में रानी वासवदत्ता के प्रवेश के साथ आरंभ होता है। ये दोनों चलते चलते मगध की सीमा पर आते हैं। यहाँ उनकी भेंट अकस्मात् पद्मावती से हो जाती है, जो अपनी माता से मिलकर राजधानी राजगृह लौट रही है। यौगंधरायण वासवदत्ता को प्रोषितभर्तृका (जिसका पति बाहर

गया हो) तथा अपनी बहिन बताकर धरोहर के रूप में पद्मावती को सौंप देते हैं। उदयन की राजधानी कोसांबी के निकट लावाणक ग्राम से आया हुआ एक ब्रह्मचारी इन लोगों को वासवदत्ता के अग्निकांड में कथित निधन तथा उसके बाद की घटनाएँ बताता है। यहाँ पहला अंक समाप्त हो जाता है।

वासवदत्ता कल्पित नाम आवंतिका के रूप में अपनी ही होने वाली सौत पद्मावती की एक सखी के रूप में उसके साथ रहने लगती है। यौगंधरायण की कूटयोजना सफल होती है। उदयन का पद्मावती के साथ विवाह हो जाता है। वासवदत्ता छद्म वेष में पद्मावती के साथ रहती हुई अपने ही पति का दूसरा विवाह अपने सामने होते देखती है। वह अपने भाग्य को कोसती है, फिर अपने मन को दिलासा देने का प्रयास करती है। ये वृत्तांत दूसरे तथा तीसरे अंकों में निरूपित हैं।

विवाह के पश्चात् उदयन कुछ दिन राजगृह में ही रहते हैं। एक दिन विदूषक उनसे हँसी हँसी में पूछता है कि दोनों रानियों में उन्हें कौन अधिक प्रिय है- दिवंगत रानी वासवदत्ता या वर्तमान रानी पद्मावती? उदयन बहुत आनाकानी करते हुए विदूषक के द्वारा शपथ दिलाये जाने पर बताते हैं कि पद्मावती अपने रूप, शील और माधुर्य के कारण बहुत आदरणीय है, पर वासवदत्ता में अटके उनके मन को वह नहीं खींच पाती।

पद्मावती बहुमता मम यद्यपि रूपशीलमाधुर्यैः।
वासवदत्ता बद्धं न तु तावन्मे मनो हरति।।

इस बातचीत को पीछे लताकुंज में छिपी पद्मावती, वासवदत्ता (छद्मवेष में आवंतिका) तथा चेटी सुन रही हैं। वासवदत्ता के मन में उदयन की यह स्वीकारोक्ति बहुत बड़ा चिंता का बोझ हटा देती है। वह मन ही मन कहती है – 'दत्तं वेतनमस्य परिखेदस्य। अहो अज्ञातवासोऽप्यत्र बहुगुणः सम्पद्यते।' (इस सारे कष्ट का वेतन या मुआवजा मुझे मिल गया। अहो अज्ञातवास में रहना भी कितना अच्छा हुआ!) पद्मावती अपनी विशालहृदयता का परिचय देते हुए कहती है कि आर्यपुत्र बड़े कोमल हृदय के हैं जो अभी तक आर्या वासवदत्ता का स्मरण करते हैं। वासवदत्ता का मन भी इससे भर आता है, वह पद्मावतीसे कहती है – भद्रे, अभिजनस्य सदृशं मन्त्रितम्। (भद्रे, यह बात तुमने अपने ऊँचे कुल के अनुरूप कही।)

वासवदत्ता की स्मृति में उदयन की आँखें डबडबा गईं हैं। विदूषक उनके मुँह धोने के लिये पानी लेने जाता है। इसी समय वासवदत्ता पद्मावती से कहती है कि तुम अपने पति के पास चली जाओ। विदूषक दोने में पानी लेकर आता है और दूसरी ओर से पद्मावती आ जाती है। विदूषक बात छिपाकर पद्मावती से कहता है कि कास के फूल का पराग गिर जाने से महाराज की आँखें आँसुओं से भर गयीं थीं इसलिये मैं मुखप्रक्षालन के लिये जल लेकर आया हूँ। पद्मावती मन ही मन हँसती हुई सोचती है कि उदार मन वाले व्यक्ति के सेवक भी उदार ही हैं। वह विदूषक के हाथ से पानी का दोना ले लेती है और स्वयं राजा के पास उसे ले जाती

है। राजा पद्मावती को देखकर घबरा जाते हैं, फिर विदूषक के संकेत पर वे भी कास के फूल का पराग आँखो में गिर जाने का बहाना कर देते हैं। यहाँ चौथा अंक समाप्त हो जाता है।

पाँचवे अंक में उदयन तथा वासवदत्ता को बताया जाता है पद्मावती शिरोवेदना के कारण रुग्ण है और उसकी शैया समुद्रगृह में लगायी गयी है। संयोग से पद्मावती समुद्रगृह में गयी ही नहीं, पर इस सूचना पर पहले उदयन और कुछ समय बाद आवंतिकावेशधारिणी वासवदत्ता उस महल में पहुँचते हैं। रात हो चुकी है। उदयन को विदूषक के मुख से एक कहानी सुनते सुनते झपकी लग गयी है और विदूषक भी अपने ओढ़ने के लिये शाल लाने बाहर चला गया है। इसी समय वासवदत्ता समुद्रगृह में आती है। वह दीपक के मद्धिम प्रकाश में सोये उदयन को पद्मावती समझ बैठती है और स्नेह के कारण आधी खाली शैया पर लेट जाती है। इसी समय उदयन स्वप्न में वासवदत्ता को पुकारते हैं। वासवदत्ता पहले तो यह समझकर घबरा जाती है कि उसके पति ने उसे पहचान लिया और यौगंधरायण की सारी योजना चौपट हो गयी। फिर वह देखती है कि उदयन सपना देख रहे हैं, तो वह पास खड़ी होकर उनका बड़बड़ाना सुनती है। सपने में उदयन वासवदत्ता से बातचीत करते हैं, और सचमुच की वासवदत्ता पास में खड़ी उनकी बातों का उत्तर देती है। उदयन का हाथ शैया से नीचे लटक गया है, वासवदत्ता उसे शैया पर रखकर जाने को होती है, तभी उदयन चौंक कर उठ बैठते हैं, और तेजी से जाती वासवदत्ता की झलक देखते हैं। इसी समय विदूषक लौट आता है। उदयन प्रसन्न होकर उसे बताते हैं कि वासवदत्ता जीवित है। विदूषक उन्हें विश्वास दिलाता है कि उन्होंने सपना देखा होगा। युद्ध की तैयारी की सूचना के साथ यहाँ पाँचवा अंक समाप्त हो जाता है।

छठे अंक में उदयन आरुणि पर विजय प्राप्त करके कौशांबी आ गये हैं। अचानक एक दिन उनकी घोषवती नामक वीणा कहीं झाड़ियों में पड़ी मिल जाती है, जिससे उन्होंने वासवदत्ता को विवाह के पहले वीणा बजाना सिखाया था। वीणा को लेकर उदयन वासवदत्ता को याद करके विलाप करने लगते हैं। इसी समय वासवदत्ता के माता पिता के द्वारा भेजे गये कंचुकी और धात्री वहाँ आते हैं और महाराज महासेन तथा उनकी रानी का संदेश सुनाते हैं। वे वासवदत्ता और उदयन के चित्र भी देते हैं, जिनके द्वारा महासेन ने उज्जयिनी में दोनों का विवाह करा दिया था। पद्मावती वासवदत्ता के चित्र को देखकर चकित रह जाती है। वह उदयन को बताती है कि इस चित्र से बहुत साम्य रखने वाली एक स्त्री उसके साथ रहती है। इसी समय संन्यासी के वेष में यौगंधरायण प्रकट होता है और धरोहर के रूप में सौंपी गयी अपनी बहिन को वापस माँगता है। आवंतिका वेषधारिणी वासवदत्ता जो मगध से पद्मावती के ही साथ कौशांबी आ गयी थी, उसे लाया जाता है। धात्री वसुंधरा उसे पहचान लेती है और कह उठती है कि यह तो वासवदत्ता है। उदयन कहते है कि इन्हें भीतर ले जाओ। यौगंधरायण हँसी हँसी में विवाद करने लगता है कि मेरी बहिन को आप बलपूर्वक अपने रनिवास में कैसे रख सकते

हैं? उदयन कहते हैं- जवनिका हटायी जाये। तब यौगंधरायण अपने वास्तविक रूप में प्रकट होकर सारी बात का स्पष्टीकरण देता है। और नाटक समाप्त होता है।

स्वप्नवासवदत्तम् का कथा संविधान कौतुक और नाटकीयता से भरपूर है। नाटकीय विडंबनाओं और विसंगति के अभिप्राय का अत्यंत मार्मिक उपयोग इस नाटक में भास ने यहाँ किया है। दर्शक तो प्रारंभ में ही यौगंधरायण की सारी कूट योजना से अवगत हो जाते हैं, और वे आवंतिका के वेष में नाटक की नायिका वासवदत्ता को आद्यंत पहचानते रहते हैं। पर पद्मावती नहीं जानती कि जिसे साधारण स्त्री बताकर धरोहर के रूप में उसे सौंपा जा रहा है, वह कौशांबी की महारानी वासवदत्ता है और यहीं नहीं, आगे चलकर वह उसकी सौत बनने जा रही है। नाटक के चौथे और पाँचवें अंक तो नाट्यकला और भावजगत् की रचना में अद्वितीय ही हैं।

भास ने स्वप्नवासवदत्तम् नाटक की रचना की थी – इसमें तो कोई संदेह नहीं। यह भी तथ्य है कि नाटक शताब्दियों तक रंगमंच पर तथा सहृदय समाज व आचार्यों के बीच बहुत लोकप्रिय भी रहा। पर टी.गणपति शास्त्री ने त्रिवेद्रम् रूपकों के अंतर्गत जो स्वप्नवासवदत्तम् प्रकाशित किया, वह या तो भास के मूल स्वप्नवासवदत्तम् से भिन्न है, या उसका संक्षिप्त रूप है। शारदातनय ने स्वप्नवासवदत्तम् से एक मार्मिक प्रसंग का उल्लेख किया है, जो त्रिवेंद्रम् रूपकों के अंतर्गत प्रकाशित स्वप्नवासवदत्तम् में नहीं है। न्याससमुद्भेद नामक संधि का विवेचन करते हुए शारदातनय कहते हैं कि स्वप्नवासवदत्तम् में राजा उदयन ने देखा कि पद्मावती के मुख पर तो वैसा ही तिलक लगा है, जैसा वासवदत्ता लगाया करती थी। तब उदयन को आभास हो जाता है वासवदत्ता जीवित है। स्वप्नवासवदत्तम् की उपलब्ध किसी भी प्रति में ऐसा कोई प्रसंग नहीं मिलता। अन्य उल्लेखों से भी लगता है कि आचार्यों के पास स्वप्नवासवदत्तम् का बड़ा संस्करण रहा होगा, जिसके कतिपय पद्य व इस तरह के मार्मिक प्रसंग उपलब्ध संक्षिप्त रूपांतर में निकाल दिये गये।

प्रतिज्ञायौगंधरायण

यह चार अंकों का रूपक है। कथानक की दृष्टि से इसे स्वप्नवासवदत्तम् का पूर्वार्ध भी कहा जा सकता है। इसकी कथा इसप्रकार है- राज उदयन मृगया के लिये जाते हैं। वन में एक आगंतुक उन्हें बताता है कि एक कोस दूर नील हस्ती है। राजा अपने मंत्री रुमण्वान् के रोकते रहने पर भी नील हस्ती को पकड़ने के लिये चल पड़ते हैं। उदयन वीणा के श्रेष्ठ आचार्य हैं और वे हाथियों को वीणा के राग से ही वश में कर लेते है। पर जिसे नील हस्ती बताया गया था, वह वास्तविक हाथी नहीं था। वह लोहे का बना हुआ यांत्रिक हाथी था। वह आगे बढ़ता गया और उदयन वीणा बजाते हुए उसके पीछे चलते गये। एकांत होने पर उस कृत्रिम हाथी का पेट खोल कर सैनिक निकले और उन्होंने राजा से युद्ध करते हुए उसे पकड़ लिया। ये सैनिक उज्जयिनी के राजा प्रद्योत के थे। प्रद्योत का दूसरा नाम महासेन या चंडप्रद्योत भी था।

वह बड़ा प्रतापी राजा था। वह अपनी बेटी वासवदत्ता का विवाह राजा उदयन के साथ करना चाहता था, पर उदयन को अपने उच्च कुल का बड़ा अभिमान था, और महासेन को भय था कि वे उसकी पुत्री से विवाह के प्रस्ताव को ठुकरा देंगें। इसलिये उसने उदयन को छल से पकड़वा लिया था। महासेन ने उदयन को अपने प्रासाद में बंदी बना लिया और राजकुमारी वासवदत्ता उदयन से वीणा सीखने के लिये प्रतिदिन उनके पास आने लगी। दोनों में प्रेम हो गया। इधर उदयन के मंत्री यौगंधरायण ने प्रतिज्ञा की कि वह अपने राजा को महासेन के कारागार से छुड़ाकर लायेगा। इसके लिये उसने कूट योजना बनायी और वह वेष बदलकर मंत्री रुमण्वान् और विदूषक के साथ उज्जयिनी पहुँच गया। यौगंधरायण स्वयं उन्मत्तक (पागल) व रुमण्वान् द्वारपाल का वेष धरता है। उज्जयिनी में कारागार तक एक सुरंग खोद कर उदयन से संपर्क करते हैं और उन्हें कारागार से छुड़ाने का प्रयास करते हैं। उदयन कहते हैं कि वे वासवत्ता से प्रेम करते हैं, और उसे साथ लेकर ही कारागार से भागेगें, अकेले नहीं। तब यौगंधरायण दूसरी प्रतिज्ञा करता है कि वह राजकुमारी वासवदत्ता के साथ अपने राजा को कारागार से बाहर निकालेगा। इसके लिये महासेन के नलागिरि हाथी को सुरा पिला कर मदमत्त कर दिया जाता है। हाथी पागल होकर सड़क पर भाग निकलता है। उदयन हाथी को वश में करने वाला राग बजाना जानते हैं। इसलिये विवश होकर महासेन उन्हें कारागार से बाहर निकालता है। यौगंधरायण की कूट योजना के अनुसार उदयन और वासवदत्ता भाग निकलते हैं, महासेन की सेना यौगंधरायण के पक्ष के लोगों को घेर लेती है और युद्ध छिड़ जाता है। यौगंधरायण पकड़ा जाता है, पर महासेन दंड के स्थान पर उसे उल्टे पुरस्कार देते हैं।

नाटकीय संविधान की दृष्टि से प्रतिज्ञायौगंधरायणम् विश्वनाट्यसाहित्य में अपने ढंग का अनोखा रूपक है। यह ऐसा नाटक है जिसमें नायक तथा नायिका का मंच पर कहीं भी प्रवेश होता ही नहीं, फिर भी वे दोनों पूरे नाटक में छाये हुए हैं, क्योंकि सारा कार्य-व्यापार उनके लिये और लगातार उन्हीं पर केंद्रित चर्चा के साथ चलता है। नाटक पढ़ते हुए या देखते हुए हम निरंतर उनकी उपस्थिति का अनुभव करते हैं। इस प्रकार का अन्य कोई रूपक नहीं मिलता जो मुख्य पात्रों की सशरीर उपस्थिति के बिना उनकी उपस्थिति का सजीव बोध दे सके। प्रतिज्ञायौगंधरायण की दूसरी विशेषता उसकी अत्यंत सुगठित व सुसंबद्ध वस्तुयोजना है। पहले अंक के आरंभ में ही राजा उदयन को छल से पकड़ लिये जाने की सूचना मंत्री यौगंधरायण को मिलती है, और यौगंधरायण अपने राजा को छुड़ाने की प्रतिज्ञा करता है। इसके आगे पूरे नाटक के घटनाचक्र का सूत्रधार यौगंधरायण बना रहता है, और यौगंधरायण जो कुछ करता है उदयन को कारागार से छुड़ाने के लिये करता है। अपने सांकेतिक या गूढ़ अभिप्रायगर्भित छोटे छोटे संवादों, उन्मत्तक के वेष में द्व्यर्थक एकालाप की योजना व हास्य की अनूठी सृष्टि के कारण भी प्रतिज्ञायौगंधरायण एक सफल रूपक है। वीर रस की भी इस नाटक में विशिष्ट रूप में ही अवतारणा की गयी है। एक समीक्षक के मत में वीर रस का यदि एक भेद प्रतिज्ञावीर मान लिया जाये, तो इस नाटक में यौगंधरायण की चरितगाथा वीररस की

इसी नयी कोटि का निदर्शन है। घटनाचक्र का बार बार अप्रत्याशित रूप में नयी दिशा में मुड़ जाना दर्शकों में कौतूहल बनाये रखता है।

प्रतिज्ञायौगंधरायण किस कोटि का रूपक है - यह प्रश्न नाट्यशास्त्रीय सिद्धांतों के आधार पर असमाधेय ठहरता है। इसे नाटिका, नाटक, ईहामृग या प्रकरण इन चार रूपक विधाओं में रखा जाता रहा है, पर किसी के भी लक्षण इसमें पूरे नहीं उतरते।

दरिद्रचारुदत्त

यह चार अंकों का अपूर्ण रूपक है। शूद्रक-कृत मृच्छकटिक के प्रथम चार अंकों के लगभग सभी संवाद और कथायोजना इस रूपक से साम्य रखते हैं।

नायक चारुदत्त एक ब्राह्मण सार्थवाह (व्यापारी) है। अपनी दानशीलता के कारण वह सारी संपत्ति लुटा चुका है। प्रथम अंक में वह अपनी दरिद्रता पर खेद प्रकट कर रहा है। बाहर सड़क पर वसंतसेना गणिका का शकार और विट पीछा कर रहे हैं। इसी समय चारुदत्त के घर से दासी रदनिका तथा विदूषक बाहर निकलते हैं। खुले द्वार से वसंतसेना चारुदत्त के घर में प्रवेश कर जाती है। शकार दासी रदनिका को वसंतसेना समझकर पकड़ लेता है, फिर धमकी दे कर चला जाता है। वसंतसेना अपने आभूषण धरोहर के रूप में चारुदत्त के पास छोड़कर विदूषक के साथ अपने घर चली जाती है। यहाँ पहला अंक समाप्त हो जाता है। वसंतसेना जुआरियों के द्वारा प्रतारित किये जा रहे संवाहक को अपने पास से धन देकर बचाती है क्योंकि वह चारुदत्त की सेवा कर चुका है। यह संवाहक बौद्ध भिक्षु हो जाता है, और उसे वसंतसेना का ही एक चेट पागल हाथी के आक्रमण से बचाता है। तीसरे अंक में सज्जलक, जिसका नाम मृच्छकटिक में शर्विलक है, चारुदत्त के घर में चोरी करने घुसता है और वसंतसेना के द्वारा धरोहर के रूप में दिये गये आभूषण चुरा लेता है। अंतिम अंक में वसंतसेना चारुदत्त के पास अभिसार के लिये जाने को तैयार होती है।

दरिद्रचारुदत्त के नाम से एक स्वतंत्र रूपक लिखा गया था जो मृच्छकटिक से भिन्न था – यह इस नाटक के अभिनवगुप्त, सागरनंदी/शारदातनय आदि आचार्यों के द्वारा किये गये उल्लेखों से स्पष्ट है। नाट्यदर्पण में तो दोनों नाटकों से अलग अलग संदर्भ दिये गये हैं।

अविमारक

यह छह अंकों का नाटक है। इसका नायक राजकुमार अविमारक है, जो ऋषि के शाप से अंत्यज बन गया है। अविमारक का वास्तविक नाम विष्णुसेन है। वह काशीराज की रानी सुदर्शना का पुत्र है, जिसे शैशव में ही माता ने अपनी बड़ी बहिन तथा सौवीरराज की पत्नी सुचेतना को सौंप दिया था। चंडभार्गव ऋषि के शाप से सौवीरराज सपरिवार एक वर्ष के लिये चांडाल हो जाते हैं। और वे कुंतिभोज की नगरी में प्रच्छन्न होकर निवास करने लगते हैं। एक

बार कुंतिभोज की कन्या कुरंगी को अविमारक मतवाले हाथी के हमले से बचाता है। दोनों एक दूसरे के प्रणयपाश में बँध जाते हैं। अविमारक छिप छिप कर राजकुमारी से मिलने लगता है। दोनों गांधर्व विवाह कर लेते हैं। सौवीरराज को इस बात की सूचना मिलती है, तो वे अविमारक को पकड़वाने का प्रयास करते हैं। अविमारक भाग निकलता है और दुखी होकर प्राण त्यागने का निश्चय कर लेता है। तभी एक विद्याधर कृपा करके उसे एक ऐसी अँगूठी देता है, जिसे बायें हाथ की अंगुली में पहनने पर तो पहनने वाला दिखायी पड़ता है, पर दाहिने हाथ की अंगुली में उसे पहनते ही वह अदृश्य हो जाता है। विद्याधर अविमारक को एक जादुई तलवार भी देता है। अविमारक इन दोनों वस्तुओं के प्रभाव से अपनी प्रिया के पास पहुँच जाता है और उसे आत्महत्या से बचाता है। अंत में अविमारक की वास्तविकता का पता चलने पर सौवीरराज उसके द्वारा अपनी पुत्री के साथ किये गये गांधर्व विवाह को मान्य कर देते हैं।

यह रूपक आद्यंत विचित्र घटनाओं के ताने बाने में बुना हुआ है। लोककथाओं के बहुविध अभिप्राय इसमें संक्रांत हुए हैं। अविमारक कौन है- यह प्रथम अंक में रहस्य बना रहता है, दूसरे अंक में विदूषक के कथनों से अविमारक की वास्तविकता का आभास तो होता है, पर उसका इतिहास चौथे अंक में विद्याधर के संवाद से ही दर्शकों को विदित हो पाता है। इसमें शृंगार रस की प्रधानता है। जिसके साथ अद्भुत रस ने कथा में चमत्कार ला दिया है।

इस नाटक में अंधकार का वर्णन रंगमंच की विशेष दृष्टि को आलोकित करता है ।

अहो अर्धरात्रस्य प्रतिभयता! सम्प्रति हि, (आधी रात का समय कैसा भयानक है। इस समय) —

गर्भस्था इव मोहमभ्युपगताः सर्वाः प्रजा निद्रया
प्रासादाः सुखसुप्तनीरवजना ध्यानं प्रविष्टा इव।
प्रग्रस्ता इव सञ्चितेन तमसा स्पर्शानुमेया नगा
अन्तर्धानमिवोपयाति सकलं प्रच्छन्नरूपं जगत्।।३।।

(सारी जनता नींद में ऐसी बेसुध है जैसे गर्भ में समा गई हो। नीरव राजमहलों में लोग सुख से गहरी नींद में ऐसे सोये हैं, जैसे ध्यान में डूबे हों। इकट्ठे किये गये अँधेरे ने जैसे पहाड़ों को लील लिया है, पेड़ों छूने पर पता चलता है। सारा संसार ही अंतर्धान होकर कहीं छिपता लगता है।)

तिमिरमिव वहन्ति मार्गनद्यः पुलिननिभाः प्रतिभान्ति हर्म्यमालाः।
तमसि दश दिशो विनष्टरूपाः प्लवतरणीय इवायमन्धकारः।। (३.४)

(मार्ग पर अँधेरा नदी की तरह बह रहा है। महलों की पंक्तियाँ पुलिन की तरह प्रतीत होती हैं। अँधेरे में दसों दिशाएँ खो गईं हैं। अँधेरा ऐसा है जैसे नाव से पार करना पड़े।)

पूर्वा तु काष्ठा तिमिरानुलिप्ता सन्ध्यारुणा भाति च पश्चिमाशा।
द्विधा विभक्तान्तरमन्तरिक्षं यात्यर्धनारीश्वररूपशोभाम्।। १२।।

(पूर्वदिशा तिमिर में लिपटी हुई है। पश्चिम की दिशा साँझ की अरुण आभा में चमक रही है। अंतरिक्ष दो भागों में बँटकर अर्धनारीश्वर के रूप की शोभा धारण कर रहा है।)

अविमारक का चरित्र स्नेहशील, भावुक तथा साहसी नवयुवक के रूप में प्रभावित करता है। अपने मित्र संतुष्ट (विदूषक) के लिये उसकी चिंता व स्नेह इन शब्दों में प्रकट हुआ है—

गोष्ठीषु हास्यः समरेषु योधः शोके गुरुः साहसिकः परेषु।
महोत्सवो मे हृदि किं प्रलापैर्द्विधा विभक्तं खलु मे शरीरम्।। ३. २१

(वह गोष्ठियों में मेरे लिये हास्य, युद्ध में योद्धा, शोक में मेरा गुरु तथा शत्रुओं के प्रति साहसिक या साहस बटोरकर उनसे जूझने वाला है। वह मेरे हृदय का महोत्सव है, और अधिक प्रलाप क्या करना, वह तो मेरा ही दूसरा शरीर है।)

महाभारताश्रित रूपक

मध्यमव्यायोग, दूतवाक्यम्, कर्णभार, दूतघटोत्कच, ऊरुभंग एक एक अंक के रूपक हैं। इनमें से ऊरुभंग तो उत्सृष्टिकांक है और मध्यमव्यायोग व्यायोग कोटि का रूपक है। शेष दूतवाक्य तथा दूतघटोत्कच पर आंशिक रूप से व्यायोग के ही लक्षण चरितार्थ होते हैं और कर्णभार की रूपक कोटि अनिर्धारित है। पंचरात्रम् तीन अंकों का समवकार है।

मध्यमव्यायोग -मध्यमव्यायोग अभिनेयता, कथानक की नयी परिकल्पना, कौतुकी वृत्ति की सफल निष्पत्ति और वीर के साथ हास्य रस का विलक्षण संयोग प्रस्तुत करता है। इसमें मुख्य पात्र तो महाभारत के हैं, पर जो प्रसंग इसमें चित्रित है, वह महाभारत में प्राप्त नहीं होता। केशवदास नामक ब्राह्मण अपने परिवार के साथ वन में जा रहा है। घटोत्कच मार्ग में इस परिवार को रोक लेता है और अपनी माँ हिडिंबा के व्रत की पारणा (उद्यापन) के लिये एक व्यक्ति को सौंप देने के लिये कहता है। केशवदास स्वयं उसके साथ चलने को तैयार हो जाता है, पर घटोत्कच कहता है कि बूढ़ा व्यक्ति नहीं चाहिये। उसकी पत्नी के लिये भी वह स्त्री होने के कारण मना कर देता है। तब उसके तीन पुत्रों में प्रत्येक अपने आप को बलि के लिये अर्पित करने का प्रस्ताव करता है। केशवदास ज्येष्ठ पुत्र को नहीं सौंपना चाहता, और माता अपने कनिष्ठ पुत्र को रोकती है। तब विवश होकर मध्यम (मँझला) पुत्र घटोत्कच के साथ चलने को तैयार होता है। जाने के पहले वह पानी पीने के लिये सरोवर जाता है, और उसके देर लगाने पर घटोत्कच ब्राह्मण से उसका नाम पूछ कर 'मध्यम, मध्यम' कहकर उसे पुकारता है। भीमसेन जो पांडवों में मध्यम है, और पास ही में व्यायाम कर रहे होते हैं, इस पुकार को अपने लिये समझ कर वहाँ आ जाते हैं। केशवदास भीमसेन को पहचान कर उनसे अपने परिवार की रक्षा करने की प्रार्थना करता है। भीमसेन उसे अभय देते हैं। वे घटोत्कट को

पहचान लेते हैं, पर घटोत्कच अपने पिता को नहीं पहचान पाता। भीमसेन उसके साथ विनोद करते हुए ब्राह्मणकुमार को छोड़ देने का अनुरोध करते हैं। घटोत्कट कहता है कि ब्राह्मणकुमार की रक्षा ही करना चाहते हो, तो तुम उसके स्थान पर चले चलो। भीमसेन उसे हँसी हँसी में चुनौती देते हुए कहते हैं कि मुझसे युद्ध करके मुझे पकड़ कर ले चलो। घटोत्कच उनसे भिड़ जाता है, पर उसके सारे प्रहार निष्फल होते हैं। अंत में हारकर वह भीमसेन को उनके वचन का स्मरण दिला कर साथ चलने के लिये कहता है। दोनों हिडिंबा के सामने पहुँचते हैं। भीमसेन को देख कर हिडिंबा चकित रह जाती है और घटोत्कच को इसकी भूल का बोध करा कर क्षमा माँगने को कहती है।

नाटक में वीर और रौद्र रसों की प्रबल धारा वात्सल्य और शृंगार की तरंगिणी में जा मिली है। अद्भुत और करुण रस इसमें गलबाहीं करते हुए चलते हैं। भीमसेन घटोत्कच को देखकर उसके रूप और तेजस्विता पर विस्मय करते हुए अपने आप से कह उठते हैं—

दर्शनीयोऽयं पुरुषः। अयं हि, (देखने के योग्य है यह पुरुष। यह जो कि-)

सिंहास्यः सिंहदंष्ट्रो मधुनिभनयनः स्निग्धगम्भीरकण्ठो
बभ्रुभ्रूः श्येननासो द्विरदपतिहनुर्दीप्तविशिलष्टकेशः।
व्यूढोरा वज्रमध्यो गजवृषभगतिर्लम्बपीनांसबाहुः
सुव्यक्तं राक्षसीजो विपुलबलयुतो लोकवीरस्य पुत्रः।। २६।।

(सिंह के समान मुख वाला, सिंह जैसी डाढ़ों वाला, मधु के सदृश नयन वाला, स्निग्ध गंभीर कंठ वाला, भूरी भौंहों वाला, श्येन (बाज) के समान नासिका वाला, गजराज के सदृश हनु (ठुड्डी) वाला, चमकते बिखरे केशों वाला, पुष्ट वक्षःस्थल वाला, वज्र के समान मध्यभाग (कमर) वाला, गज व वृषभ जैसी चाल वाला, लंबे व पुष्ट कंधों तथा भुजाओं वाला और विपुल बलशाली यह युवक स्पष्ट ही किसी राक्षसी से जन्मा किसी लोकवीर का पुत्र है।)

इसी प्रकार पिता और पुत्र के बीच यह संवाद वात्सल्य, हास्य और व्यंग्य की अनोखी छटा लिए हुए है, जिसमें पिता पुत्र को पहचानता है, पुत्र घटोत्कच अपने पिता को नहीं पहचानता—

घटोत्कचः- न मुच्यते।

मुच्यतामिति विस्रब्धं ब्रवीति यदि मे पिता।
मुच्यते न तथा ह्येष गृहीतो मातुराज्ञया।। ३६।।

भीमः- (आत्मगतम्) कथं मातुराज्ञेति। अहो गुरुशुश्रूषुः खल्वयं तपस्वी।

माता किल मनुष्याणां दैवतानां च दैवतम्।
मातुराज्ञां पुरस्कृत्य वयमेतां दशां गताः।। ३७।।

(घटोत्कच- नहीं छोड़ूँगा। यदि मेरे पिता भी खुलकर कहें कि छोड़ दो तो इस ब्राह्मण युवक को मैं न छोड़ूँगा। क्योंकि माँ की आज्ञा से मैंने इसे पकड़ा है।)

भीम- (मन में) क्या? माँ की आज्ञा से? अरे यह बिचारा तो गुरुजनों की बड़ी सेवा करने वाला निकला? माता तो मनुष्यों के लिये सबसे बडी देवता है। माता की आज्ञा को शिरोधार्य करके ही तो हमारी यह दशा हुई है।

तथा —

घटोत्कचः- किं मां प्रत्यभिजानीते भवान्।

भीमः- मत्पुत्र इति जाने।

घटोत्कचः- कथं कथं तव पुत्रोऽहम्।

भीमः- कथं रुष्यति। मर्षयतु भवान्। सर्वाः प्रजाः क्षत्रियाणां पुत्रशब्देनाभिधीयन्ते। अत एवं मयाभिहितम्।

(घटोत्कच- तुम मुझे समझते क्या हो?

भीम- अपना बेटा ही समझता हूँ।

घटोत्कचः- क्या क्या 'मैं तुम्हारा बेटा हूँ?

भीम- अरे रुष्ट ही हो गये? क्षत्रियों के लिये सारी प्रजा ही पुत्र कही जाती है है। इसलिये मैंने वैसा कहा।)

पंचरात्र

पंचरात्र का आरंभ दुर्योधन के यज्ञानुष्ठान के प्रसंग से होता है। यज्ञ की समाप्ति पर दुर्योधन गुरुजनों को प्रणाम करता हुआ उन्हें दक्षिणा देना चाहता है। द्रोणाचार्य दक्षिणा नहीं लेते, जबकि दुर्योधन गुरुभक्ति से भावित होकर अपना सर्वस्व उन्हें दे देने को तत्पर है। द्रोणाचार्य की आँखों में आँसू आ जाते हैं, और वे अपने लिये कुछ न माँगकर पांडवों के लिये आधा राज्य माँगते हैं- 'त्वं पाण्डवानां कुरु संविभागमेषा च भिक्षा मम दक्षिणा च!' भीष्म द्रोण के अनुरोध का समर्थन करते हैं, पर शकुनि दुर्योधन को अपना पाठ पढ़ाता हुआ द्रोण और भीष्म की बात न मानने की सलाह देता है। कर्ण पांडवों को आधा राज्य देने की बात का समर्थन करता है। तब शकुनि सुझाता है कि दुर्योधन द्रोण से यह कहे कि अज्ञातवास पर रहने वाले पांडवों का पता यदि पाँच रात्रियों के भीतर लगा दें, तो वह पांडवों का आधा राज्य सौंप देगा। उसी समय विराट का दूत आता है। वह विराट् का संदेश देता है, जिसमें विराट ने कीचक का वध हो जाने के कारण दुर्योधन के यज्ञ में न आ पाने की अपनी विवशता प्रकट की है। भीष्म के अनुमान कर लेतें हैं कि कीचक का वध करनेवाला भीम के अतिरिक्त और कोई नहीं हो सकता है और वे द्रोणाचार्य को संकेत देते हैं कि वे पाँच रात के भीतर पांडवों का पता लगाने की शर्त स्वीकार कर लें।

सर्वे- कथमशस्त्रजनितो वध इति।

भीष्मः- कथमशस्त्रेणेति। (अपवार्य) भो आचार्य! अभ्युपगम्यतां पञ्चरात्रम्।

द्रोणः- किमर्थम्?

भीष्मः- भीमसेनस्य लीलैषा सुव्यक्तं बाहुशालिनः।

योऽस्मिन् भ्रातृशते रोषः स तस्मिन् फलितः शते।।

(सब – क्या? बिना शस्त्र के वध?

भीष्म – क्या बिना शस्त्र के? (अलग सेद्रोणसे) आचार्य? मान लीजिये मान लीजिये पाँच रात्रियों वाली शर्त?

द्रोणः- क्यों?

भीष्म – स्पष्ट ही यह बाहुबली भीमसेन की लीला है। उसका सौ भाइयों के लिये जो रोष है, वह कीचक के लिये फूट पड़ा।

फिर वे यह कह कर दुर्योधन को विराट् पर आक्रमण करने के लिये उकसाते हैं कि विराट बहाना बना रहा है, वह कौरवों के प्रति शत्रुता के कारण यज्ञ में सम्मिलित नहीं हुआ। उनके परामर्श से कौरव विराट् की गायों का हरण करने की योजना बनाते हैं। पांडव छद्मवेश में विराट् के नगर में रह रहे हैं— इस बात का कौरवों में से किसी को भी अनुमान नहीं है।

इसके पश्चात् कौरवों का विराट् के पक्ष से युद्ध छिड़ जाता है। इस युद्ध में बृहन्नला वेश धारी अर्जुन विराट् की ओर से युद्ध करता है। कौरव पक्ष की पराजय होती है, केवल अभिमन्यु उनकी ओर से अंत तक युद्ध करता रहता है, जिसे निहत्था भीम रथ से उतार कर विराट की सभा में ले आता है। अंत में पांडव अपना छद्म वेश उतार कर वास्तविक परिचय देते हैं। विराट अपनी बेटी उत्तरा का विवाह अर्जुन के साथ करने का प्रस्ताव रखते हैं, अर्जुन कहते हैं कि शिष्या होने के कारण वे उत्तरा को पुत्री के रूप में देखते रहे हैं, और वे अभिमन्यु के हाथ में उत्तरा का हाथ देने का प्रस्ताव करते हैं। उधर कौरव पक्ष में विवाद छिड़ जाता है कि अभिमन्यु को उठाकर ले जाने वाला हो न हो भीम ही है, तभी दुर्योधन के रथ की ध्वजा काटने वाले तीर पर अर्जुन का नाम अंकित है यह बात पता चलने पर द्रोण कहते हैं कि उन्होंने पाँच रातों में पांडवों का पता लगा लिया है। फिर भी दुर्योधन और शकुनि उनकी बात नहीं मानते। तभी अभिमन्यु के विवाह में सम्मिलित होने के लिये युधिष्ठिर का निमंत्रण लेकर एक दूत उनके पास आता है। द्रोण दुर्योधन को उसके वचन का स्मरण दिलाते हैं। दुर्योधन अपनी प्रतिज्ञा के अनुसार पांडवों को उनका आधा राज्य लौटाने पर सहमत हो जाता है।

'पञ्चरात्र' में वर्णित कौरवों का विराट की गायों का अपहरण और युद्ध की घटना महाभारत में मिलती है। पर दुर्योधन की पांडवों को आधा राज्य लौटा देने की प्रतिज्ञा और आधा राज्य सचमुच में लौटा देने को तत्पर हो जाना- यह प्रसंग सर्वथा नया ही है। संवादों में उक्तिप्रत्युक्तिवैचित्र्य, प्रसंगों में तत्क्षण नवीन कोणों का उभरना तथा हास्य की अनूठी पकड़

इस नाटक में निरंतर रोचकता बनाये रखती है। कुमार उत्तर कौरव सेना से लड़ने अकेले चल पड़े, यह राजा विराट को पता चलता है, तो वे चिंतित हो जाते हैं। इस प्रसंग में भगवान् (छद्मवेशधारी युधिष्ठिर) तथा विराट के बीच संवाद हैं—

विराटः- कथं निर्यातः कुमारः।

भगवान्- भो राजन्! संवार्यतां संवार्यतां कुमारः।

अगणितगुणदोषो युद्धतीक्ष्णश्च बाल्या-
न्न च दहति न कश्चित् सन्निकृष्टो रणाग्निः।
अथ च परिहरन्ते धार्तराष्ट्रा न किञ्चि-
न्नखलु परिभवात् ते युद्धदोषान् ब्रवीमि।। १४।।

राजा- कथं बृहन्नलेति।

(विराट- क्या कुमार निकल ही गये?।

भगवान्- हे राजन्! रोकिये रोकिये कुमार को?

वह गुण दोष नहीं जानता, युद्ध में तीक्ष्ण है, इसलिये ऐसा नहीं है कि बाल्य के कारण उसे युद्ध की अग्नि न जलाये। और धृतराष्ट्र के पुत्र भी कम नहीं हैं, मैं आपको अपमानित करने के लिये युद्ध के दोष नहीं बता रहा।)

इसके बाद दूत आकर बताता है कि सारथि के रूप में बृहन्नला (छद्मवेशधारी अर्जुन) कुमार उत्तर के साथ गई है। उसके पश्चात् संवादों में और भी रोचक प्रसंग जुड़ते जाते हैं। भगवान् (युधिष्ठिर) राजा विराट को समझाते हैं—

भगवान्- राजन्! अलमलं सम्भ्रमेण।

यदि स्वचक्रोद्धतरेणुदुर्दिनं रथं समास्थाय गता बृहन्नला।
परान् क्षणैर्नेमिरवैर्निवारयन् विनापि बाणान् रथ एव जेष्यति।। १८।।

(राजन्, घबराइये नहीं। यदि अपने रथ के चक्र से उड़ती धूलि से दुर्दिन रचती बृहन्नला कुमार के साथ सारथि बनकर रथ पर गई है,तो तब तो अपने नेमि के रव से शत्रुओं को क्षण में निवारित करके बिना बाणों के रथ ही विजयी हो जायेगा।)

युधिष्ठिर के इस कथन पर विराट् चकित हो जाते हैं, कहाँ तो अभी अभी वे कुमार को रोकने के लिये कह रहे थे और कहाँ अब उल्टी बात कह रहे हैं। तभी दूसरा दूत आकर बताता है कि अभिमन्यु कौरवों की ओर से युद्धभूमि में उतर पड़ा है। यह सुनकर तो भगवान्, जो वास्तव में युधिष्ठिर हैं, घबरा उठते हैं। उनके इस मनःस्थिति में संवाद बड़े सटीक हैं –

भगवान्- कथमभिमन्युः प्राप्तः। भो राजन्!

युध्यते यदि सौभद्रस्तेजोग्निर्वंशयोर्द्वयोः।
सारथिः प्रेष्यतामन्यो विक्लवात्र बृहन्नला।। २५।।

(अरे क्या अभिमन्यु आ गया? महाराज सुनिये? सुभद्रा का बेटा (अभिमन्यु) जो दोनों वंशों के तेज की अग्नि है, वह यदि युद्ध कर रहा है, तो और किसी को सारथि बना कर भेजिये, बृहन्नला इस के संबंध में व्याकुल है।)

और भी कौतुकमयी स्थिति तब बनती है, जब छद्मवेशधारी भीमसेन अभिमन्यु को युद्धभूमि में पहुँच कर रथ से उतार कर उठा लाते हैं। अभिमन्यु के अपने पिता व पितृव्य (भीम) से संवाद मध्यमव्यायोग में घटोत्कच और भीम के संवादों का स्मरण कराते हैं, जिसमें पुत्र पिता को नहीं पहचानता, पर पिता और पितृव्य उसे पहचानते हैं। अपने पितृव्य भीम को परिवर्तित वेष में न पहचान कर अभिमन्यु चकित होकर सोचता रह जाता है -

अभिमन्युः- भोः! को नु खल्वेषः,

विशालवक्षास्तनिमार्जितोदरःस्थिरोन्नतांसोरुमहान् कटीकृशः।
इहाहृतो येन भुजैकयन्त्रितो बलाधिकेनापि न चास्मि पीडितः।। ४३।।

(अरे यह है कौन? विशाल वक्षःस्थल वाला, तराशे हुए उदर वाला, स्थिर उन्नत कंधों वाला, बड़ी ऊरुओं वाला, कृश कटि वाला, जिसने एक भुजा में ही मुझे जकड़ लिया, और बल में अधिक होने पर भी मुझे पीड़ित भी नहीं किया?)

भीमसेन का बड़प्पन यहाँ देखते ही बनता है। वे अभिमन्यु के सामने प्रेम की उमंग में व्यावहारिक स्थितियों को भूल जाते हैं और बृहन्नला को अर्जुन के नाम से पुकार बैठते हैं। तब बृहन्नलावेषधारी अर्जुन बात सँभालते हुए कहता है - 'अथ किमथकिमर्जुनपुत्रोऽयम्! (और क्या, और क्या? अर्जुन का बेटा ही तो यह यह!)। भीमसेन अर्जुन को बताते हैं कि वे क्यों इस तरह अकेले युद्धभूमि में निहत्थे घुसकर अभिमन्यु को रथ से उठा कर ले आये, इतना खतरा उन्होंने इसलिये उठाया कि दुःख में मग्न द्रौपदी अभिमन्यु को एक बार देख ले –

जानाम्येतान् निग्रहादस्य दोषान् को वा पुत्रं मर्षयेच्छत्रुहस्ते।
इष्टापत्त्या किन्तु दुःखे हि मग्ना पश्यत्वेनं द्रौपदीत्याहृतोऽयम्।।

भीम और अर्जुन के चरित्रों की बारीक रेखाएँ दोनों को आमने सामने लाकर नाटककार ने यहाँ खींचकर रख दी हैं। बृहन्नलावेषधारी अर्जुन भीम से अपवारित में कहता है – आर्य, मेरा बड़ा मन है अभिमन्यु से बात करने का, आप इसका मुँह खुलवाइये न? (आर्य! अभिभाषणकौतूहलं मे महत्। वाचालयत्वेनमार्यः।) पर अभिमन्यु तो पूरी तरह तना हुआ है। जैसे ही भीमसेन उससे बात करने के लिये उसका नाम लेकर पुकारते हैं, वह भड़क कर कहता है - अभिमन्युर्नाम। भीमसेन अर्जुन से कहते हैं – अरे भाई, यह तो मेरे बोलने से ही रिसाता है, तुम ही इससे बात करो (रुष्यत्येष मया त्वमेवैनमभिभाषय।)। जब अर्जुन भी अभिमन्यु को नाम लेकर पुकारते हैं, तो अभिमन्यु क्षत्रिय के दर्प में भरकर दोनों को लताड़ता हुआ कहता है —

अभिमन्युः- कथं कथम्। अभिमन्युर्नामाहम्।
भो! नीचैरप्यभिभाष्यन्ते नामभिः क्षत्रियान्वयाः।

इहायं समुदाचारो ग्रहणं परिभूयते।।

(कैसे कैसे, मैं अभिमन्यु नाम से पुकारा जा रहा हूँ? अरे क्षत्रिय वंश के लोगों को नीच लोग नाम लेकर पुकार रहे हैं, यह यहाँ का शिष्टाचार है। इसने तो मेरे ग्रहण (रथ से पकड़ कर लाये जाने के अपमान) को भी फीका बना दिया।)

अर्जुन के यह पूछने पर कि तुम्हारी माँ (सुभद्रा) कैसी है,

(अभिमन्यो! सुखमास्ते ते जननी)। अभिमन्यु कहता है - कथं कथम्। जननी नाम।

किं भवान् धर्मराजो मे भीमसेनो धनञ्जयः।
यन्मां पितृवदाक्रम्य स्त्रीगतां पृच्छसे कथाम्।। ४८।।

(क्या क्या? अब माँ के लिये भी? क्या आप धर्मराज (युधिष्ठिर) हैं, भीमसेन या धनंजय (अर्जुन) हैं, जो मुझे पिता की तरह कौंच कौंच कर महिलाओं के विषय में जानकारी माँग रहे हैं?

बृहन्नला- अभिमन्यो! अपि कुशली देवकीपुत्रः केशवः। (अभिमन्यो! देवकीपुत्र केशव सकुशल तो हैं?।)

अभिमन्युः- कथं तत्रभवन्तमपि नाम्ना। अथ किम्, अथ किम्। कुशली भवता संसृष्टः। (अच्छा? उन श्रीमान् का भी नाम लेकर पूछ लिया? और क्या और क्या आपने ही तो उनको सकुशल बना रखा है?)

(उभौ परस्परमवलोकयतः। - भीमसेन और अर्जुन दोनों एक दूसरे की ओर देखते हैं।)

अभिमन्यु के लड़कपन, दर्प और दीप्ति का चित्रण जितना प्रभावकर है, उतनी ही चित्त को उत्फुल्ल करने वाली उसकी बातें हैं। भोलेपन, शौर्य, वात्सल्य का भावशबलता से यह सारा प्रसंग संस्कृत नाटकों में सबसे मनोहारी दृश्य बन गया है। अभिमन्यु को चिढ़ा चिढ़ा कर जिस तरह तीनों भाई (युधिष्ठिर, भीम, अर्जुन) तथा राजा विराट भी आनंद लेते हैं, उसने पारिवारिक स्नेहगंध से सारे नाटक को सराबोर कर दिया है। विराट के पूछने पर छद्मवेशधारी भीम बताते हैं कि अभिमन्यु को वे उठाकर ले आये हैं, तो अभिमन्यु तमक कर जोड़ता है अशस्त्रेणेत्यभिधीयताम्- अर्थात् निहत्थे थे इसलिये मैंने प्रतिरोध नहीं किया और तुम उठा लाये यह कहो। तब भीमसेन कहते हैं –

शान्तं शान्तं पापम्।

सहजौ मे प्रहरणं भुजौ पीनांसंकोमलौ।
तावाश्रित्य प्रयुध्येयं दुर्बलैर्गृह्यते धनुः।। ५५।।

(पाप शांत हो, पाप शांत हो! पुष्ट कंधों वाली कोमल मेरी भुजाएँ ही मेरा सहज हथियार हैं। मैंने तो उन्हीं के सहारे युद्ध करता हूँ, धनुष तो दुर्बल लोग उठाते हैं।) इस पर मध्यमव्यायोग के घटोत्कच की तरह अभिमन्यु कहता है कि क्या आप मध्यम तात हैं जो ऐसी बात कर रहे हैं? यह वचन तो उनके जैसा ही है। अंत में अभिमन्यु राजा विराट से कहता है-

यद्यहमनुग्राह्यः–

पादयोः समुदाचारः क्रियतां निग्रहोचितः।
बाहुभ्यामाहृतं भीमो बाहुभ्यामेव नेष्यति।। ५९।।

(यदि आप मुझ पर कृपा करना चाहते हैं, तो मेरे पाँवों में शृंखला बाँध कर मुझे बंधन में रखिये, यह व्यक्ति मुझे दोनों हाथों से जैसे उठा कर लाया है, वैसे ही दोनों हाथों से उठा कर मेरे पितृव्य भीम मुझे ले जायेगें।)

नाटक का अत्यंत मार्मिक व प्रेरक प्रसंग अंत में आता है, जब विराट् अपने कुल की लज्जा का ध्यान रखकर प्रस्ताव करते हैं कि अर्जुन राजकुमारी उत्तरा से विवाह कर लें। भगवान् (युधिष्ठर) अपने मन में कहते हैं— एतदवनतं शिरः (यह मेरा मस्तक लज्जा से झुक गया। अर्जुन कहते हैं- कथं चरित्रं मे तुलयति। भो राजन्! (क्या मेरे चरित्र को तोल रहे हैं, हे राजन्)

इष्टमन्तः पुरं सर्वं मातृवत् पूजितं मया।
उत्तरैषा त्वया दत्ता पुत्रार्थे प्रतिगृह्यते।। ७१।।

(मैंने इस सारे अंत:पुर की महिलाओं को माता की तरह माना है। (मेरी शिष्या) उत्तरा को जो आप मुझे दे रहे हैं, तो मैं इसे अपने बेटे (अभिमन्यु) के लिये स्वीकार करता हूँ। इस पर युधिष्ठिर कहते हैं - एतदुन्नतं शिरः (यह मेरा मस्तक गर्व से ऊपर उठ गया)।।

भास के संवादों में एक एक शब्द मन की गहराइयों में उतार ले जाता है। वर्णनकला तथा सूक्ष्मपर्यवेक्षण की दृष्टि से यह नाटक भास की छाप लिये हुए है। ब्राह्मणों का वर्णन है –

राज्ञां वेष्टनपट्टघृष्टचरणाः श्लाघ्यप्रभूतश्रवा
वार्धक्येऽप्यभिवर्धमाननियमाः स्वाध्यायशूरैर्मुखैः।
विप्रा यान्ति वयः प्रकर्षशिथिला यष्टित्रिपादक्रमाः
शिष्यस्कन्धनिवेशिताञ्चितकरा जीर्णा गजेन्द्रा इव।। ५।।

(राजाओं की पगड़ियाँ जिनके चरणों पर रगड़ी जाती रहीं, प्रशंसनीय श्रुतिसंपन्न, वृद्धावस्था में भी नियमों का और बढ़ बढ़ कर पालन करते हुए, स्वाध्याय से मुखरित, पकी अवस्था के कारण शिथिल, लाठी हाथ में लिये रहने से जैसे तीन पाँवों पर चल रहे हों ऐसे लगने वाले, अपने अपने शिष्यों के कंधों पर टेढ़े करके हाथ रखे हुए बूढ़े गजराजों की तरह ब्राह्मण जा रहे हैं।) जीवन से स्फूर्त वर्णनों के साथ संकेतगर्भित उपमानों व प्रतीकों के द्वारा अनेक दृश्यों में मूर्त चित्र इस नाटक में प्रभावी बन पड़े हैं, जैसे दुर्योधन के यज्ञ में सहसा लगी आग का वर्णन तथा उसके पश्चात् पाँच साँपों के निकलकर भागने का यह वर्णन —

वल्मीकमूलाद् दहनेन भीतास्तत्कोटरैः पञ्च समं भुजङ्गाः।
समं विपन्नस्य नरस्य देहाद्विनिःसृताः पञ्च यथेन्द्रियाणि।। १०।।

(बाँबी के भीतर से आग से घबराकर उस पेड़ के कोटर से पाँच साँप एक साथ निकल

पड़े हैं, जैसे मर कर गिर गये मनुष्य की काया से एक साथ पाँचों इंद्रियाँ छोड़कर निकल जाती हैं।)

दूतवाक्यम् - इस नाटक में महाभारत युद्ध के पूर्व श्रीकृष्ण पांडवों की ओर से संधि का प्रस्ताव लेकर दुर्योधन के पास जाते हैं। दुर्योधन उन्हें हर प्रकार से अपमानित करना चाहता है। वह इसके लिये द्रौपदी के वस्त्रापहरण का चित्र अपने सामने और भरी सभा के बीच रखवा लेता है, और कहता है कि कृष्ण के प्रवेश करने पर कोई खड़ा नहीं होगा। पर कृष्ण के आते ही सारे सभासद हड़बडा कर खड़े हो जाते हैं, दुर्योधन स्वयं संरम्भ में पड़ कर आसन से नीचे गिर जाता है। इसके पश्चात् दुर्योधन तथा कृष्ण के बीच आक्षेप और उपालंभ से भरे ओजस्वी संवाद होते हैं। दुर्योधन कृष्ण के द्वारा प्रस्तुत संधि का प्रस्ताव अस्वीकार कर देता है और कृष्ण जाने लगते हैं, तो वह उन्हें बंदी बनाने का आदेश दे देता है, जब कृष्ण के तेज के कारण कोई उन्हें बाँधने को आगे नहीं बढ़ता, तो दुर्योधन स्वयं उन्हें बाँधने का प्रयास करता है। कृष्ण अपना विश्वरूप प्रकट करते हैं और इसी समय उनके आयुध सुदर्शन चक्र, शार्ङ्ग धनुष, कौमोदकी गदा, पांचजन्य शंख , नंदक असि और गरुड वहाँ मानव रूप में उपस्थित हो जाते हैं। अंत में धृतराष्ट्र और गांधारी आकर कृष्ण से क्षमा माँगते हैं।

दुर्योधन के दर्प और पांडवों तथा कृष्ण के प्रति उसके मन में तीव्र वैमनस्य के भाव का चित्रण उत्कट अनुभूति के साथ नाटककार ने किया है। दुर्योधन आरंभ में ही अपने आप से कहता है—

उद्भूतरोषमिव मे हृदयं सहर्षं प्राप्तं रणोत्सवमिमं सहसा विचिन्त्य।
इच्छामि पाण्डवबले वरवारणानामुत्कृत्तदन्तमुसलानि मुखानि कर्तुम्।। ४।।

(अब अचानक रण का उत्सव आ ही पहुँचा – यह सोच कर मेरे हृदय में हर्ष के साथ रोष फड़क रहा है। अब तो मैं यही चाहता हूँ कि पांडवों की सेना में श्रेष्ठवारण (हाथी, वीर) के दाँत रूपी मूसल मैं उखाड़ फैंकू।

यहाँ वरवारण शब्द का प्रयोग साभिप्राय है, तथा उससे सांग रूपक कवि ने रच दिया है। 'उत्कृत्तदन्तमुसलानि' - यह मुहावरेदार प्रयोग भी वीररस तथा औजस् गुण को पुष्ट करता है।

इस नाटक में आकाशभाषित का अनूठा ही प्रयोग भास ने किया है। भीष्म, द्रोण आदि अनेक महारथियों व राजाओं को दुर्योधन संबोधित करता जाता है, उन्हें आसनों पर बिठाता भी है, पर वे सब अदृश्य रहते हैं। प्रेक्षक कल्पना कर लेते हैं कि दुर्योधन की सभा सभासदों से भर गई है, पर मंच पर केवल दुर्योधन व श्रीकृष्ण ही प्रायः आमने सामने रहते हैं।

कर्णभार - 'कर्णभार' का नायक कर्ण है। अर्जुन से संग्राम के लिये जाता हुए कर्ण अपने सारथि शल्य को परशुराम से मिले शाप का वृत्तांत बताता है। इसी समय इंद्र ब्राह्मण का वेष धरकर उसे ठगने के लिये आ पहुँचते हैं। कर्ण अपनी प्रतिज्ञा के निर्वाह के लिये अपने कवच और कुंडल उन्हें दे देता है।

दूतघटोत्कच - 'दूतघटोत्कच' में महाभारतीय संग्राम के समय अभिमन्यु के वध के पश्चात् कृष्ण के आदेश से घटोत्कच के धृतराष्ट्र के पास दूत बनकर जाने की घटना का चित्रण है। घटोत्कच शांति और संधि का आह्वान करता है, पर कौरवपक्षीय लोग उसका उपहास करते हैं। इस नाटक के संवाद बड़े ही पैने और व्यंग्य की तीखी धार से प्रहार करने वाले हैं। दुर्योधन घटोत्कच के चुनौती भरे स्वर पर बिफर कर और कहता है—

क्षिपसि वदसि रूक्षं लंघयित्वा प्रमाणं
न च गणयसि किञ्चिद् व्याहरन् दीर्घहस्तः।
यदि खलु तव दर्पो मातृपक्षोग्ररूपो
वयमपि खलु रौद्राः राक्षसोग्रस्वभावाः।। ४६।।

(तुम हम पर आक्षेप कर रहे हो, मान सम्मान का विचार किये बिना रूखा बोल रहे हो, कुछ समझ ही नहीं रहे हो, लंबे हाथ फैंक कर बोलते जा रहे हो, यदि तुम्हारा यह दर्प माता (राक्षसी) के पक्ष के कारण उग्ररूप वाला है, तो हम भी राक्षसों के समान ही रौद्र व उग्र स्वभाव वाले हैं।)

दुर्योधन के इस कथन पर घटोत्कच का उत्तर अत्यंत मार्मिक व गहरा व्यंग्यप्रहार करने वाला है।

घटोत्कचः- शान्तं शान्तं पापम्। राक्षसेभ्योऽपि भवन्त एव क्रूरतराः। कुतः,
न तु जतुगृहे सुप्तान् भ्रातृन् दहन्ति निशाचराः
शिरसि न तथा भ्रातुः पत्नीं स्पृशन्ति निशाचराः।
न च सुतवधं संख्ये कर्तुं स्मरन्ति निशाचराः
विकृतवपुषोऽप्युग्राचारा घृणा न तु वर्जिता।। ४७।।

(पाप शांत हो! राक्षसों से अधिक क्रूर तो आप लोग ही हैं। राक्षस लाक्षागृह में सोये भाइयों को आग लगा कर नहीं मारते। राक्षस भाई की पत्नी को केश पकड़ कर नहीं घसीटते। राक्षस युद्ध में अपने ही बेटों का वध करने का विचार नहीं करते। उनका रूप विकृत हो सकता है, आचार उग्र हो सकते हैं, पर उन्होंने दया नहीं छोड़ी है।)

ऊरुभंग – ऊरुभंग में महाभारत के युद्ध के अवसान का प्रसंग है। दुर्योधन कौरव पक्ष में अकेला बचा है। भीम के साथ उसका गदायुद्ध हो रहा है। दुर्योधन भीम पर भारी पड़ता है और भीम को गिरा देता है। इसी समय कृष्ण भीम को उसकी ऊरु (जाँघ) पर प्रहार करने का संकेत करते हैं। ऊरु का भंग हो जाने पर दुर्योधन गिर पड़ता है। भीम के द्वारा गदायुद्ध के

नियम तोड़ कर छल से दुर्योधन को गिरा देने से बलराम कुद्ध हो जाते हैं और वे भीम को मार डालना चाहते हैं। दुर्योधन अपना अंतिम समय निकट जान कर घिसटता हुआ उनके पास आता है और प्रणाम कर के कहता है कि पांडवों को मत मारिये - 'जीवन्तु ते कुरुकुलस्य निवापमेघाः' - कुरुकुल को तिलांजलि देने के लिये पांडव ही बचे हैं, वे तो जीवित रहें! बलराम कहते हैं कि मैं पांडवों को मारकर पृथ्वी का राज्य तुम्हे दे दूँगा। दुर्योधन कहता है- भीम ने अपनी प्रतिज्ञा पूरी कर ली। मेरे सारे भाई मारे गये और मैं भी मरने वाला हूँ। मैं अब पृथ्वी के राज्य का क्या करूँगा? बलराम कहते हैं कि तुम्हें छल से पराजित किया गया है। यह सुन दुर्योधन आनंदित हो जाता है और कहता है - यदि आप ऐसा मानते हैं तब तो मैं हार कर भी नहीं हारा। तभी धृतराष्ट्र और गांधारी तथा दुर्योधन की पत्नियों और उसके बेटे दुर्जय को लेकर वहाँ आते हैं। शिशु दुर्जय अपने पिता की गोद में चढ़ना चाहता है। दुर्योधन की स्थिति देख कर धृतराष्ट्र, गांधारी उसकी पत्नियाँ विलाप करने लगते हैं। दुर्योधन सब को संदेश देता है कि अब वैर भुला दें। इसी समय अश्वत्थामा वहाँ आता है। वह वाणी मात्र से दुर्जय का अभिषेक कर के पांडवों का वध करने की प्रतिज्ञा करके चल देता है और दुर्योधन की मृत्यु हो जाती है।

ऊरुभंग में करुण रस प्रधान है। नाट्यशास्त्र में वर्णित दशरूपविधान की दृष्टि से यह उत्सृष्टिकांक कोटि का रूपक है। दुर्योधन के चरित्र का अत्यंत उज्ज्वल और प्रभावशाली रूप यहाँ अंकित है। वह अपनी मृत्यु के समय अपनी उदात्तता और मनुष्य की गरिमा को जिस मार्मिक रूप में प्रस्तुत करता है, वह भारतीय साहित्य में अप्रतिम ही है।

रामायणाश्रित नाटक

प्रतिमा तथा अभिषेक इन दोनों नाटकों के द्वारा भास ने रामायण की संपूर्ण कथा को नाटकीय स्वरूप में विन्यस्त किया है। दोनों नाटक एक दूसरे के पूरक हैं, प्रतिमा का देशकाल अयोध्या नगरी पर विशेष केंद्रित हैं, अभिषेक का दंडकारण्य तथा लंका पर।

प्रतिमा नाटक में सात अंक हैं। इसका आरंभ राम के राज्याभिषेक की तैयारी से होता है। दशरथ की राजसभा के नाट्यदल को आदेश दिया जाता है कि वे राज्याभिषेक के उत्सव में किसी अवसरोचित नाटक की प्रस्तुति के लिये तैयार रहें। अवदातिका नामक एक चेटी कौतुक वश नाट्यदल की वेशभूषा के संग्रह से एक वल्कल वस्त्र उठा लाती है। सीता चेटी के हाथ में वल्कल देखती हैं, तो हँसी हँसी में उसे पहन लेती हैं। इसी समय उन्हें बताया जाता है कि राम का अभिषेक होने ही वाला है। मंगल वाद्यों की ध्वनि आती है। अचानक मंगल वाद्य बंद हो जाते हैं। राम को सूचित किया जाता है कि कैकेयी ने शुल्क में भरत के लिये सारा राज्य माँग लिया है। इसी समय लक्ष्मण कुद्ध होकर वहाँ आते हैं, और दशरथ को बुरा भला कहते हुए धनुष उठा कर युद्ध करने को तत्पर हो जाते हैं। राम उन्हें समझाते हैं। राम सीता के हाथ

से वल्कल लेकर उसे पहनकर वन की ओर प्रस्थान करते हैं। लक्ष्मण और सीता भी उनके साथ चल पड़ते हैं। दशरथ विलाप करते हुए कहते हैं—

सूर्य इव गतो रामः सूर्यं दिवस इव लक्ष्मणोऽनुगतः।
सूर्यदिवसावसाने छायेव न दृश्यते सीता।।

(राम सूर्य की तरह चले गये, सूर्य के पीछे जैसे दिन चला जाता है, उसी तरह लक्ष्मण भी चले गये। सूर्य और दिन के चले जाने पर जैसे छाया भी नहीं दिखती, ऐसे ही सीता भी नहीं दिख रही हैं।)

विलाप करते हुए दशरथ की मृत्यु हो जाती है। उनकी प्रतिमा उस मंदिर में लगा दी जाती है, जहाँ रघुकुल के दिवंगत राजाओं की मूर्तियाँ लगी हुई हैं। भरत चिर काल तक अपने मामा के घर रहकर लौट रहे हैं। वे अयोध्या में प्रवेश करने के पहले इस मंदिर में रुकते हैं। देवकुलिक (मंदिर का प्रबंधक या पुजारी) उन्हें बताता है कि मंदिर में रघुकुल के दिवंगत राजाओं- दिलीप, रघु, अज और दशरथ की प्रतिमाएँ हैं। इसी से भरत को अपने पिता के निधन का पता चलता है। उनकी तीन माताएँ भी इसी समय वहाँ आ जाती हैं। भरत कैकेयी को बुरा भला कहकर अभिषेक की सामग्री साथ लेकर राम को लौटाने के लिये वन की ओर प्रस्थान कर देते हैं। राम वन से वापस आने को तैयार नहीं होते , और भरत भारी मन से उनकी चरण पादुकाएँ लेकर लौट आतें हैं।

राम को अपने पिता का श्राद्ध करना है। उसी समय सीता का हरण करने के लिये संन्यासी के वेष में रावण वहाँ आता है। वह राम को परामर्श देता है कि हिमालय पर रहने वाले कांचनपार्श्व नामक मृग से श्राद्ध में पितृतर्पण करना उत्तम होता है। राम हिमालय जाने को तैयार होते हैं, उसी समय मारीच स्वर्ण मृग बनकर वहीं आ जाता है। रावण कहता है- हिमालय ने आपके लिये यह कांचनपार्श्व मृग स्वयं भेज दिया। इसके पश्चात् सीता-हरण तथा जटायु से युद्ध का दृश्य है। छठे अंक में सुमंत्र राम का वृत्तांत पता लगाकर अयोध्या लौट कर भरत को राम का जनस्थान से किष्किंधा जाना, सुग्रीव से भेंट और बालिवध की घटनाएँ सूचित करते हैं। भरत कैकेयी के पास जाकर कहते हैं- तुम्हारे आदेश से मेरे जो अग्रज अपना राज्य छोड़ कर वन चले गये, उनकी पत्नी सीता का हरण हो गया- अब तो तुम्हारा मनोरथ पूरा हुआ। तब कैकेयी अपने को निरपराध सिद्ध करती हुई कहती है कि तुम्हारे पिता को शाप मिला था कि पुत्र शोक से उनकी मृत्यु होगी, इसलिये ऋषि वचन मिथ्या न हो इसके लिये मैंने राम को वन में भेजा। भरत पूछते हैं कि चौदह वर्ष के लिये वनवास क्यों दिलवाया, तो वह कहती है मैं केवल चौदह दिन का वनवास कहना चाहती थी, पर भूल से मुँह से चौदह वर्ष निकल गया। भरत को विश्वास हो जाता है कि उनकी माता निरपराध है। फिर वे राम की सहायता के लिये सेना तैयार करके रावण से युद्ध करने को निकल पड़ते हैं। सातवें अंक में जनस्थान में राम का भरत से पुनः मिलन हो जाता है।

नियति के घात-प्रत्याघात, भावों की सम्मिश्र स्थितियों और राम तथा भरत के चरित्रों की महनीय प्रस्तुति के कारण प्रतिमा एक प्रभावशाली नाटक है। प्रतिमा नाटक में भास ने अपनी कल्पना से रामायण की कथा में अनेक मनोहर प्रसंग जोड़े हैं। सीता के द्वारा खेल खेल में वल्कल पहन लेना और उसके कुछ क्षण बाद ही सचमुच में उनका राम के साथ वल्कल पहन कर वन-प्रस्थान का प्रसंग अपनी आकस्मिकता और नाटकीयता में अत्यंत हृदयावर्जक है। भास के अनुसार भरत अपने जन्म के बाद से मामा के यहाँ ही रहे हैं, अत: वे अपने भाइयों को नहीं पहचानते। मंदिर में दशरथ की प्रतिमा देखकर उन्हें अयोध्या में हुई घटनाओं का पता चलने का प्रसंग इस नाटक में अत्यंत मार्मिक है। देवकुलिक भरत को नहीं पहचानता। भरत अपने पिता की मूर्ति देखकर उनके निधन की बात जानते हैं और मूर्च्छित हो जाते हैं, उसी समय कौसल्या आदि वहाँ आती हैं, और वे मूर्च्छित राजकुमार को देखती हैं, पर वे नहीं जानती कि ये भरत हैं।

अभिषेक नाटक को प्रतिमा का पूरक कहा जा सकता है। प्रतिमा में रामकथा के जो प्रसंग छूट गये हैं उन्हें लेकर सीताहरण के बाद से राम के राज्याभिषेक तक की कथा इस नाटक में प्रस्तुत की गयी है। पहले अंक में सुग्रीव और बालि का युद्ध तथा राम के द्वारा बालिवध का प्रसंग है। इसके पश्चात् हनुमान् के द्वारा सीतान्वेषण, लंका पहुँचना, अशोकवाटिका में रावण और सीता का वार्तालाप सुनना तथा सीता से उनकी भेंट का प्रसंग चित्रित है। छठे अंक में सीता की अग्निपरीक्षा का प्रसंग है। यह नाटक वीर रस से परिपूर्ण है। पहले , पाँचवे तथा छठे अंकों में युद्ध के वर्णन हैं।

सीता की तेजस्विता का चित्रण रंगमंच की दृष्टि से ही भास ने चित्रित किया है सीता के एक शब्द को सुन कर रावण का संवाद है—

ह-ह-ह! अहो पतिव्रतायास्तेज:

देवा: सेन्द्रादयो भग्ना: दानवाश्च मया रणे।
सोऽहं मोहं गतोस्म्यद्य सीतायास्त्रिभिरक्षरै:।। (२.१८)

(अहो पतिव्रता का तेज! मैंने इंद्रसहित सारे देवताओं और दानवों को रण में तोड़ दिया। वही मैं सीता के शप्तोऽसि – (तू अभिशप्त हुआ) – इन तीन अक्षर भर कह देने से मूर्च्छित हो गया!)

बालचरित

यह रूपक श्रीकृष्ण की बाल लीलाओं को प्रस्तुत करता है। प्रथम अंक में कारागार में कृष्ण का जन्म तथा वसुदेव का यमुना को पार करके उन्हें नंद गोप के घर लेकर आना चित्रित है। गरुड, सुदर्शन चक्र आदि प्रकट होकर बाल रूप धारी विष्णु के समक्ष संवाद करते हैं। दूसरे अंक में आततायी कंस के समक्ष चांडाल युवतियाँ प्रवेश कर के कहती हैं कि हमारी

कन्याओं से तुम्हारा विवाह हो। फिर चांडाल रूप धारी शाप कंस के घर मे प्रवेश करता है। इसके पश्चात् कंस को देवकी की आठवीं संतान कन्या के रूप में उत्पन्न होने की सूचना मिलती है, जिससे वह शिला पर पटक कर मारना चाहता है। कन्या कात्यायनी बन कर सपरिवार कंस के सामने प्रकट हो जाती है। उसके सहायक भी कंस को मारने की प्रतिज्ञा करते हुए वृंदावन में ग्वाले बन कर जन्म लेने का निश्चय कर के चले जाते हैं। तीसरे अंक कें कृष्ण के द्वारा अनेक असुरों का वध करने की चर्चा के पश्चात् गोपियों के साथ हल्लीसक नृत्य का आयोजन प्रस्तुत किया गया है। इसके पश्चात् कालियमर्दन तथा कंस के द्वारा निमंत्रण का दृश्य है। अंत में कंसवध के पश्चात् उग्रसेन के राज्याभिषेक के साथ नाटक समाप्त होता है।

चांडाल कन्याओं के रूप में अतिप्राकृत तत्त्व का प्रयोग तथा सुदर्शन चक्र आदि आयुधों का मानव रूप में प्रवेश इस रूपक के संविधान की अनोखी विशेषताएँ हैं। वीर और अद्भुत रसों की निरंतर व्याप्ति तथा असाधारण पराक्रम के चित्रण के कारण भी यह नाटक उल्लेख्य है।

भास की नाट्यकला

कथासंविधान में घटनाओं की आकस्मिकता के द्वारा भास सदैव अपने प्रेक्षकों की कौतुकी वृत्ति को जगाये रखते हैं। स्वप्नवासवदत्तम् का आरंभ संन्यासी के छद्म वेश में यौगंधरायण और साधारण स्त्री के वेष में वासवदत्ता के प्रवेश से होता है। दर्शक इन दोनों की बातचीत से यह तो जान जाता है कि संन्यासी बना हुआ पात्र वास्तव में एक मंत्री है, और साधारण स्त्री के वेष में वन में भटक रही स्त्री वस्तुत: नाटक की नायिका महारानी वासवदत्ता है। पर ये क्यों इस स्थिति में भटक रहे हैं, यह कौतुक बना रहता है। अचानक घटनाचक्र नया मोड़ ले लेता है, जब संन्यासी बना यौगंधरायण देखता है कि जिस राजकुमारी पद्मावती से मिलने के लिये निकले थे, वह तो यहीं तपोवन में आ रही है। पद्मावती घोषणा कराती है कि तपोवन के मुनियों को यदि कुछ वस्तु चाहिये हो तो निस्संकोच बतायें। यौगंधरायण को तत्काल उपाय सूझ जाता है। वह पद्मावती से वासवदत्ता को अपनी दुखियारी बहन बताकर धरोहर के रूप में रखने की याचना कर बैठता है। वासवदत्ता भी इस आकस्मिक प्रसंग से चकरा जाती है और दर्शक तो यहाँ साँस बाँधे रह ही जाते हैं, कि अब क्या होगा? इसके बाद ब्रह्मचारी का प्रवेश कराकर भास ने पहले घट चुकी घटनाओं की एक झलक उसके संवादों के द्वारा दे दी है। दूसरे अंक में वासवदत्ता और पद्मावती कंदुक क्रीड़ा कर रही हैं और इसी समय धात्री के द्वारा सूचना मिलती है कि पद्मावती का राजा उदयन के साथ वाग्दान कर दिया गया है। तीसरे अंक में पद्मावती और उदयन का विवाह हो जाता है। पहले ही तीन अंकों में घटनाएँ लगातार नया मोड़ लेती रहतीं हैं, और कथायात्रा को तीव्रता से आगे बढ़ातीं हैं।

भास की नाट्य कला की दूसरी दुर्लभ विशेषता नाट्यविडंबना (Dramatic Irony) का

उत्कृष्ट प्रयोग है। भास रंगमंच पर कुछ ऐसे पात्रों का समूह उपस्थित करते हैं, जिनमें से कोई पात्र दूसरे पात्र को नहीं पहचानता, जब कि दूसरा पात्र पहले वाले पात्र को पहचानता है। 'स्वप्नवासवदत्तम्' के पहले अंक में ब्रह्मचारी बता रहा है कि लावाणक गाँव में किस तरह आग लग जाने से रानी वासवदत्ता जलकर मर गयी और उसे बचाने के लिये आग में कूद पड़ने वाला मंत्री यौगंधरायण भी जलकर मर गया, जब कि छद्मवेष में यौगंधरायण और वासवदत्ता उसी के सामने खड़े यह सब सुन रहे हैं। ब्रह्मचारी जब बताता है कि लावाणक ग्राम में शिविर में आग गयी और महाराज उदयन की प्रिय रानी वासवदत्ता उस में जल गयी, तो आवंतिका के वेश में वहीं खड़ी वासवदत्ता मन ही मन कह उठती है— 'मैं अभागिनी तो जीवित हूँ!' इसी प्रकार जब वह आगे कहता है कि उस रानी को बचाने के लिये राजा का मंत्री यौगंधरायण भी उस आग में कूद पड़ा, तो उसकी कथा को सुनते हुए संन्यासी के वेष में यौगंधरायण कहता है- 'सचमुच कूद पड़ा!' दर्शक जो यौगंधरायण और वासवदत्ता के भेद को जानते हैं, वे वार्तालाप में अलग ही रस लेते हैं। पात्रों में से एक तो दूसरे को पहचानता है, पर दूसरा पहले को नहीं पहचानता, जब कि दर्शक दोनों की वास्तविकता से अवगत हैं- यह स्थिति भास के नाटकों में बार बार आती है और इसके कारण अत्यंत रोचक संवादों की मनोहारी लड़ियाँ भास गूँथते हैं। प्रत्यभिज्ञा (पहचान) के अभिप्राय का कुशल उपयोग करते हुए कहीं अत्यंत मधुर शिष्ट हास्य, तो कहीं वेदना और व्यथा का विलक्षण अनुभव देने में भास सिद्धहस्त हैं। मध्यमव्यायोग में भीम की अपने बेटे घटोत्कच से मुठभेड़ हो जाती है। भीम उसका परिचय प्राप्त करके उसे पहचान लेते हैं, और घटोत्कच अपने पिता को न पहचानता हुआ इनसे उलझ पड़ता है, और द्वंद्वयुद्ध भी करता है। पंचरात्र समवकार में अभिमन्यु परिवर्तित वेष में होने से अपने पिता अर्जुन और चाचा भीम को नहीं पहचानता और उनसे झगड़ता रहता है, जबकि वे दोनों उसकी बातों का आनंद लेते हैं।

किसी पात्र की अपने विषय में हो रही बातचीत को बात करने वालों से अदृश्य रहकर सुनना- इस स्थिति का भी बड़ा नाटकीय और सधा हुआ उपयोग भास ने अपने रूपकों में किया है। विशेष रूप से वासवदत्ता जिसने अपने पति के कल्याण के लिये अनेक दुःख झेले और अपनी ही होने वाली सौत के यहाँ सामान्य स्त्री के वेष में रही, वह जब पति उदयन को यह कहते सुनती है कि पद्मावती का मैं उसके रूप, शील और माधुर्य के कारण सम्मान करता हूँ, पर मेरा मन तो वासवदत्ता में ही लगा हुआ है, तो उसका जी भर आता है। वह कहती है – 'दत्तं वेतनमस्य परिखेदस्य, अहो अज्ञातवासोऽप्यत्र बहुगुणः सम्पद्यते!' – (इतना सब जो क्लेश उठाया, उसका मुआवजा मिल गया, अहो, अज्ञातवास में रहना भी कितना अच्छा रहा!)

भास अपने सभी बड़े नाटकों में अपने समय को मूर्त करते हैं। सामाजिक, राजनीतिक, धार्मिक स्थितियों का विशद चित्र उनके रूपकों में मिलता है।

संवादों में त्वरितप्रत्युक्ति (हाजिरजवाबी) तथा प्रत्युत्पन्नमतित्व, परिहास, उपालंभ और शिष्ट विनोद की रुचिरता भास की संवादयोजना के दुर्लभ गुण हैं। एक एक दो दो शब्दों के वाक्यों में पात्र के व्यक्तित्व को उजागर कर देने की कला में भास अद्वितीय ही हैं। बालचरित में कृष्ण और बलराम कंस के सभामंडप में पहुँचते हैं, और ध्रुवसेन उनसे कहता है- 'एष महाराजः। उपसर्पेतां भवन्तौ।' (ये रहे महाराज। आप दोनों पास जाइये) तो वे दोनों तत्काल कह उठते हैं- 'आः कस्य महाराजः?' (अरे, किसका महाराज?)। यही संवादयोजना पंचरात्र में बृहन्नला अभिमन्यु को विराट् के पास जाने के लिये कहती है, तब भी दोहरायी गयी है।

प्रतिज्ञायौगंधरायण में राजा महासेन उदयन के निग्रहण का समाचार सुनकर कितने उत्तेजित हो जाते हैं तथा इस अविश्वसनीय घटना को लेकर किस तरह बार बार प्रश्न करते हैं यह भास ने इनके संवादों में सूक्ष्म मनोवैज्ञानिक बोध के साथ दिखाया है। उदाहरणार्थ

काञ्चुकीयः - तत्रभवतामात्येन शालङ्कायनेन गृहीतो वत्सराजः।

राजा - उदयनः?

काञ्चुकीयः - अथ किम्।

राजा - शतानीकस्य पुत्रः?।

काञ्चुकीयः - बाढ़म्।

राजा - सहस्रानीकस्य नप्ता?

काञ्चुकीयः - स एव।

राजा - कौशाम्बीशः?

काञ्चुकीयः - सुव्यक्तम्।

राजा- गान्धर्ववित्तकः?

काञ्चुकीयः - एवं ब्रुवन्ति।

राजा - वत्सराजो ननु?

काञ्चुकीयः - अथ किं, वत्सराजः।

राजा - अथ किमुपरतो यौगन्धरायणः?

काञ्चुकीयः - न खलु कौशाम्ब्यां किल।

राजा - यद्येवं, न गृहीतो वत्सराजः।

काञ्चुकीयः - श्रद्धत्तां महासेनः।

राजा - न श्रद्दधाम्युदयनग्रहणं त्वयोक्तं
व्यावर्तनं करतलैरिव मन्दरस्य।
यस्याहवेषु रिपवः कथयन्ति शौर्यं
यौगन्धरायणमतानि च नः स्वनन्ति।।

(काञ्चुकीय – अमात्यप्रवर शालंकायन ने वत्सराज को पकड़ लिया।

राजा – उदयन को?

काञ्चुकीयः – और क्या?

राजा – शतानीक के पुत्र को?

काञ्चुकीयः – जी हाँ!

राजा – सहस्रानीक के पोते को?

काञ्चुकीयः – हाँ हाँ उसी को तो!

राजा – कौशाम्बी के नरेश को?

काञ्चुकीयः – एकदम स्पष्ट रूप से!

राजा – संगीतशास्त्र के मर्मज्ञ को?

काञ्चुकीयः – कहते तो ऐसा ही हैं।

राजा – सचमुच वत्सराज ही है वह?

काञ्चुकीयः – और क्या? वत्सराज ही है।

राजा – तो क्या यौगन्धरायण मर गया?

काञ्चुकीयः – नहीं, नहीं, वह तो कौशांबी में ही है।

राजा – ऐसा है तो फिर वत्सराज पकड़ा नहीं गया!

काञ्चुकीयः – महासेन विश्वास तो करें।।

राजा – तुम कह तो रहे हो कि पकड़ लिया गया उदयन, पर मैं विश्वास नहीं कर रहा हूँ, जैसे कहा जाये कि किसी ने हथेली से मंदर पर्वत को पलटा दिया, तो विश्वास नहीं होता। युद्ध में जिसके शौर्य की शत्रु प्रशंसा करते हैं, उस यौगंधरायण के मत हमारे आगे गूँज रहे हैं।

इसी नाटक में वासवदत्ता को लेकर महासेन तथा अंगारवती के संवाद माता और पिता की पुत्री को लेकर चिंता व स्नेह दोनों की सुंदर रोचक अभिव्यक्ति हैं —

राजा - देवि! वासवदत्ता वीणामुपक्रान्ता ननु।

देवी - आम्।

राजा - तेन हि इयमस्यै प्रदीयताम्।

देवी - वीणाप्पदाणेण भूओ वि उम्मत्ता विअ चिट्ठदि। (वीणाप्रदानेन भूयोऽप्युन्मत्तेव तिष्ठति।)

राजा - क्रीडतु क्रीडतु। नेतत् सुलभं श्वशुरकुले।

(राजा – देवि, क्या वासवदत्ता वीणा सीखने लगी?

देवी - जी?

राजा – तो यह घोषवती वीणा उसे दे दीजिये।

देवी – वीणा पा कर तो वह और भी पगला जायेगी।

राजा – खेलने दीजिये, खेलने दीजिये। ससुराल में यह सब तो सहज नहीं मिलेगा।)

संवादों में लोकव्यवहार का ज्ञान तथा सूक्ष्म मनोविज्ञान दोनों का समागम भास ने किया है। महासेन की प्रतिज्ञायौगंधरायण में वासवदत्ता के विवाह की चिंता के समय की उक्तियाँ इस दृष्टि से भारतीय परिवार के भास के पैने अध्ययन की परिचायक हैं। महासेन कहते हैं -

जामातृसम्पत्तिमचिन्तयित्वा पित्रा तु दत्ता स्वमनोभिलाषात्।
कुलद्वयं हन्ति मदेन नारी कूलद्वयं क्षुब्धजला नदीव।। २.३।।

(दामाद की संपत्ति का विचार किये बिना पिता के द्वारा अपने मन की इच्छा से यदि किसी कन्या का विवाह कर दिया जाये, तो दोनों कुलों को नष्ट कर देती है, जैसे क्षुब्धजल वाली नदी अपने दोनों कूलों या किनारों को।)

यहाँ 'कुलद्वयम्' तथा 'कूलद्वयम्' का उपमानोपमेयभाव बड़ा चमत्कारपूर्ण है।

भास अपने पात्रों के चरित्रचित्रण में मनुष्य को अपनी संपूर्ण गरिमा, स्वाभिमान तथा तेजस्विता में प्रस्तुत करते हैं। अभिषेक नाटक में राम के बाण से मारा गया बालि हो या ऊरुभंग में भीम का गदा की चोट से मरणासन्न दुर्योधन, मृत्यु के समय मनुष्य का ऐसा उदात्त रूप अन्यत्र दुर्लभ है।

भास की काव्यकला

भाषा पर भास का असाधारण अधिकार है। पात्रोचित और रसोचित भाषा के प्रयोग में वे दक्ष हैं। उदयन कथाविषयक रूपकों में यौगंधरायण का एक एक वाक्य नपातुला और सुविचारित है, वासवदत्ता की भाषा में भावुकता और त्वराजन्य प्रतिक्रिया मिलती है। उदयन के सारे संवाद एक अत्यंत संवदनशील कलाप्रेमी राजा की शैली के द्योतक हैं। भास की भाषा शैली में कहीं भी आयास या चमत्कार दिखाने की प्रवृत्ति हावी नहीं हुई है। शृंगार के प्रसंगों में माधुर्य और प्रसाद का सुंदर समन्वय है, तो वीर और रौद्र के प्रसंगों में उनकी भाषा तदनुसार ओजस्विता की बानगी देती है। जो उदयन वासवदत्ता के वियोग में अत्यंत करुणामय उद्गार प्रकट कर रहे हैं, वे ही अपने शत्रु के साथ युद्ध छिड़ने का प्रसंग आने पर कह उठते हैं—

उपेत्य नागेन्द्रतुरङ्गतीर्णे तमारुणिं दारुणकर्मदक्षम्।
विकीर्णबाणोग्रतरङ्गभङ्गे महार्णवाभे युधि नाशयामि।।

(स्वप्नवासवदत्तम्, ५।१३)

(महार्णव या सागर के समान उस युद्ध में जिसमें गजराज तथा अश्व तैर रहे हों, फेके गये बाणों की उग्र तरंगें लहरा रही हों, मैं दारुण कर्म में दक्ष उस आरुणि को समाप्त कर डालूँगा।)

भास अपने वर्ण्य विषय को सजीव और साकार रूप में उपस्थित कर देते हैं। स्वप्नवासवदत्तम् में पहले अंक में तपोवन का उन्होंने जो चित्र अंकित किया है, वह सूक्ष्म पर्यवेक्षण और बिंबविधान में उनकी कुशलता का प्रमाण है।

खगा वासोपेताः सलिलमवगाढो मुनिजनः
प्रदीप्तोऽग्निर्भाति प्रविचरति धूमो मुनिवनम्।
परिभ्रष्टो दूराद् रविरपि च सङ्क्षिप्तकिरणो
रथं व्यावर्त्यासौ प्रविशति शनैरस्तशिखरम्।।

(पक्षी अपने डेरों पर लौट आये हैं। मुनि सरोवर में डुबकी लगा रहे हैं। अच्छी सुलगी हुई (हवन की) अग्नि चमक रही है। उसका धुआँ तपोवन में घूम रहा है। दूर से नीचे टपका हुआ सूर्य किरणें समेटे हुए अपना रथ लौटाकर धीरे धीरे अस्तशिखर पर प्रवेश कर रहा है।)

यह पद्य स्वभावोक्ति या जाति अलंकार का उत्तम उदाहरण है, आधुनिक समीक्षा की दृष्टि से कह सकते हैं कि इसमें चाक्षुष विंबों की सृष्टि बड़े आकर्षक रूप में की गई है।

सहजता और पारदर्शिता भास की भाषाशैली का दुर्लभ गुण है। वे सरल पर दृश्य को साकार करने वाली और हृदयंगम बना देने वाली भाषा का उपयोग करते हैं। इसके साथ ही सूक्ष्म पर्यवेक्षण के द्वारा वे वर्ण्य के सारे स्वरूप और वैशिष्ट्य का भी अनुभव करा देते हैं। 'स्वप्नवासदत्तम्' के ही पहले अंक में तपोवन का वर्णन उदाहरणीय है—

विश्रब्धं हरिणाश्चरन्यचकिता देशागतप्रत्यया
वृक्षाः पुष्पफलैः समृद्धविटपाः सर्वे दयारक्षिताः।
भूयिष्ठं कपिलानि गोकुलधनान्यक्षेत्रवत्यो दिशो
निस्सन्दिग्धमिदं तपोवनमयं धूमो हि बह्वाश्रयः।।

(अपने देश में होने के भरोसे वाले हरिण बेखटके निश्चिंत विचर रहे हैं। पेड़ पुष्पों और फलों से समृद्ध शाखाओं वाले हैं। सभी की दया के साथ रक्षा की गयी है। कपिला गायों के झुंड बहुत अधिक हैं, दिशाएँ खेतों से रहित हैं। निश्चय ही यह तपोवन है- यह हवन का धुआँ भी अनेक स्थानों से उठ रहा है।)

मन के अनुभवों और जीवन तथा जगत् में दिखाई देने वाले दृश्यों का बारीकी से रेखांकन भास करते हैं। उदयन को बताया गया है कि पद्मावती शिरोवेदना से पीड़ित है और समुद्रगृह में उसकी शैया लगाई गई है, तो वे समुद्रगृह में पहुँचते हैं, वहाँ पदमावती की शैया को देख कर वे कहते हैं कि इस शैया पर कोई सोया नहीं है, तो सँवरी हुई शैया का एक सूक्ष्म चित्र आँखों के सामने खिंच जाता है –

शय्या नावनता तथास्तृतसमा न व्याकुलप्रच्छदा
न क्लिष्टं हि शिरोपधानममलं शीर्षाभिघातौषधैः।
रोगे दृष्टिविलोभनं जनयितुं शोभा न काचित् कृता
प्राणी प्राप्य रुजा पुनर्न शयनं शीघ्रं स्वयं मुञ्चति।।

(शैया कहीं से दबी नहीं दिख रही, समान रूप से बिछी हुई है, इसमें कहीं सलवटें नहीं पड़ी दिखतीं, शिरोवेदना के समय लगाये औषध (तैल) आदि के द्वारा तकिये पर कहीं दाग बने नहीं दिखते, रोगी के दृष्टिविलोभन के लिये कोई शोभा नहीं की गई। फिर कोई रोगी एक बार शैया पर लेट जाये, तो स्वयं शीघ्र उठ नहीं चला जाता।)

मनोभावों के निरूपण में भास की अभिव्यक्ति पारदर्शी और हृदय को छूने वाली है। विशेष रूप से मनुष्य की कोमल संवेदनाओं और प्रेम की व्यथा के अंतरंग चित्र उकेरने में वे सूक्ष्म दृष्टि तथा असाधारण क्षमता का परिचय देते हैं। उदयन वासवदत्ता को भूल नहीं पाते। वे विदूषक को अपनी पीड़ा बताते हुए कहते हैं—

दुःखं त्यक्तुं बद्धमूलोऽनुरागः स्मृत्वा स्मृत्वा याति दुःखं नवत्वम्।
यात्रा त्वेषा यद् विमुच्येह वाष्पं प्राप्तानृण्या याति बुद्धिः प्रसादम्।।

(जिसकी जड़ें गहरी हैं ऐसा प्रेम छोड़ना कठिन होता है। स्मरण कर कर के दुःख नया होता चला जाता है। यह तो संसार की रीति है कि किसी के निधन पर आँसू बहाकर लोगों की बुद्धि अनृण होकर प्रसन्न हो जाती है।)

भास की सूक्तियाँ

भास की सूक्तियों में लोकजीवन के संचित अनुभवों की पकड़ तथा जीवन मर्म को स्पर्श करने की प्रवृत्ति है। वासवदत्ता की कथित मृत्यु के प्रसंग में नायक उदयन को समझाता हुआ उज्जयिनी से आया कंचुकी कहता है—

कः कं शक्तो रक्षितुं मृत्युकाले रज्जुच्छेदे के घटं धारयन्ति।
एवं लोकस्तुल्यधर्मो वनानां काले काले छिद्यते रुह्यते च।।

(मृत्यु आने पर कौन किसको बचा सकता है? रस्सी टूट जाने पर घड़े को कौन पकड़े रह सकते हैं? यह संसार इसी तरह जंगल के समान धर्म वाला है, जो समय समय पर काटा जाता रहता है और उगता रहता है।)

भास की सूक्तियाँ जीवन के सचाई को उजागर करती हैं, व विचार के मर्म को व्यक्त करती हैं। जैसे –

काल क्रमेण जगतः परिवर्तमाना,
चक्रारपङ्क्तिरिव गच्छति भाग्यपङ्क्तिः।

(स्वप्नवासवदत्त)

(समय के क्रम से घूमती हुई चक्र के अरों की भाँति भाग्य की पंक्ति ऊपर और नीचे आती जाती रहती है।)

शिक्षा क्षयं गच्छति कालपर्ययात् सुबद्धमूला निपतन्ति पादपाः।
जलं जलस्थानगतं च शुष्यति हुतं च दत्तं च तथैव तिष्ठति।।

(कर्णभार, १।२२)

(समय के फेर से शिक्षा भी क्षीण हो जाती है। अच्छी तरह बँधी जड़ों वाले पेड़ भी गिर पड़ते हैं। पानी के स्थानों में भरा पानी सूख जाता है। पर यज्ञ में दी गयी आहुतियाँ और दिया गया दान उसी तरह टिका रहता है।)

मृतेऽपि हि नराः सर्वे सत्ये तिष्ठन्ति तिष्ठति।

(पंचरात्र ३।२५)

(मृत्यु के पश्चात् भी मनुष्य अपने सत्य के रहने से बचे रहते हैं।)

काष्ठादग्निर्जायते मथ्यमानाद् भूमिस्तोयं खन्यमाना ददाति।
सोत्साहानां नास्त्यसाध्यं नराणां मार्गारब्धाः सर्वयत्नाः फलन्ति।।

(प्रतिज्ञायौगंधरायण)

(काठ (अरणि) को मथने पर उसमें अग्नि उत्पन्न हो जाती है। भूमि को खोदने पर वह जल दे देती है। उत्साहसंपन्न मनुष्यों के लिये कुछ भी असाध्य नहीं है, सही पद्धति से आरंभ किये गये सारे कार्य फल देते हैं।)

भास और नाट्यशास्त्र

भास ने अपने रूपकों का प्रणयन उस काल में किया, जब भरत मुनि का नाट्यशास्त्र सामने नहीं आया था या लोकप्रिय नहीं हुआ था। इसलिये नाट्यशास्त्र के अनेक विधानों का भास के रूपकों में उल्लंघन मिलता है। निम्नलिखित उदाहरण विचारणीय हैं –

(१) नाट्यशास्त्र नाटक में नायक आदि की मृत्यु के प्रदर्शन का निषेध करता है। (नाट्यशास्त्र १८.३८)। मृत्यु की सूचना प्रवेशक के द्वारा दी जा सकती है (वही)। किसी अङ्क या प्रवेशक के अन्तर्गत प्रकरण अथवा नाटक में अभ्युदयशील नायक का वध तो नहीं ही दिखाया जाना चाहिए (वही, १८.३९)। भास के अभिषेक में बालि की, प्रतिमा में दशरथ की तथा ऊरुभंग में दुर्योधन की मृत्यु के दृश्य रंगमंच पर प्रदर्शित किये गये हैं।

(२) रंगमंच पर युद्ध, पलायन या भगदड़ के दृश्यों को दिखाने का भी नाट्यशास्त्र में निषेध है (नाशा०१८.३८)। भास ने बालचरित में कृष्ण का अनेक असुरों के साथ युद्ध प्रदर्शित किया है। उनके रूपकों में द्वंद्वयुद्ध के दृश्य भी हैं, जैसे मध्यमव्यायोग में भीम और घटोत्कच का युद्ध।

(३) इसी प्रकार शयन, आलिंगन आदि को भी नाट्यशास्त्र में वर्जित बताया गया है (नाशा० २२.२९५)। स्वप्नवासवदत्त के पाँचवें अंक में राजा उदयन निद्रामग्न चित्रित है। भास ने रंगमंच पर स्वप्न देखने या सोने का दृश्य प्रदर्शित किया है, जब कि भरतमुनि कहते हैं – **न कार्यं शयनं रङ्गे नाट्यधर्मं विजानता** – नट को रंगमंच पर शयन के दृश्य का अभिनय नहीं करना चाहिये।

(४) नाशा० में विभिन्न पात्रों के लिए विभिन्न प्रकार के बैठने से आसन वर्णित हैं। भास के नाम से प्राप्त दूतवाक्य में दुर्योधन राजसभा में प्रविष्ट होते- द्रोण, शकुनि, भीष्म, आदि को बैठने के लिए आसनों पर निर्देश करता हुआ कहता है- 'आचार्य! एतत् कूर्मासनम्, आस्यताम्। पितामह! एतत् सिंहासनम्, आस्यताम्। मातुल! एतच्चर्मासनम्, आस्यताम्।' दुर्योधन आचार्य द्रोण को कूर्मासन और अपने मामा शकुनि को चर्मासन पर बैठने के लिये कहता है, नाट्यशास्त्र में अलग अलग पात्रों के लिये आसन बताये गये हैं, बारहवें अध्याय में विभिन्न पात्रो के बैठने के लिए सिंहासन, मुण्डासन, काष्ठासन, कुथासन तथा वेत्रासन का परिगणन हुआ है (१२.२१५-१६)। पर कूर्मासन और चर्मासन का निर्देश नहीं है।

(५) नाशा० में नाटक की प्रस्तावना में कवि के नाम का उल्लेख करने का निर्देश है। भास के नाम से प्राप्त रूपकों में किसी भी कवि (नाटककार) का नाम निर्दिष्ट नहीं है।

(६) नाशा० की परवर्ती परम्परा के अनुसार नाटक का नायक धीरोदात्त होना चाहिए। स्वप्नवासवदत्त नाटक कोटि का रूपक है, पर इसका नायक धीरललित प्रतीत होता है।

(७) अविमारक नाटक में भास ने एक स्थान पर 'चेक्रीडित' (३.१८) शब्द का प्रयोग किया है। भरत नाशा० में (१९.१२९) कहते हैं कि चेक्रीडित जैसे शब्दों का प्रयोग नाटक के काव्यबन्ध में नहीं करना चाहिए। ऐसा प्रतीत होता है जैसे नाशा० में यह पंक्ति भास का प्रयोग देखकर जोड़ी गयी हो।

(८) नाशा० के द्वारा स्वीकृत अनेक परम्परागत अवधारणाओं या प्रतिमानों की अवहेलना या अस्वीकृति भास के रूपकों में मिलती है। स्वप्नवासवदत्तम् में उदयन (नायक) वासवदत्ता (ज्येष्ठा नायिका) को भूल नहीं पाता और स्वीकार करता है कि वास्तव में तो प्रेम उसने वासवदत्ता या बड़ी रानी से ही किया। नाशा० तथा संस्कृत नाटक की परम्परा में नायक ज्येष्ठ नायिका को भुलाकर कनिष्ठा की ओर आकृष्ट होता है, यहाँ स्थिति उस के विपरीत है।

(९) भास ने दशरूपक भेदों में उत्सृष्टिकाङ्क (उरुभंगम् तथा कर्णभारम्, समवकार, (पञ्चरात्रम्, व्यायोग (मध्यमव्यायोग) जैसे कम प्रचलित प्रकारों में रचना की और नाशा० में वर्णित इन रूपकों के लक्षण उनकी इन रचनाओं में पूरी तरह सत्यापित नहीं होते। दूतवाक्य तथा दूतघटोत्कच-इन दो रूपकों को, जो भास के नाम से प्रचलित हैं, रूपक के भेदों में किसके अन्तर्गत रखा जाए- यह पूरी तरह निर्णय करना ही कठिन है। उसी प्रकार प्रतिज्ञायौगन्धरायण और स्वप्नवासदत्तम्- जो भास की निर्विवाद रूप से रची गयी रचनाएं मानी जाती हैं, की भी रूपकविधा का निर्णय सहज नहीं है। प्रतिज्ञायौगन्धरायण को इसकी पोथियों में प्रकरण कहा गया है। पर इसमें चार ही अङ्क हैं, जबकि प्रकरण में भरत मुनि के लक्षण के अनुसार पाँच या पाँच से अधिक अंक होने चाहिए। प्रतिज्ञायौगन्धरायण अपने ढंग का अनोखा ही नाटक है। इसमें नाटक और नायिका उदयन तथा वासवदत्ता हैं, जो आदि से अन्त तक रंगमंच पर कहीं भी प्रवेश करते ही नहीं, फिर भी नाटककार ने अपनी प्रतिभा के बल पर उनकी उपस्थिति का बोध दर्शकों की चेतना में निरन्तर बनाये रखा है। यदि उदयन के मन्त्री यौगन्धरायण को इस रूपक का नायक माना जाय, तो प्रकरण का एक लक्षण (कि उसका नायक ब्राह्मण या अमात्य आदि होना चाहिए) अवश्य इस पर लागू हो जाता है। पर प्रतिज्ञायौगंधरायण पर ईहामृग का लक्षण अधिक सहजता से लागू हो जाता है। भरत के अनुसार ईहामृग में चार अङ्क होते हैं, नायिका का अपहरण किया जाता है। दोनों बातें प्रतिज्ञायौगंधरायण पर लागू होती हैं।

(१०) भास ने प्राकृतेतर तत्त्वों का भी प्रयोग लीक से हटकर किया है। उनके बालचरित में चाण्डाल कन्याएँ कंस के सामने प्रकट होकर अपनी बेटियों को उससे ब्याह देने का प्रस्ताव करती हैं। फेंटेसी या प्रेतच्छाया से मिलते-जुलते प्राकृतेतर तत्त्व के अभिप्राय का ऐसा प्रयोग शेक्सपियर की त्रासदियों में मिलता है, संस्कृत नाटक की परम्परा से यह अलग ही तरह का प्रयोग है।

इसी प्रकार का एक अलग तरह का प्रयोग भास ने दूतवाक्य में कर दिया है, जहाँ दुर्योधन अपनी राजसभा में प्रवेश करते हुए एक-एक पात्र का स्वागत करता है और बारी-बारी से प्रवेश करते पात्रों को आसन भी बैठने के लिए दिखाता है, जबकि रंगमंच पर वास्तव में इनमें से कोई पात्र प्रवेश नहीं करता। भास का यह दृश्य इतना सांकेतिक और अभिप्रायगर्भित है और इस तरह का दूसरा दृश्य संस्कृत नाटक में नहीं मिलता। नाशा० में आकाशभाषित की तकनीक का निर्देश है, जिसमें कोई पात्र मंच पर अनुपस्थित पात्र को अपने निकट खड़ा मान कर उससे 'क्या तुमने ऐसा कहा?' - यह पूछता हुआ उसके द्वारा कल्पित रूप से कहे गये संवाद को भी दोहराकर अपनी ओर से उसका उत्तर भी देता है। भास ने आकाशभाषित का एक निराला ही रूप यहाँ खड़ा कर दिया है, जिसका नमूना और परिभाषा नाशा० की परम्परा में प्राप्त नहीं होता।

उपरिलिखित तथ्यों के आलोक में निष्कर्षत: कहा जा सकता है कि भास भरतमुनि के नाट्यशास्त्र से परिचित नहीं थे, पर भास के सामने नाट्यशास्त्र की कोई परम्परा तथा नाट्यशास्त्र नाम का ग्रन्थ अवश्य था। उनके अविमारक नाटक में विदूषक अपना पाण्डित्य दिखाता हुआ कहता है-'अस्ति रामायणं नाम नाट्यशास्त्रम्। तस्मिन् पञ्चश्लोका असम्पूर्णे संवत्सरे मया पठिता:।' (रामायण नाम का नाट्यशास्त्र है, जिसके पाँच श्लोक मैंने एक साल पूरा होने के पहले ही पढ़ डाले थे)। विदूषक की उक्ति मूर्खतापूर्ण प्रतीत होती है, पर सम्भवत: उसके द्वारा भास रामायण और नाट्यशास्त्र दोनों से अपना परिचय प्रकट करना भी चाहते हैं। पर उनका आशय भरतमुनि के नाट्यशास्त्र नामक ग्रन्थ से न होकर रामायण या रामकथा को नाट्यरूप में प्रदर्शित करने के शास्त्र से हो सकता है।

नाट्यप्रयोग तथा उसके शास्त्र की किसी परम्परा से भास अवश्य सुपरिचित थे। यह परम्परा भरत के नाट्यशास्त्र में संगृहीत मुख्य परम्परा से भिन्न रही होगी, पर भरत ने वैकल्पिक व्यवस्थाओं के द्वारा इस प्रकार की इतर परम्पराओं का संग्रह भी अपने नाट्यशास्त्र में किया है। उदाहरण के लिए भरत जहाँ कहते हैं कि नाटक के प्रदर्शन में शयन, आलिंगन और स्वप्न देखने के दृश्य न दिखाये जाएँ, वहीं वैकल्पिक विधान भी वे देते हैं—

यद्वा शयीतार्थवशादेकाकी सहितोऽपि वा।

(२२.२९६)

(अथवा, नाटक में विशेष प्रयोजन होने पर अकेला या अन्य पात्र के साथ कोई पात्र शयन करता हुआ भी प्रदर्शित किया जा सकता है)।

ठीक यही स्थिति भास के स्वप्नवासवदत्तम् में घटित होती है। उदयन पहले एकाकी शय्या पर लेटे हैं, फिर उन्हें नींद आ जाती है। वासवदत्ता उन्हें पद्मावती समझकर उनके पास लेट जाती है। इस पूरे दृश्य में नाटक में स्वप्न, स्मृति, विरह, अनुराग तथा इनके साथ अनेक संचारी भावों का सम्मोहनमय संसार भास ने रच दिया है। वासवदत्ता तथा उदयन के पुनर्मिलन की मनोवैज्ञानिक आधारभूमि भी इस दृश्य से निर्मित हो जाती है। इस प्रकार नाटक में विशेष प्रयोजन की सिद्धि के लिए भास ने अपने नायक को प्रथम एकाकी और फिर नायिका के साथ एक शय्या पर सुला दिया है, जो नाशा० के ऊपर उद्धृत वैकल्पिक विधान के अनुसार ही है। यदि नाशा० के इस कथन का आशय पात्र की अपनी दृष्टि से कोई प्रयोजन इस प्रकार के शयन में रहता है- यह माना जाए, तब भी हम देखते हैं कि उदयन एक विशेष प्रयोजन और कारण से इस दृश्य में एकाकी सो जाते हैं और इसी तरह वासवदत्ता भी अपनी दृष्टि से यह पद्मावती चाहती है कि मैं इसके साथ लेटूँ,- ऐसा सोचकर उसी शय्या पर लेट जाती है। दोनों पात्रों के शयन में अपना-अपना कारण और प्रयोजन है।

इस प्रकार युद्ध, राज्यभ्रंश, मरण, नगर का घिराव आदि के दृश्य दिखाने का भरत ने निषेध किया है, इसके साथ ही इनके वैकल्पिक विधान देते हुए वे कहते हैं—

अपसरणमेव वा कार्यं ग्रहणं वा सन्धिरेव वा योज्यः।।

(२८.४०)

(अपसरण या पीछे हटना दिखाया जाना चाहिये, या संधि की योजना की जानी चाहिये।)

इसी प्रकार भरत ने नाशा० (२१.९१.९४) में पर्वत, नदी, आयुध आदि को रंगमंच पर अभिनेताओं के द्वारा प्रदर्शित कराने का वैकल्पिक विधान दिया है, जिसका अनुपालन भास के बालचरित में मिलता है। प्राणियों या अप्राणियों का स्थूलरूप में इस प्रकार का प्रदर्शन नाशा० की मुख्य परम्परा का अंग नहीं है, पर अन्यान्य नाट्यपरम्पराओं में इस प्रकार के प्रदर्शन की परम्परा रही होगी, अत एव भरत ने भी वैकल्पिक रूप में ऐसी व्यवस्था रखी है। भरत के समय या उनसे पहले इस प्रकार की अन्य नाट्यपरम्पराएँ चली आ रही थीं, जिनसे भास सम्बद्ध प्रतीत होते हैं। कथकलि में अभी भी वध, रक्तपान आदि के दृश्य मंच पर प्रदर्शित किये जाते हैं।

भास का नाट्यशास्त्र से सीधा सम्बन्ध नहीं है, न वे भरत के प्रस्थान से साक्षात् प्रभावित हैं। फिर भी नाशा० और भास को एक दूसरे से विच्छिन्न करके नहीं देखा जाना चाहिए। नाशा० में पूर्वरंग के अन्तर्गत नान्दी का जो उदाहरण दिया गया है, उसकी पदावली भास के अनेक नाटकों के भरतवाक्यों में परिलक्षित होती है। नाट्यशास्त्र में पूर्वरंगविधान के अंतर्गत सूत्रधार की ओर से कहे जाने वाला नांदीपद्य इस प्रकार है—

नमोऽस्तु सर्वदेवेभ्यो द्विजातिभ्यः शुभं तथा।
जितं सोमेन वै राज्ञा शिवं गोब्राह्मणाय च।।५.१०५।।

ब्रह्मोत्तरं तथैवास्तु हता ब्रह्मद्विषस्तथा।
प्रशास्त्विमां महाराजः पृथिवीं च ससागराम्।। ५.१०६।।

राष्ट्रं प्रवर्धतां चैव रङ्गस्याशा समृद्ध्यतु।
प्रेक्षाकर्तुर्महान् धर्मो भवतु ब्रह्मभाषितः।।५.१०७।।

काव्यकर्तुर्यशश्चास्तु धर्मश्चापि प्रवर्धताम्।
इज्यया चानया नित्यं प्रीयन्तां देवता इति।।५.१०८।।

इस नांदी का अनुवाद यह है – समस्त देवताओं को नमन हो, ब्राह्मणों का मंगल हो, राजा सोम की विजय हो, गो-ब्राह्मणों का कल्याण हो, ब्रह्म (ज्ञान) का विस्तार हो, ब्रह्म के द्वेषियों का नाश हो, महाराज सागर सहित इस पृथिवी पर शासन करते रहें, राष्ट्र की प्रचुर वृद्धि हो, रंग (नाटक देखने वालों) की आशा पूरी हो, प्रेक्षा (नाट्यप्रस्तुति का प्रदर्शन) कराने वाले को ब्रह्मा के कथनानुसार बहुत पुण्य मिले, काव्य (नाटक) रचने वाले को यश मिले, धर्म की वृद्धि हो, इस (पूर्वरंग में किये गये) पूजन से देवता सदैव प्रसन्न बने रहें।

भास के नाटकों के भरतवाक्यों में अनेक पद्यों में नाट्यशास्त्र की उक्त नांदी की

वाक्यावली, पदावली तथा भाव दोहराये गये हैं। विशेष रूप से 'प्रशास्त्विमां महाराजः पृथिवीं च ससागराम्।' नाशा० की इस पंक्ति की तो भास के कई नाटकों के भरतवाक्यों में थोड़े से हेरफेर के साथ आवृत्ति होती है। उदाहरणार्थ

बलदेवः- गां पातु नो नरपतिः शमितारिपक्षः।।

(ऊरुभङ्ग, ६६)

(शत्रु का नाश कर चुके राजा पृथिवी का पालन करते रहें.)

सर्वत्र सम्पदः सन्तु नश्यन्तु विपदः सदा।
राजा राजगुणोपेतो भूमिमेकः प्रशास्तु नः।।

(कर्णभार, २५)

(सर्वत्र संपदाएँ हों, विपदाओं का नाश हो, राजगुणों से युक्त एक राजा भूमि पर शासन करता रहे।)

इमां सागरपर्यन्तां हिमवद्विन्ध्यकुण्डलाम्।
महीमेकातपत्राङ्कां राजसिंहः प्रशास्तु नः।।

(दूतवाक्य, ५६) तथा (बालचरित, ५.२०)

(सागर तक फैली, हिमालय और विंध्य के कुंडल वाली धरती पर हमारे राजसिंह का एकच्छत्र राज्य हो।)

इमामपि महीं कृत्स्नां राजसिंहः प्रशास्तु नः।।

(पञ्चरात्र, २६)

(इस संपूर्ण पृथिवी पर हमारा राजसिंह राज्य करता रहे।)

यथा रामश्च जानक्या बन्धुभिश्च समागतः।
तथा लक्ष्म्या समायुक्तो राजा भूमिं प्रशास्तु नः।।

(प्रतिमा, ५.१५)

(जिस तरह राम का जानकी और भाईयों से समागम हुआ, ऐसे ही लक्ष्मी के समागम के साथ हमारा राजा इस भूमि पर शासन करता रहे।)

भास के पहले नाटक को लेकर सैद्धांतिक विमर्श तथा नाट्यप्रयोगों की समृद्ध परम्परा थी-इसमें कोई संदेह नहीं, पर भरत मुनि का नाट्यशास्त्र भी भास के सामने था- यह नहीं कहा जा सकता। डॉ. मनमोहन घोष भरतकृत नाट्यशास्त्र को भास के पहले का बताते हुए यह मानते हैं कि भास के सामने भरत के शास्त्र का विधि-विधान था और यदि भास के रूपकों में इस नाशा० के विधि-विधानों का कहीं उल्लंघन है भी, तो यह नाटककार ने अपनी प्रतिभा के द्वारा कल्पना की स्वतन्त्रता तथा मौलिकता के निर्वाह के लिए किया है। डॉ. घोष के अनुसार भास के द्वारा अपने रूपकों में नाट्यशास्त्रीय पारिभाषिक शब्दावली का प्रयोग अनेकत्र किया गया है, जिससे नाशा०

से उनका परिचय परिलक्षित होता है। इस प्रकार के पारिभाषिक शब्द हैं- सौष्ठव, प्रस्तावना, सूत्रधार, प्रेक्षक, चारी, गति, भद्रमुख, हाव, भाव, मारिष, नाटकीय, रंग आदि (नाशा०, ममघो०, भा. १, पृ० ८५ भूमिका)।

डॉ० घोष का यह मत ग्राह्य नहीं कहा जा सकता। थोड़े से पारिभाषिक शब्दों के प्रयोग के आधार पर भास का भरत के ग्रन्थ से परिचय और उसका अनुपालन साबित नहीं किया जा सकता है। उक्त सभी शब्द भरत के शास्त्र से अपने पारिभाषिक अर्थ में प्रचलित हुए ऐसा नहीं है, अपने विशिष्ट पारिभाषिक अर्थ में वे भरत के बहुत पहले से चले आ रहे हैं। वस्तुतः डॉ० घोष स्टेनकानो के मत को स्वीकार करते हुए भास को भी बहुत परवर्ती (दूसरी शती ई० का) मानते हैं और यदि भास का यही समय माना जाय, तब तो नाशा० इस समय तक सामने आ चुका था-यह मानने में कोई आपत्ति नहीं। पर टी. गणपति शास्त्री आदि विद्वानों का मत स्वीकार कर भास को ईसा से चार या पाँच शताब्दियों पहले माना जाय, तब नाशा० का वर्तमान रूप भास के सामने था-यह मानने में आपत्ति है।

कुल मिलाकर भास का नाट्यशास्त्र से संबंध अनसुलझी गुत्थी है। कोई न कोई नाट्यशास्त्र भास की जानकारी में था, हो सकता है कि वह भरतमुनि का वर्तमान में प्रचलित नाट्यशास्त्र न हो। टी. गणपति शास्त्री कहते हैं कि भास ने शिलालि के नटसूत्र का अनुवर्तन करते हुए अपने नाटकों की रचना की।[६] शिलालि पाणिनि से पूर्व हुए, और उन्होंने अपने नटसूत्र में याज्ञिक अनुष्ठान में नटों या अभिनेताओं की भूमिका की दृष्टि से दिशानिर्देश दिये थे - ऐसा प्रतीत होता है। नटसूत्र में नाटक या रंगमंच के सिद्धांत व प्रयोग पर इस तरह का विचार किया गया हो – जो भास जैसे नाट्यकार के लिये पथप्रदर्शक हो सके – इसकी संभावना नहीं लगती।

अभिनवभारती में अभिनवगुप्त ने सुबंधु नामक नाट्यकार तथा आचार्य का उल्लेख किया है। सुबंधु अशोक के पिता तथा चंद्रगुप्त मौर्य के पुत्र राजा बिंदुसार (२९३-२६८ ई०पू०) के मंत्री थे, और इन्होंने उदयनकथा पर एक नाटक के अतिरिक्त नाट्यशास्त्र पर ग्रंथ लिखा था। शारदातनय (तेरहवीं शताब्दी) ने अपने भावप्रकाश में नाटक की विविध कोटियों तथा उनमें विनियोजित की जाने वाली संधियों को लेकर सुबंधु के मत का विस्तार से प्रतिपादन किया है। सुबंधु ने पूर्ण, प्रशांत, भास्वर, ललित और समग्र – नाटक के ये पाँच प्रकार बताये।[७] शारदातनय सुबंधु के नाटक व संधियों के भिन्न प्रकार के वर्गीकरण को भास पर लागू करते हुए कहते हैं कि स्वप्नवासवदत्तम् सुबंधु की परिभाषा के अनुसार प्रशांत कोटि का नाटक है। सुबंधु के द्वारा प्रतिपादित पाँचों प्रकार के नाटकों में पाँच संधियाँ अलग अलग प्रकार की होती हैं। प्रशांत कोटि के नाटक में होने वाली पाँच संधियाँ ये हैं – न्यास, न्यासोद्भेद, बीजोक्ति, बीजदर्शन, तथा अनुद्दिष्टसंहार।[८] सुबंधु यह भी सूचित करते हैं कि आचार्य द्रुहिणि ने प्रशांत कोटि के नाटक में सात्त्वती वृत्ति की प्रधानता स्वीकार की थी।[९] शारदातनय ने द्रुहिणि और सुबंधु के सिद्धांतों व वर्गीकरण के अनुसार भास के स्वप्नवासवदत्तम् का विश्लेषण भी किया है और

बताया है कि किस प्रकार इस नाटक में प्रशांत नाटक के लिये निर्धारित न्यास, न्यासोद्भेद आदि संधियाँ नियोजित की गईं हैं, जिनका विवेचन शारदातनय के अनुसार इस प्रकार है –

(१) **न्यास** – वासवदत्ता को मृत घोषित करके यौगंधरायण के द्वारा मागधिका या वासवदत्ता को पद्मावती के लिये न्यास के रूप में सौंपना। यह मुख संधि की स्थिति है।

(२) **न्याससमुद्भेद** – न्यास का उद्भेद हो जाना न्याससमुद्भेद है। राजा उदयन ने देखा कि पद्मावती के ललाट पर तो वैसा ही तिलक लगा है, जैसा वासवदत्ता बनाया करती थी, तो उन्हें आभास हो जाता है कि वासवदत्ता जीवित है। स्वप्नवासवदत्तम् की उपलब्ध किसी भी प्रति में ऐसा कोई प्रसंग नहीं मिलता। सुबंधु या उनके मत के आधार पर स्वप्नवासवदत्तम् में संधियों का विवेचन करने वाले शारदातनय को स्वप्नवासवदत्तम् का बड़ा संस्करण रहा होगा, जिसमें यह मार्मिक प्रसंग चित्रित किया गया था।

(३) **बीजोक्ति** – नायक के द्वारा नायिका को उत्कंठित होकर आतुर स्वर में पुकारना बीजोक्ति है। स्वप्नवासवदत्तम् में उदयन इसी तरह पुकारता है – वासवदत्ते, तुम कहाँ हो!

(४) **बीजदर्शन** – नायक तथा नायिका का एक स्थान पर मिल जाना, बातचीत करना व परस्पर स्पर्श करना फिर एक दूसरे को खोजना – यह बीजदर्शन है। स्वप्नवासवदत्तम् के पाँचवें अंक में स्वप्नदृश्य इसका उदाहरण है, यह नाटक के छठे अंक तक जारी रहता है, जहाँ राजा उदयन को खोई हुई वीणा मिल जाती है और वह व्यथित स्वर में कहता है—

चिरप्रसुप्तः कामो मे वीणया प्रतिबोधितः।
तां तु देवीं न पश्यामि यस्या घोषवती प्रिया।

(मेरे बहुत समय से सोई कामना को इस वीणा ने जगा दिया। पर उस देवी को मैं नहीं देख रहा, जिसे यह घोषवती वीणा प्रिय थी।)

(५) **अनुद्दिष्टसंहार** - नाटक में और आपका का क्या प्रिय करूँ इस प्रश्न के उत्तर में नायक के द्वारा बोला गया अंतिम वचन। नाट्यशास्त्र में इसे भरतवाक्य कहा जाता है।[१०]

इस प्रकार शारदातनय के सामने भास के नाटकों पर लागू होने वाले नाट्यशास्त्रीय मानकों की एक परंपरा थी। ये नाट्यशास्त्रीय मानक द्रुहिणि के नाट्यशास्त्र में निरूपित किये गये थे, जिनका पल्लवन सुबंधु ने किया। द्रुहिणि का एक प्राचीन आचार्य के रूप में उल्लेख भरतमुनि ने अपने नाट्यशास्त्र में किया है। इस प्रकार भरतमुनि या नाट्यशास्त्र की पुस्तक आज हमें जिस रूप में प्राप्त है, उसका संकलन करने वाले आचार्य द्रुहिणि के नाट्यशास्त्र की

परंपरा से परिचित थे। संभव है कि उन्होंने रंगमंच पर शयन आदि के दृश्य दिखाने के बारे में वे वैकल्पिक व्यवस्थाएँ द्रुहिणि के आधार पर दी हों। ऐसी स्थिति में भास के नाटकों का नाट्यशास्त्र द्रुहिणि का नाट्यशास्त्र था – यह कहा जा सकता है।

भास की पारंपरिक समीक्षा

भास का प्रत्यक्ष अथवा परोक्ष उल्लेख काव्यशास्त्र के आचार्यों में भामह से लेकर साहित्यदर्णकार विश्वनाथ तक बहुशः होता आया है। दण्डी ने भास के नाटकों के लिये सजीव मनुष्य के शरीर के रूपक का प्रयोग करते हुए कहा है कि जैसे सुंदर शरीर में मुख आदि अंग तथा लक्षण और वृत्तियाँ सुविभक्त होने वह वह सुंदर दिखता है, उसी प्रकार भास दिवंगत होकर भी अपने नाटकशरीर के द्वारा संसार में विद्यमान हैं—

सुविभक्तमुखाद्यङ्गैर्व्यक्तलक्षणवृत्तिभिः।
परेतोऽपि स्थितो भासः शरीरैरिव नाटकैः।।

दूसरी ओर बाण ने भास के नाटकों के लिये देवकुल या मंदिर का रूपक बाँधा है। जैसे मंदिर का आरंभ सूत्रधार के द्वारा नींव डालने से होता है, ऐसे भास के नाटक सूत्रधार के द्वारा आरंभ किये जाते हैं, जैसे मंदिर की विशद भूमिका होती है, ऐसे ही भास के नाटकों में विशद भूमिकाएँ हैं। जैसे मंदिर में पताकाएँ होतीं हैं, ऐसे ही भास के नाटकों में पताका नामक अर्थप्रकृति का प्रयोग हुआ है।

सूत्रधारकृतारम्भैर्नाटकैर्बहुभूमिकैः।
सपताकैर्यशो लभे भासो देवकुलैरिव।।

भास की कृतियों को नाट्यकला के सर्वोच्च मानदंड के रूप में स्वीकार किया जाता रहा – यह स्पष्ट है; विशेष रूप से स्वप्नवासवदत्तम् को साहित्य की सर्वश्रेष्ठ रचनाओं में से एक स्वीकार किया जाता रहा। इसीलिये इस नाटक के विषय में यह किंवदंती प्रचलित हुई कि भासनाटकचक्र की सारी रचनाओं को अग्नि में डाल दिये जाने पर भी स्वप्नवासवदत्तम् को अग्नि ने नहीं जलाया। ऊपर वाक्पतिराज तथा राजशेखर की कविप्रशस्ति में भास की अग्निपरीक्षाविषयक उल्लेख के संदर्भ दिये गये हैं। यहाँ तक कि भास को व्यास के समकक्ष एक मुनि के रूप में भी परंपरा में मान्यता दी गई। जयानक (१२वीं शताब्दी) ने अपने ऐतिहासिक महाकाव्य पृथ्वीराजविजय में भास के काव्य को अग्नि के द्वारा निर्दुष्ट सिद्ध करने की चर्चा इस प्रकार की है—

सत्काव्यसंहारविधौ खलानां दीप्तानि वह्नेरपि मानसानि।
भासस्य काव्यं खलु विष्णुधर्मान् सोऽप्याननात् पारतवन्मुमोच।।

पंद्रहवीं शताब्दी में जोनराज ने इस काव्य पर टीका लिखी है। इस श्लोक की व्याख्या में जोनराज कहते हैं – सतां काव्ये तद्विषये संहारविधौ दाहे दोषारोपणेऽग्नेरपि सकाशात् दुर्जनानां चित्तानि दीप्तान्यजडानि भवन्ति। अत्र साधनमाह – सोऽग्निरपि भासमुनेः काव्यं

विष्णुधर्मान् मुखात् त्यक्तवान् नादहदित्यर्थ:। पारतवदित्युपमा। अग्निर्हि वस्त्वन्तरात् पारतं दग्धुमशक्तो मुखान्मुञ्चति। भासव्यासयो: काव्यविषये स्पर्धां कुर्वतो: सर्वोत्कर्षवर्तित्वेन परीक्षकान्ताभावात् परीक्षार्थमग्निमध्ये तयोर्द्वयो: काव्यद्वयं क्षिप्तम्। तयोर्मध्यादग्निर्विष्णु-धर्मान्नादहदिति प्रसिद्धि:।'

इस उल्लेख से यह तथ्य उजागर होता है कि भास को एक परंपरा में व्यास के समकक्ष एक ऋषिकवि का दर्जा दिया गया था।

भास का नाट्यशास्त्र के सिद्धांतों पर यह प्रभाव भी कहा जा सकता है कि स्वप्नायित नाम से एक कोटि ही परवर्ती ग्रंथों में कल्पित की गई। स्वप्नायित का विवेचन करते हुए भोज ने शृंप्र. में कहा है—

स्वप्नवासवदत्ते पद्मावतीमस्वस्थां द्रष्टुं राजा समुद्रगृहकं गत:। पद्मावतीरहितं च तदवलोक्य तस्या एव शयनीये सुष्वाप। वासवदत्तां च स्वप्नवदस्वप्ने ददर्श। स्वप्नायमानश्च वासवदत्तामाबभाषे। स्वप्नशब्देन चेह स्वापो वा स्वप्नदर्शनं वा स्वप्नायितं विवक्षितम्।।

सानं. ने नालरको. में में प्रयोगातिशय के उदाहरण में यौगंधरायण के 'कथं तपोवनेऽप्युत्सारणा' इत्यादि कथनों तथा इस प्रसंग को प्रयोगातिशय के उदाहरण के रूप में विवेचित किया है।

भास की उपजीव्यता

रामायण, महाभारत तथा बृहत्कथा के अनंतर जिन कवियों की रचनाओं ने संस्कृतसाहित्य पर सर्वाधिक प्रभाव डाला, उनमें कालिदास व भास अग्रगण्य हैं। कालिदास पर तो भास का प्रभाव है ही, अश्वघोष जैसे बौद्ध कवि भी भास के प्रभाव से अछूते नहीं रहे हैं। भास के प्रतिज्ञायौगंधरायण (१.१८) का यह पद्य—

काष्ठादग्निर्जायते मथ्यमानाद् भूमिस्तोयं खन्यमाना ददाति।
सोत्साहानां नास्त्साध्यं नराणां मार्गारब्धा: सर्वयत्ना फलन्ति।।

अश्वघोष ने अपनी कविता में भास की पदावली को इस तरह गूँथा है—

काष्ठं हि मथ्नन् लभते हुताशं भूमिं खनन् विन्दति चापि तोयम्।
निर्बन्धिन: किञ्चन नास्त्यसाध्यं न्यायेन युक्तं च कृतं च सर्वम्।।

(बुद्धचरित, सर्ग १३)

नाट्यसाहित्य में तो जितनी नाटिकाएँ लिखीं गई, वे सब किसी न किसी रूप में स्वप्नवासवदत्तम् तथा उदयन के चरित्र से प्रभावित हैं।

रंगमंच पर भास तथा भास का रंगमंच

कूटियाट्टम् में ७२ संस्कृत नाटक खेले जाते रहे हैं— ऐसी चाक्यारों में परम्परा है। पर इनमें से केवल निम्नलिखित नाटक ही पिछली कुछ शताब्दियों से अधिक प्रचलन में रहे हैं—

दूतवाक्य, पञ्चरात्र, प्रतिज्ञायौगन्धरायण, कर्णभार, अविमारक, बालचरित, ऊरुभङ्ग, चारुदत्त (सभी भासकृत)।

कूटियाट्टम् के नट (चाक्यार) लगभग एक सहस्राब्दी से पीढ़ी दर पीढ़ी भास के नाटक खेलते आ रहे हैं, पर उन्हें अभी तक यह विदित नहीं था कि ये नाटक भास के हैं। कूटियाट्टम् की परंपरा के अनुसार एक नाटक का एक ही अंक कई दिनों तक क्रमशः खेला जाता है, तथा उस अंक को एक स्वतंत्र नाम दे दिया जाता है। उदाहरण के लिये स्वप्नवासवदत्तम् के प्रथम से षष्ठ तक अंकों के नाम चाक्यारपरंपरा में ये हैं – ब्रह्मचार्यंक, पट्टांक, पुट्टुटंक, शेफालिकांक, स्वप्नांक तथा चित्रफलकांक। प्रतिज्ञायौगंधरायण के अंकों के नाम हैं – हंसांक, महासेनांक, मंत्रांक तथा आरट्टंक। अभिषेक नाटक के अंक इन नामों से खेले जाते हैं – बालिवधांक, हनुमद्दूतांक, तोरणयुद्धांक, समुद्रतरणांक, मायाशिरोंक, प्रथमद्वितीयांक तथा वाल्यभिषेकांक। अविमारक नाटक को अविमारक के नाम से न खेल कर चाक्यार इसके अंकों को आनोट्टांक, दूतांक, अभिसारिकांक, पर्वांक, माटमेटांक आदि के नाम से खेलते हैं। मूल नाटककार का नाम जानने की तो बात ही दूर रही, इस रंगमंच पर तो मूल नाटक का नाम भी स्मरण किये बिना इसके अलग अलग अंक क्रमशः खेले जाते हैं।

दूतवाक्य को श्रीकृष्णदूत नाम से खेला जाता है। दूतवाक्य की केरल में प्राप्त एक पांडुलिपि में इस नाटक के मंचन के विषय में महत्त्वपूर्ण सूचनाएँ दी गईं हैं। इस पांडुलिपि में अनुष्टुप् वृत्त में पूरे नाटक की संक्षेपिका भी दी गई है,[११] जिसका उपयोग नाटक के प्रयोक्ता दर्शकों को नाटक का सार बताने के लिये कर सकते हैं। साथ ही इसमें महाभारतविषयक अन्य नाटकों से भी पद्य उद्धृत किये गये हैं, जिन्हें अभिनेता सुविधानुसार प्रयोग में जोड़ सकते हैं। भास का बालचरित चाक्यारों में लोकप्रिय रहा है। इसके पंचम अंक का मल्लांक के नाम से अभिनय किया जाता है। केरल के किलावल्लूर मंदिर में प्रतिवर्ष २८ दिन तक कूडियाट्टम् शैली में नाटक खेले जाते हैं, इनमें मल्लांक की प्रस्तुति भी होती है।[१२]

सुबंधु

ऊपर द्रुहिणि की परंपरा के नाट्यशास्त्र के आचार्य सुबंधु की चर्चा की गई है। इन्हीं सुबंधु ने उदयनकथा को लेकर एक नाटक लिखा था।

सुभाषितरत्नाकर में उद्धृत एक कविप्रशस्ति में सुबंधु का नाम कालिदास के पहले परिगणित किया गया है। संभवतः प्रशस्तिकार का आशय नाटककार सुबंधु से हो सकता है।[१३]

सुबंधुकृत उदयनवासवदत्ताविषयक नाटक की चर्चा आचार्य अभिनवगुप्त ने नाट्यशास्त्र के बाईसवें अध्याय में नाट्यायित के विवेचन में अपनी अभिनवभारती में की है। सुबंधु का यह नाटक

निश्चय ही नाट्यसाहित्य की एक अमूल्य निधि थी, जो विलुप्त हो गई। अभिनवभारती में इस स्थल पर पाठ किंचित् संदिग्ध है, जिसके कारण सुबंधुकृत नाटक का नाम वास्तव में क्या था यह कहना भी कठिन हो जाता है। संभवत: इस नाटक को वासवदत्तानाट्यधारा के नाम से अभिनवगुप्त ने उल्लिखित किया है।

अंवतिसुंदरी कथा में कहा गया है कि राजा बिंदुसार के मंत्री सुबंधु को एक बार बंदी बना लिया गया था, पर बाद में उन्होंने राजा को ही अपने प्रेम के बंधन में बंदी बना लिया। दंडी ने ही राजा बिंदुसार के समक्ष सुबंधुप्रणीत नाटक के खेले जाने का भी संकेत किया है। राजा बिंदुसार (२९३ ई०पू० से २६८ ई०पू०) के मंत्री सुबंधु तथा नाटककार सुबंधु एक ही व्यक्ति हैं – यह संभव है।

के० कृष्णमूर्ति के अनुसार नाटककार सुबंधु वासवदत्ता नामक सुप्रसिद्ध गद्यकाव्य के प्रणेता सुबंधु से अलग हैं, और उनका समय ईसा के पहले है। सुबंधु की नाट्यकृति का नाम वासवदत्ता, वासवदत्तानाट्यधारा, वासवदत्तानाट्यपार, वासवदत्तानाट्यवार या वासवदत्तानृत्तवार– इनमें क्या था या इनसे भी भिन्न कुछ नाम था, यह कहना कठिन है। शारदातनय ने भावप्रकाश में सुबंधु का उल्लेख नाट्यशास्त्र के एक आचार्य के रूप में भी किया है। नाट्यशास्त्र के क्षेत्र में सुबंधु ने भरतमुनि से भिन्न नाटक के पाँच प्रकार बताये – पूर्ण, प्रशांत, भास्वर, ललित तथा समग्र। इनमें से भावप्रकाशकार शारदातनय के अनुसार वासवदत्तानृत्तवार नामक रूपक समग्र श्रेणी का रूपक है। अभिनवगुप्त के द्वारा दिये गये विवरण के अनुसार इस नाटक में वासवदत्ता की मृत्यु से झूठे वृत्तांत को सत्य मानकर विरहाकुल राजा उदयन वासवदत्ता के ही साथ अपने प्रणयप्रसंग के पूर्ववृत्तांत से संबद्ध एक नाटक देखते हैं, इस नाटक की प्रस्तुति के समय में दर्शक के रूप उपस्थित राजा बिंदुसार सामाजिक बनता है, फिर नाटक के भीतर वासवदत्ता को लेकर खेले जा रहे नाटक में नाटक का नायक उदयन भी सामाजिक बन जाता है।

नाटक के भीतर चल रहे इस नाटक (गर्भांक) की प्रस्तावना में सूत्रधार कहता है – ''तव सुचरितैरेष जयति'' (आप के अच्छे कार्यों से इसकी विजय हो रही है), तब इस नाटक का प्रेक्षक बना हुआ उदयन खिन्न होकर कहता है – कुतो मम सुचरितानि (मेरे सुचरित कहाँ?) और फिर वह इस संवाद के साथ विलाप करता है-

एह्यम्ब किं कटकपिङ्गलपालकैस्तैर्भक्तोऽहमप्युदयनः सुतलालनीयः।
यौगन्धरायण ममानय राजपुत्रीं हा हर्षरक्षित गतस्त्वमपप्रभावः।।

के० कृष्णमूर्ति के अनुसार उदयन का यह संवाद वासवदत्ता की माता अंगारवती को संबोधित है।[१४]

एक ओर मंच पर नाटक के भीतर चल रहे इस नाटक को नाटक में देखता हुआ उदयन दुखी होकर संवाद बोलता है, दूसरी ओर इन दोनों का दर्शक बनकर प्रेक्षागार में बैठा बिंदुसार कहता है – धन्या खलु प्रलापै..(धन्य हैं ये लोग जो इसप्रकार के प्रलापों से...) यहाँ अभिनवभारती

में पाठ अस्पष्ट है। अभिनवगुप्त के पास इस अत्यंत प्राचीन नाटक की पोथी थी और उन्होंने इससे संवाद उद्धृत किये हैं – यह तो स्पष्ट ही है।[१५]

कल्पलताविवेक नामक टीका में उद्भट के भामहविवरण से वाक्य प्रस्तुत करते हुए उद्भट का यह वाक्य उद्धृत है—

गुणाढ्यः कविः सुबन्धुर्व्याख्याता।

कल्पलताविवेककार के अनुसार गुणाढ्य के द्वारा उदयन के कृत्रिम हस्ती को देखकर धोखा खा जाने के प्रसंग की विष्णुगुप्त ने कड़ी आलोचना की थी, जिस पर सुबंधु ने समाधान किया।

वामन ने शार्दूलविक्रीडित छंद में इस नाटक से एक श्लोकार्ध उदधृत किया है।

सुबंधु के इस नाटक के प्राप्त उल्लेखों से इतना तो अवश्य सिद्ध हो जाता है कि काव्यकला व नाट्यकला तथा तकनीक की दृष्टि से तीसरी शताब्दी ई०पू० में संस्कृत नाटक और रंगमंच अत्यंत समुन्नत स्थिति में थे।

उपसंहार

ईसापूर्व की शताब्दियों में संस्कृत नाटक का न केवल उद्भव हुआ, इस समय भास और सुबंधु जैसे श्रेष्ठ नाटककारों ने नाट्यकला के श्रेष्ठ मानदंड भी स्थापित किये।

सन्दर्भ

१. कालंसूवृ. (४.३) में ब्याजोक्ति के उदाहरण में वामन ने यह पद्य उद्धृत किया है। ' व्याजस्य च्छद्मनः सत्येन सारूप्यं व्याजोक्तिः; यां मायोक्तिरित्याहुः। यथा— शरच्चन्द्रांशुगौरेण वाताविद्धेन भामिनि। काशपुष्पलवेनेदं साश्रुपातं मुखं कृतम्।।' (कालंसूवृ., हिंदी अनुसंधानपरिषद् ग्रंथमाला-१, १९५४, पृ० १४९)

२. कालंसूवृ., पंचम अधिकरण

३. कालंसूवृ.. ५.२

४. Bhasa's Plays, Ganapati Shastri, p. 47

५. Bhasa Plays – T. Ganapati Shastri, p. 11

६. '...This might be the Natasutra referred to by Panini as composed by Shilalimuni or by Krishashvamuni; or this might be a cetain old Natyashastra written by Bharatamuni himself as is seen from the fact that the name of Bharata is mentioned by Bhasa in the term Bharatavakya."
(T. Ganapati Shastri : Bhasa's Plays, p. 96)

७. सुबन्धुर्नाटकस्यापि लक्षणं प्राह पञ्चधा।
पूर्णं चैव प्रशान्तं च भास्वरं ललितं तथा।। भावप्रकाश, अष्टम अधिकार, पृ० २३८, पंक्ति १५-१६

८. प्रशान्तरसभूयिष्ठं प्रशान्तं नाम नाटकम्।
न्यासो न्याससमुद्भेदो बीजोक्तिर्बीजदर्शनम्।
ततोऽनुद्दिष्टसंहारः प्रशान्ते पञ्चसन्धयः। वही, पृ० २३८, पंक्ति २०-२२

९. सात्त्वतीवृत्तिरत्र स्यादिति द्रौहिणिरब्रवीत्। वही, पृ० २३९, पंक्ति १

१०. स्वप्नवासवदत्ताख्यमुदाहरणमत्र तु।
आच्छिद्य भूपाद् व्यसनाद् देवी मागधिकाधिकारे।।
न्यस्ता यतस्ततो न्यासाद् मुखसन्धिरयं भवेत्।।
न्यासस्य च प्रतिमुखं समुद्भेद उदाहृतम्।।
पद्मावत्या मुखं वीक्ष्य विशेषकविभूषितम्।
जीवत्यावन्तिकेत्येतद् ज्ञातं भूमिभुजा यथा।
उत्कण्ठितेन सोद्वेगं बीजोक्तिर्नामकीर्तनम्।
एहि वासवदत्तेति क्वासीत्यादि दृश्यते।
सहोवस्थितयोरेकप्राप्त्यान्यस्य गवेषणम्।
दर्शनस्पर्शनालापैरेतत् स्याद् बीजदर्शनम्।।
चिरप्रसुप्तः कामो मे वीणया प्रतिबोधितः।
तां तु देवीं न पश्यामि यस्या घोषवती प्रिया।
किं ते भूयः प्रियं कुर्यामिति वाग् यत्र नोच्यते।
तमनुद्दिष्टसंहारमित्याहुर्भरतादयः।। वही, पृ० २३८-३९, पंक्ति २०-२२ तथा १-१५

११. New Problems in Bhasa Plays – N.P. Unni, Trivandrum, 1978, p. 46

१२. New Problems in Bhasa Plays – N.P. Unni, Trivandrum, 1978, p. 93

१३. सुबंधौ भक्तिः क इह रघुकारे न रमते
धृतिर्दाक्षीपुत्रे हरति हरिचन्द्रोऽपि हृदयम्।
विशुद्धोक्तिः शूरः प्रकृतिसुभगा भारविगिर-
स्तथाप्यन्तर्मोदं कमपि भवभूतिर्वितनुते।। सुरको. १६९८

१५. Pre-Bharata Traditions of Natyasāstra, Kalidasa, Vol. I, December, 1982, English Section, p. 6
नाट्ये यत्प्रवेशकैर्नाट्यान्तरगतैरिव पात्रैः अत एव ततः प्रविशतीत्युक्तैः सङ्गमः क्रियते तन्नाट्यायितम्। कीदृशैरभिनयद्वारेण यत्सूचनं तयोपचारैः परमार्थतयोपचर्यमाणैः। ननूभयमपि नाट्यं कस्मान्न भवति नत्वेकघनतेत्याशङ्क्याह कालप्रकर्षलक्षणाद्धेतोरन्योन्यभिन्नकालत्वात् कथं तत्रैकघनता युक्तेति भावः। यावदिति भूयस्तरं प्रबन्धं व्याप्नोतुं परिमितं वा सर्वं नाट्यायितमित्यर्थः। तथा यावदिति स्वप्ने स्वप्नान्तरं तत्राप्यन्यत् स्वप्नान्तरमित्यादिन्यायेन वा भवत्वेक (घन) स्वप्नायितवृत्त्या वा सर्वथा तन्नाटयायितम्। तत्रास्य बहुतरव्यापिनो बहुगर्भस्वप्नायिततुल्यस्य नाट्यायितस्योदाहरणं महाकविसुबन्धुनिबद्धो वासवदत्तानाट्यधाराख्यः समस्त एव प्रयोगः। तत्र हि बिन्दुसारः प्रयोज्यवस्तुक उदयनचरिते सामाजिकीकृतः, असावप्युदयनो वासवदत्ताचेष्टिते। एष चार्थः- स्वस्मिन् सूत्ररूपके दृष्टे सुज्ञानो भवति। अतिवैतत्यभयात्तु न प्रदर्शितः। एकस्तु प्रदेश उदाह्रियते तत्र ह्युदयने सामाजिकीकृते सूत्रधारप्रयोगः- "तव सुचरितैरेष जयति" इति, तत उदयनः 'कुतो मम सुचरिता'नीति सास्त्रं विलपति
एह्यम्ब किं कटकपिङ्गलपालकैस्तैर्भक्तोऽहमप्युदयनः सुतलालनीयः।
यौगन्धरायण ममानय राजपुत्रीं हा हर्षरक्षित गतस्त्वमपप्रभावः।।
तत्रैव बिन्दुसारः सामाजिकीभूतः परमार्थतामभिमन्यमानो "धन्या खलु (ईदृशैर्भक्तस्य) प्रलापैः इत्युच्छ्वसति।
प्रतीहारी आत्मगतं- "अअणिदपरमत्थकळणेहिं पिच्छइ खु देवो" इत्यादि।
(निवृत्त्यङ्कुरो) नाट्यायितं च वासवदत्तानाट्याधारे प्रतिपदं दृश्यते है।

अध्याय ८
महाकवि कालिदास

परिचय

कालिदास को संस्कृतसाहित्य में कविकुलगुरु के नाम से जाना जाता है। वे कवियों की परंपरा में गुरुस्वरूप हैं। यदि रामायण तथा महाभारत से संस्कृत काव्य का प्रवर्तन हुआ, तो कालिदास ने उसे दिशा दी।

कालिदास भारत के राष्ट्रकवि हैं। वे शृंगार व लालित्य के कवि के रूप में भी जाने जाते हैं। प्रसन्नराघव नाटक के प्रणेता महाकवि जयदेव ने कविता कामिनी का वर्णन करते हुए कालिदास को इस कामिनी का विलास बताया है।[1] कालिदास को पढ़ते समय यह अनुभव होता है कि साहित्यकार की रचनाशीलता निस्सीम है। संस्कृत कविता में कालिदास वाल्मीकि के बाद आये थे। वाल्मीकि के विराट् महाकाव्य में मनुष्यता का महासागर आलोडित हुआ था। अपने समय के यथार्थ को आदिकवि ने कई रूपों में उजागर किया था। उनकी कविता सिद्ध प्रतिभा की क्षमता तथा सर्जनाशीलता का ऐसा मानदण्ड बन चुकी थी, जिसकी कसौटी आने वाले हर कवि के सामने थी तथा उसके बनाये प्रतिमानों को लांघकर रचना के क्षेत्र में एकदम नया कुछ कर पाना आसान नहीं था। कालिदास के सामने सर्जना के धरातल पर तो यह एक चुनौती थी ही, वाल्मीकि के बाद बदलते समय ने भी कई चुनौतियां उनके आगे खड़ी कर दी थीं। कालिदास ने दोनों स्तरों पर चुनौतियों का वरण किया- एक ओर उन्होंने अपनी रचनाशीलता के द्वारा कविता के ढांचे को नये प्राणों का स्पन्दन किया, दूसरी ओर राष्ट्र की अस्मिता की पहचान करते हुए रचना और समाज के बीच नये सिरे से अन्तः सम्बन्धों की तलाश की।

वाल्मीकि और व्यास के ही समान कालिदास को लेकर संस्कृतसाहित्य की परंपरा में अनेक मिथक या कथाएँ प्रचलित रही हैं। बल्लालसेन के भोजप्रबंध तथा मेरुतुंगाचार्य के प्रबंधचिंतामणि आदि ग्रंथो में कालिदास के विषय में अनेक कथाएँ दी गयी हैं, जो ऐतिहासिक दृष्टि से सत्य नहीं कही जा सकतीं। उनके संबंध में एक प्रसिद्ध कथा है कि बचपन में वे मूर्ख थे और पंडितों ने विक्रमादित्य राजा की पुत्री राजकुमारी विद्योत्तमा से बदला लेने के लिये उसका विवाह छल से कालिदास से करा दिया। विवाह के पहले ही दिन विद्योत्तमा के द्वारा

दुत्कारे जाने पर उन्होंने काली की आराधना की और काली के वरदान से उनकी कवित्व प्रतिभा जाग्रत हुई। कालिदास के संबंध में एक किंवदंती विशेष रूप मे लंका में प्रचलित है। उसके अनुसार कालिदास सिंहल (लंका) के राजा कुमारदास के मित्र थे। एक बार कुमारदास ने कालिदास की खोज के लिये एक समस्यापूर्ति घोषित करायी, जिसकी पूर्ति कालिदास ही कर सकते थे। उस समस्यापूर्ति के लालच में सिंहल की एक गणिका ने कालिदास की हत्या कर दी।[२]

सांस्कृतिक स्थितियाँ

कालिदास के समय तक षड्दर्शनों का उदय हो चुका था, बौद्ध व जैन दर्शन भी विकसित हो रहे थे। यह समय ब्राह्मण धर्म के नवोत्थान का था। बौद्धों के साथ वैदिकमतावलंबियों के संघर्ष के भी उल्लेख मिलते हैं।[३] श्रीमद्भगवद्गीता, उपनिषद्, नाट्यशास्त्र, कौटिल्य का अर्थशास्त्र, मनुस्मृति आदि ग्रंथ रचे जा चुके थे। कालिदास इनसे परिचित थे, और कहीं परोक्ष तो कहीं प्रत्यक्ष रूप से इन ग्रंथों ने उनकी काव्ययात्रा में अपने पदचिह्न छोड़े।[४] सिकंदर के आक्रमण के पश्चात् देश में एकच्छत्र सार्वभौम सत्ता की स्थापना के प्रयासों ने कवियों व चिंतकों की सोच को बदला, राष्ट्र का एक स्वरूप अब उनके सामने था। कालिदास के मालविकाग्निमित्र और रघुवंश महाकाव्य में इन स्थितियों की झलक देखी जा सकती है। संभवत: ग्रीक भाषा का अभ्यास भी उनके समय किया जाता था, और ग्रीक के शब्द संस्कृत में मिल गये थे। यह बौद्धों के प्रतिरोध के साथ ब्राह्मण धर्म के नवोत्थान का समय था। ब्राह्मणवादी सोच का एक उदात्त रूप महाकवि की रचनाओं में स्वभावत: ही प्रकारांतर से प्रतिफलित हुआ है।

रचनाभूमि तथा रचनाकाल

कालिदास के काव्यों के अध्ययन से यह भी प्रमाणित होता है कि उन्होंने इस देश के कोने कोने को छाना था। इस धरती के चप्पे चप्पे पर वे घूमे। यहाँ के वनस्पतियों, विभिन्न प्रांतों में रहने वाले लोगों के रहन सहन और जीवन से उन्होंने गहरा परिचय प्राप्त किया था। ऋतुसंहार की रचना के समय वे कदाचित् विंध्याचल के वनों में घूम रहे थे, क्योंकि इस काव्य में उन्होंने विंध्य के बीहड़ वनों के सौंदर्य को बार बार उकेरा है।

कालिदास के जन्मस्थान और रचनाकाल के विषय में विभिन्न मत हैं। अलग अलग विद्वानों ने कालिदास का जन्मस्थान अलग अलग स्थानों पर माना है। बंगाल, विदर्भ, विदिशा, कश्मीर, गढ़वाल आदि स्थलों को कालिदास की जन्मभूमि या लीलाभूमि मानने के पक्ष में अपने अपने प्रमाण विद्वानों के द्वारा दिये जाते रहे हैं। कालिदास का जन्मस्थान कौन सा था, यह कहना असंभव ही है। पर यह निर्विवाद है कि कालिदास उज्जयिनी में अवश्य रहे थे। मेघदूत में उन्होंने उज्जयिनी का जो चित्रण किया है, उसमें इस नगरी के प्रति उनका गहरा

लगाव और इससे अंतरंग परिचय भी प्रकट होता है। इसमें कोई संदेह नहीं कि कालिदास जिस समय में हुए वह भारतीय कला, साहित्य, संस्कृति, धर्म और दर्शन के अभूतपूर्व उन्मेष का काल था। कालिदास ने अपने समय की श्रेष्ठ और उदात्त उपलब्धियों को अपने काव्यों में समुज्ज्वल रूप में प्रस्तुत किया।

कालिदास के रचनाकाल का निर्णय करना कठिन है। इतना तो निश्चित रूप से कहा जा सकता है कि वे १५०ई०पू० के पश्चात् तथा ६००ई० के पहले हुए,क्योंकि १५० ई०पू० के आसपास शासन करने वाले विदिशा के राजा अग्निमित्र को नायक बनाकर उन्होंने मालविकाग्निमित्र नाटक की रचना की है, तथा ६०० ई० के आसपास हुए बाण ने उनका उल्लेख किया है। कालिदास के रचनाकाल के विषय में दो मत विशेष रूप से प्रचलित हैं। एक के अनुसार वे उज्जयिनी में राजा विक्रमादित्य की सभा में रहे। यह वही विक्रमादित्य है, जिसने विक्रमसंवत् का प्रवर्तन किया। विक्रम संवत् ईसा से ५७ वर्ष पूर्व प्रवर्तित किया गया। अतः कालिदास का समय प्रथम शताब्दी ई०पू० माना जाना चाहिये। इस मत के समर्थन में निम्नलिखित प्रमाण दिये जाते हैं- (१) भारतीय परंपरा कालिदास को राजा विक्रमादित्य के नवरत्नों में से एक मानती आयी है। इस संबंध में यह श्लोक प्रसिद्ध है—

धन्वन्तरिक्षपणकामरसिंहशङ्कुवेतालभट्टघटकर्परकालिदासाः।
ख्यातो वराहमिहिरो नृपतेः सभायां रत्नानि वै वररुचिर्नवविक्रमस्य।।

इस श्लोक में वर्णित विक्रमादित्य उक्त संवत् प्रवर्तक विक्रमादित्य ही है।

(२) यह मानना भी उचित नहीं है कि प्रथम शताब्दी ई०पू०में विक्रमादित्य की पदवी धारण करने वाला कोई राजा नहीं हुआ। गाहासत्तसई (गाथासप्तशती) की एक गाथा में विक्रमादित्य का उल्लेख किया गया है।[५] गाहासत्तसई का समय प्रथम शताब्दी के आसपास है। इसके पूर्व प्रथम शती ई०पू० में राजा विक्रमादित्य हो चुके थे, यह गाहासत्तसई के उल्लेख से सिद्ध होता है।

(३) इलाहाबाद से प्राप्त भीटा मृण्मय पदक तथा शहाबाद से प्राप्त मृण्मय पदक शुंगकाल के हैं। पहले में रथ पर सवार हरिण का पीछा करता हुआ एक शिकारी चित्रित है, दूसरे में सिंह के दाँत गिनता हुआ एक बालक। दोनों मृण्मयफलकों में कालिदासकृत अभिज्ञानशाकुन्तल के दृश्य अंकित हैं। श्रीधर विष्णु वाकणकर इन मृण्मय चित्रों को कालिदास से प्रभावित मानते हैं।[६] पहले पदक का काल प्रथम शताब्दी ई०पू० है। वाकणकर ने नीचैः गिरि (नागौरी) में प्राप्त एक शैलाश्रय चित्र की भी पहचान मालविकाग्निमत्र नाटक के एक दृश्य के रूप की है। यह चित्र भी शुंगकालीन है।[७]

इतिहासकारों में हरप्रसाद शास्त्री, गौरीशंकर ओझा तथा श्रीधर विष्णु वाकणकर प्रथम शती ई०पू० में राजा विक्रमादित्य का अस्तित्व मानते हैं।

जैन साहित्य के उल्लेखों के अनुसार प्रथम शताब्दी ई०पू० के पहले उज्जयिनी में राजा विक्रमादित्य राज्य करता था, जिसने शकों को मारकर भगाया। मेरुतुंगाचार्य के प्रबंधचिंतामणि, प्रबंधकोश तथा धनेश्वर सूरि के शत्रुंजयमाहात्म्य में विक्रमादित्य के द्वारा शकों को परास्त करने की घटना का समय महावीर स्वामी के निर्वाण के ४७० वर्ष पश्चात् अर्थात् (७५ई०पू०) बतलाया है। कथासरित्सागर में भी उज्जयिनी में इसी समय राज्य करने वाले विक्रमादित्य का उल्लेख है। रामचरित महाकाव्य में कहा गया है—

ख्यातिं कामपि कालिदासकवयो नीताः शकारातिना।।

अभिज्ञानशाकुंतल की प्रस्तावना तथा भरतवाक्य में साहसांक विक्रमादित्य का उल्लेख है। इससे भी प्रमाणित होता है अभिज्ञानशाकुंतल के रचयिता कालिदास प्रथम शताब्दी ई०पू० में राज्य करने वाले राजा विक्रमादित्य के समकालीन हैं।

(४) कालिदास का मालविकाग्निमित्र शुंगकालीन इतिहास पर आधारित है। शुंगवंश के संस्थापक सम्राट् पुष्यमित्र का पुत्र अग्निमित्र इसका नायक है। पुष्यमित्र का शासनकाल १८५ ई०पू० में प्रारंभ हुआ। पुष्यमित्र को उसके पिता ने विदिशा का शासक नियुक्त किया था। पुष्यमित्र तो इतिहास में प्रसिद्ध है, पर उसका पुत्र अग्निमित्र इतना प्रसिद्ध नहीं है। उसको नायक बनाकर नाटक वही कवि रच सकता है, जो समय की दृष्टि से उसके निकट हो। अतः कालिदास को प्रथम शताब्दी ई० पू० में रखना उचित है।

(५) रघुवंश में रघु की दिग्विजय के पहले युद्ध का काल प्रथम शताब्दी ई०पू० है। इस में पांड्य नरेश पर उनकी विजय का चित्रण है। इसके आगे इंदुमती के स्वयंवर में पांड्यनरेश को उपस्थित दिखाया गया है, और उसके प्रताप का वर्णन किया गया है। गुप्त काल में पांड्य साम्राज्य अस्त हो चुका था, जबकि प्रथम शताब्दी ई०पू० में उसका वर्चस्व था।

(६) कालिदास ने अनेकत्र बौद्ध प्रभाव के निराकरण के लिये प्रतिक्रिया व्यक्त की है। यह स्थिति प्रथम शताब्दी ई०पू० से ही मेल खाती है। गुप्त काल में बौद्धों का प्रभाव नहीं रह गया था।

(७) कालिदास के साहित्य में धर्मशास्त्रसंबंधित उल्लेख उन्हें ईसा के पहले का प्रमाणित करते हैं, शाकुंतल में श्रेष्ठी धनमित्र की मृत्यु के प्रसंग में दुष्यंत को सूचित किया गया है कि उसकी विधवा को उसका उत्तराधिकार नहीं मिल सकता। यह विधान मनु के अनुसार ग्राह्य है, याज्ञवल्क्य, पराशर, शंख-लिखित, बृहस्पति आदि के अनुसार अग्राह्य। इसी प्रकार शाकुंतल के षष्ठ अंक में धीवर को राजपुरुषों के द्वारा प्रतारित किये जाते समय चोरी के लिये गृध्रबलि या कुत्ते से नोचवा कर मरवाने जैसा अत्यंत कठोर दंड संकेतित किया गया है। यह भी परवर्ती स्मृतिकारों की अपेक्षा मनु और आपस्तंभ जैसे प्राचीन स्मृतिकारों के विधानों के निकट है।

(८) कालिदास के अनेक प्रयोग उस काल का संकेत देते हैं जहाँ पाणिनि व्याकरण के नियम सर्वथा रूढ़ नहीं हुए हैं। वे वैदिक भाषा में मंत्र रचते हैं, तथा लिट् लकार में आस को मूल धातु से विश्लिष्ट व पृथक् करके वैदिक मंत्रों के समान प्रयोग करते हैं। जैसे—

तं पातयां प्रथममास पपात पश्चात्। (रघु० ९.६१)

तथा—

प्रभ्रशंयां यो नहुषं चकार। (रघु० १३.३६)।

इसी प्रकार कामयमान के स्थान पर कामयान,[८] दत्तवान् के स्थान पर दाश्वान[९] या त्र्यंबक के स्थान पर त्रियंबक[१०] का प्रयोग भाषागत प्राचीनता के द्योतक हैं।

(८) कालिदास के समय उदयन की कथा घर घर में कही जा रही है। परवर्ती काल में यह कथा विक्रमादित्य या भोज की कथाओं के द्वारा विस्थापित कर दी गई।

दूसरा मत कालिदास को गुप्तकाल में मानने वाले विद्वानों का है। इसके अनुसार कालिदास ४०० ई० के आसपास हुए और वे गुप्त सम्राट् चंद्रगुप्त विक्रमादित्य के समकालीन थे। कीथ आदि इस मत के समर्थक हैं। इस समर्थन में निम्नलिखित प्रमाण दिये जाते हैं—

(१) कालिदास की प्राकृत अश्वघोष और भास के बाद की है। (२) कालिदास ने जिस वैभवशाली युग का चित्रण किया है वह गुप्त काल ही हो सकता है। (३) ४७३ई० की वत्सभट्टि की प्रशस्ति[११] के दो श्लोकों में कालिदास का प्रभाव स्पष्ट रूप से परिलक्षित होता है। अतः कालिदास इसके कुछ पहले हुए। (४) कालिदास के आश्रयदाता राजा को शकाराति कहा गया है। चंद्रगुप्त द्वितीय ने ३९५ई० के लगभग काठियावाड़ में शकवंशीय क्षत्रपों का उच्छेद किया था।

अभिनंद ने अपने रामचरित महाकाव्य में शकारि विक्रमादित्य से कालिदास का अटूट संबंध माना है—

ख्यातिं कामपि कालिदासकृतयो नीताः शकारातिना।

(रामच. ४६.३)

तथा-

शकभूपरिपोरनन्तरं कवयः कुत्र पवित्रसङ्कथाः।

चंद्रबली पांडे इस शकारि को चंद्रगुप्त विक्रमादित्य से अभिन्न मानते हैं, क्योंकि उसने शकराजा को मारकर अपनी रामगुप्त की पत्नी तथा अपनी भाभी की लाज बचाई थी, और वह शकारि के नाम से जाना गया।

गुप्त राजाओं की राजधानी यद्यपि पाटलिपुत्र मानी जाती है, किंतु उनका राज्य उज्जयिनी तक विस्तीर्ण था। इसी चंद्रगुप्त विक्रमादित्य को साहसांक भी कहा गया है। चंद्रगुप्त विक्रमादित्य साहसांक की प्रशंसा संस्कृत भाषा और उसके साहित्य के प्रचार व संरक्षण देने के लिये अनेकत्र मिलती है—

काले श्री साहसाङ्कस्य के न संस्कृतवादिनः।

(सरस्वतीकण्ठाभरण)।

अर्थात् साहसांक राजा के शासन काल में कौन ऐसा है जो संस्कृत न बोलता हो – जनसामान्य भी संस्कृत बोलते हैं।

राजशेखर के अनुसार राजा साहसांक ने अपने रनिवास में स्त्रियों के लिये संस्कृत में बोलने का विधान प्रचारित कर दिया था—

श्रूयते चोज्जयिन्यां साहसांको नाम राजा। तेन च संस्कृतभाषात्मकमन्तःपुरम्...

सौराष्ट्र और मालवा पर विजय के उपलक्ष्य में उसने जो रजतमुद्राएँ ढलवाईं, उनमें यह लेख उत्कीर्ण है—

परमभागवतमहाराजादिराजःश्रीचन्द्रगुप्तविक्रमादित्यस्य।

विक्रमांक भी इन लेखों में चंद्रगुप्त को कहा गया है—

श्रीगुप्तकुलस्य महाराजाधिराजश्रीचन्द्रगुप्तविक्रमाङ्कस्य।

(५) कालिदास ने ग्रीक भाषा के कतिपय शब्दों का प्रयोग किया है- जैसे जामित्र, उञ्छ आदि। जैकोबी, कीथ आदि पश्चिमी विद्वानों की धारणा है कि ग्रीक भाषा के ये शब्द गुप्तकाल में भारत में प्रचलन में आये।

(६) रघुवंश में कालिदास ने रघु के द्वारा हूणों को पराजित करने का वर्णन किया है। इतिहासकारों का कहना है कि हूणों का कोई आक्रमण गुप्तकाल के पहले नहीं हुआ। गुप्त राजा समुद्रगुप्त ने आक्रमणकारी हूणों को हराकर भारत के बाहर खदेड़ा था। कालिदास के द्वारा रघु की दिग्विजय के चित्रण में समुद्रगुप्त की दिग्विजय की छाया है।

के.बी. पाठक के अनुसार कालिदास स्कंदगुप्त विक्रमादित्य के समकालीन थे, जबकि रामकृष्ण भंडारकर, रामावतार शर्मा, भगवत शरण उपाध्याय तथा अनेक पश्चिमी विद्वान् चंद्रगुप्त द्वितीय के समय कालिदास की संभाव्यता का आग्रह करते हैं। पाठक ने टीकाकार वल्लभ देव द्वारा स्वीकृत रघुवंश के एक श्लोक के पाठ की ओर ध्यान आकृष्ट किया है—

विनीताध्वश्रमस्तस्य सिन्धुतीरविचेष्टनैः।
दुधुवुर्वाजिनः स्कन्धांल्लग्नकुङ्कुमकेसरान्।।

अन्य टीकाकारों ने यहाँ वंक्षु पाठ माना है।

(७) क्षेमेंद्र ने कुंतलेश्वरदौत्य नामक काव्य का उल्लेख किया है। वासुदेव विष्णु मिराशी का मत है कि वाकाटक राजा प्रवरसेन द्वितीय ही कुंतलेश्वर है, जिसकी राजसभा में गुप्त राजा विक्रमादित्य ने कालिदास को दूत बनाकर भेजा था।

इस मत के खंडन में निम्नलिखित तथ्य विचारणीय हैं- (१) परंपरा कालिदास को विक्रमादित्य नाम वाले तथा संवत् प्रवर्तक राजा के नवरत्नों में स्वीकार करती आयी है, जब कि किसी गुप्त सम्राट् का नाम विक्रमादित्य नहीं रहा, न किसी गुप्त राजा ने संवत् का प्रवर्तन

किया। चंद्रगुप्त ने अपने से पूर्व हुए सम्राट् विक्रमादित्य की कीर्ति से प्रभावित होकर उसका नाम उपाधि के रूप में अपने नाम के आगे जोड़ लिया। ऐसी स्थिति में कालिदास को चंद्रगुप्त विक्रमादित्य का समकालीन मानना उचित नहीं है। (२) कालिदास ने मेघदूत में विदिशा नगरी का वर्णन किया है, विदिशा में मेघ के प्रवेश के पहले वे मेघ को नीचैः पर्वत या नीचगिरि पर विश्राम करने का परामर्श यक्ष के मुँह से दिलवाते हैं। इस पर्वत पर बने हुए प्राचीन शिलावेश्मों का उन्होंने यहाँ वर्णन किया है, पर इसी पर्वत के नीचे गुप्त काल में निर्मित वराहमंदिर और अत्यंत प्रसिद्ध और सुंदर मूर्तियों का वर्णन नहीं किया। यदि कालिदास गुप्तकाल में हुए होते, तो इतने महत्त्वपूर्ण मूर्तिशिल्पों का वर्णन वे अवश्य करते। (३) कालिदास के उज्जयिनी के राजा विक्रमादित्य का नवरत्न माना गया। गुप्त राजाओं की राजधानी उज्जयिनी कभी नहीं रही। उनकी राजधानी पाटलिपुत्र थी। (४) कालिदास ने हूणों के आक्रमण का वर्णन नहीं किया। रघु के द्वारा उत्तरपश्चिमी सीमा पर पहुँच कर हूणों को पराजित करने का वर्णन किया है। दिग्विजय के लिये उत्तर- पश्चिमी सीमा पर पहुँच कर वहाँ रहने वाली जनजातियों को परास्त करने का वर्णन रामायण महाभारत में भी है। (५) भारत का ग्रीस देश से संबंध ईसा के पहले की शताब्दियों में भी था। सिकंदर के आक्रमण के समय अनेक ग्रीस देश वासी भारत आये, और उनकी भाषा के शब्द उस समय संस्कृत या भारत में बोली जाने वाली भाषा में मिल गये हों, यह अस्वाभाविक नहीं कहा जा सकता। यहीं नहीं, महाभारत में तो विदुर दुर्योधन के षडयन्त्र से युधिष्ठिर को अवगत कराने के लिये यवन-भाषा का आश्रय लेते हैं, जो युधिष्ठिर और विदुर ही जानते थे, अन्य लोग नहीं। यह यवन-भाषा ग्रीक ही हो सकती है। ऐसी स्थिति में ग्रीक भाषा के शब्दों एक दो का प्रयोग कालिदास की रचनाओं में होना उनके गुप्तकाल में होने का प्रमाण नहीं कहा जा सकता। (७) प्रयाग से प्राप्त भीटा मृण्मयफलक में शाकुंतल का हरिण के आखेट का दृश्य अंकित है। यह मृण्मयफलक शुंगकाल (१८५-७३ ई०पू०) का है। तदनुसार कालिदास का समय इसके आसपास होना चाहिये। उड़ीसा की गुफा में भी इस प्रकार के चित्र मिले हैं, जो ईसापूर्व के हैं और शाकुतंल से संबंधित हैं। श्रीधर विष्णु वाकणकर ने विक्रमादित्य नाम के उज्जयिनी के राजा के पहली शताब्दी ई०पू० के एक सिक्के खोज की। ये सारे पुरातात्त्विक साक्ष्य कालिदास का स्थिति ई०पू० प्रथम शती के आसपास इंगित करते हैं।

दिङ्नाग और कालिदास

कालिदास के मेघदूत में यक्ष मेघ से कहता है –

स्थानादस्मात् सरसनिचुलादुत्पतोदङ्मुखःखं
दिङ्नागानां पथिपरिहरन् स्थूलहस्तावलेपान्।

(सरस निचुलों (निचुल नाम वाँस के वृक्षों) से भरे इस स्थान से तुम उत्तर की ओर मुख कर

के आकाश में उड़ो, दिङ्नागों के मोटे मोटे हस्त (सूँड, हाथ) के अवलेप (फटकार) से अपने को बचाते हुए।)

इस पर पारंपरिक मान्यता रही है कि दिङ्नाग नाम आचार्य कालिदास के समकालीन थे, वे हाथ हिलाकर फटकार लगाते हुए वादविवाद बहुत करते थे। निचुल नामक एक कवि कालिदास के समय विद्यमान थे, वे कालिदास को प्रिय थे। कवि ने यक्ष की इस उक्ति के इति माध्यम से संकेत किया है कि दिङ्नाग जैसे झगड़ालू पंडितों से बचकर रहना चाहिये, और निचुल जैसे रसिकों की संगत करना चाहिये। मल्लिनाथ इस अंश की व्याख्या में कहते हैं –

'दिङ्नागाचार्यस्य कालिदासप्रतिपक्षस्य हस्तावलेपान् हस्तविन्यासपूर्वकाणि दूषणानि परिहरन्।'

टीकाकार दक्षिणावर्तनाथ भी इसी मान्यता का समर्थन करते हुए यह बताते हैं कि जब कालिदास अपना काव्य सुनाते, तो दिङ्नाग उस पर आक्षेप करते हुए कह देते कि यह बात तो पहले के काव्यों में भी कहा जा चुकी है— **'दिङ्नाग इति कोऽप्याचार्यः कालिदासप्रबन्धान् अन्यत्रोक्तोऽयमर्थ इति स्थूलहस्ताभिनयैर्दूषयति।'**

इस परंपरा को स्वीकारने पर कालिदास को प्रख्यात बौद्ध दार्शनिक दिङ्नाग का समकालीन मानना होगा। परंतु मेघदूत के ऊपर उद्धृत पद्यांश की टीकाकारों की व्याख्या अनुश्रुति पर आधारित है, तथा ऐतिहासिक दृष्टि से प्रामाणिक नहीं कहीं जा सकती। कालिदास का कविस्वभाव ऐसा नहीं है कि वे परोक्ष रूप से भी अपने समय के किसी व्यक्ति पर दोषारोपण करें। मेघदूत की भावधारा में निमग्न कवि दिङ्नाग के स्थूलहस्तावलेप के द्वारा समकालीन प्रसंग को स्मरण करे – यह एक दूरारूढ़ कल्पना ही है।

कालिदास को यूरोप के कतिपय विद्वानों ने अज्ञानवश छठी शताब्दी में स्थापित कर दिया था। उनका मंतव्य कोरूर के युद्ध की घटना पर आधारित था। फर्ग्युसन का कहना था कि कोरूर का युद्ध भारतीय इतिहास की एक असाधारण रूप में निर्णायक घटना रही है, और इसमें प्राप्त विजय को स्मरणीय बनाने के लिये ६०० वर्ष पूर्व हुए राजा विक्रमादित्य के नाम से संवत् का प्रवर्तन किया गया। इन विद्वानों ने छठी शताब्दी को भारतीय इतिहास का पुनर्जागरण काल भी बताया। हार्नली ने फर्ग्युसन की इस धारणा का उपयोग कालिदास का काल षष्ठ शताब्दी में सिद्ध करने के लिये किया। मंदसौर के संवत् ५२९ के शिलालेख से यह मत निस्सार प्रमाणित हो चुका है। पीटर्सन तथा ब्यूलर के अन्वेषणों से यह मत बाद में सर्वथा अमान्य कर दिया गया।

कालिदासत्रयी

जल्हण ने अपनी सूक्तिमुक्तावली में राजशेखर के ३७ पद्य कविकाव्यप्रशंसा के अंतर्गत उद्धृत किये हैं, इनमें से एक पद्य में राजशेखर ने कालिदासत्रयी (तीन कालिदासों) की चर्चा करते हुए कहा है—

एकोऽपि जीयते हन्त कालिदासो न केनचित्।
शृङ्गारे ललितोद्गारे कालिदासत्रयी किमु।।

(शृंगार और ललित वचनावली की अभिव्यक्ति में एक ही कालिदास से पार नहीं पाया जा सकता है। फिर कालिदासत्रयी या तीन तीन कालिदास हों तो कहना ही क्या?)

चंद्रबली पांडे के अनुसार यहाँ ने यहाँ 'एकोऽपि' में एक का अर्थ कालिदास का एक काव्य है, वे कालिदास इस व्यक्तिवाचक अभिधान को काव्य का द्योतक मानकर कालिदासत्रयी का अर्थ कालिदास के तीन काव्य मानते हैं।[१२] तदनुसार राजशेखर यहाँ यह कहना चाहते हैं कि कालिदास का एक ही काव्य रसिकों का मन मोहित करने के लिये पर्याप्त है, फिर उनके तीन तीन काव्यों का तो कहना ही क्या?

तथापि परंपरा में कालिदास नाम के एक से अधिक कवि संस्कृत में हुए इसका संकेत मिलता है। ऐसा प्रतीत होता है कि राजा विक्रमादित्य के समकालीन नाटककार कालिदास की कविपरंपरा में इतनी प्रसिद्धि हुई कि विक्रमादित्य के समान अपने आप को कवियों का आक्षयदाता सिद्ध करने वाले बाद के राजा अपने आश्रित कवियों में सर्वश्रेष्ठ कवि को कालिदास की पदवी से विभूषित करने लग गये। संभव है कि अपने किसी आश्रित कवि को गुप्तनरेश चंद्रगुप्त विक्रमादित्य ने कालिदास की पदवी दी हो।

किसी विद्वान् ने नाटककार कालिदास और महाकाव्यकार कालिदास को भिन्न भिन्न मान कर पहले को प्रथम शताब्दी ई०पू० में शकारि विक्रमादित्य का समकालीन तथा दूसरे को गुप्तकाल में चंद्रगुप्त द्वितीय के समकालीन माना है।

इस मान्यता का समर्थन कालिदास के कालविषय मतों के संदर्श दिये जाने वाले प्रमाणों की पारस्परिकता का अध्ययन करने पर भी हो जाता है। कालिदास को प्रथम शताब्दी ई०पू० में मानने वाले विद्वान् अपने प्रमाण उनके नाटकों से अधिक देते हैं, और उन्हें गुप्त काल में मानने वाले विद्वान् अपने प्रमाण उनके कुमारसंभव, रघुवंश जैसे काव्यों से विशेष रूप से देते हैं। ऐसी स्थिति में यह संभावना बनती है कि नाटककार कालिदास प्रथम शताब्दी ई०पू० में राजा विक्रमादित्य के समकालीन थे, तथा महाकवि या रघुवंशकुमारसम्भवकार कालिदास गुप्तकाल में चंद्रगुप्त विक्रमादित्य के आश्रित थे।

दूसरी ओर समुद्रगुप्त के द्वारा कथित रूप से प्रणीत कृष्णचरित महाकाव्य के प्राप्त खंडित अंश से भी ईसा पूर्व प्रथम शती तथा गुप्तकाल में दो अलग अलग कालिदासों के अनुमान की पुष्टि होती है। इस महाकाव्य के दो सर्ग मिले हैं, जिनके प्रारंभिक अंश में शाकुंतलकार कालिदास को पूर्ववर्ती बताते हुए रघुवंशकार कालिदास की अवस्थिति समुद्रगुप्त के समय में कही गई है।

नाटककार कालिदास तथा महाकाव्यकार कालिदास के व्यक्तित्व, चिंतनपरिधि व दृष्टि में अंतर प्रतीत होता है।

महाकाव्यकार की दृष्टि में धरती भोग्या है। पौराणिकता तथा अवतारवाद का स्पष्ट प्रभाव है। उदाहरणार्थ रघुवंश के राजा का दस हजार वर्ष शासन करना उसके लिये स्वाभाविक बात है—

पृथिवीं शासतस्तस्य पाकशासनतेजसः।
किंचिदूनमनूनर्द्धेः शरदामयुतं ययौ।।

रघुवंश, १०.१

सामंतवाद का संस्कार भी महाकाव्यकार कालिदास में प्रबलतर है। पृथिवी को भोग्या बताते हुए वह कहता है –

सदयं बुभुजे महाभुजः सहसोद्वेगं इयं व्रजेदिति।
अचिरोपनतां स मेदिनीं नवपाणिग्रहणां वधूमिव।।

वही, ८.७

महाकाव्यकार कालिदास अवतारवाद में विश्वास रखते हैं। विष्णु के मुख से वे देवताओं को राम के रूप में अवतरित होने का आश्वासन दिलवाते हैं। सारे देवता उनके साथ धरती पर अवतार लेते हैं।

सोऽहं दाशरथिर्भूत्वा रणभूमेर्बलिक्षमम्।
करिष्यामि शरैस्तीक्ष्णैस्तच्छिरःकमलोच्चयम्।।

वही, १०.४५

पुरुहूतप्रभृतयः सुरकार्योद्यतं सुराः।
अंशैरनुययुर्विष्णुं पुष्पैर्वायुमिव द्रुमाः।।

वही, १०.५०

कृष्ण के विष्णुस्वरूप होने का उल्लेख भी रघुवंश (७.२९) तथा मेघदूत में मिलता है।

कालिदासत्रयी के तीन कालिदास कौन कौन हैं? इस विषय में एक अनुमान वागीश शुक्ल का यह है कि एक कालिदास राजा शूद्रक की राजसभा में थे, दूसरे राजा विक्रमादित्य की राजसभा में तथा तीसरे गुप्तकाल में समुद्रगुप्त की राजसभा में।

चिद्गगनचंद्रिकाकार कालिदास

चिद्गगनचंद्रिका शैवदर्शन के अंतर्गत क्रमसंप्रदाय तथा कालीविद्या का महत्त्वपूर्ण ग्रंथ है। भास्करराय के अनुसार चिद्गगनचंद्रिका के प्रणेता कालिदास हैं। अर्नाल्ड एवलोन तथा भागीरथ प्रसाद शास्त्री इससे सहमत नहीं हैं। वे चिद्गगनचंद्रिका को परवर्ती ग्रंथ मानते हैं। चिद्गगनचंद्रिका की पांडुलिपियों में ही चार स्थानों पर इसे कालिदास की कृति कहा गया है। इसके कालिदासकृत होने को लेकर शंका निम्नलिखित तथ्यों से होती है - (१) चिद्गगनचंद्रिका में

गणेश की वंदना है, जब कि गणेशोपासना तथा गणेशसंप्रदाय परवर्ती है; (२) चिद्गगनचंद्रिका के उल्लेख के अनुसार यह ग्रंथ (अभिनवगुप्त के गुरु) सिद्धनाथ या शंभुनाथ की क्रमस्तुति की टीका है। ३) चिद्गगनचंद्रिका में पतंजलि का महर्षि के रूप में आदरपूर्वक उल्लेख है, जो कालिदास के साथ काल की दृष्टि से उनके नैकट्य को देखते हुए संभाव्य नहीं है; (४) मालविकाग्निमत्रम् की नांदी चिद्गगनचंद्रिका में दोहराई गई है, कालिदास इस प्रकार की पुनरावृत्ति नहीं कर सकते; (५) चिद्गगनचंद्रिका की पुष्पिका में इसके प्रणेता श्रीवत्स कहे गये हैं। वागीश शुक्ल ने चिद्गगनचंद्रिका के प्रणेता और शाकुंतलकार कालिदास एक ही व्यक्ति होने की संभावना पर विचार किया है। पंडित बलजिन्नाथ ने सप्रमाण सिद्ध किया है कि चिद्गगनचंद्रिकाकार कालिदास परवर्ती हैं, क्योंकि वे जालंधरपीठ के सिद्धनाथ (अभिनवगुप्त के गुरु शंभुनाथ) का उल्लेख करते हैं।

कालिदास की दार्शनिक पृष्ठभूमि

कालिदास का युग भारत के सांस्कृतिक प्रकर्ष का युग था। कला, साहित्य, शिल्प और विज्ञान के अभूतपूर्व उन्मेष के साथ उनके युग में दर्शन के क्षेत्र में विभिन्न विचारधाराओं का संगमन और विकास हुआ। भारतीय दर्शन के प्राय: सभी प्रमुख प्रस्थान उस युग में प्रतिष्ठित हो चुके थे। वेदों और उपनिषदों की रचना के बाद भारतीय दर्शन की आधारभिर्ति का निर्माण करने वाले तीन ग्रन्थ- बादरायण का ब्रह्मसूत्र, कपिल के सांख्यसूत्र और श्रीमद्भगवद्गीता कालिदास के पूर्व लिखे जा चुके थे। षड्दर्शनों की प्रतिष्ठा हो चुकी थी, यद्यपि उनकी विभिन्न शाखा-प्रशाखाएं- विशिष्टाद्वैत, द्वैताद्वैत आदि अभी अस्तित्व में नहीं आयी थीं। वस्तुत: कालिदास के समय तक विभिन्न दर्शनों के सिद्धान्त ग्रन्थ लिखे जा चुके थे और उनके व्यवस्थापन और वर्गीकरण की प्रक्रिया चल रही थी।

कालिदास शिव के उपासक थे। कुमारसंभव महाकाव्य में तो शिव का अत्यंत भव्य गरिमामय रूप उन्होंने चित्रित किया ही है, रघुवंश में आरंभ में ही शिव और पार्वती की वंदना करते हुए कहा है—

वागर्थाविव सम्पृक्तौ वागर्थप्रतिपत्तये।
जगतः पितरौ वन्दे पार्वतीपरमेश्वरौ।।

(वाणी और अर्थ के बोध के लिये मैं जगत् के माता और पिता उन पार्वती-परमेश्वर की वंदना करता हूँ, जो वाणी और अर्थ की भाँति एक दूसरे से संपृक्त हैं।)

अपने तीनों नाटकों में उन्होंने शिव की ही वंदना आरंभ में की है। इसके साथ ही उन्होंने अन्य देवों के प्रति भी समान आस्था का भाव व्यक्त किया है। रघुवंश में विष्णु की स्तुति देवों के मुख से करायी गयी है, और कुमारसंभव में ब्रह्मा की स्तुति है। वास्तव में कालिदास ब्रह्मा, विष्णु और महेश को एक ही परम सत्ता के तीन रूप मानते हैं—

एकैव मूर्तिर्बिभिदे त्रिधा सा सामान्यमेषां प्रथमावरत्वम्।
विष्णोर्हरस्तस्य हरिः कदाचिद् वेधास्ततस्तावपि धातुराद्यौ।।

(कुमारसंभव, ७.४४)

कालिदास ने अपने युग के ज्ञान-विज्ञान, साहित्य और कला से सम्बन्धित प्रगाढ़ ज्ञान तो प्राप्त किया ही, उस समय के दार्शनिक चिन्तन को भी उन्होंने आत्मसात् किया। वे वैदिक दर्शन और गीता से विशेष प्रभावित हुए थे। उनके समय में निषेधमूलक अपोहवाद जैसी विचारधाराएँ भी पनप रही थीं, पर कालिदास उनके पक्ष में नहीं थे। उनका झुकाव वेदान्त की ओर प्रतीत होता है।

वेदान्त दर्शन की भांति कालिदास एक सर्वात्मक सत्ता का अस्तित्व स्वीकार करते हैं। कुमारसम्भव के द्वितीय सर्ग तथा रघुवंश के दशम सर्ग में उन्होंने पुरुष, आदिपुरुष, अव्यक्त, पुराण, अज, आत्मभूः, केवलात्मन् आदि नामों से इस सत्ता का का वर्णन किया है। यही पुरुष सृष्टिकर्ता, पालक और संहारक- इन तीन रूपों में स्थित है। रघुवंश और कुमारसम्भव में कालिदास ने यही बात कही है—

नमो विश्वसृजे पूर्वं विश्वं तदनु बिभ्रते।
अथ विश्वस्य संहर्त्रे तुभ्यं त्रेधा स्थितात्मने।।

रसान्तराण्येकरसं यथा दिव्यं पयोऽश्नुते।
देशे देशे गुणेष्वेवमवस्थास्त्वमविक्रियः।।

रघु०, १०.१६-१७

देवताओं के द्वारा की गई स्तुति के इन पद्यों में सृष्टि, प्रलय, प्रकृति, त्रिगुणसिद्धांत आदि पर प्राचीन सांख्य के सिद्धांत को कवि ने काव्यात्मक अभिव्यक्ति दी है—

यदमोघमपामन्तरुप्तं बीजमज त्वया।
अतश्चराचरं विश्वं प्रभवस्तस्य गीयसे।।
तिसृभिस्त्वं अवस्थाभिर्महिमानमुदीरयन्।
प्रलयस्थितिसर्गाणामेकः कारणतां गतः।।
स्त्रीपुंसावात्मभागौ ते भिन्नमूर्तेः सिसृक्षया।
प्रसूतिभाजः सर्गस्य तावेव पितरौ स्मृतौ।।
स्वकालपरिमाणेन व्यस्तरात्रिंदिवस्य ते।
यौ तु स्वप्नावबोधौ तौ भूतानां प्रलयोदयौ।।
जगद्योनिरयोनिस्त्वं जगदन्तो निरन्तकः।
जगदादिरनादिस्त्वं जगदीशो निरीश्वरः।।
आत्मानमात्मना वेत्सि सृजस्यात्मानमात्मना।

आत्मना कृतिना च त्वमात्मन्येव प्रलीयसे।।
द्रवः संघातकठिनः स्थूलः सूक्ष्मो लघुर्गुरुः।
व्यक्तो व्यक्तेतरश्चासि प्राकाम्यं ते विभूतिषु।।
उद्घातः प्रणवो यासां न्यायैस्त्रिभिरुदीरणम्।
कर्म यज्ञः फलं स्वर्गस्तासां त्वं प्रभवो गिराम्।।
त्वामामनन्ति प्रकृतिं पुरुषार्थप्रवर्तिनीम्।
तद्दर्शिनमुदासीनं त्वामेव पुरुषं विदुः।।

कुमारसंभव, २.५-१३

कालिदास का यह पुरुष सांख्य के पुरुष से कोई साम्य नहीं रखता, क्योंकि सांख्य में पुरुषबहुत्व का प्रतिपादन किया गया है, जबकि कालिदास पुरुष के एकत्व का समर्थन करते हैं। सांख्य का पुरुष सृष्टि के उद्भव में उदासीन है, जबकि कालिदास पुरुष को सृष्टि का कारण घोषित करते हैं— 'अव्यक्तो व्यक्तकारणम्।' कालिदास के पुरुष की इस धारणा में ऋग्वेद, उपनिषदों और गीता के दर्शन का स्पष्ट प्रभाव है। ऋग्वेद के हिरण्यगर्भ सूक्त में कहा गया है—

हिरण्यगर्भः समवर्तताग्रे
भूतस्य जातः पतिरेक आसीत्।
सदाधार पृथिवीं द्यातुतेमाम्।

इन कथनों में कालिदास की विचारधारा के बीज देखे जा सकते हैं। कालिदास की दृष्टि में पुरुष वास्तव में अविक्रिय है, पर सृष्टि के उद्भव में गुणों के विपर्यय से वह विभिन्न रूपों में प्रकट होता है।

कालिदास की भांति गीताकार ने भी पुरुष को 'असक्तं सर्वभृच्चैव निर्गुणं गुणभोक्तृ च' - कहा है। कालिदास की दृष्टि में पुरुष स्वयं अमेय होकर भी संसार को मापने वाला, अव्यक्त होकर भी व्यक्त का कारण, अयोनि होकर भी जगत् का योनि, और अनादि होकर भी जगत् का आदि है। वह सर्वज्ञ होते हुए भी अविज्ञात, सर्वयोनि होते हुए भी आत्मभू, एक होते हुए भी अनेकरूपी है। कालिदास के ये कथन गीता के वचनों से प्रभावित हैं।

प्रकृति उपयुक्त पुरुष की शक्ति है। कालिदास के विचार में प्रकृति और पुरुष में कोई भेद नहीं है। वे दोनों में तादात्म्य मानते हैं—

त्वामामनन्ति प्रकृतिं पुरुषार्थप्रवर्तिनीम्।
तद्दर्शिनमुदासीनम् त्वामेव पुरुषं विदुः।।

पुरुष और प्रकृति की अभिन्नता की यह धारणा सांख्यदर्शन के एकदम विपरीत है, परन्तु प्राचीन सांख्य के अनुकूल है। प्राचीन सांख्य के सिद्धान्त उपनिषदों और महाभारत में मिलते हैं। बृहदारण्यक उपनिषद् में कहा है- वह ब्रह्म या (पुरुष) सृष्टि की कामना करने लगा। उसने

अपने आपको एक पुरुष और एक स्त्री के रूप में उत्पन्न किया। स्त्री-पुरुष के उस युगल से सृष्टि का उद्भव हुआ। महाभारत में स्पष्ट रूप से यह कहा गया है कि पुरुष और प्रकृति एक ही पुरुषोत्तम या सर्वोच्च आध्यात्मिक सत्ता के दो रूप हैं। इसकी प्रतिध्वनि भी कालिदास के ऊपर उद्धृत पद्यों में मिलती है।

विज्ञान भिक्षु ने अपने सांख्य प्रवचन भाष्य में कहा है कि पुरुष और प्रकृति सृष्टि के अन्त में ईश्वर में लीन होते हैं। इस विचारधारा को हम प्राचीन-सांख्य कह सकते हैं, क्योंकि बाद में सांख्य दर्शन में ईश्वर को नहीं माना गया है।

सांख्य की भांति कालिदास भी प्रकृति को त्रिगुणमयी मानते हैं। कालिदास की यह प्रकृति वेदान्त की माया से भिन्न है। वेदान्त की माया सत् और असत् दोनों से भिन्न है, जबकि कालिदास की प्रकृति निश्चित रूप से सत् पदार्थ है। यह बात भी ध्यान में रखने की है कि कालिदास ने माया शब्द का प्रयोग इस सन्दर्भ में कहीं भी नहीं किया है।

कालिदास के मत में यह संसार चैतन्य-स्वरूप पुरुष से उद्भूत हुआ है और उसी का अंश है, इसलिये वे इस संसार को बन्धन नहीं मानते। संसार का सर्वथा त्याग भी कवि को अभिप्रेत नहीं है। अतएव मोक्ष-प्राप्ति के लिये समुद्यत रघु को भी वे संसार का सर्वथा परित्याग करते हुए नहीं दिखाते। रघु नगर के बाहर अपना आश्रम बना कर रहते हैं—

स किलाश्रममन्त्यमाश्रितो निवसन्नावसथे पुराद् बहिः।
समुपास्यत पुत्रयोग्यया स्नुषयेवाविकृतेन्द्रियः श्रिया।।

रघु०, ८.१४

रघु का यह अन्तिम आश्रम संन्यासाश्रम नहीं है, क्योंकि रघु संन्यासियों के लक्षण धारण नहीं करता। यही नहीं, कालिदास के मत में मोक्ष पा लेने पर भी दूसरों के हित के लिये पुरुष संसार में रह सकता है। रघु मोक्ष प्राप्त करके अपने पुत्र के हित को ध्यान में रखकर जीवन व्यतीत करता है।

वस्तुतः कालिदास के मत में जीवन का लक्ष्य जीवन का त्याग करके मोक्ष पाना नहीं अपितु जीवन का परिपूर्ण विकास करना है। इस सन्दर्भ में यह भी ध्यान देने की बात है कि दिलीप, रघु जैसे मनस्वियों की अन्तिम अवस्थिति का वर्णन करते हुए कालिदास ने मोक्ष, निर्वाण जैसे शब्दों का प्रयोग नहीं किया, जिनसे जीवन का बन्धन होना ध्वनित होता है, वरन् उन्होंने अपने नायकों को अव्यय-पद की प्राप्ति करते हुए ही दिखाया है। कालिदास संसार को क्षणभंगुर तो मानते हैं परन्तु बौद्धों की भांति उसे दुःख का कारण नहीं मानते। उनके नायकों की अव्यय-पद की प्राप्ति जीवन से अलग होकर किसी अन्य स्थिति में जाना नहीं है, बल्कि जीवन के परिपूर्ण विकास की दशा को पाना है। इस प्रकार कालिदास पुरुषार्थ-चतुष्टय को जीवन के मानदंड नहीं मानते, वे पुरुषार्थ-त्रय (धर्म, अर्थ और काम) की साधना में ही जीवन को विकसित देखना चाहते हैं। इसलिये वे महायोगी शंकर को भी 'किसी कामना से तप करते हुए' दिखाते हैं।

योग और यौगिक क्रियाओं का कालिदास ने स्थान स्थान पर उल्लेख किया है। उनके मत में योग-विधि से ही शरीर का परित्याग करना चाहिये। यत्र तत्र धारणा, ध्यान, प्रणिधान, समाधि आदि योग के पारिभाषिक शब्दों का उल्लेख भी कालिदास के योग-दर्शन से परिचय का परिचायक है। कालिदास के मत में मन के संयमन के लिये ये साधनाएँ उपयोगी हैं। कुमारसम्भव में शिव की समाधि का विस्तृत चित्रण कवि की समाधि-विषयक धारणा को स्पष्ट करता है।

कर्मकाण्ड-परक मीमांसा दर्शन का भी कहीं कहीं प्रभाव कालिदास में दिखाई देता है। यज्ञ में उनकी आस्था है।

कालिदास एक स्वतन्त्रचेता कवि हैं। वे वेदान्त, सांख्य या शैव दर्शन के किसी सिद्धान्त-विशेष के लिये आग्रह प्रदर्शित नहीं करते हैं। फिर भी उन्होंने अपने काव्यों में यत्र तत्र जो दार्शनिक मान्यताएँ प्रत्यक्ष या अप्रत्यक्ष रूप से प्रकट की हैं, उन पर उपनिषद्, महाभारत और गीता का स्पष्ट प्रभाव है और कालिदास की दार्शनिक विचारधारा को हम प्राचीन सांख्य नाम दे सकते हैं, जिसका उल्लेख महाभारत में मिलता है।

कालिदास महाकाव्यकार, नाटककार तथा मुक्तककार इन तीनों रूपों में संस्कृत साहित्य के इतिहास में अनन्य स्थान रखते हैं।

कालिदास की कृतियाँ तथा रचना की दृष्टि से उनका पौर्वापर्य

कालिदास के नाम से सात काव्य सर्वमान्य रहे हैं - मालविकाग्निमित्र, विक्रमोर्वशीय तथा अभिज्ञानशाकुंतल ये तीन नाटक, रघुवंश तथा कुमारसंभव ये दो महाकाव्य तथा मेघदूत और ऋतुसंहार ये दो खंडकाव्य। काव्यों में विद्योत्तमा के द्वारा कालिदास के प्रति कहे गये वाक्य 'अस्ति कश्चिद् वाग्विशेषः' के अनुसार तीन काव्यों का रचनाक्रम स्वीकार किया जा सकता है। तदनुसार अस्ति से आरंभ होने वाला कुमारसंभव कालिदास ने पहले लिखा, तदनंतर वाक् इस शब्द से प्रारंभ होने वाला रघुवंश और अंत में कश्चित् से प्रारभ होने वाला मेघदूत।

नाटकों में सर्वप्रथम मालविकाग्निमित्र और तदनंतर विक्रमोर्वशीय लिखा गया। अभिज्ञानशाकुंतल कालिदास की सबसे प्रौढ़ कृति है, यह अंत में लिखी गई। एक मत से ऋतुसंहार कालिदास की रचना नहीं है।

मालविकाग्निमित्र

मालविकाग्निमित्र पाँच अंकों का नाटक है। इसकी कथावस्तु ऐतिहासिक पृष्ठभूमि पर आधारित है। पुष्यमित्र का पुत्र शुंगवंशीय अग्निमित्र इसका नायक है। विदर्भ की राजकुमारी मालविका से उसके प्रेम और अंत में परिणय की कथा को कवि ने इसमें रमणीय नाट्यात्मक विन्यास दिया है।

कथावस्तु- विपत्ति में पड़ी मालविका अग्निमित्र की रानी धारणी के भाई वीरसेन को एक वन में मिलती है। वीरसेन उसे अपनी बहन को सौंप देता है। इस तरह मालविका अग्निमित्र के अंतपुर में दासी के रूप में रहने लगती है। धारणी उसे राजा अग्निमित्र की दृष्टि से बचा कर रखती है,क्योंकि उसे भय है कि उसके अप्रतिम सौंदर्य को देखकर अग्निमित्र उस पर रीझ जायेगें। एक दिन अग्निमित्र अंतपुर की रानियों का एक चित्र देखता है, जिसमें दासियाँ भी चित्रित हैं। उनके बीच में मालविका का चित्र देखकर वह मालविका की ओर आकर्षित हो जाता है। उसका सहायक विदूषक उसे मालविका से मिलाने का उपाय रचता है।

मालविका को नृत्य कला का अभ्यास कराने के लिये नृत्याचार्य गणदास की नियुक्ति की गयी है। विदूषक के भड़काने पर गणदास का दूसरे नृत्याचार्य हरदत्त से इस बात पर विवाद छिड़ जाता है कि दोनों में कौन श्रेष्ठ है। पारिव्राजिका कौशिकी के कहने पर निर्णय होता है कि दोनों अपनी अपनी शिष्याओं के नृत्य के द्वारा अपनी कला का प्रदर्शन करेगें।

नाटक के द्वितीय अंक में मालविका का नृत्य प्रस्तुत होता है। अग्निमित्र मालविका को प्रत्यक्ष देखकर उस पर मुग्ध हो जाता है। तीसरे अंक में प्रमदवन में राजा की मालविका से भेंट होती है, पर इसी समय छोटी रानी इरावती वहाँ आ जाती है, और राजा को मालविका के प्रति प्रणय निवेदन करते हुए देख कर कुपित होती है। चौथे अंक में सूचना मिलती है कि इस प्रसंग से क्रुद्ध होकर रानी धारणी ने मालविका को कारागार में बंद करा दिया है। तब विदूषक साँप से काट लिये जाने का झूठा दिखावा करता है, और सर्पदंशचिकित्सा के बहाने रानी धारणी की सर्पमुद्रायुक्त अँगूठी प्राप्त कर लेता है। इस अँगूठी को दिखा कर वह मालविका को कारागार से छुड़ा ले आता है। राजा और मालविका फिर एकांत में मिल रहे हैं, पर वे फिर एक बार रँगे हाथों पकड़ लिये जाते हैं। अंतिम अंक में विदर्भ राज्य से आयी दो सेविकाओं के द्वारा मालविका का सच्चा परिचय मिलने से और मालविका के चरण के आघात से अशोक के फूल उठने की सूचना से प्रसन्न रानी धारणी उसे राजा के वधू के रूप में सौंपने का निर्णय लेती है।

इस नाटक की कथावस्तु में निम्नलिखित तथ्य इतिहास से प्रमाणित हैं- पुष्यमित्र का अश्वमेध यज्ञ का अनुष्ठान तथा अग्निमित्र के बेटे वसुमित्र की यवनों पर विजय। पुष्यमित्र का राज्याभिषेक १८५ई०पू० में हुआ था।

उपजीव्यता- संस्कृत नाट्यसाहित्य में मालविकाग्निमित्र एक प्रवर्तक कृति भी कही जा सकती है। प्रौढ़ अवस्था को प्राप्त नायक या राजा का एक या एकाधिक रानियों के रहते हुए भी अपने से आयु में बहुत छोटी मुग्धा नायिका से प्रेम, रानियों का इस प्रणय व्यापार से चिढ़ना और खिन्न होना- इस विषय वस्तु का कालिदास ने पहली बार संस्कृत नाटक में अवतरण कराया। उनका यह प्रयोग इतना लोकप्रिय हुआ कि इसका अनुकरण करके अनेक नाटिकाएँ रची गयीं। इन सभी नाटिकाओं का मूल प्रेरणस्रोत मालविकाग्नित्र कहा जा सकता है। ऐसा लगता है कि नाटिका जैसी

रूपकविधा की परिकल्पना भी कालिदास के मालविकाग्निमित्र की प्रस्तुति के द्वारा आचार्यों ने की होगी। मालविकाग्निमित्रम् नाटिका के लक्षणों पर भी खरा उतरता है, अंतर यही है आचार्यों के अनुसार नाटिका में चार अंक होना चाहिये और इसमें पाँच हैं।

विचारदृष्टि- मालविकाग्निमित्र की एक दुर्लभ विशेषता उसमें अनुस्यूत एक द्रष्टा कवि का व्यक्तित्व है, जो उसे परवर्ती नाटिकाओं के उथलेपन के स्थान पर उदात्तता और वैचारिक गंभीरता से मंडित करता है। नाटक के आरंभ में ही कवि ने अपने तेजस्वी और प्रखर व्यक्तित्व का परिचय दिया है। प्रस्तावना में पारिपार्श्विक के मुख से प्रश्न कराया गया है कि जब भास, सौमिल्ल और कविपुत्र जैसे बड़े नाटककारों की कृतियाँ हैं तो एक नये अल्पज्ञात नाटककार का रूपक क्यों खेला जा रहा है?

कालिदास मालविकाग्निमित्र को निषेध के साथ आरंभ करते हैं। जो कुछ पहले से उपस्थित है उसका निषेध। वे जो कुछ नया आ रहा है उसे नकारने वालों को चुनौती देकर उनका निषेध करते हैं। प्रस्तावना में जैसे ही सूत्रधार कहता है कि कालिदास के द्वारा रचा गया नया नाटक मालविकाग्निमित्र खेलना है, पारिपार्श्विक उसकी बात को तुरत काट देता है - -अरे नहीं! भास, सौमिल्ल और कविपुत्र जैसे यशस्वी नाट्यकारों की रचनाओं के रहते आज के कवि कालिदास की रचना का यह सम्मान क्यों?

सूत्रधार का उसे दिया गया उत्तर कालिदास के द्वारा पुराने के निषेध के साथ नये के वरण की माँग है—

विवेकविश्रान्तमभिमहितम्। पश्य,
पुराणमित्येव न साधु सर्वं न चापि काव्यं नवमित्यवद्यम्।
सन्तः परीक्ष्यान्यतरद् भजन्ते मूढः परप्रत्ययनेयबुद्धिः।।

माल.१.२

(यह बात तो तुमने विवेक को बिसार कर कह दी! देखो—

जो कुछ पुराना है, वह सब अच्छा नहीं होता,
और कोई कविता नई होने से निंदनीय नहीं हो जाती,
जो सचमुच विद्वज्जन हैं, वे परखकर इनमें किसी को चुनते हैं
और मूर्ख लोग तो दूसरे के भुलावे में बहक जाते हैं।

जहाँ प्रकृत (जो सामने है) का निषेध करके अप्रकृत (जो सामने नहीं है) को स्थापित किया जाए, वहाँ अपह्नुति अलंकार होता है। अनेक आचार्य इसे केवल औपम्यमूलक अलंकार ही मानते हैं। भोज आदि आचार्य इसे केवल औपम्यमूलक नहीं मानते। जहाँ एक का निषेध करके उसके विकल्प को सामने लाया जाए, वहाँ अपह्नुति होती है। मालविकाग्निमित्रम् वस्तुतः अपह्नुति का नाटक है।

कालिदास भास, सौमिल्ल और कविपुत्र को मालविकाग्निमित्र की भीतरी संरचना में नकार रहे हैं। भास की कालजयी और अमर कृति है - स्वप्नवासवदत्तम्। कालिदास ने मालविकाग्निमित्रम् में स्वप्नवासवदत्तम् को उलट दिया है। वहाँ कनिष्ठा रानी पद्मावती जो अधिक रूपवती और नई नवेली दुल्हन है, उसे छोड़कर नायक उदयन ज्येष्ठा रानी और पहली ब्याहता वासवदत्ता की स्मृति में खोया रहता है। इसके विपरीत मालविकाग्नित्रम् में ज्येष्ठा नायिका और परिणीता पत्नी धारिणी और अन्य रानी इरावती को छोड़कर नायक अग्निमित्र बाला मालविका पर आसक्त है। स्वप्नवासवदत्तम् त्याग और बलिदान का अप्रतिम कथानक है। वासवदत्ता अपने पति के और राज्य के अभ्युदय के लिये अपने ही पति का दूसरा विवाह करवाना स्वीकार कर लेती है, वह अपनी ही होनेवाली सौत के यहाँ परिचारिका की तरह कुछ महीने निवास तक करती है। मालविकाग्निमित्र में रानी धारिणी मालविका को राजा की दृष्टि दूर रखने का प्रयास करती है, फिर चिढ़कर वह उसे बार बार कारागार में डलवाती है। दूसरी रानी या रखैल इरावती अपने पैरों पर गिरते राजा को करधनी से पीटने को तत्पर हो जाती है। रचना के स्तर पर भी कालिदास ने भास को उलट दिया है। स्वप्नवासवदत्तम् के भावुकतापूर्ण आदर्शवादी ढाँचे के स्थान पर एक प्रखर यथार्थ की रचना प्रस्तुत करके उन्होंने भास को अपना एक उत्तर दिया है। मालविकाग्निमित्र इतिहास और यथार्थ का एक जीवंत चित्र है।

अपह्नुति का एक अर्थ वंचना या छिपाना भी है। निषेध उसका किया जाए, जिसे छिपाया गया है। भास का प्रतिज्ञायौगंधरायण एक ऐसा निराला नाटक है, जिसमें नायक और नायिका मंच पर आद्यंत कहीं भी आते ही नहीं हैं, फिर भी पूरे नाटक में वे ही छाये रहते हैं। पर प्रतिज्ञायौगंधराण में दर्शकों को निरंतर लगता रहता है कि नायक और नायिका - उदयन तथा वासवदत्ता - यहीं कहीं है - अभी सामने आ जायेगें। मालविकाग्निमित्र के पहले अंक में मालविका मंच पर नहीं आती, पर हमें लगता रहता है कि उसे छिपाया जा रहा है। नाटक के एक पूरे अंक में मालविका का प्रवेश न होना भरतमुनि के इस निर्देश का उल्लंघन है कि नाटक के हर अंक में प्रमुख पात्रों - नायक व नायिका - को मंच पर आना चाहिये। पर पहले अंक में अपनी अनुपस्थिति में भी मालविका ही छाई हुई है। सारे पात्र जैसे उसी को लेकर चिंतित हैं। मालविका की अपह्नुति या छिपाये जाने से नाटक का उपक्रम होता है, इसी अपह्नुति में नाटक आगे बढ़ता है। मालविका को राजा अग्निमित्र की दृष्टि से छिपाया जा रहा है।

दूसरे अंक में भी मालविका का प्रवेश विलंबित होता है। मालविका यवनिका या पर्दे के पीछे है। राजा कहता है—

नेपथ्यगृहगतायाश्चक्षुर्दशनसमुत्सुकं तस्याः।
संहर्तुमधीरया व्यवसितमिव मे तिरस्करणीम्।।

(वह नेपथ्य गृह में है, और उसे देखने के लिये उत्सुक मेरी आँखें अधीर होकर यह पर्दा को हटा देने को उतारू हो गईं हैं।)

जब विदूषक राजा को मालविका से मिलाने का अनुरोध लेकर बकुलावलिका के पास जाता है, तो वह कहती है - 'उस बिचारी पर तो महारानी का ऐसा कड़ा पहरा है जैसे खजाने की रखवाली नागिन करती हो...इसलिये सरल नहीं होगा उसको पाना - फिर भी मैं प्रयास करूँगी।'

इस नाटक में जो पात्र छिपे हैं, वे ही सबसे महत्त्वपूर्ण हो गये हैं। उन्हें छिपा कर उनका निषेध किया जा रहा है। फिर भी वे स्पृहणीय हैं, सब कुछ उनके कारण उनके लिये हो रहा है। सेनापति पुष्यमित्र ऐसे ही पात्र हैं। केवल अंतिम अंक में उनकी चर्चा है। फिर भी पूरा नाटक तो पुष्यमित्र के कारण है। पुष्यमित्र अपने बेटे अग्निमित्र को भेजे पत्र में लिखवाते हैं - 'तो तुम्हें अपने मन से सारा रोष निकाल कर समय पर वधूजनों के साथ यज्ञ की सेवाके लिये आना है।' अग्निमित्र किस बात पर रुष्ट है – यह एक रहस्य है, जो छिपा का छिपा रह गया है।

चौथे अंक में ऐसा एक और अप्रविष्ट पात्र बड़ी भूमिका निभाता है - पिंगल वानर। वह अपने अचानक उत्पात से राजकुमारी वसुमती को डराकर इरावती के डर से राजा, विदूषक, मालविका और बकुलावलिका को बचा लेता है। विदूषक कहता है, 'शाबास, पिंगल वानर, शाबास, तुमने अपने पक्ष के लोगों को खूब बचाया।' - आदमी आदमी नहीं रहा, बंदर हो गया - यह निषेध और अपह्नुति यहाँ है।

अप्रकट रखना और निषेध करना - यह अपह्नुति अलंकार की संरचना है, मालविका के छलित नाट्य की तरह, जिसमें वह प्रिय के प्रति प्रेम का निषेध भी करती है - दुर्लभः प्रियो मे तस्मिन् भव हृदय निराशम् - और छिपे हुए प्रेम की सूचना भी दे देती है।

मालविकाग्निमित्र के ढाँचे में अपह्नुति पिरोई हुई है। अपह्नुति कई स्तरों पर यहाँ है। वह जो कुछ वर्तमान में विकृत है उसका निषेध और उसके विकल्प की प्रस्तावना रचती है। पहले अंक में ही अग्निमित्र की कामुकता पर देवी धारिणी उसके मुँह पर ही कटाक्ष करते हुए कहती है - 'यदि राजकाज में भी आर्यपुत्र की ऐसी ही चतुराई होती, तो बड़ा अच्छा होता।' यहाँ राजा के छिछोरेपन का निषेध व्यंजना में है. उसका विकल्प सीधे अभिधा में। कहीं निषेध अभिधा में आ जाता है, विकल्प व्यंजित करा दिया जाता है। विदूषक की उक्तियों में राजा के लिये सँभलकर चलने की चेतावनी के साथ बार बार निषेध है।

मालविका का विदिशा के अंत:पुर में छिपकर रहना अपह्नव है। परिव्राजिका भी अपना परिचय प्रकट न करते हुए छद्म रूप में ही रहती है। मालविका दासी की तरह रहती है, पर वह राजकुमारी है। परिव्राजिका एक गुमनाम संन्यासिनी है। पूरे नाटक में अंत तक उसका नाम छिपा ही रह जाता है। अंत में इतना अवश्य विदित होता है कि वह विदर्भ के मंत्री सुमति की बहन रही है। जो ऊपर से जैसा दिखता है भीतर से वैसा नहीं है।

आधुनिक व्याख्याकार अग्निमित्र को अग्निवर्ण की तरह विलासी समझते हैं। आपाततः

अग्निमित्र सारे नाटक में मालविकाग्निमित्र में एक रसिक नागरिक और धीरललित नायक के रूप में सामने रहता है। राजकाज भी वह रानियों के बीच रह कर निपटाता रहता है। अमात्य परिषद् उसकी अंतिम स्वीकृति के लिये प्रकरण रनिवास में भेज देती है, वह मौखिक संदेश दे कर निर्णय भिजवा देता है। पर अग्निमित्र भास के उदयन की तरह न तो सचिवायत्त सिद्धि है, न भोला भाला ही है। वह मंत्रियों पर निर्भर नहीं है, तुरत फुरत सही निर्णय ले लेता है, मंत्री उसका मुँह ताकते हैं। परिव्राजिका और यहाँ तक कि उसे राजकाज में लापरवाही के लिये ताना देने वाली रानी धारिणी भी - उसके शौर्य और साहस की कायल हैं। परिव्राजिका महारानी धारिणी से कहती है - भर्त्राऽसि वीरपत्नीनां श्लाघ्यानां स्थापिता धुरि - (५।१७) आप को पति ने वीरों की पत्नियों के बीच सबसे ऊपर प्रतिष्ठित कर दिया है। महारानी को अपने पुत्र वसुमित्र पर गर्व है, पर उसकी वीरता की प्रशंसा में वे यही कहती हैं - 'मुझे संतोष है कि मेरा बेटा अपने पिता के जैसा निकला।' - अग्निमित्र अपने आप में एक अपह्नुति है, वह धीरललित के आवरण में छिपा धीरोदात्त और धीरोदात्त के भीतर कहीं से कहीं से धीरोद्धत, जो अपने परमप्रतापी पिता के किसी आचरण पर असंतोष की गाँठ मन में बाँधे हुए है। मालविका जब उसे ताना मारती है कि 'जो ऐसे निर्भीक है उन महाराज का सामर्थ्य भट्टिनी के आगे देख लिया।' तब अग्निमित्र साफ कह देता है कि रानियों के लिये उसकी उदारता एक खोल है, कुल की परंपरा को निभाने के लिये जिसे उसने पहन रखा है - 'दाक्षिण्यं नाम बिम्बोष्ठि, बैम्बिकानां कुलव्रतम्।'

महारानी धारिणी के कथनों में नकार बार बार है। गणदास और हरदत्त के विवाद को वे अस्वीकार करती हैं - 'एतयोर्विवाद एव मे न रोचते।'

राजा देवी धारिणी से अपह्नव करता है - 'अलमन्यथा गृहीत्वा। न खलु मनस्विनि मया प्रयुक्तमिदम्।' (हे मनस्विनि, और कुछ मत समझो। यह सब मैंने नहीं किया।)

इस तरह नकारने या निषेध करने के नाना स्तर मालविकाग्निमित्र की संरचना में पिरोये गये हैं। नकार का भी नकार मालविकाग्निमित्र में है। अंतिम पद्य में भरत वाक्य के द्वारा नाटक का जो समापन किया गया है, वह दोहरे नकार के द्वारा ही हुआ है—

आशास्यमीतिविगमप्रभृतिप्रजानां
सम्पत्स्यते न खलु गोप्तरि नाग्निमित्रे।।

(ऐसा नहीं है कि प्रजा की ईतियाँ आदि जिन के दूर होने की आशा है, रक्षक अग्निमित्र के रहते वे दूर नहीं होंगी।)

पूरे पारंपरिक संस्कृत नाट्य में इस तरह का भरतवाक्य और नहीं मिलेगा। राजकाज को लापरवाही के साथ निपटाने वाला अग्निमित्र नाटक का भरतवाक्य भी उसी भाव से बोलता है, और नकार के नकार के साथ।

अपह्नुति कालिदास के लिये यहाँ मनुष्य के चरित्र के विविध स्तर और उसके अंतर्विरोधों

की पहचान के लिये एक कारगर तकनीक बन गई है। विदूषक के कथनों में इस तकनीक का सबसे उत्तम प्रयोग हुआ है। विदूषक कहता है - 'मालविका मेघमाला से ढकी ज्योत्स्ना की तरह पराधीन है। और तुम हो कसाईवाड़े पर मँडराते गीध की तरह, कच्चे मांस के लालची भी हो और डरपोक भी। पर अच्छा लगा तुम्हारा अत्यंत आतुर होकर इस तरह गिड़गिड़ाना।'

अपह्नुति के छह भेदों में जयदेव और अप्पयदीक्षित आदि ने एक भेद बताया है छेकापह्नुति। एक पात्र दूसरे से ऊपरी तौर पर जिस अर्थ में बात कहता है, दूसरा पात्र अपने अभिप्राय के अनुसार उसे इससे भिन्न अर्थ में ले लेता है। इस छेकापह्नुति का प्रयोग कदाचिंत् संस्कृत नाटकों में मालविकाग्निमत्र में सबसे ज्यादा है।

तीसरे अंक में बकुलावलिका मालविका के पाँवों में महावर लगा चुकी है। मालविका को अशोक की जड़ पर दोहद पूरा करना है। बकुलावलिका और उसके बीच ये संवाद होते हैं—

बकुलावलिका - राग में भरा हुआ और उपभोग के योग्य - यह तेरे सामने रहा ..।

मालविका - (सहर्ष) क्या महाराज?

बकुलावलिका - (मुस्कुराती हुई) - नहीं महाराज नहीं, यह अशोक की शाखा पर लटका कोंपलों का गुच्छा। इसे कान में लगा ले।

चौथे अंक में बकुलावलिका मालविका को फिर दोहरे अर्थ वाले संवादों से भरमा देती है।

बकुलावलिका - सखि, महाराज को प्रणाम कर।

मालविका - नमन कहो उसे जो मुझे आजू बाजू और पीछे भी दिखता रहता है।

राज़ा - लगता है मेरे चित्र को बता रही है।

मालविका - सखि, तुम तो मुझे धोखा दे रही हो।

राजा- इस महोदया के हर्ष और विषाद से मैं प्रसन्न हुआ।

सूर्योदय और सूर्यास्त के के समय
जो छवि कमल की होती है,
वह एक क्षण में इस सुवदना के मुख ने
वे दोनों अवस्थाएँ धारण कीं। (७)

बकलावलिका - अरी मैं तो इस चित्र में बने महाराज को दिखा रही थी -

(दोनों प्रणाम करके) - जय हो महाराज की।

पाँचवे अंक में विदूषक राजा से द्व्यर्थक बात कहता है, राजा के लिये जिसका कुछ और अर्थ है, शेष पात्रों के लिये कुछ और।

विदूषक - मित्र, निश्चिंत होकर देखो इस यौवनवती को।

धारिणी - किसको?

विदूषक - इस सुनहरे अशोक के फूलों की शोभा को।

मालविकाग्निमित्र में सबसे महत्त्वपूर्ण पात्र यह अशोक का पेड़ ही है। इस अशोक के दोहद या खिल उठने की आकांक्षा सारे नाटक की आकांक्षा है। अग्निमित्र और मालविका - और कालिदास की भी - आकांक्षाएँ उसी में समाई हुई हैं।

यथार्थदृष्टि, समाजचेतना और व्यंग्य- मालविकाग्निमित्र की एक अन्य विशेषता उसकी यथार्थदृष्टि या भूतार्थवादिता है। रानी धारणी अग्निमित्र और मालविका के प्रेम में प्रत्यवाय है। वह समझ जाती है कि नृत्याचार्य के नृत्य प्रदर्शन के बहाने राजा मालविका को देखना चाहता है, और टिप्पणी करती है - 'इस तरह की उपायनिपुणता यदि आपकी राजकार्य में भी होती, तो अच्छा होता!' आशय है कि राजा प्रेम प्रसंगों में जितना उपायनिपुण है, उतना राजकार्य में नहीं। तीसरे अंक में राजा को एकांत में मालविका दिख जाती है। विदूषक कहता है- 'अरे, यह तो छककर मदिरा पीने के बाद तुम्हें मछली का चिखौना मिल गया!' यहाँ नायिका एक स्त्री नहीं राजा के लिये स्वाद बदलने के लिये मछली है यह अंतर्निहित भाव कितनी विडंबना का बोध देता है! राजा छिप छिप कर मालविका से मिलता है। धारणी के द्वारा मालविका को बंदी बना लिये जाने पर छल से उसे कारागार से छुड़ाकर विदूषक राजा के साथ उसके मिलन की व्यवस्था करता है। वहाँ फिर दूसरी रानी इरावती के आ जाने राजा की गति साँप-छछूँदर के जैसी हो जाती है। इसी समय समाचार मिलता है कि राजकुमारी वसुलक्ष्मी गेंद खेलती हुई एक वानर के द्वारा डरा दी गयी है, और उसका डर कम नहीं हो रहा है। राजकुमारी का डर जाना एक ऐसी बात है जिसके आगे रानी इरावती राजा से लड़ना झगड़ना भूलकर उसे राजकुमारी के पास जाने को कहती है। इस पर विदूषक टिप्पणी करता है- 'बहुत अच्छे, पिंगल वानर, तुमने तो अपने पक्ष के लोगों को बचा ही लिया।' विदूषक के कथन में कितना गहरा व्यंग्य हैं। अपनी रानी से घबराये राजा के लिये एक वानर का उत्पात राहत देने वाला बन जाता है। विदूषक संकेत देता है कि मनुष्य वानर की तरह हो गया है। आगे चलकर विदूषक राजा से कहता है - तुम वह गीध हो, जो कच्चे मांस के लालच में कसाईखाने पर मँडराता भी है और डरता भी है। - विदूषक के इस प्रकार के कथनों में कालिदास ने अपने समय के क्षत्रियों की विलासिता पर करारा व्यंग्य प्रहार किया है।

नाट्यकला- नाट्यकला की दृष्टि से मालविकाग्निमित्र एक सुसंबद्ध और सुसंयोजित रचना है। राजा अग्निमित्र का मालविका का चित्र देखना दोनों के प्रेम का बीज-वपन है। विदूषक दो नाट्याचार्यों में झगड़ा करवाकर राजा को मालविका से मिलवाने का यत्न करता है। तीसरे अंक में राजा को मालविका से मिलने की आशा दृढ़ होती है। और आगे चलकर मालविका के द्वारा चरण से स्पर्श किये गये अशोक के फूल उठने से मालविका की प्राप्ति निश्चित होने लगती है। अंत में पाँचवे अंक में रानी धारणी के द्वारा मालविका उसे सौंप दिये

जाने से फलागम हो जाता है। इस प्रकार आरंभ, यत्न, प्राप्त्याशा, नियताप्ति तथा फलागम— ये पाँचों अवस्थाएँ मालविकाग्निमित्र में सम्यक् चरितार्थ हैं।

लोकोक्तियाँ तथा सूक्तियाँ

इस नाटक की भाषा और अभिव्यक्तियों में लोक और लोकोक्तियाँ भी अनूठे ढंग से पिरोइ गईं हैं। कालिदास की सदुक्तियाँ यहाँ सत्यकथन और यथार्थ के उद्घाटन का रूप धरती हैं, तो अनेक उक्तियाँ सीधे लोकव्यवहार से उठाई हुई लगती हैं। जैसे—

पात्रविशेषे न्यस्तं व्रजति गुणान्तरं शिल्पमाधातुः।
जलमिव समुद्रशुक्तौ मुक्ताफलतां पयोदस्य।। (१।६)

(शिक्षा देने वाले की कला योग्य शिष्य को प्रदान करने पर और उत्कृष्ट बन जाती है। जैसे समुद्र में गिरता हुआ बादल का जल यदि किसी सीपी में चला जाये, तो मोती बन जाता है।)

श्लिष्टा क्रिया कस्यचिदात्मसंस्था सङ्क्रान्तिरन्यस्य विशेषयुक्ता।
यस्योभयं साधु स शिक्षकाणां धुरि प्रतिष्ठापयितव्य एव।। (१।१६)

(किसी को भीतर ही भीतर बहुत गहरा ज्ञान रहता है, कोई उसे दूसरे तक पहुँचाने में निपुण हुआ करता है। शिक्षकों में अग्रगण्य उसे माना जाना चाहिये, जिसमे ये दोनों बातें उत्तम हों।) (१६)

लब्धास्पदोऽस्मीति विवादभीरोस्तितिक्षमाणस्य परेण निन्दाम्।
यस्यागमः केवलजीविकायै तं ज्ञानपण्यं वणिजं वदन्ति।। (१।१७)

(अब मैं अच्छे पद पर हूँ – यह सोचकर जो वादविवाद से डरता है, और दूसरे के द्वारा की जाती अपनी निंदा को सहता रहता है, जिसका ज्ञान केवल जीविका के लिये ही है, वह तो ज्ञान का सौदा करना वाला बनिया है।)

पत्तने सति ग्रामे रत्नपरीक्षा

(रहें नगर में और हीरे की परख कराने जायें गाँव में।)

अथवा -

अस्ति खलु लोकप्रवादः - आगामि सुखं दुःखं वा हृदयमवस्था कथयतीति।

(लोग कहतें हैं कि मन की अवस्था आने वाले सुख या दुख को बता देती है।)

चूतांकुरं विचिन्वत्योः पिपीलिकाभिर्दष्टम्।

(हम लोग खोज रहे थे आम की मंजरी और चीटियों ने काट लिया।)

कर्मगृहीतेनापि कुम्भीलकेन सन्धिच्छेदे शिक्षितोऽस्मीति वक्तव्यम्।

(चोर सेंध लगाते पकड़ा जाये, तब भी उसे यह तो सफाई देनी ही चाहिये कि सेंध लगाना मुझे सिखाया गया है।)

कुम्भीलकैः कामुकैश्च परिहरणीया खलु चन्द्रिका।

(चोरों और कामुकों को चंद्रिका (चाँदनी) से बचना चाहिये।)

किं दर्दुरा व्याहरन्तीति किं देवः पृथिवीं वर्षितुं स्मरति?

(क्या मेंढक टर्राते हैं इसलिये इंद्र भगवान् को धरती पर वर्षा करने की स्मृति आती है?)

बन्धनभ्रष्टो गृहकपोतो बिडालिकाया आलोके पतितः।

बंधन से छूटी कबूतरी बिलार की दृष्टि में पड़ गई।

चन्दनं खलु मया पादुकोपयोगेन दूषितम्।

मैंने चंदन को चप्पल में मढ़कर दूषित कर दिया!

विक्रमोर्वशीयम्

कालिदास की दूसरी नाट्य-रचना विक्रमोर्वशीयम् है। यह त्रोटक कोटि का उपरूपक है। इसका कथानक पुरूरवा तथा उर्वशी की प्रेम- कथा पर आधारित है। इसमें पाँच अंक हैं।

कथावस्तु- हिमालयप्रदेश में अप्सराएँ शिव की सेवा से लौट रही हैं। केशी दानव उनके बीच से उर्वशी नामक अप्सरा को हर लेता है। उसकी सखियाँ सहायता के लिये पुकारती हैं। इसी समय राजा पुरूरवा वहाँ से निकलता है, और चित्रलेखा आदि अप्सराओं की पुकार सुन कर केशी दानव से लड़ने के लिये चल देता है। फिर वह केशी को परास्त कर मूर्च्छित उर्वशी को लेकर आता है। उर्वशी और पुरूरवा एक दूसरे का प्रथम दर्शन करते हैं, और परस्पर आसक्त हो जाते हैं। यहाँ पहला अंक समाप्त होता है। राजधानी लौटकर राजा पुरूरवा उर्वशी की स्मृति में खिन्न रहने लगता है। उसकी रानी औशीनरी उसकी यह स्थिति देख कर सच्ची बात का पता लगाना चाहती है। राजा अपने मन का हाल विदूषक को बता चुका है। विदूषक के पेट में बात पचती नहीं, और रानी की एक विश्वस्त दासी छल से उसके मुँह से राजा के उर्वशी के प्रेम होने की बात उगलवा लेती है। दूसरे अंक के आरंभ में पुरूरवा से मिलने के लिये उर्वशी उसके राजप्रासाद में उतरती है। वे पहले छिप कर राजा और विदूषक का वार्तालाप सुनती हैं, जिसमें राजा उर्वशी की चर्चा करता है। उर्वशी तिरस्करिणी विद्या से अंतर्धान रहते हुए अपना संदेश भोजपत्र पर लिखकर राजा के पास पहुँचाती है। इसके पश्चात् पहले उर्वशी की सखी चित्रलेखा और फिर स्वयं उर्वशी अपनी तिरस्करिणी हटाकर राजा से मिलती हैं। तभी स्वर्ग से उर्वशी के लिये बुलावा आ जाता है कि भरत मुनि के द्वारा देवताओं के समक्ष प्रस्तुत करने के लिये एक नाटक कराया जा रहा है, उसमें नायिका की भूमिका के लिये वह तत्काल आ जाये। पुरूरवा और उर्वशी अपूर्ण मिलन की कचोट के साथ बिछुड़ जाते हैं। इसी समय रानी औशीनरी वहाँ आ जाती है, और विदूषक की मूर्खता से भोजपत्र हवा में उड़कर रानी औशीनरी के पाँवो में उलझ जाता है। पत्र देखकर रानी क्रुद्ध होती है। वह राजा के पास

जाकर उससे झगड़ती है। राजा उसे मनाने का प्रयास करता है। तीसरे अंक में सूचना मिलती है कि उर्वशी लक्ष्मीस्वयंवर नामक नाटक में लक्ष्मी का अभिनय करते समय पुरूरवा के ध्यान में इस तरह डूबी हुई थी कि एक संवाद में पुरुषोत्तम के स्थान पर उसके मुँह से पुरूरवा का नाम निकल गया। इससे क्रुद्ध होकर भरत मुनि ने उसे शाप दे दिया कि वह पुत्रप्राप्ति तक भूलोक में रहे। इंद्र ने अपनी चहेती अप्सरा उर्वशी को इस संकट से बचा लेते हैं और वे उसे पुरूरवा के साथ रहने की अनुमति दे देते हैं और कहते हैं कि पुरूरवा जब अपने पुत्र का मुख देख लेगा, तो तुम्हें वापस स्वर्ग आना होगा। इसी बीच पुरूरवा की रानी औशीनरी प्रियप्रसादन व्रत करती है , जिसमें वह राजा को वह अपनी मनचाही स्त्री के साथ रहने की अनुमति दे देती है। यहाँ तीसरा अंक समाप्त हो जाता है। चौथे अंक में पुरूरवा तथा उर्वशी विहार के लिये गंधमादन पर्वत गये हुए हैं। वहाँ पुरूरवा एक सुंदर विद्याधर कन्या को ताकने लगता है, जिससे कुपित होकर उर्वशी उसे छोड़कर चल देती है और कुमारवन में जा घुसती है। कुमारवन एक अभिशप्त वन है, जिसमें प्रवेश करने से कोई भी स्त्री लता बन जाती है। उर्वशी भी लता बन जाती है। पुरूरवा बावला होकर उसे ढूँढता रहता है। भटकते हुए उसे संगमनीय मणि मिल जाती है, जिसके प्रभाव से वह उस उपवन में पहुँचता है जहाँ उर्वशी लता में रूप में परिणत हो गयी है। उस लता को देखकर पुरूरवा उसे छूता है, और पुरूरवा के स्पर्श करते ही उर्वशी फिर से अपने वास्तविक रूप में आ जाती है। अंतिम पाँचवे अंक में एक गीध लाल रंग के कारण संगमनीय मणि को मांस का टुकड़ा समझकर उठाकर उड़ जाता है। राजा को संगमनीय मणि बहुत प्रिय थी। इसलिये वह उसे छुड़ाने के लिये गीध पर बाण छोड़ने को होता है, तभी किसी अन्य के बाण से घायल होकर गीध गिर पड़ता है और मणि मिल जाती है। गीध को जो बाण लगा है, वह भी राजा के सामने लाया जाता है। बाण के ऊपर जो लिपि खुदी हुई है, उस पर लिखा है - यह उर्वशी और पुरूरवा के पुत्र आयुष् का बाण है। राजा उस लिखावट से चमत्कृत और आह्लादित हो जाते हैं, और उर्वशी से पूछते हैं कि उसे पुत्र कब हुआ। उर्वशी उदास हो जाती है। वह पुत्र को जन्म देने और उसे च्यवन ऋषि के आश्रम में छिपाकर रखने की घटना बताती है, और राजा से इस बात को छिपाने का कारण यह कारण भी स्पष्ट करती है कि पुत्र के दर्शन होते ही उसे राजा का साथ छोड़ कर स्वर्ग जाना होगा। इससे विषाद का वातावरण छा जाता है। इसी समय नारद मुनि इंद्र का संदेश लेकर वहाँ आते हैं। इंद्र को असुरों से संग्राम के लिये फिर से राजा की आवश्यकता पड़ गयी है और वे इस सहायता के पुरस्कार स्वरूप पुरूरवा को सदा के लिये उर्वशी देने का प्रस्ताव भी करते हैं, इस प्रकार पुरूरवा और उर्वशी के आसन्न वियोग की दुःखद संभावना सुखद परिणति में बदल जाती है।

कथावस्तु की विशेषताएँ- विक्रमोर्वशीयम् के कथानक का मूल स्रोत ऋग्वेद का पुरूरवोर्वशीसंवादसूक्त (१०।९५) कहा जा सकता है। इस सूक्त में उर्वशी के द्वारा परित्यक्त

पुरूरवा उसे खोजता हुआ एक सरोवर के तट पर आता है और उसे उर्वशी को हंसिनी के रूप में विहार करती देखकर उसे पुकारता है तथा वापस आने का अनुरोध करता है। पुरूरवा के भावाकुल उद्गार तथा उर्वशी के द्वारा अपनी असमर्थता की अभिव्यक्ति - यह इस सूक्त की मुख्य वस्तु है। इसकी व्याख्या में शतपथ ब्राह्मण में पुरूरवा और उर्वशी की कथा विस्तार से बतायी गयी है। अनेक पुराणों में भी यह कथा प्राप्त होती है। पर महाकवि कालिदास ने विक्रमोर्वशीयम् में इसे अपनी विलक्षण प्रतिभा से सर्वथा सार्थक और नया रूप देकर प्रस्तुत किया है, तथा भरतमुनि के नाट्यशास्त्र में भी इसका संकेत है। केशी दानव का उर्वशी को हर कर ले जाना, पुरूरवा और उर्वशी का आकाश मार्ग में प्रथम मिलन, उर्वशी के द्वारा भोजपत्र पर संदेश लिखकर पुरूरवा को भेजना, रानी उर्वशी का अभिसार, औशीनरी का प्रियप्रसादनव्रत, भरतमुनि के द्वारा लक्ष्मीस्वयंवर नाटक में पुरुषोत्तम के स्थान पर पुरूरवा कह देने पर उर्वशी को शाप देना तथा नाटक को एक सुखद और सार्थक परिणति पर पहुँचाने के लिये अंतिम अंक में प्रस्तुत सारा संविधान— कुमार आयुष् को आश्रम में छोड़ा जाना, गीध का संगमनीय मणि लेकर उड़ जाना, आयुष् के द्वारा उसका वध और आयष् का राजा से मिलन- यह सारा वृत्तांत कालिदास की कल्पना का चमत्कार है।

कालिदास ने वैदिक व पौराणिक भावबोध को रसमय बना दिया है। उर्वशी को देखकर चमत्कृत होकर राजा कहता है—

अस्याः सर्गविधौ प्रजापतिरभूच्चन्द्रो नु कान्तिप्रदः
शृङ्गारैकरसः स्वयं नु मदनो मासो नु पुष्पाकरः।
वेदाभ्यासजडः कथं नु विषयव्यावृत्तकौतूहलो
निर्मातुं प्रभवेन्मनोहरमिदं रूपं पुराणो मुनिः।।

(विक्र. १.१०)

इसकी रचना जब हुई होगी
तो प्रजापति बने होंगे कांतिदायक चंद्रमा
या शृंगार रस से भरा स्वयं मदन
या चैत्र का महीना फूलों से भरा
वेद के अभ्यास से जड़ बन गये
विषयों से कौतुक सिमटा कर बैठ गये
बूढ़े मुनि भला
इस रूप को रच पाये होंगे?

प्रेम, सौहार्द्र विश्वास की अनन्यता का भी चित्रण इस नाटक में अपूर्व है। चित्रलेखा व उर्वशी आदि उसकी सखियों के बीच संबंध ऐसा ही है। नायक पुरूरवा इस सौहार्द के विषय में कहता है –

यदृच्छया त्वं सकृदप्यवन्ध्ययोः
पथि स्थिता सुन्दरि यस्य नेत्रयोः।
त्वया बिना सोऽपि समुत्सुको भवेत्
सखीजनस्ते किमुतार्द्रसौहृदः।।

सुंदरि, तुम यों ही कभी किसी की
आँखों के पथ में
एक बार यदि आ जाओ
तो आँखें उसकी अवंध्य बन जाएँ
और वह भी तुम से अलग हो, तो
तो उत्सुक हो जाये तुम्हारे लिये
तब फिर तुम्हारे सौहार्द में भीगी
उन तुम्हारी सखियों का क्या कहना?

काव्यसौंदर्य - विक्रमोर्वशीयम् मालविकाग्निमित्रम् की अपेक्षा कमनीय कल्पनाओं और सुकुमार भावों के साथ ओजस्विता और पराक्रम का सार्थक योग प्रस्तुत करता है। सौंदर्यवर्णन में कालिदास की लेखनी अनूठी कल्पनाओं का संसार रच देती है। उर्वशी केशी दानव के द्वारा हर लिये जाने के पश्चात् मूर्च्छित है। उसे छुड़ाकर लाने वाला पुरूरवा देखता है कि उसकी मूर्च्छा टूट रही है। इस स्थिति को कवि ने नायक के शब्दों में इस प्रकार व्यक्त किया है—

आविर्भूते शशिनि तमसा मुच्यमानेव रात्रिः
नैशस्यार्चिर्हुतभुज इव च्छिन्नभूयिष्ठधूमा।
मोहेनान्तर्वरतनुरियं लक्ष्यते मोहकल्पा
गङ्गारोधः पतनकलुषा गच्छतीव प्रसादम्।। (१।९)

(मूर्च्छा के धीरे धीरे हटने से यह सुंदरी ऐसी दिखाई पड़ रही है जैसे चंद्रोदय के समय अँधेरे से मुक्त होती जाती रात हो, अथवा रात में सुलगायी हुई आग की लपट, जो पहले घने धुएँ से घिरी हो और धुएं के छँटते जाने से जिसकी लौ चमकती जाती हो, या तटबंध गिर जाने के कारण पहले कलुष से भरी और फिर धीरे धीरे स्वच्छ होती गंगा नदी हो।)

प्रेम और रागात्मकता के सुकुमार भावों को प्रकट करने के लिये कवि ने उतने ही सुकुमार उपमानों की सृष्टि की है। पुरूरवा का मन उर्वशी में अटक गया है और उर्वशी स्वर्ग जा रही है। नायक अपने मन की स्थिति बताते हुए यहाँ कहता है—

एषा मनो मे प्रसभं शरीरात् पितुः पदं मध्यममुत्पतन्ती।
सुराङ्गना कर्षति खण्डिताग्रात् सूत्रं मृणालादिव राजहंसी।। (१।२०)

(आकाश में उड़ान भरती यह अप्सरा मेरे मन को मेरे तन से ऐसे ही खींच रही है, जैसे

उड़ान भरती हुई कोई हंसिनी कमलनाल के तोड़े गये टुकड़े के साथ उसके भीतर के झीने धागों को खींचकर ले जाती है।)

विक्रमोर्वशीयम् वस्तुत: मालविकाग्निमित्रम् के अंत:पुर और राजप्रासाद की भूमि से ऊपर उठकर उन्मुक्त नभ में कवि की उड़ान है। कालिदास की कल्पना गगनविहारिणी होकर यहाँ आनंद रचती है –

रथ के आगे आगे चलते बादल
चूर चूर बिखर बनते जाते हैं धूल
पहिये की तीलियाँ इस तरह घूमती हैं
कि तीलियों के भीतर
असंख्य तीलियों का भ्रम होने लगता है
घोड़ों के माथे पर बँधी हुई कलगियाँ
ऐसी तनकर थमी रह गईं हैं
जैसे चित्र में बनी हों
हवा के तेज झोके से
रथ के पार्श्व में बँधी पताका
सरक आई है उनके बीचोबीच।(५)

रंगमंच- रंगमंच की दृष्टि से विक्रमोर्वशीयम् संस्कृत नाट्य साहित्य में विशिष्ट स्थान रखता है। यह त्रोटक नामक उपरूपक कोटि की रचना है। उपरूपक लोकपरंपराओं और लोकनाट्यों के संपर्क से विकसित होने वाली रूपकविधा है। कालिदास ने इसमें संगीत और नृत्य का विशिष्ट विन्यास प्रस्तुत किया है, अनेक प्रकार की गीतियाँ चौथे अंक में पुरूरवा के विरहोन्माद की स्थिति में गायी जाती हैं।

आधुनिक रंगमंच पर मूल संस्कृत में इस नाटक का प्रयोग वाराणसी की ज्ञान प्रवाह संस्था की ओर से तथा त्रिवेंद्रम् की सोपानम् संस्था की ओर से प्रख्यात रंगकर्मी कावालम् नारायण पणिक्कर के निर्देशन में अनेक बार किया गया। कमल वासिष्ठ के निर्देशन में नाट्य परिषद् सागर विश्वविद्यालय की ओर से सागर विश्वविद्यालय के रंगमंच तथा भारतभवन भोपाल में यह नाटक प्रस्तुत किया गया। इसका हिंदी अनुवाद पुरु दाधीच के निर्देशन में कालिदास समारोह उज्जैन में प्रस्तुत किया गया। राष्ट्रीय नाट्यविद्यालय में के.एस. राजेंद्रन् के निर्देशन में इसका कल्पनाशील प्रयोग हुआ।

अभिज्ञानशाकुंतल

अभिज्ञानशाकुंतल संस्कृत नाट्य साहित्य की सर्वोत्कृष्ट कृति के रूप में समादृत है। कहा

गया है- 'काव्येषु नाटकं रम्यं तत्र रम्या शकुन्तला।' इसे कालिदास का सर्वस्व भी कहा गया है- 'कालिदासस्य सर्वस्वमभिज्ञानशकुन्तलम्।' इसकी कथा का मूल स्रोत महाभारत का शकुंतलोपाख्यान है। पद्मपराण में भी शकुंतला की कथा मिलती है। इसके साथ ही शतपथब्राह्मण में शकुंतला तथा उसके पुत्र भरत का उललेख आया है—

शकुन्तला नाडिपित्यप्सरा भरतं दधे। परःसहस्त्रानिन्द्रायाश्वमेध्यान्याहरद्विजित्य पृथिवीं सर्वामिति। (शतपथब्रा० कांड १३, प्रपा० ३, ५.४.१३)

इसकी व्याख्या में सायण कहते हैं कि शकुंतला नामक नाडपिती अप्सरा ने कण्व के आश्रम में अपने पुत्र भरत को प्राप्त किया और उसे धारण किया।

कथावस्तु- हस्तिनापर का पुरुवंशी राजा दुष्यंत मृगया के लिये वन में निकला है। एक हरिण का पीछा करते हुए वह कण्व ऋषि के आश्रम के पास पहुँच जाता है। वह हरिण को मारने के लिये उस पर बाण छोड़ने को ही है कि अचानक तीन तपस्वी वहाँ पहुँचते हैं, और आश्रम के हरिण का वध न करने का अनुरोध करते हैं। राजा उनकी बात मानकर बाण वापस ले लेता है। तपस्वी प्रसन्न होकर उसे चकवर्ती पुत्र प्राप्त करने का आशीर्वाद देते हैं और आश्रम में प्रवेश करके आतिथ्य स्वीकार करने का अनुरोध भी करते हैं। दुष्यंत आश्रम में प्रवेश करता है, तो उसे शकुंतला अपनी दो सखियों - प्रियंवदा और अनसूया - के साथ पौधों में पानी देती हुई दिख जाती है। राजा वृक्षवाटिका के पीछे छिपकर इन तीनों की बातचीत सुनता है। इसी समय एक भौंरा शकुंतला के ऊपर बार बार मँडराकर उसे सताने लगता है। शकुंतला उससे बचने के लिये यहाँ वहाँ भागती है, और सखियों से कहती है कि मुझे इस दुष्ट भौंरे से बचाओ। सखियाँ ठिठोली करते हुए कहती हैं कि हम लोग बचाने वाले कौन हैं, तपोवनों की रक्षा करने का काम राजा का है, (राजा) दुष्यंत को पुकारो। राजा को लगता है कि तापस कन्याओं के सामने पहुँचने का यही अवसर है और वह उनके सामने प्रकट होता है तथा शकुंतला की सखियों से बातचीत करता हुआ शकुंतला का परिचय प्राप्त करता है। इसी बीच राजा के अनुयायी उसे ढूँढते हुए आश्रम के निकट आ गये हैं, और उनकी भीड़ भाड़ से एक जंगली हाथी भड़क उठा है, जो आश्रम की सीमा में घुस आता है। शकुंतला और उसकी सखियाँ हड़बड़ी में राजा से विदा लेती हैं। यहीं पहला अंक समाप्त होता है।

दूसरे अंक में मृगया की भागदौड़ से उद्विग्न विदूषक राजा से विश्राम की अनुमति माँगता है, और राजा भी मृगया से उदासीन होकर सेनापति को आदेश देता है कि मृगया बंद रखी जाये। फिर वह एकांत में विदूषक को अपने मन की बात बताता हुआ शकुंतला के प्रति अपने आकर्षण और उसके अनिंद्य सौंदर्य का वर्णन करता है। इसी बीच दो तपस्वी वहाँ आकर राजा से कुछ समय आश्रम में रुकने का अनुरोध करते हैं, जिससे राक्षसों के विघ्नों से यज्ञ की रक्षा हो सके। इसी बीच राजधानी से राजा की माता जी का संदेश लेकर दूत आता है, जिसमें उन्होंने अपने व्रत के समापन के समय पुत्र को उपस्थित रहने का आदेश दिया है। राजा

विदूषक से कहता है कि माताजी तुम्हें भी पुत्र ही मानती हैं, अत: मेरे स्थान पर तुम उपस्थित हो जाओ। विदूषक प्रसन्न होकर राजधानी प्रस्थित होता है। यहाँ दूसरा अंक समाप्त हो जाता है।

तीसरे अंक में शकुंतला दुष्यंत के विरह में खिन्न है। मालिनी के तट पर एक लताकुंज में सखियाँ उसका उपचार कर रही हैं, और दुष्यंत लताकुंज के बाहर छिपकर उनकी बातचीत सुनता है। शकुंतला सखियों को अपनी मनोव्यथा बता देती है। सखियाँ उससे कमलपत्र पर दुष्यंत के नाम संदेश लिखने का अनुरोध करती हैं, जिसे छिपा कर दुष्यंत के पास पहुँचाया जा सके। शकुंतला अपना प्रेमपत्र लिख कर उन्हें सुनाती है, तभी दुष्यंत उनके सामने प्रकट हो जाता है। सखियाँ दोनों को एकांत मिलन का अवसर देती हैं, पर इसी समय वृद्धा तापसी गौतमी के आ जाने से शकुंतला दुष्यंत को लताकुंज में अकेला छोड़कर चल पड़ती है। यहाँ तीसरा अंक समाप्त हो जाता है।

चौथे अंक में सूचना मिलती है कि दुष्यंत शकुंतला के साथ गांधर्व विवाह करके और शीघ्र ही उसे राजधानी बुलवाने का वचन देकर जा चुका है। शकुंतला गर्भवती है। इसी बीच एक दिन दुर्वासा ऋषि आश्रम में आते हैं, और वे कुटिया में बैठी शकुंतला को पुकारते हैं। दुष्यंत की स्मृति में खोयी शकुंतला उनकी पुकार नहीं सुन पाती और दुर्वासा ऋषि क्रुद्ध होकर उसे शाप दे देते हैं कि जिसका चिंतन करती हुई तुम मेरा अनादर कर रही हो, वह तुम्हें भूल जायेगा। पास में ही फूल चुनती प्रियंवदा को इस घटना की भनक लग जाती है, और अनसूया दुर्वासा ऋषि को मनाने के लिये दौड़ती है। दुर्वासा यह कहकर चले जाते हैं कि अभिज्ञान (पहचान) का आभरण दिखाने से शाप की निवृत्ति हो जायेगी। इसी समय शकुंतला के अनिष्ट का निवारण करने के लिये सोमतीर्थ गये हुए कण्व ऋषि लौट आते हैं, और वे दिव्य वाणी के द्वारा सारी घटना को जानकर तत्काल शकुंतला को दुष्यंत के पास भेजने का निर्णय लेते हैं। इस अंक में शकुंतला की विदा का अत्यंत मार्मिक दृश्य है। पाँचवे अंक में शकुंतला शार्ङ्गरव तथा शारद्वत इन दो ब्रह्मचारियों तथा तापसी गौतमी के साथ राजधानी पहुँचती है। शाप के कारण दुष्यंत उसे नहीं पहचान पाता और अपमानित करता है। शकुंतला उसके द्वारा पहनाई हुई अँगूठी उसे दिखाकर स्मरण करना चाहती है, तब उसे पता चलता है कि अँगूठी भी मार्ग में पानी में गिर चुकी है। शार्ङ्गरव और शारद्वत के द्वारा कहासुनी करने पर दुष्यंत इस बात के लिये तैयार हो जाता है कि पुत्र जन्म होने तक शकुंतला उसके पुरोहित के घर में रहे। पुरोहित शकुंतला को अपने घर ले जाने लगता है, तभी आकाश से उतर कर एक दिव्य ज्योति उसे उठा ले जाती है और सब चकित रह जाते हैं।

शकुंतला को दी गयी अँगूठी एक मछली के पेट से एक धीवर (मछुआरे) को मिल जाती है। छठे अंक में वह उसे बेचने के लिये राजधानी लेकर आता है और राजपुरुषों के द्वारा पकड़ लिया जाता है। अँगूठी दुष्यंत के पास पहुँचायी जाती है। उसे देखते ही दुष्यंत को शकुंतला

के साथ अपने प्रणय और गांधर्व विवाह की घटनाओं की सारी स्मृति हो जाती है। वह पश्चात्ताप करने लगता है। इसी समय इंद्र का सारथि मातलि उसे इंद्र के संदेश के अनुसार दानवों के साथ युद्ध में सहायता के लिये लेने को आता है। दुष्यंत स्वर्ग की ओर प्रस्थान करता है। इसके साथ षष्ठ अंक समाप्त हो जाता है।

सप्तम अंक में स्वर्ग से लौटता हुआ दुष्यंत मार्ग में कश्यप ऋषि के आश्रम में रुकता है, जहाँ वह अपने पुत्र भरत को सिंह शावक से खेलते देखता है। शकुंतला के साथ पुनर्मिलन हो जाता है और नाटक समाप्त होता है।

कथावस्तु की विशेषताएँ- महाभारत के शकुंतलोपाख्यान की कथा के ढाँचे में कवि ने प्रातिभ नवोन्मेष तथा रससृष्टि के द्वारा प्राण फूँक दिये हैं। प्रथम अंक में दुष्यंत का आश्रम में तीनों सखियों की हँसी-ठिठोली छिपकर सुनना, दुर्वासा का शाप, दुष्यंत के द्वारा शकुंतला को पहनायी गयी अँगूठी का मार्ग में गिर जाना, मारीच के आश्रम में दुष्यंत और शकुंतला का पुनर्मिलन, भरत की चंचलता और नटखटपन, उसका सिंहशावक को सिंहिनी के अंक से खींचकर उसके दाँत गिनने की चेष्टा आदि अनेक प्रसंगों और घटनाओं के विन्यास से महाभारतीय शकुंतलोपाख्यान की रेखाओं में रंगो की निराली छटा उभर आयी है। कालिदास के ही शब्दों में महाभारत के शकुंतलोपाख्यान का रेखामात्र में निर्मित ढाँचा इस नाटक में 'उन्मीलितं तूलिकयेव चित्रम्' बन गया है। मारीच और दुर्वासा जैसे ऋषि, अनसूया और प्रियंवदा जैसी स्नेहमयी सखियाँ, शार्ङ्गरव और शारद्वत जैसे ऋषिकुमार - इत्यादि अनेक चरित्र शाकुंतल के इस चित्र की विविधता और रसप्रवणता में अभिवृद्धि करते हैं, जो मूल महाभारतीय कथा में अनुपस्थित हैं।

टीकाएँ – शाकुंतल पर प्राचीन काल में अनेक टीकाएँ लिखी गईं थी। १२वीं शताब्दी से १९वीं शताब्दी के बीच २६ से लिखित टीकाओं में मुख्य हैं – राघवभट्ट (१४७५-१५०० ई०) की अर्थद्योतनिका, अभिराम १६वीं शताब्दी की टीका, शंकरमिश्र (१५०० ई० के लगभग की रसमंजरी), काटयवेम भूपाल की टीका, अज्ञातकर्तृक अभिज्ञानशाकुंतलचर्चा (१५ वीं शताब्दी), श्रीनिवासकी टीका आदि।

समग्र नाटक की अवधारणा तथा शाकुन्तल

डी०आर० माकड़, मनमोहन घोष तथा व्ही. राघवन् आदि विद्वानों का विचार था कि संस्कृत नाटक के उद्भव की प्रक्रिया में पहले छोटे-छोटे रूपक, जिन्हें उपरूपक के रूप में परिभाषित किया गया है, आये। इनसे भाण, प्रहसन, वीथी जैसे एक-एक अंक और एक-एक या दो-दो वृत्तियों वाले रूपक, विकसित हुए, फिर इनसे समवकार, डिम आदि दो-दो या तीन-तीन अंकों वाले रूपक और पाँच या अधिक अंकों वाले, सभी वृत्तियों वाले रूपक, जिन्हें नाटक और प्रकरण के रूप में परिभाषित किया गया है, इस विकास क्रम में सबसे अन्त में आये।

दूसरी ओर भरतमुनि अपने नाट्यशास्त्र में कहते हैं कि नाटक और प्रकरण के बन्धयोग

से अन्य रूपक-प्रकार प्रयोक्ता (नाटक खेलने वाले) बना सकते हैं (नाशा० १८.५८.५८)। इसकी व्याख्या में आचार्य अभिनवगुप्त स्पष्ट कहते हैं कि नाटक और प्रकरण न केवल सारे रूपकों में प्रधान हैं, बल्कि इन्हीं से सारे रूपकों का प्रसार होता है और इनके लक्षणों का सांकर्य करने से सारे रूपकों का दर्शन हो जाता है- 'तत्र प्रधानभूतयो: सर्वरूपकप्रसरणकारिणो: नाटकप्रकरणयोर्लक्षणसाङ्कर्ये दर्शिते सर्वरूपकाणां दर्शनं भवति।' अभिनवभारती, (भा. २, पृ० ४३४)।

आचार्य भरत और अभिनवगुप्त के प्रतिपादन से यह आशय निकाला जा सकता है कि नाटक या प्रकरण जैसे पूर्णाकार रूपकप्रकारों में बाकी रूपकप्रकार या उपरूपकप्रकार समाहित रहते हैं। रसार्णवसुधाकर के रचयिता सिंहभूपाल तो यह भी घोषणा करते हैं कि नाटक प्रकृति है, बाकी रूपकभेद उसकी विकृतियाँ हैं (रसउ०, ३.१२९.३०)।

अभिनवगुप्त ने तो इस विचारसरणि को आगे बढ़ाते हुए दशरूपक की अवधारणा की एकदम अलग ही व्याख्या का हवाला दिया है। यह व्याख्या दशरूपक की प्रचलित व्याख्या से बहुत भिन्न है। दशरूपक से प्रचलित आशय यह लिया जाता है कि रूपक या ड्रामा के दस मुख्य प्रकार हैं (नाटक, प्रकरण, भाण, समवकार, डिम, व्यायोग, ईहामृग, अंक, वीथी तथा प्रहसन)। पर अभिनव कहते हैं कि कुछ दूसरे आचार्यों के अनुसार दशरूपक का आशय यह है कि एक ही रूपक में दसों रूपकों के दर्शन किये जा सकते हैं; रूपक के दस प्रकार न मान कर किसी भी रूपक के भीतर दस तरह के नाट्यतत्त्व हो सकते हैं-ऐसा माना जाना चाहिए। अभिनवगुप्त इस व्याख्या का खण्डन न करके प्रकारान्तर से मण्डन ही करते हैं, क्योंकि यह व्याख्या भरतमुनि के निरूपण से संगति रखती है। भरतमुनि तो स्वयं दस प्रकार के रूपकों के अलग-अलग लक्षणों में यह संकेत देते चलते हैं कि एक रूपक के भीतर दूसरे रूपक के तत्त्व अनुप्रविष्ट रहते हैं। उदाहरण के लिए वीथी के अंग वीथी नामक रूपक प्रकार में ही नहीं होते, वे शेष रूपकप्रकारों में भी अपेक्षित हैं। आकाशभाषित भाण नामक रूपक की पूरी संरचना में पिरोया होता है, पर बाकी नौ तरह के रूपकों में भी बीच-बीच में यथावसर आकाशभाषित का प्रयोग नाटककार करता ही है।

किसी रूपकविशेष में रूपकविधा के अन्यप्रकारों के तत्त्व शामिल हो जाएँ, यह स्वाभाविक है। पर रूपकविधाओं की इस पारम्परिक अन्त:क्रिया और परस्पर सांकर्य की सम्भावनाएँ नाटक नामक रूपकप्रकार में सर्वाधिक हो सकती हैं, क्योंकि नाटक की जो परिकल्पना नाट्यशास्त्रीय आचार्यपरम्परा में की गई है, उसमें जीवन की समग्रता और विविधता नाटक में ही सर्वाधिक मूर्त मानी गई। नाटक की परिपूर्णता पर प्रकाश डालते हुए आचार्य भरत यही बताते हैं।

पञ्चसन्धिचतुर्वृत्तिचतु:षष्ट्यङ्गसंयुतम्।
षट्त्रिंशल्लक्षणोपेतं गुणालङ्कारभूषितम्।।

महारसं महाभोगमुदात्तवचनान्वितम्।
महापुरुषसञ्चारं साध्वाचारजनप्रियम्।
सुश्लिष्टसन्धियोगं सुप्रयोगं सुखाश्रयम्।
मृदुशब्दाभिधानं च कविः कुर्यात् तु नाटकम्।।

(नाट्यशास्त्र, १९. १३९-४१)

आचार्य की इस विचारसरणि से एक आशय यह निकलता है कि नाटककोटि के रूपक में बाकी सभी रूपकप्रकारों के तत्त्व समाहित रहते हैं। तब यह सवाल उठता है कि क्या कोई ऐसा नाटक हो सकता है, जिसमें बाकी सारी नाट्यविधाओं की छटाएँ समाई हुई हैं? यदि ऐसा कोई नाटक हो, तो उसे समग्र नाटक कहा जाना चाहिए।

समग्र नाटक जैसी संज्ञा का प्रयोग भरत या उनकी परम्परा के आचार्यों ने नहीं किया। सुबंधु इन आचार्यों से कुछ अलग परम्परा के आचार्य हुए हैं, जिनका परिचय पिछले अध्याय में दिया गया है। उनके नाट्यनिरूपण में भरत के प्रस्थान से कहीं-कहीं अन्तर परिलक्षित होता है। सुबन्धु ने नाटक के पाँच प्रकार बताये-पूर्ण, प्रशान्त, भास्वर, ललित और समग्र। इनमें से समग्र नाटक का कुल मिलाकर लक्षण सुबन्धु ने यही किया है, जो ऊपर के सारे विवेचन की तर्कसंगत परिणति में आता है—

सर्वेषां यत्र दृश्यन्ते रूपाणि विविधानि च।
नाटक नृत्ताचाराख्यं तत् समग्रमितीरितम्।।

(भावप्रकाश, पृ० २४१ पर उद्धृत)

अर्थात् जिसमें सारे रूपकों के रूप विविधरूप से दिखाई दें, वह समग्र नाटक है; नृत्तचार भी इसी का नाम है।

हर नाटककोटि के रूपक में यह अपेक्षा नहीं की जा सकती कि उसमें सभी रूपकों के नाना तत्त्वों के समावेश की गुंजाइश रहे। पर रंगमंच की अच्छी समझ रखने वाला कोई प्रतिभाशाली रचनाकार नाटक कोटि का रूपक लिखे, तो उसकी कृति में यह संभावना साकार हो सकती है।

रंगमंच की अपने समय तक की सम्पन्न परम्परा का अवबोध और उसकी प्रविधियों की अच्छी पकड़ कालिदास में थी। नाट्यशास्त्र के सिद्धान्तों का भी उन्हें ज्ञान था। अपनी सारी रूपक रचनाओं में वे इतर नाट्यप्रकारों के तत्त्वों का समावेश करते हुए अलग-अलग तरह के प्रयोग करते हैं। मालविकाग्निमित्रम् में छलित नाट्य है, तो विक्रमोर्वशीयम् का चौथा अंक भाँति-भाँति के लोकनाट्यों या लघु नृत्यनाट्यप्रकारों का खजाना ही है।

अभिज्ञानशाकुन्तल में इतर रूपक प्रकारों के समावेश का उस तरह आयास नहीं झलकता, जैसा मालविकाग्निमित्रम् और विक्रमोर्वशीयम् में है। फिर भी शाकुन्तल की सारी संरचना और उसके अपने रंगमंच की जाँच की जाय, तो लगता है कि समग्र नाटक की परिकल्पना का सबसे उत्तम नमूना यदि किसी नाटक में मिल सकता है, तो वह शाकुन्तल है।

शाकुन्तल की प्रस्तावना में वीथी नामक रूपक के अनेक अंग सहज रूप में आ गये हैं- जैसे-वाक्केलि, अवगलित, प्रपंच आदि। शाकुन्तल की प्रस्तावना का कलेवर ही ऐसा बन पड़ा है कि इसमें एक लघुनाटक अपने आप में उभर जाता है। ग्रीष्म ऋतु का वर्णन और नटी का ऋतु सम्बन्धी गीत गाना इसकी संरचना में भराव का काम भी करता है और वीथी तथा नाटिका जैसे नृत्त-गीत-प्रधान रूपक प्रकारों का बन्ध भी उपस्थित करता है।[१३]

शाकुन्तल में प्रस्तावना के बाद पहले अंक के उपक्रम में ही ईहामृग (नामक रूपकप्रकार) का स्वरूप बनता लगता है। दुष्यन्त बहुत तेजी से भागते हिरन का पीछा कर रहा है। ईहामृग का यों तो शाब्दिक अर्थ भी मृग के लिए ईहा या पीछा करना लिया जा सकता है, पर दुष्यन्त की मृगया का नाटक की वस्तु में अविभाज्य रूप से ग्रथित अपना अभिप्राय भी है। वह हरिण का नहीं, वस्तुतः शकुन्तला का आखेटक है। ईहामृग के लक्षण में भरत कहते हैं- 'स्त्रीभेदकापहरणावमर्दनप्राप्तवस्तुश्रृङ्गारः'-स्त्री को पटाने, उसका अवमर्दन या अपहरण करने से श्रृङ्गार रस इस रूपक की वस्तु में आता है। शाकुन्तल के आरम्भ के तीन अंकों में तो दुष्यन्त के भीतर यही अवमर्दन का भाव है। ईहामृग के लिए एक और बात भरत मुनि ने बताई है-वह स्त्रीरोषग्रथित- काव्यबन्ध होता है (नाशा०, १८.७९)। शाकुन्तल का पूरा पाँचवाँ अंक इसका नमूना है। जहाँ शकुन्तला उद्दीप्त में दुष्यन्त को फटकारती है।

भरत मुनि ने प्रहसन दो प्रकार का बताया है शुद्ध तथा संकीर्ण। संकीर्ण में वेश्या, चेट, नपुंसक आदि पात्र भी रहते हैं। शुद्ध में भाषा व आचार अविकृत होता है। (वही, १८.१०३-५)।

शाकुन्तल का दूसरा अंक अपने-आप में एक प्रहसन बन गया है। दरअसल इस अंक का नायक ही विदूषक है, आद्यन्त वह इस अंक में छाया रहता है। वह राजा से अपनी बात मनवा लेता है। यही नहीं, इस अंक के समाप्त होते-होते उसकी यह हार्दिक इच्छा भी पूरी हो जाती है कि किसी तरह मृगया के लिए वन में मारे-मारे फिरने से उसे मुक्ति मिले। राजा उसे प्रतिनिधि बनाकर हस्तिनापुर भेजने का प्रस्ताव रखते हैं, जिस पर विदूषक कहता है-'तब तो मैं युवराज हो गया।' विदूषक को नायक मानकर उसके लिए आरम्भ, यत्न, प्राप्त्याशा, नियताप्ति और फलागम ये पाँचों अवस्थाएं यहाँ घटाई जा सकती हैं। प्रहसन हास्यवादसम्बद्ध, कापुरुषसम्प्रयुक्त, परिहासभाषणप्राय (वही, १८.१०३) होता है। ये सभी लक्षण शाकुन्तल के दूसरे अंक पर खरे उतरते हैं। इस अंक को हम शुद्ध प्रहसन कह सकते हैं।

शाकुन्तल के तीसरे और पांचवें अंकों में नाटिका की छाया है। नाटिका स्त्रीप्राया और रतिसम्भोगात्मिका होती है (वही, १८.५८)। इसे राजोपचारयुक्ता, प्रसादन-क्रोध-दम्भ-संयुक्ता तथा नायक-देवी दूती-सपरिजना भी भरतमुनि ने बताया है (वही, १८.६०)। ये सभी लक्षण किसी न किसी रूप में तीसरे और पाँचवें अंकों में घटते हैं। चौथे और पाँचवें अंकों में विष्कम्भक आकाशभाषित के प्रयोग के कारण विलाप की बहुलता होने के कारण करुणरसप्रधान

उत्सृष्टिकाङ्क (नामक रूपकप्रकार) का निदर्शन मिल जाता है। उत्सृष्टिकाङ्क वास्तव में शोकान्त रूपक या त्रासदी है। पांचवां अंक अपने-आप में एक गहरी त्रासदी का अनुभव है।

समवकार नामक रूपक के तत्त्व भी इसी तरह शाकुन्तल के विन्यास में सम्मिश्र हैं। समवकार में तीन प्रकार के कपट, तीन प्रकार के विद्रव तथा तीन प्रकार के शृङ्गार की उपस्थिति अपेक्षित है। त्रिविध कपट में वस्तुक्रमविहित, भाग्यप्रदत्त तथा परप्रयुक्त ये तीन प्रकार शाकुन्तल में दुष्यन्त के शकुन्तला के प्रति प्रणय, दुर्वासा के शाप तथा इंद्र के द्वारा मातलि को भेजने और मातलि के छल में देखे जा सकते हैं। भरत के अनुसार तीन प्रकार के कपट से रूपक में सुख-दुःख दोनों आते-जाते हैं। यह भी यहाँ होता है। विद्रव (भगदड़) भी तीन प्रकार का है- युद्धजलसम्भव, वायु, अग्नि, हाथी आदि के कारण होने वाला तथा नगर पर घेरा डालने से होने वाला। इनमें से हाथी के कारण होने वाली भगदड़ का अच्छा चित्रण शाकुन्तल के पहले अंक में है। धर्मशृङ्गार, अर्थशृङ्गार और कामशृङ्गार- ये तीनों भी शाकुन्तल में व्याप्त हैं। दुष्यन्त को गान्धर्वविवाह से धर्मशास्त्रीय विधान के अनुरूप पुत्रप्राप्ति होना है- यह धर्म का योग है और उसे राज्य के लिए योग्य उत्तराधिकारी भी मिलना है- यह अर्थ का। समवकार के तीन अंक होते हैं। शाकुन्तल के पहले तीन अंकों में समवकार का स्वरूप समाहित है। वस्तुतः द्वन्द्व या टकराव समवकार का खास लक्षण है। शाकुन्तल के इन अंकों में नगर और आश्रम की संस्कृतियों के बीच का टकराव उभरता है। नागर-संस्कृति के द्वारा तपोवन पर किये जा रहे हमले का बोध तीखे रूप में कालिदास यहाँ कराते हैं। दुष्यन्त की तीनों सखियों के साथ बतकही के समय पीछे से आता किसी तपस्वी का आकुल आह्वान (अरे तपस्वियो, तपोवन के प्राण बचाने के लिए जुट जाओ, यह आ गया है मृगयाविहारी राजा दुष्यन्त!)- नगरोपरोध के अभिप्राय को भी संकेतित करता है, जो त्रिविध विद्रव के अंतर्गत बताया गया है।

रूपक के दस प्रकारों में कुछ सुकुमार श्रेणी में आते हैं, कुछ आविद्ध श्रेणी में। डिम, समवकार, व्यायोग तथा ईहामृग-ये आविद्ध श्रेणी के रूपक हैं। शाकुन्तल सुकुमार श्रेणी का नाटक है। डिम, समवकार-ईहामग तथा व्यायोग में उद्धत पुरुष पात्रों की प्रधानता रहती है, युद्ध, माया, इन्द्रजाल के दृश्य होतें हैं। इस तरह के रूपकों का बन्ध शाकुन्तल जैसे कैशिकी वृत्तिप्रधान शृङ्गारमयी कृति में कैसे समाविष्ट हो सकता है? फिर भी हम पाते हैं कि शाकुन्तल के पहले अंक में अतिशय कोमल प्रणयभावमय संसार में आखेट, प्राणपण से भागना, भगदड़, आक्रमण तथा प्रतिरोध का एक प्रतिसंसार समाया हुआ है। दूसरे अंक में भी सेनापति और विदूषक के बीच तीखी झड़प है। तीसरे अंक में दुष्यन्त और शकुन्तला के मिलन के सारे रोमांच, उन्माद, संशयाकुलता और नर्मवचनों के साथ राक्षसी छायाओं के मँडराने की पृष्ठभूमि है। पांचवें अंक में शार्ङ्गरव के अभियोग और तीखे रोष भरे वचन इस अंक को उद्धत पुरुषप्राय बना देते हैं, जो आविद्ध श्रेणी के रूपकों की विशेषता है। डिम तथा व्यायोग में देवासुरसंग्राम की कथा रहती है। यह कथा शाकुन्तल में है, पर पृष्ठभूमि में। देवासुरसंग्राम के

चलते मातलि दुष्यन्त को लेने आता है। पर प्रच्छन्न रहकर वह विदूषक का गला दबोच लेता है और दुष्यन्त वहीं धनुष-बाण मंगवाकर उस पर प्रहार करने को उद्यत हो जाता है। इस तरह के दृश्यों में शाकुन्तल आविद्ध श्रेणी के रूपकों को अंशत: अपने में अन्तर्गर्भित कर लेता है।

रूपकों के ये दस प्रकार या दशरूपक उस रंगमंच की परम्परा से मुख्यतया अनुषक्त रहे हैं, जिसे अभिजात रंगमंच या क्लासिक थियेटर कहा जा सकता है। इस रंग-परंपरा के समानान्तर लोकनाट्यों के नाना रूप भी हमारे यहाँ बहुत प्राचीन काल से फलते-फूलते रहे हैं। इन लोकनाट्य रूपकों को बाद में आचार्यों ने उपरूपक के नाम से परिभाषित और वर्गीकृत किया। शाकुन्तल में नाटकेतर नौ रूपकों के तत्त्व ही नहीं, इन उपरूपकों की विच्छित्ति भी सम्मिश्रित है। उपरूपकों में नाटिका अन्त:पुर में राजा के परकीया प्रेम पर आधारित होती है। पाँचवें अंक में हंसपदिका के उपालम्भगीत और राजा के द्वारा विदूषक के माध्यम से उसका उत्तर भेजने में नाटिका का वातावरण बनता है। रूसी प्राच्यविद्याविद् सेरेब्र्याकोव अनुमान करते हैं कि छठे अंक का धीवर एक पात्र के रूप में लोकनाट्य की परम्परा से कालिदास ने उठाया है।

आधुनिक रंगकर्मी ब्रेख्त ने समग्र रंग (टोटल थियेटर) की अवधारणा प्रस्तुत की है। यथार्थवादी रंगमंच के बरक्स समग्र रंग गीत, नृत्य, काव्य, त्रासदी में कामदी और कामदी में त्रासदी, लोकनाट्य के नाना रूप-इन सबको समाहित करता है। शाकुन्तल का आलेख समग्र रंग की अवधारणा पर भी खरा उतरता है।

शाकुंतल – स्मृति और प्रत्यभिज्ञा की कृति

अभिज्ञानशाकुंतल की अंतर्वस्तु में प्रेम और स्मृति का एक दूसरे का पर्याय बनाते हुए संश्लेषण है। काम या प्रेम का एक नाम 'स्मर' भी है। स्मर का एक अर्थ स्मरण भी है। यह स्मर शब्द की वैयाकरणिक निरुक्ति की दृष्टि से भी संगत है – जो स्मरण का साधन हो वह स्मर है। 'स्मर' शब्द उसी धातु से निष्पन्न हुआ जिससे स्मृति या स्मरण शब्द बने हैं। कामदेव का नाम स्मर इसलिये पड़ा कि वह प्रिय की स्मृति कराता है। प्रेम के बिना स्मृति नहीं और स्मृति के बिना प्रेम नहीं, यह समस्त साहित्य पर लागू होने वाला शाश्वत तथ्य है। कालिदास के काव्यसंसार में स्मृतियों में प्रेम की प्रत्यभिज्ञा की गई है। मनुष्य स्मृतियों की पुंज है, उसका अस्तित्व ही स्मृतियों पर टिका है। बुद्ध कहते हैं सब कुछ क्षणिक है, प्रति क्षण प्रत्येक वस्तु विनष्ट होती है— हमारा मन, हमारी चेतना भी। तब फिर हम नष्ट हो होकर फिर जन्म ले लेकर भी हमारी वही की वही पहचान स्मृतियों की धारावाहिकता के कारण बनी रहती है। इस अर्थ में यह संसार और मनुष्यजीवन स्मृतियों के ताने बाने में गुँथा होने के कारण टिका हुआ है। यों तो साहित्य की कोई विधा या कोई भी साहित्यिक कृति स्मृति के बिना असंभव है, पर स्मृतियाँ जब संसार जीवन और अस्तित्व के निर्वाह के लिये माध्यम या साधन भर न रहकर साध्य हो जाएँ, तो साहित्य में स्मृति अलंकार बन जाती है। कालिदास ने स्मृति को अलंकार

के व्यापक अर्थ में अलंकार बना दिया है, स्मृति यहाँ नाटक की समस्त सौंदर्यशास्त्रीय संरचना का अंग बनकर आती है। कालिदास स्मृति और प्रेम अन्त:संबंध को एक सहचरण की भूमि पर रखकर प्रकट करते हैं – नाटक के सारे भराव में स्मृतियाँ भिदी हुईं है आदि से अंत तक और स्मृति से प्रेम बार बार पुन: परिभाषित और परिवर्धित किया जाता है। इसलिये नाटक की संरचना में पीछे मुड़ कर देखने की क्रिया का उपयोग कालिदास कई बार करते हैं। दुष्यंत जिस मासूम हरिण का शिकार के लिये पीछा कर रहा है, उसके लिये कालिदास कहते हैं कि वह पीछे आते रथ पर बार बार गरदन मोड़कर दृष्टि डालता है। सिमोना साहनी के अनुसार ग्रीवाभंग शब्द में केवल मुड़ने का ही अर्थ नहीं (जो कि प्राथमिक अर्थ है) भंग में तोड़ने और नष्ट करने का अर्थ भी निकलता है, जो दुष्यंत के भीतर की हिंसा को व्यक्त करता है। पलटकर पीछे ताकने का दृश्य अपने अंतर्निहित अभिप्रायों के साथ में अभिज्ञानशाकुंतल में बार बार आवर्तित होता है। पर अभिज्ञानशाकुंतल पीछे मुड़कर देखने, स्मर या स्मृति का ही आख्यान नहीं है। उसके साथ वह अभिज्ञान या पहचान का आख्यान भी है। जिस तरह ग्रीवाभंग या पलटकर देखने का प्रसंग रह रहकर अभिज्ञानशाकुंतल में आवर्तित होता है, उसी तरह उसके नाम के अनुरूप अभिज्ञान का अभिप्राय भी तो उसमें उसी तरह आवर्तित होता है। तब हर अंक में दुष्यंत और शकुंतला की पहचान नये सिरे से नाटककार कराता है, ये एक दूसरे को बार बार नये सिरे से पहचानते हैं – यहाँ तक कि दुष्यंत और शकुंतला के पुनर्मिलन के अंतिम दृश्य में शकुंतला ही सहसा सामने देखकर दुष्यंत को पहचान नहीं पाती। बार बार पहचान खोने और फिर से हासिल करने में प्रेम पुन:परिभाषित होता चलता है। इस पुन:परिभाषित होने में प्रेमीयुगल विकास करते हैं।

रस तथा भाव- अभिज्ञानशाकुंतल में शृंगार रस की प्रधानता है। रसानुरूप अप्रस्तुतविधान तथा कल्पनाओं का विन्यास करने में कालिदास अप्रतिम हैं। शकुंतला के रूप का वर्णन करता हुआ दुष्यंत कहता है—

अनाघ्रातं पुष्पं किसलयमलूनं कररुहै-
रनाविद्धं रत्नं मधुनवमनास्वादितरसम्।
अखण्डं पुण्यानां फलमिव च तद्रूपमनघं
न जाने भोक्तारं कमिह समुपस्थास्यति विधिः।।

(उसका रूप ऐसा फूल है, जो अभी तक सूँघा नहीं गया, ऐसी कोपल है, जिसे नखों से खुरचा नहीं गया, ऐसा रत्न है, जिसे बींधा नहीं गया, ऐसी मधु है, जिसका रस अभी तक चखा नहीं गया। वह रूप पुण्यों का अखंड फल है, पता नहीं उसका भोक्ता विधाता किसको बनायेगें।)

यहाँ कवि ने शकुंतला के लिये पाँच उपमानों का एक साथ प्रयोग कर के क्रमशः उसकी परिभोगयोग्यता, मुग्धता, कांतिमत्ता, हृद्यता तथा उत्तम व्यक्ति से अभिलषणीयता को ध्वनित किया है। पाँचों उपमान शकुंतला की घ्राण, त्वक्, नेत्र, जिह्वा तथा कर्ण इन पाँचों इंद्रियों को

तृप्ति दे सकने की क्षमता को भी इंगित करते हैं। केवल पुष्प न कह कर 'अनाघ्रातं पुष्पम्' के द्वारा शकुंतला अब तक संसार में सबके लिये अलभ्य ही रही है, यह तो नायक कहना चाहता है। पर पुष्प सूँघा भले न गया हो, वह किसी का छुआ हुआ तो हो सकता है, अत: शकुंतला किसी के द्वारा छुई भी नहीं गयी, यह बताने के लिये 'किसलयमलूनं कररुहै:' - यह उपमान दिया। किंतु कोपल एक ऐसी वस्तु है, जिसे सभी जानते और देखते रहते हैं। अत: शकुंतला जैसी सुंदरी को किसी ने देखा भी न होगा- यह आशय प्रकट करने के लिये उसे अनाविद्ध रत्न कहा। रत्न भी कर्कश और कठोर होता है, अत: नायिका का मार्दव और माधुर्य सूचित करने के लिये उसे अनास्वादित नये मधु से उपमा दी। इन सब उपमानों में भी शकुंतला की एक एक विशेषता ही व्यक्त हो पायी है, अत: उसके समग्र रूप को बताने के लिये अंत में कवि ने अमूर्त उपमान का आश्रय लेकर उसे पुण्यों के अखंड फल से उपमा दी। इसके साथ ही उपमानों की यह लड़ी नायक की नायिका के प्रति अभिलाषा को भी सूचित करती है। दुष्यंत कहना चाहता है कि अब इस फूल को सूँघने का, इस कोंपल को स्पर्श करने का, इस रत्न को धारण करने का या इस अनास्वादित मधु को चखने का समय आ गया है।

वस्तुत: कालिदास ने शाकुंतल में उस सिद्ध कवि की ऊँचाई प्राप्त कर ली है, जिसके एक एक पद में असंख्य अर्थो की शृंखलाएँ खुलती हैं। व्यंजना के विविध स्तर उनकी पंक्ति पंक्ति में पिरोये हुए हैं, इसलिये ध्वनिवादी काव्यशास्त्र के लिये तो उनकी रचनाएँ सबल आधार भूमि बन गईं हैं। तृतीय अंक के अंत में पछताता दुष्यंत अपने आप से कह बैठता है

मुहुरङ्गुलिसंवृताधरोष्ठं प्रतिषेधाक्षरविक्लवाभिरामम्।
मुखमंसविवर्तिपक्ष्मलाक्ष्याः कथमप्युन्नमितं न चुम्बितं तु।।

इस पद्य में प्रत्येक पद रस में पगा हुआ है, पर आनंदवर्धन, क्या अभिनव गुप्त और क्या साहित्यदर्पणकार विश्वनाथ — ये सब तो केवल एक निपात 'तु' के मर्म को गुद्गुदा देने वाले प्रयोग पर ही रीझ उठे हैं। तीनों का मानना है कि 'तु' के उच्चारण से जो जिह्वा का तालु से स्पर्श के साथ ध्वनि होती है, वही अपने आप में दुष्यंत की कसक को व्यक्त करती है। आनंदवर्धन इसमें निपात की रसापेक्षी व्यंजना का सौंदर्य देखते हैं, तो ध्वन्यालोकलोचन में अभिनवगुप्त तुकार की अंतर्ध्वनि को सुंदर रूप में समझाते हैं - 'तुशब्द इति पश्चात्तापसूचकस्सन् तावन्मात्रपरिचुम्बनलाभेनापि कृतकृत्यता स्यादिति ध्वनतीति भाव:।'

प्रथम अंक से चतुर्थ अंक तक शकुंतला और दुष्यंत के प्रणय के चित्रण में औत्सुक्य, हर्ष, ग्लानि, विषाद, लज्जा, असूया, आदि व्यभिचारी भावों की कई धाराएँ अबाध रूप से रस के प्रवाह को पुष्ट करती हैं। चतुर्थ अंक में तो भावनाओं व मनुष्य के मन की कोमल अनुभूतियों का जो संसार रचा गया है, वह संस्कृत साहित्य में अनुपम है। सखियों की चिंता और कातरता, पिता के हृदय की वेदना तथा सारे पर्यावरण का मनुष्य के साथ ऐकात्म्य का अद्वितीय अनुभव कवि ने इस अंक में उपस्थित कर दिया है। कण्व की गरिमामयी उपस्थिति और

उदात्त कथनों तथा पुत्री के आसन्न वियोग और पिता के हृदय की वेदना के चित्रण ने इस अंक को साहित्य जगत् में शिखर पर पहुँचाया है। कण्व कहते हैं-

यास्यत्यद्य शकुन्तलेति हृदयं संस्पृष्टमुत्कण्ठया
कण्ठस्तम्भितवाष्पवृत्तिकलुषश्चिन्ताजडं दर्शनम्।
वैक्लव्यं मम तावदीदृशमहो स्नेहादरण्यौकसः
पीड्यन्ते गृहिणः कथं न तनयाविश्लेषदुःखैर्नवैः।।

(आज शकुंतला चली जायेगी- इस कारण से हृदय उत्कंठा से छू लिया गया है। गला रोके गये आँसुओं की धार के कारण भर्राया हुआ है और मुख चिंता के कारण जड़ है। मुझ वन में रहने वाले की स्नेह के कारण जब ऐसी विकलता है, तो गृहस्थ लोग बेटियों के बिछड़ने के दुःख से क्यों न दुखी होते होंगें?) शकुंतला को कण्व के द्वारा दिया गया आशीर्वाद अर्थ की गंभीरता में अप्रतिम ही है। कण्व कहते हैं- 'तू पति की ऐसे ही प्यारी बन जैसे ययाति की शर्मिष्ठा बनी थी। और जिस तरह उस शर्मिष्ठा ने पुरु को पाया ऐसे ही तू भी सम्राट् पुत्र को पाये।' यहाँ ऋषि वाणी में यह गंभीर अर्थ भी छिपा हुआ है कि शर्मिष्ठा को जिस तरह कुछ वर्ष तिरस्कृत होकर एकाकी जीवन बिताना पड़ा था, उसी तरह शकुंलता को भी कुछ वर्ष एकाकी जीवन बिताने के पश्चात् ही प्रतिष्ठा प्राप्त होगी। आश्रम के वृक्षों और लताओं को संबोधित करते हुए कण्व कहते हैं-

पातुं न प्रथमं व्यवस्यति जलं युष्मास्वपीतेषु या
नादत्ते प्रियमण्डनापि भवतां स्नेहेन या पल्लवम्।
आद्ये वः कुसुमप्रसूतिसमये यस्या भवत्युत्सवः
सेयं याति शकुन्तला पतिगृहं सर्वैरनुज्ञायताम्।।

(जो तुम्हारे जल पिये बिना स्वयं पहले जल पीने को तैयार नहीं होती थी, अलंकारप्रिया होने पर भी जो तुम लोगों के प्रति स्नेह के कारण तुम्हारी कोपल तक नहीं तोड़ती थी, तुम लोगों में पहले पहल फूल आने पर जिसके लिये उत्सव हो जाता था, वही यह शकुंतला पति के घर जा रही है, तुम सब इसे अनुमति दो।)

करुणा और वात्सल्य की अटूट धारा महाकवि ने इस अंक में प्रवाहित की है। प्रकृति के साथ संवेदना के स्तर पर हृदय की ऐसी एकतानता या लगाव का दुर्लभ अनुभव भी विरल और विलक्षण है। शकुंतला के प्रस्थान के समय 'मृगियों ने घास के कौर उगल दिये हैं। मयूरों ने नृत्य करना छोड़ दिया है। पीले पत्ते गिराने वाली लताएँ मानो आँसू बहा रही हैं।' इसी समय शकुंतला का पाला हुआ हरिणशावक अपने मुँह में उसके वस्त्र का छोर पकड़ कर खड़ा हो जाता है।

स्त्री की गरिमा की कविता

अभिज्ञानशाकुंतल स्त्रीत्व की गरिमा का काव्य भी है। कालिदास पुरुष को स्त्री की

तेजस्विता और तपस् के अधीन या वशवर्ती दिखाते हैं। उसी शाकुंतल में जिसमें शार्ङ्गरव पाँचवें अंक में शकुंतला को डपटते हुए कह देता है कि 'राजा यदि सही कह रहा है कि उसका संबंध तुझसे नहीं था, तो तुझ कुलकलंकिनी से हम लोगों को क्या मतलब और यदि तू सत्य कह रही है कि इसने तेरे साथ गांधर्व विवाह किया है, तो अपने पति के कुल में दासी बन कर भी रहना पड़े तो रह'– यहाँ भी कालिदास स्वयं इस स्थिति का समर्थन करते हुए अपना मंतव्य इसके पक्ष में दे रहे हों ऐसा नहीं है, वे अपने समय में स्त्री की नियति बता रहे हैं। उनका अपना मन्तव्य या तो विदूषक के कथनों में व्यक्त हो सकता है, या मरीचि जैसे ऋषि के कथन में। शाकुंतल के अंत में जब दुष्यंत और शकुंतला का पुनर्मिलन होता है, तो मरीचि शकुंतला को समझाते हुए कहते हैं , 'शाप के कारण स्मृति का लोप हो जाने से तेरा पति तुझे उस समय हीं पहचान पाया, अब इसके मन का अँधेरा निकल गया, अब अपने भर्ता पर तेरी प्रभुता है।' कालिदास ने दुष्यंत के लिये ऋषि के मुँह से भर्ता शब्द का प्रयोग कराया, क्योंकि शकुंतला का एक पत्नी के रूप में भरण करने की पूरी जिम्मेदारी उसकी है, पर शकुंतला को दिये गये आश्वासन में यह भी ऋषि से कहलवा लिया कि अब पति पर उसी की प्रभुता होगी।

नाटक के पहले तीन अंकों में शकुंतला एक भोलीभाली सुकुमार निसर्गकन्या के रूप में सामने आती है। चौथे अंक में वह परिणीता है, साथ ही मातृत्व के महिमामंडित रूप में भी पति के पास रही है। पाँचवें अंक में दुष्यंत के द्वारा ठुकराई जाने पर वह तेजस्विनी नारी के रूप में दिखाई देती है। दुष्यंत जैसा सम्राट् भी उसके तेज से सामने सहम जाता है। उसका एक एक शब्द पुरुष के दोहरे चरित्र पर प्रहार करता है— 'जैसे तुम हो, वैसा ही गिरा हुआ दूसरो को समझ रहे हो। धर्म का लबादा ओढ़े हुए और फूस से ढके कुए की तरह हो तुम, तुम्हारे जैसा आचरण कोई और क्यों करेगा?'

भाषाशौली – शाकुंतल का एक एक शब्द महाकवि की सारस्वत साधना का सुफल है। नाटककार की दृष्टि से कालिदास ने हर पात्र को उसके व्यक्तित्व, चरित्र और सोच के अनुरूप शब्द दिये हैं। तीसरे अंक में विकल होकर शकुंतला को खोजता हुआ दुष्यंत मालिनी के तट पर सखियों के साथ उसे देखते ही कह बैठता है - 'अये लब्धं नेत्रनिर्वाणम्!' (अरे, आँखों का निर्वाण मिल गया!)। कहीं पर रूपक, उपमा को संवादों में ढालकर वाक्य को सप्राण बनाया गया है। जैसे— 'क: शरीरनिर्वापयित्रीं शारदीं ज्योत्स्नां पटान्तेन वारयति?' (शरीर को सुख देने वाली चाँदनी को आँचल के छोर से कौन रोकेगा?)। पहले अंक में अनसूया और प्रियंवदा के संवादों में जीवन का हास्य और लास्य है, तीसरे अंक में उनके संवादों का एक एक पद सखी शकुंतला के प्रति स्नेह में पगा हुआ है, और चौथे अंक चिंता के ताने बाने में बुना हुआ है। पहले अंक में शकुंतला भौंरे के बार बार उस के ऊपर मँडराने से हलकान है, वह इन दोनों से कहती है कि इस दुष्ट मधुर से मैं अभिभूत हो गई, मुझे बचाओ। सखियाँ ठिठोली करती हुई कहती हैं - 'के आवां परित्रातुम्? दुष्यन्तमाक्रन्द। राजरक्षितव्यानि तपोवनानि

नाम।' (हम लोग बचाने वाली कौन हैं? दुष्यंत को पुकार! तपोवनों की रक्षा करने का काम राजा का है।) 'राजरक्षितव्यानि तपोवनानि' इन दो शब्दों की व्यंजनाएँ कितनी गहरी और दूरगामी हैं!

कालिदास छोटे छोटे संवादों से वातावरण रच देते हैं, पात्र के अंतर्जगत् में झाँकते हैं। तीनों सखियाँ पहले अंक में आश्रम के पौधों में पानी देती हुईं जो बातचीत कर रही हैं, उसके वाक्यों में चुलबुलापन भी है और गहरी सांकेतिकता भी है। वनज्योत्स्ना लता का प्रसंग उदाहरणीय है—

अनसूया– हला शकुन्तले इयं स्वयंवरवधूः सहकारस्य त्वया कृतनामधेया वनज्योत्स्नेति नवमालिका। एनां विस्मृतासि।

शकुन्तला– तदात्मानं अपि विस्मरिष्यामि। (लतां उपेत्यावलोक्य च) हला रमणीये खलु काल एतस्य लतापादपमिथुनस्य व्यतिकरः संवृत्तः। नवकुसुमयौवना वनज्योत्स्ना स्निग्धपल्लवतयोपभोगक्षमः सहकारः।

(इति पश्यन्ती तिष्ठति)

प्रियंवदा– अनसूये जानासि किं शकुन्तला वनज्योत्स्नां अतिमात्रं पश्यतीति।

अनसूया– न खलु विभावयामि। कथय।

प्रियंवदा– यथा वनज्योत्स्नानुरूपेण पादपेन संगता अपि नामैवं अहमप्यात्मनोऽनुरूपं वरं लभेयेति।

शकुंतला– एष नूनं तवात्मगतो मनोरथः। (इति कलशं आवर्जयति)

(अनसूया– हला शकुन्तले! यह आम के पेड़ की चहेती नवमालिका की लता तो इधर रह गई जिसको तूने वनज्योत्स्ना यह नाम दे रखा है। इसे भूल कई क्या?

शकुन्तला – फिर तो अपने आप को भी भूल जाऊँगीं। (लता के पास पहुँचकर देखती हुई) सखि, बड़े सुहावने समय में इस लता और वृक्ष दोनों की यह जोड़ी बनी है। क्योंकि वनज्योत्स्ना भी नये फूलों के यौवन वाली है और चिकने पल्लवों के कारण उसके उपभोग में समर्थ यह सहकार है। (देखती हुई खड़ी रह जाती है।)

प्रियंवदा – अनसूये, जानती है शकुंतला वनज्योत्स्ना ऐसे क्यों टकटकी लगाकर ताक रही है?

अनसूया – मैं नहीं समझ पा रही। तू बता।

प्रियंवदा– यह सोचती है कि जैसे वनज्योत्स्ना अपने अनुरूप वृक्ष से जा मिली, ऐसे ही मुझे भी अपने अनुरूप वर मिल जाये।

शकुंतला – यह तो बस तेरे अपने मन का मनोरथ है।

कालिदास की वर्णनकला नाटक के दृश्यों को साकार करती है, समीचीन उपमाएँ और

उत्प्रेक्षाऐं उसे सप्राण बना देती हैं। बहुत तेजी से दौड़ते दुष्यंत के रथ के अश्वों के लिये कहा गया है—

मुक्तेषु रश्मिषु निरायतपूर्वकाया निष्कम्पचामरशिखा निभृतोर्ध्वकर्णाः
आत्मोद्धतैरपि रजोभिरलङ्घनीया धावन्त्यमी मृगजवाक्षमयेव रथ्याः।। १.८

(लगाम छोड़ते ही उनकी पूर्वकाया फैल गई है, उनकी चामरशिखाएँ हिल तक नहीं रही हैं, उनके कान तनकर ऊपर खड़े हैं। ये घोड़े ऐसे दौड़ रहे हैं, उनके अपने खुरों से उछली धूल तक उन्हें छू नहीं पाती। जैसे हरिण के छौने की तेजी उन्हें सहन नहीं हो पा रही।)

यहाँ अश्वों के दौड़ने के वेग का चित्रण करते हुए कवि ने स्वाभावोक्ति तथा उत्प्रेक्षा दोनों अलंकारों का सधा हुआ प्रयोग किया है। बिंब विधान की कुशलता के कारण सारा दृश्य मूर्त हो गया है।

इसी प्रकार तेजी से भागते रथ पर बैठे राजा दुष्यंत का यह संवाद है—

यदालोके सूक्ष्मं व्रजति सहसा तद्विपुलताम्
यदर्धे विच्छिन्नं भवति कृतसंधानमिव तत्।
प्रकृत्या यद्वक्रं तदपि समरेखं नयनयो-
र्न मे दूरे किंचित्क्षणमपि न पार्श्वे रथजवात्।।१.९

(जो दूर से देखने पर बहुत सूक्ष्म लग रहा था, वह सहसा विशाल रूप में प्रकट हो जाता है। जो बीच में टूटा था, वह लगता है यकायक जुड़ गया। जो स्वभाव से टेढ़ा है वह आँखों के सामने सीधा होकर व्यक्त हो जाता है। रथ की गति इतनी तेज़ है कि न क्षण भर में कोई वस्तु न तो मुझ से दूर रह पाती है न पास रह पाती है।)

यहाँ स्वभावोक्ति और वक्रोक्ति दोनों गलबाहीं करती लगती हैं। रथ की गति के स्वभाव में वक्रता का विच्छित्तियाँ भर दी हैं।

आनंदवर्धन ने उपसर्गों की व्यंजकता के लिये शाकुंतल का यह पद्य उद्धृत किया है—

नीवाराः शुकगर्भकोटरमुखभ्रष्टास्तरुणामधः
प्रस्निग्धाः क्वचिदिङ्गुदीफलभिदः सूच्यन्त एवोपलाः।
विश्वासोपगभादभिन्नगतयः शब्दं सहन्ते मृगा-
स्तोयाधारपथाश्च वल्कलशिखानिष्यन्दलेखाङ्किताः।।

चरित्रचित्रण- अभिज्ञानशाकुंतल संस्कृत के उन विरले नाटकों में से हैं, जिनमें नायक और नायिका का चारित्रिक विकास प्रदर्शित किया गया है। यह कालिदास की चरित्रचित्रण कला का उत्कृष्ट निदर्शन है। प्रथम अंक में हम शकुंतला को एक भोली भाली किशोरी के रूप में देखते हैं। निश्छलता और पावनता से उसका चित्त ओतप्रोत है। रवींद्रनाथ ठाकुर ने उसे उचित ही निसर्गकन्या कहा है। पुरुष के संपर्क का उसे अनुभव नहीं है। वह दुष्यंत को देख

कर उसकी ओर आकर्षित होती है, इस आकर्षण के साथ उसके मन में उथल पुथल मच जाती है। वय:संधि के समय पुरुष के संपर्क में आने से नायिका के भीतर होते रूपांतरण या परिवर्तन का सूक्ष्म चित्रण कालिदास ने किया है। चतुर्थ और पंचम अंकों में शकुंतला एक भिन्न रूप में हमारे सामने आती है। वह एक स्त्री बन चुकी है। पंचम अंक में दुष्यंत के द्वारा ठुकरा दिये जाने पर वह अप्रत्याशित रूप में अपनी तेजस्विता का परिचय देती है। सप्तम अंक में हम शकुंतला का और भी भिन्न रूप देखते हैं। दुष्यंत के शब्दों में -

वसने परिधूसरे वसाना, नियमक्षाममुखीधृतैकवेणिः।
अतिनिष्करुणस्य शुद्धशीला मम दीर्घं विरहव्रतं बिभर्ति।।

यह शकुंतला का तपस्वी रूप है। आश्रम की मर्यादा को तोड़कर दुष्यंत के साथ एकांत में जो प्रणय किया, उसके अपराध को वह तप की आग में भस्म करके साधना और पवित्रता की साकार प्रतिमा बन चुकी है।

इसी प्रकार दुष्यंत को हम आरंभ में एक रसिक नागर के रूप में देखते हैं। मृगया की वृत्ति उसे प्राणियों का ही नहीं आश्रम की एक भोली भाली किशोरी का भी शिकार करने के लिये प्रेरित करती है। शकुंतला को वह बहका कर उससे गांधर्व विवाह कर लेता है। दुर्वासा के शाप के कारण स्मृति का भ्रंश होने से वह उसे ठुकरा देता है, और स्मृति लौट आने पर गहन यंत्रणा और अपराधबोध की कचोट से पीडित होता है। पश्चात्ताप के द्वारा दुष्यंत का चित्त भी अकलुष बन जाता है। इस प्रकार षष्ठ और सप्तम अंकों में हम दुष्यंत को परिवर्तित रूप में देखते हैं।द्वंद्वात्मकता कालिदास की चरित्रचित्रण कला की दूसरी बड़ी विशेषता है। उन्होंने कई पात्रों को एक दूसरे के साथ इस प्रकार रखा है कि उनकी तुलना में उनके चरित्र की विशेषताएँ स्पष्ट झलकने लगती हैं। उदाहरण के लिये प्रियंवदा तथा अनसूया दोनों शकुंतला की सखियाँ हैं, पर उनके स्वभाव और बोलचाल की शैली में अंतर है। दोनों के परस्पर वार्तालाप या शकुंतला के साथ इनकी बातचीत में पाठक या दर्शक इस अंतर को स्पष्ट अनुभव करता है। इसी प्रकार शार्ङ्गरव तथा शारद्वत के परस्पर तथा दुष्यंत के साथ हुए संवादों में शार्ङ्गरव की तेजस्विता, विरोध की प्रवृत्ति तथा शारद्वत का संयम और धैर्य परिलक्षित होता है।

शाकुंतल का वैशिष्ट्य - अभिज्ञानशाकुंतल का किसी भी योरोपीय भाषा (अंग्रेजी) में पहला अनुवाद सर विलियम जोंस ने किया था, जो सन् १७८९ई० में प्रकाशित हुआ। इस अनुवाद के प्रकाशन से यूरोप के साहित्यप्रेमियों का ध्यान संस्कृत साहित्य की इस महान् रचना की ओर गया। इस अंग्रेजी अनुवाद का भी जर्मन भाषा में अनुवाद जर्मनी के साहित्यकार फोर्स्टर ने किया और यह जर्मन रूपांतर जब उस समय के सर्वश्रेष्ठ साहित्यकार महाकवि गोइथे ने पढ़ा, तो उन्होंने अभिभूत होकर उस पर जर्मन भाषा में एक सुंदर कविता लिखी। इस कविता का संस्कृत में अनुवाद इसप्रकार है—

वासन्तं कुसुमं फलं च युगपद् ग्रीष्मस्य सर्वं च यद्
यच्चान्यन्मनसो रसायनमहो सन्तर्पणं मोहनम्।
एकीभूतमभूतपूर्वमथवा स्वर्लोकभूलोकयो-
रैश्वर्यं यदि वाञ्छसि प्रियसखे शाकुन्तलं सेव्यताम्।।

अभिज्ञानशाकुंतल की व्याख्या अनेक दृष्टियों से की जा सकती है। यह भारतीय जीवन दृष्टि और आदर्शों को निरूपित करने वाली एक महान् रचना है। राजा का आदर्श, ऋषि कण्व और मारीच के वचनों में प्रतिफलित उदात्त मूल्यबोध सांस्कृतिक वैभव के परिचायक हैं। एक ऋषि के व्यक्तित्व की महनीयता का अनुभव हमें इस नाटक में मिलता है, जो अत्यंत प्रेरणाप्रद है। कवि ने राजा में भी एक ऋषि का रूप देखा है। दूसरे अंक में राजा दुष्यंत को देखकर मुनिकुमार कहते हैं—

प्रथमः— अहो दीप्तिमतोऽपि विश्वसनीयतयास्य वपुषः। अथवा उपपन्नमेतदस्मिन्नृषिभ्यो नातिभिन्ने राजनि। कुतः (अहो, दीप्तिमान् होकर भी कितनी विश्वसनीयता है इसके व्यक्तित्व में? अथवा यह राजा ऋषियों से बहुत भिन्न नहीं है, तो इसमें ऐसा होना उचित ही है, क्योंकि)

अध्याक्रान्ता वसतिरमुनाऽप्याश्रमे सर्वभोग्ये
रक्षायोगादयमपि तपः प्रत्यहं संचिनोति।
अस्यापि द्यां स्पृशति वशिनश्चारणद्वन्द्वगीतः
पुण्यःशब्दो मुनिरिति मुहुः केवलं राजपूर्वः।। २.१४

(यदि मुनि जन आश्रम में रहते हैं, तो यह राजा भी सर्वभोग्य गृहस्थाश्रम में निवास कर रहा है। यदि मुनि जन तप करते हैं, तो यह भी लोगों की रक्षा के द्वारा प्रतिदिन तप का संचय कर रहा है। यदि मुनिजनों के यश का सब बखान करते हैं, तो इसका भी यश चारणयुगलों के द्वारा गाया जाकर स्वर्ग को छू रहा है, अंतर यही है कि वनों में तप करने वाले मुनि जन केवल मुनि हैं और यह राजमुनि है।)

कालिदास मानते हैं कि यदि ऋषि यज्ञ करते हैं, तो राजा भी लोगों को अभयदान का यज्ञ करता है। राक्षसों से आश्रम की रक्षा का वचन देने पर मुनि दुष्यंत से पुनः कहते हैं —

अनुकारिणि पूर्वेषां युक्तरूपमिदं त्वयि।
आपन्नाभयसत्रेषु दीक्षिताः खलु पौरवाः।। २.१६

(अपने पूर्वजों का अनुकरण करने वाले तुम्हारे लिये यह अनुरूप ही है। क्योंकि पुरुवंश के राजा सदैव विपत्ति में पड़े लोगों को अभय देने के यज्ञ में दीक्षित रहते आये हैं।)

दूसरी ओर यह नाटक नागर संस्कृति के समानांतर यह आश्रमों की संस्कृति की प्रतिष्ठा करते हुए द्वंद्व और विरोध के तेजस्वी स्वर की अभिव्यक्ति भी है। प्रथम अंक में जब राजा हरिण पर बाण छोड़ने को होता है, तो आश्रम के तपस्वी उसके बाण के आगे हरिण को छेंककर खड़े हो जाते है और कहते हैं—

तत्साधुकृतसंधानं प्रतिसंहर सायकम्।
आर्तत्राणाय वः शस्त्रं न प्रहर्तुमनागसि।। १.११।।

(तो लक्ष्य पर साधे गये अपने इस बाण को तुम वापस ले लो। तुम क्षत्रियों के शस्त्र आर्त जनों के त्राण के लिय होते हैं, निरपराधों पर प्रहार के लिये नहीं।)

यहाँ प्रतिसंहर में आज्ञार्थक लोट् लकार का प्रयोग करके कालिदास अपने इस जीवनदर्शन को व्यंजित करा रहे हैं कि राजा को मुनियों की बात का आदेश मानकर पालन करना चाहिये। राजा बाण वापस ले लेता है।

शकुंतला को देखकर दुष्यंत के भीतर का शिकारी फिर जाग उठता है। अब शकुंतला उसके लिये एक हरिण बन जाती है। राजा रक्षक न होकर एक शिकारी हो गया है। इस विरोध को कालिदास की यह कृति व्यक्त करती है। राजा को आश्रम के लोगों की रक्षा करनी चाहिये थी, वह उल्टे वहाँ असुरक्षा पैदा कर रहा है। तपस्वी राजा से अनुरोध करते हैं कि वह कुछ दिन आश्रम के पास रुका रहे जिससे वे राक्षसों की ओर से निश्चिंत होकर अपना यज्ञ निर्विघ्न समाप्त कर सकें। राजा यज्ञ की रक्षा के बहाने रुक जाता है,पर शकुंतला से चोरी छिपे प्रेम कर के आश्रम की मर्यादा को भंग करता है। विदूषक तीखा कटाक्ष करते हुए सत्य ही उससे कहता है—

यथा कस्य अपि पिण्डखर्जूरैरुद्वेजितस्य तिन्तिण्याम् अभिलाषो भवेत्तथा स्त्रीरत्नपरिभोगिणः भवत इयं अभ्यर्थना। कृतं त्वयोपवनं तपोवनमति पश्यामि।

(जैसे कोई पिंडखजूर खा खाकर ऊब जाये, तो उसी इमली खाने की इच्छा होती है उसी तरह स्त्रीरत्नों का उपभोग कर करके (ऊबे) तुम्हारी (शकुंतला जैसी वनकन्या के साथ रमण की) यह इच्छा है।

देख रहा हूँ कि तुमने तपोवन को उपवन या अपने विहार के लिये बगीचा बना लिया है!)

इस दृष्टि से तीसरे अंक में जहाँ दुष्यंत और शकुंतला का प्रणयदृश्य है, सखियों व शकुंतला के संवादों में कवि ने बार-बार आतंक या उसके पर्यायवाची शब्दों का प्रयोग किया है।

प्रियंवदा– सखि शकुन्तले सुष्ठु एषा भणति। किं आत्मन आतङ्कमुपेक्षसे।

दुष्यन्त -किं नु खल्वस्यास्तन्निमित्तोऽयं आतङ्को भवेत्।

अनु०– सखि मम अपीदृश्याशङ्का हृदयस्य।

इसी प्रकार तृतीय अंक के अंत में दुष्यंत जब शकुंतला से प्रणयनिवेदन कर चुका है, अनसूया और प्रियंवदा को आश्वासन दे चुका है कि आप दोनों की प्रिय सखी मेरे कुल की प्रतिष्ठा बनकर रहेगी, नेपथ्य से यह आतंकमिश्रित पुकार उठती है—

सायंतने सवनकर्मणि सम्प्रवृत्ते
वेदिं हुताशनवतीं परितः प्रयस्ताः।
छायाश्चरन्ति बहुधा भयं आदधानाः
संध्यापयोदकपिशाः पिशिताशनानाम्।। ३.२५।।

पाँचवे अंक में राजा शकुंतला को नहीं पहचान पाता और ठुकरा देता है। शकुंतला के साथ आया तापस कुमार शार्ङ्गरव चिढ़कर राजा को चुनौती देता हुआ कहता है- जैसे अपने चोरी किये धन को उसका स्वामी चोर को ही सौंप दे इस तरह तुमने महर्षि की बेटी के साथ अनाचार करने वाले तुमको ही उन्होंने उदार होकर अपनी बेटी सौंपना स्वीकार कर लिया, और तुम हो कि उनका फिर अपमान कर रहे हो! –

कृताभिमर्शामनुमन्यमानः सुतां त्वया नाम मुनिर्विमान्यः।
मुष्टं प्रतिग्राहयता स्वमर्थं पात्रीकृतो दस्युरिवासि येन।। ५.।२०।।

यहाँ राजा राजा न रह कर चोर हो गया है। शकुंतला उसे डपटती हुई कहती है- जैसे तुम हो, वैसा ही गिरा हुआ दूसरों को समझ रहे हो। धर्म का लबादा ओढ़े हुए और फूस से ढके कुएँ की तरह हो तुम, तुम्हारे जैसा आचरण कोई और क्यों करेगा?

शाकुंतल का समग्र संविधान मानवीय मनोविज्ञान के गहन चित्रण और प्रेमसंबंधों की अंतरंग परीक्षा की दृष्टि से भी सर्वथा समीचीन है। कालिदास ने इसमें नायक और नायिका के अंतर्द्वन्द्व तथा अपराधबोध को उसकी वास्तविकता में निरूपित किया है। केवल सचेत मन ही नहीं, अवचेतन मन के बोध को भी महाकवि ने मानव मनोविज्ञान की अच्छी समझ के साथ यहाँ पकड़ा है।

काव्यों की भाँति कालिदास के नाटकों में भी उपमाओं ने काव्यात्मकता और सौंदर्य में मणिकांचनयोग प्रस्तुत कर दिया है। उपमाएँ यहाँ नाटक की विषय वस्तु तथा संप्रेषणीय भाव को परिपुष्ट करती चलती हैं। शाकुंतल में प्रथम अंक के अंत में शकुंतला और उसकी सखियों के विदा लेकर चले जाने के पश्चात् दुष्यंत कहता है—

गच्छति पुरः शरीरं धावति पश्चादसंस्तुतं चेतः।
चीनांशुकमिव केतोः प्रतिवातं नीयमानस्य।।

(शरीर आगे सरक रहा है अपरिचित मन पीछे भाग रहा है। जैसे हवा के विरुद्ध ले जायी जा रही पताका में बँधा रेशमी वस्त्र।)

यहाँ देह के लिये शरीर शब्द का प्रयोग सारगर्भित है। 'शीर्यते इति शरीरम्- जो शीर्ण हो रहा है वह शरीर है। शरीर शब्द नपुंसक लिंग में प्रयुक्त होता है। इस प्रकार दुष्यंत शरीर कह कर देह के प्रति अरुचि और अनास्था प्रकट करता है। 'गच्छति' क्रिया में संयुक्ताक्षर का प्रयोग अटक अटक कर आगे चलने का भाव व्यक्त करता है। जबकि मन के लिये चेतनायुक्त होने का भाव बताने के लिये 'चेतः' शब्द का प्रयोग और धावति क्रिया का प्रयोग किया है। ऐसे

शरीर और मन के लिये आगे ले जाये जाते झंडे के बाँस और उसमें बँधी पीछे फहराती पताका की उपमा कवि की सूझबूझ और स्थिति को उपमान के द्वारा हृदयंगम बनाने की क्षमता का सजीव उदाहरण है।

हंसपदिका का गीत दुष्यंत के अवचेतन में प्रसुप्त स्मृतियों के तार झंकृत कर देता है, और वह कहता है—

रम्याणि वीक्ष्य मधुरांश्च निशम्य शब्दान्
पर्युत्सुकीभवति यत् सुखितोऽपि जन्तुः।
तच्चेतसा स्मरति नूनमबोधपूर्वं
भावस्थिराणि जननान्तरसौहृदानि।। (५।२)

दुष्यंत की इस उक्ति के द्वारा कालिदास ने मनुष्य की चेतना के गहरे स्तरों का परिशीलन किया है। वस्तुतः दुष्यंत और शकुंतला के सारे संवादों में कालिदास उनके मन की गहराइयों में झाँकते लगते हैं। इन दोनों पात्रों के कई संवाद भरतमुनि के द्वारा निर्दिष्ट संवाद की कोटियों –सर्वश्राव्य और अश्राव्य का अतिक्रमण करते हैं। सर्वश्राव्य के लिये आवश्यकता होने पर प्रकाशम् (प्रकाश में) यह नाट्य निर्देश दिया जाता है। अश्राव्य के तीन प्रकार हो जाते हैं – स्वगत, अपवारित और जनांतिक। अपने आप से कोई पात्र कुछ कहे तो स्वगत और मंच पर स्थित पात्रों में, कुछ से छिपाकर अन्य पात्र या पात्रों से कुछ कहे तो जनांतिक और अपवारित होते हैं। दुष्यंत का भौंरे से यह संवाद संवाद के इन चारों प्रकारों में से किसी के भी भीतर नहीं अँटता। दुष्यंत का भौंरे से यह कथन

चलापाङ्गां दृष्टिं स्पृशसि बहुशो वेपथुमतीम्
रहस्याख्यायीव स्वनसि मृदु कर्णान्तिकचरः।
करौ व्याधुन्वत्याः पिबसि रतिसर्वस्वमधरम्
वयं तत्त्वान्वेषान्मधुकर हतास्त्वं खलु कृती।। १.२१

एक विलक्षण स्वगतकथन का उदाहरण बन गया है, इस अर्थ में कि दुष्यंत यह सचमुच किसी भौंरे से तो कुछ कह नहीं रहा। उसने अपने मन को दो हिस्सों में बाँट दिया है, एक रसिक मन है, जो शकुंतला के साथ अपनी कल्पना में वह सब कर रहा है, जो दुष्यंत भौंरे को करता हुआ देख रहा है – चंचल चितवन वाली उस शकुंतला को बार बार छू कर छूमंतर हो जाना, उनके कानों तक जा कर कुछ गुनगुनाना, रति के सर्वस्व उसके निचले ओठ को पी डालना आदि। दुष्यंत का एक साक्षी या फक्कड़ मन है, जो इस रसिक मन से कहता है – हम तो सचाई खोजने में ही मारे गये, हे भौंरे (हे रसिक) तुम बड़े भाग वाले हो! दुष्यंत नगर से आया रसिक है। पर जिस तरह आश्रम में घुसने के पहले और तापसबालाओं के सामने प्रकट होते हुए वह संवाद बोलता है, उनसे यह भी लगता है कि वह एक मसखरा है। वह प्रिंयवदा को मजाक में कि तुझे तो बचाने राजा दुष्यंत ही आयेगा बहुत नाटकीय ढंग से

शामिल हो जाता है। उसका सखियों के सामने प्रकट होते समय बहुत नाटकीय ढंग से बोला गया यह संवाद देखें—

कः पौरवे वसुमतीं शासति शासितरि दुर्विनीतानाम्।
अयमाचरत्यविनयं मुग्धासु तपस्विकन्यासु?।।१.२२

इस ठिठोली और चुहलबाजी में दुष्यंत एक मसखरा बन गया है। दूसरी तरफ विदूषक नाम का पात्र जिसे मसखरा माना जाता है, वह शाकुंतल में (और दूसरे संस्कृत नाटकों में भी) दरअसल एक कारुणिक पात्र होता है। जिस तरह दुष्यंत अपने मन को दो हिस्सों में बाँट लेता है रसिक मन और फक्कड़ मन, उसी तरह विदूषक अपने मन को दो हिस्सों में बाँट लेता है, एक मन जो भीतर से बेहद संजीदा और साक्षी भर है, दूसरा जो दूसरा जो औरों को हँसाने का अभिनय कर रहा है। औरों को हँसाने के लिये विदूषक स्वयं रोने का अभिनय भी करता है। उसका एक मन उसे इस तरह रोते हुए देखता है तथा कुछ और संजीदा हो जाता है। इस तरह कालिदास के नायक विदूषक बन जाते हैं और विदूषक किसी त्रासदी के नायक।

कालिदास के रूपकों की विशेषताएँ

भाषा-शैली- कालिदास के रूपकों की एक स्पृहणीय विशेषता संवादों में पात्रानुरूप भाषा और शैली का संयोजन है। उनके संवादों में पात्र का व्यक्तित्व सजीव होकर व्यक्त हो जाता है। शाकुंतल में कण्व के प्रत्येक संवाद में एक ऋषि का उदात्त और महनीय व्यक्तित्व प्रतिबिंबित है। प्रियंवदा का चुलबुलापन और अनसूया की शालीनता उनके एक एक शब्द से टपकती है। उक्ति प्रत्युक्ति के सधे विन्यास तथा प्रत्युत्पन्नमतित्व के कारण भी कालिदास के संवाद चमत्कार उत्पन्न करते हैं। शाकुंतल में जब दुष्यंत अत्यंत तन्मय होकर गंभीर भाव से शकुंतला के रूप का वर्णन कर रहा है, विदूषक अपने मुँहफट ढंग से कह उठता है- 'तेन हि लघु परित्रायतामेनां भवान्। मा कस्यापि तपस्विन इङ्गुदीतैलचिक्कणशीर्षस्य हस्ते पतिष्यति।' (तब तो आप शीघ्र उसका उद्धार कीजिये, नहीं तो इंगुदी के तैल से चिकनी खोपड़ी वाले किसी तपस्वी के हाथ पड़ जायेगी।)। इसी नाटक में छठे अंक में मातलि अदृश्य रूप में हँसी के लिये विदूषक को दबोच लेता है, तब प्राणों के संकट में पड़ा हुआ भी विदूषक अपनी शब्दावली के द्वारा दर्शकों को गुदगुदा देता है। वह कहता है- 'एष मां कोऽपि प्रत्यवनतशिरोधरमिक्षुमिव त्रिभङ्गं करोति।' (यह मुझे कोई गरदन मरोड़ कर ईख की तरह तीन टुकड़ों में मोड़े दे रहा है)। मृत्यु के मुख में पड़े विदूषक के द्वारा अपने लिये गन्ने की उपमा कितनी उपयुक्त है। गन्ने को इक्षुयंत्र (घानी) पेरने के पहले तीन टुकड़ों में मोड़ दिया जाता है। आगे विदूषक कहता है— 'विडालगृहीत मूषक इव निराशोऽस्मि जीवितो संवृत्तः।' बिलार के द्वारा पकड़ लिये गये चूहे की तरह मैं अपने जीवन को लेकर निराश हो चुका हूँ। यहाँ विदूषक की उक्तियाँ लोकजीवन की छटा लेकर आती हैं। बच्चों, किशोरियों और युवतियों तथा वृद्ध

लोगों के बोलने का ढंग और उनकी विशिष्ट पदावली को कालिदास ने बहुत बारीकी से पकड़ा है। शाकुंतल के पहले अंक में अनसूया, प्रियंवदा और शकुंतला का हास- परिहास, ताने और ठिठोलियाँ संस्कृत नाट्यसाहित्य में अपूर्व ही हैं। वे जितने ही सहज स्वाभाविक हैं, उतने ही रोचक भी। कालिदास वक्रोक्तियों, छेकापह्नुतियों और भ्रांतापह्नुतियों के भी स्मरणीय उदाहरण प्रस्तुत करते हैं। मालविकाग्निमित्र में मालविका की संगिनी चेटी वकुलावलिका के संवाद इस दृष्टि से अत्यंत रोचक हैं। उदाहरण के लिये वकुलावलिका ठिठोली करने के लिये मालविका से कहती है- 'एष उपारूढराग: उपभोगक्षम: पुरतस्ते वर्तते।' (यह उपारूढ़राग या बढ़े हुए लाल वर्ण वाला, बढ़े हुए प्रेम वाला तथा उपभोग के योग्य तुम्हारे सामने स्थित है।) मालविका जो अग्निमित्र पर अनुरक्त है, यहाँ अग्निमित्र सामने है ऐसा समझकर उत्सुक होकर पूछती है- 'किं भर्ता?' तब बकुलावलिका उत्तर देती है- 'न तावद् भर्ता। एषोऽशोकशाखावलम्बी पल्लवगुच्छ:।' विक्रमोर्वशीयम् की नायिका उर्वशी तो अप्सरा होने के कारण इस प्रकार की वक्रोक्तियों में निपुण है। चित्रलेखा के साथ अपने प्रिय से मिलने के लिये जाती हुई उर्वशी के ये संवाद शिष्ट हास्य और प्रणय के रोमांच का अच्छा अनुभव देते हैं—

उर्वशी–(उत्पतनभङ्गं रूपयित्वा।) अम्महे, लताविटपे मे एकावली वैजयन्तिका लग्ना। चित्रलेखे, मोचय तावदेनाम्।

(लड़खड़ाने का अभिनय कर के) दैया, इस लता की शाखा में मेरी रत्नमाला अटक गई? चित्रलेखे, इसे छुड़ा तो?

चित्रलेखा (सस्मितम्।) दृढं खलु लग्ना। दुर्मोचा इव मे प्रतिभाति। भवतु, यतिष्ये तावत्। (मुस्कुराती हुई) बहुत कस कर अटकी है। बड़ी कठिनाई से छूटेगी लगता है। ठीक है, मैं प्रयास करती हूँ।

उर्वशी–स्मर तावदेतदात्मनो वचनम्। (अपना यह वचन याद रखना!)

......

चित्रलेखा– सखि पश्य। (सखि, देखो तो?)

उर्वशी– (राजानं सस्पृहं पश्यन्ती।) समदुःखः पिबतीव मां नयनाभ्याम्। (मेरे दुःख का सहभागी आँखों से मुझे पिये जा रहा है।)

चित्रलेखा- (साकूतम्।) अयि कः। (अइ को।) (साभिप्राय) अरी कौन?

उर्वशी– ननु सखीजनः। (णं सहिअणो।) (यही सखियों का समुदाय तो?)

.....

चित्रलेखा - हला क्वानिर्दिष्टकारणं गम्यते। (सखि! बिना कारण बताये किधर चल दीं?

उर्वशी– सखि तदा हेमकूटशिखरे लताविटपेन क्षणविघ्निताकाशगमनां मामुपहस्य किमिदानीं पृच्छसि। (सखि, उस समय हैमकूट के शिखर पर लता की डाल से अटक जाने

पर आकाशगमन में क्षण भर का विलंब क्या हुआ कि तुम मेरी हँसी उड़ाने लग गईं थीं, अब क्या पूछ रही हो?)

चित्रलेखा - किं तस्य राजर्षेः पुरूरवसः सकाशं प्रस्थितासि? (तो तुम उसी राजर्षि पुरूरवा के पास चल पड़ी?)

उर्वशी- अयं ममापहस्तितलज्जो व्यवसायः। (हाँ, यह लाज को धता बताकर मैंने यही कदम उठाया है।)

चित्रलेखा - कः पुनः सख्या पुरतः प्रेषितः। (तो मेरी सखी ने (अपना दूत बनाकर) पहले से किसे भेजा?

उर्वशी- हृदयम्। (अपना हृदय।)

चित्रलेखा– स्वयमेव साधु संप्रधार्यतां तावत्। (पहले ठीक से सोच लो)

उर्वशी– मदनः खलु मां नियोजयति। किमत्र संप्रधार्यते। (कामदेव ने मुझे इस काम में लगा दिया है। अब इसमें सोचना क्या?

चित्रलेखा - अतः परं नास्ति ममोत्तरम्। (इसके बाद अब मुझे कुछ नहीं कहना।)

संवादों में प्रतीक या उपमाओं का विन्यास कालिदास ने रोचकता और सौंदर्य की वृद्धि के साथ साथ स्थिति को हृदयंगम बनाने के लिये किया है। धारिणी के कोप के कारण कारागार में बंद की गयी मालविका के लिये विदूषक कहता है कि उसका हाल ऐसा ही है, जैसा बिल्ले के द्वारा पकड़ ली गयी कोयल का होता है- 'यो विडालगृहीतायाः परभृतिकायाः।' फिर उसके द्वारा कपट से छुड़ाकर लायी मालविका जब इरावती के द्वारा देख ली जाती है, तो इस स्थिति को परिलक्षित करके विदूषक सोचता है- 'अहो अनर्थः सम्पतितः! बन्धनभ्रष्टो गृहकपोतो विडालिकाया आलोके पतितः।' (अरे, कैसा अनर्थ हुआ, बंधन से छूटा घर का कबूतर बिल्ली की दृष्टि में पड़ गया।) इस नाटक के अंतिम अंक में रानी धारिणी स्वयं राजा की प्रिया मालविका का हाथ उसके हाथ में सौंपने लगती है, और राजा लजा जाता है, तब रानी के मुस्कुरा कर यह कहने पर कि 'आर्यपुत्र! आप अपनी प्रिया की उपेक्षा क्यों कर रहे हैं?', विदूषक तत्काल कहता है- 'भवति, एष लोकव्यवहारः; सर्वो नववरो लज्जातुरो भवतीति'- (रानी जी, यह तो लोकव्यवहार है कि हर नया दूल्हा लाज से भरा होता है।) विक्रमोर्वशीयम् में रानी औशीनरी प्रियप्रसादनव्रत के बहाने राजा पुरूरवा और उर्वशी प्रेम पर अपनी सहमति दे देती है, इस पर विदूषक राजा से कहता है- 'छिन्नहस्ते मत्स्ये पलायिते निर्विण्णो धीवरो भणति- गच्छ धर्मो मे भविष्यतीति।' - जैसे मछुआरे के जाल से मछली फिसलकर भाग जाये और वह कहे कि जा मैंने तुझे छोड़ा, मुझे पुण्य मिलेगा— उसी तरह रानी ने आपको यह छूट दी है।

इसी तरह शाकुंतल में शकुंतला और उसकी सखियों की भाषा में आरंभ में किशोरसुलभ चपलता झलकती है, तो बाद के अंकों में क्रमशः परिपक्वता। ऋषियों की वाणी में कालिदास की

भाषा की गंभीरता तथा उदात्तता विशेष रूप से परिलक्षित होती है और उसमें अलग अलग ऋषियों के संवादों में उस ऋषि के अपने व्यक्तित्व की झलक कवि ने दिखा दी है। कण्व के सारे संवादों में उनकी तपःपूत दृष्टि के साथ वात्सल्य और स्नेह छलक रहा है, तो दुर्वासा के संवाद में एक एक शब्द उद्दीप्त और अग्निगर्भित लगता है। अंतिम अंक में मारीच ऋषि का प्रत्येक कथन ऋषि के वचनों की गुरुता और वास्तविकता का बोध देता है। वे दुष्यंत से कहते हैं —

दिष्ट्या शकुन्तला साध्वी सदपत्यमिदं भवान्।
श्रद्धा वित्तं विधिश्चैव त्रितयं चात्र सङ्गतम्।।

(भाग्य से साध्वी शकुंतला और आपके यह सुपुत्र और आप यहाँ हैं, तो श्रद्धा, वित्त और विधि ये तीनों ही मिल गये।)

तीनों ही नाटकों में विविध दृश्यों के वर्णन गतिशीलता और नाटकीयता लिये हुए हैं, वे शब्दचित्रों के द्वारा अभिनय की संभावनाएँ भी उन्मीलित करते हैं। शाकुंतल के पहले अंक में ही रथ से भागता दुष्यंत गति और पीछे छूटते जाते दृश्यों का जो अनुभव करता है, वह वर्णनकला और नाटकीयता का सुंदर उदाहरण है।

यदालोके सूक्ष्मं व्रजति सहसा तद् विपुलतां
यदर्धे विच्छिन्नं भवति कृतसन्धानमिव तत्।
प्रकृत्या यद् वक्रं, तदपि समरेखं नयनयो-
र्न मे दूरे किञ्चित् क्षणमपि न पार्श्वे रथजवात्।।(१।९)

(दूर से दिखती सूक्ष्म वस्तु सहसा विपुल बन जाती है, जो आधी कटी हुई थी, वह सहसा जुड़ जाती है, जो स्वभाव से टेढ़ा है वह भी आँखों को समरेख दिखायी देता है, रथ के वेग के कारण क्षण भर में कुछ भी न मुझसे दूर रह पाता है, न मेरे पास रह पाता है।)

कालिदास किसी भी दृश्य को अपने शब्दों के द्वारा चित्र की तरह अंकित कर देते हैं। स्वर्ग से धरती की ओर लौटता दुष्यंत आकाश से सारी पृथ्वी का अवलोकन करता है। आकाश से नीचे उतरते समय धरती के दृश्य जिस तरह उभरते हैं, उनका चित्रण अद्भुत कल्पनाशक्ति के द्वारा किया गया है—

शैलानामवरोहतीव शिखरादुन्मज्जतां मेदिनी
पर्णाभ्यन्तरलीनतां विजहति स्कन्धोदयात् पादपाः।
सन्धानं तनुभागनष्टसलिलव्यक्त्या व्रजन्त्यापगाः
केनाप्युत्क्षिपतेव पश्य भुवनं मत्पार्श्वमानीयते।।

(अभिज्ञानशाकुन्तल, ७/८)

(पर्वतों के ऊपर उठते शिखरों से धरती नीचे उतरती लग रही है, तने प्रकट होने से पत्तों के भीतर छिपे वे पेड़ जैसे सामने आ रहे हैं, पतली रेखा भर दिखने के कारण जो नदियाँ बिना जल

के दिख रही थीं, उनका प्रवाह दिखायी दे रहा है तो वे प्रकट होती लगती हैं। लगता है सारा संसार जैसे कोई उछाल कर मेरे पास में लाये दे रहा हो।)

इसी प्रकार शकुंतला के विषय में दुष्यंत कहता है—

सुरयुवतिसम्भवं किल मुनेरपत्यं तदुज्झिताधिगतम्।
अर्कस्योपरि शिथिलं च्युतमिव नवमालिकाकुसुमम्।।

(वह अप्सरा से जन्मी मुनि विश्वामित्र की संतान है, जो उस अप्सरा के द्वारा छोड़ दिये जाने से आश्रम में ऐसे ही प्राप्त हुई जैसे नवमालिका का फूल ढीला होकर लता से गिरता हुआ आक के ऊपर जा अटका हो।)

यहाँ अर्क या मँदार का फूल शिव के माथे पर चढ़ाया जाता है, अतः वह पवित्र है, उससे आश्रम के लिये उपमा दी गयी है तथा शकुंतला को नवमालिका के फूल से।

दुष्यंत आश्रम में पौधे में पानी देती शकुंतला को देखकर कहता है—

इदं किलाव्याजमनोहरं वपुस्तपःक्षमं साधयितुं य इच्छति।
ध्रुवं स नीलोत्पलपत्रधारया शमीलतां छेत्तुं ऋषिर्व्यवस्यति।।१.१७

(इस सहज मनोहर तन को जो तपस्या के योग्य बनाकर साधना चाह रहे हैं, वे ऋषि निश्चय ही नीलकमल की पँखुड़ी की धार से शमीलता को काटने का यत्न कर रहे हैं।)

नीलकमल की पँखुड़ी की सुकुमारता और शमी की कठोरता सुविदित है, पर शमी के भीतर अग्नि छिपी रहती है, यह भी कालिदास अन्यत्र इसी नाटक में बताते हैं। शमी का काष्ठ पवित्र तथा यज्ञोपयोगी होता है। नीलोत्पलपत्रधारा और शमीलता इन दोनों उपमानों को आमने सामने रखकर कालिदास ने द्वन्द्वात्मकता के तनाव को अचूक और पैनी अभिव्यक्ति तो दी ही है, वह वक्ता (दुष्यंत) की जीवनदृष्टि की भी अभिव्यक्ति बन गई है।

जब राजा दुष्यंत शकुंतला की सखियों के साथ रसमय वार्तालाप में लीन है, उसके अनुयायियों के आने से आश्रम में होने वाली बाधा के वर्णन में कवि ने कहा है- घोड़ो के टापों से उड़ती धूल डूबते सूरज की आभा में लाल होकर पेड़ों की शाखाओं पर लटकाए वल्कलों पर गिर रही है, जैसे उन पर पतिंगे टूट पड़े हों।

तुरगखुरहतस्तथा हि रेणुर्विटपविषक्तजलार्द्रवल्कलेषु।
पतति परिणतारुणप्रकाशः शलभसमूह इवाश्रमद्रुमेषु।।२.२९।।

यहाँ नगर के लोगों के आने से आश्रम के शांत और पावन परिवेश में जो प्रदूषण आ रहा है, उसके लिये सटीक उपमा का प्रयोग किया गया है। यह उपमा सारे नाटक के अंतःस्वर को मुखरित करती है। इस भगदड़ से भड़का एक जंगली हाथी आश्रम की ओर बढ़ा चला आ रहा है। इसके लिये तपस्वी के संवाद में कवि ने उपमा दी है- वह हम तपस्वियों की तपस्या का मूर्तिमान् विघ्न है। यह उपमा भी सारे नाटक के कथ्य को उद्भासित कर देती है।

तीव्राधातप्रतिहततरुस्कन्धलग्नैकदन्तः
पादाकृष्टव्रततिवलयासङ्गसंजातपाशः।
मूर्तो विघ्नस्तपस इव नो भिन्नसारङ्गयूथो
धर्मारण्यं प्रविशति गजः स्यन्दनालोकभीतः।। ३०।।

सौंदर्यदृष्टि तथा सौंदर्यचित्रण

कालिदास किसी वस्तु के सौंदर्य का वर्णन करते हैं, तो मनोभाव उसमें स्वतः उतरते चले जाते हैं। मालविकाग्निमित्र में राजा अग्निमित्र नृत्य के बाद विदूषक के कहने से जाते जाते रुक गई मालविका की ठिठकी गुहुई छवि निहार कर कह उठता है—

दीर्घाक्षं शरदिन्दुकान्तिवदनं बाहू नतावंसयोः
सङ्क्षिप्तं निबिडोन्नतस्तनमुरः पार्श्वे प्रमृष्टे इव।
मध्यः पाणिमितो नितम्बि जघनं पादावुदग्राङ्गुली
छन्दो नर्त्तयितुर्यथैव मनसः सृष्टं तथास्या वपुः।।

(यह लंबी आँखों वाला शरद् के चंद्रमा जैसा चमकीला मुख, कंधों पर झुकी हुई बाहें, यह कसे हुए, सटे हुए उन्नत उरोजों वाला वक्षःस्थल, पार्श्व दोनों ओर से तराशे हुए, मुट्ठी भर, की कमर, भरे नितंबों वाले जघन, ऊँची अंगुलियों वाले चरण! लगता है नृत्याचार्य के मन में जो अभिप्राय था, उसी के आकार में ढल गई है काया इसकी!)

इस पद्य में किस प्रकार केवल रूपवर्णन भावों को स्वतः खींच लाता है, यह बताते हुए साहित्यदर्पणकार विश्वनाथ कहते हैं—

''अत्र मालविकामभिलषतोऽग्निमित्रस्य मालविकारूपविभावमात्रवर्णनेऽपि सञ्चारिणामौत्सुक्यादीनामनुभावानाञ्च नयनविस्फारादीनामौचित्यादेवा क्षेपः।''

कालिदास सहज और स्वाभाविक सौंदर्य को ही वरेण्य मानते हैं। शकुंतला इस स्वाभाविक सौंदर्य की साकार मूर्ति है। शकुंतला को देखकर दुष्यंत को भी यह स्वीकार करना पड़ता है कि कृत्रिम अलंकारों से वास्तव में शोभा नहीं बढ़ती। जो स्वभाव से सुंदर हैं उन्हें बाहरी सजावट की क्या आवश्यकता—

सरसिजमनुवद्धं शैवलेनापि रम्यं
मलिनमपि हिमांशोर्लक्ष्म लक्ष्मीं तनोति।
इयमधिक मनोज्ञा वल्कलेनापि तन्वी
किमिव हि मधुराणां मण्डनं नाकृतीनाम्। (१।१७)

कमल सिवार से घिर कर भी सुंदर लगता है, चंद्रमा का मैला भी धब्बा उसकी शोभा को बढ़ाता है, यह तन्वी वल्कल में भी सुंदर लग रही है, जो मधुर आकृतियाँ हैं, उनके लिये क्या अलंकार नहीं बन जाता?

शकुंतला के सहज अनाविल अनिंद्य सौंदर्य को लेकर दुष्यंत की यह उक्ति भारतीय सौंदर्यशास्त्र का प्रतिमान प्रस्तुत करती है।

निसर्गकन्या शकुंतला के लिये कवि ने नैसर्गिक उपमानों का ही प्रयोग किया है। दुष्यंत उसके रूप की सराहना करता हुआ कहता है- इसके अधर कोंपल की तरह लाल है, बाहें कोमल डगाल का अनुकरण कर रही हैं। फूल के जैसा लुभावना यौवन इसके अंगों में सन्नद्ध है।

अधरः किसलयरागः कोमलविटपानुकारिणौ बाहू।
कुसुममिव लोभनीयं यौवनमङ्गेषु सन्नद्धम्।।१.१९

यह सौंदर्य कला में सारा नहीं समा सकता। नायिका के चित्र के लिये दुष्यंत कहता है-

यद् यत् साधु न चित्रे स्यात् क्रियते तत् तदन्यथा।
तथापि तस्या लावण्यं रेखया किञ्चिदन्वितम्।।

(चित्र में जो कुछ भी अच्छा नहीं बना है, उसे मिटा मिटा कर फिर से बना दिया है, फिर भी शकुंतला का सौंदर्य रेखाओं में थोड़ा सा ही अँट सका है।)

निस्सीम सौंदर्य का अनुभव मनुष्य चराचर जगत् के साथ एकाकार होकर कर सकता है। इसी चित्र को समग्र बनाने के लिये दुष्यंत की परिकल्पना है-

कार्या सैकतलीनहंसमिथुना स्त्रोतोवहा मालिनी
पादास्तामभितो निषण्णहरिणा गौरीगुरोः पावनाः।।
शाखालम्बितवल्कलस्य च तरोर्निर्मातुमिच्छाम्यधः
शृङ्गे कृष्णमृगस्य वामनयनं कण्डूयमानां मृगीम्।।

(अभी इसमें वह मालिनी नदी बनानी है, जिसके रेतीले तट पर हंसों के जोड़े दुबके हों। उसके आसपास पार्वती के पिता हिमालय की पावन ढलाने बनानी हैं। एक ऐसा पेड़ जिसकी डालों पर मुनियों के वल्कल सूखने को लटकाये गये हैं, उसके नीचे मैं कृष्णमृग की बायीं आँख को अपने सींग से खुजाती हरिणी को बनाना चाहता हूँ।)

कवि यह बता रहे हैं कि मनुष्य और प्रकृति का अविभाज्य संबंध है। साथ ही दुष्यंत का अपराधबोध, शकुंतला से प्रेम और उसकी प्रतारणा भी इस पूरे शब्द चित्र में एक एक शब्द से झलक रही है। दुष्यंत के चित्त को स्मृतियाँ मथ रही हैं, उसी मालिनी नदी के किनारे शकुंतला के साथ प्रेम किया था, जिसके किनारे हंसमिथुन लीन हैं। हंसमिथुन प्रेम और विश्वास के प्रतीक हैं। दुष्यंत अपने आप की भर्त्सना करता है कि ऐसे पावन स्थान पर शकुंतला के साथ प्रेम किया और फिर उसके विश्वास को तोड़ा! अंतिम पंक्ति में तो आश्रम की निश्छलता की अत्यंत मुग्ध करने वाली छवि है। कृष्णमृग की बायीं आँख को अपने सींग से खुजाती हरिणी का चित्र परस्पर प्रेम और विश्वास की पराकाष्ठा है।)

प्रेम की इस तल्लीनता और सृष्टि के कण कण के साथ एकाकार होने में ही सच्चे सौंदर्य के दर्शन होते हैं। ऐसे सौंदर्य को महाकवि ने अपनी रचनाओं में सजीव बना दिया है।

जीवनदृष्टि तथा आदर्श- तीनों नाटकों में हम कालिदास की जीवनदृष्टि तथा आदर्शप्रवणता का विकास देखते हैं। मालविकाग्निमित्र में कवि यह कहना चाहता है कि राजा को विलासिता और रागरंग छोड़कर प्रजा के हित में संलग्न होना चाहिये। इसके भरतवाक्य में अग्निमित्र कहता है—

आशास्यमीतिविगमप्रभृतिप्रजानां
सम्पत्स्यते न खलु गोप्तरि नाग्निमित्रे।

(अग्निमित्र के शासन करते होने पर प्रजाओं की ईति, भीति आदि बाधाएँ दूर न हों, ऐसा तो हो ही नहीं सकता।)

विक्रमोर्वशीयम् में कवि सर्वांगीण विकास की कामना करता है, जिसमें लक्ष्मी और सरस्वती का समागम हो- 'सङ्गतं श्रीसरस्वत्योर्भूतयोऽस्तु सदा सताम्।' अभिज्ञानशाकुंतल में मुनिकुमार के मुख से राजा की प्रशंसा में कहलाया गया है- आपन्नाभयसत्रेषु दीक्षिताः खलु पौरवाः। - (विपत् में पड़े लोगों को अभय देने के यज्ञ की तो पुरुवंशी राजाओं ने दीक्षा ले रखी है।) कालिदास की दृष्टि में यही राजा का आदर्श है। दूसरे अंक में भी मुनिकुमार राजा में राजर्षि का रूप देखते हैं। राजपद कवि की दृष्टि में एक तपस्या है। पाँचवे अंक में कंचुकी के मुख से राजा के कर्तव्य को लेकर यह टिप्पणी बड़ी उपयुक्त है-'अविश्रमो ह्ययं लोकतन्त्राधिकारः।' - लोकतंत्र या प्रजा के पालन में लगे राजा को विश्राम करने का अवकाश नहीं होता। कालिदास की दृष्टि में राजा होने का अर्थ भोग विलास में लिप्त होना नहीं है, वास्तव में तो राज्य करना सुख के उपभोग के लिये नहीं, कष्ट झेलने के लिये होता है—

नातिश्रमापनयनाय यथा श्रमाय।
राज्यं स्वहस्तधृतदण्डमिवातपत्रम्।।

(राज्य करना थकान मिटाने के लिये नहीं, बल्कि थकान के लिये होता है, जैसे धूप से बचने के लिये अपना छत्र स्वयं उठाकर चलना।)

कालिदास ने भोगवाद की सामंतीय मनोवृत्ति का दृढ़ खंडन किया है, पर उन्होंने शरीर को निरर्थक कष्ट देने वाले तप का भी पक्ष नहीं लिया है। उनके आदर्श ऋषि कण्व और कश्यप हैं, न कि दुर्वासा। ऐसे आदर्श मुनियों के लिये कवि ने कहा है—

प्राणानामनिलेन वृत्तिरुचिता सत्कल्पवृक्षे वने
ध्यानं रत्नशिलातलेषु विबुधस्त्रीसन्निधौ संयमः
तोये काञ्चनपद्मरेणुकपिशे पुण्याभिषेकक्रिया
यत् काङ्क्षन्ति तपोभिरन्यमुनयस्तस्मिंस्तपस्यन्त्यमी।।

(अभि०शाकु०, ७।१२)

(कल्पवृक्ष के वन में भी प्राणों की वृत्ति ये केवल हवा से चला रहे हैं, स्वर्णकमल के पराग के पिंगल वर्ण वाले जल में ये धर्मपूर्वक अभिषेक की क्रिया करते हैं, रत्न की शिलाओं पर ध्यान करते हैं, अप्सराओं के सान्निध्य में संयम रखते हैं। अन्य मुनि तपस्या के द्वारा जो चाहते हैं, ये उसके बीच रह कर तप कर रहे हैं।)

अपने काव्यों की भाँति नाटकों में भी कालिदास ने आश्रमों की संस्कृति का यशोगान किया है। नगरों की भौतिकता, विलासिता व सामंतीय समाज की स्त्रैणता के प्रतिरोध में उन्होंने आश्रमों के अपरिग्रह, स्वावलंबन, तेजस्विता और निःस्पृहता को महत्त्व दिया है। जब विदूषक हँसी हँसी में दुष्यंत से आश्रम के मुनियों से कर वसूलने की बात कहता है, तो राजा तुरंत उसे झिड़क कर कहते हैं—

यदुत्तिष्ठति वर्णेभ्यो नृपाणां क्षयि तत्फलम्।
तपःषड्भागमक्षय्यं ददत्यारण्यका हि नः।। २.१३

(राजा को अन्य लोगों से जो धन के रूप में शुल्क मिलता है, वह तो नष्ट हो जाता है, मुनि जन अपनी तपस्या के द्वारा उसे जो पुण्य प्रदान करते हैं, वह अक्षय हो जाता है।)

दुष्यंत आश्रम में प्रवेश करने के पहले अपनी राजसी वेश व अस्त्र त्याग देता है। अपने सेनापति से भी वह कहता है कि सैनिक आश्रम में विघ्न न करें, क्योंकि तपोवन में भले ही शांति छायी रहती हो, पर इसरे भीतर ऐसा तेज छिपा हुआ है, जो जला सकता है।

लोकहित की भावना तथा राजा के कर्तव्य को कालिदास ने अपने तीनों नाटकों में बड़े मार्मिक रूप में अभिव्यक्त किया है। शाकुंतल ऋषिकुमार राजा को देखकर कहते हैं कि यह राजा भी मुनि ही है, मुनि आश्रम में निवास करते हैं, तो यह गृहस्थाश्रम में प्रतिष्ठित है, मुनि तप करते हैं, यह प्रजा की रक्षा का तप करता है, मुनियों का यश स्वर्ग तक फैला हुआ है, तो इसका यश भी। केवल अंतर यही है कि यह केवल ऋषि नहीं, राजर्षि है।

तीनों ही नाटकों में कालिदास ने भारतीय गृहिणी के आदर्श और माहात्म्य को स्थापित किया है। शाकुंतल के अंतिम अंक में ऋषि शकुंतला को समझाते हुए कहते हैं- बेटी, अपने सहधर्मचारी के लिये रोष मत करना, क्योंकि शाप के कारण इसकी स्मृति रुँध गयी थी उससे इसने तुझे ठुकरा दिया। अब तो अपने भर्ता पर तेरा ही पूरा स्वामित्व है- 'भर्तर्यपेततमसि प्रभुता तवैव।' पत्नि और पति को एक दूसरे के अधीन एक दूसरे के वश में रहना चाहिये- कालिदास दांपत्य के इस स्पृहणीय आदर्श को प्रतिष्ठित कर रहे हैं। इसके साथ ही कालिदास नारी की तेजस्विता के प्रशंसक हैं। शकुंतला के कैशोर्यसुलभ भोलेपन और निष्पाप मन का उन्होंने शाकुंतल के पहले तीन अंकों में अंतरंग चित्रण किया है। वही शकुंतला दुष्यंत के द्वारा तिरस्कृत होने पर उसका अत्यंत तेजस्वी शब्दों में प्रत्याख्यान करती है। इसी प्रकार धारिणी का वीरपत्नी तथा वीरमाता का यह रूप भी मालविकाग्निमित्र में प्रेरणाप्रद है—

भर्त्रासि वीरपत्नीनां श्लाघ्यानां स्थिता धुरि।
वीरसूरिति शब्दोऽयं तनयात् त्वामुपस्थितः।।

(रानी, आप को पति ने वीरों की पत्नियों के बीच सबसे ऊपर प्रतिष्ठित कर दिया, और वीर पुत्र की माता - यह शब्द आपको आपके बेटे ने दिया।)

शिक्षण पद्धति और आदर्श गुरु और शिष्य के विषय में 'मालविकाग्निमित्रम्' में कालिदास के विचार मनन के योग्य हैं। वे कहते हैं कि गुरु जितना उपदेश देता है उसमें कुछ और अच्छा जोड़कर शिष्य उसे ग्रहण करता है। इस प्रकार शिष्य गुरु के लिये प्रत्युपदेश करने वाला बन जाता है।

यद्यत्प्रयोगविषये भाविकमुपदिश्यते मया तस्यै।
तत्तद्विशेषकरणात्प्रत्युपदिशतीव मे बाला।।१.५

प्रतिभाशाली शिष्य को दिया गया ज्ञान और भी गुण वाला हो जाता है, जैसे किसी किसी सीपी में पानी की बूँद मोती बन जाती है।

पात्रविशेषे न्यस्तं गुणान्तरं व्रजति शिल्पमाधातुः।
जलमिव समुद्रशुक्तौ मुक्ताफलतां पयोदस्य।।१.६

अपने शास्त्रज्ञान की वृद्धि न करता हुआ जो गुरु केवल जीविका के लिये ज्ञान देता है, वह ज्ञान को बेचने वाले वणिक् के समान है।

लब्धापदोऽस्मीति विवादभीरोस्तितिक्षमाणस्य परेण निन्दाम्।
यस्यागमः केवलजीविकायै तं ज्ञानपण्यं वणिजं वदन्ति।।१.१७

किसी गुरु का ज्ञान तो बहुत अधिक होता है, पर अभिव्यक्ति अच्छी नहीं होती। किसी के ज्ञान में न्यूनता होती है, पर वह उसे शिष्यों को समझाता बहुत अच्छी तरह है- 'शिलष्टा क्रिया कस्यचिदात्मसंस्था, सङ्क्रान्तिरन्यस्य विशेषयुक्ता।' जिस गुरु में ज्ञान की पूर्णता भी हो और अभिव्यक्ति भी प्रशस्य हो, वह श्रेष्ठ शिक्षक है- 'यस्योभयं साधु स शिक्षकाणां धुरि प्रतिष्ठापयितव्य एव।'

तीनों नाटकों में कालिदास की जीवन दृष्टि का क्रमिक विकास तथा अपने समय के जीवन और समाज की व्याख्या देखी जा सकती है। मालविकाग्निमित्र आधिभौतिक स्तर पर अधिक स्थित है। वह अंतःपुर के यथार्थ का सटीक चित्रण है। विदूषक राजा अग्निमित्र के मुँह पर कह देता है- तुम उस गीध की तरह हो, जो कसाईखाने पर कच्चे मांस के लालच में मँडराता भी है और डरता भी है। सामंतीय समाज की लंपटता और आंतरिक भीरुता पर यह बड़ी साहसिक टिप्पणी है। विदूषक के मुख से कालिदास ने इस तरह तीनों ही नाटकों में सामाजिक व्यवस्था पर पैनी टिप्पणियाँ की हैं। विक्रमोर्वशीयम् में प्रेम स्थूल दैहिक धरातल से ऊपर उठकर मनोदैहिक धरातल पर प्रतिष्ठित है। उर्वशी पुरूरवा के केवल बाहरी रूप पर नहीं रीझती, वह उसके साहस और पराक्रम के कारण उसे चाहती है। अभिज्ञानशाकुंतल में प्रेम

शारीरिक आकर्षण से आरंभ होकर भी तप और जीवन मूल्यों से जुड़ कर महनीय बन जाता है। रवींद्रनाथ के शब्दों में - 'जिस प्रेम में कोई बंधन नहीं, जो सहसा स्त्रीपुरुष को अपने वश में करके उनके संयम रूपी किले को तोड़कर उस पर अपनी विजयपताका गाड़ देता है, उस प्रेम की शक्ति को कालिदास ने स्वीकार किया है, पर उसके निकट आत्मसमर्पण नहीं कर दिया। कालिदास ने दिखा दिया है कि जो अंध प्रेम हमें अपने कर्तव्य से विमुख करता है, वह प्रभु के शाप से खंडित हो जाता है, और देवता की क्रोधाग्नि में जल जाता है। शकुंतला ने जब आतिथ्य धर्म को कुछ नहीं समझा, उसके लिये दुष्यंत ही सब कुछ हो गये, तब उस प्रेम में शकुंतला का कल्याण नहीं रहा। जो पागल प्रेम प्रिय जन को छोड़कर सब कुछ भूल जाता है, सबके विरुद्ध वह अपनी स्थिति को बनाये नहीं रख सकता। .. .जो प्रेम तपस्वी की तपस्या भंग करने के लिये, गृहस्थ के घर में उसके सांसारिक धर्म को परास्त करने के लिये उत्पन्न होता है, वह आँधी के समान अन्य को नष्ट करता है, तो अपने विनाश को भी अपने साथ ही लिये आता है।'

नाट्यशास्त्र और कालिदास

भास का भरत के नाशा० के साथ सम्बन्ध जितना ही सन्दिग्ध है, कालिदास का उसके साथ सम्बन्ध उतना ही सुनिश्चित है। कालिदास संस्कृत के पहले नाटककार हैं, जो एक मिथकीय आद्य-नाट्यप्रयोक्ता के रूप में भरतमुनि का उल्लेख भी करते हैं और उनके विषय में उन प्राचीन कथाओं से भी परिचित प्रतीत होते हैं, जिनका भरत के ही नाशा० में विवरण दिया गया है। विक्रमोर्वशीय नाटक में उर्वशी को धरती से स्वर्ग से बुलाने के लिए यह कथन है—

मुनिना भरतेन यः प्रयागो भवतीष्वष्टसाश्रयो नियुक्तः।
ललिताभिनयं तमद्य भर्ता मरुतां द्रष्टुमनाः सलोकपालः।।

(वि., २.७)

इसमें भरतमुनि के द्वारा स्वर्ग में अप्सराओं को लेकर अष्टरसाश्रित प्रयोग उनसे कराने की बात कही गयी है। कालिदास भरत मुनि के नाम से ही नहीं, तथा इस तथ्य से भी परिचित हैं कि भरत के नाट्यशास्त्र में आठ ही रसों की स्वीकृति दी गयी है। भरत के द्वारा अप्सराओं के दल से इन्द्र आदि देवों के समक्ष नाट्यप्रयोग कराने की कथा नाशा० में ही मिलती है, अतः कालिदास इसी परम्परा से अपने नाटक में यह कथांश थोड़े परिवर्तन या नयी कल्पना के साथ जोड़ रहे हैं-यह स्पष्ट है।

भरतमुनि के द्वारा कराये गये उक्त प्रयोग को कालिदास ने ललिताभिनय या ललित अभिनय वाला कहा है। इस विशेषण का आधार भी नाशा० में वर्णित नाट्योत्पत्तिप्रसंग में देखा जा सकता है। आरम्भ में भरत ने अपने सौ शिष्यों से नाट्यप्रयोग कराये थे, जिनमें

कैशिकी वृत्ति या लालित्य का तत्त्व न था। फिर ब्रह्मा के कहने पर उन्होंने अपने प्रयोगों में कैशिकी वृत्ति भी जोड़ी और उसके निष्पादन के लिए अप्सराओं को अपने नाट्यदल में सम्मिलित किया।

नाशा० के एक प्राचीन संस्करण में आठ रसों का ही प्रतिपादन है और दूसरे में अतिरिक्त रूप से शान्तरस का प्रकरण भी जोड़ा हुआ मिलता है। नाट्य में आठ ही रस हुआ करते हैं, शान्त रस नाट्य में सम्भव नहीं है-यह एक परम्परा रही है, जबकि दूसरी परम्परा नाट्य में भी शान्त को नवम रस के रूप में स्वीकृति देती है। नाट्य के क्षेत्र में शान्त रस को स्थापित करने वाले आचार्य उद्भट माने गये हैं। कालिदास के उल्लेख से इतना अवश्य स्पष्ट होता है कि वे नाशा० के जिस रूप से परिचित थे, उसमें शान्तरस का प्रकरण समाविष्ट नहीं था। फिर भी यह अनुमान होता है कि शान्तरस को लेकर उठाये गये आचार्यों के बीच के विवाद से कालिदास परिचित थे और उनके समय तक शान्तरस की चर्चा आरम्भ हो चुकी होगी। इसी नाटक में प्रकारान्तर से शान्तरस का खण्डन करते हुए वे कहते हैं—

वेदाभ्यासजडः कथं नु विषयव्यावृत्तकौतूहलो
निर्मातुं प्रभवेन्मनोहरमिदं रूपं पुराणो मुनिः?।।

(विक्रमोर्वशीयम्, १.१०)

कालिदास का इस उक्ति में आशय यही लगता है कि निर्वेद या वैराग्य से सौन्दर्य की सृष्टि नहीं हो सकती।

भरतकृत नाशा० से कालिदास का परिचय नाशा० में पुरूरवा और उर्वशी की कथा के विषय में दिये गये संकेत से भी जाना जा सकता है। ३७वें अध्याय में नाट्य के भूलोक में अवतरण का प्रसंग बताते हुए भरतमुनि कहते हैं कि राजा नहुष ने उनसे नाट्य को धरती पर प्रतिष्ठित करने की प्रार्थना की थी—

पितामहगृहेऽस्माक तदन्तःपुरे जने।
पितामहक्रियायुक्तमुर्वश्यां सम्प्रवर्तितम्।।
तस्याः प्रणाशशोकेन उन्मादोपर (ह) ते नृपे।
विपन्नेऽन्तःपुरजने पुनर्नाशमुपागतम्।।
प्रकाशमेतदिच्छामो भूयस्तत् सम्प्रयोजितम्।।

(नाशा० ३७.९-११)

नहुष कहता है कि हमारे पितामह के घर में अन्त:पुर के लोगों (रानियों आदि) के बीच उर्वशी के द्वारा यह नाट्य प्रवर्तित किया गया था। जब उर्वशी अन्तर्धान हो गयी, तो राजा पुरूरवा उसके जाने से बावले हो गये और अन्त:पुर के लोग भी विपन्न हो गये, जिससे नाट्य भी हमारे यहां नष्ट हो गया। अब हम चाहते हैं कि यह नाट्य हमारे यहाँ इस धरती पर पुनः प्रकट हो।

इस उद्धरण में पुरूरवा और उर्वशी की कथा, उर्वशी का अन्तर्धान होना, पुरूरवा का उसके विरह में उन्मत्त होना इस कथानक का संकेत किया गया है। कालिदास के विक्रमोर्वशीयम् का भी यही कथानक है, यद्यपि नाशा० में सूचित कथा शतपथ ब्राह्मण आदि प्राचीन वैदिक ग्रन्थों में वर्णित कथा के अनुसार है और कालिदास ने इस कथा में अपनी कल्पना से परिवर्तन किया है। यह सम्भव है कि नाशा० का यह अंश कालिदास के सामने रहा हो और उन्होंने विक्रमोर्वशीय की कथा-परिकल्पना इससे प्रभावित होकर की हो।

विक्रमोर्वशीयम् की मुख्य वस्तु दिव्यमानुषसंयोग है। नायिका दिव्य (अप्सरा) तथा नायक मनुष्य है। दिव्यमानुषसंयोग की सम्भाव्यता पर नाटक की संरचना की दृष्टि से भरतमुनि ने विचार करते हुए कहा है कि नाटक में यह दो कारणों से हो सकता है- दिव्या (नायिका) के शापभ्रंश के कारण तथा अपत्यलिप्सा के कारण।

शापभ्रंशात् तु दिव्यानां तथाचापत्यलिप्सया।
कार्यो मानुषसंयोगः शृङ्गाररससम्भवः।।

(२२.३२५)

अप्सरा यदि शाप के कारण स्वर्गच्युत होती है, तो मनुष्यनायक से उसका प्रेम हो सकता है। उसके साथ या विकल्प से अपत्यलिप्सा अर्थात् सन्तान की इच्छा के कारण भी अप्सरा का मनुष्य के साथ संयोग हो सकता है। भरत का यह विवेचन विक्रमोर्वशीय की कथा-संरचना में प्रतिफलित हुआ है। वहाँ अप्सरा उर्वशी शाप के कारण स्वर्ग से च्युत होती है और उसका धरती के नायक पुरूरवा से संयोग हो जाता है। कालिदास ने शाप भी उसे स्वयं भरतमुनि के मुख से ही दिलवाया है। भरत मुनि के द्वारा कराये गये नाट्यप्रयोग में लक्ष्मी का अभिनय करती उर्वशी के मुख से पुरुषोत्तम के स्थान पर नाटक के संवाद में 'पुरूरवा' शब्द असावधानी से निकल जाने के कारण भरत मुनि रुष्ट हो जाते हैं और उर्वशी को शाप दे देते हैं। सम्भवतः कालिदास ने भरत के मुख से शाप दिलाकर उनके अभिनयविषयक सिद्धान्त की समझ ही नहीं, भरत के उक्त विधान से अपना परिचय भी सूचित कर दिया है, अप्सरा को शाप दिलाने का विधान बनाने वाले शास्त्रकार के मुख से ही उन्होंने नाटक में शाप दिलवा दिया है।

दिव्यमानुषसंयोग के पीछे एक दूसरा कारण अपत्यलिप्सा का है। विक्रमोर्वशीय में अपत्यलिप्सा है, पर कालिदास ने भरत के विधान को यहां उलट दिया है। यहां अपत्यलिप्सा के कारण दिव्यमानुषसंयोग नहीं होता, उर्वशी और पुरूरवा का पुत्र आयुष् उल्टे उनके वियोग का कारण बन जाता है। शास्त्र के विधान का उल्लंघन कालिदास ने जानबूझ कर किया है।

तथापि विक्रमोर्वशीयम् की भावभूमि अनेक स्तरों पर नाशा० के अत्यधिक निकट है। सैंतीसवें अध्याय के उपर्युक्त उद्धरण में पुरूरवा के उन्माद के उपहत या उपरत होने की बात कही गयी है। विक्रमोर्वशीयम् वस्तुतः प्रेम के उन्माद का ही चित्रण करता है। बाईसवें अ० में अप्सरा के द्वारा मनुष्य नायक के उपचारों का वर्णन करते हुए कहा गया है कि इस प्रकार के

विविध उपचारों के द्वारा अप्सरा नायक को खूब उन्मत्त बना दे, उन्माद से उत्पन्न काम या प्रेम बड़ा रतिकारक होता है-

ईदृशैरुपचारैश्च समुन्माद्यस्तु नायकः।
उन्मादनात् समुद्भूतः कामो रतिकरो भवेत्।।

(२२.३३१)

यह नाशा० तथा कालिदास के बीच संवाद का उत्तम उदाहरण है कि अप्सरा उर्वशी के द्वारा पुरूरवा को रिझाने के लिए जो उपचार नाटक में किये गये हैं, उनका संकेत भरतमुनि ने कर दिया है—

पुष्पैर्भूषणजैश्शब्दैरदृश्यापि विलोभयेत्।
पुनः सन्दर्शनं गत्वा क्षणादन्तर्हिता भवेत्।।
वस्त्राभरणमाल्यार्थलेखसम्प्रेषणैरपि।।

(२२.२९-३०)

(अप्सरा, अदृश्य रहती हुई अपने पुष्पों, भूषण आदि के शब्दों से नायक को आकर्षित करे, फिर वह उसके आगे प्रकट होकर क्षण भर में अन्तर्धान हो जाए। वस्त्र, आभरण, माला तथा लेख भेजने के द्वारा भी वह नायक को आकर्षित करे)।

कालिदास ने उर्वशी द्वारा पुरूरवा को आकर्षित करने के लिए इन्हीं उपचारों का प्रयोग कराया है। उर्वशी अदृश्य रहकर उसके पास आती हुई अपने आभूषण की ध्वनि करती है, फिर प्रकट होकर तिरोहित हो जाती है, वह उसके प्रति लेख (प्रेमपत्र) भी भेजती है। यही नहीं, पुरूरवा को भरतमुनि की शब्दावली में ही उर्वशी के आगमन की आशंसा करता है—

गूढा नूपुरशब्दमात्रमपि मे कान्ता श्रुतौ पातयेत्
पश्चादेत्य शनैः कराम्बुजवृते कुर्वीत वा लोचने।
हर्म्येऽस्मिन्नवतीर्य साध्वसवशान्मन्दायमाना बला-
दानीयेत पदात्पदं चतुरया सख्या ममोपान्तिकम्।।१५।।

भास की अपेक्षा कालिदास ने नाट्यशास्त्रीय शब्दावली का उसके विशिष्ट पारिभाषिक अर्थ की समझ के साथ अनेक स्थानों पर प्रयोग किया है। उदाहरण के लिए कुमारसम्भव में शिव और पार्वती के विवाह के पश्चात् उनके सामने अप्सराओं के द्वारा प्रस्तुत किये जा रहे नाट्य का वर्णन करते हुए कालिदास कहते हैं—

तौ सन्धिषु व्यञ्जितवृत्तिभेदं रसान्तरेषु प्रतिबद्धरागम्।
अपश्यतामप्सरसां मुहूर्तं प्रयोगमाद्यं ललिताङ्गहारम्।।

शिव और पार्वती ने एक मुहूर्त अप्सराओं के उस नाट्य-प्रयोग को देखा, जिसमें सन्धियों में वृत्तियों का भेद अभिव्यंजित किया गया था, जो विभिन्न रसों के प्रयोग में रागनिबद्ध था तथा जिसमें ललित अंगहारों का प्रयोग किया गया था।

यहाँ कालिदास सन्धि, वृत्ति, रस, राग तथा अंगहार इन शब्दों का प्रयोग नाट्यशास्त्रीय परम्परा और विधान की समझ के साथ ही कर रहे हैं। भरतमुनि की अवधारणाओं से अनेक स्थलों पर कालिदास ने अपना परिचय प्रकट किया है। मालविकाग्निमित्रम् में नाट्य का माहात्म्य, उसे चाक्षुष यज्ञ बताना, शिव के ताण्डव से उसके सम्बन्ध का कथन, उसमें लोकचरित और रसों का विन्यास तथा उसकी विभिन्न रुचि वाले लोगों के चित्त को आराधित या अनुरंजित करने की क्षमता (माल., १.४)-इतनी बातें कालिदास ने कही हैं, ये सब नाशा० के प्रथम अध्याय में नाट्य-माहात्म्य के प्रसंग से तुलनीय हैं।

देवानामिदमामनन्ति मुनयः कान्तं क्रतुं चाक्षुषं
रुद्रेणेदमुमाकृतव्यतिकरे स्वाङ्गे विभक्तं द्विधा।
त्रैगुण्योद्भवमत्र लोकचरितं नानारसं दृश्यते
नाट्यं भिन्नरुचेर्जनस्य बहुधाप्येकं समाराधनम्।।४।।

(मुनि जनों ने इसको देवताओं के लिये कांत यज्ञ कहा है, शंकर ने अपने अर्धनारीश्वर रूप में इसी को लास्य और तांडव इन दो रूपों में प्रकट किया, इसमें तीन गुणों से जन्मा विविध रसों से भरा हुआ लोक चरित दिखाया जाता है, अलग अलग रुचियों वाले लोगों का नाट्य अकेला आराधन है।)

कालिदास तथा भरत दोनों ने नाटक में नायक और नायिका के बीच के व्यवहार को व्यक्त करने के लिए 'उपचार' शब्द का विशिष्ट अर्थ में प्रयोग किया है। नाशा० के बाईसवें अध्याय में भरत ने स्त्रियों के द्वारा नायक को रिझाने के लिए प्रयुक्त किये जाने वाले उपचारों का विशद विवरण रंगमंच तथा नाटक की दृष्टि से दिया है। कालिदास नाशा० की परम्परा से प्रचलित उपचार शब्द के पारिभाषिक अर्थ से परिचित हैं और वे इस उपचार की विडम्बना या खोखलापन को भी दिखाते हैं, जो शास्त्र को समझकर शास्त्र से आगे जाने की उनकी प्रतिभा का परिचायक है। मालविकाग्निमित्रम् में अग्निमित्र कहता है—

उचितः प्रणयो वरं विहन्तु बहवः खण्डनहेतवो हि दृष्टाः।
उपचारविधिर्मनस्विनीनां न तु पूर्वाभ्यधिकोऽपि भावशून्यः।।

(३.३)

अग्निमित्र के लिए मनस्विनी रानी का भावशून्य उपचार असह्य हो गया है, उससे तो अच्छा है कि स्त्री-पुरुष के बीच का प्रणय (परिचय) ही समाप्त हो जाय-ऐसा उसे लगता है।

फिर भी कालिदास नाशा० की परम्परा में बताये गये विविध उपचारों का अपने रंगमंच पर दिग्दर्शन अवश्य करते हैं। नाशा० में उपचार की दृष्टि से स्त्रीपात्र तीन प्रकार के बताये गये हैं-बाह्या, आभ्यन्तरा तथा बाह्याभ्यन्तरा। बाह्य स्त्री गणिका होती है, कुलीन नायक का उससे उपचार सम्बन्ध भरत की दृष्टि से निषिद्ध है। आभ्यन्तरा अन्तःपुर की रानी तथा बाह्याभ्यन्तरा दिव्यस्त्री (अप्सरा आदि) से कुलीन नायक का संयोग दिखाया जा सकता है

(२२.१५२-१५५)। राजा के लिए उपचार बाह्य स्त्री से नहीं दिखाया जाना चाहिए, इसके लिए इस स्थल की व्याख्या करते हुए अभिनव ने विक्रमोर्वशीयम् का ही उदाहरण दिया है- 'नहि राजोपचारे तु बाह्यस्त्रीभोग इत्यस्यापवादमाह- दिव्यवेश्येति। यथा पुरूरवस उर्वश्या।' (अभिभा., भा.-३, पृ० १९६)।

आभ्यन्तरा के उपचार का निदर्शन कालिदास ने मालविकाग्निमित्रम् में उपस्थित किया है। अग्निमित्र और इरावती के सम्बन्धों में विघटन और गहरा तनाव चित्रित किया गया है, पर रानी के द्वारा नाट्यशास्त्र में प्रतिपादित उपचारों (२२.२८०-९४) का पालन तथा उनका अतिक्रमण दोनों कालिदास ने यहां दर्शाया है। इरावती का राजा को ताना देना, रूठ कर चली जाना और फिर लौटना, राजा की अपने चरणों पर गिरने को विवश कर देना- ये सब भरत ने स्त्रियों के द्वारा प्रयुक्त उपचारविधि में परिगणित किये हैं और इरावती यह सब करती है। पर वह उपचार विधि का इस तरह अतिक्रमण करती है कि राजा घबरा कर कहता है- प्रिये! अपूर्वोऽयमुपचारः।-(प्रिये!) यह कैसा अपूर्व उपचार है)।

'उपचार' की ही भांति कालिदास के तीनों नाटकों में एक कथासूत्र 'प्रच्छन्नकामिता' या नायक का छिपकर परकीया नायिका से प्रेम करना है।

भास के नाटकों में कहीं भी प्रच्छन्नकामिता का यह रूप नहीं है। स्वप्नवासवदत्तम् में उदयन का विरचिका नामक दासी के प्रति प्रच्छन्नकामिता का प्रच्छन्न रूप में ही संकेत मात्र है। कालिदास के तीनों नाटकों में नायक विवाहित हैं और वे विवाहेतर सम्बन्धों में प्रेम की खोज करते हैं। वे तीनों अपनी रानियों का बहुत सम्मान करते हैं और अन्तःपुर की प्रियाओं से भय खाते हैं। फिर भी वे इनको छलते हैं और अन्य स्त्री से प्रच्छन्नकामिता रखते हैं। भरत कहते हैं कि इस प्रच्छन्नकामिता में राजाओं को जो रति या आनन्द मिलता है, वह कहीं और जगह उन्हें नहीं मिलता, क्योंकि जो दुर्लभ है और जिसे पाने का निषेध किया जाता है, वहीं कामना की पराकाष्ठा पर भी पहुँचाता है—

बहुमानेन देवीनां वल्लभानां भयेन च।
प्रच्छन्नकामितं राज्ञा कार्यं परिजनं प्रति।।
यद्यप्यस्ति नरेन्द्राणां कामतन्त्रमनेकधा।
प्रच्छन्नकामितं यत् तद् वै रतिकरं भवेत्।।
यद् वामाभिनिवेशित्वं यतश्च विनिवार्यते।
दुर्लभत्वं च यन्नार्याः सा कामस्य परा रतिः।।

(२२.२०५-७)

(देवियों के प्रति सम्मान का भाव होने कारण, प्रिय रानियों के प्रति भय के कारण राजा का परिजनों के प्रति प्रच्छन्नकामित दिखाना चाहिये।

यद्यपि राजाओं का कामतंत्र अनेक प्रकार का होता है, पर जो प्रच्छन्नकामित है, वही विशेष रूप से रतिकर होता है।

जिस स्त्री में मन लग जाये और जिससे प्रेम करने से रोका जाये तथा जो दुर्लभ हो, तो प्रेम का पराकाष्ठा वहाँ उत्पन्न होती है।)

कालिदास के तीनों नाटकों की अन्तर्वस्तु को समझने के लिए यहाँ नाशा० ने एक सटीक सूत्र दिया है। यह अवश्य सत्य है कि शास्त्र की सीमाओं को समझते हुए उनसे बाहर आकर कालिदास ने इस प्रच्छन्नकामिता के अभिप्राय को गहरे मनोवैज्ञानिक आयामों तथा उदात्त मूल्यबोध के साथ परिष्कार भी दिया है।

कालिदास ने अपने नाटकों में भरत के अभिनय या प्रयोग से सम्बद्ध सिद्धान्तों का गहरा अभिज्ञान और नाट्यशास्त्र की शब्दावली से भी अच्छा परिचय प्रकट किया है। मालविका के छलित नाट्य के प्रयोग के अवसर पर तो उनकी नाटक और रंगमंच के शास्त्र की अच्छी समझ सामने आती है। गणदास नाट्य आरम्भ होने से पहले मालविका को सीख देता है- 'वत्से! मुक्तसाध्वसा सत्त्वस्था भव।' (बेटी, साध्वस छोड़कर अपने सत्त्व में स्थित हो जाओ)। यह सत्त्व भरत के अभिनय-दर्शन का मूलभूत सिद्धान्त है, साध्वस उससे विचलित करने वाला तत्त्व है। सत्त्व की तो विशद व्याख्या नाशा० और उसकी परम्परा में मिलती है, साध्वस से मुक्त होने के गुण का भी भरत ने लक्षण क्रिया है-'प्रयोगनिःसाध्वसता प्रागल्भ्यं समुदाहृतम्' (२२.३)। परिव्राजिका के द्वारा मालविका के नाट्य की प्रशंसा (माल., २.६) में तो कालिदास ने भरत के अभिनय सिद्धान्तों की सुन्दर व्याख्या ही कर दी है—

अङ्गैरन्तर्निहितवचनैः सूचितः सम्यगर्थः
पादन्यासो लयमनुगतस्तन्मयत्वं रसेषु।
शाखायोनिर्मृदुरभिनयस्तद्विकल्पानुवृत्तौ
भावो भावं नुदति विषयाद् रागबन्धः स एव।।

(शब्द छिपे हुए थे अंग अंग में इसके; उन अंगों से अर्थ व्यक्त करती गई यह।

चरणों की गति लय के साथ रही, और रसों में हुई तन्मयता, शाखाओं से फूटा मृदु अभिनय, अभिनय के विविध प्रकारों में एक भाव से दूसरा भाव जन्म लेता गया। इससे जो बना, वह था राग बंध।)

यहाँ सूचा, अंग, शाखा, नृत्त आदि आंगिक अभिनय के पारिभाषिक शब्द जिनकी व्याख्या नाशा० के आठवें अध्याय में की गयी है, कालिदास ने सही पारिभाषिक अवबोध के साथ ही प्रयुक्त किये हैं। इस प्रकार के अनेक शब्द कालिदास ने प्रयुक्त किये हैं, जिनका नाट्यशास्त्रीय पारिभाषिक अर्थ उनकी चेतना में स्पष्ट है। मालविका के नाट्य के आरम्भ होने से पूर्व कलाकार के सौष्ठव की बात परिव्राजिका के मुख से उठाई गयी है। नाट्य आरम्भ होते समय आचार्य गणदास के द्वारा सौष्ठव की दृष्टि से निरीक्षित मालविका का प्रवेश बताया गया है। यह सौष्ठव भरत के आंगिक अभिनय का अत्यन्त महत्त्वपूर्ण बीज-शब्द है।

केवल पारिभाषिक पदावली के प्रयोग की दृष्टि से ही नहीं, रंगमंच की प्रविधियों तथा प्रयोगदृष्टि के कारण भी कालिदास और भरत एक दूसरे के निकट हैं। भरत का अभिनयसिद्धान्त बिना नाट्यधर्मी के प्रयोग को उत्तम नहीं मानता। कालिदास के तीनों रूपक नाट्यधर्मी पद्धति से प्रयोग की दृष्टि से ही रचे गये हैं। भास और भवभूति जैसे नाटककारों में जहाँ अभिनय की लोकधर्मी पद्धति की और अधिक रुझान है, कालिदास अभिनय की उत्कृष्ट कलात्मक भावपूर्ण भंगिमाओं का संकेत देते चलते हैं। इस दृष्टि से उन्होंने आरोहण, अवतरण, पानी से पौधों को सींचना, रथ पर तेजी से चलना, गति का अनुभव आदि शारीरिक क्रियाओं के संकेतों में भी नाट्येन, नाटयति, निरूपयति, निरूप्य, अभिनयति-इत्यादि रंगसंकेतों का प्रयोग पात्र के लिए किया है, जिससे स्पष्ट है कि पात्र को शारीरिक चेष्टा की यथावत् अनुकृति न करते हुए उसका अभिनय करके दिखाना है, जो सांकेतिक, प्रतीकात्मक या नाट्यधर्मी पद्धति से होगा। कहीं-कहीं तो कालिदास ने आंगिक के भरतसम्मत भेदों का निर्देश भी कर दिया है। जैसे शाकुंतल के छठे अङ्क में सानुमती अप्सरा से निष्क्रमण के लिए उद्भ्रान्तक नामक करण से निष्क्रमण का संकेत है, क्योंकि अप्सरा आकाश में उड़ती हुई आती है। इसी प्रकार प्रथम अंक में शकुंतला का भ्रमर-बाधा निरूपण का दृश्य भ्रमर-हस्त, भ्रमर-अंगहार आदि के द्वारा दिखाया जाएगा। यद्यपि इस स्थल पर कालिदास ने भ्रमर हस्त आदि का निर्देश स्वयं नहीं किया, पर राघवभट्ट आदि टीकाकारों ने इसका निर्देश किया है। यहां तक कि भ्रमरहस्त के लक्षण का परिष्कार सम्भवतः बाद के लक्षणकारों ने कालिदास के द्वारा शकुंतला की चेष्टाओं के इस स्थल पर किये गये वर्णन से प्रेरित होकर किया होगा- यह भी सम्भावना बनती है, क्योंकि कालिदास ने भ्रमर से परेशान शकुंतला के लिए 'करौ व्याधुन्वत्याः' (भौरे को दूर हटाने के लिए बार-बार जोर से हाथ फटकारती हुई) लिखा है। भ्रमर-हस्त या भ्रमर-अंगहार के अभिनय में भरत के लक्षण में हाथ हिलाने का निर्देश नहीं है, जबकि अशोकमल्ल ने अपने नृत्याध्याय में भ्रमर-हस्त के निरूपण में ऊपर मँडराते हुए भ्रमर को दिखाने के लिए भ्रमर-हस्त में अभिनेता के द्वारा हाथ हिलाने का निर्देश जोड़ा है।

कालिदास संभवतः अकेले नाटककार हैं जो अपने नाटक में लोकधर्मी और नाट्यधर्मी परम्पराओं का हृद्य-निरवद्य संतुलन बनाते हैं। कई प्रंसगों में उनके यहां लोकधर्मी और नाट्यधर्मी सम्मिश्र होकर प्रयुक्त होती लगती हैं। कालिदास ने नाट्येन, रूपयित्वा, सूचयित्वा, अभिनीय-इत्यादि रंगसंकेतों के प्रयोग से नाट्यधर्मी अभिनय की दिशा का नाट्यनिर्देश में प्रयोग करके संकेत कर दिया है। ये कार्य मंच पर ठीक उसी रूप में प्रदर्शित नहीं हो सकते जिस रूप में लोक व्यवहार में। अतः ये नाट्यधर्मी व्यापार हैं। ऐसे कार्य जिनका संपादन मंच पर उसी रूप में या सहजता के साथ हो सकता है जैसा लोक-व्यवहार में, उनके लिए नाटककार ने 'तथा कृत्वा'-वैसा ही करके-इस प्रकार का नाट्यनिर्देश रखा है।

कालिदास ने अपने नाटकों में जिन कार्यों के लिए विशिष्ट नाट्य मुद्राओं का प्रयोग चाहा है, उन्हें प्रधान रूप में इस प्रकार परिगणित किया जा सकता है:

१. रथ, सोपान, प्रासाद, पर्वत आदि पर चढ़ना तथा उतरना : जैसे शाकुंतल में सानुमती के आकाश से नीचे उतरने के लिये नाट्यनिर्देश हैं – नाट्येनावतीर्णा तथा इति नाट्येनावतीर्य स्थिता। इसी प्रकार विक्रमोर्वशीयम् में अप्सराओं के लिये पर्वत से उतरने तथा आकाश में उड़ने के लिये निर्देश है— **इति सर्वाः शैलावतरणं रूपयित्वा स्थिताः तथा आकाशोत्पतनं रूपयन्ति।**

उपर्युक्त रंगनिर्देशों से यह स्पष्ट है कि कालिदास को चढ़ने और उतरने के दृश्यों को दिखलाने के लिए विशिष्ट नाट्यमुद्रा अपेक्षित है। एक स्थान पर उन्होंने इस नाट्यमुद्रा का नामोल्लेखपूर्वक संकेत भी किया है। शाकुंतल के षष्ठ अंक में सानुमती अप्सरा आकाश से उतरती है तथा उसी प्रकार जाती भी है। उसके निर्गमन के लिए नाटककार ने 'उद्भ्रान्तकेन निष्क्रान्ता'-यह निर्देश दिया है। राघवभट्ट ने इस स्थल की टीका में उद्भ्रान्तक को उत्प्लुति का एक विशेष करण बतलाया है। नाट्यशास्त्र, अभिनयदर्पण तथा अशोकमल्ल के नृत्याध्याय में उल्लिखित १०८ करणों में उद्भ्रान्तक नामक करण का कोई नाम नहीं है। पर गगन आदि में उड़ने की मुद्रा दर्शाने के लिए अशोकमल्ल ने निकुंचित नामक करण का उल्लेख किया है: तदौत्सुक्ये वितर्के च गगनोत्पतनादिषु- (नृत्या. ११७५)। अशोकमल्ल के अनुसार यह करण एक पैर को वृश्चिक जैसा बनाकर, सिर को तिरछा करके तथा हाथ को ऊपर उठाकर दिखाया जाता था। संभव है, कालिदास तथा राघवभट्ट का उद्भ्रान्तक से आशय इसी निकुंचित करण से रहा हो।

२. पूजा करने में : विक्रमोर्वशीयम् में रानी के द्वारा पूजा करने के लिये नाट्यनिर्देश हैं - **नाट्येन गन्धपुष्पादिभिश्चन्द्रपादानभ्यर्च्य तथा पूजामभिनीय।**

३. उद्यान की शोभा तथा छिपी वस्तु आदि के अवलोकन में : **उभौ नाट्येनोद्यान-शोभां निर्वर्णयतः- (मालविकग्निमित्रम्) दुष्यन्तः - निपुणं निरूप्य-शाकुंतल।**

४. वस्त्र, आभूषण आदि पहनने और उतारने में : **नाट्येन नूपुरयुगलमामुच्य-(माल०) उभे नाट्येनालङ्कुरुतः (शाकु०)।**

५. पुष्पचयन, वृक्षसेचन, पशु-पक्षी आदि दिखाने में : शाकुंतल सखियों के लिये निर्देश हैं — **कुसुमावचयं नाट्यन्त्यौ सख्यौ. तदेव कर्म अभिनयतः- नाट्येन सुमनसो गृह्णाति, पुष्पोच्चयं रूपयति- वृक्षसेचनं रूपयति इत्यादि।**

राघवभट्ट ने कालिदास के रंगनिर्देश 'इति वृक्षसेचनं रूपयति' की टीका में कहा हैः अभिनयतीत्यर्थः। यहां कालिदास और राघवभट्ट दोनों का यही अभिप्राय है कि शकुंतला का अभिनय करने वाली नटी को वास्तविक वृक्षसेचन की क्रिया लौकिक अनुकृति न करके उसका अभिनयमात्र करना है।

६. शरसन्धान करने में : **शरसन्धानं नाटयति- (शाकु०)।**

७. स्पर्श, आलिंगन आदि के परिहार में (जहाँ नायक-नायिका का पारस्परिक स्पर्श, आलिंगन आदि हो) : **इति मुखमस्याः समुन्नमयितुमिच्छति। शकुंतला परिहरति नाट्येन- (शाकु०), संश्लेषमुपजनयति, मालविका परिहरति नाट्येन- (माल०)।**

राघवभट्ट ने शाकुंतल के उपर्युक्त रंगनिर्देश की टीका में शकुंतला अपने मुख को ऊपर उठाने वाले दुष्यन्त के हाथों का परिहार किस प्रकार करती है, यह स्पष्ट किया है : **समुन्नमयितुमिति त्रिपताकस्योत्तानाभ्यां मध्यमातर्जनीभ्यां चिबुकदेशगताभ्यामिति ज्ञेयम्। नाट्येनेति परावृत्तेन शिरसा विनिगृहीतेनाधरेण।** दुष्यंत शकुंतला का मुख ऊपर उठाने की मुद्रा त्रिपताक बनाकर उसमें मध्यमा और तर्जनी को ऊपर उठाकर शकुंतला की ठुड्डी की ओर ले जाता हुआ प्रदर्शित करेगा। शकुंतला सिर को मोड़कर तथा अधर को दबाकर उसके परिहार की मुद्रा दिखाएगी।

८. क्रोध, लज्जा, विषाद, मदनबाधा, शंका, भय, सापत्यता, दृष्टिविघात आदि दिखाने में : **इति कोपं नाटयित्वा –(विक्र०) उर्वशी विषादं नाटयति-** (वही)। **मदनबाधां निरूप्य – (शाकु०)** आदि।

९. लेख का खोलना : **परिजनो लेखं नाट्येनोद्घाटयति- (माल०)।**

१०. निमित्त, अपशकुन, कोकिलरव, भ्रमरबाधा आदि सूचित करने में : **शकुंतला- (निमित्तं सूचयित्वा) अहो किं मे वामेतरं नयनं विस्फुरति- (शाकु०), निमित्तं सूचयित्वा- (विक्र०) भ्रमरबाधां रूपयति- (शाकु०), कोकिलरवं सूचयित्वा –** (वही)।

भ्रमरबाधा तथा भ्रमर का मंडराना दिखाने के लिए नाशा० (४.२२) में भ्रमरअंगहार तथा (९.९८ में) भ्रमर हस्त का निरूपण किया गया है। अभिनयदर्पण में भरत के अनुरूप भ्रमर-हस्त के निरूपण में कहा गया है कि इसमें मध्यमा तथा अंगुष्ठ परस्पर मिले रहते हैं तथा तर्जनी वृत्ताकार रूप में मुड़कर अंगुष्ठ के मूल भाग में स्पर्श करती है, शेष दोनों अंगुलियाँ फैली रहती हैं (अद०, १५२)। यह भ्रमर के अतिरिक्त शुक, सारस कोकिल आदि को दिखाने के लिए भी काम में आता है।

११. गतिभंग, स्खलन आदि में : **पदान्तरे स्खलितं निरूप्य- (शाकु०), गतिभङ्गं रूपयित्वा** –(वही)।

१२. रथ आदि का वेग दिखाने में : **रथवेगं निरूप्य- (शाकु०), इति भूयो रथवेगं निरूपयति- (शाकु०)।**

उपर्युक्त दोनों रंगनिर्देश शाकुंतल के प्रथमांक में दुष्यंत के तेज गति से रथ पर जाते समय के संवादों के लिए हैं। कालिदास का अभिप्राय यहाँ पात्र द्वारा विशेष गति की मुद्रा बनाकर रथ का वेग दिखाने से है। रथ का वेग दिखाने के लिए किस प्रकार की गति-मुद्रा बनानी चाहिए, यह भरत ने नाट्यशास्त्र (१२.८१) में बताया है। शाकुंतल में आकाश मार्ग से गमन तथा विक्रमोर्वशीय में सोपानारोहण की मुद्राओं का भी संकेत है। भरत ने इसी स्थल पर कहा है कि कुछ परिवर्तन के साथ उक्त स्यन्दनी गति विमानस्थ व्यक्ति को दिखाने के लिए भी अपनायी जाएगी।

१३. लता आदि में आसक्त वस्त्र आदि को छुड़ाने में : विक्रमोर्वशीय के प्रथमांक में उर्वशी लता-विटप में संलग्न अपनी एकावली को उत्पतनभंग का अभिनय करके बताती है **(उत्पतनभङ्गं रूपयित्वा)** और उसके कहने पर चित्रलेखा उसे छुड़ाने का अभिनय करती है **(चित्रलेखा मोचनं नाटयति)।**

१४. लिखने में : शाकुंतल के तृतीय अंक में शकुंतला से उसकी सखी प्रियंवदा कहती है कि इस नलिनी-पत्र पर अपना संदेश नखों से लिखो। तब शकुंतला लिखने का अभिनय करती है (यथोक्तं रूपयित्वा)। अभिनयदर्पण के अनुसार नखों से लिखने की मुद्रा के लिए हंसपक्ष-हस्त का प्रयोग किया जाना चाहिए, जिसमें सर्पशीर्ष हस्त बनाकर कनिष्ठा को आगे फैलाया जाता है।

इस प्रकार कालिदास ने नाट्यधर्मी कार्य-कलापों को मंच पर दिखाने के लिए सर्वत्र विशिष्ट नाट्य-मुद्राओं का संकेत अपने नाटकों में कर दिया है, जिनका विवरण नाट्यशास्त्र संबंधी ग्रन्थों में अधिकांशतः मिल जाता है। कालिदास के इन संकेतों से स्पष्ट है कि वे अपनी रचनाओं का प्रयोग भावात्मक पद्धति से करवाना चाहते हैं। मंच पर लोक-व्यवहार में उपयुक्त सामग्री न होने पर भी नाट्य-मुद्राओं से उसे सूचित कर दिया जाता है। रथ, शैल, सोपान आदि वास्तव में मंच पर न बने होने पर भी उनके आरोहण-अवरोहण की विशिष्ट मुद्रा अभिनय करके बनायी जाती है। उद्यान वास्तव में मंच पर निर्मित नहीं है, पर उसे देखने की मुद्रा से उसकी प्रतीति करायी जाती है। इसी प्रकार प्रसाधन, परिधान, पशु-पक्षी आदि को सूचित करने के लिए भी कालिदास का तात्पर्य यही लगता है। कालिदास ने नाट्यधर्मी कार्यों के लिए ही विशेष मुद्राओं का संकेत किया है। ऐसे कार्य जो मंच पर उसी प्रकृत रूप में सहजता से संपादित हो सकते हैं, विशिष्ट मुद्राओं की अपेक्षा नहीं रखते। शाकुंतल में अनसूया प्रियंवदा का आलिंगन करती है। यहाँ किसी विशिष्ट मुद्रा की आवश्यकता नहीं है, अतः कवि ने 'नाटयित्वा', 'रूपयित्वा' आदि विशिष्ट संकतों का यहां प्रयोग नहीं किया। पर दुष्यंत शकुंतला का स्पर्श करना चाहता है और शकुंतला उसका परिहार करती है, इसमें विशेष मुद्रा की अपेक्षा है और वहाँ नाटककार ने उसका संकेत दिया भी है। कालिदास के

रूपकों में ऐसी अनेक क्रियाओं के लिए रंग-संकेत हैं, जिनमें किसी विशेष मुद्रा की आवश्यकता नहीं है और कवि ने सहज रूप में ही उन्हें मंच पर प्रदर्शित करवाना भी चाहा है। विक्रमोर्वशीय में विदूषक द्वारा मोदकशराव का ग्रहण (पृ० १६२), राजा द्वारा मणि का ग्रहण, राजपुरुषों द्वारा धीवर पीटा जाना (पृ० २०२) आदि में विशिष्ट नाट्य-मुद्राओं की आवश्यकता नहीं है, अत: कवि ने उनके रंग-संकेतों में 'नाटयित्वा', 'रूपयित्वा', 'निरूप्य' आदि का प्रयोग नहीं किया है। एक ही कार्य में दो पृथक्-पृथक् क्रियाओं के लिए एक में नाट्य-मुद्रा की अपेक्षा और दूसरी में अनपेक्षा भी कालिदास ने सूचित की है, रानी औशीनरी पुरूरवा की पूजा में नाट्य-मुद्रा के द्वारा पूजा आदि का अभिनय करती है, पर उसी प्रसंग में वह राजा को प्रणिपात करती है, तो उसके लिए नाट्य-मुद्रा की आवश्यकता नहीं है।

इस दृष्टि से कालिदास की स्थिति भास से उल्टी है। भास में भरत के उन वैकल्पिक विधानों का अनुवर्तन मिलता है, जो भरत के अपने प्रस्थान की बजाय अन्य नाट्यशास्त्रीयपरम्परा के अंग रहे होंगे। कालिदास में ऐसे वैकल्पिक विधानों के स्थान पर भरत के प्रस्थान की सम्पुष्टि ही मिलती है। भास ने रंगमंच पर आयुधों का पात्र के रूप में तथा प्राणियों का भी प्रवेश कराया है। कालिदास ने प्राणियों के प्रवेश के अवसर आते हैं। मालविकाग्निमित्रम् में पिंगल नामक बन्दर के उत्पात से सम्पूर्ण अन्त:पुर के अस्त होने का वर्णन है, तो शाकुंतल में हाथी, हरिण, हरिणशावक आदि की मंच पर उपस्थिति का बोध कराया गया है। पर कहीं भी कालिदास ने वानर, हरिण आदि का प्रवेश स्थूल शारीरिक स्तर पर मंच पर सूचित नहीं किया, उसकी उपस्थिति का बोध मनुष्य पात्रों के भावात्मक अभिनय से ही होगा। इस प्रकार मंच पर जीवित प्राणियों का प्रवेश दिखाने के लिए भरत ने वैकल्पिक रूप से सजीव का विधान अपने आहार्य अभिनय के अन्तर्गत किया है। कालिदास इस वैकल्पिक विधान को निरस्त कर देते हैं।

शाकुंतल के पहले अङ्क में तेजी से भागते रथ पर सवार राजा और सारथि प्रवेश करते हैं। यहाँ वास्तव में रथ मंच पर नहीं लाया जाता, रथवेग का निरूपण या नटन क्रिया जाता है- यह कालिदास के द्वारा दिये गये रंग संकेतों का स्पष्ट है। भरत का प्रस्थान शैल, यान या वाहन, ध्वज, आयुध आदि के स्थूल प्रदर्शन के स्थान पर सूक्ष्म सांकेतिक मुद्राओं से उनको दिखाने का ही पक्षधर है, पर वैकल्पिक रूप से पुस्त विधियों में पर्वत, यान, विमान आदि की आकृतियाँ चमड़े, बाँस आदि से बनाने का निर्देश भी है। कालिदास इस प्रकार के विकल्पों के स्थान पर नाशा० का अनुगमन करते हैं।

कालिदास भरत मुनि के नाट्यशास्त्र के अंतरंग परिचय रखते हैं, तथा इस शास्त्र की पूरी जानकारी रखते हुए वे उसके सारे विधिविधानों का पालन भी करते हैं। यदि वे नाट्यशास्त्रीय विधिविधानों का कहीं उल्लंघन भी करते हैं, तो यह उल्लंघन नाटक को और अधिक रमणीय बना देता है। कालिदास ने भरत मुनि का उल्लेख भी विक्रमोर्वशीयम् में किया है, जहाँ उनके द्वारा आठ रसों वाले ललित अभिनय वाले लक्ष्मीस्वयंवर नामक नाटक के कराये जाने की चर्चा है।

मालविका के द्वारा मालविकाग्निमित्रम् में छलित नाट्य की प्रस्तुति की जाती है। कालिदास ने परिव्राजिका के मुख के मालविका के नाट्यप्रदर्शन की जो सराहना करायी है, उसमें विशेष रूप से उनके नाट्यशास्त्र का ज्ञान परिलक्षित होता है।

भरत मुनि ने प्रदर्शन की शैली की दृष्टि से नाट्यप्रयोग के दो मार्ग बताये हैं- आविद्ध मार्ग और सुकुमार मार्ग। आविद्ध मार्ग में गति और वेग अधिक रहते हैं, तो सुकुमार मार्ग में कोमलता तथा लालित्य अधिक रहता है। कालिदास स्वयं सुकुमार मार्ग के नाटककार हैं, इस दृष्टि से उन्होंने भरतमुनि के नाट्यप्रयोग को ललित अभिनयवाला कहा है, क्योंकि भरत मुनि की मंडली में अप्सराएँ भी हैं। नाट्यशास्त्र में कहा गया है कि अप्सराओं का समावेश हो जाने से नाट्यप्रयोग में लालित्य आ गया।

कालिदास के रंगसंकेतों से स्पष्ट है कि उनके रूपकों का अभिनय भरतसम्मत पद्धति से ही सर्वोत्कृष्टतया किया जा सकता है। अभिनेता अपने देह से ही रथ, रथ के भागने आदि के सारे कार्यव्यापार को प्रदर्शित करेगा। स्थूल उपकरणों के आग्रह के स्थान पर इसप्रकार की अभिव्यंजनापूर्ण तथा नाट्यधर्मी पद्धति ही नाट्यशास्त्र में आदर्श मानी गयी है।

विक्रमोर्वशीयम् के प्रारंभ में आकाशमार्ग से उर्वशी अप्सरा को हर कर ले जाते केशी दानव को परास्त करके नायक पुरूरवा उर्वशी को छुड़ाकर लाता है। इस दृश्य में अप्सराएँ आकाशमार्ग पर उड़ती या विचरण करती प्रदर्शित की जाती हैं। वह आकाश से हेमकूट पर्वत के शिखर पर उतरती हैं। पुरूरवा भी रथ पर उर्वशी तथा चित्रलेखा को लेकर आता हुआ दिखाया गया है। शाकुंतल के षष्ठ अंक में सानुमती अप्सरा आकाश मार्ग से उतरती है और फिर आकाशमार्ग पर उड़ जाती है। इसी अंक में मातलि भी रथ के साथ स्वर्ग से उतरता है। इन सब दृश्यों का प्रदर्शन नाट्यशास्त्र में बताई गई गतियों, चारियों, करणों व अंगहारों के प्रयोग के द्वारा ही उत्तम रूप में अभिनेता कर सकते हैं।

कालिदास के रूपकों में अंतर्वस्तु, कथासंरचना तथा रंगदृष्टि इन तीनों की दृष्टि से भरतकृत नाट्यशास्त्र का संस्कार सूक्ष्म रूप से अनुस्यूत है। संधियों तथा संध्यंगो की आनुपूर्वी के यथावत् निर्वाह के स्थान पर संध्यंगों की सम्मिश्रता तथा पुनरावृत्ति कालिदास में अधिक मिलती है। यह भी भरतमुनि के निर्देश के अनुसार ही है।

पारंपरिक समीक्षा में नाटककार कालिदास

कालिदास के नाटकों का काव्यशास्त्रीय दृष्टि से विवेचन करने वाले आचार्यों में वामन प्रथम हैं। उन्होंने वैदर्भी रीति के उदाहरण में शाकुंतल के द्वितीय अंक में दुष्यंत का यह कथन उद्धृत किया है –

गाहन्तां महिषा निपानसलिलं शृङ्गैर्मुहुस्ताडितं
छायाबद्धकदम्बकं मृगकुलं रोमन्थमभ्यस्यतु।

विस्त्रब्धैः क्रियतां वराहपतिभिर्मुस्ताक्षतिः पल्वले
विश्रान्तिं लभतामिदं च शिथिलज्याबन्धमस्मद्धनुः।।

विक्रमोर्वशीयम् से भी वामन प्रभावित हैं। इस नाटक में उर्वशी को खोजते हुए विरही पुरूरवा का कथन है—

हृतोष्ठारागैर्नयनोदबिन्दुभिर्निमग्ननाभेर्निपतद्भिरङ्कितम्।
च्युतं रुषा भिन्नगतेरसंशयं शुकोदरश्याममिदं स्तनांशुकम्।।

वामन ने निमग्ननाभेः इस विशेषण की समीचीनता पर प्रकाश डालते हुए कहा है – अत्र निमग्ननाभेरिति मनुष्यजातेरविवक्षेति ङीष् न कृतः।' समाहित अलंकार के उदाहरण में वे फिर विक्रमोर्वशीयम् का यह पद्य उद्धृत करते हैं—

'तन्वी मेघजलार्द्रपल्लवतया धौताधरेवाश्रुभिः
शून्येवाभरणैः स्वकालविरहाद्विश्रान्तपुष्पोद्गमा।
चिन्तामौनमिवास्थिता मधुलिहां शब्दैर्विना लक्ष्यते
चण्डी मामवधूय पादपतितं जातानुतापेव सा।।'

वामन के अनुसार यहाँ पुरूरवा उर्वशी लता के रूप में किस प्रकार परिणत हो गई यह बता रहा है, अतः समाहित अलंकार है। (अत्र पुरूरवसो लतायामुर्वश्याः सादृश्यं गृह्णतः सैव लतोर्वशीसंपन्नेति।)। विक्रमोर्वशीयम् के उन्मत्तांक (चतुर्थ अंक) में प्रबंधवक्रता के विन्यास को कुतंक ने बहुत सटीक माना है, उन्होंने पुरूरवा के एक एक कथन को इस दृष्टि से रसवर्धक बताया है।

कुंतक ने महाभारत के शकुंतलोपाख्यान तथा कालिदास के नाटक में कथानिर्वहण की परस्पर तुलना करते हुए मूल उपाख्यान में अनेक कमियों की ओर संकेत करते हुए विस्तार से प्रतिपादित किया है कि किस प्रकार कालिदास ने एक ऐसे चित्र को नये रंगों से चमका दिया है, जो केवल धुँधली रेखाओं मात्र में बचा हुआ था। वे कहते हैं कि कवि संपूर्ण प्रबंध को अपनी कल्पना जो जो नई विच्छित्ति देता है, वह प्रबंधवक्रता है। कुंतक के अनुसार महाभारत के उपाख्यान में कथा का तर्क टूटता है। कालिदास ने वक्रता के आधान के द्वारा इसे तर्कपुष्ट बना दिया है। मूलकथा में दुष्यंत का हस्तिनापुर की राजसभा में शकुंतला को न पहचानना तर्कसंगत नहीं है, क्योंकि वह अपनी एक मात्र प्रिया के रूप में शकुंतला को समझता रहा है। अतः कवि ने दुर्वासा के शाप की उद्भावना के द्वारा इस अनुपत्ति को दूर कर दिया। दुर्वासा का शाप इस पूरी कथा में एक केंद्रीय भूमिका का निर्वाह करता है, शाप के द्वारा नायक का नायिका से वियोग हो जाता है, यह तो उसकी भूमिका है ही, पर दोनों का पुनर्मिलन भी वही शाप कराता है क्योंकि शापनिर्वृति कैसे होगी यह स्वयं दुर्वासा ने निर्धारित कर दिया है। कुंतक की दृष्टि में दुर्वासा केवल एक क्रोधी मुनि ही नहीं हैं, वे कारुणिक तथा अनुकंपामय भी हैं।

कुंतक ने पूरे नाटक की स्मृति व प्रत्यभिज्ञा की एक कृति के रूप में भी व्याख्या की है। स्मृति का सर्वथा विलोप नहीं होता, वह संस्कार के रूप में मन के भीतर दबी रह जाती है। अत एव कुंतक उचित ही संकेत करते हैं कि हंसपदिका का गीत दुष्यंत के भीतर संस्कार रूप में दबी स्मृति को अस्पष्ट रूप में उन्मीलित करने लगता है।

कुंतक ने विक्रमोर्वशीयम् में अक्लिष्ट रत्यादि के परिपोष से मनोहर रसाद्रेक के लिये भी कालिदास की सराहना की है। विक्रमोर्वशीयम् के चतुर्थ अंक में नायक के उन्मत्तप्रलाप की उक्तियाँ उद्धृत करते हुए वे कहते हैं - **अत्र राज्ञो वल्लभाविरहवैधुर्यदशावेशविवशवृत्तेस्तद-संप्राप्तिनिमित्तमनधिगच्छतः प्रथमतरमेव स्वाभाविकसौकुमार्यसंभाव्यमानम् अनन्तरोचित-विचारापसार्यमाणोपपत्ति किमपि तात्कालिकविकल्पोल्लिख्यमानमनवलोकन-कारणमुत्प्रेक्षमाणस्य तदासादनसमन्वयासंभवान्नैराश्यनिश्चयविमूढमानसतया रसः परां परिपोषपदवीमधिरोपितः। तथा चैतदेव वाक्यान्तरैरुद्दीपितम्..।'** रसपरिपोष की दृष्टि कवि किस प्रकार जड वस्तुओं को भी रस से सराबोर कर देते हैं यह कुंतक ने शाकुंतल में दुष्यंत के कथनों में मलयपवनोन्मूलित पांडुपत्रों के वर्णन, भ्रमर के प्रति संबोधन आदि उदाहृत करते हुए स्पष्ट किया है।

इसी तरह उर्वशी को देखकर पुरूरवा के कथन (अस्याः सर्गविधौ..) इत्यादि की मीमांसा करते हुए कुंतक कहते हैं कि सौंदर्य की सृष्टि के लिये स्वयं स्रष्टा को भीतर और बाहर से सौंदर्यमय होना होता है, जिसमें आंतरिक सौंदर्य अपना स्वयं का नहीं है, वह सौंदर्य की सृष्टि कैसे कर सकता है? साथ ही उर्वशी के असाधारण सौंदर्य को बताने के लिये कवि विकल्प देता है, असाधारण सौंदर्य की सृष्टि अनायास हर कोई कर दे यह संभव नहीं हैं। **(अत्र कान्तायाः किमपि कान्तिमत्त्वमसमविलाससंपदां पदं च रसवत्त्वमसामान्यसौष्ठवं च सौकुमार्यं प्रतिपादयितुं प्रत्येकं तत्परिस्पन्दप्राधान्यसमुचितसम्भावनानुमानमाहात्म्यात् पृथक् पृथगपूर्वमेव निर्माणमुत्प्रेक्षितम्। तथा च कारणत्रितयस्याप्येतस्य सर्वेषां विशेषणानां स्वयम् इति संबध्यमानमेतदेव सुतरां समुद्दीपयति। यः किल स्वयमेव कान्तद्युतिस्तस्य सौजन्यसमुचितादरोचकित्वात् कान्तिमत्कार्यकरण-कौशलमेवोपपन्नम्। यश्च स्वयमेव श्रृङ्गारैकरसस्तस्य रसिकत्वादे रसवद्वस्तुविधानवैदग्ध्यमौचित्यं भजते। यश्च स्वयमेव पुष्पाकरस्तस्याभिजात्यादेव तथाविधः सुकुमार एव सर्गः समुचितः। तथा चोत्तरार्धे व्यतिरेकमुखेन त्रयस्याप्येतस्य कान्तिमत्त्वादेर्विशेषणैरन्यथानुपपत्तिरुपपादिता। यस्माद् वेदाभ्यासजडत्वात् कान्तिमद्वस्तुविधानानभिज्ञत्वम्, विषयव्यावृत्तकौतुकत्वाद् रसवत्पदार्थे विहितवैमुख्यम्, पुराणत्वात् सौकुमार्यसरसभावविरचनवैरस्यं प्रजापतेः प्रतीयते। तदेवमुत्प्रेक्षालक्षणोऽयमलंकारः कविना वर्णनीयस्य वस्तुनः कमप्यलौकिकोल्लेखविलक्षणमतिशयमाधातुं निबद्धः। स च स्वभावसौन्दर्यमहिम्ना स्वयमेव तत्सहायसंपदा महार्घमहनीयतामीहमानः सन्देहसंसर्गमङ्गीकरोतीति तेनोपबृंहितः। तस्माल्लोकोत्तरनिर्मातृनिर्मितत्वं नाम नूतनः कोऽप्यतिशयः पदार्थस्य वर्णयमान-**

वृत्तेर्नायिकास्वरूपसौन्दर्यलक्षणस्यात्र निर्मितः कविना, येन तदेव तत्प्रथममुत्पादितमिव प्रतिभाति।)

टीकाकारों द्वारा शाकुंतल की समीक्षा – शाकुंतल के टीकाकारों ने निम्निलिखित दृष्टियों से कालिदास की नाट्यकला व काव्यकला पर विमर्श किया है – वस्तुयोजना, कथावस्तु के स्रोत, कथानिर्वाह में कवि के अंतर्निहित आशय तथा चरित्रदृष्टि।

शाकुंतल की प्रस्तावना में सूत्रधार कहता है—**'अद्य खलु कालिदासग्रथितवस्तुना नवेनाभिज्ञानशाकुन्तलाख्येन नाटकेनोपस्थातव्यमस्माभिः।'**(आज कालिदास के द्वारा विरचित वस्तु वाले अभिज्ञानशाकुंतल नामक नवीन नाटक को लेकर हम उपस्थित हो रहे हैं।) यहाँ राघवभट्ट प्रश्न उठाते हैं कि सूत्रधार ने कवि के नाम के पहले श्री आदि कोई विशेषण क्यों नहीं लगाया। इसके समाधान में वे कहते हैं कि कालिदास अपने आप में इतने विलक्षण व प्रख्यात हैं कि उनके नाम को किसी विशेषण की आवश्यकता नहीं। यही नहीं, उनका तो नाम लेना भर ही उनकी स्तुति है— **'जगद्विलक्षणस्याप्रतीतस्य नामान्तरेण सरस्वतीवपुषस्तस्य नामसङ्कीर्तनमेव स्तुतिः।'** दूसरी ओर श्रीनिवास अपनी टीका में कालिदास इस पद के निर्विशेषण प्रयोग को कवि की उदात्तता का द्योतक मानते हैं। प्रस्तावना कविकृत है, अतः कवि का सूत्रधार के मुख से अपनी प्रशंसा में कुछ न कहलाना यही सूचित करता है कि कालिदास उदात्त, उद्धत, विनीत और प्रौढ़ इन चार प्रकार के कवियों में से उदात्त की श्रेणी में आते हैं, तथा कालिदास यह निरुपपदप्रयोग उनके गुप्ताहंकारभणित्यौदात्य को द्योतित करता है (अनेन चतुर्णां कवीनां मध्ये कालिदासस्योदात्तत्वमुक्तमित्यवगम्यते। तदुक्तम् - कवयस्तु प्रबन्धारस्ते भवेयुश्चतुर्विधाः। प्रकृते कालिदास इति निरुपपदप्रयोगेण गुप्ताहङ्कारभणित्योदात्तत्वं सूचितम्।)

राघवभट्ट भी कुतंक की भाँति अभिज्ञानशाकुंतल की एक ऐसी कृति के रूप में मीमांसा करते हैं, जिसमें स्मृति, प्रत्यभिज्ञान व संस्कार की परिणतियाँ व भूमिकाएँ अत्यंत महत्त्वपूर्ण हैं।

शकुंतला सामान्य स्त्री नहीं है, तीसरे अंक में दुष्यंत कहता है - **'स्थाने खलु विस्मृतनिमेषेण चक्षुषा प्रियामवलोकयामि।'** राघवभट्ट इसकी व्याख्या करते हुए कहते हैं- प्रिया न स्त्रीमात्रम्। दुष्यंत शकुंतला को श्री के रूप में निरूपित करता है। इस पर राघवभट्ट कहते हैं - 'श्रीशब्दस्य विशेषवाचित्वादत्र कथं तन्निर्वाह इति चेदुच्यते – लक्ष्मीसरस्वतीधी- त्रिवर्गसम्पद्विभूतिशोभासु, स्थाने खलु उपकरणवेषरचनागुणेषु सरलद्रवे च कथिता श्रीः।' इस दृष्टि वह दुष्यंत के लिये महार्थ का मुख्य प्रयोजन है।

राघवभट्ट कहते हैं - अनेन वक्ष्यमाणेन दुर्वाससः शापेन राज्ञो नायिकाविस्मरणकारणं सूचितम्। वस्तुतः शाप शकुंतला को नहीं, दुष्यंत को दिया गया। कण्व भी दुष्यंत के आचरण से सर्वथा प्रसन्न नहीं है। उनके संदेश की व्याख्या के उपक्रम में राघवभट्ट कहते हैं - **'अनेनैश्वर्यमदान्धतया कर्तव्यमूढतां व्यञ्जयता तद्विषयो गम्भीराक्षेपो व्यज्यते। पुंव्यक्तिशिष्यादिसाध्येकर्मणि यद्दुहितरमित्युक्तिस्तयोरन्ययोरपि सत्त्वो शकुन्तलामित्युक्तिः तयाऽस्या मुनेर्जीवितसर्वस्वं ध्वन्यते।**

गान्धर्वादिविवाहस्यानायासेन सम्पादनं च। अतएव वक्ष्यति ममास्या अनुरूपवरप्रदाने सङ्कल्पः इति। अथ च प्रतिकूलं दैवं शापस्तयोपशमेन सपुत्रायास्तस्या राज्ञा स्वगृहानयनमपि सूचितम्।' वस्तुतः दुर्वासा ने शाप के साथ वरदान भी दे दिया है, क्योंकि शाप की निवृत्ति अभिज्ञानाभरण के दर्शन से हो जायेगी – यह भी वे ही कहते हैं। कालिदास ने ऋषि की प्रज्ञा को कितनी सूक्ष्म दृष्टि से यहाँ उन्मीलित किया है। दुर्वासा यह नहीं कहते कि शकुंतला यदि अभिज्ञान का आभरण दुष्यंत को दिखा देगी, तो शाप समाप्त हो जायेगा। वे तो शापसमाप्ति का विधान ही स्वयं निर्धारित करते हैं। अतः राघवभट्ट उचित ही इसे दुर्वासा की कृपा बताते हैं - 'अत्रापि दुर्वाससः प्रसादेन महार्थस्य शकुन्तलारूपस्य राज्ञः प्राप्तिसद्भावनेति ज्ञेयम्।' इसी प्रकार मारीच ऋषि के वचनों में शकुंतला के लिये प्रयुक्त 'श्लाघ्ये स्थिता गृहिणीपदे' की व्याख्या में भारतीय परिवार की परिकल्पना व गृहिणी के सांस्कृतिक गौरव को उद्घाटित करते हुए वे कहते हैं - 'अनेन विशेषणेन सकलबन्धुजनकृत्यचिन्तया गृहिणीगतोऽतिशयो व्यज्यते। एवम्भूतस्य भर्तुः श्लाघ्ये सर्वोत्कृष्टे, तादृशप्रेम्णानुमितत्वात्। गृहिणीपदे गृहिणीस्थाने। अथवा गृहिणीलक्षणाधिकारे।' उनके अनुसार गृहिणी – इन तीन अक्षरों में घर का सारा संसार ही समाया हुआ है— अथ च गृहिणीति त्र्यक्षरं पदं तत्र। जगति गृहिणीपदवाच्यत्वमेवेत्यर्थः। अतः गृहिणी गृहमुच्यते इत्युक्तेस्तदीयं सर्वं गृहं त्वदायत्तमिति भावाः।' शकुंतला को आशीर्वाद देते हुए मारीच कहते हैं - 'भर्तर्यपेततमसि प्रभुता तवैव।' राघवभट्ट के अनुसार यहाँ संबंधातिशयोक्ति है। प्रभुता तो भर्ता या पति की मानी जाती है, पर भर्ता पर भी गृहिणी की प्रभुता होगी यह कहकर असंगति अलंकार के द्वारा कालिदास ने दांपत्य की गरिमा को प्रतिष्ठित करते हैं— **'असम्बन्धे सम्बन्धातिशयोक्तिरियं भर्तुः सम्बद्धायाः प्रभुतायाः प्रसिद्धत्वात्। अथ च यो भर्ता स प्रभुः, या वनिता सा गुणभूता इति शास्त्रस्थितौ भर्तृत्वम् तस्मिन् प्रभुता यस्यामित्यसङ्गतिश्च।')**

'पर्युत्सुकीभवति यत् सुखितोऽपि जन्तुः तच्चेतसा स्मरति नूनमबोधपूर्वं भावस्थिराणि जननान्तरसौहृदानि' में औत्सुक्य तथा भाव का नाम लेने पर स्वशब्दवाच्यता का दोष संभाव्य है, जिसका परिहार निरूपित करते हुए राघवभट्ट मम्मट के 'न दोषः स्वपदेनोक्तावपि सञ्चारिणः क्वचित्' इस वचन को उद्धृत करते हैं।

शाकुंतल की नांदी की व्यंजकता पर टीकाकारों ने विस्तार से प्रकाश डाला है। श्रीनिवास ने 'सृष्टिः स्रष्टुराद्या' में शकुंतला की ही नहीं, उसके विश्वामित्र की पुत्री होने की भी व्यंजना मानते हैं, क्योंकि विश्वामित्र भी स्रष्टा हैं, वे नई सृष्टि कर सकते हैं।

काटयवेम के अनुसार यहाँ ईशः से राजा दुष्यंत को सूचित किया गया है। शंकरमिश्र इस व्यंजकता को और आगे बढ़ाते हुए कहते हैं **'अष्टाभिस्तनुभिः प्रपन्न ईश इत्यनेन बहुवल्लभः।'**

नटी के द्वारा शाकुंतल की प्रस्तावना में गाये जाने वाले गीत 'ईसिसि चुंबिआँइ' में ईषत् ईषत् की व्यंजना खोलते हुए श्रीनिवास कहते हैं कि शिरीष का फूल इतना कोमल होता है कि

भ्रमर उस पर बैठ ही नहीं सकता, भ्रमर उस पर बैठ गया, तो उसकी पंखुड़ियाँ हीं बिखर कर गिर जायेगीं। भ्रमर उसे उड़ते भड़ते ही किंचित् स्पर्श कर लेता है। इस अर्थ में नायक की उड्डीयमान मन:स्थिति, शकुंतला की अतिशय कोमलता तथा नायक का उसे छू भी न पाना – ये सारे अर्थ खुलते हैं। इसी प्रकार 'कुसुममिव लोभनीयं यौवनमङ्गेषु सन्नद्धम्' में सन्नद्ध शब्द अपने वाच्यार्थ में बाधित होकर किस प्रकार यौवन की मोहकता को व्यक्त करता है इस पर तो राघवभट्ट आदि ने विचार किया ही है, 'अङ्गेषु' में बहुवचन की व्यंजकता पर राघवभट्ट ने विशद विचार किया है।

शाकुंतल का विश्वसाहित्य पर प्रभाव

अपने कनिष्ठ समकालीन महाकवि शिलर को लिखे एक पत्र में शाकुंतल के विषय में गेटे ने लिखा - 'समस्त प्राचीन ग्रीक साहित्य में हमें सुंदर स्त्रीत्व का अथवा सुंदर प्रेम का ऐसा कोई काव्यगत आलेखन नहीं मिलेगा, जिसकी तुलना दूर दूर से भी शाकुंतल से की जा सके।'[१४]

ए. डब्ल्यू. राइडर ने शाकुंतल के अपने अनुवाद की भूमिका में लिखा - 'विश्व के किसी भी देश में किसी अन्य कवि ने पुरुष तथा स्त्री के बीच आनंदमय प्रेम का गान ऐसे विशद रूप में नहीं किया है, जैसा कालिदास ने किया है। उनकी प्रत्येक कृति प्रेम काव्य है।'

गेटे स्वयं अपनी अंतिम कृति फाउस्त में कालिदास से प्रभावित हैं। उन्हीं के समकालीन जर्मन भाषा दूसरे महान् कवि शिलर ने कालिदास के मेघदूत से प्रभावित होकर मेघ के दौत्य पर कविता लिखी।

आधुनिक रंगमंच पर कालिदास के नाटक

१९८९ में सर विलियम जोंस के द्वारा अभिज्ञानशाकुंतल का संस्करण व अंग्रेजी अनुवाद प्रकाशित होते ही इसकी प्रस्तुति कलकत्ता थियेटर द्वारा की गई।[१५] १८५७ के गदर के पहले महाराष्ट्र नाटक मंडली, कोंकण की ओर से ग्वालियर में इसकी प्रस्तुति की गई। विक्टोरिया नाटकमंडली की ओर से देश के विभिन्न नगरों में शाकुंतल का अनुवाद पारसी रंगमंच की शैली में खेला जाता रहा। जून १८७५ में इसी मंडली की वाराणसी में दी गई प्रस्तुति से भारतेंदु बहुत खिन्न हुए थे, और प्रतिक्रिया में उन्होंने रंगमंच और नाटक को संस्कारित तथा पुनर्गठित किया। १८८० में किर्लोस्कर नाटक मंडली की ओर से संगीतनाटक के रूप में शाकुंतल की प्रस्तुति महत्त्वपूर्ण थी। इंदौर की नाट्यभारती ने कालिदास के तीनों नाटक १९६०-६२ के आसपास प्रस्तुत किये। बैगम कुदसिया जैदी के निर्देशन में हिंदुस्तानी थियेटर की ओर से भी इस नाटक की प्रस्तुति उल्लेखनीय थी। नाटक उत्तेजक मंडली की जो प्रस्तुतियाँ १८८५ के पूर्व हुईं, उनमें शाकुंतल नाटक की भी प्रस्तुति सम्मिलित थी। १८९९में आगरा की नाटकमंडली ने अपने बरेली के दौरे के समय नजीर का शकुंतला का

अनुवाद प्रस्तुत किया। इसके पूर्व हाफिज़ मोहम्मद ने आगरा में १८८६ई० में शकुंतला नाटक प्रस्तुत कराया। दरभंगा में मिथिला नाटक कंपनी की स्थापना उमाकांत मिश्र के द्वारा की गई, जिसे राजा कामेश्वरसिंह ने बिहार हिंदी मैथिल नाटक समाज का नाम दिया। इस समाज की ओर से १९२५-२६ में रघुनंदनदास के द्वारा किया गया शाकुंतल का अनुवाद खेला गया। १९३९ में कलकत्ता में स्थापित मूनलाइट थियेटर की ओर से १९४९-५० के मध्य शाकुंतल नाटक प्रस्तुत किया गया। पृथ्वीराज कपूर के द्वारा नवस्थापित पृथ्वी थियेटर्स के बैनर पर शकुंकला की प्रस्तुति का नवावतार ९ मार्च १९४५ के दिन हुआ। इस प्रस्तुति के २१२ प्रदर्शन विभिन्न नगरों में हुए।

१९५७ में चीन में ओपेरा शैली में इस नाटक का मंचन हुआ। न्यूयार्क तथा लंदन में भी इसकी प्रस्तुतियाँ हुईं। १९५८ से प्रतिवर्ष उज्जैन में प्रबोधिनी एकादशी से एक सप्ताह का कालिदास महोत्सव होता है। पिछले ५८ वर्षों में लगभग प्रतिवर्ष कालिदास के अभिज्ञानशाकुंतल या अन्य किसी नाटक की मूल संस्कृत या अनुवाद में इसके मंच पर प्रस्तुति होती रही है। गौरीनाथ शास्त्री (१९५८), व्ही.राघवन्, इब्राहीम अल्काजी, शांता गाँधी, आद्य रंगाचार्य तथा ब.व. कारंत (१९७६), हबीब तनवीर, एम० के० रैना, विजया मेहता (मराठी में, १९७९), श्यामानंद जालान (पदातिक, कलकत्ता की ओर से, १९८०), वृजमोहन शाह, कावालम् नारायण पणिक्कर, राजेंद्र गुप्त, नादिरा बब्बर, प्रेमलता शर्मा, प्रभात कुमार भट्टाचार्य, कमलेशदत्त त्रिपाठी (१९६७), श्रीनिवास रथ (मूल संस्कृत में, १९७९), धीरेंद्र कुमार आदि प्रख्यात नाट्यनिर्देशकों की ओर से इस नाटक की प्रस्तुतियाँ होती रही हैं। नृत्यनाटिका के रूप में कलापथक इंदौर की ओर से १९५८ में, मणिपुरी शैली में त्रिवेणी कलासंगम द्वारा १९८३ में कालिदास समारोह के मंच पर ही शाकुंतल खेला गया।

कालिदास के महाकाव्य

कुमारसंभव

कुमारसंभव का अर्थ है— कुमार का जन्म। कुमार से आशय स्कंद या कार्तिकेय से है। इस महाकाव्य में १७ सर्ग मिलते हैं, पर इनमें से प्रथम आठ सर्ग तक ही कालिदासविरचित माने जाते हैं। मल्लिनाथ की टीका इन आठ सर्गों तक ही है। विवरण-टीका के प्रणेता नारायण पंडित के अनुसार कालिदास का लक्ष्य इस महाकाव्य में पार्वती के द्वारा शिव के चित्त का आकर्षण दिखाना था, जो कुमार कार्तिकेय के जन्म का कारण बना। अत: आठवें सर्ग में शिव और पार्वती के विवाह के वर्णन के बाद उनके समागम के वर्णन के साथ ही महाकाव्य की समाप्ति मान लेना उचित है। अवशिष्ट ९ सर्ग किसी परवर्ती महाकवि ने जोड़े हैं। इन सर्गो में कालिदास की लेखनी का चमत्कार नहीं है, इनकी भाषाशैली प्रथम आठ सर्गो की तुलना

में निकृष्ट है, वस्तुनिरूपण में कालिदास जैसे महाकवि के अनुरूप सामंजस्य नहीं है तथा पुनरुक्तियाँ व अश्लीलता भी इनमें मिलती है।

वस्तुयोजना- कुमारसंभव महाकाव्य में शिवपार्वती के विवाह की कथा है। इसके प्रथम सर्ग में हिमालय की भव्यता, पावन सौंदर्य और नैसर्गिक रमणीयता का १५ पद्यों में मनोहारी चित्रण है। उसके पश्चात् हिमालय का मैना से विवाह, उनके मैनाक नामक पर्वत की उत्पत्ति और फिर पार्वती के जन्म, बाल्यावस्था तथा यौवन और सौंदर्य का वर्णन है। इसी सर्ग में नारद हिमालय से मिलने आते हैं। वे भविष्यवाणी करते हैं कि पार्वती का विवाह शिव से होगा। तबसे पार्वती कैलास पर्वत पर तपस्या कर रहे शिव की पूजा करने के लिये प्रतिदिन जाने लगती है। दूसरे सर्ग में ब्रह्मा के वरदान से अजेय बन चुके तारकासुर से संत्रस्त देवता ब्रह्मा के पास उससे त्राण पाने के लिये जाते हैं। ब्रह्मा उन्हें बतलाते हैं कि शिव का विवाह पार्वती से होने पर उनकी जो संतान होगी, वही तारकासुर का वध करेगी। तब शिव की समाधि भंग करने के लिये इंद्र कामदेव को भेजते हैं। तीसरे सर्ग में कामदेव की लीलाओं के विस्तार और वसंत ऋतु के अवतरण का सरस वर्णन है। कामदेव जब शिव के आगे पहुँचता है, तो उनके प्रभाव के आगे वह हतप्रभ और किंकर्तव्यविमूढ होकर रह जाता है। तभी पार्वती प्रतिदिन की भाँति शिव की पूजा करने वहाँ आती हैं। पार्वती के अपूर्व लावण्य को देखकर कामदेव का साहस लौट आता है, और वह सोचता है कि ऐसी अनिंद्य सुंदरी के सामने होने पर तो अवश्य ही वह शिव का तपोभंग कर सकेगा। शिव प्रतिदिन की भाँति पार्वती की पूजा स्वीकार करते हैं, और इसी समय उचित अवसर समझकर पास ही आम के वृक्ष की शाखा पर छिपा हुआ कामदेव अपने फूलों के धनुष पर बाण खींचता है। शिव को अपने चित्त में कुछ हलचल का अनुभव होता है और तभी उनकी दृष्टि कामदेव पर पड़ जाती है। जब तक आकाश में देवता लोग चिल्ला कर यह कह पाते कि प्रभु अपने क्रोध को रोकिये, शिव के तीसरे नेत्र से निकली अग्नि से भस्म होकर कामदेव राख हो चुकता है। चतुर्थ सर्ग में कामदेव की राख के सम्मुख उसकी पत्नी रति के विलाप का वर्णन है। पाँचवे सर्ग में पार्वती तपस्या करने का निश्चय करती है, क्योंकि अपने देखते देखते कामदेव को भस्म में परिवर्तित पा कर वह समझ गयी है कि शिव को रूप से नहीं रिझाया जा सकता। माता मैना उससे तपस्या के लिये घर का त्याग न करने का अनुरोध करती है। पर पार्वती पिता की आज्ञा लेकर वन में चली जाती है, और कठोर तप करना आरंभ कर देती है। पार्वती की घनघोर तपस्या से प्रभावित होकर शंकर एक ब्रह्मचारी का वेष बनाकर उसकी परीक्षा लेने के लिये आते हैं। वे पार्वती के सामने शंकर की निंदा करते हैं। पार्वती उन्हें झिड़क देती है। तब शंकर अपने वास्तविक रूप में प्रकट होकर उसका हाथ पकड़ लेते हैं और कहते हैं कि आज से मैं तुम्हारे तप से खरीदा गया तुम्हारा दास हूँ। तब पार्वती उन्हें विवाह के लिये पिता से बात करने का अनुरोध करती हैं। षष्ठ सर्ग में सप्तर्षियों का हिमालय जाकर राजा हिमालय से शिव के साथ पार्वती के विवाह की चर्चा करने

का प्रसंग है और सप्तम सर्ग में विवाह का अत्यंत चित्ताकर्षक वर्णन है। अष्टम सर्ग में शिव और पार्वती के प्रणयक्रीड़ाओं के वर्णन के साथ महाकाव्य समाप्त होता है।

कथा के स्रोत

कुमारसंभव की कथा का मूल स्रोत पौराणिक परंपरा में है। एक अंश तक कालिदास इस कथा के लिये रामायण तथा महाभारत के भी ऋणी प्रतीत होते हैं। जिस रूप में कुमारसंभव में शिवपार्वती के परिणय का कथानक प्रस्तुत किया गया है, वह ब्रह्मपुराण, स्कन्दपुराण, पद्मपुराण तथा शिवपुराण में उसी रूप में मिलता है। पर ये पुराण कालिदास के पहले के हैं, या बाद के— इस विषय में विद्वानों में मतभेद है। इनमें कथानक के निरूपण तथा पदावली की दृष्टि से शिवपुराण तो कुमारसंभव के बहुत निकट है, कहीं कहीं दोनों में इतना साम्य है कि या तो कालिदास शिवपुराण के ऋणी हैं, या शिवपुराण में उनके कुमारसंभव के आधार पर श्लोक जोड़े गये हैं। उदाहरणार्थ—

स्त्रीस्वभावा तदा सा लज्जिता सुन्दरी स्वयम्।
विवृण्वती तथाङ्गानि पश्यन्ती च मुहुर्मुहुः।

शिवपुराण की पार्वती के विषय में यह उक्ति कालिदास की इस अभिव्यक्ति से साम्य रखती है –

विवृण्वती शैलसुताऽपि भावमङ्गैः स्फुरद्बालकदम्बकल्पैः।

इसी प्रकार ब्रह्मचारी बटु के साथ तपोनिरत पार्वती का संवाद दोनों में मिलता जुलता है। इस अवसर पर शब्दावली का भी साम्य है –

स्थलमेतत् तथा हित्वा यास्यामोऽन्यत्र मा चिरम्।
उत्युक्त्वा चलनायासौ पदमुत्क्षिपते तदा।।
तदाऽसौ च शिवः साक्षादाललम्बे प्रियां सतीम्।।
कृत्वा स्वीयं च रूपं च ...।।

इत्यादि शिवपुराण के पद्य सीधे कुमारसंभव में 'इतो गमिष्याम्यथवेति वादिनी...'— इत्यादि पंचम सर्ग के वर्णन से साम्य रखते हैं।

यह सत्य है कि कालिदास ने परंपरा से प्राप्त कथानक को नयी परिकल्पनाओं या उद्भावनाओं के साथ अपने जीवनदर्शन व मानवमनोविज्ञान के अध्ययन से संवलित करके अत्यंत सुंदर स्वरूप दे दिया है।

अष्टम सर्ग का वैशिष्ट्य

कुमारसम्भव में देवता धरती से एकाकार हुआ है। शिव के शब्दों में हिमालय के विराट् सौन्दर्य का निरूपण आठवें सर्ग में कराया गया है। आठवें सर्ग के ९१ श्लोकों में से ४३ श्लोकों में शिव पार्वती को हिमालय और आसपास के प्रदेश का सौन्दर्य दिखा रहे हैं, उनके

कथनों में शिव हिमालयमय और हिमालय शिवमय हो जाता है। कवि शिव और पार्वती हो जाता है, शिव और पार्वती कवि हो जाते हैं। इस सर्ग के आरम्भ के सात श्लोकों (१३ से १९)में शिव और पार्वती के चुम्बन, आलिंगन आदि का निरूपण है और अन्त में निसर्ग की रमणीयता में एकमेक हुए शिव पार्वती के सुरत सुख के उल्लास का अन्त के लगभग,ग्यारह श्लोकों (८०-९१) में चित्रण है। कुल मिलाकर पूरे आठवें सर्ग में हिमालय का पावन परिसर है और उसकी रमणीयता में शिव और पार्वती का एकमेक हो जाना है। शिव हिमालय के निर्झरों पर सूर्य की किरणों के पड़ने से बनते इन्द्रधनुष देखते हैं और सूर्यास्त के समय इन इन्द्रधनुषों का सिमटना। सूर्यास्त होते-होते उन्हें लगता है कि बादलों पर साँझ ने लाल,पीले चितकबरे कई चित्र वर्तिकाएँ उठाकर अंकित कर दिये हैं। अस्त हो चुके सूर्य की धूप का कोई टुकड़ा आकाश के किसी कोने में अटका रह गया है - शिव को वह युद्ध भूमि में छूट गयी रक्त से सनी तलवार नज़र आती है। मल्लिनाथ की शब्दावली में सुरत और समर में समरस देखने वाला कवि ऐसा तो लिखेगा ही। अंधेरे की नदी बहती शिव को सराबोर करती है। इसके बाद चन्द्रमा उगता है तो उसके जौ के अंकुरों जैसी किरणों को वे उठाकर पार्वती के कानों में कर्णपूर बनाकर सजा देना चाहते हैं। फिर वे किरणें हार बनकर कल्पवृक्षों की डालों पर लटकी दिखती है। उनके कुछ टुकड़े पत्तों के बीच से नीचे गिर जाते हैं तो शिव उन्हें उठाकर पार्वती के अलकों में सजा देना चाहते हैं।

कुमारसम्भव का आठवाँ सर्ग जीवन के अध्यात्म का काव्य है। यह रस का आप्लावन करने वाला नहीं,चित्त को पावन कर देने वाला काव्य भी है। देवता के साथ मनुष्य की अंतरंगता का अनुभव जब तक भारतीय जीवन में था, तब तक आठवें सर्ग को लेकर कोई अड़चन या उलझन महसूस नहीं की गयी। कालिदास के इसे लिखकर कुष्ठी हो जाने की किंवदन्ती भी बहुत बाद की है। किंवदन्तियों के बीच वह एक प्रक्षिप्त किंवदन्ती लगती है। शिवपार्वती की रति के चित्रण में दोष हो सकता है- यह सवाल भी अलंकारशास्त्र में तभी उठ सकता था, जब देवताओं से अंतरंग सम्बन्ध कहीं से टूटा हो। काव्यशास्त्र के पहले खेमे के आचार्यों-भामह, दण्डी,वामन आदि ने दोषों की चर्चा की है, पर उनमें से किसी ने कुमारसम्भव में शिव-पार्वती की रति के वर्णन को दोष नहीं कहा। इस प्रसंग का उल्लेख करते हुए उनके बाद हुए आनन्दवर्धन ने यह अवश्य कहा कि महाकवि की रचना में अव्युत्पत्ति (संसार के व्यवहार के ज्ञान की कमी) से होने वाला दोष उसकी प्रतिभा के कारण दब जाता है, यहाँ तक कि प्रसिद्ध या पूज्य देवताओंके सम्भोगवर्णन में भी अनौचित्य वहाँ भासित नहीं होता, जैसे कुमारसम्भव में देवीसम्भोगवर्णन में दोष प्रतीत नहीं होता। (ध्वन्यालोक ३/५पर वृत्ति) आनन्दवर्धन का आशय यही है कि एक बड़ी प्रतिभा सांसारिक मर्यादाओं को तोड़कर उस शिखर पहुँच सकती हैं, जहाँ औचित्य-अनौचित्य के पूर्व निर्धारित मानदंड टूट जाते हैं। तब आचार्य या भावक भी अपनी भावयित्री प्रतिभा के द्वारा उस शिखर पर पहुँच कर देवता से वही अन्तरंगता हासिल कर लेता है, जो कवि ने हासिल की थी। अस्तु, आनन्दवर्धन के बाद मम्मट ने इस प्रसंग का परोक्ष उल्लेख करते हुए कहा कि देवताओं की रति

का वर्णन कवि को करना नहीं चाहिये, माता-पिता की रति के वर्णन के समान उसमें अनौचित्य भासता है। पर यह तो स्पष्ट है कि उनके और आनन्दवर्धन के बीच की दो तीन शताब्दियों में देवताओं को लेकर कोई हिचक घर करने लगी है। कालिदास का नाम लिये बगैर मम्मट ने कवियों को देवताओं के शृंगार का चित्रण न करने का उपदेश दिया।

पात्र

कुमारसंभव के नायक शिव दिव्य कोटि के हैं। उनका चरित्र अलौकिक है। कवि ने उनकी मर्यादा का पूरा निर्वाह करते हुए उनमें मानवीय गुणों की प्रतिष्ठा की है। वे 'विकारहेतौ सति विक्रियन्ते येषां न चेतांसि त एव धीराः'- कवि की इस उक्ति को पूरी तरह चरितार्थ करते हैं। कुमारसंभव नायिकाप्रधान महाकाव्य है। इसमें आद्यंत पार्वती का कर्तृत्व छाया हुआ है। वे ही शिव को पाने के लिये उनकी आराधना करती हैं, और अपने रूप से उन्हें रिझाना भी चाहती हैं। जब उन्हें अनुभव होता है कि शिव बाहरी सौंदर्य पर नहीं रीझते, वे चित्त की निष्ठा और साधना देखते हैं, तो वे शिव को पाने के लिये घोर तप करती हैं। पार्वती के चरित्र की महनीयता कवि के द्वारा उनके लिये कहलाये गये निम्नलिखित कथनों से जानी जा सकती है-

यदुच्यते पार्वति पापवृत्तये, न रूपमित्यव्यभिचारि तद्वचः।

(रूप पापाचरण के लिये नहीं, पुण्य के आचरण के लिये होता है, यह जो बात कही जाती है, हे पार्वती! तुम्हे देखकर उसकी चरितार्थता समझ में आ जाती है।)

ध्रुवं वपुः काञ्चनपद्मनिर्मितं मृदु प्रकृत्या च ससारमेव च।

(उसका तन निश्चय ही स्वर्णकमल से बना था, देखने में जितना ही कोमल, उतना सार या प्राण से युक्त।)

वस्तुवैशिष्ट्य, वर्णन-कला तथा भाषाशैली

कवि की वर्णन कला में घटनाओं की आकस्मिकता तथा आख्यान की प्रभावशालिता देखते ही बनती है। वस्तुवृत्त के निरूपण में कहाँ विस्तार करना है, कहाँ सर्वथा संकेत करके घटना को बहुत प्रभावशाली बना देना है—यह कालिदास अच्छी तरह जानते हैं। कामदेव की लीलाओं और वसंत का वर्णन बहुत रुचिकर रूप में उन्होंने किया है। यही कामदेव जब शिव को सामने देखता है, तो उसकी स्थिति का वर्णन में इन नपे तुले शब्दों में करते हैं— 'नालक्षयत् साध्वससन्नहस्तः स्रस्तं शरं चापमपि स्वहस्तात्'— कामदेव को पता ही नहीं चला कि (घबराहट के कारण) उसके हाथ से धनुष और बाण कब खिसक कर नीचे जा गिरे। शिव के असाधारण प्रभाव तथा उनके क्रोध की लोकोत्तरता के वर्णन के लिये भी मम्मट आदि आचार्यों ने कालिदास की सराहना की है—

क्रोधं प्रभो संहर संहरेति यावद्गिरः खे मरुतां चरन्ति।
तावत् स वह्निर्भवनेत्रजन्मा भस्मावशेषं मदनं चकार।।

(३।७२)

(जब तक देवता गण आकाश से चिल्लाते कि भगवन्, रोकिये रोकिये अपने क्रोध को, तब तक शिव के तृतीय नेत्र से फूटी वह ज्वाला कामदेव को राख बना चुकी थी)।

व्यंजनाप्रवणता कालिदास की भाषा शैली की अनूठी विशेषता है। बहुत थोड़े से शब्दों में बात कहकर वे बहुत कुछ सहृदय के समझने के लिये अनकहा छोड़ देते हैं। इस अनकहे से ही भावों और विचारों का अनंत प्रवाह निःसृत होता है। प्रथम सर्ग में नवयौवना पार्वती के सम्मुख उसके माता पिता नारद से उसी के विवाह के विषय में पूछ रहे हैं, और नारद शंकर से उसका विवाह होने की भविष्यवाणी कर रहे हैं। इस समय पार्वती की स्थिति का वर्णन करते हुए कवि कहता है-

एवं वादिनि देवर्षौ पार्श्वे पितुरधोमुखी।
लीलाकमलपत्राणि गणयामास पार्वती।। (२.८४)

(जब देवर्षि नारद इस प्रकार कह रहे थे, तो पार्वती पिता के पार्श्व में बैठी हुई अपने हाथ में लिये लीलाकमल की पंखुड़ियाँ गिन रही थी।) लीला कमल की पंखुड़ियाँ गिनती पार्वती या यह चित्र उसकी लज्जा, अपने विवाह की बात सुनने की उत्सुकता आदि अनेक भावों को व्यंजित करता है।

कालिदास के अलंकार तथा बिंबविधान वस्तु का सही चित्र ही उपस्थित नहीं करते, वे उसकी सारी छिपी हुई विशेषताओं को भी उजागर कर देते हैं। शिव के आदेश से सप्तर्षि पार्वती के साथ उनके विवाह की चर्चा के लिये हिमालय के पास जाते हैं। आकाश मार्ग से उनके उतरने का वर्णन करते हुए कालिदास कहते हैं—

ते सद्मनि गिरेर्वेगादुन्मुखद्वास्थवीक्षिताः।
अवतेरुर्जटाभारैर्लिखितानलनिश्चलैः।। (६.४८)

(वेग से आकाश से वे सप्तर्षि हिमाचल की धरती पर उतरे, तो द्वारपाल ऊपर मुख कर के उन्हें देखते रह गये। उतरते समय उनकी पिंगल वर्ण की जटाएँ आग की ऊपर उठती निश्चल लपटों की तरह दिखती थीं।)

यहाँ ऊपर से आकाश से उतरते ऋषियों को द्वारपालों का मुख ऊपर उठाकर देखने तथा तेजी से नीचे उतरते समय ऋषियों की जटाओं के ऊपर निश्चल खड़ा रह जाने का चित्र कवि के पर्यवेक्षण और सूझबूझ का परिचायक है।

प्रसंगानुसार व्यासशैली तथा समासशैली का प्रयोग कवि ने किया है। सप्तर्षि एक साथ कई काम निपटाकर वापस अपने धाम लौटते हैं. इसका विस्तार से भी कालिदास ने वर्णन किया है, फिर सारे प्रसंग को समेटते हुए वे कहते हैं—

ते हिमालयं आमन्त्र्य पुनः प्रेक्ष्य च शूलिनम्।
सिद्धं चास्मै निवेद्यार्थं तद्विसृष्टाः खमुद्ययुः।। (६.९४)

(वे सप्तर्षि हिमालय से विदा लेकर, फिर शिव को देखकर सारा काम बन गया यह सब उन्हें बताकर, उनसे विदा पाकर फिर आकाश में उड़ गये।)

कालिदास ने अपने असाधारण काव्यकौशल से त्त्वांत या ल्यबंत प्रयोगों के द्वारा अनेक वृत्तांतों को यहाँ एक अनुष्टुप् छंद के थोड़े से शब्दों में समेट लिया है।

शिव के एक एक कथन में उनका देवत्व झलकता है, दूसरी ओर हिमालय की विनम्रता का बोध उसके संवादों से किस प्रकार होता है उसी के शब्दों से जाना जा सकता है—

एते वयममी दाराः कन्येयं कुलजीवितम्।
ब्रूत येनात्र वः कार्यमनास्था बाह्यवस्तुषु।। (६.६३)

(ये हम, यह हमारी धर्मपत्नी, कुल की प्राण हमारी यह कन्या – आप बताइये इनमें से किससे आपका कार्य है। हमारी बाह्य वस्तुओं में आस्था नहीं है।)

कुमारसंभव में संवादों की भाषा अत्यंत हृदयावर्जक है। विशेष रूप से पंचम सर्ग में ब्रह्मचारी बटु (छद्मवेषधारी शिव) तथा पार्वती का संवाद तो उक्ति प्रत्युक्ति के पैनेपन के कारण अत्यंत मनोरंजक है, तो तीसरे सर्ग में इंद्र और कामदेव के संवाद में काम निकालने के लिये स्वामी अपने सेवक से भी किन शब्दों में वार्तालाप करता है और सेवक उसकी प्रशंसा से फूल कर कुप्पा होकर क्या क्या कह जाता है, इसका रोचक बानगी कवि ने दी है।

समाधिस्थ शिव का यह चित्र कवि की अध्यात्मदृष्टि तथा उदात्तबोध का उज्ज्वल उदाहरण है-

पर्यङ्कबन्धस्थिरपूर्वकायमृज्वायतं सन्नमितोभयांसम्।
उत्तानपाणिद्वयसन्निवेशात् प्रफुल्लराजीवमिवाङ्कमध्ये।।

(शंकर पालथी लगाकर बैठे हुए थे। उनका शरीर एकदम स्थिर, सीधा था। गोद में उन्होंने अपनी दोनों हथेलियाँ एक के ऊपर दूसरी उल्टा कर रख लीं थी, जिससे ऐसा लगता था जैसे उनकी गोद में कमल खिला हुआ हो।)

यहाँ उत्प्रेक्षा अलंकार का प्रयोग शंकर की गरिमा के अनुरूप हुआ है।

अवृष्टिसंरम्भमिवाम्बुवाहमपामिवाधारमनुत्तरङ्गम्।
अन्तश्चराणां मरुतां निरोधान्निवातनिष्कम्पमिव प्रदीपम्।।

(जैसे बादल वर्षा के थमने पर स्थिर रह गये हों, जैसे हवा के रुक जाने पर सरोवर में कोई लहर न उठ रही हो, उसी तरह भीतर के मरुद्गणों के निरोध के कारण शंकर निवात (जहाँ हवा न बह रही हो ऐसे) स्थान में रखे दीपक की तरह थे।)

यहाँ भी शंकर के लिये कवि ने तीन उपमाओं का प्रयोग किया है, जो उनकी समाधिस्थ दशा के वर्णन में सर्वथा उपयुक्त हैं।

कुमारसंभव के प्रकृतिवर्णन सृष्टि की अनुपम कमनीयता और अपार वैभव को सामने

लाते हैं। पहले सर्ग में हिमालय का वर्णन इस क्षेत्र के सारे पर्यावरण को साकार कर देता है। हिमालय की कंदराओं में रात्रि में जलती औषधियाँ (जड़ीबूटियाँ), सरल, भोज और देवदारु के उन्नत वृक्ष, भागीरथी के झरते हुए झरने, आसपास घूमते किरात— इन सबके चित्र कवि ने शब्दों की तूलिका से रमणीय रूप में अंकित कर दिये हैं। आठवाँ सर्ग तो प्रकृतिनिरूपण की दृष्टि से संस्कृतसाहित्य की अनमोल निधि ही है। यहाँ प्रकृति को कवि ने अनंत सौंदर्य से मंडित कर दिया है। हिमालय के झरनों के विषय में शंकर के मुख से कहलवाया गया है—

सीकरव्यतिकरं मरीचिभिर्दूरयत्यवनते विवस्वति।
इन्द्रचापपरिवेशशून्यतां निर्झरास्तव पितुर्व्रजन्त्यमी।।(८।३१)

(सूर्य अस्त होने के लिये नीचे झुक गया है। उसने अपनी किरणें झरने की फुहारों पर से हटा लीं हैं। उन किरणों के बिछलने से झरनों के ऊपर जो इंद्रधनुष तन गये थे, वे भी अब गायब हो रहे हैं।)

पश्य पश्चिमदिगन्तलम्बिना निर्मितं मितकथे विवस्वता।
दीर्घया प्रतिमया सरोम्भसां तापनीयमिवसेतुबन्धनम्।।(८।३५)

(हे मितभाषिणी पार्वती! देखो, पश्चिम दिशा में लंबित सूर्य की लंबी परछाईं सरोवर में पड़ रही है। उससे सरोवर में सोने का एक पुल जैसा बन गया है।)

यहाँ उत्प्रेक्षा अलंकार का प्रयोग गहरे सौंदर्यबोध से समन्वित है। प्रकृति का सूक्ष्म पर्यवेक्षण भी कालिदास के इस वर्णन से झलकता है। डूबते सूर्य की किरणें पानी में पड़ती हैं, तो पानी पर उनका प्रतिबिंब सुनहरे सेतु जैसा दिखता है – यह कल्पना कवि की उद्भावना है।

किसी भी प्रसंग, दृश्य या व्यक्तिविशेष को शब्दों से साकार करने में कालिदास सिद्धहस्त हैं। ब्रह्मचारी बटु के कथनों से खिन्न पार्वती का चिढ़कर चल पड़ना, शिव का वास्तविक रूप में प्रकट होकर उनका हाथ पकड़ लेना, शिव को अचानक सामने देख पार्वती का हक्का बक्का रह जाना – इन दृश्यों को कवि ने इस तरह निरूपित किया है कि वे साक्षात् सामने घटते दिखते हैं –

इतो गमिष्याम्यथवेति वादिनी चचाल बाला स्तनभिन्नवल्कला।
स्वरूपमास्थाय च तां कृतस्मितः समाललम्बे वृषराजकेतनः।। ५.८४।।

(यदि यह बटु चुप नहीं होता, तो या फिर मैं ही यहाँ से चली जाती हूँ – यह कहकर (तमक कर) स्तनभिन्नवल्कल वाली बाला पार्वती वहाँ से चल पड़ी। वृषराजकेतन शिव ने अपने रूप में प्रकट होकर मुस्काते हुए उसका हाथ पकड़ लिया।)

तं वीक्ष्य वेपथुमती सरसाङ्गयष्टिर्निक्षेपणाय पदमुद्धृतमुद्वहन्ती।
मार्गाचलव्यतिकराकुलितेव सिन्धुः शैलाधिराजतनया न ययौ न तस्थौ।। (५.८५)

(उन्हें देख कर काँपती हुई, सरसांगलता वाली पार्वती आगे बढ़ने के लिये उठा एक पाँव वैसा का वैसा ही उठाये रह गई, जैसे बहती नदी के आगे पहाड़ आ जाये, तो वह न आगे बढ़ पाती है न पीछे लौट पाती है, उसी तरह पार्वती न चल सकी, न ठहरे रह सकी।)

इसी प्रकार कामदेव जिस तरह तत्काल जल कर राख हो गया, ऐसी दारुण भयावह घटना आँखों के सामने घटती देख पार्वती किस तरह आँखें मूँदें सन्न रह गईं और किस तरह उनके पिता तत्काल आकर उन्हें उठाकर ले गये – इस वर्णन में कालिदास की शैली और शब्दसंयोजन का कला उदाहरणीय है—

सपदि मुकुलिताक्षीं रुद्रसंरम्भभीत्या दुहितरमनुकम्प्यामद्रिरादाय दोर्भ्याम्।
सुरगज इव बिभ्रत्पद्मिनीं दन्तलग्नां प्रतिपथगतिरासीद्वेगदीर्घीकृताङ्गः।

(मुकुलित नयनों वाली अनुकंपनीय बेटी को रुद्र के कोप से घबराकर हिमालय दोनों हाथों से उठाकर एक एक पग पर वेग से विशाल होती काया के साथ ऐसे चले जैसे ऐरावत दाँतों में पद्मिनी को उठाकर चल पड़ा हो।)

यहाँ एक एक शब्द प्रसंग व अर्थ के अनुकूल है। शिव के लिये रुद्र शब्द के प्रयोग से पर्यायवक्रता आ गई है। संरम्भ शब्द का प्रयोग भी उतना ही सटीक है। पार्वती के लिये दुहिता तथा अनुकम्प्या कहने से रुद्र के संरभ के सामने उसकी दयनीयता का कारुणिक चित्र खिंच जाता है। 'प्रतिपथगतिरासीद्वेगदीर्घीकृताङ्गः' में लघु और दीर्घ वर्णों की योजना अवहित कवि के रूप में कालिदास को स्थापित करती है। सारा चित्र सूक्ष्मेक्षण व भावसांद्रता का उदाहरण है।

इसी प्रकार कामदहन के प्रसंग का निरूपण कालिदास की सीमित शब्दों में अपार अर्थ भरने की क्षमता व काव्यकला की पराकाष्ठा का परिचायक है।

तपःपरामर्शविवृद्धमन्योर्भ्रूभङ्गदुष्प्रेक्ष्यमुखस्य तस्य
स्फुरन्नुदर्चिः सहसा तृतीयादक्ष्णोः कृशानुः किल निषपात।।
क्रोधं प्रभो संहर संहरेति यावद्गिरः खे मरुतां चरन्ति।
तावत् स वह्निर्भवनेत्र जन्मा भस्मावशेषं मदनं चकार।

(तपस्या में खलल पड़ जाने से बढ़े क्रोध वाले शंकर का मुख भ्रूभंग के कारण दुष्प्रेक्ष्य था, सहसा लपकती लपट वाली अग्नि उनके तीसरे नयन से फूटी। आकाश में मरुद्गण की पुकार जब तक निकलती कि प्रभु रोकिये अपने क्रोध को, रोकिये अपने क्रोध को, तब तक भव के नेत्र से जन्मी वह्नि ने मदन को राखमात्र में बदल दिया।)

यहाँ शिव के लिये भव शब्द का प्रयोग बहुत सांकेतिक है। भव का अर्थ जन्म देने वाला या सृष्टिकर्ता है। विनाशकारी अग्नि की सृष्टि भी ये भव करते हैं, तथा कामदेव को जला कर उसे अनंग बनाकर फिर से पुनरुज्जीवित भी वे ही कर सकते हैं – यह भी अर्थ यहाँ व्यंजित होता है। संहर, संहर में द्विरावृत्ति तथा यावत् और तावत् अव्ययों के प्रयोग से स्थिति की क्षिप्रता का बोध सम्यक् रूप से कवि ने करा दिया है।

उपमा

कालिदास की उपमाएँ नई सूझबूझ के साथ वर्ण्यविषय को प्रस्तुत करती हैं। वर्ण्य के अनुरूप उपमान लाने में कवि की प्रतिभा अनोखा चमत्कार दिखाती है। पार्वती की शिक्षा का वर्णन करते हुए कवि कहता है— जिस तरह शरद ऋतु में हंसों की पाँते गंगा के किनारे आती हैं, जिस तरह औषधियाँ रात के समय स्वयं चमक उठती हैं, उसी तरह उपदेश (शिक्षा) में स्थिर मन वाली उस पार्वती के पास पिछले जन्म में सीखीं हुईं विद्याएँ स्वयं चली आयीं।

तां हंसमालाः शरदीव गङ्गां महौषधिं नक्तमिवात्मभासः।
स्थिरोपदेशामुपदेशकाले प्रपेदिरे प्राक्तनजन्मविद्याः।। (१।३०)

यहाँ दोनों उपमाएँ हिमालय के पवित्र वातावरण और पार्वती के उदात्त व्यक्तित्व के अनुरूप हैं। इसके साथ ही कवि का भौगोलिक ज्ञान भी उनमें विलक्षण रूप से प्रतिफलित हुआ है। शरद ऋतु में हंसों का गंगा के किनारे आना और हिमालय के परिवेश में रात के समय जड़ी बूटियों का चमकना— इन तथ्यों का उपमा की लड़ी गूँथने में उसने सुंदर उपयोग किया है।

पार्वती के नवयौवन का वर्णन करते हुए कवि कहता है—

उन्मीलितं तूलिकयेव चित्रं सूर्यांशुभिर्भिन्नमिवारविन्दम्।
बभूव तस्याश्चतुरस्रशोभि वपुर्विभक्तं नवयौवनेन।। (१।३२)

(जिसमें तूलिका से रंग भर दिये गये हों, ऐसे चित्र के समान; जो सूर्य की किरणों का स्पर्श पाकर खिल उठा हो ऐसे कमल के समान, पार्वती का तन नवयौवन के आने पर चतुरस्र शोभा से समन्वित हो गया।)

इस प्रकार कवि अपनी उपमाओं के द्वारा वर्ण्य विषय की अनुपमता का विशेष रूप में अनुभव करा देते हैं। कभी कभी वे वर्ण्य की विशिष्टता को सामने लाने के लिये उपमा से आगे बढ़कर अतिशयोक्ति का प्रयोग करते हैं। उदाहरण के लिये पार्वती के स्मित (मुस्कान) का यह वर्णन लिया जा सकता है—

पुष्पं प्रवालोपहितं यदि स्यान्मुक्ताफलं वा स्फुटविद्रुमस्थम्।
ततोऽनुकुर्याद् विशदस्यतस्यास्ताम्रौष्ठपर्यस्तरुचः स्मितस्य।।(१।४४)

(यदि सफेद फूल को प्रवाल मणि (मूँगे) के ऊपर रख दिया जाये, मुक्ता (सफेद मोती) को विद्रुम मणि के ऊपर रख दें, तो यह दृश्य कदाचित् उस पार्वती के लाल ओठों पर उभरी मुस्कान का अनुकरण कर सकता है।)।

साहित्यशास्त्र के अनुसार यहाँ यद्यर्थातिशयोक्ति अलंकार है। कवियों की मान्यता में मुस्कान का रंग सफेद माना गया है। लाल ओठों पर फैली सफेद मुस्कान के लिये कोई उपमा न पाकर कवि उसके लिये श्वेत और रक्त के मिश्रण वाले दृश्यबंध की मनोहर कल्पना रच देता है।

कहीं कहीं पारंपरिक उपमाओं में कालिदास अपनी ओर से कुछ जोड़कर उपमा को और चमका देते हैं। स्त्री के देह की कमनीयता और लचक बताने के लिये उसे लता से उपमित किया जाता रहा है। कालिदास ने पार्वती के सौंदर्य को बताने के लिये लता का उपमान तो दिया है, पर उसे संचारिणी (चलती फिरती) और पल्लविनी (कोंपलों से भरी) लता कह दिया है, जिससे उपमा में सोने मे सुहागा हो गया है—

आवर्जिता किञ्चिदिव स्तनाभ्यां वासो वसाना तरुणार्करागम्।
पर्याप्तपुष्पस्तबकावनम्रा सञ्चारिणी पल्लविनी लतेव।। (१।५४)

उपमेय की विशेषता बताने के लिये कालिदास अनेक उपमाएँ एक साथ देकर मालोपमा की लड़ी गूँथते हैं। वधू के रूप में सजायी जाती पार्वती के वर्णन में वे कहते हैं-

सा सम्भवद्भिः कुसुमैर्लतेव ज्योतिर्भिरुद्यद्भिरिव त्रियामा।
सरिद्विहङ्गैरिव लीयमानैरामुच्यमाणाभरणा चकासे।। (७.२१)

(शृंगार के पहले आभूषण उतार लिये जाने पर पार्वती जिसमें फूल निकल रहे हों, ऐसी लता के समान, जिसमें तारे उग रहे हों, ऐसी रात के समान, जिसमें पक्षी लीन हो रहे हो ऐसी नदी के समान लग रही थी।)

छन्दोयोजना

कालिदास के छन्द विषय वस्तु के अनुरूप हैं। कुमारसंभव के पहले, तीसरे तथा सातवें सर्गो में उपजाति छंद है, जो कथा के प्रवाह और वर्णनों के लिये बहुत उपयुक्त है। दूसरे सर्ग में अनुष्टुप् का प्रयोग भी विषय वस्तु के अनुरूप है। रतिविलाप के प्रसंग में वियोगिनी छंद का प्रयोग कवि ने किया है, जिसकी विशिष्ट लय करुणरस का पोषण करती है। सर्ग के अंत में छंद:परिवर्तन किया गया है। तृतीय सर्ग के अंत में पार्वती का कामदहन की अत्यंत आकस्मिक घटना से स्तब्ध, चकित व भयसन्न रह जाना, हिमालय का तत्काल आकर उन्हें ले जाना – इन घटनाओं की त्वरित गति बताने के लिये कालिदास ने इंद्रवज्रा छंद के सहज प्रवाह को मालिनी के द्वारा तोड़ दिया है। (उद्धरण ऊपर दिया गया है।)

रस

कुमारसंभव का अंगी रस शृंगार है। पर यह धर्म पुरुषार्थ से संवलित होने के कारण धर्मशृंगार माना जाना चाहिये। शिव और पार्वती के आसाधारण प्रेम और प्रणयलीलाओं का चित्रण इस काव्य में अपूर्व है। तीसरे सर्ग के अंत में कवि ने भावशबलता का ऐसा निदर्शन किया है जो हमारे साहित्य में अन्यत्र सहजतया नहीं मिल सकेगा। शिव का अलौकिक प्रभाव, उनका क्रोध, कामदेव के भस्म हो जाने से सारी सृष्टि का चकित स्तब्ध रह जाना, पार्वती के मनोरथों का टूटकर बिखर जाना, सहसा उसके पिता का त्वरा में आकर उसे उठाकर ले जाना

इस सारे कार्यकलापों का जो वर्णन कालिदास ने किया है, वह त्वरा, संभ्रम, भावातिरेक, पितृवात्सल्य, करुणा आदि के आवर्तविवर्तसंकुल प्रवाह में हमें बहा देता है। चतुर्थ सर्ग में रति के विलाप में आद्यंत करुण रस छाया हुआ है। कामदेव के सखा वसंत को सामने पाकर रति और अधिक रो पड़ती है, क्योंकि अपने लोगों के सामने दुःख के द्वार खुल जाते हैं— 'स्वजनस्य हि दुःखमग्रतो विवृतद्वारमिवोपजायते।' रति वसंत से कहती है—

गत एव न ते निवर्तते स सखा दीप इवानिलाहतः।
अहमस्य दशेव पश्य मामविषह्यव्यसनप्रधूमिताम्।। (४।३०)

(तुम्हारे मित्र चले गये। अब वे हवा से बुझा दी गयी दिये की लौ की तरह लौट कर नहीं आयेगें। मुझे देखो। मैं उस दिये की बुझी बाती की तरह हूँ- असह्य विपत् के धुएँ से घिरी हुई।)

यहाँ करुणरस के अंग के रूप में उपमा का प्रयोग भी अत्यंत मार्मिक रूप में हुआ है। कामदेव को हवा से बुझ गये दिये से उपमा दी गयी है, और रति के लिये दिये की बुझी बाती से। व्यसन या विपत्ति को धुआँ कहा गया है।

समाधिस्थ शिव की भव्य प्रशांत मूर्ति के चित्रण तथा पार्वती की तपस्या के वर्णन में शांत रस का उत्कृष्ट परिपाक हुआ है। अंग के रूप में हास्य रस भी इस महाकाव्य में विन्यस्त है। पंचम सर्ग में ब्रह्मचारी के द्वारा शिव की हँसी उड़ाने में या सप्तम सर्ग में शिव की बरात में दूल्हे को देखने के लिये दौड़ पड़ी स्त्रियों की हड़बड़ी के चित्रण में हास्य रस ने बड़ी मोहक छटाएँ बिखेरी है।

कालिदास और कामसूत्र

कुमारसंभव में शिव और पार्वती के प्रणय व शृंगार के चित्रण में कामसूत्र के अनेक विधान प्रतिबिंबित हुए हैं, कहीं कही कवि ने अपनी प्रतिभा से उनका अतिक्रमण करके अभिनव सौंदर्य के आयाम रचे हैं। एक उदाहरण से इसे संक्षेप में स्पष्ट किया जा सकता है। कामसूत्रकार नायिका किस प्रकार नायक के द्वारा रमण के समय बनाये गये चिह्नों को निहारती है, और नायक छिपकर उसे ऐसा करता हुआ देखता है, इससे दोनों में प्रेम बढ़ता यह बताते हुए कहते हैं —

नखक्षतानि पश्यन्त्या गूढस्थानेषु योषितः।
चिरात्सृष्टाप्यभिनवा प्रीतिर्भवति पेशला।।

चिरोत्सृष्टेषु रागेषु प्रीतिर्गच्छेत्पराभवम्।
रागायतनसंस्मारि यदि न स्यान्नखक्षतम्।।

पश्यतो युवतिं दूरान्नखोच्छिष्टपयोधराम्।
बहुमानः परस्यापि रागयोगश्च जायते।।

पुरुषश्च प्रदेशेषु नखचिह्नैर्विचिह्नितः।
चित्तं स्थिरमपि प्रायश्चलयत्येव योषितः।।

नान्यत्पटुतरं किञ्चिदस्ति रागविवर्धनम्।
नखदन्तसमुत्थानां कर्मणां गतयो यथा।।

कामसूत्र २.४.२९-३१

(अपनी देह के गोपन स्थानों पर (बाद में) नखक्षत देखती हुई स्त्री को पुराने प्रेम की स्मृति होने से प्रेम फिर हरा और मनोहर हो जाता है। (प्रेमी की प्रेमिका के लिये) कितनी चाहत है, इसका स्मरण कराने वाला नखक्षत यदि न हो, तो पहले छोड़ा हुआ प्रेम ठंडा पड़ जाता है। नखक्षत से चिह्नित पयोधर वाली युवती को दूर से भी देखकर दूसरे (उसके प्रेमी) में राग का योग और सम्मानभाव जाग जाता है। और पुरुष भी देह के अलग अलग अंगों में नखचिह्नों से चिह्नित होकर स्त्री के स्थिर चित्त को भी चंचल बना देता है। (अतः निष्कर्ष यह है कि) नखक्षत और दंतक्षत के कर्म से होने वाली गतिविधियों से बढ़कर राग को बढ़ाने वाला और कोई काम नहीं है।)

कालिदास ने कुमारसंभव में सप्तम और अष्टम सर्ग में शिव और पार्वती के शृंगार के वर्णन में इसे मानवीय प्रेम की आभा के साथ पुनःप्रस्तुत किया है।

व्याहृता प्रतिवचो न सन्दधे गन्तुमैच्छदवलम्बितांशुका।
सेवते स्म शयनं पराङ्मुखी सा तथापि रतये पिनाकिनः।। ८.२।।

(शिव बात करने लगते, तो पार्वती उत्तर नहीं देतीं। वे उसका आँचल पकड़ लेते, तो वह जाने को होती। शय्या पर भी वह मुख पलट कर सो जाती थी, फिर भी पिनाकी शिव के प्रेम की वृद्धि ही उसके ऐसे आचरण से हो रही थी।)

कैतवेन शयिते कुतूहलात्पार्वती प्रतिमुखं निपातितम्।
चक्षुरुन्मिषति सस्मितं प्रिये विद्युदाहतमिइव न्यमीलयत्।। ८.३

(शिव छल से सोने का बहाना कर से लेटे थे, पार्वती ने मुँह मोड़ कर उन्हें निहारा। शिव ने तुरत आँख खोलकर उन्हें ताक लिया, तो पार्वती ने आँखें ऐसे झट से मूँदलीं जैसे बिजली उस पर आ गिरी हो।)

नाभिदेशनिहितः सकम्पया शङ्करस्य रुरुधे तया करः।
तद्दुकूलमथ चाभवत्स्वयं दूरं उच्छ्वसितनीविबन्धनम्।।८.४।।

(नाभि देश की ओर बढ़ते शिव के हाथ से उसने काँपते हुए रोक लिया। पर उसका दुकूल स्वयं ही उच्छ्वास भरते नीवी बंध वाला हो रहा था।)

दर्पणे च परिभोगदर्शिनी पृष्ठतः प्रणयिनो निषेदुषः।
प्रेक्ष्य बिम्बमनु बिम्बमात्मनः कानि कानि न चकार लज्जया।।८.११

(पार्वती दर्पण में पिछली रात्रि के अपने संभोग के चिह्न निहार रही थी। पीछे से शिव आ कर बैठ गये। तब दर्पण अपने बिंब के पार्श्व में उनका अनुबिंब देखकर लजाकर उसने क्या क्या नहीं किया।)

कालिदास ने माता के हृदय के गूढ़ भावों से बहुत गहरी मनोवैज्ञानिक दृष्टि के साथ वरवधू प्रसंग को जोड़ दिया है -

नीलकण्ठपरिभुक्तयौवनां तां विलोक्य जननी समाश्वसत्।
भर्तृवल्लभतया हि मानसीं मातुरस्यति शुचं वधूजनः।। ८.१२।।

(नीलकंठ शिव से परिभुक्त यौवन वाली अपनी बेटी को देखकर जननी मेनका ने आश्वस्त होकर सुख की साँस ली। वधुएँ अपने पति का प्रेम पाकर ही अपनी माता के मन की कसक मिटाती हैं।)

सौंदर्यदृष्टि

कुमारसंभव में नैसर्गिक सौंदर्य तथा मानवीय सौंदर्य दोनों का वर्णन कवि ने राग और लालित्य के समग्र बोध के साथ किया है। कालिदास के सौंदर्यबोध में दो सुंदर वस्तुएँ एक दूसरे के सौंदर्य से होड़ लेती हैं, तथा एक दूसरे की सुंदरता को और चमका देती हैं। कवि ने इसे परस्परस्पृहणीयशोभा कहा है! शिव और पार्वती की जोड़ी को देखकर लोग कहते हैं—

परस्परेण स्पृहणीयशोभं न चेदिदं द्वन्द्वमयोजयिष्यत्।
अस्मिन्द्वये रूपविधानयत्नः पत्युः प्रजानां विफलोऽभविश्यथ्।। ७.६६।।

(यदि परस्परस्पृहणीय शोभा वाला यह युगल विधाता न मिलाते, तो दोनों के रूप बनाने का उनका यत्न विफल हो जाता।)

चिंतन, जीवनदर्शन तथा संदेश

जीवनदर्शन तथा जीवनादर्श की सांकेतिक अभिव्यक्ति के कारण कुमारसंभव एक प्रतीकात्मक महाकाव्य भी कहा जा सकता है। शिव जीवन के परम लक्ष्य के प्रतीक हैं। शिव को बाहरी सुंदरता से नहीं पाया जा सकता। उसके लिये मनुष्य को तप और साधना से अंतःकरण पावन बनाना पड़ता है। पार्वती के चरित्र के द्वारा कवि ने यही संदेश दिया है। पार्वती सोचती थी कि वह अपने रूप से शिव को रिझा लेगी। पर उसके देखते देखते शिव ने कामदेव या रूप के देवता को भस्म कर दिया, तो पार्वती का रूप का अभिमान टूट गया।

तथा समक्षं दहता मनोभवं पिनाकिना भग्नमनोरथा सती।
निनिन्द रूपं हृदयेन पार्वती प्रियेषु सौभाग्यफला हि चारुता।।

कुमारसंभव में महाकवि ने प्रेम के उज्ज्वल और पावन रूप को प्रतिष्ठित किया है। बाहरी सौंदर्य से शिव को नहीं पाया जा सकता। सच्चा प्रेम तप की अग्नि में ही निखरता है।

हजारीप्रसाद द्विवेदी ने कुमारसंभव में कालिदास के संदेश को स्पष्ट करते हुए कहा है- 'कुमारसंभव में कवि ने जीवनदर्शन को बहुत बड़ी पटभूमिका पर रख कर व्यक्त करने का प्रयास किया है। त्याग के साथ तपस्या का और ऐश्वर्य के साथ प्रेम का मिलन होने पर ही स्त्री पुरुष का प्रेम धन्य होता है। त्याग और भोग के सामंजस्य से ही जीवन चरितार्थ होता है।'

कालिदास ने इस महाकाव्य में यह भी बतलाया है कि शक्ति के बिना शिव अपूर्ण हैं। संक्षेप में उन्होंने शिव और पार्वती इन दोनों पुराकथा के पात्रों का प्रतीकात्मक रूप भी उन्मीलित किया है।

द्वितीय सर्ग में देवताओं के द्वारा ब्रह्मा की स्तुति तथा षष्ठ सर्ग में सप्तर्षियों के द्वारा शिव की स्तुति में परम तत्व और धर्म के स्वरूप के विषय में कवि ने गहरे विचार प्रकट किये हैं। सप्तर्षि कहते हैं—

यस्य चेतसि वर्तेथाः स तावत् कृतिनां वरः।
किं पुनर्ब्रह्मयोनेर्यस्तव चेतसि वर्तते।।

(आप जिसके चित्त में बस गये हैं, उसकी जीवन सफल है। फिर आपके चित्त में कोई बस जाये, तो उसका तो कहना ही क्या?)

कवि ने देवताओं को मानवीय भावों से संवलित कर धरती पर उतार दिया है।

कुमारसंभव महाकाव्य वास्तव में दांपत्य और प्रेम की महागाथा भी है। पार्वती और शिव के प्रणयकलह के चित्र हों या पार्वती का शिव के लिये संपूर्ण समर्पण का भाव या शिव का पार्वती के लिये व्यग्र होना ईश्वर में मनुष्यता का अवतरण है। शिव के लिये कहा है—

स्वयं विधाता तपसः फलानां केनापि कामेन तपश्चचार।

आप्तकाम स्वयं शिव को कवि ने कामना से संवलित बनाकर दांपत्य के इस महाभाव का ही आख्यान किया है। प्रथम सर्ग से आठवें सर्ग तक कुमारसंभव में दापंत्य संबंधों का तानाबाना अव्याहत रूप से उपस्थित है – कहीं व्यक्त तो कहीं अव्यक्त। तीसरे सर्ग में पशुपक्षियों के प्रेम चित्रण में भी यही भाव झलकता है—

ददौ रसात् पङ्कजरेणुगन्धि गजाय गण्डूषजलं करेणुः।
अर्धोपभुक्तेन बिसेन जायां सम्भावयामास रथाङ्गनामा।।

(रस में भर कर हाथिनी ने अपनी सूँड में भरा पराग से सुरभित जल अपने प्रियतम हाथी को सूँड से ही उसी सूँड में उँड़ेल कर पिला दिया। चकोर ने अधखाये मृणाल के टुकड़े के द्वारा अपनी चकोरी का सत्कार किया।)

अर्धोपभुक्त, जाया तथा संभावना तीनों ही शब्द सर्वथा साभिप्राय हैं। चकवा और चकवी दांपत्य की अनन्यनिष्ठता के प्रतीक के रूप में हमारे साहित्य में चित्रित होते रहे हैं।

गीतान्तरेषु श्रमवारिलेशैः किञ्चित्समुच्छ्वासितपद्मगन्धम्।
पुष्पासवाघूर्णितनेत्रशोभि प्रियामुखं किम्पुरुषश्चुचुम्बे।

(पसीने की बुँदकियों से जिसके कमल की गंध कुछ कसैली हो चली थी, फूलों के आसव से घूमते नेत्र जिसकी शोभा बढ़ा रहे थे ऐसे अपनी प्रिया के मुख को गीत गाते गाते किन्नर ने चूम लिया।)

कुमारसंभव गृहिणी की गरिमा और स्त्री की तेजस्विता का काव्य है। कालिदास बार बार स्त्री की महनीयता का गुण गान करते हैं—

शैलः संपूर्णकामोऽपि मेनामुखमुदैक्षत।
प्रायेण गृहिणीनेत्राः कन्यार्थे हि कुटुम्बिनः।। ६.८५

सूक्तियाँ

कुमारसंभव की माला में कालिदास ने जो सूक्ति-सुमन गूँथे है, वे उनके जीवन-दर्शन के सौरभ से सुवासित हैं। वे मनुष्य की गरिमा, तपस्या और साधना के जीवन मूल्यों को रेखांकित करते हैं। स्थालीपुलाकन्याय से इस काव्य से कालिदास की सूक्तियों के कतिपय उदाहरण प्रस्तुत हैं।

एको हि दोषो गुणसन्निपाते निमज्जतीन्दोः किरणेष्विवाङ्कः।

(मनुष्य में अनेक गुण हों, तो उसका एक कोई छोटा सा दोष उसी तरह छिप जाता है, जैसे चंद्रमा में कलंक।)

विकारहेतौ सति विक्रियन्ते येषां न चेतांसि त एव धीराः।

(विकार का कारण सामने होने पर भी जिनके चित्त में विकार न जन्म लें, वे ही धीर हैं।)

प्रायः प्रत्ययमाधत्ते स्वगुणेषूत्तमादरः।।

(उत्तम जनों का किसी के गुणों का आदर करना उसमें आत्मविश्वास जगाता है।)

प्रयोजनापेक्षया प्रभूणां प्रायश्चलं गौरवमाश्रितेषु।

(स्वामी अपने मतलब से सेवक को आदर या अनादर देता है।)

स्वजनस्य हि दुःखमग्रतो विवृतद्वारमिवोपजायते।

(अपनों के सामने अपने मन का दुःख द्वार खोल लेता है।)

प्रियेषु सौभाग्यफला हि चारुता।

(सौंदर्य वही है जो प्रिय के मन को भाये।)

स्त्रीणां प्रियालोकफलो हि वेषः।

(स्त्रियाँ साज सज्जा इसीलिये करतीं हैं कि प्रिय उसे देखकर प्रसन्न हों।)

क्लेशः फलेन हि पुनर्नवतां विधत्ते।

(फल मिलने पर उसके लिये उठाया हुआ क्लेश भी मनुष्य को स्फूर्ति से भर देता है।)

क ईप्सितार्थस्थिरनिश्चयं मनः पयश्च निम्नाभिमुखं प्रतीपयेत्।।

(इच्छित लक्ष्य के लिये दृढ़ मन तथा नीचे की ओर बहते पानी को भला कौन पलटा सकता है?)

न रत्नमन्विष्यति मृग्यते हि तत्।

(रत्न स्वयं खोजने नहीं जाता, उसका पारखी उसे खोजता है।)

प्रायेण गृहिणीनेत्राः कन्यार्थेषु कुटुम्बिनः।

(अपनी कन्या के विषय में कुटुंबी जन प्रायः अपनी गृहिणी की आँखो से ही आँखो वाले बनते हैं, अर्थात् लड़की के बारे में वे पत्नी की सलाह से ही कोई धारणा बनाते हैं।)

क्रियाणां खलु धर्म्याणां सत्पत्न्यो मूलकारणम्।

(सभी धार्मिक क्रियाओं का मूल कारण अच्छी पत्नियाँ हुआ करती है।)

अभ्यर्थनाभङ्गभयेन साधुर्माध्यस्थ्यमिष्टेऽप्यवलम्बतेऽर्थे।

(कहीं प्रार्थना ठुकरा न दी जाये— इस भय से साधु व्यक्ति अभीष्ट विषय में भी मध्यस्थ बना रहता है— किसी के आगे हाथ नहीं फैलाता।)

न धर्मवृद्धेषु वयः समीक्ष्यते।

(जो धर्म के कारण बड़े हैं, उनकी आयु नहीं देखी जाती)।

शरीरमाद्यं खलु धर्मसाधनम्।

(शरीर ही धर्म का पहला साधन है।)

रघुवंश

रघुवंश महाकाव्य में उन्नीस सर्ग हैं। इसमें दिलीप से आरंभ करके अग्निवर्ण तक रघुकुल के राजाओं का चरित्र वर्णित है। राजा रघु का चरित्र इसमें अत्यंत प्रभावशाली है। इन्हीं रघु के नाम पर वंश का नाम भी रघुवंश या रघुकुल पड़ा। महाकाव्य का रघुवंश नामकरण भी सार्थक है। क्योंकि दूसरे सर्ग में राजा दिलीप नंदिनी गौ से ऐसा पुत्र माँगते हैं, जिससे वंश को आगे ले जाने वाला या वंश का नाम बढ़ाने वाला हो। यह पुत्र रघु है।

कथावस्तु

पहले सर्ग में दिलीप संतानप्राप्ति का उपाय पूछने अपने गुरु वसिष्ठ के आश्रम जाते हैं। वसिष्ठ उन्हें नंदिनी गाय की सेवा करने का परामर्श देते हैं। द्वितीय सर्ग में दिलीप की गोसेवा, दिलीप की परीक्षा तथा नंदिनी के प्रसन्न होने का वर्णन है। तृतीय सर्ग में रघु का जन्म और चतुर्थ में रघु के राज्याभिषेक के पश्चात् उसकी दिग्विजय का वर्णन है, जिसमें कवि ने सारे भारत के विभिन्न प्रदेशों की मनोरम झाँकी भी दी है। पाँचवें सर्ग में विश्वजित् यज्ञ करके अपना

सर्वस्व दान करने वाले महाराज रघु के त्याग का अत्यंत प्रभावशाली और प्रेरणाप्रद चित्रण हुआ है। इसी सर्ग के अंत में विदर्भ देश के राजा भोज अपनी पुत्री इंदुमती के स्वयंवर के लिये रघु के पास दूत भेजते हैं और रघुपुत्र राजकुमार अज स्वयंवर में भाग लेने के लिये प्रस्थान कर देता है। षष्ठ सर्ग में स्वयंवर का चित्ताकर्षक वर्णन है। इंदुमती अज के कंठ में वरमाला डालती है। सप्तम सर्ग में अज का इंदुमती से विवाह होता है। स्वयंवर में आये अन्य राजा अज से युद्ध छेड़ देते हैं, और परास्त होते हैं। अष्टम सर्ग में रघु अज को राज्य सौंपकर वानप्रस्थ हो जाते हैं। इसके आगे नारद की वीणा से गिरी माला के स्पर्श से इंदुमती का निधन तथा अज का अत्यंत कारुणिक विलाप वर्णित है। नवम सर्ग दशरथ के शासन के वर्णन के साथ आरंभ होता है। दशरथ भूल से वन्यगज के भ्रम से श्रवणकुमार की हत्या कर देते हैं और उन्हें पुत्र वियोग में मरने का शाप मिलता है। दशम सर्ग में दशरथ का पुत्रेष्टियज्ञ, रावण से त्रस्त देवताओं का सहायता के लिये विष्णु के पास जाना, विष्णु का दशरथपुत्र के रूप में अवतार लेकर रावण का नाश करने की घोषणा तथा राम आदि का जन्म वर्णित हैं। ग्यारहवें सर्ग में विश्वामित्र का राम और लक्ष्मण को अपने यज्ञ की रक्षा के लिये आश्रम ले जाना, ताटका-खर-दूषणादि का वध, विश्वामित्र के साथ राम और लक्ष्मण का मिथिला जाना, राम के द्वारा शिवधनुष का भंग, राम, लक्ष्मण, भरत और शत्रुघ्न का विवाह तथा परशुराम का पराभव आदि घटनाएँ वर्णित हैं। बारहवें सर्ग में दशरथ राम के राज्याभिषेक का विचार करते हैं, तभी कैकेयी उनसे वरदान माँगती है। इस सर्ग में राम के वनवास से लेकर शूर्पणखावृत्तांत, सीताहरण बालिवध, सीतान्वेषण, राम-रावणयुद्ध और रावणवध तक का प्रसंग निरूपित है। तरेहवें सर्ग में पुष्पकविमान से अयोध्या लौटते हुए राम सीता को धरती के सुंदर दृश्य दिखाते हैं। भौगोलिक स्थलों के प्रामाणिक वर्णन, सीतावियोग की करुणस्मृतियों के चित्रण और भारतीय वसुंधरा की सुषमा के निरूपण की दृष्टि से यह सर्ग विशेष रमणीय है। चौदहवें सर्ग में रामराज्याभिषेक के पश्चात् रामराज्य का वर्णन है। इसी सर्ग में राम के द्वारा लोकापवाद के कारण सीता का परित्याग के अतिशय करुण प्रसंग का मार्मिक चित्रण है। पंद्रहवें सर्ग में लवणासुर के द्वारा सताये गये यमुनातीरवासी मुनि लोग राम से रक्षा का अनुरोध करते हैं। राम के आदेश पर शत्रुघ्न लवणासुर से युद्ध के लिये प्रस्थान करते हैं। मार्ग में वाल्मीकि के आश्रम में रात्रिविश्राम के लिये ठहरते हैं। उसी रात्रि में सीता दो पुत्रों को जन्म देती हैं। शत्रुघ्न का लवणासुर से घोर युद्ध होता है। लवणासुर मारा जाता है। शत्रुघ्न यमुनातीर पर मथुरानगरी की स्थापना करते हैं। इधर वाल्मीकि के आश्रम में कुश और लव रामायण के गायन की शिक्षा भी प्राप्त करते हैं। मथुरा और विदिशा नगरियों के शासन का भार अपने पुत्रों पर छोड़कर एक बार शत्रुघ्न अपने अग्रज से मिलने के लिये अयोध्या जाते हैं और मार्ग में एक बार फिर वाल्मीकि के आश्रम में रुकते हैं। वहाँ वे कुश और लव के मुख से रामायण का गान सुनते हैं। इसके पश्चात् राम के द्वारा शंबूक के वध तथा अश्वमेधयज्ञ के अनुष्ठान का वर्णन है। इसी समय कुश और लव अयोध्या में आते हैं, तथा राम अपने पुत्रों के मुख से रामायणगान सुनते

हैं। करुणरसमय रामायण के इस गायन से श्रोतृमंडली के सदस्य आँसू बहाने लगते हैं। बाल्मीकि सीता की निर्दोषता बताते हुए राम से उसे फिर स्वीकार करने का अनुरोध करते हैं। सीता धरती से प्रार्थना करती हैं कि वे उन्हें अपने अंक में समेट लें। धरती प्रकट होकर सीता को अपने अंक में लेकर पाताल चली जाती हैं। इस सर्ग के अंत में भरत को सिंधुदेश का राजा बनाया जाना और भरत का अपने पुत्रों तक्ष और पुष्कल को वहाँ का शासन सौंपकर अयोध्या लौटना, लक्ष्मण के पुत्रों को कारापथ का शासन सौंपा जाना तथा अंत में राम, लक्ष्मण आदि का महाप्रयाण वर्णित है। सोलहवें सर्ग का आरंभ कुश सहित आठ रघुवंशी राजाओं का सारे भारत की वसुंधरा पर शासन के वर्णन से होता है। इस सर्ग में अयोध्या एक रमणी के रूप में कुश को स्वप्न में दर्शन देती है तथा अपना उद्धार करने का आह्वान करती है। कुश अपनी नयी राजधानी कुशावती को छोड़कर राजधानी अयोध्या लौट आते हैं। अयोध्या में निवास करते हुए कुश एक दिन सरयू नदी में जलविहार करते हैं। उनका एक आभूषण जल में गिर जाता है। उसकी खोज करते हुए उनकी भेंट नागराज कुमुद से होती है, और नागराज कुमद उन्हें अपनी पुत्री कुमद्वती वधू के रूप में सौंप देते हैं। सत्रहवें सर्ग में कुश के पुत्र अतिथि के अत्यंत महनीय व्यक्तित्व और राजकार्यकौशल का प्रभावशाली वर्णन है। अठारहवें सर्ग में अतिथि के पुत्र निषध से लेकर सुदर्शन तक अनेक राजाओं के शासन का वर्णन किया गया है। उन्नीसवें सर्ग में अग्निवर्ण राजा का वृत्तांत है। अग्निवर्ण अत्यधिक विलासिता के कारण क्षय रोग से कालकवलित हो जाता है और मंत्रीगण उसकी गर्भवती रानी को राजसिंहासन पर अभिषिक्त कर देते हैं।

स्रोत

रघुवंश महाकाव्य का मूल स्रोत वाल्मीकिरामायण को माना जा सकता है। पर अनुश्रुतियों, पौराणिक कथाओं तथा अन्य अनेक स्रोतों का उपयोग करते हुए कवि ने मूल कथा में परिवर्तन भी किये हैं। रघुवंश के राजाओं की वंशावली भी यहाँ वाल्मीकि की रामायण से भिन्न है।

दथरथ, राम तथा लव-कुश के चरित्र के निरूपण में कवि कालिदास वाल्मीकि से प्रभावित हैं। वाल्मीकि की शैली और अभिव्यक्ति ने उन्हें अनुप्राणित किया है इसमें कोई संदेह नहीं। फिर भी दिलीप, रघु, अज तथा अतिथि से लगाकर परवर्ती रघुवंशी राजाओं के वर्णन में वाल्मीकि रामायण के प्रतिपादन से अंतर को देखते हुए विद्वानों का अनुमान है कि कालिदास ने अपनी कथा के लिये वाल्मीकि रामायण के अतिरिक्त वायुपुराण या विष्णुपुराण के प्राचीन रूपों भी आधार बनाया होगा।

वस्तुवैशिष्ट्य

रघुवंश एक महान् और गौरवशाली राजवंश के उत्थान, पतन और उसके माध्यम से भारत राष्ट्र के ऐतिह्य और भवितव्य को चित्रित करने वाला अद्वितीय महाकाव्य है। भारतीय

धर्म, दर्शन और संस्कृति के बहुविध आयाम रघुवंश की विषयवस्तुमालिका में उज्ज्वल मुक्तामणियों की भाँति गुँथ गये हैं। दशम सर्ग में देवों के द्वारा विष्णु की स्तुति में दार्शनिक तत्त्वों की काव्यात्मक शैली में सहज अभिव्यक्ति हो गयी है। अग्निवर्ण जैसे कामुक और विलासी राजा का चित्रण करके कवि ने यह दिखाया है कि ऐसे महान् वंश में भी अध:पतन और स्खलन हो सकता है। पर अग्निवर्ण के साथ रघुवंश समाप्त नहीं हो जाता। कालिदास ने नवोत्थान और आशावाद के भाव के साथ अपने महाकाव्य की प्रतीकात्मक रूप में अत्यंत महिमामय परिणति प्रस्तुत की है। अंतिम पंक्ति है— राज्ञी राज्यं विधिवददशिषद् भर्तुरव्याहताज्ञा।- राजा अग्निवर्ण की रानी अपने पति के राज्य पर अव्याहत (जिसे टाला न जा सके ऐसी) आज्ञा वाली होकर विधिवत् शासन करती रही। इस महाकाव्य में पहले छह राजाओं का चरित्र अत्यंत विशद रूप से निरूपित है। बाद में कथा के प्रवाह को तीव्र गति देते हुए कवि ने रामायण की सारी कथा चार सर्गों में ही समेट ली है। अठारहवें सर्ग में तो अनेक राजाओं का चरित्र एक एक या दो दो श्लोकों में बताकर वंशपरंपरा का इतिहास काव्यात्मक रूप में निबद्ध कर दिया है। डॉ. चंद्रबली पांडेय के अनुसार रघुवंश महाकाव्य के वस्तुनिरूपण की दृष्टि से तीन खंड किये जा सकते हैं— प्रथम रघुखंड पहले से आठवें सर्ग तक है। इसमें दिलीप, रघु तथा अज इन तीन राजाओं का चरित बताया गया है। दूसरा खंड रामखंड कहा जा सकता है, दशरथ के जन्म के वर्णन से लेकर पंद्रहवें सर्ग तक है। तीसरा खंड खिलखंड या अन्वयखंड कहा जा सकता है, जिसमें कवि कथा को पर्यवसान की ओर ले जाता है। टीकाकार अरुणगिरिनाथ ने रघुवंश की संपूर्ण विषयवस्तुयोजना में महावाक्यता अर्थात् अन्विति प्रदर्शित की है। अनेक राजाओं के अलग अलग चरित्र होने पर भी संपूर्ण महाकाव्य में एक केंद्रीय भाव निरंतर बना हुआ है।

वर्णनकला तथा काव्यसौंदर्य

कालिदास के प्रकृतिवर्णन में हमें सहज सौंदर्य की अनुत्तमता तथा मानव और प्रकृति के आंतरिक संबंध का प्रत्यय होता है। पहले सर्ग में आश्रम का वर्णन बड़ा ही प्रेरणाप्रद है, जो प्राचीन भारत के ऋषियों के तपोवनों का जीता जागता चित्र उपस्थित कर देता है। कालिदास का मन आश्रमों के वर्णन में विशेष रमा है। आश्रम के चित्रण में वे हमारे सांस्कृतिक वैभव और जीवन के आदर्शों को साकार कर देते हैं। आश्रम की इस संस्कृति के आगे उन्होंने राजसत्ता को बार बार नतमस्तक करवाया है। दूसरे सर्ग में दिलीप की गो-सेवा तथा हिमालय के आसपास के वन की सुषमा का हृदयग्राही वर्णन है। चतुर्थ सर्ग में रघु की दिग्विजय के ब्याज से कवि ने सारे भारत की सुषमा का अत्यंत मनोहारी चित्रण कर दिया है। छठे और बारहवें सर्गों में युद्ध के वर्णन बड़े ओजस्वी हैं। नवम सर्ग में मृगया का वर्णन अतिशय रोचक है। इसी प्रकार षष्ठ सर्ग में स्वयंवर और सप्तम में अज और इंदुमती के विवाह का वर्णन वैवाहिक विधान का प्रामाणिक चित्रण प्रस्तुत करता है। विवाह के पश्चात् वर रूप में अज को देखने

के लिये विदर्भ की स्त्रियों की हड़बड़ी का चित्रण हास्य की अपूर्व सृष्टि करता है, तथा यह कवि के सूक्ष्म पर्यवेक्षण और शब्दचित्र अंकित करने की निपुणता का भी परिचायक है। कवि कहता है कि राजमार्ग पर अज निकला तो अपने घर के वातायन से उसको देखने के लिये कोई स्त्री जो जूड़ा बाँध रही थी, जूड़े में लटकती माला को एक हाथ से रोके हुए वैसी ही दौड़ पड़ी, कोई महावर लगा रही थी, वह गीले पाँवों से भागी, तो फर्श पर उसके लाल चरण अंकित होते गये, कोई अंजन लगा रही थी, वह एक आँख में अंजन लगाये हुए शलाका हाथ में लिये हुए वातायन की ओर दौड़ी। घर घर की खिड़की से झाँकते उन सुंदरियों के मुखों के कारण खिड़कियाँ कमलों से सजी सी लगने लगीं-

ततस्तदालोकनतत्पराणां सौधेषु चामीकरजालवत्सु।
बभूवुरित्थं पुरसुन्दरीणां त्यक्तान्यकार्याणि विचेष्टितानि।।७.५

आलोकमार्गं सहसा व्रजन्त्या कयाचिदुद्वेष्टनवान्तमाल्यः।
बद्धुं न संभावित एव तावत्करेण रुद्धोऽपि हि केशपाशः।।७.६

प्रसाधिकालम्बितमग्रपादं आक्षिप्य काचिद्द्रवरागमेव।
उत्सृष्टलीलागतिरा गवाक्षादलक्तकाङ्कां पदवीं ततान।।७.७

विलोचनं दक्षिणमञ्जनेन सम्भाव्य तद्वञ्चितवामनेत्रा।
तथैव वातायनसंनिकर्षं ययौ शलाकामपरा वहन्ती।।७.८

जालान्तरप्रेषितदृष्टिरन्या प्रस्थानभिन्नां न बबन्ध नीवीम्।
नाभिप्रविष्टाभरणप्रभेण हस्तेन तस्थाववलम्ब्य वासः।।७.९

अर्धाचिता सत्वरमुत्थितायाः पदे पदे दुर्निमिते गलन्ती।
कस्याश्चिदासीद्रशना तदानीं अङ्गुष्ठमालार्पितसूत्रशेषा।।७.१०

स्तनन्धयन्तं तनयं विहाय विलोकनाय त्वरया व्रजन्ती।
संप्रस्नुताभ्यां पदवीं स्तनाभ्यां सिषेच काचित्पयसा गवाक्षात्।।
तासां मुखैरासवगन्धगर्भैर्व्याप्तान्तराः सान्द्रकुतूहलानाम्।
विलोलनेत्रभ्रमरैर्गवाक्षाः सहस्रपत्राभरणा इवासन्।।७.११

ता राघवं दृष्टिभिरापिबन्त्यो नार्यो न जग्मुर्विषयान्तराणि।
तथा हि शेषेन्द्रियवृत्तिरासां सर्वात्मना चक्षुरिव प्रविष्टा।। ७.१२

अजविलाप संस्कृत साहित्य के सबसे कारुणिकप्रसंगों में माना जाता है। दांपत्य की एकनिष्ठता, प्रेम की गहनता व प्रिया के निधन पर शोकाकुल हृदय के आवेग का ऐसा सदा हुआ निरूपण कम ही मिलता है। अज कहता है -

गृहिणी सचिवः सखी मिथः प्रियशिष्या ललिते कलाविधौ।
करुणाविमुखेन मृत्युना हरता त्वां बत किं न मे हृतम्।।

(तुम मेरी गृहिणी, सचिव, सखी तथा साथ ही ललित कलाविधि में प्रिया शिष्या भी थी। करुणाविमुख मृत्यु ने तुम्हें मुझ से छीनकर मेरा क्या नहीं छीन लिया?)

मम्मट के अनुसार यह पद्य विशेष अलंकार का उदाहरण है। गहरी अंतर्दृष्टि के साथ कालिदास ने पत्नी के लिये प्रयुक्त चार संज्ञाओं का क्रम यहाँ उलट कर रखा है। व्यावहारिक काल के क्रम से तो पहले शिष्या, फिर सखी, फिर सचिव और अंत में गृहिणी यह क्रम होना था, पर मृत्यु पर विलाप करता अज अपनी प्रिया के चार रूपों को स्मृतियों के कालिक आवर्तन में उलटा कर देखता है। कालिदास जिस पुरुषसत्तात्मक सामंतीय समाज में रहकर लिख रहे हैं, जहाँ पुरुष स्त्री से हर हालत में बड़ा ही है, विवाह होने पर पत्नी उससे छोटी और कमतर समझ वाली है, तो वह शिष्या तो विवाह होने के तुरत बाद वह बन ही जाती है। पर कालिदास अपने समय के समाज की सीमाओं को लाँघ कर शिष्या से सखी, फिर सचिव और फिर गृहिणी के रूप में स्त्री का उत्तरोत्तर विकास देखना चाहते हैं। भारतीय मूल्यबोध में स्त्री का गृहिणी होना उसकी गरिमा की पराकाष्ठा है, ऋषि कण्व ने तो बताया ही कि कितनी साधना और सद्व्यवहार के बाद विवाहित युवतियाँ गृहिणीपद तक पहुँच पाती हैं।

नवम सर्ग में द्रुतविलम्बित छंद की सुन्दर लय में वसंत का वर्णन यमक अलंकार की लड़ियाँ सजाते हुए कवि ने किया है। कालिदास का यमकालंकार के सौंदर्य से मंडित द्रुतविलंबित की लय में निबद्ध यह ऋतुवर्णन माघ, रत्नाकर, शिवस्वामी आदि अनेक परवर्ती महाकवियों के लिये उपजीव्य बना है। ऋतुचक्र के आवर्तन विवर्तन तथा परावर्तन को यमक अलंकार में पदावली का आवर्तन व दोहराव विलक्षण अभिव्यक्ति देता है, द्रुतविलंबित छंद की तीव्र व शिथिल दोनों गतियों का सम्मिश्रण इसके बोध को गहन अनुभूति से संवलित बना देता है। नैसर्गिक सौंदर्य के चित्रण का भी यह मनोहर उदाहरण है।

कुसुमजन्म ततो नवपल्लवास्तदनुषट्कोकिलपदकूजितम्।
इति यथाक्रममाविरभून्मधुद्रुमवतीमवतीर्य वनस्थलीम्।। (९।२६)

कालिदास अपने वर्णनों में पग पग पर अत्यंत सटीक उपमाएँ गूँथते चलते हैं। उपमाओं में नवीन कल्पना से वे हमें चमत्कृत कर देते हैं और वर्ण्य विषय को आँखों के आगे साकार भी कर देते हैं। रघु के वर्णन में वे इंद्रध्वज के उपमान का विलक्षण प्रयोग करते हैं।[१६] अज के स्वयंवर से प्रसंग में वरमाला हाथ में लिए हुए स्वयंवरा इंदुमती एक एक राजा के आगे से निकलती है। राजा का मुख स्वयंवरा को सामने देखकर आशा से चमक उठता है, और जब इंदुमती उसके कंठ में वरमाला डाले बिना आगे से निकल जाती है, तो वही मुख निराशा से बुझा बुझा हो जाता है। इस स्थिति का वर्णन करते हुए कवि ने चलती हुई दीपशिखा से इंदुमती को उपमित किया है। जैसे संचारिणी दीपशिखा (चलती फिरती दिये की लौ) रात्रि के समय राजपथ पर चल रही हो, और उसके सामने आने पर तो मार्ग के अट्ट उद्भासित हो उठें और उसके निकल जाने पर फिर अँधेरे में डूब जायें—

सञ्चारिणी दीपशिखेव रात्रौ यं यं व्यतीयाय पतिंवरा सा।
नरेन्द्रमार्गाट्ट इव प्रपेदे विवर्णभावं स स भूमिपालः।। (६।६७)

इस उपमा के सौंदर्य की सराहना में पंडितपरंपरा में कालिदास को दीपशिखाकालिदास की संज्ञा दी गई।

अज का विवाह होने के पश्चात् स्वयंवर में आये ईर्ष्यालु राजा विदर्भराज से चुपचाप विदा लेते हैं, तो कवि उनके लिये उपमा देता है 'ह्रदाः प्रसन्ना इव गूढनक्राः' वे राजा ऐसे स्वच्छ तालाबों की भाँति थे, जिनमें भीतर मगर छिपे हुए हों। राजाओं के मन के पाप को व्यक्त करने के लिये यह बड़ी उपयुक्त उपमा है। इन राजाओं का आगे चल कर अज के साथ संग्राम छिड़ जाता है। संग्रामभूमि की भयावहता का वर्णन करते हुए कवि कहता है— बाणों के द्वारा काटे गये माथे उस भूमि में ऐसे पड़े थे, जैसे फल गिर गिर कर टपकते हों, उन माथों के ऊपर पहने गये शिरस्त्राण प्यालों की तरह बिखरे हुए थे, खून उस रणभूमि में ऐसे बह रहा था जैसे मदिरा की नहरें बह रही हों, इसप्रकार वह रणभूमि मृत्यु की मदिराशाला बन गयी थी-

शिलीमुखोत्कृत्तशिरःफलाढ्या च्युतैः शिरस्त्रैश्चषकोत्तरेव।
रणक्षितिः शोणितमद्यकुल्या रराज मृत्योरिव पानभूमिः।। (७।४९)

अज के मन में इंदुमती के न रहने का दुःख ऐसा बस गया है कि वह उसमें घुल घुल कर समाप्त हो जाता है। इसके लिये कालिदास की उपमा है-

तस्य प्रसह्य हृदयं किल शोकशङ्कुः
प्लक्षप्ररोह इव सौधतलं बिभेद। (८।९३)

(शोक के शंकु ने अज के हृदय को उसी प्रकार तोड़ दिया जैसे भवन की छत पर उग आया पाकड़ का पेड़ छत में दरार उत्पन्न कर देता है।)

राजा दशरथ को श्रवणकुमार के पिता शाप देते हैं कि तुम्हारी भी मृत्यु मेरे समान अपने पुत्र के वियोग से होगी। दशरथ इस शाप को शिरोधार्य करते हुए कहते हैं -

शापोऽप्यदृष्टतनयाननपद्मशोभे
सानुग्रहो भगवता मयि पातितोऽयम्।
कृष्यां दहन्नपि खलु क्षितिमिन्धनेद्धो
बीजप्ररोहजननीं ज्वलनः करोति।। (९।८०)

(मैंने तो अभी तक बेटे के मुख की शोभा को निहारा ही नहीं अर्थात् मेरे कोई पुत्र नहीं है। अतः शाप दे कर आप ने मुझ पर अनुग्रह ही किया है। फसल काटने के बाद अगली खेती के लिये लगाई गई आग धरती को जलाती तो है, पर उसे बीजों को अंकुरित करने की शक्ति दे देती है।)

कालिदास की एक विशेषता वर्ण्य के अनुरूप पदावली, भाषा और वर्णों का विन्यास है।

अज बंदियों के प्राभातिक मंगल पाठ से जाग पड़ते हैं। इसका वर्णन करते हुए कवि कहता है— 'सपदि विगतनिद्रस्तल्पमुज्झाञ्चकार' (५।७५)- झट से नींद टूटते ही राजकुमार उठ पड़ा— क्रिया की शीघ्रता दिखाने के लिये 'उज्झाञ्चकार' इस तिङन्त पद का प्रयोग उसके नादसौंदर्य और अनुरणनात्मकता के कारण बड़ा सटीक हुआ है।

कालिदास ने उपमा के क्षेत्र में अनेक नवीन उद्भावनाएँ की हैं। ग्रीष्मवर्णन में —

प्रवृद्धतापो दिवसोऽतिमात्रमत्यर्थमेव क्षणदा च तन्वी।
उभौ विरोधक्रियया विभिन्नौ जायापती सानुशयाविवास्ताम्।। १६.४५।।

(दिन अत्यधिक बढ़ते हुए ताप वाला था और क्षणदा या रात्रि बहुत तन्वी (संक्षिप्त, दुबलाई) थी। ये दोनों मानों परस्पर झगड़कर अलग हो गये और फिर पछताते दंपति जैसे थे।)

तो दूसरी ओर कालिदास राम को तुषारवर्षी हेमंत के चंद्रमा से उपमित करते हैं

बभूव रामः सहसा सबाष्पस्तुषारवर्षीव सहस्यचन्द्रः।
कौलीनभीतेन गृहान्निरस्ता न तेन वैदेहसुता मनस्तः।। १४.८४।।

सीतापरित्याग के बाद राम की व्यथा का वर्णन करते हुए कवि कहता है – आँखों में सहसा उमड़ पड़े आँसुओं से राम तुषार बरसाते सहस्य के चंद्रमा जैसे हो गये। लोकापवाद के भय से उन्होंने घर से तो सीता को निकाल दिया, पर मन से न निकाल सके।

कालिदास की यही शैली है, वे जो अनकहा छोड़ देते हैं, वही हमारे मन में अनुगूँजित होता रहता है। राम स्वयं अपनी व्यथा किसी से कह नहीं सकते थे, न वे विलाप ही कर सकते थे, इस लिये कवि ने भी उनकी व्यथा को शब्दों में नहीं कहा। बस यहा कहा कि उन्होंने राज्य से सीता को भले निर्वासित कर दिया, पर मन से तो निर्वासित न कर सके। इसी एक कथन में सीता का राम के लिये और राम का सीता के लिये अनिर्वचनीय अगाध प्रेम की कथा कह दी गई। दानियल इंगाल्स का यह कहना अनुचित प्रतीत होता है कि कालिदास ने जिस तरह अज का इंदुमती के प्रति मुखर प्रेम चित्रित किया, राम का प्रेम चित्रित न करके उन्होंने बताना चाहा है कि राम के मन में सीता के लिये प्रेम था ही नहीं।[१७]

कलह के प्रसंगों में सर्प, नागिन जैसे उपमान कटुता के बोध को तीव्र बनाते हैं। परशुराम राम से कहते हैं –

सुप्तसर्प इव दण्डघट्टनाद्रोषितोऽस्मि तव विक्रमश्रवात्।। ११.७१।।

(जैसे सोये साँप को कोई दंडा रगड़ कर जगा दे, तो वह कुपित हो उठता है ऐसे ही मैं तुम्हारे पराक्रम की चर्चा से कुपित कर दिया गया हूँ।)

शूर्पणखा के लिये नागिन का उपमान भी उतना ही सटीक है—

रावणावरजा तत्र राघवं मदनातुरा।
अभिपेदे निदाघार्ता व्यालीव मलयद्रुमम्।।१२.३२

(रावण की छोटी बहिन मदनातुर होकर राघव के पास ऐसे ही आई जैसे ग्रीष्म से व्याकुल नागिन मलयवृक्ष के पास पहुँचती है।)

व्याकरणविषयक उपमान अलग ही संसार खोलते हैं। कालिदास इनके द्वारा पंडितों को रिझाते और खिजाते से लगते हैं। वरवधू के मिलन के लिये प्रकृति और प्रत्यय के संयोग की उपमा दी है —

सोऽभवद्वरवधूसमागमः प्रत्ययप्रकृतियोगसन्निभः।।११.५६

तो राम के द्वारा बाली को मारकर सुग्रीव को राजपद देने के प्रसंग में कहा है कि जैसे धातु या क्रिया के स्थान में आदेश होता है ऐसे ही बाली को मारकर राम ने सुग्रीव को चिरकांक्षित उसके पद पर नियोजित कर दिया—

स हत्वा वालिनं वीरस्तत्पदे चिरकाङ्क्षिते।
धातोः स्थान इवादेशं सुग्रीवं संन्यवेशयत्।।१२.५८

यद्यपि कालिदास व्यंजना के कवि है, और उनकी काव्यकला में अर्थ की लड़ियाँ जिस तरह चमत्कार उत्पन्न करती है, शाब्दी क्रीडा के लिये उसमें अवकाश वैसा नहीं है। पर यथावसर शाब्दिक चमत्कार भी कालिदास दिखा देते हैं—

राममन्मथशरेण ताडिता दुःसहेन हृदये निशाचरी।
गन्धवद्रुधिरचन्दनोक्षिता जीवितेशवसतिं जगाम सा।। ११.२०।।

राम के असह्य तथा मन्मथ (मर्मांतक, मन को मथने वाले या प्रेम जगाने वाले) बाण से हृदय पर मारी गई व निशाचरी रुधिर रूपी चंदन से लिपटी जीवितेशवसति (यमराज के घर, प्रिय के घर) चली गई।

यहाँ श्लेष के द्वारा श्रृंगार और बीभत्स को एक दूसरे के आमने सामने कवि ने ला दिया है।

पदावली में वे दो चरित्रों को आमने सामने रखते हैं तो पदावली भी द्वंद्वात्मक हो जाती है। राम शूर्पणखा से कहते हैं—

कलत्रवानहं बाले कनीयांसं भजस्व मे।
इति रामो वृषस्यन्तीं वृषस्कन्धः शशास ताम्।। १२.३४

कालिदास में उपमान जीवन दर्शन का अंग बन जाते हैं। क्षयरोग से ग्रसित अग्निमित्र के चित्रण में अभूतपूर्व संयम के साथ रघुवंश के करुण अवसान का चित्र खींचते हुए कवि ने कहा है—

तस्य पाण्डुवदनाल्पभूषणा सावलम्बगमना मृदुस्वना।
यक्ष्मणापि परिहानिराययौ कामयानसमवस्थया तुलाम्।।१९.५०

कालिदास कह रहे हैं कि अग्निमित्र धीरे धीरे मर रहा है, पर उसके विलास की लत छूट

नहीं रही है। पहले भी वह रमणियों के विरह में पीला पड़ जाता था, अब रोग के कारण पीला है। पहले भी वह मिलन की आतुरता के कारण अल्प आभूषण ही पहनता था, अब रोग में क्षीण हो जाने के कारण भारी गहने नहीं पहन सकता तो अल्प आभूषण ही धारण करता है। पहले भी वह सुंदरियों का अवलंबन लेकर चलता था, अब भी अवलंबन लेकर चलता है। पहले भी वह प्रणयनिवेदन में निरत रह कर फुसफुसाहट में ही बोलता था, अब दुर्बलता के कारण फुसफुसा कर बोलता है। यक्ष्मा से ग्रसित उसकी क्षीणता इसकी कामोपभोग की दशा के समान ही है।

रावणवध के अनंतर इसी प्रकार राम भरत मिलाप के समय भरत अपनी भाभी सीता की चरणवंदना करते हैं। इस दृश्य का कालिदास का यह अंकन भी अपूर्व ही है—

लङ्केश्वरप्रणतिभङ्गदृढव्रतं तद् वन्द्यं युगं चरणयोर्जनकात्मजायाः।
ज्येष्ठानुवृत्तिजटिलं च शिरोऽस्य साधोरन्योन्यपावनमभूदुभयं समेत्य।।१३.७८

(लंकेश्वर रावण के प्रणामनिवेदन को ठुकराने से दृढ़व्रती जनकात्मजा के वंदनीय चरणयुगल तथा बड़े भाई के अनुवर्तन करने के कारण जटाओं से भरा साधु भरत का मस्तक – ये दोनों मिलकर एक दूसरे को जैसे पावन बना रहे थे।)

संवादों की रोचकता और उक्तिप्रत्युक्ति के विन्यास का सौंदर्य कालिदास की वस्तुयोजना में नया चमत्कार ला देता है। रघुवंश के निम्नलिखित संवादों में हम वक्ताओं की विदग्धता, वाङ्माधुरी, संस्कार और भाषणकौशल तथा प्रत्युत्पन्नमतित्व का विशेष अनुभव करते हैं- दिलीप-वसिष्ठ-संवाद (प्रथम सर्ग), दिलीप-सिंह-संवाद (द्वितीय सर्ग), इंद्र-रघु-संवाद (तृतीय सर्ग), कौत्स-रघु-संवाद (पंचम सर्ग) तथा राम-परशुराम-संवाद (एकादश सर्ग)। सीता तथा अयोध्या के संवादों में करुणा की अजस्रा धारा मन को आप्लावित कर देती है।

चरित्रचित्रण- कालिदास मनुष्य को उसकी समग्र गरिमा और परिपूर्णता के साथ प्रस्तुत करते हैं। रघुवंश के सारे पात्र अपना विशिष्ट व्यक्तित्व रखते हैं। दिलीप अपनी उदारता, त्याग और सहज मनोविनोदी स्वभाव के कारण हमारे हृदय में घर कर लेते हैं, तो रघु अपनी शूरता तथा राष्ट्र को एकच्छत्र सबल आधार देने वाले महान् पराक्रम के कारण प्रभावित करते हैं। राम का चरित्र सारे महाकाव्य में केंद्रीय तथा सर्वातिशायी है। अतिथि की नीतिनिपुणता का चित्रण भी प्रेरणाप्रद है।

रस

रघुवंश का अंगी रस वीर है। वीर रस के दान, दया, धर्म तथा युद्ध ये चारों रूप रघुवंश में प्रतिफलित हुए हैं। इन चारों प्रकारों में भी वस्तुतः धर्मवीर का अत्यंत उज्ज्वल व प्रभावशाली रूप पूरे महाकाव्य में व्यक्त हुआ है। रघुवंश के राजाओं के विषय में कवि ने आरंभ में ही कहा है—

त्यागाय सम्भृतार्थानां सत्याय मितभाषिणाम्।
यशसे विजिगीषूणां प्रजायै गृहमेधिनाम्।।
शैशवेऽभ्यस्तविद्यानां यौवने विषयैषिणाम्।
वार्धके मुनिवृत्तीनां योगेनान्ते तनुत्यजाम्।।(१।७.८)

(वे राजा त्याग के लिये ही अर्थ का संचय करते थे, सत्य कहने के लिये ही स्वल्प भाषण करते थे, यश के लिये ही जीतने की इच्छा रखते थे तथा संतान के लिये विवाह करते थे। वे शैशव में विद्या का अभ्यास करते थे, यौवन में सांसारिक विषयों की अभिलाषा करते थे, वृद्धावस्था में मुनियों की भाँति रहते थे, तथा योग से अंत में अपने देह त्यागते थे।)

कवि ने दिलीप, रघु, राम अतिथि आदि अनेक राजाओं को चरित्र और कृतित्व के ऊर्जस्वी चित्रण में इन आदर्शों को साकार करके धर्मवीर को अपने काव्य में सर्वोपरि प्रतिष्ठा दी है। दिलीप के लिये उसका यह कथन प्रभावशाली है—

प्रजानामेव भूत्यर्थं स ताभ्यो बलिमग्रहीत्।
सहस्रगुणमुत्स्रष्टुमादत्ते हि रसं रविः।।

(वह राजा प्रजाओं के कल्याण के लिये ही उनसे शुल्क लेता था, जिस प्रकार सूर्य हजार गुना विसर्जित करने लिये ही धरती से जल सोखता है।)

राजा दिलीप के नंदिनी गाय की रक्षा के लिये अपने शरीर को अर्पित करने के उद्यम में दयावीर की प्रभावशाली प्रस्तुति है। रघु का विश्वजित् यज्ञ में निःशेष संपदा दान करना और कौत्स नामक ब्रह्मचारी को कुबेर से प्राप्त सारी स्वर्णराशि देने का आग्रह दानवीर का अप्रतिम रूप सामने रखता है, जिसमें —

जनस्य साकेतनिवासिनस्तौ द्वावप्यभूतावभिनन्द्यसत्त्वौ।
गुरुप्रदेयाधिकनिःस्पृहोऽर्थी नृपोऽर्थिकामादधिकप्रदश्च।।

(साकेत या अयोध्या के लोगों के लिये उन दोनों की ही क्षमता अभिनंदनीय बन गयी थी- अर्थी ब्रह्मचारी अपने गुरु को दक्षिणा में जितनी राशि देना थी, उससे अधिक नहीं लेना चाहता था और राजा याचक की कामना से अधिक देने का आग्रह कर रहा था।)

रघु की दिग्विजय, राम-परशुराम का संघर्ष तथा रावणविजय के प्रसंगों में युद्धवीर का अच्छा परिपाक हुआ है। कालिदास वीररस के प्रसंगों में चित्त को दीप्त करने वाली तथा उत्साह की संचार करने वाली सटीक पदावली का प्रयोग करते हैं।

अन्य रसों में करुण, अद्भुत, शांत, रौद्र, भयानक, हास्य आदि की भी यथावसर निष्पत्ति रघुवंश महाकाव्य में हुई है।

चौदहवें सर्ग में राम के द्वारा परित्यक्त सीता के विलाप में सारी प्रकृति की उसके दुःख में सहभागिता का मर्मस्पर्शी चित्रण कवि ने किया है।

नृत्यं मयूराः कुसुमानि वृक्षा दर्भानुपात्तान् विजहुर्हरिण्यः।
तस्याःप्रपन्ने समदुःखभावमत्यन्तमासीद्रुदितं वनेऽपि।। (१४।६९)

(मयूरों ने नृत्य करना छोड़ दिया, पेड़ों ने फूल त्याग दिये, हरिणियों ने मुँह में लिये घास के कौर छोड़ दिये। सीता के दुःख में सहभागी सारा वन बहुत अधिक रो रहा था।)

जीवनादर्श

रघुवंश एक महान् राष्ट्रीय महाकाव्य है। इस देश ने सांस्कृतिक और नैतिक आदर्शों की जो ऊँचाइयाँ अधिगत कीं, उन पर आरोहण के लिये रघुवंश एक उत्कृष्ट सोपानपरंपरा प्रस्तुत करता है। कालिदास की दृष्टि में राजा को अपने राज्य को एक तपोवन समझ कर उसमें रह कर प्रजापालन रूप तप करना चाहिये। इसलिये जब दिलीप वसिष्ठ के आश्रम में जाते हैं, तो वे कहते हैं-

पपृच्छ कुशलं राज्ये राज्याश्रममुनिं मुनिः। (१।५८)

(मुनि वसिष्ठ ने राज्य रूपी आश्रम के मुनि दिलीप से कुशल पूछी।)। यहाँ कुशल प्रश्न करने वाले वशिष्ठ भी मुनि हैं, और राजा राज्य रूपी आश्रम का मुनि है।

रघुवंश सामंतीय समाज की भोगलिप्सा और राज्यलिप्सा के विरुद्ध एक प्रभावशाली काव्यात्मक प्रतिक्रिया है, जिसमें आर्ष संस्कार स्पंदित हैं। इस संस्कार के कारण कालिदास इस देश में ऐसे राजकुमारों की उत्पत्ति चाहते हैं, जो राजपद को भोग की भावना से स्वीकार नहीं करते, बल्कि पिता की आज्ञा के अधीन रहकर कर्तव्यपालन के लिये उसे अंगीकार करते हैं। इसीलिये कवि ने अज के विषय में कहा है—

दुरितैरपि कर्तुमात्मसात् प्रयतन्ते नृपसूनवो हि यत्।
तदुपस्थितमग्रहीदजः पितुराज्ञेति न भोगतृष्णया।।(८।२)

(राजा के बेटे दुष्कर्म करके जिस राज्यलक्ष्मी को हथियाने के लिये प्रयत्न करते रहते हैं, उसी को अज ने स्वयं उपस्थित होने पर पिता की आज्ञा से स्वीकार किया न कि भोग की तृष्णा से।)

ऐसे अज के लिये कवि ने यह सत्य कहा है कि उसके यौवनकी शोभा विनय से और बढ़ गयी थी (८।६)

कालिदास ने विसर्जन या स्वयं को रिक्त करके सब कुछ प्राप्त करने का आदर्श प्रस्तुत किया है। दिलीप के लिये वे कहते हैं

आदानं हि विसर्गाय सतां वारिमुचामिव।

रघु विश्वजित् यज्ञ में सर्वस्व दान कर देते हैं। मनुष्य सब कुछ हार कर भी अपने आप को पा लेता है। दशरथ की इस उक्ति में यही भाव व्यक्त हुआ है —

कृष्यां दहन्नपि क्षितिमिन्धनेद्धः बीजप्ररोहजननीं ज्वलनः करोति।

सूक्तियाँ

कालिदास की सूक्तिमंजरी जीवनानुभव के सौरभ से सुवासित है। रघुवंश में चिंतन और अनुभव की परिपक्वता इन सूक्तियों से प्रमाणित होती है। कतिपय सूक्तियाँ यहाँ प्रस्तुत हैं—

हेम्नः संलक्ष्यते ह्यग्नौ विशुद्धिः श्यामिकापि वा। (१।१०)

सोना खरा है या खोटा- इसकी परीक्षा उसे आग में डालने पर ही होती है।

प्रतिबध्नाति हि श्रेयः पूज्यपूजाव्यतिक्रमः। (१।७९)

(पूज्य व्यक्ति की पूजा में व्यतिक्रम किया जाये, तो वह कल्याण का बाधक बन जाता है।

सम्बन्धमाभाषणपूर्वमाहुः। (२।५८)

(दो व्यक्ति में बातचीत आरंभ हो जाय, तो उसी से उनका रिश्ता जुड़ जाता है।)

पदं हि सर्वत्र गुणैर्निधीयते। (३।६२)

गुण सर्वत्र स्थान बना लेते हैं।

आदानं हि विसर्गाय सतां वारिमुचामिव।(४।८६)

(सज्जनों का आदान विसर्जन या त्याग के लिये होता है जैसे बादलों का धरती से जल सोखना वर्षा करने के लिये होता है।)

भिन्नरुचिर्हि लोकः। (६।३०)

(लोगों की रुचियाँ भिन्न भिन्न होती हैं।)

तेजसां हि न वयः समीक्ष्यते। (११।१)

(तेजस्वियों की आयु नहीं देखी जाती।)

मनो हि जन्मान्तरसंगतिज्ञम् (७।१५)

(मन पिछले जन्मों की संगति का जानकार होता है।)

मरणं प्रकृतिः शरीरिणां विकृतिर्जीवितमुच्यते बुधैः।

(मरण देहधारियों की प्रकृति है। जीवन विकृति या विशिष्ट कृति है।)

अपथे पदमर्पयन्ति हि श्रुतवन्तोऽपि रजोनिमीलिताः।। ९.७४।।

(रजस् – रजोगुण, धूल – से आँखें मुँद जायें, तो ज्ञानी भी कुपथ पर पग धर देते हैं।

पारंपरिक समीक्षा में कवि कालिदास

संस्कृत की आचार्य परंपरा ने कालिदास को कविता के साम्राज्य में जिस उच्च सिंहासन पर प्रतिष्ठित किया, वह अन्य किसी कवि को कदाचित् नहीं मिला। वामन पहले बड़े आचार्य हैं, जो कालिदास को सराहना के साथ अपने गुणविवेचन में स्मरण करते हैं। अपने ग्रंथ के तृतीय अधिकरण के पहले अध्याय में मसृणत्वरूप श्लेष के उदाहरण में उन्होंने कुमारसम्भव का पहला ही पद्य उद्धृत किया है।[१८] इसी पद्य को वामन तृतीय अधिकरण के द्वितीय अध्याय

में अवैषम्यरूप समता में अर्थबोध किस प्रकार सुगम हो सकता है यह बताने के लिये भी उद्धृत करते हैं।[१९] पार्वती के रूपवर्णन में कालिदास की उक्ति 'बभूव तस्याश्चतुरश्रशोभि वपुर्विभक्तं नवयौवनेन' के विचार में वामन पूर्वपक्षी के इस मत का खंडन करते हैं कि चतुरश्रशोभी में इनि का प्रयोग अच्छा नहीं है। उपमा की वाक्यार्थवृत्तिता के उदाहरण में वामन ने रघुवंश से 'पाण्ड्योऽयमंसार्पितलम्बहार:' – यह पद्य उद्धृत किया है।[२०] इस पद्य को रुय्यक आदि अन्य अनेक आचार्यों ने सराहना के साथ उद्धृत किया है। विशेषोक्ति के उदाहरण में वामन ने 'भवन्ति यत्रौषयो रजन्याम्'[२१] इस पद्य का उदाहरण दिया है। शक्यम् के सुंदर प्रयोग के लिये कालिदास के इस पद्य की प्रशंसा की है—

शक्यमोषधिपतेर्नवोदया: कर्णपूररचनाकृते तव।
अप्रगल्भयवसूचिकोमलाश्छेतुमग्रनखसंपुटैः कराः।।[२२]

कुमारसंभव महाकाव्य का आठवाँ सर्ग वामन की दृष्टि में मान्य था। तभी तो उन्होंने इस पद्य की सराहना की है। आनंदवर्धन कालिदास के ऐसे महाकवियों की प्रथमपंक्ति में अग्रगण्य मानते हैं जिनकी स्पंदित होती असाधारण प्रतिभा से रसास्वादसमन्वित काव्यार्थों की सरस्वती निष्यंदित या प्रवाहित होती रहती है, और ऐसे कवि संसार में दो-तीन या चार पाँच ही हो सकते हैं।

सरस्वती स्वादु तदर्थवस्तु निःष्यन्दमाना महतां कवीनाम्।
अलोकसामान्यमभिव्यनक्ति परिस्फुरन्तं प्रतिभाविशेषम्।।

ध्वन्यालोक १.६

तत् वस्तुतत्त्वं निःष्यन्दमाना महतां कवीनां भारती अलोकसामान्यं प्रतिभाविशेषं परिस्फुरन्तमभिव्यनक्ति । येनास्मिन्नतिविचित्रकवि-परम्परावाहिनि संसारे कालिदासप्रभृतयो द्वित्राः पञ्चषा वा महाकवय इति गण्यन्ते ।

ध्वनि के विविध भेदों के उदाहरण के लिये आनंदवर्धन ने कुमारसंभव का यह पद्य अपने ध्वन्यालोक में तीन बार उद्धृत तिया है—

एवंवादिनि देवर्षौ पार्श्वे पितुरधोमुखी।
लीलाकमलपत्राणि गणयामास पार्वती।।

आनंदवर्धन कहते हैं कि यहाँ लीलाकमलपत्रगणना का व्यापार अपने आपको गौण बना कर व्यभिचारीभावों – लज्जा आदि – को प्रकट कर देता है। संलक्ष्यक्रमव्यंग्यता तथा असंलक्ष्क्रमव्यंग्यता का सूक्ष्म अंतर बताने के लिये वे इस पद्य के साथ कालिदास के कुमारसंभव से ही वसंतवर्णन के पद्यों को उद्धृत करते हैं, जहाँ शब्द साक्षात् विभावानुभाव-व्यभिचारियों की प्रतीति कराकर रस में पर्यवसित हो जाते हैं। आनंदवर्धन कालिदास के अनेक पद्य उद्धृत करते हुए ध्वनिप्रक्रिया को स्पष्ट करते हैं।[२३]

आनंदवर्धन तथा अभिनवगुप्त ने कालिदास को रससिद्ध कवि के रूप में मान्यता देते हुए

रघुवंश में अजविलाप प्रसंग में मृत्युबोध की दृष्टि से काव्यानुभूति का अच्छा विश्लेषण किया है।[२४] अभिनवगुप्त कहते हैं कि यह किसी असाधारणरूप से कुशल कवि की प्रतिभा का ही चमत्कार हो सकता है कि वह संभोग शृंगार के प्रसंग में प्रेमीयुगल की मृत्यु का वर्णन कर दे। कालिदास जीवन और मृत्यु के चक्र का आवर्तन और विवर्तन रघुवंश के अज और इंदुमती का असाधारण प्रेम, निधन और स्वर्ग में पुनर्मिलन के प्रसंग के द्वारा दिखा देते हैं।

आनंदवर्धन के इस कथन पर कि रसोचित कथायोग अपनी कल्पना से कवि करे लोचन टीका में अभिनवगुप्त कालिदास का उदाहरण देते हैं - रघुवंशेऽजादीनां राज्ञां विवाहादिवर्णनं नेतिहासेषु निरूपितम्। कुमारसंभव में रतिविलाप में पुनः पुनः दीप्ति है, पर कालिदास जैसे कवि की प्रतिभा के चमत्कार से यह आस्वाद्य बनी रहती है।[२५]

मम्मट ने कामदहन प्रसंग में 'क्रोधं प्रभो संहर संहरेति' इस पद्य के द्वारा भृकुट्यादिविकारवर्जित क्रोध का संकेत देकर शिव के ईश्वरत्व की गरिमा का निर्वाह जिस तरह कालिदास ने किया है, उसे उदाहरणीय माना है। 'द्वयं गतं सम्प्रति शोचनीयतां समागमप्रार्थनया कपालिनः' ब्रह्मचारी बटु की इस उक्ति में पिनाकिनः के स्थान पर कपालिनः इस समुचित पर्याय का प्रयोग कर के कालिदास ने पर्यायवक्रता का आधान किया है। कुंतक कहते हैं— **परमेश्वरवाचकशब्दसहस्रसंभवेऽपि कपालिन इति बीभत्सरसालम्बनविभाववाचकः शब्दो जुगुप्सास्पदत्वेन प्रयुज्यमानः कामपि वाचकवक्रतां विदधाति। 'संप्रति' 'द्वयं' चेत्यतीव रमणीयम्–यत् किल पूर्वमेका सैव दुर्व्यसनदूषितत्वेन शोचनीया जाता, सम्प्रति पुनस्त्वया तस्यास्तथा-विधदुरध्यवसायसाहायकमिवारब्धमित्युपहस्यते। 'प्रार्थना' -शब्दोऽप्यतितरां रमणीयः, यस्मात् काकतालीययोगेन तत्समागमः कदाचिन्न वाच्यतावहः। प्रार्थना पुनरत्रात्यन्तं कौलीनकलङ्ककारिणी। 'सा च' 'त्वं च' इति द्वयोरप्यनुभूयमानपरस्परस्पर्धिलावण्यातिशय-प्रतिपादनपरत्वेनोपात्तम्। 'कलावतः 'कान्तिमती' इति च मतुप्-प्रत्ययेन द्वयोरपि प्रशंसा प्रतीयत इत्येषां प्रत्येकं कश्चिदप्यर्थः शब्दान्तराभिधेयतां नोत्सहते।**

इसी प्रकार रघुवंश में—

तामभ्यगच्छद्रुदितानुसारी मुनिः कुशेध्माहरणाय यातः।
निषादविद्धाण्डजदर्शनोत्थः श्लोकत्वमापद्यत यस्य शोकः।।

इस श्लोक की मीमांसा करते हुए कुंतक कहते हैं –

'अत्र कोऽसौ मुनिर्वाल्मीकिरिति पर्यायपदमात्रे वक्तव्ये परमकारुणिकस्य निषादनिर्भिन्न-शकुनिसंदर्शनमात्रसमुत्थितः शोकः श्लोकत्वमभजत यस्येति तस्य तदवस्थजनकराज-पुत्रीदशादर्शनविवशवृत्तेरन्तःकरणपरिस्पन्दः करुणरसपरिपोषाङ्गतया सहृदयहृदयाह्लादकारी कवेरभिप्रेतः।'

यहाँ वाल्मीकि मुनि लक्ष्मण के द्वारा वन में छोड़ दी गई सीता के पास पहुँचे – यह कालिदास को कहना था, उसके स्थान पर कालिदास ने कहा - (सीता के) रुदन के स्वर का

अनुसरण करते हुए कुश और इंधन लेने के लिये निकले वे मुनि उसके पास आ पहुँचे जिनका निषाद के द्वारा विद्ध पक्षी को देख कर उपजा शोक श्लोक में ढल गया था। यहाँ कालिदास ने वाल्मीकि का नाम नहीं लिया, वाल्मीकि क्या हैं – यह बता दिया है। उनकी परमकारुणिकता का उतनी करुणाशीलता से आख्यान करते हुए कवि ने इस प्रसंग की मार्मिकता को और भी गहन बना दिया है।

परित्यक्त सीता लक्ष्मणके माध्यम से राम के लिये संदेश भेजती हुई कहतीं हैं—

उपस्थितां पूर्वमपास्य लक्ष्मीं वनं मया सार्धमसि प्रपन्नः।
त्वामाश्रयं प्राप्य तया नु कोपात् सोढ़ाऽस्मि न त्वद्भवने वसन्ती।।

(पूर्व प्राप्त जिस राज्यलक्ष्मी को त्याग कर तुम मेरे साथ वन में रहे, वह फिर से तुम से मिली, तो तुम्हारे साथ एक भवन में रहने वाली मुझे वह रोष के कारण सह न सकी।)

सीता के इस कथन पर कुंतक की विवेचन है— **'एतत्सीतया तथाविधकरुणाक्रान्तान्तःकरणया वल्लभं प्रति सन्दिश्यते–यदुपस्थितां सेवासमापन्नां लक्ष्मीमपास्य श्रियं परित्यज्य पूर्वं यस्त्वं मया सार्धं प्रपन्नो विपिनं प्राप्तस्तस्य तव स्वप्नेऽप्येतन्न सम्भाव्यते। तया पुनस्तस्मादेव कोपात् स्त्रीस्वभावसमुचितसपत्नीविद्वेषात्त्वद्गृहे वसन्ती न सोढास्मि। तदिदमुक्तं भवति–यत्तस्मिन् विधुरदशाविसंष्ठुलेऽपि समये तथाविधप्रसादास्पदतां मय्यारोप्य यदिदानीं साम्राज्ये निष्कारणपरित्यागतिरस्कारपात्रतां नीतास्मीत्येतदुचितमनुचितं वा विदितव्यवहारपरम्परेण भवता स्वयमेव विचार्यतामिति।'**

सीता कहना चाहती हैं कि वन में मेरे साथ रहने वाले तुम भला मुझे क्यों छोड़ोगे, यह तो मेरी सपत्नी जैसी उस राज्यलक्ष्मी को तुम्हारा और मेरा साथ सहन न हुआ। कुंतक के अनुसार यहाँ व्यंग्य है कि जो राम दुःख के समय में उस पर इतने कृपालु रहे, वे अब इतना बड़ा साम्राज्य व वैभव मिल जाने पर परित्याग कर के मुझे तिरस्कृत कैसे कर सकते हैं? इस में राम के दोहरे चरित्र पर भी मानिनी नायिका ने व्यंग्य किया है और राज्यव्यवस्था पर भी।

कुंतक की दृष्टि में कालिदास उस सुकुमार मार्ग के कवि हैं, जिसमें अम्लानप्रतिभा से उद्भिन्न होने वाले नवशब्दार्थसुन्दर काव्य की रचना अनायास थोड़े से अलंकारों से ही मनोहारी हो जाती है। स्वभाव की प्रधानता के कारण उसमें आहार्य का कौशल तिरस्कृत हो जाता है और मनःसंवाद का सौंदर्य सज उठता है। उसकी संरचना बिना पूर्वयोजना के रमणीय होती है। विदग्धता के कारण उसमें सौंदर्य का अतिशय है। कवि इस सुकुमार मार्ग पर ऐसे ही विचरता है जैसे वसंत में भ्रमर कुसुम कानन में विचरते हैं। रघुवंश का यह श्लोक कुंतक अपने विवेचन के प्रमाण में प्रस्तुत करते हैं।

ऊपर उदाहृत 'प्रवृद्धतापो दिवसोऽतिमात्र' इस श्लोक का वक्रोक्तिपरक विवेचन करते हुए कुंतक कहते हैं कि यह पद्य श्लेष के सौंदर्य से व्याप्त है। पर यह श्लेष का सौंदर्य भी कवि की प्रतिभा से सहज समुल्लसित हुआ है, इसमें आहार्य का बनावटी अलंकरण नहीं है।

'प्रवृद्धताप:' तथा तन्वी' ये दोनों पद अन्य अर्थ में ढल जाते हैं, और इनके मर्म को समझने वाले रसिक इनके अभिप्राय से आह्लादित हो उठते हैं। कवि ने परस्परविरोध से अलग हुए युगल की प्रतीति कराने के लिये सुंदर पर्यायों का चयन किया है। दोनों पक्षों के लिये 'अतिमात्रम्' और 'अत्यर्थम्' ये क्रियाविशेषण भी सटीक हैं। इस प्रकार श्लेष का सौंदर्य यहाँ अयत्नघटित होने से मनोहारी हो गया है।

ऐसे कवि की प्रतिभा का उद्भेद नूतनाङ्कुरन्याय से सहज रूप में होता है। अयत्नसाध्य स्वल्प अलंकारों से भी उसकी कविता में सौंदर्य का अतिशय आ जाता है इस को बताने के लिये लिये फिर कुंतक यह उदाहरण देते हैं—

बालेन्दुवक्राण्यविकासभावाद् बभुः पलाशान्यतिलोहितानि।
सद्यो वसन्तेन समागतानां नखक्षतानीव वनस्थलीनाम्।।

उनका कथन है - 'अत्र 'बालेन्दुवक्राणि' 'अतिलोहितानि' 'सद्यो वसन्तेन समागतानाम्' इति पदानि सौकुमार्यात् स्वभाववर्णनामात्रपरत्वेनोपात्तान्यपि 'नखक्षतानीव' इत्यलङ्करणस्य मनोहारिण: क्लेशं विना स्वभावोद्भिन्नत्वेन योजनां भजमानानि चमत्कारकारितामापद्यन्ते।'

कविशक्ति किस प्रकार स्वभाव को उन्मीलित कर सहज सौंदर्य का आधान करती है यह कुंतक यहाँ कालिदास के निम्नलिखित उदाहरण दे कर स्पष्ट करते हैं – रघुवंश में मृगयावर्णन का प्रकरण, कुमारसंभव में वसंतलीला के प्रसंग में पशुपक्षियों का प्रणय चेष्टाओं का मनोहारी कामोद्दीपक वर्णन, सहस्रार्जुन के द्वारा रावण को बंदी बनाने का वर्णन या राम के द्वारा पुष्पकविमान से लौटते हुए धरती के दृश्यों की नयनाभिराम छटाओं का चित्रण।

कालिदास में प्रसाद गुण की सर्वत्र उपस्थिति को कवि की रचनाप्रक्रिया से कुंतक जोड़ते हुए बताते हैं कि स्वल्प समासों के द्वारा कवि कैसे अभिव्यक्ति की स्वच्छता तथा संप्रेषणीयता को बनाये रख सका है। समास की सधी हुई योजना के द्वारा कवि किस प्रकार अर्थ की स्वच्छता को बनाये रखता है इसके उदाहरण में उन्होंने यह पद्य उद्धृत किया है—

हिमव्यपायाद्विशदाधराणामापाण्डुरीभूतमुखच्छवीनाम्।
स्वेदोद्गमः किंपुरुषाङ्गनानां चक्रे पदं पत्रविशेषकेषु।।

कुंतक सौकुमार्य को जीवन के समस्त सौंदर्य से जोड़ कर देखते हैं अत: उसकी रंचमात्र भी क्षति होने पर वे अनौचित्य की संभावना से आहत हो जाते हैं। कालिदास में भी दो स्थलों पर उन्हें लगा है जैसे कवि किंचित् असंवेदनशील हो गया है। एक स्थल राम का जटा बाँधते समय कैकेयी को कोसने का प्रसंग है, दूसरा दिलीप का अन्य नंदिनी के बदले अन्य गायों को दे कर मुनि वसिष्ठ के रोष को शांत करने के सिंह के प्रस्ताव को विचारणीय मान कर फिर उसकी असम्भाव्यता बताना। कुंतक के अनुसार इन दोनों में नायक के वचन उनकी गरिमा का हनन करते हैं। फिर वे कहते हैं कि यह तो सहज सौकुमार्य से परिपूरित सूक्तिसमुद्र वाले महाकवि में दोषदर्शन उदाहरण समझाने के लिये है।

कालिदास में सौंदर्य औचित्य से संवलित हो गया है। इस तथ्य को रघुवंश पंचम सर्ग में निरूपित कौत्स के लिये रघु द्वारा प्रदत्त गुरुदक्षिणा के प्रसंग से कुंतक स्पष्ट करते हैं। कालिदास विश्वजित यज्ञ में सर्वस्व दान कर के रंक बन गये राजा रघु के लिये ऐसे नीवार के पौधे से उपमा देते हैं जिसकी धान्य की सारी मंजरियाँ तपस्वियों ने तोड़ ली हैं। कुंतक कहते हैं कि मुनि कौत्स यहाँ जो उपमा देते हैं, वह न केवल रघु के अप्रतिम त्याग व दान का गौरवमय निरूपण है, वह मुनि के स्वानुभव से प्रसूत उपमा के कारण और भी मनोहर बन गई है। यह मनोहारिता ही यहाँ उपमा के औचित्य को सत्यापित करती है।

कालिदास सौकुमार्य के साथ लावण्य के भी कवि हैं। लावण्य गुण में अक्षरों का विशिष्ट विन्यास और वैदग्धी के विशेष संधान संनिवेशमहिमा उत्पन्न हो जाती है। इसका उदाहरण कुंतक कालिदास से यह देते हैं —

स्नानार्द्रमुक्तेष्वनुधूपवासं विन्यस्तसायन्तनमल्लिकेषु।
कामो वसन्तात्ययमन्दवीर्यः केशेषु लेभे बलमङ्गनानाम्।। ८५।।

रूढिवैचित्र्यवक्रता से किस प्रकार प्रतीयमान की छायाएँ कई गुना रमणीय होती जाती हैं – यह कालिदास के माध्यम से बताते हुए कुंतक - 'गुर्वर्थमर्थी श्रुतपारदृश्वा रघोः सकाशादनवाप्तकामः। गतो वदान्यान्तरमित्ययं मे मा भूत्परीवादनवावतारः' में 'रघु'-शब्द से झलकने वाले त्रिभुवनातिशायी औदार्य पर प्रकाश डालते हैं, तो 'अलं महीपाल तव श्रमेण' में महीपाल शब्द के प्रयोग की मीमांसा करते हुए कहते हैं - **'राज्ञः सकलपृथ्वीपरिरक्षणक्षमपौरुषस्यापि तथाविधप्रयत्नपरिपालनीयगुरुगोरूपजीवमात्रपरित्राणासामर्थ्यं स्वप्नेऽप्यसंभावनीयं यत्तत्पात्रत्वगर्भमामन्त्रणमुपनिबद्धम्।'**

कुमारसंभव में संवृतिवक्रता के अनेक उदाहरण हैं। पार्वती अपने देह पर परिभोग के चिह्न देख रही हैं, पीछे से शिव आ जाते हैं। अपने बिंब के पीछे उनका अनुबिंब देख कर पार्वती जिस तरह लाज से पानी पानी होती हैं, उसमें संवृतिवक्रता का अनूठा प्रसंग है। उस प्रकार ब्रह्मचारी बटु के समक्ष पार्वती स्वयं अपनी तपस्या के प्रयोजन को बताना नहीं चाहतीं, सखी के मुख से शिव के लिये उनकी कामना की बात सुन कर बटु जब शिव की खिल्ली उड़ाने लगता है, कहतीं हैं कि रोको इस बटु को, क्योंकि बड़े लोगों के विषय में कोई अनुचित कुछ कहे, तो वह तो पापभागी होता ही है, जो उसकी बात सुनता रह जाता है, वह भी पापी है। यह एक प्रकार का संवरण है। फिर पार्वती कहती हैं कि यह चुप नहीं होता तो मैं ही चली जाती हूँ – यह चलना भी संवरण है।

वाच्य के औचित्य के निर्वाह के साथ विनिर्मित लिंगवैचित्र्यवक्रता का अनुपम विन्यास कुंतक कालिदास में देखते हैं। पुष्पक विमान के वातायन से दंडकारण्य के दृश्य देखते हुए राम स्मृतियों के वातायन खोलते हैं। वे सीता को बताते हैं कि किस तरह लताएँ तुम्हारे वियोग में मुझे व्याकुल और तुम्हें खोजता देख कर अपनी शाखाओं के पत्ते झुका झुका कर दक्षिण दिशा की ओर संकेत कर रही थीं रावण तुम्हें इधर हर कर ले गया। फिर भी मैं कुछ बूझ नहीं

पा रहा था, तो किस तरह मृगियों ने दर्भांकुर को त्याग कर दक्षिणदिशा की ओर नेत्र घुमा घुमा कर मुझे कुछ बताना चाहा था। कुंतक यहाँ कहते हैं स्त्रीस्वभाव होने के कारण लताओं और मृगियों में राम के लिये सहानुभूति अधिक है, इसलिये पेड़ या पादप राम को मार्ग बता रहे थे, या मृग संकेत कर रहे थे, यह न कह कर कवि ने लताओं व मृगियों से संकेत करवाया। कालिदास की सौंदर्यदृष्टि का विश्लेषण करते हुए कुंतक सुकुमार मार्ग में सहजता का सौंदर्य किस तरह खिलता है यह कुमारसंभव में गौरीविवाह के प्रसंग को उद्धृत कर के स्थापित करते हैं। नववधू का प्रसाधन बताते हुए कवि ने कहा है—

तां प्राङ्मुखीं तत्र निवेश्य तन्वीं क्षणं व्यलम्बन्त पुरो निषण्णाः।
भूतार्थशोभाह्रियमाणनेत्राः प्रसाधने संनिहितेऽपि नार्यः।।

स्नान के लिये पार्वती को ले जाया जा रहा था, तो उसके सारे अभूषण उतार दिये गये थे। तब जो शोभा पार्वती की थी उसे कवि ने भूतार्थशोभा कहा है। कुंतक कहते हैं कि यह स्वाभाविक सौंदर्य ही सहृदयहृदयाह्लादकारी होता है। अलंकार तो इसकी सहज छाया को आवृत ही कर देते हैं।

कालिदास सौंदर्य, प्रेम और शृंगार के कवि माने गये हैं। पर प्रेम में आनंत्य के अनुभव को उन्होंने किस प्रकार निरूपित किया है यह बताते हुए भोज ने कुमारसंभव के विवध प्रसंगों के आधार पर विवेचन किया है। भोज कहते हैं —

सैषा पालनकौटिल्याभ्यवहारानुभूतिभिः।
दर्शिता कालिदासेन प्रेमप्रस्थानपद्धतिः।।

शृप्र० भाग २ पृ० १५९४

कालिदास की उपमा सदैव आचार्यों के द्वारा सराही जाती रही है। रुय्यक का अलंकारविवेक प्रसिद्ध है। वे उपमा विवेचन में इदंप्रथमतया कालिदास को ही उद्धृत करते हैं। साधारण धर्म का कहीं अनुगामितया निर्देश होता है, कहीं वस्तुप्रतिवस्तुभाव से, कहीं पृथक् निर्देश कर संबंधी का भेद बना रहने दिया जाता है, कही बिंबिप्रतिबिंब भाव से साधारण धर्म आता है इन समस्त स्थितियों के लिये रुय्यक कालिदास को उदाहरणीय मानते हैं।[२६]

रघुवंश के 'पाण्ड्योऽयमंसार्पितलम्बहारः' - इस पद्य को अनेक आचार्यों ने उपमा के उदाहरण के रूप में उद्धृत किया है। चमत्कारचंद्रिकाकार विश्वेश्वर ने कालिदास को काव्यपाक के निरूपण के प्रसंग में मृदुपाक का कवि बताया है, वे मानते हैं कि माधुर्य उनके काव्य की पहचान है - **'मृदुपाक इत्युच्यते। सोऽयं प्रायेण सहजसाहित्यरेखासमुल्लेखानां सरसकवीश्वराणामानन्दनिष्यन्दफलेषु प्रबन्धेषु दृश्यते। तथा हि– कालिदासस्य।'**

विश्वेश्वर ने कालिदास के मृदुपाक को निदर्शित करने के लिये कुमारसंभव का यह पद्य उद्धृत किया है —

विवृण्वती शैलसुतापि भावमङ्गैः स्फुरद्बालकदम्बकल्पैः।
साचीकृता चारुतरेण तस्थौ मुखेन पर्यस्तविलोचनेन।।

यहाँ अंगों के कदंब की कलियों के सदृश स्फुरित होने, चितवन से ताकते नयनों वाले मुख को झुका कर खड़े रह जाने के द्वारा एक सुकुमार भावचित्र कवि ने अंकित किया है।

'वागर्थाविव सम्पृक्तौ वागर्थप्रतिपत्तये।' - रघुवंश के इस प्रथम पद्य की व्याख्या में अरुणगिरिनाथ की दृष्टि में वाणी अर्थ की संपृक्ति (तुलसी के शब्दों में – गिरा अरथ जल वीचि सम कहियत भिन्न न भिन्न) का ही प्रतिपादन कवि ने नहीं किया, इस संपृक्ति से जन्य काव्यवैशिष्ट्य का भी संकेत तुरंत वहीं पर 'वागर्थप्रतिपत्तये' कह कर दिया है। कवि वागर्थ की प्रतिपत्ति चाहता है। पर कैसे वागर्थ की? निश्चय ही सामान्य वागर्थ की प्रतिपत्ति उसके लिये इष्ट नहीं है। विशिष्ट वागर्थ की प्रतिपत्ति ही कालिदास जैसे कवि के लिये काम्य हो सकती है। तब वागर्थ में वैशिष्ट्य किसका है? अरुणगिरि कहते हैं कि रसानुगुणत्व ही यहाँ वैशिष्ट्य है।

इसके साथ ही काव्य के स्वरूप में शब्दवाद और शब्दार्थोभयवाद की समस्या आ जाती है। अरुणगिरि दंडी की शब्द को काव्य मानने वाली परम्परा को उद्धृत कर उसका समाधान यही कह कर करते हैं – शब्द और अर्थ दोनों काव्य में रसानुगुण होकर प्रवृत्त होते हैं, अतः दोनों का उल्लेख होना चाहिए। (प्रकाशिका, पृ० ३)

अरुणगिरि ने 'प्रतिपत्ति' शब्द की विशेष व्याख्या यहाँ की है, तथा कोशकार केशवस्वामी का प्रमाण देकर 'प्रतिपत्ति' के छः अर्थ किये हैं – गौरव, प्राप्ति, प्रवृत्ति, प्रागल्भ्य, प्रतिभा और ज्ञान। माधुर्य आदि गुणों की संपदा से सहृदयों में सम्मानित होना गौरव है। निर्वहण तक कविता का पहुँचना प्राप्ति है। संघटना की अपने कौशल से जमावट प्रवृत्ति है। दोषरहित होने के कारण विश्वास से जनित निःशंकता प्रागल्भ्य है। तत्तदुचितशब्दार्थलाभफला प्रत्युत्पन्ना मति प्रतिभा है। यथातत्त्व संवेदन ज्ञान है। (प्रकाशिका, पृ० ३-४)

अरुणिगिरि रघुवंश का अंगी रस वीर मानते हुए वीर रस का प्रवाह इसमें विभिन्न-रसों का संमिश्रण होने पर भी आद्यंत अक्षुण्ण रूप से प्रवाहित देखते हैं। महाकाव्य की अंतिम पंक्ति- **'राज्ञी राज्यं विधिवदशिषद् भर्तुरव्याहताज्ञा'** – पर उनकी टिप्पणी इसमें रस की अन्विति और निर्वहण को लेकर टीकाकार की सूक्ष्म पकड़ का परिचय देती है –

राज्यमशिषदित्यनेनात्राङ्गिभूतवीररसस्य प्रबन्धस्य जगत्परिपालनोत्साहात्मके वीर एवोपसंहारः कृतः। तस्य ये विभावभूताः प्रतापादयस्तेषु अव्याहताज्ञेति प्रताप उक्तः। सिंहासनस्थेत्यध्यवसायो विषयादौ स्थविरसचिवैस्सार्धमिति विनयनयौ, भर्तृराज्यमिति यावत्कुमारोदयं न्यासबुद्ध्या राज्यस्वीकार इति द्योतयति। शुभं गर्भं दधाना राज्ञी राज्यमशिषदित्यद्भुतः। स च निर्वहणे कार्यः, 'कुर्यान्निर्वहणेऽद्भुतम्' इति वचनात् (भाग ३, पृ० ४६७-६८) अरुणगिरि ने महाकाव्य के विभिन्न प्रसंगों, प्रकृतिवर्णनों या उपमा आदि अलंकारों को भी वीररस के अंग के रूप में निरूपित किया है। प्रथम सर्ग के आश्रय वर्णन में

उनके अनुसार आश्रय स्वभावोक्ति अलंकार है, जो नायक के धर्मवीर को पुष्ट करता है। इसके आगे वसिष्ठ और अरुंधती के लिये प्रस्तुत उपमान भी धर्मवीर में पर्यवसित होते हैं। (भाग १, पृ० ४३-४५)

वीररस की प्रधानता के साथ अवशिष्ट रसों की उसमें अन्विति, पूरे प्रबन्ध द्वारा चारों पुरुषार्थों की प्रतिपत्ति तथा विधिनिषेधावति की दृष्टि से उसकी एकवाक्यता को लेकर अरुणगिरि ने विशद विवेचन किया है। पुरुषार्थचतुष्ट्य तथा नवरसों की व्याप्ति पूरे प्रबन्ध में दिखाकर अरुणगिरि उसे एक महावाक्य के रूप में भी देखते हैं, जिसकी फलश्रुति या विधिनिषेधावगति एक है। 'रघुवंश' की महावाक्यात्मक संघटना की व्याख्या इस तरह दोनों स्तरों पर हो जाती है – अनेक प्रसंगों और अनेक राजाओं के चरित उसमें गुँथे हुए हैं, फिर भी उसकी मूलभूत अन्विति खण्डित नहीं होती। एक महावाक्य के सहस्त्रों अवांतरवाक्य किस प्रकार एकार्थक होकर अन्वित होते हैं – यह दिखाने के लिये अरुणगिरि ने पूरे महाकाव्य का पाँच संधियों तथा उनके संध्यंगों, पाँच अर्थ-प्रकृतियों और पाँच अवस्थाओं के आधार पर विश्लेषण किया है।

पहले सर्ग में आरम्भ अवस्था से अनुगत तथा विधान को छोड़कर शेष ग्यारह अंगों से युक्त मुखसंधि है। द्वितीय सर्ग में 'इत्थं व्रतं धारयतः प्रजार्थम्.-' एक प्रयत्न अवस्था से अनुगत प्रतिमुखसंधि है तथा इसी सर्ग में 'भक्त्या गुरौ मय्यनुकम्पया च.' तक प्राप्त्याशा और गर्भसंधि। सिंह का नंदिनी पर आक्रमण आदि पताका है। तृतीय सर्ग के अंत तक आते-आते दिलीपवृत्त की निर्वहण संधि तथा रघु-वृत्त की मुख संधि आरम्भ हो जाती है। इस प्रकार अरुणगिरि ने रघुवंश में आद्यन्त संधि-सन्ध्यंग अवस्था और अर्थप्रकृति की चक्राकार गति देखी है और उसके कथानक –संविधान का इस दृष्टि से विश्लेषण किया है।

रघुवंश की वस्तुयोजना में तो यह विशिष्ट विन्यास अरुणगिरि ने पहचाना ही है, उसमें रस-निर्वाह के क्रम में भी वे एक विशिष्ट आवर्तन-विवर्तन मूलक गति देखते हैं। इसी प्रकार उन्होंने प्रस्तुत संघटना के लिये रघुवंश में संयोजित प्रकरी वृत्तान्तों की पहचान भी की है, और प्रकृतरसप्रकर्ष के लिये एक प्रकरण से दूसरे प्रकरण को जोड़ने की कवि-कला की भी। उदाहरण के लिये अष्टम सर्ग के अजवृत्तान्त में ऐसे दो स्थल हैं – एक अज-इंदुमती के विहार के प्रसंग में नारद के नभो-विचरण की प्रकरी, दूसरे अज विलाप के पश्चात् वसिष्ठ के शिष्य का अज को समझाने के लिये आने का प्रकरण।

इस प्रकार 'रघुवंश' की एक महावाक्य के रूप में विशिष्ट संघटना और संरचना की इस परख और पहचान के साथ अरुणगिरि कालिदास के कविस्वभाव, भाषायोजना और शब्दचयन के आधार पर व्याख्या करने में प्रवृत्त होते हैं।रघुवंश के विस्तीर्ण फलक पर कवि ने पुराकथाओं के महासागर से अनेक मोती निकाल कर सजा दिये हैं, जिनके सन्दर्भ समझने के लिये रामायण, महाभारत और पुराणों का अच्छा अध्ययन अपेक्षित है। अरुणगिरि ने २.३५ में

उल्लिखित कुंभोदर के मित्र निकुंभ के लिये महाभारत की कथा का हवाला दिया है, तो 'जडीकृतस्त्र्यम्बकवीक्षणेन वज्रं ममुक्षन्निव वज्रपाणिः' (२.४२) की कथा समझने के लिये लिंगपुराण का। १६.७१ में ककुस्थ का उल्लेख विष्णुपुराण के सन्दर्भ से समझा गया है।

एक अन्य महत्त्वपूर्ण ग्रन्थ जिसके सूत्र कालिदास की प्रबन्धात्मक रचनाओं में समाहित है – वात्स्यायन का कामसूत्र है। अरुणगिरि अजविवाहप्रसंग में 'आसीद् वरः कण्टकितप्रकोष्ठः स्विनाङ्गुलिः संववृते कुमारी' (७.१९) पर कामसूत्र का उपयुक्त साक्ष्य देते हैं—

कन्या तु प्रथमसमागमे स्विन्नकरचरणाङ्गुलिः स्विन्नमुखी च भवति, पुरुषस्तु रोमाञ्चितो भवति।

इसी प्रकार का एक अन्य ग्रन्थ वराहमिहिर की 'बृहत्संहिता' है। कालिदास की उपमा 'पुपोष वृद्धिं हरिदश्वदीधितेरनुप्रवेशादिव चन्द्रमाः' (३.२२) में चन्द्रमा के सूर्य की किरणों से प्रकाशित होने का प्रमाण वराहमिहिर जैसे ज्योतिर्विद से अरुणगिरि देते हैं—

सलिलमये शशिनि रवेर्दीधितयो मूर्च्छितास्तमो नैशम्।
क्षपयन्ति दर्पणोदरनिहिता इव मन्दिरस्यान्तः।।

संभव है कि कालिदास वराहमिहिर के पूर्व हो चुके हों, पर वराहमिहिर के विज्ञान की पूर्वपरम्परा का उन्हें बोध था।

काव्यसर्जना में वाल्मीकि का प्रभाव रघुवंशकार की चेतना में निरन्तर अंतर्निहित धारा के रूप में विद्यमान रहा है। इस प्रभाव के कारण अरुणगिरि ने रघुवंश के कुछ पद्यों में 'अन्यच्छायायोनिता' देखी है। कालिदास की उपमाओं या काव्यबिम्बों के पीछे तो अनेकत्र वाल्मीकि की अभिव्यक्तियाँ प्रेरक के रूप हैं ही, रघुवंश के अनेक विचारसूत्र, अवधारणाएँ भी इसी अकुंठ मूल स्रोत ने दी हैं।

कालिदास पर आधुनिक समीक्षा

कालिदास पर आधुनिक समीक्षकों में रवींद्रनाथ ठाकुर, वाल्टर रूबेन, द्विजेंद्रलाल राय, रामचंद्र शुक्ल, महावीर प्रसाद द्विवेदी, राजेश्वर शास्त्री द्रविड़, के० कृष्णमूर्ति, रेवाप्रसाद द्विवेदी आदि उल्लेखनीय हैं।

आचार्य महावीर प्रसाद द्विवेदी ने सरस्वती के जनवरी १९११ के अंक से कालिदास की कविता में दोषों का विषयबना कर 'कालिदास की निरंकुशता' शीर्षक लेखमाला प्रारम्भ की। बाद में इस लेखमाला के लेख पुस्तक के रूप में छपे। कालिदास की निरंकुशता में कुल मिलाकर १८ प्रकरण हैं। पहले और अंतिम प्रकरण (विषयारम्भ और उपसंहार)को छोड़कर शेष १६ प्रकरणों में १६ प्रकार के दोष कालिदास में आचार्य द्विवेदी ने दिखाये हैं। १. उपमा की हीनता २. उद्वेगजनक उक्ति ३. अनौचित्यदर्शक उक्ति ४. रस सम्बन्धी अनौचित्य ५. व्याकरण सम्बन्धी अनौचित्य ६. नाम सम्बन्धी अनौचित्य ७. इतिहास सम्बन्धी अनौचित्य ८. यतिभंग ९. पुनरुक्ति १०. श्रुतिकटुत्व ११. जुगुप्सा १२. ग्राम्यभाव १३. अविमृष्टविधेयांश

१४. निहतार्थ १५. क्रमभंग। इनमें पाँचवां व्याकरण सम्बन्धी अनौचित्य का खण्ड सबसे लम्बा लगभग २० पृष्ठों का है जिसमें व्याकरण सम्बन्धी सात दोष कालिदास की कविता से बताये गये हैं। व्याकरण की त्रुटियाँ तो कालिदास ने और भी कीं, पर द्विवेदी जी का कहना है कि नमूने के तौर पर इतना ही वे दिखा सकते हैं। द्विवेदी जी को कदाचित् यह तथ्य भी विदित न था कि इन व्याकरणसम्बन्धी दोषों में से अनेक कथित दोष ऐसे हैं जिन्हें लेकर वैयाकरणों में शास्त्रार्थ होता रहा है कि इन्हें पाणिनि की ही दृष्टि से दोष माना जायेगा या नहीं।

जैसे ही जनवरी १९११ की सरस्वती में 'कालिदास की निरंकुशता' लेखमाला की पहली किश्त आई, भारतमित्र साप्ताहिक में उसके जवाब में पं० मनसाराम का प्रतिवाद छपा। उनकी लेखमाला का पुस्तककार प्रकाशन निरंकुशतानिदर्शन के नाम से हुआ। इसकी तृतीय आवृत्ति गंगा ग्रन्थागार लखनऊ से विक्रमाब्द १९९४ (सन् १९३२ ई०) की छपी है।

मनसाराम जी की मान्यता है कि द्विवेदी जी श्लीलता और अश्लीलता के जिन मानदण्डों को कालिदास की रचना पर लागू कर रहे हैं, दे कालिदास के समय के नहीं हैं, द्विवेदी जी के अपने समय के हैं। 'जिस काम को पहले लोग अच्छा समझते हैं, आज उसी को हम बुरा समझते हैं और जिसे हम आज भला समझ रहे हैं, पहले उसे बुरा समझते थे।....फिर आप उसे भला बुरा कैसे कह सकते हैं?' (निरंकुशतानिदर्शन, पृ०६) संस्कृत के कवि अपने आराध्य देवों का नखशिख वर्णन बहुत सहज भाव से बेलाग ढंग से करते आये हैं।

द्विवेदी जी की पुस्तक पर एक शास्त्रार्थ के रूप में महामहोपाध्याय राजेश्वर शास्त्री द्रविड की संस्कृत में विरचित 'निरंकुशतानिराकरणम्' नामक पुस्तक आई। यह पुस्तक संस्कृत की शास्त्रपरम्परा में नव्यन्याय की शैली में अवच्छेदक और विशेष्यक की वाक्यावली अपना कर लिखी गयी है। कालिदास में दोष तो आचार्य परम्परा शताब्दियों से दिखाती आयी थी। पर यही आचार्य परम्परा कालिदास की कविप्रतिभा की असाधारणता को भी स्वीकार करती आयी थी। आनन्दवर्धन आदि यह कहते रहे कि कालिदास की कविता में ये दोष हैं, इस तरह के और भी दोष उनमें होंगे, पर ये दोष उनकी विलक्षण प्रतिभा के कारण ढँक जाते हैं। आनंदवर्धन और मम्मट जैसे आचार्यों ने दोषों के उदाहरण में कालिदास को याद किया और अच्छी कविता के उदाहरण अपने समय के अज्ञातप्रिय कवियों के दिये तो इसके पीछे यह दृष्टि थी कि संस्खलन के बिन्दु महान् कवि की रचना में भी हो सकते हैं, और मामूली समझा जाने वाला कवि भी ऊँचाइयों के शिखर छू सकता है। द्विवेदी जी की दृष्टि छीछालेदर की दृष्टि लगती है।

द्रविड जी का कवि कालिदास की लोकोत्तरता में विश्वास है। वे अपनी पुस्तक के आरम्भ में ही कहते हैं कि कवि ईश्वर तुल्य है और कालिदास का स्वरूप लोकोत्तर है। द्विवेदी जी ने उपमा की हीनता बताने के लिये रघुवंशियों के लिये अपवाद और लवणासुर के लिये उत्सर्ग का उपमान बताने वाला पद्य दिया है। द्रविड़ जी इस पर टिप्पणी करते हुए कहते हैं कि सामान्यत: अपवादशास्त्र को व्याप्यधर्मावच्छिन्न और उत्सर्ग शास्त्र को व्यापकधर्मावच्छिन्न माना जाता है। पर यह आवश्यक नहीं कि व्याप्यधर्मावच्छिन्न शास्त्र सीमित ही हो और व्यापकधर्मावच्छिन्न

शास्त्र उसकी अपेक्षा व्यापक हो। पुरुषार्थचिन्तामणि से पौर्णमासीविषयक उत्सर्गशास्त्र का उदाहरण दे कर द्रविड जी उसका अपवाद यह सिद्ध करने के लिये उद्धृत करते हैं कि अपवादशास्त्र कभी-कभी उत्सर्ग को ही सीमित कर देता है और स्वयं अपने को विस्तारित कर लेता है।

द्विवेदी जी ने कालिदास की इस उपमा में राजनीति की दृष्टि से यह आपत्ति की थी कि अपवाद-नियम उत्सर्ग नियम को पूरी तरह उन्मूलित नहीं करता। द्रविड जी इसके उत्तर में कहते हैं कि यह पद्य राम की शत्रुघ्न के प्रति उक्ति है, राम का इस समय का आशय है ही नहीं कि लवणासुर को समूल उखाड़ फेंका जाय।

सम्भोग शृंगार के निरूपण में पाप भाव अथवा ग्लानि का बोध यदि होता है-तो किसको होता है? कवि ने तो निर्द्वन्द्व भाव से लिख दिया, उसे ग्लानि या पापबोध नहीं था। स्पष्ट है कि पाप का बोध सामाजिक या काव्य के भावक को होता है। यह पापबोध उसे साधारणीकरण न हो पाने के कारण होता है। यदि अपने ही माता-पिता के शृंगार का वर्णन किया जाये, तो पाठक का उनके लिये ममत्व भाव होने से साधारणीकरण नहीं हो पाता। द्रविड जी ने द्विवेदी जी के तर्क पर अपना प्रतितर्क इसी आधार पर दिया है। इस आधार को आगे बढ़ाते हुए कहा जा सकता है कि आचार्यपरम्परा यदि कुमारसम्भव में शिवपार्वती के शृंगारवर्णन में दोष मान रही है तो भावक या सहृदय की दृष्टि से ही। जिस कवि को ईश्वरस्वरूप मान लिया है, वह ईश्वर के ही शृंगार का वर्णन करता है तो इसमें कविकृत दोष कहाँ हुआ? उसके काव्य का आस्वादन न कर पाना भावक का अपना दोष हो सकता है।

अतएव दोष की उद्भावना का मूल है सामाजिक या काव्य के भावकसमाज की मान्यता अथवा शील और मर्यादाओं संस्कार,जो देवता आदि के शृंगारवर्णन के स्थल में उद्बुध हो जाते हैं। पर ये संस्कार सर्वत्र उद्बुद्ध नहीं होते। अनेक शब्द ऐसे हैं, जो कथित रूप से असभ्य अर्थ के वाचक हैं जैसे शिवलिङ्ग, ब्रह्माण्ड अथवा भगिनी। इनको सुन कर या पढ़ कर कथित संस्कार उद्बुद्ध नहीं होता अतः इनके प्रयोग में दोष नहीं कहा जा सकता। ये संस्कार देश काल के अनुरोध से परिवर्तित और परिमार्जित हो सकते हैं। राधा-कृष्ण के शृंगार के वर्णन में ये संस्कार आस्वाद के बाधक बन कर जाग्रत नहीं होते। यही नहीं,एक पूरी भावक परम्परा में राधाकृष्ण के शृंगार का वर्णन व्रीडाजनक या ग्लानिकर न होकर कुंठाओं और व्रीड़ाओं का मार्जन करने वाला बन गया। इस सरणि पर द्रविड जी कहते हैं कि कुमारसम्भव का काव्य पुण्यजनक, शुभ और महाफलदायक है। इसी परम्परा में असंख्य पद्य शिव और पार्वती के रतिक्रीडाओं का वर्णन करते हुए कवियों ने लिखे।

रघुवंश में जयन्त कौवे का रूप धारण करके सीता के वक्षःस्थल को विदीर्ण करता है। वाल्मीकि रामायण में यह प्रसंग दो बार अलग-अलग रूपों में चित्रित है। सुन्दरकाण्ड में सीता हनुमान के समक्ष अभिज्ञानदान के लिये इस प्रसंग का जो वर्णन करती है उसमें वे अपने आप

को काक से दारित कहती हैं, वे यह भी कहती हैं कि मैं ढेले से उस काक को बार-बार मार रही थी। मेरे देह से खून निकल आया था जिससे राम जाग उठे। जयन्त एक बलात्कारी का मिथ है। कालिदास इस प्रसंग को अपनी दृष्टि से निरूपित करते हैं। वे कहते हैं- प्रिय के उपभोगचिह्नों पर काक ने पौरोभाग्य का आचरण किया। प्रिय के उपभोग के चिह्न कवि की दृष्टि में पावन सौन्दर्य के प्रतीक हैं। काक बलात्कार और हिंसा का, जो इन चिह्नों को विरूपित करता है। द्रविड जी इस पद्य को स्पष्ट करते हुए कहते हैं कि यहाँ पौरोभाग्य (पापबुद्धि मूर्खता) काकनिष्ठ हैं और काककृत विदारण काकनिष्ठपौरोभाग्यहेतुक हैं अर्थात् काक के भीतर जो पापभाव और मूर्खता है उसके कारण वह सीता के साथ दुराचरण कर बैठा।

महावीर प्रसाद द्विवेदी जी के इस आक्षेप पर कि अज ने विवाह के बाद तीन दिन तक ब्रह्मचर्य का पालन नहीं किया, द्रविड़ जी ने शास्त्र परम्परा का अवगाहन करके रोचक तथ्य सामने रखे हैं। इससे महावीर प्रसाद जी की विवांहोत्तर त्रिवदिसीय या दशदिवसीय ब्रह्मचर्य की अवधारणा कितनी जड़ और भ्रामक है, यह भी सिद्ध हो जाता है। द्रविड जी का एक तर्क तो द्विवेदी की उक्ति के प्रत्याख्यान में यह है कि अज विवाह के पश्चात् अनेक दिन तक कन्या के घर रहा होगा। कामसूत्र में विवाह के पश्चात् दस दिन तक कन्या के घर में उत्सव होने और उसमें वरपक्ष के सम्मिलित रहने का निर्देश है। अत: अज इन्दुमती को लेकर जब अपने ससुर के नगर चला तो विवाहोत्तर तीन दिन और उसके पश्चात् उत्सव के दस दिन मिलाकर चौदहवाँ दिन था। और विवाह के बाद के तीन दिनों में भी धर्मशास्त्रकार आश्वलायन निर्देश देते हैं कि जनपदधर्मों और ग्रामधर्मों के अनुसार विविध क्रीड़ाएँ वर वधू के बीच इन दिनों में आयोजित होनी चाहिए। आपस्तम्भ कहते हैं कि इन रीति-रिवाजों के विषयों में स्त्रियों को प्रमाण माना जाये। अत: विवाहोत्तर तीन दिनों में जिस ब्रह्मचर्य के पालन का निर्देश धर्मशास्त्रकार कर रहे हैं, वह आठ प्रकार के ब्रह्मचर्यों में केवल मुख्य ब्रह्मचर्य के विषय में ही है, कन्यादर्शन,स्पर्श आदि का निषेध उसमें नहीं है। कामसूत्रकार ने तो स्पष्ट कहा है कि यदि इन तीन दिनों में वर वधू के प्रति वचन,स्पर्श आदि त्याग करके काठ जैसा बना रहेगा तो वैवाहिक जीवन का रस ही क्या रह जायेगा? वधू तो ऐसे वर से आजीवन विरक्त रहेगी।

भवनेत्रों से जन्मी वह्नि ने मदन को भस्मावशेष कर दिया-इस उक्ति में द्रविड जी के मत से यदि कालिदास यहाँ 'भव'के स्थान पर 'हर' शब्द का प्रयोग करते तो और भी अनौचित्य होता। द्रविड जी शिवमहिम्नस्तोत्रकार के हवाले से कहते हैं कि प्रवृद्धतमस्त्व हर पद का शक्यतावच्छेदक है और प्रवृद्धरजस्त्व भव पद का शक्यतावच्छेदक है अर्थात् हर शिव का वह संहारक रूप है जिसमें तमोगुण का आधिक्य होता है और भव उनका वह रूप है। जिसमें रजोगुण अधिक होता है। प्रवृद्धतमोगुण वाले परमेश्वर महाप्रलय करते हैं। मनु ने तमोगुण का लक्षण काम बताया है। काम के संहार के समय शिव को कालिदास काममय कैसे कह सकते थे?

कालिदास के मुक्तककाव्य

संस्कृत साहित्य के इतिहास में स्वतंत्र रूप से मुक्तक कालिदास के दो काव्यों ऋतुसंहार तथा मेघदूत के रूप में प्राप्त हैं।

ऋतुसंहार

संस्कृत साहित्य की परंपरा में ऋतुसंहार पहला काव्य है, जो स्वतंत्ररूप से ऋतुवर्णन को विषय बना कर लिखा गया है। ऋतुचक्र के परिवर्तन के साथ भारतीय वसुंधरा की सुषमा में होने वाले आवर्तन विवर्तन का इतना मनोहारी चित्रण समग्र रूप में पहली बार इस काव्य के द्वारा प्रस्तुत किया गया।

ऋतुसंहार कालिदास की प्रथम कृति मानी जाती है। रचना के पहले दौर में युवा कवि के मन में जहाँ अनुभूतियों का तरल संसार हिलोर ले रहा था, वहीं कुछ नया रचने की ललक भी थी। यह उनकी प्रथम कृति ऋतुसंहार में प्रतिफलित हुई। ऋतुसंहार में भारतीय परिदृश्य को समझने और आंकने की चाह भी है और कुछ सघन अनुभूतियों के गुंफन से बना वैदिक काल के बाद की संस्कृत कविता का पहला स्वतन्त्र प्रगीत भी। उसका प्रारंभ वसंत की मादकता से नहीं होता, विन्ध्य के अंचल की तीखी झुलसाने वाली गर्मी के वर्णन से होता है। ऋतुओं के संक्रमण में बदलते परिदृश्य और मन:स्थितियों का अंकन करते हुए कालिदास ने कविता के क्षेत्र में उस समय एक नया रास्ता ढूंढा था।

साहित्य में ऋतुवर्णन की परंपरा वेदों से ही चली आ रही थी। वसंत, शरद् आदि ऋतुओं का उल्लेख ऋग्वेद के पुरुष सूक्त तथा अन्य सूक्तों में हुआ। रामायण व महाभारत में विशेष रूप से ऋतुओं के अत्यंत मनोरम वर्णन हैं, पर वे प्रासंगिक रूप में ही आये हैं और नाटक के मनोभावों की दृष्टि से या उद्दीपन के रूप में वहाँ ऋतुओं का निरूपण हुआ है। ऋतुसंहार में ऋतुएँ ही नायिकाएँ बन जाती हैं, मनुष्य इनका साथी।

ऋतुसंहार में ६ सर्ग तथा १४४ पद्य हैं। छहों सर्गों मे क्रमशः छह ऋतुओं का वर्णन किया गया है। कालिदास ने ग्रीष्म के वर्णन के साथ काव्य का आरंभ किया है। विंध्य के वनांचल में तपती धूप और दरकती धरती के यथार्थ चित्रण और वन्य प्राणियों के प्रति कवि की गहरी संवेदना प्रमाणित करती है कि कालिदास इस धरती के कवि हैं।

प्रचण्डसूर्यः स्पृहणीयचन्द्रमाः सदावगाहक्षतवारिसञ्चयः।
दिनान्तरम्योऽभ्युपशान्तमन्मथो निदाघकालोऽयमुपागतःप्रिये।।१/१।।

(प्रिये, गर्मी का समय आ गया। इन दिनों में सूरज प्रचंड बन गया है। चंद्रमा भला-भला लगता है। लगातार डुबकी लगा-लगाकर लोगों के उतराने से पानी चुक रहा है। दिन ढलते ढलते सुहावने होते चले जाते हैं, और मन को मथते विकार थम जाते हैं।)

रंगों की विविध छटाओं में रँगे सौंदर्य के अनूठे चित्र कवि की लेखनी से यहाँ उकेरे गये

हैं। रसिक नागरकों की जीवन शैली के साथ प्रेम व यौवन का उल्लास पद्य-पद्य में यहाँ उन्मेष पाता है।

पयोधराश्चन्दनपङ्कचर्चिताः तुषारगौरार्पितहारशेखराः।
नितम्बदेशाश्चसहेममेखलाः प्रकुर्वते कस्य मनो न सोत्सुकम्।।१/६।।

(गाढे चंदन से लिपे पयोधर, तुषार की तरह गौरे हार और शेखर, और सोने की करधनी से सजे नितंब किसका मन उत्सुक नहीं कर दिया करते हैं?)

सितेषु हर्म्येषु निशासु योषितां सुखप्रसुप्तानि मुखानि चन्द्रमाः।
विलोक्य नूनं भृशमुत्सुकश्चिरं निशाक्षये याति ह्रियेव पाण्डुताम्।।९।।

(रातों में शुभ्र भवनों में सुख से सोये प्रमदाओं के मुख चंद्रमा टकटकी बाँधे देर तक ताकता रह जाता है। फिर उत्सुक हो जाता है और रात के ढलते ढलते लजा कर वह पीला पड़ता जाता है।)

यह समासोक्ति तथा स्वभावोक्ति का सुंदर संकर कवि ने रचा है। पर शृंगार व यौवन की लालसाएँ ऋतुसंहार में निसर्ग के सौंदर्य की छवियों निहारते हुए धिरे-धीरे यथार्थपरक होती चली गई है। ग्रीष्म के ताप, विकलता, इसके कारण जंगल में फैलते त्रास के चित्रण में कवि ने यथार्थ और कल्पना के समन्वय के साथ किया है। पशु-पक्षियों की चेष्टाएँ व विंध्य के वन का परिसर सजीव बन कर ऋतुसंहार के काव्यफलक पर अंकित हुए हैं। कालिदास इसमें कल्पना से अद्भुत रस और विस्मय तथा कौतुक को समाहित कर देते हैं। ग्रीष्म का संताप इतना विकट है कि उसके कारण जीवजंतु सहज वैर भूल जाते हैं। साँप मयूर का आहार है, पर वही साँप छाया के लिये मयूर के पंखों में छिप रहा है—

रवेर्मयूखैरभितापितो भृशं विदह्यमानः पथि तप्तपांसुभिः।
अवाङ्मुखो जिह्मगतिः श्वसन्मुहुः फणी मयूरस्य तले निषीदति।।१३।।

(साँप सूरज की तीखी किरणों से बहुत तप गया है। वह राह में लपट उगलती हुई धूल से जल रहा है। फन नीचा कर के टेढ़ी चाल से सरकता बार-बार साँस छोड़ता मोर के पंखों की छाया में जा ठहरा है।)

तृषा महत्या हतविक्रमोद्यमः श्वसन्मुहुर्दूरविदारिताननः।
न हन्त्यदूरेऽपि गजान्मृगेश्वरो विलोलजिह्वश्चलिताग्रकेसरः।।१.१४।।

(विकट प्यास ने मृगराज सिंह का सारा का सारा विक्रम का उद्यम हर लिया है। वह मुँह फाड़े वह बार-बार साँस लेता है। लपलप जीभ बाहर निकाले वह ग्रीवा के केश झटकार रहा है और पास खड़े हाथियों को भी मार नहीं रहा!)

ग्रीष्म की विकरालता पशुओं के स्वभाव में परिवर्तन ला देती है। हाथी सिंह के सामने से निकल जाते हैं और ग्रीष्म में अलसाया सिंह निरपेक्ष ताकता रह जाता है।

विशुष्ककण्ठाहृतसीकराम्भसो गभस्तिभिर्भानुमतोऽनुतापिताः।
प्रवृद्धतृष्णोपहता जलार्थिनो न दन्तिनः केसरिणोऽपि बिभ्यति।।१.१५।।

(सूरज की किरणों से तपते सूखते गले से तुषार का जल पीते बढ़ती हुई तृषा के मारे पानी की खोज में भटकते हाथी जो पानी ढूँढ रहे हैं, सिंह से भी डर नहीं रहे हैं।)

हुताग्निकल्पैः सवितुर्गभस्तिभिः
कलापिनः क्लान्तशरीरचेतसः।
न भोगिनः घ्नन्ति समीपवर्तिनं कलापचक्रेषु निवेषिताननम्।।१.१६।।

(सूरज की किरणें जैसे आहुतियों से भड़क रही ज्वालाएँ हैं। मोरों के तन मन उनके आगे क्लांत पड़ गये हैं। पास में रेंगते साँप को मोर मार भी नहीं रहे हैं, जो घुसा आ रहा है उन्हीं के पंखों की घनी छाँह में।)

सभद्रमुस्तं परिशुष्ककर्दमं सरः खनन्नायतपोतृमण्डलैः।
रवेरमयूखैरभितापितो भृशं वराहयूथो विशतीव भूतलम्।।१७।

(कीचड़ सूख गया है, नागरमोथा बचा रह गया है। सूअर के यूथ (समूह) लंबी थूथन से सूखा सरोवर खोदते हैं। सूरज की किरणों से तपते हुए वे भूतल में धँसे जा रहे हैं।)।

विवस्वता तीक्ष्णतरांशुमालिना सपङ्कतोयात्सरसोऽभितापितः।
उत्प्लुत्य भेकस्तृषितस्य भोगिनः फणातपत्रस्य तले निषीदति।।१८।।

(तालाब बस कीचड़ बन कर रह गया है। सूरज का घाम तपाता हुआ तीखा और तीखा होता जाता है। इसमें तपता मेंढक उछाल भर कर प्यासे साँप के फन के छत्रतले जा बैठता है।)

ऋतुसंहार में कालिदास यथार्थ के कवि के रूप में अपनी पहचान बनाते हैं। निदाघ की भयावहता यहाँ प्रकर्ष पर है, जंगल में धधकती आग के चित्र उतने ही रोमांचक हैं।

पटुतरदवदाहोच्छुष्कसस्यप्ररोहाः परुषपवनवेगोत्क्षिप्तसंशुष्कपर्णाः।
दिनकरपरितापक्षीणतोयाः समन्ताद् विदधति भयमुच्चैर्वीक्ष्यमाणा वनान्ताः।।२२।।

(ऊपर से देखो तो कैसे डरावने लगते हैं जंगल! भड़क उठे दावानल से जल गई सारी फसल, झुलस गये अंकुर, तेजी से झिंझोड़ कर बहता हुआ पवन उड़ा देता है सूखे पत्ते। दिनकर के परिताप से क्षीण होता जाता जल, कैसे डरावने लगते हैं जंगल!)

छंदों के चयन में यहाँ कवि प्रकृति की लय और गत्यात्मकता का बोध देते हैं। इंद्रवज्रा, उपेंद्रवज्रा, उपजाति छंदों के साथ वे मालिनी छंद को लाते हैं, तो ऋतुचक्र का गति का क्षिप्रता तथा काल के विवर्तन का अनुभव परिपक्व रूप में प्रकट होता है।

श्वसिति विहगवर्गः शीर्णपर्णद्रुमस्थः कपिकुलमुपयाति क्लान्तमद्रेर्निकुञ्जम्।
भ्रमति गवयूथः सर्वतस्तोयमिच्छन् शरभकुलमजिह्मं प्रोद्धरत्यम्बुकूपात्।।२३।।

(ठूँठों पर विवश पक्षियों ने बसेरा कर लिया, गिरि कुंजों में छाया पाकर कपिकुल ने डेरा डाल लिया, प्यासे चमरी मृग पानी खोजते हुए भटक रहे हैं। अपना कुटिल भाव छोड़ कर शान्त शरभ कूप से जल निकाल रहे हैं।)

ग्रीष्म के असह्य ताप और विकलता का चित्र भारतीय पर्यावरण का बोध देता है, तो वर्षा की नयनाभिरामता मनमोहक है। वर्षाविषयक द्वितीय सर्ग में कवि ने प्रावृट् काल के समारंभ को राजा के आगमन का उत्सव बना दिया है।

ससीकराम्भोधरमत्तकुञ्जरः तडित्पताकोऽशनिशब्दमर्दलः।
समागतो राजवदुद्धतद्युतिः घनागमः कामिजनप्रियः प्रिये।।१।।

(प्रिये! देखो आ गया वर्षा का समय! बादल घुमड़ उठे हैं पानी की फुहार छोड़ते जैसे मतवाले हाथियों की पाँत चल पड़ी हो। चमक उठीं हैं बिजलियाँ कि जैसे फहरा रही हों पताकाएँ! कड़कड़ा उठे हैं बादल कि जैसे बज उठे हों मादल! कैसी उत्कट है कांतिवाला है यह राजा – वर्षा का काल! और कामी जनों को कितना प्रिय!)

हरी भरी वसुंधरा की प्रतिक्षण परिवर्तित होती छवियाँ कालिदास की कविता में अंकित होती हैं। वर्षा के आते ही, विंध्य के उन वनों की सुषमा कवि का मन हर लेती है, जो हरी हरी दूब से भरे हुए हैं, तथा जिनमें पेड़ों की डालियाँ कोंपलों से लद गयी हैं-

तृणोत्करैरुद्गतकोमलाङ्कुरैश्चितानि नीलैर्हरिणीमुखक्षतैः।
वनानि वैन्ध्यानि हरन्ति मानसं विभूषितान्युद्गतपल्लवैर्द्रुमैः।।

(कोमल-कोमल अंकुर वाली हरी-हरी घास हरिणियों के मुख से क्षत विक्षत है। कोंपलें पेड़ों पर फूट पड़ी हैं। इस हरी घास से और कोंपलो से आभूषित विंध्याचल के ये वन मन हर लेते हैं।)

दूसरी ओर मेघ पहाड़ों को कृतज्ञता को भाव से नहला रहे हैं, क्योंकि पानी के भार को ढोते ढोते वे थके माँदे आते हैं तो पहाड़ों की चोटियाँ ही उन्हें टिकने का ठिकाना देती हैं-

जलभरनमितानामाश्रयोऽस्माकमुच्चैरयमिति जलसेकस्तोयदास्तोयनम्राः।
अतिशयपरुषाभिर्दाववह्नेः शिखाभिः समुपजनिततापं ह्लादयन्तीव विन्ध्यम्।।

(पानी के बोझ से झुकझुक पड़ते हम मेघों का यह पहाड़ ही एक अकेला आश्रय है— यही सोच कर, फुहार छोड़ छोड़ कर वे मेघ विंध्य का अभिषेक कर रहे हैं। वे बड़े कठोर दावानल की लपटों में तपते विंध्य को आह्लादित कर रहे हैं।)

प्रकृति का मानवीकरण करते हुए कवि ने वर्षा की फुहार से हर्षित वनप्रान्त को कदंब के फूलों से रोमांचित होता देखा है, हवा के झकोरों में नृत्य के साथ थिरकता पाया है, केतकी के फूलों की नोकों से हँसता अनुभव किया है—

मुदित इव कदम्बैर्जातपुष्पैः समन्तात् पवनचलितशाखैः शाखिभिर्नृत्यतीव।
हसितमिव विधत्ते सूचिभिः केतकीनां नवसलिलनिषेकाच्छिन्नतापो वनान्तः।।

(कदंब इधर-उधर फूल उठे हैं; फूले कदंबों से प्रमुदित हो रहा है जंगल। यह जंगल पवन के झकोरों में झूम उठती शाखाओं वाले पेड़ों में थिरक-थिरक उठता है, खिलती हुई केतकी की नोकों पर हँस-हँस पड़ता है। नये-नये पानी से जंगल का ताप टूट गया है।)

यदि वर्षा ऋतु कवि को सम्राट् प्रतीत होती है, तो शरद् नववधू के रूप में झलक दिखाती है। वह कास के सफेद फूलों की ओढ़नी पहने है, उसकी कमल के फूलों सी सुंदर आँखें खिली हुईं है, हंसों की मतवाली कूजन की ध्वनि से वह पायजेब बजा रही है, तथा पकते धान के झुक आये पोधों से उसकी देहलता झुकी-झुकी दिखती है-

काशांशुका विकचपद्ममनोज्ञवक्त्रा सोन्मादहंसनवनूपुरनादरम्या।
आपक्वशालिरुचिरानतगात्रयष्टिः प्राप्ता शरन्नववधूरिव रूपरम्या।।

ऋतुसंहार महाकवि की प्रतिभा का प्रथम परिस्पंद है। उनकी बाद की रचनाओं में कविप्रतिभा का जैसा उज्ज्वल रूप निखर कर सामने आता है, उसके आगे ऋतुसंहार विस्मरणीय बन गया है, जब कि अपूर्वता व नवोन्मेष की दृष्टि से यह उतना ही महत्त्व का है। ऋतुसंहार के टीकाकार मणिराम ने कहा है – अप्रचारतमोमग्ना कालिदासकृतिर्यतः – अर्थात् कालिदास की कृति होकर भी ऋतुसंहार अप्रचार के अंधकार में डूबी रह गई है।

मेघदूत

महाकवि कालिदास ने अपनी प्रत्येक कृति में नवीन मानदंड स्थापित किया है। यदि ऋतुसंहार में उन्होंने देश की धरती की ऋतुओं के आवर्तन-विवर्तन के साथ परिवर्तित होती छवि को उकेरने वाला पहला काव्य प्रस्तुत किया, तो मेघदूत के द्वारा उन्होंने ऐसी अनूठी कृति सहृदयों के सम्मुख रखी जो अपने रचनाकाल से लेकर आज तक सराही जाती रही है, तथा जिससे संदेशकाव्य या दूतकाव्य की एक अत्यंत समृद्ध परंपरा का जन्म हुआ। लगभग सौ श्लोकों की एक छोटी सी रचना एक सुदीर्घ काव्य परंपरा की प्रवर्तक या उपजीव्य बन जाये, ऐसा विश्वसाहित्य में कम ही हुआ है। मेघदूत इस दृष्टि से एक अनोखा काव्य है कि कोई विरही किसी अचेतन को चेतन मान कर प्रलाप करता जाए और उसके द्वारा संदेश भेजने की कल्पनाएँ रच कर अपने को बहलाए - इसी में सारा काव्य पर्यवसित हो जाए - ऐसा काव्य भी कालिदास के पहले नहीं था।

विषयवस्तु- मेघदूत में दो खंड हैं- पूर्वमेघ तथा उत्तरमेघ। कथानक का अभाव है। केवल पहले पद्य में बताया गया है कि कोई एक यक्ष था, जो अपने कर्तव्य में प्रमाद कर बैठा, और इसके कारण उसे उसके स्वामी कुबेर ने एक वर्ष के लिये देश से निर्वासित कर दिया। तब

उस यक्ष ने रामगिरि के आश्रमों में डेरा डाला। इसके पश्चात् रामगिरि पर रहते रहते यक्ष ने आठ महीने बिता दिये, और आषाढ मास के पहले दिन एक बादल को रामगिरि पहाड़ पर टिका हुआ देखा। इतने महीनों से एकाकी रहते-रहते वह बावला हो गया था। विरह में उसकी मन:स्थिति विपर्यस्त थी। उसके मन में यह बात आयी कि यह मेघ मेरी प्रिया तक मेरा संदेश ले जा सकता है। बस,उसने मेघ से अपना संदेश अलका नगरी ले जाने का अनुरोध करते हुए अपने विषय में और अपनी प्रिया के विषय में बताना आरंभ कर दिया। यक्ष के एकालाप में ही सारा काव्य पर्यवसित है। यक्ष रामगिरि से अलका तक का मार्ग मेघ को बताता है, जिसमें सारे देश का सांस्कृतिक वैभव तथा नैसर्गिक सौंदर्य विरह के आकुल उद्गारों में समेट लिया गया है। उत्तरमेघ में यक्ष अपनी नगरी अलका का वर्णन करते हुए अपने घर का पता बताता है, फिर अनुमान करता है कि उसकी प्रिया यक्षिणी घर मे क्या क्या कर रही होगी। फिर वह यक्षिणी को सुनाने के लिये जो संदेश मेघ को बताता है उसमें अपनी व्यथा, प्रेम और रसिकता को उँडेल कर रख देता है।

स्रोत

कालिदास को मेघदूत की प्रेरणा वाल्मीकिरामायण से मिली होगी- ऐसा दक्षिणावर्तनाथ और मल्लिनाथ आदि टीकाकारों ने प्रतिपादित किया है। अशोकवाटिका में एकाकी बैठी सीता से हनुमान् भेंट करते हैं और उन्हें राम का संदेश सुनाते हैं। विरहिणी सीता के वर्णन की छाया भी कालिदास की उक्तियों में कहीं-कहीं झलकती है। इसी प्रकार राम के विरहवर्णन ने यक्ष के विरहवर्णन को प्रभावित किया है। मेघ से यक्ष कहता है कि जैसे हनुमान् के द्वारा यह कहने पर कि मैं राम का संदेश लेकर आया हूँ, सीता उनकी ओर उन्मुख हुईं थीं, ऐसे ही मैं तुम्हारे प्रिय यक्ष का संदेश लेकर आया हूँ - यह कहने पर मेरी प्रिया यक्षिणी भी तुम्हारी ओर उन्मुख हो जायेगी—

'इत्याख्याते पवनतनयं मैथिलीवोन्मुखी सा'

यहाँ महाकवि ने स्वयं ही यक्षिणी को विरहिणी सीता की उपमा दे दी है। पूर्णसरस्वती ने मेघदूत की रचना में महाभारत की प्रेरणा भी देखी है। शुकसंदेश काव्य की वरवर्णिनी टीका में पंद्रहवीं शताब्दी के धर्मगुप्त ने तो कालिदास को ही इस काव्य का नायक मान लिया है, उसके अनुसार कालिदास अपने आश्रयदाता राजा विक्रमादित्य के द्वारा एक बार निर्वासित कर दिये गये, और उन्होंने अपनी स्वयं की पीड़ा को इस काव्य में अभिव्यक्ति दी है। मेघदूत में विरह वेदना को इतनी गहरी आत्मपरक अभिव्यक्ति दी गयी है कि अनेक आधुनिक विद्वानों को भी इस काव्य में कवि के व्यक्तिगत अनुभवों की छाया दिखायी दी है। कुछ विद्वानों ने बौद्ध साहित्य में भी मेघदूत के प्रेरणा स्रोत होने की संभावना बतायी है, जो अधिक प्रमाणपुष्ट नहीं है। दीघनिकाय के सक्कपन्हसुत्त में सक्क नामक व्यक्ति बुद्ध के पास स्वयं न जा कर पंचशिख नामक गंधर्व के द्वारा संदेश भिजवाता है।

मेघदूत की काव्यविधा

मेघदूत आकार में छोटी रचना है, किन्तु प्रतिभा के नवोन्मेष की दृष्टि से उसका गुरुत्व सर्वमान्य रहा है। मेघदूत में कालिदास ने अपने समय तक सर्वथा अछूती परिकल्पना प्रस्तुत की थी, इसलिए छोटे से काव्य की विधा का निर्णय कोई सरल कार्य नहीं था। कालिदास की इस कृति को खण्डकाव्य, लघुकाव्य या क्षुद्रकाव्य, अनिबद्ध या मुक्तक, संघात, सन्देशकाव्य, गीतिकाव्य आदि की अलग-अलग श्रेणियों में रखा जाता रहा है। मेघदूत में कवि ने अन्तरतम के स्पन्दनों को कविदृष्टि के आलोक में अभिव्यक्त करते हुए काव्य का एक नया प्रकार खोजा था तथा अपनी सांकेतिक अर्थों की गहन अभिव्यंजना तथा रसवत्ता के कारण उनकी यह छोटी-सी रचना सहृदय समाज में बहुमान्य हुई। अत: उनकी काव्यविधा को निश्चित करने का प्रश्न आचार्यों के सामने स्वभावत: बहुत पहले ही आया होगा। इस काव्य को लेकर भामह से लेकर विश्वनाथ तक के काव्यशास्त्र में विविध विकल्प रहे हैं। मेघदूत भामह की जानकारी में आ चुका था, क्योंकि अयुक्तिमत् दोष के निरूपण में उन्होंने बादल आदि को दूत बनाने का उदाहरण दिया है, तथा उसका समाधान भी मेघदूत को ही दृष्टि में रखकर प्रस्तुत किया है। भामह तथा दंडी सर्गबंध या महाकाव्य का ही अंशरूप होने के कारण मुक्तक आदि काव्यप्रकारों को कम महत्व का समझते हैं, और उनकी विस्तार से चर्चा करना उचित नहीं समझते।

मुक्तकं कुलकं शोक: संघात इति तादृश:।
सर्गबन्धांशरूपत्वादनुक्त: पद्यविस्तर:।।

काव्यादर्श, १/१३

मेघदूत को महाकाव्य का अंशभूत नहीं माना जा सकता, क्योंकि वह महाकाव्य के प्राय: सारे लक्षणों का अतिक्रमण करके काव्यविधा के एक सर्वथा भिन्न प्रकार का मानदण्ड हमारे सामने प्रस्तुत करता है।

भामह और दण्डी के समान वामन ने भी ऐसी किसी काव्यविधा को इंगित नहीं किया, जिसमें मेघदूत सम्यक् अन्तर्भावित किया जा सके। सम्भव है, ये तीनों आचार्य मेघदूत को अनिबद्ध या स्फुट पद्यों के संकलन जैसी रचना ही समझते हों, और भामह तथा दण्डी ने तो अनिबद्ध को घटिया बतलाया ही, वामन ने भी स्पष्ट रूप से उसकी हेयता घोषित की।

नानिबद्धं चकास्ति एकतेज:परमाणुवत्।

(काव्यालङ्कारसूत्रवृत्ति, १/३/२९)

वामन के बाद ध्वनिवाद के आविर्भाव के साथ काव्य के मूल्यांकन के प्रतिमान बदले। आनन्दवर्धन ने स्वीकार किया कि रसाभिनिवेश की दृष्टि से मुक्तक प्रबन्ध या महाकाव्य से घट कर कदापि नहीं है। पर आनन्दवर्धन भी मेघदूत के विषय में मौन ही है। अमरुक का एक पद्य

प्रबंधशतायमान होते हुए भी पूर्वापरनिरपेक्ष है, पद्यों में परस्पर अन्विति नहीं है। इसलिए अभिनव ने आनन्दवर्धन के उपर्युक्त स्थल की व्याख्या में मुक्तक का लक्षण स्पष्ट करते हुए कहा -मुक्तक 'पूर्वापरनिरपेक्ष तथा अपने आप में पूर्ण होकर भी रसचर्वणा कर सकता है, उसके लिए किसी प्रबन्ध का अंगभूत तथा आश्रित होना अनिवार्य नहीं। किन्तु मेघदूत तो अमरुक के समान पूर्वापरनिरपेक्ष मुक्तकों का संकलन मात्र नहीं है, उसका एक-एक पद्य अमरुक के पद्यों के सामने प्रबन्धशतायमान तथा पूर्वापरनिरेक्ष रूप में भी पूरी तरह रसचर्वणा में समर्थ होता हुआ भी अन्य पद्यों से अन्वित तथा क्रमबद्ध है। मेघदूत में मुक्तक का लक्षण मिलता है, पर उस लक्षण का वह अतिक्रमण भी कर जाता है। निश्चय ही वह प्रबन्ध से भिन्न कोटि की रचना है, पर पद्यों की परस्पर अन्विति तथा सापेक्षता के कारण वह मुक्तक भी नहीं है। मेघदूत का काव्यस्वरूप इन दोनों ही श्रेणियों से अलग और परे है। आनन्दवर्धन ने अमरुक के एक-एक पद्य की रसमयता को तो समझा पर मेघदूत की सम्पूर्णता तथा अभिव्यंजना की ओर उनका ध्यान नहीं गया। ध्वन्यालोक में उन्होंने दोनों ही काव्यों से समान रूप से कुछ पद्य उद्धृत किए हैं, पर अमरुक की अत्यन्त सहृदयतापूर्ण आशंसा तथा मेघदूत जैसी अपेक्षाकृत अधिक परिणतप्रज्ञ कवि की कृति के विषय में उनका विस्मयजनक मौन यही व्यंजित करता है कि आनन्दवर्धन तक आकर भी आचार्यों का समाज मेघदूत के साथ न्याय नहीं कर पाया था।

मेघदूत अमरुक की अपेक्षा कहीं अधिक जटिल भावबोधवाली कृति है। रचनाकार, समीक्षक अथवा आचार्य और सहृदय पाठक- इस त्रिकोण का उसके सम्बन्ध में पूरी तरह समन्वित न हो पाना-अथवा मेघदूत के मूल्यांकन की समस्या यहीं से प्रारम्भ होती है। उसकी रचना के पीछे अभिजात परम्परा के बड़े-बड़े महाकाव्यों किरात, शिशुपाल-यहाँ तक कि रघुवंश की भी अपेक्षा कहीं अधिक रचनात्मक तनाव, द्वन्द्व तथा जटिल अनुभूतियों का संश्लेषण है। अनुभूतियों के अन्तरंग संसार को सर्जनात्मक रूप में प्रकट करने वाले काव्य का मेघदूत से अधिक सार्थक उदाहरण सम्पूर्ण भारतीय साहित्य में मिलना कठिन है, और उसकी इस जटिल और अपने आपमें निराली रचनाप्रक्रिया को समझे बिना उसका मूल्यांकन भी उतना ही कठिन था। मेघदूत के काव्यविधा-निर्णय के सम्बन्ध में आचार्यों के विभिन्न विकल्पों की उपस्थिति को भी हम इसी पृष्ठभूमि में समझ सकते हैं।

मेघदूत की रचना के समय निश्चय ही कालिदास भी इस तथ्य के प्रति सतत जागरूक थे कि वे एक ऐसी विधा की उद्भावना कर रहे हैं, जो अब तक प्राय: अछूती होने के कारण समकालीन काव्यसमीक्षकों-आचार्यों के गले नहीं उतरेगी। अत: वे अपने काव्य में पग-पग पर समर्थ्य-समर्थक भावरूप अर्थान्तर-न्यास अलंकार का प्रयोग करते हुए जो कुछ भी विशिष्ट वहाँ घट रहा है, उसका सामान्य से समर्थन कर अपने विषय की सहजता तथा सम्भाव्यता का अपने समय के पाठक को विश्वास दिलाना चाहते हैं। कवि का पाठक से सीधे संवाद करते हुए रचना की विषयवस्तु अथवा उसके नायक के कार्य-कलाप के विषय में बार-बार स्पष्टीकरण देना मुक्तक की रचनाप्रक्रिया से एकदम भिन्न और विशिष्ट रचनाप्रक्रिया को सूचित करता है। तपती

हुई जेठ की गर्मी के बाद आषाढ़ के पहले दिन आकाश में छाए बादल को देखकर तो सुस्थ और सुखी व्यक्ति का भी चित्त न जाने कैसा होने लगता है, फिर जो यक्ष आठ महीने से रामगिरि के जंगल में अकेला और प्रिया के विरह से नितान्त त्रस्त मनोदशा में किसी तरह दिन काट रहा था, जिसके पास अपनी बात सुनाने के लिए इतने समय में कोई संगी-साथी न था, और जिसके बंधुजन बहुत दूर छूट गये थे, वह उस बादल को देखकर कुछ तो भी बड़बड़ा उठा, तो इसमें आश्चर्य की कौन-सी बात है? ... यह ठीक है कि बादल तो धुआँ, आग और पानी तथा हवा से मिलकर बना पदार्थ है। पर यक्ष ने उसकी जड़ता को अनदेखा कर दिया, तो इसमें आश्चर्य ही क्या है, कामार्त व्यक्ति को चेतन-अचेतन का बोध नहीं रह जाता।

इस प्रकार के स्थलों में कालिदास अपने काव्य की विषय-वस्तु की स्वयं व्याख्या करते चलते हैं, जिसका कारण यही था कि उनके समय का पण्डितसमाज इस बात को सहजता से नहीं ले सकता था। मेघदूत में कथानक नहीं था, इस प्रकार की किसी चमत्कारपूर्ण घटना का वर्णन भी नहीं था कि बादल सचमुच सजीव होकर दूत बनकर यक्ष की प्रेयसी के पास जा पहुँचा हो, और उसने यक्ष का सन्देश दे ही डाला हो (जैसा कि रामायण में हनुमान या महाभारत में नलोपाख्यान में हंस ने किया था)। अतः इतिहास, पुराण, कथा, महाकाव्य आदि के अभ्यस्त उस समय के पाठक समुदाय ने मेघदूत को पढ़कर या सुनकर निश्चय ही यह प्रश्न दोहराया होगा कि यह कैसा काव्य है, जिसमें कहीं कुछ घटता तो है नहीं। यक्ष के द्वारा मेघ को दूत बनाने की परिणति क्या हुई? नायक ने मेघ को दूत बनाना चाहा, तो वह नलोपाख्यान के हंस की तरह सन्देश ले गया या नहीं, और नायक-नायिका का पुनर्मिलन हुआ या नहीं? इन प्रश्नों का कोई उत्तर कालिदास की रचना में नहीं था। पर कालिदास ने कथा सुनने के इच्छुक लोगों के लिए यह रचना नहीं लिखी थी। वे चाहते थे कि उनके इस काव्य के कथानक के अभाव अथवा उसकी अपूर्णता के सही सन्दर्भ को समझा जाय, और इसलिए वे काव्य में बीच-बीच में अपने स्वयं के दृष्टिकोण और कथानक की मनःस्थिति का तटस्थ विश्लेषण भी करते चले थे। फिर भी उनके काव्य को एक लम्बे समय तक अधूरा ही समझा जाता रहा होगा और कालिदास की कविता से अभिभूत पर किसी अपरिपक्व कवि ने यह सोच कर महाकवि अपनी यह रचना पूरी नहीं कर सके, उसके अन्त में कालिदास के ही नाम से कुछ पद्य जोड़ दिए, जिनमें मेघ के दौत्य की भौतिक परिणति दिखाई गयी है।

इस प्रकार मेघदूत की समकालीन तथा परवर्ती समीक्षा में इस कृति पर, उसके स्वारस्य को सही सन्दर्भ में न समझ पाने के कारण, दो आक्षेप किए जाते रहे। एक तो उसमें कथातत्व का अधूरापन और दूसरा मेघ को दूत बनाने की असंगति। मेघदूत को पढ़नेवाले पण्डितसमाज के सामने यह प्रश्न भी आया होगा कि मेघ को दूत बनाने में तुक ही क्या है? यह प्रश्न भामह के सामने भी था। पर भामह के समय तक कालिदास कवि-कुलगुरु के रूप में ख्यात और प्रतिष्ठित हो चुके थे अतः भामह ने उनकी प्रतिष्ठा को ध्यान में रखकर किसी तरह इस प्रश्न का समाधान करना चाहा।

अयुक्तिमद् यथा दूता जलभृन्मारुतेन्दवः।
तथा भ्रमरहारीतचक्रवाकशुकादयः।।
अवाचो व्यक्तवाचश्च दूरदेशविचारिणः।
कथं दूत्यं प्रपद्येरन्निति युक्त्या न युज्यते।।
यदि चोत्कण्ठया यत्तदुन्मत्त इव भाषते।
तथा भवतु भूम्नेदं सुमेधोभिः प्रयुज्यते।।

(काव्यालंकार १/४२-४३)

भामह का स्पष्ट संकेत यहाँ मेघदूत की ओर है, तथा आचार्यों के समाज में मेघदूत पर जो आक्षेप किया जा रहा था, उसकी सूचना भामह ने यहाँ अयुक्तिमत् दोष के निरूपण में दे दी है। मेघदूत जैसे लघुकलेवरवाले काव्य में भावों को जो अनूठा बहुस्तरीय संसार रचा गया था, उस पर रसिक जन रीझ उठे थे, अतः मेघदूत पर सीधे-सीधे कठोर प्रहार करना उस समय भी भामह को उचित नहीं लगा होगा, उन्होंने मेघदूत पर किए जाने वाले आक्षेप का संकेत देते हुए उसका यथाकथंचित् समाधान भी प्रस्तुत किया। इस प्रकार भामह से लेकर आनन्दवर्धन तक आचार्यों की परम्परा में काव्यविधाओं के परिगणन तथा लक्षण के प्रसंग में मेघदूत को अनदेखा करने की प्रवृति बनी रही।

किन्तु मेघदूत की बढ़ती हुई लोकप्रियता तथा ख्याति और रसिकसमुदाय में उसके समादर को देखते हुए आचार्यों के लिए अधिक समय तक काव्यप्रकार विवेचन में उसका अस्तित्व नकारना सम्भव नहीं था। आगे चलकर रुद्रट ने मेघदूत को ही विशेषतः दृष्टि में रखकर लघुकाव्य की एक कोटि निर्धारित की।

ते लघवो विज्ञेया येष्वन्यतमो भवेच्चतुर्वर्गात्।
असमग्रानेकरसा ये च समग्रैकरसयुक्ताः।।

(रुद्रटः काव्यालंकार, १६/६)

रुद्रट के प्रथम टीकाकार नमिसाधु ने इस लक्षण की व्याख्या करते हुए मेघदूत का ही उदाहरण दिया है (काव्यालंकारः नमिसाधुकृत टीका, चौखंभा सं. पृ० ४९६)। रुद्रट ने अपने लक्षण को और भी स्पष्ट करते हुए लघुकाव्य का जो स्वरूप निर्धारित किया, उससे स्पष्ट है कि लघुकाव्य, जिसका दूसरा नाम उन्होंने क्षुद्रकाव्य भी रखा, पर विचार करते हुए निश्चय ही मेघदूत उनके मस्तिष्क में था।

कुर्यात् क्षुद्रे काव्ये खण्डकथायां च नायकं सुखिनम्।
आपद्गतं च भूयो द्विजसेवकसार्थवाहादि।।
अत्र रसं करुणं वा कुर्यादथवा प्रवासश्रृंगारम्।
प्रथमानुरागमथवा पुनरन्ते नायकाभ्युदयम्।।

(वही, १६/३३-३४)

द्विज, सेवक, सार्थवाह आदि का नायक होना, प्रारम्भ में नायक का सुखी होना, फिर विपत्तिग्रस्त होना तथा प्रवासश्रृंगार की प्रधानता-इन लक्षणों में मेघदूत के प्रति स्पष्ट संकेत है। इस प्रकार रुद्रट ने अपने क्षुद्रकाव्य या लघुकाव्य का लक्षण तो मेघदूत को ही सामने रखकर प्रस्तुत किया पर वह मेघदूत की मनोभूमि और उसके काव्यार्थ को समेट न सका। एक तो इस कोटि के काव्य के लिए लघु अथवा क्षुद्र जैसी संज्ञाओं के प्रयोग में अपने पूर्ववर्ती-भामह, दण्डी आदि आचार्यों के ही समान रुद्रट की भी अरुचि उस काव्यविशेष के प्रति झलकती है, दूसरे, खण्डकथा से इस कोटि के काव्य का साम्य मानने से यह भी स्पष्ट है कि रुद्रट इतिवृत्तात्मकता या स्थूल घटनाओं की उपस्थिति और अन्विति को इस श्रेणी के काव्य के लिए अनिवार्य समझते हैं। साथ ही, उनकी दृष्टि में नायक का अन्त में पुनरभ्युदय दिखलाकर घटनाओं की स्थूल रूप में सुखद परिणति भी उनकी दृष्टि से ऐसे काव्य में अन्ततः दिखाना आवश्यक है। मेघदूत के सन्दर्भ में ये दोनों बातें लागू नहीं होतीं। उसमें स्थूल घटनाएँ नहीं है, उन घटनाओं के पीछे रहनेवाली सूक्ष्म मनोवृतियों की गहन अभिव्यंजना है, घटनाओं की सांकेतिक व्याख्या है। नायक का अन्त में पुनरभ्युदय हुआ या नहीं, यह न कवि दिखाता है, न उसे दिखाना अभीष्ट ही है। मेघदूत को ही दृष्टि में रखकर बनाई जा कर भी रुद्रट की लघु अथवा क्षुद्रकाव्य की परिभाषा मेघदूत के सन्दर्भ में अव्याप्ति तथा अतिव्याप्ति दोषों से ग्रस्त दिखाई पड़ती है। सम्भव है कि मेघदूत के वे अन्तिम प्रक्षिप्त पद्य, जिनमें यक्ष के शाप का अवसान तथा यक्षिणी से उसका पुनर्मिलन वर्णित है, रुद्रट के समय तक जोड़े जा चुके हों, और रुद्रट ने प्रक्षिप्तांशयुक्त मेघदूत के आधार पर अपना क्षुद्रकाव्य का लक्षण गढ़ा हो। पर जिस प्रकार कालिदास के नाम पर मेघदूत के अन्त में उन प्रक्षिप्त पद्यों को जोड़नेवाला कवि मेघदूत के स्वारस्य को समझने में चूक गया था, वैसे ही रुद्रट भी। एक तो उनका क्षुद्रकाव्य का लक्षण मेघदूत पर खरा उतरा नहीं है, दूसरे अपने पूर्ववर्ती आचार्यों की भाँति रुद्रट भी इस मन्तव्य से आक्रान्त लगते हैं कि लघुकाव्य महाकाव्य का क्षुद्र अंश मात्र है। ऐसी स्थिति में मेघदूत को लघुकाव्य कहना उसके साथ अन्याय करना है। दूसरी ओर टीकाकार भरतमल्लिक भरतमुनि के एक अज्ञातस्रोत उद्धरण के आधार पर मेघदूत में खंडकाव्यत्व इस प्रकार सिद्ध करते हैं –

खण्डकाव्यमुखं कुर्यात् कश्चिदित्यादिभिः पदैः।
सर्गबन्धे त्ववश्यन्तु नाम कार्यं सुशोभनम्।।
इति भरतवचनात् नामानुक्त्वा कश्चिदित्युक्तम्।

(प्राच्यवाणी सं. की भूमिका, पृ० २५ पर उद्धृत)

मेघदूत का काव्यार्थ पूर्णतः भावित न कर पाने तथा उसकी काव्यकोटि का निर्धारण न कर पाने की असमर्थता संस्कृत काव्यशास्त्र में शताब्दियों तक बनी रही। सम्भव है, महाराज भोज ने काव्यशास्त्र की इस दुविधा को समझा हो, उन्होंने अपने श्रृंगारप्रकाश में मेघदूत को

मुक्तक, अनिबद्ध अथवा लघुकाव्य की कोटियों में न रखकर संघात नामक काव्यप्रकार के अन्तर्गत माना। हेमचन्द्र के काव्यानुशासन में उनका अनुकरण किया। पर संघात मेघदूत को दृष्टि में रखकर परिकल्पित कोई नूतन काव्यविधा नहीं थी, उसका उल्लेख मुक्तक, कुलक, कोश- इन तीन काव्यभेदों के साथ महाकाव्य के क्षुद्र और उपेक्षणीय अंश के रूप में काव्यादर्शकार दण्डी पहले ही कर चुके थे। दण्डी ने संघात का कोई लक्षण नहीं दिया था। बाद में टीकाकार तरुण वाचस्पति ने संघात का लक्षण निरूपित करते हुए कहा कि यह एकार्थ (एक विषय को लेकर लिखी गयी) रचना है, तथा उसका उदाहरण दिया मेघदूत। काव्यादर्श के टीकाकार वादिजंघाल ने भी मेघदूत को ही संघात का उदाहरण बतलाया। (भोज'ज श्रृंगारप्रकाश: डॉ० राघवन्, पृ० ६२९)।

मेघदूत गाथासप्तशती की भाँति अलग कवियों के द्वारा रचे पद्यों का संकलन नहीं है, वह एक कवि की सुसम्बद्ध कृति है, उसमें विषय की भी अन्विति है-इस दृष्टि से भोज ने उसे संघात कहा। किन्तु संघात का जो लक्षण और मेघदूत के अतिरिक्त उसका जो दूसरा उदाहरण भोज ने दिया है, वह तो संघात को मेघदूत की काव्यविधा से सर्वथा भिन्न ही प्रकार की काव्यविधा सिद्ध करता है। संघात से आशय किसी एक विषय अथवा एक पदार्थ का वर्णन करनेवाली कविता से है। तरुणवाचस्पति ने इसका दूसरा उदाहरण 'शरत्संघात' नामक काव्य बतलाया है, जिसमें आद्योपान्त शरदऋतु का ही वर्णन होने के कारण उसे शरत्संघात कहना उचित है। यदि मेघदूत में आद्यन्त केवल बादल का ही वर्णन होता, तो उसे संघात कहा जा सकता था।

इस प्रकार भोज तक आकर भी मेघदूत की काव्यविधा के निर्णय का प्रश्न सुलझ नहीं पाया। आचार्यों के समक्ष इस सन्दर्भ में दो विकल्प हो सकते थे: या तो मेघदूत के काव्यार्थ का भावन कर उसके आधार पर वे किसी नए काव्यकोटि की कल्पना करते, अथवा काव्य के पूर्वस्वीकृत भेदोपभेदों के लक्षणों में इस प्रकार परिष्कार करते कि उनमें से किसी के भीतर मेघदूत की गणना सम्भव होती। राजशेखर ने स्वतन्त्ररूप से काव्यविधाओं का परिगणन और लक्षण तो नहीं किया, पर मुक्तक के अर्थ की दृष्टि से पाँच प्रकार बताते हुए उन्होंने उसके लक्षण की सीमाओं का विस्तार अवश्य किया। उन्होंने अर्थगत मुक्तक के पाँच भेद किए-(१) शुद्ध-जिसमें इतिवृत्त का आश्रय न लेकर केवल किसी भाव की अभिव्यक्ति की जाती है, (२) चित्र-जिसमें भाव के साथ कल्पना का भी वैशिष्ट्य रहता है, (३) कथोत्थ-जिसमें अतीत की किसी घटना का वर्णन होता है, (४) संविधानकभू:-जिसमें घटना के संविधान की सम्भावना होती है, तथा (५) आख्यानवान्-जिसमें किसी घटना का विस्तार दिखाया जाता है। राजशेखर ने ये भेद अर्थ की दृष्टि से किये हैं, वे किसी निश्चित काव्यविधा को इंगित नहीं करते। साथ ही, मेघदूत के भीतर इन पाँचों भेदों के लक्षण देखे जा सकते हैं, अत: ऐसी किसी एक श्रेणी में मेघदूत को अन्तर्भावित कर पाना सम्भव नहीं है।

साहित्यदर्पणकार विश्वनाथ ने खण्डकाव्य तथा लघुकाव्य की दो पृथक्-पृथक् विधाएँ

स्वीकार की हैं। खण्डकाव्य महाकाव्य का एकदेशानुवर्ती है। लघुकाव्य के अन्तर्गत मेघदूत को मानने में भी वही आपत्ति आती है, जिसका विवरण भामह, दण्डी, रुद्रट आदि के प्रसंग में किया जा चुका है।

सम्भवत: काव्यशास्त्र के आचार्यों में मेघदूत की काव्यविधा के निर्णय में अनेक विकल्पों अथवा निर्णय न कर पाने की विफलता को देखते हुए ही मेघदूत अथवा उसके अनुकरण पर लिखे गये अन्य काव्यों के टीकाकारों ने मेघदूत के लिए निर्दिष्ट उपर्युक्त काव्यप्रकारों से भिन्न नई किसी विधा में मेघूदत को व्यवस्थित करने की चेष्टा की। मेघदूत के टीकाकारों में वल्लभदेव सबसे पहले हैं। उन्होंने अपनी टीका में सबसे प्रारम्भ में यही प्रश्न उठाया है कि व्याख्यास्यमान काव्य किस विधा की रचना है?

'अथ यदेतद् भवान् व्याचष्टे किमेतदुच्यते? मन्त्रदूतश्रवणाद्यभावे महाकाव्यमपि खण्डकाव्यवन्न भवति। तथा आख्यायिकाकाव्यव्यपदेशस्तु दूरस्थित एवात्र। प्रावृडाश्रय: प्रवास-विप्रलम्भ: कवेर्वर्णयितुमिष्टोऽत्र। ...गुह्यकोऽत्र नायकतयाश्रित: तस्य च विरहोन्मत्तत्वाद् दौत्ये मेघप्रेरणमपि नायुक्तमिति केलिकाव्यमित्येतत्सर्व सुस्थयम्।'

वल्लभदेव के अनुसार मेघदूत के विषय में महाकाव्य, खण्डकाव्य, आख्यायिका आदि व्यपदेश लागू नहीं होते। उन्होंने मेघदूत के लिए सर्वथा नया काव्यप्रकार सुझाया है- केलिकाव्य।

परन्तु केलिकाव्य का कोई सुस्पष्ट लक्षण न तो वल्लभदेव ने दिया है, न अन्यत्र ही प्राप्त होता है। अत: किन आधारों पर मेघदूत को केलिकाव्य कहा जा सकता है-यह स्पष्ट नहीं हो पाता। मेघदूत के एक और टीकाकार स्थिरदेव ने इसे क्रीडाकाव्य कहा है।

इन सब प्रयासों से थोड़ा हटकर मेघदूत को काव्यकोटि निर्धारण का एक प्रयास उसमें महाकाव्यत्व खोजने का है। पर यह वस्तुत: मुक्तकश्रेणी के काव्यों को महाकाव्य का ही अंश माननेवाली धारणा का पल्लवन ही है। साथ ही मेघदूत को महाकाव्य कहना उसके गरिमासंवर्धन के उत्साह में भरकर की गयी एक अप्रासंगिक चेष्टा ही हो सकती है क्योंकि मेघदूत की चेतना तथा अन्तर्धारा महाकाव्य की चेतना और अन्तर्धारा से भिन्न है। तथापि मेघदूत पर महाकाव्यत्व का आरोपण करने वालों में उसके सबसे विदग्ध टीकाकार मल्लिनाथ हैं, और कल्याणमल्ल तथा स्थिरदेव ने भी उनके स्वर में स्वर मिलाया है। मल्लिनाथ का कथन है-''अत्र काव्ये यत्र तत्र नग-नगरार्णवादिवर्णनसद्भावात् महाकाव्यत्वम्।' कल्याणमल्ल का कहना है कि यद्यपि शास्त्रीय लक्षणों की दृष्टि से मेघदूत को महाकाव्य नहीं कहा जा सकता, पर यह चूँकि महाकवि कालिदास की रचना है, अत: इसे महाकाव्य मान लेना चाहिए। स्थिरदेव ने मेघदूत को क्रीडाकाव्य बताने के साथ-साथ उसमें महाकाव्यत्व सिद्ध करने के प्रयास को बहुत आगे ले जाते हुए साहित्यदर्पणकार आदि के द्वारा प्रोक्त महाकाव्य-लक्षण के एक-एक तत्व को खींचातानी करते हुए विस्तृत निरूपण द्वारा मेघदूत पर घटित दिखाया है। सहृदय टीकाकारों

की यह चेष्टा तत्कालीन साहित्यिक वातावरण में महाकाव्य की प्रतिष्ठा तथा इस भ्रान्त धारणा का परिणाम है कि श्रव्यकाव्य की विधाओं का चरम उत्कर्ष केवल महाकाव्य में ही सम्भव है। टीकाकार कल्याणमल्ल कहते हैं—

सागरसरित्सरोवरकमलाकरवसन्तोत्सवमलयानिलजलक्रीडापुष्पावचयोदयास्तगमनवर्णनानां सर्गबन्धादीनां च महाकाव्यलक्षणानामभावस्तथापि महाकविश्रीकालिदास-विरचितवादिदं महाकाव्यमुच्यते।

कल्याणमल्ल की टीका से प्राच्यवाणी सं. भूमिका (पृ० ३०) में उद्धृत।

महाकाव्य-वादियों के मत को 'शिष्यहितैषिणी' के लेखक लक्ष्मीनिवास ने संक्षेपतः सुंदर रूप में प्रस्तुत किया है—

पुरनृपकुमारमन्त्रप्रयाणरणदूतजलधिवनगिरयः।
रविचन्द्रोदयपरिणयऋतुमधुकलकेलिरतिविरहाः।

अत्रैते अष्टादशभावा वर्ण्यन्ते तन्महाकाव्यम्। एते भावा अवलेशतो व्यावर्णिता सन्ति। अन्यच्च महाकवि प्रणीतत्वान्महाकाव्यमुच्यते।

मेघदूत के लिए सर्वाधिक प्रचलित अथवा स्वीकृत नाम सन्देशकाव्य है। काव्यशास्त्र के किसी आचार्य ने सन्देशकाव्य का परिगणन और लक्षणनिर्धारण नहीं किया है। मेघदूत के लिए इस काव्यप्रकार का नाम सम्भवतः उसकी एक अन्य प्राचीन संज्ञा 'मेघसन्देश' के आधार पर, अथवा उसके अनुकरण पर लिखे गये सन्देश काव्यों के आधार पर प्रचलित हुआ होगा। मेघदूत के आधार पर सन्देशकाव्य का व्यवस्थित रूप में लक्षण बनाने का प्रयास लक्ष्मीदासकृत शुकसन्देश के टीकाकार धर्मगुप्त ने किया है। अपनी टीका 'वरवर्णिनी' में धर्मगुप्त ने सन्देशकाव्य में द्वादश प्रकरण या परिच्छेद माने हैं—

(१) आदिवाक्य (२) दौत्ययोजन (३) व्रज्यांगदेशन (४) प्राप्यदेशवर्णन (५) मन्दिराभिज्ञापन (६) प्रियासन्निवेशविमर्शनप्रकरण (७) अल्यल्पतापत्तिसम्भावना (८) अवस्थाविकल्पनप्ररण (९) वचनारम्भप्रकरण (१०) सन्देशवचनप्रकरण (११) अभिज्ञानदान प्रकरण (१२) प्रमेयपरिनिष्ठापनप्रकरण।

यह सत्य है कि धर्मगुप्त के द्वारा निरूपित इन १२ प्रकरणों में से प्रत्येक मेघदूत के विद्यमान है। परन्तु उक्त बारह प्रकरण कथावस्तु के अंग हैं। वे किसी महाकाव्य में भी मिल सकते हैं। इसके साथ ही, वे मेघदूत के असाधारणत्व को भी अन्तर्भावित नहीं कर पाते। मेघदूत का असाधारणत्व, जो उसे उसके बाद तथा उसी के अनुकरण पर लिखे गये सभी सन्देशकाव्यों अथवा दूतकाव्यों से सर्वथा भिन्न स्तर पर प्रतिष्ठित करता है, इसमें है कि वस्तुतः इस काव्य में कोई सन्देशहारक अथवा दूत है ही नहीं। मेघ तो कवि तथा यक्ष दोनों के लिए अपनी अभिव्यक्ति का बहाना मात्र है। कवि मेघ के द्वारा न तो सन्देश भिजवाता है, न सन्देश भिजवाने में उसके काव्य का स्वारस्य ही है। यही बात यक्ष पर भी लागू होती है। यक्ष के उद्गारों का स्वारस्य सन्देशप्रेषण में नहीं है। वह अपने अन्तर्मन में कहीं न कहीं

इस तथ्य के प्रति अच्छी तरह से जागरूक है कि वह एक अचेतन पदार्थ से बात कर रहा है, जो न तो उसका सन्देश समझता है, न ले जाकर सुना सकता है। कालिदास का यक्ष पूर्णत: विक्षिप्त नहीं है कि चेतन-अचेतन के भेद को सर्वथा विस्मृत कर दे—

इत्यौत्सुक्यादपरिगणयन् गुह्यकस्तं ययाचे,
कामार्ता हि प्रकृति कृपणाश्चेतनाचेतनेषु।।

यहाँ पूरे पद्य के पूर्वार्ध को दृष्टि में रखने पर यही अर्थ संगत लगता है यह जानते हुए भी कि मेघ धूम, ज्योति, सलिल और वायु का सन्निपात भर है, यक्ष ने इस वस्तुतथ्य की जानबूझकर कर गणना नहीं की। जानबूझ कर अनजान बने रहने का यह दारुण प्रयास मेघदूत में आद्यन्त पंक्तिश: पिरोया हुआ लगता है। यक्ष यथार्थ को-यक्ष कटु सत्य को भूल जाना चाहता है कि वह इस सूने जंगल में निपट अकेला है, कोई नहीं है जो उसके मन की बात सुन सके या उसका सन्देश प्रेयसी तक ले जा सके। अपने नितान्त एकाकीपन की कचोट और उसे भूल जाने का मर्मान्तिक प्रयास-ये दोनों बातें यक्ष की उक्तियों में देखी जा सकती हैं:—

तां चावश्यं दिवसगणनातत्परामेकपत्नी-
मव्यापन्नामविहतगतिर्द्रक्ष्यसि भ्रातृजायाम्।।

मेघ अचेतन है, वह सन्देश लेकर नहीं जाएगा-इस वस्तु स्थिति के बोध और उससे होने वाली कचोट को दबाए रखने के लिए यक्ष 'अवश्यम्' का प्रयोग करता है। उसके ऐसे अनेक कथन यथार्थ के बोध और आत्मविस्मृति की दोहरी मन:स्थितियों को प्रकट करते हैं। प्रलाप करते हुए भी यक्ष अपने मन के एक स्तर पर इस तथ्य के प्रति सचेत है कि यह मात्र प्रलाप ही है। उसकी उक्तियों का समापन प्रश्न में होता है, जिससे उसकी मोहभंग की मन:स्थिति सूचित होती है।

कच्चित् सौम्य व्यवसितमिदं बन्धुकृत्यं त्वया मे,
प्रत्यादेशान्न खलु भवतो धीरतां कल्पयामि।

इसलिए सन्देश देने और सन्देश पहुँचाने में मेघदूत का स्वारस्य नहीं है। उसकी असाधारणता प्रेमी के हृदय का नितान्त अन्तरंग संसार उन्मीलित करने में यक्ष की दोहरी मन:स्थितियों को प्रकट करने में है। चेतना के एक स्तर पर विवेकशील, प्रबुद्ध तथा मेघ की अचेतना के विषय में सन्देहरहित होकर भी यक्ष अपने अकेलेपन से त्रस्त और विरह में राशि-राशि संचित होते प्रेम के आवेग के कारण बावला-सा हो जाता है। मेघदूत उसके संवेदनशील मानस को जानबूझकर अपने आप में भरमाए रखने की, घोर निराशा की भग्न मन:स्थिति में उसके आशा, स्वप्न और कल्पना का संसार रच डालने की अप्रतिम सिसृक्षा की करुण कथा है। इसी में इस काव्य का स्वारस्य है। मेघदूत में यक्ष वास्तव में सन्देश नहीं देता, वह इस तथ्य के प्रति जागरूक है कि सन्देश ग्रहण करने वाला और उसे पहुँचानेवाला कोई नहीं है। जब सन्देश ग्रहण करनेवाला कोई नहीं है, तो फिर सन्देश का प्रदान कैसा, और उस आधार पर मेघदूत को सन्देशकाव्य भी क्यों कहा जाय?

आधुनिक आलोचकों ने पश्चिमी नजरिए से मेघदूत को पढ़कर उसके लिरिक (गीतकाव्य) या कवि की नितान्त निजी भावनाओं का अन्तरंग उच्छ्वास आदि बताया है। मेघदूत का यह मूल्यांकन भी भामह से लेकर विश्वनाथ तक के आचार्यों के मूल्यांकन की भाँति उसके विषय में गलत धारणा खड़ी करता है। मेघदूत उसी अर्थ में कवि की अपनी विरहवेदना और निजी अनुभूति का उद्गार नहीं है, जिस अर्थ में अंग्रेजी की रूमानी कविताएँ। मेघदूत में कालिदास अब तक अनछुई विधा की सृष्टि कर रहे थे, और उसे सम्प्रेषणणीय बनाने के लिए उन्हें जगह-जगह अपनी ओर से स्पष्टीकरण देने पड़े। यही नहीं, वे यक्ष से सर्वथा तटस्थ होकर उसकी मनोदशाओं का विश्लेषण भी करने लगते हैं, साथ ही कई बार उसकी अनुभूति से एकाकार भी प्रतीत होते हैं। तन्मयता और वस्तुपरकता-ये परस्पर विरोधी गुण एक साथ मेघदूत में समन्वित हो गये हैं। अपनी वस्तुपरकता के कारण वह लिरिक-श्रेणी की रचना नहीं कही जा सकती। यक्ष की प्रत्येक उक्ति में कवि उसके साथ तल्लीन होकर भी किसी न किसी स्तर पर उससे विलग हो जाता है। सम्पूर्ण मेघदूत में दो भावधारणाएँ बहती हैं- एक यक्ष के असम्बद्ध अनर्गल उद्गारों की, दूसरी कवि की कलात्मक सौन्दर्यदृष्टि की। अत: मेघदूत यक्ष की भावनाओं का मात्र उच्छ्वास नहीं रह जाता, कवि की दृष्टि यक्ष की चंचल वृत्तियों को विस्तार और आयाम देती चलती है। विरही यक्ष कामातुर और बावला था, चेतन-अचेतन के भेद को भूल जाना चाहता था, महीनों से उसे किसी मनुष्य नामधारी जीव का सम्पर्क नहीं मिला था, नारी की देह-गंध के लिए वह बेचैन था, और सब जगह अपनी अतृप्त कामवृत्तियों के प्रतिरूप देखने लगा था। कवि यक्ष की कल्पनाओं तथा अतृप्त इच्छाओं के संसार को संवार कर, संयत कर, साथ ही उस नए अर्थों के साथ संवलित करके व्यंजित करता है। वह उसे बरसात के बाद हल चलने से उठती खेतों की सोंधी सुगन्ध में रमाता है, धरती से फूटते अंकुरों की ओर मोड़ता है, यक्ष जब बादल में सौभाग्यशाली प्रेमी तथा नदियों में विरहपीडित नायिकाओं को देखा है, तो कवि उसके स्थूल अचेतन रूप को बना रहने देता है। यक्ष नितान्त दैहिक इच्छा से भरकर प्राकृतिक आकारों में स्त्री-शरीर के अवयवों को देखने लगता है, कवि उसकी स्थूल कामना को बहुत ऊपर ले जाकर अशरीरी रमणीय कल्पना में बदल देता है। यक्ष का पर्वत में वक्ष का दर्शन कवि के चारों ओर 'अमरमिथुनप्रेक्षणीय अवस्था' में रूपान्तरित कर दिया जाता है।

यदि कालिदास केवल यक्ष की विरहव्यथा में डूबकर रह जाते, उससे ऊपर उठकर यक्ष की मन:स्थितियों का विश्लेषण न करते, अथवा उसके साथ सम्पूर्ण भारत की भौगोलिक तथा सांस्कृतिक परिक्रमा न करते, यदि संकीर्ण वैयक्तिक भावनाओं की परिधि में ही रमते रहते, तो मेघदूत मात्र गीतकाव्य ही होता। मेघदूत में महाकवि ने लघुता के भीतर विराट तत्त्व को अवतरित करते हुए प्रतिभा के जिस स्तर से रचना की है, उस तक पहुँचना मेघदूत के अनुकरण पर दूतकाव्य लिखने वाले परवर्ती कवियों तथा उसके आकलन की चेष्टा करने वाले काव्यशास्त्र के आचार्यों के लिए भी असम्भव ही था। मेघदूत वास्तव में लघुकाव्य, अनिबद्ध या मुक्तक, खण्डकाव्य, सन्देशकाव्य, गीतिकाव्य-आदि समस्त का अतिक्रमण कर देता है, आकार में छोटा

होता हुआ भी अनेक जटिल मन:स्थितियों को एक साथ व्यंजित करता हुआ, विराट् अन्तरंग तथा बहिरंग दृश्यफलक को समेट लेता है, तथा काव्यशास्त्र के भेदोपभेदों और लक्षणों के मानदण्ड उसके लिए छोटे पड़ जाते हैं। उसके रचनाकार की सफलता और सामर्थ्य इसी में है।

रस

मेघदूत में विप्रलंभ शृंगार की प्रधानता है। विरह की तीव्र व्यथा और मिलन की आकांक्षा तथा आशा का चित्रण इसमें पराकाष्ठा पर है। कवि ने विरह दशा का चित्रण वहाँ से आरंभ किया है, जहाँ यक्ष अकेला रामगिरि पर रहते-रहते आठ महीने बिता चुका है। चार महीने ही शाप की अवधि के शेष हैं। जैसे-जैसे मिलन का समय निकट आता जाता है, विरही की उत्कंठा बढती जाती है। यक्ष अपनी प्रिया के विषय में विभिन्न प्रकार की कल्पनाएँ करता हुआ मेघ को बताता है कि उसके वियोग में खिन्न वह क्या क्या कर रही होगी।

आलोके ते निपतति पुरा सा बलि व्याकुला वा
मद्सादृश्यं विरहतनु वा भावगम्यं लिखन्ती
पृच्छन्ती वा मधुरवचनां सारिकां पञ्जरस्थां
कच्चिद् भर्तुः स्मरसि रसिके त्वं हि तस्य प्रियेति।।

(उत्तरमेघ, ११)

(वह तुम्हें पूजा में व्यस्त दिखायी देगी। या विरह में कृशकाय मेरा चित्र अपने भाव से बूझ कर बनाती मिलेगी या फिर मधुर वचन वाली पिंजरे में बंद मैना से पूछती दिखेगी कि रसिके, तुझे अपने स्वामी की स्मृति आती है या नहीं, तू तो उनको बडी प्रिय थी!)

यक्षिणी को भेजे अपने संदेश में यक्ष अपनी मनोव्यथा, चिंता, कातरता, और प्रेम की मार्मिक अभिव्यक्ति की है। उसके दैनन्दिन जीवन के छोटे छोटे घटना-प्रसंग मन के तारों को झिंझोड़ देते हैं।

त्वामालिख्यप्रणयकुपितां धातुरागैः शिलाया-
मात्मानं ते चरणपतितं यावदिच्छामि कर्तुम्।
अस्त्रैस्तावन्मुहुरुपचितैर्दृष्टिरालुप्यते मे
क्रूरस्तस्मिन्नपि न सहते सङ्गमं नौ कृतान्तः।

(उत्तरमेघ, ३८)

(मैं शिला पर धातुराग (गेरू) के द्वारा तुम्हारा चित्र बना कर उस चित्र में तुम्हारे पाँवों पर गिरा हुआ अपने आपको भी बनाना चाहता हूँ, तब तक उमड़ते आँसुओं से मेरी दृष्टि ही लुप्त हो जाती है। क्रूर विधाता को उस चित्र में भी हमारा मिलन सहन नहीं है।)

शैली

कालिदास की शैली व्यंजनाप्रधान अर्थात् गागर में सागर भरने की है। वे एक-एक शब्द

में अगणित भावों की कड़ियाँ गूँथ देते हैं। रामगिरि पर रहते हुए यक्ष ने आठ महीने कैसे बिताये इस बात को कवि ने एक शब्द से ही प्रकट कर दिया है- 'कनकवलयभ्रंशरिक्तप्रकोष्ठः' -सोने का कंगन गिर जाने से सूनी कलाई वाला यक्ष। आशय यह कि यक्ष इस तरह बावला हो गया था कि उसकी कलाई से सोने का कंगन पता नहीं कब कहाँ गिर पड़ा। उसकी कलाई छूँछी की छूँछी रह गयी।

यक्ष कल्पना करता है कि विरहिणी स्त्रियाँ मेघ को आशा भरी दृष्टि से निहारेगीं। यहाँ पथिकवनिताओं के लिये कवि ने एक विशेषण दिया है-'उद्गृहीतालकान्ताः'—घुँघराले केशों की लटें हाथों से ऊपर कर-कर के सरकाती हुईं। इस एक शब्द से कवि ने उन स्त्रियों की सारी दशा व्यक्त कर दी है। विरहिणी स्त्रियाँ केश नहीं सँवारती हैं। केश बिखरे होने से बार बार उड़ कर आँखो के आगे आ जाते हैं, अतः वे लटें ऊपर सरकाती हैं।

मेघदूत की अपूर्वता

मेघदूत के रूप में महाकवि ने सरस्वती को एक निराला ही उपहार अर्पित किया। कालिदास के पहले ऐसा कोई काव्य रचा ही नहीं गया था, जिसमें कवि कोई कथा नहीं कहता, पात्र के मन की परतें उधेड़ता हुआ मनुष्य के स्वप्न, आकांक्षा और मनोलोक का चित्रण करता है। इसके साथ ही कवि ने इसमें यक्ष की उक्तियों में बाहर के विश्व को भी समेट लिया है। अंतःप्रकृति या मानवमन तथा बाह्य प्रकृति या जगत् का ऐसा दुर्लभ समागम भी अन्यत्र नहीं मिलता। तीर्थों और रामगिरि, विंध्य, हिमालय जैसे पर्वतों की अभिरामता, गंगा, चर्मण्वती, वेत्रवती, नर्मदा जैसी नदियों की सुषमा, दशपुर (मंदसौर), विदिशा, उज्जयिनी, हरिद्वार, कनखल आदि स्थानों की विशिष्टताएँ ये सब मेघदूत में साकार कर दी गयी हैं। मेघदूत में यदि नगर की चतुर वनिताएँ भ्रूविलास के साथ ताकती हैं, तो भ्रूविलास से अनभिज्ञ कृषक वधुएँ उसे प्रीतिस्निग्ध नयनों से निहारती हैं। मेघ के आते ही खेत 'सद्यःसीरोत्कषणसुरभि' (अभी-अभी हल चलने से जिनकी धरती सौंधी महक छोड़ रही है) हो जाते हैं। नगरों के साथ गाँवों और खेत खलिहानों पर भी कवि की दृष्टि पड़ी है। दशार्ण के पूरे अंचल का विहंगम दृश्य कवि ने अंकित कर के उस कुशल चित्रकार की कला का सुंदर नमूना प्रस्तुत किया है, जो छोटे से फलक पर बहुत बड़े दृश्य को रमणीय रूप में साकार कर देता है।

पाण्डुच्छायोपवनवृतयः केतकैः सूचिभिन्नै-
र्नीडारम्भैर्गृहबलिभुजामाकुलग्रामचैत्याः।
त्वय्यासन्ने परिणतफलश्यामजम्बूवनान्ताः
सम्पत्स्यन्ते कतिपयदिनस्थायिहंसा दशार्णाः।।

(पूर्वमेघ, २३)

सांस्कृतिक बोध तथा आध्यात्मिक भावना मेघदूत के भीतर उतने ही अविभाज्यतया पिरोई

हुई है, जितनी गहराई तक इसमें श्रृंगार और रागात्मकता अनुप्रविष्ट है। महाकाल की आरती में मेघ को नगाड़े की तरह निनादित किये बिना कवि उसकी यात्रा को आगे बढने नहीं देना चाहता। उज्जयिनी के मंदिर में वह साक्षात् शिव का तांडव होते देखता है। इसी प्रकार कैलास पर विचरण करते शिव और गौरी की छवि निहार कर मेघ को गौरी के लिये मणितट पर आरोहण करने का सोपान बना कर कवि मेघदूत की धन्यता और इतिकर्तव्यता को पराकाष्ठा पर पहुँचाता है।

मेघदूत मनुष्य के अनंत स्वप्न, जिजीविषा और प्रेम की अनन्य निष्ठा का काव्य भी है। विरही यक्ष अपनी प्रिया को समझाता हुआ कहता है कि विरह की अवधि के शेष बचे चार महीनों को किसी तरह बिता दो। मैं भी अपने आप को किसी तरह सँभाले हुए हूँ। यह संसार ऐसा ही है, यहाँ किसको भरपूर सुख मिला है और किस को दुख ही दुःख मिला है? रथ के पहिये के अरों (तीलियों) की तरह मनुष्य की भाग्यदशा कभी ऊपर तो कभी नीचे आती जाती रहती है—

कस्यात्यन्तं सुखमुपनतं दुःखमेकान्ततो वा
नीचैर्गच्छत्युपरि च दशा चक्रनेमिक्रमेण।।

मेघदूत में कालिदास ने यह दिखा दिया है कि सच्चा मनुष्य कभी हारता नहीं है, और सच्चा प्रेम कभी मरता नहीं है। मेघदूत का यह सूत्र वाक्य कहा जा सकता है—

स्नेहानाहुः किमपि विरहे ध्वंसिनस्तेत्वभोगा-
दिष्टे वस्तुन्युपचितरसाः प्रेमराशीभवन्ति।।

(कुछ लोग कहते हैं कि स्नेह विरह में चुक जाता है। पर वास्तव में तो विरह में अपने प्रिय का ध्यान करते-करते प्रेमी के भीतर प्रेम का रस और बढ़ता रहता है और प्रेम राशि-राशि संचित होता चला जाता है।)

मेघदूत में कवि अनुभूतियों के भीतरी संसार तथा समकालीन दृश्यालेख-इन दोनों की एक दूसरे के परिप्रेक्ष्य में व्याख्या करता हुआ इस दिशा में और आगे बढ़ता है। मेघदूत अपने समय से आगे की कविता है। मेघदूत आत्माभिव्यक्ति नहीं, आत्म का सजग विश्लेषण भी है। यक्ष के आकुल अन्तर की हर अभिव्यक्ति के साथ कवि की चेतना बराबर सजग यात्रा करती चलती है, नहीं तो एक बौराये उच्छ्वसित मन के प्रलाप मात्र में संपूर्ण भारत की भौगोलिक और सांस्कृतिक परिक्रमा कैसे हो पाती? मेघदूत में कालिदास मनुष्य के मन की अँधेरी गुफाओं में बहुत गहरे उतर कर ही नहीं रुक जाते, वे उनमें प्रकाश को उतार कर लाते हैं। मेघदूत की आखिरी पंक्ति एक सवाल खड़ा करने के बाद समाप्त हो जाती है, हम नहीं जान पाते कि उस अभिशप्त अकेले यक्ष का क्या हुआ, पर हम इस आलोक में अपने को बदला हुआ पाते हैं। मनुष्य के स्वप्न, आकांक्षा और दमित भावों के उफनते उच्छ्वास के साथ बाहर के विस्तीर्ण दृश्यफलक को पूरी प्रामाणिकता के साथ उपस्थित करके कवि ने मात्र सौ पद्यों के काव्य में विराट् महाकाव्यों की गुरुता को समहित कर लिया है।

मेघदूत की रचना के साथ कालिदास की कविता के शतदल नये आकारों में खिलते हैं। एक और संपूर्ण राष्ट्र की सांस्कृतिक चेष्टा से गहरी संसक्ति और उसके साथ अपने युग की धड़कनों और स्पंदनों की गहरी पहचान, तो दूसरी ओर गहन अस्तित्व के संकट-क्षणों में भी न चुकने वाली मनुष्य की अस्मिता की खोज- इन प्रस्थानों से कालिदास कविता को उस बिंदु से आगे ले जाते हैं, जहां वाल्मीकि ने उसे छोड़ा था। वे कविता को हिमालय की उन ऊंचाइयों तक ले जाते हैं, जहां वनचर अपनी प्रियाओं के साथ क्रीडा कर रहे होते हैं, वे उसे विन्ध्याचल के गहन कांतारों में और मालवे के खेतों की मिट्टी से उठती सौंधी सुगंध में रमाते हैं, बंगाल के धान के खेतों में, उत्कल के ताम्बूल के वनों में, मलय के चन्दन और इलायची के कुंजों में और केरल के नारियल और सुपारी के झुरमुटों में विचरण कराते हैं। संपूर्ण देश के चप्पे चप्पे से इतना ज्यादा प्यार और परिचय शायद ही किसी और कवि ने किया हो।

अलंकार- मेघदूत की एक अन्य दुर्लभ विशेषता अर्थांतरन्यास अलंकार का प्रयोग है। कवि इस तथ्य के प्रति सचेत प्रतीत होता है कि उसके समय के पाठक यह कह सकते हैं कि यह कैसा काव्य है जिसमें कोई घटना नहीं है, तथा क्या कोई समझदार व्यक्ति मेघ को दूत बनाने की बात सोच भी सकता है? इसलिये समर्थ्यसमर्थकभाव रूप अर्थांतरन्यास के प्रयोग के द्वारा वह बार-बार अपने काव्य की विश्वसनीयता तथा प्रामाणिकता स्थापित करता चलता है। कहाँ तो धुआँ, आग, पानी और हवा से मिल कर बना बादल और कहाँ चतुर व्यक्तियों के द्वारा पहुँचाये जाने वाले संदेश? पर इस बात की गणना न करते हुए यक्ष ने मेघ से याचना की। कामार्त व्यक्ति जड और चेतन के बीच भेद करने में सावधान नहीं होते—

धूमज्योतिःसलिलमरुतां सन्निपातः क्व मेघः
सन्देशार्थाः क्व पटुकरणैः प्राणिभिः प्रापणीयाः।
इत्यौत्सुक्यादपरिगणयन् गुह्यकस्तं ययाचे
कामार्ता हि प्रकृतिकृपणाश्चेतनाचेतनषु।।

(पूर्वमेघ,५)

कहीं मेघ पर छाई इंद्रधनुष की छटा के कारण मेघ कवि को 'बर्हेणेव स्फुरितरुचिना गोपवेशस्य विष्णोः' (चमकते मयूरपंख धारण करने वाले गोपवेशधारी विष्णु या कृष्ण के समान) लगता है, मेघ की छाया हिमालय से फूट कर बही गंगा में संक्रात होती है, तो गंगा भी 'अस्थानोपगतयमुनासङ्गमेवाभिरामा' (बिना मौके के यमुना का संगम बन जाने जैसी अभिराम) हो जाती है। हिमालय पर हंसद्वार से आगे बढ़ते हुए तिरछी ऊपर की चढ़ाई में मे के लिये कवि ने उपमा दी है- 'श्यामः पादो बलिनियमनाभ्युद्यतस्येव विष्णोः' (बलि को अनुशासित करने के लिये ऊपर उठे वामनावतार विष्णु के श्याम चरण के समान), तो बर्फ से श्वेत हिमालय पर टिके बादल के कारण पर्वत कवि को निश्चल नयनों से निहारने योग्य शोभा वाला लगता है, जैसे बलराम के कंधे पर नीला वस्त्र फहरा रहा हो—

शोभामद्रेः स्तिमितनयनप्रेक्षणीयां भवित्री-
मंसन्यस्ते सति हलभृतो मेचके वाससीव।।

(पूर्वमेघ,५९)

कैलास को कवि ने अप्सराओं का दर्पण कहा है। उस पर इतनी उजली बर्फ चमकती रहती है कि दर्पण की तरह कहना बड़ा सटीक उपमान है। इसके आगे जा कर कालिदास ने कल्पना की है कि शंकर का अट्टहास प्रतिदिन इकट्ठा होता चला गया है, वही बर्फ की राशियों के रूप में कैलास के ऊपर चमक रहा है-

गत्वा चोर्ध्वं दशमुखभुजोछ्वासितप्रस्थसन्धेः
कैलासस्य त्रिदशवनितादर्पणस्यातिथिः स्याः।
शृङ्गोच्छ्रायैः कमुदविशदैर्यो वितत्य स्थितः खं
राशीभूतः प्रतिदिनमिव त्र्यम्बकस्याट्टहासः।।

(पूर्वमेघ-५८)

छंदोविधान

मेघदूत में आद्यंत मंदाक्रांता छंद का ही प्रयोग है। इस छंद की विशिष्ट लय तथा यति के द्वारा विरही यक्ष के अंतर्मन की वेदना और उच्छ्वास निःश्वास का अनुभव होता है। कालिदास के पूर्व ऐसा अन्य कोई काव्य नहीं लिखा गया था, जिसमें छंद को कथ्य से इतनी गहराई से जोड़ दिया गया हो। मंदाक्रांता छंद की बनावट प्रवाह और अटकाव को बारी बारी से प्रकट करती है। मेघ का चलना और फिर ठहरना, विरह व्यथा का ज्वार और मन को ढाँढस बँधाना इन भावों का अनुभव हम छंद के विन्यास में करते हैं। क्षेमेंद्र ने मेघदूत में इस छंद के प्रयोग की मार्मिकता का अनुभव करते हुए ही यह कहा होगा कि मंदाक्रांता छंद वर्षा ऋतु, प्रवास तथा विपत्ति के वर्णन में विशेष उपयुक्त है (प्रावृट्प्रवासव्यसने मन्दाक्रान्ता विराजते।) कालिदास की मन्दाक्रांता की प्रशंसा करते हुए उन्होंने यह भी कहा है कि कालिदास ने मंदाक्रांता छंद को वैसे ही साध लिया है, जैसे एक अच्छा अश्वदमक कांबोज देश की तुरगांगना (घोड़ी) को वश में कर लेता है-

सुवशा कालिदासस्य मन्दाक्रान्ता विराजते।
सदश्वदमकस्येव काम्बोजतुरगाङ्गना।।

पारंपरिक समीक्षा में मेघदूत

आनंदवर्धन तथा अन्य ध्वनिवादी आचार्यों ने मेघदूत की गूढ़ व्यंजनाओं तथा एक-एक शब्द की सांकेतिकता की प्रशंसा की है। कुंतक ने वक्रता की दृष्टि से यक्ष के संदेश के पहले पद्य का विश्लेषण करते हुए कहा है कि इस पद्य में 'मुझे अपने पति का प्रिय मित्र मेघ जानो'

यह कह कर यक्षिणी को आश्वासन दिया गया है ताकि मेघ को वह कोई घुसपैठिया न मान बैठे। पर मित्र के पहले प्रिय शब्द लगा कर उसमें आश्वासन के साथ मिठास भी भर दी गई है। केवल मित्र या प्रिय मित्र ही नहीं, मेघ के मुख से यक्ष अंबुवाह शब्द का प्रयोग कराना चाहता है। वह सूखा मेघ नहीं जल से भरा करुणार्द्र मेघ है। फिर अविधवे यह संबोधन तो अत्यन्त मार्मिक ही है, जिसमें यक्ष के मन की यह चिंता झलकती है कि किस तरह वह प्रिया को बता दे कि वह उसके विरह में दुखी तो बहुत है, पर अभी भी जीवित है। पद्य का उत्तरार्ध करुणा के संप्लव व दुःखकातरता के इसी प्रवाह का विस्तार है। कुतंक की दृष्टि से पद्य का एक एक शब्द कालिदास की कविता में प्राणों का स्पंदन भरने वाला है। कुंतक की दृष्टि में कालिदास आभिजात्य के कवि हैं, जिनका स्वभावमसृणच्छायामय तथा एक एक शब्द श्रुतिपेशल होता है।

टीकाएँ

प्रो० एन०पी० उन्नि ने मेघदूत पर लिखी गयीं ६३ टीकाओं के विवरण दिया है। मल्लिनाथ, वल्लभदेव, पूर्णसरस्वती, जगद्धर जैसे अपने समय के श्रेष्ठ पंडितों और साहित्यकारों ने मेघदूत पर टीकाएँ लिखीं है। संस्कृत साहित्य में श्रीमद्भगवद्गीता के पश्चात् मेघदूत पर सबसे अधिक टीकाएँ लिखी गयीं।

टीकाकारों द्वारा मेघदूत का पाठालोचन

मल्लिनाथ द्वारा व्याख्यात ११ पद्य पूर्ण सरस्वती के द्वारा अस्वीकृत हैं। अलग अलग टीकाकारों ने मेघदूत में प्रक्षिप्त पद्यों की पहचान करते हुए टीका की है। कतिपय टीकाकारों के मेघदूत में स्वीकृत पद्यसंख्या इस प्रकार है—

वल्लभदेव - १११

भरतमल्लिक – ११४

शाश्वत- ११४

दक्षिणावर्तनाथ – ११०

मल्लिनाथ – १२१

सनातन गोस्वामी – ११५

कल्याणमल्ल - ११५

रामनाथ तर्कालंकार – ११५

हरगोविंद वाचस्पति – ११५

कृष्णदास – ११५

कविरत्न – ११५

चारित्रवर्धन – ११५

सरस्वती तीर्थ – १२१

मकरंद मिश्र – ११८

अन्य प्रमुख टीकाकार हैं - सुमतिविजय (वृत्ति), लक्ष्मीनिवास शिष्यहितैषिणी), मेघराज (सुखबोधिनी), भरतमल्लिक (सुबोधा) – स्वहस्तलिखितपुस्तक १६७५-७६ई०, सनातन (तात्पर्यदीपिका), रामनाथ (मुक्तावली), हरगोविन्द (सङ्गता), कल्याणमल्ल (मालती), अज्ञात (सारोद्धरिणी), अज्ञात (मेघलता) तथा अज्ञात (अवचूरि)। एन. पी, उण्णि ने चिन्मय इंटरनेशनल फाउंडेशन शोधसंस्थान से प्रकाशित अपने मेघसंदेश के संस्करण (२०१६) में निम्नलिखित टीकाओं का समावेश किया है – पंजिका (वल्लभदेव), बालबोधिनी (स्थिरदेव), प्रदीप (दक्षिणावर्तनाथ), चारित्रवर्धिनी (चरित्रवर्धन), संजीवनी (मल्लिनाथ), शिष्यहितैषिणी (लक्ष्मीनिवास), विद्युल्लता (पूर्णसरस्वती), सुमनोरमणी (भरतसेन), सुगमान्वयवृत्ति (सुमतिसेन), मेघदूतटीका (कृष्णपति) तथा रसदीपनी (जगद्धर)। प्रभुनाथ द्विवेदी के संपादन में कालिदास अकादेमी, उज्जैन से प्रकाशित मेघदूत के संस्करण (२००९) में ७१ टीकाओं का विवरण दिया गया है, तथा ये आठ टीकाएँ संकलित की गईं हैं संजीवनी, पंजिका, प्रदीप, विद्युल्लता, सुमनोरमणी (परमेश्वर), चारित्रवर्धनी, रसदीपनी तथा सुबोधा।

मेघदूत संस्कृत साहित्य की मणिमाला में उन सुदुर्लभ ललित रम्य रत्नों में से एक है, जिन्होंने टीकाकारों के पारखियों को सर्वाधिक अपनी ओर खींचा है। पं० गोपाल रघुनाथ नंदरगीकर ने अपने मेघदूत के संस्करण में १५ टीकाओं का तुलनात्मक अध्ययन करते हुए उनके आधार पर मेघदूत-मीमांसा की है। परिशीलित सभी टीकाओं में पं० नंदरगीकर ने कृति की गुणवत्ता और रचनाकार की कवित्वशक्ति के आकलन, भाष्य और अर्थ की व्याप्ति के उद्घाटन, कालिदासीय कल्पना की उर्वरता, अभिव्यक्ति की अनाविलता, मसृणता और सूक्ष्म दृष्टि तथा कृति में निहित सार्वजनीन मूल्यों के उद्घाटन की दृष्टि से मल्लिनाथ की संजीविनी की अप्रतिम और अतुलनीय माना है।

भरतमल्लिक की टीका की स्पृहणीय और दुर्लभ विशेषता यह है कि उन्होंने इस 'सुबोधा' की रचना मेघदूत की अनेक टीकाओं का अच्छा अध्ययन करने के पश्चात् की है। इस काव्य पर तो जगह-जगह कई टीकाओं और टीकापद्धतियों से संदर्भ वे देते ही हैं, इनके अतिरिक्त भी ऐसी बहुमूल्य सूचनाएँ, जानकारियाँ वे जुटा कर लाते हैं, जिनके कई स्थलों पर मेघदूत की कुंजी हमें मिलती है।

पूर्ण सरस्वती की टीका केन्द्र में निश्चय ही 'मन्दीकृतपरब्रह्मानन्दसन्दोह रसास्वाद' ही है, जिसके लिए 'ब्रह्मास्वादसविध' जैसे अपेक्षाकृत हल्के विशेषण के स्थान पर इस विशिष्ट विशेषण का प्रयोग कवि की कविता के प्रस्थान के प्रति अनन्य निष्ठा को प्रकट करता है,

तथापि सामान्य जनों को काव्य के प्रति आकृष्ट करते हुए वे कविता के पाठकों को संबोधित करते हुए कहते है कि आप लोग सूक्ष्मेक्षिकादीपिका के आलोक में इस काव्यहृदय के गह्वर में गोपित सकलपुमर्थसाधन उपदेशरत्न पर भी ध्यान दीजिये। यक्ष कितना मनस्वी था फिर भी महिलासंग से तरंगित अनंगरसपारतंत्र्य के दोष से अधिकार में प्रमाद कर बैठा, उससे स्वामी का क्रोध, उससे शाप की प्राप्ति, उससे महिमा का अस्त होना, उससे प्रियावियोगसंतति की अनुभूति- ऐसी अनर्थ परम्परा आ पड़ी। इसलिए विषयों में अतिप्रसक्ति की परिणति ऐसी हो सकती है – यह कृति में अन्तःस्यूतः सन्देश है। (पृ० ६-७)

अतएव पूर्णसरस्वती ने अपने से पहले के दक्षिणावर्त नाथ आदि उन टीकाकारों का विरोध किया है, जो यक्ष-यक्षणी के वृत्तान्त में राम-सीता-वृत्तान्त को अध्यवसित करके प्रतीकात्मक व्याख्या करते हैं। कालिदास की ही उक्तियों का प्रमाण देकर उन्होंने इस तरह के अनावश्यक आरोपण या अध्यवसानमूलक व्याख्या का सटीक खण्डन किया है। यदि कवि को यक्ष में राम और यक्षणी में सीता के वृत्त का अध्यवसान विवक्षित होता, वह सीता या राम का तटस्थ भाव से स्थान-स्थान पर उल्लेख क्यों करता या यक्षगी के लिए मैथिली का उपमान क्यों प्रस्तुत करता?

अपनी तत्त्वाभिनिवेशी तथा आग्रहमुक्त दृष्टि के साथ पूर्णसरस्वती शास्त्र और पुनः पुनरनुसन्धानरूपभावनाविशेष का उपयोग कविदृष्टि और कृति की भावभूमि के समुद्घाटन की दृष्टि से तो करते ही हैं, रचना के समग्र आकलन पर भी उनका ध्यान है। कालिदास की इस रचना को वे स्वयं कालिदास की ही उपमा का आश्रय लेते हुए विश्वरूप विष्णु के विग्रह के सदृश बतलाते हैं, जिसकी ईदृक्तया या इयत्तया अवधारणा कर पाना असम्भव ही है। मेघसंदेशसंज्ञित काव्य को वे 'रसिकजनरसायन प्रबन्ध' कहते हैं (पृ०२) तथा उसका रचनाकार उनकी दृष्टि में 'रसिकजनचातकालिमेघ कालिदास' है (पृ० १७२)। कालिदास का यह काव्य नवीन अर्थ का तीर्थ है, अलंकारों का उदधि तथा गुणों का निलय है, वे 'मेघदूत' को एक प्रबन्ध मान कर चलते हैं।

इस काव्य का स्वारस्य और कथ्य इतर काव्यों से अलग ही है, और पहले ही श्लोक में रचना के शिल्प, वस्तु और स्वरूप की दृष्टि से एक भिन्न धरातल पर होने का संकेत हमें कवि ने दिया है। 'कश्चित्' – काव्य का यह पहला पद ही अपनी सामान्यता में उसके वैशिष्ट्य का उद्घात करता है। कोई यक्ष था – उसका नाम, रूप, वंश, गोत्र आदि बताने में कवि की किंचित् भी विवक्षा नहीं है। यहाँ समग्र राजकीय ऐश्वर्य, चक्रवर्तित्व या उदात्त विरुदावली के बीच किसी धीरोदात्त नायक की अवतारणा नहीं की जा रही, वरन् ऐश्वर्य से च्युत हुए, अस्तंगत महिमा वाले अनाम अभिशप्त व्यक्ति की व्यथा की बात की जा रही है। पूर्णसरस्वती ने 'कश्चित्' के पीछे निहित कवि के तात्पर्य को अच्छी तरह समझा है। वे कहते हैं—

कश्चिदिति सामान्यनिर्देशो रससंरम्भतया कवेस्तदनुपयुक्तयक्षविशेषप्रतिपादने तात्पर्याभावं ध्वनयति। (पृ०३)

पर रामगिरि के बीहड़ में ही यक्ष ने अपनी 'वसति' क्यों बनायी? यहाँ पूर्णसरस्वती विरही व्यक्ति की एकांत में अपनी एक वसति रचने की इच्छा की बात कह कर हमारे साहित्य से विरही के एकांतवास की कामना का सबसे मर्मस्पर्शी उदाहरण बाणभट्ट की महाश्वेता का देते हैं—**पापहरत्वं मनोहरत्वं च युगपदेकत्र न सम्भवति, तदुभयमत्र समुदितम्, अतोऽत्रैव वसामः, इति तस्य बुद्धिरुत्पन्नेति द्योत्यते। .... तत् – सम्बन्धिषु रागभुक्तमुक्तेषु शून्येषु तापसनिवासस्थानेषु, तेष्वेवविरहविधुरितस्य निवासौचित्यात्, महाश्वेतादिवत् ... वसतिः वासः, वसतिं चक्रे, नतूवास, चक्रे न तु चकार, प्रियासमागमत्वरितमपि चेतः शापयन्त्रणया संस्तभ्य प्रयत्नतो न्यवसदित्यर्थः** (विद्युल्लता, पृ०६)

पर महाश्वेता की तरह यक्ष कठोर तपश्चर्या की जीवनपद्धति को तो अंगीकार नहीं करता। वह अपनी आकांक्षा, अभीप्सा और जिजीविषा से एक स्वप्न बनाता है। इस स्वप्न में सारे देश की सांस्कृतिक भास्वरता और निसर्गच्छवि के साथ भारतीय पारिवारिक जीवन के सुकुमारतम अन्तःसूत्र भी आ जुड़ते हैं। मेघदूत को आचार्य रामचन्द्र शुक्ल भावुक मन से निकली हुई राष्ट्रीय कविता बतलाते हैं – वह एक दृष्टि से सही ही है। दूसरी ओर पूर्णसरस्वती इस तथ्य को बार-बार दोहराते हैं कि इस काव्य का अन्तःस्वर दाम्पत्य की एकनिष्ठता, तल्लीनता तथा दम्पति के अनन्य सख्यभाव में है। यक्ष जब कहता है कि मैं दूरबंधु हूँ, अपने बंध से मैं विलग हो गया हूँ, तो पूर्णसरस्वती पत्नी के विषय में भारतीय बोध को उन्मीलित करते हैं। इस 'दूरबन्धु' शब्द में ही यक्ष ने अपनी सारी हताशा और असहायता उँड़ेल दी है। पूर्णसरस्वती कहते हैं - 'धर्मार्थकाममोक्षेषु भार्या पुंसः सहायिनी' तथा 'नहि भार्यासमं मित्रम्' – इत्यादि उक्तियाँ तो सर्वथा सटीक हैं, वस्तुतः तो सच्ची भार्या से बढकर कोई बन्धु मनुष्य का हो ही नहीं सकता, अतः यहाँ भार्या शब्द में बन्धुत्व का आरोप नहीं, भार्यात्व में ही समग्र बन्धुत्व अध्यवसित है। दम्पति एक-दूसरे के लिये बन्धु बन कर बन्धुत्व भाव की परिकल्पना को चरितार्थ करते हैं। - इस बात को बताने के लिये पूर्णसरस्वती कालिदास से ही 'बन्धु' शब्द का एक विशिष्ट प्रयोग उद्धृत करते हैं - 'वैदेहिबन्धोर्हृदयं विदद्रे'। कदाचित् कालिदास की कविचेतना ने दो ही प्रसंगों में बन्धु शब्द का यह विशिष्ट प्रयोग स्वीकारा है—मेघदूत में यक्ष की बन्धु यक्षिणी के लिये और रघुवंश में सीता के बन्धु राम के लिये। मेघ सहोदर भ्राता नहीं है, सुहृद् होने के कारण यक्ष ने उसे धर्मभ्राता कहा है और अपनी पत्नी को निर्विशंक भाव से सुहृद के सम्मुख व्यक्ति तभी आने दे सकता है, जहाँ तीनों में विश्वासातिशय की पराकाष्ठा हो, साथ ही सौहार्द्र की भी पराकाष्ठा इसी से सूचित होती है और उसके प्रमाण में पूर्णसरस्वती मित्र की कसौटी बताने वाली इस पारम्परिक उक्ति को भी प्रस्तुत करते हैं –

दर्शितानि कलत्राणि गेहे भुक्तशङ्कितम्।
कथितानि रहस्यानि सौहार्द्रं किमतः परम्।।

दक्षिणावर्तनाथ ने भी परिवार में दम्पति के बीच एक सखा की भूमिका को उत्तरमेघ में यक्ष द्वारा अपने घर में आतिथ्य का आनन्द लेते मेघ की परिकल्पना में विशद किया है –

'कश्चित् सखा स्वप्रियसखस्य गृहं गत्वा तदीयानि वापीवाहनारामादीनि स्वैरं निर्वशतीत्यर्थो ध्वन्यते' (दक्षिणा. पृ० ८३)

विश्वासातिशय और सौम्मनस्य की सुदृढ़ भूमि पर अवस्थित दम्पति और उनके मित्र के परस्पर सम्बन्धों की जो वल्लरी कालिदास की कल्पना में है, वह सख्य और साचिव्य संपृक्त स्नेहजल से सींची गयी है। आश्चर्य नहीं कि यक्ष स्वकांता को बार-बार मेघ की सखी कहता है—

एकः सख्यास्तव सह मया वामपादाभिलाषी – उ०मे. – १७
जाने सख्यास्तव मयि मनः सम्भृतस्नेहम्. – वही – ३३

यहाँ 'सखि' शब्द में निहित अपार माधुर्य और पावनता को वही पहचान सकता है, जिसे प्रयोगकर्त्ता की दृष्टि की समझ के साथ, उस शब्द से सहचरित परिवेश और परम्परा का भी भान हो। पूर्णसरस्वती मित्र की भार्या के लिये 'सखि' शब्द के प्रयोग को चिरंतन-व्यवहार से जोड़ कर उसका परिष्कार प्रस्तुत करते हैं। मेघदूत की कविता में लोकव्यवहार और उसका परिष्कर्ता शास्त्र दोनों को अपने रसगंध में डुबोये हुए है। यह दृष्टिसम्पन्न टीकाकार का दायित्व है कि वह दोनों को विविक्त कर उनकी अन्विति दिखला सके। पूर्णसरस्वती अपने दायित्व से चूके नहीं हैं। भ्रातृजाया के लिये 'सखि' संबोधन का महाभारत और विष्णुपुराण से उदाहरण और उद्धरण देकर वे लोकव्यवहार और उसका शास्त्रीकरण दोनों को स्पष्ट करते हैं—

> **तव सख्याः, सखिभार्याया अपि सखीति चिरन्तनव्यवहारः 'तव कृष्ण प्रिया सखी' इति महाभारते, इत्युक्ते वै निवृत्ते देवरास्तया द्विज। प्राह चैनामलं चण्डि सखि खेदातिविस्तरैः। - इति विष्णुपुराणे च तथा व्यवहारात् – (विद्युल्लता** – पृ०११६)

पहली मंदाक्रान्ता में 'कान्ताविरहगुरुणा' में 'गुरु' शब्द का अर्थ 'दुर्भर' या 'दुस्तर' तो मल्लिनाथादि सभी टीकाकारों ने किया है, जिसका हवाला 'इति केचित्' कहकर बाद में पूर्णसरस्वती भी देते हैं, पर 'गुरु' का सीधा अर्थ 'आचार्य' लेकर वे कहते हैं कि इस शाप के द्वारा ही यक्ष ने पहले-पहल यह जाना कि प्रियतमा का वियोग क्या होता है। यह शाप उसे विरहवेदना का उपदेश देने वाला आचार्य बन गया – इसके पहले तो उसने स्वप्न में भी विरह का दुःख नहीं जाना था। अतः कवि ने 'अज्ञातज्ञापकत्वसामान्येन' उसे यक्ष का गुरु कहा (विद्युल्लता, पृ० ३)। पूर्णसरस्वती की यह व्याख्या पूर्णविश्वसनीय प्रतीत होने लगती है, जब वे वाल्मीकि से बिल्कुल इसी तरह प्रयोग उठा कर यहाँ उसे अपनी पुष्टि में उद्धृत करते हैं—

लङ्कास्त्रीणां पुनश्चक्रे विलापाचार्यकं शरैः।

भरतमल्लिक ने 'इत्यन्ये' कह कर पूर्णसरस्वती की यह व्याख्या उद्धृत की है (सुबोधा. पृ० १)।

इसी पद्य में 'रामगिर्याश्रमेषु' मे बहुवचन यक्ष के एक स्थान पर टिक पाने के कारण उसके बावलेपन को द्योतित करता है, यह आशय पूर्णसरस्वती ने भी समझाया है और मल्लिनाथ तथा अन्य टीकाकारों ने भी समझाया है और मल्लिनाथ तथा अन्य टीकाकारों ने भी। सारोद्धारिणी ने इस स्थल पर बड़ा सुन्दर पद्य समर्थकभाव से उद्धृत किया है—

वने रतिर्विरक्तस्याविरक्तस्य जने रतिः।
अव्यवस्थितचित्तस्य न जने न वने रतिः।।

यक्ष की यह अव्यवस्थितचित्तता तो पूरे मेघदूत की रचना की पृष्ठभूमि रही ही है, उसी का देश और काल में प्रसार यहाँ हम पाते हैं। मेघ को अपनी भ्रातृजाया के सामने पहुँचते ही सबसे पहले 'क्या कहना है' इसे यक्ष ने बताया है - 'भर्तुमित्रं प्रियमविधवे विद्धिमामम्बुवाहम्' - हे अविधवे, मुझे अपने पति का प्रिय मित्र मेघ जानो। - यहाँ 'भर्तुर्मित्रम्' इस पद का प्रयोग सबसे पहले अपरिचित दूत के द्वारा अपने ऊपर विश्वास दिलाने के लिये कराया गया है। 'अविधवे'– इस सम्बोधन का स्वारस्य भी मल्लिनाथ ने बहुत ठीक बताया है - 'अनेन भर्तृजीवनसूचनादनिष्टागमशङ्कां निरस्यति'। पर मल्लिनाथ की संक्षिप्त, समस्त पदावली में यक्ष की चिन्ता, कातरता और स्नेह के सौकुमार्य का वह सामस्त्य नहीं छलक पाया, जिसे पूर्णसरस्वती प्रस्तुत करने का प्रयास करते हैं। पूर्णसरस्वती यक्ष की चिन्ता से एकाकार होकर कहते हैं - 'अविधवे जीवद्भर्तृके इत्यामन्त्रणेनैव तव प्राणसमो जीवत्येव, न खलु तज्जीविते त्वया शङ्का कर्त्तव्येति तस्या हृदयमवस्थापयति, सति धर्माणि धर्माश्चिन्त्यन्त इत्यन्येषां विशेषणानामत्वरयैव वक्तव्यत्वात्'। (विद्युल्लता, पृ० १४६)

पर मेघदूत प्रेम की तल्लीनता का ही चित्र नहीं है। वह यक्ष की चेतना के रूपान्तरण और परिष्कार की कथा भी कहता है। प्रारम्भ में हम उसे जिस अव्यवस्थित बावलेपन की स्थिति में पाते हैं, उससे वह बाद में उबरा है। पूर्णसरस्वती एक अंतरंग अभिनिवेश के साथ यक्ष की क्रमशः परिष्कृत होती सुकुमार मनःस्थिति का सप्राण चित्र मूर्त करते हैं। यक्ष की आतुरता को दाम्पत्यमंगल के केन्द्र से उन्होंने उचित ही समझा है। 'अव्यापन्नः कुशलमबले पृच्छति त्वां वियुक्तः' – में यक्ष का आत्मालाप पूर्णसरस्वती की शैली में यों व्यक्त हुआ है— 'तुम्हारे दर्शन के आशापाश से निगडित जीवनवाला मैं किसी तरह इतने महीनों से जीवत ही हूँ, मेरे प्राणों को लेकर तुम चिन्ता मत करना।' यदि यक्षिणी के लिये कवि ने अबलाओं के आशाबंध का कुसुम के आशाबंध से उपमान दिया है, जो उनके हृदय की पंखुड़ियों को बिखरने से रोके रहता है, तो यहाँ टीकाकार का यक्ष को आशापाश के निगड (जंजीर) से बँधा कहना उचित ही है। फिर - 'कुशलमबले पृच्छति' – कुशल पूछ रहा हूँ – इसमें तो यक्ष के लिये सबसे

बड़ी कुशल प्रिया के जीवित होने और शापावसान तक जीवित रहने में ही है। 'अव्यापन्नः' 'कुशलम् अबले', तथा 'वियुक्ताम्' (वियुक्तः के स्थान पर पूर्णसरस्वती का पाठ) – ये चारों पद यक्ष के मानस में चलती चिन्ता की उधेड़बुन को द्योतित करते हैं। मनुष्य के संकल्पों या मनोरथों की कोई इयत्ता या सीमा नहीं, उनकी कहीं अगति नहीं, और मनुष्य की अभिलाषाओं के सौन्दर्य को सारी रागात्मक सुकुमारता के साथ यह काव्य बताता है—

तं तमिति। प्रतिक्षणं प्रसरतां मनोरथानामीदृक्तया इयत्तया वा अनवधारणीयत्वं द्योत्यते। आत्माभिलाषम्, अभिलक्ष्यते प्रार्थ्यते इत्यभिलाषविषयोऽत्राभिलाष उच्यते। आत्मशब्देन च भिन्नरुचित्वान्मनसां मम कश्चिदुपभोग-प्रकारोऽभिलषितः, तव कश्चिदन्य इत्यभिव्यज्यते।

आचार्य हजारी प्रसाद द्विवेदी ने भी मेघ में सहामाया का खेल देखा है। 'यक्ष की चेतना में विश्वचैतन्य उन्मीलित है। उसे आप पागल कहें, प्रकृति कृपण कहे, पर उसने जगत् के भीतर निरन्तर स्पंदित होने वाली विराट् चेतना को पहचान लिया था। अंतरंतर में जो ज्वाला जल रही है, वह विराट् विश्व में व्याप्त शिव और शक्ति की अनादि अनंत लीला से भिन्न नहीं है (मेघदूत की पुरानी कहानी पृ० १६ और ४४)। यक्ष के हृदय में हिल्लोल लेती उत्कंठा की लहरें आचार्य द्विवेदी को 'निखिल ब्रह्माण्ड में व्याप्त महाकाल' की चंडीप्रसादनव्रतरूपा उत्कण्ठा से पृथक् और विच्छिन्न नहीं जान पड़ती (वही, पृ० ५५) तथा महामाया की सबसे सुकुमार और शालीन शोभा तरुणियों के रूप में अभिव्यक्त और उत्फुल्ल कमलों में लीलायित जान पड़ती है (वही)। इस चिन्तन सरणि में गहरे उतरते हुए वे 'सृष्टिराद्येव' की टीका करते हैं, तो औपनिषदिक अनुभूति को उतार लाते हैं।

यद्यपि यक्ष और यक्षिणी में राम और सीता की छवि देखने के दक्षिणावर्तनाथ के मत का पूर्णसरस्वती ने विरोध किया है, पर मेघदूत की रचनाभूमि किस प्रकार वाल्मीकि की कृति से अनुप्राणित और अनुप्रेरित है – इस बात को पूर्णसरस्वती ने स्थल-स्थल पर सोद्धरण समझाया है। 'जाता मन्ये शिशिरमथिता पद्मिनीवान्यरूपा' पर उनकी बड़ी सुलझी हुई टिप्पणी है - 'रामायण के रस में परायण कवीन्द्र ने उस (रामायण) के अर्थचमत्कार में अभिनिविष्ट होकर उसका अर्थच्छायायोनि अर्थ इस पद्य में प्रस्तुत किया है।' वह पद्य यह है—

हिमहतनलिनीव नष्टशोभा व्यसनपरम्परयानिपीड्यमाना।
सहचररहितेव चक्रवाकी जनकसुता कृपणां दशां प्रपन्ना।।

(विद्युल्लता, पृ० १२५-२६)

सहचरविरहित चक्रवाकी तथा शिशिरमथिता पद्मिनी के दोनों ही उपमान कालिदास ने वाल्मीकि के उपर्युक्त पद्य को भावित करके यहाँ रखे हैं – ऐसा लगता है। तब पूर्णसरस्वती को कवि को रामायणरसपरायण कह कर यहाँ रामायणार्थच्छायायोनिता देखना उचित ही है। इसी सरणि पर आगे चलते हुए पूर्णसरस्वती अशोकवाटिका में निर्वासित सीता और निर्वासित

यक्षिणी की प्रिया-इन दोनों की व्यथाकथा में साम्य बताते हैं। वे कालिदास के विरहवर्णन को वाल्मीकि से अनुप्राणित मानते हुए रामायण के पद्यों को बहुत सटीक स्थल पर उद्धृत करते हैं—

नैषा पश्यति राक्षस्यो नेमान् पुष्पफलद्रुमान्।
एकस्थहृदया नूनं राममेवानपश्यति।।
नैव दंशान्न मशकान्न कीटान्न सरीसृपान्।
राघवापनयेद् गात्रात् त्वद्गतेनान्तरात्मना।।

वस्तुतः तो वाल्मीकि के सीता और राम के विरहवर्णन में प्रयुक्त पद, बिम्ब और कथन मेघदूत की रचना में कालिदास के मानस में बार-बार नाना रूपों में ध्वनित हुए हैं, राम और सीता का परस्पर तादात्म्य और पराकाष्ठागत प्रेम भावित करके कवि ने यक्ष-यक्षिणी के चरित्रों में उसकी नवसर्जना की है। इसलिये प्रेम की अनुभूति में शब्द और अर्थ वाल्मीकि की छाया लेकर यहाँ आते हैं।

विश्व की कोई भी ऐसी प्रमुख भाषा नहीं है, जिसमें इस अनुपम रचना का अनुवाद न हुआ हो। हिंदी भाषा में तो मेघदूत के पचास के अधिक अनुवाद किये जा चुके हैं।

विश्वसाहित्य पर कवि कालिदास का प्रभाव

कालिदास की रचनाओं ने अन्य भाषाओं के श्रेष्ठ साहित्यकारों को प्रभावित किया। ऊपर उनके अभिज्ञानशाकुंतल ने किस प्रकार गेटे आदि महाकवियों के मानस को अभिभूत किया तथा उनकी रचनाओं को प्रभावित किया – इस पर चर्चा की गई है। कालिदास के काव्यों – विशेषतः मेघदूत ने भी विश्वसाहित्य पर अमिट छाप अंकित की है। जर्मनी के महाकवि शिलर ने इसे आधार बना कर बादल के दौत्य से संबंधित काव्य की रचना की। रवींद्रनाथ ठाकुर की तो दोसौ से अधिक कविताएँ मेघदूत से प्रेरित हैं। १८९० ई० में २९वर्ष की आयु में उन्होंने मेघदूत शीर्षक से कविता लिखी। १८९२ई० में तीस वर्ष के थे, तब उन्होंने मेघदूत पर निबंध लिखा। फिर ३५ वर्ष की आयु में रवींद्र ने मेघदूत पर एक सानेट की रचना की। चालीस वर्ष की अवस्था में उन्होंने नववर्षा शीर्षक निबंध लिखा। इकतालीस वर्ष की आयु में लिखे उनके निबंध बाजेरकथा में भी मेघदूत की छाया है। १९२२ई० में जब रवींद्र इकसठ वर्ष के थे, तो उन्होंने मेघदूत को आधार बना कर एक कहानी लिखी। १९३२ई० से १९३८ई० के बीच मेघदूत पर आधारित उनके तीन काव्य सामने आये।[२७] इस प्रकार किशोरावस्था से जीवन के अंतिम दिनों तक रवींद्रनाथ मेघदूत में रमे रहे तथा उनका रचनाविश्व कालिदास की इस कालजयी कृति से नये आयाम पाता रहा। कालिदास की कल्पनाएँ, तथा उपमाएँ कवींद्र के साहित्य में अनेकत्र प्रतिफलित हुईं हैं। उनके निबंधों तथा आलोचनात्मक साहित्य पर में भी कालिदास छाये हुए हैं। वस्तुतः रवीन्द्रनाथ के पूर्वज तथा परिवार के लोग कालिदास की

रचनाओं में डूबे रहते थे। द्विजेन्द्रनाथ ठाकुर ने मेघदूत का बंगाली में अनुवाद किया था। ज्योतिन्द्रनाथ कालिदास के रूपकों का अनुवाद कर चुके थे। 'जीवनस्मृति' नामक आत्मकथात्मक प्रबन्ध में रवींद्र ने बताया है कि किस प्रकार शैशवावस्था से ही कालिदासप्रेम उनके हृदय में घर कर गया था। कालिदास के श्लोक सुन कर वे रोमांचित हो उठते थे। मानसलोक शीर्षक कविता में उन्होंने लिखा -

मानसकैलासश्रृङ्गे निर्जनभुवने
छिले तुमि महेशेर मन्दिर प्रांगणे
ताँहार आपन कवि, कवि कालिदास
नीलकण्ठद्युतिमय स्निग्धनीलाभास्
चिरस्थिर आषाढेर घन मेघदले

ज्योतिर्मय सप्तर्षिरतपोलोकतले
आजिओ मानसधामे करिछ वसति
चिरदिन रवे सेथा ओहे कविपति
शंकरचरितगाने भरिआ भुवन।।
कविवर कबे कोन विस्मृत वरषे
कोन पुण्य आषाढेर दिवसे
लिखेछिले मेघदूत, मेघमन्द्रश्लोक
विश्वेर विरही यत सकलेर शोक
राखियाछे आपन आँधआर स्तरे स्तरे
सघनसंगीत माँझे पुंजीभूत करे।
....
गंभीर निर्घोष सेइ मेघसंघर्षेर
जागाये तुलियाछिल सहस्र वर्षेर
अंतर्मूढ वाष्पाकुल विच्छेदक्रंदन
एक दिने। छिन्न करि कालेर बंधन
चिरदिवसेर येन रुद्ध अश्रुजल
आर्द्र करि तोमार उदार श्लोकराशि।।
......
.................कोथा आछे
सानुमान् आम्रकूट, केथआ वहियाछे
विमल विशीर्ण रेवा विंध्यपदमूले

उपलव्यथितगति, वेत्रवती कूले
परिणतश्याम जंबूवनच्छाये
कोथाय दशार्ण ग्राम रहेथे लुकाये
प्रस्फुटितकेतकीर बेड़ादये घेरा

यह सारी कविता मेघदूत के सौन्दर्यलोक में विचरण करती है। रवीन्द्रनाथसाहित्य के मर्मज्ञ एडवर्डथाम्पसनमहोदय ने इस कविता को लेकर लिखा है—

'As Dante looked across his countries and hailed Virgil as Master, as Spenser overlooked two hundred years of poetical fumbling and claimed succession to Chaucer, as Milton in his turn saluted his dear master Spenser, so Rabindranath turned back to Kalidasa. After this he is to pay such homage often, glad to acknowledge so dear an allegiance'.[28]

उज्जयिनी रवीन्द्रनाथ की स्वप्ननगरी है। अपनी उज्जयिनीविषयक कविता में कवि कल्पना करते हैं कि उनकी जन्मजन्मांतर की सहचरी उज्जयिनी में रहती है। कालिदास को संबोधित की लंबी कविता एक महाकवि के द्वारा कविकुलगुरु के काव्य की अंतर्दृष्टि से संपन्न प्रशस्ति है। कुमारसम्भवगानम्, ऋतुसंहार, मेघदूत आदि कविताओं में भी कविवर रवीन्द्रनाथ कालिदास की रचनाप्रक्रिया का निरूपण करते हैं। रवीन्द्रनाथ की ऋतुरंगनाट्यशाला नामक नृत्यनाटिका में कालिदास का ऋतुसंहार उतर आया है।

उपसंहार

कालिदास सांध्यकवि कहे गये हैं। वे वाल्मीकि और व्यास जैसे ऋषि कवियों तथा परवर्ती महाकवियों के बीच एक ओर तो आर्षप्रतिभा तथा दूसरी ओर संस्कृतकविता की नई चेतना तथा कलात्मकता के सुघड़ मानदंडों— को लेकर साहित्यसर्जना करते हैं। इसीलिये प्राय: दो हजार वर्ष की संस्कृतकाव्य धारा पर कालिदास की अमिट छाप है।

सन्दर्भ

१. यस्याश्चोरश्चिकुरनिकुर: कर्णपूरो मयूरो
भासो हास: कविकुलगुरु: कालिदासो विलास:।
हर्षो हर्षो हृदयवसति: पञ्चबाणस्तु बाण:
केषां नैषा कथय कविताकामिनी कौतुकाय।।

२. कमले कमलोत्पत्ति: श्रूयते न तु दृश्यते। (पाठांतर— पद्मात् पद्मं समुद्गतं श्रूयते न तु दृश्यते)। कालिदास के द्वारा इसकी पूर्ति इसप्रकार की गई – बाले तव मुखांभोजे कथमिन्दीवरद्वयम्।।

३. दिव्यावदान में कहा गया है – साकल पहुँच कर पुष्यमित्र ने घोषणा की कि जो मुझे श्रमण का शीश देगा, मैं उसे सौ दीनार दूँगा। तारानाथ के अनुसार पुष्यमित्र ने बौद्धों का विनाश किया। आर्य मंजुश्रीमूलकल्प के अनुसार उसने काश्मीर की सीमा तक बौद्ध भिक्षुओं और विहारों का नाश किया। दिव्यावदान के उल्लेख के अनुसार उसने ८४००० स्तूपों का विनाश किया, तथा पाटलिपुत्र के

कक्कुटाराम विहार को भी ध्वस्त किया। इतिहासकार कृष्णदत्त वाजपेयी इन उल्लेखों को सत्य नहीं मानते (प्राचीन भारत का इतिहास, कृष्णदत्त वाजपेयी तथा वि.चं. पांडेय, आदर्श प्रकाशन आगरा, १९६३, पृ० २२९-३३

४. अर्थशास्त्र में राजा के लिये निर्देश है –अग्न्यागारगतः कार्यं पश्येद्वैद्यतपस्विनाम् (०१.१९.३१)। शाकुन्तल में कालिदास ने इसका दुष्यंत से अक्षरशः पालन कराया है।

५. संवाहणसुहरस तोसिएण देंतेण तुह करे लक्खम्।
चलणेन विक्रमादित्त चरिअं अणुसिक्किअं तिस्सा।। गाहासत्तसई ५.६४
(संवाहनसुखरसतोषितेन ददता तव करे लक्षम्।
चरणेन विक्रमादित्यचरितमनुशिक्षितं तस्याः।।)

६. कालिदास पत्रिका ६.१ अक्टोबर १९९० में प्रकाशित वाकणकर का लेख अश्वघोष एवं कालिदास, पृ० ७७-७८

७. वही, श्री वाकणकर का लेख 'मेघदूत में नीचैः गिरि', पृ, २५-२६

८. रघुवंश, १९.५०

९. रघुवंश, १४.७१

१०. कुमारसंभव, ३.३४

११. विवरण के लिये इस ग्रंथ के परिशिष्ट में अभिलेखीय साहित्य शीर्षक द्र.

१२. कालिदास – चंद्रबली पांडेय, मोतीलाल बनारसी दास, वाराणसी, सं. २०११, पृ० २

१३. वीथी के तेरह अंगों के नाम व लक्षणों के लिये इस पुस्तक में दृश्यकाव्य शीर्षक अ० द्र.।

१४. श्री और सौरभ – उमा शंकर जोशी,. पृ० १४५

१५. भारतीय रंगमंच का इतिहास – डॉ० अज्ञात, पृ० ११३

१६. पुरुहूतध्वजस्येव तस्योन्नयनपङ्क्तयः।
नवाभ्युत्थानदर्शिन्यो ननन्दुः सप्रजाः प्रजाः।। रघुवंश ४.३

१७. टुवार्ड ए हिस्ट्री आफ काव्य लिट्रेचर, पृ० ८१

१८. काव्यालंकारसूत्रवृत्ति, हिंदी अनुसंधानपरिषद् ग्रंथमाला-१, १९५४, पृ० १२३

१९. वही, पृ० १४९

२०. वही, पृ० १९१

२१. वही, पृ० २६५

२२. वही, पृ० ३१७

२३. ...मधुप्रसङ्गे वसन्तपुष्पाभरणं वहन्त्या देव्या आगमनादिवर्णनं मनोभवशरसन्धानपर्यन्तं शम्भोश्च परिवृत्तधैर्यस्य चेष्टाविशेषवर्णनादि साक्षाच्छब्दनिवेदितम्।...निर्वाणभूयिष्ठमथास्य वीर्यं सन्धुक्षयन्तीव वपुर्गुणेन। अनुप्रयाता वनदेवताभिरदृश्यत स्थावरराजकन्या।। इत्यादौ सम्पूर्णालम्बनोद्दीपनविभावतायोग्यस्वभाववर्णनम्। प्रतिग्रहीतुं प्रणयिप्रियत्वात् त्रिलोचनस्तामुपचक्रमे च। संमोहनं नाम च पुष्पधन्वा धनुष्यमोघं समधत्त बाणम्।. इत्यनेन विभावतोपयोग उक्तः। हरस्तु किञ्चित्परिवृत्तधैर्यश्चन्द्रोदयारम्भ इवाम्बुराशिः। उमामुखे बिम्बफलाधरोष्ठे व्यापारयामास विलोचनानि।। अत्र हि भगवत्याः प्रथममेव तत्प्रवणत्वात्तस्य चेदानीं तदुन्मुखीभूतत्वात्प्रणयिप्रियतया च पक्षपातस्य सूचितस्य गाढीभावाद्रत्यात्मनः स्थायिभावस्यौत्सुक्यावेगचापल्यहर्षादेश्च व्यभिचारिणः साधारणीभूतोऽनुभाववर्गः प्रकाशित इति विभावानुभावचर्वणैव व्यभिचारिचर्वणायां पर्यवस्यति।इह तु पद्मदलगणनमधोमुखत्वं चान्यथापि कुमारीणां सम्भाव्यत इति झटिति न लज्जायां विश्रमयति हृदयं, अपि तु प्राग्वृत्ततपश्चर्यादिवृत्तान्तानुस्मरणेन। ध्वन्या ३.१. पर वृत्ति

२४. पूर्वाकाराधिकचतुरया सङ्गतः कान्तयासौ लीलागारेष्वरमत पुनर्नन्दनाभ्यन्तरेषु।। अत्र स्फुटैव रत्यङ्गता मरणस्य। अत एव सुकविना मरणे पदबन्धमात्रं न कृतम्, अनूद्यमानत्वेनैवोपनिबन्धनात्। पदबन्धनिवेशे तु सर्वथा शोकोदय एवातिपरिमितकालप्रत्यापत्तिलाभेऽपि...) (ध्वन्यालोक)

२५. ननु कालिदासः परिपोषं गतस्यापि करुणस्य रतिविलासेषु पौनःपुन्येन दीपनमकार्षीत्, तत्कोऽयं रसविरोधिनां परिहारनिर्बन्ध इत्याशङ्क्याह—पूर्व इति। न हि वसिष्ठादिभिः कथञ्चिद्यदि स्मृतिमार्गस्त्यक्तस्तद्वयमपि तथा त्यजामः। अचिन्त्यहेतुकत्वादुपरिचरितानामिति भावः।। ध्वन्यालोक ३.१९ पर लोचन।

२६. साधारणधर्मस्य क्वचिदनुगामितयैकरूप्येण निर्देशः, क्वचिद्वस्तुप्रतिवस्तुभावेन पृथङ्निर्देशः। पृथङ्निर्देशे च संबन्धिभेदमात्रं प्रतिवस्तूपमावत्, बिम्बप्रतिबिम्बभावो वा दृष्टान्तवत्।
क्रमेणोदाहरणम्—
प्रभामहत्या शिखयेव दीपस्त्रिमार्गेव त्रिविदस्य मार्गः।
संस्कारवत्येव गिरा मनीषी तया स पूतश्च विभूषितश्च।।
अत्र वस्तुतत्वावृत्तत्वे संबन्धिभेदाद्भिन्ने।
धर्म्यभिप्रायेण तु बिम्बप्रतिबिम्बत्वमेव।
पाण्ड्योऽयमंसार्पितलम्बहारः क्लृप्ताङ्गरागो हरिचिन्दनेन।
आभाति बालातपरक्तसानुः सनिर्झरोद्गर इवाद्रिराजः।।
अत्र हाराङ्गरागयोर्निर्झरबालातपौ प्रतिबिम्बत्वेन निर्दिष्टौ।

२७. ये तथ्य राष्ट्रियसंस्कृतसंस्थान की संस्कृतविमर्श शोधपत्रिका की नवशृंखला के पाँचवें अंक में प्रकाशित इन्द्रनाथचौधुरी के लेख कालिदास का मेघदूत और रवीन्द्रनाथ ठाकुर, पृ० ९९-११० से लिये गये हैं।।

28. Rabindranath Tagore : Poet and Dramatist, p. 74 विक्रमविश्वविद्यालय की शोधपत्रिका विक्रम के अंक ११ (१९६८ई०) में रवीन्द्रमानसे कालिदासः शीर्षक ध्यानेशनारायणचक्रवर्ती के लेख (पृ० २१-२९) से उद्धृत पृ० २५